"十二五"国家重点图书
出版规划项目

中国美学经典

魏晋南北朝卷 上

丛书主编 张法　本卷主编 刘方喜

北京师范大学出版集团
BEIJING NORMAL UNIVERSITY PUBLISHING GROUP
北京师范大学出版社

总　序

这套七卷本《中国美学经典》，是为中国美学史这一学科的新提升而进行的基础建设，同时由于中国美学史学科在结构上和思想上的特殊性，在推进这一学科时，将把中国现代学术体系的一些关键问题凸显出来，将把中国现代文化在全球互动中演进的一些重要问题凸显出来，从而使中国美学史学科得到新的提升，其意义又不仅仅在中国美学史学科。

一、《中国美学经典》的学术史背景

美学是一门最能透出中西差异，从而最能彰显中国特色的学科。中国古人对天地间审美现象方方面面的欣赏以及对之进行的理论总结，有完全不低于西方人的思想高度，并有令人赞叹的独具特点，显示了中国思想的特色和深邃，然而，却并没有从美学这一学科的角度呈现出来。因此，中国古代有文论、诗论、书品、画品、小说评点、戏曲评点、山水鉴赏、园林论说等，还有哲人、儒生、道人、释家以及各类人士关于美的言说，却没有一本用"美"命名的论著。

也许正因为这一巨大差异，美学在中国学术体系由传统向现代的转型中，起到了先锋作用。清末民初的学术大家同时也是思想大家的王国维、梁启超、蔡元培、刘师培，都把美学放到了中国现代学术建设的重要位置，四人都在美学原理和中国美学史上做了重要工作。在中国美学史学科的开创性上，王国维的《人间词话》(1908)、《宋元戏曲考》(1913)、《屈子之文学精神》(1906)、《红楼梦评议》(1904)等，刘师培的《论美术援地区而论》(1907)、《原戏》(1904)、《舞法起于祀神考》(1909)、《中国中古文学史讲义》(1919)等，蔡元培的《对于新教育之意见》(1912)、《以美育代宗教》(1932)等，梁启超的《中国之美文及其历史》(1924)和《中国韵文里头表现的情感》(1922)、《屈原研究》(1922)、《陶渊明》(1923)、《情圣杜甫》(1922)等，实绩巨大。继之而来，在20世纪三四十年代，出现了方东美、宗白华、邓以蛰等大家。方东美的《生命情调与美感》(1931)、《生命悲剧的二重奏》(1936)等，宗白华的《世说新语与晋人的美》(1940)、《中国诗画里的空间意识》(1949)、《论文艺的空灵与充实》(1943)、《中国艺术意境之诞生》(1943)等，邓以蛰的《画理探微》(1935—1942)、《六法通诠》(1941—1942)、《书法之欣赏》(1937—1944)等，在把中国美学研究推向深入的同时，极大地突出了中国美学不同于西方美学的特点。20世纪50—70年代，当大陆学人主要在为美学原理寻求美的本质基础之时，台湾学者和海外华人学者沿着方、宗、邓的方向继续前行。在台湾，有唐君毅的《中国艺术精神》、《中国文学精神》(1954)、《中国文学与哲学》、《文学的宇宙与艺术的宇宙》(1975)，徐复观的《中国文学精神》(1965)、《中国艺术精神》(1965)，钱穆的《中国文学讲演集》(1962)以及后来《现代中国学术》(1983)中的文学、艺术、音乐三章……海外华人中，叶维廉有《语法与表现：中国古典诗与英美现代诗美学的汇通》《语言与真实世界：中西美感基础的生成》《中国古典诗和英美诗中山水美感意识的演变》等，高友工于 20 世纪 70 年代发表的系列论文《文学研究的美学问题(上)：美感经验的定义与结构》《文学研究的美学问题(下)：经验材料意义与解释》《中国文化史中的抒情传统》《试论中国艺术精神》《律诗的美学》《词体之美典》《中国之戏曲美典》《中国戏曲美典初论》(皆收入《美典：中国文学研究论集》)……这些研究，都是走在彰显中国美学特性的方向上。

　　虽然中国美学史研究有辉煌的成就，但与美学原理相比，二者的发展却是不平衡的。这明显地体现在：美学原理的著作在 20 世纪 20 年代(从 1923 年吕澂《美学概论》始)就产生了出来，而中国美学史的通史著作到 20 世纪 80 年代才出现，相差约 60 年。考其原因，美学原理可以直接移植域外理论而成，而中国美学史却不能。从 20 世纪 20 年代开始直到现在的美学原理著作，基本上都是以这种方式形成的。在中国走进世界现代化的主流而力争上游地追赶世界先进的历程中，这一方式尽管有这样或那样的遗憾，但其巨大功绩，无论怎样估计都不会过低(这一点不是本文的主题，不在这里展开)。中国美学史的研究从 20 世纪三四十年代始，学者们强烈地意识到，其有着与西方美学史以及西方型的美学原理不同的文化特性，进入这一特性越深，写出具有特性的中国美学史就越难。20 世纪 80 年代中国美学史通史著作终于出现，与改革开放之初的思想解放而产生的美学热，以及美学热后面的巨大历史动向相关。现在回过头去看，中国美学史虽然由此开始而一本本被写出来了，但在突出中国特性上，却并没有达到应有的深度。20世纪60年代，在中苏论争的背景下，中宣部组织编写了全国高校文科教材，其中美学规划了三本：《美学概论》，由王朝闻主持；《西方美学史》，由朱光潜负责；《中国美学史》，由宗白华承担。前两本都较快地写了出来，而宗白华的《中国美学史》却只在课堂上讲过一个设想，后来以《中国美学史中重要问题的初步探索》(1979)长文发表。

为什么没能写出，我想，一个重要的原因，就是宗白华深切地感受到了中国美学史内容的丰富、复杂、深邃。宗白华的这篇长文，对中国美学史做了要点性的呈现。全文分五个部分：一、引言，论述中国美学史的特点和学习方法；二、先秦工艺美术和古代哲学文学中所表现的美学思想；三、中国古代的绘画美学思想；四、中国古代的音乐美学思想；五、中国园林建筑艺术所表现的美学思想。五部分内容中，有对《周易》卦象(贲卦、离卦)中美学思想的分析，有对中国美学基本类型(出水芙蓉和错采镂金)的呈现，有对各门艺术中虚实相生的总结，有对中国美学的作品结构、气韵、骨法、骨相的分析，有对戏曲、绘画、音乐、建筑的特征的中国式把握，抓住了中国美学的时间韵致和空间美感的精髓。该文不但包含了宗白华几十年来对中国美学的研究、体会、洞察，而且也或多或少地容纳了王国维、刘师培、梁启超、方东美、邓以蛰等学人在中国美学史研究上的精华，在一定的意义上，宗白华对20世纪初以来中国美学史写作进行了简要、深邃又有自己特点的总结。然而，饶有深意的是，宗白华的中国美学史的研究理路，与20世纪80年代奠定中国美学史写作基本方向

的三本著作，即李泽厚、刘纲纪《中国美学史》（第一、二卷，
1984—1987）、叶朗《中国美学史大纲》（1985）、敏泽《中国美学思
想史》（三卷，1987），差异甚大。这或许意味着：中国美学史的研
究，仍然没有进入应有的成熟阶段。

到目前为止，已经出版的中国美学史通史类著作有 20 多种，
大致分来，有四种类型。一是教材型通史，以新中国成立以来形
成的教材模式去呈现中国美学，即将由古到今的各个朝代、每一
朝代的主要人物、主要人物的主要著作、主要著作的主要思想，
一一梳理列出。前面讲李泽厚、刘纲纪合著已出的两卷和敏泽的
三卷本可为代表。二是范畴型通史，也讲朝代、人物、著作、思
想，但着重突出命题和范畴在其中的作用。前面已提到过的叶朗
著作和陈望衡《中国古典美学史》（1998，2007）可为代表。三是把
美学理论放到理论所产生的丰富的文化关联之中，又将之汇成理
论，总结出中国美学史的特点，张法《中国美学史》（2000，2006）、
王振复《中国美学史新著》（2009）、吴功正《宋代美学史》（2007）等
属于这一类型。四是跨越型通史，突破朝代、人物、著作、思想
的时空划分，以具有总领性的思想为线，去统率历时演进，并在
历时演进中建立中国美学整体结构，李泽厚《华夏美学》（1989）和
朱良志《中国美学十五讲》（2006）属于这一类型。四种不同的著作
（还有一些难以归入这四类的著作），透出的均是中国美学史的研
究目前还处在多方向的探索时期。

一个学科要走向成熟，一定要具有自身相对成熟的资料体，
对学科的理性思考，应当建立在相对完备的资料体上。中国美学
史的资料选编，一个大致的方向，就是带着在自己时代所理解的
美学原理框架，向中国古代的材料提问，在提问中，让古代的材
料中与提问者心中的美学原理框架相关的部分呈现出来。到目前

为止，中国美学史资料体的出版物，主要有三种：北京大学哲学系美学教研室编《中国美学史资料选编》（上下册，1980—1981），胡经之主编《中国古典美学丛编》（上、中、下三册，1988），叶朗主编《中国历代美学文库》（19卷，2004）。

《中国美学史资料选编》虽在改革开放后出版，但其学术背景是新中国前期为由中宣部组织的全国高校文科教材中美学类三本中的两本（《中国美学史》和《美学概论》）服务，既为《中国美学史》的写作梳理资料，又为《美学概论》的编写梳理中国资源。后一方面的目的和新中国前期的美学原理水平，在相当程度上决定了其内容范围，即依据当时的美学原理框架，从美、美感、艺术这三大方面，对相关材料进行了寻找和梳理，并按当时的观点，对所选文献性质做了总结，提出其中与美学相关的一系列问题。对所选的段落，也从美学的角度赋一标题，点明关键性内容。整个选本所提供的资料体系，对当时美学原理的写作，以及后来中国美学史的写作，提供了较为充分的理论和材料支持。

《中国古典美学丛编》是20世纪80年代初，在美学从新中国前期强调美学的政治内容走向改革开放初强调美学的艺术特性的背景下，从艺术规律的角度，以文艺美学的框架对中国古代材料的提问。该书分上、中、下三册，依次为"作品""创作""鉴赏"，呈现了文艺美学的基本结构。在每一部分里，把材料以类编的方式分为不同的方面或层次，从而使中国美学资源显示出了不同于西方美学原理的方面和层次。其对文艺美学结构的把握，是按范畴方式进行的。从材料中选取一个范畴，作为一类材料的标题（同时也是主题）。这一选本较好地服务于当时文艺美学的转型并呈现了中国美学在艺术各领域方面的丰富资源。

《中国美学史资料选编》《中国古典美学丛编》突出了中国美学

史资料中较为明晰的方面，即美学原理框架(美感、艺术)和文艺美学(各门艺术的创作、作品、欣赏)框架方面，但对中国美学资料中不甚明晰的方面，即哲学总论、政治制度、社会生活方面呈现不够。《中国历代美学文库》力图不但要在本来明晰的方面，更要在本来模糊的方面呈现中国美学原貌，在这两个方面都进行了新的努力。也许是为了让文献呈现原初形态，此书没有突出美学原理的框架，每一文献前面只有作者介绍和选文的文献学介绍，而对于总体内容较为混沌的文献，究竟在什么方面、哪几点上属于美学，该书也没有指明。对于明显关联到艺术领域的文献，究竟体现了怎样的美学特色和中国特点，该书也没有明指，而是让读者自己去体会。它以 19 卷资料形成了一个巨大的资料体，对于中国美学资料体走向成熟迈进了一大步，尽管还有这样和那样的不足，但其成就，应当得到充分的肯定。以上三种资料体，不仅在资料的多少上有差异，更主要是在选取资料的模式(即选者心中的美学原理模式)上有不同，这再一次透出了中国美学史的研究目前还处在多方向的探索时期。

每一种现代人选编的古代文献的资料集，都是提问者向庞大的古代资料提问而得到的回答，回答并不是资料体之原样，而只是资料体原样按提问者所设定的框架而做的一种呈现。而这一呈现体有多大的价值，在于所得到的这一呈现是否满足了时代的需要，这里内含的是时代的价值观。提问者对时代的价值观有多高的时代自觉，是衡量这一成果所达到的时代性的标准。由时代的需要而产生的提问与提问对象即资料体原样的本质有多大的契合，这里需要超越时代来对提问质量进行思考，其中内含的是学术的真理性。中国美学史学科资料体的一次次出现，都处在这两个维度的巨大张力的复杂合奏之中。这一复杂的合奏具有何种程度的契合性，可成为中国美学史学科达到了怎样的时代价值和拥有多少学术真理的检验标准。

二、《中国美学经典》的缘起和主要亮点

《中国美学经典》的缘起是在 2009 年，我被任命为教育部组织的"马克思主义理论研究和建设工程"重点教材《中国美学史》的首席专家，由教育部从全国各高校治中国美学史的专业人士中进行选择后推荐了 10 名教授，组成教材团队。在工作中，大家认为，要做好一本仅 30 万字的教材，应当有更宽厚的资料基础，在写好"马工程"《中国美学史》教材的同时，既要在中国美学史的写作上有所拓宽，还要在中国美学史的资料体上有所推进。这一想法得到北京师范大学出版社副总编辑饶涛编审的支持，《中国美学经典》由出版社申请于 2010 年入选国家新闻出版广电总局"'十二五'国家重点图书出版规划项目"。

对本项目，大家讨论和商定的标准是：在充分吸收前三种选本成就的基础上，力图有一些可称得上亮点的新特点，同时以学术史的宏观角度与前三种选本形成一种互补或互动的关系。在选编之初，本想完成内容上、编排上、注释上的三大亮点，但是在编完以后，觉得只有内容上和编排上还可以称得上亮点，在注释上只能讲对于以前三种资料体而言有一些推进，不但谈不上亮点，甚至特点也难以称得上。何以如此，需要详谈，放到下一节中。这里只讲前两点。

第一点，在内容上，本项目既要突出中国美学固有的特点，又要反思梳理古代资料的美学模式。以前出版的资料，其美学模式、资料的梳理模式基本上是西方古典型的，即按照美、美感、艺术以及艺术美、自然美、社会美这些结构去进行的。对于中国

古代的审美话语来讲，这样的视点是必要的，同时又是不够的。如果说，西方古典美学是先区别，后综合，即先从真、善、美的区分界定出美，然后以艺术美为本质性和典型性的美，以自然和社会的审美现象为次要性和混杂性的美，那么，中国文化对于审美现象则是先有整体，再从整体的角度去看区分，即先有真、善、美合一的整体，然后以真、善为背景，以美为前景去看待美，这样美既被呈现出来，同时又处在与真、善的关联之中。这样，美既从各艺术中凸显出来，又流动在天地间的一切事物之中，从而在梳理古代资料之时，在以一种区分型的美学模式进入之后，很快就进入中国古代材料自身的关联之中。同样，西方美学正在转型之中，从康德、黑格尔开始的区分性美学正在走向以生态型美学、身体美学、生活美学、形式美研究、文化研究为特征的关联型美学。而西方当代的新型美学，在理论模式上，与中国古代资料有更多的相似之处，这也启发我们看待古代材料时，应有一种新的眼光。相对于《中国美学史资料选编》《中国古典美学丛编》，本项目凸显了更多的视角：

其一，中国型的哲学和宗教思想是如何关联到美学思想并与之互动的；

其二，中国型的制度文化是如何关联到美学思想并与之互动的；

其三，在中国古代漫长的历史演进中，各个朝代有自身特点的生活形态是如何关联到美学思想并与之互动的；

其四，中国古代的天下观里华夏的主流文化和四夷的边疆文化，以及中华文化与外来文化的互动，是如何关联到美学思想并与之互动的。

这些视点的进入，可以让中国美学的丰富性和独特性得到更好的呈现。《中国历代美学文库》也或多或少地涉及或暗含了这些视点，但本项目以编目结构、标题、导读等多种方式把这些视点凸显出来，使之有了更加鲜明的呈现，以推动中国美学史的讨论和深入发展。

第二点，在编排上，本项目为了突出选文的美学特性，每一卷有全书导读，卷中每编有本编导读。这是鉴于中国古代的理论话语与由西方而来的美学原理的理论话语差距甚大，导读的目的就是把这二者对接起来，使之进入一个共同的平台，既突出了二者的矛盾，使读者对矛盾在何面、何层、何点有一个认识，又让矛盾在这一对比中将读者引向思考的深入。当然，这样做在引导读者较快地进入美学思考这方面是有利的，但同时也会带来导向太强可能会因自己认识的局限而"误导"了读者的可能。比较一下，《中国历代美学文库》只有作者简介和选文版本出处，连一点美学方向的引导也没有。《中国古典美学丛编》不是以整篇选文，而是以美学范畴为纲，选出不同文章中的相关段落，编者的引导只在每一美学主题前有一"提要"，介绍所选各段文字与这一美学主题的关联。《中国美学史资料选编》除了对所选之文进行简介外，对所选段落都有加小标题，文献中有原题就直接用原题（如《礼记·乐记》的"乐本篇"），原无标题的则从文中选一个关键词出来作为标题（如《左传》的"文物昭德"），或对选文内容进行简要概括（如《庄子》的"天乐、人乐、至乐"），总之都简要地点出了选文的美学主旨。三种资料体的编排方式，各有自己的有利处和不利处。本项目在借鉴其编排方式的基础上力求突出自己的特点。比如，在"文艺美学"等编目下设"文学美学""诗歌美学"等结构，每部分对应的选文前面都对所选之文进行简介，文献中有原题的直接用原题，也有一些对选文进行归纳概括（如"孟郊诗论五则"）。另外，本项目主旨为中国美学经典，选文出自历代经典文献，有的篇目是全篇选用，有的篇目是选录部分，其编排原则至于是全篇还是选录部分，就不在正文中一一呈现。本项目如此编排，是想在这三种方式之外增加一种方式。究竟哪种方式对推进中国美学资料体的建设更有好处，还需要由实践来检验。

三、《中国美学经典》注释以及古籍注释的普遍性问题

刘勰《文心雕龙·神思》谈创作的甘苦时说："方其搦翰，气倍辞前，暨乎篇成，半折心始。"这句话很能反映出《中国美学经典》选注者在进行注释工作之后所体验到的心情。在对这一结果的反思中，选注者深深感到如今学界在古代文献注释方面面临着一系列的困难。在今天，古代文献由于语言上和文化上的古今差异，若不加注释，在文献里遇上差异突出的语言点、思想点、知识点时，理解上就会出现困难。《中国美学史资料选编》和《中国古典美学丛编》两套书是没有注释的。我在 20 世纪 80 年代读这两套资料之时，就对没有注释感到遗憾。而当我进入《中国美学经典》选注工作时，才算悟出了以上两套材料何以不作注释的原因（以及深切地想象《中国历代美学文库》在作注时的艰苦和辛酸）。似可说，在古籍注释上，一套完整的现代学术规范尚未建立起来。怎样作注才算达到标准，各人理解不一，因此注释就成了一件极为吃力不讨好的事。但对于学科建设来说，这又是一个必须要经历的磨难。依照我的体会，古籍注释会涉及或关联如下四个方面或曰四个层级。

第一，注释要在古今的沟通上起作用，重在一个互译的"通"字，即在古代汉语中这个词是什么意思，而用现代汉语来理解又是什么意思。对语言性的词汇重在"释词"，即这个词对应现代汉语是什么词义。对概念性的词汇重在"释义"，即这个词在现代的

观念体系中是什么意思。对知识性的词汇重在"释物"，即这个物或事或人是怎样的物或怎样的事或怎样的人。

第二，在互通的基础上，可根据具体的需要，适当地讲出关联性，即这一语言性或概念性或事物性的词汇，为什么应做这样的理解。由此而引回到这一个词的古代关联之中，即进入古代的语言体系、观念体系、事物体系之中。

以上两点讲的是可通性一面，一种完全到位的解释，同时也是对古籍的真正理解，还会涉及古今不相通的一面，主要是在语言和观念两个方面。

第三，由于古代汉语和现代汉语在语言体系上的差异，无论是简单的还是再复杂一点的注释都无法呈现出文本词汇的原貌，只有通过进入古代汉语体系本身才能理解。

第四，由于现代观念体系与古代观念体系的差异，无论是简单的还是再复杂一点的注释也无法呈现出古代观念的原貌，只有通过进入古代观念体系本身才能理解。

且略举几例来讲以上四个层面与注释的关联。

先讲语言性词汇，李嗣真《后书品》中有"扬庭效技"。这里的难点是"扬庭"，其词义为"展示于朝廷"。这是在第一个层面即古今词的汇通上注的。但为什么"扬庭"要做这样的解释呢？这就需要进入第二层，即此词的诸关联之中。首先，在古代汉语里，"庭：通廷"。其次，《易·夬》里有"扬于王庭"，"扬庭"是这句话的省用。但为什么"庭"通"廷"，为什么可以这样省用，以及为什么《易》中的话对这一省用有足够的支持力量，这就要关联古代的语言体系和文化体系。在注释中，最后一层可以不提，古今对释后的关联是否列出，列到多详细的程度，可视一词对理解造成阻碍的难易而定。

　　再讲知识性词汇。且举人物为例，古代人物的谓称，较为复杂，有姓、名、字、号，还有官职，往往并不写全，讲名或字或号，或姓加官职。对其注释，以讲通文中要点而定。比如，"郑司农"，就第一层讲，即东汉经学家郑众。就其关联来讲，较为完整的信息是：郑众（？－83），字仲师，河南开封人。东汉经学家，汉明帝时为给事中，汉章帝时为大司农。后世为区别于在其后的大经学家郑玄，而称其为先郑，又因其最高官位而称为郑司农（历史上还有称官位而区别于同姓同名的宦官郑众的原因）。对这些信息，可择要而举。但最简应为：郑众（？－83），字仲师，河南开封人，汉章帝时官至大司农（或可再加上"东汉经学家"）。这样是为了让读者理解文中郑众为什么叫郑司农。

　　注释要达到第一层是容易的，但对第二层即关联方面，讲几点为好，详约怎样得当，各注家有自己的理解，会呈现出不同，但只要就文中而言，点中要点，即算可以。注释中最难是古今在语言体系和观念体系有差异之处。这里承接前面的逻辑，概述如下。

　　先讲与观念体系差异相关的概念性词汇问题。比如，审美对象的"形神"，就第一层而言，可注为：形即形式，神即内容。用现代美学观念中的形式和内容对接古代美学观念中的形神，是没有问题的。但现代美学的形式内容观念，是按照西方美学把审美对象放进实验室般的场地进行解剖分析而来的，其总原则，是把审美对象看成一个物，然后用形式、内容等一系列静的概念去把握这一物，而古代美学把审美对象看成一个活的生命体，这里作为生命的核心的神，其内涵，与现代汉语的"内容"有本质区别，翻译成"内容"，在达到理解的同时，神的词义的本质部分已经没有了。形神与形式内容的区别还在于，古代观念把任何事物都看成虚实合一的整体，在这一整体里，形属于"实"的一面，可精确定位和分析，神属于"虚"的一面，难精确定位和分析。而现代观念把任何事物都看成实体，虚的一面不是应排除就是将之转化为实体，任何内容实体都是可以精确定位和分析的。因此，对于形神的解释，应当认识到两种观念体系的差异，注出其同异。这是一个较为复杂和困难的工作。作为主要进行古今的一般沟通的读本，在面对这类概念性词汇时，怎样详略得当地注解清楚，目前仍是一个尚未完全解决的问题。

再讲语言体系差异带来的问题。现代汉语的基本原则依照西方语言而来，要把语言与事物一一对应，而这一对应的条件是让词汇排除时间而空间化，就像把事物放进实验室里一样，事物的每一点都可以看到，而被看清的每一点都可以用一个词予以对应，语言为了对应事物，其每个词都被定义好，有精确的内涵和外延。就算是一词多义，每一义在使用时也有精确的内涵和外延。古代汉语的原则正与中国古代文化看待事物的原则一样，事物自始至终在时空中运动着，是活动的、有生命的。语言同样需要这种灵活性。比如，在中国古代的乐论中，一定关系到三个基本概念：声、音、乐。孔颖达在《毛诗正义》中讲得很清楚，声、音、乐三词如果一道出现，所谓"对文"，"则声、音、乐三字不同矣"，用现代汉语来讲，"声"是自然音响，"音"是把自然音响加以美的组织而形成的音乐，"乐"则不仅是一般的音乐，而一定是达到了本质性的音乐。但如果声、音、乐只个别地出现，所谓"散文"，则三字是可以互换的。比如，"《公羊传》云'十一而税，颂声作'"，这时"声即音也"；《诗大序》中"亡国之音哀以思，其民困"，这时"音即乐也"。这叫"散则可以通"。① 其原理在于：声、音、

---

① 参见李学勤主编：《毛诗正义》，8页，北京，北京大学出版社，1999。

乐这三词，都是指天地间具有统一性的音响，但具体到时空上某一点，音响又可进一步细化，细化的目的是为了认识，认识的同时还要知道其在本质上是有统一性的。因此，如果两个词或三个词一道出现（用于"对"），意味着作者要强调分别，如果只出现一个词（用于"散"），意味着首先是以音响的统一性去看，然后才是强调音响中的哪一点，而且这强调是要从整体的统一性和贯通性上去看的。比如，上面引的《公羊传》的话，本来指的音乐性的歌（音），但为了强调这歌是出自内心的自然流露，而用了"声"。这里包含两个方面，首先把音乐性的歌作为音响的整体来看（即声、音、乐的共性），其次从文句上明显可以知道是歌（音）的时候，强调其发自内心的自然性（这就与"声"具有共同性）。上面所引《毛诗序》（引自《礼记·乐记》）的话也是同一思路，哀以思的音乐是反映了亡国的现实，达到了本质，应为"乐"，但为了强调亡国现实只是作为历史循环中的一段，是现象性的，因此用了"音"。这里重要的是，只有理解了古代汉语的本质和使用词汇的方式，在进行古今的互通时，才能做到正确的注释。

古代汉语的另一个特点是"互文见义"，其理论原则是：语言与事物一样，是由虚实合一的两个部分组成的。好的语言是通过实（即出现的词）就可体现出虚（即与之关联的没有出现的词）来。怎样把按现代汉语必须出现而在古代汉语中可以不出现的词注释出来呢？靠的是"互文见义"语言法则。为了更清楚地将之讲清，且举王昌龄《出塞》为例："秦时明月汉时关，万里长征人未还。但使龙城飞将在，不教胡马度阴山。"第一句"秦时明月"和"汉时关"互文，很明显要讲从"秦时明月秦时关"到"汉时明月汉时关"的漫长历史。第一句中两者互文，没有出现的"秦时关"和"汉时明月"很容易补出来，但诗是唐人所写，考虑到第一句与第二句的互文，第一句中除上面补出的两项外，还有一项"唐时明月唐时关"。这三项能否在注释中补上，是理解文中内容的关键。如果从现代汉语的原则去读，要补得完整就比较困难。

仅由以上关于词汇的运用原则和互文见义原则这两项，可以见出古今汉语的语言体系差异给古文注释带来的困难甚大。如何通过注释让人理解古文中本有的原意和味道，而不是把古代汉语强扭为现代汉语，目前仍是一个尚未完全解决的问题。

以上讲的古籍注释会涉及关联的四个层面，最后都要归结为，一个语言性或概念性或知识性词汇，在具体文本的上下文语境和张力中，应当怎样注解。对于一个主要是让读者明晓一个词在文本中的具体用义（即语言本身的词义）和用意（即由上下文张力而生的活意）的选注本来讲，主要的要求是达到第一个层面，即古今之间的"通"，在此基础上应当扩展或深入哪一层或几层，就由每卷的注者根据自己的考量而灵活把握，并不做硬性规定。这样虽然全书各卷的注释不甚统一，但具体的每一卷是统一的，而全书各卷有些不统一，又正是一门处在探索过程中的学科应有的事，一旦这一学科达到成熟，有了公认的规范，那时就会自然地走向统一。

之所以花如此大的篇幅来讲注释，是因为从《中国美学经典》的注释中，我深感中国古代文献的注释是一门极大的学问，而中国现代的学术体系，会给古代文献的注释带来极大的问题。在中国现代学术体制里，对中国古代文化进行注释工作的人才培养和学术训练被分成两个部分，用现在的体制行话来讲，一方面是专业性的中国语言文学一级学科下面的中国古典文献学二级学科，另一方面是各个与中国古代相关的学科，如中国美学史、中国文学史、中国法律史、中国经济史、中国地理史，等等。当需要对古代文献做注释时，古文献专业出身的人士在对语言性释词（即此词怎么讲）和知识性释物（这个事物是什么）两个方面，以及在一定的程度上对概念性释义（从思想上这概念是何义）方面，具有语言的专门性和文献的关联性优势，但专业性不足，以及对古今语言的差异认识不足。各个古代学科的人士则是在专业上有优势，由于专业背景而对古今语言差异有所感受，而在语言的专门性和文献的关联性上不足。相对而言，进行注释工作时，各古代专业人士在目前的学科体制下，由于课程设置和具体培养上的种种局限，比起古文献专业人士来，弱点更多。因此，《中国美学经典》的注释，一定存在这样或那样不自知的缺点和不足，欢迎专家学人和广大读者不吝指出，以期日后改正。

　　总之，中国美学史学科是一个尚不成熟还在演进的学科，希望若干年后回头看时，大家觉得《中国美学经典》的出版，对这一学科的演进，还算有所贡献。

　　　　　　　　　　　　　　　　　　　张　法

　　　　　　　　　　　　　　　　　　2016 年 3 月 1 日

目　录

第二编　艺术美学

第三编　文学美学

第四编　自然—建筑—人物品藻—日常生活美学

全书导读

魏晋南北朝，从曹丕称帝（220）、三国分立到西晋一统，从南北分治到隋代一统（589），历时约370年，是中华民族剧烈的分化重组和大融合时期。首先，三国鼎立，标志着汉代一统分裂为三个不同的政治—美学空间，其中曹魏和东吴具有重要的时代意义：曹魏的三曹（曹操、曹丕、曹植）七子（孔融、陈琳、王粲、徐幹、阮瑀、应玚、刘桢）的美学，代表整个时代主流的变化；东吴的江东经营，开创了江南美学的新路。西晋一统，三张（张载、张协、张亢）二陆（陆机、陆云）两潘（潘岳、潘尼）一左（左思），领导着新的美学风尚。自东晋始，南北分途，北方少数民族割据中原，最初是五胡（匈奴、鲜卑、羯、氐、羌）十六国（前凉、后凉、南凉、西凉、北凉、前赵、后赵、前秦、后秦、西秦、前燕、后燕、南燕、北燕、夏、成汉），接着鲜卑族的北魏统一北方，从平城到洛阳，一种新型美学开始形成，继而又分为东魏和西魏、再而北齐和北周，政治分裂但美学却为一体。北方美学，展现出一种儒释道辉映下的阳刚之境。由东晋而宋、齐、梁、陈，江南美学结出了美丽的硕果。南北朝分治，各民族不断互动、融和，产生了不同的地域美学，又为隋唐在文化和美学上的大一统创造了条件。南北朝除了内部互动，还与周边区域互动，北朝与柔然等，南朝与西南诸夷等，也与西边更远的阿拉伯、西欧，西南更远的印度和南亚，交流互动。这些互动，使中国美学增添了新的元素和新的样式。

此期对人物、自然山水、园林的品赏成为审美风尚，南朝对形式美的追求也成为一时潮流，以诗、书、画等为核心的文人艺术体系开始形成，相关理论也获得大发展。在儒学、玄学、佛教及道教等思想的辉映下，中国型审美结构理论开始成型，产生了体系性的美学理论著作《文心雕龙》。此前，美学文献大多散见于经、史、子部，汉末文人个体创作勃兴，集部文献开始大增，成为美学文献重要渊薮，并延及后世。据此新变，本卷采用四编基本框架：天下观－朝廷－哲学－宗教美学、艺术美学、文学美学、自然－建筑－人物品藻－日常生活美学，其中，第一编大抵以传统的经、史、子三部文献为主，而艺术美学、文学美学编则以集部文献为主。

在选录中国古代美学文献及相关研究中，辨体例、明格局非常重要。① 刘勰《文献雕龙·明诗》有云："至成帝品录，三百余篇，朝章国采，亦云周备"，"朝章"大多为士人所作朝廷庙堂之作，属"朝廷美学"；"国采"指采自民间之作，显属"民间美学"范畴；而士人的

---

① 详见刘方喜：《格局性偏失：魏晋南北朝美学史研究的初步反思》，载《文艺争鸣》2013 年第 1 期。

非朝堂之作，当属"士人美学"——"朝廷美学"涉及"士"的社会管理者形象，而"士人美学"则涉及"士"的文化创造者形象。魏晋之前，士的两种社会形象是混合在一起的，而此期作为"人""文"自觉的时代，恰恰意味着士作为文化创造者的形象与社会管理者形象相对分开了。朝廷美学首先包括"作为经学的诗学"，即诗经学，而诗乐交融，又与音乐美学相关，礼乐和合，又与礼仪等文化美学相关。此期"经学"整体式微，但《礼》经学研究较发达，礼学文献涉及不少美学思想——本卷第一编收录了沈约《宋书》中"乐志""礼志"中的一些文献；其次，在玄学的框架下，《易》经学的研究得到长足发展，其中的言意、有无、形神之论等更直接就是哲学美学文献——本卷收录了王弼等易经学相关文献。

此期大量佛学文献中有些宗教理念与美学理念相关，比如色空关系等。谢灵运山水诗已颇多佛学空幻意识，但真正将这种空幻的审美意识更完美地表现出来的，是后来王维的山水诗；而基于文人创作空幻审美意识的有关"境"的理论表述，到了中唐，随着中国化佛学即禅宗的发展才成熟起来。

从审美境界来看，当时人有"谢（灵运）诗如芙蓉出水，颜（延之）诗如错彩镂金"之说，与之相比，陶渊明诗是自然的，但却不是繁丽的，是在颜、谢之外的第三种审美境界：颜诗境界是士人进入朝廷做大夫的一面，陶诗境界是士人退出朝廷在山水田园做隐士的一面，谢诗境界是在仕与隐、进与退、朝廷和山林之间往回去来的一面。而书法上的张芝、钟繇、王羲之，绘画上的顾恺之、陆探微、张僧繇，与诗歌上的这三种审美境界都有相通的地方。谢灵运《山居赋》是一篇有关园林艺术的重要文献，其美学意义堪比陆机《文赋》。同样，我们通过对陶渊明相关诗作的分析，可以发现其自然小园不同于谢灵运大园的特点。而从谢灵运的大园到陶渊明的小园，可以看

3

出东晋以来的私家园林完全逸出秦汉宫廷的园苑，而新创出另一种审美天地——由此我们可以发现此间士人审美意识演变的一条非常清晰的轨迹。

最后，相对于士人美学及士人文学艺术创作所形成的美学思想，工艺美学、日常生活美学等方面的研究也不够充分——有鉴于此，本卷第四编专门编录了这方面的文献。

在体例方面，已有美学史文献整理的最大问题是不够重视"注"中的文献。魏晋是玄学的时代，而玄学思想又主要是通过对《老子》《庄子》《周易》这"三玄"的注释表达出来的，已有文献整理大都没有收录这方面的文献，难见玄学全貌。本卷则收录了王弼《老子注》《周易注》及郭象《庄子注》中的注文，此外还辑录了何晏《论语集解》中的注文。再如《列子》，正文或为伪托之文，但张湛之注则显然是此期文献，也有哲学美学价值，故而本卷也收录了张湛注文。再如《世说新语》，已有美学史文献整理，往往只录刘义庆所撰正文，而刘孝标注文中其实也蕴含着非常丰富的美学文献，本卷也收录了他的注文。

整理、编排美学历史文献遇到的再一问题是分类：既可分类，也可不分类而按时序、人物编排，而两法各有利弊：后一法可避割裂，但一时代之理论结构蔽而不彰；前一法或能展示一代理论之结构，但难免支离。分类可有不同标准，也各有利弊，但任何一种分类，皆难免支离。本卷收录的《世说新语并注》《刘子》《颜氏家训》《金楼子》等书就按内容、主题而分列到各编，《抱朴子》之内篇编在"宗教美学"部分，而外篇相关内容则列在"文学美学"等部分；《文心雕龙》之《乐府》《声律》篇编在"音乐美学"部分，《物色》列于"自然美学"，《程器》则编入"人物品藻美学"，如此等等。理解一代美学理论，当融会贯通，所以，本书下面的导读重在贯通各编义理、揭示各编联系，以为救补。

从此期美学演进的轨迹来看：曹丕"诗赋欲丽"说开启了文的自觉和美的自觉；玄学呈采，佛、道风行，又开启了士人智性（哲学）的自觉；两者又带动了士人的个性自觉，这种自觉首先表现为与汉代谶纬迷信等拉开距离。其次，表现为对政教的相对疏离：由汉而魏晋，由经学而玄学，从政治"清议"到玄学"清谈"，直至"越名教而任自然"，昭示着士人疏离政教的轨迹。玄学兴盛，佛学流入，儒学相对式微，文化格局重组，玄学虽以道家精神为主，但儒家《易》经也是其基本思想资源之一，与《老子》《庄子》一起构成所谓"三玄"。道教产生，玄、道、佛、儒互动，士人美学由之而呈新貌。而这其中的一条主线，是士人美学逐渐从朝廷美学中独立出来：

第一，艺术的独立。文人绘画从宫室、陵墓壁画的服务朝廷、王侯礼仪中独立出来，山水诗画的兴起，获得更强的审美独立性；文人书法成为"散怀抱""畅神情"的审美艺术。诗与乐越来越多地成为个人的表情艺术。文人参与的器乐（以琴为代表）的发展更趋独立；诗歌也找到了在语言上的声音和谐规律（即四声等）。

第二，"文"或形式美的自觉，对"丽"的追求，并在声韵形式规律（四声等）的发现和运用上有突出而集中的体现。"六朝"可以说是一个"媚于色"的时代，而这与宗白华先生所说的"浓于情"是相统一的，只是此"情"既指感情、情绪等，同时也指神情、性情等，正是"媚于色"的审美感性形式，使士人的感情得到自由的抒发，同时也使士人性情、个性得到自由的表达。艺术形式美创造的感性之乐与玄学清谈的智性之乐，成为士人生命追求的两个基本方面，两者都蕴含着浓烈而深沉的生命意识。从"形"与"神"这对美学范畴来看，此期是重视"神""神似"的，但与后世相比，相对而言更重"形""形似"，或者说是形神并重，而非后世的弃形取神。

第三，士人美学独立分化出来后，朝廷美学在与其结合中，改变着自身原有风貌，并随其发展而发展。三国分立，文化中心在魏，以曹氏父子为核心，以建安七子为基础，所谓"建安风骨"构成了当时的审美主流。魏晋之际，竹林七贤代表了士人的审美趣味。时至南朝萧梁，宫廷和王府再次成为审美中心，形成了一股极尽声色之美、视听之娱的审美潮流。

第四，文化空间的分化，士人在宫廷、都城之外另外开辟出了新的审美文化空间：汉大赋主要围绕皇家园林、都城等展开，而此期私家园林大发展，其发展轨迹是一种渐近自然的过程：从城市园发展到山林园，山林园中从富贵园到自然园，自然园中从大园到小园。与此相关，山水田园诗画进一步使自然也成为士人的审美文化空间。随着宗教的发展，佛寺、道观等也成为士人的审美文化空间。再如包括修禊、清谈等文人雅集、交游活动的聚集地等。审美文化空间的分化与多元化，尤其园林艺术的发展，使士人审美意识有了新的安顿处。

第五，玄学、佛教、道教的出现和发展，对士人美学的发展有重要影响。佛教在魏晋时以自己的独特面貌兴盛起来，佛经翻译及重视音韵和谐的梵呗等对汉语诗歌格律的创制尤其"四声"的发明多有启发，佛像的雕塑和描绘影响着中国美术，谢灵运山水诗的取境多受佛学影响，而以慧远建于庐山的寺庙为代表的佛教建筑，与山水园林一起，开辟出了能体现士人宇宙意识的建筑艺术的新境。道教，在汉末的思想分裂中产生，从太平道式和天师道式的以政治—社会为主的形态，向葛洪和陆修静型的以思想—宗教为主的形态演进，而建筑于山水之间的道观，同样能体现士人宇宙意识的一个方面。玄学，从王弼、何晏的以《老子》为主，到嵇康和阮籍的《老》《庄》兼重，再到向秀、郭象的更重《庄子》，昭示着以政治—哲学为主旨的玄学，向以哲学—美学主色的玄学的转变。而山林情味颇浓的《庄子》，使士人的审美空间，由朝廷庙堂、都市一步步地拓展向自然山水，由"竹林七贤"的"竹林"到名士雅集的"兰亭"，并在自然山水园林中有了最终的落实。在北朝，佛、道建筑对都市结构布局等多有影响，而佛教由中亚到中国所呈现出的一条更长的审美地理线，昭示着此期美学更为广阔的发展空间。

总之，作为此期美学主体的士人美学，以玄、释、道、儒为思想基础，以文学、绘画、书法、音乐、园林等为艺术形式，以人在天地间的审美感知为基本方式，形成了在自然、身体、形式等方面的美学思想，其中又有两大突出的方面：

第一，中国型审美结构与审美把握方式的确立。人物品藻，使士人自身成为审美对象，促成了中国型审美把握方式的形成和确立。这对中国美学史具有重要意义。中国型审美把握方式与人的身体及其感官功能等密切相关：原本为人的身体结构的"神—骨—肉"成为审美对象的基本结构；在人的感官功能中，味觉与身体感受的联系更为密切，时人不仅以"味"品诗，而且还以"味"品道。"品"，成为中国文艺批评的主导方式。

第二，对自然美的自觉欣赏，与玄学等结合在一起，在中国美学史上也开辟出一种新境界，最直接的体现是：使与自然美相关的山水田园诗、画、园林等，成为后来中国艺术发展长河中的重要支脉。士人对自然美的欣赏，并不停留在自然万物的外在形式美上，而是"以玄对山水"，"以佛对山水"，玄学、佛学等赋予自然美欣赏活动以本体意味。"山水以形媚道"，以山水田园为表现对象的艺术活动，同样具有极强的本体意味。而强调乐理与玄理相通的音乐理论，则揭示音乐艺术活动中同样蕴含着极强的本体意味。同时，玄学是一种美学化的哲学，其"言意""形神"等理论，本身就具有极强的审美意味；而其"以无为本""越名教而任自然"的观念及佛学的"色空"论等，与艺术生成论中的本体意识密切相关。最终，自然与玄学等，使中国美学找到了艺术和美的价值的本体论根基：艺术家在与自然互动中所创造出的美的形式，超越了所要表达的对象和表达形式的有限性，在自然而自由的创造中，艺术家也超越了自身生命存在的有限性，融入自然、与"道"相合。

士人美学、朝廷美学之外，边疆民族的审美文化在与中原审美文化的双向互动中不断发展，如北朝以来的大量乐章歌词，"其曲亦多可汗之辞"，最著名的如《敕勒歌》《木兰辞》等，而这些"可汗之辞"又是用汉语表现出来的，呈现出一种独特的审美文化风貌。

第一编 ◎

天下观——朝廷——
哲学——宗教美学

本编导读

本编涉及的天下观、朝廷美学文献等，显示了魏晋南北朝美学的广度，而哲学、宗教美学等方面的文献则显示其深度。

王绍兰《说文段注订补》有云："案京师为首，诸侯为手，四裔（夷）为足，所以为中国人也。""四夷"之外是"八荒"，这些构成了古代中国独特的天下观，而此期的美学空间就是在这样的天下观中展开的。沈约《宋书》鲜卑吐谷浑列传、夷蛮列传等，描述了"四夷"的文化活动，可略见美学意味，同时《宋书》也有关于"八荒"之外的记录，与文化、美学上的对外交流有关。《山海经》与《列子》之《周穆王》《汤问》等篇，也载有对八荒之外的想象。由萧绎《金楼子·著书·职贡图序》，则可见天下观与朝贡体系的关联。就实而论，四夷、八荒的描述记载了包括文化、艺术交流在内的实际的对外交流；就虚而论，相关描述中，也包含着对异域的想象：如果说"八荒"是实际存在的话，那么，与古人想象有关的再一种"异域"是不存在的冥世。萧绎《金楼子·志怪》："夫耳目之外，无有怪者，余以为不然也"；干宝《搜神记序》也有"发明神道之不诬"之说；有关神怪故事，古人却有信（迷信）的一面，但是古人尤其士人大抵也并未沉陷其中。郭璞《山海经序》强调所记于经典有据，"达观博物之客，其鉴之哉"，"博物"是志怪笔记的功能之一；《拾遗记》也强调"文起羲、炎已来"；干宝《搜神记序》云："考先志于载籍"，并指出志怪小说"游心寓目"的作用。

朝廷美学与经、史等相关。总体来说，此期经学不发达，但王弼有《论语释疑》片段流传下来，何晏《论语集解》对后世经学也有不小影响。《列子·仲尼篇》注引何晏《无名论》可略见当时将儒学玄学化的倾向，而更突出的表现是对《易经》的玄学化阐释，尤其是王弼这方面的注解：本编把王弼有关《易经》研究的文献编排在朝廷美学部分，但对其相关理论的讨论则放在玄学美学部分进行。此期常爽《六经略注序》所提出的"身之文"值得特别注意，这也是刘勰《文心雕龙》中所使用的一个重要概念（参见后面"文学美学"的相关部分），可见，"身文"这一概念有着儒家经典基础。史书中记载朝廷礼乐的文献，构成了朝廷美学的重要组成部分，本编选录了沈约《宋书》之《乐志》《礼志》中的部分文献，以略见这方面的概况。

玄学赋予此期美学以哲学深度。从中国学术思想发展的历时轨迹来看，"玄学"与此前刘汉"经学"、此后隋唐"佛学"、宋明"理学"并论。从共时的相互影响来看，此期佛学思想被大量引进，并开始初步的中国化，而中国化很大程度上表现为玄学化，如僧肇之《肇论》就颇多玄学色彩；道教脱离刘汉以来的迷信化倾向，很大程度上也是借助玄学化，如葛洪之《抱朴子·内篇》就极富哲学意味。因此，此期宗教哲学大抵也是玄学哲学。从跟美学的关系来看，玄学本身就是一种审美化的哲学，其相关哲学范畴大都同时也是美学范畴。哲学不外自然本体论、社会论、人性论等，从对美学和文艺的影响来看，此期美学上萧纲的"文章且须放荡"的文艺观，跟哲学上鲍敬言的"无君"的社会观、嵇康的"越名教而任自然"的人性观、郭象的"自化"的自然观等，是相通的——抓住这其中的相通点，才能理解此期美学基本的哲学文化精神。

萧纲所谓"立身之道，与文章异，立身先须谨重，文章且须放荡"，不啻是文艺解放宣言，而值得注意的是：这是萧纲在写给儿子的信《诫当阳公大心书》——类似"家训"——中提出的，他当然不是在把自己的儿子引入歧途。"谨重"之立身，关乎人的安身立命，其实"放荡"之文章也关乎人的安身立命——这就需要从哲学上加以阐释。如果说"我"可以作为哲学的出发点之一的话，那么，彼我关系则是哲学的基本问题，而"彼"或为"他人"，则我为己我；而就群类论，则我为个我——在儒家思想中，"道"关乎群类，或者说，道人关系关乎群己关系。但是，"彼"也可以是我之外的"他物"，彼我关系就表现为物人关系——道家思想比较关注这方面。人我或合或分，我与人何以合？儒者曰"礼教"——这就是萧纲强调的"立身"。物我也或合或分，我与物何以合？或"万物静观皆自得"，或由"技"而合——这两者又关乎我之身（形）与心（神）的关系："静观"相对而言只关乎我之"心"，而"技"则还关乎我之"身（手、口、耳等等）"——"放荡"文章之价值，当从物我关系、身心关系中寻。

从中国文化思想的基本结构来看，儒与道有合有分，合则不分，分则不合：价值立场不同、人生归依不同。《南齐书·顾欢传》有云："孔、老治世为本，释氏出世为宗"，从此期所谓的"三玄"来看：《老子》《周易》可以说强调的是"以出世的精神入世"——儒与道可合；而

《庄子》则强调"以出世的精神入世"——道与儒也分。中国文化强调不可以执着于"个我",但也不可失去"个我":儒家强调个我(小我)要融入群我(大我)之中才能实现自身价值——这是"与人合";而道家强调即使重视群我也依然是"我执",破执之道在于超越人人关系而融入自然造化之中——这是"与天合";把嵇康的《释私论》与刘昼《刘子·去情》对读、互参可见;与道家相关的思想也强调破个我之执(私、私情等),但与儒家破执的指向不尽相同。由此而论,"放荡"文章之价值,最终当从"与天合"中寻:何承天《达性论》云:"制作侔造化",但是如果"内怀嗜欲(执个我之私),外惮权教(陷群我之执)",包括文章在内的制作就不能"侔造化",制作者也就不可能"与天合"。文章的放荡强调的是性情的解放,而束缚性情的,不仅包括儒门之教,也包括沙门(佛门)之教:"高士必在于纵心调畅,沙门虽云俗外,反更束于教,非情性自得之谓也。"(《世说新语·轻诋》)概而言之,越名教而任自然,道家乐生者会遭遇道德困境;但是,另一方面,拘于名教的儒家修德者也难免生存困扰;而调和名教与自然、修德与乐生也绝非易事。

与西方美学相比,中国美学的首要问题不是美与丑,而是有与无、形与神、精与粗等——这一系列两两相对的范畴,关乎哲学上的世界结构论、生成论。中国哲学的基本文化精神则体现为:不单纯从静态的结构来考察世界本体,更强调从动态的生成的角度来把握"道"——对于道家而言,就是不纠结于"道"为何物,也就不把"道"对象化,而关注"道"之生生运化,并投身于此大化流行之中而与"道"相合相融。下面就此梳理一下玄学中的美学理论。

第一,感性与理性关系论,是西方美学重要议题,玄学美学也有所涉及。此期士人尚"文"尚"玄",如《世说新语·赏誉》注引《续晋阳秋》曰:"初,(谢)安优游山水,以敷文析理自娱",作文、谈玄皆可"自娱"。在人物品藻中，既有"情痴"之美誉，也有"言谈之林薮""理窟"之雅称。郭象《庄子·天下注》有一段关于玄学清谈之用的讨论：如果说东汉后期所谓"清议"还关乎"经国"的话，那么，"辩名析理"的"清谈"则确乎是"无经国体致，真所谓无用之谈也"，但郭象指出，清谈也有"宣其气""系其思"的作用。玄学与文艺，乃士人文化活动之两面，或有理智与感性之别，实则贯通：玄学是一种审美化的哲学，玄学清谈颇类审美活动；而文艺若能合乎自然、进乎道，亦富玄味。

第二，世界结构"有－无"论与"自化"论。玄学"有－无"、佛学"色－空"之论，是哲学本体论、世界生成论，也是审美本体论。何晏、王弼主张"贵无论"；裴頠则著《崇有论》；向秀、郭象的《庄子注》提出"始生者自生""自化"，要求不应从静态实体而应从动态生成的角度，来看"无"与"有"的关系。王弼注《老子》四十章有云："天下之物，皆以有为生。有之所始，以无为本"，又注四十二章云："万物万形，其归一也。何由致一？由于无也"，这种"无→有→无"的世界生成、回归图景，同时也体现了有无相生的现象；二者合一，影响了对艺术审美生成的认识。如陆机《文赋》"课虚无以责有，扣寂寞以求音"，正是从有与无、现象与本体、事物与宇宙的关联，来看艺术生成的特质的。刘勰《文心雕龙·原道》描画出了一幅更具体的"道"生"文"的图景，为南朝重声（声文）、色（形文）双美的审美主潮，提供了自然本体论的理论基础。

第三，人身结构"形－神"论。玄学的有无论及佛学的色空论，使自然、宇宙本性或道虚灵化，这种虚灵化也与审美精神相通，并有着浓烈的生命意识——而这又与"形－神"关系论相关。在这方面，范缜倡导神灭论，也即神与形（身）不离论，受到了佛教徒的围攻，形（身）灭而神不灭构成了佛学的核心理念之一——从宗教美学的角度来看，这与道教美学又不相同，后者强调形（身）神不离，得道成仙是在形（身）不灭的状况下超越人的生命存在的有限性的。宗教哲学上的形神论，主要是一种关乎人的生命存在结构的人身结构论，这又被运用到美学上的艺术结构论，而两者又略有不同：佛家所谓神可离形而在，不太适用于分析艺术结构，而道家形神不离论则与艺术形神论是相通的，在此意义上，此期艺术结构形神论的哲学基础是玄学、道教哲学，而非佛学。此外，如刘勰讨论宗教问题时，是神不灭而可离形而在论者，但在讨论文学艺术问题时，则可以说是形神不离论者，如《文心雕龙·养气》："夫耳目鼻口，生之役也；心虑言辞，神之用也"，"耳目鼻口"讲的是形（身），神之用是不能离形（身）的，其文学结构论更是强调形神不离（重"文"）。从把握形神结构的角度来看，葛洪《抱朴子·外篇·行品》所谓"望形得神"、郭象《庄子·大宗师》注所谓"阶近以至远，研粗以至精"，既是把握人身结构（人物品藻）的基本方式，也是把握艺术结构（艺术品评）的基本方式——由此可见，艺术作品结构论与人身结构论、世界结构论是相通的，赏文、鉴艺之道，与夫观物、相人之道通。

与人的生命存在结构"形－神"论相关，"无→有→无"，就不仅是一种世界生成图景，同时也是人的生命的生成图景。士人在玄学之"无"、佛学之"空"中感受到了生命的幽忧，那么，如何安顿这亦空亦无的生命呢？以"酒"、以"药"、以"啸"、以"游"，当然也以"文"。在"纵浪"于自然造化、"放荡"于艺术创造中，士人生命之"幽情"得到畅抒，"幽忧"得到纾解，沉痛的生命得到抚慰。总体来说，此期士人所创造的艺术世界，乃是由无而有的万物化育、元气淋漓的世界，也就是谢赫所说的一个"气韵生动"的世界——这种审美境界到后来的盛唐达到了高峰。

第四，"言－意""精－粗"范畴论。玄学"言意"范畴，同时也是美学范畴，"得意忘言"论也是美学理论。言意关系在当时哲学讨论中有三派，欧阳建有《言尽意论》，荀粲则强调"象外之意"不可尽。王弼《周易略例·明象》，既指出"尽意莫若象，尽象莫若言"，又强调"得意在忘象"，"得象在忘言"。从美学上看，"言不尽意"正与艺术和审美的特质相通，尤其跟艺术之为"技"的"精—粗"关系相关：《庄子》中许多有关技艺的寓言故事与"言不尽意"相关，对此期美学影响甚大。陆机《文赋》："轮扁所不得言，故亦非华说之所能精"；沈约提倡四声、声律形式之美，但在《答陆厥书》也说："韵与不韵，复有精粗，轮扁不能言，老夫亦不尽辨此。"深知"四声"等只是"粗"的方面，是可以言传的，而声韵形式技巧还有"神"的方面，则是口不能传、言所不追的。艺术形式技巧之"精""神"，只能在人的身体器官与外物发生实际接触的技艺活动（如《庄子》中的轮扁斫轮、庖丁解牛等）之中被体验到——如果说"味"论是强调在艺术"接受"中把握"道"不离身体的话，那么，由"言不尽意"论所引发的技之"精""神"论则是强调在艺术"创作（形式创造）"中把握"道"也离不开身体——当然另一方面也要超越身体及艺术表达形式本身的有限性："此中有真意，欲辨已忘言"（陶渊明），"忘言"正是为了超越"言"的有限性，也只有如此，才能把握"真意"而近乎道。艺术活动中的忘象、忘书、忘笔、忘手、忘心等皆是为了超越有限性，在此超越中，艺术家也超越自身生命的有限性而获得与道相合的自由。郭象《庄子注》指出："圣应其内，当事而发；己言其外，以畅事情。情畅则事通，外明则内用，相须之理然也。"艺术之为"技"关乎内外、身心、形神、心口、言意、手心等关系，而"技"而能"精"就需做到内外"相须"。

　　第五，"名教—自然"关系论。玄学"越名教而任自然"的观念，既是一种社会哲学观念，同时也是一种审美哲学观念。在"名教"与"自然"的关系上，王弼提出"名教出于自然"，向秀"以儒道为一"，郭象进而强调圣人可以"游外（崇名教）"而"冥内（任自然）"，"名教"即"自然"；与此针锋相对，嵇康、阮籍则强调名教不符合人的自然本性，提出"越名教而任自然"，对名教有所否定，而"任自然"与审美自由精神密切相关。

超越了名教的束缚之后，人就可以"纵浪大化中"，置身于跟自然的关系之中，并在这种关系中探寻、创造自己生命的价值。落实到艺术活动中，人与自然的关系，就具体表现为情景、心物关系。《文心雕龙》"情往似赠，兴来如答"极富诗意地描述了人与自然山水之间的往来应答的和谐互动关系，"物色之动，心亦摇焉"，"物色相召，人谁获安"，"情以物迁，辞以情发"——钟嵘《诗品序》开篇有极相近的描述："气之动物，物之感人，故摇荡性情，形诸舞咏"。在此"气—物—人（情）—舞咏（辞）"的动态结构中，"气"乃运行于天地万物之中的本体之道，而人也是由"气"凝结而成的，并且"气"也运行于人身之内。于是，艺术的生成过程，就同时也是人的内在之气与外在之气相互激发、一气贯通的过程。玄学本体论的无与有的关系，在艺术生成过程中就表现为：山水所蕴含的天地灵气"摇荡性情，形诸舞咏"，"情以物迁，辞以情发"，无形之气就转化成有形之"舞咏"与"辞"。融会贯通而论，以上艺术生成论与艺术结构论的相接点是：要使艺术结构能有无相生、形神兼备而具有创造性和生命性，在艺术生成过程中当使人与物（自然）互动而各各自化；自然之道是无中生有而创生万物，无中生有也是文艺独创之道，文艺一旦做到无中生有，也就做到了"制作侔造化"，文艺制作者也就融入自然的生生创化中而超越自身生命存在有限性。

一、朝廷与天下观中的美学

何　晏

　　何晏(?—249)，字平叔，南阳宛县(今河南南阳)人，三国时期魏大臣，正始名士，与夏侯玄、王弼等倡导玄学，竞事清谈，开一时风气，为魏晋玄学创始者之一。其父早逝，曹操纳其母尹氏为妾，因被收养，为曹操所宠爱。少年时以才秀知名，喜好老、庄之言，娶曹操女金乡公主。文帝时未授官职，明帝时只授冗官之职。正始年间，曹爽秉政，何晏党附曹爽，累官侍中、吏部尚书，典选举，封列侯。高平陵之变后与曹爽同为司马懿所杀，灭三族。曾与郑冲等共撰《论语集解》。选文《论语集解》参校《论语注疏》，北京大学出版社 2000 年版；

《无名论》参校"诸子集成"本《列子注·仲尼篇》，世界书局 1935 年版。

论语集解

学 而

［有子曰］孔子弟子有若。

［其为人也孝弟，而好犯上者，鲜矣！］鲜，少也。上，谓凡在己上者。言孝弟①之人必恭顺，好欲犯其上者少也。

［不好犯上，而好作乱者，未之有也。君子务本，本立而道生。］本，基也。基立而后可大成。

［孝弟也者，其为仁之本与。］先能事父兄，然后仁道可大成。

为 政

［子曰：攻乎异端，斯害也已矣。］攻，治也。善道有统，故殊涂②而同归，异端不同归也。

［子张问："十世可知也？"子曰："殷因於③夏礼，所损益，可知也。周因於殷礼，所损益，可知也。其或继周者，虽百世，可知也。"］物类相召，世数相生，其变有常，故可预知。

八 佾

［子语鲁大师乐，曰："乐其可知也：始作，翕如也"］大师，乐官名。五音始奏，翕如，盛。

---

① 弟：即"悌"，指敬爱兄长。

② 涂：同"途"。

③ 编者按，据 1988 年公布的《现代汉语通用字表》，原被定为异体字的"於"恢复使用。为尊重原书作者，本书"於""于"的使用情况与所据书保持一致。

［从之，纯如也］"从"读曰"纵"，言五音既发，放纵尽其音声。纯如，和谐也。

［皦如也］言其音节明也。

［绎如也，以成。"］纵之，以纯如、皦如、绎如，言乐始作翕如，而成於三①。

公冶长

［子贡曰：夫子之文章，可得而闻也］章②，明也。文彩形质著见，可以耳目循。

［夫子之言性与天道，不可得而闻也已矣］性者，人之所受以生也。天道者，元亨③日新之道，深微，故不可得而闻也。

雍　也

［哀公问："弟子孰为好学？"孔子对曰："有颜回者好学，不迁怒，不贰过，不幸短命死矣。今也则亡，未闻好学者也。"］凡人任情，喜怒违理；颜回任道，怒不过分。迁者，移也；怒当其理，不移易也。不贰④过者，有不善，未尝复行。

［子曰：知者乐水，仁者乐山］仁者乐如山之安固，自然不动，而万物生焉。

［子曰：觚不觚，觚哉！觚哉！］觚⑤哉！觚哉！言非觚也，以喻为政不得其道则不成。

---

①　皦如：分明、清晰貌，"皦"同"皎"。绎如：相续不绝貌。翕如：盛貌。
②　章：同"彰"。
③　元亨："元亨利贞"之略语，语出《周易·乾卦》；"元"为大、为始，引义为善长；"亨"为通，引义为嘉会；"利"为美利，引义为义和；"贞"为正，引义为干事；四者分别代表仁、礼、义、智。
④　贰：再、重复。
⑤　觚：读 gū，酒具，也作礼器。

［子曰：中庸之为德也，其至矣乎！民鲜久矣。］庸，常也，中和可常行之德。世乱，先王之道废，民鲜①能行此道久矣，非适今。

述 而

［子曰：志於道］志，慕也。道不可体，故志之而已。

［据於德］据，杖②也。德有成形，故可据。

［依於仁］依，倚也。仁者功施於人，故可倚。

［游於艺］艺，六艺③也，不足据依，故曰游。

子 罕

［子绝四：毋意］以道为度，故不任意。

［毋必］用之则行，舍之则藏，故无专必。

［毋固］无可无不可，故无固行。

［毋我］述古而不自作④，处群萃而不自异，唯道是从，故不有其身。

［子曰：吾有知乎哉？无知也］知者，知意之知也。知者言未必尽，今我诚尽。

［有鄙夫问於我，空空如也。我叩其两端而竭焉。］有鄙夫来问於我，其意空空然，我则发事之终始两端以语之，竭尽所知，不为有爱。

［颜渊喟然叹曰］喟，叹声。

［仰之弥高，钻之弥坚］言不可穷尽。

［瞻之在前，忽焉在后］言恍惚不可为形象。

［夫子循循然善诱人］循循，次序貌。诱，进也。言夫子正以此道进劝人有所序。

---

① 鲜：少。
② 杖：仰仗。
③ 六艺：指礼、乐、射、御、书、数六种技能。
④ 述：与"作"相对，指阐述古人说法。作：指创立新说。

[博我以文，约我以礼，欲罢不能。既竭吾才，如有所立卓尔，虽欲从之，末由也已]言夫子既以文章开博我，又以礼节节约我，使我欲罢不能。已竭我才矣，其有所立，则又卓然不可及。言已虽蒙夫子之善诱，犹不能及夫子之所立。

[子曰：可与共学，未可与适道]适，之也①。虽学，或得异端，未必能之道。

[可与适道，未可与立]虽能之道，未必能有所立。

[可与立，未可与权]虽能有所立，未必能权量其轻重之极。

["唐棣之华，偏其反而。岂不尔思？室是远而"]逸诗也。唐棣，栘也②，华反而后合。赋此诗者，以言权道反而后至於大顺。思其人而不得见者，其室远也，以言思权而不得见者，其道远也。

[子曰：未之思也，夫何远之有！]夫思者，当思其反，反是不思，所以为远。能思其反，何远之有！言权可知，唯不知思耳。思之有次序，斯可知矣。

先 进

[子曰：回也，其庶乎！屡空。赐不受命，而货殖焉，亿则屡中。]言回庶几③圣道，虽数空匮，而乐在其中。赐不受教命，唯财货是殖，亿度是非④。盖美回，所以励赐也。一曰："屡"犹"每"也，"空"犹"虚中"也，以圣人之善道，教数子之庶几，犹不至於知道者，各内有此害。其於庶几每能虚中者，唯回怀道深远。不虚心，不能知道，子贡虽无数子之病，然亦不知道者，虽不穷理而幸中，虽非天命而偶富，亦所以不虚心也。

---

① 适、之：往。

② 唐棣：又作"棠棣"，指一种落叶小乔木。栘：读 yí，指唐棣。

③ 回：孔子弟子颜回。庶几：近似。

④ 赐：指孔子弟子端木赐，字子贡。殖：指生财。亿度：揣度，"亿"同"臆"。

宪　问

[子击磬於卫，有荷蒉而过孔氏之门者，曰："有心哉，击磬乎?"]蒉，草器也；有心，谓契契然①。

[既而曰："鄙哉，硁硁乎! 莫己知也，斯己而已矣]此硁硁②者，徒信己而已，言亦无益。

[深则厉，浅则揭。"子曰："果③哉，末之难矣!"]未知己志而便讥己，所以为果；末，无也，无难者，以其不能解己之道④。

[子曰：君子上达，小人下达。]本为上，末为下。

卫灵公

[子曰："赐也，女以予为多学而识之者与?"对曰："然，非与?"曰："非也，予一以贯之。"]善有元，事有会，天下殊涂而同归，百虑而一致。知其元则众善举矣，故不待多学而一知之。

[子曰：无为而治者，其舜也与? 夫何为哉? 恭己正南面而已矣。]言任官得其人，故无为而治。

季　氏

[孔子曰：君子有三畏：畏天命]顺吉逆凶，天之命也。

[畏大人]大人，即圣人，与天地合其德。

[畏圣人之言]深远不可易知测，圣人之言也。

[小人不知天命而不畏也]恢疏⑤，故不知畏。

[狎大人]直而不肆，故狎之。

[侮圣人之言。]不可小知，故侮之。

---

① 蒉：读 kuì，草筐。契契然：忧苦貌。

② 硁硁：读 kēng kēng，浅陋固执貌。

③ 果：确实，真的。

④ 难：读 nàn，诘责、质问。

⑤ 恢疏：(天命)宽宏貌。

无名论

为民所誉，则有名者也；无誉，无名者也。若夫圣人，名无名，誉无誉，谓无名为道，无誉为大，则夫无名者，可以言有名矣；无誉者，可以言有誉矣。然与夫可誉可名者，岂同用哉？此比於无所有，故皆有所有矣。而於有所有之中，当与无所有相从，而与夫有所有者不同。同类无远而相应，异类无近而不相违。譬如阴中之阳，阳中之阴，各以物类，自相求从。夏日为阳，而夕夜远，与冬日共为阴；冬日为阴，而朝昼远，与夏日同为阳；皆异於近而同於远也。详此异同，而后无名之论可知矣。凡所以至於此者何哉？夫道者，惟无所有者也。自天地已来，皆有所有矣。然犹谓之道者，以其能复用无所有也。故虽处有名之域而没其无名之象，由以在阳之远体，而忘其自有阴之远类也。夏侯玄①曰："天地以自然运，圣人以自然用。"自然者，道也。道本无名，故老氏曰："强为之名。"②仲尼称："尧荡荡无能名焉"，下云"巍巍成功，则强为之名"③，取世所知而称耳。岂有名而更当云无能名焉者邪？夫唯无名，故可得遍以天下之名名之。然岂其名也哉？唯此是喻而终莫悟，是观泰山崇崛而谓元气不浩芒者也。

---

① 夏侯玄（209—254）：字太初（一作泰初），三国时期曹魏沛国谯（今安徽亳州）人，著名玄学家。

② 语见《老子·二十五章》。

③ 语出《论语·泰伯》：子曰："巍巍乎，舜禹之有天下也，而不与焉。"子曰："大哉尧之为君也！巍巍乎，唯天为大，唯尧则之。荡荡乎，民无能名焉。巍巍乎，其有成功也。焕乎，其有文章。"

王 弼

王弼（226—249），字辅嗣，山阳郡（今山东济宁、鱼台、金乡一带）人，三国时期魏大臣，曾任尚书郎，经学家，与何晏、夏侯玄等同倡玄学清谈，魏晋玄学的主要代表人物之一。少有文名，正始十年秋天，以疠疾亡，年仅24岁。王弼著有《周易注》《周易略例》《老子注》《老子指略》《论语释疑》等数种。选文参校楼宇烈《王弼集校释》，中华书局1980年版。

周易略例

明 象

夫《象》①者，何也？统论一卦之体，明其所由之主者也②。夫众不能治众，治众者，至寡者也；夫动不能制动，制天下之动者，贞夫一者③也。故众之所以得咸存者，主必致一也；动之所以得咸运者，原必无二也。

物无妄然④，必由其理。统之有宗，会之有元⑤，故繁而不乱，众而不惑。故六爻相错，可举一以明也；刚柔相乘，可立主以定也。是故杂物撰德，辩是与非，则非其中爻，莫之备矣⑥。故自统而寻

---

①　《象》：指《象辞》。

②　王弼认为：一卦中虽有众多爻，但其中只有一爻起主导作用，而《象辞》总论起主导作用的这一爻，以辨明该卦的主旨所在。

③　贞：正。一：就卦而言指其中起主导作用的一爻，宽泛而言指绝对静止的本体。

④　妄然：虚妄、盲目。

⑤　元：同"原"，"宗""主"的意思。

⑥　"是故杂物撰德"等四句，语出《系辞下》。撰：选。中爻：指一卦中的二、五爻。

之，物虽众，则知可以执一御也；由本以观之，义虽博，则知可以一名举也。故处璇玑①以观大运，则天地之动未足怪也；据会要以观方来，则六合辐辏未足多也②。故举卦之名，义有主矣；观其《彖辞》，则思过半矣！夫古今虽殊，军国异容，中之为用，故未可远也。品制③万变，宗主存焉。《彖》之所尚，斯为盛矣！

夫少者，多之所贵也；寡者，众之所宗也。一卦五阳而一阴，则一阴为之主矣；五阴而一阳，则一阳为之主矣。夫阴之所求者，阳也；阳之所求者，阴也。阳苟一焉，五阴何得不同而归之？阴苟只焉，五阳何得不同而从之？故阴爻虽贱，而为一卦之主者，处其至少之地也。或有遗爻而举二体者，卦体不由乎爻也④。繁而不忧乱，变而不忧惑，约以存博，简以济众，其唯《彖》乎？乱而不能惑，变而不能渝，非天下之至赜，其孰能与於此乎？故观《彖》以斯，义可见矣。

明爻通变

夫爻者，何也？言乎变者也。变者何也？情伪⑤之所为也。夫情伪之动，非数⑥之所求也；故合散屈伸，与体相乖⑦。形躁好静，质柔爱刚，体与情反，质与愿违⑧。巧历不能定其算数，圣明不能

---

① 璇玑：古代观测天象的仪器。

② 会要：纲领、枢纽。六合：上、下、四方，统指宇宙。辐辏：向中心聚集。

③ 品：种类。制：制度。

④ "或有"二句：指有些卦(如"丰"卦等)所体现的意义，不在某一爻，这就需要从其上下卦(二体)来解释其意义。

⑤ 情伪：指情欲、智慧巧诈等。

⑥ 数：指万物的自然状态。

⑦ 与体相乖：与本体相背离。

⑧ "形躁"等四句：表现出来的是好动(形躁)，而其本体是好静的；本性虽然柔顺，而其愿望却是刚健；因此，本体与情欲，本性和愿望是相违反的。

为之典要；法制所不能齐，度量所不能均也；为之乎岂在夫大哉①！陵三军者，或惧於朝廷之仪；暴威武者，或困於酒色之娱。

近不必比，远不必乖。同声相应，高下不必均也；同气相求，体质不必齐也。召云者龙②，命吕者律③。故二女相违，而刚柔合体。隆墀永叹，远壑必盈④。投戈散⑤地，则六亲不能相保；同舟而济，则吴越何患乎异心？故苟识其情，不忧乖远；苟明其趣，不烦强武⑥。能说⑦诸心，能研诸虑，睽⑧而知其类，异而知其通，其唯明爻者乎？故有善迩而至至，命宫而商应⑨；修下而高者降，与彼而取此者服矣⑩。

是故，情伪相感，远近相追；爱恶相攻，屈伸相推；见情者获，直往则违⑪。故拟议以成其变化⑫，语成器而后有格⑬。不知其所以

---

① "巧历"等五句："体与情反，质与愿违"的情况，即使再精巧的历法也不能为其定出某种度量，即使再聪明的人也不能为其建立某种法制，度量、法制是无法使其齐一、均和的，所以问题并不在于制定多严格的度量、法制等。

② 召云者龙：《周易·乾文言》："云从龙，风从虎"，此句比喻"同气相求"。

③ 命吕者律：此句比喻"同声相应"，"吕"为阴声，"律"为阳声，阳唱而阴和。

④ 邢璹注云：隆，高也。墀，水中墀也。永，长也。处高墀而长叹，远壑之中，盈响而应。九五尊高，喻于隆墀；六二卑下，同于远壑，唱和相应也。

⑤ 散：逃散。

⑥ 邢璹注云：苟识同志之情，何忧吴越也；苟知逃散之趣，不劳用其威武也。

⑦ 说：同"悦"。

⑧ 睽：读 kuí，乖异。

⑨ 邢璹注云：善，修治也。迩，近也。近修治言语，千里远应。若《中孚》之九二："鸣鹤在阴，其子和之。"鸣于此，和于彼，声同则应，有若宫、商也。

⑩ 邢璹注云：处下修正，高必命之。《否》之初六："拔茅、贞吉"。九四："有命畴离祉"也。与，谓上也。取，谓下也。君上福禄，不独有之，下人服者，感君之德。

⑪ "是故情伪相感"等六句：语出《系辞下》，概述爻与爻之间交互变化、感应排斥的各种情况，以表示吉凶、悔吝、利害。

⑫ "拟议以成其变化"：爻的变化是效法于外物之运动、变化而成的。拟：比拟。议：借为"仪"，范式。

⑬ 邢璹注云：格，作括，括，结也。动则"拟议"，极于变化，"语成器"而后无结阂之患也。

为主，鼓舞而天下从，见乎其情者也①。

是故，范围天地之化而不过，曲成万物而不遗，通乎昼夜之道而无体，一阴一阳而无穷。非天下之至变，其孰能与於此哉！是故，卦以存时，爻以示变②。

<h3 style="text-align:center">明卦适变通爻</h3>

夫卦者，时也；爻者，适时之变者也。夫时有否泰，故用有行藏③；卦有小大，故辞有险易④。一时之制，可反而用也；一时之吉，可反而凶也⑤。故卦以反对，而爻亦皆变。是故用无常道，事无轨度，动静屈伸，唯变所适⑥。故名其卦，则吉凶从其类；存其时，则动静应其用。寻名以观其吉凶，举时以观其动静，则一体之变，由斯见矣。夫应者，同志之象也⑦；位者，爻所处之象也⑧。承乘者，逆顺之象也⑨；远近者，险易之象也⑩。内外⑪者，出处之象

---

① 邢璹注云："鼓舞"，犹变化也，《易》道变化，应人如响，退藏于密，不知"为主"也。其为变化，万物莫不从之而变，是显见其情。《系辞》曰："圣人之情见乎辞"。又曰："鼓之舞之，以尽神。"

② 该节语出《系辞上》，邢璹注云：范，法也。围，周围也。模范周围天地变化之道，而不过差；委曲成就万物，而不有遗失。阳通昼。阴通夜。"昼夜"，犹变化也。极神妙之道，而无体可明。一者，道也。道者，虚无也。在阴之时，不以生长而为功；在阳之时，不能生长而为力，是以生长"无穷"。若以生长为功，各尽于有，物之功极，岂得无穷乎？非六爻至极通变，以应万物，则不能与于此也。

③ 用有行藏：否时用藏，泰时用行。

④ 邢璹注云：阴长则小，阳生则大。《否》卦辞"险"，《泰》卦辞"易"。

⑤ "一时之制"等四句："制"与"用"、"吉"与"凶"发展到一定时候会相互转化。

⑥ 邢璹注云：卦既推移，道用无常，爻逐时变，故"故无轨度"，动出静入，屈往伸来，"唯变所适"也。

⑦ 应：相应，如初与四、二与五、三与上互相相应。

⑧ 位：指二、三、四、五之阴阳爻位。

⑨ 承：载，以下对上称为"承"。乘：驾，与"承"相对，以上对下称为"乘"。阴承阳是顺，阳承阴是逆；阴乘阳是逆，阳乘阴是顺。

⑩ 此句意为：远难则易（平），近难则险。

⑪ 内外："内"指下卦，是"处"（居）；"外"指上卦，是"出"。

也；初上①者，终始之象也。是故，虽远而可以动者，得其应也；虽险而可以处者，得其时也。弱而不惧于敌者，得所据②也；忧而不惧于乱者，得所附③也；柔而不忧于断者，得所御也④。虽后而敢为之先者，应其始也⑤；物竞而独安静者，要其终也⑥。故观变动者，存乎应⑦；察安危者，存乎位⑧；辩逆顺者，存乎承乘⑨；明出处者，存乎外内⑩。

远近终始，各存其会；辟险尚远，趣时贵近⑪。《比》《复》好先⑫，《乾》《壮》恶首⑬；《明夷》务暗，《丰》尚光大。吉凶有时，不可犯也；动静有适，不可过也。犯时之忌，罪不在大；失其所适，过不在深。动天下，灭君主，而不可危也；侮妻子，用颜色，而不可易也。故当其列贵贱之时，其位不可犯也；遇其忧悔吝之时，其介

---

① 初上："初"指最下之爻，是"始"；"上"指最上之爻，是"终"。

② 据：位。"得所据"即"得其位"。

③ 得所附：指所依附者得当。

④ 邢璹注云：体虽柔弱，不忧断制，良田柔御于阳，终得刚胜，则"《噬嗑》六五：噬乾肉得黄金"之例。

⑤ 邢璹注云：初爻处下，有应于四者，即是体后而敢为之先，则"《泰》之初九：拔茅茹以其汇，征吉"之例是也。

⑥ 邢璹注云：物甚争竞，已"独安静"，会其终也。《大有》上九："自天祐之，吉，无不利"。余并乘刚，竞其丰富，已独安静，不处于位，由居上极，"要其终也"。

⑦ 邢璹注云：爻有变动在乎应，有应而动，动则不失，若"《谦》之九三：劳谦君子，有终，吉"之例。

⑧ 邢璹注云：爻之安危在乎位，得位则安，若"《节》之六四：安节，亨"之例。失位则危，若《晋》之九四："晋如鼫鼠，贞厉"之类是也。

⑨ 邢璹注云：阴乘于阳，逆也。《师》之六三："师或舆尸，凶"。阴承于阳，顺也。《噬嗑》六三："小吝，无咎"。承于九四，虽失其正，小吝，无咎也。

⑩ 邢璹注云：《遁》，君子处外；《临》，君子处内。

⑪ 邢璹注云：适得其时则吉，失其要会则凶。《遁》之上九："肥遁，无不利"，此"尚远"也。《观》之六四："观国之光，处用宾于王"，此"贵近"也。

⑫ 好先：指有利于始。

⑬ 恶首：指不利于终。

不可慢也①。观爻思变，变斯尽矣。

明　象

夫象者，出意者也②。言者，明象者也③。尽意莫若象，尽象莫若言。言生于象，故可寻言以观象；象生于意，故可寻象以观意。意以象尽，象以言著。故言者所以明象，得象而忘言；象者，所以存意，得意而忘象。犹蹄者所以在兔，得兔而忘蹄；筌者所以在鱼，得鱼而忘筌也④。然则，言者，象之蹄也；象者，意之筌也。是故，存言者，非得象者也；存象者，非得意者也。象生于意而存象焉，则所存者乃非其象也；言生于象而存言焉，则所存者乃非其言也。然则，忘象者，乃得意者也；忘言者，乃得象者也。得意在忘象，得象在忘言。故立象以尽意，而象可忘也；重画以尽情，而画可忘也⑤。

---

①　此两句意思是说：遇到悔吝之时，即使极细小的事情，也不可简慢，而应谨慎从事。介：细小。

②　象：以卦而言指卦象，《系辞上》有云："夫象，圣人有以见天下之赜，而拟诸其形，象其物宜，是故谓之象"；宽泛来说则指一切可见之征兆，《系辞上》有云："见乃谓之象"。意：意义，指卦象或事物所包含之意义，如乾卦所含意义为刚健等。同一类意义之事物，可用一象来表示，如日、男等用乾卦表示，这就是所谓的"夫象者，出意者也"。

③　言：首先指用来说明卦象或物象的卦辞、爻辞，也泛指一切语言文字。邢璹注云：立象所以表出其意。作其言者，显明其象。若乾能变化，龙是变物，欲明乾象，假龙以明乾。欲明龙者，假言以象龙。龙则象之意也。

④　语出《庄子·外物》："筌者所以在鱼，得鱼而忘筌；蹄者所以在兔，得兔而忘蹄；言者所以在得意，得意而忘言"。蹄：用以拴住兔蹄的工具。筌：捕鱼的竹具。邢璹注云：蹄以喻言，兔以喻象。

⑤　重画：指六十四卦是阴、阳两爻重叠而成。情：真实。《系辞上》："圣人立象以尽意，设卦以尽情伪"。邢璹注云：尽意可遗象，尽情可遗画。若尽和同之意，忘其天火之象，得同志之心，拔茅之画尽可弃也。

是故触类可为其象，合义可为其征①。义苟在健，何必马乎？类苟在顺，何必牛乎？爻苟合顺，何必坤乃为牛？义苟应健，何必乾乃为马？而或②者定马於乾，案文责卦，有马无乾，则伪说滋漫，难可纪矣③。互体④不足，遂及卦变；变又不足，推致五行⑤。一失其原，巧愈弥甚。纵复或值⑥，而义无所取。盖存象忘意之由也。忘象以求其意，义斯见矣。

卦　略

《履》：《杂卦》曰："履，不处也"。又曰："履者，礼也，谦以制礼。"阳处阴位，谦也。故此一卦，皆以阳处阴为美也。

《临》：此刚长之卦也。刚胜则柔危矣，柔有其德，乃得免咎。故此一卦，阴爻虽美，莫过无咎也。

《观》：观之为义，以所见为美者也。故以近尊为尚，远之为吝。

《大过》：大过者，栋桡⑦之世也。本末皆弱，栋已桡矣。而守其常，则是危而弗扶，凶之道也。以阳居阴，极弱之义也，故阳爻皆以居阴位为美。济衰救危，唯在同好，则所赡褊矣。故九四有应，则有它吝；九二无应，则无不利也。

《大壮》：未有违谦越礼能全其壮者也，故阳爻皆以处阴位为美。

---

① 邢璹注云：征，验也。触逢事类则为象，鱼、龙、牛、马、鹿、狐、鼠之类。大人、君子，义同为验也。

② 或：同"惑"。

③ "义苟在健"等句：邢璹注云：《大壮》九三有乾，亦云"羝羊"。《坤》卦无乾，《彖》亦云"牝马"。《遁》无坤，六二亦称牛。《明夷》无乾，六二亦称马。唯执乾为马，其象未弘也。

④ 互体：汉易家解卦之法，指《易》卦上下两体相互交错取象而成之新卦，如《观》为《坤》下《巽》上，取其二至四爻则为《艮》，三至五爻则为《坤》。

⑤ 推致五行：邢璹注云：广推金、木、水、火、土为象也。

⑥ 纵复或值：即使偶然有说对之处。

⑦ 桡：读 ráo，木头弯曲。

用壮处谦，壮乃全也；用壮处壮，则触藩①矣。

《丰》：此一卦明以动之卦也。尚于光显，宣阳发畅者也。故爻皆以居阳位又不应阴为美，其统在於恶暗而已矣。小暗谓之沛，大暗谓之蔀②。暗甚则明尽，未尽则明昧；明尽则斗星见，明微故见昧。无明则无与乎世，见昧则不可以大事。折其右肱③，虽左肱在，岂足用乎？日中之盛而见昧而已，岂足任乎？

周易注

贲 卦

[上九：白贲，无咎]处饰之终，饰终反素，故任其质素，不劳文饰，而"无咎"也。以白为饰，而无患忧，得志者也。

复 卦

[《彖》曰："复，亨"，刚反，动而以顺行，是以"出入无疾"]入则为反，出则刚长，故"无疾"。疾犹病也。

["朋来无咎"]"朋"谓阳也。

["反复其道，七日来复"]阳气始剥尽，至来复④时，凡七日。

[天行也]以天之行，反复不过七日，复之不可远也。

["利有攸往"，刚长也]往则小人道消也。

[复其见天地之心乎]复者，反本之谓也。天地以本为心者也。凡

---

① 触藩：以角抵撞藩篱。比喻碰壁，进退两难。

② 蔀：读 bù，搭棚用的席，这里比喻"大暗"。

③ 肱：读 gōng，指胳膊由肘到肩的部分。

④ 复：反。

动息则静，静非对动者也；语息则默，默非对语者也①。然则天地虽大，富有万物，雷动风行，运化万变，寂然至无是其本矣。故动息地中，乃天地之心见也。若其以有为心，则异类未获具存矣。

[《象》曰：雷在地中，复。先王以至日闭关，商旅不行，后不省方]方，事也。冬至，阴之复也。夏至，阳之复也。故为复，则至於寂然大静，先王则天地而行者也。动复则静，行复则止，事复则无事也。

系辞（上）

[大衍之数五十，其用四十有九]演天地之数，所赖者五十也。其用四十有九，则其一不用也。不用而用以之通，非数而数以之成，斯易之太极也。四十有九，数之极也。夫无不可以无明，必因於有，故常於有物之极，而必明其所由之宗也。

论语释疑（辑佚）

述 而

[子曰：志於道]道者，无之称也，无不通也，无不由也。况之曰道，寂然无体，不可为象。是道不可体②，故但志慕而已。

[子温而厉，威而不猛，恭而安]温者不厉，厉者不温；威者心猛，猛者不威；恭则不安，安者不恭，此对反之常名也。若夫温而能厉，威而不猛，恭而能安，斯不可名之理全矣。故至和之调，五味不形；大成之乐，五声不分；中和备质，五材无名也。

泰 伯

[子曰：大哉，尧之为君也！巍巍乎唯天为大，唯尧则之。荡荡乎民无能

---

① "凡动息则静"四句：静、默是一切动、语的根本，是绝对的、永恒的，而动、语则是相对的、暂时的。

② 体：感触、体察。

名焉。]圣人有则天之德，所以称唯尧则之者，唯尧於时全则天之道也。荡荡，无形无名之称也。夫名所名者，生於善有所章①，而惠有所存，善恶相须，而名分形焉②。若夫大爱无私，惠将安在？至美无偏，名将何生？故则天成化，道同自然，不私其子而君其臣。凶者自罚，善者自功，功成而不立其誉，罚加而不任其刑，百姓日用而不知所以然，夫又何可名也？

子　罕

[达巷党人曰：大哉孔子！博学而无所成名！]譬犹和乐出乎八音乎，然八音非其名也！

阳　货

[子曰：予欲无言。子贡曰：子如不言，则小子何述焉？子曰：天何言哉？四时行焉，百物生焉。天何言哉！]予欲无言，盖欲明本。举本统末，而示物於极者也。夫立言垂教，将以通性，而弊至於湮；寄旨传辞，将以正邪，而势至於繁。既求道中，不可胜御，是以修本废言，则天而行化。以淳而观，则天地之心见於不言；寒暑代序，则不言之令行乎四时，天岂谆谆者哉？

常　爽

　　常爽，生卒年不详，字仕明，河内温（今河南温县西南）人，北朝后魏著名经学家，少已深研五经百家，曾授门徒七百余人。著有《六经略注》等。《北史》有传。选文参校清严可均校辑《全上古三代秦

---

① 章：明。
② 相须：相待，指相互对待而存在。名分：等级名分。形：产生。

汉三国六朝文》第 4 册之《全后魏文·卷三十二》，中华书局 1958
年版。

六经略注序

《传》称："立天之道，曰阴与阳；立地之道，曰柔与刚；立人之
道，曰仁与义。"①然则仁义者，人之性也；经典者，身之文②也；皆
以陶铸神情，启悟耳目，未有不由学而能成其器，不由习而能利其
业。是故，季路，勇士也，服道以成忠烈之概③；宁越，庸夫也，
讲艺以全高尚之节④。盖所由者，习也，所因者，本也。本立而道
生，身文而德备焉。昔者先王之训天下也，莫不导以《诗》《书》，教

---

① 语出《周易·说卦》。

② 身之文：身文，《左传·僖公二十四年》载介之推语云："言，身之文也。身将隐，
焉用文？是求显也。"又，《国语·晋语》："夫貌，情之华也；言，貌之机也。身为情，
成于中。言，身之文也。言文而发之，合而后行，离则为衅。"后世亦有不少关于"身之文"
或"身文"的文献：陈蕃《让封高阳侯疏》："臣闻，让，身之文，德之昭也，然不敢盗以为
名。"梁元帝《加王僧辩太尉、车骑大将军诏》："行为士则，言表身文。"僧顺《释三破论》：
"《左传》云：言者身之文。《庄周》云：言不广不足以明道。余欲无言，其可得乎。"庾信《周
陇右总管长史赠少保豆卢公神道碑》："名称宾实，言谓身文。"后周武帝《答李充信诏（五年
十一月）》："言著身文，行成士则。"刘师知《侍中沈府君集序》："至如敦厚之词，足以吟咏
情性，身之文也。贞固之节，可以宣被股肱，邦之光也。"直接以"身文"论诗文，《文心雕
龙》也数次以"身文"论诗文。《明诗》："讽诵旧章，酬酢以为宾荣，吐纳而成身文"；《章
表》："既其身文，且亦国华"；《程器》："岂无华身，亦有光国"；《书记》："言既身文，信
亦邦瑞"。可见"身文"是一重要美学范畴。

③ 季路：仲由（前 542—前 480）字，又字子路，春秋末鲁国卞（今泗水县泉林镇卞桥
村）人，其后因避战事迁往微山县鲁桥镇仲浅村。孔门十哲之一，小孔子九岁，也是弟子中
侍奉孔子最久者。《论语》中孔子对他的评价有"由也好勇过我，无所取材"，"由也，千乘之
国，可使治其赋也，不知其仁也"（《公冶长》）；"片言可以折狱者，其由也与?"（《颜渊》）等。

④ 宁越：战国时人，事见《吕氏春秋·傅志》："宁越，中牟之鄙人也，苦耕家之劳，
谓其友曰：'何为而可以免其苦也?'其友曰：'莫如学。学三十岁则可以达矣。'宁越曰：
'请以十五岁。人将休，吾将不敢休；人将卧，吾将不敢卧。'十五岁而周威公师之。"

以《礼》《乐》，移其风俗，和其人民。故恭俭庄敬而不烦者，教深于《礼》也；广博易良而不奢者，教深于《乐》也；温柔敦厚而不愚者，教深于《诗》也；疏通①知远而不诬者，教深于《书》也；洁静精微而不贼②者，教深于《易》也；属辞比事而不乱者，教深于《春秋》也。夫《乐》以和神，《诗》以正言，《礼》以明体，《书》以广听，《春秋》以断事，五者盖五常之道，相须而备，而《易》为之源。故曰："易不可见，则乾坤其几乎息矣。"③由是言之，六经者，先王之遗烈④，圣人之盛事也。安可不游心寓目，习性文身哉？顷因暇日，属意艺林，略撰所闻，讨论其本，名曰《六经略注》，以训门徒焉。

沈 约

沈约（441—513），字休文，吴兴武康（今浙江湖州德清）人，史学家、文学家。沈约孤贫流离，笃志好学，博通群籍，擅长诗文。历仕宋、齐、梁三朝。在宋仕记室参军、尚书度支郎；在齐仕著作郎、尚书左丞、骠骑司马将军，为文惠太子萧长懋太子家令，竟陵王萧子良开西邸，招文学之士，沈约为"竟陵八友"之一，与谢朓交好。齐梁禅代之际，他帮助梁武帝萧衍谋划并夺取南齐，建立梁朝，被封为建昌县侯，官至尚书左仆射，后迁尚书令，领太子少傅。晚年与梁武帝产生嫌隙。十二年（513），忧惧而卒，时年七十三。著有《晋书》《宋书》《齐纪》《高祖纪》《迩言》《谥例》《宋文章志》，

---

① 疏通：通达。
② 贼：邪恶、不正派。
③ 语出《周易·系辞上》，孔颖达疏云："几，近也。"
④ 遗烈：前人遗留的业绩。

并撰《四声谱》，除《宋书》外，多已亡佚。明人张溥在《汉魏六朝百三名家集》中辑有《沈隐侯集》。选文参校沈约撰《宋书》，中华书局1974年版。

宋 书

乐志一

《易》曰："先王作乐崇德，殷荐之上帝，以配祖考。"①自黄帝至于三代②，名称不同。周衰凋缺，又为郑卫③所乱。魏文侯虽好古，然犹昏睡於古乐④。于是淫声炽而雅音废矣。及秦焚典籍，《乐经》用亡。汉兴，乐家有制氏，但能记其铿锵鼓舞⑤，而不能言其义。周存六代之乐，至秦唯余《韶》《武》而已⑥。始皇改周舞曰《五行》，汉高祖改《韶舞》曰《文始》，以示不相袭也。又造《武德舞》，舞人悉执干戚⑦，以象天下乐己行武，以除乱也。故高祖庙奏《武德》《文始》《五行》之舞。周又有《房中之乐》，秦改曰《寿人》，其声，楚声

---

① 语出《易·豫卦》之"象"辞。殷：盛大。上帝：指天。配：配飨、配祭、合祭。祖考：祖先。

② 三代：指夏、商、周。

③ 郑卫：指郑卫之音，即春秋时的郑国和卫国的音乐，《论语·卫灵公》："子曰：行夏之时，乘殷之辂，服周之冕，乐则《韶》舞，放郑声，远佞人。郑声淫，佞人殆"，《乐记》："郑卫之音，乱世之音也"，后泛指不雅正的淫靡的俗乐。

④ 典出《礼记·乐记》：魏文侯问于子夏曰："吾端冕而听古乐则惟恐卧，听郑卫之音则不知倦，敢问古乐之如彼何也？新乐之如此何也？"

⑤ 制氏：鲁人。铿锵鼓舞：指乐曲、歌舞的节奏。

⑥ 六代之乐：指黄帝之《云门大卷》、唐尧之《大咸》、虞舜之《韶》、夏禹之《大夏》、商汤之《大濩》、周武王之《大武》。

⑦ 干戚：礼乐歌舞中常用物，"干"指盾牌，"戚"指大斧。

也，汉高好之，孝惠改曰《安世》①。高祖又作《昭容乐》《礼容乐》。《昭容》生於《武德》，《礼容》生於《文始》《五行》也。汉初又有《嘉至乐》，叔孙通②因秦乐人制宗庙迎神之乐也。文帝又自造《四时舞》，以明天下之安和。盖乐先王之乐者，明有法也；乐己所自作者，明有制也。孝景采《武德舞》作《昭德舞》，荐之太宗之庙。孝宣采《昭德舞》为《盛德舞》，荐之世宗之庙。汉诸帝奏《文始》《四时》《五行》之舞焉。

武帝时，河间献王与毛生等共采《周官》及诸子言乐事者，以著《乐记》，献八佾之舞③，与制氏不相殊。其内史中丞王定传之，以授常山王禹；禹，成帝时为谒者，数言其义，献记二十四卷。刘向校书，得二十三篇，然竟不用也。至明帝初，东平宪王苍总定公卿之议，曰："宗庙宜各奏乐，不应相袭，所以明功德也。承《文始》《五行》《武德》为《大武》之舞。"又制《舞哥》④一章，荐之光武之庙。

汉末大乱，众乐沦缺。魏武⑤平荆州，获杜夔，善八音，尝为汉雅乐郎，尤悉乐事，於是以为军谋祭酒，使创定雅乐。时又有邓静、尹商，善训⑥雅乐，哥师尹胡能哥宗庙郊祀之曲，舞师冯肃、

---

①　《汉书·乐志》：汉兴……又有《房中祠乐》，高祖唐山夫人所作也。周有《房中乐》，至秦名曰《寿人》。凡乐，乐其所生，礼不忘本。高祖乐楚声，故《房中乐》楚声也。孝惠二年，使乐府令夏侯宽备其箫管，更名曰《安世乐》。

②　叔孙通：西汉初期儒家学者，鲁地薛（今山东枣庄薛城北）人，曾协助汉高祖制订汉朝的宫廷礼仪，先后出任太常及太子太傅。

③　八佾之舞：天子之舞；"佾"读 yì，一佾指一列八人，八佾八列六十四人，按周礼规定，只有天子才能用八佾，诸侯用六佾，卿大夫用四佾，士用二佾，《论语·八佾》："孔子谓季氏，'八佾舞于庭，是可忍也，孰不可忍也。'"季氏是正卿，只能用四佾，却用八佾，所以孔子无法忍受其僭越行为。

④　哥：同"歌"。

⑤　魏武：指曹操。

⑥　训：考训。

服养晓知先代诸舞，夔悉总领之。远考经籍，近采故事，魏复先代古乐，自夔始也。而左延年等，妙善郑声，惟夔好古存正焉。

…………

（魏）明帝太和初，诏曰："礼乐之作，所以类物表庸①而不忘其本者也。凡音乐以舞为主，自黄帝《云门》以下，至于周《大武》，皆太庙舞名也。然则其所司之官，皆曰太乐，所以总领诸物，不可以一物名。武皇帝庙乐未称，其议定庙乐及舞，舞者所执，缀兆②之制，声哥之诗，务令详备。乐官自如故，为太乐。"太乐，汉旧名，后汉依谶改太予乐官，至是改复旧。

於是公卿奏曰："臣闻德盛而化隆者，则乐舞足以象其形容，音声足以发其哥咏。故荐之郊庙，而鬼神享其和；用之朝廷，则君臣乐其度。使四海之内，遍知至德之盛，而光辉日新者，礼乐之谓也。故先王殷荐上帝，以配祖考，盖当其时而制之矣。周之末世，上去唐、虞几二千年，《韶箾》③《南》《箾》《武》《象》之乐，风声遗烈④，皆可得而论也。由斯言之，礼乐之事，弗可以已。今太祖武皇帝乐，宜曰《武始之乐》。武，神武也；武，又迹也。言神武之始，又王迹所起也。高祖文皇帝乐，宜曰《咸熙之舞》。咸，皆也；熙，兴也。言应受命之运，天下由之皆兴也。至於群臣述德论功，建定烈祖之称，而未制乐舞，非所以昭德纪功。夫哥以咏德，舞以象事。於文，文武为斌，兼秉文武，圣德所以章明也。臣等谨制乐舞名《章斌之舞》。昔《箫韶》九奏，亲於虞帝之庭，《武》《象》《大武》，亦振于文、武之阼⑤。特以显其德教，著其成功，天下被服其光辉，习咏其风

---

① 庸：功劳。
② 缀兆：乐舞中舞者的行列位置。
③ 箾：同"箫"。《韶箾》即下文《箫韶》。
④ 遗烈：前人遗留的业绩。
⑤ 阼：读 zuò，大堂前东西的台阶，帝王登阼阶以主持祭祀，多借指帝位。

声者也。自汉高祖、文帝各逮其时，而为《武德》《四时》之舞，上考前代制作之宜，以当今成业之美，播扬弘烈，莫盛于《章斌》焉。《乐志》曰：'钟磬干戚，所以祭先王之庙，又所以献酬酳酢①也。在宗庙之中，君臣莫不致敬；族长之中，长幼无不从和。'故仲尼答宾牟贾之问曰：'周道四达，礼乐交通。'②《传》云：'鲁有禘乐，宾祭用之。'③此皆祭礼大享，通用盛乐之明文也。今有事於天地宗庙，则此三舞宜并以为荐享，及临朝大享，亦宜舞之。然后乃合古制事神训民之道，关於万世，其义益明。又臣等思惟④，三舞宜有总名，可名《大钧之乐》。钧，平也。言大魏三世同功，以至隆平也。於名为美，於义为当。"尚书奏："宜如所上。"帝初不许制《章斌之乐》，三请，乃许之。

∙∙∙∙∙∙∙∙∙∙∙∙

侍中缪袭⑤又奏："《安世哥》本汉时哥名。今诗哥非往时之文，则宜变改。案《周礼》注云：《安世乐》，犹周《房中之乐》也。是以往昔议者，以《房中》哥后妃之德，所以风天下，正夫妇，宜改《安世》之名曰《正始之乐》。自魏国初建，故侍中王粲所作登哥《安世诗》，专以思咏神灵及说神灵鉴享之意。袭后又依哥省读汉《安世哥》咏，亦说'高张四县，神来燕享，嘉荐令仪，永受厥福'，无有《二南》后妃风化天下之言。今思惟往者谓《房中》为后妃之哥者，恐失其意。方祭祀娱神，登堂哥先祖功德，下堂哥咏燕享，无事哥后妃之化也。自宜依其事以名其乐哥，改《安世哥》曰《享神哥》。"奏可。案文帝已改《安世》为《正始》，而袭至是又改《安世》为《享神》，未详其义。王

---

① 酳：读 yìn，献酒。酢：读 zuò，与"酬"相对，客人用酒回敬主人。
② 语出《礼记·乐礼》。
③ 语出《左传·襄公十年》。禘：读 dì，大祭。
④ 思惟：思量。
⑤ 缪袭(186—245)：字熙伯，东海兰陵(今山东苍山兰陵镇)人，三国曹魏大臣。

粲所造《安世诗》，今亡。袭又奏曰："文昭皇后庙，置四县①之乐，当铭显其均奏次第，依太祖庙之名，号曰昭庙之具乐。"尚书奏曰："礼，妇人继夫之爵，同牢配食者，乐不异文。昭皇后今虽别庙，至于宫县乐器音均，宜如袭议。"奏可。……

（王）肃②又议曰："说者以为周家祀天，唯舞《云门》；祭地，唯舞《咸池》；宗庙，唯舞《大武》，似失其义矣。周礼宾客皆作备乐。《左传》：'王子颓享五大夫，乐及遍舞。'六代之乐也。然则一会之日，具作六代乐矣。天地宗庙，事之大者，宾客燕③会，比之为细。《王制》曰：'庶羞不逾牲，燕衣不逾祭服。'可以燕乐而逾天地宗庙之乐乎？《周官》：'以六律、六吕、五声、八音、六舞大合乐，以致鬼神，以和邦国，以谐万民，以安宾客，以说远人。'夫六律、六吕、五声、八音，皆一时而作之，至于六舞独分擘④而用之，所以不厌人心也。又《周官》：'靺⑤师掌教靺乐，祭祀则帅其属而舞之，大享亦如之。'靺，东夷之乐也。又：'鞮鞻⑥氏掌四夷之乐与其声哥，祭祀则吹而哥之，燕亦如之。'四夷之乐，乃入宗庙；先代之典，独不得用。人享及燕日如之者，明古今夷、夏之乐，皆主之於宗庙，而后播及其余也。夫作先王乐者，贵能包而用之；纳四夷之乐者，美德广之所及也。高皇帝、太皇帝、太祖、高祖、文昭庙，皆宜兼用先代及《武始》《大钧》之舞。"有司奏："宜如肃议。"奏可。肃私造宗庙诗颂十二篇，不被哥。晋武帝泰始二年，改制郊庙哥，其乐舞亦仍旧也。

…………

---

① 县："宫县"，钟磬等乐器悬挂在架上，其形制因用乐者身份地位不同而有别，帝王悬挂四面，象征宫室四面的墙壁，故名"宫县"。县：同"悬"。

② 王肃(195—256)：字子雍，东海郡郯县(今山东郯城西南)人，三国曹魏著名经学家。

③ 燕：宴。

④ 擘：读 bò，擘画，计划、布置。

⑤ 靺：读 mèi。

⑥ 鞮鞻：读 dī lóu。

　　（晋）张华①表曰："按魏上寿食举诗及汉氏所施用，其文句长短不齐，未皆合古。盖以依咏弦节，本有因循，而识乐知音，足以制声，度曲法用，率非凡近所能改。二代三京，袭而不变，虽诗章词异，兴废随时，至其韵逗曲折②，皆系於旧，有由然也。是以一皆因就，不敢有所改易。"荀勖③则曰："魏氏哥诗，或二言，或三言，或四言，或五言，与古诗不类。"以问司律中郎将陈颀，颀曰："被之金石，未必皆当。"故勖造晋哥，皆为四言，唯王公上寿酒一篇为三言五言，此则华、勖所明异旨也……

　　至江左初立宗庙，尚书下太常祭祀所用乐名，太常贺循④答云："魏氏增损汉乐，以为一代之礼，未审大晋乐名所以为异。遭离丧乱，旧典不存，然此诸乐，皆和之以钟律，文之以五声，咏之于哥词，陈之于舞列，宫县在下，琴瑟在堂，八音迭奏，雅乐并作，登哥下管⑤，各有常咏，周人之旧也。自汉氏以来，依放此礼，自造新诗而已。旧京荒废，今既散亡，音韵曲折，又无识者，则於今难以意言。"于时以无雅乐器及伶人，省太乐并鼓吹令……

　　然则吴朝非无乐官，善哥者乃能以哥辞被丝管、宁容止，以《神弦》为庙乐而已乎？

　　…………

　　凡乐章古词，今之存者，并汉世街陌谣讴，《江南可采莲》《乌生》《十五》《白头吟》之属是也。吴哥杂曲，并出江东，晋、宋以来，

---

　　①　张华（232—300）：字茂先，范阳方城（今河北固安）人，西晋大臣。

　　②　逗：停顿。曲折：曲调的高低上下。

　　③　荀勖（xù）（？—289）：字公曾，颍川颍阴（今河南许昌市）人，西晋大臣。

　　④　贺循（260—319）：字彦先，会稽山阴（今浙江绍兴）人，晋建武初，拜太常，朝廷疑滞皆询之，循辄依经礼而对。

　　⑤　登哥：亦作"登歌""登謌"，升堂奏歌，古代举行祭典、大朝会时，乐师登堂而歌，礼乐活动中升堂而歌，因此又称为"升歌"。下管：登歌在上，管弦乐器伴奏在下。

稍有增广……凡此诸曲，始皆徒哥，既而被之弦管。又有因弦管金石，造哥以被之，魏世三调哥词之类是也。

…………

（南朝宋）顺帝升明二年，尚书令王僧虔上表言之，并论三调哥曰："臣闻《风》《雅》之作，由来尚矣。大者系乎兴衰，其次者著于率舞。在于心而木石感，铿锵奏而国俗移……哥倡既设，休戚已征，清浊是均，山琴自应。斯乃天地之灵和，升降之明节。今帝道四达，礼乐交通，诚非寡陋所敢裁酌。伏以三古缺闻，六代潜响，舞咏与日月偕湮，精灵与风云俱灭。追余操而长怀，抚遗器而太息，此则然矣……臣以为宜命典司，务勤课习，缉理旧声，迭相开晓，凡所遗漏，悉使补拾。曲全者禄厚，艺敏者位优。利以动之，则人思自劝；风以靡之，可不训自革。反本还源，庶可跂①踵。"

礼志一

夫有国有家者，礼仪之用尚矣。然而历代损益②，每有不同，非务相改，随时之宜故也。汉文以人情季薄，国丧革三年之纪；光武以中兴崇俭，七庙有共堂之制；魏祖以侈惑宜矫，终敛去袭称之数；晋武以丘郊不异，二至并南北之祀。互相即袭，以讫于今，岂三代之典不存哉，取其应时之变而已。且闵子③讥古礼，退而致事；叔孙创汉制④，化流后昆。由此言之，任己而不师古，秦氏以之致亡；师古而不适用，王莽所以身灭。然则汉、魏以来，各揆⑤古今

① 跂：同"企"。

② 损益：减少和增加。

③ 闵子（前536—前487）：孔子弟子，名损，字子骞，世称"闵子骞"，春秋时期鲁国人。

④ 叔孙创汉制：指叔孙通于汉初创立朝廷礼仪。

⑤ 揆：读kuí，揣度。

之中，以通一代之仪。司马彪集后汉众注，以为《礼仪志》，校其行事，已与前汉颇不同矣。况三国鼎峙，历晋至宋，时代移改，各随事立。自汉末剥乱①，旧章乖弛……其间名儒通学，诸所论叙，往往新出，非可悉载。

鲜卑吐谷浑列传

史臣曰：吐谷浑逐草依泉，擅强塞表，毛衣肉食，取资佃畜，而锦组缯纨，见珍殊俗，徒以商译往来，故礼同北面。自昔哲王，虽存柔远，要荒回隔，礼文弗被……辫发称贺，非尚簪冕，言语不通，宁敷衮职②。虽复苞筐岁臻，事惟贾道，金罽氍毹③，非用斯急……圣人谓之荒服④，此言盖有以也。

夷蛮列传

南夷、西南夷，大抵在交州之南及西南，居大海中洲上，相去或三五千里，远者二三万里，乘舶举帆，道里不可详知。外国诸夷虽言里数，非定实也。

凡此诸国，皆事佛道。佛道自后汉明帝，法始东流，自此以来，其教稍广，自帝王至于民庶，莫不归心。经诰充积，训义深远，别为一家之学焉。元嘉十二年，丹阳尹萧摹之奏曰："佛化被于中国，已历四代，形像塔寺，所在千数，进可以击心，退足以招劝。而自顷以来，情敬浮末，不以精诚为至，更以奢竞为重。旧宇颓弛，曾

---

① 剥乱：扰乱、离乱。

② 衮（gǔn）职：帝王之职。

③ 罽：读 jì，兽毛织品。氍：毡。毹：读 ěr，鸟羽兽毛织品。

④ 荒服："五服"之一，称离京师最远之处，《国语·周语》："夫先王之制，邦内甸服，邦外侯服，侯卫宾服，蛮夷要服，戎狄荒服。日祭、月祀、时享、岁贡、终王，先王之训也。"

莫之修，而各务造新，以相姱①尚。甲第显宅，於兹殆尽，材竹铜彩，糜损无极，无关神祇，有累人事。建中越制，宜加裁检，不为之防，流遁未息。请自今以后，有欲铸铜像者，悉诣台自闻；兴造塔寺精舍，皆先诣在所二千石通辞，郡依事列言本州；须许报，然后就功。其有辄造寺舍者，皆依不承用诏书律，铜宅林苑，悉没入官。"诏可。又沙汰沙门，罢道者数百人。

世祖大明二年，有昙标道人与羌人高阇谋反，上因是下诏曰："佛法讹替，沙门混杂，未足扶济鸿教，而专成逋薮②。加奸心频发，凶状屡闻，败乱风俗，人神交怨。可付所在，精加沙汰，后有违犯，严加诛坐。"於是设诸条禁，自非戒行精苦，并使还俗。而诸寺尼出入宫掖，交关妃后，此制竟不能行。先是，晋世庾冰始创议，欲使沙门敬王者，后桓玄复述其义，并不果行。

史臣曰：汉世西译遐通，兼途累万，跨头痛之山，越绳度③之险，生行死径，身往魂归。晋氏南移，河、陇复④隔，戎夷梗路，外域天断。若夫大秦、天竺，迥出西溟，二汉衔役，特艰斯路，而商货所资，或出交部，泛海陵波，因风远至。又重峻参差，氏众非一，殊名诡号，种别类殊。山琛水宝，由兹自出。通犀翠羽之珍，蛇珠火布之异，千名万品，并世主之所虚心，故舟舶继路，商使交属。太祖以南琛不至，远命师旅，泉浦之捷，威震沧溟，未名之宝，入充府实。夫四夷孔炽，患深自古，蛮、僰⑤殊杂，种众特繁，依深傍岨，充积畿甸，咫尺华氓，易兴狡毒，略财据土，岁月滋深。自元嘉将半，寇暴弥广，遂盘结数州，摇乱邦邑。於是命将出师，

---

① 姱：读 kuā，夸耀。

② 逋薮：逃亡者聚集地。

③ 绳度：谓牵引绳索以度过障碍。

④ 复：读 xiòng，远。

⑤ 僰：读 bó，西南古老的少数民族名。

恣行诛讨，自江汉以北，庐江以南，搜山荡谷，穷兵黩武，系颈因俘，盖以数百万计。至於孩年龀齿，执讯所遗，将卒申好杀之愤，干戈穷酸惨之用，虽云积怨，为报亦甚。张奂所云："流血于野，伤和致灾。"斯固仁者之言矣。

萧　绎

　　萧绎（508—554），南朝梁元帝（552—554 在位），字世诚，小字七符，自号金楼子，南兰陵（今江苏武进）人，武帝萧衍第七子，简文帝萧纲之弟。初封湘东郡王，后任侍中、丹阳尹。普通七年（526）出任荆州刺史，都督荆、湘、郢、益、宁、南梁六州诸军事，控制长江中上游。太清二年（548）侯景叛梁围建康，大宝三年（552），击败侯景，称帝于江陵（今湖北荆州），年号承圣。承圣三年十一月西魏宇文泰派于谨、宇文护攻陷江陵，萧绎被俘遭害。次年其子萧方智在建康称帝，追尊为元帝，庙曰世祖。萧绎盲一目，少聪颖，好读书，善画与五言诗，但性矫饰，多猜忌。藏书十四万卷，于江陵城破时自己烧毁。"四萧"（梁武帝萧衍及其子萧统、萧纲、萧绎）堪比"三曹"（曹操、曹丕、曹植），萧绎又是"四萧"之中的佼佼者，生平著述甚富，凡二十种，四百余卷，有《职贡图》《金楼子》等传世。选文参校许逸民撰《金楼子校笺》，中华书局 2011 年版。

金楼子

著书·职贡图序

窃闻职方氏掌天下之图①，四夷②八蛮③，七闽④九貉⑤，其所由来久矣。汉氏以来，南羌旅距，西域凭陵⑥，创金城，开玉关，绝夜郎，讨日逐⑦。睹犀甲则建朱崖⑧，闻葡萄则通大宛，以德怀远，异乎是哉。皇帝君临天下之四十载，垂衣裳而赖兆民，坐岩廊而彰万国⑨。梯山航海，交臂屈膝⑩，占云望日，重译⑪至焉。自塞以西，万八千里，路之峡⑫者，尺有六寸。高山寻云，深谷绝景⑬。

---

① 职方氏：官名，《周礼·夏官·职方氏》："职方氏掌天下之图，以掌天下之地。辨其邦国、都鄙、四夷、八蛮、七闽、九貉、五戎、六狄之人民，与其财用九谷、六畜之数要，周知其利害，乃辨九州之国，使同贯利。"

② 四夷：《周礼·夏官·职方氏》郑司农注云："东方曰夷，南方曰蛮，西方曰戎，北方曰貉狄。"郑玄注云："四、八、七、九、五、六，周之所服国数也。"又，《周礼·春官·鞮鞻氏》："鞮鞻氏掌四夷之乐与其声歌。"郑玄注："四夷之乐，东方曰韎，南方曰任，西方曰株离，北方曰禁。诗云'以雅以南'是也，王者必作四夷之乐，一天下也。"

③ 八蛮：《尔雅·释地》："九夷、八狄、七戎、六蛮，谓之四海。"李巡注："一曰天竺，二曰咳首，三曰僬侥，四曰跛踵，五曰穿胸，六曰儋耳，七曰狗轨，八曰旁春。"

④ 七闽：郑玄认为"闽"是"蛮"的别称，贾公彦疏云："叔熊居濮如蛮，后子从分为七种，故谓之七闽。"

⑤ 九貉：贾公彦认为即九夷，《后汉书·东夷传》云："东夷有九种，曰畎夷、于夷、方夷、黄夷、白夷、赤夷、玄夷、风夷、阳夷也。"

⑥ 旅距：亦作"旅拒"，违抗不从、聚众抗拒。凭陵：进逼。

⑦ 玉关：玉门关。日逐：匈奴王号。

⑧ 朱崖：亦作珠崖，海南岛地名。

⑨ 皇帝：指梁武帝。岩廊：大堂旁边的房屋。

⑩ 梯山航海：比喻远途跋涉。交臂屈膝：降服貌。

⑪ 重译：辗转翻译。

⑫ "峡"：同"狭"。

⑬ 景：同"影"。

雪无冬夏，与白云而共色；冰无早晚，与素石而俱贞。逾空桑而历昆吾，度青丘而跨丹穴①。炎风、弱水，不革其心②；身热、头痛③，不改其节。故以明珠、翠羽之珍，细而弗有；龙文、汗血之骥，却而不乘。尼丘④乃圣，犹有图人之法；晋帝君临，实闻乐贤之象。甘泉写阏氏之形⑤，后宫玩单于之图。臣以不佞，推毂⑥上游。夷歌成章，胡人遥集，款关蹶角⑦，沿泝荆门，瞻其容貌，诉其风俗。如有来朝京辇⑧，不涉汉南，别加访采，以广闻见，名为《职贡图》云尔。

---

① 空桑、昆吾、青丘、丹穴：传说中的山名。

② 炎风：似当作"炎火"，山名。弱水：水名。革：改。

③ 身热、头痛：西域地名。

④ 尼丘：孔子。

⑤ 甘泉写阏氏之形：指汉武帝甘泉宫画匈奴阏氏像事。

⑥ 推毂：推车前进，古代帝王任命将帅时的隆重礼遇，泛指推任；毂，读 gǔ。

⑦ 款关：叩关。蹶角：叩头。

⑧ 京辇(niǎn)：国都。

二、玄学美学

刘义庆撰　刘孝标注

《世说新语》，刘义庆撰、刘孝标注。刘孝标注引大量当时文献，所引用书籍今多不传，且引用文献多与美学相关，故本书同时选录正文与刘孝标注。

刘义庆（403—444），字季伯，原籍彭城（今江苏徐州），世居京口（今江苏镇江），南朝宋武帝刘裕之侄，长沙景王刘道怜之次子，其叔临川王刘道规无子，即以刘义庆为嗣。曾任秘书监一职，掌管国家图书著作，有机会博览群书，为编撰《世说新语》奠定基础。38岁开始组织手下文人编撰《世说新语》。年轻时曾跟从刘裕攻打长安，后被任命为东晋辅国将军、北青州刺史，徙都督豫州诸军事、豫州刺史；刘宋建立后，以临川王身份历任侍中、中书令、荆州刺史等显要职务，后又改授散骑常侍、卫将军、江州刺史、南兖州刺史、开府仪同三司等一系列重要职务。除《世说新语》外，还集门客撰志怪小说集《幽明录》，但多散佚。

刘峻（462—521），字孝标，本名法武，以字传世，平原（今属山东德州平原县）人，南朝时人，历仕齐梁两朝，目录学家、文学家。好读书，时称"书淫"。以文学著称，作有《山栖志》《辩命论》《广绝交论》等。以注释《世说新语》而著闻于世，引证书籍四百余种，为时人所重视。原有集，已散佚。明人辑有《刘户曹集》。私谥玄靖。

选文参校王根林等校点《汉魏六朝笔记小说大观》，上海古籍出版社 1999 年版。

世说新语并注

德 行

王戎①云："太保②居在正始中，不在能言之流。及与之言，理中清远，将无以德掩其言！"

言 语

王右军与谢太傅共登冶城。[《扬州记》曰："冶城，吴时鼓铸之所。吴平，犹不废。王茂弘所治也。"]谢悠然远想，有高世之志。王谓谢曰：

---

① 王戎（234—305）：字濬冲，琅琊临沂（今山东临沂）人，西晋名士，"竹林七贤"之一，历任尚书令等多职，惠帝朝司徒。长于清谈、品藻。谥号元。

② 太保：指王祥（184—268），西晋初拜太保，封睢陵公，故称，字休徵，琅琊临沂（今山东临沂）人，王羲之族曾祖父。王祥侍奉后母极孝，为二十四孝之一"卧冰求鲤"的主人翁。在曹魏，先后任县令、大司农、司空、太尉等职。谥号元。

"夏禹勤王，手足胼胝；文王旰食，日不暇给①。今四郊多垒，[《礼记》曰："四郊多垒②，卿大夫之辱也。"]宜人人自效。而虚谈废务，浮文妨要，恐非当今所宜。"谢答曰："秦任商鞅，二世而亡，岂清言致患邪？"

文　学

钟会撰《四本论》始毕，甚欲使嵇公一见。置怀中，既定，畏其难，怀不敢出，于户外遥掷，便回急走。[《魏志》曰："会论才性同异，传于世。四本者：言才性同，才性异，才性合，才性离也。尚书傅嘏论同，中书令李丰论异，侍郎钟会论合，屯骑校尉王广论离。文多不载。"]

何晏为吏部尚书，有位望，时谈客盈坐，[《文章叙录》曰："晏能清言，而当时权势，天下谈士，多宗尚之。"《魏氏春秋》曰："晏少有异才，善谈《易》《老》。"③]王弼未弱冠往见之。晏闻弼名，[《弼别传》曰："弼字辅嗣，山阳高平人。少而察惠，十余岁便好《庄》《老》。通辩能言，为傅嘏所知。吏部尚书何晏甚奇之，题之曰：'后生可畏。若斯人者，可与言天人之际矣！'以弼补台郎。弼事功雅非所长，益不留意，颇以所长笑人，故为时士所嫉。又为人浅而不识物情。初与王黎、荀融善，黎夺其黄门郎，于是恨黎，与融亦不终好。正始中以公事免。其秋遇疠疾亡，时年二十四。弼之卒也，晋景帝嗟叹之累日，

---

① 胼胝：读 pián zhī，俗称"老茧"。旰食：晚食，常作"宵衣旰食"，称颂帝王勤政；旰，读 gàn，天已晚。

② 四郊多垒：指敌军四面逼近，形势危急；垒，营垒。

③ 《三国志·魏书·方技传》注引《辂别传》曰："举为秀才，辂辞裴使君，使君言'何尚书神明精微，言皆巧妙，巧妙之志，殆破秋豪，君当慎之'。""裴使君问：'何平叔一代才名，其实何如？'辂曰：'其才若盆盎之水，所见者清；所不见者浊。神在广博，志不务学，弗能成才。欲以盆盎之水，求一山之形，形不可得，则知由此惑。故说老、庄则巧妙而多华，说易生义则美而多伪。华则道浮，伪则神虚。得上才则浅而流绝，得中才则游精而独出。辂以为少功之才也。'裴使君曰：'诚如来论。吾数与平叔共说老、庄及易，常觉其辞妙于理，不能折之。又时人吸习，皆归服之焉，益令不了。相见得清言，然后灼灼耳。'""裴冀州，何、邓二尚书及乡里刘太常颍川兄弟，辂自言与此五君共语，使人精神清发。"

曰：'天丧予！'其为高识悼惜如此。"]因条①向者胜理，语弼曰："此理仆以为极，可得复难不？"弼便作难，一坐人便以为屈，于是弼自为客主数番，皆一坐所不及。

何平叔注《老子》始成，诣王辅嗣。见王注精奇，乃神伏②曰："若斯人，可与论天人之际矣！"因以所注为《道》《德》二论。[《魏氏春秋》曰："弼论道约美不如晏，自然出拔过之。"]

王辅嗣弱冠诣裴徽，[《永嘉流人名》曰："徽字文季，河东闻喜人，太常潜少弟也。仕至冀州刺史。"]徽问曰："夫无者，诚万物之所资，圣人莫肯致言，而老子申之无已，何邪？"弼曰："圣人体无，无又不可以训，故言必及有；老、庄未免于有，恒训其所不足。"

傅嘏善言虚胜，[《魏志》曰："嘏③字兰硕，北地泥阳人，傅介子之后也。累迁河南尹、尚书。嘏尝论才性同异，钟会集而论之。"《傅子》曰："嘏既达治好正，而有清理识要，如论才性，原本精微，鲜能及之。司隶钟会年甚少，嘏以明知交会。"]荀粲谈尚玄远。[《粲别传》曰："粲字奉倩，颍川颍阴人，太尉彧少子也。粲诸兄儒术论议各知名。粲能言玄远，常以子贡称'夫子之言性与天道，不可得而闻也'，然则六籍虽存，固圣人之糠秕。能言者不能屈。"]每至共语，有争而不相喻。裴冀州释二家之义，通彼我之怀，常使两情皆得，彼此俱畅。[《粲别传》曰："粲太和初到京邑，与傅嘏谈，嘏善名理，而粲尚玄远，宗致虽同，仓卒时或格④而不相得意。裴徽通彼我之怀，为二家释。顷之，粲与嘏善。"《管辂传》曰："裴使君有高才逸度，善言玄妙也。"]

何晏注《老子》未毕，见王弼自说注《老子》旨。何意多所短，不

复得作声，但应诺诺，遂不复注，因作《道》《德》论。[《文章叙录》曰："自儒者论以老子非圣人，绝礼弃学。晏说与圣人同，著论行于世也。"]

中朝时，有怀道之流，有诣王夷甫①咨疑者。值王昨已语多，小极②，不复相酬答，乃谓客曰："身③今少恶，裴逸民亦近在此，君可往问。"[《晋诸公赞》曰："裴颜谈理，与王夷甫不相推下。"]

裴成公作《崇有论》，时人攻难之，莫能折。唯王夷甫来，如④小屈。时人即以王理难裴，理还复申。[《晋诸公赞》曰："自魏太常夏侯玄、步兵校尉阮籍等，皆著《道德论》。于时侍中乐广、吏部郎刘汉亦体道而言约，尚书令王夷甫讲理而才虚，散骑常侍戴奥以学道为业，后进庾敳之徒皆希慕简旷。颜疾世俗尚虚无之理，故著《崇有》二论以折之。才博喻广，学者不能究。后乐广与颜清闲欲说理，而颜辞喻丰博，广自以体虚无，笑而不复言。"《惠帝起居注》曰："颜著二论以规虚诞之弊。文词精富，为世名论。"]

诸葛玄年少不肯学问。始与王夷甫谈，便已超诣。王叹曰："卿天才卓出，若复小加研寻，一无所愧。"玄后看《庄》《老》，更与王语，便足相抗衡。[王隐《晋书》曰："玄字茂远，琅琊人，魏雍州刺史绪之子。有逸才，仕至司空主簿。"]

卫玠⑤总角⑥时问乐令"梦"，乐云"是想"。卫曰："形神所不接而梦，岂是想邪？"乐云："因也。未尝梦乘车入鼠穴，捣齑⑦啖铁

---

① 夷甫：王衍(256—311)字，琅琊郡临沂县(今山东临沂北)人，王戎从弟，西晋著名清谈家，西晋末年重臣，历任北军中侯、中领军、尚书令、司空、司徒等职，后以太尉兼任太傅军司。

② 小极：有些疲乏。

③ 身：自称。

④ 如：似。

⑤ 卫玠(286—312)：字叔宝，晋河东安邑(今山西夏县北)人，是魏晋之际继何晏、王弼之后的著名清谈名士和玄学家，官至太子洗马。

⑥ 总角：古代未成年的人把头发扎成髻，借指幼年。

⑦ 齑：读 jī，作调味用的姜、蒜、葱、韭等菜的碎末。

杵，皆无想无因故也。"[《周礼》有六梦：一曰正梦，谓无所感动，平安而梦也。二曰噩梦，谓惊愕而梦也。三曰思梦，谓觉时所思念也。四曰寤梦，谓觉时道之而梦也。五曰喜梦，谓喜说而梦也。六曰惧梦，谓恐惧而梦也。按乐所言"想"者，盖思梦也。"因"者，盖正梦也。]卫思"因"，经日不得，遂成病。乐闻，故命驾为剖析之。卫既小差。乐叹曰："此儿胸中当必无膏肓之疾！"

庾子嵩读《庄子》，开卷一尺许便放去，曰："了不异人意。"[《晋阳秋》曰："庾敳字子嵩，颍川人，侍中峻第三子。恢廓有度量，自谓是老、庄之徒。曰：'昔未读此书，意尝谓至理如此。今见之，正与人意暗同。'仕至豫州长史。"]

客问乐令[1]"旨不至"者，乐亦不复剖析文句，直以麈尾柄确[2]几曰："至不？"客曰："至！"乐因又举麈尾曰："若至者，那得去？"[夫藏舟潜往，交臂恒谢，一息不留，忽焉生灭。故飞鸟之影，莫见其移；驰车之轮，曾不掩地。是以去不去矣，庸有至乎？至不至矣，庸有去乎？然则前至不异后至，至名所以生；前去不异后去，去名所以立。今天下无去矣，而去者非假哉？既为假矣，而至者岂实哉？]于是客乃悟服。乐辞约而旨达，皆此类。

初，注《庄子》者数十家，莫能究其旨要。向秀于旧注外为解义，妙析奇致，大畅玄风。[《秀别传》曰："秀与嵇康、吕安为友，趣舍[3]不同。嵇康傲世不羁，安放逸迈俗，而秀雅好读书。二子颇以此嗤之。后秀将注《庄子》，先以告康、安，康、安咸曰：'此书讵复须注？徒弃人[4]作乐事耳！'及成，

---

① 乐令：指乐广（？—304），曾任尚书令，故称，字彦辅，南阳淯阳（今河南南阳）人，西晋名士，受卫瓘、王戎、裴楷等人欣赏，历任元城令、中书侍郎、太子中庶子、侍中、河南尹等职。后任尚书左、右仆射。

② 麈尾：魏晋清谈家经常用来拂秽清暑，兼有拂尘和扇子的功能，也是显示身份的道具；麈，读 zhǔ，一种鹿。确：同"推"，敲击。

③ 趣舍：犹言取舍；趣，同"趋"。

④ 弃人：弃世之人。

以示二子。康曰：'尔故复胜不①？'安乃惊曰：'庄周不死矣！'后注《周易》，大义可观，而与汉世诸儒互有彼此，未若隐②《庄》之绝伦也。"《秀本传》或言：秀游托数贤，萧屑卒岁，都无注述。唯好《庄子》，聊应崔譔所注，以备遗忘云。《竹林七贤论》云："秀为此义，读之者无不超然，若已出尘埃而窥绝冥，始了视听之表。有神德玄哲，能遗天下，外万物，虽复使动竟之人顾观所徇，皆怅然自有振拔之情矣。"]唯《秋水》《至乐》二篇未竟而秀卒。秀子幼，义遂零落，然犹有别本。郭象者，为人薄行，有俊才。[《文士传》曰："象字子玄，河南人。少有才理，慕道好学，托志老、庄。时人咸以为王弼之亚，辟司空掾、太傅主簿。]见秀义不传于世，遂窃以为己注。乃自注《秋水》《至乐》二篇，又易《马蹄》一篇，其余众篇，或定点文句而已。[《文士传》曰："象作《庄子注》，最有清辞道旨。"]后秀义别本出，故今有向、郭二《庄》，其义一也。

　　阮宣子有令闻，太尉王夷甫见而问曰："老、庄与圣教同异？"对曰："将无③同？"太尉善其言，辟之为掾④，世谓"三语掾"。卫玠嘲之曰："一言可辟，何假于三？"宣子曰："苟是天下人望，亦可无言而辟，复何假一？"遂相与为友。[《名士传》曰："阮修字宣子，陈留尉氏人。好《老》《易》，能言理。不喜见俗人，时误相逢，即舍去。傲然无营，家无儋石之储，晏如也。琅琊王处仲为鸿胪卿，谓曰：'鸿胪丞差有禄，卿常无食，能作不？'修曰：'为复可耳。'遂为鸿胪丞、太子洗马。"]

　　裴散骑娶王太尉女。婚后三日，诸婿大会，[《晋诸公赞》曰："裴遐字叔道，河东人。父纬（当作"绰"），长水校尉。遐少有理称，辟司空掾、散骑

---

①　不：同"耶"，语气词。

②　隐：同"檃"，檃栝，（就原有的文章、著作）剪裁改写。

③　将无：亦作"将毋"，当时表示发问的语气词，自以为如此，而不欲直言之，委婉其辞，与人商榷之语也。

④　辟：读 bì，授予官职。掾：读 yuàn，原为佐助的意思，后为副官佐或官署属员的通称。

郎。"《永嘉流人名》："衍字夷甫，第四女适遄也。"]当时名士，王、裴子弟悉集。郭子玄在坐，挑与裴谈。子玄才甚丰赡，始数交未快。郭陈张甚盛，裴徐理前语，理致甚微，四坐咨嗟称快。[邓粲《晋纪》曰："遄以辩论为业，善叙名理，辞气清畅，泠然若琴瑟①。闻其言者，知与不知，无不叹服。"]王亦以为奇，谓诸人曰："君辈勿为尔，将受困寡人②女婿！"

卫玠始度江，见王大将军。[《敦别传》曰："敦字处仲，琅琊临沂人。少有名理，累迁青州刺史。避地江左，历侍中、丞相、大将军、扬州牧。以罪伏诛。"]因夜坐，大将军命谢幼舆。[《晋阳秋》曰："谢鲲字幼舆，陈郡人。父衡，晋硕儒。鲲性通简，好《老》《易》，善音乐，以琴书为业。避乱江东，为豫章太守，王敦引为长史。"《鲲别传》曰："鲲四十三卒，赠太常。"]玠见谢，甚说之，都不复顾王，遂达旦微言。王永夕不得豫③。玠体素羸，恒为母所禁。尔夕忽极，于此病笃，遂不起。[《玠别传》曰："玠少有名理，善《易》《老》，自抱羸疾，初不于外擅相酬对。时友叹曰：'卫君不言，言必入真。'武昌见大将军王敦，敦与谈论，咨嗟不能自己。"]

旧云：王丞相（导）过江左，止道《声无哀乐》《养生》《言尽意》三理而已。然宛转关生，无所不入。

殷中军④为庾公（亮）长史，下都，王丞相为之集，桓公（温）、王长史、王蓝田[《王述别传》曰："述字怀祖，太原晋阳人。祖湛，父承，并有高名。述蚤孤，事亲孝谨，箪瓢陋巷，宴安永日。由是为有识所知，袭爵蓝

---

　　①　今人余嘉锡案云：晋、宋人清谈，不惟善言名理，其音响轻重疾徐，皆自有一种风韵。《宋书·列传第二十二》云："善持音仪，尽详缓之致。与人别，执手曰：'念相闻。'余响久之不绝。"裴遄之"泠然若琴瑟"，亦若此而已。

　　②　寡人：晋代非君王而自称"寡人"者不为僭越。

　　③　永夕：通宵。豫：同"与"，参与。

　　④　殷中军：殷浩（303—356），字渊源，陈郡长平（今河南西华）人，东晋大臣、将领，因会稽王司马昱提拔而一度与桓温于朝中抗衡，但后因北伐失败而被废为庶人。

田侯。"]谢镇西（尚）并在。丞相自起解帐带麈尾，语殷曰："身今日当与君共谈析理。"既共清言，遂达三更。丞相与殷共相往反，其余诸贤，略无所关。既彼我相尽，丞相乃叹曰："向来语，乃竟未知理源所归，至于辞喻不相负。正始之音，正当尔耳！"明旦，桓宣武语人曰："昨夜听殷、王清言甚佳，仁祖亦不寂寞，我亦时复造心，顾看两王掾，[王濛、王述，并为王导所辟。]辄翣如生母狗馨①。"

殷中军见佛经云："理亦应阿堵②上。"[佛经之行中国尚矣，莫详其始。《牟子》曰："汉明帝夜梦神人，身有日光，明日，博问群臣。通人傅毅对曰：'臣闻天竺有道者号曰佛，轻举能飞，身有日光，殆将其神也。'于是遣羽林将军秦景、博士弟子王遵等十二人之大月氏国，写取佛经四十二部，在兰台石室。"刘子政《列仙传》曰："历观百家之中，以相检验，得仙者百四十六人，其七十四人已在佛经，故撰得七十。可以多闻博识者遐观焉。"如此，即汉成、哀之间，已有经矣。与《牟子》《传记》便为不同。《魏略·西戎传》曰："天竺城中有临儿国。《浮屠经》云：'其国王生浮图。浮图者，太子也。父曰屑头邪，母曰莫邪。浮屠者，身服色黄，发如青丝，爪如铜。其母梦白象而孕。及生，从右肋出，而有髻，坠地能行七步。'天竺又有神人曰沙津。昔汉哀帝元寿元年，博士弟子景卢，受大月氏王使伊存口传《浮屠经》。曰复豆者，其人也。'《汉武故事》曰："昆邪王杀休屠王，以其众来降，得其金人之神，置之甘泉宫。金人皆长丈余，其祭不用牛羊，唯烧香礼拜。上使依其国俗祀之。"此神全类于佛，岂当汉武之时，其经未行于中土，而但神明事之邪？故验刘向、鱼豢之说，佛至自哀、成之世明矣。然则《牟》《传》所言四十二者，其文今存非妄。盖明帝遣使广求异闻，非是时无经也。]

谢安年少时，请阮光禄道白马论。[《孔丛子》曰："赵人公孙龙云：'白马非马。马者所以命形，白者所以命色。夫命色者非命形，故曰白马非马

---

① 翣：同"涩"，羞涩。生母狗：谓母狗至陌生地而畏人。馨：也常作"宁馨"，如此、那样。

② 阿堵：犹言"这个"。

也。'"]为论以示谢，于时谢不即解阮语，重相咨尽。阮乃叹曰："非但能言人不可得，正索解人亦不可得！"[《中兴书》曰："裕①甚精论难。"]

褚季野语孙安国[褚裒、孙盛]云："北人学问，渊综广博。"孙答曰："南人学问，清通简要。"支道林闻之曰："圣贤固所忘言。自中人以还，北人看书，如显处视月；南人学问，如牖中窥日。"[支所言，但譬成孙、褚之理也。然则学广则难周，难周则识暗，故如显处视月；学寡则易核，易核则智明，故如牖中窥日也。]

殷中军云："康伯未得我牙后慧。"[《浩别传》曰："浩善《老》《易》，能清言。"康伯，浩甥也，甚爱之。]

谢镇西少时，闻殷浩能清言，故往造之。殷未过有所通②，为谢标榜诸义，作数百语。既有佳致，兼辞条丰蔚，甚足以动心骇听。谢注神倾意，不觉流汗交面。殷徐语左右："取手巾与谢郎拭面。"[按殷浩大谢尚三岁，便是时流。或当贵其胜致，故为之挥汗。]

宣武集诸名胜③讲《易》，日说一卦。简文欲听，闻此便还。曰："义自当有难易，其以一卦为限邪？"

有北来道人好才理，与林公相遇于瓦官寺，讲《小品》。于时竺法深、孙兴公悉共听。此道人语，屡设疑难，林公辩答清析，辞气俱爽。此道人每辄摧屈。孙问深公："上人当是逆风家，向来何以都不言？"[庾（当作"康"）法畅《人物论》曰："法深学义渊博，名声蚤著，弘道法师也。"]深公笑而不答。林公曰："白旃檀④非不馥，焉能逆风？"深公得此义，夷然不屑。

孙安国往殷中军许共论，往反精苦，客主无间。左右进食，冷

---

①　阮裕（生卒年未详）：曾任金紫光禄大夫，故称阮光禄，字思旷，东晋河南陈留人，阮籍族弟，历任临海太守、东阳太守、散骑常侍、国子祭酒、侍中等职。

②　未过有所通：未及寒暄。过：甚。通：主客相互问好。

③　名胜：名士。

④　旃檀：梵语香木名；旃，读 zhān。

而复煗①者数四。彼我奋掷麈尾，悉脱落，满餐饭中。宾主遂至莫忘食。殷乃语孙曰："卿莫作强口马，我当穿卿鼻。"孙曰："卿不见决鼻牛，人当穿卿颊。"［《续晋阳秋》曰："孙盛善理义。时中军将军殷浩擅名一时，能与剧谈相抗者，唯盛而已。"］

《庄子·逍遥篇》，旧是难处，诸名贤所可（似当作"共"）钻味，而不能拔理于郭、向之外。支道林在白马寺中，将冯太常共语，［《冯氏谱》曰："冯怀，字祖思，长乐人。历太常、护国将军。"］因及《逍遥》。支卓然标新理于二家之表，立异义于众贤之外，皆是诸名贤寻味之所不得。后遂用支理。［向子期、郭子玄《逍遥义》曰："夫大鹏之上九万，尺鷃之起榆枋，小大虽差，各任其性。苟当其分，逍遥一也。然物之芸芸，同资有待，得其所待，然后逍遥耳。唯圣人与物冥而循大变，为能无待而常通，岂独自通而已。又从有待者不失其所待，不失，则同于大通矣。"支氏《逍遥论》曰："夫逍遥者，明至人之心也。庄生建言人道，而寄指鹏、鷃。鹏以营生之路旷，故失适于体外；鷃以在近而笑远，有矜伐于心内。至人乘天正而高兴，游无穷于放浪，物物而不物于物，则遥然不我得；玄感不为，不疾而速，则逍然靡不适。此所以为逍遥也。若夫有欲当其所足，足于所足，快然有似天真。犹饥者一饱，渴者一盈，岂忘烝尝于糗粮，绝觞爵于醪醴哉？苟非至足，岂所以逍遥乎？"此向、郭之注所未尽。］

殷中军［浩］尝至刘尹［刘惔］所清言。良久，殷理小屈，游辞不已，刘亦不复答。殷去后，乃云："田舍儿，强学人作尔馨②语。"

殷中军虽思虑通长，然于才性偏精。忽言及《四本》，便苦汤池铁城，无可攻之势。

支道林造《即色论》，［《支道林集·妙观章》云："夫色之性也，不自有色。色不自有，虽色而空。故曰色即为空，色复异空。"］论成，示王中郎［王

---

① 煗：同"暖"。
② 尔馨：义同"宁馨"，如此。

坦之]。中郎都无言。支曰："默而识之乎?"王曰："既无文殊,谁能见赏?"[《维摩诘经》曰："文殊师利问维摩诘云:'何者是菩萨入不二法门?'时维摩诘默然无言。文殊师利叹曰:'是真入不二法门也。'"]

王逸少(羲之)作会稽,初至,支道林在焉。孙兴公谓王曰："支道林拔新领异,胸怀所及乃自佳,卿欲见不?"王本自有一往隽气,殊自轻之。后孙与支共载往王许,王都领域①,不与交言。须臾支退,后正值王当行,车已在门。支语王曰："君未可去,贫道与君小语。"因论《庄子·逍遥游》。支作数千言,才藻新奇,花烂映发。王遂披襟解带,留连不能已。[《支法师传》曰:"法师研十地,则知顿悟于七住;寻庄周,则辩圣人之逍遥。当时名胜,咸味其音旨。"《道贤论》以"七沙门"比"竹林七贤"。遁比向秀,雅尚《庄》《老》。二子异时,风尚玄同也。]

三乘佛家滞义,支道林分判,使三乘炳然。诸人在下坐听,皆云可通。支下坐,自共说,正当得两,入三便乱。今义弟子虽传,犹不尽得。[《法华经》曰:"三乘者:一曰声闻乘,二曰缘觉乘,三曰菩萨乘。声闻者,悟四谛而得道也。缘觉者,悟因缘而得道也。菩萨者,行六度而得道也。然则罗汉得道,全由佛教,故以声闻为名也。辟支佛得道,或闻因缘而解,或听环珮而得悟。神能独达,故以缘觉为名也。菩萨者,大道之人也。方便则止行六度,真教则通修万善,功不为己,志存广济,故以大道为名也。"]

许掾[询]年少时,人以比王苟子,[苟子,王修小字也。《文字志》曰:"修字敬仁,太原晋阳人。父濛,司徒左长史。修明秀有美称,善隶行书,号曰'流奕清举'。起家著作佐郎,琅琊王文学,转中军司马,未拜而卒,时年二十四。昔王弼之没,与修同年,故修弟熙乃叹曰:'无愧于古人,而年与之齐也。'"]许大不平。时诸人士及于法师并在会稽西寺讲,王亦在焉。许意甚忿,便往西寺与王论理,共决优劣。苦相折挫,王遂大屈。许复执王理,王执许理,更相覆疏,王复屈。许谓支法师曰:"弟子向

① 许:处、地方。领域:似是深闭固拒之意。

语何似?"支从容曰:"君语佳则佳矣,何至相苦邪?岂是求理中之谈哉!"

林道人(支遁)诣谢公(安),东阳时始总角,新病起,体未堪劳。与林公讲论,遂至相苦。[东阳,谢朗也。《中兴书》曰:"朗博涉有逸才,善言玄理。"]母王夫人在壁后听之,再遣信①令还,而太傅留之。王夫人因自出云:"新妇少遭家难,一生所寄,唯在此儿。"因流涕抱儿以归。谢公语同坐曰:"家嫂辞情慷慨,致可传述,恨不使朝士见。"[《谢氏谱》曰:"朗父据,取太康王韬女,名绥。"]

支道林、许掾诸人共在会稽王[简文]斋头。支为法师,许为都讲②。[《高逸沙门传》曰:"道林时讲《维摩诘经》。"]支通一义,四坐莫不厌心;许送一难,众人莫不抃舞。但共嗟咏二家之美,不辩其理之所在。

谢车骑(玄)在安西艰中,[安西,谢奕。]③林道人往就语,将夕乃退。有人道上见者,问云:"公何处来?"答云:"今日与谢孝剧谈一出来④。"[《玄别传》曰:"玄能清言,善名理。"]

支道林初从东出,住东安寺中。[《高逸沙门传》曰:"遁居会稽,晋哀帝钦其风味,遣中使⑤至东迎之。遁遂辞丘壑,高步天邑⑥。"]王长史(濛)宿构精理,并撰其才藻,往与支语,不大当对。王叙致作数百语,自谓是名理奇藻。支徐徐谓曰:"身与君别多年,君义言了不长进。"

① 信:使。
② 都讲:与"法师"相对,古代寺院讲经时所设之职掌,法师讲经,都讲则负责发问,以使听众容易理解经义。
③ 谢玄(343—388):字幼度,陈郡阳夏(今河南太康)人,安西将军谢奕之子,谢安之侄,东晋名将,历任多职,卒后追赠车骑将军,开府仪同三司,谥号献武。
④ 谢孝:谢家孝子。剧谈:畅谈。一出:一番。
⑤ 中使:天子私使。
⑥ 天邑:天子之城,京都。

王大惭而退。

殷中军读《小品》，［释氏《辨空经》，有详者焉，有略者焉。详者为《大品》，略者为《小品》。］下二百签，皆是精微，世之幽滞。尝欲与支道林辩之，竟不得。今《小品》犹存。［《高逸沙门传》曰："殷浩能言名理，自以有所不达，欲访之于遁。遂邂逅不遇，深以为恨。其为名识赏重，如此之至焉。"《语林》曰："浩于佛经有所不了，故遣人迎林公，林乃虚怀欲往。王右军驻之曰：'渊源思致渊富，既未易为敌，且己所不解，上人未必能通。纵复服从，亦名不益高。若佻脱①不合，便丧十年所保。可不须往！'林公亦以为然，遂止。"］

佛经以为祛练神明，则圣人可致。［释氏经曰："一切众生，皆有佛性。但能修智慧，断烦恼，万行具足，便成佛也。"］简文云："不知便可登峰造极不？然陶练之功，尚不可诬。"

于法开②始与支公争名，后精渐归支，意甚不忿③，遂遁迹剡下。遣弟子出都，语使过会稽。于时支公正讲《小品》。开戒弟子："道林讲，比汝至，当在某品中。"因示语攻难数十番，云："旧此中不可复通。"弟子如言诣支公。正值讲，因谨述开意。往反多时，林公遂屈。厉声曰："君何足复受人寄载！"［《名德沙门题目》曰："于法开才辩从横，以数术弘教。"《高逸沙门传》曰："法开初以义学著名，后与支遁有竞，故遁居剡县，更学医术。"］

殷中军问："自然无心于禀受，何以正善人少、恶人多？"诸人莫有言者。刘尹答曰："譬如写④水着地，正自纵横流漫，略无正方圆

————
① 佻脱：轻慢。
② 《高僧传·卷四》云："于法开不知何许人，事兰公为弟子。深思孤发，独见言表。妙通医法。还剡石城，续修元华寺，移白山灵鹫寺……年六十卒于山寺。"
③ 精：一本作"情"，意谓众人之情。不忿：一本作"不分"，犹言"不甘"。
④ 写：同"泻"。

者。"一时绝叹，以为名通①。[《庄子》曰："天籁者，吹万不同，而使其自己也。"郭子玄注曰："无既无矣，则不能生有。有之未生，又不能为生。然则生生者谁哉？块然而自生耳，非我生也。我不生物，物不生我，则自然而已然，谓之天然。天然非为也，故以天言之，所以明其自然故也。"]

康僧渊②初过江，未有知者，恒周旋市肆，乞索以自营。忽往殷渊源（浩）许，值盛有宾客，殷使坐，粗与寒温，遂及义理。语言辞旨，曾无愧色，领略粗举，一往参诣③。由是知之。[僧渊氏族，所出未详。疑是胡人。尚书令沈约撰《晋书》，亦称其有义学。]

殷、谢诸人共集。[殷浩、谢安]谢因问殷："眼往属④万形，万形来入眼不？"[《成实论》曰："眼识不待到而知虚尘，假空与明，故得见色。若眼到色到，色闲则无空明。如眼触目，则不能见彼。当知眼识不到而知。"依如此说，则眼不往，形不入，遥属而见也。谢有问，殷无答，疑阙文。]

人有问殷中军："何以将得位而梦棺器，将得财而梦矢秽？"殷曰："官本是臭腐，所以将得而梦棺尸；财本是粪土，所以将得而梦秽污。"时人以为名通。

殷中军被废东阳，始看佛经。初视《维摩诘》，[僧肇注《维摩经》曰："维摩诘者，秦言'净名'，盖法身之大士，见居此土，以弘道也。"]疑般若波罗密太多，后见《小品》，恨此语少。[波罗密，此言到彼岸也。《经》云："到者有六焉：一曰檀，檀者，施也；二曰毗黎，毗黎者，持戒也；三曰羼提，羼提者，忍辱也；四曰尸罗，尸罗者，精进也；五曰禅，禅者，定也；六

---

① 名通：犹言"名言""名论"。

② 《高僧传·卷四》云："康僧渊本西域人，生于长安。貌虽梵人，语实中国。容止详正，志业弘深。晋成之世，与康法畅、支敏度等俱过江，渊虽德愈畅、度，而别以清约自处……后于豫章山立寺，去邑数十里，带江傍岭，松竹郁茂。名僧胜达，响附成群。常以持心梵天经空理幽远，故偏加讲说。尚学之徒，往还填委。后卒于寺焉。"

③ 领略：领会、理解。参诣：探究至深远处。

④ 属：同"瞩"。

曰般若，般若者，智慧也。然则五者为舟，般若为导，导则俱绝有相之流，升无相之彼岸也。故曰波罗密也。"渊源未畅其致，少而疑其多；已而究其宗，多而患其少也。]

支道林、殷渊源俱在相王[简文]许。相王谓二人："可试一交言，而'才性'①殆是渊源崤、函之固，[崤，谓二陵之地；函，函谷关也。并秦之险塞，王者之居。左思《魏都赋》曰："崤、函帝王之宅。"]君其慎焉！"支初作，改辙远之②，数四交，不觉入其玄中。相王抚肩笑曰："此自是其胜场，安可争锋！"

谢公因子弟集聚，问《毛诗》何句最佳？遏称曰：[谢玄小字]"昔我往矣，杨柳依依；今我来思，雨雪霏霏。"公曰："讦谟定命，远猷辰告。"[《大雅》诗也。毛苌注曰："讦，大也。谟，谋也。辰，时也。"郑玄注曰："猷，图也。大谋定命，谓正月始和，布政于邦国都鄙。"]谓此句偏有雅人深致。

张凭举孝廉出都，负其才气，谓必参时彦③。欲诣刘尹，乡里及同举者共笑之。张遂诣刘。刘洗濯料事，处之下坐，唯通寒暑，神意不接。张欲自发无端。顷之，长史诸贤来清言。客主有不通处，张乃遥于末坐④判之，言约旨远，足畅彼我之怀，一坐皆惊。真长延之上坐，清言弥日，因留宿至晓。张退，刘曰："卿且去，正当取卿共诣抚军(简文)。"张还船，同侣问何处宿？张笑而不答。须臾，真长遣传教觅张孝廉船，同侣愕愕。即同载诣抚军。至门，刘前进谓抚军曰："下官今日为公得一太常博士妙选！"既前，抚军与之话言，咨嗟称善曰："张凭勃窣⑤为理窟。"即用为太常博士。[宋明帝《文

---

① 才性：指《四本论》。
② 改辙远之：指转移话题以避开《四本论》。
③ 时彦：当代名流。
④ 坐：同"座"。
⑤ 勃窣：旺盛、缤纷貌，这里形容词采缤纷；窣，读 sū。

章志》曰："凭字长宗，吴郡人。有意气，为乡闾所称。学尚所得，敏而有文。太守以才选举孝廉，试策高第。为恢所举，补太常博士。累迁吏部郎、御史中丞。"]

汰法师云："'六通''三明'同归，正（当作'止'）异名耳。"[《安法师传》曰："竺法汰者，体器弘简，道情冥到，法师友而善焉。"一说法汰即安公弟子也①。《经》云："六通者，三乘之功德也。一曰天眼通，见远方之色；二曰天耳通，闻障外之声；三曰身通，飞行隐显；四曰它心通，水镜万虑；五曰宿命通，神知已往；六曰漏尽通，慧解累世②。三明者：解脱在心，朗照三世③者也。"然则天眼、天耳、身通、它心、漏尽此五者，皆见在④心之明也，宿命则过去心之明也，因天眼发未来之智，则未来心之明也。同归异名，义在斯矣。]

支道林、许、谢盛德，共集王家。[许询、谢安、王濛]谢顾谓诸人："今日可谓彦会，时既不可留，此集固亦难常。当共言咏，以写其怀。"许便问主人有《庄子》不？正得《渔父》一篇。谢看题，便各使四坐通。支道林先通，作七百许语，叙致精丽，才藻奇拔，众咸称善。于是四坐各言怀毕。谢问曰："卿等尽不？"皆曰："今日之言，少不自竭。"谢后粗难，因自叙其意，作万余语，才峰秀逸。[《文字志》曰："安神情秀悟，善谈玄速（似当作'远'）。"]既自难干，加意气拟托⑤，萧然自得，四坐莫不厌心。支谓谢曰："君一往奔诣，故复自佳耳。"

殷中军、孙安国（盛）、王（濛）、谢（尚）能言诸贤，悉在会稽王

---

① 《高僧传·卷五》云："竺法汰，东莞人，少与道安同学，虽才辩不逮，而姿过之。或有言曰'汰是安公弟子'者，非也。"

② 漏尽通：思虑、烦恼尽去而得神通。

③ 三世：即下文所谓现在、过去、未来。

④ 在：现在。

⑤ 干：进。拟托：模拟假托。

(简文帝)许。殷与孙共论易象妙于见形。[其论略曰："圣人知观器不足以达变，故表圆应于蓍龟。圆应不可为典要①，故寄妙迹于六爻。六爻周流，唯化所适，故虽一画，而吉凶并彰，微一则失之矣。拟器托象，而庆咎交著，系器则失之矣。故设八卦者，盖缘化之影迹也；天下者，寄见之一形也。圆影备未备之象，一形兼未形之形。故尽二仪之道，不与《乾》《坤》齐妙；风雨之变，不与《巽》《坎》同体矣。"]孙语道合，意气干云。一坐咸不安孙理，而辞不能屈。会稽王慨然叹曰："使真长来，故应有以制彼。"既迎真长，孙意已不如。真长既至，先令孙自叙本理。孙粗说己语，亦觉殊不及向。刘便作二百许语，辞难简切，孙理遂屈。一坐同时抚掌②而笑，称美良久。

僧意在瓦官寺中，[未详僧意氏族所出。]王苟子来，[苟子，王修小字]与共语，便使其唱理。意谓王曰："圣人有情不？"王曰："无。"重问曰："圣人如柱邪？"王曰："如筹算③，虽无情，运之者有情。"僧意云："谁运圣人邪？"苟子不得答而去。[诸本无僧意最后一句，意疑其阙，庆校众本皆然。唯一书有之，故取以成其义。然王修善言理，如此论，特不近人情，犹疑斯文为谬也。]

司马太傅(道子)问谢车骑(玄)："惠子其书五车，何以无一言入玄？"谢曰："故当是其妙处不传。"

殷中军被废，徙东阳，大读佛经，皆精解。唯至"事数"处不解。[事数：谓若五阴、十二入、四谛、十二因缘、五根、五九、七觉之声。]遇见一道人，问所签④，便释然。

殷仲堪精核玄论，人谓莫不研究。殷乃叹曰："使我解《四本》，

---

① 典要：经常不变的准则、标准。
② 抚掌：拍手；抚，读fǔ。
③ 筹算：亦作"筹筭"，古时刻有数字的竹筹，用于计算。
④ 签：标识，标签。这里指读书时遇到不解处做的标注。

谈不翅^①尔。"［周祗《隆安记》曰："仲堪好学而有理思也。"］

殷荆州曾问远公：［张野《远法师铭》曰：沙门释惠远，雁门楼烦人。本姓贾氏，世为冠族。年十二，随舅令狐氏游学许、洛。年二十一，欲南渡，就范宣子学，道阻不通，遇释道安以为师。抽簪落发，研求法藏。释昙翼每资以灯烛之费。诵鉴淹远，高悟冥赜。安常叹曰："道流东国，其在远乎？"襄阳既没，振锡南游，结宇灵岳。自年六十，不复出山。名被流沙，彼国僧众，皆称汉地有大乘沙门。每至然^②香礼拜，辄东向致敬。年八十三而终。］"《易》以何为体？"答曰："《易》以感为体。"殷曰："铜山西崩，灵钟东应，便是《易》耶？"［《东方朔传》曰："孝武皇帝时，未央宫前殿钟无故自鸣，三日三夜不止。诏问太史待诏王朔，朔言恐有兵气。更问东方朔，朔曰：'臣闻铜者山之子，山者铜之母，以阴阳气类言之，子母相感，山恐有崩弛者，故钟先鸣。易曰："鸣鹤在阴，其子和之。"精之至也。其应在后五日内。'居三日，南郡太守上书言山崩，延袤二十余里。"《樊英别传》曰："汉顺帝时，殿下钟鸣，问英。对曰：'蜀岷山崩。山于铜为母，母崩子鸣，非圣朝灾。'后蜀果上山崩，日月相应。"二说微异，故并载之。］远公笑而不答。

羊孚弟娶王永言女。［孚弟，辅也］及王家见婿，孚送弟俱往。时永言父东阳尚在，［《王氏谱》曰："讷之字永言，琅琊人。祖彪之，光禄大夫。父临之，东阳太守。讷之历尚书左丞、御史中丞。"］殷仲堪是东阳女婿，亦在坐。孚雅善理义，乃与仲堪道《齐物》。［《庄子》篇也］殷难之，羊云："君四番后，当得见同。"殷笑曰："乃可得尽，何必相同？"乃至四番后一通。殷咨嗟曰："仆便无以相异。"叹为新拔者久之。

殷仲堪云："三日不读《道德经》，便觉舌本间强。"［《晋安帝纪》曰："仲堪有思理，能清言。"］

提婆初至，为东亭（王珣）第讲《阿毗昙》。［《出经叙》曰："僧伽提

———

① 翅：同"啻"。
② 然：同"燃"。

婆，罽宾人，姓瞿昙氏。俊朗有深鉴，符坚至长安，出诸经。后渡江，远法师
请译《阿毗昙》。"远法师《阿毗昙叙》曰："《阿毗昙心》者，三藏之要领，咏歌之微
言。源流广大，管综众经，领其宗会，故作者以心为名焉。有出家开士字法胜，
以《阿毗昙》源流广大，卒难寻究，别撰斯部，凡二百五十偈，以为要解，号之
曰'心'。罽宾沙门僧伽提婆，少玩斯文，因请令译焉。"阿毗昙者，晋言大法也。
道标法师曰："阿毗昙者，秦言无比法也。"]始发讲，坐裁半，僧弥便云：
"都已晓。"即于坐分数四有意道人，更就余屋自讲。提婆讲竟，东亭
问法冈道人曰：[法冈，未详氏族。]"弟子都未解，阿弥那得已解？所
得云何？"曰："大略全是，故当小未精核耳。"[《出经叙》曰："提婆以隆
安初游京师，东亭侯王询迎至舍讲《阿毗昙》。提婆宗致既明，振发义奥，王僧
弥一听便自讲，其明义易启人心如此。未详年卒。"]

　　桓南郡（玄）与殷荆州（浩）共谈，每相攻难。年余后，但一两番。
桓自叹才思转退。殷云："此乃是君转解。"[周祗《隆安记》曰："玄善言
理，弃郡还国，常与殷荆州仲堪终日谈论不辍。"]

　　刘伶著《酒德颂》，意气所寄。[《名士传》曰："伶字伯伦，沛郡人。肆
意放荡，以宇宙为狭。常乘鹿车，携一壶酒，使人荷锸①随之，云：'死便掘地
以埋。'土木形骸，遨游一世。"《竹林七贤论》曰："伶处天地间，悠悠荡荡，无所
用心。尝与俗士相忤，其人攘袂而起，欲必筑②之。伶和其色曰：'鸡肋岂足以
当尊拳！'其人不觉废然③而返。未尝措意文章，终其世，凡著《酒德颂》一篇而
已，其辞曰：'有大人先生者，以天地为一朝，万期为须臾，日月为扃牖，八荒
为庭衢。行无辙迹，居无室庐，幕天席地，纵意所如。行则操卮执瓢，动则挈
榼④提壶，唯酒是务，焉知其余？有贵介⑤公子，缙绅处士，闻吾风声，议其

---

　　①　锸：读 chā，铁锹，掘土的工具。
　　②　筑：打、击。
　　③　废然：沮丧失望。
　　④　挈：读 qiè，用手提着。榼：读 kē，古代盛酒的器具。
　　⑤　贵介：尊贵。

所以。乃奋袂攘襟，怒目切齿，陈说礼法，是非锋起。先生于是方捧罂①承槽，衔杯漱醪，奋髯箕踞，枕曲藉糟。无思无虑，其乐陶陶。兀然而醉，慌尔而醒，静听不闻雷霆之声，熟视不见太山之形，不觉寒暑之切肌，利欲之感情。俯观万物之扰扰，如江、汉之载浮萍。二豪侍侧焉，如螺蠃之与螟蛉。'"]

王敬仁（修）年十三，作《贤人论》。长史送示真长，真长答云："见敬仁所作论，便足参微言。"[《修集》载其《论》曰：或问"《易》称贤人，黄裳元吉，苟未能闇②与理会，何得不求通？求通则有损，有损则元吉之称将虚设乎？答曰："贤人诚未能闇与理会，当居然人从，比之理尽，犹一豪之领一梁。一豪之领一梁，虽于理有损，不足以挠梁。贤有情之至寡，豪有形之至小，豪不至挠梁，于贤人何有损之者哉？"]

谢万作《八贤论》，与孙兴公往反，小有利钝。[《中兴书》曰："万善属文，能谈论。"《万集》载其叙四隐四显，为八贤之论，谓渔父、屈原、季主、贾谊、楚老、龚胜、孙登、嵇康也。其旨以处者为优，出者为劣。孙绰难之，以谓体玄识远者，出处同归。文多不载。]谢后出以示顾君齐，[《顾氏谱》曰：夷，字君齐，吴郡人。祖廞，孝廉。父霸，少府卿。夷辟州主簿，不就。]顾曰："我亦作，知卿当无所名。"

赏　誉

王汝南（湛）既除所生服③，遂停墓所。兄子济每来拜墓，略不过叔，叔亦不候。济脱④时过，止寒温而已。后聊试问近事，答对甚有音辞，出济意外，济极惋愕。仍与语，转造精微。济先略无子侄之敬，既闻其言，不觉懔然，心形俱肃。遂留共语，弥日累夜。济虽俊爽，自视缺然，乃喟然叹曰："家有名士，三十年而不知！"济去，叔送至门。济从骑有一马，绝难乘，少能骑者。济聊问叔："好

---

① 罂：一种盛水的瓦器。

② 闇：同"暗"。

③ 所生：此处指生母。服：丧服。

④ 脱：或许、偶然。

骑乘不?"曰:"亦好尔。"济又使骑难乘马,叔姿形既妙,回策如萦,名骑无以过之。济益叹其难测非复一事。[邓粲《晋纪》曰:王湛字处冲,太原人。隐德,人莫之知,虽兄弟宗族,亦以为痴,唯父昶异焉。昶丧,居墓次,兄子济往省湛,见床头有《周易》,谓湛曰:"叔父用此何为?颇曾看不?"湛笑曰:"体中佳时,脱复看耳。今日当与汝言。"因共谈《易》,剖析入微,妙言奇趣,济所未闻,叹不能测……]……

裴仆射,时人谓为"言谈之林薮"。[《惠帝起居注》曰:颜理甚渊博,赡于论难。]

人问王夷甫:"山巨源(涛)义理何如?是谁辈?"王曰:"此人初不肯以谈自居,然不读《老》《庄》,时闻其咏,往往与其旨合。"

卫伯玉为尚书令,见乐广与中朝名士谈议,奇之曰:"自昔诸人没已来,常恐微言将绝,今乃复闻斯言于君矣!"命子弟造之曰:"此人,人之水镜也,见之若披云雾睹青天。"[《晋阳秋》曰:"尚书令卫瓘见广曰:'昔何平叔诸人没,常谓清言尽矣,今复闻之于君!'"王隐《晋书》曰:"卫瓘有名理,及与何晏、邓飏等数共谈讲,见广奇之曰:'每见此人,则莹然犹廓云雾而睹青天。'"]

郭子玄有俊才,能言《老》《庄》。庾敳尝称之,每曰:"郭子玄何必减庾子嵩!"[《名士传》曰:郭象字子玄,自黄门郎为太傅主簿,任事用势,倾动一府。敳谓象曰:"卿自是当世大才,我畴昔之意,都已尽矣!"其伏①理推心,皆此类也。]

王太尉(衍)云:"郭子玄语议如悬河写②水,注而不竭。"

王平子(澄)迈世有俊才,少所推服。每闻卫玠言,辄叹息绝倒。[《玠别传》曰:玠少有名理,善通《庄》《老》。琅琊王平子高气不群,迈世独傲,每闻玠之语议,至于理会之间,要妙之际,辄绝倒于坐③。前后三闻,为之三

---

① 伏:同"服"。

② 写:同"泻"。

③ 坐:同"座"。

倒。时人遂曰："卫君谈道，平子三倒。"]

王丞相(导)招祖约夜语，至晓不眠。明旦有客，公头鬓未理，亦小倦。客曰："公昨如是似失眠?"公曰："昨与士少语，遂使人忘疲。"

王司州(胡之)与殷中军语，叹云："己之府奥，蚤已倾写而见，殷陈势浩汗①，众源未可得测。"[徐广《晋纪》曰：浩清言妙辩玄致，当时名流，皆为其美誉。]

王长史谓林公："真长可谓金玉满堂。"林公曰："金玉满堂，复何为简选?"王曰："非为简选，直致言处自寡耳。"[谓吉人之辞寡，非择言而出也。]

王仲祖(濛)、刘真长(惔)造殷中军谈，谈竟，俱载去。刘谓王曰："渊源真可。"王曰："卿故堕其云雾中。"[《中兴书》曰：浩能言理，谈论精微，长于《老》《易》，故风流者皆宗归之。]

林公谓王右军云："长史作数百语，无非德音，如恨不苦。"[苦谓穷人以辞。]王曰："长史自不欲苦物②。"

王长史叹林公："寻微之功，不减辅嗣。"[《支遁别传》曰：遁神心警悟，清识玄远，尝至京师，王仲祖称其造微之功，不异王弼。]

王(濛)、刘(惔)听林公讲，王语刘曰："向高坐者，故是凶物。"复东听，王又曰："自是钵釪后王(弼)、何(晏)人也③。"[《高逸沙门传》曰：王濛恒寻遁，遇祇洹寺中讲，正在高坐上，每举麈尾，常领数百言，而情理俱畅。预坐百余人，皆结舌注耳。濛云听讲众僧："向高坐者，是钵釪后王、何人也。"]

品　藻

简文云："何平叔巧累于理，稽叔夜俊伤其道。"[理本真率，巧则

---

①　浩汗：同"浩瀚"。

②　物：人。

③　钵釪：钵盂，僧人用食器。钵釪后王、何人：把林公(支遁)说成是佛僧中的王弼、何晏。

乖其致；道唯虚澹，俊则违其宗。所以二子不免也。]

人问殷渊源：“当世王公以卿比裴叔道，云何？”殷曰：“故当以识通暗处。”[遐与浩并能清言。]

人问抚军：“殷浩谈竟何如？”答曰：“不能胜人，差可献酬群心。”

刘尹至王长史许清言，时苟子年十三，倚床边听。既去，问父曰：“刘尹语何如尊？”长史曰：“韶音令辞，不如我；往辄破的，胜我。”[《刘惔别传》曰：惔有俊才，其谈咏虚胜，理会所归，王濛略同，而叙致过之，其词当也。]

刘尹目庾中郎：“虽言不惛惛①似道，突兀差可以拟道。”[《名士传》曰：敳颓然渊放，莫有动其听者。]

郗嘉宾(超)问谢太傅曰：“林公谈何如嵇公？”谢云：“嵇公勤著脚②，裁可得去耳。”[《支遁传》曰：遁神悟机发，风期所得，自然超迈也。]又问：“殷何如支？”谢曰：“正尔有超拔，支乃过殷。然亹亹③论辩，恐殷欲制支。”

卫君长是萧祖周妇兄，谢公问孙僧奴：[僧奴，孙腾小字也。《晋百官名》曰：“腾字伯海，太原人。”《中兴书》曰：“腾，统(当作‘统’)子也。博学。历中庶子、廷尉。]“君家道卫君长云何？”孙曰：“云是世业④人。”谢曰：“殊不尔，卫自是理义人。”于时以比殷洪远(融)。

规　箴

何晏、邓飏令管辂作卦，云：“不知位至三公不？”卦成，辂称引古义，深以戒之。飏曰：“此老生之常谈。”[《辂别传》曰：辂字公明，平原人也。明《周易》，声发徐州。冀州刺史裴徽举秀才，谓曰：“何、邓二尚书有经国

① 惛惛：幽深貌。
② 勤著脚：意谓努力向前。
③ 亹亹：谓诗文或谈论动人，有吸引力，使人不知疲倦。
④ 世业：操劳俗世之业。

才略，于物理无不精也。何尚书神明清彻，殆破秋豪，君当慎之。自言不解《易》中九事，必当相问。比至洛，宜善精其理。"辂曰："若九事皆至义，不足劳思。若阴阳者，精之久矣。"辂至洛阳，果为何尚书问，九事皆明。何曰："君论阴阳，此世无双也。"时邓尚书在曰："此君善《易》，而语初不论《易》中辞义，何邪？"辂答曰："夫善《易》者，不论《易》也。"何尚书含笑赞之曰："可谓要言不烦也。"……]

远公在庐山中①，虽老，讲论不辍。弟子中或有堕（当作"惰"）者，远公曰："桑榆之光，理无远照；但愿朝阳之晖，与时并明耳。"执经登坐，讽诵朗畅，词色甚苦。高足之徒，皆肃然增敬。

排　调

王浑与妇钟氏共坐，见武子从庭过，浑欣然谓妇曰："生儿如此，足慰人意。"妇笑曰："若使新妇得配参军，生儿故可不啻如此！"[《王氏家谱》曰：伦字太冲，司空穆侯中子，司徒浑弟也。醇粹简远，贵《老》《庄》之学，用心淡如也。为《老子例略》《周纪》……]

二郗奉道，二何奉佛，皆以财贿。谢中郎云："二郗谄于道，二何佞于佛。"[《中兴书》曰："郗愔及弟昙奉天师道。"《晋阳秋》曰："何充性好佛道，崇修佛寺，供给沙门以百数。久在扬州，征役吏民，功赏万计，是以为遐迩所讥。充弟准，亦精勤，唯读佛经，营治寺庙而已矣。"]

王文度（坦之）在西州，与林法师讲，韩、孙诸人并在坐。林公理每欲小屈，孙兴公曰："法师今日如著弊絮在荆棘中，触地挂阂。"

范荣期见郗超俗情不淡，戏之曰："夷、齐、巢、许，一诣垂名，何必劳神苦形，支策据梧邪？"郗未答。韩康伯曰："何不使游刃皆虚？"

---

① 远公在庐山中：事见《高僧传·卷六·慧远传》："后随安公，南逝樊、沔。伪秦建元九年，秦将苻丕寇书襄阳，道安为朱序所拘，不能得去，乃分张徒众，各随所之。远于是与弟子数十人南适荆州，住上明寺。后欲往罗浮山。及届浔阳，见庐峰清静，足以息心，始住龙泉精舍。刺史桓伊为远复于山东更立房殿，即东林是也。远创立精舍，洞尽山美，却负香炉之峰，傍带瀑布之壑。仍石叠基，即松栽构，清泉环阶，白云满室。复于寺内别置禅林，森树烟凝，石迳苔合。凡在瞻履，皆神清而气肃焉。"

轻　诋

庾道季诧谢公曰："裴郎云：'谢安谓裴郎乃可不恶，何得为复饮酒？'[庾和、裴启]裴郎又云：'谢安目支道林，如九方皋之相马，略其玄黄，取其俊逸。'"[《支遁传》曰：遁每标举会宗，而不留心象喻，解释章句，或有所漏，文字之徒，多以为疑。谢安石闻而善之曰："此九方皋之相马也，略其玄黄，而取其俊逸。"]谢公云："都无此二语，裴自为此辞耳！"庾意甚不以为好，因陈东亭《经酒垆下赋》。读毕，都不下赏裁，直云："君乃复作裴氏学！"于此《语林》遂废。今时有者，皆是先写，无复谢语。[《续晋阳秋》曰："晋隆和中，河东裴启撰汉、魏以来迄于今时，言语应对之可称者，谓之《语林》。时人多好其事，文遂流行。后说太傅事不实，而有人于谢坐叙其黄公酒垆，司徒王询为之赋，谢公加以与王不平，乃云：'君遂复作裴郎学。'自是众咸鄙其事矣……"]

王北中郎不为林公所知，乃著论《沙门不得为高士论》。大略云："高士必在于纵心调畅，沙门虽云俗外，反更束于教，非情性自得之谓也。"

假　谲

愍度道人始欲过江，与一伧①道人为侣，谋曰："用旧义在江东，恐不办得食。"便共立"心无义"②。既而此道人不成渡，愍度果讲义积年。[《名德沙门题目》曰："支愍度才鉴清出。"孙绰《愍度赞》曰："支度彬彬，好是拔新。俱禀昭见，而能越人。世重秀异，咸竞尔珍。孤桐峄阳，浮磬泗滨。"]后有伧人来，先道人寄语云："为我致意愍度，无义那可

---

①　伧：读 cāng，粗俗、鄙贱。

②　心无义：事见《高僧传·卷五·法汰传》："时沙门道恒颇有才力，常执心无义，大行荆土。汰曰：'此是邪说，应须破之。'乃大集名僧，令弟子昙壹难之曰：'色既暮，明日更集。'慧远就席，攻难数番，关责锋起。恒自觉义途差异，神色微动，麈尾扣案，未即有答。远曰：'不疾而速，杼柚何为？'坐者皆笑。心无之义，于是而息。"

立？［旧义者曰："种智有是，而能圆照。然则万累斯尽，谓之空无；常住不变，谓之妙有。"而无义者曰："种智之体，豁如太虚，虚而能知，无而能应。居宗至极，其唯无乎？"］治此计，权救饥尔！无为遂负如来也。"

谤 险

袁悦有口才，能短长说①，亦有精理。始作谢玄参军，颇被礼遇。后丁艰，服除还都，唯齎《战国策》而已②。语人曰："少年时读《论语》《老子》，又看《庄》《易》，此皆是病痛事，当何所益邪？天下要物，正有《战国策》。"既下，说司马孝文（当作"文孝"）王，大见亲待，几乱机轴③。俄而见诛。［《袁氏谱》曰："悦字元礼，陈郡阳夏人。父朗，给事中。仕至骠骑咨议。太元中，悦有宠于会稽王，每劝专览朝权，王颇纳其言。王恭闻其说，言于孝武。乃托以它罪，杀悦于市中。既而朋党同异之声，播于朝野矣。"］

何 晏

选文参校"诸子集成"本《列子注·天瑞篇》，世界书局 1935 年版。

道 论

有之为有，待无以生；事而为事，由无以成。夫道之而无语，

---

① 短长说：类战国时策士的纵横游说之术。
② 丁艰：丁忧，亦称丁家艰，指遭逢父母丧事。齎：读 jí，同"赍"，带着。
③ 机轴：心智。

名之而无名，视之而无形，听之而无声，则道之全焉①。故能昭音向而出气物，包形神而章光影②；玄以之黑，素以之白，矩以之方，规以之员③。员方得形而此无形，白黑得名而此无名也。

王　弼

选文参校楼宇烈《王弼集校释》，中华书局1980年版。

老子指略

夫物之所以生，功之所以成，必生乎无形，由乎无名。无形无名者④，万物之宗也。不温不凉，不宫不商。听之不可得而闻，视之不可得而彰，体之不可得而知，味之不可得而尝。故其为物也则混成，为象也则无形，为音也则希声，为味也则无呈⑤。故能为品物⑥之宗主，苞⑦通天地，靡使不经也。若温也则不能凉矣，宫也则不能商矣。形必有所分，声必有所属。故象而形者，非大象也；音而声者，非大音也。然则，四象不形，则大象无以畅⑧；五音不声，

---

①　无：何晏贵"无"，《晋书·列传第十三》载何晏王弼等祖述老庄，立论云："天地万物，皆以无为为本。无也者，开物成务，无往不成者也。阴阳恃以化生，万物恃以成形，贤者恃以成德，不肖恃以免身。故无之为用，无爵而贵矣。"

②　向：同"响"。章：同"彰"。

③　员：同"圆"。

④　无形无名者：指"道"。

⑤　呈：同"程"，品尝。

⑥　品物：万物。

⑦　苞：同"包"。

⑧　四象：指金、木、水、火。畅：通达。

则大音无以至①。四象形而物无所主焉，则大象畅矣；五音声而心无所适焉，则大音至矣。故执大象则天下往，用大音则风俗移也。无形畅，天下虽往，往而不能释②也；希声至，风俗虽移，移而不能辩③也。是故天生五物，无物为用④；圣行五教⑤，不言为化。是以"道可道，非常道；名可名，非常名"也。五物之母，不炎不寒，不柔不刚；五教之母，不曒不昧⑥，不恩不伤。虽古今不同，时移俗易，此不变也，所谓"自古及今，其名不去"者也。天不以此，则物不生；治不以此，则功不成。故古今通，终始同；执古可以御今，证今可以知古始，此所谓"常"者也。无曒昧之状，温凉之象，故"知常曰明"也。物生功成，莫不由乎此，故"以阅众甫"⑦也。

夫奔电之疾犹不足以一时周，御风之行犹不足以一息期⑧。善速在不疾，善至在不行。故可道之盛，未足以官天地；有形之极，未足以府万物⑨。是故叹之者不能尽乎斯美，咏之者不能畅乎斯弘⑩。名之不能当，称之不能既⑪。名必有所分，称必有所由⑫。有

---

① 至：达。

② 释：明白，知其所以然。

③ 辩：区别，知其所以不然。

④ 这两句的意思是，虽然天生"五物"以构成万物，但必须以"无"为用。五物：指金、木、水、火、土。

⑤ 五教：五伦之教，即《孟子·滕文公》所谓"父子有亲，君臣有义，夫妇有别，长幼有序，朋友有信"。

⑥ 曒：明。昧：暗。

⑦ 以阅众甫：语出《老子·二十一章》。王弼注云：众甫，物之始也，以无名说万物。甫：开始。

⑧ 此句意为快如闪电、疾风，也不能在极短暂时间内到达所有的地方。周：到达所有地方。期：达到。

⑨ "故可道之盛"四句：可以表述和有形可见的最盛大的事物，也不能统御和包括天地万物。官：统御。府：包括。

⑩ 弘：大。

⑪ 当：恰当。既：尽。

⑫ 由：凭借。

分则有不兼，有由则有不尽；不兼则大殊其真，不尽则不可以名，此可演①而明也。夫"道"也者，取乎万物之所由也；"玄"也者，取乎幽冥之所出也；"深"也者，取乎探赜而不可究也②；"大"也者，取乎弥纶而不可极也③；"远"也者，取乎绵邈而不可及也；"微"也者，取乎幽微而不可睹也。然则"道""玄""深""大""微""远"之言，各有其义，未尽其极者也。然弥纶无极，不可名细；微妙无形，不可名大。是以篇④云："字之曰道"，"谓之曰玄"，而不名也。然则，言之者失其常，名之者离其真，为之者则败其性，执之者则失其原矣。是以圣人不以言为主，则不违其常；不以名为常，则不离其真；不以为为事，则不败其性；不以执为制，则不失其原矣。然则《老子》之文，欲辩而诘者，则失其旨也；欲名而责者，则违其义也。故其大归⑤也，论太始⑥之原以明自然之性，演幽冥之极以定惑罔之迷。因而不为，损而不施⑦，崇本以息末，守母以存子；贱夫巧术，为在未有；无责于人，必求诸己；此其大要也。而法者尚乎齐同，而刑以检之⑧。名者尚乎定真⑨，而言以正之。儒者尚乎全爱，而誉以进之⑩。墨者尚乎俭啬，而矫以立之⑪。杂者尚乎众美，而总以行之⑫。

---

① 演：推演、推论。

② 赜：幽深。究：穷尽。

③ 弥纶：充满。极：穷尽。

④ 篇：指《老子》。

⑤ 大归：根本归旨。

⑥ 太始：万物之始。

⑦ 损：当作"顺"，王弼《老子·二十九章注》有云："因而不为，顺而不施"，意思是顺其自然而无为。

⑧ 法者：指法家，下文"名者"指名家，"儒者"指儒家，"墨者"指墨家，"杂者"指杂家；广论诸子百家。检：检查、约束。

⑨ 定真：指名实相符。

⑩ 誉以进之：用各种名誉诱人进取。

⑪ 矫以立之：强制自己情欲去过节俭的生活。

⑫ 总以行之：总括各家学说。

夫刑以检物，巧伪必生；名以定物，理恕①必失；誉以进物，争尚必起；矫以立物，乖违必作；杂以行物，秽乱必兴。斯皆用其子而弃其母，物失所载，未足守也。然致同途异，至合趣②乖，而学者惑其所致，迷其所趣。观其齐同，则谓之法；睹其定真，则谓之名；察其纯爱，则谓之儒；鉴其俭啬，则谓之墨；见其不系，则谓之杂。随其所鉴而正名焉，顺其所好而执意焉。故使有纷纭愦③错之论，殊趣辨析之争，盖由斯矣。又其为文也，举终以证始，本始以尽终；开而弗达④，导而弗牵⑤。寻而后既其义，推而后尽其理。善发事始以首其论，明夫会归以终其文。故使同趣而感发者，莫不美其兴言之始，因而演焉；异旨而独构者，莫不说其会归之征，以为证焉。夫途虽殊，必同其归；虑虽百，必均其致。而举夫归致以明至理，故使触类而思者，莫不欣其思之所应，以为得其义焉。

凡物之所以存，乃反其形；功之所以尅，乃反其名⑥。夫存者不以存为存，以其不忘亡也；安者不以安为安，以其不忘危也。故保其存者亡，不忘亡者存；安其位者危，不忘危者安。善力举秋毫，善听闻雷霆，此道之与形反也。安者实安，而曰非安之所安；存者实存，而曰非存之所存；侯王实尊，而曰非尊之所为；天地实大，而曰非大之所能；圣功实存，而曰绝圣之所立；仁德实著，而曰弃仁之所存。故使见形而不及道者，莫不忿⑦其言焉。夫欲定物之本者，则虽近而必自远以证其始；夫欲明物之所由者，则虽显而必自

---

① 理恕：以理恕物，包容事物的道理。
② 趣：或作"趋"。
③ 愦：乱。
④ 开而弗达：开导、启发而不事事说明。
⑤ 导而弗牵：耐心引导而不强制接受。
⑥ 尅：同"克"，成功。反：相反。
⑦ 忿：怨恨、不满。

幽以叙其本。故取天地之外，以明形骸之内；明侯王孤寡之义，而从道一①以宣其始。故使察近而不及流统之原者，莫不诞其言②以为虚焉。是以云云者，各申其说，人美其乱。或迂③其言，或讥其论，若晓而昧，若分④而乱，斯之由矣。

名也者，定彼者也⑤；称也者，从谓者也⑥。名生乎彼，称出乎我。故涉之乎无物而不由，则称之曰道；求之乎无妙而不出，则谓之曰玄。妙出乎玄，众由乎道。故"生之畜之"，不壅不塞，通物之性，道之谓也。"生而不有，为而不恃，长而不宰"，有德而无主，玄之德也。"玄"，谓之深者也；"道"，称之大者也。名号生乎形状，称谓出乎涉求。名号不虚生，称谓不虚出。故名号则大失其旨，称谓则未尽其极。是以谓玄则"玄之又玄"，称道则"域中有四大"也。

《老子》之书，其几乎可一言而蔽之噫！"崇本息末"而已矣。观其所由，寻其所归，言不远宗，事不失主。文虽五千，贯之者一；义虽广瞻，众则同类。解其一言而蔽之，则无幽而不识；每事各为意，则虽辩而愈惑。尝试论之曰：夫邪之兴也，岂邪者之所为乎？淫之所起也，岂淫者之所造乎？故闲⑦邪在乎存诚，不在善察；息淫在乎去华，不在兹章⑧；绝盗在乎去欲，不在严刑；止讼存乎不尚，不在善听⑨。故不攻其为也，使其无心於为也；不害其欲也，使其无心於欲也。谋之於未兆，为之於未始，如斯而已矣。故竭圣

---

①　道一：疑作"得一"。

②　诞其言：以其言为荒诞。

③　迂：迂腐，不合时宜。

④　分：分明。

⑤　意思是说"名"是确定外界事物的。

⑥　意思是说"称"是随从说话人的意向的。

⑦　闲：隔、防止。

⑧　兹：同"滋"，繁殖、增长。章：明。

⑨　善听：善于决断诉讼。

智以治巧伪，未若见质素以静民欲；兴仁义以敦薄俗，未若抱朴以全笃实；多巧利以兴事用，未若寡私欲以息华竞①。故绝司察，潜聪明，去劝进，剪华誉，弃巧用，贱宝货。唯在使民爱欲不生，不在攻其为邪也。故见素朴以绝圣智，寡私欲以弃巧利，皆崇本以息末之谓也。

夫素朴之道不著，而好欲之美②不隐，虽极圣明以察之，竭智虑以攻之，巧愈思精，伪愈多变，攻之弥甚，避之弥勤，则乃智愚相欺，六亲相疑，朴散真离，事有其奸。盖舍本而攻末，虽极圣智，愈致斯灾，况术之下此者乎！夫镇之以素朴，则无为而自正；攻之以圣智，则民穷而巧殷③。故素朴可抱，而圣智可弃。夫察司之简，则避之亦简；竭其聪明，则逃之亦察④。简则害朴寡，密则巧伪深矣，夫能为至察探幽之术者，匪唯圣智哉？其为害也，岂可记乎！故百倍之利未渠多也⑤。

夫不能辩名，则不可与言理；不能定名，则不可与论实也。凡名生於形，未有形生於名者也，故有此名必有此形，有此形必有其分。仁不得谓之圣，智不得谓之仁，则各有其实矣。夫察见至微者，明之极也；探射⑥隐伏者，虑之极也。能尽极明，匪唯圣乎？能尽极虑，匪唯智乎？校实定名，以观绝圣，可无惑矣。夫敦朴之德不著，而名行之美显尚，则修其所尚而望其誉，修其所道而冀其利。望誉冀利以勤其行，名弥美而诚愈外，利弥重而心愈竞。父子兄弟，

① 华竞：竞尚浮华。
② 好欲之美：意指以"好欲"为美德。
③ 殷：大、多。
④ 逃之亦察：逃避的方法也更加巧妙。
⑤ 这几句话的意思是说，圣智之害，不可记数，所以《老子・十九章》"绝圣弃智，民利百倍"之论，并不算过分之言。渠：借为"遽"，遂、就的意思。
⑥ 射：射覆，古代一种猜谜语游戏，这里指猜测。

怀情失直，孝不任诚，慈不任实，盖显名行之所招也。患俗薄而名兴行①，崇仁义愈致斯伪，况术之贱此者乎？故"绝仁弃义，以复孝慈"，未渠弘也。

夫城高则冲②生，利兴则求深。苟存无欲，则虽赏而不窃；私欲苟行，则巧利愈昏。故绝巧弃利，代以寡欲，盗贼无有，未足美也。夫圣智，才之杰也；仁义，行之大者也；巧利，用之善也。本苟不存，而兴此三美，害犹如之，况术之有利③，斯以忽素朴乎？故古人有叹曰：甚矣，何物之难悟也！既知不圣为不圣，未知圣之不圣也；既知不仁为不仁，未知仁之为不仁也。故绝圣而后圣功全，弃仁而后仁德厚。夫恶强非欲不强也，为强则失强也；绝仁非欲不仁也，为仁则伪成也。有其治而乃乱，保其安而乃危。后其身而身先，身先非先身之所能也；外其身而身存，身存非存身之所为也。功不可取，美不可用，故必取其为功之母而已矣。篇云"既知其子"，而必"复守其母"，寻斯理也，何往而不畅哉！

老子注

上篇·一章

[道可道，非常道。名可名，非常名]可道之道，可名之名，指事造形④，非其常也。故不可道，不可名也。

[无名，天地之始，有名，万物之母]凡有皆始于无，故未形、无名

---

①　名兴行：据上下文似当作"兴名行"。

②　冲：古代攻城用的一种战车，其上有楼台，以便攀登城墙。

③　利：用。

④　指事造形：这里指形象可感知的具体事物。造：造访，"造形"意为有具体的形式可寻察。

之时，则为万物之始，及其有形、有名之时，则长之、育之、亭之、毒之①，为其母也。言道以无形无名始成万物，（万物）以始以成而不知其所以然，玄之又玄也。

［故常无欲，以观其妙］妙者，微之极也。万物始於微而后成，始於无而后生。故常无欲空虚②，可以观其始物之妙。

［常有欲，以观其徼］徼③，归终也。凡有之为利，必以无为用；欲之所本，适道而后济④。故常有欲，可以观其终物之徼也。

［此两者同出而异名，同谓之玄，玄之又玄，众妙之门］两者，始与母也。同出者，同出於玄也。异名，所施不可同也。在首则谓之始，在终则谓之母。玄者，冥（也），默（然）无有也，始、母之所出也，不可得而名，故不可言，同名曰玄，而言（同）谓之玄者，取於不可得而谓之然也。不可得而谓之然，则不可以定乎一玄而已，若定乎一玄则是名则失之远矣。故曰"玄之又玄"也。众妙皆从（同）玄而出，故曰"众妙之门"也。

上篇·二章

［天下皆知美之为美，斯恶已。皆知善之为善，斯不善已。故有无相生，难易相成，长短相较，高下相倾，音声相和，前后相随］美者，人心之所进乐也；恶者，人心之所恶疾也。美恶，犹喜怒也；善不善，犹是非也。喜怒同根，是非同门，故不可得而偏举也，此六者皆陈自然不可偏举之名数也。

上篇·四章

［道冲而用之或不盈，渊兮似万物之宗；挫其锐，解其纷，和其光，同其

---

① 亭：处理。毒：役使。"亭毒"是化育、养育的意思。
② 无欲、空虚：两词意思重复，"空虚"可能是后人窜入之词。
③ 徼：边界，读 jiào，"徼妙"即"微妙"的意思。
④ 适：从。济：止。

尘，湛兮似或存。吾不知谁之子，象帝之先]夫执一家之量者，不能全家；执一国之量者，不能成国；穷力举重，不能为用。故人虽知万物治①也，治而不以二仪之道②，则不能赡③也。地虽形魄④，不法於天则不能全其宁；天虽精象⑤，不法於道则不能保其精。冲⑥而用之，用乃不能穷。满以造⑦实，实来则溢。故冲而用之，又复不盈，其为无穷亦已极矣。形虽大，不能累⑧其体；事虽殷⑨，不能充其量。万物舍此而求主，主其安在乎？不亦渊兮似万物之宗乎？锐⑩挫而无损，纷⑪解而不劳，和光而不汙⑫其体，同尘而不渝⑬其真，不亦湛兮似或存乎？地守其形，德不能过其载；天慊⑭其象，德不能过其覆。天地莫能及之，不亦似帝之先乎？帝，天帝也。

上篇·八章

[上善若水。水善利万物而不争，处众人之所恶]人恶卑也。

[故几于道]道无水有，故曰，几也。

---

① 万物治：当为"万物之治"。
② 二仪之道：天地之道。
③ 赡：周全、充足。
④ 形魄：躯壳，指有形之象。
⑤ 精象：精微之象。
⑥ 冲：虚。
⑦ 造：容纳，如《礼记·丧大记》有云："君设大盘造冰焉。"
⑧ 累：连累、束缚。
⑨ 殷：众多。
⑩ 锐：锋芒。
⑪ 纷：争端。
⑫ 汙：同"污"。
⑬ 渝：污染。
⑭ 慊：足。

上篇·十章

[载营魄抱一，能无离乎]载，犹处也。营魄①，人之常居处也，一，人之真②也。言人能处常居之宅，抱一清神，能常无离乎？则万物自宾③矣。

[专气致柔，能婴儿乎]专，任也。致，极也。言任自然之气，致至柔之和，能若婴儿之无所欲乎？则物全而性得矣。

[涤除玄览，能无疵乎]玄，物之极也。言能涤除邪饰，至于极览，能不以物，介④其明疵其神乎？则终与玄同也。

[爱民治国，能无知乎]任术以求成，运数以求匿⑤者，智也。玄览无疵，犹绝圣也。治国无以智，犹弃智也。能无以智乎？则民不辟⑥而国治之也。

[天门开阖，能为雌乎]天门，天下之所由从也。开阖，治乱之际也。或开或阖，经通于天下，故曰"天门开阖"也。雌，应而不唱，因而不为。言天门开阖能为雌乎？则物自宾而处自安矣。

[明白四达，能无为乎]言至明四达，无迷无惑，能无以为乎？则物化⑦矣。所谓道常无为，侯王若能守，则万物将自化。

[生之]不塞其原也。

[畜之]不禁其性也。

[生而不有，为而不恃，长而不宰，是谓玄德]不塞其原，则物自生，

---

① 营魄：灵魂、魂魄。

② 真：朴。

③ 宾：归附，"自宾"即自来归附。

④ 介：借为"界"，界限。

⑤ 运数以求匿：运用术数或权术去探察别人隐匿之事。

⑥ 辟：借为"避"。

⑦ 物化：万物自然变化生成。

何功之有？不禁其性，则物自济①，何为之恃？物自长足，不吾宰成，有德无主，非玄而何？凡言玄德，皆有德而不知其主，出乎幽冥。

上篇·十二章

[五色令人目盲，五音令人耳聋，五味令人口爽，驰骋畋猎令人心发狂]爽，差失也，失口之用，故谓之爽。夫耳目口心，皆顺其性也，不以顺性命，反以伤自然，故曰盲、聋、爽、狂也。

[难得之货令人行妨]难得之货塞人正路，故令人行妨也。

[是以圣人为腹不为目，故去彼取此]为腹者以物养己，为目者以物役己，故圣人不为目也。

上篇·十四章

[视之不见名曰夷，听之不闻名曰希，搏之不得名曰微。此三者，不可致诘，故混而为一]无状无象，无声无响，故能无所不通，无所不往。不得而知，更以我耳、目、体不知为名，故不可致诘②，混而为一也。

[其上不皦，其下不昧。绳绳不可名，复归於无物。是谓无状之状，无物之象]欲言无邪，而物由以成；欲言有邪，而不见其形，故曰"无状之状，无物之象"也。

[是谓惚恍]不可得而定也。

上篇·十五章

[俨兮其若客，涣兮若冰之将释，敦兮其若朴，旷兮其若谷，浑兮其若浊]凡此诸若，皆言其容象不可得而形名也。

上篇·十六章

[致虚极，守静笃]言致虚，物之极笃；守静，物之真正也。

---

① 济：成。

② 致诘：推问。

［万物并作］动作生长。

［吾以观复］以虚静观其反复。凡有起於虚，动起於静，故万物虽并动作，卒复归於虚静，是物之极笃①也。

［夫物芸芸，各复归其根］各反其所始也。

［归根曰静，是谓复命。复命曰常］归根则静，故曰"静"。静则复命，故曰"复命"也。复命则得性命之常，故曰"常"也。

上篇·十七章

［悠兮其贵言。功成事遂，百姓皆谓我自然］自然，其端兆不可得而见也，其意趣不可得而睹也。无物可以易其言，言必有应，故曰"悠兮其贵言"也。居无为之事，行不言之教，不以形立物②，故功成事遂，而百姓不知其所以然也。

上篇·十八章

［大道废，有仁义］失无为之事，更以施慧立善③，道进物④也。

［慧智出，有大伪］行术用明⑤，以察奸伪；趣睹形见⑥，物知避之。故智慧出则大伪生也。

上篇·十九章

［绝圣弃智，民利百倍；绝仁弃义，民复孝慈；绝巧弃利，盗贼无有。此三者以为文不足，故令有所属，见素抱朴，少私寡欲］圣智，才之善也。仁义，（人）行之善也。巧利，用之善也。而直云绝。文甚不足，不令

---

① 笃：真实、朴实。

② 不以形立物：不"赖威权"、不"以正（政）齐民"。形：同"刑"。

③ 更：改。慧：同"惠"。

④ 道进物：失去了道之淳朴而进于有形之物，如《老子》二十章"朴散则为器"、三十八章"失道而后德"。

⑤ 行术用明：任用法术和聪明智慧。

⑥ 趣睹形见：内心想法被看见、言行举动被暴露。趣：意趣。形：人的声色动作。

之有所属①，无以见其指②，故曰，此三者以为文而未足，故令人有所属，属之於素朴寡欲。

上篇·二十一章

[孔德之容，惟道是从]孔，空也，惟以空为德，然后乃能动作从道。

[道之为物，惟恍惟惚]恍惚，无形不系之叹。

[惚兮恍兮，其中有象；恍兮惚兮，其中有物]以无形始物，不系成物，万物以始以成，而不知其所以然，故曰"恍兮惚兮，其中有物""惚兮恍兮，其中有象"也。

[窈兮冥兮，其中有精]窈、冥，深远之叹，深远不可得而见，然而万物由之。（其）不可得见，以定其真。故曰"窈兮冥兮，其中有精"也。

[其精甚真，其中有信]信，信验也。物反窈冥，则真精之极得，万物之性定。故曰"其精甚真，其中有信"也。

[自古及今，其名不去]至真之极，不可得名。无名，则是其名也。自古及今，无不由此而成，故曰"自古及今，其名不去"也。

[以阅众甫]众甫，物之始也。以无名（说）阅③万物始也。

[吾何以知众甫之状哉？以此]此，上之所云也。言吾何以知万物之始於无哉，以此知之也。

上篇·二十三章

[希言自然]听之不闻名曰希。下章④言，道之出言，淡兮其无味

---

① 属：足。
② 指：同"旨"。
③ 阅：总聚、容纳。
④ 下章：指三十五章。

也，视之不足见，听之不足闻。然则无味不足听①之言，乃是自然之至言也。

············

[故从事於道者，道者同於道]从事，谓举动从事於道者也。道以无形无为成济万物，故从事於道者，以无为为君，不言为教，绵绵若存，而物得其真。与道同体，故曰"同於道"。

[德者同於德]得，少也，少则得，故曰得也。行得则与得同体，故曰"同於得"也。

[失者同於失]失，累多也，累多则失，故曰失也。行失则与失同体，故曰"同於失"也。

上篇·二十五章

[有物混成，先天地生]混然不可得而知，而万物由之以成，故曰混成也。不知其谁之子，故先天地生。

[寂兮寥兮，独立不改]寂寥，无形体也。无物匹之，故曰独立也。返化终始，不失其常，故曰不改也。

[周行而不殆，可以为天下母]周行无所不至而不危殆，能生全大形也，故可以为天下母也。

[吾不知其名]名以定形。混成无形，不可得而定，故曰"不知其名"也。

[字之曰道]夫名以定形，字以称可②。言道取於无物而不由也，是混成之中，可言之称最大也。

[强为之名，曰大]吾所以字之曰道者，取其可言之称最大也。责其字定之所由，则系於大，大有系，则必有分，有分则失其极矣。

---

① 听：据上文似当作"闻"。
② 字以称可："字"是对事物有所肯定的称号。可：肯定。

故曰"强为之名曰大"。

[大曰逝]逝，行也。不守一大体而已。周行无所不至，故曰逝也。

[逝曰远，远曰反]远，极也。周行无所不穷极，不偏於一逝，故曰远也。不随於所适，其体独立，故曰反也。

[故道大，天大，地大，王亦大]天地之性，人为贵，而王是人之主也，虽不职①大，亦复为大。与三匹，故曰"王亦大"也。

[域中有四大]四大，道、天、地、王也。凡物有称有名，则非其极也。言道则有所由，有所由，然后谓之为道，然则是道，称中之大也，不若无称之大也。无称不可得而名，故曰域也。道、天、地、王皆在乎无称之内，故曰"域中有四大"者也。

[而王居其一焉]处人主之大也。

[人法地，地法天，天法道，道法自然]法，谓法则也。人不违地，乃得全安，法地也。地不违天，乃得全载，法天也。天不违道，乃得全覆，法道也。道不违自然，乃得其性，法自然也。法自然者，在方而法方，在圆而法圆，於自然无所违也。自然者，无称之言，穷极之辞也。用智不及无知，而形魄不及精象，精象不及无形，有仪不及无仪，故转相法也。道顺自然，天故资焉。天法於道，地故则焉。地法於天，人故象焉。王所以为主，其主之者一也。

上篇·二十七章

[善行无辙迹]顺自然而行，不造不施，故物得至而无辙迹也。

[善言无瑕谪]顺物之性，不别不析，故无瑕谪可得其门也。

[善数不用筹策]因物之数，不假②形也。

---

① 职：主。

② 假：借。

[善闭无关楗而不可开，善结无绳约而不可解]因物自然，不设不施，故不用关楗绳约①，而不可开解也。此五者，皆言不造不施，因物之性，不以形制物也。

上篇·二十九章

[将欲取天下而为之，吾见其不得已。天下神器]神，无形无方②也。器，合成也。无形以合，故谓之神器也。

[不可为也，为者败之，执者失之]万物以自然为性，故可因而不可为也，可通③而不可执也。物有常性，而造为之，故必败也。物有往来，而执之，故必失矣。

[故物或行或随，或嘘或吹，或强或羸，或挫或隳。是以圣人去甚，去奢，去泰]凡此诸或，言物事逆顺反复，不施为执割也。圣人达自然之性，畅万物之情，故因而不为，顺而不施。除其所以迷，去其所以惑，故心不乱而物性自得之也。

上篇·三十二章

[道常无名，朴虽小，天下莫能臣也。侯王若能守之，万物将自宾]道无形不系，常不可名，以无名为常，故曰"道常无名"也。朴之为物，以无为心也，亦无名，故将得道，莫若守朴。夫智者，可以能臣也；勇者，可以武使也；巧者，可以事役也；力者，可以重任也。朴之为物，愤④然不偏，近於无有，故曰"莫能臣"也。抱朴无为，不以物累其真，不以欲害其神，则物自宾而道自得也。

上篇·三十四章

[大道泛兮，其可左右]言道泛滥，无所不适，可左右上下周旋而

---

① 约：缠束、约束。
② 方：类。
③ 通：行。
④ 愤：似当作"遗"。

用，则无所不至也。

[万物恃之而生而不辞，功成不名有。衣养万物而不为主，常无欲，可名於小]万物皆由道而生，既生而不知所由，故天下常无欲之时，万物各得其所，若道无施於物，故名於小矣。

[万物归焉而不为主，可名为大]万物皆归之以生，而力使不知其所由，此不为小，故复可名於大矣。

[以其终不自为大，故能成其大]为大於其细，图难於其易。

上篇·三十五章

[执大象，天下往]大象，天象之母也，不寒不炎，不温不凉，故能包统万物，无所犯伤，主若执之，则天下往也。

············

[乐与饵，过客止。道之出口，淡乎其无味，视之不足见，听之不足闻，用之不足既]言道之深大。人闻道之言，乃更不如乐与饵，应时感悦人心也。乐与饵①则能令过客止，而道之出言，淡然无味，视之不足见，则不足以悦其目；听之不足闻，则不足以娱其耳，若无所中然，乃用之不可穷极也。

下篇·三十八章

[上德不德，是以有德；下德不失德，是以无德。上德无为而无以为，下德为之而有以为。上仁为之而无以为，上义为之而有以为，上礼为之而莫之应，则攘臂而扔之。故失道而后德，失德而后仁，失仁而后义，失义而后礼。夫礼者，忠信之薄，而乱之首。前识者，道之华而愚之始。是以大丈夫处其厚，不居其薄；处其实，不居其华。故去彼取此]

德者，得也。常得而无丧，利而无害，故以德为名焉。何以得

① 乐：音乐。饵：饼，比喻美食。

德？由乎道也。何以尽德？以无为用。以无为用，则莫不载也①。故物，无焉，则无物不经②；有焉，则不足以免其生③。是以天地虽广，以无为心；圣王虽大，以虚为主。故曰以复而视，则天地之心见④；至日⑤而思之，则先王之至睹也。故灭其私而无其身，则四海莫不瞻，远近莫不至；殊其己而有其心⑥，则一体不能自全，肌骨不能相容。是以上德之人，唯道是用，不德其德，无执无用，故能有德而无不为；不求而得，不为而成，故虽有德而无德名也。下德求而得之，为而成之，则立善以治物，故德名有焉。求而得之，必有失焉；为而成之，必有败焉。善名生，则有不善应焉。故下德为之而有以为也。无以为者，无所偏为也。凡不能无为而为之者，皆下德也，仁义礼节是也。将明德之上下，辄举下德以对上德。至於无以为，极下德之量，上仁是也。足及於无以为而犹为之焉。为之而无以为，故有为为之患矣。本在无为，母在无名，弃本舍母而适其子，功虽大焉，必有不济；名虽美焉，伪亦必生。不能不为而成，不兴而治，则乃为之，故有宏普博施仁爱之者，而爱之无所偏私，故上仁为之而无以为也。爱不能兼，则有抑抗⑦正直而义理之者。忿枉佑直，助彼攻此，物事而有以心为矣，故上义为之而有以为也。直不能笃，则有游饰修文礼敬之者。尚好修敬，校责往来⑧，则不对之间⑨忿怒生焉。故上礼为之而莫之应，则攘臂而扔之。

---

① 莫不载：万物莫不由之以成。载：成。

② 经：经由。

③ 生：同"身"。

④ 语出《周易·复卦·象辞》："复，其见天地之心乎。"

⑤ 至日：指冬至日和夏至日。

⑥ 殊其己：指"有身"。有其心：指"有私"。

⑦ 抑：退。抗：进。

⑧ 校责往来：互相计较、责备。校：计较。

⑨ 不对之间：得不到相应的礼节往来。对：应酬。

　　夫大之极也，其唯道乎！自此已往，岂足尊哉！故虽德盛业大，富而有万物，犹各得其德，而未能自周也。故天不能为载，地不能为覆，人不能为赡①。万物虽贵，以无为用，不能舍无以为体也，舍无以为体，则失其为大矣，所谓失道而后德也。以无为用，则得其母，故能己不劳焉而物无不理。下此已往，则失用之母。不能无为而贵博施，不能博施而贵正直，不能正直而贵饰敬，所谓失德而后仁，失仁而后义，失义而后礼也。夫礼也，所始首於忠信不笃，通简不阳②，责备于表，机微争制③。夫仁义发於内，为之犹伪，况务外饰而可久乎！故夫礼者，忠信之薄而乱之首也。前识者，前人而识也，即下德之伦也④。竭其聪明以为前识，役其智力以营庶事⑤，虽得其情，奸巧弥密，虽丰其誉，愈丧笃实。劳而事昏，务而治薉⑥，虽竭圣智，而民愈害。舍己任物，则无为而泰；守夫素朴，则不顺典制⑦；耽彼所获，弃此所守，故前识者，道之华而愚之首。故苟得其为功之母，则万物作焉而不辞也，万事存焉而不劳也。用不以形，御不以名，故仁义可显，礼敬可彰也。夫载之以大道，镇之以无名，则物无所尚，志无所营。各任其贞事，用其诚，则仁德厚焉，行义正焉，礼敬清焉。弃其所载，舍其所生，用其成形，役其聪明，仁则尚焉，义则竞焉，礼则争焉。故仁德之厚，非用仁之所能也；行义之正，非用义之所成也；礼敬之清，非用礼之所济也。载之以道，统之以母，故显之而无所尚，彰之而无所竞。

---

① 赡：供给。

② 通简不阳：疑当作"易简不畅"。

③ 机微争制：极细小之事也要争执。机：当作"几"，细小。制：同"执"。

④ 前人而识：指先于人而认识。伦：类。

⑤ 营：谋求、经营。庶事：众事。

⑥ 务：努力。薉：同"秽"，荒芜。

⑦ 顺：循、遵照。典制：指刑法制度等。

用夫无名，故名以笃焉；用夫无形，故形以成焉。守母以存其子，崇本以举其末，则形名俱有而邪不生，大美配天而华不作。故母不可远，本不可失。仁义，母之所生，非可以为母。形器，匠之所成，非可以为匠也。舍其母而用其子，弃其本而适其末，名则有所分，形则有所止①，虽极其大，必有不周；虽盛其美，必有忧患，功在为之，岂足处也。

下篇·四十章

[天下万物生於有，有生於无]天下之物皆以有为生。有之所始，以无为本，将欲全有，必反於无也。

下篇·四十一章

[大音希声]听之不闻名曰希，不可得闻之音也。有声则有分，有分则不宫而商矣，分则不能统众，故有声者非大音也。

[大象无形]有形则有分，有分者不温则凉，不炎则寒。故象而形者，非大象。

[道隐无名。夫唯道，善贷且成]凡此诸善，皆是道之所成也。在象则为大象，而大象无形；在音则为大音，而大音希声。物以之成而不见其成形，故隐而无名也。贷②之非唯供其乏而已，一贷之则足以永终其德，故曰"善贷"也。成之不如机匠③之裁，无物而不济其形，故曰"善成"。

下篇·四十二章

[道生一，一生二，二生三，三生万物。万物负阴而抱阳，冲气以为和。人之所恶，唯孤、寡、不谷，而王公以为称。故物，或损之而益，或益之而损]

---

① 止：限止。
② 贷：供给。
③ 机匠：工匠。

万物万形，其归一也，何由致一？由於无也。由无乃一，一可谓无。已谓之一，岂得无言乎？有言有一，非二如何？有一有二，遂生乎三。从无之有，数尽乎斯，过此以往，非道之流。故万物之生，吾知其主，虽有万形，冲气一焉。百姓有心，异国殊风，而王侯得一者，主焉。以一为主，一何可舍？愈多愈远，损则近之。损之至尽，乃得其极。既谓之一，犹乃至三，况本不一而道可近乎？损之而益，益之而损，岂虚言也。

下篇·四十五章

[大成若缺，其用不弊]随物而成，不为一象，故若缺也。

[大盈若冲，其用不穷]大盈充足，随物而与，无所爱矜，故若冲也。

[大直若屈]随物而直，直不在一，故若屈也。

[大巧若拙]大巧，因自然以成器，不造为异端①，故若拙也。

[大辩若讷]大辩因物而言，己无所造，故若讷②也。

[躁胜寒，静胜热。清静为天下正]躁罢③然后胜寒，静无为以胜热。以此推之，则清静为天下正也。静则全物之真，躁则犯物之性，故惟清静乃得如上诸大也。

下篇·四十八章

[为学日益]务欲进其所能，益其所习。

[为道日损]务欲反虚无也。

[损之又损，以至於无为，无为而无不为]有为则有所失，故无为乃无所不为也。

---

① 异端：本指不合正统者，这里指不合自然者。

② 讷：言语迟钝。

③ 躁：借为"燥"。罢：止。

下篇·四十九章

［圣人无常心，以百姓心为心］动常因也。

［善者，吾善之；不善者，吾亦善之］各因其用则善不失也。

［德善］无弃人也。

［信者，吾信之；不信者，吾亦信之，德信。圣人在天下歙歙，为天下浑其心，百姓皆注其耳目］各用聪明。

［圣人皆孩之］皆使和而无欲，如婴儿也。夫"天地设位，圣人成能，人谋鬼谋，百姓与能"①者，能者与之，资者取之②；能大则大，资贵则贵。物有其宗，事有其主。如此，则可冕旒充目而不惧於欺③，黈纩塞耳而无戚於慢④。又何为劳一身之聪明，以察百姓之情哉！夫以明察物，物亦竞以其应避之；以不信察物，物亦竞以其不信应之。夫天下之心不必同，其所应不敢异，则莫肯用其情⑤矣。甚矣，害之大也，莫大於用其明矣。夫在智则人与之讼，在力则人与之争。智不出於人而立乎讼地，则穷矣；力不出於人而立乎争地，则危矣。未有能使人无用其智力於己者也，如此则己以一敌人，而人以千万敌己也。若乃多其法网，烦其刑罚，塞其径路，攻其幽宅⑥，则万物失其自然，百姓丧其手足⑦，鸟乱於上，鱼乱於下。是

---

① 语出《周易·系辞下》。

② 能：贤。资：财货。

③ 此句意为虽然目光被"冕旒"遮住，但也不怕被别人欺瞒。旒，读 liú，古代帝王礼帽前后悬垂的玉串。充：塞、遮蔽。

④ 此句意为虽然双耳被"黈纩"遮住，但也不担心被别人轻慢。黈：读 tǒu，黄色；纩：读 kuàng；"黈纩"指垂挂于帽子左右的一种黄色棉絮做成的装饰物。戚：忧。

⑤ 情：这里指真情实意。

⑥ 径路：小路。幽宅：指人隐微之处。

⑦ 丧其手足：意为手足无措。

以圣人之於天下歙歙①焉，心无所主也；为天下浑心焉，意无所适莫②也。无所察焉，百姓何避；无所求焉，百姓何应。无避无应，则莫不用其情矣。人无为舍其所能而为其所不能，舍其所长而为其短，如此，则言者言其所知，行者行其所能，百姓各皆注③其耳目焉，吾皆孩之④而已。

下篇·五十一章

［道生之，德畜之，物形之，势成之］物生而后畜⑤，畜而后形，形而后成，何由而生？道也；何得而畜？德也；何由而形？物也；何使而成？势也。唯因也，故能无物而不形；唯势也，故能无物而不成。凡物之所以生，功之所以成，皆有所由。有所由焉，则莫不由乎道也。故推而极之，亦至道也。随其所因，故各有称焉。

下篇·五十二章

［天下有始，以为天下母］善始之，则善养畜之矣，故天下有始，则可以为天下母矣。

［既得其母，以知其子；既知其子，复守其母，没身不殆］母，本也，子，末也。得本以知末，不舍本以逐末也。

…………

［用其光］显道以去民迷。

［复归其明］不明察也。

---

① 歙歙：无所偏执的样子。歙，读 xī。
② 适莫：语出《论语·里仁》："君子之于天下也，无适也，无莫也"。适：读 dí，厚。莫：薄。
③ 注：用。
④ 孩之：使之如婴孩。
⑤ 畜：读 xù，养育、培育。

下篇·五十六章

[知者不言]因自然也。

[言者不知]造事端也。

下篇·六十二章

[道者万物之奥]奥，犹暖也①。可得庇荫之辞。

[善人之宝]宝以为用也。

[不善人之所保]保以全也。

[美言可以市，尊行可以加人]言道无所不先，物无有贵於此也。虽有珍宝璧马，无以匹之。美言之，则可以夺众货之贾②，故曰"美言可以市③"也；尊行之，则千里之外应之，故曰"可以加於人"也。

[人之不善，何弃之有?]不善当保道以免放④。

[故立天子，置三公]言以尊行道也。

[虽有拱璧以先驷马，不如坐进此道]此道，上之所云也。言故立天子，置三公，尊其位，重其人，所以为道也。物无有贵於此者，故虽有拱抱宝璧以先驷马而进之，不如坐而进此道也。

[古之所以贵此道者何? 不曰以求得，有罪以免邪? 故为天下贵]以求则得求，以免则得免，无所而不施，故为天下贵也。

下篇·六十三章

[为无为，事无事，味无味]以无为为居，以不言为教，以恬淡为味，治之极也。

下篇·六十五章

[古之善为道者，非以明民，将以愚之]明，谓多智巧诈，蔽其朴也。

---

① 奥：原为室之西南角，室中幽隐之处。暖：隐蔽。

② 贾：同"价（價）"。

③ 市：卖。

④ 放：放弃。

愚，谓无知守真，顺自然也。

下篇·七十章

[吾言甚易知，甚易行。天下莫能知，莫能行]可不出户窥牖而知，故曰"甚易知"也。无为而成，故曰"甚易行"也。惑於躁欲，故曰"莫之能知"也。迷於荣利，故曰"莫之能行"也。

[言有宗，事有君]宗，万物之主也。君，万事之主也。

[夫唯无知，是以不我知]以其言有宗、事有君之故，故有知之人，不得不知之也①。

[知我者希，则我者贵]唯深，故知之者希②也，知我益希，我亦无匹，故曰"知我者希，则我者贵"也。

[是以圣人被褐怀玉]被褐者，同其尘；怀玉者，宝③其真也。圣人之所以难知，以其同尘而不殊，怀玉而不渝，故难知而为贵也。

下篇·七十一章

[知不知，上；不知知，病]不知知之不足任，则病也。

下篇·七十七章

[天之道，其犹张弓与？高者抑之，下者举之；有余者损之，不足者补之。天之道，损有余而补不足。人之道则不然]与天地合德，乃能包之如天之道。如人之量，则各有其身，不得相均。如惟无身无私乎？自然，然后乃能与天地合德。

[损不足以奉有余。孰能有余以奉天下？唯有道者。是以圣人为而不恃，功成而不处，其不欲见贤]言谁能处盈而全虚，损有以补无，和光同尘，

---

① 据上下文义，此句似当作"故无知之人，不得我知之也"。

② 希：借为"稀"。

③ 宝：同"保"。

荡①而均者，唯有道者也。是以圣人不欲示其贤，以均天下。

欧阳建

欧阳建（268—300），字坚石，西晋渤海南皮（今河北南皮）人，石崇外甥，历任山阳令、尚书郎、冯翊（今陕西大荔）太守，后被赵王伦和孙秀所杀。有文集二卷，今已佚，仅存《言尽意论》和《临终诗》一首。选文参校清严可均校辑《全上古三代秦汉三国六朝文》第 2 册之《全晋文·卷一百九》，中华书局 1958 年版。

言尽意论

有雷同君子，问于违众先生②曰："世之论者，以为言不尽意，由来尚③矣。至乎通才达识，咸以为然。若夫蒋公之论眸子④，钟、傅之言才性⑤，莫不引此为谈证，而先生以为不然，何哉？"先生曰：

---

① 荡：广大。

② 两人均为虚拟的称谓，后者指作者自己。违众：与众人意见不同。

③ 尚：久。

④ 蒋公：三国时魏国人蒋济。《三国志·魏书·王毋丘诸葛邓钟传》有云："中护军蒋济著论，谓观其眸子足以知人。"《全三国文》卷三十三录其《万机论》有云："语曰：'两目不相为视。'昔吴有二人共评主者，一人曰好，一人曰丑，久之不决。二人各曰：'尔可求入吴目中则好丑分矣。'士有定形，二人察之，有得失。非苟相反，眼睛异耳。"或与其"论眸子"有关。

⑤ 钟：钟会。傅：傅嘏。两人均为三国时魏国人。《世说新语·文学篇》"钟会撰《四本论》"注云："会论才性同异，传于世。四本者，言才性同，才性异，才性合，才性离也。尚书傅嘏论同，中书令李丰论异，侍郎钟会论合，屯骑校尉王广论离。"

"夫天不言，而四时行焉①；圣人不言，而鉴识存焉②。形不待名③，而方圆已著；色不俟称，而黑白以彰。然则名之于物，无施④者也；言之于理，无为者也。而古今务于正名，圣贤不能去言，其故何也？诚以理得于心，非言不畅⑤；物定于彼⑥，非言不辩。言不畅志，则无以相接⑦；名不辩物，则鉴识不显。鉴识显而名品⑧殊，言称接而情志畅。原其所以，本其所由⑨，非物有自然之名，理有必定之称也，欲辩其实，则殊其名；欲宣其志，则立其称。名逐物而迁，言因理而变，此犹声发响⑩应，形存影附，不得相与为二矣。苟其不二，则言无不尽矣，吾故以为尽矣。"

荀 粲

　　荀粲，生卒年待考，字奉倩，豫州颍川颍阴县（今河南许昌）人，三国魏道士、玄学家，东汉名臣荀彧幼子。成年后以善谈玄理名噪一时。娶曹洪之女为妻，专房欢宴历年，后妇得热病，不愈而亡，粲痛悼不能已，岁余亦卒，终年二十九岁。选文参校陈

---

① 语出《论语·阳货》："天何言哉，四时行焉，万物生焉，天何言哉！"

② 语出《老子·二章》："圣人处无为之事，行不言之教。"鉴识：对于人品或事物的明晰认识。

③ 名：名称，指事物的概念。

④ 无施：无所给予。

⑤ 畅：表达。

⑥ 彼：指外在的客观世界。

⑦ 相接：指人与人的交际。

⑧ 名品殊：指事物的种类可以区别，不致相混。

⑨ 本其所由：指推求事物的原始渊源。

⑩ 响：回声。

寿撰、裴松之注《三国志·魏志·荀彧传注》，中华书局 1959年版。

言不尽意论

粲字奉倩，粲诸兄并以儒术论议，而粲独好言道，常以为子贡称夫子之言性与天道，不可得闻，然则六籍虽存，固圣人之糠秕。粲兄俣难曰："《易》亦云圣人立象以尽意，《系辞》焉以尽言，则微言胡为不可得而闻见哉？"粲答曰："盖理之微者，非物象之所举也。今称立象以尽意，此非通于意外者也。《系辞》焉以尽言，此非言乎系表①者也；斯则象外之意，系表之言，固蕴而不出矣。"及当时能言者不能屈也。

裴 頠

裴頠(wěi)(267—300)，字逸民，西晋河东闻喜(今属山西)人，司空裴秀之子，曾任散骑常侍、国子祭酒兼右军将军、尚书左仆射等职，为赵王伦所害，惠帝反正，追谥成。很早就以善谈《老子》《易经》而知名于世，反对王弼、何晏的"以无为本"的贵无论，提出崇有论，著有《崇有论》等。选文参校房玄龄等撰《晋书·裴頠传》，中华书局 1974 年版。

---

① 系表：言辞之外。

崇有论

夫总混群本，宗极之道也①；方以族异，庶类之品也②；形象著分，有生之体也③；化感错综，理迹之原也④。夫品而为族，则所禀者偏；偏无自足，故凭乎外资。是以生而可寻，所谓理也；理之所体，所谓有也；有之所须，所谓资也；资有攸⑤合，所谓宜也；择乎厥⑥宜，所谓情也。识智既授，虽出处⑦异业，默语殊涂，所以宝生存宜⑧，其情一也。众理并而无害，故贵贱形焉；失得由乎所接，故吉凶兆焉⑨。是以贤人君子，知欲不可绝而交物有会⑩，观乎往复，稽中定务⑪。惟夫用天之道，分地之利，躬其力任，劳而后飨⑫；居以仁顺，守以恭俭，率以忠信，行以敬让；志无盈求，事无过用，乃可济乎⑬！故大建厥极⑭，绥理群生，训物垂范⑮，于是

---

① 总：总括。混：合一。群本：指万事万物。宗极：指最根本的。

② 方：指"道"的一方面、一部分。族：族类。庶：众。品：品别。

③ 著：显著。分：区分。有生之体：一切生长变化的主体。

④ 化：变化。感：相互感应，相互作用。理：条理、秩序、法则。迹：形迹，外在的表现。

⑤ 攸：所。

⑥ 厥：读 jué，其。

⑦ 出：出仕，即做官。处：居家，即不出仕。

⑧ 宝生：珍养生命。存宜：保持适宜。

⑨ 接：指与外物接触。兆：显露出征兆、苗头。

⑩ 欲：对外物的欲望。绝：绝弃。交物：与外物接触。会：会合点，关键。

⑪ 稽中：考求适当的原则。定务：确定努力的方向。

⑫ 飨：饮食，指享受成果。

⑬ 盈求：过度的欲求。事：指养生之事。过用：做得过分。济：成功。

⑭ 语出《尚书·洪范》"皇建其有极"，《伪孔传》注为"大立其有中"，"极"即"中"，指最高原则或标准，"建极"即建立最高政治原则。

⑮ 绥：安抚。理：管理、治理。训物：语出《国语·周语》"昭明物则以训之"，注云"物，事也；则，法也"，指用事物的法则来训导人民。

乎在，斯则圣人为政之由也。若乃淫抗陵肆，则危害萌矣。故欲衍则速患，情佚则怨博，擅恣则兴攻，专利则延寇，可谓以厚生而失生者也①。悠悠之徒，骇乎若兹之衅，而寻艰争所缘②；察夫偏质有弊，而睹简损之善③；遂阐贵无之议，而建贱有之论。贱有则必外形，外形则必遗制，遗制则必忽防，忽防则必忘礼④；礼制弗存，则无以为政矣。

众之从上，犹水之居器也。故兆庶⑤之情，信于所习；习则心服其业，业服则谓之理然⑥。是以君人必慎所教，班⑦其政刑，一切之务，分宅百姓，各授四职⑧，能令禀命之者不肃而安，忽然忘异，莫有迁志⑨。况于据在三之尊，怀所隆之情，敦以为训者⑩哉！斯乃昏明所阶⑪，不可不审。夫盈欲可损而未可绝有也，过用可节而未

---

　　① 欲衍：欲望过多。速：招致、邀请。情佚：情欲放纵。怨博：仇怨多。擅恣：专擅恣肆。兴攻：引起相互攻斗。专利：独占利益。延寇：招致盗寇。以厚生而失生：由于过度重视养生反而丧生。

　　② 悠悠：荒谬。衅：祸患。艰：危难。争：斗争。所缘：缘由、原因。

　　③ 偏质：指万事万物的本性，承接前论，本性皆有所偏，因而产生对外物的欲望，故名"偏质"。简损：指摒除物欲，减少思虑作为，不与外物相接，也即主张清静无为。

　　④ 外形："外"，动词，把有形之体置之度外。制：礼制法度。防：指防止逾越名教的各种伦理规范。

　　⑤ 兆庶：群众。

　　⑥ 理然：道理本来如此。

　　⑦ 班：颁布。

　　⑧ 分宅百姓：分别交给百姓去做，"宅"，处置。四职：指士、农、工、商四种职业。

　　⑨ 忽然忘异，莫有迁志：在忽略之中忘掉职业贵贱的不同，不产生改变职分的想法；"忽然"，形容忽略、轻视的样子。

　　⑩ 据在三之尊，怀所隆之情，敦以为训者："三"，三公；"隆"，尊敬；"敦"，勉励；指居于三公高位、被人尊敬、被用来勉励去教化群众的人。

　　⑪ 昏明所阶："阶"，阶梯；"所阶"比喻由以到达的途径。指政治混乱或清明都由此而生。

可谓无贵也。盖有讲言之具①者，深列②有形之故，盛称空无之美。形器之故有征，空无之义难检③；辩巧之文可悦，似象之言足惑④，众听眩⑤焉，溺其成说；虽颇有异此心者，辞不获济，屈于所狎⑥，因谓虚无之理，诚不可盖⑦。唱而有和，多往弗反，遂薄综世之务，贱功烈之用⑧，高浮游之业，卑经实之贤⑨。人情所殉，笃夫名利，于是文者衍其辞，讷者赞其旨，染其众也。是以立言藉于虚无，谓之玄妙；处官不亲所司，谓之雅远；奉身散其廉操⑩，谓之旷达；故砥砺之风弥以陵迟⑪。放⑫者因斯，或悖吉凶之礼，而忽容止之表⑬，渎弃长幼之序，混漫贵贱之级⑭。其甚者至于裸裎⑮，言笑忘宜，以不惜⑯为弘，士行又亏矣⑰。

---

① 具：才具。

② 深列：深入分析、论列。

③ 难检：难以检验、证实。

④ 似象之言：似是而非的言论。足惑：足以使人迷惑。

⑤ 眩：迷惑、迷乱。

⑥ 辞不获济：言辞不能明确表达。狎：习。

⑦ 不可盖：不能盖过，无以复加。

⑧ 综世：治理世事。功烈：事功业绩。

⑨ 浮游：浮泛不实。经实：处理实际事务。

⑩ 奉身：持身做人。散其廉操：放弃廉洁操守。

⑪ 陵迟：衰微。

⑫ 放：放荡。

⑬ 吉凶之礼：指成年加冠、婚、丧、葬等礼节。容止之表：行动、居处的仪表。

⑭ 渎：轻慢。混漫：混乱、漫灭。

⑮ 裸裎：赤身露体。

⑯ 不惜：无所顾惜，指不遵礼法。

⑰ 此段表达了裴頠对当时一些清谈名士言行的有针对性的批评，《晋书·列传第五》记录裴頠作《崇有论》背景有云："頠深患时俗放荡，不尊儒术，何晏、阮籍素有高名于世，口谈浮虚，不遵礼法，尸禄耽宠，仕不事事；至王衍之徒，声誉太盛，位高势重，不以物务自婴，遂相放效，风教陵迟，乃著崇有之论以释其蔽。"

老子既著五千之文，表摭秽杂之弊，甄举静一之义①，有以令人释然自夷②，合于《易》之《损》《谦》《艮》《节》之旨③。而静一守本无，虚无之谓也。《损》《艮》之属，盖君子之一道，非《易》之所以为体守本无也。观老子之书，虽博有所经④，而云"有生于无"，以虚为主，偏立一家之辞，岂有以⑤而然哉！人之既生，以保生为全，全之所阶，以顺感⑥为务。若味近⑦以亏业，则沉溺之衅兴；怀末以忘本，则天理之真灭。故动之所交，存亡之会也。夫有非有，於无非无；於无非无，於有非有。是以申纵播⑧之累，而著贵无之文，将以绝所非之盈谬⑨，存大善之中节，收流遁⑩於既过，反澄正于胸怀。宜其以无为辞，而旨在全有，故其辞曰"以为文不足"⑪。若斯，则是所寄之途，一方之言也。若谓至理，信以无为宗，则偏而害当矣。先贤达识，以非所滞⑫，未之深论。惟班固著难，未足折其情⑬；孙卿、扬雄大体抑之，犹偏有所许⑭；而虚无之言，日以广

---

① 表摭：揭露，摭读 zhí，拾取。秽杂：指繁杂，与下文"静一"相对。甄举：标出。静一：《老子》有"守静抱一"说。

② 释然：轻松的样子。自夷：自得自乐。

③ 《损》《谦》《艮》《节》：都是《周易》的卦名，艮读 gèn。

④ 博有所经：渊博而又有根据。

⑤ 有以：此处指"有所为"。

⑥ 感：感于外物。

⑦ 味近：以跟自己相近的事物为有味、有意思。

⑧ 纵播：放纵恣肆。

⑨ 盈谬：指上文所说的盈求、盈欲的谬误。

⑩ 流遁：耽乐放纵。

⑪ 以为文不足：语出《老子·十九章》，意思是作为文辞看是不够的。

⑫ 以非所滞：因为老、庄之学非所留心，"滞"指滞留于心中。

⑬ 班固著难：指东汉班固为批判老、庄之学而著《难庄论》。未足折其情：未能使人折服。

⑭ 孙卿：荀卿，他与扬雄都有批评老、庄之学的著述。偏有所许：赞成其某些方面；"许"，赞成。

衍，众家扇起，各列其说。上及造化，下被①万事，莫不贵无。所存佥同②，情以众固③，乃号凡有之理，皆义之卑者，薄而鄙焉，辨论人伦及经明之业，遂易门肆④。颙用矍然⑤，申其所怀，而攻者盈集，或以为一时口言。有客幸过，咸见命著文，摘列虚无不允之征⑥，"若未能每事释正，则'无'家之义弗可夺⑦也"。颙退而思之，虽君子宅情⑧，无求于显，及其立言，在乎达旨而已。然去圣久远，异同纷纠，苟少有仿佛，可以崇济⑨先典，扶明大业，有益於时，则惟患言之不能，焉得静默？及未举一隅，略示所存而已哉！

夫至无者，无以能生，故始生者，自生也。自生而必体有⑩，则有遗而生亏矣；生以有为已分，则虚无是有之所谓遗者也。故养既化之有，非无用之所能全也；理既有之众，非无为之所能循也⑪。心非事也，而制事必由於心，然不可以制事以非事，谓心为无也；匠非器也，而制器必须于匠，然不可以制器以非器，谓匠非有也。是以欲收重泉⑫之鳞，非偃息之所能获也；陨高墉之禽，非静拱之所能捷也⑬；审投弦饵之用，非无知之所能览也。由此而观，济⑭有

---

① 被：同"批"。

② 所存：所存想的、所主张的。佥同：都同，"佥"读 qiān。

③ 情以众固：一种说法因为赞成的人多了，就形成牢固的流行看法。

④ 易门肆："门肆"犹言门面、门户，指当时学风由崇儒术转变成重老庄之学。

⑤ 用：因而。矍然：惊恐、忧惧的样子，"矍"读 jué。

⑥ 摘列：揭露、陈述，"摘"读 tī，揭露。不允：不恰当。征：证据。

⑦ 无家之义弗可夺：指贵无派的理论不能被驳倒。

⑧ 宅情：居心。

⑨ 济：辅助。

⑩ 体有：以有为本体。

⑪ 理：治理。循：安抚。

⑫ 重泉：深水。

⑬ 陨：射落。高墉：高墙。静拱：静息拱手。捷：同"接"。

⑭ 济：成全。

者皆有也，虚无奚益於已有之群生哉！

郭　象

郭象（约252—312），字子玄，洛阳（今河南洛阳）人，西晋玄学家，早年不受州郡召，闲居在家，"以文论自娱"。官至黄门侍郎、太傅主簿。好老庄，善清谈。曾注《庄子》，由向秀注"述而广之"，别成一书，"儒墨之迹见鄙，道家之言遂盛焉"。后向秀注本佚失，仅存郭注，流传至今。选文参校郭庆藩撰《庄子集释》，中华书局1961年版。

庄子注序

夫庄子者，可谓知本矣，故未始藏其狂言，言虽无会而独应者也①。夫应而非会，则虽当无用；言非物事②，则虽高不行；与夫寂然不动，不得已而后起者，固有间③矣，斯可谓知无心者也。夫心无为，则随感而应，应随其时，言唯谨尔。故与化为体，流万代而冥物，岂曾设对独遘④，而游谈乎方外哉！此其所以不经⑤，而为百家之冠也。

---

① 无会：无人相合。独应：独与真理相应。
② 言非物事：言论超乎事物以外。
③ 有间：有距离。
④ 设对：设为问答。独遘：独有所见。
⑤ 不经：不合常理。

　　然庄生虽未体之①，言则至矣。通天地之统②，序万物之性，达死生之变，而明内圣外王之道；上知造物无物，下知有物之自造也。其言宏绰，其旨玄妙。至至之道，融微旨雅③；泰然遣放，放而不敖④。故曰不知义之所适，猖狂妄行，而蹈其大方⑤；含哺而熙乎澹泊，鼓腹而游乎混茫⑥；至仁极乎无亲，孝慈终于兼忘，礼乐复乎已能，忠信发乎天光⑦。用其光则其朴自成，是以神器独化⑧于玄冥之境，而源流深长也。

　　故其长波之所荡，高风之所扇，畅乎物宜，适乎民愿⑨。弘其鄙，解其悬⑩，洒落之功未加，而矜夸所以散。故观其书，超然自以为已当，经昆仑，涉太虚，而游惚恍之庭矣。虽复贪婪之人，进躁之士，暂而揽其余芳，味其溢流，仿佛其音影，犹足旷然有忘形自得之怀，况探其远情而玩永年⑪者乎！遂绵邈清遐，去离尘埃而返冥极者也。

庄　子

内篇·逍遥游注

　　题注：夫小大虽殊，而放於自得之场，则物任其性，事称其能，

---

①　体之：体悟真理。

②　统：总会。

③　至至：至极。融微：融会精微。旨雅：旨意纯正。

④　遣放：遣情放意。敖：傲慢。

⑤　蹈其大方：合乎大道。

⑥　含哺而熙乎澹泊，鼓腹而游乎混茫：语出《庄子·马蹄》"含哺而熙，鼓腹而游"。

⑦　已能：本来固有之能。天光：自然的明智。

⑧　神器：指天下、国家。独化：自然而化。

⑨　畅：通达。适：合。

⑩　解其悬：解开其倒悬，即消除苦闷。

⑪　玩永年：常年玩味。

各当其分，逍遥一也，岂容胜负於其间哉！

[北冥有鱼，其名为鲲。鲲之大，不知其几千里也。化而为鸟，其名为鹏] 鹏鲲之实，吾所未详也。夫庄子之大意，在乎逍遥游放，无为而自得，故极小大之致以明性分①之适。达观之士，宜要其会归②而遗其所寄，不足事事曲与生说。自不害其弘旨，皆可略之。

[……鹏之徙于南冥也，水击三千里，而抟扶摇③而上者九万里] 夫翼大则难举，故抟扶摇而后能上九万里，乃足自胜耳。既有斯翼，岂得决然而起，数仞而下哉！此皆不得不然，非乐然也。

[去以六月息者也] 夫大鸟一去半岁，至天池而息；小鸟一飞半朝，抢榆枋④而止。此比所能则有间⑤矣，其於适性一也。

[……且夫水之积也不厚，则负大舟也无力。覆杯水於坳堂之上，则芥为之舟；置杯焉则胶，水浅而舟大也。] 此皆明鹏之所以高飞者，翼大故耳。夫质小者所资不待大，则质大者所用不得小矣⑥。故理有至分，物有定极⑦，各足称事，其济一也。若乃失乎忘生之主⑧，而营生於至当之外，事不任力，动不称情⑨，则虽垂天之翼不能无穷，决起之飞不能无困矣。

[……蜩与学鸠笑之曰：我决起而飞，抢榆枋而止，时则不至而控於地而已矣，奚以之九万里而南为] 苟足于其性，则虽大鹏无以自贵于小鸟，

---

① 性分：本性、天性。

② 会归：指共同依归的极则。

③ 抟：读 tuán，凭借。扶摇：上行风。

④ 抢：读 qiāng，碰、撞。榆枋：榆树与枋树。

⑤ 有间：有别。

⑥ 质小：形体小，如斥鷃。质大：形体大，如大鹏。

⑦ 物有定极：万物大小不同，都有一定限度；极，限度。

⑧ 主：性，《吕氏春秋·审分》："主不忧劳，则不伤其耳目之主"，注曰："主犹性也"。

⑨ 称情：称心。

小鸟无羡于天地，而荣愿有余矣。故小大虽殊，逍遥一也。

[……之二虫又何知]对大于小，所以均异趣也。夫趣之所以异，岂知异而异哉？皆不知所以然而自然耳。自然耳，不为也。此逍遥之大意。

[小知不及大知，小年不及大年]物各有性，性各有极，皆如年知，岂跂尚①之所及哉！自此已下至于列子，历举年知之大小，各信其一方，未有足以相倾者也。然后统以无待之人，遗彼忘我，冥此群异，异方同得而我无功名。是故统小大者，无小无大者也；苟有乎小大，则虽有大鹏之与斥鴳，宰官之与御风，同为累物耳。齐死生者，无死无生者也；苟有乎死生，则虽大椿之与蟪蛄，彭祖之与朝菌，均於短折耳。故游於无小无大者，无穷者也；冥乎不死不生者，无极者也。若夫逍遥而系於有方，则虽放之使游而有所穷矣，未能无待也。

[汤之问棘也是已]汤之问棘，亦云物各有极，任之则条畅②，故庄子以所问为是也。

[穷发之北有冥海者，天池也。有鱼焉，其广数千里，未有知其修者，其名为鲲。有鸟焉，其名为鹏，背若泰山，翼若垂天之云，抟扶摇羊角而上者九万里，绝云气，负青天，然后图南，且适南冥也。斥鴳笑之曰：彼且奚适也？我腾跃而上，不过数仞而下，翱翔蓬蒿之闲，此亦飞之至也。而彼且奚适也？此小大之辩也]各以得性为至，自尽为极也。向言二虫殊翼，故所至不同，或翱翔天池，或毕志榆枋，直各称体而足，不知所以然也。今言小大之辩，各有自然之素，既非跂慕之所及，亦各安其天性，不悲所以异，故再出之。

---

①　跂尚：企盼、追求，"跂"同"企"。

②　条畅：达观、豁达。

［且举世而誉之而不加劝，举世而非之而不加沮］审①自得也。

［定乎内外之分］内我而外物。

［……彼其於世未数数然也］足於身，故间于世也。

［……若夫乘天地之正，而御六气之辩，以游无穷者，彼且恶乎待哉］天地者，万物之总名也。天地以万物为体，而万物必以自然为正。自然者，不为而自然者也。故大鹏之能高，斥鴳之能下，椿木之能长，朝菌之能短，凡此皆自然之所能，非为之所能也。不为而自能，所以为正也。故乘天地之正者，即是顺万物之性也；御六气之辩者②，即是游变化之途也；如斯以往，则何往而有穷哉！所遇斯乘，又将恶乎③待哉！此乃至德之人、玄同彼我者之逍遥也。苟有待焉，则虽列子之轻妙，犹不能以无风而行，故必得其所待，然后逍遥耳，而况大鹏乎！夫唯与物冥而循大变者，为能无待而常通，岂独自通而已哉！又顺有待者，使不失其所待，所待不失，则同於大通④矣。故有待无待，吾所不能齐也；至于各安其性，天机自张，受而不知，则吾所不能殊也。夫无待犹不足以殊有待，况有待者之巨细乎！

［至人无己］无己，故顺物，顺物而至矣。

［神人无功］夫物未尝有谢生于自然者，而必欣赖於针石，故理至则迹灭矣。今顺而不助，与至理为一，故无功。

［圣人无名］圣人者，物得性之名耳，为足以名其所以得也。

［尧让天下於许由曰：日月出矣而爝火不息，其於光也，不亦难乎！时雨降矣而犹浸灌，其於泽也，不亦劳乎！夫子立而天下治，而我犹尸之，吾自视缺然，请致天下。许由曰：子治天下，天下既已治也］夫能令天下治，不治

① 审：知道。
② 六气：或指天地四时之气，或指天地与平旦、日中、日入、夜半之气，其说不一。辩：同"变"。
③ 恶乎：于何。
④ 大通：大道。

天下者也。故尧以不治治之，非治之而治者也。今许由方明既治，则无所代之。而治实由尧，故有“子治”之言，宜忘言以寻其所况①。而或者遂云：治之而治者，尧也；不治而尧得以治者，许由也；斯失之远矣。夫治之由乎不治，为之出乎无为也，取于尧而足，岂借之许由哉！若谓拱默②乎山林之中，而后得称无为者，此庄老之谈所以见弃于当途③，当途者自必于有为之域而不反者，斯之由也。

[而我犹代子，吾将为名乎？名者，实之宾也。吾将为宾乎]夫自任者对物，而顺物者与物无对，故尧无对于天下，而许由与稷、契④为匹矣。何以言其然邪？夫与物冥者，故群物之所不能离也。是以无心玄应，唯感之从，泛乎若不系之舟，东西之非己也，故无行而不与百姓共者，亦无往而不为天下之君矣。以此为君，若天之自高，实君之德也。若独亢然⑤立乎高山之顶，非夫人有情於自守，守一家之偏尚，何得专此！此故俗中之一物！而为尧之外臣耳，若以外臣代乎内主，斯有为君之名而无任君之实也。

[……庖人虽不治庖，尸祝不越樽俎而代之矣]庖人尸祝，各安其所司；鸟兽万物，各足於所受；帝尧许由，各静其所遇；此乃天下之至实也。各得其实，又何所为乎哉？自得而已矣。故尧许之行虽异，其於逍遥一也。

[曰：藐姑射之山，有神人居焉，肌肤若冰雪，淖约若处子]此皆寄言耳。夫神人即今所谓圣人也。夫圣人虽在庙堂之上，然其心无异於山林之中，世岂识之哉！徒见其戴黄屋，佩玉玺，便谓足以缨绂⑥

① 况：比喻。
② 拱默：拱手端坐，默不作声。
③ 当途：犹言当道，当权者、统治阶级。
④ 稷：名“弃”，周朝之祖。契：商朝之祖。
⑤ 亢然：高傲的样子。
⑥ 缨绂：亦作"缨黻"，冠带与印绶，借指官位，这里作动词，指受官位束缚。

其心矣；见其历山川，同民事，便谓足以憔悴其神矣；岂知至至者之不亏哉！今言王德之人而寄之此山，将明世所无由识，故乃托之於绝垠之外而推之於视听之表耳。处子者，不以外伤内。

[之人也，之德也，将旁礴万物以为一世蕲乎乱，孰弊弊焉以天下为事]夫圣人之心，极两仪之至会，穷万物之妙数。故能体化合变，无往不可，旁礴①万物，无物不然。世以乱故求我，我无心也。我苟无心，亦何为不应世哉！然则体玄而极妙者，其所以后通万物之性，而陶铸天下之化，以成尧、舜之名者，常以不为为之耳。孰弊弊②焉劳神苦思，以事为事，然后能乎！

[不夭斤斧，物无害者，无所可用，安所困苦哉]夫小大之物，苟失其极，则利害之理均；用得其所，则物皆逍遥也。

内篇·齐物论注

题注：夫自是而非彼，美己而恶人，物莫不皆然。然，故是非虽异而彼我均也。

[南郭子綦隐机而坐，仰天而嘘，荅焉似丧其耦]同天人，均彼我，故外无与为欢，而荅焉解体③，若失其配匹。

[颜成子游立侍乎前，曰："何居乎？形固可使如槁木，而心固可使如死灰乎？"]死灰槁木，取其寂寞无情耳。夫任自然而忘是非者，其体中④独任天真而已，又何所有哉！故止若立枯木，动若运槁枝，坐若死灰，行若游尘。动止之容，吾所不能一也；其于无心而自得，吾所不能二也。

[子綦曰："偃，不亦善乎，而问之也！今者吾丧我，汝知之乎？"]吾丧

---

① 旁礴：这里指"混同"。
② 弊弊：辛苦、疲惫。
③ 荅焉解体："荅焉"修饰"解体"，形容茫然若失的样子，"荅"读 tà。
④ 体中：指心。

我，我自忘矣；我自忘矣，天下有何物足识①哉！故都忘外内，然后超然俱得。

[汝闻人籁而未闻地籁，汝闻地籁而不闻天籁夫]籁，箫也。夫箫管参差，宫商异律，故有短长高下万殊之声。声虽万殊，而所禀之度一也，然则优劣无所错其间矣。况之风物，异音同是，而咸自取焉，则天地之籁见矣。

[子游曰：敢问其方。子綦曰：夫大块噫气，其名为风。是唯无作，作则万窍怒呺。而独不闻之翏翏乎]大块者，无物也。夫噫气②者，岂有物哉？气块然而自噫耳。物之生也，莫不块然而自生，则块然之体大矣，故遂以大块为名。

[夫吹万不同，而使其自己也]此天籁也。夫天籁者，岂复别有一物哉？即众窍比竹③之属接乎有生之类，会而共成一天耳。无既无矣，则不能生有；有之未生，又不能为生。然则生生者谁哉？块然而自生耳。自生耳，非我生也。我既不能生物，物亦不能生我，则我自然矣。自己而然，则谓之天然。天然耳，非为也，故以"天"言之，所以明其自然也，岂苍苍④之谓哉！而或者谓天籁役物使从己也。夫天且不能自有，况能有物哉！故天者，万物之总名也，莫适为天⑤，谁主役物乎？故物各自生，而无所出焉，此天道也。

[咸其自取，怒者其谁邪]物皆自得之耳，谁主怒之使然哉！此重明天籁也。

[乐出虚，蒸成菌]此盖事变之异也。自此以上，略举天籁之无

---

① 识：读 zhì，记住。

② 噫气：气壅塞而忽通，"噫"读 ài。

③ 比竹：指箫管等乐器。

④ 苍苍：指作为实体的"天"，"苍"，其色也。

⑤ 莫适为天：没有一件东西配得上称为天。

方①；自此以下，明无方之自然也。物各自然，不知所以然而然，则形虽弥异，其然弥同也。

[日夜相代乎前，而莫知其所萌]日夜相代，代故以新也。夫天地万物，变化日新，与时俱往，何物萌之哉？自然而然耳。

[已乎，已乎！旦暮得此，其所由以生乎]言其自生。

[非彼无我，非我无所取。是亦近矣]彼，自然也。自然生我，我自然生。故自然者，即我之自然，岂远之哉！

[而不知其所为使]凡物云云，皆自尔耳，非相为使也，故任之而理自至矣。

[若有真宰，而特不得其眹]万物万情，趣舍不同，若有真宰使之然也。起索真宰之眹迹，而亦终不得，则明物皆自然，无使物然也。

[可行己信]今夫行者，信己可得行也。

[而不见其形]不见所以得行之形。

[有情而无形]情当其物，故形不别见也。

[百骸，九窍，六藏，赅而存焉]付之自然，而莫不皆存也。

[吾谁与为亲]直自存耳。

[汝皆说之乎？其有私焉]皆说②之，则是有所私也。有私则不能赅而存矣，故不说而自存，不为而自生也。

[如是皆有为臣妾乎]若皆私之，则志过其分，上下相冒，而莫为臣妾矣。臣妾之才，而不安臣妾之任，则失矣。故知君臣上下、手足外内，乃天理自然，岂真人之所为哉！

[其臣妾不足以相治乎]夫臣妾但各当其分耳，未为不足以相治也。相治者，若手足耳目，四肢百体，各有所司而更相御用也。

[其递相为君臣乎]夫时之所贤者为君，才不应世者为臣。若天之

---

① 方：种、类。

② 说：同"悦"。

自高，地之自卑，首自在上，足自居下，岂有递^①哉！虽无错于当而必自当也。

［其有真君存焉］任之而自尔，则非伪也。

［如求得其情与不得，无益损乎其真］凡得真性，用其自为者，虽复皂隶，犹不顾毁誉而自安其业。故知与不知，皆自若也。若乃开希幸^②之路，以下冒上，物丧其真，人忘其本，则毁誉之间，俯仰失错也。

［一受其成形，不忘以待尽］言性各有分，故知者守知以待终，而愚者抱愚以至死，岂有能中易其性者也！

［与物相刃相靡，其行尽如驰，而莫之能止，不亦悲乎］群品云云，逆顺相交，各信其偏见而恣其所行，莫能自反。此比众人之所悲者，亦可悲矣。而众人未尝以此为悲者，性然故也。物各性然，又何物足悲哉！

［终身役役而不见其成功］夫物情无极，知足者鲜。故得此不止，复逐于彼。皆疲役终身，未厌其志，死而后已。故其成功者无时可见也。

［茶然疲役而不知其所归，可不哀邪］凡物各以所好役其形骸，至于疲困茶然^③。不知所以好此之归趣云何也！

［……夫随其成心而师之，谁独且无师乎］夫心之足以制一身之用者，谓之成心。人自师其成心，则人各自有师矣。人各自有师，故付之而自当。

［奚必知代而自取者有之？愚者与有焉］夫以成代不成，非知也，心自得耳。故愚者亦师其成心，未肯用其所谓短而舍其所谓长者也。

---

①　递："递代"，更迭的意思。

②　希幸：谓侥幸之心。

③　茶然：疲惫的样子，"茶"读 nié。

[未成乎心而有是非，是今日适越而昔至也]今日适越，昨日何由至哉？未成乎心，是非何由生哉？明夫是非者，群品之所不能无，故至人两顺之。

[是以无有为有。无有为有，虽有神禹，且不能知，吾独且奈何哉]理无是非，而惑者以为有，此以无有为有也。惑心已成，虽圣人不能解，故付之自若而不强知也。

[夫言非吹也，言者有言]各有所说，故异于吹①。

[其所言者特未定也]我以为是而彼以为非，彼之所是，我又非之，故未定也。未定也者，由彼我之情偏。

[果有言邪]以为有言邪？然未足以有所定。

[其未尝有言邪]以为无言邪？则据己已有言。

[其以为异于鷇音，亦有辩乎，其无辩乎]夫言与鷇音②，其致一也，有辩无辩③，诚未可定也。天下之情不必同而所言不能异，故是非纷纭，莫知所定。

[道恶乎隐而有真伪？言恶乎隐而有是非]道焉不在？言何隐蔽？而有真伪、是非之名纷然而起。

[道恶乎往而不存？言恶乎存而不可？道隐于小成，言隐于荣华]夫小成荣华④，自隐于道，而道不可隐。则真伪是非者，行于荣华而止于实当，见于小成而灭于大全也。

[故有儒墨之是非，以是其所非而非其所是]儒墨更相是非，而天下皆儒墨也。故百家并起，各私所见，而未始出其方也。

---

① 吹：与"诠辩"义近，成玄英疏云："夫名言之与风吹，皆是声法，而言者必有诠辩，故曰有言。"

② 鷇音：雏鸟孵出时的叫声，"鷇"读 kòu。

③ 辩：别。

④ 小成：成玄英疏云："小成者，谓仁义五德，小道而有所成得者，谓之小成也。"荣华：成玄英疏云："谓浮辩之辞、华美之言。"

［欲是其所非而非其所是，则莫若以明］夫有是有非者，儒墨之所是也；无是无非者，儒墨之所非也。今欲是儒墨之所非而非儒墨之所是者，乃欲明无是无非也。欲明无是无非，则莫若还以儒墨反复相明①。反复相明，则所是者非是而所非者非非矣。非非则无非，非是则无是。

［道行之而成］无不成也。

［物谓之而然］无不然也。

［恶乎然？然于然。恶乎不然？不然于不然。物固有所然，物固有所可］各然其所然，各可其所可。

［无物不然，无物不可。故为是举莛与楹，厉与西施，恢诡憰怪，道通为一］夫莛横而楹纵②，厉丑而西施好。所谓齐者，岂必齐形状，同规矩哉！故举纵横好丑，恢恑憰怪③，各然其所然，各可其所可，则理虽万殊而性同得，故曰道通为一也。

［其分也，成也］夫物或此以为散而彼以为成。

［其成也，毁也］我之所谓成而彼或谓之毁。

［凡物无成与毁，复通为一］夫成毁者，生于自见而不见彼也。故无成与毁，犹无是与非也。

［唯达者知通为一，为是不用而寓诸庸］夫达者无滞于一方，故忽然自忘，而寄当于自用。自用者，莫不条畅而自得也。

［……因是已］达者因而不作。

［已而不知其然谓之道］夫达者之因是，岂知因为善而因之哉？不知所以因而自因耳，故谓之道也。

---

①　相明：相互证明。

②　莛：读 tíng，草茎。郭象释"莛"为"屋梁"，非是，厉与西施以丑美言，莛与楹则以小（细）大（粗）言。

③　恢：宽大。恑：读 guǐ，奇变。憰：同"谲"，欺诈。

[古之人，其知有所至矣。恶乎至？有以为未始有物者，至矣，尽矣，不可以加矣]此忘天地，遗万物，外不察乎宇宙，内不觉其一身，故能旷然无累，与物俱往，而无所不应也。

[其次以为有物矣，而未始有封也]虽未都忘，犹能忘其彼此。

[其次以为有封焉，而未始有是非也]虽未能忘彼此，犹能忘彼此之是非也。

[是非之彰也，道之所以亏也]无是非乃全也。

[道之所以亏，爱之所之成]道亏则情有所偏而爱有所成，未能忘爱释①私，玄同彼我也。

[果且有成与亏乎哉？果且无成与亏乎哉]有之与无，斯不能知，乃至。

[有成与亏，故昭氏之鼓琴也；无成与亏，故昭氏之不鼓琴也]夫声不可胜举也。故吹管操弦，虽有繁手，遗声多矣。而执籥②鸣弦者，欲以彰声也，彰声而声遗，不彰声而声全。故欲成而亏之者，昭文之鼓琴也；不成而无亏者，昭文之不鼓琴也。

[昭文之鼓琴也，师旷之枝策也，惠子之据梧也，三子之知几乎]几，尽也。夫三子者，皆欲辩非己所明以明之，故知尽虑穷，形劳神倦，或枝策③假寐，或据梧而瞑。

[皆其盛者也，故载之末年]赖其盛，故能久，不尔早困也。

[唯其好之也，以异于彼]言此三子，唯独好其所明，自以殊于众人。

[其好之也，欲以明之]明示众人，欲使同乎我之所好。

[彼非所明而明之，故以坚白之昧终]是犹对牛鼓簧耳。彼竟不明，

---

① 释：去。
② 籥：读 yuè，一种形状像笛的乐器。
③ 枝：柱。策：这里指打鼓或击节之杖。

故己之道术终于昧然也。

[而其子又以文之纶终，终身无成]昭文之子又乃终文之绪，亦卒不成。

[若是而可谓成乎? 虽我亦成也]此三子虽求明于彼，彼竟不明，所以终身无成。若三子而可谓成，则虽我之不成亦可谓成也。

[若是而不可谓成乎? 物与我无成也]物皆自明而不明彼，若彼不明，即谓不成，则万物皆相与无成矣。故圣人不显此以耀彼，不舍己而逐物，从而任之，各冥其所能，故曲成而不遗①也。今三子欲以己之所好明示于彼，不亦妄乎!

[是故滑疑之耀，圣人之所图也。为是不用而寓诸庸，此之谓以明]夫圣人无我者也。故滑疑②之耀，则图而域③之；恢恑憰怪，则通而一之；使群异各安其所安，众人不失其所是，则己不用于物，而万物之用用矣。物皆自用，则孰是孰非哉! 故虽放荡之变，屈奇之异，曲而从之，寄之自用，则用虽万殊，历然自明。

[啮缺问乎王倪曰: 子知物之所同是乎? 曰: 吾恶乎知之]所同未必是，所异不独非，故彼我莫能相正，故无所用其知。

[子知子之所不知邪? 曰: 吾恶乎知之]若自知其所不知，即为有知。有知则不能任群才之自当。

[然则物无知邪? 曰: 吾恶乎知之]都不知，乃旷然无不任矣。

[虽然，尝试言之]以其不知，故未敢正言，试言之耳。

[庸讵知吾所谓知之非不知邪]鱼游於水，水物所同，咸谓之知。然自鸟观之，则向所谓知者，复为不知矣。夫蚑蛲之知在於转丸，而

---

① 曲成: 多方设法使有成就，语本《周易·系辞上》:"曲成万物而不遗"，韩康伯注云:"曲成者，乘变以应物，不系一方者也"。

② 滑疑: 惑乱。

③ 域: 限制。

笑蛣蜣者乃以苏合为贵①。故所同之知，未可正据。

[庸讵知吾所谓不知之非知邪]所谓不知者，直是不同耳，亦自一家之知。

[自我观之，仁义之端，是非之涂，樊然殽乱，吾恶能知其辩]夫利於彼者或害于此，而天下之彼我无穷，则是非之竟无常。故唯莫之辩而任其自是，然后荡然俱得。

[何谓和之以天倪]天倪②者，自然之分也。

[曰：是不是，然不然。是若果是也，则是之异乎不是也亦无辩；然若果然也，则然之异乎不然也亦无辩]是非然否，彼我更对，故无辩。无辩，故和之以天倪，安其自然之分而已，不待彼以正之。

[化声之相待，若其不相待]是非之辩为化声③。夫化声之相待，俱不足以相正，故若不相待也。

[和之以天倪，因之以曼衍，所以穷年也]和之以自然之分，任其无极之化，寻斯以往，则是非之境自泯，而性命之致自穷也。

[忘年忘义，振于无竟，故寓诸无竟]夫忘年故玄同死生，忘义故弥贯是非。是非死生荡而为一，斯至理也。至理畅于无极，故寄之者不得有穷也。

[罔两问景曰："曩子行，今子止；曩子坐，今子起。何其无特操与？"]罔两，景④外之微阴也。

[景曰："吾有待而然者邪？"]言天机自尔，坐起无待，无待而独得者，孰知其故，而责其所以哉？

[吾所待又有待而然者邪]若责其所待而寻其所由，则寻责无极，而

---

① 蛣蜣：读 qī qiāng，即蜣螂，俗称屎壳郎。苏合：又作酥合香，一种香料。
② 倪：分际。
③ 化声：郭庆藩引郭嵩焘语曰："言随物而变，谓之化声。"
④ 景：同"影"。

至於无待，而独化①之理明矣。

[吾待蛇蚹蜩翼邪]若待蛇蚹蜩翼②，则无特操之所由，未为难识也。今所以不识，正由不待斯类而独化故耳。

[恶识所以然，恶识所以不然]世或谓罔两待景，景待形，形待造物者，请问：夫造物者，有耶无耶？无也，则胡能造物哉？有也，则不足以物众形③。故明众形之自物，而后始可与言造物耳。是以涉有物之域，虽复罔两，未有不独化于玄冥④者也。故造物者无主，而物各自造。物各自造而无所待焉，此天地之正也。故彼我相因，形景俱生，虽复玄合⑤，而非待也。明斯理也，将使万物各反所宗于体中⑥，而不待乎外，外无所谢，而内无所矜。是以诱然⑦皆生而不知所以生，同焉皆得而不知所以得也。今罔两之因景，犹云俱生而非待也，则万物虽聚而共成乎天，而皆历然⑧莫不独见矣。故罔两非景之所制，而景非形之所使，形非无之所化也，则化与不化，然与不然，从人之与由己，莫不自尔，吾安识其所以哉！故任而不助⑨，则本末内外，畅然俱得，泯然无迹。若乃责此近因而忘其自尔，宗物於外，丧主於内，而爱尚生矣。虽欲推而齐之，然其所尚已存乎胸中，何夷⑩之得有哉！

---

① 独化：自己变化。

② 蚹：读 fù，蛇皮。蜩：读 tiáo，蝉。蜩翼：成玄英认为当指"蜩甲"而非其翅，幼蝉出甲，犹蛇蜕皮。

③ 物：动词，使之成为物。物众形：使许多形体成为物。

④ 玄冥：幽远而无所有。

⑤ 玄合：在无形之中相互遇合。

⑥ 宗：主。所宗于体中：于自己本体之内寻找主宰者。

⑦ 诱然：美好的样子。

⑧ 历然：分明的样子。

⑨ 任而不助：指各任己而造物不助形，形不助影，影不助罔两。

⑩ 夷：平等。

内篇·养生主注

题注：夫生以养存，则养生者理之极也。若乃养过其极，以养伤生，非养生之主也。

[吾生也有涯]所禀之分各有极也。

[而知也无涯]夫举重携轻而神气自若，此力之所限也。而尚名好胜者，虽复绝膂，犹未足以慊①其愿，此知之无涯也。故知之为名，生於失当而灭於冥极。冥极者，任其至分而无毫铢之加。是故虽负万钧，苟当其所能，则忽然不知重之在身；虽应万机，泯然不觉事之在己。此养生之主也。

[以有涯随无涯，殆已]以有限之性寻无极之知，安得而不困哉！

[已而为知者，殆而已矣]已困於知而不知止，又为知以救之，斯养而伤之者，真大殆也。

[为善无近名，为恶无近刑]忘善恶而居中，任万物之自为，闷然②与至当为一，故刑名远已而全理在身也。

[缘督以为经]顺中以为常也。

[可以保身，可以全生，可以养亲]养亲以适。

[可以尽年]苟得中而冥度，则事事无不可也。夫养生非求过分，盖全理尽年而已矣。

[泽雉十步一啄，百步一饮，不蕲畜乎樊中]蕲③，求也；樊，所以笼雉也。夫俯仰乎天地之间，逍遥乎自得之场，固养生之妙处也，又何求於入笼而服养哉！

[神虽王，不善也]夫始乎适而未尝不适者，忘适也。雉心神长王，志气盈豫，而自放於清旷之地，忽然不觉善之为善也。

---

① 慊：同"慳"，满足。

② 闷然：虚淡不觉之貌。

③ 蕲：同"祈"。

［安时而处顺，哀乐不能入也］夫哀乐生于失得者也。今玄通合变之士，无时而不安，无顺而不处，冥然与造化为一，则无往而非我矣，将何得何失，孰死孰生哉！故任其所受，而哀乐无所错其间矣。

［古者谓是帝之县解］以有系者为县，则无系者县解也，县解而性命之情得矣，此养生之要也。

内篇·人间世注

题注：与人群者，不得离人。然人间之变故，世世异宜，唯无心而不自用者，为能随变所适而不荷其累也。

［且若亦知夫德之所荡而知之所为出乎哉？德荡乎名，知出乎争］德之所以流荡者，矜名故也；知之所以横出者，争善故也。虽复桀、跖，其所矜惜，无非名善也。

［名也者，相轧也；知也者，争之器也。二者凶器，非所以尽行也］夫名智者，世之所用也。而名起则相轧，智用则争兴，故遗名知而后行可尽也。

［颜回曰：回之未始得使，实有回也；得使之也，未始有回也，可谓虚乎］未始使心斋，故有其身。既得心斋之使，则无其身。

［夫子曰：尽矣！吾语若：若能入游其樊而无感其名，入则鸣，不入则止。无门无毒，一宅而寓于不得已，则几矣］放心自得之场，当于实而止。譬之宫商，应而无心，故曰鸣也。夫无心而应者，任彼耳，不强应也。使物自若，无门者也；付天下之自安，无毒者也。毒，治也。不得已者，理之必然者也，体至一之宅而会乎必然之符者也。理尽于斯。

［绝迹易，无行地难。为人使易以伪，为天使难以伪。闻以有翼飞者矣，未闻以无翼飞者也；闻以有知知者矣，未闻以无知知者也。瞻彼阕者，虚室生白，吉祥止止。夫且不止，是之谓坐驰。夫徇耳目内通而外于心知，鬼神将来舍，而况人乎！是万物之化也，禹舜之纽也，伏戏、几蘧之所行终，而况散焉者乎］不行则易，欲行而不践地，不可能也；无为则易，欲为而不伤

性，不可得也。视听之所得者粗，故易欺也；至于自然之报细，故难伪也。则失真少者，不全亦少；失真多者，不全亦多；失得之报，未有不当其分者也。而欲违天为伪，不亦难乎！言必有其具，乃能其事，今无至虚之宅，无由有化物之实也。夫视有若无，虚室者也。虚室而纯白①独生矣。夫吉祥之所集者，至虚至静也。若夫不止于当，不会于极，此为以应坐之日而驰骛不息也。故外敌未至而内已困矣，岂能化物哉！夫使耳目闭而自然得者，心知之用外矣。故将任性直通，无往不冥，尚无幽昧之责，而况人间之累乎！言物无贵贱，未有不由心知耳目以自通者也。故世之所谓知者，岂欲知而知哉？所谓见者，岂为见而见哉②？若夫知③见可以欲为而得者，则欲贤可以得贤，为圣可以得圣乎？固不可矣。而世不知知之自知，因欲为知以知之；不见见之自见，因欲为见以见之；不知生之自生，又将为生以生之。故见目而求离朱之明，见耳而责师旷之聪，故心神奔驰于内，耳目竭丧于外，处身不适而与物不冥矣。不冥矣，而能合乎人间之变，应乎世世之节者，未之有也。

［(仲尼曰：)臣之事君，义也，无适而非君也，无所逃于天地之间］千人聚，不以一人为主，不乱则散。故多贤不可以多君，无贤不可以无君，此天人之道，必至之宜。

［自事其心者，哀乐不易施乎前，知其不可奈何而安之若命，德之至也］知不可奈何者命也而安之，则无哀无乐，何易施之有哉！故冥然以所遇为命而不施心於其间，泯然与至当为一而无休戚于其中，虽事凡人，犹无往而不适，而况于君亲哉！

［丘请复以所闻：凡交近则必相靡以信，交远则必忠之以言。言必或传之。

---

① 纯白：这里喻指"道"。
② 意思是说知和见都是自然而然的，并不以知和见为目的。
③ 知：同"智"。

夫传两喜两怒之言，天下之难者也。夫两喜必多溢美之言，两怒必多溢恶之言。凡溢之类妄，妄则其信之也莫，莫则传言者殃。故法言曰：传其常情，无传其溢言，则几乎全]近者得接，故以其信验亲相靡①服也。遥以言传意也。夫喜怒之言，若过其实，传之者宜使两不失中，故未易也。溢，过也。喜怒之言常过其当也。嫌非彼言，似传者妄作。莫然疑之也。就传过言，似于诞妄。受者有疑，则传言者横以轻重为罪也。虽闻临时之过言而勿传也，必称其常情而要其诚致，则近于全也。

[福轻乎羽，莫之知载]足能行而放之，手能执而任之，听耳之所闻，视目之所见，知止其所不知，能止其所不能，用其自用，为其自为，恣其性内而无纤芥于分外，此无为之至易也。无为而性命不全者，未之有也；性命全而非福者，理未闻也。故夫福者，即向之所谓全耳，非假物也，岂有寄鸿毛之重哉！率性而动，动不过分，天下之至易者也；举其自举，载其自载，天下之至轻者也。然知以无涯伤性，心以欲恶荡真，故乃释此无为之至易而行彼有为之至难，弃夫自举之至轻而取夫载彼之至重，此世之常患也。

[祸重乎地，莫之知避]举其性内，则虽负万钧而不觉其重也；外物寄之，虽重不盈锱铢，有不胜任者矣。为内，福也，故福至轻；为外，祸也，故祸至重。祸至重而莫之知避，此世之大迷也。

[已乎，已乎！临人以德。殆乎，殆乎！画地而趋]夫画地而使人循之，其迹不可掩矣；有其己而临物，与物不冥矣。故大人不明我以耀彼而任彼之自明，不德我以临人而付人之自得，故能弥贯万物而玄同彼我，泯然与天下为一而内外同福也。

内篇·德充符注

题注：德充于内，物应于外，外内玄合，信若符命而遗其形

---

①　相靡：亦作"相摩（磨）"，相互摩擦，引申为相互切磋。

骸也。

[立不教，坐不议，虚而往，实而归。固有不言之教，无形而心成者邪] 各自得而足也。怪其残形而心乃充足也。夫心之全也，遗身形，忘 五藏，忽然独往，而天下莫能离。

[奚假鲁国，丘将引天下而与从之] 夫神全心具，则体与物冥。与物 冥者，天下之所不能远，奚但一国而已哉！

[仲尼曰：自其异者视之，肝胆楚越也；自其同者视之，万物皆一也。夫 若然者，且不知耳目之所宜，而游心乎德之和] 恬苦之性殊，则美恶之情 背。虽所美不同，而同有所美。各美其所美，则万物一美也；各是 其所是，则天下一是也。夫因其所异而异之，则天下莫不异。而浩 然大观者，官天地，府万物，知异之不足异，故因其所同而同之， 则天下莫不皆同；又知同之不足有，故因其所无而无之，则是非美 恶，莫不皆无矣。夫是我而非彼，美己而恶人，自中知①以下，至 于昆虫，莫不皆然。然此明乎我而不明乎彼者尔。若夫玄通泯合之 士，因天下以明天下。天下无曰我非也，即明天下之无非；无曰彼 是也，即明天下之无是。无是无非，混而为一，故能乘变任化，连 物而不慴②。宜生于不宜者也。无美无恶，则无不宜。无不宜，故 忘其宜也。

[申徒嘉曰：自状其过，以不当亡者众；不状其过，以不当存者寡。知不 可奈何，而安之若命，唯有德者能之。游于羿之彀中。中央者，中地也；然而 不中者，命也] 多自陈其过状，以己为不当亡者众也。默然知过，自以 为应死者少也。羿，古之善射者。弓矢所及为彀中。夫利害相攻， 则天下皆羿也。自不遗身忘知与物同波者，皆游于羿之彀中③耳。

---

① 中知：中等智力水平的人，"知"同"智"。

② 慴：同"慑"。

③ 彀中：弓箭射程所及的范围，喻圈套、牢笼；彀，读 gòu，张满弓。

虽张毅之出，单豹之处①，犹未免于中地，则中与不中，唯在命耳。而区区者各有所遇，而不知命之自尔。故免乎弓矢之害者，自以为巧，欣然多己，及至不免，则自恨其谬而志伤神辱，斯未能达命之情者也。夫我之生也，非我之所生也，则一生之内，百年之中，其坐起行止，动静趣舍②，情性知能，凡所有者，凡所无者，凡所为者，凡所遇者，皆非我也，理自尔耳。而横生休戚乎其中，斯又逆自然而失者也。

[人以其全足笑吾不全足者多矣]皆不知命而有斯笑矣。

[我怫然而怒]见其不知命而怒，斯又不知命也。

[而适先生之所，则废然而反]见至人之知命遗形，故废向者之怒而复常。

[不知先生之洗我以善邪]不知先生洗我以善道故耶？我为能自反耶？斯自忘形而遗累矣。

[吾与夫子游十九年矣，而未尝知吾兀者也]忘形故也。

[今子与我游于形骸之内，而子索我于形骸之外，不亦过乎]形骸外矣，其德内也。今子与我德游耳，非与我形交也，而索我外好，岂不过哉！

[无趾语老聃曰：孔丘之於至人，其未邪？彼何宾宾以学子为？彼且蕲以諔诡幻怪之名闻，不知至人之以是为己桎梏邪]怪其方复学于老聃。夫无心者，人学亦学。然古之学者为己，今之学者为人，其弊也遂至乎为人之所为矣。夫师人以自得者，率其常然者也；舍己效人而逐物于外者，求乎非常之名者也。夫非常之名，乃常之所生。故学者非为幻怪也，幻怪之生必由于学；礼者非为华藻也，而华藻之兴必由于

① 单豹之处：事见《吕氏春秋·孝行览》："单豹好术，离俗弃尘，不食谷实，不衣芮温，身处山林岩堀，以全其生。不尽其年，而虎食之"，所以说"犹未免于中地"。

② 趣舍：得失、进退。

礼。斯必然之理，至人之所无奈何，故以为己之桎梏也。

[老聃曰：胡不直使彼以死生为一条，以可不可为一贯者，解其桎梏，其可乎]欲以直理冥之，冀其无迹。

[无趾曰：天刑之，安可解]今仲尼非不冥也。顾自然之理，行则影从，言则响随。夫顺物则名迹斯立，而顺物者非为名也。非为名则至矣，而终不免乎名，则孰能解之哉！故名者影响也，影响者形声之桎梏也。明斯理也，则名迹可遗；名迹可遗，则尚彼可绝；尚彼可绝，则性命可全矣。

[阐跂支离无脤说卫灵公，灵公说之，而视全人：其脰肩肩。瓮㼜大瘿说齐桓公，桓公说之，而视全人：其脰肩肩。故德有所长，而形有所忘。人不忘其所忘，而忘其所不忘，此所谓诚忘]偏情一往，则丑者更好而好者更丑也。其德长于顺物，则物忘其丑；长于逆物，则物忘其好。生则爱之，死则弃之。故德者，世之所不忘也；形者，理之所不存也。故夫忘形者，非忘也；不忘形而忘德者，乃诚忘也。

[……天鬻者，天食也。既受食于天，又恶用人]言自然而禀之。既禀之自然，其理已足。则虽沈思以免难，或明戒以避祸，物无妄然，皆天地之会，至理所趣。必自思之，非我思也；必自不思，非我不思也。或思而免之，或思而不免，或不思而免之，或不思而不免。凡此皆非我也，又奚为哉？任之而自至也。

[惠子谓庄子曰：人故无情乎？庄子曰：然。惠子曰：人而无情，何以谓之人？庄子曰：道与之貌，天与之形，恶得不谓之人]人之生也，非情之所生也；生之所知，岂情之所知哉？故有情於为离、旷①而弗能也，然离、旷以无情而聪明矣；有情於为贤圣而弗能也，然贤圣以无情而贤圣矣。岂直贤圣绝远而离、旷难慕哉？虽下愚聋瞽及鸡鸣狗吠，岂有情於为之，亦终不能也。不问远之与近，虽去己一分，颜、孔

---

① 离：指离朱。旷：指师旷。

之际，终莫之得也。是以关①之万物，反取诸身，耳目不能以易任成功，手足不能以代司致业。故婴儿之始生也，不以目求乳，不以耳向明，不以足操物，不以手求行。岂百骸无定司，形貌无素主，而专由情以制之哉？

[有人之形，无人之情。有人之形，故群於人，无人之情，故是非不得於身。眇乎小哉，所以属于人也！謷乎大哉，独成其天]视其形貌若人。掘②若槁木之枝。类聚群分，自然之道。无情，故付之于物也。形貌若人。无情，故浩然无不任。无不任者，有情之所未能也，故无情而独成天也。

[惠子曰：既谓之人，恶得无情]未解形貌之非情也。

[庄子曰：是非吾所谓情也]以是非为情，则无是无非无好无恶者，虽有形貌，直是人耳，情将安寄！

[吾所谓无情者，言人之不以好恶内伤其身]任当而直前者，非情也。

[常因自然而不益生也]止於当也。

[惠子曰：不益生，何以有其身]未明生之自生，理之自足。

[庄子曰：道与之貌，天与之形，无以好恶内伤其身。今子外乎子之神，劳乎子之精，倚树而吟，据槁梧而瞑。天选之形，子以坚白鸣]生理已自足于形貌之中，但任之则身存。夫好恶之情，非所以益生，祇足以伤身，以其生之有分也。夫神不休于性分之内，则外矣；精不止于自生之极，则劳矣。故行则倚树而吟，坐则据梧而睡，言有情者之自困也。言凡子所为，外神劳精，倚树据梧，且吟且睡，此世之所谓情也。而云"天选"，明夫情者非情之所生，而况他哉！故虽万物万形，云为趣舍，皆在无情中来，又何用情於其间哉！

---

① 关：牵连，联属。

② 掘：读 wù，寂然不动貌。

内篇·大宗师注

题注：虽天地之大，万物之富，其所宗而师者无心也。

［知天之所为，知人之所为者，至矣！知天之所为者，天而生也；知人之所为者，以其知之所知，以养其知之所不知，终其天年而不中道夭者，是知之盛也］知天人之所为者，皆自然也；则内放其身而外冥於物，与众玄同，任之而无不至者也。天者，自然之谓也。夫为为①者不能为，而为自为耳；为知者不能知，而知自知耳。自知耳，不知也，不知也则知出於不知矣；自为耳，不为也，不为也则为出於不为矣。为出於不为，故以不为为主；知出於不知，故以不知为宗。是故真人遗知而知，不为而为，自然而生，坐忘而得，故知称绝而为名去②也。人之生也，形虽七尺而五常③必具，故虽区区之身，乃举天地以奉之。故天地万物，凡所有者，不可一日而相无也。一物不具，则生者无由得生；一理不至④，则天年无缘得终。然身之所有者，知或不知；理之所存者，为或不为也。故知之所知者寡而身之所有者众，为之所为者少而理之所存者博，在上者莫能器之而求其备焉。人之所知不必同而所为不敢异，异则伪成矣，伪成而真不丧者，未之有也。或好知而不倦以困其百体，所好不过一枝而举根俱弊，斯以其所知而害所不知也。若夫知之盛也，知人之所为者有分，故任而不强也；知人之所知者有极，故用而不荡也。故所知不以无涯自困，则一体之中，知与不知，暗相与会而俱全矣，斯以其所知养所不知者也。

---

① 为为：读 wèi wéi，以"为（wéi）"为目的、有意于"为（wéi）"。"为知"之"为"亦读 wèi。

② 知称绝而为名去："知"和"为"的名称被抛弃。

③ 五常：指金木水火土五行。

④ 一理不至：指一理不实现。

[虽然，有患：夫知有所待而后当，其所待者特未定也。庸讵知吾所谓天之非人乎？所谓人之非天乎]虽知盛，未若遗知任天之无患也。夫知者未能无可无不可，故必有待也。若乃任天而生者，则遇物而当也。有待则无定也。我生有涯，天也；心欲益之，人也。然此人之所谓耳，物无非天也。天也者，自然者也；人皆自然，则治乱成败，遇与不遇，非人为也，皆自然耳。

[是之谓不以心捐道，不以人助天。是之谓真人]人生而静，天之性也；感物而动，性之欲也。物之感人无穷，人之逐欲无节，则天理灭矣。真人知用心则背道，助天则伤生，故不为也。

[凄然似秋，暖然似春，喜怒通四时，与物有宜而莫知其极]夫体道合变者，与寒暑同其温严，而未尝有心也。然有温严之貌，生杀之节，故寄名於喜怒也。无心於物，故不夺物宜；无物不宜，故莫知其极。

[郁郁乎其似喜乎]至人无喜，畅然和适，故似喜也。

[死生，命也；其有夜旦之常，天也。人之有所不得与，皆物之情也。彼特以天为父，而身犹爱之，而况其卓乎！人特以有君为愈乎己，而身犹死之，而况其真乎]其有昼夜之常，天之道。故知死生者命之极，非妄然也，若夜旦耳，奚所系哉！夫真人在昼得昼，在夜得夜。以死生为昼夜，岂有所不得！人之有所不得而忧娱在怀，皆物情耳，非理也。卓者，独化之谓也。夫相因之功，莫若独化之至也。故人之所因者，天也；天之所生者，独化也。人皆以天为父，故昼夜之变，寒暑之节，犹不敢恶，随天安之，况乎卓尔独化，至于玄冥之境，又安得而不任之哉！既任之，则死生变化，惟命之从也。夫真者，不假于物而自然也。夫自然之不可避，岂直君命而已哉！

[夫道，有情有信，无为无形]有无情之情，故无为也；有无常之信，故无形也。

[可传而不可受]古今传而宅之，莫能受而有之。

[可得而不可见]咸得自容，而莫见其状。

[自本自根，未有天地，自古以固存]明无不待有而无也。

[神鬼神帝，生天生地]无也，岂能生神哉？不神鬼帝①而鬼帝自神，斯乃不神之神也；不生天地而天地自生，斯乃不生之生也。故夫神之果不足以神，而不神则神矣，功何足有，事何足恃哉！

[在太极之先而不为高，在六极之下而不为深，先天地生而不为久，长于上古而不为老]言道之无所不在也，故在高为无高，在深为无深，在久为无久，在老为无老，无所不在，而所在皆无也。且上下无不格②者，不得以高卑称也；外内无不至者，不得以表里名也；与化俱移者，不得言久也；终始常无者，不可谓老也。

[豨韦氏得之，以挈天地……傅说得之，以相武丁，奄有天下，乘东维、骑箕尾而比於列星]道，无能也。此言得之於道，乃所以明其自得耳。自得耳，道不能使之得也；我之未得，又不能为得也。然则凡得之者，外不资於道，内不由於己，掘然自得而独化也。夫生之难也，犹独化而自得之矣，既得其生，又何患於生之不得而为之哉！故夫为生果不足以全生，以其生之不由於己为也，而为之则伤其真生也。

[参日而后能外天下]外，犹遗也。

[已外天下矣，吾又守之，七日而后能外物]物者，朝夕所须，切己难忘。

[已外物矣，吾又守之，九日而后能外生]都遗也。

[已外生矣，而后能朝彻]遗生则不恶死，不恶死故所遇即安，豁然无滞，见机而作，斯朝彻也。

[朝彻，而后能见独]当所遇而安之，忘先后之所接，斯见独者也。

[见独，而后能无古今]与独俱往。

[无古今，而后能入于不死不生，杀生者不死，生生者不生]夫系生故有

---

① 不神鬼帝：不以鬼帝为神。

② 格：到达。

死，恶死故有生。是以无系无恶，然后能无死无生。

[其为物，无不将也]任其自将，故无不将。

[无不迎也]任其自迎，故无不迎。

[无不毁也]任其自毁，故无不毁。

[无不成也]任其自成，故无不成。

[其名为撄宁]夫与物冥者，物萦亦萦，而未始不宁也。

[撄宁也者，撄而后成者也]物萦而独不萦，则败矣。故萦而任之，则莫不曲成也。

[曰：闻诸副墨之子，副墨之子闻诸洛诵之孙，洛诵之孙闻之瞻明，瞻明闻之聂许，聂许闻之需役，需役闻之於讴，於讴闻之玄冥]玄冥者，所以名无而非无也。

[玄冥闻之参寥]夫阶名以至无者，必得无於名表。故虽玄冥犹未极，而又推寄于参寥，亦是玄之又玄也。

[参寥闻之疑始]夫自然之理，有积习而成者。盖阶近以至远，研粗以至精，故乃七重而后及无之名，九重而后疑无是始也。

[今之大冶铸金，金踊跃曰"我且必为镆铘"，大冶必以为不祥之金；今一犯人之形，而曰"人耳人耳"，夫造化者必以为不祥之人。今一以天地为大炉，以造化为大冶，恶乎往而不可哉]人耳人耳，唯愿为人也。亦犹金之踊跃，世皆知金之不祥，而不能任其自化。夫变化之道，靡^①所不遇，今一遇人形，岂故为哉？生非故为，时自生耳。务而有之，不亦妄乎！人皆知金之有系为不祥，故明己之无异于金，则所系之情可解，可解则无不可也。

[孰能相与於无相与，相为於无相为]夫体天地，冥变化者，虽手足异任，五藏殊官^②，未尝相与而百节同和，斯相与於无相与也；未

---

①　靡：无。
②　藏：同"脏"。官：官能、功能。

尝相为而表里俱济，斯相为於无相为也。若乃役其心志以卹①手足，运其股肱以营五藏，则相营愈笃而外内愈困矣。故以天下为一体者，无爱为於其间也。

[是恶知礼意]夫知礼意者，必游外以经内，守母以存子，称情②而直往也。若乃矜乎名声，牵乎形制，则孝不任诚，慈不任实，父子兄弟，怀情相欺，岂礼之大意哉！

[子贡反，以告孔子曰：彼何人者邪？修行无有，而外其形骸，临尸而歌，颜色不变，无以命之。彼何人者邪？孔子曰：彼游方之外者也，而丘，游方之内者也]夫理有至极，外内相冥，未有极游外之致而不冥于内者也，未有能冥于内而不游于外者也。故圣人常游外以冥内，无心以顺有，故虽终日见形而神气无变，俯仰万机③而淡然自若。夫见形而不及神者，天下之常累也。是故睹其与群物并行，则莫能谓之遗物而离人矣；睹其体化而应务④，则莫能谓之坐忘而自得矣；岂直谓圣人不然哉？乃必谓至理之无此。是故庄子将明流统之所宗以释天下之可悟，若直就称仲尼之如此，或者将据所见以排之，故超圣人之内迹，而寄方外于数子。宜忘其所寄以寻述作之大意，则夫游外冥内之道坦然自明，而庄子之书，故⑤是涉俗盖世之谈矣。

[外内不相及，而丘使女往吊之，丘则陋矣]夫吊者，方内之近事也，施之于方外则陋矣。

[……夫若然者，又恶知死生先后之所在]死生代谢，未始有极，与之俱往，则无往不可，故不知胜负之所在也。

[假于异物，托于同体]假，因也。今死生聚散，变化无方，皆异物

---

① 卹：同"恤"，忧虑。

② 称情：称心。

③ 万机：语出《尚书·皋陶谟》，天子治理事物叫"万机"，这里指一般事物而言。

④ 体化：依托变化。应务：接触事情。

⑤ 故：同"固"，固然。

也。无异而不假，故所假虽异而共成一体也。

［忘其肝胆，遗其耳目］任之於理而冥往也。

［反复终始，不知端倪］任之於五藏犹忘，何物足识哉！未始有识，故能放任于变化之途，玄同于反复之波，而不知终始之所极也。

［芒然仿徨乎尘垢之外，逍遥乎无为之业］所谓无为之业，非拱默而已；所谓尘垢之外，非伏於山林也。

［彼又恶能愦愦然为世俗之礼，以观众人之耳目哉！］其所以观示於众人者，皆其尘垢耳，非方外之冥物也。

［子贡曰：然则夫子何方之依］子贡不闻性与天道，故见其所依而不见其所以依也。夫所以依者，不依也，世岂觉之哉！

［孔子曰：丘，天之戮民也。虽然，吾与汝共之］以方内为桎梏，明所贵在方外也。夫游外者依内，离人者合俗，故有天下者无以天下为也。是以遗物而后能入群，坐忘而后能应务，愈遗之，愈得之。苟居斯极，则虽欲释之而理固自来，斯乃天人之所不赦者也。虽为世所桎梏，但为与汝共之耳，明己恒自在外也。

［子贡曰：敢问其方］问所以游外而共内之意。

［孔子曰：鱼相造乎水，人相造乎道。相造乎水者，穿池而养给；相造乎道者，无事而生定。故曰，鱼相忘乎江湖，人相忘乎道术］所造①虽异，其于由无事以得事，自方外以共内，然后养给②而生定，则莫不皆然也。俱不自知耳，故成无为也。各自足而相忘者，天下莫不然也。至人常足，故常忘也。

［子贡曰：敢问畸人］问向之所谓方外而不耦③于俗者，又安在也。

［曰：畸人者，畸于人而侔于天。故曰：天之小人，人之君子；人之君子，

---

① 造：造访。

② 养给：营养得到供给。

③ 耦：本指两个人在一起耕地，引申为与人相合，与"畸"相反。

天之小人也]夫与内冥者，游于外也。独能游外以冥内，任万物之自然，使天性各足而帝王道成，斯乃畸于人而侔于天也。以自然言之，则人无小大；以人理言之，则侔于天者可谓君子矣。

[造适不及笑，献笑不及排，安排而去化，乃入于寥天一]所造皆适，则忘适矣，故不及笑也。排者，推移之谓也。夫礼哭①必哀，献笑必乐，哀乐存怀，则不能与适推移矣。今孟孙常适，故哭而不哀，与化俱往也。安于推移而与化俱去，故乃入于寂寥而与天为一也。自此以上，至于子祀，其致一也。所执之丧异，故歌哭不同。

[意而子见许由。许由曰：尧何以资汝？意而子曰：尧谓我：汝必躬服仁义而明言是非。许由曰：而奚来为轵？夫尧既已黥汝以仁义，而劓汝以是非矣，汝将何以游夫遥荡恣睢转徙之涂乎]言其将以刑教自亏残，而不能复游夫自得之场、无系之途也。

[意而子曰：虽然，吾愿游于其藩]不敢复求涉中道也，且愿游其藩傍而已。

[许由曰：不然。夫盲者无以与乎眉目颜色之好，瞽者无以与乎青黄黼黻之观。意而子曰：夫无庄之失其美，据梁之失其力，黄帝之亡其知，皆在炉捶之间耳。庸讵知夫造物者之不息我黥而补我劓，使我乘成以随先生邪]言天下之物，未必皆自成也，自然之理，亦有须冶锻而为器者耳。故此之三人，亦皆闻道而后忘其所务也。此皆寄言，以遣云为之累耳。夫率性直往者，自然也；往而伤性，性伤而能改者，亦自然也。庸讵知我之自然当不息黥补劓②，而乘可成之道以随夫子耶？而欲弃而勿告，恐非造物之至也。

[颜回曰：回益矣]以损之为益也。

[仲尼曰：何谓也？曰：回忘仁义矣。曰：可矣，犹未也]仁者，兼爱之

---

① 礼哭：行礼而哭。
② 黥：读 qíng，指在人脸上刺字并涂墨之刑。劓：读 yì，割鼻之刑。

迹；义者，成物之功。爱之非仁，仁迹行焉；成之非义，义功见焉。存夫仁义，不足以知爱利之由无心，故忘之可也。但忘功迹，故犹未玄达也。

［他日，复见，曰：回益矣。曰：何谓也？曰：回忘礼乐矣。曰：可矣，犹未也］礼者，形体之用，乐者，乐生之具。忘其具，未若忘其所以具也。

［他日，复见，曰：回益矣。曰：何谓也？曰：回坐忘矣。仲尼蹴然曰：何谓坐忘？颜回曰：堕肢体，黜聪明，离形去知，同于大通，此谓坐忘］夫坐忘者，奚所不忘哉！既忘其迹，又忘其所以迹者，内不觉其一身，外不识有天地，然后旷然与变化为体而无不通也。

内篇·应帝王注

题注：夫无心而任乎自化者，应为帝王也。

［啮缺问于王倪，四问而四不知。啮缺因跃而大喜，行以告蒲衣子。蒲衣子曰：而乃今知之乎？有虞氏不及泰氏］夫有虞氏之与泰氏①，皆世事之迹耳，非所以迹者也。所以迹者，无迹也，世孰名之哉！未之尝名，何胜负之有耶！然无迹者，乘群变，履万世，世有夷险，故迹有不及也。

［有虞氏，其犹藏仁以要人，亦得人矣，而未始出于非人］夫以所好为是人、所恶为非人者，唯以是非为域者也。夫能出于非人之域者，必入于无非人之境矣，故无得无失，无可无不可，岂直藏仁而要人也②！

［泰氏，其卧徐徐，其觉于于。一以己为马，一以己为牛］夫如是，又奚是人非人之有哉！斯可谓出于非人之域。

———————

① 虞氏：舜。泰氏：太昊伏羲。
② 藏仁：怀仁。要：检验、核实。

［其知情信，其德甚真，而未始入于非人］任其自知，故情信。任其自得，故无伪。不入乎是非之域，所以绝于有虞之世。

［肩吾见狂接舆。狂接舆曰：日中始何以语女？肩吾曰：告我君人者以己出经式义度，人孰敢不听而化诸！狂接舆曰：是欺德也；其於治天下也，犹涉海凿河而使蚊负山也］以己制物，则物失其真。夫寄当于万物，则无事而自成；以一身制天下，则功莫就而任不胜也。

［汝游心於淡，合气於漠，顺物自然而无容私焉，而天下治矣］其任性而无所饰焉则淡矣。漠然静於性而止。任性自生，公也；心欲益之，私也；容私果不足以生生，而顺公乃全也。

［老聃曰：明王之治：功盖天下而似不自己，化贷万物而民弗恃；有莫举名，使物自喜；立乎不测，而游于无有者也］天下若无明王，则莫能自得。令之自得，实明王之功也。然功在无为而还任天下。天下皆得自任，故似非明王之功。夫明王皆就足物性，故人人皆云我自尔，而莫知恃赖於明王。虽有盖天下之功，而不举以为己名，故物皆自以为得而喜。居变化之涂，日新而无方者也。与万物为体，则所游者虚也。不能冥物，则连物不暇，何暇游虚哉！

［明日，列子与之见壶子。出而谓列子曰：嘻！子之先生死矣！弗活矣！不以旬数矣！吾见怪焉，见湿灰焉。列子入，泣涕沾襟以告壶子。壶子曰：乡吾示之以地文，萌乎不震不止，是殆见吾杜德机也］萌然不动，亦不自正，与枯木同其不华，湿灰均于寂魄，此乃至人无感之时也。夫至人，其动也天，其静也地，其行也水流，其止也渊默。渊默之与水流，天行之与地止，其于不为而自尔，一也。今季咸见其尸居①而坐忘，即谓之将死；睹其神动而天随，因谓之有生。诚能应不以心而理自玄符，与变化升降而以世为量，然后足为物主而顺时无极，故非相者所测耳。此应帝王之大意也。德机不发曰杜。

---

① 尸居：若死尸之安居。

外篇·骈拇注

[且夫属其性乎仁义者，虽通如曾史，非吾所谓臧也]以此系彼为属。属性於仁，殉仁者耳，故不善也。

[属其性於五味，虽通如俞儿，非吾所谓臧也]率性通味乃善。

[属其性乎五声，虽通如师旷，非吾所谓聪也；属其性乎五色，虽通如离朱，非吾所谓明也]不付之于我而属之于彼，则虽通之如彼，而我已丧矣。故各任其耳目之用，而不系于离、旷，乃聪明也。

[吾所谓臧者，非仁义之谓也，臧于其德而已矣]善於自得，忘仁而仁。

[吾所谓臧者，非所谓仁义之谓也，任其性命之情而已矣]谓仁义为善，则损身以殉之，此於性命还自不仁也，身且不仁，其如人何！故任其性命，乃能及人，及人而不累於己，彼我同於自得，斯可谓善也。

[吾所谓聪者，非谓其闻彼也，自闻而已矣；吾所谓明者，非谓其见彼也，自见而已矣]夫绝离弃旷，自任闻见，则万方之聪明莫不皆全也。

[夫不自见而见彼，不自得而得彼者，是得人之得而不自得其得者也，适人之适而不自适其适者也]此舍己效人者也，虽效之若人，而己已亡矣。

外篇·马蹄注

[且世世称之曰"伯乐善治马而陶匠善治埴木"，此亦治天下者之过也]世以任自然而不加巧者为不善於治也，揉曲为直，厉驽习骥①，能为规矩以矫拂②其性，使死而后已，乃谓之善治也，不亦过乎！

外篇·胠箧注

[擢乱六律，铄绝竽瑟，塞瞽旷之耳，而天下始人含其聪矣；灭文章，散五采，胶离朱之目，而天下始人含其明矣]夫声色离旷，有耳目者之所贵也。受生有分，而以所贵引之，则性命丧矣。若乃毁其所贵，弃彼

---

① 厉驽习骥：磨炼劣马、操练良马。

② 矫拂：拂逆，违背。

任我，则聪明各全，人含其真也。

［毁绝钩绳而弃规矩，攦工倕之指，而天下始人有其巧矣。故曰"大巧若拙。"］夫以蜘蛛蛣蜣之陋，而布网转丸，不求之于工匠，则万物各有能也。所能虽不同，而所习不敢异，则若巧而拙矣。故善用人者，使能方者为方，能圆者为圆，各任其所能，人安其性，不责万民以工倕之巧。故众技以不相能似拙，而天下皆自能则大巧矣。夫用其自能，则规矩可弃，而妙匠之指可攦①也。

［……彼曾、史、杨、墨、师旷、工倕、离朱，皆外立其德而以爝乱天下者也］此数人者，所禀多方，故使天下跃而效之。效之则失我，我失由彼，则彼为乱主矣。夫天下之大患者，失我也。

［法之所无用也］若夫法之所用者，视不过於所见，故众目无不明；听不过於所闻，故众耳无不聪；事不过於所能，故众技无不巧；知不过於所知，故群性无不适；德不过於所得，故群德无不当。安用立所不逮於性分之表，使天下奔驰而不能自反哉！

外篇·在宥注

［至道之精，窈窈冥冥；至道之极，昏昏默默］窈冥昏默，皆了②无也。夫庄老之所以屡称无者，何哉？明生物者无物而物自生耳。自生耳，非为生也，又何有为於已生乎！

［鸿蒙曰：意！心养］夫心以用伤，则养心者，其唯不用心乎！

［汝徒处无为，而物自化］理与物皆不以存怀，而暗付自然，则无为而自化矣。

［堕尔形体，吐尔聪明，伦与物忘，大同乎涬溟］与物无际。

［解心释神，莫然无魂］坐忘任独。

---

① 攦：读lì，折断。
② 了：了解、理解。

[世俗之人，皆喜人之同乎己而恶人之异于己也。同于己而欲之，异于己而不欲者，以出乎众为心也]心欲出群为众隽①也。

[夫以出乎众为心者，曷常出乎众哉]众皆以出众为心，故所以为众人也。若我亦欲出乎众，则与众无异而不能相出矣。夫众皆以相出为心，而我独无往而不同，乃大殊于众而为众主也。

[因众以宁所闻，不如众技众矣]吾一人之所闻，不如众技多，故因众则宁也。若不因众，则众之千万，皆我敌也。

[而欲为人之国者，此揽乎三王之利而不见其患者也]夫欲为人之国者，不因众之自为而以己为之者，此为徒求三王主物之利而不见己为之患也。然则三王之所以利，岂为之哉？因天下之自为而任耳。

[此以人之国侥幸也，几何侥幸而不丧人之国乎！其存人之国也，无万分之一；而丧人之国也，一不成而万有余丧矣]己与天下，相因而成者也。今以一己而专制天下，则天下塞矣，己岂通哉！故一身既不成，而万方有余丧矣。

[夫有土者，有大物也。有大物者，不可以物；物而不物，故能物物。明乎物物者之非物也，岂独治天下百姓而已哉！出入六合，游乎九州，独往独来，是谓独有。独有之人，是谓至贵]不能用物而为物用，即是物耳，岂能物物哉！不能物物，则不足以有大物矣。夫用物者，不为物用也。不为物用，斯不物矣，不物，故物天下之物，使各自得也。用天下之自为，故驰万物而不穷。人皆自异而己独群游，斯乃独往独来者也。独有斯独，可谓独有矣。夫与众玄同，非求贵於众，而众人不能不贵，斯至贵也。若乃信其偏见而以独异为心，则虽同于一致，故是俗中之一物耳，非独有者也。未能独有，而欲饕窃轩冕②，冒取非

① 隽：同“俊”。
② 饕窃：贪得而窃取。轩冕：原指古时大夫以上官员的车乘和冕服，后引申为借指官位爵禄、国君或显贵者。

分，众岂归之哉！故非至贵也。

外篇・天地注

[无为言之谓德]不为此言，而此言自言，乃真德。

[夫子曰：夫道，渊乎其居也，瀯乎其清也。金石不得，无以鸣]声由寂彰。

[故金石有声，不考不鸣]因以喻体道者物感而后应也。

[万物孰能定之]应感无方。

[……其心之出，有物采之]物采之而后出耳，非先物而唱也。

[……视乎冥冥，听乎无声；冥冥之中，独见晓焉；无声之中，独闻和焉]若夫视听而不寄之于寂，则有暗昧而不和也。

[泰初有无，无有无名]无有，故无所名。

[一之所起，有一而未形]一者，有之初，至妙者也，至妙，故未有物理之形耳。夫一之所起，起于至一，非起于无也。然庄子之所以屡称无于初者，何哉？初者，未生而得生，得生之难，而犹上不资于无，下不待于知，突然而自得此生矣，又何营生於已生以失其自生哉！

[物得以生，谓之德]夫无不能生物，而云物得以生，乃所以明物生之自得，任其自得，斯可谓德也。

[……形体保神，各有仪则，谓之性]夫德形性命，因变立名，其於自尔一也。

[性修反德，德至同於初]恒以不为而自得之。

[同乃虚，虚乃大]不同於初，而中道有为，则其怀中故为有物也，有物而容养之德小矣。

[合喙鸣]心於言而自言者，合于喙①鸣。

---

① 喙：读 huì，嘴，特指鸟兽的嘴。

［嗥鸣合，与天地为合］天地亦无心而自动。

［其合缗缗，若愚若昏］坐忘而自合耳，非照察以合之。

［是谓玄德，同乎大顺］德玄而所顺者大矣。

外篇·天道注

［朴素而天下莫能与之争美］夫美配天者，唯朴素也。

［夫明白于天地之德者，此之谓大本大宗，与天和者也］天地以无为为德，故明其宗本，则与天地无逆也。

［所以均调天下，与人和者也］夫顺天所以应人也，故天和至而人和尽也。

［与人和者，谓之人乐；与天和者，谓之天乐］天乐适则人乐①足矣。

［覆载天地刻雕众形而不为巧，此之谓天乐］巧者，为之妙耳；皆自尔，故无所称巧。

［故曰：知天乐者，其生也天行，其死也物化］忘乐而乐足。

［……天乐者，圣人之心，以畜天下也］圣人之心所以畜天下者奚为哉？天乐而已。

［故古之人贵夫无为也。上无为也，下亦无为也，是下与上同德，下与上同德则不臣；下有为也，上亦有为也，是上与下同道，上与下同道则不主］夫工人无为於刻木而有为於用斧，主上无为於亲事而有为於用臣。臣能亲事，主能用臣；斧能刻木而工能用斧；各当其能，则天理自然，非有为也。若乃主代臣事，则非主矣；臣秉主用，则非臣矣。故各司其任，则上下咸得而无为之理至矣。

［末学者，古人有之，而非所以先也。君先而臣从，父先而子从，兄先而弟从，长先而少从，男先而女从，夫先而妇从。夫尊卑先后，天地之行也，故圣人取象焉。天尊，地卑，神明之位也；春夏先，秋冬后，四时之序也。万物

---

① 乐：读lè。

化作，萌区有状；盛衰之杀，变化之流也。夫天地至神，而有尊卑先后之序，而况人道乎！宗庙尚亲，朝廷尚尊，乡党尚齿，行事尚贤，大道之序也。语道而非其序者，非其道也；语道而非其道者，安取道]所以先者本也。言此先后虽是人事，然皆在至理中来，非圣人之所作也。明夫尊卑先后之序，固有物之所不能无也。言非但人伦所尚也。所以取道，为其有序也。

［世之所贵道者书也，书不过语，语有贵也。语之所贵者意也，意有所随。意之所随者，不可以言传也，而世因贵言传书。世虽贵之，我犹不足贵也，为其贵非其贵也］其贵恒在意言之表。

［故视而可见者，形与色也；听而可闻者，名与声也。悲夫，世人以形色名声为足以得彼之情！夫形色名声果不足以得彼之情］得彼之情，唯忘言遗书者耳。

［则知者不言，言者不知，而世岂识之哉］此绝学去知之意也。

外篇·天运注

［云者为雨乎？雨者为云乎］二者俱不能相为，各自尔也。

［天有六极五常，帝王顺之则治，逆之则凶］夫物事之近，或知其故，然寻其原以至乎极，则无故而自尔也。自尔则无所稍问其故也，但当顺之。

［北门成问于黄帝曰：帝张咸池之乐于洞庭之野，吾始闻之惧，复闻之怠，卒闻之而惑；荡荡默默，乃不自得］不自得，坐忘之谓也。

［帝曰：汝殆其然哉！吾奏之以人，征之以天，行之以礼义，建之以大清］由此观之，知夫至乐者，非音声之谓也；必先顺乎天，应乎人，得于心而适于性，然后发之以声，奏之以曲耳。故咸池之乐，必待黄帝之化而后成焉。

［夫至乐者，先应之以人事，顺之以天理，行之以五德，应之以自然，然后调理四时，太和万物。四时迭起，万物循生；一盛一衰，文武伦经；一清一

浊，阴阳调和，流光其声]自然律吕以满天地之间，但当顺而不夺，则至乐全。

[蛰虫始作，吾惊之以雷霆]因其自作而用其所以动。

[其卒无尾，其始无首]运转无极。

[一死一生，一偾一起；所常无穷]以变化为常，则所常者无穷也。

[而一不可待。汝故惧也]初闻无穷之变，不能待之以一，故惧然悚听也。

[吾又奏之以阴阳之和，烛之以日月之明]所谓用天之道。

[其声能短能长，能柔能刚；变化齐一，不主故常]齐一於变化，故不主故常。

[在谷满谷，在坑满坑]至乐之道，无不周也。

[途却守神]塞其兑①也。

[以物为量]大制不割②。

[其声挥绰]所谓阐谐③。

[其名高明]名当其实，则高明也。

[是故鬼神守其幽]不离其所。

[日月星辰行其纪]不失其度。

[吾止之于有穷]常在极上住也。

[流之于无止]随变而往也。

[予欲虑之而不能知也，望之而不能见也，逐之而不能及也]故暗然恣使化去。

[傥然立于四虚之道]弘敞无偏之谓。

[倚于槁梧而吟]无所复为也。

---

① 语出《老子·五十二章》，兑：通、通道。
② 语出《老子·二十八章》，制：同"智"。割：分割、分离。
③ 阐谐：宽舒和谐；阐，广。

［目知穷乎所欲见，力屈乎所欲逐，吾既不及已夫］言物之知力各有所齐限。

［形充空虚，乃至委蛇。汝委蛇，故怠］夫形充空虚，无身也，无身，故能委蛇①。委蛇任性，而悚惧之情怠也。

［吾又奏之以无怠之声］意既怠矣，乃复无怠，此其至也。

［调之以自然之命］命之所有者，非为也，皆自然耳。

［故若混逐丛生］混然无系，随丛而生。

［林乐而无形］至乐者，适而已。适在体中，故无别形。

［布挥而不曳］自布②尔。

［幽昏而无声］所谓至乐。

［动於无方］夫动者岂有方而后动哉！

［居於窈冥］所谓宁极。

［或谓之死，或谓之生；或谓之实，或谓之荣；行流散徙，不主常声］随物变化。

［世疑之，稽于圣人］明圣人应世非唱也。

［圣也者，达于情而遂於命也］故有情有命者，莫不资焉。

［天机不张而五官皆备，此之谓天乐］忘乐而乐足，非张而后备。

［无言而心说］心说在适，不在言也。

［故有焱氏为之颂曰：听之不闻其声，视之不见其形，充满天地，苞裹六极。汝欲听之而无接焉，而故惑也］此乃无乐之乐，乐之至也。

［乐也者，始于惧，惧故祟］惧然悚听，故是祟耳，未大和也。

［吾又次之以怠，怠故遁］迹稍灭也。

［卒之於惑，惑故愚；愚故道，道可载而与之俱也］以无知为愚，愚乃至也。

---

① 委蛇：随顺、顺应貌。
② 布：指声音振动。

外篇·刻意注

［纯素之道，唯神是守；守而勿失，与神为一；一之精通，合於天伦。野语有之曰："众人重利，廉士重名，贤人尚志，圣人贵精。"故素也者，谓其无所与杂也；纯也者，谓其不亏其神也。能体纯素，谓之真人］常以纯素守乎至寂而不荡於外，则冥也。精者，物之真也。与神为一，非守神也；不远其精，非贵精也；然其迹则贵守之也。苟以不亏为纯，则虽百行同举，万变参备，乃至纯也；苟以不杂为素，则虽龙章凤姿，倩①乎有非常之观，乃至素也。若不能保其自然之质而杂乎外饰，则虽犬羊之鞹②，庸得谓之纯素哉！

外篇·缮性注

［乐全之谓得志］自得其志，独夷其心，而无哀乐之情，斯乐之全者也。

［古之所谓得志者，非轩冕之谓也，谓其无以益其乐而已矣。今之所谓得志者，轩冕之谓也。轩冕在身，非性命也，物之傥来，寄者也。寄之，其来不可圉，其去不可止。故不为轩冕肆志，不为穷约趋俗，其乐彼与此同，故无忧而已矣。今寄去则不乐，由是观之，虽乐，未尝不荒也。故曰，丧己于物，失性于俗者，谓之倒置之民］全其内而足。在外物耳，得失之非我也。澹然自若，不觉寄之在身。旷然自得，不觉穷之在身。彼此，谓轩冕与穷约③。亦无欣欢之喜也。夫寄去则不乐者，寄来则荒矣，斯以外易内也。营外亏内，其置倒也。

外篇·秋水注

［夫精粗者，期於有形者也］有精粗矣，故不得无形。

---

① 倩：美好。
② 鞹：同"鞟"，读 kuò，皮革。
③ 穷约：穷困、贫贱。

[可以言论者，物之粗也；可以意致者，物之精也；言之所不能论，意之所不能察致者，不期精粗焉]唯无而已，何精粗之有哉！夫言意者有也，而所言所意者无也，故求之于言意之表，而入乎无言无意之域，而后至焉。

[以功观之，因其所有而有之，则万物莫不有；因其所无而无之，则万物莫不无；知东西之相反而不可以相无，则功分定矣]天下莫不相与为彼我，而彼我皆欲自为，斯东西之相反也。然彼我相与为唇齿，唇齿者未尝相为，而唇亡则齿寒。故彼之自为，济我之功弘矣，斯相反而不可以相无者也。故因其自为而无其功，则天下之功莫不皆无矣；因其不可相无而有其功，则天下之功莫不皆有矣。若乃忘其自为之功而思夫相为之惠，惠之愈勤而伪薄滋甚，天下失业而情性澜漫矣，故其功分无时可定也。

[河伯曰：然则何贵於道邪]以其自化。

[北海若曰：知道者必达於理，达於理者必明於权，明於权者不以物害己]知道者，知其无能也；无能也，则何能生我？我自然而生耳，而四支①百体，五藏精神，已不为而自成矣，又何有意乎生成之后哉！达乎斯理者，必能遣过分之知，遗益生之情，而乘变应权，故不以外伤内、不以物害己而常全也。

[(河伯)曰：何谓天？何谓人？北海若曰：牛马四足，是谓天；落马首，穿牛鼻，是谓人]人之生也，可不服牛乘马乎？服牛乘马，可不穿落②之乎？牛马不辞穿落者，天命之固当也。苟当乎天命，则虽寄之人事，而本在乎天也。

[故曰，无以人灭天]穿落之可也，若乃走作过分，驱步失节③，则

---

① 支：同“肢”。
② 穿落：贯穿牛鼻，羁勒马头；“落”：同“络”，用网状物兜住、笼罩。
③ 走作：役牛耕田。驱步：御马代步。此句意为过度役使畜力。

天理灭矣。

［无以故灭命］不因其自为而故①为之者，命其安在乎！

［无以得殉名］所得有常分，殉名则过也。

［谨守而勿失，是谓反其真］真在性分之内。

［蚿谓蛇曰：吾以众足行，而不及子之无足，何也？蛇曰：夫天机之所动，何可易邪？吾安用足哉］物之生也，非知生而生也。则生之行也，岂知行而行哉！故足不知所以行，目不知所以见，心不知所以知，俛②然而自得矣。迟速之节，聪明之鉴，或能或否，皆非我也。而惑者因欲有其身而矜其能，所以逆其天机而伤其神器也。至人知天机之不可易也，故捐聪明，弃知虑，魄然③忘其所为而任其自动，故万物无动而不逍遥也。

外篇·达生注

［善游者数能］言物虽有性，亦须数习而后能耳。

［善游者数能，忘水也］习以成性，遂若自然。

［孔子观于吕梁，县水三十仞，流沫四十里，鼋鼍鱼鳖之所不能游也。见一丈夫游之，以为有苦而欲死也，使弟子并流而拯之。数百步而出，被发行歌而游於塘下。孔子从而问焉，曰：吾以子为鬼，察子则人也。请问，蹈水有道乎？曰：亡，吾无道。吾始乎故，长乎性，成乎命。与齐俱入，与汩偕出，从水之道而不为私焉。此吾所以蹈之也］任水而不任己。

［孔子曰：何谓始乎故，长乎性，成乎命？曰：吾生于陵而安於陵，故也；长於水而安於水，性也；不知吾所以然而然，命也］此章言人有偏能，得其所能而任之，则天下无难矣。用夫无难以涉乎生生之道，何往而不通也！

---

① 故：故意。

② 俛：同“俯”。

③ 魄然：亦作“泊然”，恬淡无欲貌。

[工倕旋而盖规矩，指与物化而不以心稽，故其灵台一而不桎。忘足，屦之适也；忘要，带之适也；知忘是非，心之适也；不内变，不外从，事会之适也。始乎适而未尝不适者，忘适之适也]虽工倕之巧，犹任规矩，此言因物之易也。百体皆适，则都忘其身也。是非生於不适耳。所遇而安，故无所变从也。识适者犹未适也。

外篇·田子方注

[老聃曰：吾游心於物之初]初未有而欻①有，故游于物初，然后明有物之不为而自有也。

[孔子曰：何谓邪？曰：心困焉而不能知，口辟焉而不能言]欲令仲尼必求於言意之表也。

[尝为汝议乎其将]试议阴阳以拟向之无形耳，未之敢必。

[至阴肃肃，至阳赫赫；肃肃出乎天，赫赫发乎地]言其交也。

[两者交通成和而物生焉，或为之纪而莫见其形]莫见为纪之形，明其自尔。

[消息满虚，一晦一明，日改月化，日有所为]未尝守故。

[而莫见其功]自尔故无功。

[生有所乎萌]萌於未聚也。

[死有所乎归]归於散也。

[始终相反乎无端而莫知乎其所穷]所谓迎之不见其首，随之不见其后。

[孔子曰：请问游是。老聃曰：夫得是，至美至乐也，得至美而游乎至乐，谓之至人]至美无美，至乐无乐故也。

外篇·知北游注

[黄帝曰：彼无为谓真是也，狂屈似之；我与汝终不近也。夫知者不言，

---

① 欻：读 xū，忽然。

言者不知，故圣人行不言之教]任其自行，斯不言之教也。

[道不可致]道在自然，非可言致者也。

[德不可至]不失德故称德，称德而不至也。

[……礼者，道之华而乱之首也]礼有常则，故矫效之所由生也。

[故曰，为道者日损]损华伪也。

[损之又损之以至于无为，无为而无不为也]华去而朴全，则虽为而非为也。

[今已为物也]物失其所，故有为物。

[欲复归根，不亦难乎！其易也，其唯大人乎]其归根之易者，唯大人耳。大人体合变化，故化物不难。

[故万物一也，是其所美者为神奇，其所恶者为臭腐；臭腐复化为神奇，神奇复化为臭腐。故曰"通天下一气耳"]各以所美为神奇，所恶为臭腐耳。然彼之所美，我之所恶也；我之所美，彼或恶之。故通共神奇，通共臭腐耳，死生彼我岂殊哉！

[知谓黄帝曰："吾问无为谓，无为谓不应我，非不我应，不知应我也。吾问狂屈，狂屈中欲告我而不我告，非不我告，中欲告而忘之也。今予问乎若，若知之，奚故不近？"黄帝曰："彼其真是也，以其不知；此其似之也，以其忘之也；予与若终不近也，以其知之也。"狂屈闻之，以黄帝为知言]明夫自然者，非言知之所得，故当昧乎无言之地。是以先举不言之标①，而后寄明於黄帝，则夫自然之冥物，概乎可得而见也。

[夫昭昭生於冥冥，有伦生於无形，精神生於道]皆所以明其独生而无所资借。

[形本生於精]皆由精以至粗。

[而万物以形相生，故九窍者胎生，八窍者卵生]言万物虽以形相生，亦皆自然耳，故胎卵不能易种而生，明神气之不可为也。

① 标：准的、榜样。

[其来无迹，其往无崖，无门无房，四达之皇皇也]夫率自然之性，游无迹之途者，放形骸於天地之间，寄精神於八方之表；是以无门无房，四达皇皇①，逍遥六合②，与化偕行也。

[遨於此者，四肢强，思虑恂达，耳目聪明，其用心不劳，其应物无方]人生而遇此道，则天性全而精神定。

[天不得不高，地不得不广，日月不得不行，万物不得不昌，此其道与]言此皆不得不然而自然耳，非道能使然也。

[物物者与物无际]明物物③者无物，而物自物耳。物自物耳，故冥④也。

[而物有际者，所谓物际者也]物有际⑤，故每相与不能冥然，真所谓际者也。

[不际之际，际之不际者也]不际者，虽有物物之名，直明物之自物耳。物物者，竟无物也，际其安在乎！

[谓盈虚衰杀，彼为盈虚非盈虚，彼为衰杀非衰杀，彼为本末非本末，彼为积散非积散也]既明物物者无物，又明物之不能自物，则为之者谁乎哉？皆忽然而自尔也。

[无始曰："不知深矣，知之浅矣；弗知内矣，知之外矣。"于是泰清中而叹曰："弗知乃知乎！知乃不知乎！孰知不知之知？"]凡得之不由於知，乃冥也。

[无始曰："道不可闻，闻而非也；道不可见，见而非也；道不可言，言而非也]故默成乎不闻不见之域而后至焉。

[知形形之不形乎]形自形耳，形形者竟无物也。

---

① 皇皇：很大的样子。
② 六合：上下四方。
③ 物物：第一个"物"是动词，使物成为物。
④ 冥：默契，指与物合为一体。
⑤ 际：界限。

[道不当名]有道名而竟无物，故名之不能当也。

[仲尼曰：昔之昭然也，神者先受之]虚心以待命，斯神受也。

[今之昧然也，且又为不神者求邪]思求更致不了。

[冉求未对。仲尼曰：已矣，未应矣！不以生生死]夫死者独化而死耳，非夫生者生此死也。

[不以死死生]生者亦独化而生耳。

[死生有待邪]独化而足。

[皆有所一体]死与生各自成体。

[有先天地生者物邪？物物者非物。物出不得先物也，犹其有物也。犹其有物也，无已]谁得先物者乎哉？吾以阴阳为先物，而阴阳者即所谓物耳。谁又先阴阳者乎？吾以自然为先之，而自然即物之自尔耳。吾以至道为先之矣，而至道者乃至无也，既以无矣，又奚为先？然则先物者谁乎哉？而犹有物无已①，明物之自然，非有使然也。

[圣人之爱人也终无已者，亦乃取於是者也]取于自尔，故恩流百代而不废也。

[仲尼曰：古之人，外化而内不化]以心顺形而形自化。

[今之人，内化而外不化]以心使形。

[与物化者，一不化者也]常无心，故一不化；一不化，乃能与物化耳。

[安化安不化]化与不化，皆任彼耳，斯无心也。

[……山林与！皋壤与！使我欣欣然而乐与]山林皋壤，未善於我，而我便乐之，此为无故而乐也。

[乐未毕也，哀又继之]夫无故而乐，亦无故而哀也。则凡所乐不足乐，凡所哀不足哀也。

---

① 犹有物无已：物出之先还是有物，没有穷尽的时候。

［哀乐之来，吾不能御，其去弗能止。悲夫，世人直为物逆旅耳］不能坐忘自得，而为哀乐所寄也。

［夫知遇而不知所不遇］知之所遇者即知之，知之所不遇者即不知也。

［知能能而不能所不能］所不能者，不能强能也。由此观之，知与不知，能与不能，制不由我也，当付之自然耳。

［无知无能者，固人之所不免也］受生各有分也。

［夫务免乎人之所不免者，岂不亦悲哉！至言去言，至为去为］皆自得也。

［齐知之所知，则浅矣］夫由知而后得者，假学者耳，故浅也。

杂篇·庚桑楚注

［夫外韄者不可繁而捉，将内揵；内韄者不可缪而捉，将外揵。外内韄者，道德不能持，而况放道而行者乎］揵，关揵也①。耳目，外也；心术，内也。夫全形抱生，莫若忘其心术，遗其耳目。若乃声色韄②于外，则心术塞于内；欲恶韄于内，则耳目丧于外；固必无得无失而后为通也。偏韄犹不可，况外内俱韄乎！将耳目眩惑于外，而心术流荡于内，虽繁手以执之，绸缪③以持之，弗能止也。

［老子曰：卫生之经，能抱一乎？能勿失乎？能无卜筮而知吉凶乎？能止乎？能已乎？能舍诸人而求诸己乎？能翛然乎？能侗然乎？能儿子乎？儿子终日嗥而嗌不嗄，和之至也］任声之自出，不由于喜怒。

［终日握而手不掜，共其德也］任手之自握，非独得也。

［终日视而目不瞬，偏不在外也］任目之自见，非系于色也。

［行不知所之］任足之自行，无所趣。

---

① 揵：同"楗"，读 jiàn，关闭、堵塞，原指堵塞河堤决口所用的竹木等材料。
② 韄：读 huò，束缚，原指缚在佩刀上的绳子。
③ 绸缪：繁密貌。

［居不知所为］纵体而自任也。

［与物委蛇］斯顺之也。

［是乃所谓冰解冻释者，能乎？］能乎，明非自尔。

［夫至人者，相与交食乎地而交乐乎天］自无其心，皆与物共。

［未也。吾固告汝曰：能儿子乎？］非以此言为不至也，但能闻而学者，非自至耳。苟不自至，则虽闻至言，适可以为经，胡可得至哉！故学者不至，至者不学也。

［儿子动不知所为，行不知所之，身若槁木之枝而心若死灰。若是者，祸亦不至，福亦不来。祸福无有，恶有人灾也］祸福生於失得，人灾由於爱恶。今槁木死灰，无情之至，则爱恶失得无自而来。

［宇泰定者，发乎天光］夫德宇①泰然而定，则其所发者天光耳，非人耀。

［发乎天光者，人见其人］天光自发，则人见其人，物见其物，物各自见而不见彼，所以泰然而定也。

［人有修者，乃今有恒］人而修人，则自得矣，所以常泰。

［有恒者，人舍之，天助之］常泰，故能反居我宅而自然获助也。

［人之所舍，谓之天民；天之所助，谓之天子］出则天子，处则天民，此二者俱以泰然而自得之，非为而得之也。

［学者，学其所不能学也；行者，行其所不能行也；辩者，辩其所不能辩也。知止乎其所不能知，至矣；若有不即是者，天钧败之］凡所能者，虽行非为，虽习非学，虽言非辩。所不能知，不可强知，故止斯至。意虽欲为，为者必败，理终不能。

［备物以将形］因其自备而顺其成形。

［藏不虞以生心］心自生耳，非虞而出之。虞者，亿度之谓②。

---

① 宇：器宇，这里指人身。

② 虞：预料。亿度：测度、揣测、臆测，"亿"同"臆"，"度"读 duó。

［敬中以达彼］理自达彼耳，非慢中而敬外。

［若是而万恶至者，皆天也］天理自有穷通。

［而非人也］有为而致恶者乃是人。

［不足以滑成］安之若命，故其成不滑①。

［不可内于灵台］灵台者，心也，清畅，故忧患不能入。

［灵台者有持］有持者，谓不动於物耳，其实非持。

［而不知其所持］若知其所持则持之。

［而不可持者也］持则失也。

［券内者，行乎无名］券，分②也。夫游于分内者，行不由於名。

［券外者，志乎期费］有益无益，斯欲损己以为物也。

［行乎无名者，唯庸有光］本有斯光，因而用之。

［志乎期费者，唯贾人也］虽己所无，犹借彼而贩卖也。

［人见其跂，犹之魁然］夫期费③者，人已见其跂④矣，而犹自以为安。

［与物穷者，物入焉］穷，谓终始。

［与物且者，其身之不能容，焉能容人］且，谓券外而跂者。跂者不立，焉能自容！不能自容，焉能容人！人不获容则去也。

［不能容人者无亲，无亲者尽人］身且不能容，则虽己非己，况能有亲乎！故尽是他人。

［兵莫憯於志，镆鋣为下］夫志之所撄，燋⑤火凝冰，故其为兵甚于剑戟也。

［寇莫大於阴阳，无所逃於天地之间；非阴阳贼之，心则使之也］心使气，

---

① 滑：读 gǔ，乱。

② 分：读 fèn。

③ 期：卒、终。费：耗费。

④ 跂：同“企”，踮起脚后跟儿，脚尖着地；泛指危险。

⑤ 燋：同“灼”。

则阴阳征结於五藏而所在皆阴阳也，故不可逃。

[（人）以有形者象无形者而定矣]虽有斯形，苟能旷然无怀，则生全而形定也。

[出无本]欻然自生，非有本。

[入无窍]欻然自死，非有根。

[有实而无乎处，有长而无乎本剽，有所出而无窍者有实]言出者自有实耳，其所出无根窍以出之。

[有实而无乎处者，宇也。有长而无本剽者，宙也。有乎生，有乎死，有乎出，有乎入]宇者，有四方上下，而四方上下未有穷处。宙者，有古今之长，而古今之长无极。死生出入，皆欻然①自尔，无所由，故无所见其形。

[入出而无见其形，是谓天门。天门者，无有也，万物出乎无有]天门者，万物之都名也。谓之天门，犹云众妙之门也。死生出入，皆欻然自尔，未有为之者也。然有聚散隐显，故有出入之名；徒有名耳，竟无出入，门其安在乎？故以无为门。以无为门，则无门也。

[有不能以有为有]夫有之未生，以何为生乎？故必自有耳，岂有之所能有乎②！

[必出乎无有]此所以明有之不能为有而自有耳，非谓无能为有也。若无能为有，何谓无乎！

[而无有一无有]一无有则遂无矣。无者遂无，则有自欻生明矣。

[圣人藏乎是]任其自生而不生生。

[至礼有不人，至义不物，至知不谋，至仁无亲，至信辟金]不人者，视人若己。视人若己则不相辞谢，斯乃礼之至也。各得其宜，则物皆

---

① 欻然：忽然，"欻"读 xū。

② 意思是说："有"未生之前，万物以何为生？所以必然是万物所自有，即自然而然的，并不是别有一个"有"所能创造的。

我也。谋而后知，非自然知。譬之五藏，未曾相亲，而仁已至矣。金玉者，小信之质耳，至信则除矣。

[性之动，谓之为；为之伪，谓之失。知者，接也；知者，谟也；知者之所不知，犹睨也。动以不得已之谓德，动无非我之谓治，名相反而实相顺也]以性自动，故称为耳；此乃真为，非有为也。夫目之能视，非知视而视也；不知视而视，不知知而知耳，所以为自然。若知而后为，则知伪也。若得已而动，则为强动者，所以失也。动而效彼则乱。有彼我之名，故反；名得其实，则顺。

[羿工乎中微而拙乎使人无己誉。圣人工乎天而拙乎人]善中则善取誉矣，理常俱也。任其自然，天也；有心为之，人也。

[夫工乎天而俍乎人者，唯全人能之]工於天，即俍①於人矣，谓之全人，全人则圣人也。

[唯虫能虫，唯虫能天。全人恶天？恶人之天？而况吾天乎人乎]都不知而任之，斯所谓工乎天。

杂篇·徐无鬼注

[知士无思虑之变则不乐，辩士无谈说之序则不乐，察士无凌谇之事则不乐，皆囿於物者也]不能自得於内而乐物於外，故可囿也。故各以所乐囿之，则万物不召而自来，非强之也。

[所谓暖姝者，学一先生之言，则暖暖姝姝而私自说也，自以为足矣，而未知未始有物也，是以谓暖姝者也]意尽形教，岂知我之独化於玄寞之竟②哉！

[以目视目，以耳听耳，以心复心]此三者，未能无其耳目心意也。

[若然者，其平也绳]未能去绳而自平。

---

① 俍：读 liáng，善、擅长。

② 竟：同“境”。

[其变也循]未能绝迹而玄会。

[古之真人，以天待人]居无事以待事，事斯得。

[不以人入天]以有事求无事，事愈荒。

[古之真人，得之也生，失之也死；得之也死，失之也生]死生得失，各随其所居耳，於生为得，於死或复为失，未始有常也。

[知大一，知大阴，知大目，知大均，知大方，知大信，知大定，至矣。大一通之]道也。

[大阴解之]用其分内，则万事无滞也。

[大目视之]用万物之自见，亦大目也。

[大均缘之]因其本性，令各自得，则大均也。

[大方体之]体之使各得其分，则万方俱得，所以为大方也。

[大信稽之]命之所期，无令越逸，斯大信也。

[大定持之]真不挠则自定，故持之以大定，斯不持也。

杂篇·则阳注

[故圣人，其穷也使家人忘其贫，其达也使王公忘爵禄而化卑。其於物也，与之为娱矣]不以为物自苦。

[其於人也，乐物之通而保己焉]通彼而不丧我。

[故或不言而饮人以和]人各自得，斯饮和矣，岂待言哉！

[与人并立而使人化]望其风而靡之。

[曰：通达之中有魏，於魏中有梁，於梁中有王。王与蛮氏，有辩乎？君曰：无辩]王与蛮氏，俱有限之物耳。有限，则不问大小，俱不得与无穷者计也，虽复天地共在无穷之中，皆蔑如①也。况魏中之梁，梁中之王，而足争哉！

[人皆尊其知之所知而莫知，恃其知之所不知而后知，可不谓大疑乎！已

---

① 蔑如：细小而不足称道。

乎已乎！且无所逃]我所不知，物有知之者矣。故用物之知，则无所不知；独任我知，知甚寡矣。今不恃物以知，而自尊其知，则物不告我，非大疑如何！不能用彼，则寄身无地。

[少知曰：四方之内，六合之里，万物之所生恶起]问此者，或谓道能生之。

[大公调曰：阴阳相照相盖相治，四时相代相生相杀]言此皆其自尔，非无所生。

[欲恶去就於是桥起，雌雄片合於是庸有]凡此事故云为趋舍，近起於阴阳之相照，四时之相代也。

[安危相易，祸福相生，缓急相摩，聚散以成。此名实之可纪，精微之可志也]过此以往，至於自然。自然之故，谁知所以也！

[随序之相理，桥运之相使，穷则反，终则始。此物之所有]皆物之所有，自然而然耳，非无能有之也。

[言之所尽，知之所至，极物而已]物表无所复有，故言知不过极物也。

[睹道之人，不随其所废，不原其所起]废起皆自尔，无所原随①也。

[此议之所止]极於自尔，故无所议。

[少知曰：季真之莫为，接子之或使，二家之议，孰正於其情，孰遍於其理]季真曰，道莫为也。接子曰，道或使。或使者，有使物之功也。

[大公调曰：鸡鸣狗吠，是人之所知；虽有大知，不能以言读其所自化，又不能以意其所将为]物有自然，非为之所能也。由斯而观，季真之言当也。

[斯而析之，精至於无伦，大至於不可围]皆不为而自尔②。

[或之使，莫之为，未免於物而终以为过]物有相使，亦皆自尔，故莫

---

① 原：推究、探究。随：追随，引申为追问。
② 自尔：自然而然。

之为者，未为非物也。凡物云云，皆由莫为而过去①。

［或使则实］实自使之。

［莫为则虚］无使之也。

［有名有实，是物之居］指名实之所在。

［无名无实，在物之虚］物之所在，其实至虚。

［可言可意，言而愈疏］故求之於言意之表而后至焉。

［未生不可忌］突然自生，制不由我，我不能禁。

［已死不可徂］忽然自死，吾不能违。

［死生非远也，理不可睹］近在身中，犹莫见其自尔而欲忧之。

［或之使，莫之为，疑之所假］此二者，世所至疑也。

［吾观之本，其往无穷；吾求之末，其来无止。无穷无止，言之无也，与物同理］物理无穷，故知言无穷，然后与物同理也。

［或使莫为，言之本也，与物终始］恒不为而自使然也。

［道不可有，有不可无］道故不能使有，而有者常自然也。

［道之为名，所假而行］物所由而行，故假名之曰道。

［或使莫为，在物一曲，夫胡为於大方］举一隅便可知。

［言而足，则终日言而尽道］求道于言意之表则足。

［言而不足，则终日言而尽物］不能忘言而存意则不足。

［道物之极，言默不足以载］夫道物之极，常莫为而自尔，不在言与不言。

［非言非默，议有所极］极于自尔，非言默而议也。

杂篇·外物注

［去小知而大知明，去善而自善矣］小知自私，大知任物。去善则善无所慕，善无所慕，则善者不矫而自善也。

---

① 过去：逝去。

［庄子曰：知无用而始可与言用矣。天地非不广且大也，人之所用容足耳。然则厕足而垫之致黄泉，人尚有用乎？惠子曰：无用。庄子曰：然则无用之为用也，亦明矣］圣应其内，当事而发；己言其外，以畅事情。情畅则事通，外明则内用，相须之理然也。

［顺人而不失己。彼教不学，承意不彼］本无我，我何失焉！教因彼性，故非学也。彼意自然，故承而用之，则夫万物各全其我。

［心有天游］游，不系也。

［大林丘山之善於人也，亦神者不胜］自然之理，有寄物而通也。

［圣人之所以骇天下，神人未尝过而问焉］神人即圣人也，圣言其外，神言其内。

杂篇·寓言注

［寓言十九］寄之他人，则十言而九见信。

［重言十七］世之所重，则十言而七见信。

［卮言日出，和以天倪］夫卮①，满则倾，空则仰，非持故也。况之於言，因物随变，唯彼之从，故曰日出。日出，谓日新也，日新则尽其自然之分，自然之分尽则和也。

［寓言十九，藉外论之］言出於己，俗多不受，故借外耳。肩吾连叔之类，皆所借者也。

［……卮言日出，和以天倪，因以曼衍，所以穷年］夫自然有分而是非无主，无主则曼衍矣，谁能定之哉！故旷然无怀，因而任之，所以各终其天年。

［不言则齐，齐与言不齐，言与齐不齐也］付之於物而就用其言，则彼此是非，居然自齐。若不能因彼而立言以齐之，则我与万物复不齐耳。

_____

① 卮：读 zhī，盛酒的器皿。

［故曰无言］言彼所言，故虽有言而我竟不言也。

［言无言，终身言，未尝不言］虽出吾口，皆彼言耳。

［终身不言，未尝不言］据出我口。

［有自也而可，有自也而不可；有自也而然，有自也而不然。恶乎然？然於然。恶乎不然？不然於不然。恶乎可？可於可。恶乎不可？不可於不可］自，由也。由彼我之情偏，故有可不可。

［物固有所然，物固有所可］各自然，各自可。

［无物不然，无物不可］统而言之，则无可无不可，无可无不可而至也。

［非卮言日出，和以天倪，孰得其久］夫唯言随物制而任其天然之分者，能无夭落。

［万物皆种也，以不同形相禅］虽变化相代，原其气则一。

［始卒若环］于今为始者，于昨已复为卒也。

［莫得其伦］理自尔，故莫得。

［是谓天均。天均者天倪也］夫均齐者岂妄哉？皆天然之分。

［庄子曰：孔子谢之矣，而其未之尝言］谢变化之自尔，非知力之所为，故随时任物而不造言也。

［孔子云："夫受才乎大本，复灵以生"］若役其才知而不复其本灵，则生亡矣。

［鸣而当律，言而当法］鸣者，律之所生；言者，法之所出；而法律者，众之所为，圣人就用之耳，故无不当，而未之尝言，未之尝为也。

［利义陈乎前，而好恶是非直服人之口而已矣］服，用也。我无言也，我之所言，直用人之口耳，好恶是非利义之陈，未始出吾口也。

［使人，乃以心服而不敢蘁立，定天下之定］口所以宣心，既用众人之口，则众人之心用矣，我顺众心，则众心信矣，谁敢逆立哉！吾因天下之自定而定之，又何为乎！

［已乎已乎！吾且不得及彼乎］因而乘之，故无不及。

［弟子问於仲尼曰：若参者，可谓无所县其罪乎］县，系也。谓参仕以为亲，无系禄之罪也。

［曰：既已县矣］系于禄以养也。

［夫无所县者，可以有哀乎］夫养亲以适，不问其具。若能无系，则不以贵贱经怀，而平和怡畅，尽色养之宜矣。

［彼视三釜三千钟，如观雀蚊虻相过乎前也］彼，谓无系也。夫无系者，视荣禄若蚊虻鸟雀之在前而过去耳，岂有哀乐於其间哉！

［颜成子游谓东郭子綦曰：自吾闻子之言，一年而野］外权利也。

［二年而从］不自专也。

［三年而通］通彼我也。

［四年而物］与物同也。

［五年而来］自得也。

［六年而鬼入］外形骸也。

［七年而天成］无所复为。

［八年而不知死，不知生］所遇皆适而安。

［九年而大妙］妙，善也。善恶同，故无往而不冥。此言久闻道，知天籁之自然，将忽然自忘，则秒累日去以至於尽耳。

［彼吾所以有待邪？而况乎以无有待者乎］推而极之，则今之有待者至於无待，而独化之理彰。

杂篇·列御寇注

［郑人缓也呻吟裘氏之地。祗三年而缓为儒，河润九里，泽及三族，使其弟墨。儒墨相与辩，其父助翟。十年而缓自杀。其父梦之曰：使而子为墨者予也。阖胡尝视其良，既为秋柏之实矣］呻吟，吟咏之谓。祗，适也。翟，缓弟名。缓怨其父之助弟，故感激自杀，死而见梦，谓己既能自化为儒，又化弟令墨，弟由己化而不能顺己，己以良师而便怨死，精

诚之至，故为秋柏之实。

［夫造物者之报人也，不报其人而报其人之天。彼故使彼。夫人以己为有以异於人以贱其亲，齐人之井饮者相捽也。故曰今之世皆缓也……］自此以下，庄子辞也。夫积习之功为报，报其性，不报其为也。然则学习之功，成性而已，岂为之哉！彼有彼性，故使习彼。言缓自美其儒，谓己能有积学之功，不知其性之自然也。夫有功以贱物者，不避其亲也，无其身以平性者，贵贱不失其伦也。夫穿井所以通泉，吟咏所以通性。无泉则无所穿，无性则无所咏，而世皆忘其泉性之自然，徒识穿咏之末功，因欲矜而有之，不亦妄乎！观缓之缪以为学，父故能任其自尔而知，故无为其间也。仍①自然之能以为己功者，逃天者也，故刑戮及之。

［庄子曰：知道易，勿言难。知而不言，所以之天也；知而言之，所以之人也；古之人，天而不人］知虽落②天地，未尝开言以引物也，应其至分而已。

［为外刑者，金与木也；为内刑者，动与过也。宵人之离外刑者，金木讯之；离内刑者，阴阳食之。夫免乎外内之刑者，唯真人能之］金，谓刀锯斧钺；木，谓捶楚桎梏。静而当，则外内无刑。不由明坦之途者，谓之宵人。动而过分，则性气伤于内，金木讯于外也。自非真人，未有能止其分者，故必外内受刑，但不问大小耳。

［贼莫大乎德有心而心有睫，及其有睫也而内视，内视而败矣。凶德有五，中德为首。何谓中德？中德也者，有以自好也而呲其所不为者也］有心於为德，非真德也。夫真德者，忽然自得而不知所以得也。率心为德，犹之可耳；役心于眉睫之间，则伪已甚矣。乃欲探射幽隐，以深为

---

① 仍：因袭、沿袭。

② 落：同“络”，联络。

事，则心与事俱败矣。呰，訾也①。夫自是而非彼，则攻之者非一，故为凶首也。若中无自好之情，则恣万物之所是，所是各不自失，则天下皆思奉之矣。

［以不平平，其平也不平；以不征征，其征也不征。明者唯为之使，神者征之。夫明之不胜神也久矣，而愚者恃其所见入于人，其功外也，不亦悲乎］以一家之平平万物，未若任万物之自平也。征，应也。不因万物之自应而欲以其所见应之，则必有不合矣。夫执其所见，受使多矣，安能使物哉！唯任神然后能至顺，故无往不应也。明之所及，不过于形骸也，至顺则无远近幽深，皆各自得。夫至顺则用发于彼而以藏于物，若恃其所见，执其自是，虽欲入人，其功外矣。

杂篇·天下注

［以本为精，以物为粗，以有积为不足，澹然独与神明居，古之道术有在於是者。关尹老聃闻其风而悦之，建之以常无有，主之以太一，以濡弱谦下为表，以空虚不毁万物为实］寄之天下，乃有余也。夫无有何所能建？建之以常无有，则明有物之自建也。自天地以及群物，皆各自得而已，不兼他饰，斯非主之以太一耶！

［关尹曰：在己无居，形物自著。其动若水，其静若镜，其应若响。芴乎若亡，寂乎若清，同焉者和，得焉者失。未尝先人而常随人］物来则应，应而不藏，故功随物去。不自是而委万物，故物形各自彰著。常无情也。常全者不知所得也。

［老聃曰：知其雄，守其雌，为天下溪；知其白，守其辱，为天下谷］物各自守其分，则静默而已，无雄白②也。夫雄白者，非尚胜自显者耶？尚胜自显，岂非逐知过分以殆其生耶？故古人不随无崖之知，

———————

① 呰：读 pǐ，诋毁、斥责。訾：读 zǐ，本指小声议论，引申为非议、毁谤，义同呰。

② 白：清白。

守其分内而已，故其性全。其性全，然后能及天下；能及天下，然后归之如溪谷也。

[人皆取先，己独取后]不与万物争锋，然后天下乐推而不厌，故后其身。

[曰受天下之垢]雌辱后下之类，皆物之所谓垢。

[人皆取实]唯知有之以为利，未知无之以为用。

[己独取虚]守冲泊以待群实。

[无藏也故有余]付万物使各自守，故不患其少。

[岿然而有余]独立自足之谓。

[其行身也，徐而不费]因民所利而行之，随四时而成之，常与道理俱，故无疾无费也。

[无为也而笑巧]巧者有为，以伤神器之自成，故无为者，因其自生，任其自成，万物各得自为。蜘蛛犹能结网，则人人自有所能矣，无贵於工倕也。

[人皆求福，己独曲全]委顺至理则常全，故无所求福，福已足。

[曰苟免於咎]随物，故物不得咎也。

[以深为根]埋根于大初之极，不可谓之浅也。

[以约为纪]去甚泰也。

[曰坚则毁矣]夫至顺则虽金石无坚也，连逆则虽水气无软也。至顺则全，连逆则毁，斯正理也。

[锐则挫矣]进躁无崖为锐。

[常宽容于物]各守其分，则自容有余。

[不削於人，可谓至极]全其性也。

[惠施不能以此自宁，散于万物而不厌，卒以善辩为名。惜乎！惠施之才，骀荡而不得，逐万物而不反，是穷响以声，形与影竞走也。悲夫]昔吾未览《庄子》，尝闻论者争夫尺棰连环之意，而皆云庄生之言，遂以庄生

为辩者之流。案此篇较评诸子，至于此章，则曰其道舛驳，其言不中，乃知道听途说之伤实也。吾意亦谓无经国体致①，真所谓无用之谈也。然膏粱之子，均之戏豫，或倦于典言②，而能辩名析理、以宣其气、以系其思，流于后世、使性不邪淫，不犹贤於博奕③者乎！故存而不论，以贻好事也。

鲍敬言　葛　洪

鲍敬言，晋人，生平事迹不详，仅在葛洪所著《抱朴子·诘鲍篇》中有零星资料，推知大约生活于葛洪同时或稍前。鲍敬言"好老庄之书，治剧辩之言"，在政治思想上主张无君论。

葛洪（284—364），字稚川，晋丹阳郡（今江苏句容）人，三国方士葛玄之侄孙，世称小仙翁，曾受封为关内侯，后隐居罗浮山炼丹。史称"博闻深洽，江左绝伦，著述篇章富于班马"，著有碑诔诗赋百卷，移檄章表三十卷，神仙、良吏、隐逸、集异等传各十卷，又抄《五经》、《史记》、《汉书》、百家之言、方技杂事三百一十卷，《金匮药方》一百卷，《肘后备急方》四卷。自号抱朴子，因以名书，《晋书·葛洪传》称《抱朴子》内外篇计 116 篇，今本已亡佚 40 余篇，存内篇 20 篇、外篇 50 篇，外篇撰写与问世时间早于内篇。内篇论神仙方药、鬼怪变化、养生延年、禳灾却病等，属道家丹书、养生范畴，为道教重要经典；外篇则属杂书范畴，涉及得失、治乱、修身、

---

① 经国：管理国家。体致：文章的韵致。

② 膏粱：泛指精美的食品，《国语·晋语》："夫膏粱之性难正也"，韦昭注："膏，肉之肥者；粱，食之精者"。戏豫：戏嬉安逸。典言：法言，合于礼法而典雅有据的言辞。

③ 博奕：下棋。

著述等各种社会事务，道本儒末思想贯穿其中。全书将道教神学与玄学、儒学等融为一体，可见古代道教神仙理论体系之初步成型。选文参校《中华道藏》第二十五册，华夏出版社 2014 年版。

抱朴子

外篇·诘鲍

鲍生敬言，好老庄之书，治剧辩①之言，以为古者无君，胜于今世，故其著论云：

儒者曰："天生烝民而树之君"②，岂其皇天谆谆言？亦将欲之者为辞哉③！夫强者凌弱，则弱者服之矣；智者诈愚，则愚者事之矣。服之，故君臣之道起焉；事之，故力寡之民制焉。然则隶属役御，由乎争强弱而校④愚智，彼苍天果无事也。夫混茫以无名为贵，群生以得意为欢。故剥桂刻漆⑤，非木之愿；拔鹖裂翠⑥，非鸟所欲；促辔衔镳⑦，非马之性；荷轭⑧运重，非牛之乐。诈巧之萌，任力违真。伐生之根，以饰无用。捕飞禽以供华玩，穿本完之鼻，绊天放之脚，盖非万物并生之意。夫役彼黎烝，养此在官，贵者禄厚而民亦困矣。

---

①　剧辩：雄辩。

②　语出《春秋左传·文公十三年》。烝：读 zhēng，众多，"烝民"即众百姓。树：设立。

③　意为：难道真有皇天谆谆告诫要设立君主，还是别有用心的人故意这样说呢？

④　校：同"较"，较量。

⑤　剥桂：剥下桂树的皮制成肉桂。刻漆：割刻漆树皮以收取其汁。

⑥　鹖：读 hé，一种像雉而善斗的鸟，其羽常用作装饰武冠；翠：指翠鸟，其羽亦可作装饰品。

⑦　镳：读 biāo，马嚼子。

⑧　轭：读 yuè，古代车上置于辕前端与车横木衔接处的关键。

　　夫死而得生，欣喜无量，则不如向无死也；让爵辞禄以钓虚名，则不如本无让也。天下逆乱焉，而忠义显矣；六亲不和焉，而孝慈彰矣。曩古之世，无君无臣，穿井而饮，耕田而食；日出而作，日入而息。泛然不系，恢尔自得①；不竞不营，无荣无辱。山无蹊径，泽无舟梁。川谷不通，则不相并兼；士众不聚，则不相攻伐。是高巢不探，深渊不漉②；凤鸾栖息於庭宇，龙鳞群游於园池。饥虎可履，虺③蛇可执。涉泽而鸥鸟不飞，入林而狐兔不惊。势利不萌，祸乱不作，干戈不用，城池不设。万物玄同，相忘於道；疫疠不流，民获考终④。纯白在胸，机心不生；含哺而熙，鼓腹而游⑤。其言不华，其行不饰。安得聚敛以夺民财，安得严刑以为坑穽⑥！

　　降及杪季⑦，智用巧生，道德既衰，尊卑有序，繁升降损益之礼⑧，饰绂冕玄黄之服⑨；起土木於凌霄，构丹绿於棼橑⑩。倾峻⑪搜宝，泳渊采珠。聚玉如林，不足以极其变；积金成山，不足以赡其费。澶漫⑫於淫荒之域，而叛其大始之本。去宗日远，背朴弥增。尚贤则民争名，贵货则盗贼起；见可欲则真正之心乱，势利陈则劫

---

① 泛然：随波漂流的样子。恢尔：心胸开阔的样子。

② 深渊不漉：犹言涸泽而渔；漉：把水排尽。

③ 虺：读 huǐ，一种蛇。

④ 考终：尽其天年而死，反义是"夭折"。

⑤ 语出《庄子·马蹄》，含哺：即含哺口中，嚼食。熙：嬉戏。

⑥ 穽：读 jǐng，同"阱"，捕野兽的陷阱。

⑦ 杪季：末世；杪：读 miǎo，末。

⑧ 语本《墨子·非儒》："繁登降之礼以示仪。"

⑨ 绂：同"韨"，读 fú，古代礼服上黑与青相间的花纹，代指祭祀所穿礼服。玄黄：《易经》："天玄地黄"，"玄"指黑色，古代帝王玄衣(黑色上衣)黄裳(黄色裤裙)以象征天地。

⑩ 棼：读 fén，短梁。橑：读 liǎo，椽子。

⑪ 峻：这里指险峻的山。

⑫ 澶漫：放纵，"澶"读 dàn。

夺之途开①。造剡锐②之器，长侵割之患。弩恐不劲，甲恐不坚，矛恐不利，盾恐不厚；若无凌暴，此皆可弃也。故曰："白玉不毁，孰为珪璋？道德不废，安取仁义？"③使夫桀纣之徒得燔人，辜谏者，脯诸侯，菹方伯，剖人心，破人胫，穷骄淫之恶，用炮烙之虐④。若令斯人并为匹夫，性虽凶奢，安得施之！使彼肆酷恣欲，屠割天下，由於为君，故得纵意也。君臣既立，众慝日滋，而欲攘臂乎桎梏之间，愁劳於涂炭之中⑤；人主忧栗於庙堂之上，百姓煎扰乎困苦之中；闲⑥之以礼度，整之以刑罚；是犹辟滔天之源，激不测之流，塞之以撮壤⑦，障之以指掌也。

抱朴子难曰：

盖闻冲昧既辟，降浊升清，穹隆仰焘，旁泊俯停，乾坤定位，上下以形⑧。远取诸物，则天尊地卑，以著人伦之体；近取诸身，则元首股肱，以表君臣之序⑨。降杀之轨⑩，有自来矣。若夫太极混沌，两

---

①　语本《老子·三章》："不尚贤，使民不争；不贵难得之货，使民不为盗；不见可欲，使民心不乱。"

②　剡锐：锐利，"剡"读 yǎn。

③　语出《庄子·马蹄》。

④　事见《史记·殷本纪》，都指商纣王的残暴刑罚。燔人：烧杀人，即炮烙之刑。"辜谏者"与"剖人心"，均指商纣王剖进谏的比干之腹以观其心。脯诸侯：杀诸侯制成肉脯；菹，菹（zū）醢（hǎi），做成肉酱。方伯：一方诸侯。破人胫：纣见人冬天赤足过河，便令人剖其胫，看其骨髓何以如此耐寒，事见《尚书·泰誓下》。

⑤　慝：读 tè，奸邪，邪恶。攘臂：卷起袖子，露出臂膊。涂炭：泥坑、炭火，比喻生活困苦。

⑥　闲：防止。

⑦　撮壤：一小撮土。

⑧　此句大抵铺陈《易经》中的世界生成说。冲：虚而无物。昧：暗而不明。降浊升清：浊气下降而成地，清气上升而成天。穹隆：高大，指天。焘：同"帱"，覆盖。旁泊：同"磅礴"，广大，指地。停：静止。

⑨　语本《尚书·益稷》。元首：头部，喻君。股肱：大腿与臂膀，喻臣，"肱"读 gōng。

⑩　降杀：指由上而下的等级，"杀"指衰、等差。轨：法度。

175

仪无质，则未若玄黄剖判，七耀①垂象，阴阳陶冶，万物群分也。由兹以言，亦知鸟聚兽散，巢栖穴窜，毛血是茹，结草斯服，入无六亲之尊卑，出无阶级之等威②，未若庇体广厦，稉粱嘉旨，黼黻绮纨③，御冬当暑，明辟莅物，良宰匠世④，设官分职，宇宙穆如⑤也。贵贱有章，则慕赏畏罚；势齐力均，则争夺靡⑥惮。是以有圣人作，受命自天……若夫奢淫狂暴，由乎人己，岂必有君便应尔乎？而鲍生独举衰世之罪，不论至治之义，何也？且夫远古质朴，盖其未变，民尚童蒙，机心不动，譬夫婴孩，智慧未萌，非为知而不为，欲而忍之也。若人与人争草莱之利，家与家讼巢窟之地，上无治枉之官，下有重类之党⑦，则私斗过于公战，木石锐于干戈，交尸布野，流血绛路，久而无君，噍类尽矣⑧……雅论所尚，唯贵自然，请问：夫识母忘父，群生之性也；拜伏之敬，世之末饰也。然性不可任，必尊父焉；饰不可废，必有拜焉。任之废之，子安乎？……夫有欲之性，萌於受气之初，厚己之情，著於成形之日，贼杀并兼，起於自然，必也不乱，其理何居！……而冀家为夷齐，人皆柳惠⑨，何异负豕而欲无臭，凭河而欲不濡，无策笕而御奔马，弃柂橹而乘轻舟⑩，

---

① 七耀：指日月与金木水火土五星。
② 六亲：指父子兄弟夫妇。等威：不同等级的威仪。
③ 稉：稉米。黼(fǔ)黻：礼服、官服上所绣的华美花纹，白与黑为黼，青与赤为黻，代指礼服与官服。
④ 明辟莅物：指明君在上面统治；辟，君；莅，临、统治、管理。良宰：狭义指掌宰割牲畜及膳食之事的优秀官员，泛指贤能的官员。匠世：辅助治理人世。
⑤ 穆如：和谐的样子。
⑥ 靡：不。
⑦ 治枉：治理枉曲。重类：偏重同类。
⑧ 绛路：道路染成赤色；绛，赤色。噍类：还能生存的人口；噍，读 jiào，吃东西，嚼。
⑨ 夷齐：指伯夷、叔齐。柳惠：柳下惠。
⑩ 凭河：不用船渡河。濡：沾湿。笕：同"策"，马鞭。柂：同"舵"。

未见其可也。

鲍生又难曰：

夫天地之位，二气范物①，乐阳则云飞，好阴则川处，承柔刚以率性，随四八②而化生，各附所安，本无尊卑也。君臣既立，而变化遂滋。夫獭多则鱼扰，鹰众则鸟乱，有司设则百姓困，奉上厚则下民贫。壅崇③宝货，饰玩台榭，食则方丈，衣则龙章④，内聚旷女，外多鳏男，采难得之宝，贵奇怪之物，造无益之器，恣不已之欲，非鬼非神，财力安出哉？夫谷帛积则民有饥寒之俭，百官备则坐糜⑤供奉之费；宿卫有徒食之众，百姓养游手之人。民乏衣食，自给已剧⑥，况加赋敛，重以苦役，下不堪命，且冻且饥；冒法斯滥，於是乎在。王者忧劳於上，台鼎颦顣⑦於下，临深履薄⑧，惧祸之及。恐智勇之不用，故厚爵重禄以诱之；恐奸衅之不虞⑨，故严城深池以备之。而不知禄厚则民匮而臣骄，城严则役重而攻巧⑩。故"散鹿台之金，发钜桥之粟"⑪，莫不欢然，况乎本不聚金而不敛

---

①　范物：铸造万物。

②　四：指春夏秋冬。八：指立春、立夏、立秋、立冬、春分、夏至、秋分、冬至八个节气。

③　壅：垄断。崇：推崇、贵重。

④　食则方丈：指菜肴极多而所占饭桌过丈。章：花纹。

⑤　糜：消耗。

⑥　剧：艰难。

⑦　台鼎：三公、宰相。顣：同"蹙"，蹙额。

⑧　临深履薄：戒慎恐惧，语本《诗经·小雅·小旻(mín)》："战战兢兢，如临深渊，如履薄冰。"

⑨　不虞：预料所不及。

⑩　攻巧：攻城之术巧妙。

⑪　语本《尚书·武成》："散鹿台之财，发钜桥之粟。"鹿台、钜桥：《史记·殷本纪》说纣"厚赋税以实鹿台之钱，而盈钜桥之粟"，"钜桥"是粮仓名。

民粟乎？休牛桃林，放马华山①，载戢干戈，载櫜弓矢②，犹以为泰，况乎本无军旅而不战不戎乎？茅茨土阶③，弃织拔葵④，杂囊为帏⑤，濯裘⑥布被，妾不衣帛，马不秣粟⑦，俭以率物，以为美谈。所谓盗跖分财，取少为让，陆处之鱼，相煦以沫也。

夫身无在公之役，家无输调⑧之费，安土乐业，顺天分地，内足衣食之用，外无势利之争。操杖攻劫，非人情也。象刑⑨之教，民莫之犯；"法令滋彰，盗贼多有"⑩，岂彼无利性⑪而此专贪残？盖我清静则民自正，下疲怨则智巧生也。任之自然，犹虑凌暴；劳之不休，夺之无已，田芜仓虚，杼柚⑫之空，食不充口，衣不周身，欲令勿乱，其可得乎？所以救祸而祸弥深，峻禁而禁不止也。关梁所以禁非，而猾吏因之以为非焉；衡量所以检伪，而邪人因之以为伪焉。大臣所以扶危，而奸臣恐主之不危；兵革所以静难，而寇者盗之以为难。此皆有君之所致也。民有所利，则有争心；富贵之家，所利重矣。且夫细民之争不过小小，匹夫校力亦何所至？无疆土之

---

① 此句言周武王事，见《史记·周本纪》。桃林：桃林塞，在今陕西潼关以东一带。

② 语出《诗经·周颂·时迈》。载：乃、于是。戢：读 jí，收敛，收藏。櫜：读 gāo，本指大袋子，这里用袋子装。

③ 茅茨土阶：传说尧以茅茨为屋顶、以土为台阶。

④ 事见《史记·循吏列传》：公仪休者，鲁博士也……食茹而美，拔其园葵而弃之。见其家织布好，而疾出其家妇，燔其机，云"欲令农士工女安所售其货乎？"

⑤ 事见《风俗通》："（汉）文帝躬自节俭，集上书囊为前殿帏。"

⑥ 濯裘：已脱尽毛的皮裘。

⑦ 事见《国语·鲁语》："季文子相鲁宣、成二公，妾不衣帛，马不食粟。"

⑧ 输：纳。调：户税。

⑨ 象刑：语出《尚书·皋陶谟》："方施象刑"，指不施肉刑而给罪犯穿上特别的服装以示耻辱。

⑩ 语见《老子·五十七章》。

⑪ 利性：逐利之性。

⑫ 杼柚：读 zhù zhóu，代指纺织机，机上挂纬线的为"杼"，挂经线的为"柚"。

可贪，无城郭之可利，无金宝之可欲，无权柄之可竞，势不能以合徒众，威不足以驱异人，孰与王赫斯怒，陈师鞠旅①，推无仇之民，攻无罪之国，僵尸则动以万计，流血则漂橹②丹野。无道之君，无世不有，肆其虐乱，天下无邦，忠良见害於内，黎民暴骨於外，岂徒小小争夺之患邪？至於移父事君，废孝为忠，申令③无君，亦同有之耳。古之为屋，足以蔽风雨，而今则被以朱紫，饰以金玉；古之为衣，足以掩身形，而今则玄黄黼黻，绵绮罗纨；古之为乐，足以定人情，而今则烦乎淫声，惊魂伤和；古之饮食，足以充饥虚，而今则焚林漉渊，宰割群生……

鲍生曰：人君采难得之宝，聚奇怪之物，饰无益之用，厌无已之求。

抱朴子诘曰：请问古今帝王，尽采难得之宝，聚奇怪之物乎？有不尔者也……

鲍生曰：人君后宫三千，岂皆天意，谷帛积则民饥寒矣。

抱朴子诘曰：王者妃妾之数，圣人之所制也。圣人，与天地合其德者也，其德与天地合，岂徒异哉！夫岂徒欲以顺情盈欲而已乎……

鲍生曰：人之生也，衣食已剧，况又加之以敛赋，重之以力役，饥寒并至，下不堪命，冒法犯非，於是乎生。

抱朴子诘曰：蜘蛛张网，蚉虻不馁，使人智巧，役用万物，食口衣身，何足剧乎？但患富者无知止之心，贵者有无限之用耳。岂可以一蹶之故，而终身不行，以桀纣之虐，思乎无主也……

---

① 语本《诗经·大雅·皇矣》："王赫斯怒，爱整其旅"，又《小雅·采芭》："陈师鞠旅"；鞠，告，"鞠旅"犹言誓师。

② 橹：同"橹"，大盾牌。

③ 申令：发布命令。

鲍生曰：王者临深履薄，不足喻危，假寐待旦，日昃旰食①，将何为？惧祸及也。

抱朴子难曰：审能如此，乃圣主也。王者所病，在乎骄奢，贤者不用，用者不贤……

鲍生曰：王者钦想奇瑞，引诱幽荒②，欲以崇德迈威，厌耀③未服，白雉玉环，何益齐民乎？

抱朴子诘曰：夫王者德及天则有天瑞，德及地则有地应……此岂卑辞所致，厚币所诱哉……

鲍生曰：人君恐奸衅之不虞，故严城以备之也。

抱朴子诘曰：侯王设险，《大易》所贵，不审严城，何讥焉尔。夫两仪肇辟，万物化生，则邪正存焉尔。夫圣人知凶丑之自然，下愚之难移，犹春阳之不能荣枯朽，炎景之不能铄金石，冶容慢藏，诲淫召盗，故取法乎习坎，备豫於未萌④。重门有击柝之敬，治戎遏暴客之变，而欲除之，其理何居？兕之角也，凤之距⑤也，天实假之，何必日用哉……

或曰：苟无可欲之物，虽无城池之固，敌亦不来者也。

抱朴子答曰：夫可欲之物，何必金玉，锥刀之末，愚民竞焉……

又云：田芜廪虚，皆由有君。

（答曰：）夫君非塞田之蔓草，臣非耗仓之雀鼠也。其芜其虚，卒由厄运，水旱疫疠，以臻凶荒，岂在赋税令其然乎……

---

① 日昃旰食：天很晚了才吃晚饭，常用于形容政务繁忙。日昃（zè）：太阳偏西。旰（gàn）食：晚饭。

② 幽荒：九州之外的四夷。

③ 厌耀：施压耀武，"厌"同"压"。

④ 此节本《周易·习坎》之卦意，"《象》曰：习坎，重险也……天险不可升也，地险山川丘陵也，王公设险以守其国。险之时用大矣哉"。

⑤ 距：爪。

嵇 康

嵇康(224—263，或 242—263)，字叔夜，谯郡铚至(今安徽宿州西南)人，三国魏文学家、思想家、音乐家。与魏宗室通婚，官中散大夫，世称嵇中散。幼年丧父，励志勤学。虽家世儒学，但学不师授，唯好老、庄之说。曾隐居曹魏宗室聚居地河内山阳二十年，锻铁、灌园、抚琴作诗，与阮籍、山涛、向秀、王戎、刘伶、阮咸等人交游甚密，后世称为"竹林七贤"。后因与钟会有隙，被谮于大将军司马昭，年四十即遭杀害。工诗文，精乐理，善操琴。提出"越名教而任自然"的看法。鲁迅曾辑校成《嵇康集》十卷本。选文参校戴明扬《嵇康集校注》，人民文学出版社 1962 年版。

养生论

世或有谓"神仙可学得，不死可以力致①"者。或云"上寿百二十，古今所同，过此以往②，莫非妖妄"者。此两失其情③。请试粗论之。

夫神仙虽不目见，然记籍所载，前史所传，较④而论之，其有必矣。似特⑤受异气，禀之自然，非积学所能致也。至於导养⑥得理，以尽性命，上获千余岁，下可数百年，可有之耳。而世皆不精，

---

① 力致：经过努力而达到。
② 过此以往：指超过上寿百二十岁。
③ 两：指以上两种说法。情：真实。
④ 较：明显、明白。
⑤ 特：独。
⑥ 导养：导气养性，《论衡·道虚》：道家或以导气养性，度世而不死。

故莫能得之。何以言之？夫服药求汗，或有弗获；而愧情一集，涣然流离①。终朝未餐，则嚣然思食②；而曾子衔哀，七日不饥③。夜分④而坐，则低迷思寝；内怀殷忧⑤，则连旦不瞑。劲刷理鬓，醇醴发颜⑥，仅乃得之；壮士之怒，赫然殊观，植发冲冠⑦。由此言之，精神之於形骸，犹国之有君也；神躁於中而形丧於外，犹君昏於上国乱於下也。

夫为稼於汤之世，偏有一溉之功者，虽终归于燋烂，必一溉者后枯⑧。然则，一溉之益固不可诬⑨也，而世常谓一怒不足以侵性，一哀不足以伤身，轻而肆之，是犹不识一溉之益，而望嘉谷於旱苗者也。是以君子知形恃神以立，神须形以存，悟生理⑩之易失，知一过之害生。故修性以保神，安心以全身，爱憎不栖於情，忧喜不留於意，泊⑪然无感，而体气和平；又呼吸吐纳⑫，服食养身，使形神相亲，表里俱济也。

---

① 涣然流离：形容汗盛之状。涣：水盛貌。流离：淋漓。

② 终朝：整个早晨。嚣：同"枵"，空虚，这里指饥饿。

③ 事见《礼记·檀弓上》："曾子谓子思曰：'伋！吾执亲之丧也，水浆不入于口者七日。'"曾子：名参，字子舆，孔子学生，以孝著称。衔：含，引申为藏在心中。

④ 夜分：半夜。

⑤ 殷忧：深忧。

⑥ 劲刷：弹性佳的梳子。醇醴：味道醇厚的酒。发颜：使脸色变红。

⑦ 赫然：大怒貌。殊观：谓面容大变。植：竖立。《淮南子·泰族训》："荆轲西刺秦王，高渐离、宋意为击筑，而歌於易水之上，闻者莫不瞋目裂眦，发植穿冠。"

⑧ 《文选》李善注云："言种谷于汤之世，值七年之旱，终归是死，而彼一溉之苗，则在后枯，亦犹人处於俗，同皆有殆，能摄生者，则后终也。"传说商汤时曾大旱七年。

⑨ 诬：这里指轻视。

⑩ 生理：生机。

⑪ 泊：恬静、淡泊。

⑫ 呼吸吐纳：古代养生方法，从口中徐徐呼出浊气，由鼻中缓缓吸入清气。《庄子·刻意》："吹呴呼吸，吐故纳新，熊经鸟伸，为寿而已矣。"《淮南子·泰族训》："呼而出故，吸而入新。"

夫田种者，一亩十斛，谓之良田，此天下之通称也，不知区种可百余斛①。田、种一也，至於树养②不同，则功效相悬。谓商无十倍之价，农无百斛之望，此守常而不变者也……故神农曰"上药养命，中药养性"③者，诚知性命之理，因辅养以通也。而世人不察，惟五谷是见，声色是躭④，目惑玄黄⑤，耳务淫哇，滋味煎其府藏，醴醪鬻⑥其肠胃，香芳腐其骨髓，喜怒悖其正气，思虑销其精神，哀乐殃其平粹。

夫以蕞尔之躯，攻之者非一涂⑦；易竭之身，而外内受敌。身非木石，其能久乎？其自用甚者，饮食不节，以生百病；好色不倦，以致乏绝；风寒所灾，百毒所伤，中道夭于众难⑧。世皆知笑悼，谓之不善持生也⑨。至于措身⑩失理，亡之於微，积微成损，积损成衰，从衰得白，从白得老，从老得终，闷若无端⑪。中智以下，谓之自然，纵少觉悟，咸叹恨於所遇之初，而不知慎众险於未兆。是由桓侯抱将死之疾，而怒扁鹊之先见，以觉痛之日，为受病之

---

①　田种：散播漫种的耕作方法。区种：亦称区田法，将作物种在带状低畦或方形浅穴的小区内，精耕细作，集中施肥灌水，适当密植。斛：读 hú，量器名，亦为容量单位，古代以十斗为一斛，南宋末年改为五斗。

②　树养：种植管理之法。

③　语出《神农本经·序录》。

④　躭："耽"的异体字，沉迷。

⑤　玄黄：《周易·坤卦文言》有"天玄而地黄"句，后因以"玄黄"代称天地，此处指自然界出产的事物，以应上文之"惟五谷是见"。

⑥　鬻："煮"，这里是腐蚀的意思。

⑦　蕞尔：小貌，"蕞"读 zuì。涂：同"途"。

⑧　中道：指人生中途。众难：指上面提到的哀乐之事。

⑨　笑悼：李善注："谓笑其不善养生，而又哀其促龄也。"持生：养生，《吕氏春秋·异用》："仁人之得饴以养疾持老。"高诱注："持，亦养也。"

⑩　措身：安身。

⑪　闷若无端：意为迷迷糊糊地不明衰亡之因。

始也①。

害成於微，而救之於著，故有无功之治；驰骋常人之域②，故有一切之寿③。仰观俯察，莫不皆然。以多自证，以同自慰，谓天地之理，尽此而已矣。纵闻养生之事，则断以所见，谓之不然；其次狐疑，虽少庶几④，莫知所由；其次自力服药，半年一年，劳而未验，志以⑤厌衰，中路复废。或益之以畎浍，而泄之以尾闾，欲坐望显报者⑥；或抑情忍欲，割弃荣愿，而嗜好常在耳目之前，所希在数十年之后，又恐两失，内怀犹豫，心战於内，物诱於外，交赊相倾⑦，如此复败者。

夫至物微妙，可以理知，难以目识。譬犹豫章生七年，然后可觉耳。今以躁竞之心，涉希⑧静之涂，意速而事迟，望近而应远，故莫能相终。夫悠悠者⑨既以未效不求，而求者以不专丧业，偏恃者以不兼无功，追术者⑩以小道自溺。凡若此类，故欲之者万无一能成也。善养生者则不然也，清虚静泰，少私寡欲。知名位之伤德，故忽而不营，非欲而强禁也；识厚味之害性，故弃而弗顾，非贪而后抑也。外物以累心不存，神气以醇白独著。旷然无忧患，寂然无

---

① 事见《韩非子·喻老》。由：同"犹"，好比。
② 奔竞于常人之间，即上面提到的常人追求的各种情况。
③ 一切之寿：普通的寿命，一般的寿命，即区别于有道之人的常人之寿。
④ 虽少庶几：稍微接近养生的精妙。
⑤ 以：同"已"，已经。
⑥ 三句的意思是：养生中补益少而消耗多，却坐等养生的效果。畎浍：读 quǎn huì，指田间水沟。尾闾：古代传说中海水所归之处。坐望：坐等。显报：明显的回报。
⑦ 交赊相倾：内外相危。交：合、接近、内。赊：缓、远、外。
⑧ 希：《老子·十四章》："听之不闻，名曰希"。
⑨ 悠悠者：指众人。
⑩ 追术者：指追求方术的人。

思虑。又守之以一①，养之以和，和理日济②，同乎大顺③。然后蒸④以灵芝，润以醴泉，晞以朝阳，绥以五弦⑤，无为自得，体妙心玄，忘欢而后乐足，遗生而后身存。若此以往，庶可与羡门比寿，王乔争年⑥，何为其无有哉！

难自然好学论

夫民之性，好安而恶危，好逸而恶劳，故不扰而其愿得，不逼则其志从。洪荒之世，大朴未亏，君无文⑦於上，民无竞於下，物全理顺，莫不自得。饱则安寝，饥则求食，怡然鼓腹⑧，不知为至德之世也。若此，则安知仁义之端、礼律⑨之文？及至人不存，大道陵迟⑩，乃始作文墨以传其意，区别群物，使有类族⑪，造立仁义以婴⑫其心，制为名分以检其外⑬，劝学讲文以神其教。故六经纷

① 守之以一："之"指上面所谓"神气"，"一"指"道"，《老子·二十二章》："圣人抱一为天下式"。

② 济：成功、达到。

③ 同乎大顺："入道"，《老子·六十五章》："玄德，深矣，远矣，与物反矣，然后乃至大顺。"李善引河上公注云："大顺者，天理也。"又引钟会语云："反俗以入道，然乃至于大顺也。"

④ 蒸：熏染、滋养。

⑤ 晞：晒干。绥：安。

⑥ 王乔：王子乔，与羡门皆是传说中得道成仙之人。

⑦ 文：指礼法制度、法律条文，即下文所谓"礼律之文"；《孝经援神契》："三皇无文"。

⑧ 鼓腹：拍着肚子。

⑨ 礼律：礼制、法律。

⑩ 陵迟：衰微。

⑪ 族：属。

⑫ 婴：同"撄"，扰乱。

⑬ 名分：等级制度，《庄子·天下》："《春秋》以道名分"。检其外：约束其言行。

错，百家繁炽，开荣利之途，故奔骛而不觉。是以贪生之禽，食园池之梁菽；求安之士，乃诡志①以从俗；操笔执觚，足容苏息②；积学明经，以代稼穑。是以困而后学，学以致荣；计③而后习，好而习成，有似自然，故令吾子谓之自然耳。推其原也，六经以抑引为主，人性以从欲为欢；抑引则违其愿，从欲则得自然。然则自然之得，不由抑引之六经；全性之本，不须犯情之礼律。故知仁义务于理伪④，非养真之要术；廉让生於争夺，非自然之所出也。由是言之，则鸟不毁以求驯，兽不群而求畜⑤，则人之真性，无为⑥不⑦当，自然耽此礼学矣。

论又云：嘉肴珍膳，虽所未尝，尝必美之，适於口也。处在暗室，睹烝烛⑧之光，不教而悦得於心，况以长夜之冥，得照太阳，情变郁陶⑨，而发其蒙。虽事以末来，情以本应，则无损於自然好学。

难曰：夫口之於甘苦，身之於痛痒，感物而动，应事而作，不须学而后能，不待借而后有，此必然之理，吾所不易也。今子以必然之理，喻未必然之好学，则恐似是而非之议。学如一粟之论，於是乎在也。今子立六经以为准，仰仁义以为主，以规矩为轩驾，以

①　诡志：违反自然本性。
②　操笔执觚：执笔著述。觚：读 gū，古代用来书写的方形的木简。足容苏息：足可维持生活。容：可。苏息：苏醒和休息，指生息、生活。
③　计：算计，指追求名利。
④　理伪：治理诈伪。
⑤　鲁迅校本认为"毁"当作"聚"，戴明扬认为"毁""群"使文义不同，当取"鸟不求驯，兽不求畜"。
⑥　为：同"伪"。
⑦　不：原作"正"，据鲁迅校改。
⑧　烝烛：用麻干制成的供照明用的火烛，烝读 zhēng。
⑨　郁陶：愤结烦闷。

讲海为哺乳。由其途则通，乖其路则滞；游心极视，不睹其外①；终年驰骋，思不出位。聚族献议，唯学为贵。执书摘句，俯仰咨嗟，使服膺②其言，以为荣华。故吾子谓六经为太阳，不学为长夜耳。今若以明堂为丙舍③，以诵讽为鬼语，以六经为芜秽，以仁义为臭腐，睹文籍则目瞧④，修揖让则变伛，袭章服则转筋⑤，谭礼典则齿龋⑥。於是兼而弃之，与万物为更始⑦，则吾子虽好学不倦，犹将阙焉。则向之不学，未必为长夜，六经未必为太阳也。俗语曰"乞儿不辱马医"⑧，若遇上古无文之治，可不学而获安，不勤而得志，则何求於六经，何欲於仁义哉？以此言之，则今之学者，岂不先计而后学？苟计而后动，则非自然之应也。子之云云，恐故得菖蒲菹⑨耳！

释私论

夫称君子者，心无措⑩乎是非，而行不违乎道者也。何以言之？夫气静神虚者，心不存於矜尚；体亮心达者，情不系於所欲。矜尚⑪不存乎心，故能越名教而任自然；情不系於所欲，故能审贵贱

---

① 不睹其外：指不看六经以外的书籍。

② 服膺：衷心信服。

③ 明堂：祭祀用的天子太庙。丙舍：存放棺柩的小屋。

④ 瞧：眼病。

⑤ 袭：穿。章服：衣冠。转筋：抽筋。

⑥ 谭：同"谈"。齿龋：牙病。

⑦ 与万物为更始：与万物的自然变化相一致。更始：改变、变化。

⑧ 事见《列子·说符》：齐有贫者，常乞于城市。市人患其亟也，众莫之与。遂适田氏之厩，从马医作役而假食。郭中人戏之曰："从马医而食，不以辱乎？"乞儿曰："天下之辱莫过于乞。乞犹不辱，岂辱马医哉？"

⑨ 菖蒲：草名。菹：读 zū，酸菜、腌菜。

⑩ 措：放置、存在。

⑪ 矜尚：骄矜自大。

而通物情。物情顺通，故大道无违；越名任心，故是非无措也。是故言君子则以无措为主，以通物为美；言小人则以匿情为非，以违道为阙①。何者？匿情矜吝，小人之至恶；虚心无措，君子之笃行也。是以大道言："及吾无身，吾又何患？"②以无生为贵者，是贤於贵生也。由斯而言，夫至人之用心，固不存有措矣。是故伊尹不借贤於殷汤，故世济而名显③；周旦不顾嫌而隐行，故假摄而化隆④；夷吾不匿情於齐桓，故国霸而主尊⑤；其用心岂为身而系乎私哉！故《管子》曰："君子行道，忘其为身。"⑥斯言是矣！君子之行贤也，不察於有度而后行也⑦；任心无邪，不议於善而后正也；显情无措，不论於是而后为也。是故傲然忘贤，而贤与度会；忽然任心，而心与善遇；傥然⑧无措，而事与是俱也。故论公私者，虽云志⑨道存善，心无凶邪，无所怀而不匿者，不可谓无私；虽欲之伐善⑩，情之违道，无所抱而不显者，不可谓不公。今执必公之理，以绳⑪不公之情，使夫虽为善者，不离於有私；虽欲之伐善，不陷於不公；重其名而贵其心，则是非之情不得不显矣⑫。是非必显，有善者无

---

① 匿情：隐匿感情、虚伪。阙：同"缺"，缺失。

② 语出《老子·十三章》，"大道"指《老子》。

③ 伊尹为商汤王的贤相，辅佐汤灭夏桀。世济：世代继承。

④ 周旦：周公姬旦。不顾嫌而隐行：指周公不避嫌疑，把暂时不被人理解的行为动机隐蔽起来。假摄：代天子行使政令。化隆：风化昌盛。

⑤ 此句指管仲辅佐齐桓公成为春秋五霸事。夷吾：管仲字。齐桓：齐桓公。

⑥ 这两句话为佚文，今本《管子》无。

⑦ 有度：《左传·哀公十一年》："仲尼曰：君子之行也度于礼"；"有度而后行"就是想着按礼法而行。

⑧ 傥然：无意的样子。

⑨ 志：记。

⑩ 欲之伐善：欲望败坏善良之心。

⑪ 绳：衡量。

⑫ 《春秋繁露·深察名号》："诘其名实，观其离合，则是非之情不可以相谰已。"

匿情之不是，有非者不加不公之大非；无不是则善莫不得，无大非则莫过其非，乃所以救其非也，非徒尽善，亦所以厉①不善也。夫善以尽善，非以救非，而况乎以是非之至者，故善之与不善，物之至者也。若处二物之间，所往者必以公成而私败，同用一器，而有成有败。

夫公私者，成败之途而吉凶之门也。故物至而不移者寡，不至而在用者众②。若资乎中人之体③，运乎在用之质，而栖心古烈，拟足公途，值心而言④，则言无不是；触情而行，则事无不吉。於是乎情之所措者，乃非所措也；欲之所私者，乃非所私也。言不计乎得失而遇善，行不准乎是非而遇吉，岂非公成私败之数⑤乎？夫如是也，又何措之有哉？故里凫显盗，晋文恺悌⑥；勃鞮号罪，忠立身存⑦；缪贤吐衅，言纳名称⑧；渐离告诚，一堂流涕⑨。然数子皆

---

① 厉：同"励"，劝勉。

② 戴明扬释曰："此谓事物多非善与不善，而在所为用也"。"物至"即上文所谓"善与不善"，人的行为是善还是不善，并非总是确定不移的。

③ 中人：《汉书·古今人表》："可以为善，可以为恶，是谓中人"；"资乎中人之体"即上文所谓"处二物（善与不善）之间"。

④ 栖心古烈：仰慕古代英烈之士。拟足：举步欲行。值：当、切合。

⑤ 数：道理。

⑥ 里凫：里凫胥，亦作竖头须，晋公子重耳的守藏者，重耳流亡，他盗窃库藏而逃（此即"显盗"），却用所盗财物行贿以救重耳，后来重耳得救回国即位而为晋文公。恺悌：和乐的样子。

⑦ 勃鞮(dī)：寺人披，晋国宦者，在重耳即位之前两次奉王命追杀重耳而未遂，重耳即位后，他慷慨陈述追杀之罪的原因在于奉行"君命无二"（此即"号罪"），被接纳并助晋文公平息叛乱。

⑧ 缪(miào)贤：战国时赵国宦者令，秦王欲得赵国和氏璧，缪贤向赵惠文王推荐蔺相如出使，并坦白曾想叛逃燕国而被相如劝止，赵王听之，派相如出使而终得"完璧归赵"的结果。吐衅：吐露叛衅之事。言纳：意见被采纳。名称：犹言"名扬"。

⑨ 渐离：高渐离，战国时著名刺客，善击筑，曾协助刺杀秦王而未遂，秦统一天下后，曾一度隐姓埋名做杂役，在主人家击筑而歌，坐客无不流涕。

以投命之祸，临不测之机，表露心识，犹以安全①；况乎君子无彼人之罪，而有其善乎？措善之情，其所病也，"唯病病，是以不病"②，病而能疗，亦贤於病矣。

然事亦有似非而非非，类是而非是者，不可不察也。故变通之机，或有矜以至让，贪以致廉，愚以成智，忍以济仁。然矜吝之时，不可谓无廉；猜忍③之形，不可谓无仁；此似非而非非者也。或谗言似信，不可谓有诚；激盗④似忠，不可谓无私；此类是而非是也。故乃论其用心，定其所趣⑤；执其辞以准其理，察其情以寻其变；肆乎所始，名其所终⑥；则夫行私之情，不得因乎似非而容其非；淑亮⑦之心，不得蹈乎似是而负其是。故实是以暂非而后显，实非以暂是而后明。公私交显，则行私者无所冀，而淑亮者无所负矣。行私者无所冀，则思改其非；立功者无所忌，则行之无疑；此大治之道也。故主妾覆醴，以罪受戮⑧；王陵庭争，而陈平顺旨⑨。於是观之，非似非非者乎？明君子之笃行，显公私之所在，阖⑩堂盈阶，莫不寓目而曰："善人也！"然背颜退议而含私者，不复同耳！抱私而

① 投命：抛弃生命。机：同"几"，先兆。识：心性、心思。
② 语出《老子·七十一章》。
③ 猜忍：猜疑残忍。
④ 激盗：似指"盗亦有道"之清明之盗，《方言》："激，清也"。
⑤ 趣：同"趋"，"所趣"犹言"动向"，"用心"可谓"动机"。
⑥ 肆：同"肄"，习也，研习。名：《释名·释言语》："名，明也"，明白。
⑦ 淑：善。亮：同"谅"，诚信。
⑧ 事见《战国策·燕策》："武安君谓燕王说：臣邻家有远为吏者，其妻私人。其夫且归，其私之者忧之。其妻曰：'公勿忧也，吾已为药酒待之矣。'后二日，夫至，妻使妾奉卮酒进之。妾知其药酒也，进之则杀主父，言之则逐主母，乃阳（佯）僵弃酒，主父大怒而笞之。"覆：倾倒。醴：浓酒。戮：辱。
⑨ 事见《汉书·张陈王周传》。高后（吕后）欲立诸吕为王，问王陵而王陵反对（庭争），问陈平而陈平当面同意（顺旨），后来合谋诛杀诸吕。
⑩ 阖：同"合"，满也。

匿情不改者，诚神以丧於所惑，而体以溺於常名；心以制於所慴①，而情有系於所欲；咸自以为有是而莫贤乎己。未有攻肌之惨，骇心之祸，遂莫能收情以自反②，弃名以任实。乃心有是焉，匿之以③私；志有善焉，措之为恶。不措所措，而措所不措；不求所以不措之理，而求所以为措之道；故明为措而暗於措，是以不措为拙，措为工。唯惧隐之不微，唯患匿之不密；故有矜怍之容，以观常人④；矫饰之言，以要⑤俗誉。谓永年良规⑥，莫盛於兹；终日驰思，莫阚⑦其外。故能成其私之体，而丧其自然之质也。

　　于是隐匿之情，必存乎心；伪怠之机，必形乎事。若是，则是非之议既明，赏罚之实又笃；不知冒阴之可以无景⑧，而患景之不匿；不知无措之可以无患，而患措之不巧，岂不哀哉！是以申侯苟顺，取弃楚恭⑨；宰嚭耽私，卒享其祸⑩。由是言之，未有抱隐顾私而身立清世，匿非藏情而信著⑪明君者也。是以君子既有其质，又睹其鉴，贵夫亮达，希⑫而存之；恶夫矜咨，弃而远之。所措一非，

------

①　慴：同"慑"。

②　反：同"返"。

③　以：为。

④　怍：忤物，违背人情。

⑤　要：同"邀"，追求。

⑥　永年良规：长寿的好方法。

⑦　阚：同"窥"。

⑧　冒阴之可以无景：有荫覆蔽则无影。冒：覆盖、蒙蔽。阴：同"荫"。景：同"影"。

⑨　据《新序·杂事第一》载，楚恭王得病，认识到是与他一直相处的申侯伯从其所好、纵其所乐造成的，于是驱逐申侯伯。

⑩　据《史记·吴世家》载，吴太宰嚭(pǐ)耽溺私欲，受越王勾践贿赂，劝吴王夫差放了勾践，并谗杀伍子胥，而勾践灭吴后，厚葬吴王而诛杀宰嚭。

⑪　著：显示(于)。

⑫　希：希慕、景仰。

而内愧乎神；贱隐一阙，而外惭其形。言无苟讳，而行无苟隐。不以爱之而苟善，不以恶之而苟非。心无所矜，而情无所系，体清神正，而是非允当。忠感於明天子，而信笃乎万民；寄胸怀於八荒，垂坦荡以永日。斯非贤人君子高行之美异者乎？

或问曰：第五伦①有私乎哉？曰："昔吾兄子有疾，吾一夕十往省，而反寐自安；吾子有疾，终朝不往视，而通夜不得眠。"②若是，可谓私乎？非私也？答曰：是非也，非私也。夫私以不言为名，公以尽言为称，善以无吝为体，非以有措为质。今第五伦显情，是非无私也；矜往不眠，是有非也。无私而有非者，无措之志也。夫言无措者，不齐③於必尽也；言多吝者，不具於不言而已。故多吝有非，无措有是。然无措之所以有是，以志无所尚，心无所欲，达乎大道之情，动以自然，则无道以至非④也。抱一而无措，而无私无非，兼有二义，乃为绝美耳。若非而能言者，是贤於不言之私，有非无措，以非之大者也。今第五伦有非而能显，不可谓不公也；所显是非，不可谓有措也；有非而谓私，不可谓不惑公私之理也⑤。

---

① 第五伦：东汉大臣，复姓"第五"，字伯鱼，官至司空，《后汉书》有传。

② 《后汉书·第五钟离宋寒列传》：或问伦曰："公有私乎？"对曰："昔人有与吾千里马者，吾虽不受，每三公有所选举，心不能忘，而亦终不用也。吾兄子常病，一夜十往，退而安寝；吾子有疾，虽不省视而竟夕不眠。若是者，岂可谓无私乎？"

③ 齐：限。

④ 无道以至非：没有途径导致过失。

⑤ 戴明扬本此处句读为："有非而谓私，不可谓不惑；公私之理也"，亦通；然读为"有非而谓私，不可谓不惑（于）公私之理也"，于义更顺，意谓：把"非"说成"私"，表明不懂公私之理。

阮　籍

阮籍(210—263)，字嗣宗，陈留尉氏(今河南省开封市尉氏县)人，三国时期魏诗人、玄学家，"竹林七贤"之一，"建安七子"之一阮瑀之子，曾任散骑常侍、步兵校尉等职，世称阮步兵。哲学上崇奉老庄之学，诗歌上是"正始之音"的代表。《隋书·经籍志》著录《阮籍集》十三卷，已佚，明张溥辑《阮步兵集》，收入《汉魏六朝百三名家集》。选文参校陈伯君撰《阮籍集校注》，中华书局1987年版。

通老论

圣人明於天人之理，达於自然之分①，通於治化之体，审於大慎之训，故君臣垂拱②，完太素之朴，百姓熙怡，保性命之和。

道者，法自然而为化，侯王能守之，万物将自化。《易》谓之"太极"，《春秋》谓之"元"，《老子》谓之"道"。

三皇依道，五帝仗德，三王施仁，五霸行义，强国任智：盖优劣之异，薄厚之降也。

达庄论

客曰："天道贵生，地道贵贞，圣人修之，以建其名③，吉凶有分，是非有经④，务利高势，恶死重生，故天下安而大功成也。今

---

① 分：名分。
② 垂拱：垂衣拱手，形容不费力、无为而治。
③ 名：功。
④ 经：义。

庄周乃齐祸福而一死生，以天地为一地，以万类为一指①，无乃激
惑以失真，而自以为诚者也?"于是先生乃抚琴容与②，慨然而叹，
俯而微笑，仰而流眄，嘘噏精神，言其所见曰：

…………

天地生于自然，万物生于天地。自然者无外，故天地名焉；天
地者有内，故万物生焉。当其无外，谁谓异乎？当其有内，谁谓殊
乎？地流其燥，天抗其湿③。月东出，日西入，随以相从，解而后
合，升谓之阳，降谓之阴。在地谓之理，在天谓之文。蒸谓之雨，
散谓之风；炎谓之火，凝谓之冰；形谓之石，象谓之星；朔谓之朝，
晦谓之冥；通谓之川，回谓之渊；平谓之土，积谓之山。男女同位，
山泽通气，雷风不相射，水火不相薄④。天地合其德，日月顺其光，
自然一体，则万物经其常。入谓之幽，出谓之章，一气盛衰，变化
而不伤。是以重阴雷电，非异出也；天地日月，非殊物也。故曰：
"自其异者视之，则肝胆楚越也；自其同者视之，则万物一体也。"⑤

人生天地之中，体⑥自然之形。身者，阴阳之积气也；性者，
五行之正性也；情者，游魂之变欲也；神者，天地之所以驭者也。
以生言之，则物无不寿；推之以死，则物无不夭。自小视之，则万
物莫不小；由大观之，则万物莫不大。殇子为寿，彭祖为夭；秋豪
为大，泰山为小；故以死生为一贯，是非为一条也。

别而言之，则须眉异名；合而说之，则体之一毛也。彼六经之
言，分处之教也；庄周之云，致意之辞也⑦。大而临之，则至极无

---

① 语出《庄子·齐物论》："天地一指也，万物一马也"。指：百体中之一体。

② 容与：从容不迫的样子。

③ 此句意为天上的湿气下降到地上，地上的热气(燥)上升到天上，两者相互交汇。

④ 薄：迫。

⑤ 语出《庄子·德充符》。

⑥ 体：体现。

⑦ 分处：分别处理。致意：《庄子·秋水》有云："可以言论者，物之粗也；可以意
致者，物之精也；言之所不能论，意之所不能察致者，不期精粗焉。"

外；小而理之，则物有其制①。夫守什五之数，审左右之名②，一曲之说也；循自然，小天地者，寥廓之谈也。凡耳目之任，名分③之施，处官不易司④，举奉其身，非以绝手足、裂肢体也⑤。然后世之好异者不顾其本，各言我而已矣，何待旌⑥彼。残生害性，还为雠⑦敌，断割肢体，不以为痛；目视色而不顾耳之所闻，耳所听而不待心之所思，心奔欲而不适性之所安，故疾疢萌则生意尽，祸乱作则万物残矣。⑧

至人者，恬於生而静於死。生恬则情不惑，死静则神不离，故能与阴阳化而不易，从天地变而不移。生究其寿，死循其宜，心气平治，消息⑨不亏。是以广成子处崆峒之山以入无穷之门，轩辕登昆仑之阜而遗玄殊之根⑩，此则潜身者易以为活，而离本者难以永存也……由斯言之，自是者不章⑪，自建者不立，守其有者有据，持其无者无执。月弦则满，日朝则袭⑫，咸池不留阳谷之上，而悬车之后将入也⑬。故求得者丧，争明⑭者失，无欲者自足，空虚者受

---

① 临：看。理：分。制：制约。

② 审：熟究。左右之名：左、右执尊执卑的等级名分。

③ 名分："分"指分开、分裂、分离，有"名"则必有"分"。

④ 处官不易司：指五官各司其职而不相换。司：主。官：指五官。

⑤ 举：都。绝：隔绝。

⑥ 旌：表扬。

⑦ 雠：同"仇"。

⑧ 此段意近《庄子·天下》中对诸子百家的批评。

⑨ 消息：休养、休息。

⑩ 典出《庄子·在宥》。

⑪ 《老子·四十二章》："自见者不明，自是者不章，自伐者无功，自矜者不长"。章：明。

⑫ 袭：因袭。此句言天地有其自然之理，有月弦方有月满，有日朝方继之日夕。

⑬ 咸池不留阳谷之上：指日出则星隐。咸池：星名，《淮南子·天文训》："日出于旸谷，浴与咸池，拂于扶桑，是谓晨明。"悬车之后将入也：《淮南子·天文训》："（日）至于悲泉，爰止其女，爰息其马，是谓悬车。至于虞渊，是谓黄昏。至于蒙谷，是谓定昏。"

⑭ 明：尊。

实。夫山静而谷深者，自然之道也；得之道而正者，君子之实也。是以作智造巧者害於物，明著是非者危其身，修饰以显洁者惑①於生，畏死而荣生者失其真……是以名利之途开，则忠信之诚薄；是非之辞著，则醇厚之情烁②也。故至道之极，混一不分，同为一体，得失无闻……大均淳固，不贰其纪③，清静寂寞，空豁以俟，善恶莫之分，是非无所争，故万物反其所而得其情也……故至人清其质而浊其文，死生无变而未始有云。

夫别言者，坏道之谈也；折辩者，毁德之端也④；气分者，一身之疾也；二心者，一身之患也……庄周见其若此，故述道德之妙，叙无为之本，寓言以广之，假物以延⑤之，聊以娱无为之心而逍遥於一世……且庄周之书何足道哉！犹未闻夫太始之论、玄古之微言乎！直⑥能不害於物而形以生，物无所毁而神以清，形神在我而道德成，忠信不离而上下平。兹容今谈而同古⑦，齐说而意殊，是心能守其本，而口发不相须也⑧。

通易论

《易》之为书也，本天地，因阴阳，推盛衰，出自幽微以致明著。

---

① 惑：乱。

② 烁：当为"铄"，销毁。

③ 大均：《庄子·徐无鬼》注云"因其本性，令各自得，则大均也"。不贰其纪：《庄子·天地》："故执德之谓纪。"

④ 别言：分解言之。折辩：曲折辩之。端：事。

⑤ 延：引申。

⑥ 直：但。

⑦ 今谈而同古：意指不知古今之时异。

⑧ 此句意为口所说与心不相应。须：需。

故《乾》元初"潜龙勿用"①，言大人之德隐而未彰，潜而未达，待时而兴，循变而发。天地既没，《屯》《蒙》始生，《需》以待时，《讼》以立义，《师》以聚众，《比》以安民，是以"先王以建万国，亲诸侯"，收其心也。原而积之，畜而制之，是以上下和洽，"裁成天地之道，辅相天地之宜，以左右民"，顺其理也②。先王既殁，德法乖易，上陵下替，君臣不制，刚柔不和，天地不交，是以君子一类求同，遏恶扬善，以致其大③。《谦》而光之，褒多益寡；崇圣善以命，雷出於地，於是大人得立，明圣又兴，故先王作乐荐上帝，昭明其道以答天贶④。於是万物服从，《随》而事之⑤，子遵其父，臣承其君，《临》驭统一，大观天下，是以先王以省方观民、设教，仪之以度也⑥。包而有之，合而含之，故先王用之以明罚勅法⑦。自上乃下，贵复其贱，美成亨尽，时极日至，先王闭关，商旅不行，后不省方，以静民也⑧。季叶既衰，非谋之获，应运顺天，不妄其作，故先王

---

① 此为《乾卦》初九之爻辞。阮籍认为：六十四卦先后排列是有内在联系和意义的，所以，本段与下一段"《易》之为书"这两段，按六十四卦的先后顺序并摘取各卦辞、爻辞而连缀成文，结构与《周易·序卦》接近。

② 这几句涉及的是《小畜》《履》《泰》三卦。

③ 这几句涉及的是《否》《同人》《大有》三卦。上陵下替：又作"陵替"，纲纪废弛、上下失序的意思。

④ 这几句涉及的是《豫》卦的含义。荐：进奉。贶：读 kuàng，赠、赐。

⑤ 该句涉及《随》《蛊》卦，《序卦》："以喜随人者必有事，故受之以蛊；蛊，事也"。

⑥ 这几句涉及的是《临》《观》两卦。省：省察。方：诸侯国。

⑦ 这三句涉及的是《噬(shì)嗑(hé)》卦，"象曰：颐中有物曰噬嗑……象曰：雷电，噬嗑。先王以明罚勅法"，《序卦》："嗑，合也"，此即阮籍所谓的"包而有之，合而含之"。勅：整饬。

⑧ 这几句涉及的是《贲》《剥》《复》三卦。《序卦》："贲者饰也"，"致饰然后亨，则尽矣，故受之以剥"；《剥卦》："不利有攸往……象曰：山附于地，剥。上以厚下安宅"。《复卦》："象曰：雷在地中，复。先王以至日闭关，商旅不行，后不省方"。至日：冬至、夏至日。后：君王，远古时君王亦称"后"。

以茂对时育万物，施仁布泽以树其德也①。万物归随，如法流承，养善反恶，利积生害，刚过失柄，《习坎》以位，上失其道，下丧其群，於是大人继明，照於四方，显其德也②。自乾元以来③，施平而明④，盛衰有时，刚柔无常，或得或失，一阴一阳，出入吉凶，由暗察彰；文明以止，有翼不飞，随之乃存，取之者归，施之以若⑤，用之在微，贵变慎小，与物相追；非知来藏往者，莫之能审也。

《易》之为书也，覆焘天地之道，囊括万物之情，道至而反，事极而改⑥。反用应时，改用当务⑦。应时，故天下仰其泽；当务，故万物恃其利。泽施而天下服，此天下之所以顺自然、惠生类也。富贵侔天地，功名充六合，莫之能倾、莫之能害者，道不逆也⑧。天地，易之主也；万物，易之心也；故虚以受之，感以和之；男下女上，通其气也；柔以承刚，久其类也；顺而持之，《遁》而退之⑨。

---

① 这几句承接《复》卦，涉及的是《无妄》卦的含义。《无妄卦》："象曰：天下雷行，物与无妄，先王以茂对时育万物"，注曰："茂，盛也。物皆不敢妄，然后万物乃得各令其性，对时育物，莫盛于斯也"。季叶：末世。

② 承接《无妄》卦之后的是《大畜》《颐》《大过》《习坎》《离》五卦，这几句没有涉及《大畜》《颐》两卦的含义。《复卦》"六三，无妄之灾"，此即"养善反恶，利积生害"。《大过卦》："象曰：大过，大者过也。栋桡，本末若也。刚过而中……"，此即所谓"刚过失柄""上失其道，下丧其群"。《习坎卦》："象曰：习坎，重险也。"《离卦》："象曰：明两作离，大人以继明照于四方"。

③ 自此以下是对由乾到离三十卦所作小结，与《序卦》第一段相应。

④ 施平而明：《乾卦》："文言曰：……云行雨施，天下平也……夫大人者，与天地合其德，与日月合其明"。

⑤ 若：疑当作"著"。

⑥ 焘：似当作"帱"，覆盖。至：至极。

⑦ 用：以。务：事务。

⑧ 侔：齐等。六合：天地四方。

⑨ 这几句涉及的是《咸》《恒》《遁》三卦。《咸卦》："象曰：咸，感也。柔上而刚下……男下女……象曰：……君子以虚受人"。《恒卦》："象曰：恒，久也。刚上而柔下……天地之道，恒久而已"。

上隆下积，刚动《大壮》；正大必用，力盛则望；明升惟进，光大则伤；聚以处身，异以成类①。乖离既解，缓以为失；损益有时，察以主使②。扬于王庭，乘五马败；刚既决柔，上索下合，令臣遭明君，以柔遇刚，品物咸亨；刚据中正，天下大行，是以后用施命诰四国，贵离教也③。於是天地《萃》聚，百姓合同，《升》而不已，届极及下，《井》养不穷，卑不能通，不可弗《革》"④。改以成器，尊卑有分，长幼有序；主之以《震》，守之以威；动不可终，敌应而行；《渐》以进之，为人求位，君子之欲进者也；臣之求君，阴之从阳，委之归诚，乃得其所⑤。归而应之，专而一之，阳德受归，道《丰》位大也；贤人君子，有众以成其大也；穷侈丧大夫之位，群而靡容，容而无所；卑身下意，利见大人；《巽》以申命，柔顺乎刚；入而说之，说而教之，顺天应人；《涣》然成章，风行水上，有文有光，男

---

①　这几句涉及的是《大壮》《晋》《明夷》《家人》《睽》五卦。《大壮卦》："彖曰：大壮，大者壮也。刚以动，故壮。大壮利贞。大者正也，正大而田地之情可见矣"。《晋卦》："彖曰：晋，进也。明处地上，顺而丽乎大明，柔进而上行"。《序卦》："进必有伤，故受之以明夷"，"伤于外者必反于家，故受之以家人"。反于家，与家人相聚，此即"聚以处身"。《序卦》："家道穷必争，故受之以睽。睽者，乖也"；《睽卦》："天地睽而其事司也，男女睽而其志通也，万物睽而其事类也"，此即"异以成类"。

②　这几句涉及的是《蹇》《解》《损》《益》四卦。《序卦》："乖必有难，故受之以蹇。蹇者，难也"，"物不可终难，故受之以解。解者，缓也"，"缓必有失，故受之以损。损而不已必益，故受之以益"。《益卦》："彖曰：……凡益之为道，与时偕行"，此即所谓"主使"。

③　这几句涉及的是《夬》《姤(gòu)》两卦。《序卦》："夬者，决也"，《夬卦》："彖曰：……扬于王庭，柔乘五刚也"。《姤卦》："彖曰：姤，遇也。柔遇刚也……天地相遇，品物咸章也。刚遇中正，天下大行也。姤之时义大矣哉！象曰：天下有风，姤。后以施命诰四方"。诰：古代帝王对臣子的命令。贵离教：指《离卦》："象曰：大人以继明照于四方"。

④　这几句涉及的是《萃》《升》《困》《井》《革》五卦，"卑不能通"涉及的是《困》卦。革：改。

⑤　这几句涉及的是《鼎》《震》《艮》《渐》《归妹》五卦。《鼎卦》："象曰：水上有火，鼎。君子以正位凝命"，注曰："正位者，明尊卑之序也"。《震卦》："象曰：……出可以守宗庙社稷以为祭之主也"。《艮卦》："象曰：……上下敌应，不相与也"。

行不穷，女位乎外，众阴承五，上同在中，从初更始，乘木有功，故先王以享于帝，立庙，奉天建国也①。刚柔分适得中，节之以制，其道不穷；信爱结内，刚得中位，诚发於心，庶物唯类；大德则亏，甚往则过，既应於远，默则不利，故君子是以行重乎恭，丧重乎哀，笃伪薄也；《小过》下泰，不宜於上，下止上动，有飞鸟之象焉；初六坎下，上六离体，飞鸟以凶，是以灾眚也②。柔处中，刚失位，利与时行，过而欲遂，小亨正象，阴皆乘阳，阳刚凌替，君臣易位，乱而不已，非中之谓，故君子思患而豫防之，虑其败也③。通变无穷，周则又始，刚未出，阴在中，柔济不遗，遂度不穷，则象河洛，神物设教而天下服；慎辨居方，阴阳相求，初兴之道，远作之由也④。

…………

君子曰：《易》，顺天地，序万物，方圆有正体，四时有常位，事业有所丽⑤，鸟兽有所萃，故万物莫不一也。阴阳性生，性故有

---

① 这几句涉及的是《丰》《旅》《巽（xùn）》《兑》《涣》五卦。《序卦》："得之所归者必大，故受之以丰。丰者，大也"。"有众以成其大"涉及的是《旅》卦的含义，旅：众。《巽卦》："彖曰：重巽以申命"，巽：入。《兑卦》："彖曰：兑，说也……是以顺乎天而应乎人。说以先民，民忘其劳；说以犯难，民忘其死；说之大，民劝矣哉"，此即"说而教之"。《序卦》："涣者，离也"，《涣卦》："彖曰：涣，亨。刚来而不穷，柔得位乎外而上同。王假有庙，王乃在中也。利涉大川，乘木有功也。象曰：风行水上，涣。先王以享于帝，立庙"。

② 这几句涉及的是《节》《中孚》《小过》三卦。《节卦》："彖曰：节，亨。刚柔分而刚得中"。孚：信也，《中孚卦》："彖曰：中孚，柔在内而刚得中，说而巽，孚，乃化邦也"。《小过卦》："彖曰：……有飞鸟之象焉……象曰：山上有雷，小过。君子以行过乎恭，丧过乎哀，用过乎俭。初六，飞鸟以凶……上六，弗遇过之，飞鸟离之，凶，是谓灾眚"，眚：读 shěng，灾。

③ 这几句涉及的是《既济》卦。《既济》卦："彖曰：既济，亨，小者亨也。利贞，刚柔正而位当也。初吉，柔得中也；终止则乱，其道穷也。象曰：水在火上，既济。君子以思患而豫防之"。

④ 这几句涉及的是《未济》卦。《未济》卦："彖曰：未济，亨，柔得中也……象曰：火在水上，未济。君子以慎，辨物居方。"方：正。

⑤ 丽：附。

刚柔；刚柔情生，情故有爱恶。爱恶生得失，得失生悔吝，悔吝著
而吉凶见。八卦居方以正性，蓍龟圆通以索情。情性交而利害出，
故立仁义以定性，取蓍龟以制情。仁义有偶①而祸福分，是故圣人
以建天下之位，守尊卑之制，序阴阳之适，别刚柔之节。顺之者存，
逆之者亡，得之者身安，失之者身危，故犯之以别求者，虽吉必凶；
知之以守笃者，虽穷必通。故寂寞者德之主，恣睢②者贼之原，进
往者反之初，终尽者始之根也。是以未至不可坼③也，已用不可越
也。纣有天下之号，而比匹夫之类邻；周处小侯之细，而享于西山
之宾④。外内之应已施，而贵贱之名未分，何也？天道未究，善恶
未淳也⑤。是以明夫天之道者不欲，审乎人之德者不忧。在上而不
凌乎下，处卑而不犯乎贵，故道不可逆，德不可拂⑥也。是以圣人
独立无闷，大群不益，释之而道存，用之而不可既⑦。由此观之，
《易》以通矣。

清思赋

　　余以为形之可见，非色之美；音之可闻，非声之善。昔黄帝登
仙于荆山之上，振《咸池》于南岳之冈⑧，鬼神其幽，而夔、牙不闻

---

① 偶：合。
② 恣睢：放纵、放任。
③ 坼：裂。
④ 享：宴享。西山：指周文王当时所居住的岐山。
⑤ 究：极。淳：清。
⑥ 拂：违。
⑦ 闷：烦。既：尽。
⑧ 振：发，演奏。《咸池》：传说黄帝所作乐曲名。南岳：指衡山。

其章①。女娲耀荣于东海之滨，而翩翩于洪西之旁②，林石之隅从，而瑶台不照其光。是以微妙无形，寂寞无听，然后乃可以睹窈窕而闻淑清③。故白日丽光，则季后不步其容④；钟鼓阗铪，则延子不扬其声⑤。

大人先生传

大人先生盖老人也。不知姓字。陈天地之始，言神农、黄帝之事，昭⑥然也。莫知其生平年之数。尝居苏门之山，故世咸谓之⑦。闲养性延寿，与自然齐光，其视尧舜之所事若手中耳。以万里为一步，以千岁为一朝，行不赴而居不处⑧，求乎大道而无所寓。先生以应变顺和，天地为家，运去势隤，魁然独存⑨，自以为能足与造化推移，故默探道德，不与世同。自好者非之，无识者怪之，不知其变化神微也；而先生不以世之非怪而易其务也。先生以为中区之在天下，曾不若蝇蚊之着帷⑩，故终不以为事，而极意乎异方奇域，

---

① 夔：舜帝时著名乐师。牙：指著名乐师伯牙。章：乐章。

② 此两句涉及的是"精卫填海"的故事。女娃：精卫的名字。翻：飞。洪：指东海。

③ 窈窕：形神俱美的样子，美心曰"窈"，美色曰"窕"。淑：美丽。

④ 季后：似当作"李后"，指李夫人，典出《汉书·外戚传》：孝武帝非常思念死去的李夫人，方士"夜张灯烛"，用法术使孝武帝看到一个像李夫人的女子，但却不能接近她。由于是"夜张灯烛"，故云"白日丽光，则季后不步其容"。

⑤ 此两句意为：师延所作靡靡之音，因为钟鼓声音巨大而得不到宣扬。阗：读tāng，指鼓声。铪：读hā，声音。延子：指商纣帝的乐师延，为纣作长夜靡靡之乐，以致亡国。

⑥ 昭：明白、清晰。

⑦ 意为世人都称他为"苏门先生"。

⑧ 意为行无所趋、居无定所、行踪不定。

⑨ 隤：降，读tuí。魁然：安闲的样子。

⑩ 中区：中国。着：附。

游览观乐，非世所见，徘徊无所终极。遗其书於苏门之山而去，天下莫知其所如①往也。

或遗②大人先生书曰：天下之贵，莫贵於君子：服有常色，貌有常则，言有常度，行有常式③；立则磬折，拱若抱鼓，动静有节，趋步商羽，进退周旋，咸有规矩④；心若怀冰，战战栗栗，束⑤身修行，日慎一日，择地而行，唯恐遗失；诵周孔之遗训，叹唐虞之道德，唯法是修，唯理是克⑥；手执珪璧，足履绳墨，行欲为目前检，言欲为无穷则⑦；少称乡闾⑧，长闻邦国，上欲图三公，下不失九州牧；故挟金玉，垂文组，享尊位，取茅土⑨，扬声名於后世，齐功德於往古；奉事君上，牧养百姓，退营私家，育长妻子，卜吉而宅，虑乃亿祉⑩，远祸近福，永坚固己：此诚士君子之高致，古今不易之美行也。今先生乃被发而居巨海之中，与若君子者远，吾恐世之叹先生而非之也。行为世所笑，身无由自达，则可谓耻辱矣。身处困苦之地，而行为世俗之所笑，吾为先生不取也。

於是大人先生乃逌⑪然而叹，假云霓而应之曰：

---

① 如：往。

② 遗：投赠。

③ 则、度、式：三词义近，指法度、规则。

④ 立则磬折：《礼记·曲礼》："立则磬折垂佩"，疏云："臣则身宜偻折如磬之背，故云磬折"。磬：古代悬挂在架上的一种打击乐器，形略如曲尺，故有此比。拱：拱手、作揖。趋步商羽：行走有节奏。

⑤ 束：约束。

⑥ 克：扬雄《法言》："胜己之私曰克"。

⑦ 绳墨：木工打直线的墨线，犹言规矩。检：模范。

⑧ 少称乡闾：少年时被称赞于乡里。

⑨ 组：下垂丝状装饰物。取茅土：皇帝祭社时用白茅包土授予辖管当地者。

⑩ 卜吉而宅：占卜而选宅。亿：安。祉：福祉。

⑪ 逌：读 yōu，同"悠"，悠然自得的样子。

若①之云尚何通哉！夫大人者，乃与造物同体，天地并生，逍遥浮世，与道俱成，变化散聚，不常其形。天地制域於内，而浮明开达於外②，天地之永固，非世俗之所及也。吾将为汝言之。

往者，天尝在下，地尝在上，反覆颠倒，未之安固，焉得不失度式而常之？天因地动，山陷川起，云散震坏，六合失理③，汝又焉得择地而行，趋步商羽？往者，群气争存，万物死虑④，支体不从，身为泥土，根拔枝殊，咸失其所，汝又焉得束身修行，磬折抱鼓？李牧功而身死，伯宗忠而世绝，进求利以丧身，营爵赏而家灭，汝又焉得挟金玉万亿，祇奉君上而全妻子乎⑤？且汝独不见夫虱之处于裈⑥之中乎？深缝匿乎坏絮，自以为吉宅也；行不敢离缝际，动不敢出裈裆，自以为得绳墨也；饥则啮人，自以为无穷食也；然炎丘⑦火流，焦邑灭都，群虱死于裈中而不能出。汝君子之处区内，亦何异夫虱之处裈中乎？悲夫！而乃自以为远祸近福，坚无穷已；亦观夫阳乌游於尘外，而鷦鹩戏於蓬艾⑧，小大固不相及，汝又何以为若君子闻於予乎？且近者夏丧於商，周播之刘，耿薄为墟，丰镐成丘，至人未一顾而世代相酬，厥居未定，他人已有，汝之茅土，将谁与久⑨？是以至人不处而居，不修而治，日月为正，阴阳为期，

---

① 若：你。

② 制：制约。域：局限。浮明：指日月。开达：开展、扩充。

③ 理：正。

④ 死虑：忧虑死亡。

⑤ 李牧：战国时赵国大将，屡立战功，后赵王中秦国反间计，杀李牧。伯宗：汉耿恭字，守边有功，后被关进监狱。祇：敬。

⑥ 裈：读 kūn，内衣。

⑦ 丘：区。

⑧ 阳乌：鸿雁。鷦鹩：读 jiāo liáo，是一种体型小、短胖、十分活跃的鸟。

⑨ 播：通、迁。之：往。刘：公刘，周文王姬昌之祖。耿：地名，耿乡居住着姬姓，与周朝有关。薄：同"亳"，地名，商汤始居住于亳地。丰：周文王旧都。镐：周武王都城。酬：本指主人劝酒，"世代相酬"意为各朝代轮流做主人，即指朝代更替。厥：他（的）。

岂吝情乎世、系累於一时？乘东云，驾西风，与阴守雌，据阳为雄，志得欲从，物莫之穷，又何不能自达而畏夫世笑哉？

　　昔者，天地开辟，万物并生；大者恬其性，细者静其形；阴藏其气，阳发其精；害无所避，利无所争；放之不失，收之不盈①；亡不为夭，存不为寿；福无所得，祸无所咎；各从其命，以度相守。明者不以智胜，暗者不以愚败；弱者不以迫畏，强者不以力尽。盖无君而庶物②定，无臣而万事理，保身修性，不违其纪；惟兹若然，故能长久。今汝造音以乱声，作色以诡形；外易其貌，内隐其情，怀欲以求多，诈伪以要名；君立而虐兴，臣设而贼生，坐③制礼法，束缚下民；欺愚诳拙，藏智自神；强者睽眂④而凌暴，弱者憔悴而事人；假廉而成贪，内险而外仁；罪至不悔过，幸遇则自矜；驰此以奏除，故循滞而不振⑤。

　　夫无贵则贱者不怨，无富则贫者不争，各足於身而无所求也。恩泽无所归⑥，则死败无所仇；奇声不作则耳不易听，淫色不显则目不改视，耳目不相易改则无以乱其神矣；此先世之所至止⑦也。今汝尊贤以相高，竞能以相尚，争势以相君，宠贵以相加，驱天下以趋之，此所以上下相残也。竭天地万物之至，以奉声色无穷之欲，此非所以养百姓也。于是惧民之知其然，故重赏以喜之，严刑以威之；财匮而赏不供，刑尽而罚不行，乃始有亡国、戮君、溃散之祸。

---

　　①　放之不失，收之不盈：指万物所含之精气。

　　②　庶物：各种事物。

　　③　坐：因此。

　　④　睽眂：张大眼睛看；眂，读 shì，看。

　　⑤　奏除：似指进退；奏，进，除，离去。循滞：因循停滞。

　　⑥　归：同"馈"，赠送。

　　⑦　止：自处。

此非汝君子之为乎？汝君子之礼法，诚天下残贼①、乱危、死亡之术耳；而乃目以为美行不易之道，不亦过乎？今吾乃飘飖於天地之外，与造化为友，朝食汤谷，夕饮西海②，将变化迁易，与道周始，此之於万物岂不厚哉？故不通於自然者不足以言道，暗於昭昭者不足与达明，子之谓也……

（大人先生）顾而谓之曰：太初真人，惟天之根。专气一志，万物以存；退不见后，进不睹先；发西北而造制，启东南以为门；微道而以德久娱乐，跨天地而处尊，夫然成吾体也。是以不避物而处，所睹则宁；不以物为累，所逌③则成。彷徉④足以舒其意，浮腾足以逞其情。故至人无宅，天地为客；至人无主，天地为所；至人无事，天地为故⑤；无是非之别，无善恶之异，故天下被其泽而万物所以炽⑥也。若夫恶彼而好我，自是而非人，忿激以争求，贵志而贱身，伊禽生而兽死，尚何显而获荣？悲夫！子之用心也！薄安利以妄生，要求名以丧体，诚与彼其无诡⑦，何枯槁而逌⑧死？子之所好何足言哉？吾将去子矣……

（大人先生）曰：呜呼！时不若岁，岁不若天，天不若道，道不若神。神者，自然之根也。彼勾勾者⑨自以为贵夫世矣，而恶知夫世之贱乎兹哉！故与世争贵，贵不足尊；与世争富，富不足先。必超世而绝群，遗俗而独往……廓无外以为宅，周宇宙以为庐……

---

① 贼：伤害。

② 汤谷：旸谷，东方日出之处。西海：西方日落之处。

③ 逌：同"由"。

④ 彷徉：徘徊。

⑤ 故：事。

⑥ 炽：盛。

⑦ 诡：异。

⑧ 逌：同"攸"，快走、奔赴。

⑨ 勾勾者：指循规蹈矩、拘束于世俗礼法之人；勾勾，屈曲拘束的样子。

（大人先生）直驰骛乎太初之中，而休息乎无为之宫。太初何如？无后无先，莫究其极，谁识其根？邈渺绵绵，乃反复乎大道之所存，莫畅①其究，谁晓其根？……上遥听而无声，下修视而无章②。施无有而宅神，永③太清乎敖翔……

张　湛

张湛，字处度，高平（郡治在山东金乡西北）人。生卒年不详。其主要生活年代在东晋孝武帝（373—396）前后。学者、玄学家、养生学家，仕至中书侍郎、光禄勋。撰有《庄子注》《文子注》《养生要集》《列子注》等。选文参校"诸子集成"本《列子注》，世界书局1935年版；杨伯峻《列子集释》，中华书局1979年版。

列子注

天瑞篇

子列子居郑圃④，四十年人无识者，国君卿大夫视之，犹众庶也。国不足，将嫁于卫⑤。弟子曰："先生往无反期，弟子敢有所

---

①　畅：达、通晓。

②　修：久。章：明。

③　永：同"咏"。

④　子列子：前一个"子"表示是作者或说话人的老师，后一个"子"泛称德高望重之人。郑圃：郑国的圃田，亦作"甫田"，今河南中牟县附近。

⑤　国不足：郑国遭遇饥荒。嫁：这里指前往。

谒①，先生将何以教？先生不闻壶丘子林②之言乎？"子列子笑曰："壶子何言哉？虽然，夫子尝语伯昏瞀人③。吾侧闻之，试以告女④。其言曰：有生不生，有化不化。不生者能生生，不化者能化化⑤。生者不能不生，化者不能不化，故常生常化。常生常化者，无时不生，无时不化，阴阳尔，四时尔⑥。不生者疑独⑦，不化者往复。往复，其际⑧不可终；疑独，其道不可穷。《黄帝书》⑨曰：'谷神不死，是谓玄牝⑩。玄牝之门，是谓天地之根。绵绵若存，用之不勤⑪。'故生物者不生，化物者不化。自生自化，自形自色，自智自力，自消自息。谓⑫之生化、形色、智力、消息者，非也。"

子列子曰：昔者圣人因阴阳以统天地。夫有形者生於无形，则天地安从生？故曰：有太易，有太初，有太始，有太素。太易者，未见气也；太初者，气之始也；太始者，形之始也；太素者，质之始也。气形质具而未相离，故曰浑沦⑬。浑沦者，言万物相浑沦而

---

① 谒：请问，请求说明问题。

② 壶丘子林：列子之师，姓"壶丘"名"林"，郑国人。

③ 伯昏瞀人：又作"伯昏无人"，列子之友，同学于壶子；"瞀"读 mào。

④ 女：同"汝"。

⑤ 生生：使得以生。化化：使得以化。

⑥ 尔：如此。

⑦ 疑独：止于独，"疑"作"止"解。

⑧ 际：边界。

⑨ 《黄帝书》：与《老子》密切相关，老子思想源于黄帝，故称之为"黄老之学"。《汉书·艺文志》载有《黄帝四经》四篇、《黄帝铭》六篇、《黄帝君臣》十篇、《杂黄帝》五十八篇及《力牧》二十二篇，久佚。1973 年在长沙马王堆三号汉墓出土了《老子》甲、乙本，在乙本前有《经法》《十大经》《称》《道原》四篇佚著，被认为是著于公元前四世纪的《黄帝四经》。

⑩ 谷神、玄牝(pìn)：都是用来描述"道"的："谷"指山谷，言道之虚空；玄牝：本指雌性生殖器，言道之化生万物而又幽深、玄妙。

⑪ 勤：这里指"尽"。

⑫ 谓：这里指"为"。

⑬ 浑沦：又作"浑沌""混沌"。

未相离也。视之不见，听之不闻，循①之不得，故曰易②也。易无形埒③，易变而为一，一变而为七，七变而为九，九变者，究也，乃复变而为一④。一者，形变之始也，清轻者上为天，浊重者下为地，冲和⑤气者为人；故天地含精，万物化生。

　　子列子曰：天地无全功，圣人无全能，万物无全用。故天职生覆，地职形载，圣职教化，物职所宜⑥。然则天有所短，地有所长，圣有所否⑦，物有所通，何则？生覆者不能形载，形载者不能教化，教化者不能违所宜，宜定者不出所位⑧。故天地之道，非阴则阳；圣人之教，非仁则义；万物之宜，非柔则刚；此皆随所宜而不能出所位者也。故有生者，有生生者；有形者，有形形者⑨；有声者，有声声者；有色者，有色色者；有味者，有味味者。生之所生者死矣，而生生者未尝终；形之所形者实矣，而形形者未尝有；声之所声者闻矣，而声声者未尝发；色之所色者彰矣，而色色者未尝显；味之所味者尝矣，而味味者未尝呈：皆无为之职也。能阴能阳，能

---

①　循：同"揗"，抚摩。

②　易：这里指简易。

③　形埒：形状；"埒"读 liè。

④　"易变"等五句：描述的是天地万物往复生成的过程，涉及《易经》的象数之学，《易纬乾凿度》有云："易始于太极，太极分而为二，故生天地"，"一"交而为"七、九"和"八、六"，分别代表少阳、老阳、少阴、老阴，以构成阴阳两仪，并由此形成天地。这里全举阳数，略去阴数。九变：古人把"九"看作"阳变"之数，认为"九变"为数变之极，已包括了天下一切变化。究：穷尽，终极。

⑤　冲和：中和。

⑥　宜：合适、相称，这里指事物各自的性质。

⑦　否：读 pǐ，堵塞，不通达，与下句"通"相对而言。

⑧　位：本位，指事物总是限定在一定范围内。

⑨　形形者：第一个"形"是动词，使"形"成为"形"；下文"声声者""色色者""味味者"造词结构相似；均指化生万物而自身不显现的无为之"道"。

柔能刚，能短能长，能员①能方，能生能死，能暑能凉，能浮能沈，能宫能商，能出能没，能玄能黄，能甘能苦，能膻能香。无知也，无能也，而无不知也，而无不能也。

…………

《黄帝书》曰："形动不生形而生影，声动不生声而生响，无动不生无而生有。"形，必终者也。天地终乎与我偕终，终进②乎不知也；道终乎本无始，进乎本不久③。有生则复於不生，有形则复於无形。不生者，非本不生者也；无形者，非本无形者也。生者，理之必终者也。终者不得不终，亦如生者之不得不生。而欲恒其生，画其终，惑於数也④。精神者，天之分；骨骸者，地之分⑤。属天清而散，属地浊而聚。精神离形，各归其真，故谓之鬼。鬼，归也，归其真宅。黄帝曰："精神入其门，骨骸反其根，我尚何存？"

…………

或谓子列子曰："子奚⑥贵虚？"列子曰："虚者无贵也。"子列子曰："非其名也⑦。莫如静，莫如虚。静也虚也，得其居矣；取也与也，失其所矣。事之破毁而后有舞仁义者⑧，弗能复也。"

…………

舜问乎丞⑨曰："道可得而有乎？"曰："汝身非汝有也，汝何得

---

① 员：同"圆"。
② 进：这里作"尽"解。
③ 久：这里作"有"解。
④ 画：截止。数：定数、自然的必然规律。
⑤ 分：当作"有"。
⑥ 奚：何，为什么。
⑦ 非其名也：不在于事情的名称。
⑧ 毁：毁坏。舞：舞弄。
⑨ 丞：帝王的辅佐之一。

有夫道?"舜曰:"吾身非吾有,孰有之哉?"曰:"是天地之委①形也。生非汝有,是天地之委和也。性命非汝有,是天地之委顺也。孙子非汝有,是天地之委蜕也。故行不知所往,处不知所持,食不知所以②。天地强阳③气也,又胡可得而有邪?"

张湛注(选注):

题注:夫巨细舛④错,修短殊性,虽天地之大,群品⑤之众,涉於有生之分⑥、关於动用之域者,存亡变化,自然之符⑦。夫唯寂然至虚、凝一而不变者⑧,非阴阳之所终始,四时之所迁革。

[四十年人无识者]非形⑨不与物接、言不与物交,不知其德之至,则同於不识者矣。

[壶子何言哉]四时行,百物生,岂假于言哉?

[有生]今块然之形也。

[不生]生物而不自生者也。

[有化]今存亡变改也。

[不化]化物而不自化者也。

[不生者能生生]不生者,固生物之宗。

[不化者能化化]不化者,固化物之主。

[生者不能不生,化者不能不化]生者非能生而生,化者非能化而化也,直自不得不生、不得不化者也。

---

① 委:委托、托付。
② 以:当作"昧"。
③ 强阳:运动。
④ 舛:读 chuǎn,这里指交错。
⑤ 群品:万事万物。
⑥ 分:读 fèn,分限、限度。
⑦ 符:符瑞,古代称祥瑞的征兆。
⑧ 本句指"道"。
⑨ 形:身。

[故常生常化]涉於有动之分者，不得蹔①无也。

[常生常化者，无时不生，无时不化]生化相因，存亡复往，理无间也。

[阴阳尔，四时尔]阴阳四时，节变化之物，而复属于有生之域者，皆随此陶运②；四时改而不停，万物化而不息者也。

[不生者疑独]不生之主，岂可实而验哉？疑其冥一而无始终也。

[不化者往复，其际不可终]代谢无间，形气转续，其道不终。

[疑独，其道不可穷]亦何以知其穷与不穷哉？直自疑其独立而不改，周行而不殆也。

[黄帝书曰：谷神不死]古有此书，今已不存。夫谷虚而宅③有，亦如庄子之称"环中"。至虚无物，故谓谷神；本自无生，故曰不死。

[是谓玄牝]《老子》有此一章，王弼注曰："无形无影，无逆无违，处卑不动，守静不衰；谷以之成而不见其形，此至物也。处卑而不可得名，故谓之玄牝。"

[玄牝之门，是谓天地之根。绵绵若存，用之不勤]王弼曰："门，玄牝之所由也。本其所由，与太极同体，故谓天地之根也。欲言存邪？不见其形；欲言亡邪？万物以生，故曰绵绵若存。无物不成而不劳也，故曰不勤。"

[故生物者不生，化物者不化]《庄子》亦有此言。向秀注曰："吾之生也，非吾之所生，则生自生耳。生生者岂有物哉？故不生也。吾之化也，非物之所化，则化自化耳。化化者岂有物哉？无物也，故不化焉。若使生物者亦生，化物者亦化，则与物俱化，亦奚异于物？明夫不生不化者，然后能为生化之本也。"

---

① 蹔：同"暂"。
② 陶运："陶钧"，控制、驾驭。
③ 宅：这里指容纳。

［自生自化，自形自色，自智自力，自消自息］皆自尔耳，岂有尸①而为之者哉？

［谓之生化形色智力消息者，非也］若有心於生化形色，则岂能官天地而府万物，赡群生而不遗乎②？

［子列子曰：昔者圣人因阴阳以统天地］天地者，举形而言；阴阳者，明其度数统理。

［夫有形者生於无形］谓之生者，则不无；无者，则不生。故有无之不相生，理既然矣，则有何由而生？忽尔而自生。忽尔而自生，而不知其所以生；不知所以生，生则本同於无。本同於无，而非无也。此明有形之自形，无形以相③形者也。

［则天地安从生］天地无所从生而自然生。

［故曰：有太易，有太初，有太始，有太素］此明物之自微至著，变化之相因袭也。

［太易者，未见气也］易者，不穷滞之称。凝寂於太虚之域，将何所见耶？如《易·系》④之太极，《老》氏之浑成也。

［太初者，气之始也］阴阳未判，即下句所谓浑沦也。

［太始者，形之始也］阴阳既判，则品物流形⑤也。

［太素者，质之始也］质，性也。既为物矣，则方员刚柔，静躁沈浮⑥，各有其性。

［气形质具而未相离］此直论气形质，不复说太易；太易为三者宗本，於后句别自明之也。

---

① 尸：占据。
② 官：统摄。府：包容。赡：囊括。
③ 相：辅助、扶助。
④ 《易·系》：指《易经·系辞》。
⑤ 品物流形：繁育万物，赋予形体；品，繁育；流，赋予。
⑥ 员：同"圆"。沈：同"沉"。

[浑沦者，言万物相浑沦而未相离也]虽浑然一气不相离散，而三才①之道实潜兆乎其中。沦，语之助也。

[视之不见，听之不闻，循之不得，故曰易也。易无形埒]不知此下一字。老子曰，"视之不见名曰希"，而此曰易，易亦希简之别称也。太易之义如此而已，故能为万化宗主，冥一而不变者也。

[易变而为一]所谓易者，窈冥惚恍，不可变也；一气恃之而化，故寄名变耳。

[一变而为七，七变而为九。九变者，究也]究，穷也。一变而为七九，不以次数者，全举阳数，领其都会。

[乃复变而为一。一者，形变之始也]既涉於有形之域，理数相推，自一之九，九数既终，乃复反而为一。反而为一，归於形变之始。此盖明变化往复无穷极。

[清轻者上为天，浊重者下为地]天地何耶？直虚实清浊之自分判者耳。此一章全是《周易·乾凿度》也。

[冲和气者为人。故天地含精，万物化生]推此言之，则阴阳气遍交会而气和，气和而为人生；人生则有所倚而立也。

[子列子曰：天地无全功，圣人无全能，万物无全用。故天职生覆，地职形载，圣职教化，物职所宜。然则天有所短，地有所长，圣有所否，物有所通]夫体适於一方者，造余途则阂②矣。王弼曰："形必有所分，声必有所属；若温也，则不能凉；若宫也，则不能商。"

[何则？生覆者不能形载，形载者不能教化，教化者不能违所宜]顺之则通也。

[宜定者不出所位]皆有素分③，不可逆也。

---

① 三才：指天、地、人。
② 阂：分。
③ 分：读去声，"分"解"位"，指职分、位置、限度。

[故天地之道，非阴则阳；圣人之教，非仁则义；万物之宜，非柔则刚；此皆随所宜而不能出所位者也]方员静躁，理不得兼；然寻形即事，则名分不可相干；任理之通，方员未必相乖。故二仪之德，圣人之道，煮育①群生，泽周万物，尽其清宁贞粹而已。则殊途融通，动静澄一，盖由圣人不逆万物之性，万物不犯圣人之化。凡滞於一方者，形分之所阂耳。道之所运，常冥通而无待。

[故有生者，有生生者；有形者，有形形者；有声者，有声声者；有色者，有色色者；有味者，有味味者]形、声、色、味皆忽尔而生，不能自生者也。夫不能自生，则无为之本。无为之本，则无当於一象，无系於一味，故能为形气之主，动必由之者也。

[生之所生者死矣，而生生者皆未尝终；形之所形者实矣，而形形者未尝有；声之所声者闻矣，而声声者未尝发；色之所色者彰矣，而色色者未尝显；味之所味者尝矣，而味味者未尝呈]夫尽於一形者，皆随代谢而迁革矣；故生者必终，而生生物者无变化也。

[能阴能阳，能柔能刚，能短能长，能员能方，能生能死，能暑能凉，能浮能沈，能宫能商，能出能没，能玄能黄，能甘能苦，能膻能香，皆无为之职也]至无者，故能为万变之宗主也。

[黄帝书曰：形动不生形而生影，声动不生声而生响]夫有形必有影，有声必有响，此自然而并生，俱出而俱没，岂有相资前后之差哉？郭象注《庄子》论之详矣。而世之谈者，以形动而影随，声出而响应。圣人则之以为喻，明物动则失本，静则归根，不复曲通影响之义也。

[无动不生无而生有]有之为有，恃无以生；言生必由无，而无不生有。此运通之功必赖于无，故生动之称，因事而立耳。

[形，必终者也；天地终乎与我偕终]料巨细，计修短，则与我殊矣；会归于终，理固无差也。

---

①　煮育：覆育，指养育万物；煮，覆盖。

［终进乎不知也］"进"当为"尽"。此书"尽"字例多作"进"也。聚则成形，散则为终，此世之所谓终始也。然则聚者以形实为始，以离散为终；散者以虚漠为始，以形实为终。故迭相与为终始，而理实无终无始者也。

［道终乎本无始，进乎本不久］"久"当为"有"。无始故不终，无有故不尽。

［有生则复於不生，有形则复於无形］生者反终，形者反虚，自然之数也。

［不生者］此不生者，先有其生，然后之於死灭。

［非本不生者也］本不生者，初自无生无灭。

［无形者］此无形亦先有其形，然后之於离散。

［非本无形者也］本无形者，初自无聚无散者也。夫生生物者不生，形形物者无形，故能生形万物，於我体无变。今谓既生既形，而复反於无生无形者，此故存亡之往复尔，非始终之不变者也。

［生者，理之必终者也。终者不得不终，亦如生者之不得不生］生者不生而自生，故虽生而不知所以生。不知所以生，则生不可绝；不知所以死，则死不可御也。

［黄帝曰：精神入其门，骨骸反其根，我尚何存］何生之无形，何形之无气，何气之无灵？然则心智形骸，阴阳之一体，偏积之一气；及其离形归根，则反其真宅，而我无物焉。

［或谓子列子曰："子奚贵虚？"列子曰：虚者无贵也］凡贵名之所以生，必谓去彼而取此，是我而非物。今有无两忘，万异冥一，故谓之虚。虚既虚矣，贵贱之名，将何所生？

［子列子曰：非其名也］事有实著，非假名而后得也。

［莫如静，莫如虚。静也虚也，得其居矣；取也与也，失其所矣］夫虚静之理，非心虑之表、形骸之外；求而得之，即我之性。内安诸己，

则自然真全矣。故物所以全者，皆由虚静，故得其所安；所以败者，皆由动求，故失其所处。

[舜问乎丞曰："道可得而有乎?"曰：汝身非汝有也，汝何得有夫道]舜欲明群有皆同於无，故举道以为发问之端，郭象曰：夫身者非汝所能有也，块然而自有耳。有非所有，而况无哉?

[故行不知所往，处不知所持，食不知所以]皆在自尔中来，非知而为之也。

[天地强阳气也；又胡可得而有邪]天地即复委①结中之最大者也。今行处食息，皆彊阳气之所运动，岂识其所以然? 彊阳犹刚实也。非刚实理之至，反之虚和之极，则无形无生，不死不终，则性命何所委顺? 子孙何所委蜕? 行处何所止泊? 饮食何所因假也?

[仞而有之，皆惑也]夫天地，万物之都称；万物，天地之别名。虽复各私其身，理不相离；仞②而有之，心之惑也。因此而言，夫天地委形，非我有也；饬爱色貌，矜伐智能，已为惑矣。至於甚者，横仞外物以为己有，乃标名氏以自异，倚亲族以自固，整章服以耀物，藉名位以动众，封殖③财货，树立权党，终身欣玩，莫由自悟。故老子曰，"吾所以有大患，为吾有身"；庄子曰："百骸六藏，吾谁与为亲?"领斯旨也，则方寸与太虚齐空，形骸与万物俱有也。

[知天地之德者，孰为盗耶? 孰为不盗耶]天地之德何耶? 自然而已。自然而已，何所厝④其公私之名? 公私之名既废，盗与不盗，理无差也。

---

① 委：积聚。
② 仞：同"认"。
③ 封殖：这里指聚敛。
④ 厝：安置。

黄帝篇

列子师老商氏，友伯高子，进二子之道，乘风而归。尹生闻之，从列子居，数月不省①舍。因间请蕲其术者②，十反而十不告。尹生怼③而请辞，列子又不命④。尹生退。数月，意不已，又往从之。列子曰："汝何去来之频？"尹生曰："曩章戴⑤有请於子，子不我告，固有憾於子。今复脱然⑥，是以又来。"列子曰："曩吾以汝为达，今汝之鄙至此乎？姬⑦！将告汝所学於夫子者矣。自吾之事夫子、友若人也⑧，三年之后，心不敢念是非，口不敢言利害，始得夫子一眄而已。五年之后，心庚念是非，口庚言利害⑨，夫子始一解颜而笑。七年之后，从心之所念，庚无是非；从口之所言，庚无利害，夫子始一引吾并席而坐。九年之后，横心之所念，横口之所言⑩，亦不知我之是非利害欤，亦不知彼之是非利害欤；亦不知夫子之为我师，若人之为我友：内外进⑪矣。而后眼如耳，耳如鼻，鼻如口，无不同也⑫。心凝形释，骨肉都融；不觉形之所倚，足之所履，随风东西，犹木叶干壳。竟不知风乘我邪、我乘风乎？今女居先生之门，

---

① 省：读 xǐng，察看。

② 间：闲。蕲：同"祈"，祈求。

③ 怼：读 duì，怨恨。

④ 不命：不表态。

⑤ 章戴：尹生名。

⑥ 脱然：疾病痊愈的样子，这里指解除了怨恨。

⑦ 姬：同"居"，坐下来的意思。

⑧ 夫子：指老商。若人：指伯高。

⑨ 庚：当作"更"。

⑩ 横：放纵。

⑪ 进：当作"尽"。

⑫ 无不同也：卢重玄解云，"眼、耳、口、鼻不用其所能，各任之而无心，故云无不同也"。

曾未浃时①，而怼憾者再三。女之片体将气所不受，汝之一节将地所不载，履虚乘风，其可几②乎？"尹生甚怍，屏息良久，不敢复言。

列子问关尹③曰："至人潜行不空④，蹈火不热，行乎万物之上而不慄。请问何以至於此？"关尹曰："是纯气之守也，非智巧果敢之列。姬！鱼⑤语女。凡有貌像声色者，皆物也。物与物何以相远也？夫奚足以至乎先？是色⑥而已。则物之造乎不形，而止乎无所化，夫得是而穷之者，焉得而正焉？彼将处乎不深⑦之度，而藏乎无端之纪⑧，游乎万物之所终始。壹其性，养其气，含其德，以通乎物之所造⑨。夫若是者，其天守全，其神无郤⑩，物奚自入焉？夫醉者之坠於车也，虽疾不死。骨节与人同，而犯害与人异，其神全也。乘亦弗知也，坠亦弗知也，死生惊惧不入乎其胸，是故遻物而不慴⑪。彼得全於酒而犹若是，而况得全於天乎？圣人藏於天，故物莫之能伤也。"

⋯⋯⋯⋯⋯

海上之人有好沤⑫鸟者，每旦之海上，从沤鸟游，沤鸟之至者百住⑬而不止。其父曰："吾闻沤鸟皆从汝游，汝取来，吾玩之。"明

---

① 浃时：一个时辰；浃，读 jiā，周匝。

② 几：同"冀"，希望。

③ 关尹：指关令尹喜，传说老子出关时授尹喜五千言，即今传之《老子》。

④ 潜行：指潜水而行。空：当作"窒"，窒息。

⑤ 鱼：吾、我。

⑥ 色：当作"形色"。

⑦ 深：当作"淫"，放纵。

⑧ 端：端绪、头绪。纪：纲纪、法度。

⑨ 造：到、至。

⑩ 郤：读 xì，同"隙"，空隙。

⑪ 遻：读 è，遇到。慴："慑"的异体字，害怕。

⑫ 沤：同"鸥"。

⑬ 住：当作"数"。

日之海上，沤鸟舞而不下也。故曰：至言去言，至为无为。齐①智
之所知，则浅矣。

张湛注（选注）：

题注：禀生之质谓之性，得性之极谓之和；故应理处顺，则所
适常通；任情背道，则遇物斯滞。

［五年之后，心庚念是非，口庚言利害，夫子始一解颜而笑］是非利害，
世间之常理；任心之所念，任口之所言，而无矜吝於胸怀，内外如
一，不犹逾於匿而不显哉？欣其一致，聊寄笑焉。

［七年之后，从心之所念，庚无是非；从口之所言，庚无利害，夫子始一
引吾并席而坐］夫心者何？寂然而无意想也；口者何？默然而自吐纳
也。若顺心之极，则无是非；任口之理，则无利害。道契师友，同
位比肩，故其宜耳。

［横口之所言，亦不知我之是非利害欤，亦不知彼之是非利害欤；亦不知
夫子之为我师，若人之为我友：内外进矣］心既无念，口既无违，故能恣
其所念，纵其所言。体道穷宗，为世津梁②。终日念而非我念，终
日言而非我言。若以无念为念，无言为言，未造於极也，所谓无为
而无不为者。如斯，则彼此之异，於何而求？师资之义，将何所施？
故曰内外尽矣。

［至人潜行不空］不空者，实有也。至人动止不以实有为阂者也。
郭象曰：其心虚，故能御群实也。

［蹈火不热，行乎万物之上而不慄］向秀曰：天下乐推而不厌，非吾
之自高，故不慄者也。

［请问何以至於此？关尹曰：是纯气之守也，非智巧果敢之列］至纯至
真，即我之性分，非求之於外。慎而不失，则物所不能害，岂智计

---

① 齐：限定。
② 津梁：桥梁。

勇敢而得冒涉艰危哉？

［姬！鱼语女］鱼当作吾。

［凡有貌像声色者，皆物也］上至圣人，下及昆虫，皆形声之物。以形声相观，则无殊绝者也。

［物与物何以相远也］向秀曰：唯无心者独远耳。

［夫奚足以至乎先？是色而已］向秀曰：同是形色之物耳，未足以相先也。以相先者，唯自然也。

［则物之造乎不形，而止乎无所化］有既无始，则所造者无形矣；形既无终，则所止者无化矣。

［夫得是而穷之者，焉得为正焉］寻形声欲穷其终始者，亦焉得至极之所乎？

［彼将处乎不深之度］即形色而不求其终始者，不失自然之正矣。"深"当作"淫"。

［而藏乎无端之纪］至理岂有隐藏哉？任而不执，故冥然无迹，端崖不见。

［游乎万物之所终始］乘理而无心者，则常与万物并游，岂得无终始之迹者乎？

［壹其性，养其气，含其德，以通乎物之所造］气壹德纯者，岂但自通而已哉？物之所至，皆使无阂，然后通济群生焉。

［物奚自入焉］自然之分不亏，则形神全一，忧患奚由而入也？

［夫醉者之坠于车也，虽疾不死……彼得全於酒而犹若是］向秀曰：醉故失其所知耳，非自然无心也。

［而况得全於天乎］向秀曰：得全於天者，自然无心，委顺至理也。

［圣人藏于天，故物莫之能伤也］郭象曰：不窥性分之外，故曰藏也。

［故曰，至言去言，至为无为。齐智之所知，则浅矣］言为都忘，然后物无疑心。限於智之所知，则失之远矣。或有疑丈人假伪形以获蝉，

海童任和心而鸥游，二情相背，而同不忤物。夫立言之本，各有攸趣①。似若乖互会归不异者，盖丈人明夫心虑专一，犹能外不骇物，况自然冥至，形同於木石者乎？至於海童，诚心充於内，坦荡形於外；虽非能利害两忘，猜忌兼消，然轻群异类，亦无所多怪。此二喻者，盖假近以征远，借末以明本耳。

[子夏曰：剬心去智，商未之能。虽然，试语之有暇矣]夫因心以剬心，借智以去智；心智之累诚尽，然所遣心智之迹犹存。明夫至理非用心之所体忘，言之则有余暇矣。

[文侯曰："夫子奚不为之？"子夏曰："夫子能之而能不为者也。"文侯大说]天下有能之而能不为者，有能之而不能不为者，有不能而彊欲为之者，有不为而自能者。至于圣人，亦何所为？亦何所不为？亦何所能？亦何所不能？俛②仰同俗，升降随物；奇功异迹，未尝暂③显；体中之绝妙处，万不视一焉。此卷自始篇至此章④明顺性命之道，而不系着五情，专气致柔，诚心无二者，则处水火而不燋溺，涉木石而不挂硋⑤，触锋刃而无伤残，履危险而无颠坠；万物靡⑥逆其心，人兽不乱群；神能独游，身能轻举；耳可洞听，目可彻照。斯言不经⑦，实骇常心。故试论之：夫阴阳递化，五才偏育。金土以母子相生，水火以燥湿相乘，人性以静躁殊途，升降以所能异情。故有云飞之翰，渊潜之鳞，火游之鼠，木藏之虫，何者？刚柔炎凉，各有攸宜；安於一域，则困于余方。至于至人，心与元气玄合，体

---

① 攸：所。趣：同"趋"。
② 俛：同"俯"。
③ 暋：同"暂"。
④ 章：同"彰"。
⑤ 硋：同"碍"。
⑥ 靡：不。
⑦ 不经：不正常的。

与阴阳冥谐；方员不当于一象，温凉不值于一器①；神定气和，所乘皆顺，则五物不能逆，寒暑不能伤。谓含德之厚，和之至也；故常无死地，岂用心去就而复全哉？蹈水火，乘云雾，履高危，入甲兵，未足怪也。

[壶子曰：吾与汝无其文，未既其实，而固得道与？众雌而无雄，而又奚卵焉]向秀曰：夫实由文显，道以事彰。有道而无事，犹有雌无雄耳。今吾与汝虽深浅不同，然俱在实位，则无文相发矣；故未尽我道之实也。此言至人之唱，必有感而后和者也。

[罪乎不谏不止]"罪"或作"萌"。向秀曰：萌然不动，亦不自止，与枯木同其不华，死灰均其寂魄②，此至人无感之时也。夫至人其动也天，其静也地，其行也水流，其湛也渊嘿。渊嘿之与水流，天行之与地止，其於不为而自然一也。今季咸见其尸居而坐忘，即谓之将死；见其神动而天随，便谓之有生。苟无心而应感，则与变升降，以世为量，然后足为物主而顺时无极耳，岂相者之所觉哉？

[名实不入]向秀曰：任自然而覆载，则名利之饰皆为弃物。

[是为九渊焉]此九水名义见《尔雅》。夫水一也，而随高下夷险有洄激流止之异，似至人之心因外物难易有动寂进退之容。向秀曰：夫水流之与止，鲵③旋之与龙跃，常渊然自若，未始失其静默也。郭象曰：夫至人用之则行，舍之则止。虽波流九变，治乱纷纭，若居其极者，常澹然自得，泊乎无为也。

[雕琢复朴，块然独以其形立]向秀曰：雕琢④之文，复其真朴，则外事去矣。

---

① 不当于、不值于：不等于、不止于。
② 魄：同"粕"。
③ 鲵：一种两栖动物，俗称呼娃娃鱼。
④ 琢：读 zhuàn，在玉器上雕刻凸起的花纹。

周穆王篇

老成子学幻於尹文先生，三年不告。老成子请其过而求退。尹文先生揖而进之於室，屏左右而与之言曰："昔老聃之徂①西也，顾而告予曰：有生之气，有形之状，尽幻也。造化之所始，阴阳之所变者，谓之生，谓之死。穷数达变，因形移易者，谓之化，谓之幻。造物者，其巧妙，其功深，固难穷难终；因形者，其巧显，其功浅，故随起随灭。知幻化之不异生死也，始可与学幻矣。吾与汝亦幻也，奚须学哉？"老成子归，用尹文先生之言深思三月，遂能存亡自在，幡校②四时，冬起雷，夏造冰，飞者走，走者飞。终身不著③其术，故世莫传焉。子列子曰："善为化者，其道密庸，其功同人④。五帝之德，三王之功，未必尽智勇之力，或由化而成，孰测之哉？"

子列子曰：神遇为梦，形接为事。故昼想夜梦，神形所遇。故神凝者想梦自消。信觉不语，信梦不达，物化之往来者也。古之真人，其觉自忘，其寝不梦，几⑤虚语哉？

张湛注（选注）：

题注：夫禀生受有谓之形，俛仰变异谓之化。神之所交谓之梦，形之所接谓之觉。原其极也，同归虚伪，何者？生质根滞，百年乃终；化情枝浅，视瞬而灭。神道恍惚，若存若亡；形理显著，若诚若实。故洞监⑥知生灭之理均、觉梦之途一，虽万变交陈，未关神虑。愚惑者以显昧为成验迟速而致疑，故窃然而自私，以形骸为真

---

① 徂：读 cú，往、到。
② 幡校：搅乱。幡：读 fān，变乱。校：同"绞"。
③ 著：显现。
④ 密庸：隐秘而平常。同人：与一般人相同。
⑤ 几：岂。
⑥ 洞监：洞鉴、明察、深入了解。

宅。孰识生化之本归之於无物哉？

[冬起雷，夏造冰。飞者走，走者飞]深思一时，犹得其道，况不思而自得者乎？夫生必由理，形必由生。未有有生而无理、有形而无生。生之与形，形之与理，虽精粗不同，而迭为宾主，往复流迁，未始暂停。是以变动不居，或聚或散。抚之有伦，则功潜而事著；修之失度，则迹显而变彰。今四时之令或乖，则三辰错序；雷冰反用，器物蒸烁，则飞炼云沙以成冰澒①。得之於常，众所不疑。推此类也，尽阴阳之妙数，极万物之情者，则陶铸群有，与造化同功矣。若夫偏达数术，以气质相引，俛仰则一出一没，顾眄则飞走易形，盖术之末者也。

仲尼篇

仲尼闲居，子贡入侍，而有忧色。子贡不敢问，出告颜回，颜回援琴而歌，孔子闻之，果召回入，问曰："若奚独乐？"回曰："夫子奚独忧？"孔子曰："先言尔志。"曰："吾昔闻之夫子曰：'乐天知命故不忧。'回所以乐也。"孔子愀然有间②，曰："有是言哉？汝之意失矣。此吾昔日之言尔，请以今言为正也。汝徒知乐天知命之无忧，未知乐天知命有忧之大也。今告若其实：修一身，任穷达，知去来之非我，亡③变乱於心虑，尔之所谓乐天知命之无忧也。曩吾修《诗》《书》，正《礼》《乐》，将以治天下，遗来世，非但修一身、治鲁国而已。而鲁之君臣日失其序，仁义益衰，情性益薄。此道不行一国与当年，其如天下与来世矣④？吾始知《诗》《书》《礼》《乐》无救於治乱，而未知所以革之之方。此乐天知命者之所忧。虽然，吾得之

---

① 澒：同"汞"，水银。

② 愀然：神色变得严肃或不愉快的样子，"愀"读 qiǎo。有间：一会儿。

③ 亡：无。

④ 矣：这里作"何"解。

矣。夫乐而知者，非古人之所谓乐知也。无乐无知，是真乐真知，故无所不乐，无所不知，无所不忧，无所不为。《诗》《书》《礼》《乐》，何弃之有？革之何为？"颜回北面拜手曰："回亦得之矣。"出告子贡。子贡茫然自失，归家淫思①七日，不寝不食，以至骨立②。颜回重往喻之，乃反丘门，弦歌诵书，终身不辍。

陈大夫聘③鲁，私见叔孙氏。叔孙氏曰："吾国有圣人。"曰："非孔丘邪？"曰："是也。""何以知其圣乎？"叔孙氏曰："吾常闻之颜回曰，'孔丘能废心而用形。'"陈大夫曰："吾国亦有圣人，子弗知乎？"曰："圣人孰谓？"曰："老聃之弟子有亢仓子④者，得聃之道，能以耳视而目听。"鲁侯闻之大惊，使上卿厚礼而致之。亢仓子应聘而至。鲁侯卑辞请问之。亢仓子曰："传之者妄。我能视听不用耳目，不能易耳目之用。"鲁侯曰："此增异矣。其道奈何？寡人终愿闻之。"亢仓子曰："我体合於心，心合於气，气合於神，神合於无。其有介⑤然之有，唯然之音⑥，虽远在八荒之外，近在眉睫之内，来干⑦我者，我必知之。乃不知是我七孔四支之所觉，心腹六藏之所知⑧，其自知而已矣。"鲁侯大悦。他日以告仲尼，仲尼笑而不答。

商太宰⑨见孔子曰："丘圣者欤？"孔子曰："圣则丘何敢，然则丘博学多识者也。"商太宰曰："三王圣者欤？"孔子曰："三王善任智

---

① 淫思：深思。

② 骨立：形容人消瘦到了极点。

③ 聘：古代国与国之间派使者访问，称为聘。

④ 亢仓子：指庚桑楚。

⑤ 介：同"芥"，微小的样子。

⑥ 唯然之音：原指应答之声，这里指轻微的声音。

⑦ 干：干涉、干系。

⑧ 支：同"肢"。藏：同"脏"。

⑨ 商太宰："商"指周代的宋国，因是商后，故又称商。太宰：官名，掌天子或诸侯内外事务等。

勇者，圣则丘弗知。"曰："五帝圣者欤?"孔子曰："五帝善任仁义者，
圣则丘弗知。"曰："三皇圣者欤?"孔子曰："三皇善任因时者，圣则
丘弗知。"商太宰大骇，曰："然则孰者为圣?"孔子动容有闲，曰：
"西方之人有圣者焉，不治而不乱，不言而自信，不化而自行，荡荡
乎民无能名焉。丘疑其为圣。弗知真为圣欤？真不圣欤?"商太宰
嘿①然心计曰："孔丘欺我哉!"

············

　　子列子既师壶丘子林，友伯昏瞀人，乃居南郭②。从之处者，
日③数而不及。虽然，子列子亦微焉④，朝朝相与辩，无不闻，而与
南郭子连墙二十年，不相谒请。相遇於道，目若不相见者。门之徒
役以为子列子与南郭子有敌⑤不疑。有自楚来者，问子列子曰："先
生与南郭子奚敌?"子列子曰："南郭子貌充心虚，耳无闻，目无见，
口无言，心无知，形无惕⑥，往将奚为？虽然，试与汝偕往。"阅⑦弟
子四十人同行。见南郭子，果若欺魄⑧焉，而不可与接。顾视子列
子，形神不相偶，而不可与群。南郭子俄而指子列子之弟子末行者
与言，衎衎然若专直而在雄者⑨。子列子之徒骇之。反舍，咸有疑
色。子列子曰："得意者无言，进⑩知者亦无言。用无言为言亦言，
无知为知亦知。无言与不言，无知与不知，亦言亦知，亦无所不言，

---

①　嘿：同"默"。

②　郭：外城。

③　曰：似当作"百"。

④　微：幽昧、不明。

⑤　敌：仇。

⑥　惕：变易。

⑦　阅：汇集。

⑧　欺魄：泥人，古人往往用于求雨。

⑨　衎衎然：求胜的样子，"衎"kàn。专直：专意辨明事实。在雄：争雄求胜。

⑩　进：尽。

亦无所不知，亦无所言，亦无所知。如斯而已，汝奚妄骇哉？"

············

初，子列子好游。壶丘子曰："御寇好游，游何所好？"列子曰："游之乐所玩无故①。人之游也，观其所见；我之游也，观其所变。游乎游乎！未有能辨其游者。"壶丘子曰："御寇之游固与人同欤，而曰固与人异欤？凡所见，亦恒见其变。玩彼物之无故，不知我亦无故。务外游，不知务内观。外游者，求备於物；内观者，取足於身。取足於身，游之至也；求备於物，游之不至也。"于是列子终身不出，自以为不知游。壶丘子曰："游其至乎！至游者，不知所适；至观者，不知所眡②。物物皆游矣，物物皆观矣，是我之所谓游，是我之所谓观也。故曰：游其至矣乎！游其至矣乎！"

龙叔谓文挚③曰："子之术微矣。吾有疾，子能已乎？"文挚曰："唯命所听。然先言子所病之证④。"龙叔曰："吾乡誉不以为荣，国毁不以为辱；得而不喜，失而弗忧；视生如死，视富如贫；视人如豕，视吾如人。处吾之家，如逆旅之舍；观吾之乡，如戎蛮之国。凡此众疾，爵赏不能劝，刑罚不能威，盛衰利害不能易，哀乐不能移，固不可事国君，交亲友，御妻子，制仆隶，此奚疾哉？奚方能已之乎？"文挚乃命龙叔背明而立，文挚自后向明而望之。既而曰："嘻！吾见子之心矣，方寸之地虚矣，几圣人也！子心六孔流通，一孔不达。今以圣智为疾者，或由此乎！非吾浅术所能已也。"

无所由而常生者，道也。由生而生，故虽终而不亡，常也。由生而亡，不幸也。有所由而常死者，亦道也。由死而死，故虽未终

———————

① 故：旧，这里指已熟悉的景物。

② 眡：同"视"。

③ 文挚：春秋时良医。

④ 证：同"症"。

而自亡者，亦常也。由死而生，幸也。故无用而生谓之道，用道得终谓之常；有所用而死者亦谓之道，用道而得死者亦谓之常。季梁之死，杨朱望其门而歌。随梧之死，杨朱抚其尸而哭。隶人之生，隶人之死，众人且歌，众人且哭。

…………

关尹喜曰：在己无居，形物其箸①。其动若水，其静若镜，其应若响，故其道若②物者也。物自违道，道不违物。善若道者，亦不用耳，亦不用目，亦不用力，亦不用心；欲若道而用视听形智以求之，弗当矣。瞻之在前，忽焉在后；用之弥满六虚③，废之莫知其所。亦非有心者所能得远，亦非无心者所能得近，唯默而得之而性成之者得之。知而亡情，能而不为，真知真能也。发无知，何能情？发不能，何能为④？聚块也，积尘也，虽无为而非理也。

张湛注（选注）：

题注：智者不知而自知者也。忘智故无所知，用智则无所能。知体神而独运，忘情而任理，则寂然玄照者也。

［仲尼闲居，子贡入侍，而有忧色。子贡不敢问］子贡虽不及性与天道，至于夫子文章，究闻之矣。圣人之无忧，常流所不及，况于赐⑤哉？所以不敢问者，将发明至理，推起予⑥於大贤，然后微言乃宣耳。

［吾始知诗书礼乐无救於治乱，而未知所以革之之方。此乐天知命者之所忧］唯弃礼乐之失，不弃礼乐之用，礼乐故不可弃，故曰"未知所以革之之方"。而引此以为忧者，将为下义张本，故先有此言耳。

————————

① 居：固执、执着。形物：指事理。箸：同"著"，显明。
② 若：顺从，后面的"若"字皆作此解。
③ 六虚：上下四方空虚之处。
④ 发：启发。
⑤ 赐：子贡姓名为端木赐。
⑥ 起予：用《论语·八佾》"起予者商也"语。

[虽然，吾得之矣。夫乐而知者，非古人之所谓乐知也]庄子曰："乐穷通物非圣人。"故古人不以无乐为乐，亦不以无知为知。任其所乐，则理自无乐；任其所知，则理自无知。

[无乐无知，是真乐真知]都无所乐，都无所知，则能乐天下之乐，知天下之知，而我无心者也。

[故无所不乐，无所不知，无所不忧，无所不为]居宗体备，故能无为而无不为也。

[诗书礼乐，何弃之有？革之何为]若欲捐诗书、易治术者，岂救弊之道？即而不去，为而不恃，物自全矣。

[孔丘能废心而用形]此颜回之辞。夫圣人既无所废，亦无所用。废用之称，亦因事而生耳。故俯仰万机，对接世务，皆形迹之事耳。冥绝而灰寂者，固泊然而不动矣。

[……老聃之弟子有亢仓子者，得聃之道]老聃犹不言自得其道，亢仓于何得之？盖寄得名以明至理之不绝於物理者耳。

[能以耳视而目听]夫形质者，心智之室宇。耳目者，视听之户牖。神苟彻焉，则视听不因户牖，照察不阂墙壁耳。

[鲁侯闻之大惊]不怪仲尼之用形，而怪耳目之易任。迹同於物，故物无骇心。

[……亢仓子曰：传之者妄。我能视听不用耳目，不能易耳目之用]夫易耳目之用者，未是都无所用。都无所用者，则所假之器废也。

[……亢仓子曰：我体合於心]此形智不相违者也。

[心合於气]此又远其形智之用，任其泊然之气也。

[气合於神]此寂然不动，都忘其智。智而都忘，则神理独运，感无不通矣。

[神合於无]同无则神矣，同神则无矣，二者岂有形乎？直有其智者不得不亲无以自通，忘其心者则与无而为一也。

［孔子曰：三皇善任因时者，圣则丘弗知］孔丘之博学，汤武之干戈，尧舜之揖让，羲农①之简朴：此皆圣人因世应务之粗迹，非所以为圣者。所以为圣者，固非言迹之所逮者也。

［不言而自信］言者不信。

［不化而自行］为者则不能化。此能尽无为之极也。

［荡荡乎民无能名焉］何晏无名论曰……夏侯玄曰："天地以自然运，圣人以自然用。自然者，道也。道本无名，故老氏曰彊为之名，仲尼称尧荡荡无能名焉。下云巍巍成功，则彊为之名，取世所知而称耳，岂有名而更当云无能名焉者邪？夫唯无名，故可得遍以天下之名名之；然岂其名也哉？惟此足喻而终莫悟，是观泰山崇崛而谓元气不浩芒者也。"

［丘疑其为圣。弗知真为圣欤？真不圣欤］圣理冥绝，故不可拟言，唯疑之者也。

［子列子曰：南郭子貌充心虚，耳无闻，目无见，口无言，心无知，形无惕］充犹全也。心虚则形全矣，故耳不惑声，目不滞色，口不择言，心不用知；内外冥一，则形无震动也。

［……顾视子列子，形神不相偶，而不可与群］神役形者也。心无思虑，则貌无动用，故似不相摄御，岂物所得群也？

［南郭子俄而指子列子之弟子末行者与言］偶在末行，非有贵贱之位；遇感而应，非有心於物也。

［衚衚然若专直而在雄者］夫理至者无言。及其有言，则彼我之辩生矣。圣人对接俯仰，自同於物，故观其形者，似求是而尚胜也。

［……子列子曰：得意者无言，进知者亦无言］穷理体极，故言意兼忘。

---

① 羲农：伏羲神农。

［用无言为言亦言、无知为知亦知］方欲以无言废言、无知遣知；希言傍①宗之徒固未免於言知也。

［无言与不言，无知与不知，亦言亦知］比方亦复欲全自然，处无言无知之域，此即复是遣无所遣，知无所知。遣无所遣者，未能离遣；知无所知者，曷②尝忘知？固非自然而忘言知也。

［亦无所不言，亦无所不知；亦无所言，亦无所知］夫无言者，有言之宗也；无知者，有知之主也。至人之心豁然洞虚，应物而言，而非我言；即物而知，而非我知；故终日不言，而无玄默之称；终日用知，而无役虑之名。

［故得无所不言，无所不知也。如斯而已。汝奚妄骇哉］不悟至妙之所会者，更粗；至高之所适者，反下；而便怪其应寂之异容，动止之殊貌，非妄惊如何？

［则理无所隐矣］黄帝篇已有此章，释之详矣。所以重出者，先明得性之极，则乘变化而无穷；后明顺心之理，则无幽而不照。二章双出，各有攸趣，可不察哉？

［初，子列子好游。壶丘子曰："御寇好游，游何所好？"列子曰：游之乐所玩无故。人之游也，观其所见；我之游也，观其所变］人谓凡人、小人也，惟观荣悴殊观以为休戚，未觉与化俱往，势不暂停。

［……（壶丘子曰）玩彼物之无故，不知我亦无故］彼之与我与化俱往。

［务外游，不知务内观。外游者，求备於物；内观者，取足於身。取足於身，游之至也；求备於物，游之不至也］人虽七尺之形，而天地之理备矣。故首圆足方，取象二仪；鼻隆口窊③，比象山谷；肌肉连於土壤，血脉属於川渎，温蒸同乎炎火，气息不异风云。内观诸色，靡有一

---

① 希：少。傍：依傍。
② 曷：何。
③ 窊：读 wā，低凹。

物不备；岂须仰观俯察，履凌朝野，然后备所见？

[于是列子终身不出，自以为不知游]既闻至言，则废其游观。不出者，非自匿於门庭者也。

[壶丘子曰：游其至乎！至游者，不知所适；至观者，不知所视]内足於已，故不知所适；反观於身，固不知所视。

[物物皆游矣，物物皆观矣]忘游故能遇物而游，忘观固能遇物而观。

[是我之所谓游，是我之所谓观也]我之所是，盖是无所是耳。所适常通而无所凝滞，则我之所谓游观。

[无所由而常生者，道也]忘怀任过，通亦通，穷亦通，其无死地，此圣人之道者也。

[由生而生，故虽终而不亡，常也]老子曰："死而不亡者寿。"通摄生①之理，不失元吉之会，虽至於死，所以为生之道常存。此贤人之分，非能忘怀暗得自然而全者也。

[由生而亡，不幸也]役智求全，贵身贱物，违害就利，务内役外，虽之於死，盖由于不幸也。

[有所由而常死者，亦道也]行必死之理，而之②必死之地；此事实相应，亦自然之道也。

[由死而死，故虽未终而自亡者，亦常也]常之於死，虽未至於终，而生理已尽，亦是理之常也。

[由死而生，幸也]犯理违顺，应死而未及於此，此误生者也。

[目将眇者，先睹秋毫；耳将聋者，先闻蚋飞；口将爽者，先辨淄渑；鼻将窒者，先觉焦朽；体将僵者，先亟奔佚；心将迷者，先识是非]目耳口鼻身心，此六者常得中和之道，则不可渝变。居亢极之势，莫不顿尽；故物之弊必先始於盈满，然后之於亏损矣。穷上反下，极盛必衰，

---

① 摄生：养生。

② 之：至、往。

自然之数。是以圣人居中履和，视目之所见，听耳之所闻，任体之所能，顺心之所识；故智周万物，终身全具者也。

[故物不至者则不反]要造极而后还，故聪明强识皆为暗昧衰迷之所资。

[矢注眸子而眶不睫，尽矢之势也]……湛以为形用之事，理之粗者；偏得其道，则能尽之。若庖丁之投刃，匠石之运斤，是偏达於一事，不待圣贤而后能为之也。

[龙诳魏王曰：有意不心]夫心寂然无想者也。若横生意虑，则失心之本矣。

[有指不至]夫以指①求至者，则必因我以正物。因我以正物，则未造其极。唯忘其所因，则彼此玄得矣。惠子曰："指不至也。"

[有物不尽]在於粗有之域，则常有有；在於物尽之际，则其一常在。其一常在而不可分，虽欲损之，理不可尽。唯因而不损，即而不违，则泰山之崇崛，元气之浩芒，泯然为一矣。惠子曰："一尺之棰，日取其半，万世不竭也。"

[有影不移]夫影因光而生，光苟不移，则影更生也。夫万物潜变，莫不如此。而惑者未悟，故借喻于影。惠子曰："飞鸟之影未尝动也。"

[发引千钧]夫物之所以断绝者，必有不均之处。处处皆均，则不可断。故发虽细而得秤重物者，势至均故也。

[……夫无意则心同]同於无也。

[无指则皆至]忘指，故无所不至也。

[尽物者常有]常有尽物之心。物既不尽，而心更滞有也。

[关尹喜曰：在己无居]泛然无系，岂有执守之所？

[形物其箸]形物犹事理也。事理自明，非我之功也。

---

① 指：指向。

［其动若水］顺水而动，故若水也。

［其静若镜］应而不藏，故若镜也。

［其应若响］应而不唱，故若响也。

［故其道若物者也。物自违道，道不违物］同於道者，道亦得之。

［善若道者，亦不用耳，亦不用目，亦不用力，亦不用心］唯忘所用，乃合道耳。欲若道而用视听形智以求之，弗当矣。

［亦非有心者所能得远，亦非无心者所能得近］以有心无心而求道，则远近其於非当；若两忘有无先后，其於无二心矣。

［唯默而得之而性成之者得之］自然无假者，则无所失矣。

汤问篇

詹何以独茧丝为纶，芒针为钩，荆筿为竿①，剖粒为饵，引盈车之鱼于百仞之渊、汩流之中，纶不绝，钩不伸，竿不桡。楚王闻而异之，召问其故。詹何曰："臣闻先大夫之言，蒲且子之弋也，弱弓纤缴，乘风振之，连双鸧於青云之际②，用心专，动手均也。臣因其事，放③而学钩，五年始尽其道。当臣之临河持竿，心无杂虑，唯鱼之念，投纶沈钩，手无轻重，物莫能乱。鱼见臣之钩饵，犹沈埃聚沫，吞之不疑。所以能以弱制强，以轻致重也。大王治国诚能若此，则天下可运於一握，将亦奚事哉?"楚王曰："善。"

┄┄┄┄┄┄

匏巴④鼓琴而鸟舞鱼跃。郑师文闻之，弃家从师襄游⑤，柱指钩

---

① 詹何：楚人，以善钓闻于国。纶：鱼线。芒针：稻麦之芒，其锐如针，故称芒针。荆：灌木名。筿：读 xiǎo，小竹。

② 蒲且子：古善弋射者，楚国人。弋：用绳系在箭上射。缴：读 zhuó，系在箭上的生丝绳，射鸟时用。鸧：读 cāng，鸧鹒，鸟名，又称黄鹂、黄莺、黄鸟。

③ 放：同"仿"。

④ 匏巴：匏巴，古善鼓琴人也，"匏"读 páo。

⑤ 师文：郑国乐师。师襄：鲁国乐师，善鼓琴，《论语》谓之"击磬襄"，孔子尝从其学。

弦，三年不成章①。师襄曰："子可以归矣。"师文舍其琴，叹曰："文非弦之不能钩，非章之不能成，文所存者不在弦，所志者不在声，内不得於心，外不应於器，故不敢发手而动弦。且小假之②，以观其后。"无几何，复见师襄。师襄曰："子之琴何如?"师文曰："得之矣。请尝试之。"于是当春而叩商弦以召南吕，凉风忽至，草木成实；及秋而叩角弦以激夹钟，温风徐回，草木发荣；当夏而叩羽弦以召黄钟，霜雪交下，川池暴沍；及冬而叩徵弦以激蕤宾，阳光炽烈，坚冰立散；将终，命官而总四弦，则景风翔，庆云浮，甘露降，澧泉涌③。师襄乃抚心高蹈④曰："微矣子之弹也！虽师旷之清角⑤，邹衍之吹律⑥，亡⑦以加之，彼将挟琴执管而从子之后耳。"

---

① 柱指钩弦：按指调弦。章：音乐一曲为一章。

② 小：同"少"，稍稍。假：宽容。

③ "于是当春"数句：体现了古人把五音与五行、四时(四季)相配的音乐观。按古代律制，用三分损益法将一个八度分为十二个不完全相等的半音，从低到高依次为：黄钟、大吕、太簇、夹钟、姑洗、仲吕、蕤宾、林钟、夷则、南吕、无射、应钟。古人又把十二律与十二月相配，从黄钟开始，依次为十一月、十二月、正月、二月……其中十二律及宫、商、角、徵、羽五音跟五行、四季、月份的相配关系为：商，金音，属秋，南吕，八月律；角，木音，属春，夹钟，二月律；羽，水音，属冬，黄钟，十一月律；徵(zhǐ)，火音，属夏，蕤(ruí)宾，五月律；宫，土音，属长夏，兼有四季，所以，宫音又"总四弦"，即汇总统领商、角、羽、徵四音。沍：读hù，冻结。景风：祥和之风。翔：犹言吹。庆云：彩云、祥云。澧泉：甘美的泉水，"澧"同"醴"。

④ 蹈：顿足踏地、跳。

⑤ 师旷之清角：师旷为晋平公奏清角，一奏之，有白云从西北起；再奏之，大风至而雨随之；三奏之，裂帷幕，破俎豆，飞廊瓦，左右皆奔走，平公恐伏，晋国大旱，赤地三年。故曰得声者或吉或凶也。师旷：春秋时晋平公乐师，字子野。清角：指五音中角音，奏出清声时，称为清角。

⑥ 邹衍之吹律：北方有地，美而寒，不生五谷。邹子吹律暖之，而禾黍滋也。邹衍：又作"驺衍"，战国末哲学家，阴阳五行家的代表人物，齐国人，曾为燕昭王师。律：指十二律。

⑦ 亡：无。

　　薛谭学讴於秦青①，未穷青之技，自谓尽之，遂辞归。秦青弗止，饯于郊衢，抚节悲歌，声振林木，响遏行云②。薛谭乃谢求反，终身不敢言归。秦青顾谓其友曰："昔韩娥东之齐，匮粮，过雍门，鬻歌假食③。既去而余音绕梁欐④，三日不绝，左右以其人弗去。过逆旅⑤，逆旅人辱之。韩娥因曼声⑥哀哭，一里老幼悲愁，垂涕相对，三日不食。遽而追之，娥还，复为曼声长歌，一里老幼喜跃抃⑦舞，弗能自禁，忘向之悲也。乃厚赂发之⑧。故雍门之人至今善歌哭，放⑨娥之遗声。"

　　伯牙善鼓琴，钟子期善听。伯牙鼓琴，志在登高山，钟子期曰："善哉！峨峨兮若泰山！"志在流水，钟子期曰："善哉！洋洋兮若江河！"伯牙所念，钟子期必得之。伯牙游於泰山之阴，卒⑩逢暴雨，止於岩下，心悲，乃援琴而鼓之。初为《霖雨之操》⑪，更造《崩山之音》。曲每奏，钟子期辄穷其趣。伯牙乃舍琴而叹曰："善哉，善哉，子之听夫志，想象犹吾心也。吾於何逃声哉？"

---

　　① 薛谭、秦青：秦国之善歌者。讴：歌唱。

　　② 抚节：打着节拍。遏：阻止。

　　③ 韩娥：韩国善歌者。雍门：地名，齐国城门。鬻：读 yù，卖。假食：寄食，依靠别人吃饭。

　　④ 欐：读 lì，栋，中梁。

　　⑤ 逆旅：旅店。

　　⑥ 曼声：长声。

　　⑦ 抃：读 biàn，拍手、鼓掌。

　　⑧ 赂：赠送财物。发：送。

　　⑨ 放：同"仿"。

　　⑩ 卒：同"猝"。

　　⑪ 霖雨：连绵的大雨。操：琴曲的一种，应劭《风俗通·声音》曰："其遇闭塞忧愁而作者，命其曲曰操。"

周穆王西巡狩①，越昆仑，不至弇山②。返还，未及中国，道有献工人名偃师，穆王荐之③，问曰："若④有何能？"偃师曰："臣唯命所试。然臣已有所造，愿王先观之。"穆王曰："日⑤以俱来，吾与若俱观之。"越日，偃师谒见王，王荐之，曰："若与偕来者何人邪？"对曰："臣之所造能倡⑥者。"穆王惊视之，趣步俯仰，信人也⑦。巧夫鎮⑧其颐，则歌合律；捧其手，则舞应节。千变万化，惟意所适。王以为实人也，与盛姬内御并观之。技将终，倡者瞬⑨其目而招王之左右侍妾。王大怒，立欲诛偃师。偃师大慑，立剖散倡者以示王，皆傅会⑩革、木、胶、漆、白、黑、丹、青之所为。王谛料⑪之，内则肝、胆、心、肺、脾、肾、肠、胃，外则筋骨、支节、皮毛、齿发，皆假物也，而无不毕具者。合会复如初见。王试废其心，则口不能言；废其肝，则目不能视；废其肾，则足不能步⑫。穆王始悦而叹曰："人之巧乃可与造化者同功乎？"诏贰车⑬载之以归。夫班输⑭之云梯，墨翟

---

① 巡狩：古代帝王每隔五年出外视察诸侯所镇守的地方，称"巡狩"。

② 不至弇山：不，疑为衍字；弇（yǎn）山：又称崦嵫山，在今甘肃天水市西境，古人以为是太阳降落的地方。

③ 荐之：张湛注云："荐当作进"，召见之意。

④ 若：你。

⑤ 日：别日、他日。

⑥ 倡：古代以乐舞为生的艺人。

⑦ 趣：同"趋"，快步走。信人：像真的人。

⑧ 鎮：读 qīn，又读 hàn，摇头。

⑨ 瞬：使⋯⋯眨眼。

⑩ 傅会：同"附会"，凑合。

⑪ 谛：仔细。料：计点、检视。

⑫ 废其肝四句：古人认为肝经主目、肾为性命之根，故有此说。

⑬ 贰车：副车，《礼记・少仪》郑玄注云："贰车，佐车皆副车也，朝祀之副曰贰，戎猎之副曰佐。"

⑭ 班输：鲁班。

之飞鸢，自谓能之极也。弟子东门贾、禽滑厘闻偃师之巧以告二子，二子终身不敢语艺，而时执规矩。

…………

（泰豆叹曰：）曩汝之行，得之於足，应之於心。推於御也，齐辑乎辔衔之际①，而急缓乎唇吻之和②；正度③乎胸臆之中，而执节乎掌握之间。内得於中心，而外合於马志，是故能进退履绳④，而旋曲中规矩，取道致远，而气力有余，诚得其术也。得之於衔，应之於辔；得之於辔，应之於物；得之於物，应之於心。则不以目视，不以策驱；心闲体正，六辔不乱，而二十四蹄所投无差；回旋进退，莫不中节。然后舆轮之外，可使无余辙；马蹄之外，可使无余地。未尝觉山谷之崄，原隰之夷⑤，视之一也。吾术穷矣，汝其识之！

张湛注（选注）：

题注：夫智之所限知，莫若其所不知；而世齐所见以限物，是以大圣发问，穷理者对也。

［亦吾所不知也］夫万事可以理推，不可以器征⑥。故信其心智所知及，而不知所知之有极者，肤⑦识也；诚⑧其耳目所闻见，而不知视听之有限者，俗士也。至於达人，融心智之所滞，玄悟智外之妙理，豁视听之所阂远，得物外之奇形。若夫封情虑於有方之境，循

_____

① 辑：协调驾车的众马。辔：读 pèi，驾驭牲口的缰绳。衔：青铜或铁制，放在马口内，用以勒马。

② 急缓乎唇吻之和：指马速的快慢与吆喝声的轻重相合。

③ 正度：掌握适当分寸。

④ 履绳：循着准绳、合乎准绳。

⑤ 崄：同"险"。隰：读 xí，低湿的地方。

⑥ 征：验证。

⑦ 肤：肤浅。

⑧ 诚：信。

局步於六合①之间者，将谓写载尽於《三坟》《五典》，《归藏》②穷於四海九州焉。知太虚之辽廓，巨细之无垠，天地为一宅，万物为游尘，皆拘短见於当年，昧然而俱终。故列子阐无内之至言，以坦心智之所滞；恢③无外之宏唱，以开视听之所阂。使希风④者不觉矜伐之自释，束教者不知桎梏之自解。故刲斫儒墨，指斥大方，岂直好奇尚异而徒为夸大哉？悲夫！聃、周既获讥於世论，吾子亦独以何免之乎？

[弗闻其声]……夫用心智、赖耳目以视听者，未能见至微之物也。

[徐以神视]神者，寂然玄照而已，不假於目。

[块然见之，若嵩山之阿]以有形涉於神明之境，嵩山未足喻其巨。

[徐以气听]气者，任其自然而不资外用也。

[砰然闻之，若雷霆之声]以有声涉於空寂之域，雷霆之音未足以喻其大也。

[生皆全已，分皆足已。吾何以识其巨细？何以识其修短？何以识其同异哉]万品万形，万性万情，各安所适，任无不执，则钧⑤於全足，不愿相易也，岂智所能辩哉？

[夏革曰：然则亦有不待神灵而生，不待阴阳而形，不待日月而明]夫生者自生，形者自形，明者自明，忽然自尔，固无所因假也。

[不待杀戮而夭，不待将迎而寿]自夭者不由祸害，自寿者不由接养。

---

① 六合：天地四方。

② 《三坟》《五典》：传说中的三皇五帝之书。《归藏》：传说中的三易之一，《周礼·春官》曰："太卜掌三易之法，一曰连山，二曰归藏，三曰周易。其经卦皆八，其别皆六十有四。"

③ 恢：发扬。

④ 希风：仰慕风操。

⑤ 钧：陶钧、陶铸。

［……其道自然］自然者，都无所假也。

［非圣人之所通也］圣人不违自然而万物自运，岂乐通物哉？

［师文舍其琴，叹曰："文非弦之不能钩，非章之不能成。文所存者不在弦，所志者不在声。"］遗弦声，然后能尽声弦之用也。

［内不得於心，外不应於器，故不敢发手而动弦］心、手、器三者互应不相违失而后和音发矣。

［穆王始悦而叹曰："人之巧乃可与造化者同功乎？"诏贰车载之以归］近世人有言人灵因机关而生者，何者？造化之功至妙，故万品咸育，运动无方。人艺粗拙，但写载成形，块然而已。至於巧极则几乎造化，似或依此言而生此说，而此书既自不尔。所以明此义者，直以巧极思之无方，不可以常理限，故每举物极以袪近惑，岂谓物无神主邪？斯失之远矣。

力命篇

力谓命曰："若之功奚若我哉？"命曰："汝奚功于物，而物欲比朕？"力曰："寿夭、穷达、贵贱、贫富，我力之所能也。"命曰："彭祖之智不出尧舜之上，而寿八百；颜渊之才不出众人之下，而寿四八；仲尼之德，不出诸侯之下，而困于陈、蔡；殷纣之行，不出三仁之上，而居君位；季札无爵于吴；田恒专有齐国；夷齐饿于首阳；季氏富于展禽；若是汝力之所能，奈何寿彼而夭此，穷圣而达逆，贱贤而贵愚，贫善而富恶邪？"力曰："若如若言，我固无功于物，而物若此邪，此则若之所制邪？"命曰："既谓之命，奈何有制之者邪？朕直而推之，曲而任之。自寿自夭，自穷自达，自贵自贱，自富自贫，朕岂能识之哉？朕岂能识之哉？"

…………

可以生而生，天福也；可以死而死，天福也。可以生而不生，天罚也；可以死而不死，天罚也。可以生，可以死，得生得死，有

241

矣；不可以生，不可以死，或死或生，有矣。然而生生死死，非物非我，皆命也，智之所无奈何。故曰，窈然天际，天道自会，漠然无分，天道自运。天地不能犯，圣智不能干，鬼魅不能欺。自然者，默之成之，平之宁之，将之迎之。

············

张湛注（选注）：

题注：命者，必然之期，素定之分也。虽此事未验，而此理已然。若以寿夭存於御养，穷达系於智力，此惑於天理也。

[朕岂能识之哉]此篇明万物皆有命，则智力无施；《杨朱篇》言人皆肆情，则制不由命；义例不一，似相违反。然治乱推移，爱恶相攻，情伪万端，故要时竞，其弊孰知所以？是以圣人两存而不辩。将以大扶名教，而致弊之由不可都塞。或有恃诈力以干时命者，则楚子问鼎於周，无知乱适於齐。或有矫天真以殉名者，则夷齐守饿西山，仲由被醢①於卫。故列子叩其二端，使万物自求其中。苟得其中，则智动者不以权力乱其素分，矜名者不以矫抑亏其形生。发言之旨其在於斯。呜呼！览者可不察哉？

[可以生而生]或积德履仁，或遇时而通，得当年之欢，骋②於一己之志，似由报应，若出智力也。

[天福也]自然生耳，自然泰耳，未必由仁德与智力。然交履信顺之行，得骋一己之志，终年而无忧虞，非天福如之何也？

[可以死而死]或积恶行暴，或饥寒穷困，故不顾刑戮，不赖生存，而威之於死，似由身招，若应事而至也。

[天福也]自然死耳，自然穷耳，未必由凶虐与愚弱。然肆凶虐之

---

① 醢：读 hǎi，古代的一种酷刑，把人杀死后剁成肉酱。

② 骋：发挥。

心，居不赖生之地，而威之於死，是之死得死者，故亦曰天福者也。

　　[可以生而不生]居荣泰之地，愿获长年而早终。

　　[天罚也]愿生而不得生，故曰天罚也。

　　[可以死而不死]居困辱之地，不愿久生，而更不死也。

　　[天罚也]轻死而不之死，复是天罚。

　　[……然而生生死死，非物非我，皆命也。智之所无奈何]生死之理既不可测，则死不由物，生不在我，岂智之所如？

　　[故曰，窈然无际，天道自会；漠然无分，天道自运]无际无分，是自然之极；自会自运，岂有役之哉？

　　[天地不能犯]天地虽大，不能违自然也。

　　[圣智不能干]圣神虽妙，不能逆时运也。

杨朱篇

　　杨朱游於鲁，舍於孟氏。孟氏问曰："人而已矣，奚以名为？"曰："以名者为富。""既富矣，奚不已焉？"曰："为贵。""既贵矣，奚不已焉？"曰："为死。""既死矣，奚为焉？"曰："为子孙……实无名，名无实，名者，伪而已矣……"

　　（杨朱曰：）……则人之生也奚为哉？奚乐哉？为美厚尔，为声色尔。而美厚复不可常厌足，声色不可常玩闻，乃复为刑赏之所禁劝，名法之所进退；遑遑尔竞一时之虚誉，规死后之余荣；偊偊尔顺耳目之观听[①]，惜身意之是非；徒失当年之至乐，不能自肆於一时。重囚累梏，何以异哉？太古之人知生之暂来，知死之暂往；故从心而动，不违自然所好；当身之娱非所去也，故不为名所劝。从性而游，不逆万物所好；死后之名非所取也，故不为刑所及。名誉先后，年命多少，非所量也。

---

　　① 偊偊：独行貌。顺：同"慎"。

··········

杨朱曰："伯夷非亡欲，矜清之邮，以放饿死；展季非亡情，矜贞之邮，以放寡宗①。清贞之误善之若此！"

杨朱曰："原宪窭于鲁②，子贡殖③於卫。原宪之窭损生，子贡之殖累身。""然则窭亦不可，殖亦不可；其可焉在？"曰："可在乐生，可在逸身。故善乐生者不窭，善逸身者不殖。"

杨朱曰："古语有之：'生相怜，死相捐④。'此语至矣。相怜之道，非唯情也；勤能使逸，饥能使饱，寒能使温，穷能使达也。相捐之道，非不相哀也；不含珠玉，不服文锦，不陈牺牲，不设明器⑤也。"

晏平仲⑥问养生於管夷吾。管夷吾曰："肆之而已，勿壅勿阏⑦。"晏平仲曰："其目奈何？"夷吾曰："恣耳之所欲听，恣目之所欲视，恣鼻之所欲向，恣口之所欲言，恣体之所欲安，恣意之所欲行。夫耳之所欲闻者音声，而不得听，谓之阏聪；目之所欲见者美色，而不得视，谓之阏明；鼻之所欲向者椒兰，而不得嗅，谓之阏颤⑧；口之所欲道者是非，而不得言，谓之阏智；体之所欲安者美厚，而不得从，谓之阏适；意之所欲为者放逸，而不得行，谓之阏性。凡此诸阏，废虐之主。去废虐之主，熙熙然⑨以俟死，一日、

---

① 邮：同"尤"。放：读 fǎng，至。展季：展禽，名获，字季，又称柳下惠，春秋时鲁国人，仕为士师，为人正直，不阿谀奉承。寡宗：指宗族后代很少。

② 原宪：孔子弟子子思。窭：读 jù，贫穷。

③ 殖：货殖、经商。

④ 捐：弃。

⑤ 明器：冥器，陪葬的器物。

⑥ 晏平仲：晏婴，字平仲，春秋时齐国大夫。

⑦ 阏：读 è，阻塞。

⑧ 颤：鼻通曰颤。

⑨ 熙熙然：放纵情欲的样子。

一月、一年、十年，吾所谓养。拘此废虐之主，录①而不舍，戚戚然以至久生，百年、千年、万年，非吾所谓养。"管夷吾曰："吾既告子养生矣，送死奈何？"晏平仲曰："送死略矣，将何以告焉？"管夷吾曰："吾固欲闻之。"平仲曰："既死，岂在我哉？焚之亦可，沈之亦可，瘗②之亦可，露之亦可，衣薪而弃诸沟壑亦可，衮衣绣裳而纳诸石椁亦可③，唯所遇焉。"管夷吾顾谓鲍叔黄子曰："生死之道，吾二人进之矣。"……

子产④用邓析之言，因间以谒其兄弟，而告之曰："人之所以贵於禽兽者，智虑。智虑之所将者，礼义。礼义成，则名位至矣。若触情而动，耽于嗜欲，则性命危矣。子纳侨之言，则朝自悔而夕食禄矣。"朝、穆⑤曰："吾知之久矣，择之亦久矣，岂待若言而后识之哉？凡生之难遇而死之易及，以难遇之生，俟易及之死，可孰念哉？而欲尊礼义以夸人，矫情性以招名，吾以此为，弗若死矣。为欲尽一生之欢，穷当年之乐。唯患腹溢而不得恣口之饮，力惫而不得肆情於色；不遑忧名声之丑，性命之危也。且若以治国之能夸物，欲以说辞乱我之心，荣禄喜我之意，不亦鄙而可怜哉？我又欲与若别之。夫善治外者，物未必治，而身交苦；善治内者，物未必乱，而性交逸。以若之治外，其法可暂行於一国，未合於人心；以我之治内，可推之於天下，君臣之道息矣。吾常欲以此术而喻之，若反以彼术而教我哉？"子产忙然⑥无以应之。他日以告邓析，邓析曰："子

---

① 录：检束。

② 瘗：读 yì，埋葬。

③ 衮衣：古代皇帝及上公的礼服，"衮"读 gǔn。椁：读 guǒ，棺外的套棺。

④ 子产：又称公孙侨、公孙成子，春秋时政治家，郑贵族子国之子，名侨，字子产，号成子，郑简公十二年为卿，二十三年执政。

⑤ 朝、穆：子产的兄弟公孙朝、公孙穆。

⑥ 忙然：茫然。

与真人居而不知也，孰谓子智者乎？郑国之治偶耳，非子之功也。"

·············

禽子问杨朱曰："去子体之一毛以济一世，汝为之乎？"杨子曰："世固非一毛之所济。"禽子曰："假济，为之乎？"杨子弗应……

杨朱曰：天下之美归之舜、禹、周、孔，天下之恶归之桀纣……凡彼四圣者，生无一日之欢，死有万世之名。名者，固非实之所取也。虽称之弗知，虽赏之不知，与株块①无以异矣。桀藉累世之资，居南面之尊，智足以距②群下，威足以震海内；恣耳目之所娱，穷意虑之所为，熙熙然以至於死：此天民之逸荡者也。纣亦藉累世之资，居南面之尊；威无不行，志无不从；肆情於倾宫，纵欲於长夜；不以礼义自苦，熙熙然以至於诛：此天民之放纵者也。彼二凶也，生有从欲之欢，死被愚暴之名，实者，固非名之所与也，虽毁之不知，虽称之弗知，此与株块奚以异矣。彼四圣虽美之所归，苦以至终，同归於死矣；彼二凶虽恶之所归，乐以至终，亦同归於死矣。

·············

(杨朱曰：)矜一时之毁誉，以焦苦其神形，要死后数百年中余名，岂足润枯骨？何生之乐哉？

杨朱曰：人肖天地之类，怀五常之性，有生之最灵者也。人者，爪牙不足以供守卫，肌肤不足以自捍御，趋走不足以从利逃害，无毛羽以御寒暑，必将资物以为养，任智而不恃力。故智之所贵，存我为贵；力之所贱，侵物为贱。然身非我有也，既生，不得不全之；物非我有也，既有，不得而去之。身固生之主，物亦养之主。虽全生，不可有其身；虽不去物，不可有其物。有其物，有其身，是横

---

① 株块：树根与土块。
② 距：同"拒"。

私天下之身，横私天下之物。不横私天下之身，不横私天下物者，其唯圣人乎！公天下之身，公天下之物，其唯至人矣！此之谓至至者也。

杨朱曰：生民之不得休息，为四事故：一为寿，二为名，三为位，四为货。有此四者，畏鬼，畏人，畏威，畏刑：此谓之逆民也。可杀可活，制命在外。不逆命，何羡寿？不矜贵，何羡名？不要势，何羡位？不贪富，何羡货？此之谓顺民也。天下无对①，制命在内……

杨朱曰：丰屋美服，厚味姣色，有此四者，何求於外？有此而求外者，无厌之性。无厌之性，阴阳之蠹也。忠不足以安君，适足以危身；义不足以利物，适足以害生。安上不由於忠，而忠名灭焉；利物不由於义，而义名绝焉。君臣皆安，物我兼利，古之道也。鬻子曰："去名者无忧。"老子曰："名者实之宾。"而悠悠②者趋名不已。名固不可去，名固不可宾邪？今有名则尊荣，亡名则卑辱。尊荣则逸乐，卑辱则忧苦。忧苦，犯性者也；逸乐，顺性者也；斯实之所系矣。名胡可去？名胡可宾？但恶夫守名而累实。守名而累实，将恤③危亡之不救，岂徒逸乐忧苦之间哉？

张湛注(选注)：

题注：夫生者，一气之暂聚，一物之暂灵。暂聚者终散，暂灵者归虚。而好逸恶劳，物之常性。故当生之所乐者，厚味、美服、好色、音声而已耳，而复不能肆性情之所安，耳目之所娱，以仁义为关键，用礼教为衿带，自枯槁於当年，求余名於后世者，是不达乎生生之趣也。

---

① 对：对手。

② 悠悠：众多的样子。

③ 恤：忧虑。

[“名奚益于子孙?”曰：名乃苦其身，燋其心]夫名者，因伪以求真，假虚以招实，矫性而行之，有为而为之者，岂得无勤忧之弊邪？

[若实名贫，伪名富]为善不以为名，名自生者，实名也。为名以招利而世莫知者，伪名也。伪名则得利者也。

[实无名，名无实。名者，伪而已矣]不伪则不足以招利。

[知死之暂往]生实暂来，死实长往，是世俗长谈；而云死复暂往，卒①然览之，有似字误。然此书大旨，自以为存亡往复，形气转续，生死变化，未始绝灭也。注《天瑞篇》中已具详其义矣。

[清贞之误善之若此]此诬贤负实之言，然欲有所抑扬，不得不寄责於高胜者耳。

[吾所谓养]任情极性，穷欢尽娱，虽近期促年，且得尽当生之乐也。

[……戚戚然以至久生，百年、千年、万年，非吾所谓养]惜名拘礼，内怀於矜惧忧苦以至死者，长年遐②期，非所贵也。

[管夷吾顾谓鲍叔黄子曰：生死之道，吾二人进之矣]当其有知，则制不由物；及其无知，则非我所闻也。

[矫情性以招名，吾以此为，弗若死矣]达哉此言！若夫刻意从俗，违性顺物，失当身之暂乐，怀长愁於一世；虽支体具存，实邻於死者。

[及其病也，无药石之储；及其死也，无瘗埋之资]达於理者，知万物之无常，财货之暂聚。聚之，非我之功也，且尽奉养之宜；散之，非我之施也，且明物不常聚。若斯人者，岂名誉所劝，礼法所拘哉？

[百年犹厌其多，况久生之苦也乎]夫一生之经历如此而已，或好或

---

① 卒：同“猝”。

② 遐：长久。

恶，或安或危，如循环之无穷。若以为乐邪？则重来之物无所复欣。若以为苦邪？则切己之患不可再经。故生弥久而忧弥积也。

[杨子曰："不然，既生，则废而任之，究其所欲，以俟於死。"]但当肆其情以待终耳。

[将死，则废而任之，究其所之，以放於尽]制不在我，则无所顾恋也。

[禽子曰：吾不能所以答子。然则以子之言问老聃关尹，则子言当矣]聃尹之教，贵身而贱物也。

[以吾言问大禹墨翟，则吾言当矣]禹翟之教，忘己而济物也。

何承天

何承天（370—447），南朝宋东海郯（今山东郯城）人，曾仕晋，起家南蛮校尉桓伟参军，历长沙公陶延寿辅国府参军、浏阳令等，后为太尉刘裕行参军，除太学博士。入宋，补南台治书侍御史，又转任多职，后补尚书殿中郎、兼左丞，出为衡阳内史，后世因称"何衡阳"。元嘉时为著作佐郎，撰修宋书未成而卒。有文集三十二卷，又删并《礼论》八百卷为三百卷，著《分明士礼》三卷、《孝经注》一卷、《历术》一卷、《验日食法》三卷、《漏刻经》一卷、《陆机连珠注》一卷，今皆不传。《宋书》《南史》有传。著作《报应问》《达性论》等记录了他和佛教徒宗炳、颜延之等的辩论，见于《弘明集》与《广弘明集》。选文参校清严可均校辑《全上古三代秦汉三国六朝文》第 3 册之《全宋文·卷二十四》，中华书局 1958 年版。

达性论

夫两仪既位，帝王参之①，宇中莫尊焉。天以阴阳分，地以刚柔用，人以仁义立。人非天地不生，天地非人不灵，三才②同体，相须而成者也。故能禀气清和，神明特达，情综古今，智周万物③，妙思穷幽赜，制作侔造化④。归仁与能⑤，是为君长，抚养黎元⑥，助天宣德。日月淑清，四灵来格，祥风协律，玉烛扬晖⑦。九谷刍豢，陆产水育，酸咸百品，备其膳羞⑧。栋宇舟车，销金合土，丝纻玄黄，供其器服⑨。文以礼乐，娱以八音。庶物殖生，罔不备设。

夫民用俭则易足，易足则力有余，力有余则志情泰，乐治之心於是生焉。事简则不扰，不扰则神明灵，神明灵则谋虑审⑩，济治之务於是成焉。故天地以俭素训民，乾坤以易简示人，所以训示殷勤若此之笃也，安得与夫飞沈蠉蠕⑪并为众生哉？若夫众生者，取

---

① 参之：意谓与天、地同参，"参"同"三"。

② 三才：指天、地、人。

③ 语出《周易·系辞》："周万物而知"，意谓普遍地了解万物。

④ 赜：读 zé，深奥难见的内容、道理。侔：等同。

⑤ 归仁：语本《论语·颜渊》："天下归仁焉"，意思是说天下称赞其仁。与能：语本《周易·系辞》："百姓与能"，意思是说百姓称赞其有才能。

⑥ 黎元：指百姓。

⑦ 四灵：指麟、凤、龟、龙。来格：来到。玉烛：《尔雅·释天》："四气和谓之玉烛"，比喻人君德美如玉而明如烛。

⑧ 九谷：《周礼·天官·大宰》"三农生九谷"，郑玄注："司农（郑众）云：九谷：黍、稷、秫、稻、麻、大小豆、大小麦"。刍豢：家畜。羞：同"馐"。

⑨ 纻：读 zhù，麻的一种，可织成布。玄黄：帝王服饰的颜色。

⑩ 审：详细，周密。

⑪ 飞：指鸟。沈：指鱼。蠉蠕：指虫，"蠉"读 xuān，指虫子屈曲爬行或飞。

之有时，用之有道。行火俟风暴，畋渔候豺獭①，所以顺天时也。大夫不麛卵，庶人不数罟②，《行苇》作歌③，宵鱼垂化④，所以爱人用也。庖厨不迩，五豝是翼，殷后改祝，孔钓不纲⑤，所以明仁道也。至於生必有死，形弊神散，犹春荣秋落，四时代换，奚有於更受形⑥哉？

诗云"恺悌君子，求福不回"⑦，言弘道之在己也；"三后在天"，言精灵之升遐也⑧。若乃内怀嗜欲，外惮权教⑨，虑深方生，施而望报⑩，在昔先师未之或言，余固不敏，罔知请事焉矣⑪。

---

①　行火：用火。畋渔候豺獭：等到豺捕兽、獭捕鱼时才打猎、捕鱼。畋：读 tián，打猎。豺獭：《礼记·王制》"獭祭鱼，然后虞人入泽梁；豺祭兽，然后田猎"，据说獭捕到鱼后把鱼陈列起来，如祭，是为"祭鱼"，豺捕到动物后也陈列如祭，是为"祭兽"。

②　不麛卵：不取幼兽、鸟卵，"麛"读 mí，本指幼鹿，泛指一切幼兽。不数罟：不用密网；罟，读 gǔ，渔网。

③　《诗经·大雅·行苇》："敦彼行苇，牛羊勿践履"，意思是说苇草茂盛的时候，不要让牛羊去践踏。

④　宵鱼垂化：指夜放小鱼，事见《吕氏春秋·具备》：宓子贱治亶父……三年，巫马旗短褐衣弊裘，而往观化于亶父，见夜渔者，得则舍之。巫马旗问焉，曰："渔为得也，今子得而舍之，何也？"对曰："宓子不欲人之取小鱼也，所舍者小鱼也。"巫马旗归告孔子曰："宓子之德至矣，使民暗行，若有严刑于旁。"

⑤　庖厨不迩：语本《孟子·梁惠王上》"君子远庖厨"。五豝是翼：语本《诗经·召南·驺虞》："彼茁者葭，壹发五豝"，毛传曰："虞人翼五豝"，豝，读 bā，母猪；翼，辅助，这里是保护的意思。殷后改祝：指商汤见旷野捕鸟张网四面而去其三面，事见《史记·殷本纪》。孔钓不纲：语本《论语·述而》："子钓而不纲"，意思是说孔子捕鱼时只用钩钓而不用大网。

⑥　更受形：变更所受之形，佛教认为众生死后投胎转世，人或转为兽，兽或转为人，如此等等。

⑦　语出《诗经·大雅·旱麓》。恺悌：快乐舒畅。不回：不邪。

⑧　三后在天：语出《诗经·大雅·文王》。三后：指大王、王季、文王。升遐：上升到高远之处。

⑨　权教：权宜之教，宗密《华严原人伦序》："孔、老、释迦，皆是至圣……二教惟权，佛兼权实。"

⑩　虑深方生：对来生考虑得深切。施而望报：做了好事希望得到好报。

⑪　《论语·颜渊》："回虽不敏，请事斯语矣"。请事：请求遵照实行，即赞成。

陶渊明

陶渊明(约365—427),字元亮,入宋改名潜,别号"五柳先生",私谥"靖节",世称靖节先生,浔阳柴桑(今江西九江西南)人,东晋末至南朝宋初诗人、辞赋家,曾任江州祭酒、建威参军、镇军参军、彭泽县令等职,任彭泽县令八十多天便弃职而去,从此归隐田园。《晋书》有传。陶渊明是中国第一位田园诗人,被称为"古今隐逸诗人之宗",有《陶渊明集》。选文参校逯钦立编《先秦汉魏晋南北朝诗·晋诗·卷十七》,中华书局1983年版。

形影神三首并序

贵贱贤愚,莫不营营①以惜生,斯甚惑焉。故极陈形影之苦,言神辨自然,以释②之。好事君子,共取其心焉。

形赠影

天地长不没,山川无改时。

草木得常理,霜露荣悴之。

谓人最灵智,独复不如兹。

适见在世中,奄去靡归期③。

奚觉无一人,亲识岂相思?

但余平生物,举目情凄洏④。

---

① 营营:追求奔逐的样子。

② 释:排解。

③ 适:刚才。奄去:忽然消失,指死亡;奄,忽然。靡:无,没有。

④ 洏:读ér,流泪的样子。

我无腾化术①，必尔不复疑。

愿君取吾言，得酒莫苟辞。

影答形

存生不可言，卫生每苦拙。

诚愿游昆华②，邈然兹道绝。

与子相遇来，未尝异悲悦。

憩荫若暂乖，止日终不别③。

此同既难常，黯尔俱时灭。

身没名亦尽，念之五情④热。

立善有遗爱，胡为不自竭⑤？

酒云能消忧，方此讵不劣⑥！

神　释

大钧无私力，万理自森著⑦。

人为三才中，岂不以我故。

与君虽异物，生而相依附。

结托既喜同，安得不相语。

三皇大圣人，今复在何处？

彭祖爱永年，欲留不得住。

老少同一死，贤愚无复数⑧。

---

①　腾化术：修炼成仙的法术。

②　昆华：昆仑山和华山，传说都是神仙居住的地方。

③　乖：分离。止曰：在阳光下。

④　五情：喜、怒、哀、乐、怨，泛指人的情感。

⑤　竭：这里指努力。

⑥　方：比较。讵：读jù，岂。

⑦　钧：本为造陶器所用的转轮，比喻造化。万理：万事万物。森：繁盛。著：立。

⑧　复数：不同的定数、气数，即不同的命运。

日醉或能忘，将非促龄具①。

立善常所欣，谁当为汝誉？

甚念伤吾生，正宜委运②去。

纵浪大化中，不喜亦不惧。

应尽便须尽，无复独多虑。

刘　昼

　　刘昼(514—565)，字孔昭，渤海阜城(今河北交河，一说为今阜城县东韩村)人，北齐文学家，河清初，举秀才，应试不第。作有《六和赋》《高才不遇传》《金箱璧言》，又著《刘子》(一名《刘子新论》)十卷。选文参校傅亚庶撰《刘子校释》，中华书局 1998 年版。

刘　子

九　流

　　道者，鬻熊③、老聃、关尹④、庞涓⑤、庄周之类也。以空虚为

---

　　① 将非：岂非。促龄：指人生短暂。具：器，指酒。

　　② 委运：随顺命运。

　　③ 鬻熊：《汉书·艺文志》："鬻子二十二篇。"自注："名熊，为周师，自文王以下问焉。周封为楚祖。"又《文心雕龙·诸子》："至鬻熊知道，而文王咨询，余事遗文，录为鬻子，子自肇始，莫大于兹。"

　　④ 关尹：《汉书·艺文志》："关尹子九篇。"自注："名喜，为关吏。老子过，关喜去吏而从之。"

　　⑤ 庞涓：当为"环渊"之误，"环渊"即涓子，亦称蜎子，《汉书·艺文志》载《蜎子》十三篇，自注："名渊，楚人，老子弟子。"

本，清净为心，谦抑为德，卑弱为行。处无为之事，行不言之教，裁成宇宙不见其迹，亭毒万物①不有其功。然而薄者，全弃忠孝，杜绝仁义，专任清虚，欲以为治也。

儒者，晏婴②、子思③、孟轲、荀卿之类也。顺阴阳之性，明教化之本，游心於六艺，留情於五常，厚葬久服，重乐有命，祖述尧、舜，宪章文、武，宗师仲尼④，以尊敬其道。然而薄者，流广文繁，难可穷究也。

阴阳者，子韦⑤、邹衍⑥、桑丘⑦、南公之类也⑧。敬顺昊天，历象日月星辰，敬授民时⑨，范三光⑩之度，随四时之运，知五行之性，通八风之气，以厚生民，以为政治。然而薄者，则拘於禁忌，溺於术数也。

…………

观此九家之学，虽旨有深浅，辞有详略，倄儗⑪形反，流分乖隔⑫，然皆同其妙理，俱会治道。迹虽有殊，归趣无异，犹五行相

---

① 亭毒万物：使万物成熟。《老子·五十一章》："亭之毒之"，河上公注本作"成之熟之"。

② 晏婴：《汉书·艺文志》载《晏子》八篇，自注："名婴，谥平仲，相齐景公，孔子称善与人处，有列传"。

③ 子思：《汉书·艺文志》载《子思》二十三篇，自注："名伋，孔子孙，为鲁缪公师"。

④ 祖：始。述：修。宪：法。章：明。宗：尊。

⑤ 子韦：《汉书·艺文志》载《宋司星子韦》三篇，自注："景公之史"。

⑥ 邹衍：《汉书·艺文志》载《邹子》四十九篇、《邹子终始》五十六篇，自注："名衍，齐人，为燕昭王师，居稷下，号谈天衍"。

⑦ 桑丘：当为"乘丘"之误，《汉书·艺文志》载《乘丘子》五篇，自注："六国时。"

⑧ 南公：《汉书·艺文志》载《南公》三十一篇，自注："六国时。"

⑨ "敬顺昊天"三句：意谓以历数之法，观察日月星辰之早晚，以敬授人时。

⑩ 三光：前文所说日、月、星辰。

⑪ 倄：同"背"，字或作"倍"。儗：同"谲"，怪异。

⑫ 语见《淮南子·说山训》："江出岷山，河出昆仑，济出王屋，颍出少室，汉出嶓冢，分流舛驰，注於东海，所行则异，所归则是。"

灭亦还相生，四气相反而共成岁，淄、渑殊源同归於海，宫商异声俱会於乐。夷、惠异操，齐踪为贤；三子殊行，等迹为仁①。

道者，玄化为本；儒者，德教为宗。九流之中，二化为最。夫道以无为化世，儒以六艺济俗。无为以清虚为心，六艺以礼乐为训。若以礼教行於大同，则邪伪萌生；使无为化於成、康，则氛乱竞起；何者？浇②淳时异则风化应殊，古今乖舛则政教宜隔。以此观之，儒教虽非得真之说，然兹教可以导物；道家虽为达情之论，而违礼复不可以救弊。今治世之贤，宜以礼教为先；嘉遁③之士，应以无为是务；则操业俱遂而身名两全也。

清　神

形者，生之器也；心者，形之主也；神者，心之宝也。故神静而心和，心和而形全；神躁则心荡，心荡则形伤；将全其形，先在理④神。故恬和养神，则自安於内；清虚栖心，则不诱於外；神恬心清，则形无累矣；虚室生白，吉祥至矣⑤。

人不照於昧金而照於莹镜者，以莹能明也；不鉴於流波而鉴於静水者，以静能清也。镜水以明清之性，故能形物之形。由此观之，神照则垢灭，形静则神清。垢灭则内欲永尽，神清则外累不入。今清歌奏而心乐，悲声发而心哀，神居体而遇感推移。以此而言之，

---

① 夷：指伯夷。惠：指柳下惠。三人：指微子、箕子、比干。齐踪：谓继踵前贤，与之并列。等迹：事迹相当。《汉书·叙传》载《幽通赋》云："三仁殊而一致兮，夷、息舛而齐声。"小颜注曰："言微子、箕子、比干所行各异，而并称仁。伯夷不义武王伐殷，至于不食周粟而死。柳下惠三黜不去，恋父母之邦。志执乖舛，俱有令名。"

② 浇：浇薄，指社会风气浮薄。

③ 嘉遁：隐遁、隐逸。

④ 理：条理。

⑤ 语出《庄子·人间世》："虚室生白，吉祥止止"，《释文》引崔云："白者，日光所照也。"司马云："室，比喻心；心能空虚，则纯白独生也。"

则情之变动，自外至也。夫一哀一乐，犹搴正性，况万物之众以拔攉，而能清心神哉①？故万人弯弧，以向一鹄，鹄能无中乎？万物眩曜，以惑一生，生能无伤乎？

七窍者，精神之户牖也；血气者，五脏之使候②也。耳目之於声色，鼻口之於芳味，肌体之於安适，其情一也。七窍蔽於攻取，则精神驰骛而不守；血气縻於趣舍，则五脏滔荡而不安。嗜欲连绵於外，心腑壅塞於内。蔓衍於荒淫之波③，留连於是非之境，而不败德伤生者，盖亦寡矣。是以圣人清目而不视，静耳而不听，闭口而不言，弃心而不虑。贵德而忘贱，故尊势不能动；乐道而忘贫，故厚利不能倾。容身而处，适情而游，一气浩然，纯白於衷，故形不养而性自全，心不劳而道自至也。

防　欲

人之禀气，必有性情。性之所感者，情也；情之所安④者，欲也。情出於性而情违性，欲由於情而欲害情。情之伤性，性之妨情，犹烟、冰之与水、火也：烟生於火而烟郁火，冰出於水而冰遏水；故烟微而火盛，冰泮⑤而水通；性贞则情销⑥，情炽则性灭。是以殊莹则尘埃不能附，性明而情欲不能染也。

故林之性静，所以动者，风摇之也；水之性清，所以浊者，土浑之也；人之性贞，所以邪者，欲眩之也。身之有欲，如树之有蝎：树抱蝎则还自凿，身抱欲则还自害；故蝎盛则树折，欲炽则身亡。

---

① 搴：同"攐"，攻取、败坏，"拔攉"义近于此，《淮南子·俶真》："攐德攉性"。
② 使候：犹言被指使者、被支配者。使：被指使者。候：古代迎送客人的官。
③ 波：同"陂（bēi）"，池塘。
④ 安：犹言满足。
⑤ 泮：读 pàn，融化、消散。
⑥ 销：同"消"。

将收情欲，先敛五关。五关者，情欲之路，嗜好之府也。目爱彩色，命①曰伐性之斤；耳乐淫声，命曰攻心之鼓；口贪滋味，命曰腐肠之药；鼻悦芳馨，命曰熏喉之烟；身安舆驷，命曰召蹶②之机。此五者，所以养生，亦所以伤生。耳目之於声色，鼻口之於芳味，肌体之於安适，其情一也。然亦以之死，亦以之生③；或为贤智，或为庸愚，由於处之异也。譬由愚者之养鱼鸟也，见天之寒，则内④鱼於温汤之中，而栖鸟於火林之上。水木者，所以养鱼鸟也，养之失理，必至燋烂。声色芳味，所以悦人也，悦之过理，还以害生。故明者刳情以遣累⑤，约欲以守贞。食足以充虚接气⑥，衣足以盖形御寒。靡丽之华，不以滑⑦性，哀乐之感，不以乱神。处於止足之泉，立於无害之岸，此全性之道也。

夫蜂虿螫指，则穷日烦扰；蚊虻嗜肤，则通宵失寐。蜂蚊小害，指肤外疾。人入山则避蜂虿，入室则驱蚊虻，何者？以其害於体也。嗜欲攻心，正性颠倒，嗜欲大害，攻心内疾，方於指肤，亦以多也。外疾之害，轻於秋毫，人知避之；内疾之害，重於太山，而莫之避。是弃轻患而负重害，不亦倒乎？

人有牛马，放逸不归，必知收之；情欲放逸而不知收之，不亦惑乎？将收情欲，必在脆微⑧。情欲之萌，如木之将蘖，火之始

---

① 命：命名，下同。
② 召：同"招"，招致。蹶：跌倒、倾覆。
③ 亦：或。
④ 内：同"纳"。
⑤ 刳：读 kū，挖空、去除。遣累：去除累赘。
⑥ 接气：指维持生命。
⑦ 滑：读 gǔ，乱。
⑧ 脆微：指欲初发之时。

荧①，手可掣而断，露可滴而灭，及其炽也，结②条凌云，煽熛章华③，虽穷力运斤，竭池灌火，而不能禁，其势盛也。嗜欲之萌，耳目可关而心意可钥，至於炽也，虽襞情卷欲④，而不能收，其性败也。如不能塞情於未形，禁欲於脆微，虽求悔憎，其⑤可得乎？

去　情

情者，是非之主，而利害之根。有是必有非，能利亦能害；是非利害存於衷，而彼此还相碍。故无情以接物，在遇而恒通；有情以接人，触应而成碍。由此观之，则情之所处，物之所碍也。

是以媒杨⑥誉人，而受誉者不以为德；取庸⑦强饭，而蒙饱者不以为惠；婴儿伤人，而被伤者不以为怨；侏儒嘲人，而获嘲者不以为辱；何者？无情於誉饱，虽蒙惠而非德；无情於伤辱，虽获毁而无憾。鱼不畏网而畏鹈，复仇者不怨镆鋣而怨其人⑧，网无心而鸟有情，剑无情而人有心也。使信士分财，不如投策探钩⑨；使廉士守藏，不如闭扃⑩全封；何者？有心之於平，不若无心之於不平也；有欲之於廉，不若无欲之不廉也。

今人目若骊珠，心如权衡⑪，评人好丑，虽言得其实，彼必嫌

---

① 蘖：读 niè，长出新芽、新枝。荧：微弱的光亮。

② 结：聚合。

③ 熛：读 biāo，飞迸的火焰。章华：指楚王所造章华台，楚王放火烧此台，令士卒救之，事见《国语·楚语上》。

④ 襞情卷欲：收敛情欲。襞：读 bì，折叠衣物。

⑤ 其：同"岂"。

⑥ 媒杨：媒人。

⑦ 取庸：雇佣工，"庸"同"佣"。

⑧ 鹈：读 tí，一种捕鱼的水鸟。镆鋣：古代宝剑名。

⑨ 投策探钩：就是今人所谓抽签。

⑩ 扃：读 jiōng，门闩、门户。

⑪ 骊珠：宝珠，此处以宝珠光芒耀人喻以己眼定他人之好丑。权衡：秤。

怨。及其自照明镜，模刻其容，丑状既露，则内惭而不怨。向之评者，与镜无殊，然而向怨今惭者，以镜无情而人有心故也。三人居室，二人交争，必取信於不争者，以辩彼此之得失，夫不争者未必平，而交争者未必偏，而信於不争者，何也？以争者之心，并挟胜情故也①。飘瓦击人，虚舟触己，虽有忮心而不怨者②，以彼无情於击触故也。是以圣人弃智以全真③，遣情以接物，不为名尸，不为谋府④，混然无际，而俗莫能累矣。

---

① 《淮南子·诠言》：三人同舍，二人相争，争者各自以为直，不能相听；一人虽愚，必从旁而决之，非以智也，以不争也。

② 飘瓦：飘落之瓦。虚舟：无人乘驾之船。忮：读 zhì，恨。

③ 真：身、性命。

④ 语出《庄子·应帝王》："无为名尸，无为谋府"。名尸：即徒有其名之主，犹今言傀儡，"尸"为代死人接受祭奠之人，《仪礼·士虞礼》："祝迎尸"，郑玄注曰："尸，主也。孝子之祭，不见亲之形象，心无所系，立尸而主意焉"。谋府：谋略积聚之处。

三、道教美学

葛　洪

选文参校王明撰《抱朴子内篇校释》，中华书局 1980 年版。

抱朴子

内篇·畅玄

抱朴子曰：玄者，自然之始祖，而万殊之大宗也①。眇眜②乎其深也，故称微焉。绵邈

---

① 玄：指作为自然万物本体的玄道，不同于玄学之"玄"。

② 眇眜：眇，读 miǎo，一眼瞎；眜，读 mèi，或作"眯"，读 mò，均指眼睛看不清楚东西；眇眜，形容很深而看不清楚。

乎其远也，故称妙焉。其高则冠盖乎九霄，其旷则笼罩乎八隅①。光乎日月，迅乎电驰。或倏烁而景②逝，或飘潎③而星流，或滉漾於渊澄，或雾霏而云浮。因兆类而为有，托潜寂而为无。沦大幽④而下沈，凌辰极⑤而上游。金石不能比其刚，湛露不能等其柔。方而不矩，圆而不规。来焉莫见，往焉莫追。乾以之高，坤以之卑，云以之行，雨以之施。胞胎元一⑥，范铸两仪⑦，吐纳大始⑧，鼓冶亿类，侗旋四七⑨，匠成草昧，辔策灵机，吹嘘四气⑩，幽括冲默，舒阐粲尉⑪，抑浊扬清，斟酌河渭，增之不溢，挹之不匮，与之不荣，夺之不瘁。故玄之所在，其乐不穷。玄之所去，器弊神逝。夫五声八音，清商流徵，损聪者也。鲜华艳采，或丽炳烂⑫，伤明者也。宴安逸豫，清醪芳醴，乱性者也。冶容媚姿，铅华素质，伐命者也。其唯玄道，可与为永。不知玄道者，虽顾眄为生杀之神器，唇吻为兴亡之关键，绮榭俯临乎云雨，藻室华绿以参差。组帐雾合，罗帱⑬云离。西毛⑭陈於闲房，金觞华以交驰，清弦嘈囋以齐唱，郑舞纷绥以蜲蛇，哀箫鸣以凌霞，羽盖浮於涟漪，掇芳华於兰林之囿，

---

① 八隅：八方。
② 景：同"影"。
③ 潎：读bì，泉水涌出的样子。
④ 大幽：又称大冥，指北方极阴之地。
⑤ 辰极：北辰，又称北极星。
⑥ 胞胎：包含。元一：指元气。
⑦ 范铸：用模子浇铸，喻指形成。两仪，指天地。
⑧ 大始：指元气开始形成万物时的状态。
⑨ 四七：指二十八星宿，东南西北四方各七宿。
⑩ 四气：春夏秋冬四时之气。
⑪ 舒阐：抒发。粲：明亮。尉：读yù，浓盛。
⑫ 或丽炳烂：艳丽灿烂；或，读yù，富有文采。
⑬ 帱：帐。
⑭ 西毛：春秋时越国的两大美女；西，指西施；毛，指毛嫱。

弄红葩於积珠之池。登峻则望远以忘百忧，临深则俯擥①以遗朝饥，入宴千门之焜熀②，出驲朱轮之华仪③。然乐极则哀集，至盈必有亏。故曲终则叹发，燕罢则心悲也。寔理势之攸召④，犹影响之相归也。彼假借而非真，故物往若有遗也。

夫玄道者，得之乎内，守之者外，用之者神，忘之者器，此思玄道之要言也。得之者贵，不待黄钺之威。体之者富，不须难得之货。高不可登，深不可测。乘流光，策飞景，凌六虚⑤，贯涵溶。出乎无上，入乎无下。经乎汗漫之门，游乎窈眇之野。逍遥恍惚之中，倘佯彷佛之表。咽九华⑥於云端，咀六气⑦於丹霞。徘徊茫昧，翱翔希微，履略⑧蜿虹，践跚旋玑⑨，此得之者也。

其次则真知足，知足者则能肥遁勿用⑩，颐光山林⑪。纡鸾龙之翼於细介之伍⑫，养浩然之气於蓬荜之中。缝缕带索，不以贸龙章之暐晔也⑬；负步杖筴⑭，不以易结驷之骆驿也。藏夜光於嵩岫⑮，不受他山之攻；沈鳞甲於玄渊⑯，以违钻灼之灾。动息知止，无往不

---

① 擥：同"揽"。
② 焜熀：光耀夺目；焜读 kūn，熀读 huǎng。
③ 驲：同"驱"。朱轮：指达官贵人所乘之车。
④ 寔：同"实"。攸：是。
⑤ 六虚：指上下四方。
⑥ 九华：指日月之精华。
⑦ 六气：或指四季之气与天地二气，或指晨、夕、正午、午夜四气与天地二气。
⑧ 履略：践行。
⑨ 践跚：践踏。旋玑：北斗七星中的两星之名，"旋"：同"璇"。
⑩ 肥遁勿用：隐居而不用于世；肥：优裕。遁：隐遁。
⑪ 颐光山林：在山林中颐养精神。颐光：指颐养精神。
⑫ 纡：弯曲。细介：指微小的甲虫。
⑬ 贸：交换。龙章：指绣有龙纹的衣服。暐晔：形容服饰文采鲜明。
⑭ 筴：同"策"。
⑮ 夜光：宝玉名。嵩岫：高山崖穴。
⑯ 鳞甲：指龟。玄渊：深潭。

足。弃赫奕之朝华，避偾①车之险路。吟啸苍崖之间，而万物化为尘氛；怡颜丰柯②之下，而朱户变为绳枢③。握耒甫田④，而麾节忽若执鞭⑤；啜荈⑥漱泉，而太牢同乎藜藿⑦。泰尔有余欢於无为之场，忻然齐贵贱於不争之地。含醇守朴，无欲无忧，全真虚器，居平味澹。恢恢荡荡，与浑成⑧等其自然；浩浩茫茫，与造化钧其符契⑨。如暗如明，如浊如清，似迟而疾，似亏而盈。岂肯委尸祝之坐⑩，释大匠之位，越樽俎以代无知之庖，舍绳墨而助伤手之工？不以臭鼠之细琐，而为庸夫之忧乐。藐然不喜流俗之誉，坦尔不惧雷同之毁。不以外物汩⑪其至精，不以利害污其纯粹也。故穷富极贵，不足以诱之焉，其余何足以悦之乎？直刃沸镬，不足以劫之焉，谤讟⑫何足以戚之乎？常无心於众烦，而未始与物杂也。

若夫操隋珠以弹雀⑬，舐秦痔以属车⑭，登杤缗⑮以探巢，泳吕

---

① 偾：读 fèn，倒覆。

② 丰柯：茂盛的大树。

③ 绳枢：以绳系门，比喻贫贱人家。

④ 握耒：耕作。甫田：大田。

⑤ 麾节：指持符节的将帅。执鞭：指仆从。

⑥ 荈：读 chuǎn，晚采的茶叶，指粗茶。

⑦ 太牢：帝王用于祭祀的牛、羊、猪肉。藜藿：指粗劣的饭菜。

⑧ 浑成：喻指大道。

⑨ 钧其符契：犹言相合拍。钧：动词，调节音调。符契：又称"符""符节"，指古代朝廷用作凭证的信物。

⑩ 委：放弃。尸祝：古代主掌祭祀的人。坐：同"座"。

⑪ 汩：扰乱、埋没。

⑫ 讟：读 dú，诽谤。

⑬ 语出《庄子·让王篇》："以隋侯之珠，弹千仞之雀，世必笑之，是何也？则以其所用者重，所要者轻也。"指以重求轻而不知轻重。

⑭ 语出《庄子·列御寇篇》："秦王有病召医，破痈溃痤者得车一乘，舐痔者得车五乘。所治愈下，得车愈多。"指以辱求利而不知羞耻。

⑮ 缗：读 mín，绳子。

梁以求鱼①，且为称孤之客，夕为狐鸟之余。栋挠铼覆②，倾溺不振，盖世人之所为载驰企及，而达者之所为寒心而凄怆者也。故至人嘿《韶》《夏》而韬藻帨③，奋其六羽於五城之墟④，而不烦衔芦之卫⑤，翳其鳞角⑥乎勿用之地，而不恃曲穴之备。俯无倨鸱⑦之呼，仰无亢极之悔⑧，人莫之识，邈矣辽哉！

内篇·至理

抱朴子曰：微妙难识，疑惑者众。吾聪明岂能过人哉？适偶有所偏解，犹鹤知夜半⑨，燕知戊巳⑩，而未必达於他事也。亦有以校验，知长生之可得，仙人之无种耳。夫道之妙者，不可尽书，而其近者，又不足说。昔庚桑胼胝⑪，文子黧颜⑫，勤苦弥久，及受大诀，谅有以也⑬。夫圆首⑭含气，孰不乐生而畏死哉？然荣华势利诱其意，素颜玉肤惑其目，清商流徵乱其耳，爱恶利害搅其神，功名声誉束其体，此

---

① 语出《庄子·达生篇》："孔丘观於吕梁，县水三千仞，流沫四十里，鼋鼍鱼鳖之所不能游也。"指涉险求利而不顾生死。

② 栋挠：栋梁折断。铼覆：鼎中食物倾倒而出，铼：读 sù，指鼎中的食物。

③ 嘿：同"默"。《韶》《夏》：古乐章名。藻帨：有文采藻饰的佩巾，帨读 shuì，指佩巾。全句的意思是：像《韶》《夏》那样优美的音乐与色彩丰富的服饰都弃而不用。

④ 奋其六羽：飞翔的意思。五城：指昆仑山中的五城。

⑤ 《淮南子·修务篇》云："夫雁衔芦而翔，以备矰弋。"高诱注："衔芦，所以令缴不得截其翼也。"

⑥ 鳞角：传说中一种有鳞有角的冰蚕。

⑦ 鸱：读 chī，同"鸱"，一种鸟。

⑧ 语出《周易·乾卦》："上九，亢龙有悔。"

⑨ 语见《春秋说题辞》，注云：鹤，水鸟，夜半水位感其生气，则益喜而鸣。

⑩ 吴淑《事类赋》十九引《博物志》云："燕戊巳日不衔泥涂巢，此非才智，自然得之。"

⑪ 庚桑：庚桑楚，老子弟子。胼胝：读 pián zhī，俗称"老茧"，常用"胼手胝足"，形容经常地辛勤劳动。

⑫ 文子：老子弟子。黧颜："黧"疑当作"黧"，读 lí，黑色，形容辛勤劳作。

⑬ 此句意为"的确是有些原因的"。谅：的确。以：所以、原因。

⑭ 圆首：人首形圆，代指人。

皆不召而自来，不学而已成，自非受命应仙，穷理独见，识变通於常事之外，运清鉴於玄漠之域，寤①身名之亲疏，悼过隙之电速者，岂能弃交修赊②，抑遗嗜好，割目下之近欲，修难成之远功哉？夫有因无而生焉，形须神而立焉。有者，无之宫也。形者，神之宅也。故譬之於堤，堤坏则水不留矣。方之於烛，烛糜则火不居矣。身劳则神散，气竭则命终。根竭枝繁，则青青去木矣。气疲欲胜，则精灵离身矣。夫逝者无反期，既朽无生理，达道之士，良所悲矣！轻璧重阴，岂不有以哉？故山林养性之家，遗俗得意之徒，比崇高於赘疣，方万物乎蝉翼，岂苟为大言，而强薄世事哉？诚其所见者了，故弃之如忘耳。是以遐栖幽遁，韬鳞掩藻，遏欲视之目，遗损明之色，杜思音之耳，远乱听之声，涤除玄览，守雌抱一，专气致柔③，镇以恬素，遣欢戚之邪情，外得失之荣辱，割厚生之腊毒④，谧⑤多言於枢机，反听而后所闻彻⑥，内视而后见无朕⑦，养灵根於冥钧⑧，除诱慕於接物，削斥浅务，御以愉慔⑨，为乎无为，以全天理

---

① 寤：同"悟"，理解，明白。

② 赊：长，远。

③ 以上三句语出《老子》。

④ 腊毒：极毒。

⑤ 谧：动词，使……安静。

⑥ 语出《庄子·外物》：目彻为明，耳彻为聪。彻：通、穿、透。

⑦ 内视："内视反听"通常指内心反省，"内视"又指道教养生术之一。朕：形迹，预兆，《庄子·应帝王》："体尽无穷而游无朕"，《淮南子·兵略》："凡物有朕，唯道无朕。所以无朕者，以其无常形势也。"

⑧ 灵根：道教内丹术用语，这里指元神，《黄庭内景经》："灌溉五华植灵根"，务成子注：灵根，舌本。冥钧：天地自然。

⑨ 慔：同"漠"，寂静。

尔。乃哺^①吸宝华，浴神太清，外除五曜^②，内守九精^③，坚玉钥於命门^④，结北极於黄庭^⑤，引三景於明堂^⑥，飞元始以炼形，采灵液於金梁^⑦，长驱白而留青^⑧，凝澄泉於丹田，引沈珠於五城^⑨，瑶鼎^⑩俯爨，藻禽^⑪仰鸣，瑰华擢颖^⑫，天鹿吐琼^⑬，怀重规於绛宫^⑭，潜九光^⑮於洞冥，云^⑯苍郁而连天，长谷湛而交经^⑰，履蹑乾兑^⑱，召呼六丁^⑲，坐卧紫房^⑳，咀吸金英，晔晔秋芝，朱华翠茎，晶晶

---

① 哺：读 fǔ，咀嚼。

② 五曜：指金、木、水、火、土五星，又称"五纬"。

③ 九精：泛指精神、元气。

④ 玉钥：原指钥匙的美称，这里是内丹术用语，指七窍的孔道。命门：《黄庭外景经》："后有幽阙前命门"；务成子注：脐为命门。

⑤ 北极：内丹术用语，或指丹田穴，这里指心思。黄庭：指眼睛，《黄庭外景经》："上有黄庭下关元"；务成子注：黄庭，目也。

⑥ 三景：指日、月、星三光。明堂：内丹术用语，指肺，《黄庭外景经》："立于玄膺含明堂"；梁邱子注：舌为玄膺，肺为明堂。

⑦ 灵液：内丹术用语，指口中津液。金梁：内丹术用语，指牙齿。

⑧ 白：当指白发。青：指黑发。

⑨ 沈珠：内丹术用语，指"内丹"，又称"元珠""灵珠"等。五城：内丹术用语，指脐下丹田。

⑩ 瑶鼎：当指"汞鼎"，指上丹田。

⑪ 藻禽：原指凤凰，这里指脾脏。

⑫ 瑰华擢颖：瑰丽的花抽出骨朵。

⑬ 《太平御览》九百六引《瑞应图》云："天鹿，能寿之兽，五色光晖。"

⑭ 重规：指日月俱圆，"重"读 chóng。绛宫：这里指心。

⑮ 九光：指绚烂的光芒。

⑯ 云：内丹术用语，指人的气息。

⑰ 长谷：这里指鼻腔。交经：交错。

⑱ 乾兑：八卦中的两卦。

⑲ 六丁：指六甲中的丁神。丁甲之名来源于天干地支，丁神六位：丁卯、丁巳、丁未、丁酉、丁亥、丁丑；甲神六位为：甲子、甲戌、甲申、甲午、甲辰、甲寅。丁神六位支为阴神，甲神六位支为阳神。

⑳ 紫房：又称"玉房"，指上丹田。

珍膏①，溶溢霄零，治饥止渴，百痾不萌，逍遥戊巳②，燕和饮平，拘魂制魄，骨填③体轻，故能策风云以腾虚，并混舆④而永生也。然梁尘之盈尺，非可求之漏刻⑤；山霤⑥洞彻，非可致之於造次⑦也。患於闻之者不信，信之者不为，为之者不终耳。夫得之者甚希而隐，不成者至多而显。世人不能知其隐者，而但见其显者，故谓天下果无仙道也。

．．．．．．．．．．．

抱朴子曰：服药虽为长生之本，若能兼行气者，其益甚速，若不能得药，但行气而尽其理者，亦得数百岁。然又宜知房中之术，所以尔者，不知阴阳之术，屡为劳损，则行气难得力⑧也。夫人在气中，气在人中，自天地至於万物，无不须气以生者也。善行气者，内以养身，外以却恶，然百姓日用而不知焉。

内篇·道意

抱朴子曰：道者，涵乾括坤，其本无名。论其无，则影响犹为有焉；论其有，则万物尚为无焉。隶首⑨不能计其多少，离朱⑩不能察其仿佛，吴札、晋野⑪竭聪，不能寻其音声乎窈冥之内，猗猗狴狴

---

① 晶晶：通白光亮，"晶"读 jiǎo。珍膏：比喻元气。
② 戊巳：或指脾，或指丹田。
③ 填：充实。
④ 混舆：混沌的天地间。
⑤ 漏刻：顷刻之间。
⑥ 山霤：承接屋檐滴水的山形器物。
⑦ 造次：仓促之间。
⑧ 力：效用。
⑨ 隶首：传说黄帝时人，始作算数者。
⑩ 离朱：《庄子·骈拇》："是故骈於明者，乱五色，淫文章，青黄黼黻之煌煌非乎？而离朱是已。"陆德明《释文》引司马彪曰："离朱，黄帝时人，百步见秋毫之末。一云见千里针锋。《孟子》作离娄。"
⑪ 吴札：指吴季札。晋野：指晋师旷，字子野。两人都非常擅长音乐。

疾走，不能迹其兆朕乎宇宙之外①。以言乎迩，则周流秋毫而有余焉；以言乎远，则弥纶太虚而不足焉。为声之声，为响之响，为形之形，为影之影，方者得之而静，员②者得之而动，降者得之而俯，升者得之以仰，强名为道，已失其真，况复乃千割百判，亿分万析，使其姓号至於无垠，去道辽辽，不亦远哉？

俗人不能识其太初之本，而修其流淫之末。人能淡默恬愉，不染不移，养其心以无欲，颐其神以粹素，扫涤诱慕，收之以正，除难求之思，遣害真之累，薄喜怒之邪，灭爱恶之端，则不请福而福来，不禳③祸而祸去矣。何者，命在其中，不系於外，道存乎此，无俟於彼也。患乎凡夫不能守真，无杜遏之检括④，爱嗜好之摇夺，驰骋流遁，有迷无反，情感物而外起，智接事而旁溢，诱於可欲，而天理灭矣，惑乎见闻，而纯一迁矣。心受制於奢玩，情浊乱於波荡，於是有倾越之灾，有不振之祸，而徒烹宰肥腯⑤，沃酹⑥醴醴，撞金伐革，讴歌踊跃，拜伏稽颡⑦，守请⑧虚坐，求乞福愿，冀其必得，至死不悟，不亦哀哉？若乃精灵困於烦扰，荣卫⑨消於役用，煎熬形气，刻削天和，劳逸过度，而碎首以请命，变起膏肓，而祭祷以求痊，当风卧湿，而谢罪於灵祇，饮食失节，而委祸於鬼魅，蕞尔⑩之体，自贻兹患，天地神明，曷能济焉？其烹牲罄群，何所

---

①　迹：动词，追踪。兆朕：即征兆。

②　员：同“圆”。

③　禳：读 ráng，向鬼神祈祷消除灾殃。

④　杜遏：杜塞、遏止。检括：遵守法度。

⑤　腯：读 tú，（猪）肥壮，这里指肥猪。

⑥　沃酹：洒酒祭祀鬼神。

⑦　稽颡：读 qǐ sǎng，古代一种跪拜礼，屈膝下拜，以额触地，表示极度的虔诚。

⑧　请：据宋本当作“靖”，恭敬的样子。

⑨　荣卫：中医“荣”指血的循环，“卫”指气的周流，这里泛指气血。

⑩　蕞尔：小的样子，“蕞”读 zuì。

补焉？夫福非足恭所请也，祸非裈祀所禳也。若命可以重祷延，疾可以丰祀除，则富姓可以必长生，而贵人可以无疾病也。夫神不歆非族①，鬼不享淫祀②，皂隶之巷，不能纡金根③之轩，布衣之门，不能动六辔④之驾，同为人类，而尊卑两绝，况於天神，缅邈清高，其伦异矣，贵亦极矣。盖非臭鼠之酒肴，庸民之曲躬，所能感降，亦已明矣。夫不忠不孝，罪之大恶，积千金之赂，太牢之馔，求令名於明主，释愆⑤责於邦家，以人释人，犹不可得，况年寿难获於令名，笃疾难除於愆责，鬼神异伦，正直是与，冀其曲祐，未有之也。夫惭德⑥之主，忍诟之臣，犹能赏善不须贷财，罚恶不任私情，必将修绳履墨，不偏不党，岂况鬼神，过此之远，不可以巧言动，不可以饰赂求，断可识矣。

．．．．．．．．．．．

或问曰：世有了无知道术方伎，而平安寿考⑦者，何也？抱朴子曰：诸如此者，或有阴德善行，以致福祐；或受命本长，故令难老迟死；或亦幸而偶尔不逢灾伤。譬犹田猎所经，而有遗禽脱兽；大火既过，时馀不烬草木也。要於防身却害，当修守形之防禁，佩天文之符剑耳。祭祷之事无益也，当恃我之不可侵也，无恃鬼神之不侵我也。然思玄执一，含景环身⑧，可以辟邪恶、度不祥，而不能延寿命、消体疾也。任自然无方术者，未必不有终其天年者也，

---

① 歆：读 xīn，祭祀，"神不歆非族"语出《左传·僖公十年》："神不歆非类，民不祀非族"。

② 淫祀：不合礼制的过度祭祀。

③ 金根：车名，以金为饰，贵者之车。

④ 六辔：古时四马之车，动用六辔。

⑤ 愆：读 qiān，过错。

⑥ 惭德：因功德不到而感到惭愧。

⑦ 寿考：长寿。

⑧ 含景环身：道教法术之一，含涵日光，让它环绕自身。

然不可以值暴鬼之横枉、大疫之流行，则无以却之矣。夫储甲胄，蓄蓑笠者，盖以为兵为雨也。若幸无攻战，时不沈阴，则有与无正同耳。若矢石雾合，飞锋烟交，则知裸体者之困矣；洪雨河倾，素雪弥天，则觉露立者之剧矣。不可以荠麦之细碎，疑阴阳之大气①，以误晚学之散人，谓方术之无益也。

内篇·地真

抱朴子曰：余闻之师云，人能知一，万事毕②。知一者，无一之不知也；不知一者，无一能知也。道起於一③，其贵无偶，各居一处，以象天地人，故曰三一也。天得一以清，地得一以宁，人得一以生，神得一以灵④。金沈羽浮，山峙川流，视之不见，听之不闻，存之则在，忽之则亡，向之则吉，背之则凶，保之则遐祚罔极⑤，失之则命彫气穷。老君曰："忽兮恍兮，其中有象；恍兮忽兮，其中有物"⑥，一之谓也。故仙经曰：子欲长生，守一当明；思一至饥，一与之粮；思一至渴，一与之浆。一有姓字服色，男长九分，女长六分，或在脐下二寸四分下丹田中，或在心下绛宫金阙中丹田也，或在人两眉间，却行一寸为明堂，二寸为洞房，三寸为上

---

①　《抱朴子·内篇·论仙》："夫存亡终始，诚是大体。其异同参差，或然或否，变化万品，奇怪无方，物是事非，本钧末乖，未可一也。夫言始者必有终者多矣，混而齐之，非通理矣。谓夏必长，而荠麦枯焉。"这两句的意思是：不能因为像荠麦夏天枯萎这样的细碎小事，而怀疑像夏天万物生长这样的阴阳大气运转的"大体""通理"。

②　道家"知一"之论很多，如《庄子·天地》："记曰，通于一而万事毕"；《太平经圣君秘旨》："子知一，万事毕矣"。

③　道家有关"道"与"一"关系论很多，如《老子》："道生一"；《淮南子·原道》："道者，一立而万物生矣"。

④　"天得一以清"四句出自《老子》，今本《老子》无"人得一以生"句。又，《太平经圣君秘旨》有云："天不守一失其清，地不守一失其宁，神不守一不生成，人不守一不活生"。

⑤　遐祚罔极：长久的福分没有边际。

⑥　"忽兮恍兮"四句语出《老子》二十一章。

丹田也。此乃是道家所重，世世歃血①口传其姓名耳。一能成阴生阳，推步寒暑。春得一以发，夏得一以长，秋得一以收，冬得一以藏。其大不可以六合阶，其小不可以毫芒比也……

抱朴子曰：吾闻之於师云，道术诸经，所思存念作，可以却恶防身者，乃有数千法。如含影藏形，及守形无生，九变十二化二十四生等②，思见身中诸神，而内视令见之法，不可胜计，亦各有效也。然或乃思作数千物以自卫，率多烦难，足以大劳人意。若知守一之道，则一切除弃此辈，故曰能知一则万事毕者也。受真一口诀，皆有明文，歃白牲之血，以王相之日③受之，以白绢白银为约，剋金契而分之，轻说妄传，其神不行也。人能守一，一亦守人……

抱朴子曰：玄一之道，亦要法也。无所不辟，与真一同功。吾《内篇》第一名之为《畅玄》者，正以此也。守玄一复易於守真一。真一有姓字长短服色，此玄一但自见之。初求之於日中，所谓知白守黑，欲死不得者也。然先当百日洁斋，乃可候求得之耳，亦不过三四日得之，得之守之，则不复去矣。守玄一，并思其身，分为三人，三人已见，又转益之，可至数十人，皆如己身，隐之显之，皆自有口诀，此所谓分形之道……

抱朴子曰：师言欲长生，当勤服大药，欲得通神，当金水分形。形分则自见其身中之三魂七魄，而天灵地祇，皆可接见，山川之神，皆可使役也。

抱朴子曰：……故一人之身，一国之象也。胸腹之位，犹宫室也。四肢之列，犹郊境也。骨节之分，犹百官也。神犹君也，血犹臣也，气犹民也。故知治身，则能治国也。夫爱其民所以安其国，

---

① 歃血：古人盟会时，嘴唇涂上牲畜的血，表示诚意；"歃"读 shà。
② 含影藏形及守形无生九变十二化二十四生等：均为道教法术，《抱朴子·内篇·遐览》有"含景图""守形图""九变经""十二化经""二十四生经"各一卷。
③ 王相之日：指吉日。

养其气所以全其身。民散则国亡，气竭即身死，死者不可生也，亡者不可存也。是以至人消未起之患，治未病之疾，医之於无事之前，不追之於既逝之后。民难养而易危也，气难清而易浊也。故审威德所以保社稷，割嗜欲所以固血气。然后真一存焉，三七①守焉，百害却焉，年命延矣。

抱朴子曰：师言服金丹大药，虽未去世，百邪不近也。若但服草木及小小饵八石，适可令疾除命益耳，不足以禳外来之祸也。或为鬼所冒犯，或为大山神之所轻凌，或为精魅所侵犯，唯有守真一，可以一切不畏此辈也。次则有带神符。若了不知此二事以求长生，危矣哉。四门而闭其三，盗犹得入，况尽开者邪？

陶弘景

陶弘景（456—536），字通明，南朝梁时丹阳秣陵（今江苏南京）人，自号华阳隐居，曾先后出任巴陵王、安成王、宜都王等诸王侍读，兼管诸王室牒疏章奏等文书事务的书记职务。齐永明十年，上表辞官，挂朝服于神虎门，退隐江苏句容句曲山（茅山），不与世交。梁武帝萧衍即位后，屡请不出，但念其旧功，天监十三年，敕于茅山为之建朱阳馆以居之，十五年又为其建太清玄坛，"以均明法教"，且"国家每有吉凶征讨大事，无不前以咨询，月中常有数信，时人谓之山中宰相"。隐居茅山达四十五年之久，享年八十一岁。梁武帝诏赠中散大夫，谥贞白先生。著有《本草经注》《集金丹黄白方》《二牛图》《华阳陶隐居集》等。《梁书》有传。其融会老庄哲学与葛洪神仙道教，继承上清经法，开创茅山宗，对道教影响颇深。选文参校王京

---

① 三七：指三魂七魄。

州撰《陶弘景集校注》，上海古籍出版社 2009 年版。

养性延命录序

夫禀气含灵，唯人为贵。人所贵者，盖贵为生。生者神之本，形者神之具。神大用则竭，形大劳则毙。若能游心虚静，息虑无为，服元气於子后①，时导引②於闲室，摄养无亏，兼饵③良药，则百年耆寿④，是常分也。如恣意以耽声色，役智而图富贵，得丧恒切於怀，躁挠未能自遣，不拘礼度，饮食无节，如斯之流，宁免夭伤之患也？余因止观⑤微暇，聊复披览《养生要集》。其集乃前彦⑥张湛、道林之徒，翟平、黄山之辈，咸是好事英奇，志在宝育⑦，或鸠⑧集仙经真人寿考之规，或得采彭铿老君长龄之术，上自农、黄以来⑨，下及魏、晋之际，但有益於养生，及招损於后患，诸本先皆记录，今略取要法，删弃繁芜，类聚篇题，分为上下两卷，卷有三篇，号为《养性延命录》，拟补助於有缘，冀凭缘以济物耳。

---

① 服元气：服气，也称食气、行气，是道教徒常用的一种养生保健手段。子后：半夜或正午之后。

② 导引：亦作"道引"，古医家的一种养生术，指呼吸俯仰，屈伸手足，使血气流通，促进身体健康。

③ 饵：服食。

④ 耆寿：高寿。

⑤ 止观：佛教尤其天台宗的两种修行方法，"止"指止息、寂静，"观"指明察万物。

⑥ 前彦：前贤。

⑦ 宝育：养生。

⑧ 鸠：聚集。

⑨ 彭铿：彭祖，或云姓篯名铿。老君：老子。农：神农。黄：黄帝。

答朝士访仙佛两法体相书

某等曰：尝窃观仙书，辄嗟欣忘倦，徒羡其文，莫测其理。寻七尺之体，既同禀太始，俱服五常①，以何因缘独超青云而弊金石②者乎？先生领袖玄门，学穷仙苑，必有以竭其川岸，请略闻雅说。

隐居答曰：至哉嘉讯③！岂蒙生④所辩？虽然，试言之。若直推竹柏之匹桐柳者，此本性有殊，非今日所论；若引庖刀汤稼，从养溉之功者⑤，此又止其所从，终无永固⑥之期。夫得仙者，并有异乎此，但斯族⑦复有数种，今且谈其正体。凡质象所结，不过形神，形神合时，则是人是物；形神若离，则是灵是鬼。其非离非合，佛法所摄；亦离亦合，仙道所依。今问以何能而致此，仙是铸炼之事极，感变之理通也。当埏埴⑧以为器之时，是土而异於土，虽燥未烧，遇湿犹坏；烧而未熟，不久尚毁；火力既足，表里坚固，河山可尽，此形无灭。假令为仙者，以药石炼其形，以精灵莹其神，以和气濯其质，以善德解其缠：众法共通，无碍无滞，欲合则乘云驾龙，欲离则尸解⑨化质，不离不合，则或存或亡。于是各随所业，修道进学，渐阶无穷，教功令满⑩，亦毕竟寂灭矣。

---

① 五常：这里指金、木、水、火、土五行。

② 超青云而弊金石：指得道成仙。

③ 讯：提问。

④ 蒙生：蒙士，作者自谦之辞。

⑤ 庖刀：典出《庄子·养生主》，庖丁解牛而善养其刀。汤稼：嵇康《养生论》有云："夫为稼于汤之世，偏有一溉之功者，虽终归燋烂，必一溉者后枯。然则一溉之益，固不可诬也"。

⑥ 永固：指长生。

⑦ 斯族：指仙佛之法。

⑧ 埏埴：用水和黏土，揉成可制器皿的泥坯；埏，读 shān，以土和泥；埴，黏土。

⑨ 尸解：得道者遗弃形骸而仙去。

⑩ 教功令满：使功成圆满。

四、佛教美学

僧　肇

　　僧肇（384—414），俗姓张，京兆（今陕西西安）人，东晋高僧。原崇信老庄，读《维摩经》，欣赏不已，遂出家从鸠摩罗什门下。擅长般若学，曾和道融等讲习鸠摩罗什所译三论，人称解空第一。曾在姑臧（今甘肃武威）和长安于鸠摩罗什译场从事译经，评定经论。《高僧传》有传。所著《肇论》主要有《物不迁论》《不真空论》《般若无知论》《涅槃无名论》四篇论文组成，最早见于南朝宋明帝时陆澄所编选《法集目录》，至南朝陈时，又收入了《宗本义》而成今本《肇论》。选文参校张春波撰《肇论校释》，中华书局 2010 年版。

不真空论①

夫至虚无生者，盖是般若玄鉴之妙趣，有物之宗极者也②。自非圣明特达③，何能契神於有无之间哉？是以至人通神心於无穷，穷所不能滞④，极耳目於视听，声色所不能制者，岂不以其即万物之自虚，故物不能累其神明者也⑤？是以圣人乘真心而理顺，则无滞而不通；审一气以观化，故所遇而顺适。无滞而不通，故能混杂致淳⑥；所遇而顺适，故则触物而一⑦。如此，则万象虽殊，而不能自异；不能自异，故知象非真象；象非真象，故则虽象而非象。

然则物我同根，是非一气，潜微幽隐，殆非群情之所尽⑧。故顷尔谈论，至於虚宗⑨，每有不同。夫以不同而适同，有何物而可同哉？故众论竞作而性莫同焉。何则？

"心无"⑩者，无心於万物，万物未尝无；此得在於神静，失在於物虚。⑪

---

①　不真空："不真"与"空"是两个名不同而义同的概念，"不真"即"空"，"空"即"不真"。

②　无生：佛学语，凡物皆有生灭，无生也就无灭，无生灭也就无物。玄鉴：深刻、透彻的认识。

③　特达：独特、通达。

④　滞：滞碍、妨碍。

⑤　自虚：万物本身就是空。累：束缚。

⑥　混：融会。杂：喻真、俗二谛。致：达到。淳：喻中道。

⑦　触物：指认识事物。一：第一真谛，佛教最高真理。

⑧　是非：指真俗二谛，真谛指绝对真实的世界，俗谛指虚假的现象世界。群情：指浅智的普通人。

⑨　顷尔：顷刻。虚宗：指空宗，即当时讨论的般若学。

⑩　心无：晋人支愍度创"心无"宗。

⑪　物虚：即物空，相对于"心空（心无）"而言。

"即色"①者，明色不自色，故虽色而非色也；夫言色者，但当色即色，岂待色色而后为色哉②？此直语色不自色，未领色之非色也。

"本无"③者，情尚於无多，触言以宾④无。故非有，有即无；非无，无即无。寻夫立文之本旨者，直以非有非真有，非无非真无耳；何必非有无此有，非无无彼无？此直好无之谈，岂谓顺通事实，即物之情哉⑤？

夫以物物於物，则所物而可物⑥；以物物非物，故虽物而非物⑦。是以物不即名而就实，名不即物而履⑧真。然则真谛独静於名教之外，岂曰文言之能辩哉？然不能杜默，聊复厝言⑨以拟之。

试论之曰：《摩诃衍论》⑩云：诸法亦非相，亦非无相。《中论》⑪云：诸法不有不无者，第一真谛也。寻夫不有不无者，岂谓涤除万物，杜塞视听，寂廖虚豁，然后为真谛者乎？诚以即物顺通，故物

---

① 即色：支遁等创"即色"宗。

② 当：当下。色色：人把"色"命名为"色"。

③ 本无：道安等创"本无"宗。

④ 宾：伏。

⑤ 顺通：顺应事物的本来情况来理解。即：通达。

⑥ 二句大意为：以"物"的名称加于物，所命名的物可以是（存在的）物。

⑦ 二句大意为：以"物"的名称加于不存在的物，所命名的物并非（实际存在的）物，比如可以有"方的圆"这样的名称，但"方的圆"并不实际地存在。

⑧ 履：行，这里作"有"讲。

⑨ 厝言：犹言措辞，"厝"本义为安置。

⑩ 《摩诃衍论》：《摩诃般若释论》，又称《大智度论》，古印度佛教高僧龙树（约三世纪）撰，是对《摩诃般若波罗蜜经》的注解，大秦鸠摩罗什译成中文，共100卷，是大乘佛教中观派重要经典。

⑪ 《中论》：又称《中观论》或《正观论》，龙树撰，鸠摩罗什译，共4卷，与《百论》《十二门论》合称三论宗据以立宗的"三论"。主要内容是阐发"八不缘起"和"实相涅盘"，以及诸法皆空义理的大乘中观学说，对后来的大乘佛学的发展影响很大。

莫之逆；即伪即真，故性莫之易。性莫之易，故虽无而有；物莫之
逆，故虽有而无。虽有而无，所谓非有；虽无而有，所谓非无。如
此，则非无物也，物非真物。物非真物，故於何而可物？故《经》云：
色之性空，非色败空①。以明夫圣人之於物也，即万物之自虚，岂
待宰割以求通哉？是以寝疾有不真之谈②，《超日》③有即虚之称。然
则三藏殊文，统之者，一也。故《放光》④云：第一真谛，无成无得；
世俗谛故，便有成有得。夫有得即是无得之伪号，无得即是有得之
真名。真名，故虽真而非有；伪号，故虽伪而非无。是以言真未尝
有，言伪未尝无。二言未始一，二理未始殊。故《经》⑤云：真谛俗
谛，谓有异耶？答曰：无异也。此经直辩真谛以明非有，俗谛以明
非无，岂以谛二而二於物⑥哉？

　　然则，万物果有其所以不有，有其所以不无？有其所以不有，
故虽有而非有；有其所以不无，故虽无而非无。虽无而非无，无者
不绝虚；虽有而非有，有者非真有。若有不即真，无不夷⑦迹，然
则有无称异，其致一也。故童子叹曰："说法不有亦不无，以因缘故
诸法生。"⑧《璎珞经》⑨云："转法轮者，亦非有转，亦非无转，是谓
转无所转。"此乃众经之微言也。何者？谓物无耶，则邪见非惑；谓
物有耶，则常见为得。以物非无，故邪见为惑；以物非有，故常见

---

① 语出《维摩诘所说经·入不二法门品》："色即是空，非色灭空，色性自空"。
② 语出《维摩诘所说经·问疾品》："如我此病，非真非有，众生并亦非真非有"。
③ 《超日》：指《佛说超日明三昧经》，晋代聂承远所译佛经。
④ 《放光》：指《放光般若经》，晋代无叉罗所译佛经。
⑤ 《经》：指《摩诃般若波罗蜜经》。
⑥ 二于物：犹言"于物为二"。
⑦ 夷：灭。
⑧ 语出《维摩诘所说经·佛国品》。
⑨ 《璎珞经》：指后秦释竺佛念所译《菩萨璎珞经》。

不得。然则非有非无者，信真谛之谈也。故《道行》①云："心亦不有亦不无。"《中观》②云："物从因缘故不有，缘起故不无。"寻理即其然矣。

所以然者，夫有若真有，有自常有，岂待缘而后有哉？譬彼真无，无自常无，岂待缘而后无也？若有不能自有，待缘而后有者，故知有非真有。有非真有，虽有，不可谓之有矣。不无者，夫无则湛然不动，可谓之无，万物若无，则不应起，起则非无，以明缘起，故不无也。故《摩诃衍论》云："一切诸法，一切因缘，故应有；一切诸法，一切因缘，故不应有；一切无法，一切因缘，故应有；一切有法，一切因缘，故不应有。"寻此有无之言，岂直反论而已哉？若应有即是有，不应言无；若应无即是无，不应言有。言有，是为假有以明非无，借无以辩非有。此事一称二，其文有似不同。苟领其所同，则无异而不同。

然则万法果有其所以不有，不可得而有；有其所以不无，不可得而无。何则？欲言其有，有非真生；欲言其无，事象既形。形象不即无，非真非实有。然则不真，空义显于兹矣。故《放光》云："诸法假号不真。譬如幻化人，非无幻化人，幻化人非真人也。"

夫以名求物，物无当名之实；以物求名，名无得物之功。物无当名之实，非物也；名无得物之功，非名也。是以名不当实，实不当名。名实无当，万物安在？故《中观》云："物无彼此，而人以此为此，以彼为彼。彼亦以此为彼，以彼为此。此彼莫定乎一名，而惑者怀必然之志。"然则彼此初非有，惑者初非无。既悟彼此之非有，有何物而可有哉？故知万物非真，假号久矣。是以《成具》③立强名

---

① 《道行》：指后汉支娄迦谶所译《道行般若经》。

② 《中观》：指《中论》。

③ 《成具》：指后汉西域僧人支曜所译《成具光明定意经》。

之文，园林托指马之况①。如此，则深远之言，於何而不在？是以圣人乘千化而不变，履万惑而常通者，以其即万物之自虚，不假虚而虚物也。故《经》云："甚奇！世尊不动，真际为诸法立处，非离真而立处，立处即真也。"

然则道远乎哉？触事而真！圣远乎哉？体之即神！

支　遁

支遁（314—366），字道林，世称支公，也称林公，别称支硎，本姓关，陈留（今河南开封市）人，或说河东林虑（今河南林县）人，东晋高僧、佛学家、文学家。初隐余杭山，25 岁出家，曾居支硎山，后于剡县（今浙江省嵊州市）沃洲小岭立寺行道，僧众百余。晋哀帝时应诏进京，居东安寺讲道，三年后回剡而卒。《高僧传》有传。善草隶，好畜马，精通老庄之说与佛理，倡导"即色本空"说，创立般若学即色义，为"六家七宗"中即色宗代表人物。选文参校清严可均校辑《全上古三代秦汉三国六朝文》第 3 册之《全晋文·卷一百五十七》，中华书局 1958 年版。

大小品对比要钞序

夫《般若波罗蜜》②者，众妙之渊府，群智之玄宗，神王之所由，

---

①　典出《庄子·齐物论》："以指喻指之非指，不若以非指喻指之非指也；以马喻马之非马，不若以非马喻马之非马也。天地一指也，万物一马也。"况：喻。

②　般若波罗蜜：梵文音译，大意为"通过大智慧到达彼岸"；此处指《般若波罗蜜经》，又称《般若波罗蜜多经》，又简称《般若经》，指佛教般若类经典之汇编，包括《心经》《金刚经》等。

如来之照功①。其为经也，至无空豁，廓然无物者也。无物於物，故能齐於物；无智於智，故能运於智。是故，夷三脱於重玄②，齐万物於空同③，明诸佛之始有，尽群灵之本无，登十住④之妙阶，趣无生⑤之径路。何者邪？赖其至无，故能为用。

夫无也者，岂能无哉？无不能自无，理亦不能为理。理不能为理，则理非理矣；无不能自无，则无非无矣。是故妙阶则非阶，无生则非生。妙由乎不妙，无生由乎生。是以十住之称兴乎？未足定号般若之智，生乎教迹之名。是故言之则名生，设教则智存。智存於物，实无迹也；名生於彼，理无言也。何则？至理冥壑，归乎无名；无名无始，道之体也。无可不可者，圣之慎也。苟慎理以应动，则不得不寄言，宜明所以寄，宜畅所以言。理冥则言废，忘觉则智全。若存无以求寂，希⑥智以忘心，智不足以尽无，寂不足以冥神。何则？故有存於所存，有无於所无。存乎存者，非其存也；希乎无者，非其无也。何则？徒知无之为无，莫知所以无；知存之为存，莫知所以存。希无以忘无，故非无之所无；寄存以忘存，故非存之所存。莫若无其所以无，忘其所以存。忘其所以存，则无存於所存；遗其所以无，则忘无於所无。忘无故妙存，妙存故尽无，尽无则忘玄，忘玄故无心，然后二迹无寄，无有冥尽。是以诸佛因般若之无

---

① 神王：指佛教最高精神境界。如来之照功：如来以大智慧照耀众生之功。

② 全句意思是说以重玄消解三脱的不同。夷：灭。三脱：指空解脱门、无相解脱门、无愿解脱门佛教三重解脱法门。重玄：对《老子·第一章》"玄之又玄，众妙之门"的概称，后来有玄学与佛学交融的"重玄"学派。

③ 空同：虚无浑茫。

④ 十住：又称十地住、十法住、十解，大乘菩萨的修行阶位，为五十二阶位中，第十一位至第二十位的称呼，包括初发心住、治地住、修行住、生贵住、具足方便住、正心住、不退住、童真住、法王子住、灌顶住。

⑤ 趣：同"趋"。无生：佛教语，谓没有生灭，不生不灭，是涅槃真理。

⑥ 希：求。

始，明万物之自然、众生之丧道。溺精神乎欲渊，悟群俗以妙道，渐积损以至无；设玄德以广教，守谷神以存虚；齐众首①於玄同，还群灵乎本无。

盖闻出小品者，道士也。尝游外域，岁数悠曩②，未见典载而不详其姓名矣。尝闻先学共传云，佛去世后，从大品之中钞出小品③，世传其人，唯目之以淳德，验之以事应，明其致而已，亦莫测其由也。

夫至人也，览通群妙，凝神玄冥，灵虚响应，感通无方。建同德以接化，设玄教以悟神；述往迹以搜滞，演成规以启源。或因变以求通，事济而化息，适任以全分④，分足则教废。故理非乎变，变非乎理，教非乎体，体非乎教⑤。故千变万化，莫非理外，神何动哉？以之不动，故应变无穷。无穷之变，非圣在物⑥，物变非圣，圣未始於变。故教遗兴乎变，理滞生乎权⑦；接应存乎物，理致同乎归；而辞数异乎本事⑧，备乎不同。不同之功，由之万品⑨；神悟迟速，莫不缘分⑩。分暗则功重⑪，言积而后悟；质明则神朗，触理则玄畅⑫。轻之与重，未始非分，是以圣人之为教，不以功重而废

---

① 众首：众生的精神。

② 曩：从前，这里指岁月悠久。

③ 一般称佛经之全本或繁本为"大品"，节略本为"小品"。

④ 分：性分。

⑤ 教：言语教化。体：本体、精神。

⑥ 非圣在物：不在"圣"而在"物"。

⑦ 两句意思是说教理因为权变而有所遗漏、滞塞。

⑧ 本事：原物、原事。

⑨ 万品：万物、万类。

⑩ 缘分：由于人的性分不同而不同。

⑪ 分暗：指性分不敏。功重：用力多，这里指措辞繁。

⑫ 质明：指质性明达。触理：理解、表达道理。

分。分易而存轻，故群品所以悟，分功所以成，必须重以运通，因其宜以接分，此为悟者之功重，非圣教之有烦。令统所以约，教功所以全①，必待统以适任，约文以领玄。领玄则易通，因任则易从，而物未悟二本之不异统②，致同乎宗，便以言数为大小，源流为精粗。文约谓之小，文殷③谓之大；顺常之为通，因变之为舞，守数④之为得，领统之为失。而彼揩文⑤之徒，羁见束教，顶著《阿含》⑥，神匮分浅，才不经宗，儒墨大道，域定圣人⑦。志局文句，诘教难权，谓崇要为达谅⑧，领统为伤宗，须征验以明实，效应则疑伏。是以至人顺群情，以征理取验乎沸油，明小品之体本塞、群疑幽滞因物之征验，故示验以应之。今不可以趣征於一验，目之为淳德，效丧於事实，谓之为常人，而未达神化之权。

统玄应於将来，畅济功於殊涂⑨，运无方之一致，而察殊轨为异统，观奇化为逆理，位大宝为欣王，聚济货为欲始⑩，徒知至圣之为教，而莫知所以教。是以圣人标域⑪三才，玄定万品，教非一涂，应物万方。或损教违无⑫，寄通适会；或抱一御有，系文明宗，

---

① 令统：同下文"领统"，提纲挈领的意思。教功：圣教之功，相对于"分功"（人的性分之功）。

② 物：这里指人。二本：指大品、小品。

③ 殷：多。

④ 守数：恪守法规，这里指拘于文句。

⑤ 揩文：涂抹文字，指咬文嚼字。

⑥ 顶著《阿含》：崇盛佛典；阿含，小乘佛经之总名。

⑦ 儒墨：儒墨两家相争使大道割裂，这里借作动词，意为支离、割裂。域定：犹言限定、囿于。

⑧ 谅：浅薄。

⑨ 涂：同"途"。

⑩ 大宝：佛教以法或菩萨为大宝。欣：羡慕。济货：救济危困之货。

⑪ 标域：标示、界定。

⑫ 损教：减少佛法的教训。违无：离开空无的意旨。

崇圣典为世轨则。夫体道尽神者，不可诘之以言教；游无蹈虚者，不可求之於形器。是以至人於物，遂通而已。

明乎小大之不异，畅玄标之有寄，因顺物宜，不拘小派①。或以大品辞茂事广，喻引宏奥，虽穷理有外，终於玄同。然其明宗统一，会致不异，斯亦大圣之时教，百姓之分致②。苟以分致之不同，亦何能求简於圣哉！若以简不由圣，岂不寄言於百姓？夫以万声钟响，响一以持之；万物感圣，圣亦寂以应之；是以声非乎响，言非乎圣，明矣。且神以知来，夫知来者，莫非其神也。机动则神朗，神朗则逆鉴③，明夫来往常在鉴内。是故，至人鉴将来之希纂④，明才致之不并，简教迹以崇顺，拟群智之分。向关⑤之者易统，知希之者易行。而大品言数丰具，辞领富溢，问对奥衍，而理统宏邃。虽玄宗易究，而详事难备。是以明夫为学之徒，须寻迹旨，关其所往，究览宗致，标定兴尽，然后悟其所滞，统其玄领。或须练综⑥群问，明其酬对，探幽研赜，尽其妙致；或以教众数溢，讽读难究，欲为写崇⑦供养，力致无阶。诸如此例，群仰分狭，窥者绝希。是故出小品者，参引王统⑧，简领群目，筌域事数，标判由宗，以为小品，而辞喻清约，运旨亹亹⑨。然其往往明宗而标其会致，使宏统有所，于理无损，自非至精，孰其明矣。又察其津，寻其妙会，

---

① 派：这里指差别。

② 分致：性分所得。

③ 逆：预料、预见。鉴：鉴察。

④ 希纂：犹言简繁。

⑤ 向：趋向，意之所向。关：同"贯"，贯通。

⑥ 练综：熟悉、综合。

⑦ 写崇：指书写经文。

⑧ 王统：丰富繁杂的系统，"王"同"旺"。

⑨ 亹亹：同"娓娓"。

览始原终，研极奥旨，领大品之王标①，备小品之玄致，缥缥焉览津乎玄味，精矣尽矣，无以加矣！斯人也，将神王於冥津，群形於万物，量不可测矣！宜求之於筌表，寄之於玄外。

惟昔闻之曰：夫大小品者，出於本品，本品之文，有六十万言，今游天竺，未适於晋。今此二钞，亦兴於大本，出者不同也，而小品出之在先。然斯二经，虽同出於本品，而时往往有不同者。或小品之所具，大品所不载，大品之所备，小品之所阙。所以然者，或以二者之事同，互相以为赖，明其本一，故不并矣。而小品至略玄总，事要举宗，大品虽辞致婉巧，而不丧本归。至于说者，或以专句推事，而不寻况旨②；或多以意裁，不依经本。故使文流③相背，义致同乖，群义偏狭，丧其玄旨。或失其引统，错征其事，巧辞伪辩，以为经体，虽文藻清逸，而理统乖宗。是以先哲出经，以梵为本；小品虽钞，以大为宗。推梵可以明理，征大可以验小。若苟任胸怀之所得，背圣教之本旨，徒尝於新声，苟竞於异常。异常未足以征本，新声不可以经宗。而遗异常之为谈，而莫知伤本之为至。伤本则失统，失统则理滞，理滞则或殆。若以殆而不思其源，困而不寻其本，斯则外不关於师资，内不由於分得，岂非仰资於有知，自塞於所寻，困蒙於所滞，自穷於所通？进不暗常，退不研新，说不依本，理不经宗，而忽咏先旧，毁訾④古人，非所以为学，辅其自然者也。

夫物之资生，靡不有宗；事之所由，莫不有本；宗之与本，万理之源矣。本丧则理绝，根巧则枝倾，此自然之数也。末绍⑤不然

---

① 王标：众多的条目。

② 况旨："意况大旨"的省称，概括大意。

③ 文流：文句品级。

④ 訾：读 zǐ，毁谤、非议。

⑤ 末绍：不继承先典的人；绍，继承。

矣。于斯也，徒有天然之才，渊识邈①世，而未见大品，览其源流，明其理统，而欲寄怀小品，率意造义，欲寄其分得，标显自然，希邈常流，徒尚名宾②，而竭其才思，玄格③圣言，趣悦群情，而乖本违宗，岂相望乎大品也哉！如其不悟，将恐遂其所惑，以罔后生。是故推考异同，验其虚实，寻流穷源，各有归趣。而小品引宗，时有诸异：或辞倒事同，而不乖旨归；或取其初要，废其后致；或筌次④事宗，倒其首尾；或散在群品，略撮玄要。时有此事，乖互不同。又，大品事数甚众，而辞旷浩衍，本欲推求本宗，明验事旨，而用思甚多劳，审功⑤又寡，且稽验废事，不覆速急。

是故，余今所以例玄事以骈比，标二品以相对，明彼此之所在，辩大小之有先，虽理或非深奥，而事对之不同，故采其所究，精粗并兼，研尽事迹，使验之有由。故寻源以求实，趣定於理宗。是以考大品之宏致，验小品之总要，搜玄没⑥之所存，求同异之所寄，□□有在，寻之有轨。尔乃贯综首尾，推步玄领，究其盘结，辩其凝滞，使文不违旨，理无负宗，栖验⑦有寄，辩不失征。且於希咏之徒⑧，浪神游宗，陶冶玄妙，推寻源流，关⑨虚考实，不亦夷易乎？若其域乖体极，对非理标，或其所寄者，愿俟将来摩诃萨⑩，幸为研尽，备其未详也。

---

① 邈：超越、胜过。

② 名宾：名辞；名为实之宾，故称。

③ 格：推究。

④ 筌次：诠释编排。

⑤ 审：详细、明确。功：精到。

⑥ 玄没：深远隐没之理。

⑦ 栖验：隐伏不明的征验。

⑧ 希咏之徒：指仰慕并吟诵佛经之人。

⑨ 关：入。

⑩ 摩诃萨：菩萨的通称。

慧　远

　　慧远(334—416)，俗姓贾，雁门郡楼烦县人(今山西宁武附近)，东晋高僧，佛教净土宗之始祖。从小资质聪颖，勤思敏学，十三岁随舅父令狐氏游学许昌、洛阳等地。精通儒学，旁通老庄。二十一岁时，偕同母弟慧持前往太行山聆听道安法师讲《般若经》，悟彻真谛，以为佛教远胜儒、道，遂从而出家。入庐山住东林寺，领众修道。引老庄义为连类以解说佛经，善于般若，并兼倡阿毗昙、戒律、禅法。曾与刘遗民等人，在阿弥陀像前立誓，这是佛教史上最早的结社，后谢灵运在东林寺中开东西两池，遍种白莲，慧远所创之社，遂称"白莲社"，净土宗又称"莲宗"。选文参校清严可均校辑《全上古三代秦汉三国六朝文》第 3 册之《全晋文·卷一百六十一》，中华书局1958 年版。

与隐士刘遗民等书

　　每寻畴昔游心世典①，以为当年之华苑也，及见《老》《庄》，便悟名教是应变之虚谈耳。以今而观，则知沈冥②之趣，岂得不以佛理为先？苟会之有宗，则百家同致。君诸人并为如来贤弟子也，策名神府③，为日已久，徒积怀远之兴，而乏因籍之资，以此永年，

　　① 畴昔：过去。世典：世间的典籍，佛家称佛教经典以外的书籍为世典。

　　② 沈冥：沉冥，佛学语，犹幽冥，亦指幽冥中人，《楞严经》卷四："引诸沉冥，出於苦海。"

　　③ 神府：灵府，谓精神之宅。

岂所以励其宿心哉①? 意谓六斋日宜简绝常务，专心空门，然后津寄之情笃，来生之计深矣。若染翰缀文，可托兴於此，虽言生於不足，然非言无以畅一诣之感，因骥之喻，亦何必远寄古人!

范 缜

范缜(约 450—515)，字子真，南阳舞阴(今河南泌阳县西北)人，南朝齐、梁时无神论思想家，曾任宁蛮主簿、尚书殿中郎、宜都太守、晋安太守。博通经术，尤精"三礼"(《周礼》《仪礼》《礼记》)。天监六年发表《神灭论》，"朝野喧哗"，梁武帝萧衍佞佛，发《敕答臣下神灭论》，萧琛、曹思文、沈约三人著文反驳《神灭论》，成为佛学史上重要公案之一，《神灭论》及《答曹舍人》等四篇，收入《弘明集》与《全梁文》。选文参校清严可均校辑《全上古三代秦汉三国六朝文》第 4 册之《全梁文·卷四十五》，中华书局 1958 年版。

神灭论

或问予云："神灭，何以知其灭也?"答曰："神即形也，形即神也②。是以形存则神存，形谢则神灭也。"

问曰："形者，无知之称，神者，有知之名，知与无知，即事③有异，神之与形，理不容一，形神相即，非所闻也。"答曰："形者，神之质，神者，形之用，是则形称其质，神言其用，形之与神，不

---

① 永年：长寿。宿心：本然之心。

② 即：不离于。

③ 即事：就事而论。

得相异也。"

问曰:"神故非质,形故非用①,不得为异,其义安在?"答曰:"名殊而体一也。"

问曰:"名既已殊,体何得一?"答曰:"神之於质,犹利之於刃,形之於用,犹刃之於利,利之名非刃也,刃之名非利也。然而舍利无刃,舍刃无利,未闻刃没而利存,岂容形亡而神在?"

问曰:"刃之与利,或如来说②,形之与神,其义不然。何以言之?木之质无知也,人之质有知也,人既有如木之质,而有异木之知,岂非木有其一,人有其二邪?"答曰:"异哉言乎!人若有如木之质以为形,又有异木之知以为神,则可如来论也。今人之质,质有知也,木之质,质无知也。人之质非木质也,木之质非人质也,安在有如木之质而复有异木之知哉?"

问曰:"人之质所以异木质者,以其有知耳。人而无知,与木何异?"答曰:"人无无知之质,犹木无有知之形。"

问曰:"死者之形骸,岂非无知之质邪?"答曰:"是无知之质也。"

问曰:"若然者,人果有如木之质,而有异木之知矣。"答曰:"死者有如木之质,而无异木之知;生者有异木之知,而无如木之质也。"

问曰:"死者之骨骼,非生者之形骸邪?"答曰:"生形之非死形,死形之非生形,区已革③矣,安有生人之形骸而有死人之骨骼哉?"

问曰:"若生者之形骸非死者之骨骼,死者之骨骼则应不由生者之形骸,不由生者之形骸,则此骨骼从何而至此邪?"答曰:"是生者之形骸,变为死者之骨骼也。"

---

① 故:同"固",本来。

② 来说:你的理论,下文"来论"义同。

③ 区已革:有区别;革,改易,引申为"不同"。

问曰："生者之形骸虽变为死者之骨骼，岂不因生而死？则知死体犹生体也。"答曰："如因荣木变为枯木，枯木之质，宁是荣木之体？"

问曰："荣体变为枯体，枯体即是荣体；如丝体变为缕体，缕体即是丝体；有何别焉？"答曰："若枯即是荣，荣即是枯，则应荣时凋零，枯时结实也。又荣木不应变为枯木，以荣即是枯，无所复变也。荣枯是一，何不先枯后荣，要先荣后枯，何也？丝缕同时，不得为喻。"

问曰："生形之谢，便应豁然都尽，何故方受死形，绵历①未已邪？"答曰："生灭之体，要有其次②故也。夫欻③而生者，必欻而灭，渐而生者，必渐而灭。欻而生者，飘骤④是也；渐而生者，动植是也。有欻有渐，物之理也。"

问曰："形即是神者，手等亦是神邪？"答曰："皆是神之分也。"

问曰："若皆是神之分，神既能虑，手等亦应能虑也？"答曰："手等能有痛痒之知，而无是非之虑。"

问曰："知之与虑，为一为异？"答曰："知即是虑，浅则为知，深则为虑。"

问曰："若尔，应有二虑。虑既有二，神有二乎？"答曰："人体惟一，神何得二？"

问曰："若不得二，安有痛痒之知，复有是非之虑？"答曰："如手足虽异，总为一人；是非痛痒虽复有异，亦总为一神矣。"

问曰："是非之虑，不关手足，当关何处？"答曰："是非之虑，心器所主。"

问曰："心器是五藏之主，非邪？"答曰："是也。"

---

① 绵历：历时长久。

② 次：程序。

③ 欻：读xū，忽然。

④ 飘骤：飘风骤雨，即狂风暴雨。

问曰："五藏有何殊别而心独有是非之虑乎?"答曰："七窍亦复何殊,而司用不均。"

问曰："虑思无方①,何以知是心器所主?"答曰："心病则思乖,是以知心为虑本。"

问曰："何不寄在眼等分中?"答曰："若虑可寄於眼分,眼何故不寄於耳分邪?"

问曰："虑体无本②,故可寄之於眼分;眼自有本,不假寄於佗③分也。"答曰："眼何故有本而虑无本?苟无本於我形,而可遍寄於异地,亦可张甲之情寄王乙之躯,李丙之性托赵丁之体。然乎哉?不然也。"

问曰："圣人形犹凡人之形,而有凡圣之殊,故知形神异矣。"答曰："不然。金之精者能照,秽者不能照,有能照之精金,宁有不照之秽质?又岂有圣人之神而寄凡人之器?亦无凡人之神而托圣人之体。是以八采、重瞳,勋、华之容④;龙颜、马口,轩、皞之状⑤,此形表之异也。比干之心,七窍并列;伯约⑥之胆,其大若拳,此心器之殊也。是知圣人定分,每绝常区⑦,非惟道革群生⑧,乃亦形超万有。凡圣均体,所未敢安。"

问曰："子云圣人之形必异於凡者,敢问阳货类仲尼,项籍似大舜,舜、项、孔、阳,智革形同,其故何邪?"答曰："珉⑨似玉而非

---

① 无方:不受空间限制。

② 无本:没有基础。

③ 佗:读 tuō,别的、其他的。

④ 勋:放勋,即尧帝,传说其眉毛有八种颜色。华:重华,即舜帝,传说其一眼有两瞳孔(重瞳)。

⑤ 轩:轩辕,即黄帝,传说其龙颜。皞:皋陶,传说其马口。

⑥ 伯约:三国蜀姜维的字。

⑦ 绝:超越。常区:当作常品,普通人。

⑧ 道革群生:道德不同于众人。

⑨ 珉:读 mín,指像玉的石头。

玉，鸡类凤而非凤，物诚有之，人故宜尔。项、阳貌似而非实似，心器不均，虽貌无益。"

问曰："凡圣之殊，形器不一，可也；圣人员极①，理无有二，而丘、旦殊姿，汤、文异状②，神不系色，於此益明矣。"答曰："圣同於心器，形不必同也，犹马殊毛而齐逸③，玉异色而均美。是以晋棘、荆和④，等价连城，骅骝、騄、骊⑤，俱致千里。"

问曰："形神不二，既闻之矣，形谢神灭，理固宜然，敢问《经》云：'为之宗庙，以鬼飨之。'⑥何谓也？"答曰："圣人之教然也，所以从孝子之心，而厉偷薄之意⑦，神而明之，此之谓矣。"

问曰："伯有被甲，彭生豕见，《坟》《索》著其事⑧，宁是设教而已邪？"答曰："妖怪茫茫，或存或亡。强死⑨者众，不皆为鬼，彭生、伯有，何独能然？乍人乍豕，未必齐、郑之公子也。"

问曰："《易》称'故知鬼神之情状，与天地相似而不违'，又曰'载鬼一车'⑩，其义云何？"答曰："有禽焉，有兽焉，飞走之别也；有人焉，有鬼焉，幽明之别也。人灭而为鬼，鬼灭而为人，则未之知也。"……

---

① 员极：圆满至极；员，同"圆"。

② 旦：周公旦。汤：商汤。文：周文王。

③ 逸：奔跑。

④ 晋棘：晋国的"垂棘之璧"。荆和：楚国的和氏璧。

⑤ 骅骝、騄、骊：周穆王八骏中骅骝、騄耳、温骊，均为千里马。

⑥ 语出《孝经》。

⑦ 厉：振奋、刷洗。偷薄：苟且而不忠厚。

⑧ 伯有：春秋时郑国良霄字，被人攻杀，郑人传说其死后化为披甲恶鬼以复仇。彭生：春秋时齐国公子，传说被齐襄王杀害后变身为猪。《坟》《索》：指《三坟》《八索》，此处泛指古代典籍。

⑨ 强死：遇害被杀而死。

⑩ 语见《周易》之《系辞上》《睽卦》。

萧　绎

选文参校清严可均校辑《全上古三代秦汉三国六朝文》第 4 册之《全梁文·卷十七》，中华书局 1958 年版。

内典①碑铭集林序

夫法性空寂，心行处断②，感而遂通，随方引接。故鹊园善诱，马苑弘宣③；白林将谢，青树已列④。是宣金牒⑤，方寄银身。自像教⑥东流，化行南国。吴主至诚，历七霄而光曜⑦；晋王⑧画像，经五帝而弥新。次道、孝伯，嘉宾、玄度⑨，斯数子者，亦一代名人。或修理止于伽蓝，或归心尽于谈论。铭颂所称，兴公⑩而已。夫披文相质，博约温润，吾闻斯语，未见其人。班固硕学，尚云赞颂相似；陆机钩深，犹闻碑赋如一。唯伯喈作铭，林宗无愧⑪；德祖能

---

① 内典：指佛典。

② 心行处断："心行处灭、言语道断"的省写；心行，心念。

③ 鹊园：指古印度阿输迦王所建鸡雀寺，一称为雀园。马苑：指汉明帝在河南洛阳所立白马寺，为中国僧寺之始。

④ 二句描述的是佛陀涅槃之拘尸那的婆罗林，该处四方各长有双树，佛入灭后双树一枯一荣，代表了大乘涅槃之"常乐我净"历代繁荣。

⑤ 金牒：喻佛经。

⑥ 像教：佛像、佛教。

⑦ 吴主：指孙权，他为康僧会感得舍利之盛事而大为叹服，遂造塔供养，号为建初寺。七霄：犹言七朝、七世；霄，喻朝廷。

⑧ 晋王：指善画佛像的晋明帝司马昭。

⑨ 次道：晋人何充字。孝伯：晋人王恭字。嘉宾：晋人郗超字。玄度：南朝宋人谢微字。

⑩ 兴公：指东晋孙绰，曾为许多当时名士撰写碑文。

⑪ 二句指蔡邕(字伯喈)作《郭泰(字林宗)碑》。

诵，元常善书①；一时之盛，莫得系踵②。况般若玄渊，真如妙密，触言成累，系境非真。金石何书，铭颂谁阐？然建塔纪功，招提③立寺，或兴造有由，或誓愿所记。故镌之立石，传诸不朽。亦有息心应供，是曰桑门，或谓智囊，或称印手④。高座擅名，预伊师之席；道林见重，陪飞龙之座⑤。峨眉、庐阜之贤，邺中、宛邓之哲，昭哉史册，可得而详。故碑文之兴，斯焉尚矣。夫世代亟改，论文之理非一；时事推移，属词之体或异。但繁则伤弱，率则恨省；存华则失体，从实则无味。或引事虽博，其意犹同；或新意虽奇，无所倚约。或首尾伦帖，事似牵课；或翻复博涉，体制不工。能使艳而不华，质而不野，博而不繁，省而不率，文而有质，约而能润，事随意转，理逐言深，所谓菁华，无以间也。子幼好雕虫⑥，长而弥笃，游心释典，寓目词林，顷常搜聚，有怀著述。譬诸法海，无让波澜；亦等须弥，同归一色。故不择高卑，唯能是与，倘未详悉，随而足之，名为《内典碑铭集林》，合三十卷，庶将来君子，或裨观见焉。

慧　皎

慧皎（497—554），会稽上虞（今属浙江绍兴）人，南朝梁高僧，

---

①　德祖：杨修字。元常：钟繇字。

②　系踵：相继。

③　招提：梵文之音译，指民间私造的寺院。

④　息心：梵语"沙门"的古译。桑门：又译作沙门、丧门。智囊：有智慧的人。印手：指印手菩萨，晋道安的名号。

⑤　飞龙之座：佛教仪式屈膝而坐称为"龙座"。

⑥　雕虫：指视写作为雕虫小技。

佛教史学家。出家后博通内外学。住会稽嘉祥寺，春夏讲经传法，秋冬专心著述，撰《涅槃义疏》十卷，《梵网经疏》三卷，今已佚。曾住会稽宏普寺博览该寺藏书。因对梁僧宝唱所撰《名僧传》不满，遂集前人资料，依据史籍、地志、僧传等，采各家之长，于梁天监十八年撰成《高僧传》十四卷，记汉明帝以来四百余年间数百高僧传略，所创僧传体例为后世所依。《续高僧传》有传。选文参校汤用彤校注《高僧传》，中华书局 1992 年版。

高僧传

义解论

夫至理无言，玄致幽寂。幽寂，故心行处断；无言，故言语路绝①。言语路绝，则有言伤其旨；心行处断，则作意②失其真。所以净名杜口於方丈③，释迦缄嘿于双树④，将知理致渊寂，故圣为无言。但悠悠梦境，去理殊隔；蠢蠢之徒，非教孰启。是以圣人资灵妙以应物，体冥寂以通神，借微言以津⑤道，托形传真。故曰：兵者，不祥之器，不获已而用之；言者，不真之物，不获已而陈之。故始自

---

① 言语路绝：犹言"言语道断"，《缨珞经》："言语道断，心行处灭。"

② 作意：起意、用心。

③ 净名：亦称维摩诘，"净名"为意译名，"维摩诘"为音译名，其人为早期佛教著名居士，著《维摩诘经》(也称《净名经》)。精通佛教大乘义理，佛弟子多有不及，维摩诘以有病拒不出门，佛派文殊菩萨前往问疾，与其辩论佛法。杜口：沉默。方丈：僧舍。

④ 释迦缄嘿于双树：指释迦牟尼在婆罗双树林间以闭口沉默显示涅槃。缄嘿：闭口沉默。

⑤ 津：这里作动词用，通达。

鹿苑，以四谛为言初①；终至鹤林，以三点为圆极。② 其间散说流文，数过八亿。象驮负而弗穷，龙宫溢而未尽③，将令乘蹄以得兔，藉指以知月；知月则废指，得兔则忘蹄④。经云："依义莫依语"，此之谓也。而滞教者谓至道极於篇章，存形者谓法身定於丈六。故须穷达幽旨，妙得言外……

诵经论

讽诵之利大矣，而成其功者希焉。良由总持⑤难得，惛忘易生。如经所说，止复一句一偈，亦是圣所称美……若乃凝寒靖⑥夜，朗月长宵，独处闲房，吟讽经典，音吐遒亮，文字分明，足使幽灵忻踊，精神畅悦。所谓歌咏诵法言，以此为音乐者也。

经师论

夫篇章之作，盖欲伸畅怀抱，襃述情志；咏歌之作，欲使言味流靡，辞韵相属。故《诗序》云：情动於中，而形於言，言之不足，故咏歌之也。然东国之歌也，则结韵以成咏；西方之赞也，则作偈以和声⑦。虽复歌赞为殊，而并以协谐钟律，符靡⑧宫商，方乃奥妙。故奏歌於金石，则谓之以为乐；赞法於管弦，则称之以为呗。

---

① 鹿苑：释迦牟尼开始讲经的地方。四谛：指苦、集、灭、道四圣谛。

② 鹤林：指婆娑双树，释迦牟尼入灭处。三点：也称"圆伊三点""伊字三点"等，梵文伊字由三点组成，由于写法独特，佛典多用于各种譬喻，这里指法身、般若、解脱三法不一不异。圆极：指最高境界涅槃。

③ 象驮负：指象驮负佛经。龙宫：传说龙树在龙宫中得大乘佛法经典。

④ 知月则废指：以指譬教，以月譬法，《楞严经》卷二："如人以手指月示人，彼人因指，当应看月。若复观指，以为月体，此人岂唯亡失月轮，亦亡其指。"得兔则忘蹄：典出《庄子·外物》。

⑤ 总持：指佛法。

⑥ 靖：平安、安静。

⑦ 东国：指中国。西方：指印度，古天竺国。

⑧ 符靡：符合。

　　夫圣人制乐，其德①四焉：感天地，通神明，安万民，成性类；如听呗，亦其利有五：身体不疲，不忘所忆，心不懈倦，音声不坏，诸天欢喜②。是以般遮弦歌於石室，请开甘露之初门③；净居舞颂於双林，奉报一化之恩德④；其间随时赞咏，亦在处成音。至如亿耳细声於宵夜⑤，婆提扬响於梵宫⑥；或令无相之旨，奏於籚笛之上；或使本行之音，宣於竽瑟之下；并皆抑扬通感，佛所称赞⑦，故《咸池》《韵武》，无以匹其工，《激楚》《梁尘》⑧，无以较其妙。

　　自大教⑨东流，乃译文者众，而传声盖寡，良由梵音重复，汉语单奇。若用梵音以咏汉语，则声繁而偈迫；若用汉曲以咏梵文，则韵短而辞长。是故金言有译，梵响无授。始有魏陈思王曹植，深

---

　　①　德：功能、作用。

　　②　以上五条原出《十诵律》卷三十七，原文是："呗有五利益，身体不疲、不忘所忆、心不疲劳、声音不坏、语言易解"，本是佛教戒律内容的组成部分。天：梵语音译为"提婆"，在佛教中主要指有情众生因各自所行之业而感得的殊胜果报。

　　③　此两句描述般遮为释迦牟尼奏歌事，佛学文献中一般称为"释迦掩室""梵天劝请"，三国时吴国月支人支谦译《太子瑞应本起经》有详细记载。般遮：古印度神话中的乐神之一，释迦成道后禅定于石室，大梵天命帝释天派遣般遮赶赴石室，用吟唱形式请求佛开示佛法，般遮后来成为专司音乐的护法神，他为释迦牟尼弹奏歌唱的曲调以及所弹奏的音乐被称为"般遮瑞响"，梵呗字母的曲调亦是传承于古印度。甘露：比喻佛法。

　　④　此事《根本说一切有部毗奈耶杂事》卷三十七有载。净居：此处指属于"净居天"层次的司职音乐的天神善爱乾闼婆王，佛临涅槃前用神通力降伏其皈依，为报度化之恩，他携眷属来到佛旁，载歌载舞。

　　⑤　此事《十诵律》卷二十五有载。亿耳：古代印度阿盘提国大富豪的贵子，出家受具足戒，到舍卫城拜见佛陀，佛让他同住，默然坐禅，至中夜，佛让亿耳背诵佛所说过的经律，亿耳发出微妙悦耳的吟唱声，诵出《波罗延经》，佛听后非常赞赏。

　　⑥　婆提：全名罗婆那婆提，释迦牟尼弟子之一，《增一阿含经》卷三称其"音响清彻，声至梵天"。

　　⑦　无相之旨：指大乘佛教"一切皆空"的最高境界。本行之音：指歌颂释迦牟尼一生伟业的呗赞。

　　⑧　《咸池》《韵武》《激楚》《梁尘》：均为古代名曲。

　　⑨　大教：指佛教。

爱声律，属意经音；既通般遮之瑞响，又感鱼山之神制；于是删治《瑞应本起》，以为学者之宗①。传声则三千有余，在契②则四十有二。其后帛桥③、支籥④，亦云祖述陈思，而爱好通灵，别感神制，裁变古声，所存止一千而已。至石勒建平中，有天神降於安邑厅事，讽咏经音，七日乃绝。时有传者，并皆讹废。逮宋齐之间，有昙迁⑤、僧辩⑥、

---

① 鱼山之神制：《广弘明集》卷五《魏陈思王辨道论》中曰："尝游鱼山闻空中梵天之赞，乃摹而传于后。"又，南朝宋刘敬叔《异苑》载："陈思王游山，忽闻空里诵经声，清远遒亮，解音者则而写之，为神仙声。道士效之，作步虚声。"《瑞应本起》：指《太子瑞应本起经》。

② 契：文卷。

③ 帛桥：指帛法桥，《高僧传·经师》载："帛法桥，中山人。少乐转读而乏声，每以不畅为慨，于是绝粒忏悔七日七夕，稽首观音以祈现报。同学苦谏誓而不改。至第七日觉喉内豁然，即索水洗漱云：吾有应矣。于是作三契经，声彻里许，远近惊嗟，悉来观听。尔后诵经数十万言，昼夜讽咏，哀婉通神。至年九十声犹不变。以晋穆帝永和中卒於河北，即石虎末也。有弟子僧扶，亦戒行清高。"

④ 支籥：指支昙籥，《高僧传·经师》载："支昙籥，本月支人，寓居建业。少出家，清苦蔬食，憩吴虎丘山。晋孝武初，敕请出都止建初寺。孝武从受五戒，敬以师礼。籥特禀妙声善于转读。尝梦天神授其声法，觉因裁制新声。梵响清靡四飞却转，反折还喉叠哧。虽复东阿先变、康会后造，始终循环，未有如籥之妙。后进传写，莫匪其法。所制六言梵呗，传响于今。后终于所住，年八十一。"

⑤ 昙迁：《高僧传·经师》载："释昙迁，姓支，本月支人，寓居建康。笃好玄儒，游心佛义，善谈庄老，并注十地。又工正书，常布施题经。巧于转读，有无穷声韵。梵制新奇，特拔终古。彭城王义康、范晔、王昙首，并皆游狎。迁初止祇洹寺，后移乌依寺。及范晔被诛，门有十二丧，无敢近者，迁抽货衣物，悉营葬送。孝武闻而叹赏。谓徐爰曰：卿著《宋书》勿遗此士。王僧虔为湘州及三吴，并携共同游。齐建元四年卒，年九十九。时有道场寺释法畅，瓦官寺释道琰，并富声哀婉，虽不竞迁等，抑亦次之。"

⑥ 僧辩：《高僧传·经师》载："释僧辩，姓吴，建康人，出家止安乐寺。少好读经，受业于迁畅二师。初虽祖述其风，晚更措意斟酌，哀婉折衷，独步齐初。尝在新亭刘绍宅斋，辩初夜读经，始得一契，忽有群鹤下集阶前，及辩度卷，一时飞去，由是声振天下，远近知名。后来学者，莫不宗事。永明七年二月十九日，司徒竟陵文宣王，梦于佛前咏维摩一契，同声发而觉，即起至佛堂中，还如梦中法，更咏古维摩一契，便觉韵声流好，着工恒日。明旦，即集京师善声沙门龙光普智新安道兴多宝慧忍天保超胜及僧辩等，集第作声。辩传古维摩一契、瑞应七言偈一契，最是命家之作。后人时有传者，并讹漏失其大体。辩以齐永明十一年卒。中兴有释僧恭，当时与辩齐名，后遂退道。"

太傅①、文宣②等，并殷勤嗟咏，曲意音律，撰集异同，斟酌科例，存仿旧法，正可三百余声。自兹厥会，声多散落；人人致意，补缀不同；所以师师异法，家家各制，皆由昧乎声旨，莫以裁正。

夫音乐感动，自古而然。是以玄师梵唱，赤鹰爱而不移；比丘流响，青鸟悦而忘翥。昙凭动韵，犹令象马踮局；僧辩折调，尚使鸿鹤停飞③。量人虽复浅深，筹感抑亦次焉。故夔击石拊石，则百兽率舞；《箫》韵九成，则凤凰来仪。鸟兽且犹致感，况乃人神者哉？但转读之为懿，贵在声文两得：若唯声而不文，则道心无以得生；若唯文而不声，则俗情无以得入。故经言，以微妙音歌叹佛德，斯之谓也。而顷世④学者，裁得首尾余声，便言擅名当世，经文起尽，曾不措怀⑤，或破句以全声，或分文以足韵，岂唯声之不足，亦乃文不成诠。听者唯增恍惚，闻之但益睡眠。使夫八真明珠，未掩⑥而藏曜；百味淳乳，不浇⑦而自薄。哀哉！若能精达经旨，洞晓音律：三位七声，次而无乱；五言四句，契而莫爽⑧。其间起掷荡举，

---

① 太傅：似指谢安。

② 文宣：指齐竟陵文宣王，《高僧传·经师》载："齐文宣感梦之后，集诸经师，乃与忍斟酌旧声，诠品新异。制《瑞应》四十二契，忍所得最长妙。"

③ 以上诸事与僧辩、昙凭相关，僧辩事见前注。翥：飞。昙凭：《高僧传·经师》载："释昙凭，姓杨，犍为南安人。少游京师学转读，止白马寺，音调甚工而过旦自任，时人未之推也。于是专精规矩，更加研习。晚遂出群，翕然改观。诵《三本起经》尤善其声。后还蜀止龙渊寺。巴汉怀音者，皆崇其声范。每梵音一吐，辄鸟马悲鸣，行途住足。因制造铜钟，愿于未来常有八音四辩。庸蜀有铜钟，始于此也。后终于所住。时蜀中有僧令道光，亦微善转读。"

④ 顷世：近世、近代。

⑤ 措怀：考虑。

⑥ 掩：同"掩"。

⑦ 浇：这里指注水。

⑧ 三位七声：古印度吟咏法。次：合乎次序。契：契合。爽：差。

平折放杀，游飞却转，反叠娇哢①。动韵则揄靡弗穷，张喉则变态无尽。故能炳发八音，光扬七善②。壮而不猛，凝而不滞；弱而不野，刚而不锐；清而不扰，浊而不蔽。谅足以超畅微言，怡养神性，故听声可以娱耳，聆语可以开襟③。若然，可谓梵音深妙，令人乐闻者也。然天竺方俗，凡是歌咏法言，皆称为呗。至於此土，咏经则称为转读，歌赞则号为梵音。昔诸天赞呗，皆以韵入弦管。五众④既与俗违，故宜以声曲为妙……

唱导论

夫唱导所贵，其事四焉，谓声、辩、才、博。非声则无以警众，非辩则无以适时，非才则言无可采，非博则语无依据。至若响韵钟鼓，则四众惊心，声之为用也。辞吐俊发，适会无差，辩之为用也。绮制雕华，文藻横逸，才之为用也。商榷经论，采撮书史，博之为用也。

---

① 哢：读 lòng，鸟鸣。
② 七善：谓佛所说大小乘经典具有七种殊胜佳善之处。
③ 开襟：犹言开怀。
④ 五众：即通常所谓出家人，佛弟子七众，优婆塞、优婆夷是居家，余五众是出家，包括比丘、比丘尼、式叉摩那、沙弥、沙弥尼。

五、神话、 志怪美学

刘 勰

　　刘勰(约 465—520)，字彦和，祖籍山东莒县(今山东省莒县)，生于京口(今江苏镇江)，南朝梁著名文学理论家，曾任县令、步兵校尉、宫中通事舍人，颇有清名。晚年奉皇命和慧震在定林寺撰写订正经文，后请求出家，帝允许出家，改名慧地，不久去世。著《灭惑论》等，32 岁时开始撰写《文心雕龙》，历时五年完成。选文参校范文澜撰《文心雕龙注》，人民文学出版社 1958 年版。

文心雕龙

正　纬

夫神道阐幽①，天命微显，马龙出而大《易》兴，神龟见而《洪范》耀。故《系辞》称"河出图，洛出书，圣人则之"，斯之谓也。但世夐②文隐，好生矫诞，真虽存矣，伪亦凭焉。

夫六经彪炳，而纬候稠叠③；《孝》《论》昭晰，而《钩》《谶》葳蕤④。按经验纬，其伪有四：盖纬之成经，其犹织综⑤，丝麻不杂，布帛乃成；今经正纬奇，倍摘千里⑥，其伪一矣。经，显圣训也；纬，隐神教也。圣训宜广，神教宜约，而今纬多於经，神理更繁，其伪二矣。有命自天，乃称符谶⑦，而八十一篇，皆托于孔子⑧，则是尧造绿图，昌制丹书⑨，其伪三矣。商、周以前，图箓频见⑩，春秋之末，群经方备，先纬后经，体乖织综，其伪四矣。伪既倍摘，则义异自明，经足训矣，纬何豫焉？

---

①　神道：指《原道》中的"神理"。阐幽：与"微显"相对，即幽阐，深奥的要使它明显。

②　夐：读 xiòng，久远。

③　纬候：配合《尚书》的纬书有《尚书中候》，所以又称纬书为纬候。

④　钩谶：配合《孝经》的纬书有《钩命诀》，配合《论语》的纬书有《比考谶》《撰考谶》等，钩谶也指纬书。葳蕤：读 wēi ruí，草木茂盛，转指杂乱繁多。

⑤　综：配合经线和纬线。

⑥　倍摘（zhāi）：违反，抵触；倍，同"悖"。

⑦　符谶：符命预言，托为天命的预言。

⑧　八十一篇：《河图》九篇，《洛书》六篇，相传是黄帝至周文王这一时期所产生的；又别有三十篇，相传孔子等众圣人所增演；《七经纬》三十六篇，说是孔子所作；见《隋书·经籍传》；据此，则《七经纬》是孔子作，不说八十一篇都假托孔子。

⑨　《尚书中候·握河记》说尧得绿图，《尚书中候·我应》说周文王得丹书。只说"得"，不说"造"。

⑩　图箓：图谶，像河图、丹书等。

原夫图箓之见，迺昊天休命①，事以瑞圣，义非配经。故河不出图，夫子有叹，如或可造，无劳喟然②。昔康王河图，陈于东序③；故知前世符命历代宝传。仲尼所撰，序录而已。于是伎数之士④，附以诡术，或说阴阳，或序灾异，若鸟鸣似语，虫叶成字⑤，篇条滋蔓⑥，必假孔氏，通儒讨核，谓起哀平，东序秘宝，朱紫乱矣⑦。至於光武之世，笃信斯术，风化所靡，学者比肩。沛献集纬以通经，曹褒选谶以定礼⑧，乖道谬典，亦已甚矣。是以桓谭疾其虚伪，尹敏戏其深瑕⑨，张衡发其僻谬，荀悦明其诡诞⑩：四贤博练，论之精矣。

若乃羲农轩皞之源，山渎钟律之要⑪，白鱼赤乌之符⑫，黄金紫

① 昊天：上天。休：美好。命：天命。

② 孔子感叹："凤鸟不至，河不出图。"见《论语·子罕》。喟然：叹气状。

③ 东序：东厢房，见《尚书·顾命》。

④ 伎数：技术，指借节气、天象讲人事吉凶。

⑤ "或说阴阳"四句：《左传·襄公三十年》载，鸟的叫声像"嘻嘻"叹气，宋国大火，汉人认为宋伯姬守节三十多年，积阴成阳，引起火灾，这是讲阴阳成灾。又汉上林苑中柳树叶上，虫蛀成"公孙病已立"，病已是宣帝名，指宣帝即位，这是怪异，见《汉书·五行志》。

⑥ 滋蔓：滋长蔓延，指越来越多。

⑦ 秘宝：指河图。朱紫：朱为正色，紫为间色，即杂色，指真伪相乱。

⑧ 二句指沛献王刘辅作《五经论》，用纬书来解经；曹褒参考经书和纬书来制定礼仪，等等。

⑨ 二句指桓谭上书光武帝，称谶纬迷惑贪邪的人，耽误人主，要求罢斥；尹敏对光武帝言谶书会贻误后生，因仿造道："君无口，为汉辅。"即姓尹的可做汉相，给光武帝开玩笑。

⑩ 二句指张衡指斥纬的谬误，如公输班和墨翟事在战国时，纬书说成在春秋时，益州是汉朝设置的，纬书说春秋时就有；荀悦指出纬书是委托的。

⑪ 羲农轩皞：伏羲、神农、黄帝轩辕、黄帝子少皞，纬书里都有记载。山渎钟律：渎，入海的河；钟律，音乐、乐律，纬书里对山渎钟律也有涉及。

⑫ 白鱼赤乌：《史记·周本纪》称周武王伐纣，渡河，有白鱼跳入王船；又有火从上落下，化为赤乌。

玉之瑞①，事丰奇伟，辞富膏腴，无益经典而有助文章。是以后来辞人，采撷②英华。平子恐其迷学，奏令禁绝；仲豫惜其杂真，未许熰燔③；前代配经，故详论焉。

赞曰：荣河温洛，是孕图纬④。神宝藏用，理隐文贵⑤。世历二汉，朱紫腾沸。芟夷⑥谲诡，糅其雕蔚。

郭　璞

郭璞(276—324)，字景纯，河东郡闻喜县(今山西省闻喜县)人，两晋时期著名文学家、训诂学家、风水学者，好古文、奇字，精天文、历算、卜筮，擅诗赋，正统的正一道教徒，是游仙诗的祖师。西晋末为宣城太守殷祐参军，晋元帝拜著作佐郎，与王隐共撰《晋史》，后为王敦记室参军，以卜筮不吉阻敦谋反，被杀，后追赠弘农太守。曾为《尔雅》《方言》《山海经》《穆天子传》《葬经》作注，传于世，明人有辑本《郭弘农集》。选文参校袁珂撰《山海经校注》，上海古籍出版社 1980 年版。

山海经序

世之览《山海》者，皆以其闳诞迂夸、多奇怪俶傥之言⑦，莫不疑

---

① 黄金紫玉：纬书里称，君主乘着金德做天子的，有黄银紫玉出现。

② 撷：读 zhí，拾取。

③ 平子：张衡字。仲豫：荀悦字。熰燔：焚烧。

④ 纬书里称河发光、洛水温时才有河图洛书出现。

⑤ 文贵：指河图洛书上的花纹文采。

⑥ 芟(shān)夷：铲平，指除去。

⑦ 闳诞：广博而虚妄。俶傥：豪爽不拘；俶，读 tì。

焉。尝试论之曰：庄生有云："人之所知，莫若其所不知。"①吾於《山海经》见之矣。夫以宇宙之寥廓，群生之纷纭，阴阳之煦蒸②，万殊之区分，精气浑淆，自相溃薄③，游魂灵怪，触像而构，流形於山川，丽状④於木石者，恶可胜言乎？然则，总其所以乖⑤，鼓之於一响；成其所以变，混之於一象。世之所谓异，未知其所以异，世之所谓不异，未知其所以不异，何者？物不自异，待我而后异，异果在我，非物异也。故胡人见布而疑黂，越人见罽而骇毳⑥。夫玩所习见，而奇所希闻，此人情之常蔽也。今略举可以明之者，阳火出於冰水，阴鼠生於炎山，而俗之论者莫之或怪，及谈《山海经》所载而咸怪之，是不怪所可怪，而怪所不可怪也。不怪所可怪，则几於无怪矣；怪所不可怪，则未始有可怪也。夫能然所不可，不可所不然，则理无不然矣。

案《汲郡竹书》及《穆天子传》⑦：穆王西征，见西王母执璧帛之好，献锦组之属；穆王享王母於瑶池之上，赋诗往来，辞义可观⑧。

---

① 语出《庄子·秋水》："计人之所知，不若其所不知。"

② 煦蒸：化育，蒸腾。

③ 溃薄：亦作"溃礴"，冲激、激荡；溃，读 pēn。

④ 丽状：附托形状；丽，附着。

⑤ 乖：不齐、差别。

⑥ 黂：读 fén，乱麻。罽：读 jì，皮毛织品。毳：读 cuì，鸟兽的细毛。

⑦ 《汲郡竹书》及《穆天子传》：据《晋书·卷五十一束晳传》载："初，太康二年，汲郡人不准盗发魏襄王墓，或言安厘王冢，得竹书数十车。其《纪年》十三篇，记夏以来至周幽王为犬戎所灭，以事接之，三家分晋，仍述魏事至安厘王之二十年。盖魏国之史书，大略与《春秋》皆多相应"，"《师春》一篇，书《左传》诸卜筮"，"《琐语》十一篇，诸国卜梦妖怪相书也"，"《穆天子传》五篇，言周穆王游行四海，见帝台、西王母"，"大凡七十五篇，七篇简书折坏，不识名题"，"漆书皆科斗字"，"武帝以其书付秘书校缀次第，寻考指归，而以今文写之"。《汲郡竹书》：又称"汲书""汲竹书"或"竹书"，南北朝时就大多散失，唯《穆天子传》较完整流传下来。

⑧ "穆王西征"六句：事见《穆天子传》卷三："吉日甲子，天子宾于西王母，乃执白圭玄璧，以见西王母好献锦组百纯，□组三百纯，西王母再拜受之。□乙丑，天子觞西王母于瑶池之上。西王母为天子谣"，"天子答之"。享：宴请，后作"飨"。下文穆王事同出此书。

遂袭①昆仑之丘，游轩辕之宫；眺钟山之岭，玩帝者之宝；勒石②王母之山，纪迹玄圃之上。乃取其嘉木、艳草、奇鸟、怪兽、玉石、珍瑰之器，金膏、烛银之宝，归而殖养於中国。穆王驾八骏之乘，右服盗骊，左骖騄耳③。造父为御，䣝戎为右④，万里长骛，以周历四荒名山大川，靡不登济。东升大人之堂，西燕王母之庐，南辚鼋鼍之梁，北蹑积羽之衢⑤。穷欢极娱，然后旋归。案《史记》：说穆王得盗骊、騄耳、骅骝之骥，使造父御之，以西巡狩，见西王母乐而忘归；亦与《竹书》同。《左传》曰："穆王欲肆其心，使天下皆有车辙马迹焉"，《竹书》所载则是其事也。而谯周之徒，足为通识瑰儒，而雅不平此，验之《史考》以著其妄⑥。司马迁叙《大宛传》亦云："自张骞使大夏之后，穷河源，恶睹所谓昆仑者乎？""至《禹本纪》《山海经》所有怪物，余不敢言也"，不亦悲乎！若《竹书》不潜出於千载，以作征於今日者，则《山海》之言其几乎废矣。

若乃东方生晓毕方之名⑦，刘子政辨盗械之尸⑧，王颀访两面之

---

①　袭：这里指游、登。

②　勒石：刻字于石，亦指立碑。

③　八骏：据《穆天子传》卷一载包括赤骥、盗骊、白义、逾轮、山子、渠黄、华骝、绿耳(騄耳)八种骏马。服：同"负"，负荷，驾乘。骖：驾三匹马，泛指驾驭。

④　造父、䣝戎：人名。

⑤　大人：指巨人，这里指山名。燕：同"宴"。辚：读 lìn，车轮碾过。鼋鼍：读 yuán tuó，指巨鳖和猪婆龙(扬子鳄)，穆天子从其躯盖而过。蹑积羽之衢：指穆天子从羽毛所成之路而过。

⑥　谯周：字允南，三国时期蜀汉著名学者，有《古史考》等著述。

⑦　东方生晓毕方之名：《山海经·西山经》："章峨之山有鸟焉，其状如鹤，一足，赤文青质而白喙，名曰毕方。其鸣自叫也，见则其邑有讹火。"《太平广记·博物》引《尚书故实》语云："汉武帝时，尝有独足鹤。人皆不知，以为怪异。东方朔奏曰：此《山海经》所谓毕方鸟也。验之果是。因敕廷臣皆习《山海经》。"

⑧　刘子政辨盗械之尸：事见《山海经·海内西经》，刘向，字子政。

客①，海民获长臂之衣②，精验潜效，绝代悬符③。於戏，群惑者其可以少寤乎④? 是故圣皇原化以极变，象物以应怪，鉴无滞赜，曲尽幽情，神焉廋⑤哉! 神焉廋哉!

盖此书跨世七代，历载三千，虽暂显於汉，而寻亦寝废⑥。其山川名号所在，多有舛谬，与今不同，师训莫传，遂将湮泯。道之所存，俗之所丧，悲夫! 余有惧焉，故为之创传，疏其壅阏，辟其荒芜⑦，领其玄致，标其洞涉⑧，庶几令逸文不坠於世，奇言不绝於今，夏后之迹靡刊⑨於将来，八荒之事有闻於后裔，不亦可乎! 夫蘙苍之翔，叵以论垂天之凌⑩; 蹄涔之游，无以知绛虬之腾⑪; 钧天⑫之庭，岂伶人之所躅; 无航之津，岂苍兕⑬之所涉; 非天下之至通，难与言《山海》之义矣。呜呼，达观博物之客，其鉴之哉!

---

① 王颀访两面之客：事见《山海经·大荒西经》。

② 海民获长臂之衣：事见《山海经·海外南经》。

③ 绝代：很远的年代。悬符：很久以后得到应验。

④ 於戏：发语词，呜呼。少：同"稍"。寤：同"悟"，觉悟、了解。

⑤ 廋：读 sōu，隐藏、藏匿。

⑥ 寝废：停止、废弃、废除。

⑦ 壅阏：阻塞不通。荒芜：芜杂不整。

⑧ 洞涉：洞察深刻之处。

⑨ 靡：不。刊：刊落、散失。

⑩ "蘙苍之翔"二句：取义于《庄子·逍遥游》："有鸟焉，其名为鹏，背若泰山，翼若垂天之云，抟扶摇羊角而上者九万里，绝云气，负青天，然后图南，且适南冥也。斥鷃笑之曰：彼且奚适也? 我腾跃而上，不过数仞而下，翱翔蓬蒿之间，此亦飞之至也。而彼且奚适也?"蘙苍：草木繁盛貌。叵：不可。

⑪ 蹄涔：兽蹄印的积水。涔：读 cén，连续下雨，积水成涔。虬：一种龙。

⑫ 钧天："钧天广乐"的略称，指天帝演乐之处。

⑬ 兕：读 sì，上古瑞兽。

干　宝

干宝(？—336)，字令升，新蔡(今河南省新蔡县)人，东晋著名学者。自小博览群书，晋元帝时担任佐著作郎的史官职务，奉命领修国史；后经王导提拔为司徒右长史，迁散骑常侍。除精通史学，干宝还好易学，为撰写《搜神记》奠定基础。著述颇丰，有《周易注》《五气变化论》《论妖怪》《论山徙》《司徒仪》《周官礼注》《晋纪》《干子》《春秋序论》《百志诗》等。《晋书》有传。《搜神记》对后世志怪类文学影响颇大。选文参校王根林等校点《汉魏六朝笔记小说大观》，上海古籍出版社1999年版。

搜神记

序

虽考先志於载籍，收遗逸於当时，盖非一耳一目之所亲闻睹也，又安敢谓无失实者哉！卫朔失国，二《传》互其所闻①；吕望事周，子长存其两说②；若此比类，往往有焉。从此观之，闻见之难，由来尚③矣。夫书赴告④之定辞，据国史之方策，犹尚若兹；况仰述千载之前，记殊俗之表，缀片言於残阙，访行事於故老，将使事不二

---

①　卫朔：春秋时卫惠公，《左传》载其失国之事，而《谷梁传》《公羊传》二传所载与《左传》有所不同。

②　吕望：吕尚，号太公望，即姜子牙，曾辅助文王、武王灭商建周。子长：司马迁字，其《史记·齐太公世家》记载了关于吕尚事周的不同传说。

③　尚：久远。

④　赴告：讣告。

迹，言无异途，然后为信者，固亦前史之所病。然而国家不废注记之官，学士不绝诵览之业，岂不以其所失者小，所存者大乎？

今之所集，设有承于前载者，则非余之罪也。若使采访近世之事，苟有虚错，愿与先贤前儒，分其讥谤。及其著述，亦足以发明神道之不诬①也。群言百家不可胜览，耳目所受不可胜载，今粗取足以演八略②之旨，成其微说而已。幸将来好事之士，录其根体，有以游心寓目而无尤③焉。

淮南八公

淮南王安，好道术。设厨宰以候宾客。正月上午，有八老公诣门求见。门吏白王，王使吏自以意难之，曰："吾王好长生，先生无驻衰之术，未敢以闻。"公知不见，乃更形为八童子，色如桃花。王便见之，盛礼设乐，以享④八公。援琴而弦，歌曰："明明上天，照四海兮。知我好道，公来下兮。公将与余，生羽毛兮。升腾青云，蹈梁甫兮。观见三光⑤，遇北斗兮。驱乘风云，使玉女兮。"今所谓《淮南操》⑥是也。

贾佩兰

戚夫人⑦侍儿贾佩兰，后出为扶风人段儒妻，说："在宫内时，尝以弦管歌舞相欢娱，竞为妖服以趋良时。十月十五日，共入灵女庙，以豚黍乐神，吹笛击筑，歌《上灵之曲》。既而相与连臂踏地为

---

① 不诬：不假。

② 八略：汉刘歆著《七略》，干宝试图以《搜神记》续为"八略"。

③ 尤：惊异。

④ 享：后常作"飨"，宴请。

⑤ 三光：指日、月、星。

⑥ 《淮南操》：古琴曲名，又称《八公操》。

⑦ 戚夫人：汉高祖刘邦的宠妃。

节，歌《赤凤皇来》，乃巫俗也。至七月七日，临百子池，作于阗①乐，乐毕，以五色缕相羁，谓之'相连绶。'八月四日，出雕房②北户，竹下围棋，胜者终年有福，负者终年疾病。取丝缕，就北辰星求长命，乃免。九月，佩茱萸，食蓬饵③，饮菊花酒，令人长命。菊花舒时，并采茎叶，杂黍米釀④之，至来年九月九日始熟，就饮焉，故谓之'菊花酒。'正月上辰，出池边盥濯，食蓬饵，以祓⑤妖邪。三月上巳，张乐於流水。如此终岁焉。"

李少翁

汉武帝时，幸李夫人，夫人卒后，帝思念不已。方士齐人李少翁，言能致其神。乃夜施帷帐，明灯烛，而令帝居他帐遥望之。见美女居帐中，如李夫人之状，还幄坐而步，又不得就视。帝愈益悲感，为作诗曰："是耶？非耶？立而望之，偏⑥娜娜，何冉冉其来迟！"令乐府诸音家弦歌之。

管　辂

管辂，字公明，平原人也，善《易》卜。安平太守东莱王基，字伯舆，家数有怪，使辂筮之。卦成，辂曰："君之卦，当有贱妇人，生一男，堕地便走，入灶中死。又，床上当有一大蛇，衔笔，大小共视，须臾便去。又，乌来入室中，与燕共斗，燕死，乌去。有此三卦。"基大惊曰："精义之致，乃至於此，幸为占其吉凶。"辂曰："非有他祸，直客舍久远，魑魅罔两，共为怪耳。儿生便走，非能自

---

① 于阗：古代西域王国，在今新疆和田一带；阗，读 tián。
② 雕房：华美的内室，这里指闺房。
③ 蓬饵：一种米粉做的糕。
④ 釀：读 xiǎng，这里作动词包裹的意思。
⑤ 祓：读 fú，古代用斋戒沐浴等方法除灾求福。
⑥ 偏：同"翩"。

走，直宋无忌①之妖将其入灶也。大蛇衔笔者，直老书佐②耳。乌与燕斗者，直老铃下③耳。夫神明之正，非妖能害也；万物之变，非道所止也；久远之浮精，必能之定数也。今卦中见象，而不见其凶，故知假托之数，非妖咎之征，自无所忧也。昔高宗之鼎，非雉所雊④；太戊⑤之阶，非桑所生。然而野鸟一雊，武丁为高宗；桑谷暂生，太戊以兴。焉知三事不为吉祥？愿府君安身养德，从容光大，勿以神奸，污累天真。"后卒无他，迁安南督军。

后辂乡里刘原问辂："君往者为王府君论怪云：'老书佐为蛇，老铃下为乌'，此本皆人，何化之微贱乎？为见於爻象出君意乎？"辂言："苟非性与天道，何由背爻象而任心胸者乎？夫万物之化，无有常形；人之变异，无有定体。或大为小，或小为大，固无优劣。万物之化，一例之道也。是以，夏鲧，天子之父於赵王如意，汉高之子於而鲧为黄熊，意为苍狗，斯亦至尊之位，而为黔喙⑥之类也。况蛇者协辰巳之位⑦，乌者栖太阳之精，此乃腾黑之明象，白日之流景⑧。如书佐、铃下，各以微躯，化为蛇乌，不亦过乎？"

妖　怪

妖怪者，盖精气之依物者也。气乱於中，物变於外，形神气质，表里之用也。本於五行，通於五事⑨，虽消息升降，化动万端，其

---

① 宋无忌：传说中火精的名字。

② 书佐：处理文书的官吏。

③ 铃下：指侍卫、门卒或仆役。

④ 高宗：殷高宗武丁。雊：读 gòu，雄鸡叫。

⑤ 太戊：殷中宗。

⑥ 黔喙：黑嘴，借指牲畜野兽之类。

⑦ 蛇者协辰巳之位：十二地支配十二生肖，蛇为辰巳之位。

⑧ 腾黑：黑暗。流景：闪耀的光彩。

⑨ 五事：此处指古人修身的五件事：貌、言、视、听、思。

于休咎之征，皆可得域①而论矣。

五气变化

天有五气，万物化成：木清则仁，火清则礼，金清则义，水清则智，土清则思——五气尽纯，圣德备也。木浊则弱，火浊则淫，金浊则暴，水浊则贪，土浊则顽——五气尽浊，民之下也。中土多圣人，和气所交也；绝域多怪物，异气所产也。苟禀此气，必有此形；苟有此形，必生此性。故食谷者智慧而文，食草者多力而愚，食桑者有丝而蛾，食肉者勇憨而悍，食土者无心而不息，食气者神明而长寿，不食者不死而神。大腰无雄，细腰无雌②；无雄外接，无雌外育。三化之虫，先孕后交；兼爱之兽，自为牝牡③；寄生因夫高木，女萝托乎茯苓；木株於土，萍植於水；鸟排虚而飞，兽跖④实而走；虫土闭而蛰，鱼渊潜而处。本乎天者亲上，本乎地者亲下，本乎时者亲旁：各从其类也。千岁之雉，入海为蜃；百年之雀，入海为蛤；千岁龟鼋，能与人语；千岁之狐，起为美女；千岁之蛇，断而复续；百年之鼠，而能相卜：数之至也。春分之日，鹰变为鸠；秋分之日，鸠变为鹰：时之化也。故腐草之为萤也，朽苇之为蛬也，稻之为蛩也⑤，麦之为蝴蝶也；羽翼生焉，眼目成焉，心智在焉：此自无知化为有知，而气易也。雀之为獐也，螽之为虾也：不失其血气，而形性变也。若此之类，不可胜论。

应变而动，是为顺常；苟错其方，则为妖眚⑥。故下体生於上，

---

① 域：限定。

② 大腰：谓龟鳖之类。细腰：谓蜂类昆虫。

③ 三化：这里指蚕。兼爱之兽：《山海经》记载有一种名为"类"的兽，兼具雌雄二性。

④ 跖：读 zhí，踏、踩。

⑤ 蛬：读 gǒng，蟋蟀。蛩：米中的小黑虫。

⑥ 妖眚：灾异；眚，读 shěng。

上体生於下：气之反者也。人生兽，兽生人：气之乱者也。男化为女，女化为男：气之贸①者也。鲁牛哀②得疾，七日化而为虎，形体变易，爪牙施张，其兄启户而入，搏而食之：方其为人，不知其将为虎也；方有为虎，不知其常为人也。故晋太康中，陈留阮士瑀，伤于虺，不忍其痛，数嗅其疮，已而双虺成於鼻中。元康中，历阳纪元载，客食道龟，已而成瘕③，医以药攻之，下龟子数升，大如小钱，头足壳备，文甲皆具，惟中药已死。夫妻非化育之气，鼻非胎孕之所，享道非下物之具：从此观之，万物之生死也，与其变化也，非通神之思，虽求诸已，恶识所来？然朽草之为萤，由乎腐也；麦之为蝴蝶，由乎湿也。尔则万物之变，皆有由也。农夫止麦之化者，沤④之以灰；圣人理万物之化者，济之以道：其与不然乎？

刀劳鬼

临川间诸山有妖物，来常因大风雨，有声如啸，能射人，其所着者，有顷便肿，大毒。有雌雄，雄急而雌缓，急者不过半日间，缓者经宿。其旁人常有以救之，救之少迟，则死。俗名曰"刀劳鬼。"故外书⑤云："鬼神者，其祸福发扬之验於世者也。"《老子》⑥曰："昔之得一者：天得一以清，地得一以宁，神得一以灵，谷得一以盈，侯王得一以为天下贞。"然则天地鬼神，与我并生者也；气分则性异，域别则形殊，莫能相兼也。生者主阳，死者主阴，性之所托，各安其生，太阴之中，怪物存焉。

---

① 贸：混杂、杂乱。
② 鲁牛哀：春秋鲁国人公牛哀。
③ 瘕：读 jiǎ，腹中生长寄生虫。
④ 沤：读 òu，壅埋堆积以成肥料。
⑤ 外书：佛教徒称佛经以外的书籍。
⑥ 以下引文出自《老子·三十九章》。

阮　瞻

阮瞻，字千里，素执无鬼论，物①莫能难。每自谓：此理足以辨正幽明。忽有客，通名诣瞻，寒温②毕，聊谈名理。客甚有才辨，瞻与之言，良久，及鬼神之事，反复甚苦。客遂屈，乃作色曰："鬼神，古今圣贤所共传，君何得独言无？即仆便是鬼。"于是变为异形，须臾消灭。瞻默然，意色太恶。岁余，病卒。

宋定伯

南阳宋定伯，年少时夜行逢鬼，问之，鬼言宋定伯"我是鬼。"鬼问："汝复谁？"定伯诳之，言："我亦鬼。"鬼问："欲至何所？"答曰："欲至宛市。"鬼言："我亦欲至宛市。"遂行。数里，鬼言："步行太迟，可共递相担，何如？"定伯曰："大善。"鬼便先担定伯数里。鬼言："卿太重，将非鬼也。"定伯言："我新鬼，故身重耳。"定伯因复担鬼，鬼略无重。如是再三。定伯复言："我新鬼，不知有何所畏忌？"鬼答言："惟不喜人唾。"于是共行。道遇水，定伯令鬼先渡，听之，了然无声音。定伯自渡，漕漼③作声。鬼复言："何以有声？"定伯曰："新死，不习渡水故耳，勿怪吾也。"行欲至宛市，定伯便担鬼，着肩上，急执之。鬼大呼，声咋咋然，索下，不复听之。径至宛市中，下着地，化为一羊，便卖之，恐其变化，唾之，得钱千五百，乃去。当时石崇有言："定伯卖鬼，得钱千五。"

阿　紫

后汉建安中，沛国郡陈羡为西海都尉，其部曲王灵孝无故逃去，羡欲杀之。居无何，孝复逃走。羡久不见，囚其妇，妇以实对。羡

---

① 物：他人，众人。

② 寒温：指寒暄。

③ 漕漼：象声词，形容水声；漼，读 cuǐ。

曰："是必魅将去，当求之。"因将步骑数十，领猎犬，周旋於城外求索，果见孝於空冢中。闻人犬声，怪遂避去。羡使人扶孝以归，其形颇象狐矣，略不复与人相应，但啼呼"阿紫"。阿紫，狐字也。后十余日，乃稍稍了悟，云："狐始来时，於屋曲角鸡栖间，作好妇形，自称阿紫，招我，如此非一。忽然便随去，即为妻，暮辄与共还其家，遇狗不①觉。"云乐无比也。道士云："此山魅也。"《名山记》曰："狐者，先古之淫妇也，其名曰阿紫，化而为狐。故其怪多自称阿紫。"

五　酉

孔子厄于陈，弦歌于馆，中夜，有一人长九尺余，着皂衣，高冠，大咤，声动左右。子贡进问："何人耶?"便提子贡而挟之。子路引出，与战于庭。有顷，未胜。孔子察之，见其甲车②间时时开如掌，孔子曰："何不探其甲车，引而奋登?"子路引之，没手仆于地，乃是大鳀鱼也，长九尺余。孔子曰："此物也，何为来哉? 吾闻物老则群精依之，因衰而至此。其来也，岂以吾遇厄绝粮、从者病乎? 夫六畜之物，及龟、蛇、鱼、鳖、草木之属，久者神皆凭依，能为妖怪，故谓之'五酉'。'五酉'者，五行之方，皆有其物。酉者，老也。物老则为怪，杀之则已，夫何患焉? 或者天之未丧斯文，以是系予之命乎! 不然，何为至于斯也?"弦歌不辍。子路烹之，其味滋。病者兴，明日遂行。

---

① 不：或当作"乃"。

② 甲车：指鱼鳃。车：这里指牙车，即下颚骨、下牙床。

萧 绮

萧绮，生卒年不详，南朝梁南兰陵（今江苏常州西北）人，将前秦王嘉所著而当时已散佚的《拾遗记》重新整理成十卷，并在某些篇章后加以"录曰"为形式的批评性文字，对其内容有所补证、发挥和评价。选文参校王根林等校点《汉魏六朝笔记小说大观》，上海古籍出版社1999年版。

拾遗记序

《拾遗记》者，晋陇西安阳人王嘉字子年所撰，凡十九卷，二百二十篇，皆为残缺。当伪秦①之季，王纲迁号，五都沦覆，河洛之地，没为戎墟，宫室榛芜，书藏堙毁。荆棘霜露，岂独悲于前王；鞠为禾黍②，弥深嗟于兹代！故使典章散灭，黉馆焚埃③，皇图帝册，殆无一存，故此书多有亡散。文起羲、炎④已来，事讫西晋之末，五运因循⑤，十有四代。王子年乃搜撰异同，而殊怪必举，纪事存朴，爱广尚奇。宪章稽古之文⑥，绮综编杂之部。《山海经》所

---

① 伪秦：指十六国时苻坚所建前秦。

② 鞠：穷困，这里指荒废。禾黍：含"黍离之悲"义，《毛诗·王风·黍离序》云："闵宗周也。周大夫行役，至于宗周。过故宗庙宫室，尽为禾黍。闵宗周之颠覆，彷徨不忍去，而作是诗也。"

③ 黉：读 hóng，古代称学校。

④ 羲、炎：伏羲、炎帝。

⑤ 五运因循：金木水火土五行循环变化，这里指朝代更迭。

⑥ 宪章：效法。稽：考察。

不载，夏鼎未之或存①，乃集而纪矣。辞趣过诞，意旨迂阔，推理陈迹，恨为繁冗，多涉祯祥②之书，博采神仙之事，妙万物而为言，盖绝世而弘博矣！

世德陵夷③，文颇缺略。绮更删其繁紊，纪其实美，搜刊幽秘，捃④采残落，言匪浮诡，事弗空诬。推详往迹，则影彻⑤经史；考验真怪，则叶附⑥图籍。若其道业远者，则辞省朴素；世德近者，则文存靡丽。编言贯物，使宛然成章。数运则与世推移，风政则因时回改。至如金绳鸟篆之文，玉牒虫书之字⑦，末代流传，多乖曩迹，虽探研镌写，抑多疑误。及言乎政化，讹乎祯祥，随代而次之。土地山川之域，或以名例相疑；草木鸟兽之类，亦以声状相惑⑧。随所载而区别，各因方而释之，或变通而会其道，宁可采于一说。今搜检残遗，合为一部，凡一十卷，序而录焉。

萧　绎

选文参校许逸民撰《金楼子校笺》，中华书局 2011 年版。

---

① 夏鼎：传说为夏禹收集九州的金属铸成的鼎，其上刻有山精水怪等。未之或存：不存。

② 祯祥：吉兆。

③ 陵夷：衰败。

④ 捃：读 jùn，拾取、摘取。

⑤ 影彻：犹言映照。

⑥ 叶附：依附、根据；叶，同"协"。

⑦ 金绳、玉牒：古代帝王封禅、郊祀用的玉简文书，往往缠以金绳，后也泛指典册、史籍。鸟篆、虫书：传说仓颉据鸟虫之迹造造文字。

⑧ "土地山川之域"四句：命名土地山川、草木鸟兽的字形（名例）、字音（声状）的不同，引起理解上的疑惑。

金楼子

志 怪

夫耳目之外，无有怪者，余以为不然也。水至寒而有温泉之热，火至热而有萧丘①之寒；重者应沈而有浮石之山，轻者当浮而有沈羽之水；淳于能剖胪以理脑，元化能刳腹以浣胃②；养由拂蜻蛉之左翅，燕丹使众鸡之夜鸣③；皆其例矣。谓夏必长，而蒜麦枯焉；谓冬必死，而竹柏茂焉；谓始必终，而天地无穷焉；谓生必死，而龟蛇长存焉。若谓受气者皆有一定，则雉有化蜃，雀之为蛤，蠰虫仮翼，川鼋奋蜚，鼠化为鴽④，草死为萤，人化为虎，蛇化为龙，其不然乎？及其乾鹊⑤知来，猩猩识往，太皞师蜘蛛而结罟，金天据九扈以为政⑥，轩辕候凤鸣而调律，唐尧观蓂荚⑦以候时，此又未必劣于人也。逍遥国葱变而为韭，壮武县桑化而为柏，汝南之竹变而为蛇，茵郁之藤化而为鱓⑧，卢敳为侍中化为双白鹄，王乔为邺令变作两蜚凫⑨，谅以多矣，故作《志怪篇》。

---

① 萧丘：传说南海中的一座山。

② 淳于：指淳于意，又称仓公，春秋战国时齐国名医。胪：同"颅"。元化：华佗字。

③ 养由：指养由基，春秋时楚人，善射。拂：这里指箭拂过。蜻蛉：一种蜻蜓类昆虫，俗称"豆娘"。燕丹：指燕太子丹。

④ 蠰：读 náng，一种天牛类的昆虫。仮：同"反"。鼋：同"蛙"。蜚：同"飞"。鴽：读 jiā，一种鹑鴳类的鸟。

⑤ 乾鹊：当作"乾鹊"，指喜鹊。

⑥ 太皞：又作太昊，即伏羲。罟：读 gǔ，渔网。金天：指少昊。扈：止也。

⑦ 蓂荚：读 míng jiá，古代传说中的一种瑞草，可计时日。

⑧ 鱓：同"鳝"。

⑨ 卢敳、王乔：传说中得道成仙之人。

第二编 ◎

艺术美学

本编导读

　　士人艺术在社会生活中确立价值定位、士人美学从朝廷美学中独立出来，乃是此期艺术美学的主线。

　　在各种艺术体裁论中，音乐美学论最具玄学意味，《声无哀乐论》与《啸赋》可作玄学哲学著述读，而这是因为乐理与玄理有非常密切的关联。"韵"是此期及此后各种艺术中的一个重要范畴，今人往往忽略了这首先是个音乐学范畴。袁彦伯《三国名臣序赞》有云："景山恢诞，韵与道合"，《文选》"六臣"注云："（徐邈）思如音韵和理，与道相合也"，"韵与道合"之"韵"并非直接指"音韵"，但却是借"音韵"作比。"韵"论的渊源与音乐及人对节奏的感性经验密切相关。分而论之，"韵"相对偏重于无、虚、神；合而论之，"韵"是有无、虚实相生；而声音的和谐，不仅是高（音）低（音）相成，而且也是有（声）无（声）相生：在音乐中，所谓"休止"是声音的停顿，是无声之处，一种声音一直延续下去而没有休止，是不能形成节奏的，因此，声音节奏本身是在而且只能在有（声）与无（声）相生中形成——对这种有无相生的特性，人在对音乐节奏的感性体验中是能真切感受到的——这是可以广泛运用于音乐之外的审美品评中的"韵"论最初、最直接的感性经验基础。王僧虔《书赋》以"托韵笙簧"论书法："韵"本与时间性的声音有关，而移之以论空间性的书画及人物形象等，充分体现了时空交融、耳目通感的审美思维特点——谢赫论画的"气韵生动"论也当作如是观。味觉与听觉也可以相通，如萧纲《八关斋制序》有"目对金容，耳餐玉韵"之语，此外，所谓"秀色可餐"则表明视觉与味觉也可以相通——所以，视觉之象可"味"，听觉之声也可"味"，乃至抽象之道与玄理也可"味"。感官功能之间的这种互通，乃是本为音乐范畴的"韵"及表示味觉的"味"而可以广泛运用于其他门类艺术品评的又一重要依据。

成公绥《啸赋》在此期音乐美学、玄学美学乃至整个美学中居于重要地位。啸是一种口哨型的音乐，魏晋以来，士人以啸抒情乃至交流，成为普遍风尚，从曹魏到萧梁，诸多名士都在诗文中提到了啸，《世说新语》"栖逸"篇及其注，就记述了阮籍遭遇苏门山人"喟然高啸，有如凤音"的奇遇。三国魏人繁钦《与魏文帝笺》也描述了"喉啭引声"的"啸"的神奇之处。当然，《啸赋》的描述和分析最为精彩：啸"良自然之至音，非丝竹之所拟"，"越《韶》《夏》与《咸池》"，比圣人之乐都要好，"乃知长啸之奇妙，盖亦音声之至极"，远非朝廷庙堂音乐所能比；啸是"役心御气"而成，"气冲郁而飙起"，"飘浮云于泰清，集长风于万里"，人之气与天地自然之气交会。当士人在自然山水之间独啸之时，啸就成为人与自然交流的方式。在中国文化观念中，宇宙是气，人体也是气，乐以气为主，啸亦以气为主，从内容上来说就与中国的音乐宇宙相契合；而作为最为自然又最为自由的方式，"啸"符合玄学的理想而具有极强的审美本体意识。

再看嵇康《声无哀乐论》。玄学从重《老子》向重《庄子》演进，同时也意味着从重政治和哲学的玄学向重哲学和美学的玄学的转变，其中嵇康是重要环节。除了清谈、吃药、饮酒之外，音乐也成了士人体验玄理、铸造人格的一种方式。包括嵇康在内的竹林七贤多半都是嗜好音乐的。阮籍能啸，善弹琴，著有《乐论》。阮咸"妙解音律，善弹琵琶"，著有《律议》。士人之乐，已不再是朝廷的宗庙和仪式音乐，也不是宫廷欢宴、民间节庆的艳丽热闹的音乐，而是表达士人性情和重建形而上境界的音乐，即所谓"游心太玄"。《声无哀乐论》一方面要让人们从现象界的哀乐中摆脱出来，使音乐回到自身的本体追求；另一方面，要人们从现存的社会政治现象中超脱出来，回到对人的本性的追求。嵇康的主旨，是要求士人心灵的主动性不受外在现象的干扰，不管这种现象是社会的、政治的还是心理的。

《声无哀乐论》所代表的音乐自主性的出现具有重大意义。从音乐的功能来看，《刘子·辨乐》有云："先王闻五声，播八音，非苟欲愉心娱耳，听其铿锵而已"，但是，音乐的"愉心娱耳"关乎身心和谐，这种功能本身就具有自身价值——这是第一层次；在第二层次上，《刘子·辨乐》也反对音乐以悲为美，《颜氏家训·勉学》有云："直取其清谈雅论，剖玄析微，宾主往复，娱心悦耳，非济世成俗之要也"，《刘子》关注的是"济世成俗"，而《声无哀乐论》关注的则是个人身心和合与精神安宁——同是反对以悲为美，但旨趣与落脚点不同。

再从音乐中器乐与人声的关系来看，《礼记·郊特牲》有云："歌者在上，匏竹在下，贵人声也。"人声在上、乐器在下，是礼乐仪式的制度性规定。魏晋六朝士人所强调的音乐自主性，则一定程度上超越了这种制度性规定，其重要表现之一，就是士人对各种乐器的特性和功能的重视和研究，诸多士人写了《琴赋》《筝赋》《琵琶赋》《长笛赋》《洞箫赋》等等，并且都是各种器乐方面的高手。但这绝不意味着对人声的轻视，如由上面所提到的"啸"论，可见对人声的重视；再如《世说新语·识鉴》注有云："'听伎，丝不如竹，竹不如肉，何也?'答曰：'渐近自然'"；再如《文心雕龙·声律》强调："夫音律所始，本于人声者也。声含宫商，肇自血气，先王因之，以制乐歌。故知器写人声，声非学器者也。故言语者，文章关键，神明枢机，吐纳律吕，唇吻而已。""啸"是无言辞之人声，诗歌则是有言辞之人声，《乐府》篇云："知诗为乐心，声为乐体；乐体在声，瞽师务调其器；乐心在诗，君子宜正其文"，"八音摛文，树辞为体"，强调了人声言辞在诗乐交融中的主导地位。诗歌与音乐、人声与器声之间的关系，不能仅仅从技术的方面加以理解，在玄学哲学层面上，还关乎人之身与道的关系：强调身（人声）使艺术更富生命意识，而强调器（道）则使艺术更有本体意味——而中国美学总体上是在身与道的和合互动中来确立艺术的价值的。重要的是：各自独立后的人声与器乐，不再是为礼乐仪式服务的工具，而成了士人享乐和"畅神"的方式。在啸及各种乐器赋中，士人们描述了一种与天地自然之气相互交接的境界，这是《庄子》所谓的"与天和"的"天乐"，不同于"与人和"而旨在"均调天下"的政治音乐。

　　士人音乐最终在玄学所强调的"与天和"中确立自身价值，那么，士人书法、绘画艺术呢？曹植《画赞序》："存乎鉴者，图画也"，此前的人物画多画帝王将相或神仙等，有"鉴"的作用，而此期人物画外，还出现山水画，其用为何？书法用于记录，其用甚大，而无关乎记录的书法艺术，其用何在？有关乐、书、画的言语事迹，《世说

新语》载在《巧艺》篇,《颜氏家训》则录于《杂艺》篇——书、画之为
"艺""技",其价值根基何在?也在"神":能畅神而合乎自然、进乎
道,则工匠堪比士人;不能畅神而合乎自然、进乎道,则士人类同
皂隶。而艺术结构论则强调"形"与"神"并重——与此相关的中国型
艺术审美结构及审美把握方式的成型,乃是此期士人美学的重大
创获。

　　形神关系,也是玄学重要话题,而此期艺术形神论,更多受人
物品藻影响:由人物品藻形成的一而二而三而多的审美结构,被运
用到一切审美对象之中,成为中国美学把握审美对象理论的基本结
构。书法上,王僧虔《笔意赞》说:"书之妙道,神采为上,形质次
之。"这是从两层谈。卫夫人提出意、骨、肉,萧衍《答陶隐居论书》
说:"肥瘦相和,骨力相称","棱棱凛凛,常有生气",即生气、骨
力、肌肤三层。绘画上,顾恺之说:"四体妍蚩,本无关妙处,传神
写照,正在阿堵中"(《世说新语·巧艺》)。谢赫《画品》评晋明帝画
说:"虽略于形色,颇多神气。"这是形神两层。后来唐人张怀瓘《画
断》论画:"张(僧繇)得其肉,陆(探微)得其骨,顾(恺之)得其神。"
这是三层。谢赫六法,除"传移模写"外,气韵生动、骨法用笔、应
物象形、随类赋彩、经营位置,既可为三——气韵、骨法、形色,
又可为多——气、韵、骨、形、色、筋。文学上,刘勰《文心雕龙》
之《风骨》中的情与文、风与骨("辞之待骨,如体之树骸;情之含风,
犹形之包气"),是从两层讲;《附会》篇又从四层讲:"以情志为神
明,事义为骨髓,辞采为肌肤,宫商为声气",与此相近,颜之推
《颜氏家训·文章》也从四层讲:"文章当以理致为心肾,气调为筋
骨,事义为皮肤,华丽为冠冕。"由气、阴阳、五行而来的人体结构
进而形成中国型审美对象结构,并从审美的人物品藻,扩展到其他
审美领域,标志着中国美学的成熟。

与中国型审美结构密切相关的，是中国型的审美把握方式——《世说新语》人物品藻中常用的"目"及"味"两字就勾勒了这种独特的审美把握方式。审美对象的神、情、气、韵，有非概念所能穷尽的一面，为了把非概念所能穷尽的方面更进一步地表现出来，中国美学用了一套方式：类似性感受。在人物品藻中，所谓"目"就常用类似性感受，这种方式也渗入各门艺术批评之中（类似性感受以视觉具象为主，由于绘画本就是视觉具象艺术，所以评画中少用类似性感受），如钟嵘《诗品》评诗："范诗清便宛转，如流风回雪。丘诗点缀映媚，似落花依草"；萧衍《古今书人优劣评》评书："孔琳之书，如散花空中，流徽自得。……薄绍之书，如龙游在霄，缱绻可爱。"精炼性词组转向审美，而在审美上又产生类似性感受，与玄学重"无"的观念相关：宇宙的虚灵、物体的虚灵，使人体的神、骨、肉结构中的神的虚灵性凸显出来。精练性词组和类似性感受都是为了去抓住审美对象的根本，两种方式都是"目"，都具有概念范畴性功能，如"孙兴公云：'潘（岳）文浅而净；陆（机）文深而芜。'""孙兴公云：'潘文烂如披锦，无处不善；陆文若排沙简金，往往见宝'。"（《世说新语·文学》）同一人用两种不同方式去言说同一对象，各有所长又互为补充。

除了"目"外，再一审美把握方式是"味"（动词），而作为名词的"味"指审美对象的特性，这两者又是充分结合在一起的："味"某物，就是"味"某物之"味"。在魏晋南北朝文献中，可以用"味"来把握的事物很多，如"味道忘忧""味道无闷""耽精义，味玄理"等。作为感知外物的一种方式，人的口舌只有实际接触外物，才能真正感受其"味"，"道"而可"味"，就表明"道"不离"身"。在美学上，"味"也常见于艺术论中。画论中宗炳有著名的"澄怀味像"之说；书论中王羲之《书论》有云："若直笔急牵裹，此暂视似书，久味无力。"袁昂《古今书评》："殷钧书如高丽使人，抗浪甚有意气，滋韵终乏精味。"乐论中，《颜氏家训·杂艺》有云："此乐（琴）愔愔雅致，有深味哉！"又，挚虞《思游赋》："修中和兮崇彝伦，大道繇兮味琴书"（《全晋文》卷七十六），琴声也是可味的，这讲的是"声"或"韵"之味，后世出现的所谓"韵味"其实与声音是有密切关系的。文论中，"味"论更多。《文心雕龙》有"至于张衡怨篇，清典可味"（《明诗》），"子云沈寂，故志隐而味深"（《体性》）。更著名的是钟嵘《诗品序》提出的"滋味"说。傅弘《心王铭》："水中盐味，色里胶青。决定其有，不见其形"，钱钟书认为，"水中盐味"是对艺术意味、韵味最好的描述。俗语有云"眼见为实"，而"味"则"不见其形"，所以"虚"，在此意义上，"味"就是一种虚灵化的把握方式。另一"不见其形"者，是"声"，声音相对于可见之形象而言也具有"虚"的特性，所以，魏晋六朝人在对虚灵、微妙的声音的审美感受中，创造出了一个超越声音具体形式的"韵"范畴，并把"韵"广泛地运用于人物品藻及诗书画等艺术的品评中。从内与外的关系来看，在"观（目）"之中，相对而言，人的身体与外物不发生实际的接触，倘若能"静观"，则外物之"道"得以显，而在"道"的这种显现过程中，人的身体感受性是不明显的；在"味"之中，人的身体（口舌）与外物必须发生实际的接触；而"听"则处在这两者之间（声波能使耳膜震动）——在观（目）、听、味这一行为序列中，人的身体感受性显然是趋强的。中国美学在"身"与"道"及两者的张力关系中，为审美对象结构定型，与此相互对应，也在"身"与"道"之间来为审美把握方式定性。以此来看，"味"更突出地体现了审美把握方式的身体性，正如诗乐关系论对人声的重视。当然，中国哲学和美学，并不试图把"身"与"道"及各种感官割裂开来，而恰恰是在身道不离、感官互通中来全面把握自然世界和艺术世界的："数逢其极，机入其巧，则义味腾跃而生，辞气丛杂而至。视之则锦绘，听之则丝簧，味之则甘腴，佩之则芬芳，断章之功，于斯盛矣"
（《文心雕龙·总术》）。视觉、听觉、味觉等能力被同时全面调动起
来了。

从审美结果看，"目""味"就凝结为"品"。丰富的审美活动凝结
为众多诗品、画品、书品，而"品"也就成为此期中国型审美把握方
式的理论结晶：《诗品》《书品》《画品》。"品"，从动态说，是品味（欣
赏），从动态的结果说是定论（品格、品第、品级）。它包含两个方
面，一是风格性定论，二是等级性定论，前者是品的事实层面，后
者是品的价值层面。六朝之品更重视价值层面，反映了时代审美趣
味主潮。六朝美学在三个最重要的艺术门类中出现了钟嵘《诗品》、
谢赫《画品》、庾肩吾《书品》。三《品》都有共同的结构：首先是品鉴
这门艺术带有本质性的东西，然后是对艺术家的品级予以定位，同
时对艺术家的个性和作品的特征进行必要的解说。三者在理论讲解
中，都提出了非常重要的思想（《诗品》主要思想的介绍见后"文学美
学"编）。《画品》说："夫画品者，盖众画之优劣也"，"随其品第，裁
成序引"，指出"品"的意思是定"优劣""品第"，提出了绘画"气韵生
动""骨法用笔""应物象形""随类赋彩""经营位置""传移模写"之"六
法"，并以"气韵生动"为第一，还多用神韵、体韵、韵雅、情韵等品
评画家画作，抓住了艺术的实质，达到了六朝的理论高峰，在中国
美学史上也占重要地位。《书品》与《文心雕龙·原道》一样，一开始
也从天地日月等宇宙论的角度讲文字起源，接着对书法与六书的关
系、书法的社会功能等发表了一通意见。其中重要的是，庾肩吾根
据六朝的两种审美境界提出了两个基本的类型概念：工夫和天然，
并以这两个概念为基础，品评他认为水平最高的三位书法家：写草
书的张芝是"工夫第一，天然次之"，写楷书的钟繇是"天然第一，工
夫次之"，写行书的王羲之则是"工夫不及张，而天然过之，天然不

及钟，而工夫过之。"

《诗品》把从汉到梁的 123 人分为上、中、下三品，《画品》将 27 人分为六品，《书品》分上、中、下三品，三品中又各分上、中、下三品，共计九品，涉及 128 人——以三品及其倍数来分，已经成为一种固定格式——由人物品藻生发扩展开来的审美波澜，在"品"中得到了定型。三《品》在篇幅、方法、趣味上都有很多不同，但其共同的特点却是明显的：其一，在审美趣味上，《诗品》以曹植为第一，《画品》以陆探微为第一，《书品》以王羲之为第一，都注意到内容和形式、神采与肌采的统一，代表了六朝趣味。其二，三《品》都以神、骨、肉的人体结构为背景和基础来品评对象。其三，都以精炼性词组和类似性感受的方式来品评对象。因此，人体结构式的审美客体论，精炼性词组和类似性感受的方式论，"品"的等级定性论，是六朝美学三种带有"原型"性的理论，对此后中国美学有持久影响。

从审美境界来看，此期士人美学大致有与士人三面相关的三类境界：在诗歌上，颜延之诗境界是士人进入朝廷做大夫的一面，陶渊明诗境界是士人退出朝廷在山水田园做隐士的一面，谢灵运诗境界则是在仕与隐、进与退、朝廷和山林之间往回去来的一面。书法上的张、钟、王，绘画上的顾、陆、张，园林中的石、谢、陶，都有相通的地方：可以说，工夫第一的张芝，崇肉的张僧繇，讲排场的石崇园林，类似颜延之的诗；天然第一的钟繇，重神的顾恺之，平淡的陶渊明田园，类似于陶渊明的诗；兼得天然与工夫的王羲之，重骨的陆探微，既自然又富丽的谢家园林，类似于谢灵运的诗。中国士人从先秦由儒、道奠定哲学思想基础的文化人格类型，在六朝发展成为成熟的美学境界。

六朝美学"以形写神""气韵生动"论，与玄学"形神"论密切相关。佛教认为神不灭，儒家范缜著《神灭论》，道教则主张炼形养神，而三家皆以形神结构为基础。美学则在这样的氛围中研究形神在审美和艺术中有什么样的位置和作用。《世说新语·巧艺》记载了顾恺之"四体妍蚩，本无关妙处，传神写照，正在阿堵中"的说法，这就是著名的"传神"论，强调了传神与艺术创造性即画之物象形色巧妙安排有很大关系：一个创造性不强的画家，再怎么点睛添毫，也未必就能传神。书法理论也多有形神之论，如王僧虔《笔意赞》有云："书之妙道，神采为上，形质次之，兼之者方可绍于古人"，"神"与"形"兼具而非重"神"轻"形"，体现了六朝艺术的基本精神。谢赫《画品》提出了著名的"气韵生动"论，并用了一系列两两相对的范畴来品评画家画作，以"形－神"来看："骨法""物""精微谨细""精谨"等大抵关乎"形"，而"精灵""精粹""象外""神韵气力""神气""生气""入神"则主要涉及"神"，而"六法"之第一法"气韵生动"讲的是"神"，其他五法则相对而言关乎"形"。其中，"象外"是美学关于"神"的一个经典定义，此间佛学亦多"象外"之论，而"谢赫说所说的'象外'是对有限的'象'的突破，但并不是完全摆脱'象'"。而佛僧所讲的"象外"则是指"用'形象'传达出佛理"；谢赫"象外"说引发了唐代美学的"境"的范畴。而唐人所讲"境"或"象外"，"也不是指'意'，而仍然是'象'。'象外'，就是说，不是某种有限的'象'，而是突破有限形象的某种无限的'象'，是虚实结合的象"①。所以，中国美学形神论之重神、象外等，皆是对超越形、象之有限性的强调，在这一点上又是与有无、言意论相通的。

此期美学重"神"，但并不轻视"形"，表现为对"丽""媚"的强调，有这一条由"遒"转"丽"、从"气""神"到"骨"再到"肉"的演变轨迹，这在绘画发展中也有突出表现：顾恺之作画，注重人物的神韵，被

①　参见叶朗《中国美学史大纲》，上海人民出版社，1985年版，第269页。

画史家称为"顾得其神"。到了刘宋时的陆探微，努力方向变为对"骨"的专注：在线条上，把顾的"春蚕吐丝"转为锐拔刚劲；在人物造型上，确立了"秀骨清相"的士大夫理想形象。因此画史家称为"陆得其骨"。陆探微外，江僧宝"用笔骨梗"等，皆体现出了重"骨"的共同趋向。而到了张僧繇，对顾、陆模式又进行了重大的改变。南朝梁代审美时尚主要来源于两个方面：一是宫廷创新，二是佛教新潮。张既是宫廷画师，又是佛教笔画能手，"（梁）武帝崇饰佛寺，多命僧繇画之"。现实的宫中美女和佛寺的菩萨飞天，这两种新奇的刺激，使其在人物画上以丰腴型取代了顾、陆的瘦逸型："张笔天女、宫女，面短而艳，顾乃深靓，为天人相。"（米芾《画史》）所谓"象人之美，张得其肉"（张怀瓘《画断》）。顾、陆、张的发展过程，正体现了时代的审美理想，从士人的重"神"为主，向以宫廷的崇"肉"为主的转变。

六朝是一个"媚"于色的时代。画论中，宗炳有"山水以形媚道""以色貌色"之说，《画品》有"体法雅媚"之评，姚最《续画品》则有"笔迹调媚"之论。书论中，羊欣《采古来能书人名》评王羲之的儿子王献之"骨势不及父，而媚趣过之"，虞龢《论书表》："至于绝笔章草，殊相拟类，笔迹流怿，宛转妍媚，乃欲过之。"王僧虔《论书》亦云"郗超草书亚于二王，紧媚过其父，骨力不及也"。萧衍《答陶隐居论书》："纯骨无媚，纯肉无力"，肉而无骨（"墨猪"）固然不佳，但是，有骨力无肉媚也非上品，如王僧虔《论书》评谢综"书法有力，恨少媚好"。有骨有肉、有力有媚从而所谓"遒媚"或"遒丽"，才是六朝书画的审美理想。总之，一个"媚"字，可见六朝人的审美风尚，而这种审美风尚，在文学及其理论中有更突出的体现。

一、音乐美学

刘义庆撰　刘孝标注

选文参校王根林等校点《汉魏六朝笔记小说大观》，上海古籍出版社 1999 年版。

世说新语并注

容　止

或以方谢仁祖不乃重者①。桓大司马曰："诸君莫轻道，仁祖企脚北窗下弹琵琶，故自

---

① 余嘉锡案：言有比人为谢尚者，其意乃实轻之。若曰"某不过谢仁祖之流耳"。

有天际真人想。"①[《晋阳秋》曰："尚善音乐。"裴子云：丞相尝曰："坚石掣脚枕琵琶，有天际想。"坚石，尚小名。]

术　解

荀勖善解音声，时论谓之"暗解"。遂调律吕，正雅乐。每至正会，殿庭作乐，自调宫商，无不谐韵。阮咸妙赏，时谓"神解"，每公会作乐，而心谓之不调，既无一言。直②勖意忌之，遂出阮为始平太守。后有一田父耕于野，得周时玉尺，便是天下正尺。荀试以校己所治钟鼓、金石、丝竹，皆觉短一黍，于是伏③阮神识。[《晋后略》曰："钟律之器，自周之末废，而汉成、哀之间，诸儒修而治之。至后汉末，复隳矣。魏氏使协律知音者杜夔造之，不能考之典礼，徒依于时丝管之声、时之尺寸而制之，甚乖失礼度。于是世祖命中书监荀勖依典制，定钟律。既铸律管，募求古器，得周时玉律数枚，比之不差。又诸郡舍仓库，或有汉时故钟，以律命之，皆不叩而应，声响韵合，又若俱成。"《晋诸公赞》曰："律成，散骑侍郎阮咸谓：'勖所造声高，高则悲。夫亡国之音哀以思，其民困。今声不合雅，惧非德政中和之音，必是古今尺有长短所致。然今钟磬是魏时杜夔所造，不与勖律相应，音声舒雅，而久不知夔所造，时人为之，不足改易。'勖性自矜，乃因事左迁咸为始平太守，而病卒。后得地中古铜尺，校度勖今尺，短四分，方明咸果解音，然无能正者。"干宝《晋纪》曰："荀勖始造正德大象之舞，以魏杜夔所制律吕，校大乐本音不和。后汉至魏，尺长于古四分有余，而夔据之，是以失韵。乃依周礼，积粟以起度量，以度古器，符于本铭，遂以为式，用之郊庙。"]

---

①　《艺文类聚》卷四十四引《俗说》曰："谢仁祖为豫州主簿，在桓温阁下。桓闻其善弹筝，便呼之。既至，取筝令弹，谢即理弦抚筝，因歌秋风，意气甚遒。桓大以此知之。"

②　直：同"值"，遇。

③　伏：同"服"，佩服。

任　诞

桓子野①每闻清歌，辄唤"奈何！"谢公闻之曰："子野可谓一往有深情。"

张湛好于斋前种松柏；时袁山松出游，每好令左右作挽歌。[《续晋阳秋》曰：袁山松善音乐，北人旧歌有《行路难》曲，辞颇疏质，山松好之，乃为文其章句，婉其节制，每因酒酣，从而歌之。听者莫不流涕。初，羊昙善唱乐，桓尹能挽歌，及山松以《行路难》继之，时人谓之"三绝"。]时人谓"张，屋下陈尸；袁，道上行殡"。

张骤酒后挽歌甚凄苦，桓车骑曰："卿非田横门人，何乃顿尔至致？"[骤，张湛小字也。谯子②《法训》云：有丧而歌者。或曰："彼为乐丧也，有不可乎？"谯子曰："书云：'四海遏密八音③。'何乐丧之有？"曰："今丧有挽歌者，何以哉？"谯子曰："周闻之：盖高帝召齐田横，至于尸乡亭，自刎奉首，从者挽至于宫，不敢哭而不胜哀，故为歌以寄哀音。彼则一时之为也。邻有丧，舂不相引，挽人衔枚④，孰乐丧者邪？"按《庄子》曰："绋讴所生，必于斥苦。"司马彪注曰："绋，引柩索也。斥，疏缓也。苦，用力也。引绋所以有讴歌者，为人有用力不齐，故促急之也。"《春秋左氏传》曰："鲁哀公会吴伐齐，其将公孙夏命歌《虞殡》。"杜预曰："《虞殡》，送葬歌，示必死也。"《史记·绛侯世家》曰："周勃以吹箫乐丧。"然则挽歌之来久矣，非始起于田横也。然谯氏引礼之文，颇有明据，非固陋者所能详闻。疑以传疑，以俟通博。]

王子猷(徽之)出都，尚在渚下。旧闻桓子野善吹笛，[《续晋阳

---

①　子野：桓伊(生卒年未详)小字(一作野王)，字叔夏，晋谯国铚县(今安徽濉溪)人，历任多职，封宣城县子、永脩县侯，任内去世，追赠右将军加散骑常侍，谥号烈。著名琴曲《梅花三弄》是根据他的笛谱改编的。

②　谯子：谯周(201—270)，字允南，巴西西充国(今四川西充)人，三国蜀汉学者、官员。

③　四海遏密八音：语出《尚书·舜典》，谓君王死后四海之内停止奏乐、乐声沉寂。遏，阻止；密，寂静。

④　枚：古代行军时，士卒口衔用以防止喧哗的器具，形如筷子。

秋》曰：左将军桓伊善音乐。孝武饮燕，谢安侍坐，帝命伊吹笛。伊神色无忤，既吹一弄，乃放笛云："臣于筝乃不如笛，然自足以韵合歌管。臣有一奴，善吹笛，且相便串，请进之。"帝赏其放率，听召奴。奴既至，吹笛，伊抚筝而歌怨诗，因以为谏也。]而不相识。遇桓于岸上过，王在船中，客有识之者云："是桓子野。"王便令人与相闻云："闻君善吹笛，试为我一奏。"桓时已贵显，素闻王名，即便回下车，踞胡床，为作三调。弄毕，便上车去。客主不交一言。

栖　逸

阮步兵啸，闻数百步。苏门山中忽有真人，樵伐者咸共传说。阮籍往观，见其人拥膝岩侧。籍登岭就之，箕踞相对。籍商略终古，上陈黄、农玄寂之道，下考三代盛德之美，以问之，仡①然不应。复叙有为之教，栖神导气之术以观之，彼犹如前，凝瞩不转。籍因对之长啸。良久，乃笑曰："可更作。"籍复啸，意尽，退。还半岭许，闻上哂然有声，如数部鼓吹，林谷传响。顾看，乃向人啸也。
[《魏氏春秋》曰："阮籍常率意独驾，不由径路，车迹所穷，辄恸哭而反。尝游苏门山，有隐者莫知姓名，有竹实数斛，杵臼而已。籍闻而从之，谈太古无为之道，论五帝三王之义，苏门先生修然曾不眄之。籍乃嘐②然长啸，韵响寥亮。苏门先生乃逌③尔而笑。籍既降，先生喟然高啸，有如凤音。籍素知音，乃假苏门先生之论，以寄所怀。其歌曰：'日没不周西，月出丹渊中。阳精晦不见，阴光代为雄。亭亭在须史，厌厌将复隆。富贵俯仰间，贫贱何必终。'"《竹林七贤论》曰："籍归，遂著《大人先生论》，所言皆胸怀间本趣，大意谓先生与己不异也。观其长啸相和，亦近乎目击道存矣。"]

①　仡：同"屹"，高耸貌。
②　嘐：读 jiāo，状动物声。
③　逌：同"悠"。

阮 籍

选文参校陈伯君撰《阮籍集校注》，中华书局1987年版。

乐 论

刘子问曰：孔子云："安上治民，莫善于礼；移风易俗，莫善于乐。"夫礼者，男女之所以别，父子之所以成，君臣之所以立，百姓之所以平也；为政之具靡先于此，故安上治民莫善于礼也。夫金、石、丝、竹——钟鼓管弦之音，干、戚、羽、旄——进退俯仰之容①，有之何益于政，无之何损于化，而曰"移风易俗莫善于乐"乎？

阮先生曰：善哉！子之问也。昔者孔子著其都乎，且未举其略也②。今将为子论其凡③，而子自备详焉。

夫乐者，天地之体，万物之性也；合其体，得其性，则和；离其体，失其性，则乖。昔者圣人之作乐也，将以顺天地之体，成万物之性也④；故定天地八方之音，以迎阴阳八风之声⑤。均

---

① 进退俯仰之容：描写的是舞蹈。干：盾。戚：斧。羽：羽毛。旄：牦牛尾。皆舞蹈时所用。

② 都：总。略：约要。

③ 凡：主旨、大要。

④ 《礼记·乐记》："大乐与天地同和"，"乐者，天地之和也"，"和，故百物不失"，"和，故百物皆化"。

⑤ 《礼记·乐记》："八风从律而不奸"。八风：一般指东、南、西、北、东南、东北、西南、西北八方之风。

黄钟中和之律，开群生万物之情；故律吕协则阴阳和，音声适而万物类；男女不易其所，君臣不犯其位①；四海同其观，九州一其节②；奏之圜丘而天神下，奏之方丘而地祇上③；天地合其德则万物合其生，刑赏不用而民自安。

乾坤易简，故雅乐不烦④；道德平淡，故五声无味⑤。不烦则阴阳自通，无味则百物自乐，日迁善成化而不自知，风俗移易而同于是乐，此自然之道，乐之所始也。

其后圣人不作⑥，道德荒坏，政法不立，化废欲行⑦，各有风俗。故造⑧始之教谓之风，习而行之谓之俗。楚越之风好勇，故其俗轻死；郑卫之风好淫，故其俗轻荡。轻死，故有蹈火赴水之歌；轻荡，故有桑间濮上之曲。各歌其所好，各咏其所为，歌之者流涕，闻之者叹息，背而去之，无不慷慨。怀永日之娱，抱长夜之叹，相聚而合之，群而习之，靡靡无已，弃父子之亲，弛君臣之制，匮室

---

①　均：调和、调节，使……和谐。开：展示、表现。类：各从其类的意思。《汉书·律历志》："五声之本，生于黄钟之律。律十有二：阳六为律，阴六为吕。律以统气类物……吕以旅阳宣气"，这里体现的古人音乐观是：乐首先使阴阳二气和谐（统气、宣气、律吕协则阴阳和、天地合其德），从而使万物之间的关系和谐（万物类、万物合其生）、人与人之间的关系和谐（男女不易其所，君臣不犯其位，民自安）。

②　观：观赏。节：节奏。

③　语出《周礼·春官·大司乐》。地祇：地神。"圜丘"取象于"天圆"以祭天，"方丘"取象于"地方"以祭地。

④　《礼记·乐记》："大乐必易，大礼必简"。

⑤　五声：指宫、商、角、徵、羽。无味：《左传·昭公二十年》："晏子对曰：……先生之济五味，和声也，以平其心，成其政也。声亦如味"，可见"声"也是可以用"味"来描述的。

⑥　圣人不作：犹言世无圣人。

⑦　化废欲行：教化废弛而欲望盛行。

⑧　造：始。

家之礼①，废耕农之业，忘终身之乐，崇淫纵之俗；故江淮之南，其民好残；漳汝之间，其民好奔②。吴有双剑之节③，赵有扶琴之客。气发于中，声入于耳，手足飞扬，不觉其骇。

好勇则犯上，淫放则弃亲。犯上则君臣逆，弃亲则父子乖；乖逆交争，则患生祸起。祸起而意愈异，患生而虑不同。故八方殊风，九州异俗，乖离分背，莫能相通，音异气别，曲节不齐。故圣人立调适之音，建平和之声，制便事之节，定顺从之容，使天下之为乐者莫不仪焉④。自上以下，降杀⑤有等，至于庶人，咸皆闻之。歌谣者咏先王之德，颊仰⑥者习先王之容，器具者象先王之式，度数者应先王之制；入于心，沦⑦于气，心气和洽，则风俗齐一。

圣人之为进退颊仰之容也，将以屈形体，服心意⑧，便所修，安所事也；歌咏诗曲，将以宣平和，著不逮⑨也。钟鼓所以节耳，羽旄所以制目，听之者不倾，视之者不衰；耳目不倾不衰，则风俗移易，故"移风易俗莫善于乐"也。故八音有本体，五声有自然，其同物者以大小相君⑩。有自然，故不可乱；大小相君，故可得而平

---

① 弛：废弛、败坏。匮：匮乏。室家：又称"家室"，指夫妇。
② 江淮之南：长江、淮河之南，指出楚越之地。残：杀。漳汝之间：漳河、汝河之间，指郑卫之地。奔：私奔、私通。
③ 典出《吴越春秋》：干将莫邪为王铸雌雄双剑而被杀。
④ 便事之节：简便的节奏。仪：效法。
⑤ 杀：读 shài，减少。
⑥ 颊仰：指舞蹈，"颊"：同"俯"。
⑦ 沦：渗透、浸润。
⑧ 屈：治理。服：整治。
⑨ 著：使……知之。不逮：不及。
⑩ 八音有本体：指各种乐器都有一定的形制。五声有自然：各种乐音都有一定的音高。君：群、类。

也。若夫空桑之琴，云和之瑟，孤竹之管，泗滨之磬①，其物皆调和淳均者，声相宜也，故必有常处②；以大小相君，应黄钟之气，故必有常数③。有常处，故其器贵重；有常数，故其制不妄。贵重，故可得以事神；不妄，故可得以化人。其物系天地之象，故不可妄造；其凡似远物之音④，故不可妄易。《雅》《颂》有分，故人神不杂⑤；节会⑥有数，故曲折不乱；周旋有度，故頫仰不惑；歌咏有主，故言语不悖⑦。导之以善，绥之以和，守之以衷，持之以久⑧；散其群，比其文，扶其夭，助其寿⑨；使去风俗之偏习，归圣王之大化。

先王之为乐也，将以定万物之情，一天下之意也，故使其声平，其容和。下不思上之声，君不欲臣之色⑩，上下不争而忠义成。夫正乐者，所以屏⑪淫声也，故乐废则淫声作。汉哀帝不好音，罢省乐府，而不知制礼乐，正法不修，淫声遂起；张放、淳于长骄纵过

---

① 语出《周礼·春官·大司乐》，"空桑"为地名，"云和"为山名，"孤竹"指孤升之竹，"泗滨"为两河名。

② 淳均：淳朴匀称。常处：是指制造以上所提到的各种乐器的材料，只能采自那些相应的地方。

③ 这里是指黄钟十二律是按固定的比例（常数）形成的。

④ 凡：大概。远物：指神异不可近之物，《吕氏春秋·古乐》："昔黄帝令伶伦作为律，伶伦自大夏之西……以之昆仑之下，听凤凰之鸣，以别十二律"，据此，"远物"即指凤凰。

⑤ 雅乐用于人事场合，颂乐事神，故有此说。

⑥ 节会：节奏、音调。

⑦ 主：主题。言语：指歌词。

⑧ 之：指舞。绥：安定、安抚。衷：中。

⑨ 其：指乐。散：分。群：类。比：排比。文：指乐音，《礼记·乐记》："声成文谓之音"。扶其夭，助其寿：这两句也是描述乐音的："夭"为音短促而不及，"寿"为音长久而有余。

⑩ 色：指"其容和"之"容"。

⑪ 屏：同"摒"。

度，丙强、景武富溢于世；罢乐之后，下移蹞肆；身不是好而淫乱愈甚者，礼不设也①。

刑、教一体，礼、乐外内也②。刑驰则教不独行，礼废则乐无所立。尊卑有分，上下有等，谓之礼；人安其生，情意无哀，谓之乐。车服、旌旗、宫室、饮食，礼之具也；钟磬、鞞鼓、琴瑟、歌舞，乐之器也。礼蹞其制则尊卑乖，乐失其序则亲疏乱。礼定其象，乐平其心；礼治其外，乐化其内；礼乐正而天下平。

昔卫人求繁缨、曲县而孔子叹息，盖惜礼坏而乐崩也；夫钟者，声之主也；县者，钟之制也。钟失其制则声失其主，主制无常则怪声并出③。盛衰之代相及，古今之变若一，故圣教废毁则聪慧之人

---

① "汉哀帝"后诸句：描述的是汉代成帝至哀帝之间事情，《汉书·礼乐志》："是时（成帝时）郑声尤甚，黄门（汉代官署，为皇帝管理画工等）名倡丙强、景武之属富显于世，贵戚王侯、定陵、富平外戚之家淫侈过度，至与人主争女乐。哀帝自为定陶王时疾之，又性不好音，及即位……其罢乐府官……然百姓渐渍已久，又不制雅乐有以相变，豪富吏民湛沔自若，陵夷坏于王莽。"张放、淳于长：为宠臣、外戚，分别被封为富平侯、定陵侯。蹞：同"愈"。身：自我、自身，《尔雅·释诂》下："朕、余、躬，身也"，注云："今人亦自呼为身"；这里指汉哀帝。

② 《礼记·乐记》："礼、乐、刑、政，其极一也，所以同民心而出治道也"，"故乐也者，动于内者也；礼也者，动于外者也"。

③ 事见《春秋左传·成公二年》："新筑人仲叔于奚救孙桓子，桓子是以免。既，卫人赏之以邑，辞。请曲县、繁缨以朝，许之。仲尼闻之曰：'惜也，不如多与之邑。唯器与名，不可以假人，君之所司也。名以出信，信以守器，器以藏礼，礼以行义，义以生利，利以平民，政之大节也。若以假人，与人政也。政亡，则国家从之，弗可止也已。"曲县：杜预注："轩县也。周礼，天子乐宫县四面，诸侯轩县，阙南方"；孔颖达疏引王肃云："轩县阙一面，故谓之曲县。""县"同"悬"，指悬挂乐器的架子，"轩县"是为诸侯配置的乐制，仲叔于奚是卫国的士大夫，而请赏"轩县"，这是一种不符合其身份的僭越做法，这就是阮籍所说的"钟失其制"，可谓"乐坏"。繁缨："繁"读pán，马腹带；"缨"，马颈革；这是为诸侯配置的装饰车马的车服制，仲叔于奚请之，可谓"礼崩"。

并造奇音。景王喜大钟之律①，平王好师延之曲②，公卿大夫拊手③
嗟叹，庶人群生踊跃思闻，正乐遂废，郑声大兴，雅颂之诗不讲，
而妖淫之曲是寻。延年造倾城之歌，而孝武思嬊嫚之色④；雍门作
松柏之音，愍王念未寒之服⑤。故猗靡哀思之音发，愁怨偷薄⑥之辞
兴，则人后⑦有纵欲奢侈之意，人后有内顾自奉⑧之心；是以君子恶
大陵之歌⑨，憎北里之舞⑩也。

　　昔先王制乐，非以纵耳目之观、崇曲房之嬊⑪也。必通天地之
气，静万物之神也；固上下之位，定性命之真⑫也。故清庙之歌，

---

　　① "景王"指周景王，事见《国语·周语下》："二十三年，王将铸无射而为之大林。
单穆公曰：'不可。作重币以绝民资，又铸大钟以鲜其继……是故先王之制钟也，大不出
钧，重不过石……今王作钟也，听之弗及，比之不度，钟声不可以知和，制度不可以出
节，无益于乐而鲜民财，将焉用之……王不听，卒铸大钟……二十五年，王崩，钟不和。"

　　② "平王"指晋平公，事见《史记·乐书》："（卫灵公）见晋平公……师旷抚而止之曰：
'此亡国之音也，不可听。'平公曰：'何道出？'师旷曰：'师延所作也，与纣为靡靡之乐……
故先闻此声者国必削。'平公曰：'寡人所好者，音也。愿遂闻之。'"

　　③ 拊手：拍手，表示喜悦或惊讶，"拊"读 fǔ。

　　④ 此两句例指下面所谓的"猗靡""偷薄"之音。事见《汉书·外戚传》："孝武李夫人
本以倡进。初，夫人兄延年性知音，善歌舞，武帝爱之，每为新声变曲，闻者莫不感动。"
嬊嫚：同"靡曼"，形容柔美的样子。

　　⑤ 此两句例指下面所谓的"哀思""愁怨"之音。雍门：战国时齐国地名，齐王建饿死于松
柏之间，"松柏之音"指哀悼他的哀歌。愍王：指齐王建的祖父。未寒之服：死者之服。

　　⑥ 偷薄：苟且浮薄。

　　⑦ 后：然后。

　　⑧ 内顾自奉：指只顾自己的利益。

　　⑨ 大陵之歌：指郑卫之音；《左传·庄公十四年》注："大陵，郑地"，徐澄宇曰：
"郑卫之音之所自出"。

　　⑩ 北里之舞：北里是地名；《史记·殷本纪》："（纣王）于是师涓作新淫声，北里之
舞，靡靡之乐"。

　　⑪ 曲房之嬊：女色之美。曲房：内室、密室。嬊：美。

　　⑫ 定性命之真：《礼记·乐记》："方以类聚，物以群分，则性命不同矣。"

咏成功之绩①；宾飨之诗，称礼让之则②。百姓化其善，异俗服其德。此淫声之所以薄③，正乐之所以贵也。

然礼与变俱，乐与时化，故五帝不同制，三王各异造，非其相反，应时变也。夫百姓安服④淫乱之声，残坏先王之正，故后王必更作乐，各宣其功德于天下，通其变，使民不倦。然但改其名目，变造歌咏，至于乐声，平和自若；故黄帝咏云门之神，少昊歌凤鸟之迹，《咸池》《六英》⑤之名既变，而黄钟之宫不改易。故达道之化者，可与审乐；好音之声者，不足与论律也。

舜命夔与典乐，教胄子以中和之德也："诗言志，歌咏言，声依咏，律和声。八音克谐，无相夺伦，神人以和。"⑥又曰："予欲闻六律、五声、八音，在治忽，以出纳五言。女听！"⑦夫烦奏淫声，汩湮心耳，乃忘平和，君子弗听。言正乐通平易简，心澄气清，以闻音律，出纳五言⑧也。夔曰："戛击鸣球，搏拊琴瑟以咏，祖考来格；虞宾在位，群后德让，下管鼗鼓，合止敔，笙镛以间，鸟兽跄跄；箫韶九成，凤凰来仪。"夔曰："於，予击石拊石，百兽率舞，庶尹允谐。"⑨诗言志，歌咏言，操磬鸣琴，以声依律，述先王之德，

---

① 《诗经·周颂》毛传云："周颂三十一篇，皆是周室太平德洽，著成功之乐歌也。"
② 宾飨之诗：指帝王宴请群臣宾客之诗，《诗经·小雅·鹿鸣》毛传云："以兴嘉乐宾客当有恳诚，相招呼以成礼也。"
③ 薄：鄙薄。
④ 安服：习惯、适应。
⑤ 传说中《咸池》为黄帝之乐，《六英》为帝喾(kù)之乐。
⑥ 语出《尚书·尧典》。
⑦ 语出《尚书·益稷》。
⑧ 五言：指仁、义、礼、智、信五德之言。
⑨ 以上两段"夔曰"均出自《尚书·益稷》。

故祖考之神来格①也；笙镛以闲②，正乐声希，治修无害，故繁毓跄跄然也③；乐有节适，九成而已，阴阳调达，和气均通，故远鸟来仪也④；质而不文，四海合同，故击石拊石，百兽率舞也。言天下治平，万物得所，音声不譁，漠然未兆⑤，故众官皆和也。故孔子在齐闻《韶》，三月不知肉好⑥，言至乐使人无欲，心平气定，不以肉为滋味也。以此观之，知圣人之乐，和而已矣。

自西陵、青阳之乐皆取之竹，听凤凰之鸣，尊长风之象，采大林之□⑦，当时之所不见，百姓之所希闻，故天下怀其德而化其神也。夫雅乐周⑧通则万物和，质静则听不淫，易简则节制全，静重⑨则服人心：此先王造乐之意也。自后衰末之为乐也，其物不真，其器不固，其制不信，取于近物，同于人间⑩，各求其好，恣意所存。间里之声竞高，永巷⑪之音争先，童儿相聚以咏富贵，刍牧负戴⑫以歌贱贫，君臣之职未废，而一人怀万心也。

当夏后之末，舆女万人，衣以文绣，食以粱肉，端噪晨歌，闻

① 格：至、来。

② 闲：迭。

③ 毓：同"育"。跄跄然：形容走路有节奏的样子，跄读 qiàng。

④ 九成：犹言九阕；"箫韶九成，凤凰来仪"，孔颖达疏云："成犹终也，每曲一终，必变更奏。故《经》言九成，《传》言九奏，《周礼》谓之九变，其实一也"。均：平。仪：容仪，指舞蹈。调达：调和通畅。

⑤ 譁：同"哗"，声音杂乱。漠然未兆：寂静无声。

⑥ 《论语·述而》："子在齐闻《韶》乐，三月不知肉味"。

⑦ 据《吕氏春秋·古乐》载，黄帝命伶伦造律，伶伦等取竹以定律，仿效凤凰之鸣、八方之音、山林之声以作乐。

⑧ 周：周全、齐备。

⑨ 静重：安详庄重。

⑩ 取于近物：犹言就地取材。同于人间：同于民间所有者。

⑪ 永巷：长巷。

⑫ 刍牧负戴：指各种劳动(者)。刍：割草。牧：放牧。负：以肩担物。戴：以头顶物。

之者忧戚，天下苦其殃，百姓伤其毒①。殷之季君，亦奏斯乐，酒池肉林，夜以继日；然咨嗟之音未绝，而敌国已收其琴瑟矣②。满堂而饮酒，乐奏而流涕，此非皆有忧者也，则此乐（yuè）非乐（lè）。当王莽居臣之时，奏新乐于庙中，闻之者皆为之悲咽③。桓帝闻楚琴，凄怆伤心，倚房而悲，慷慨长息曰："善哉乎！为琴若此，一而已足矣。"④顺帝上恭陵，过樊衢，闻鸟鸣而悲，泣下横流，曰："善哉鸟鸣！"使左右吟之，曰："使丝声若是，岂不乐哉！"⑤夫是谓以悲为乐者也。诚以悲为乐，则天下何乐之有？天下无乐，而有阴阳调和、灾害不生，亦已难矣。乐者，使人精神平和，衰气不入，天地交泰，远物来集，故谓之乐也。今则流涕感动，嘘唏伤气，寒暑不适，庶物不遂，虽出丝竹，宜谓之哀，奈何俯仰叹息，以此称乐乎！昔季流子⑥向风而鼓琴，听之者泣下沾襟，弟子曰："善哉鼓琴！亦已妙矣。"季流子曰："乐谓之善，哀谓之伤；吾为哀伤，非为善乐也。"以此言之，丝竹不必为乐，歌咏不必为善也；故墨子之非乐也。悲夫！以哀为乐者，胡亥耽哀不变，故愿为黔首⑦；李斯随哀不返，故思逐狡兔⑧；呜呼！君子可不鉴之哉？

---

① 此数句描写的是夏代最后一个君主桀沉溺声色事，《管子·轻重甲》："昔者桀之时，女乐三万人，端噪晨乐，闻于三衢，是无不服文绣衣裳也"。端：初、始。

② 此数句描写的是商代最后一个君主纣沉溺声色事，事见《史记·殷本纪》。季君：末代之君。

③ 事见《汉书·王莽传》。

④ 指汉桓帝事，未详。

⑤ 指汉顺帝事，"恭陵"为其父刘安之陵，其他情况不详。

⑥ 季流子：其人其事不可考。

⑦ 胡亥：秦二世。黔首：老百姓。

⑧ 李斯事见《史记·李斯列传》。

嵇　康

选文参校戴明扬《嵇康集校注》，人民文学出版社 1962 年版。

声无哀乐论

有秦客问於东野主人曰：闻之前论曰："治世之音安以乐，亡国之音哀以思"①。夫治乱在政，而音声应之。故哀思之情表於金石，安乐之象形於管弦也。又，仲尼闻《韶》，识虞舜之德②；季札听弦，知众国之风③；斯已然④之事，先贤所不疑也。今子独以为声无哀乐，其理何居？若有嘉讯⑤，请闻其说。

主人应之曰：斯义久滞⑥，莫肯拯救，故令历世滥於名实⑦。今蒙启导，将言其一隅焉。夫天地合德，万物资生⑧；寒暑代往，五行以成；章为五色，发为五音⑨。音声之作，其犹臭⑩味在於天地之间，

---

① 语出《礼记·乐记》："治世之音安以乐，其政和；乱世之音怨以怒，其政乖；亡国之音哀以思，其民困。"

② 事见《论语·八佾》："子谓《韶》尽美矣，又尽善也"，《韶》相传为舜之乐。

③ 季札为春秋时吴国公子，曾聘于鲁国，听各国音乐以论各国盛衰得失，事见《左传·襄公二十九年》。

④ 已然：已成为事实。

⑤ 嘉讯：美言、高见。《尔雅·释言》：讯，言也。

⑥ 斯义：指"声无哀乐"的道理。滞：废止、不为人知。

⑦ 滥于名实：指名号与实质混淆不清。

⑧ 万物资生：万物借天地以生；资，取、借。

⑨ "五行"说体现了古人有关世界结构的基本看法，并且这种五元结构还被用于对声、色、味等具体事物的分析："五行"指木、火、土、金、水，"五色"指青、赤、黄、白、黑，"五音"指角、徵、宫、商、羽，这些五元之间一一相对应。

⑩ 臭：同"嗅"，气息。

其善与不善①，虽遭遇浊乱，其体自若而不变也，岂以爱憎易操②，哀乐改度③哉？及宫商集比，声音克谐④，此人心至愿，情欲之所钟。古人知情不可恣，欲不可极，因其所用，每为之节，使哀不至伤，乐不至淫，因事与名，物有其号，哭谓之哀，歌谓之乐，斯其大较⑤也。然乐云乐云，钟鼓云乎哉⑥？哀云哀云，哭泣云乎哉？因兹而言，玉帛非礼敬之实，歌哭非哀乐之主也。何以明之？夫殊方异俗，歌哭不同；使错而用之，或闻哭而欢，或听歌而戚；然其哀乐之怀⑦均也。今用均同之情而发万殊之声，斯非音声之无常哉？然声音和比，感人之最深者也。劳者歌其事，乐者舞其功。夫内有悲痛之心，则激哀切之言。言比成诗，声比成音，杂⑧而咏之，聚而听之，心动於和声，情感於苦言，嗟叹未绝而泣涕流涟矣。夫哀心藏於内，遇和声而后发，和声无象而哀心有主；夫以有主之哀心，因乎无象之和声，而后发其所觉悟，唯哀而已，岂复知"吹万不同而使其自已"哉⑨？风俗之流，

①　善与不善：指声音好听与不好听。

②　操：操弄，这里用作名词，指曲调。

③　度：度量、律度。

④　宫商集比：指把五音组织成曲调。宫商：代指五音。集比：集聚排比。克：能。

⑤　大较：大略、大致。

⑥　语出《论语·阳货》："礼云，礼云，玉帛云乎哉！乐云，乐云，钟鼓云乎哉！"意谓玉帛和钟鼓只是礼乐制度的表象而非实质。

⑦　怀：情怀。

⑧　杂：聚集。

⑨　"夫哀心藏于内"等数句：《庄子·齐物论》："夫吹万不同，而使其自已也。咸其自取，怒者其谁邪？""自已""自取""怒者其谁"在庄子是指"天籁"之"无主"，而嵇康引用以强调"和声"之"无主"，而所谓哀心"有主"，是指总有某种特定的事物使心产生哀之情（即后面所谓的"接物传情"），而该种特定事物即哀心之"主"；"和声"之"无象"也可谓"无主"，即并不是声音之外的某种其他事物使声音达到和谐，声而能"和"体现的是声音自身的规律。在这段论述中，嵇康并不否认哀乐之情会跟"和声"相伴而生（遇和声而后发），这在通常经验中确实是存在的，但如果只强调哀之情，那么，"和声"本身的规律就会被忽视。

遂成其政①，是故国史明政教之得失，审国风之盛衰，吟咏情性，以讽其上②，故曰"亡国之音哀以思"也。夫喜怒哀乐，爱憎惭惧，凡此八者，生民③所以接物传情，区别有属而不可溢④者也。夫味以甘苦为称，人以贤愚为别⑤，今以甲贤而心爱，以乙愚而情憎，则爱憎宜属我，而贤愚宜属彼也，可以我爱而谓之爱人、我憎则谓之憎人、所喜则谓之喜味、所怒则谓之怒味哉？由此言之，则外内殊用，彼我异名；声音自当以善恶为主，则无关于哀乐；哀乐自当以情感而后发，则无系于声音；名实俱去，则尽然可见矣⑥。且季子在鲁，采诗观礼以别风雅，岂徒任声以决臧否哉？又仲尼闻《韶》，叹其一致⑦，是以咨嗟，何必因声以知虞舜之德，然后叹美耶？今粗明其一端，亦可思过半⑧矣。

---

① 风俗之流，遂成其政：民歌的流传常常影响政治。风俗：指民间歌谣。流：流传、传播。

② 语见《毛诗·周南·关雎序》："国史明乎得失之迹，赏人伦之废，哀刑政之苛，吟咏情性，以风其上。"

③ 生民：人、人类。

④ 不可溢：不可溢出一定范围，指八种情绪各自有相对稳定的特性而不相混淆。

⑤ 人以贤愚为别：本无此句，据上下文意补。

⑥ 外内殊用，彼我异名：味之甘苦、人之贤愚、音之善恶，属"外"、属"彼"，喜怒、爱憎、哀乐属"内"、属"我"。以此而论，今人注释，把"爱人"理解为"可爱之人"、"憎人"为"可憎之人"、"喜味"为"可喜之味"、"怒味"为"可厌之味"，是不准确的，嵇康其实将"爱人""憎人""喜味""怒味"及"哀音""乐音"视为不辞：我所"爱""憎"之人具有的特性是"贤""愚"，但"爱""憎"本身并非贤人、愚人本身的特性（即后面所谓的"贤不宜言爱，愚不宜言憎"）；我因味之"甘""苦"而"喜""怒"，但"喜""怒"并不是味本身的特性；依此类推，我会因音具有"善（和）"的特性而"乐（lè）"，但"乐"并非音本身的特性。所以，情之哀乐与音之善恶，在"名"上不相属，在"实"上不相为用，"名实俱去"的意思也就是在"名"和"实"上都把两者分开，则"声无哀乐"的意思就非常明白了。

⑦ 一致：尽美尽善。

⑧ 思过半：了解大部分。

秦客难①曰：八方异俗，歌哭万殊，然其哀乐之情不得不见也。夫心动於中而声出於心，虽托之於他音，寄之於馀声，善听察者，要自觉之，不使得过也。昔伯牙理琴而钟子知其所志②，隶人击磬而子产识其心哀③，鲁人晨哭而颜渊察其生离④。夫数子者，岂复假智於常音，借验於曲度⑤哉？心戚者则形为之动，情悲者则声为之哀，此自然相应，不可得逃，唯神明者能精之耳。夫能者不以声众为难，不能者不以声寡为易，今不可以未遇善听而谓之声无可察之理，见方俗之多变而谓声无哀乐也。又云：贤不宜言爱，愚不宜言憎，然则有贤然后爱生，有愚然后憎起，但不当共其名耳。哀乐之作，亦有由而然，此为声使我哀、音使我乐也。苟哀乐由声，更为有实，何得名实俱去耶⑥？又云：季子采诗观礼以别风雅，仲尼叹《韶》音之一致，是以咨嗟，是何言欤？且师襄奏操而仲尼睹文王之容⑦，师涓进

---

① 难：问难、诘难。

② 事见《吕氏春秋·本味》：伯牙鼓琴，钟子期听之。方鼓琴而志在太山，钟子期曰："善哉乎鼓琴，巍巍乎若太山。"少选之间，而志在流水，钟子期又曰："善哉乎鼓琴，汤汤乎若流水。"理琴：鼓琴、弹琴。

③ "子产"是"子期"之误，事见《吕氏春秋·精通》：钟子期夜闻击磬者而悲，使人召而问之曰："子何击磬之悲也？"答曰："臣之父不幸而杀人，不得生。臣之母得生，而为公家为酒。臣之身得生，而为公家击磬。臣不睹臣之母三年矣……是以悲也"。隶人：指以罪而入官家充徒役的人。

④ 事见刘向《说苑·辨物》：孔子晨立堂上，闻哭者声音甚悲。……回曰：今者有哭音，其音甚悲，非独哭死，又哭生离者。……孔子使人问哭者。哭者曰：父死家贫，卖子以葬之，将与其别也。

⑤ 假：借。常音：一定的音律。曲度：歌曲的音节。

⑥ 这段论述表明："秦客"已同意声与哀乐在"名"上不相属，但认为在"实"上相因、相为用。

⑦ 据《韩诗外传》载：孔子学琴于师襄，"持文王之声，知文王之为人"，云："洋洋乎，翼翼乎，必作此乐也。黯然黑，幾然而长，以王天下，以朝诸侯者，其惟文王乎？"事又见《史记·孔子世家》。

曲而子野识亡国之音①，宁复讲诗而后下言、习礼然后立评哉？斯皆神妙独见，不待留闻积日，而已综②其吉凶矣，是以前史以为美谈。今子以区区之近知，齐所见而为限，无乃诬前贤之识微，负夫子之妙察耶？

主人答曰：难云："虽歌哭万殊，善听察者要自觉之，不假智於常音，不借验於曲度"，钟子之徒云云是也。此为心哀者虽谈笑鼓舞，情欢者虽扯膺咨嗟，犹不能御外形以自匿、诳察者於疑似也，以为就令声音之无常，犹谓当有哀乐耳。又曰："季子听声以知众国之风，师襄奏操而仲尼睹文王之容"，案③如所云，此为文王之功德与风俗之盛衰，皆可象之於声音；声之轻重，可移於后世，襄涓之巧又能得之於将来；若然者，三皇五帝可不绝於今日，何独数事哉？若此果然也，则文王之操有常度，《韶》《武》之音有定数，不可杂以他变，操以馀声也。则向所谓声音之无常，钟子之触类，于是乎踬④矣。若音声之无常，钟子之触类，其果然耶？则仲尼之识微，季札之善听，固亦诬矣⑤，此皆俗儒妄记，欲神其事而追为⑥耳。欲令天下惑声音之道，不言理自尽此，而推使神妙

---

① 据《韩非子·十过》载：卫灵公将到晋国，至濮水之上，夜闻鼓新声者，遂召师涓听而写之，后来演奏给晋平公听，"乃召师涓，令坐师旷之旁，援琴鼓之。未终，师旷抚止之，曰：'此亡国之声，不可遂也。'平公曰：'此道奚出？'师旷曰：'此师延之所作，与纣为靡靡之乐也。及武王伐纣，师延东走，至于濮水而自投。故闻此声者，必于水之上。'"子野是师旷的号。事又见《史记·乐书》。

② 综：辨别、判断。

③ 案：按照。

④ 踬：窒碍不通、不能成立。

⑤ 诬：不可信。孔子的例子说明声有常度，而季札的例子说明声无常度，两例相互矛盾，故不可信。

⑥ 追为：编造过去的故事。

难知，恨不遇奇听於当时，慕古人而叹息，斯所以大罔①后生也。夫推类辨物，当先求之自然之道，理已足，然后借古义以明之耳。今未得之於心而多恃前言以为谈证，自此以往，恐巧历不能纪②耳。又难云："哀乐之作，犹爱憎之由贤愚，此为声使我哀而音使我乐。苟哀乐由声，更为有实矣"。夫五色有好丑，五声有善恶，此物之自然也。至於爱与不爱，喜与不喜，人情之变，统物之理，唯止於此，然皆无豫於内，待物而成耳③。至夫哀乐自以事会，先遘④于心，但因和声以自显发；故前论以明其无常，今复假此谈以正名号耳，不谓哀乐发於声音，如爱憎之生於贤愚也⑤。然和声之感人心，亦犹酒醴之发人情也，酒以甘苦为主，而醉者以喜怒为用；其见欢戚为声发，而谓声有哀乐，犹（不可）见喜怒为酒使，而谓酒有喜怒之理也⑥。

秦客难曰：夫观气采色，天下之通用也。心变於内而色应於外，较然⑦可见，故吾子不疑。夫声音，气之激者也，心应感而动，声从变而发；心有盛衰，声亦隆杀⑧。同见役於一身，何独於声便当疑耶？夫喜怒章於色诊⑨，哀乐亦宜形於声音，声音自当有哀乐，

---

① 罔：诬。

② 《淮南子·览冥》云："天地之间，巧历不能举其数。"高诱注云："巧，工也。虽工为历术者不能悉举其数也。"历术，古人计时之法。

③ 统物之理：这里指对待事物的态度，即后面所谓的"喜怒之理"。豫：同"预"。

④ 遘：同"构"，形成。

⑤ 爱憎之生於贤愚：即"自以事会先遘于心""待物而成"，贤愚乃"事""物"的特性。

⑥ "犹不可见喜怒为酒使"中之"不可"当为衍词，应删。这段论述再次强调"外内殊用，彼我异名"：酒之甘苦属外、属彼，喜怒则属内、属我（醉者以喜怒为用），醉者因酒而喜怒，但喜怒并非酒本身的特性。

⑦ 较然：非常明显的样子。

⑧ 隆：高扬。杀：降低。

⑨ 色诊：形色、气色、脸色。诊：症候。

但暗者不能识之。至钟子之徒，虽遭无常之声，则颖然①独见矣。今矇瞽②面墙而不悟，离娄③照秋毫於百寻④，以此言之，则明暗殊能矣。不可守咫尺之度而疑离娄之察、执中庸⑤之听而猜钟子之聪、皆谓古人为妄记也。

主人答曰：难云："心应感而动，声从变而发，心有盛衰，声亦隆杀。哀乐之情，必形於声音，钟子之徒，虽遭无常之声，则颖然独见矣。"必若所言，则浊质之饱⑥，首阳之饥⑦，卞和之冤⑧，伯奇之悲⑨，相如之含怒⑩，不占之怖祇⑪，千变百态，使各发一咏之歌，同启数弹之微，则钟子之徒各审其情矣。尔⑫为听声音者不以寡众易思，察情者不以大小为异，同出一身者，期於识之也。设使

----

① 颖：聪颖、聪明。

② 矇瞽：通指瞎子。有瞳仁的是矇，无瞳仁的是瞽。

③ 离娄：古代传说中视觉最敏锐者。

④ 寻：古代以八尺为寻。

⑤ 中庸：这里指平庸。

⑥ 事见《史记·货殖列传》：洒削，薄技也，而郅（《汉书·食货志》作质）氏鼎食；胃脯，简微耳，而浊氏连骑。

⑦ 《论语·季氏》：伯夷、叔齐饿于首阳之下。

⑧ 据《韩非子·和氏》载：楚国卞和得到玉璞，献给厉王、武王，反而以欺诳之罪被砍去双脚，"文王即位。和乃抱其璞而哭于楚山之下，三日三夜，泪尽而继之以血。王闻之，使人问其故，曰：'天下之刖者多矣，子奚哭之悲也？'和曰：'吾非悲刖也，悲夫宝玉而题之以石，贞士而名之以诳，此吾所以悲也。'王乃使玉人理其璞而得宝焉，遂命曰：'和氏之璧'。"

⑨ 《水经·江水》注引扬雄《琴清英》云：伯奇至孝，后母潜之，自投江中……扬声悲歌。

⑩ 指"完璧归赵"事，典出《史记·廉颇蔺相如列传》）。

⑪ 不占：人名，指陈不占，事见《新序·义勇》："齐崔杼弑庄公也，有陈不占者，闻君难，将赴之，比去，餐则失匕，上车失轼。御者曰：'怯如是，去有益乎？'不占曰：'死君，义也；无勇，私也。不以私害公。'遂往，闻战斗之声，恐骇而死。"怖祇：因惊怖而病倒。

⑫ 尔：此。

从下出①，则子野之徒，亦当复操律鸣管以考其音，知南风之盛衰②，别雅郑之淫正也？夫食辛之与甚噱③，熏目之与哀泣，同用出泪，使易牙④尝之，必不言乐泪甜而哀泪苦，斯可知矣。何者？肌液肉汁，踧笮便出，无主於哀乐，犹筵酒之囊漉，虽笮具不同而酒味不变也⑤。声俱一体之所出，何独当含哀乐之理也？且夫《咸池》《六茎》《大章》《韶》《夏》⑥，此先王之至乐，所以动天地感鬼神者也。今必云声音莫不象其体而传其心⑦，此必为至乐不可托之於瞽史⑧，必须贤人理其管弦，尔乃雅音得全也。舜命夔击石拊石，八音克谐，神人以和⑨，以此言之，至乐虽待圣人而作，不必圣人自执也。何者？音声有自然之和，而无系於人情，克谐之音成於金石，至和之声得於管弦也。夫纤毫自有形可察，故离瞽以明暗异功耳，若以水济水⑩，孰异之哉！

---

① 下出：指放屁，"下"指下身。

② 《左传·襄公十八年》：晋人闻有楚师，师旷曰："不害。吾骤歌北风，又歌南风。南风不竞，多死声。楚必无功。"

③ 噱：大笑，读 jué。

④ 易牙：春秋时齐桓公的幸臣，以善烹调得宠于桓公。

⑤ 踧笮：踧笮二字义同，踧读 cù，同"蹙"，迫也。筵：同"筛"，过滤酒的竹器。笮：读 zé，压漉之义。

⑥ 《咸池》《六茎》《大章》《韶》《夏》：班固《白虎通·礼乐》引《礼记》语云："黄帝乐曰咸池，颛顼乐曰六茎，帝喾乐曰五英，尧乐曰大章，舜乐曰箫韶，禹乐曰大夏，汤乐曰大濩，周乐曰大武、象，周公之乐曰酌，合曰大武。"今本《礼记》没有这段话。

⑦ 象其体而传其心：象征圣人的本性而传达其思想感情。

⑧ 瞽史：周代指乐工。

⑨ 事见《尚书·舜典》云："帝曰：'夔！命汝典乐，教胄子，直而温，宽而栗，刚而无虐，简而无傲。诗言志，歌永言，声依永，律和声。八音克谐，无相夺伦，神人以和。'夔曰：'於！予击石拊石，百兽率舞。'"拊：拍击。八音：金、石、丝、竹、匏、土、革、木。

⑩ 事见《左传·昭公二十年》："（晏子云）君所谓可，据亦曰可；君所谓否，据亦曰否。若以水济水，谁能食之？若琴瑟之专一，谁能听之？同之不可也如是。"

秦客难曰：虽众喻有隐①，足招攻难，然其大理当有所就。若葛卢闻牛鸣，知其三子为牺②；师旷吹律，知南风不竞，楚师必败；羊舌母听闻儿啼而知其丧家③。凡此数事，皆效於上世，是以咸见录载。推此而言，则盛衰吉凶，莫不存乎声音矣。今若复谓之诬罔，则前言往记，皆为弃物，无用之也。以言通论，未之或安。若能明其所以，显其所由，设二论俱济，愿重闻之。

主人答曰：吾谓能反三隅者，得意而忘言，是以前论略未详。今复烦循环之难，敢不自一竭耶！夫鲁牛能知历牺之丧生，哀三子之不存，含悲经年，诉怨葛卢，此为心与人同，异於兽形耳，此又吾之所疑也。且牛非人类，无道相通，若谓鸟兽皆能有知，葛卢受性独晓之，此为解其语而论其事，犹译传异言耳，不为考声音而知其情，则非所以为难也。若谓知者为当触物而达，无所不知，今且先议其所易者。请问圣人卒④入胡域，当知其所言否乎？难者必曰：知之。知之之理何以明之？愿借子之难以立鉴识之域，或当与关接⑤识其言耶？将吹律鸣管校其音耶？观气采色知其心耶？此为知心自由气色，虽自不言，犹将知之，知之之道，可不待言也。若吹律校音以知其心，假令心志於马而误言鹿，察者固当由鹿以知马也？此为心不系於所言，言或不足以证心也。若当关接而知言，此为孺子学言于所师，然后知之，则何贵於聪明哉？夫言非自然一定之物，五方殊俗，同事异号，趣①举一名以为标识耳。夫圣人穷理，谓自然可寻、无微不照，苟理蔽则虽近不见，故异域之言不得强通。推此以往，葛卢之不知牛鸣，得不全乎？

又难云："师旷吹律，知南风不竞，楚多死声。"此又吾之所疑也。请问师旷吹律之时，楚国之风耶？则相去千里，声不足达。若正识楚风来入律中耶？则楚南有吴越，北有梁宋，苟不见其原，奚以识之哉？凡阴阳愤激，然后成风；气之相感，触地而发；何得发楚庭来入晋乎？且又律吕分四时之气耳，时至而气动，律应而灰移，皆自然相待，不假人以为用也②。上生下生③，所以均五声之和，叙刚柔④之分也。然律有一定之声，虽冬吹中吕，其音自满而无损也⑤。今以晋人之气吹无损之律，楚风安得来入其中，与为盈缩耶？风无形，声与律不通，则校理⑥之地无取於风律，不其然乎？岂独师旷博物多识，自有以知胜败之形，欲固众心而托以神微，若伯常骞之许景公寿⑦哉！

---

① 趣：同"促"，急促，引申为随意、不经意。

② 律吕分四时之气：古人以十二律与十二月相配，认为乐律与节气相应。律应而灰移：古人有候气之法，把葭（芦苇）莩（芦中白皮）放在律管中，某一节气至，则灰飞管通；《后汉书·律历志》载候气之法云：为室三重，户闭，涂衅必周，密布缇缦。室中以木为案，每律各一，内庳外高，从其方位，加律其上，以葭莩灰抑其内端，案历而候之。气至者灰动。其为气所动者其灰散，人及风所动者其灰聚。

③ 指十二律上下相生，《吕氏春秋·音律》：三分所生，益之一分以上生；三分所生，去其一分以下生。

④ 刚柔：或指音律的高低，或指全音的稳定性和半音的不稳定性。

⑤ 仲吕（即中吕）应孟夏四月，故不该冬天吹，冬天吹了，声音也不会变化。

⑥ 校理：验证事理，这里指吹律听声以测吉凶。

⑦ 据《说苑·辨物》载：齐景公为露寝之台，因恶枭鸣声而不往。柏常骞请禳而去之，后枭果伏陛而死，"公曰：'子之道若此，其明也！亦能益寡人寿乎？'对曰：'能。'公曰：'能益几何？'对曰：'天子九、诸侯七、大夫五。'……公喜，令百官趣具骞之所求。"嵇康认为此事虚妄，所谓"托以神微"。

又难云："羊舌母听闻儿啼而审其丧家"，复请问何由知之？为神心独悟、暗语而当①耶？尝闻儿啼若此其大而恶，今之啼声似昔之啼声，故知其丧家耶？若神心独悟、暗语之当，非理之所得也，虽曰听啼，无取验於儿声矣。若以尝闻之声为恶，故知今啼当恶，此为以甲声为度，以校乙之啼也。夫声之於音，犹形之於心也，有形同而情乖，貌殊而心均者，何以明之？圣人齐心等德而形状不同也。苟心同而形异，则何言乎观形而知心哉？且口之激气为声，何异於籁籥②纳气而鸣耶？啼声之善恶，不由儿口吉凶，犹琴瑟之清浊，不在操者之工拙也。心能辨理善谭③而不能令籁籥调利，由瞽者能善其曲度而不能令器必清和也。器不假妙瞽而良，籥不因慧心而调。然则心之与声，明为二物；二物诚然，则求情者不留观於形貌，揆心者不借听於声音也，察者欲因声以知心，不亦外乎？今晋母未得之於老成，而专信昨日之声以证今日之啼，岂不误中於前世，好奇者从而称之哉！

秦客难曰：吾闻败者不羞走，所以全也。吾心未厌④而言难复，更从其余。今平和之人，听筝笛琵琶则形躁而志越，闻琴瑟之音则听静而心闲。同一器之中，曲用每殊，则情随之变。奏秦声则叹慕而慷慨，理齐楚则情一而思专，肆姣弄⑤则欢放而欲惬，心为声变，若此其众。苟躁静由声，则何为限其哀乐？而但云至和之声无所不感，托大同於声音，归众变於人情，得无知彼不明此哉？

主人答曰：难云"琵琶筝笛令人躁越"，又云"曲用每殊而情随之变"，此诚所以使人常感也。琵琶筝笛，间促而声高，变众而节数⑥，

---

① 当：合。
② 籁：指箫。籥：一种类似笛子的乐器。
③ 谭：同"谈"。
④ 厌：同"餍"，满足。
⑤ 弄：小曲。
⑥ 间：间隔。促：短。数：读 shuò，繁多。

以高声御数节，故使形躁而志越。犹铃铎警耳，钟鼓骇心。故闻鼓鞞之音，则思将帅之臣[1]，盖以声音有大小，故动人有猛静也。琴瑟之体，间辽而音埤[2]，变希而声清，以埤音御希变，不虚心静听，则不尽清和之极，是以体静而心闲也。夫曲用不同，亦犹殊器之音耳。齐楚之曲，多重[3]故情一，变少故思专。姣弄之音，挹[4]众声之美，会五音之和，其体赡而用博，故心役於众理；五音会，故欢放而欲惬。然皆以单复、高埤、善恶为体，而人情以躁静、专散为应。譬犹游观於都肆，则目滥而情放；留察於曲度，则思静而容端。此为声音之体尽於舒疾，情之应声亦止於躁静耳。夫曲用每殊，而情之处变，犹滋味异美而口辄识之也。五味万殊，而大同於美；曲变虽众，亦大同於和。美有甘，和有乐，然随曲之情近乎和域，应美之口绝於甘境，安得哀乐於其间哉？然人情不同，各师所解，则发其所怀。若言平和哀乐正等，则无所先发，故终得躁静；若有所发，则是有主於内，不为平和也。以此言之，躁静者，声之功也；哀乐者，情之主也；不可见声有躁静之应，因谓哀乐皆由声音也。且声音虽有猛静，猛静各有一和，和之所感，莫不自发。何以明之？夫会宾盈堂，酒酣奏琴，或忻然而欢，或惨尔[5]而泣，非进哀於彼，导乐於此也。其音无变於昔，而欢戚并用，斯非"吹万不同"耶？夫唯无主於喜怒，亦应无主於哀乐，故欢戚俱见；若资偏固之音，含一致之声，其所发明，各当其分，则焉能兼御群理，总发众情耶？由是言之：声音以平和为体，而感物无常；心志以所俟为主，应感

---

① 《礼记·乐记》：(子夏云)"君子听鼓鼙之声，则思将帅之臣。"

② 嵇康《琴赋》云："间辽故音痹。"戴明扬注："间者，谓岳山与左手取音处之间隔，去岳愈远，则音愈低。……琴之间隔最远，故能取痹下之音也"。埤，卑也，低下之意。

③ 重：沉重。

④ 挹：汲取，引申为汇聚。

⑤ 尔：同"然"。

而发。然则声之与心，殊途异轨，不相经纬，焉得染太和於欢戚、缀①虚名於哀乐哉？

秦客难曰：论云："猛静之音各有一和，和之所感，莫不自发，是以酒酣奏琴而欢戚并用。"此言偏重之情先积於内，故怀欢者值哀因而发，内戚者遇乐声而感也。夫声音自当有一定之哀乐，但声化迟缓，不可仓卒，不能对易，偏重之情触物而作，故令哀乐同时而应耳。虽二情俱见，则何损於声音有定理耶？

主人答曰：难云："哀乐自有定声，但偏重之情，不可卒移，故怀感戚者遇乐声而哀耳。"即如所言，声有定分，假使《鹿鸣》②重奏，是乐声也；而令戚者遇之，虽声化迟缓，但当不能使变令欢耳，何得更以哀耶？犹一爝③之火，虽未能温一室，不宜复增其寒矣。夫火非隆④寒之物，乐非增哀之具也。理弦高堂而欢戚并用者，直⑤至和之发滞导情，故另外物所感得自尽耳。难云："偏重之情触物而作，故令哀乐同时而应耳。"夫言哀者，或见机杖⑥而泣，或睹舆服而悲，徒以感人亡而物存，痛事显而形潜，其所以后之，皆自有由，不为触地而生哀，当席而泪出也。今无机杖以致感，听和声而流涕者，斯非和之所感莫不自发也？

秦客难曰：论云："酒酣奏琴而欢戚并用，欲通此言，故答以偏情感物而发耳。"今且隐⑦心而言，明之以成效。夫人心不欢则戚，

---

① 缀：连接。

② 《鹿鸣》：《诗经·小雅》篇名，古代多在举办"乡饮酒"礼时演奏。

③ 爝：火炬。

④ 隆：增。

⑤ 直：因。

⑥ 机杖：《礼记·曲礼》："谋于长者，必操几杖以从之。"此处机同"几"，小桌子；杖指手杖；老人坐则凭几，行则执杖。机杖与下文舆（车舆）服（服饰）对文，指亡故的亲人生前用过的东西。

⑦ 隐：度量、审察。

不戚则欢，此情志之大域①也。然泣是戚之伤，笑是欢之用也。盖闻齐楚之曲者，唯睹其哀涕之容而未曾见笑噱之貌，此必齐楚之曲，以哀为体，故其所感应其度，岂徒以多重而少变，则致情一而思专耶？若诚能致泣，则声音之有哀乐，断可知矣。

主人答曰：虽人情感於哀乐，哀乐各有多少。又哀乐之极，不必同致也。夫小哀容坏，甚悲而泣，哀之方也；小欢颜悦，至乐而笑，乐之理也②。何以明之？夫至亲安豫③则怡然自若，所自得也；及在危急，仅然后济，则抃不及儛④。由此言之，儛之不若向之自得，岂不然哉？至夫笑噱虽出於欢情，然自以理成，又非自然应声之具也。此为乐之应声以自得为主，哀之应感以垂涕为故，垂涕则行动而可觉，自得则神合而无变，是以观其异而不识其同，别其外而未察其内耳。然笑噱之不显於声音，岂独齐楚之曲耶？今不求乐於自得之域，而以无笑噱谓齐楚体哀，岂不知哀而不识乐乎？

秦客问曰：仲尼有言："移风易俗，莫善于乐"⑤。即如所论，凡百哀乐，皆不在声，则移风易俗果以何物耶？又古人慎靡靡之风，抑慆⑥耳之声，故曰："放郑声，远佞人"⑦。然则郑卫之音（此句下有脱文），击鸣球以协神人⑧，敢问郑雅之体，隆弊所极⑨，风俗移易，奚由而济？愿重闻之，以悟所疑。

---

① 大域：主要分野、大致区别。

② 方、理：均指规律。

③ 安豫：安乐。

④ 仅然后济：《战国策·秦策》云："仅以救亡者。"高诱注："仅，犹裁（才）也。"意思是勉强挨过来。抃：读 biàn，鼓掌。儛：同"舞"。

⑤ 语见《孝经》。

⑥ 慆：悦。

⑦ 语见《论语·卫灵公》，意思是废弃淫冶的音乐，远离逢迎的小人。

⑧ 《尚书·益稷》："戛击鸣球、搏拊、琴、瑟、以咏。""鸣球"指玉磬。

⑨ 隆：崇高，指雅乐。弊：流弊、卑下，指郑卫之音。所极：所达到的限度。

主人应之曰：夫言移风易俗者，必承衰弊之后也。古之王者，承天理物，必崇简易之教，御无为之治。君静於上，臣顺於下；玄化①潜通，天人交泰。枯槁之类，浸育灵液，六合之内，沐浴鸿流②，荡涤尘垢，群生安逸，自求多福，默然从道，怀忠抱义而不觉其所以然也。和心足於内，和气见於外；故歌以叙志，儛以宣情；然后文以采章，照之以风雅③，播之以八音，感之以太和。导其神气，养而就④之；迎其情性，致而明之⑤；使心与理相顺，气与声相应。合乎会通以济其美，故凯⑥乐之情见於金石，含弘光大⑦显於音声也。若此以往，则万国同风，芳荣济茂，馥如秋兰，不期而信，不谋而成，穆然⑧相爱，犹舒锦布彩而粲炳可观也。大道之隆，莫盛於兹；太平之业，莫显於此；故曰"移风易俗，莫善于乐"。然乐之为体，以心为主，故无声之乐，民之父母也；至八音会协，人之所悦，亦总谓之乐；然风俗移易，本不在此也。夫音声和比，人情所不能已者也；是以古人知情不可放，故抑其所遁⑨；知欲不可绝，故自以为致⑩。故为可奉之礼，致可导之乐。口不尽味，乐不极音，揆⑪终始之宜，度贤愚之中，为之检则⑫，使远近同风，用而不竭，

---

① 玄化：深远而不显露的教化。
② 鸿流：指盛大的教化。
③ 采章：文辞。照：同"昭"，昭示、显示。
④ 就：成。
⑤ 致而明之：犹言发扬光大。致：发展。
⑥ 凯：乐。
⑦ 光大：犹言广大。
⑧ 穆然：和谐的样子。
⑨ 遁：流、失、脱离正轨。
⑩ 自以为致：引导以自然发展。
⑪ 揆：读 kuí，意思近"度"，揣度、揣测。
⑫ 检则：法则、法度。

亦所以结忠信、著不迁①也。故乡校庠塾②亦随之，使丝竹与俎豆并存，羽毛与揖让俱用，正言与和声同发③，使将听是声也必闻此言，将观是容也必崇此礼。礼犹宾主升降，然后酬酢④行焉。于是言语之节，声音之度，揖让之仪，动止之数，进退相须，共为一体。君臣用之於朝，庶士用之於家，少而习之，长而不怠，心安志固，从善日迁，然后临⑤之以敬，持之以（脱一字）久而不变，然后化成，此又先王用乐之意也。故朝宴聘享⑥，嘉乐必存，是以国史采风俗之盛衰，寄之乐工，宣之管弦，使言之者无罪，闻之者足以诫⑦，此又先王用乐之意也。若夫郑声，是音声之至妙。妙音感人，犹美色惑志，耽槃荒酒⑧，易以丧业，自非至人，孰能御之？先王恐天下流⑨而不反，故具其八音，不渎⑩其声；绝⑪其大和，不穷其变；捐窈窕之声⑫，使乐而不淫，犹大羹不和，不极勺药之味也⑬。若流俗浅近，则声不足悦，又非所欢也。若上失其道，国丧其纪，男女

---

① 结：固定。著：确立。

② 乡校庠塾：泛指学校，《礼记·学记》："古之教者，家有塾，乡有庠。"

③ "丝竹"指乐器，"俎豆"指礼器，"羽毛"指舞容，"揖让"指礼容，"正言"指礼言，"和声"指乐。

④ 酬酢：饮酒时主人与客人相互敬酒礼仪，主敬客曰"酬"，客还敬说"酢"；酢读zuò。

⑤ 临：守。

⑥ 朝：朝见、朝拜。宴：宴会。聘：聘问，古代国与国之间互派使者。享：祭献、上供。

⑦ 语出《毛诗序》。

⑧ 耽槃：逸乐。荒酒：沉迷于饮酒。

⑨ 流：淫放。

⑩ 渎：亵渎、轻慢。

⑪ 绝：止于、竭尽于。

⑫ 捐：限制。窈窕：妖冶。

⑬ 勺药之味：司马相如《子虚赋》云："勺药之和具。"郭璞注云："勺药，五味之和也。"

奔随，淫荒无度，则风以此变，俗以好成。尚其所志，则群能肆之；乐其所习，则何以诛之①？托於和声，配而长之②，诚动而言，心感於和，风俗一成，因而名之。然所名之声，无中於淫邪也；淫之与正同③乎心，雅郑之体，亦足以观矣。

琴　赋④

余少好音声，长而翫⑤之，以为物有盛衰，而此无变；滋味有厌，而此不勧⑥。可以导养神气、宣和情志、处穷独而不闷⑦者，莫近於音声也！是故复⑧之而不足，则吟咏以肆志⑨；吟咏之不足，则寄言以广意。然八音之器、歌舞之象，历世才士并为之赋颂，其体制风流⑩，莫不相袭。称其材干，则以危苦为上；赋其声音，则以悲哀为主；美其感化，则以垂涕为贵。丽则丽矣，然未尽其理也。推其所由，似元⑪不解音声；览其旨趣，亦未达礼乐之情也。众器之中，琴德最优，故缀叙所怀，以为之赋。其辞曰：

…………

---

① 其：指前文所谓"上"，君上。诛：惩罚。

② 配：配合。长：发展。

③ "同"下疑脱一字，或是"出"字，或是"系"字。

④ 李善《文选》注曰：《尸子》曰：舜作五弦之琴，以歌南风：南风之薰兮，可以解吾人之愠。是舜歌也。《白虎通》曰：琴者，禁也。禁人邪恶，归於正道，故谓之琴。

⑤ 翫：同"玩"，玩习。

⑥ 勧：同"倦"。

⑦ 闷：心忧。

⑧ 复之：反复玩习它(音声)。

⑨ 肆志：抒发心意。

⑩ 风流：精神、韵味。

⑪ 元：同"原"。

及其初调，则角羽俱起、宫徵相证①，参发并趣②，上下累应③，蹎踔碨砢④，美声将兴，固以和昶而足耽⑤矣。尔乃理正声⑥，奏妙曲，扬白雪，发清角⑦。纷淋浪以流离⑧，奂淫衍而优渥⑨。粲奕奕而高逝⑩，驰岌岌以相属⑪。沛腾遌而竞趣⑫，翕韡晔而繁缛⑬。状若崇山，又象流波。浩兮汤汤⑭，郁⑮兮峨峨。怫愲烦冤⑯，纡馀婆娑⑰。陵纵播逸，霍濩纷葩⑱。检容授节⑲，应变合度。竞名⑳擅业，安轨徐步。洋洋习习，声烈遐布㉑。含显媚以送终，飘余响乎泰素㉒。

---

① 相证：相互验证、相互协调。

② 参发并趣：描述的是音乐的和弦和共鸣。参发：交替发出声音。并趣：一起发声，"趣"同"趋"。

③ 上下累应：指徽位上下，调试琴弦，使五音和谐。

④ 蹎踔：读 chěn·chuō，本指行走不同常人，这里比喻音乐的变化无常。碨砢：读 lěi luǒ，本指壮大貌，这里比喻声音宏大。

⑤ 昶：同"畅"。耽：乐。

⑥ 尔乃：如此就。理：演奏。

⑦ 白雪：传为师旷所作乐曲名。清角：五音之中清角音清，白雪曲即清角调。

⑧ 淋浪：水连续下滴的样子。流离：犹淋漓；两词都形容乐音连续不断。

⑨ 奂：繁盛。淫衍：繁多。优渥：充足优厚。

⑩ 粲：光明。奕奕：明亮的样子。

⑪ 岌岌：疾驰的样子。相属：相连。

⑫ 沛：充沛。遌：触接、接续。趣：同"趋"，这里指声音放出。

⑬ 翕：聚合。韡晔：读 wěi yè，光明美盛。

⑭ 汤汤：水流浩大的样子，"汤"读 shāng。

⑮ 郁：积聚。

⑯ 怫愲：读 fèi wèi，声音郁结不畅。烦冤：曲结不伸。

⑰ 纡馀：曲转。婆娑：声音转动的样子。

⑱ 陵纵：声音高。播逸：播出。霍濩：水流声，"濩"读 huò。纷葩：声音像繁花盛开。

⑲ 检容：端正容止，指收敛繁乱之音以定音节。授节：合乎节奏。

⑳ 竞名：慎名，指符合演奏之名。

㉑ 习习：和谐的样子。烈：大。遐布：远播。

㉒ 显媚：明媚。送终：一直到曲终。泰素：质之始也。

　　若乃高轩飞观，广夏闲房①。冬夜肃清，朗月垂光。新衣翠粲，缨徽流芳②。於是器泠弦调③，心闲④手敏。触批⑤如志，唯意所拟⑥。初涉《渌水》，中奏清徵⑦。雅昶唐尧，终咏微子⑧。宽明弘润，优游躇跱⑨。拊⑩弦安歌，新声代起。歌曰：凌扶摇兮憩瀛洲⑪，要列子兮为好仇⑫。餐沆瀣兮带朝霞，眇翩翩兮薄天游⑬。齐万物兮超自得，委性命兮任去留。激清响以赴会，何弦歌之绸缪⑭！於是曲引向阑⑮，众音将歇，改韵易调，奇弄⑯乃发。扬和颜，攘皓腕，飞纤指以驰骛，纷㩳㩉⑰以流漫。或徘徊顾慕，拥郁抑按；盘桓毓养，从容秘玩⑱。阒尔⑲奋逸，风骇云乱；牢落凌厉，布濩半散⑳；

---

① 夏：同"厦"。闲：大。

② 翠粲：璀璨。缨徽：女子佩带的香囊。

③ 器泠：指琴轻妙顺手。弦调：琴弦协和。

④ 闲：同"娴"。

⑤ 触批：弹琴的两种指法，手正面抚抹曰"触"，反手相击曰"批"。

⑥ 拟：拟度、演奏。

⑦ 《渌水》：舞曲名。清徵：曲调名。

⑧ 昶：同"畅"，这里指演奏。唐尧：指尧之琴曲。微子：指琴曲《微子操》。

⑨ 躇跱：犹踌躇，"跱"读 zhì。

⑩ 拊：同"抚"。

⑪ 凌：乘。扶摇：大风。瀛洲：传说中的神山。

⑫ 要：同"邀"。仇：同"雠"，伴侣。

⑬ 沆瀣：读 hàng xiè，夜气。眇：远。薄：迫近。

⑭ 赴会：指歌声与琴声节奏相符合。绸缪：缠绵、纠结，这里指歌声与琴声和谐不分。

⑮ 引：曲的一种体裁。阑：结束。

⑯ 奇弄：奇妙之音。

⑰ 㩳㩉：读 shì tà，声音纷繁。

⑱ 此四句描述声音在一个地方反复作响，迟迟不变。拥郁：抱持聚结。抑按：停止。盘桓：同"徘徊"。秘玩：指轻轻地弹。

⑲ 阒尔：阒然，快速的样子，"阒"读 tà。

⑳ 牢落：稀疏的样子。布濩：到处都是。半散：同"泮散"，消散。

丰融披离，斐韡奂烂①；英声发越②，采采粲粲。或间声错糅，状若诡赴；双美并进，骈驰翼驱③；初若将乖，后卒同趣。或曲而不屈，直而不倨④。或相凌而不乱，或相离而不殊。时劫㨿以慷慨，或怨沮而踌躇⑤。忽飘遥以轻迈，乍留联而扶疏⑥。或参谭繁促，复叠攒仄⑦；从横骆驿⑧，奔遁相逼；拊嗟⑨累赞，间不容息；瓌⑩艳奇伟，殚不可识。

若乃闲舒都⑪雅，洪纤有宜。精和条昶，安衍陆离⑫。穆温柔以怡怿，婉顺叙而委蛇。或乘险投会，邀隙趋危⑬。嘤若离鹍鸣清池，翼若游鸿翔层崖。纷文斐尾，慷缪离缅⑭。微风余音，靡靡猗猗。或㨾批㧌㧌，缥缭潎洌⑮。轻行浮弹，明婳睽慧⑯。疾而不速，留而不滞。翩绵飘邈，微音迅逝。远而听之，若鸾凤和鸣戏云中；迫而察

---

① 丰融：指声音汇聚。披离：指声音分散。斐韡：光彩。奂烂：灿烂。

② 发越：腾起。

③ 双美：指上面提到的"间声"与"正声"。翼驱：快速前进。

④ 曲而不屈：婉曲而不软弱。直而不倨：刚直而不倨傲。

⑤ 劫㨿：指声音激切。怨沮：哀怨而娇媚。

⑥ 留联：流连。扶疏：分散远逝的样子。

⑦ 参谭：声音相随的样子。攒仄：异音相聚。

⑧ 从：同"纵"。骆驿：同"络绎"。

⑨ 拊嗟：屏息静气。

⑩ 瓌：同"瑰"。

⑪ 都：美。

⑫ 安衍：指声音起伏。安：同"按"，抑制。衍：高扬。陆离：参差错落。

⑬ 投会：赴会、合节。邀隙：犹言抽空。

⑭ 斐尾：同"斐娓"，文采斑斓。慷缪：羽毛下垂的样子，这里形容声音相续。离缅：连绵不断。

⑮ 㨾批㧌㧌：弹琴的四种指法。缥缭：声音柔美纠结。潎洌：水波浪貌，这里形容声音鲜明而颤动，"潎"读 piē。

⑯ 明婳：鲜明清雅。睽慧：鲜明端庄。

之，若众葩敷荣曜春风。既丰赡以多姿，又善始而令①终。嗟姣妙以弘丽，何变态之无穷！

若夫三春之初，丽服以时，乃携友生，以遨以嬉。涉兰圃，登重基②。背长林，翳华芝③。临清流，赋新诗。嘉鱼龙之逸豫④，乐百卉之荣滋④。理重华⑤之遗操，慨远慕而长思。若乃华堂曲宴⑥，密友近宾，兰肴兼御⑦，旨酒清醇。进南荆⑧，发西秦；绍《陵阳》，度《巴人》⑨。变用杂而并起，竦众听而骇神。料殊功而比操，岂笙籥之能伦⑩？若次⑪其曲引所宜，则《广陵》《止息》，《东武》《太山》，《飞龙》《鹿鸣》，《鹍鸡》《游弦》⑫，更唱迭奏，声若自然；流楚窈窕，惩躁雪烦⑬。下逮⑭谣俗，蔡氏⑮五曲，《王昭》《楚妃》，《千里》《别鹤》⑯，犹有一切，承间簉乏⑰，亦有可观者焉。

---

① 令：美、善。

② 重基：高山。

③ 背：离开。华芝：这里指车篷。

④ 逸豫：安逸快乐。荣滋：繁盛。

⑤ 重华：舜帝。

⑥ 曲宴：指有歌乐的宴会。

⑦ 御：进献。

⑧ 南荆：楚国别称"荆"，这里指楚乐。

⑨ 绍：接续。《陵阳》：与《白雪》俱为高雅乐曲。度：弹奏。《巴人》：与《下里》皆为民间俗曲。

⑩ 料：衡量。操：志行，这里指音色。笙籥：指两种管乐。伦：相比。

⑪ 次：排次序。

⑫ 句中所列为八种古乐名。

⑬ 流楚：流利清楚。惩躁雪烦：去除烦躁。

⑭ 逮：及。

⑮ 蔡氏：指东汉文学家、音乐家蔡邕。

⑯ 句中所列为四种古乐名。

⑰ 一切：一时之权宜。承间：承接空白。簉乏：以副品填补空缺。簉，读 zào，副、次。

　　然非夫旷远者不能与之嬉游，非夫渊静者不能与之闲止[1]，非夫放达者不能与之无吝，非夫至精者不能与之析理也。若论其体势，详其风声[2]，器和故响逸，张急故声清[3]，间辽故音痹[4]，弦长故徽鸣[5]，性洁静以端理[6]，含至德之和平，诚可以感荡心志而发泄幽情矣。是故怀戚者闻之，莫不憯懔惨凄，愀怆伤心，含哀懊咿，不能自禁[7]；其康乐者闻之，则欨愉欢释，抃舞踊溢，留连澜漫，嗢噱终日[8]；若和平者听之，则怡养悦愉，淑穆玄真，恬虚乐古，弃事遗身。是以伯夷以之廉[9]，颜回以之仁，比干以之忠[10]，尾生以之信[11]，惠施以之辩给[12]，万石以之讷慎[13]，其余触类而长[14]，所致非一。同归殊途，或文或质。总中和[15]以统物，咸日用而不失，其感人动物，盖亦弘矣。

---

① 之：代琴声。闲止：闲处。
② 论其体势：判断其感染力。详其风声：观察其教化作用。
③ 张急：指弦紧。声清：声音尖细。
④ 间辽：弦距较远。痹：当作"庳"，低下，这里指声音低弱。
⑤ 徽鸣：泛音鸣响。
⑥ 端理：端绪厘正，指头绪不乱。
⑦ 憯懔：读 cǎn lǐn，畏惧貌。愀怆：哀伤貌，"愀"读 qiǎo。懊咿：内心忧伤。
⑧ 欨愉：欢笑的样子，欨读 xū。抃：欢喜的样子。踊溢：欢腾难禁。澜漫：欢情难禁。嗢噱：喜不自禁的样子，"嗢"读 wà，笑。
⑨ 伯夷：商末隐士，周灭商，不食周粟而饿死首阳山。
⑩ 比干：商纣王叔父，因劝谏纣王而被剖心。
⑪ 尾生：先秦鲁国人，《庄子·盗跖》："尾生与女子期于梁下，女子不来，水至不去，抱柱而死。"
⑫ 惠施：战国时宋人，名家学派代表人物，以善辩著称。给：巧。
⑬ 万石：指西汉石奋父子，以恭敬慎微著称。
⑭ 触类而长：同类事例不胜枚举。
⑮ 中和：指中和之音。

於时也，金石寝①声，匏竹屏气，王豹辍讴②，狄牙③丧味，天吴踊跃于重渊，王乔披云而下坠④，舞鸑鷟⑤于庭阶，游女飘焉而来萃。感天地以致和，况蚑行之众类⑥。嘉斯器之懿茂，咏兹文以自慰。永服御⑦而不厌，信古今之所贵。

乱曰：愔愔⑧琴德，不可测兮。体清心远，邈难极兮。良质美手，遇今世兮。纷纶翕响⑨，冠众艺兮；识音者希⑩，孰能珍兮？能尽雅琴，唯至人兮！

潘 岳

潘岳（247—300），字安仁，祖籍荥阳中牟（今属河南），西晋文学家，历任司空掾、太尉掾、河阳县令、怀县令、尚书度支郎、迁廷尉评、太傅府主簿、长安令、著作郎、给事黄门侍郎等职。永康元年，赵王伦擅政，潘岳受中书令孙秀诬，被杀，夷三族。《隋书·经籍志》录有《晋黄门郎潘岳集》十卷，已佚。明人张溥辑有《潘黄门集》，收入《汉魏六朝百三名家集》中。选文参校李善注《昭明文选·

① 寝：息。
② 王豹：善唱的歌手，《孟子·告子下》："昔王豹处于淇而河西善讴"；辍讴：停止歌唱。
③ 狄牙：善于品味的名厨易牙。
④ 天吴：传说中的水神。王乔：指王子乔，传说其得道成仙，可驾云而行。
⑤ 鸑鷟：神鸟，凤类。
⑥ 况：滋、益、影响。蚑行：动物慢行，"蚑"读 qí。
⑦ 服御：使用，这里指弹琴。
⑧ 愔愔：和静的样子。
⑨ 翕响：共响、和鸣。
⑩ 希：同"稀"。

《卷十八》，上海古籍出版社 1986 年版。

笙　赋①

河汾之宝，有曲沃之悬匏焉②。邹鲁之珍，有汶阳之孤筱焉③。若乃绵蔓纷敷之丽，浸润灵液之滋，隔隈夷险之势④，禽鸟翔集之嬉，固众作者之所详，余可得而略之也。徒观其制器也，则审洪纤，面⑤短长。刿生箰，裁熟簧⑥。设宫分羽，经徵列商⑦。泄之反谧，厌焉乃扬⑧。管攒罗而表列，音要妙而含清⑨。各守一以司应，统大魁以为笙⑩。基黄钟以举韵，望凤仪以擢形⑪。写皇翼以插羽，摹鸾

---

①　李善注曰：《周礼》：笙师掌教笙。郑众曰：笙十三簧。《尔雅》曰：大笙谓之簧。郭璞曰：列管匏中，施簧管端。《白虎通》曰：笙者，太簇之气，众物之生也。

②　李善注曰："河、汾，二水名也。《汉书》曰：汾水出汾阳北山。又曰：河东郡闻喜县，故曲沃也。崔豹《古今注》曰：匏，瓠也，有柄曰县匏，可为笙，曲沃者尤善。"河：黄河。曲沃：古城名，在今山西省闻喜县东北，在黄河与汾水之间。匏：一种葫芦。

③　李善注曰：《汉书》：鲁国有邹县，有汶阳县。杜预曰：汶水，太山出莱芜县。《说文》曰：筱，小竹。戴凯之《竹谱》曰：筱出鲁郡，堪为笙也。

④　纷敷：分张，枝叶茂盛貌。丽：缠结。隈：山角。限：山的转弯处。

⑤　面：义同前句之"审"。

⑥　刿：读 liè，割裂。生：新鲜的。箰：读 gǎn，小竹子。熟簧：经过熏蒸加工而成的竹质簧片。

⑦　指笙管按五音的要求而排列、制作。

⑧　指调试笙管。泄：泄出，指手指不按笙管的按孔。谧：安静，指笙管不出声。厌：犹"按(niē)"，捏，指手指按住笙管的按孔。扬：昂扬，指笙管发出声音。

⑨　攒罗：聚集排列。表列：排列。要妙：微妙曲折。清：清亮。

⑩　各守一：指各管各有一音高；李善注曰："言其管各守一声，以主相应统物也"；司应：指主管声音应和。统大魁以为笙：把笙管全部聚合于匏中就制成笙了。大魁：匏首，葫芦头。

⑪　基黄钟：以黄钟为基音，黄钟为十二律中第一律。举韵：吹奏乐曲。凤仪：凤凰的仪态，李善注引《说文》曰："笙十三簧，象凤之身"。擢：起，这里指制成笙。

音以厉声①。如鸟斯企，翾翾歧歧②。明珠在咮，若衔若垂③。修樀内辟，余箫外透④。骈田獦攞，魺鲽参差⑤。

　　於是乃有始泰终约，前荣后悴⑥，激愤於今贱，永怀乎故贵，众满堂而饮酒，独向隅以掩泪。援鸣笙而将吹，先喔哕⑦以理气。初雍容以安暇，中佛郁以怫愲⑧。终嵬峨以赛愕，又飒遝而繁沸⑨。罔浪孟以惆怅，若欲绝而复肆⑩。懰憿㑥以奔邀，似将放而中匮⑪。愀怆恻减，虺虺煜熠⑫。泛淫汜艳，霅晔岌岌⑬。或桉衍夷靡，或竦踊剽急⑭。或既往不反，或已出复入。徘徊布濩，涣衍葺袭⑮。舞既蹈而中

---

① 李善注曰："列管以象凤翼也"，"写""摹"义近，两句意谓笙管像凤凰的羽翼一样排列，像凤凰鸣叫一样发声。

② 企：望、张望。翾翾、歧歧：描述的都是鸟初飞的样子，"翾"读 xuān。

③ 咮：读 zhòu，鸟嘴，这里指笙嘴。

④ 修樀：长管，"樀"读 zhuā，指笙两侧的竹管。内辟：在里面开孔。余箫：其余的笙管，"箫"同"筊"，小竹子、细竹管。外透：向外弯曲。

⑤ 骈田：聚集。獦攞：读 gé lì，不齐的样子。魺鲽：读 qià tà，重叠貌，与"参差"义近。

⑥ 泰：奢。约：俭。悴：衰败。

⑦ 喔哕：读 wà yuě，清嗓子。

⑧ 佛郁：不安貌；怫愲：郁积不畅的样子。

⑨ 赛愕：正直之貌，这里形容声音高知。飒遝、繁沸：均形容声音涌起的样子，"遝"读 tà。

⑩ 李善注曰：罔及浪孟，皆失志之貌……肆，放也。言声将绝而复放。

⑪ 懰：停留。憿㑥、奔邀：均指迅速的样子。"憿㑥"：读 jī dí，原作"檄㑥"，据六臣注本改。

⑫ 愀怆恻减：悲伤貌，"减"同"惐"，读 yù。虺虺：读 huǐ wěi，盛多貌。煜熠：读 yù yì，光明炽盛貌。

⑬ 泛淫汜艳：自放纵貌，"汜"同"泛"。霅晔、岌岌：均是形容迅速的样子，"霅"读 sà。

⑭ 桉衍：曲折的样子。夷靡：平而渐靡。

⑮ 布濩：原义为遍布、布散，此处与"徘徊"义近，"濩"读 hù。涣衍：形容声音缓慢。葺袭：形容声音重复。

辍，节将抚而弗及①。乐声发而尽室欢，悲音奏而列坐泣。捻纤翮以震幽簧，越上筒而通下管②。应吹噏③以往来，随抑扬以虚满。勃慷慨以悢亮，顾踌躇以舒缓④。辍《张女》之哀弹，流《广陵》之名散⑤。咏园桃之夭夭，歌枣下之纂纂⑥。歌曰："枣下纂纂，朱实离离⑦。宛⑧其落矣，化为枯枝。人生不能行乐，死何以虚谥为⑨！"尔乃⑩引⑪《飞龙》，鸣《鹍鸡》，《双鸿》翔，《白鹤》飞⑫，子乔轻举，明君怀归，荆王喟其长吟，楚妃叹而增悲⑬。夫其凄戾辛酸，嘤嘤关关，若离鸿之鸣子也；含嗖啴谐，雍雍喈喈，若群雏之从母也⑭。郁捋劫悟，泓宏融裔⑮，哇咬嘲哳，一

---

① 李善注曰："言以笙声为主，故舞者足蹈中止而待之，歌者将抚节而恐不及。"意思是说：相对于笙声的节奏，舞者的节奏过快，歌者的节奏过慢。

② 捻：按、捏。翮：读 hé，管也，其形类羽，故曰翮也。震：动也。越上筒而通下管："筒"即"管"，"上筒"指笙管上部的出气孔，这句话的意思是说：吹进去的气从笙管的下部通过而从上面出气孔越出，从而发出声音。

③ 噏：同"吸"。

④ "勃"与"慷慨"义近，"顾"与"踌躇"义近。悢亮：声音清亮。

⑤ 《张女》：古曲名，未详所起。《广陵散》为古琴曲名。

⑥ "纂"：同"攒"。李善注曰："魏文帝《园桃行》曰：夭夭园桃，无子空长。虚美难假，偏轮不行。古《咄喑歌》曰：枣下何攒攒，荣华各有时。枣欲初赤时，人从四边来。枣适今日赐，谁当仰视之。攒，聚貌。"

⑦ 朱实：红色的果子。离离：下垂的样子。

⑧ 宛：死貌。

⑨ 谥：读 shì，古代根据死者生前言行所追赠的名号。

⑩ 尔乃：然后。

⑪ 引：演奏。

⑫ 《飞龙》《鹍鸡》《双鸿》《白鹤》：均为古曲名。

⑬ 此四句也涉及四部古曲，李善注引《歌录》曰："吟叹四曲：王昭君、楚妃叹、楚王吟、王子乔，皆古辞。"因讳司马昭名，"昭君"改称"明君"。

⑭ 含嗖：声音不清。啴谐：形容宽厚和谐之声。雍雍：和也。喈喈：和声远闻也。

⑮ 郁捋：吹笙以嘴就笙孔，"捋"读 luō。劫悟：气相冲激。泓宏：声大貌。融裔：声长貌。

何察惠①。诀厉悄切，又何磬折②。

若夫时阳初暖，临川送离。酒醑徒扰，乐阕③日移。疏客始阑④，主人微疲。弛弦韬籥，彻埙屏篪⑤。尔乃促中筵，携友生，解严颜，擢幽情⑥。披黄包以授甘，倾缥瓷以酌酃⑦。光歧俨其偕列，《双凤》嘈以和鸣⑧。晋野悚而投琴，况齐瑟与秦筝⑨。新声变曲，奇韵横逸。萦缠歌鼓，网罗钟律。烂熠爚以放艳，郁蓬勃以气出⑩。《秋风》咏於燕路，《天光》重乎《朝日》⑪，大不逾宫，细不过羽。唱发《章》《夏》，导扬《韶》《武》⑫，协和陈宋，混一齐楚⑬。迩不逼而远无携，声成文而节有叙⑭。

---

①　哇咬、嘲哳：声音繁乱细碎的样子。察惠：明亮美好。

②　诀厉：决断清冽也。悄切：忧貌。磬折：言其声若磬形之曲折也。

③　阕：终。

④　疏：关系疏远的。阑：李善注曰：饮酒半罢半在谓之阑。

⑤　弛：解。韬：藏。彻：去。屏：除。四字义近。弦：指琴瑟。籥（yuè）、埙（xūn）、篪（chí）：均指乐器。

⑥　促中筵：在席上促膝而坐。解：去掉。擢：生、发。

⑦　披：剥；黄包：桔皮；甘：指桔。缥瓷：绿色的酒瓷瓶；酃：读 líng，地名，在今湖南省，这里指产于酃的酒。

⑧　光：华饰。歧：长短不齐的笙管。俨其偕列：有序地排列起来。《双凤》：古曲名。

⑨　晋野：子野，师旷字，晋人，故称。悚：惧。齐瑟与秦筝：据传说，齐人善于弹瑟，秦人善于弹筝。

⑩　熠爚：读 yì yuè，光明貌，与"烂"义近。郁：繁盛，与"蓬勃"义近。

⑪　李善注曰：魏文帝《燕歌行》曰：秋风萧瑟天气凉。傅玄《长箫歌》有《天光》篇。魏文帝《善哉行》有《朝日》篇。言既奏天光，又奏朝日，故曰重也。

⑫　《大章》为尧乐，《大韶》为舜乐，《大夏》为禹乐曰，《大武》为周武王乐。

⑬　陈与宋、齐与楚，风俗不同，相应的歌乐风格也不同。

⑭　《左传·昭公二十九年》："吴公子劄来聘，鲁人为奏四代乐为之歌颂。季劄叹曰：至矣哉！迩而不逼，远而不携，节有度，守有叙。"李善注曰："凡人迩近者，好在逼迫，此乐中乃有不逼之声；凡人相远者，好在携离，此颂中乃有远不携离之音。"逼：逼迫、侵犯。携：携离，离心、背叛。叙：次序。

彼政有失得，而化以醇薄①。乐所以移风於善，亦所以易俗於恶。故丝竹之器未改，而桑濮之流已作②。惟簧也，能研③群声之清；惟笙也，能总众清之林④。卫无所措其邪，郑无所容其淫。非天下之和乐，不易之德音⑤，其孰能与於此乎！

繁　钦

繁（pó）钦（？—218），字休伯，汉末颍川（今河南禹县）人，少以文辩知名，擅长诗赋。以豫州从事，稍迁至曹操丞相主簿，病卒。选文参校李善注《昭明文选·卷四十》，上海古籍出版社1986年版。

与魏文帝笺⑥

正月八日壬寅，领主簿繁钦，死罪死罪。近屡奉笺，不足自宣。顷诸鼓吹，广求异妓，时都尉薛访车子⑦，年始十四，能喉啭引声，

---

① 《吕氏春秋·季夏纪第六》曰：其治厚者其乐厚，其治薄者其乐薄。醇：厚。
② 《礼记·乐记》曰："桑间濮上之音，亡国之音"，郑玄注曰："濮水之上，地有桑间者，亡国之音于此水出。"桑间：卫国地名。
③ 研：击，这里指压倒。
④ 总：总括、包括。林：多，这里指各种声音。
⑤ 德音：美好的声音，或指歌功颂德的雅乐。
⑥ 《文选》李善注引魏文帝集序云：上西征，余守谯，繁钦从，时薛访车子能喉啭，与笳同音。钦笺还与余，盛叹之，虽过其实，而其文甚丽。
⑦ 薛访：生卒年不详。车子：驾车的御手。

与笛同音①。白上呈见，果如其言。即日故共观试，乃知天壤之所生，诚有自然之妙物也。潜气内转，哀音外激，大不抗越②，细不幽散，声悲旧笳，曲美常均③。及与黄门鼓吹温胡，迭唱迭和④，喉所发音，无不响应，曲折沈浮，寻变入节。自初呈试，中间二句，胡欲傲其所不知，尚之以一曲，巧竭意匮，既已不能。而此孺子⑤遗声抑扬，不可胜穷，优游转化，余弄⑥未尽；暨⑦其清激悲吟，杂以怨慕，咏《北狄》之遐征，奏《胡马》之长思⑧，悽入肝脾，哀感顽

---

①　引声：指持续发出低音，相当于笳的低声部。喉啭：指用气流冲击口腔、震动声带而不断形成泛音的循环性发声，相当于笳音的高声部；《晋书·夏统传》："统于是以足叩船，引声喉啭，清激慷慨，大风应至，含水漱天，云雨响集，叱咤欢呼，雷电昼冥"。啭：读 zhuàn，本指鸟婉转地鸣叫，魏晋南北朝文献中常用于形容胡笳之音，如"视华鼓之繁桴，听边笳之嘶啭"（《全宋文》卷三十七颜延之《七绎》），"胡马哀吟，羌笛凄啭"（《全后周文》卷九庾信《竹杖赋》），"驱四牡之低昂，响繁笳之清啭"（《全梁文》卷二十五沈约《郊居赋》）。

②　抗越：指声音高亢。

③　均：本指调音器，同"韵"，指和谐的声音。

④　黄门鼓吹：乐官名，桓谭《杂论》："汉之三主，内置黄门，工倡也"；又，元郝经《续后汉书》卷八十七下《撰录第五》下《礼乐》引汉蔡邕《乐志》曰："汉乐四品：一曰《大予乐》，典郊庙、上陵殿诸食举之乐；二曰《周颂》雅乐，典辟雍、飨射、六宗、社稷之乐；三曰《黄门鼓吹》，天子所以燕乐群臣；四曰《短箫铙歌》，军乐也"；温胡：姓名，未详。迭：变更。

⑤　孺子：小孩子，这里指薛访车子。

⑥　弄：本指乐曲的一段，此处指歌声。

⑦　暨：及。

⑧　指演唱歌曲《北狄征》《胡马思》，《六臣注文选》引唐吕延济注云："《北狄征》《胡马思》，皆古歌曲，皆能喉啭为之，凄伤也，顽钝艳美者皆感之"；又，孙楚《笳赋并序》（《全晋文》卷六十）有云："顷还北馆，遇华发人于润水之滨，向春风而吹长笳，音声寥亮，有感余情，爰作斯赋：衔长葭以泛吹，嗷啾啾之哀声。奏《胡马》之悲思，咏《北狄》之遐征。顺谷风以抚节，飘逸响乎天庭。尔乃调唇吻，整容止，扬清瞳，隐皓齿。徐疾从宜，音引代起，叩角动商，鸣羽发征。若夫《广陵散》吟，三节《白纻》，《太山》长曲，哀及《梁父》。似鸿雁之将雏，乃群翔于河渚。"

艳①。是时日在西隅，凉风拂衽，背山临溪，流泉东逝。同坐仰叹，观者俯听，莫不泫泣殒涕，悲怀慷慨。自左骙、史妠、謇姐②名倡能识以来，耳目所见，佥③曰诡异，未之闻也。

窃惟圣体，兼爱好奇；是以因笺，先白委曲④。伏想御⑤闻，必含余欢。冀事速讫，旋侍光尘⑥，寓目阶庭，与听斯调，宴喜之乐，盖亦无量。钦死罪死罪。

曹 丕

曹丕（187—226），字子桓，沛国谯（今安徽省亳州市）人，三国魏高祖文皇帝，魏武帝曹操与卞夫人的长子。曹魏开国皇帝，220—226年在位。八岁能提笔为文，善骑射，好击剑，博览古今经传，通晓诸子百家学说。220年正月，曹操逝世，曹丕继任丞相、魏王。之后曹丕受禅登基，以魏代汉，结束了汉朝四百多年统治。除军政以外，曹丕自幼好文学，于诗、赋、文皆有成就，尤擅长五言诗，与其父曹操和弟曹植，并称三曹，今存《魏文帝集》二卷。另外，曹丕著有《典论》，当中的《论文》是中国文学史上第一部有系统的文学批评专论作品。黄初七年五月病逝于洛阳，时年40岁。去世后庙号高祖（《资治通鉴》作世祖），谥为文皇帝，葬于首阳陵。选文参校清严可均校辑《全上古三代秦汉三国六朝文》第2册之《全三国文·卷七》，

---

① 顽：指愚钝之人。艳：指艳美而敏感之人。

② 左骙、史妠、謇姐：皆为魏文帝时著名乐人；"妠"读 nàn，"謇"读 jiǎn。

③ 佥：读 qiān，全、都。

④ 白：告知。委曲：指事情的经过、底细。

⑤ 御：对帝王的尊称，这里指曹丕。

⑥ 光尘：敬辞，对尊贵者的美称。

中华书局 1958 年版。

答繁钦书

披书欢笑，不能自胜；奇才妙伎①，何其善也。顷守宫王孙世有女曰琐②，年始九岁，梦与神通，寤③而悲吟，哀声急切。涉历六载，于今十五。近者督将具以状闻，是日戊午，祖④于北园，博延众贤，遂奏名倡⑤。曲极数弹，欢情未逞⑥；白日西逝，清风赴闱；罗帏徒祛，玄烛方微⑦。乃令从官引内⑧世女，须臾而至，厥状甚美，素颜玄发，皓齿丹唇。详而问之，云善歌舞，于是振袂徐进，扬蛾微眺，芳声清激，逸足横集，众倡腾游，群宾失席⑨。然后修容饰妆，改曲变度⑩，激《清角》，扬《白雪》，接孤声，赴危节⑪。于是商风⑫振条，春鹰度吟，飞雾成霜。斯可谓声协钟石、气应风律⑬、网罗《韶

---

①　披书：展读书信。伎：同“技”。

②　曹丕《善哉行》似对琐有所描述：有美一人，婉如清扬。妍姿巧笑，和媚心肠。知音识曲，善为乐方。哀弦微妙，清气含芳。流郑激楚，度宫中商。感心动耳，绮丽难忘。离鸟夕宿，在彼中洲。延颈鼓翼，悲鸣相求。眷然顾之，使我心愁。嗟尔昔人，何以忘忧。

③　寤：醒。

④　祖：本指祭祀，后泛指设宴。

⑤　倡：歌伎。

⑥　极：尽。逞：满足。

⑦　祛：脱去。玄烛：指月光。

⑧　内：同“纳”。

⑨　腾游：欢腾的样子。失席：因兴奋而离开坐席。

⑩　改曲变度：即改变音调节奏。

⑪　孤声：指独奏、合唱。危节：急促的节奏，亦指合奏、合唱。

⑫　商风：指秋风、西风。

⑬　钟石：八音中“金”为铜钟，“石”为石磬，两者为定调之器。风律：乐曲的格律声调。

濩》、囊括郑卫者也①。今之妙舞莫巧于绛树，清歌莫善于宋臈②，岂能上乱灵祇、下变庶物③、漂悠风云、横厉无方④若斯也哉？固非车子喉转长吟所能逮也⑤。吾练色知声，雅应此选⑥，谨卜良日，纳之闲房⑦。

成公绥

成公绥（231—273），字子安，东郡白马（今河南滑县）人，西晋文学家。博涉经传，闲默自守，不求闻达。张华很看重他，举荐为太常博士。擅长辞赋，今存赋二十余篇，多系残篇。雅好音律，曾作《啸赋》《琴赋》《琵琶赋》等。此外存诗数首。《隋书·经籍志》录有《晋著作郎成公绥集》十卷，已佚，明代张溥辑有《成公子安集》，收入《汉魏六朝百三家名集》中。选文参校李善注《昭明文选·卷十八》，上海古籍出版社 1986 年版。

啸　赋⑧

逸群公子，体奇好异。傲世忘荣，绝弃人事。睎⑨高慕古，长

---

① 《韶濩》：传为汤之乐曲，此处泛指雅正之乐。郑卫：郑卫之音，泛指俗乐。

② 绛树：人名，未详。宋臈：人名，未详，"臈"同"腊"。

③ 灵祇：天神地祇的合称。庶物：芸芸众生。

④ 漂悠：动荡。横厉：横行。

⑤ 喉转长吟：参见繁钦《与魏文帝笺》。逮：比、及。

⑥ 练色：熟悉姿色。雅：正、正好。

⑦ 卜：占卜选择。闲房：指宫中。

⑧ 李善注曰：郑玄毛诗笺曰：啸，蹙口而出声也。籀文为歗，在欠部。毛诗曰：其啸也歌。

⑨ 睎：仰慕。

想远思。将登箕山以抗节①，浮沧海以游志。於是延②友生，集同好。精性命之至机，研道德之玄奥。愍③流俗之未悟，独超然而先觉。狭世路之阨僻，仰天衢而高踦④。遥姱俗⑤而遗身，乃慷慨而长啸。

　　于时曜灵俄景，流光蒙汜⑥。逍遥携手，跚跦步跐⑦。发妙声於丹唇，激哀音於皓齿。响抑扬而潜转，气冲郁而飙起⑧。协黄宫於清角，杂商羽於流徵。飘游云於泰清，集长风乎万里⑨。曲既终而响绝，遗余玩而未已。良自然之至音，非丝竹之所拟。是故声不假器，用不借物。近取诸身，役心御气。动唇有曲，发口成音。触类感物，因歌随吟。大而不洿，细而不沈⑩。清激切⑪於筝笙，优润和於瑟琴。玄妙足以通神悟灵，精微足以穷幽测深。收激楚之哀荒，节北里之奢淫⑫。济洪灾於炎旱，反亢阳於重阴⑬。唱引万变，曲用无方⑭。和乐怡怿，悲伤摧藏⑮。时幽散而将绝，中矫厉而慨慷⑯。

------

① 抗节：坚持操守。

② 延：延揽、接待。

③ 愍：同"悯"。

④ 阨僻：狭小。天衢：天路。

⑤ 姱俗：奢侈的时俗，"姱"读 kuā，夸大、夸耀。

⑥ 曜灵：日。俄：邪。景：同"影"。蒙汜：传说中日之所入处。

⑦ 跚跦：同"蹰躇"。步跐：犹言"摩肩接踵"之"接踵"。

⑧ 李善注曰："言声在喉中而转，故曰潜也。飙起：迅速兴起，"飙"读 biāo。

⑨ 李善注曰："言所感幽深，有同龙虎。《圣主得贤臣颂》曰：虎啸而风洌，龙兴而致云。泰清，天也。"

⑩ 李善注引《琴道》语云："大声不震哗而流漫，细声不湮灭而不闻"。洿：读 wū，流漫、散漫。沈：沉滞、湮灭不闻。

⑪ 切：切合、贴近。

⑫ 收：除去。激楚：清声。哀荒：哀伤过分。节：节制。北里：《史记·殷本纪》：纣"使师涓作淫声，北里之舞，靡靡之乐"，泛指淫放、不节制之声。

⑬ 反：同"返"。亢阳：天旱、干枯。重阴：密雨浓云。

⑭ 方：常。

⑮ 藏：同"脏（臟）"，内脏。

⑯ 矫厉：指声音高扬。

徐婉约而优游，纷繁骛①而激扬。情既思②而能反，心虽哀而不伤。总八音之至和，固极乐而无荒③。

若乃登高台以临远，披文轩而骋望④。喟仰抃而抗首⑤，嘈长引而慺亮。或舒肆⑥而自反，或徘徊而复放。或冉弱而柔挠，或澎濞而奔壮⑦。横郁鸣而滔涸，冽飘眇而清昶⑧。逸气奋涌，缤纷交错。列列飙扬，啾啾响作。奏胡马之长思，向寒风乎北朔。又似鸿雁之将⑨雏，群鸣号乎沙漠。故能因形创声，随事造曲。应物无穷，机发⑩响速。怫郁冲流，参谭云属⑪。若离若合，将绝复续。飞廉⑫鼓於幽隧，猛虎应於中谷。南箕⑬动於穹苍，清飙振乎乔木。散滞积而播扬，荡埃蔼之涸浊⑭。变阴阳之至和，移淫风之秽俗。

若乃游崇岗，陵景山，临岩侧，望流川，坐磐石，漱清泉⑮。

---

① 骛：急速。

② 思：远思、幽思。

③ 荒：迷乱、过分。

④ 披：走出门外。文轩：有彩画雕饰的走廊。骋望：纵目远望。

⑤ 抃：读 biàn，拍手。抗首：昂首。

⑥ 肆：缓。

⑦ 冉弱：细长貌。柔挠：柔弱貌。澎濞：波浪相撞击之声，"濞"读 bì。

⑧ 横郁：直而强的声音。滔涸：如水之滔漫或竭涸。冽：寒冷。飘眇：指声音清脆而悠长。昶：同"畅"。

⑨ 将：携带。

⑩ 机发：像弩机（弓箭）发射一样迅速。

⑪ 怫郁：郁闷，这里指声音压抑而不流畅。冲流、参谭、云属（zhǔ）：都形容声音连续不断。

⑫ 飞廉：风神。

⑬ 南箕：天空南方的箕星。

⑭ 埃蔼：尘埃多的样子。涸：乱。

⑮ 崇岗：高岗。景山：大山。漱：漱口。

藉皋兰之猗靡，荫修竹之蝉蜎①。乃吟咏而发散，声骆驿而响连。舒蓄思之悱愤，奋久结之缠绵。心涤荡而无累，志离俗而飘然。

若夫假象金革，拟则陶匏②，众声繁奏，若笳若箫。硼砯震隐，訇磕啾嘈③。发徵则隆冬熙蒸，骋羽则严霜夏凋，动商则秋霖春降，奏角则谷风鸣条④。音均不恒，曲无定制⑤。行而不流，止而不滞。随口吻而发扬，假芳气而远逝。音要妙而流响，声激嚁而清厉⑥。信自然之极丽，羌殊尤而绝世⑦。越《韶》《夏》与《咸池》，何徒取异乎郑卫。

于时绵驹结舌而丧精，王豹杜口而失色⑧。虞公辍声而止歌，宁子检手而叹息⑨。钟期弃琴而改听，孔父忘味而不食。百兽率舞而抃足，凤凰来仪而拊翼。乃知长啸之奇妙，盖亦音声之至极。

---

① 猗靡：随风摆动的样子。蝉蜎：美好的样子。

② 假象、拟则：模拟。金、革、陶、匏：代指各种乐器。

③ 硼（pēng）砯（láng）、震隐、訇（hōng）磕（kē）、啾（láo）嘈：均形容大声。

④ 《列子·汤问》："郑师文学琴于师襄。师襄曰：'子之琴何如？'师文曰：'请尝试之。'于是当春而叩商弦，以召南吕，凉风总至，草木成实；及秋而叩角弦，以激夹钟，温风徐回，草木发荣；当夏而叩羽弦，以召黄钟，霜雪交下，川池暴沍；及冬而叩征弦，以激蕤宾，阳光炽烈，坚冰立散。师襄曰：'虽师旷之清角，邹衍之吹律，无以加之。'"张湛注曰："商，金音，属秋。南吕，八月律。角，木音，属春。夹钟，二月律。羽，水音，属冬。黄钟，十一月律。征，火音，属夏。蕤宾，五月律。"熙蒸：像热气一样上升。谷风：东风、春风；鸣条：使条鸣，使树条发出声音。

⑤ 均：古"韵"字。

⑥ 激嚁：形容声音急速，"嚁"读 dí。

⑦ 羌：语助词。尤：异。

⑧ 《孟子·告子下》："淳于髡曰：'昔者王豹处于淇，而河西善讴；绵驹处于高唐，而齐右善歌；华周、杞梁之妻善哭其夫，而变国俗。'"王豹、绵驹：春秋时著名歌唱家。结舌、杜口：闭口而不能唱。

⑨ 虞公有二。一是春秋时虞公，《晏子春秋》：虞公善歌，以新声惑景公。晏子退朝而拘之。二是汉时虞公，刘向《别录》曰：有人歌赋楚，汉兴以来，善雅歌者，鲁人虞公，发声清哀，远动梁尘。其世学者莫能及。《淮南子》曰：宁戚欲干齐桓公，穷困无以自达。于是为商旅，将任车，以商于齐，暮宿郭门之外，桓公郊迎，夜开门，辟任车，爝火甚盛，从者甚众。戚饭牛车下，望桓公而悲，击牛角，而疾商歌曲。宁子：宁戚。检手：敛手，"检"：同"敛"。

刘　昼

选文参校傅亚庶撰《刘子校释》，中华书局 1998 年版。

刘　子

辨　乐

乐者，天地之齐，中和之纪，人情之所不能免也①。人心喜则笑，笑则乐，乐则口欲歌之，手欲鼓之，足欲舞之。歌之舞之，乐发於音声，形於动静，而入於至道②。音声动静，性术③之变，尽於此矣。故人不能无乐，乐则不能无形，形则不能无道，道则不能无乱。先王恶其乱也，故制雅乐以道之④，使其声足乐而不淫，使其音调伦而不诡⑤，使其曲繁省而廉均⑥，足以感人之善心，不使放心⑦邪气得接焉，是先王立乐之情也。

五帝殊时，不相沿乐；三王异世，不相袭礼⑧。各像勋德，应

---

① 语出《荀子·乐论》："故乐者，天地之大齐也，中和之纪也，人情之所必不免也"，《礼记·乐记》郑注云："纪，总要之名也"。齐：整治，义近"节"。

② 诸校本皆以为此句似当为"人之道也"。刘案：其实，原句于义未必不合，"至道"理解为"人之道"也未必不可。

③ 性术：与"心术"义同，心之所由。

④ 以上数句三"道"字皆同"导"。诸校本皆认为"形则不能无道，道则不能无乱"当作"形而不为道，则不能无乱"。刘案：原句第二"道"字显为动词"导"，与上句承接，第一"道"字也当为"导"，于义未必不合。

⑤ 调伦：和谐有条理。不诡：雅正，"诡"与"正"对。

⑥ 繁省而廉均：使繁多之音减省，则达到少而均平的效果。

⑦ 放心：放纵之心。

⑧ 语出《礼记·乐记》。

时之变。故黄帝乐曰《云门》，颛顼曰《五茎》，帝喾曰《六英》，尧曰《咸池》，舜曰《箫韶》，禹曰《大夏》，汤曰《大濩》，武王曰《大武》，此八代之乐之所以异名也。先王闻五声，播八音，非苟欲愉心娱耳，听其铿锵而已，将以顺天地之体，成万物之性，协律吕之情，和阴阳之气，调八风之韵，通九歌之分。奏之圆丘，则神明降；用之方泽①，则幽祇②升。击拊球石，即百兽舞；乐终九成，则瑞禽翔③。上能感动天地，下则移风易俗。此德音之音，雅乐之情，盛德之乐也。

明王④既泯，风俗陵迟，雅乐残废，溺⑤音竞兴。故夏孔甲作《破斧》之歌，始为东音⑥；殷辛⑦作靡靡之乐，始为北声。郑、卫之俗好淫，故有《溱》《洧》《桑中》之曲⑧；楚、越之俗好勇，则有赴汤蹈火之歌⑨。各咏其所好，歌其所欲。作之者哀叹，听之者泫泣。由心之所感，则形于声；声之所感，必流于心。故哀乐之心感，则

---

① 方泽：据地为方池，于水中为坛以祭。

② 幽祇：地神。

③ 语出《尚书·益稷》："箫韶九成，凤皇来仪"。九成：九奏。

④ 明王：指周公。

⑤ 溺：淫，沉溺于女色。

⑥ 事见《吕氏春秋·音初》："夏后氏孔甲，田于东阳萯山，天大风晦盲，孔甲迷惑，入于民室，主人方乳。或曰：'后来，是良日也，之子是必大吉。'或曰：'不胜也，之子始必有殃。'后乃取其子，以归。曰：'以为余子，谁敢殃之？'子长成人，幕动坼橑，斧斫斩其足，遂为守门者。孔甲曰：'呜呼！有疾，命矣夫！'乃作为破斧之歌，实始为东音。"又《文心雕龙·乐府》："夏甲叹于东阳，东音以发。"又《诗经·豳(bīn)风》有《破斧》。

⑦ 殷辛：指商纣王。

⑧ 溱(zhēn)、洧(wěi)：郑、卫两国二水之名，《诗经·郑风》有《溱洧》。桑中：君王淫荒之地。

⑨ 《管子·水地》："楚之水淖弱而清，故其民轻果而贼。"《韩非子·内储说上》："故越王将复吴而试其教，燔台而鼓之，使人赴火者，赏在火也。临江而鼓之，使人赴水者，赏在水也。"又阮籍《乐论》："楚、越之风好勇，故其俗轻死；郑、卫之风好淫，故其俗轻荡。轻死，故有蹈火赴水之歌；轻荡，故有桑间、濮上之曲。各歌其所好，各咏其所欲，为者流涕，闻之者叹息。"

燋杀啴缓之声应①；濮上之音作，则淫泆邪放之志生。故延年造倾城之歌，汉武思靡嫚之色；雍门作松柏之声，齐湣愿未寒之服②。荆轲入秦，宋意击筑，歌於易水之上，闻者瞋目，发直穿冠。赵王迁於房陵，心怀故乡，作《山木》之讴，听者呜咽，泣涕流连③。此皆淫泆、悽怆、愤厉、哀思之声，非理性和情、德音之乐也。桓帝听楚琴，慷慨叹息，悲酸伤心，曰："善哉！为琴若此，岂非乐乎？"夫乐者，声乐而心和，所以为乐也。今则声哀而心悲，洒泪而歔欷，是以悲为乐也，若以悲为乐，亦何乐之有哉！

今怨思之声施於管弦，听其音者不淫则悲。淫则乱男女之辨，悲则感怨思之声，岂所谓乐哉？故奸声感人而逆气应之，逆气成象而淫乐兴焉；正声感人而顺气应之，顺气成象而和乐兴焉。乐不和顺，则气有蓄滞；气有蓄滞，则有悖逆诈伪之心，淫泆妄作之事。是以奸声乱色，不留聪明；淫声慝礼，不接心术。使人心和而不乱者，雅乐之情也。④ 故为诗颂以宣其志，钟鼓以节其耳，羽旄以制其目。听之者不倾，视之者不邪。耳目不倾不邪，则邪音不入；邪音不入，则情性内和。情性内和，然后乃为乐也。

---

① 《礼记·乐记》："是故其哀心感者，其声噍以杀；其乐心感者，其声啴以缓。"郑注云："噍，踧也；啴，宽绰貌。"燋杀：形容声音急速，"燋"同"噍"，读 jiào。啴：读 chǎn，"啴缓"也作"阐缓"。

② 参见阮籍《乐论》相关注释。

③ 事见《淮南子·泰族训》："赵王迁流於房陵（赵幽缪王名'迁'）思故乡，作为山木之讴，闻者莫不殒涕。"《文选·恨赋》注引《淮南子》高诱（当作许慎）注云："秦灭赵，虏王迁，徙房陵，房陵在汉中。山木之讴，歌曲也。"

④ "故奸声感人"后数句，语见《礼记·乐记》，略有不同。慝：同"匿"。

刘 勰

选文参校范文澜撰《文心雕龙注》，人民文学出版社 1958 年版。

文心雕龙

乐 府

乐府者，声依永，律和声也①。钧天九奏，既其上帝②；葛天八阕，爰及皇时③。自《咸》《英》以降，亦无得而论矣。至於塗山歌於候人，始为南音；有娀谣乎飞燕，始为北声；夏甲叹於东阳，东音以发；殷整思於西河，西音以兴④：音声推移，亦不一概矣。匹夫

---

① 声依永，律和声：语出《尚书·舜典》，孔颖达疏云："'声依永'者，谓五声依附长言而为之。"孙星衍疏曰："声者，高诱注《淮南子·时则训》云：'丝竹金石之声也。'"律：乐律，即黄钟、太簇、姑洗、蕤（ruí）宾、夷则、无射（yì）、林钟、南吕、应钟、大吕、夹钟、中吕十二律。

② 钧天九奏：《史记·赵世家》中说，赵简子（即赵鞅）做梦到了上帝住处，听到"九奏《万舞》"。钧天：天的中央。九奏：多次演奏。《万舞》：乐名。

③ 葛天：传说中的上古帝王。八阕：八首。《吕氏春秋·古乐》："昔葛天氏之乐，三人操牛尾，投足以歌八阕：一曰《载民》、二曰《玄鸟》、三曰《遂草木》、四曰《奋五谷》、五曰《敬天常》、六曰《达帝功》、七曰《依帝德》、八曰《总禽兽之极》。"阕：是乐曲告一段落，也称一首歌为一阕。爰：语音助词。皇时：指上古时期。

④ 《咸》《英》：两种乐名，即《咸池》《五英》，《汉书·礼乐志》："昔黄帝作《咸池》……帝喾（kù）作《五英》。"候人：《吕氏春秋·音初》中说，夏禹巡视南方，涂山氏女等候他的过程中，唱了《候人歌》："候人兮猗！"飞燕：《吕氏春秋·音初》载：有娀（sōng）氏二女爱抚燕子，燕子北飞不返，二女就唱了"燕燕往飞"这首歌。夏甲：夏后氏孔甲，《吕氏春秋·音初》载：孔甲在东阳认一老百姓的孩子做自己的儿子，不料这孩子的脚为斧所伤，只能做守门者，他因而叹惜作了《破斧》歌。东阳：地名，在今山东费县西南。殷整：殷代帝王河亶（dàn）甲，名整，又叫整甲，《吕氏春秋·音初》载：整甲迁居西河，仍怀念故居，所以作歌。

庶妇，讴吟土风，诗官采言，乐胥被律，志感丝篁，气变金石①；是以师旷觇风於盛衰，季札鉴微於兴废②，精之至也。

夫乐本心术，故响浃肌髓，先王慎焉，务塞淫滥。敷训胄子，必歌九德③，故能情感七始，化动八风④。自雅声浸微，溺音腾沸⑤。秦燔乐经，汉初绍复，制氏纪其铿锵，叔孙定其容与⑥；於是《武德》兴乎高祖，《四时》广於孝文⑦，虽摹《韶》《夏》，而颇袭秦旧，中和之响，阒其不还⑧。暨武帝崇礼，始立乐府，总赵代之音，撮齐楚之气，延年以曼声协律，朱马以骚体制歌⑨。《桂华》杂曲，丽而

----

① 匹夫：普通的男子。庶妇：一般的妇女。讴（ōu）：歌唱。土风：指以《诗经·国风》为代表的地方歌谣。诗官：采诗官，相传周代曾派采诗官在春天或秋天到各地采集歌谣，借以了解民间情况。乐胥：指乐师，古代乐师大都以目盲者担任。被律：和乐律相配合；被：同"披"，加。律：乐律。丝：指琴瑟一类弦乐器。篁：读 huáng，竹，指箫笛一类管乐器。气：作者的气质。变：使乐器的声音随人的思想感情而变，即表达出作者的思想感情。金：指钟。石：指玉磬（qìng）。

② 觇：读 chān，看。季札：春秋时吴王寿梦之子，《左传·襄公二十九年》说季札到鲁国听奏《诗经》，他从《风》《雅》《颂》各篇的不同乐调中，听出周王朝与各诸侯国的不同命运。

③ 敷：实施。胄（zhòu）子：卿大夫的子弟。九德："九功之德"，泛指各种政治措施。

④ 七始：指天、地、人和春、夏、秋、冬。化：教化。八风：八方的风俗。

⑤ 浸：渐渐。溺：沉迷，流荡不返。

⑥ 燔：读 fán，焚烧。《乐经》：相传是《六经》之一，也有人认为根本没有这部书。绍：继承。制氏：汉初乐师。铿锵：响亮而和谐的乐器声，这里指音节。叔孙：汉初儒生，姓叔孙，名通。容与：舞容。

⑦ 《武德》《四时》：皆舞名，《汉书·礼乐志》："《武德舞》者，高祖四年作……《四时舞》者，孝文所作。"

⑧ 袭：继续。中和：恰到好处的和谐境地。阒：读 qù，没有声音。

⑨ 暨：及，到。乐府：管理音乐的官署，汉武帝以前就已经存在，武帝才扩大了它，并给它搜集民歌的新任务。赵、代：指今河北、山西一带地区。撮：聚集而取。齐、楚：指今山东、安徽、湖北一带地区。气：这里指音节腔调。延年：李延年，善歌，是汉武帝时乐府这个机构的长官，叫作协律都尉。曼：美。朱：朱买臣，以精通《楚辞》著称，《汉书·艺文志》说他有赋三篇，所作歌曲今不传。马：司马相如，相传武帝时的《郊祀歌》中有一部分是他的作品。

不经，《赤雁》群篇，靡而非典①，河间荐雅而罕御，故汲黯致讥於《天马》也②。至宣帝雅颂，诗效《鹿鸣》③；迩及元成，稍广淫乐④，正音乖俗，其难也如此。暨后郊庙，惟杂雅章，辞虽典文，而律非夔旷⑤。至於魏之三祖，气爽才丽，宰割辞调，音靡节平。观其北上众引，秋风列篇⑥，或述酣宴，或伤羁戍，志不出於淫荡⑦，辞不离於哀思，虽三调之正声，实韶夏之郑曲也⑧。逮於晋世，则傅玄晓音，创定雅歌，以咏祖宗；张华新篇，亦充庭万⑨。然杜夔调律，音奏舒

---

①　《桂华》：汉高祖姬唐山夫人所作《安世房中歌》中的第十首。不经：不正常的意思，过去有些学者认为《安世房中歌》没有什么不正常，这正可看出刘勰对贵族乐章的不满。《赤雁》：是《郊祀歌》中第十八首，即《象载瑜》，因其中有"赤雁集"一句，故称《赤雁》。《郊祀歌》：汉武帝时祭歌（《郊祀歌》和《安世房中歌》均载《汉书·礼乐志》）。靡：美。典：法度。这句也有刘勰贬低贵族乐章的意思。

②　河间：指刘德，汉景帝三子，立为河间王，死后加号"献"，所以世称河间献王。《汉书·礼乐志》中说他曾献古乐给汉武帝。御：用。汲黯：字长儒，西汉初人。《天马》：《天马歌》，《史记·乐书》中说，汉武帝得神马，作《天马歌》，列入《郊祀歌》；汲黯认为这对祖先、对百姓都没有什么意义。

③　《鹿鸣》：《诗经·小雅》中的一篇，《汉书·卷六十四·王褒传》："褒作《中和乐职宣布诗》，选好事者，令依《鹿鸣》之声，习而歌之。"

④　迩(ěr)：近。元、成：汉宣帝之后的元帝、成帝。

⑤　郊庙：祭祀祖庙，指祭祖庙用的乐歌。杂：唐写本作"新"，新作品，指东平王刘苍的《武德舞歌》，后汉之乐，开始是沿用前汉旧乐，刘苍的舞歌是新作。律：音律，和上句的"辞"字分别指乐章的两个方面。夔：读 kuí，舜的乐官。旷：即师旷；这里是举此两人泛指古乐。

⑥　北上：指曹操的《苦寒行》，其首句是"北上太行山"。引：乐曲。秋风：指曹丕的《燕歌行》，其首句是"秋风萧瑟天气凉"。

⑦　羁(jī)戍：指士兵出征守边不归；羁，拘留；戍，驻守边疆。淫：过分。荡：放逸。

⑧　三调：指汉乐府中的《平调曲》《清调曲》《瑟调曲》。《韶》《夏》之郑曲：意为三曹的作品如果和虞舜、夏禹时的古乐比起来，其地位近于过去的"郑声"。郑曲：郑国的音乐，孔子曾说："郑声淫。"（《论语·卫灵公》）后儒多以为郑声是不正派的音乐。

⑨　逮：到，及。傅玄：字休奕(yì)，魏晋之间的诗人，精音乐，曾作宫廷乐章七十多首。张华：字茂先，西晋初年诗人，曾作宫廷乐章二十多首。《万》：《万舞》，代指贵族乐章。

雅，荀勖改悬，声节哀急，故阮咸讥其离声，后人验其铜尺①；和乐之精妙，固表里而相资矣。故知诗为乐心，声为乐体；乐体在声，瞽师务调其器；乐心在诗，君子宜正其文。好乐无荒，晋风所以称远②；伊其相谑，郑国所以云亡③。故知季札观辞，不直听声而已④。

若夫艳歌婉娈，怨志诀绝⑤，淫辞在曲，正响焉生？然俗听飞驰，职竞新异⑥；雅咏温恭，必欠伸鱼睨⑦；奇辞切至，则拊髀雀跃⑧；诗声俱郑，自此阶矣⑨。凡乐辞曰诗，诗声曰歌，声来被辞，辞繁难节；故陈思称左延年闲於增损古辞⑩，多者则宜减之，明贵约也。观高祖

---

① 杜夔：字公良，汉末音乐家，为曹操所赏识，让他从事恢复古乐的工作。荀勖（xù）：字公曾，魏末晋初的音乐家，据《晋书·律历志》载，他考证出杜夔所用的尺比古尺长四分多，就改用古尺来调整乐器。改悬：改制乐器；悬：乐器的架，这里就指乐器。阮咸：字仲容，魏末"竹林七贤"之一，精音乐，《晋书·律历志》载，阮咸认为荀勖改尺以后所定的乐，音调高而悲，是亡国之音。验其铜尺：验证古尺，有几种不同说法：《晋书·律历志》说当时有人在地下发掘出周代古尺，和荀勖考证的正好符合；《世说新语·术解》及注引《晋诸公赞》都说，在荀勖之后又发现的"周玉尺"和"古铜尺"比荀尺略长。从刘勰上句说的"然杜夔调律，音奏舒雅"，即用《晋诸公赞》中"杜夔所造……音律舒雅"来看，他是取荀尺不符古尺的说法。

② "好乐无荒"：语出《诗经·唐风·蟋蟀》。荒：废乱。唐风是晋国的民歌，吴公子季札听了这首歌，赞美它用思深远。

③ "伊其相谑"：语出《诗经·郑风·溱洧》。伊：语助词。谑：调笑；季札听之以为亡国之音。

④ 不直：不但，不仅。

⑤ 婉娈（luán）：亲爱貌。诀：割断联系；原作"訣"，据唐写本改。

⑥ 职：主。

⑦ 欠伸：打呵欠，伸懒腰。鱼睨（nì）：像鱼眼那么死瞪着看；睨，斜看。

⑧ 拊：拍。髀：读 bì，股。

⑨ 郑：郑声。阶：逐步形成。

⑩ 陈思：曹植。左：原作"李"，据唐写本改。李延年是汉武帝时的乐师，左延年是建安时的乐师，这里应为左延年。闲：同"娴"，熟习。

之咏"大风"，孝武之叹"来迟"①，歌童被声，莫敢不协。子建士衡，咸有佳篇，并无诏伶人，故事谢丝管②，俗称乖调，盖未思也。至於轩岐鼓吹，汉世铙挽③，虽戎丧殊事，而并总入乐府，缪袭所致，亦有可算焉④。昔子政品文，诗与歌别⑤，故略具乐篇，以标区界。

赞曰：八音摛文⑥，树辞为体。讴吟坰野⑦，金石云陛⑧。韶响难追，郑声易启。岂惟观乐，於焉识礼。

声　律

夫音律所始，本於人声者也。声含宫商，肇自血气，先王因之，以制乐歌。故知器写人声，声非学⑨器者也。故言语者，文章关键，神明枢机⑩，吐纳律吕，唇吻而已⑪。古之教歌，先揆以法，使疾呼

---

①　高祖：汉高祖刘邦。大风：刘邦《大风歌》（见《史记·高祖本纪》）。孝武：汉武帝刘彻。来迟：刘彻所作《李夫人歌》的最后二字（见《汉书·外戚传》）。

②　子建：曹植字。士衡：陆机字。诏：命令。伶人：奏乐演戏的人，这里指制乐谱的人。谢：离开。丝管：指乐器。

③　轩：轩辕，黄帝的名号；原作"斩"，改。岐：岐伯，传为黄帝时主管医药的臣；原作"伎"，改。《鼓吹》：《鼓吹曲》，古代军乐，《宋书·乐志》认为《鼓吹曲》为岐伯所作。《铙》：《铙歌》，是汉代的《鼓吹曲》。《挽》：《挽歌》，指《薤（xiè）露》和《蒿（hāo）里》。

④　缪（miào）袭：三国魏作家，曾作《魏鼓吹曲》十二首及《挽歌》一首（见《全三国诗》卷三）。致：达到。可算：值得称数。

⑤　子政：刘向字。品：品味、评量，这里引申为研究、整理。诗与歌别：在刘向、刘歆的《七略》和班固的《汉书·艺文志》里，诗属《六艺略》，歌属《诗赋略》。

⑥　八音：指金（如钟）、石（如磬）、土（如埙）、革（如鼓）、丝（如琴）、木（如柷）、匏（如笙）、竹（如篪）八种乐器。摛：读 chī，发布。文：犹"声文"。

⑦　坰：读 jiǒng，郊野。

⑧　陛：读 bì，宫殿的高阶。

⑨　学：这里指效仿。

⑩　关键：原无，据范文澜注增。神明：指人的精神等，《黄帝内经·灵兰秘典论》："心者，君主之官也，神明出焉"，《附会》篇有云："必以情志为神明"。枢机：意近"关键"，《周易·系辞上》："言行君子之枢机"，韩康伯注云："枢机，制动之主"。

⑪　吐纳：呼吸，这里指发声。律吕：乐律的总称。唇吻：代指人的发声器官。

中宫，徐呼中徵①。夫宫商响高，徵羽声下②；抗喉矫舌之差，攒唇激齿之异③，廉肉相准，皎然可分④。今操琴不调，必知改张⑤，摛文乖张⑥，而不识所调。响在彼弦，乃得克⑦谐，声萌我心，更失和律，其故何哉？良由内听难为聪也⑧。故外听之易，弦以手定，内听之难，声与心纷；可以数求，难以辞逐⑨。凡声有飞沈，响有双叠⑩。双声隔字而每㐆⑪，迭韵杂句而必睽⑫；沈则响发而断，飞则声扬不还⑬，

---

① 语出《韩非子·外储说右上》："教歌者，先揆以法，疾呼中宫，徐呼中徵。"揆：读 kuí，测度。呼：指发声。

② 宫商响高，徵羽声下：原作"商徵响高，宫羽声下"，据黄侃《文心雕龙札记》改；《国语·周语》："大不逾宫，细不逾羽"，《礼记·月令》郑玄注："凡声尊卑，取象五行，数多者浊，数少者清。"五音律数，以宫商最多，徵羽最小，角声居中。

③ 此二句指发音部位（喉、舌、唇、齿）不同而造成音之不同。抗：指喉音高亢。矫：指舌音直。攒：聚合，指唇音的发音方式。激：指齿音的发声方式。

④ 廉肉：指音的强弱，《礼记·乐记》："使其曲直繁瘠，廉肉节奏，足以感动人之善心而已矣"，郑注："繁瘠廉肉，声之鸿杀也"，"鸿"指音之强，"杀"指音之弱。相准：相对的意思。皎然：明白、清楚。

⑤ 操琴：弹琴。调：协调。改张：改弦更张，《汉书·董仲舒传》："窃譬之琴瑟不调，甚者必解而更张之，乃可鼓也。"

⑥ 摛：指写作；原作"摘"，据黄叔琳注改。乖张：不正常。

⑦ 克：能。

⑧ 内听：指与人声或"肉声"相关的心声。

⑨ 可以数求：指器声之高低、强弱等及其和谐规律可以用数字表现出来，如"音高""音强"等。难以辞逐：指用字词来表示声之高低、强弱等及其和谐规律比较难。

⑩ 飞沈：指声音的扬与抑，相当于平声和仄声。双叠：指双声叠韵，两字声母相同为双声，韵母相同为叠韵。

⑪ 双声隔字而每㐆：描述的是沈约所谓声之"八病"之一"旁纽"，《文镜秘府论》西卷引元氏云："旁纽者，一韵之内，有隔字双声也"，如"鱼游见风月，兽走畏伤蹄"两句中，"鱼"和"月"、"兽"和"伤"是双声，其中隔以它字，就是犯"旁纽"病。㐆：读 chuǎn，差错。

⑫ 迭韵杂句而必睽：描述的是"八病"之"小韵"，《文镜秘府论》西卷："除韵以外，而有迭相犯者，名为犯小韵病是也"，如陆机诗"嘉树生朝阳，凝霜封其条"，"阳""霜"同韵，就是犯"小韵"病。睽：读 kuí，违背、不合。

⑬ 沈则响发而断，飞则声扬不还：指单用低音（沈）或高音（飞）字造句，就会缺乏抑扬顿挫的节奏。

并辘轳交往，逆鳞相比①，迂其际会②，则往蹇来连③，其为疾病，亦文家之吃④也。夫吃文为患，生於好诡，逐新趣异，故喉唇紃纷⑤；将欲解结，务在刚断。左碍而寻右，末滞而讨前，则声转於吻，玲玲如振玉，辞靡⑥於耳，累累如贯珠矣。是以声画妍蚩⑦，寄在吟咏；滋味流於下句⑧，气力穷於和韵。异音相从谓之和，同声相应谓之韵⑨。韵气一定，故余声易遣；和体抑扬，故遗响难契。属笔易巧，选和至难；缀文难精，而作韵甚易⑩。虽纤意曲变，非可缕言，然振其大纲，不出兹论⑪。

若夫宫商大和，譬诸吹籥；翻回取均，颇似调瑟⑫。瑟资移柱⑬，故有时而乖贰；籥含定管⑭，故无往而不壹。陈思、潘岳，吹籥之

---

① 参见沈约《宋书·谢灵运传论》："欲使宫羽相变，低昂互节，若前有浮声，则后须切响。一简之内，音韵尽殊，两句之中，轻重悉异"。辘轳：井上汲水的起重具。交往：用辘轳转动，比喻飞沈的字声相交错。逆鳞相比：如鳞甲般排列严密有序。

② 迂：错失。际会：指声调飞沈的适当配合。

③ 往蹇来连：指往来、进退皆难，语出《周易·蹇卦》："六四：往蹇来连"，王弼注云："往则无应，来则乘刚；往来皆难，故曰往蹇来连"。蹇：不顺利。连：难。

④ 吃：口吃、说话不清楚。

⑤ 趣：同"趋"。紃纷：杂乱；紃，同"纠"。

⑥ 靡：靡曼动听。

⑦ 声画：语本扬雄《法言·问神》："言，心声也；书，心画也。声画形，君子小人见矣。"泛指文章作品。妍蚩(chī)：美丑。

⑧ 滋味：原前有"吟咏"，据《文镜秘府论》引文删。下句：写下字句，指对字句的处理；"下"原作"字"，改。

⑨ 异音：指不同的声调；下文"和体""选和"均指不同声调之间的调协，刘勰认为这比押韵要难。同声：指相同的韵脚，下文"韵气"、"作韵"与此相关。

⑩ 属笔、缀文：泛指写作。

⑪ 纤意：指音律上的细微之处。缕言：细论。振：举。

⑫ 翻回：旋转。均："韵"，《文选·啸赋》："音均不恒，曲无定制"，李善注："均，古韵字也"。

⑬ 瑟：一般有二十五弦，弦各一柱，"移柱"即指拨动不同弦而发声。

⑭ 籥：《风俗通》卷六："籥，乐之器，竹管三孔，所以和众声也"，"定管"指籥只有一根竹管，而不像笙等由多管构成。

调也；陆机、左思，瑟柱之和也。概举而推，可以类见。

又诗人综韵①，率多清切；《楚辞》辞楚，故讹韵实繁②。及张华论韵，谓士衡多楚③，《文赋》亦称知楚不易，可谓衔灵均之余声，失黄钟之正响也。凡切韵之动，势若转圜；讹音之作，甚于枘方④；免乎枘方，则无大过矣。练才洞鉴，剖字钻响，识疏阔略⑤，随音所遇，若长风之过籁，南郭之吹竽耳。古之佩玉，左宫右徵，以节其步，声不失序⑥，音以律文⑦，其可忽哉！

赞曰：标情务远，比音则近⑧。吹律胸臆，调钟唇吻⑨。声得盐梅，响滑榆槿⑩。割弃支离，宫商难隐⑪。

---

① 综：织机上使经线上下分开以织纬线的装置，这里借指组织、运用。清切：清楚准确。

② 辞楚：指《楚辞》用楚音写成，以沈约等所定四种声调标准来衡量，则多"讹韵"，因为语言（语音、方言、方音）系统不同。

③ 陆机（士衡）弟陆云《与兄平原书》有云："张公（即张华）语云云：兄文故自楚。"

④ 枘方：方枘圆凿的省称，谓不相合。

⑤ 阔略：疏略。

⑥ 语本《礼记·玉藻》：古人君子必佩玉，右徵角，左宫羽，趋以采齐，行以肆夏，周还中规，折还中矩，进则揖之，退则扬之，然后玉锵鸣也。故君子在车则闻鸾和之声，行则鸣佩玉，是以非辟之心，无自入也。

⑦ 音以律文：指按照音之和谐规律来组织、安排文章结构。

⑧ 标情：标示情感。比音：排比、安排音韵。

⑨ 与陆机《文赋》"思风发于胸臆，意泉流于唇齿"意近。吹律：吐出音律。调钟：协调声律。

⑩ 盐梅：借味的调和指声的调和，《尚书·说命下》："若作和羹，尔惟盐梅"，盐味咸，梅味酸，是调味的必需品。滑：使菜肴润滑的调料，这里取调和的意思，《周礼·天官·食医》："调以滑甘"，贾公彦疏云："滑者，通利往来，亦所以调和四味，故云调以滑甘"。榆：木名，实可食。槿（jǐn）：借指堇，堇菜。

⑪ 割弃支离，宫商难隐：意谓割弃繁杂不清之辞，则和谐的声韵结构自然后显现出来，此可谓"音以律文"的具体方法：《风骨》篇"捶字坚而难移，结响凝而不滞，此风骨之力也。若瘠义肥辞，繁杂失统，则无骨之徵也"，《定势》"宫商朱紫，随势各配"，《章句》"离章合句，调有缓急"、"若乃改韵从调，所以节文辞气"、"环情草调，宛转相腾。离合同异，以尽厥能"等，皆与此法相关。支离：可作两解：(1)烦琐杂乱，扬雄《法言·五百》："或问：'天地简易而法之，何《五经》之支离？'曰：'支离盖其所以为简易也。'"汪荣宝义疏云："支离、支缭，皆繁多歧出之意"；(2)谓说话吞吞吐吐、含混不清，《梁书·吴均传》："先是，均表求撰《齐春秋》，书成奏之。高祖以其书不实，使中书舍人刘之遴诘问数条，竟支离无对。敕付省焚之。"

二、书法美学

刘义庆撰　刘孝标注

选文参校王根林等校点《汉魏六朝笔记小说大观》，上海古籍出版社 1999 年版。

世说新语并注

品　藻

谢公（安）问王子敬："君书何如君家尊？"答曰："固当不同。"公曰："外人论殊不尔。"王曰："外人那得知？"［宋明帝《文章志》曰：献之善隶书，变右军法为今体。字画秀媚，妙绝时伦，与父俱得名。其章草疏弱，殊不及父。或讯献之云："羲之书胜不？""莫能判。"有问羲之云："世论卿书不逮献之？"

答曰:"殊不尔也。"它日见献之,问:"尊君书何如?"献之不答。又问:"论者云君固当不如?"献之笑而答曰:"人那得知之也。"]

巧 艺

韦仲将能书。魏明帝起殿,欲安榜,使仲将登梯题之。既下,头鬓皓然,因敕儿孙:"勿复学书。"[《文章叙录》曰:"韦诞字仲将,京兆杜陵人,太仆端子。有文学,善属辞。以光禄大夫卒。"卫恒《四体书势》曰:"诞善楷书,魏宫观多诞所题。明帝立陵霄观,误先钉榜,乃笼盛诞,辘轳长絚①引上,使就题之。去地二十五丈,诞甚危惧。乃戒子孙,绝此楷法,箸之家令②。"]

钟会是荀济北从舅,二人情好③不协。荀有宝剑,可直百万,常在母钟夫人许。会善书,学荀手迹,作书与母取剑,仍窃去不还。[《世语》曰:会善学人书,伐蜀之役,于剑阁要邓艾章表,皆约其言。令词旨倨傲,多自矜伐。艾由此被收也。]荀勖知是钟而无由得也,思所以报之。后钟兄弟以千万起一宅,始成,甚精丽,未得移住。荀极善画,乃潜往画钟门堂,作太傅形象,衣冠状貌如平生。二钟入门,便大感恸,宅遂空废。[孔氏《志怪》曰:于时咸谓勖之报会,过于所失数十倍。彼此书画,巧妙之极。]

羊长和博学工书,[《文字志》曰:忱,性能草书,亦善行隶,有称于一时。]能骑射,善围棋。诸羊后多知书,而射、奕余艺莫逮。

钟 繇

钟繇(151—230),字元常,颍川长社(今河南长葛)人,三国魏

书法家，出身于东汉望族，祖先数世均以德行著称。钟繇首定楷书，对汉字发展有重要贡献，后世书法家竞相学习钟体，如王羲之父子就有多种钟体临本，后张昶、怀素、颜真卿、黄庭坚等在书体创作上都从各方面吸收了钟体之长、钟论之要。《三国志》有传。选文参校《中国书画全书》第 1 册之《墨池编·卷二》，上海书画出版社 1993 年版。

用笔法

魏钟繇见伯喈笔法于韦诞①，坐自捶胸尽青，因呕血。太祖以五灵丹救之得活。繇苦求不与，及诞死，繇令人盗发其墓，遂得之。故知多力丰筋者圣，无力无筋者病，一一从其消息而用之②，由是更妙。繇曰："笔迹者，界也，流美者，人也③，非凡庸所知。"临死，乃囊中取出，以授其子会④曰："吾精思学书，三十年读他书，未终尽学其字。与人居⑤，画地广数步。卧画被，穿过表；如厕终日忘归。每见万类，皆画象之。"繇解三色书，然最妙者八分也⑥。

---

① 伯喈：蔡邕（yōng）（133—192）字，东汉陈留郡圉（yǔ）（今河南省开封市圉镇）人，著名文学家、书法家。韦诞（179—253）：字仲将，三国魏京兆（今陕西西安）人，书法家、制墨家，擅长各种书体。

② 消息：奥妙、真谛、底细。

③ "笔迹者"四句：书纸上的行格，上下框为"栏"，直行为"界"；四句的意思是：笔迹是固定的，但人可以创造出书法之流美。

④ 子会：儿子钟会，字士季，书有父风。

⑤ 居：止息、相处。

⑥ 三色书：指正（楷）书、八分、行书三种书体。八分：指东汉后期隶书的标准体。

点如山颓，摘①如雨骤；纤如丝毫，轻如云雾②；去若鸣凤之游云汉，来若游女之入花林，粲粲分明，遥遥远映③者矣。

成公绥

选文参校《中国书画全书》第 2 册之《书苑菁华·卷三》，上海书画出版社 1993 年版。

隶书体

皇颉作文，因物构思；观彼鸟迹，遂成文字④。灿矣成章，阅之后嗣，存载道德，纪纲万事⑤。俗所传述，实由书纪⑥；时变巧易，古今各异。虫篆既繁，草稿近伪；适之中庸，莫尚于隶⑦。规矩有则，用之简易。随便适宜，亦有弛张。操笔假墨，抵押毫芒⑧。

---

① 摘：笔画钩。

② 纤如丝毫，轻如云雾：此言笔势往来牵带所出现的纤细痕迹，通常叫牵带、引带、游丝，清笪重光《书筏》云："字筋之融结在纽转，脉络之不断在丝牵"，可见牵丝的作用在于笔势气脉的连贯和使字的结构紧奏有力，而这种笔势快而轻，故云"轻如云雾"。

③ 映：原作"暖"，据《法书考》改。

④ "皇颉作文"等四句：所述为仓颉观鸟迹等创造汉字事。

⑤ 成章：本指乐尽为一章，引申之，自成格局，皆可称成章。纪纲：管理、治理。

⑥ 传述：指转述、传授、传说。书纪：文字记载。

⑦ 虫篆：本属大篆中的一种艺术体，代指大篆，隶书是秦人程邈省简大篆而来。草稿：起稿所用的草字，其书多潦草而涂改，后遂发展成为草书，因其笔画过于简略，故曰"近伪"。尚：超过、胜过。

⑧ 假墨：染墨、着墨。抵押毫芒：谓执笔书写。抵：抵指，执笔中小指的作用。押：或作"压"，指食指执笔时的姿势和作用。毫芒：笔尖、笔端。

彪焕碟硌①，形体抑扬。芬葩连属，分间罗行②。烂若天文布曜，蔚若锦绣之有章。

或轻拂徐振，缓按急挑③。挽横引纵，左牵右绕④。长波郁拂，微势缥眇⑤。工巧难传，善之者少；应心隐手，必由意晓。尔乃动纤指，举弱腕，握素纨，染玄翰⑥。彤管⑦电流，雨下雹散。点黩折拔，掣挫安按⑧。缤纷络绎，纷华粲烂。絪缊卓荦⑨，一何壮观！繁缛成文，又何可玩！章周道之郁郁，表唐虞之耀焕⑩。

若乃八分玺法⑪，殊好异制；分白赋黑，棋布星列。翘首举尾，直刺邪掣；缱绻结体，劖衫夺节⑫。或若虬龙盘游，蜿蜒轩

---

① 碟硌：读 lěi gè，亦作"磊硌"，壮大貌。

② 分间罗行：分布间隔、罗列成行。

③ 拂：笔法中一种，如"看"字之第一笔画。振：扬也，笔法中的一种。按：笔法中的一种，与提相对，欲提先按，是在垂直方向上向下用笔的动作。挑：笔法中的一种，又称"金锥之法"，扌、氵等处用之。

④ 挽横引纵："纵"为竖画，横画写法称为"勒"，逆锋落纸，缓去急回，是相挽也；竖画写法称为"努"，谓笔向下行，笔尖取逆势向上，包世臣《艺舟双楫·述书下》释"努"云："平锋着纸，尽力下行，有引努两端向背之势，故名努也。"故引纵之"引"，不是放，乃牵引也。

⑤ 波：又称磔（zhé），捺画，因笔画长，有"三过折"之喻，故谓之长波。郁拂：犹郁勃，盛貌。微势缥眇：隐约飘动之势。

⑥ 握：此指铺好素绢。素纨：精致的白绢。染玄翰：犹染笔或染毫，谓蘸墨挥笔或濡墨挥毫也。玄翰：黑毛笔，即笔毫也。

⑦ 彤管：赤管笔也，古代女史以彤管记事，此指笔。

⑧ 黩：《说文解字》释为顿号，即"永"字上面的一点。拔：又称"抽""抽拔"，如"人"字右下一画用捺笔，即拔笔也，又谓之"纵波"。挫：挫笔，挫锋，指运笔时突然停顿以改变方向的动作，一般在转角或趯处用之。此两句用"黩拔挫按"四种笔法，承前两句"彤管电流，雨下雹散"，表明笔势的急速有力。

⑨ 絪缊：形容云烟弥漫，气氛浓郁。卓荦（luò）：超群出众。

⑩ 章：同"彰"。周道之郁郁：语本《论语·八佾》："周监于二代，郁郁乎文哉！吾从周。"言周代文物典章制度很好，富于文采。唐虞：指唐尧虞舜时代。

⑪ 八分：成熟定型的汉隶。玺法：印玺上的书体，指篆书。

⑫ 缱绻：读 qiǎn quǎn，固结不解貌。劖：读 chán，割。夺节：失去礼节。

矗；鸾凤翱翔，矫翼欲去。或若鸷鸟将击，并体抑怒①，良马腾骧②，奔放向路。仰而望之，郁若宵雾朝升，游烟连云；俯而察之，漂若清风厉水③，漪澜成文。垂象表式，有模有楷④；形功难详，粗举大体⑤。

索　靖

索靖(239—303)，字幼安，敦煌龙勒(今甘肃敦煌)人，西晋将领、著名书法家。出身世宦家族，历任州别驾、驸马都尉、尚书郎、雁门太守等职。晋惠帝即位后，赐封关内侯。又任征西大将军左司马、荡寇将军，击败反叛的西羌，迁任始平内史。赵王司马伦篡位时，索靖响应三王举义，以左卫将军身份参与讨伐孙秀有功，担任散骑常侍，又迁任后将军。河间王司马颙派兵攻洛阳时，索靖被拜为使持节、监洛城诸军事、游击将军，率雍、秦、凉义兵大破司马颙军，但索靖在战斗中受伤而卒，享年六十五岁，追赠太常。后改赠司空、安乐亭侯，谥号庄。索靖善章草，传张芝之法，其书险峻坚劲。选文参校《中国书画全书》第 2 册之《书苑菁华·卷三》，上海书画出版社 1993 年版。

---

　　① 鸷鸟：凶猛的鸟，如鹰、鹞之类的鸟。并体：紧缩身子。

　　② 骧：读 xiāng，马昂首奔跑。

　　③ 厉水：激水。

　　④ 垂象：垂示法象，语本《周易·系辞上》："天垂象，见吉凶，圣人象之；河出图，洛出书，圣人则之。"崔瑗《草书势》："观其法象，俯仰有仪。"表式：表明法式。

　　⑤ 形：形式，指"彪焕磥硌，形体抑扬"等艺术美。功：功能，指"存载道德，纪纲万事"等文字功能。

叙草书势

圣皇御世，随时之宜。仓颉既生，书契①是为。科斗鸟篆，类物象形。睿哲变通，意巧滋生。损之隶草，以崇简易。百官毕修，事业并丽。盖草书之为状也，婉若银钩，漂若惊鸾。舒翼未发，若举复安；虫蛇虬蟉②，或往或还。类婀娜以赢形，欻奋𧧄而桓桓③。及其逸游盻向④，乍正乍邪。骐骥暴怒逼其辔，海水㴖窪⑤扬其波。芝草蒲萄还相继，棠棣融融载其华。玄熊对踞于山岳，飞燕相追而差池⑥。举而察之，又似乎和风吹林，偃草扇树。枝条顺气，转相比附，窈娆廉苦⑦，随体散布。纷扰扰以猗靡，中持疑而犹豫。玄螭狡兽嬉其间，腾猿飞䶂相奔趣⑧。凌鱼奋尾，蛟龙反据。投空自窜，张设牙距⑨。或若登高望其类，或若既往而中顾；或若俶傥⑩而不群，或若自检于常度。于是多才之英，笃艺之彦，役心精微，耽此文宪⑪。守道兼权⑫，触类生变。离析八体，靡形不判⑬。去繁存微，大象未乱。上理开元，

---

① 书契：文字。

② 虬蟉(liú)：屈曲盘绕貌。

③ 欻：读 xū，迅速。奋𧧄：形容迅疾而有气势。桓桓：武勇、威武有力貌。

④ 盻向：同"盻𪃹"，读 xī xiǎng，连绵不绝。

⑤ 㴖(wā)窪：高下貌。

⑥ 玄熊：黑熊。差池：参差。

⑦ 窈娆：轻柔细长貌。廉苦：纤细、细小。

⑧ 趣：同"趋"。

⑨ 牙距：指爪牙。

⑩ 俶傥：同"倜傥"。

⑪ 彦：彦哲、贤明之士。文宪：书法。

⑫ 道：相对恒定的因素。权：可以权变、变化的因素。

⑬ 离析：解析、分析。八体：秦时八种书体，其中包括大篆、小篆、虫书、隶书四种字体及刻符、摹印、署书、殳书四种用途。判：分。

下周谨案①。骋辞放手，雨行冰散。高音翰厉②，溢越流漫。忽班班③而成章，信奇妙之焕烂。体磊落而壮丽，姿光润以粲粲。命杜度运其指，使伯英回其腕④。著绝势于纨素，垂百世之殊观。

卫　恒

卫恒（？—291），字巨山，河东安邑（今山西省夏县）人，西晋书法家，著名的书法家卫瓘之子，官至秘书丞、尚书郎。惠帝时为贾后等所杀。他善草书，兼学隶、篆。选文参校《中国书画全书》第2册之《书苑菁华·卷三》，上海书画出版社1993年版，文中所录蔡邕《篆势》、崔瑗《草书势》属东汉文献，故删去。

四体书传并书势

昔在黄帝，创制造物。有沮诵、仓颉者，始作书契，以代结绳，盖睹鸟迹以兴思也。因而遂滋，则谓之字，有六义焉：一曰指事，上下是也；二曰象形，日月是也；三曰形声，江河是也；四曰会意，武信是也；五曰转注，老考是也；六曰假借，令长是也。夫指事者，在上为上，在下为下⑤；象形者，日满月亏，象其形也。形声者，以类为形，配以声也。会意者，止戈为武，人言为信也。转注者，

---

① 大象：指天道、常理，此引申为大旨。开元：创始，此指皇上旨意。周：完成。谨案：严谨的案牍公文。

② 翰厉：激越。

③ 班班：彬彬，文质兼备貌。

④ 杜度：杜操，字伯度，东汉书法家。伯英：张芝字，东汉书法家。

⑤ 上、下：古文为"丄""丅"，"丄"高也，"丅"低也。

以老寿考也。假借者，数言同字，其声虽异，文意一也。

自黄帝至三代，其文不改①。及秦用篆书，焚烧先典，而古文绝矣②。汉武帝时，鲁恭王坏孔子宅，得《尚书》《春秋》《论语》《孝经》，时人已不复知有古文，谓之科斗书③，汉世秘藏，希④有见者。魏初传古文者，出于邯郸淳，恒祖敬侯写淳《尚书》，后以示淳而淳不别⑤。至正始中，立三字石经，转失淳法，因科斗之名，遂效其形⑥。太康元年，汲县人盗发魏襄王冢，得策书十余万言，按敬侯所书，犹有仿佛⑦。古书亦有数种，其一卷论楚事者最为工妙。恒窃悦之，故竭愚思以赞其美，愧不足厕前贤之作，冀以存古人之象焉⑧。古无别名，谓之《字势》云：

黄帝之史，沮诵仓颉，眺彼鸟迹，始作书契⑨。纪纲万事，垂法立制，帝典用宣，质文著世⑩。爰暨⑪暴秦，滔天作戾。大道既

---

①　三代：指夏、商、周三代。文：指字体。

②　秦用篆书：指秦篆，即小篆。古文：泛指自黄帝至秦以前的文字，包括古文和大篆。

③　鲁恭王坏孔子宅：汉景帝子刘馀，好治宫室，坏孔子旧宅以广其宫，得壁中书。科斗书：蝌蚪书，指秦统一前六国文字。

④　希：同"稀"，少也。

⑤　邯郸淳：三国魏书法家，善古文。恒祖敬侯：卫恒祖父卫觊，历仕文帝、明帝两朝，封閴乡侯，谥敬，好古文。写淳《尚书》：用邯郸淳的书体抄写《尚书》。淳不别：淳不能辨别，此言恒祖仿淳体乱真也。

⑥　正始：三国魏齐王曹芳年号。三字石经：后人称《三体石经》《正始石经》，魏时刻石，古文、篆、隶三体蝉联书之，传为卫觊、邯郸淳、嵇康所书，均无据可征。转失：反而丧失。

⑦　太康：晋武帝司马炎年号。汲县：在今河北省北部。魏襄王：战国时魏国国王，名嗣；亦有说盗发的是魏安釐王墓。

⑧　厕：侧也，侧身。冀：希望。

⑨　史：史官，在王左右，担任祭祀、星历、卜筮、记事等职，《礼记·玉藻》："动则左史书之，言则右史书之。"相传沮诵为黄帝右史，仓颉为左史。

⑩　著世：著明于世。

⑪　爰暨：到。

泯，古文亦灭。魏文好古，世传丘坟①。历代莫发，真伪靡分。大晋开元，弘道敷训②，天垂其象，地耀其文。其文乃耀，粲矣其章。因声会意③，类物有方：日处君而盈其度，月执臣而亏其旁；云委蛇而上布，星离离以舒光；禾卉苯蓴以垂颖，山岳嵯峨而连冈；虫跂跂其若动，鸟似飞而未扬④。观其错笔缀墨，用心精专；势和体均，发止无间⑤。或守正循检，矩折规旋；或方圆靡则，因事制权⑥。其曲如弓，其直如弦。矫然特出，若龙腾于川；森尔下隤⑦，若雨坠于天。或引笔奋力，若鸿鹄高飞，邈邈翩翩；或纵肆婀娜，若流苏悬羽⑧，靡靡绵绵。是故远而望之，若翔风厉水，清波漪涟；就而察之，有若自然。信黄唐之遗迹，为六艺之范先。籀篆盖其子孙，隶草乃其曾玄。睹物象以致思，非言辞之所宣。

昔周宣王时，史籀始著大篆十五篇，或与古同，或与古异，世谓之籀书者也⑨。及平王东迁，诸侯立政，家殊国异，而文字乖形⑩。秦始皇帝初兼天下，丞相李斯乃奏益之，罢不合秦文者。斯作《仓颉篇》，中车府令赵高作《爰历篇》，太史令胡毋敬作《博学篇》，皆取史籀大篆，或颇省改，所谓小篆者。或曰下杜人程邈为衙狱吏，

---

① 魏文：魏文帝曹丕。丘坟：传说中的古代典籍《九丘》《三坟》的简称。

② 敷训：布陈法规、法令等。

③ 因声会意：指形声、会意两种造字法，代指六义或六书。

④ 苯蓴：茂盛貌。颖：本义指禾的末端，借指禾穗也。跂跂：徐行貌。

⑤ 错：同"措"。缀墨：濡墨、蘸墨。发止：行止、进退；发止无间，谓行止没有间隙，指其形体匀称、疏密得当。

⑥ 循检：遵循规矩。方圆：变通。靡则：没有规则。制权：相应权变，指笔势的变化。

⑦ 森尔：多貌。隤：读 tuí，下坠。

⑧ 流苏：用彩色羽毛或丝线等制成的穗状垂饰物。

⑨ 周宣王：名静，在位四十六年，周道复兴，史籀（zhòu）是其史官，创大篆。

⑩ 平王：周幽王子，名宜臼，犬戎杀幽王，共立为王，东迁洛邑，周室衰微。立政：立自己的政策，即各自为政。家：卿大夫或卿大夫采地食邑。国：诸侯国。

得罪始皇，幽系云阳十年，从狱中作大篆，少者增益，多者损减，方者使圆，圆者使方，奏之始皇，始皇善之，出以为御史，使定书。或曰邈所定乃隶字也。

自秦坏古文，有八体：一曰大篆，二曰小篆，三曰刻符，四曰虫书，五曰摹印，六曰署书，七曰殳①书，八曰隶书。王莽时，使司空甄丰校文字部，改定古文，复有六书：一曰古文，孔氏壁中书也；二曰奇字，即古文而异者也；三曰篆书，秦篆书也；四曰佐书，即隶书也。五曰缪篆，所以摹印也；六曰鸟书，所以书幡信也。及许慎撰《说文》，用篆书为正，以为体例，最可得而论也。秦时李斯号为工篆，诸山及铜人铭皆斯书也。汉建初中，扶风曹喜，少异于斯而亦称善②。邯郸淳师焉，略究其妙，韦诞师淳而不及也。太和中，诞为武都太守，以能书留补侍中，魏氏宝器铭题，皆诞书也③。汉末又有蔡邕采斯、喜之法，为古今杂形，然精密闲理④不如淳也。邕作《篆势》云……

秦既用篆，奏事繁多，篆字难成，即令隶人佐书，曰隶字。汉因行之，独符印玺幡信题署用篆。隶书者，篆之捷也。上谷王次仲始作楷法，至灵帝好书，时多能者，而师宜官为最，大则一字径丈，小则方寸千言，甚矜其能⑤。或时不持钱，诣酒家饮，因书其壁，顾观者以酬酒直，计钱足而灭之⑥。每书辄削而焚其桁，梁鹄乃益

---

① 殳：读 shū，本指一种兵器，这里指书体。

② 建初：东汉章帝刘炟的年号。曹喜：字仲则，生卒年不详，东汉扶风平陵人，汉章帝时为秘书郎。工篆、隶，擅长篆书，尤以创悬针垂露之法著名。

③ 太和：三国魏明帝曹叡的年号。武都：在今甘肃成县。

④ 闲理：熟练；闲，同"娴"。

⑤ 王次仲：东汉书法家，相传首创八分楷法，魏晋后称可供楷模的正体隶书为楷书，非后来的楷书。师宜官：东汉灵、献帝时人，籍居南阳，工书，尤善八分。

⑥ 或时：有时。直：同"值"。

为版，而饮之酒，候其醉而窃其梻。鹄卒以书至选部尚书①。宜官后为袁术将，今巨鹿宋子有《耿球碑》②，是术所立，其书甚工，云是宜官书也。梁鹄奔刘表，魏武帝破荆州，募求鹄，鹄之为选部也。魏武欲为洛阳令而以为北部尉，故惧而自缚诣门。署军假司马③，在秘书以勤书自效，是以今者多有鹄手迹。魏武帝悬著帐中及以钉壁玩之，以为胜宜官。今官殿题署多是鹄篆。鹄宜为大字，邯郸淳宜为小字。鹄谓淳得次仲法，然鹄之用笔，尽其势矣④。鹄弟子毛弘教于秘书，今八分皆弘法也。汉末有左子邑⑤，小与淳、鹄不同，然亦有名。魏初，有钟、胡二家为行书法，俱学之于刘德升，而钟氏小异，然亦各有巧，今盛行于世云⑥。作《隶势》云：

鸟迹之变，乃惟佐隶⑦。蠲⑧彼繁文，从此简易。厥用既弘，体象有度。焕若星陈，郁若云布。其大径寻，细不容发，随事从宜，靡有常制⑨。或穹窿⑩恢廓，或栉比针列，或砥平绳直，或蜿蜒胶

① 梻：读 fū，字版（板）。梁鹄：东汉安定乌氏人，灵帝时为选部尚书，善八分书。至：同"致"，得到。选部：汉置，魏改为吏部，选部尚书即吏部尚书。

② 袁术：初为中郎将，董卓专权，逃亡南阳，后割据扬州称帝，为曹操所破。巨鹿宋子：指巨鹿郡宋子县。

③ 署：委任、任命。军假司马：东汉乃至魏晋常设军职，为军司马副职。

④ 宜为大字：适宜写大字。尽其势：穷尽王次仲的笔势。尽，穷尽。指充分运用。

⑤ 子邑：左伯字，东莱人，工书，亦善造纸，纸质好，人称"左伯纸"。

⑥ 钟：指钟繇。胡：胡昭，颍川人，隐居陆浑山，以经籍自娱。行书：真书的流便书写体，张怀瓘《书断上》"行书"条："案行书者，后汉颍川刘德升所造也，即正书之小讹。务从简易，相间流行，故谓之行书。"汉魏之际的真书、正书，乃隶书也。

⑦ 鸟迹：鸟篆，此处代指篆书。惟：由于。

⑧ 蠲：读 juān，除去。

⑨ 径寻：直径一寻。细不容发：谓细小的字，细小到不能容纳一根头发。常制：指不变的常规。

⑩ 穹窿：一作穹隆，高大貌。

戾，或长邪角趣，或规旋矩折①。修短相副，异体同势。奋笔轻举，离而不绝②。纤波浓点，错落其间。若钟簴设张，庭燎飞烟③。崭岩巀嵯④，高下属连。似崇台重宇，层云冠山。远而望之，若飞龙在天；近而察之，心乱目眩。奇姿谲诡，不可胜原。研桑所不能计，宰赐所不能言⑤，何草篆之足算，而斯文之未宣？岂体大之难睹，将秘奥之不传？聊仿思而详观，举大较而论旃⑥。

汉兴而有草书，不知作者姓名。至章帝时，齐相杜度，号称善作篇。后有崔瑗、崔寔，亦皆称工。杜氏杀字甚安，而书体微瘦，崔氏甚得笔势，而结字小疏⑦。弘农张伯英者，而转精其巧，凡家之衣帛，必书而后练之。临池学书，池水尽墨。下笔必为楷则，号匆匆不暇草书。寸纸不见遗，至今世尤宝其书，韦仲将谓之"草圣"。伯英弟文舒者，次伯英；又有姜孟颖、梁孔达、田彦和及韦仲将之徒，皆伯英之弟子，有名于世，然殊不及文舒也⑧。罗叔景、赵元嗣者，与伯英同时，见称于西州，而矜巧自与，众颇惑之⑨。故伯

---

　　①　胶戾：回环曲折。长邪角趣：谓长斜掠撇如犀角一样劲趋，卫夫人《笔阵图》称其"陆断犀象"，欧阳询《八诀》谓之"利剑截断犀象之角牙"，因笔势劲利，遂称之为"犀角势"；笔画长而斜向左行，故云"长邪角趣"。趣：同"趋"。规旋矩折：形容回旋转折的笔势。

　　②　奋笔轻举：重笔轻提。离而不绝：谓笔画相离笔势不绝。

　　③　钟簴(jù)：一种悬钟的格架。庭燎：古代庭中照明的火炬。

　　④　崭岩：高岩。巀(jié)嵯：山势高峻不齐貌。

　　⑤　研桑：计研，桑弘羊的并称，二人皆古之善计算者。宰赐：宰予、端木赐的并称，二人都是孔子弟子，以擅长辞令著称。

　　⑥　旃：读 zhān，助词，相当于"之"或"之焉"。

　　⑦　崔寔(shí)：崔瑗子，父子同学于杜度。杀字：指杀笔，亦称收笔，行笔终了时，回收笔锋。结字：指字的点画安排和形势布置。

　　⑧　文舒：张昶字，官黄门侍郎，草书称"亚圣"。孟颖：姜诩字。孔达：梁宣字。二人均为汉阳(今属甘肃)人。田彦和：汉灵、献帝时人。

　　⑨　叔景：罗晖字。元嗣：赵袭字。二人均京兆杜陵人。西州：今陕西地区。自与：自许，自己觉得很不错。

英自称："上比崔、杜不足，下方①罗、赵有余。"河间张超②亦有名，然虽与崔氏同州，不如伯英之得其法也。崔瑗作《草书势》曰……

卫 铄

卫铄(272—349)，女，字茂漪，河东安邑(今夏县尉郭乡苏庄)人，世称卫夫人，西晋书法家。她是汝阴太守李矩之妻，书法家卫觊曾孙女、卫瓘孙女、卫恒侄女，工隶书和正书(楷书)，尤善规矩，著《笔阵图》。选文参校《中国书画全书》第1册之《法书要录·卷一》，上海书画出版社1993年版。

笔阵图

夫三端之妙，莫先乎用笔；六艺之奥，莫重乎银钩③。昔秦丞相斯见周穆王书，七日兴叹，患其无骨。蔡尚书邕入鸿都观碣④，十旬不返，嗟其出群。故知达其源者少，暗于理者多。近代以来，殊不师古，而缘情弃道，才记姓名；或学不该赡⑤，闻见又寡，致使成功不就，虚费精神。自非通灵感物，不可与谈斯道矣。今删李斯《笔妙》，更加润色，总七条，并作其形容，列事如左，贻诸子孙，

---

① 方：比较、对比。

② 张超：字子并，张良后裔，有文才，善草书。

③ 三端：指文士的笔端，武士的剑端，辩士的舌端。重：原作"匪"，据《墨池编》改。银钩：本指书法的打钩笔画，代指整个书法。

④ 鸿都：东汉时皇家藏书之所。碣：石碑圆顶者谓之碣，此指碑碣文字。

⑤ 该赡：渊博丰赡；该。同"赅"。

永为模范，庶①将来君子，时复览焉。

笔要取崇山绝仞中兔毛，八九月收之，其笔头长一寸，管长五寸，锋齐腰强者。其砚取煎涸新石，润涩相兼，浮津耀墨者②。其墨取庐山之松烟，代郡之鹿角胶，十年以上，强如石者为之③。纸取东阳鱼卵④，虚柔滑净者。凡学书字，先学执笔，若真书，去笔头二寸一分，若行草书，去笔头三寸一分，执之。下笔点墨画芰⑤波撇屈曲，皆须尽一身之力而送之。若初学，先大书，不得从小。善鉴者不写，善写者不鉴。善于笔力者多骨，不善笔力者多肉；多骨微肉者谓之筋书，多肉微骨谓之墨猪；多力丰筋者圣，无力无筋者病。——从其消息而用之。

一　　如千里阵云，隐隐然其实有形。

、　　如高峰坠石，磕磕然实如崩也。

丿　　陆断犀象。

乚　　百钧弩发。

丨　　万岁枯藤。

㇏　　崩浪雷奔。

勹　　劲弩筋节。

右七条笔阵出入《斩斫图》⑥。执笔有七种，有心急而执笔缓者，有心缓而执笔急者。若执笔近而不能紧者⑦，心手不齐，意后笔前

---

①　庶：希望、但愿。

②　煎涸：浅黑干涸。浮津耀墨：浮耀墨汁的光泽。

③　松烟：指松木燃烧后所凝结的黑灰，与胶合而制成墨。代郡：今属山西。鹿角胶：由鹿角熬制成的胶。

④　东阳：今安徽省天长市。鱼卵：鱼卵纸。

⑤　芰：当作"㇌"，八书之一。

⑥　笔阵：指作书行笔如作战行阵。《斩斫图》：唐时孙过庭还见有图，七种用笔法绘有七条"斩斫图"。

⑦　执笔近：指执笔处距笔头近，不能很好回腕运笔，执笔又不紧，运笔更无力矣。

者败；若执笔远而急，意前笔后者胜。又有六种用笔：结构圆备如篆法，飘扬洒落如章草，凶险可畏如八分，窈窕出入如飞白[1]，耿介特立如鹤头[2]，郁拔纵横如古隶。然心存委曲[3]，每为一字，各象其形，斯造妙矣，书道毕矣。永和四年，上虞制记[4]。

王羲之

　　王羲之(303—361，一作321—379)，字逸少，祖籍琅琊(今属山东临沂)，后迁会稽山阴(今浙江绍兴)，晚年隐居剡县金庭，东晋著名书法家，有"书圣"之称。历任秘书郎、宁远将军、江州刺史，后为会稽内史，领右将军，世称王右军。书法上隶、草、楷、行各体兼善，代表作《兰亭序》被誉为"天下第一行书"；书法史上与其子王献之合称为"二王"。以下所录王羲之书论，大都为伪托，但一般考论认为：最晚伪托者大抵也是李唐前期人，姑录之。选文《题卫夫人笔阵图后》《自论书》参校《中国书画全书》第 1 册之《法书要录·卷一》，《用笔赋》参校《中国书画全书》第 1 册之《墨池编·卷二》，《书论》(原题为"王羲之笔阵图")《笔势论十二章》参校《中国书画全书》第 2 册之《书苑菁华·卷一》，《白云先生诀》参校《中国书画全书》第 2 册之《书苑菁华·卷十九》；上海书画出版社 1993 年版。

---

　　① 窈窕出入如飞白：相传"飞白"为蔡邕所创，笔画线条平扁，整齐而夹有丝丝露白的一种书体，笔势在那丝丝露白处的入与出，显得娴静而美好，即窈窕之谓也。

　　② 鹤头：鹤头书，又名鹄头书，汉代诏版上专用的美术体。

　　③ 心存委曲：有心详尽，指书前思考透彻详细。

　　④ 永和：东晋穆帝司马聃的年号。上虞：在今浙江上虞西。

题卫夫人笔阵图后

夫纸者，阵也；笔者，刀稍也；墨者，鍪甲也①；水砚者，城池也；心意者，将军也；本领者，副将也；结构者，谋略也；扬笔者，吉凶也；出入者，号令也；屈折者，杀戮也。夫欲书者，先干研墨，凝神静思，预想字形大小、偃仰、平直、振动②，令筋脉相连，意在笔前，然后作字。若平直相似，状如算子③，上下方整，前后齐平，便不是书，但得其点画尔。昔宋翼尝作此书，翼是钟繇之弟子，繇乃叱之，翼三年不敢见繇，即潜心改迹。每作一波，常三过折笔；每作一点，常隐锋而为之；每作一横画，如列阵之排云；每作一戈，如百钧之弩发；每作一点，如高峰坠石；□□□□，屈折如钢钩；每作一牵，如万岁枯藤；每作一放纵，如足行之趣骤。翼先来书恶，晋太康中，有人於许下破钟繇墓，遂得《笔势论》，翼读之，依此法学书，名遂大振。欲真书及行书，皆依此法。

若欲学草书，又有别法，须缓前急后，字体形势，状等龙蛇，相钩连不断，仍须棱侧起伏，用笔亦不得使齐平大小一等。每作一字须有点处，且作余字总竟④，然后安点。其点须空中遥掷笔⑤作之。其草书，亦复须篆势、八分、古隶相杂，亦不得急，令墨不入纸。若急作，意思浅薄，而笔即直过。惟有章草及章程、行狎等，

---

① 稍：同"槊"，长矛。鍪：读 móu，头盔，即盔甲。扬笔：举笔、用笔。
② 干研墨：不注水的空研墨，意在作书写字进行前构想。振动：指用笔顿挫涩进，节节加进。
③ 算子：竹制的筹码，小如筷子，大小长短一样，用以计数。
④ 总竟：都结束。
⑤ 空中遥掷笔：谓笔着纸之前，先空中摇曳取势，然后下笔。

不用此势，但用击石波而已，其击石波者，缺波也①。又八分更有一波，谓之隼尾波，即钟公《泰山铭》及《魏文帝受禅碑》中已有此体。

夫书，先须引八分、章草入隶字中，发人意气，若直取俗字，不能先发。羲之少学卫夫人书，将谓大能；及渡江北游名山，见李斯、曹喜等书，又之许下，见钟繇、梁鹄书，又之洛下，见蔡邕《石经》三体书，又于从兄洽处见张昶《华岳碑》，始知学卫夫人书，徒费年月耳。羲之遂改本师，仍于众碑学习焉，遂成书尔。时年五十有三，或恐风烛奄及，聊遗于子孙耳。可藏之，千金勿传。

用笔赋

秦汉魏至今，隶书其惟钟繇，草有黄绮、张芝。至於用笔神妙，不可得而详悉也，夫赋以布诸怀抱，拟形於翰墨也。辞曰：

何异人之挺发，精博善而含章②。驰凤门而兽据，浮碧水而龙骧③。滴秋露而垂玉，摇春条④而不长。飘飘远逝，浴天池而颉颃。翱翔弄翮，凌轻霄而接行⑤。详其真体⑥正作，高强劲实。方圆穷金石之丽，纤粗尽凝脂之密。藏骨抱筋，含文包质。没没汩汩，若濛汜之落银钩⑦；耀耀晞晞⑧，状扶桑之挂朝日。或有飘飖骋巧，其若

---

① 章草：指隶之捷也，亦称急就、行章。章程：八分书，以写篇章和法令，故称章程。行狎：行书早期的名称，钟繇书有三体，三曰"行狎"，书信用的书体。击石波：又叫激石波，捺法中的一种，凡永、长、分、外等字用之。

② 章：文采。

③ 凤门：宫门。据：同"踞"。骧：读 xiāng，本指马奔跑，这里指龙飞翔。

④ 春条：春天花木的枝条。

⑤ 翮：读 hé，鸟的翅膀。接：迅速。

⑥ 真体：楷体。

⑦ 濛汜：神话传说中日落之处。银钩：月亮。

⑧ 晞：破晓、天明，"晞晞"指日出光耀貌。

自然；包罗羽客①，总括神仙。季氏韬光，类隐龙而怡情；王乔脱屣，欻飞凫而上征②。或改变驻笔③，破真成草，养德俨如，威而不猛；游丝断而还续，龙鸾群而不争，发指冠而眦裂，据纯钩而耿耿④。忽瓜割兮玄裂，复交结而成族。若长天之阵云，如倒松之卧谷。时滔滔而东注，乍纽山⑤兮暂塞。射雀目以施巧，拔长蛇兮尽力。草草眇眇，或连或绝；如花乱飞，遥空舞雪。时行时止，或卧或蹙。透嵩华兮不高，逾悬壑兮非越⑥。信能经天纬地，毗助王猷⑦；耽之玩之，功积山丘。吁嗟秀逸，万代嘉休。显允哲人，於今鲜俦⑧。共六合而俱永，与两曜⑨而同流。郁高峰兮偃盖，如万岁兮千秋！

自论书

吾书比之钟、张当抗行，或谓过之，张草犹当雁行⑩。张精熟过人，临池学书，池水尽墨，若吾耽之若此，未必谢⑪之。后达解者，知其评之不虚。吾尽心精作亦久，寻诸旧书，惟钟、张故为绝

---

①　羽客：指神仙，传说神仙有飞翼，故称。

②　王乔：仙人王子乔。屣：鞋子。欻：读 xū，同"欻"，火光一现的样子，形容速度快。上征：上升。

③　驻笔：顿按运笔。

④　纯钩：亦称"纯钩"，古宝剑名。耿耿：忠心貌。

⑤　纽山：指流水被山峰阻挡，像打了结。

⑥　非越：指如履平地。

⑦　毗助：辅助。王猷：为王谋划，"猷"读 yóu，计谋、谋划。

⑧　显允：英明信诚。鲜俦：少有同道。

⑨　两曜：指日、月。

⑩　钟、张：钟繇、张芝。抗行：抗衡。雁行：并行、并列。

⑪　谢：不如。

伦，其余为是小佳，不足在"意"①。去此二贤，仆书次之。须得书意转深，点画之间，皆有雅意，自有言所不尽。得其妙者，事事皆然。平南、李式论君不谢②。

书　论

夫书者，玄妙之伎③也，若非通人君子，不可得而述之。大抵书须存思，余览李斯等论笔势④及钟繇书骨，甚是不轻，恐子孙不记，故叙而论之。

夫书不贵平正安稳。先须用笔，有偃有仰，有敧有斜，或小或大，或长或短。凡作一字，或类篆籀，或似鹄头⑤；或如散隶，或近八分；或如虫食木叶，或如水中蝌蚪；或如壮士佩剑，或似妇女纤丽。欲书先构筋力，然后装束，必注意详雅起发⑥，绵密疏阔相间。每作一点，必须悬手作之，或作一波，抑而后曳。每作一字，须用数种意，或横画似八分而发如篆籀，或竖牵如深林之乔木而屈折如钢钩；或上尖如枯秆，或下细若针芒；或转侧之势似飞鸟空坠，或棱侧之形如流水激来。作一字，横竖相向；作一横，明媚相承。第一须，存筋藏锋，灭迹隐端。用尖笔须落锋混成，无使毫露浮怯，举新笔爽爽若神，即不求于点画瑕玷也。为一字，数体俱入。若作

---

① 意：书意、笔意。

② 平南：指王羲之叔父王廙，官任平南将军。李式：卫夫人丈夫李矩之侄。

③ 伎：同"技"。

④ 李斯等论笔势：相传秦相李斯曾著《笔妙》论势："书之微妙与道合，然篆籀之前不可得而闻矣。"

⑤ 篆籀：篆书及籀文；籀文，周代文字，即大篆。鹄头：大雁的头，相传为古代的一种书体。

⑥ 详：同"祥"。起发：指起笔。

一纸之书，须字字意别，勿使相同。若书虚纸，用强笔；若书强纸，用弱笔①。强弱不等，则蹉跌不入②。凡书贵乎沈静，令意在笔前，字居心后，未作之始，结思成矣。仍下笔不用急，故须迟，何也？笔是将军，故须迟重。心欲急，不宜迟，何也？心是箭锋，箭不欲迟，迟则中物不入。夫字有缓急，一字之中，何者是急？止如"鸟"字，下手一点，点须急，横直皆须迟，欲"鸟"之脚急，斯乃取形势也。每书欲十迟五急，十曲五直，十藏五出，十起五伏，方可谓书。若直点急牵急裹③，此暂视似书，久味无力。仍须用笔著墨，不过三分，不得深浸，毛弱无力④。墨用松节研之⑤，久久不动弥佳矣。

笔势论十二章

告汝子敬⑥：吾察汝书性过人，仍未闲⑦规矩。父不亲教，自古有之⑧。今述《笔势论》一篇，开汝之悟。凡斯字势，犹有十二章，章有指归，定其模楷，详其舛谬，撮其要实，录此便宜⑨。或变体处多，罕臻其本；转笔处众，莫识其源。悬针垂露之踪，难为体制⑩；扬波

---

① 虚纸：柔弱的纸。强笔：毫毛强硬的笔。

② 蹉跌：失势，相差。不入：不合。

③ 牵裹：指硬拼笔画。

④ 著墨不过三分：著墨不得超过三分，此意为着墨时不过用笔毫的十分之三，以保持笔毫的强力。

⑤ 墨用松节研之：松树节心有油脂，与墨同研磨，可使墨色有光泽。

⑥ 子敬：指王羲之之子王献之，字子敬。

⑦ 闲：同"娴"，娴熟。

⑧ 语出《孟子·离娄上》："古者易子而教之，父子之间不责善。责善则离，离则不祥莫大焉"。

⑨ 便宜：合宜，"便"读 biàn。

⑩ 悬针垂露：竖画的不同写法，悬针的收笔处提笔放开，垂露的收笔处留住回收。体制：体裁、体例。

腾气之势①，足可迷人。故辨其所由，堪愈膏肓之疾。今书《乐毅论》②一本及《笔势论》一篇，贻尔藏之，勿播于外，缄之秘之，不可示知诸友。穷研篆籀③，功省而易成，纂集精专，形彰而势显。存意学者，两月可见其功；天性灵者，百日亦知其本。此之笔论，可谓家宝家珍，学而秘之，世有名誉。笔削④久矣，罕有奇者，始克⑤有成，研精覃思⑥，考诸规矩，存其要略，以为斯论。初成之时，同学张伯英欲求见之，吾诈云失矣，盖自秘之甚，不苟传也。

创临章第一

夫纸者，阵也；笔者，刀矟也；墨者，兵甲也；水研者，城池也；本领者，将军也；心意者，副将也；结构者，谋策也；扬笔者，吉凶也；出入者，号令也；屈折者，杀戮也；点画者，磊落⑦也；戈矟者，斩斫也⑧；放纵⑨者，快利也；著笔⑩者，调和也；顿角者，蹙捺也⑪。始书之时，不可尽其形势，一遍正脚手⑫，二遍少⑬得形势，三遍微微似本，四遍加其遒润，五遍兼加抽拔⑭。如其生

---

① 扬波腾气之势：捺画称"波"，写捺讲究"一波三折"，富有韵律感。
② 《乐毅论》：小楷，书于永和四年(348)，列为王羲之正书第一。
③ 篆籀：指大篆。
④ 笔削：指著述。
⑤ 克：能够。
⑥ 覃思：深思，"覃"读 tán。
⑦ 磊落：错落、圆转。
⑧ 戈：喻笔画钩。矟：读 pèi，古代旗末端状如燕尾的垂旒，泛指旌旗，此处喻笔画撇。斩斫：喻钩撇两种笔画之势。
⑨ 放纵：指向右、向左的挑，如短横、短撇等笔画。
⑩ 著笔：运笔。
⑪ 顿角：指顿笔调锋出现的笔触。蹙捺：短捺。
⑫ 正脚手：指执笔的方法与书写的姿势。
⑬ 少：同"稍"。
⑭ 抽拔：指空中运笔。

涩，不可便休，两行三行，创临惟须滑健①，不得计其遍数也。

启心章第二

夫欲学书之法，先干研墨，凝神静虑，预想字形大小、偃仰、平直、振动，则筋脉相连，意在笔前，然后作字。若平直相似，状如算子，上下方整，前后齐平，此不是书，但得其点画耳。昔宋翼，尝作是书，翼是钟繇弟子，繇乃叱之，遂三年不敢见繇，即潜心改迹。每作一波，常三过折；每作一□，常隐锋而为之；每作一横画，如列阵之排云；每作一戈，如百钧之弩发；每作一点，如危峰之坠石；□□□□，屈折如钢钩；每作一牵，如万岁之枯藤；每作一放纵，如足行之趋骤②。状如惊蛇之透水③，激楚浪④以成文。似虬龙之蜿蜒，谓其妙也；若鸾凤之徘徊，言其勇也。摆拨似惊雷掣电，此乃飞空妙密，顷刻浮沈，统摄铿锵，启发厥意。能使昏迷之辈，渐觉胜心；博识之流，显然开朗。

视形章第三

视形象体，变貌犹同⑤，逐势瞻颜⑥，高低有趣。分均点画，远近相须；播布研精，调和笔墨。锋纤往来，疏密相附，纤点银钩，方圆周整。起笔下笔，忖度寻思，引说踪由，永传今古。智者荣身益世，方怀浸润之深；愚者不俟佳谈，如视暗尘之锦。生而知者发愤，学而悟者忘餐。此乃妙中增妙，新中更新。金书锦字，本领为先，尽说安危，务以平稳为本。分间布白，上下齐平，

---

① 创：开始。滑健：流畅刚健。

② "欲学书之法"等三十七句：与《题卫夫人笔阵图后》相关文句基本相同。

③ 透水：跳水。

④ 楚浪：指整齐的涟漪。楚：整齐。

⑤ 变貌犹同：指点线虽变化万千。

⑥ 瞻颜：指笔画顾盼、回应。

均其体制，大小尤难。大字促之贵小，小字宽之贵大，自然宽狭得所，不失其宜。横则正，如孤舟之横江渚；竖则直，若春笋之抽寒谷。

说点章第四

夫著点，皆磊磊似大石之当衢，或如蹲鸱，或如科斗，或如瓜瓣，或如栗子，存若鹗口，尖如鼠屎。如斯之类，各禀其仪，但获少多，学者开悟。

处戈章第五

夫矸戈之法，落竿峨峨，如长松之倚溪谷，似欲倒也，复似百钧之弩初张。处其戈意，妙理难穷。放似弓张箭发，收似虎斗龙跃，直如临谷之劲松，曲类悬钩之钓水。棱层①切于云汉，倒载陨于山崖。天门腾而地户跃，四海谧而五岳封；玉烛明而日月蔽，绣彩乱而锦纹翻。

健壮章第六

夫以屈脚②之法，弯弯如角弓之张，鸟、焉、为、乌之类是也。立人之法，如鸟之在柱首，彳、亻之类是也。踠脚③之法，如壮士之屈臂，凤、飞、凡、气之例是也。急引急牵，如云中之掣电，日、月、目、因之例是也。踠脚挑斡，上捺下捻，终始转折，悉令和韵，勿使蜂腰鹤膝。放纵宜存气力，视笔取势。行中廓落，如勇士伸钩，方刚对敌，麒麟斗角，虎凑龙牙，筋节努拳，勇身精健，放法如此，书进有功也。牵引深妙，皎在目前，发动精神，提撕④志意，挑剔

---

① 棱层：同"峻嶒"。
② 屈脚：指笔画亅。
③ 踠脚：指笔画乚。
④ 提撕：振作。

精思，秘不可传。夫作右边折角，疾牵下微开，左畔翰转，令取登对，勿使腰中伤慢。视笔取势，直截向下，趣义常存，无不醒悟。

教悟章第七

凡字应其中画之法，皆不得倒其左右，右相复宜粗于左畔，横贵乎纤，竖贵乎粗。分间布白，远近宜均，上下得所，自然平稳。当须递相掩盖，不可孤露形影及出其牙锋，展转翻笔之处，即宜察而用之。

观形章第八

夫临文用笔之法，复有数势，并悉不同。或有藏锋者大（藏锋在于腹内而起）①，侧笔者乏（亦不宜抽细而且紧），押笔者入（从腹起而押之。又云：利道而牵，押即合也），结笔者撮②（渐次相就，必始然矣。参乎妙理，察其径趣），憩笔者俟失（憩笔之势，视其长短，俟失，右脚须欠也），息笔者逼逐（息止之势向上，久久而紧抽也），蹙笔者将（蹙，即捺角也；将，谓劣尽也。缓下笔，要得所，不宜长，不宜短），战笔者合（战，阵也；合，叶也。缓不宜长及短也），厥笔者成机（促抽上勿使伤长。厥，谓其美也，视形势成机，是临事而成最妙处），带笔者尽（细抽勿赊也。带是回转走入之类，装束身体，字含鲜洁，起下笔之势，法有轻重也。尽为其著而后反笔抽之），翻笔者先然（翻转笔势，急而疾也，亦不宜长腰短项），叠笔者时劣（缓不宜长），起笔者不下（于腹内举，勿使露笔，起止取势，令不失节），打笔者广度（打广而就狭，广谓快健，又不宜迟及修补也）。

---

① 编者按，本章及十章括号中内容为注释，为尊重原书作者及方便读者理解文意，特此保留。

② 撮：聚拢。

开腰章第九

夫作字之势，饰甚为难，锋铦①来去之则，反复还往之法，在乎精熟寻察，然后下笔。作ノ字不宜迟，㇏不宜缓，而脚尖不宜賖，腹不宜促，又不宜斜角，不宜峻，不用作其棱角。二字合体，并不宜阔，重不宜长，单不宜小，复不宜大，密胜乎疏，短胜乎长。

节制章第十

夫学书作字之体，须遵正法。字之形势，不得上宽下窄（如是则是头轻尾重，不相胜任）。不宜伤密，密则似痾瘵②缠身（不舒展也）；复不宜伤疏，疏则似溺水之禽（诸处伤慢）。不宜伤长，长则似死蛇挂树（腰枝无力）；不宜伤短；短则似踏死蛤蟆（言其阔也）。此乃大忌，可不慎欤！

察论章第十一

临书安帖之方，至妙无穷。或有回鸾返鹊之饰，变体则③于行中；或有生成临谷之戈，放龙笺于纸上。彻笔则峰烟云起，如万剑之相成；落纸则椑楯④施张，蹙踏江波之锦。若不端严手指⑤，无以表记心灵，吾务斯道，废寝忘餐，悬⑥历岁年，乃今稍称矣。

譬成章第十二

凡学书之道有多种焉。初业书要类乎本，缓笔定其形势，忙则失其规矩。若拟目前要急之用，厥理难成，但取形质快健，手腕轻便，方圆大小各不相犯。莫以字小易而忙行笔势，莫以字大难而慢

---

① 锋铦：笔锋，"铦"读 xiān。

② 痾瘵：读 kē zhài，病。

③ 体则：指字的样式。

④ 椑楯：读 pí dùn，椭圆形的盾。

⑤ 端严手指：指握笔法。

⑥ 悬：牵挂，用心。

展毫头①，如是则筋骨不等，生死相混。倘一点失所，若美人之病一目；一画失节，如壮士之折一肱。予《乐毅论》一本，书为家宝，学此得成，自外咸就，勿以难学而自惰焉。

白云先生书诀

天台紫真谓予曰："子虽至矣，而未善也。若书之器，必达乎道，同混元之理。七宝②齐贵，万古能名。阳气明则华壁立，阴气太③则风神生。把笔抵锋，肇乎本性。力圆则润，势疾则涩；紧则劲，逸则峻；内贵盈，外贵虚；起不孤，伏不寡④；向迎非近，背接非远⑤；望之惟逸，发之惟靖。敬兹法也，书妙尽矣。"言讫，真隐，予遂镌石以为陈迹。维永和九年三月六日右将军王羲之记。

王 珉

王珉(351—388)，琅琊临沂(今山东临沂市)人，字季琰，小字僧弥，东晋医家、书法家。尝任黄门侍郎兼中书令，赠太常。少有才艺，善行书。《淳化阁法帖》卷三有其草书、行书各二帖。《晋书》有传。选文参校《中国书画全书》第 2 册之《书苑菁华·卷三》，上海书画出版社 1993 年版。

---

① 毫头：指笔锋。

② 七宝：指七种珍宝，又称七珍，历代有不同说法，如汉代指金、银、琉璃、水晶、砗磲、珊瑚、琥珀。

③ 太：亨通，顺利。

④ 起不孤，伏不寡：指运笔提与按相呼应，起、伏指提、按。

⑤ 向迎、背接：指字体结构中笔画之间的相向、相背。

行书状

邈乎嵩、岱之峻极，灿若列宿之丽天。伟字挺特，奇书秀出；扬波骋艺，余好宏逸；虎踞凤跱，龙伸蠖屈。资胡氏之壮杰，兼钟公之精密①；总二妙之所长，尽众②美乎文质。详览字体，究寻笔迹；粲乎伟乎，如珪如璧。宛若蟠螭之仰势，翼若翔鸾之舒翮③。或乃飞笔放体，雨集风驰，绮靡婉丽，纵横流离④。

羊 欣

羊欣（370—442），字敬元，泰山郡南城（今山东平邑魏庄乡南武城）人，东晋、南朝宋书法家，王献之之甥。少时泛览经籍，尤长隶书。起家辅国参军，会稽王世子元显以其为后军府舍人。桓玄辅政，领平西将军，以欣为平西参军，仍转主簿，后又以为楚台殿中郎。后补右将军刘藩司马，转长史，中军将军道怜谘议参军，出为新安太守。除临川王义庆辅国长史，庐陵王义真车骑谘议参军，并不就。太祖重之，以为新安太守，转在义兴。除中散大夫。传世书迹有《暮春帖》。撰有《采古来能书人名》，《法书要录·卷一》题为"宋羊欣《采古来能书人名》王僧虔录"。选文参校《中国书画全书》第 1 册之《法书要录·卷一》，上海书画出版社 1993 年版。

---

① 胡氏：指三国魏胡昭。钟公：指钟繇。二人都师从行书创始人刘德升。
② 众：原作"要"，据张怀瓘《书断》改。
③ 翮：读 hé，鸟的翅膀。
④ 流离：光彩焕发貌。

采古来能书人名

臣僧虔启：昨奉敕须古来能书人名，臣所知局狭，不辨广悉，辄条疏上呈羊欣所撰录一卷，寻案未得，续更呈闻，谨启①。

秦丞相李斯。秦中车府令赵高。（右二人善大篆）

秦狱吏程邈，善大篆。得罪始皇，因于云阳狱，增减大篆体，去其繁复，始皇善之，出为御史，名书曰隶书。

扶风②曹喜，后汉人，不知其官，善篆、隶，篆小异李斯，见师一时。

陈留蔡邕，后汉左中郎将，善篆、隶，采斯、喜之法，真定③《宣父碑》文犹传于世，篆者师焉。

杜陵④陈遵，后汉人，不知其官，善篆、隶，每书，一坐皆惊，时人谓为"陈惊座"。

上谷⑤王次仲，后汉人，作八分楷法。

师宜官，后汉，不知何许人、何官，能为大字方一丈，小字方寸千言。《耿球碑》是宜官书，甚自矜重。或空至酒家，先书其壁，观者云集，酒因大售。俟其饮足，削书⑥而退。

安定⑦梁鹄，后汉人，官至选部尚书，得师宜官法，魏武重之，常以鹄书悬帐中，宫殿题署多是鹄手。

---

①　启：奏、启奏。敕：上对下的命令，此指皇上的圣旨。条疏：条奏，逐条上奏。谨：敬也。

②　扶风：古郡名，今陕西兴平市。

③　真定：古郡、国名，今河北正定县南。

④　杜陵：古县名，今西安市东南。

⑤　上谷：古郡名，今北京怀来县。

⑥　削书：削掉书迹。

⑦　安定：今甘肃平凉市。

陈留邯郸淳，为魏临淄侯文学，得次仲法，名在鹄后。

毛弘，鹄弟子，今秘书八分，皆传弘法。又有左子邑，与淳小异，亦有名。

京兆杜度为魏齐相，始有草名。

安平崔瑗，后汉济北相，亦善草书。平苻坚①，得摹崔瑗书，王子敬云："极似张伯英。"瑗子寔，官至尚书，亦能草书。

弘农张芝，高尚不仕，善草书，精劲绝伦。家之衣帛，必先书而后练；临池学书，池水尽墨。每书，云"匆匆不暇草书"，人谓为"草圣"。芝弟昶，汉黄门侍郎，亦能草，今世云芝草者，多是昶作也。

姜诩、梁宣、田彦和及司徒韦诞，皆英弟子，并善草，诞书最优。诞字仲将，京兆人，善楷书，汉魏宫馆宝器，皆是诞亲手写。魏明帝起凌云台，误先钉榜而未题，以笼盛诞，辘轳长絚引之②，使就榜书之。榜去地二十五丈，诞甚危惧，乃掷其笔以下焚之。仍诫子孙绝此楷法，著之家令。官至鸿胪少卿。诞子少季，亦有能称。

罗晖、赵袭，不详何许人，与伯英同时，见称西州，而矜许自与，众颇惑之。伯英与朱宽书自叙云："上比崔、杜不足，下方罗、赵有余。"

河间张超亦善草，不及崔、张。

刘德升善为行书，不详何许人。

颍川钟繇，魏太尉；同郡胡昭，公车征。二子俱学于德升，而胡书肥，钟书瘦。钟书有三体：一曰铭石之书，最妙者也；二曰章程书，传秘书、教小学者也；三曰行狎书，相闻者也。三法皆世人所善。繇子会，镇西将军，绝能学父书，改易邓艾上事，皆莫有

---

① 苻坚：十六国前秦皇帝。
② 长絚引之：长索牵引他；"絚"读 gēng，粗绳子。

知者。

河东卫觊，字伯儒，魏尚书仆射，善草及古文，略尽其妙。草体微瘦，而笔迹精熟。觊子瓘，字伯玉，为晋太保，采张芝法，以觊法参之，更为草稿。草稿，是相闻书也。瓘子恒，亦善书，博识古文。

敦煌索靖，字幼安，张芝姊之孙，晋征南司马，亦善草书。

陈国①何元公，亦善草书。

吴人皇象，能草，世称"沉著痛快"②。

荥阳陈畅，晋秘书令史，善八分，晋宫、观、城门，皆畅书也。

荥阳杨肇，晋荆州刺史，善草、隶。潘岳诔曰："草隶兼善，尺牍必珍，足无缀行，手不释文，翰动若飞，纸落如云。"肇孙经，亦善草、隶。

京兆杜畿，魏尚书仆射；子恕，东郡③太守；孙预，荆州刺史：三世善草稿。

晋齐王攸，善草行书④。

泰山羊忱，晋徐州刺史；羊固，晋临海太守：并善行书。

江夏李式，晋侍中，善写隶、草；弟定，子公府，能名同式⑤。

李充母卫夫人，善钟法，王逸少之师。

琅琊王廙，晋平南将军，荆州刺史，能章、楷，谨传钟法。晋丞相王导，善稿、行。（廙从兄也）

王恬，晋中将军，会稽内史，善隶书。（导第二子也）

---

①　陈国：今河南淮阳县，原为西周古陈国之地。

②　皇象：三国吴广陵江都人（今江苏扬州），官至侍中、青州刺史，工书，尤善章草、八分，时号"书圣"。

③　东郡：今河南濮县西南。

④　晋齐王攸：司马昭之子，封齐王，官至大司马，善尺牍，为世楷法。

⑤　江夏：郡名，今湖北云梦。能名同式：能作书的名气与李式同。

王洽，晋中书令、领军将军，众书通善，尤能隶、行，从兄羲之云："弟书遂不减吾。"（恬弟也①）

王珉，晋中书令，善隶、行。（洽少子也）

王羲之，晋右将军、会稽内史，博精群法，特善草、隶。羊欣云："古今莫二。"（廙兄子也）

王献之，晋中书令，善隶、稿，骨势不及父而媚趣过之（羲之第七子也）。兄玄之、徽之，兄子淳之，并善草、行。

王允之，卫军将军、会稽内史，亦善草、行。（舒子也）

太原王濛，晋司徒左长史，能草、隶；子修，琅琊王文学，善隶、行，与羲之善，故殆穷其妙。早亡，未尽其美。子敬每省修书②云："咄咄逼人。"

王绥，晋冠军将军、会稽内史，善隶、行。

高平郗愔，晋司空、会稽内史，善章草，亦能隶。郗超，晋中书郎，亦善草。（愔子也）

颍川庾亮，晋太尉，善草、行；庾翼，晋荆州刺史，善隶、行，时与羲之齐名。（亮弟也）

陈郡谢安，晋太傅，善隶、行。

高阳许静民，镇军参军，善隶、草，羲之高足。

晋穆帝时，有张翼善学人书，写羲之表，表出，经日不觉，后云："几欲乱真。"

会稽隐士谢敷，胡人康昕，并攻隶、草。

飞白本是宫殿题八分之轻者，全用楷法。吴时张弘好学不仕，常著乌巾，时人号为"张乌巾"。此人特善飞白，能书者鲜不好之。（自秦至晋凡六十九人）

---

① 从兄：同祖叔伯之子年长于己者，即堂兄。

② 每省修书：每逢见到王修的书法；省，视也。

虞 龢

虞龢，生卒年未详，会稽余姚(今属浙江)人。南朝宋泰始年间书法家，曾任中书郎、廷尉。选文参校《中国书画全书》第 2 册之《书苑菁华·卷十四》，上海书画出版社 1993 年版。

论书表

臣闻爻画既肇，文字载兴，六艺归其善，八体宣其妙①。厥后群能间出，洎乎汉魏钟张擅美，晋末二王称英。羲之书云："顷寻诸名书，钟张信为绝伦，其余不足存。"又云："吾书比之钟张当抗行，张草犹当雁行。"羊欣云："羲之便是小推张，不知献之自谓云何？"又云："张字形不及右军，自然不如小王。"谢安尝问子敬："君书何如右军？"答云："故当胜。"安云："物论②殊不尔。"子敬答曰："世人那得知。"夫古质而今妍，数之常也；爱妍而薄质，人之情也。钟张方之二王，可谓古矣，岂得无妍质之殊？且二王暮年皆胜于少，父子之间又为今古。子敬穷其妍妙，固其宜也。然优劣既微而会美俱深，故同为终古之独绝，百代之楷式③。

桓玄耽玩不能释手，乃选二王纸迹，杂有缣素正行之尤美者，各为一帙，常置左右。及南奔④，虽甚狼狈，犹以自随。擒获之后，

---

① 载兴：开始产生；载，始也。六艺：指礼、乐、射、御、书、数，五曰书，故云"六艺归其善"。

② 物论：物议，人们的议论。

③ 会：聚合。楷式：法则、典范。

④ 南奔：指桓玄败于刘裕、刘毅等人南逃之事。

莫知所在。刘毅①颇尚风流，亦甚爱书，倾意搜求，及将败，大有所得。卢循②素善尺牍，尤珍名法。西南豪士，咸慕其风，人无长幼，翕然尚之，家赢③金币，竞远寻求。于是京师、三吴④之迹，颇散四方。羲之为会稽，献之为吴兴，故三吴之近地，偏多遗迹也。又是末年遒美之时，中世宗室诸王，尚多素嗤贵游，不甚爱好，朝廷亦不搜求⑤。人间所秘，往往不少。新渝惠侯雅所爱重⑥，悬金招买，不计贵贱；而轻薄之徒锐意摹学，以茅屋漏汁染变纸色，加以劳辱⑦，使类久书，真伪相糅，莫之能别。故惠侯所蓄，多有非真。然招聚既多，时有佳迹，如献之《吴兴》二笺，足为名法。孝武亦纂集佳书，都鄙士人多有献奉。谢灵运母刘氏，子敬之甥，故灵运能书而特多王法。

臣谢病东皋，游玩山水，守拙乐静，求志林壑，造次之遇，遂纤雅顾⑧。预陟泛之游，参文咏之末，其诸佳法，恣意披览。愚好既深，稍有微解。及臣遭遇，曲沾恩诱，渐渍玄猷，朝夕谘训，题勒美恶，指示媸妍，点画之情，昭若发蒙⑨。于时圣虑未存草体，凡诸教令，必应真正⑩。小不在意，则伪谩难识；事事留神，则难为

---

① 刘毅：东晋彭城沛(今江苏沛县)人，字希乐，初为桓玄中兵参军，与刘裕等起兵反桓玄，后又与刘裕对抗，兵败自缢。

② 卢循：东晋范阳涿县人，参加孙恩起义，尝为永嘉太守、广州刺史。

③ 赢：同"盈"，盈余。

④ 京师：指建康，即今南京。三吴：指吴郡、吴兴、会稽。

⑤ 末年：指晋代末年。中世：晋代中期。贵游：指无官职的王公贵族，亦泛指显贵者。

⑥ 新渝：县名，今江西新余南。雅：副词，甚。

⑦ 劳辱：劳苦，此指对书有意磨损。

⑧ 谢病：因病引退或谢绝来访。东皋：泛指田野或高地。造次：匆忙、仓促。纤：读 yū，屈抑。

⑨ 玄猷：指先圣的大道。谘训：受训导、被咨询。题勒：品评、题写，引申为讲解。发蒙：启发蒙昧。

⑩ 真正：指真书或正书。

心力。及飞龙之始，戚藩告衅①，方事经略，未遑研习；及三年之初，始玩宝迹，既科简旧秘，再诏寻求景和时所散失，及乞左右嬖幸者，皆原往罪，兼赐其直②。或有顽愚，不敢献书，遂失五卷，多是戏学。伏惟陛下爰凝③睿思，淹留草法，拟效渐妍，赏祈弥妙，旬日之间，转求精秘。字之美恶，书之真伪，剖判体趣，穷微入神，机息务闲，从容妍玩④，乃使使三吴荆湘诸境，穷幽测远，鸠集散逸⑤。及群臣所上，数月之间，奇迹云萃。诏臣与前将军巢尚之、司徒参军事徐希秀、淮南太守孙奉伯，料简二王书，评其品题，除猥录美，供御赏玩。遂得游目瑰翰，展好宝法，锦质绣章，烂然毕睹。

大凡秘藏所录，钟繇纸书六百九十七字，张芝缣素及纸书四千八百廿五字，年代既久，多是简帖⑥。张昶缣素及纸书四千七十字，毛弘八分缣素书四千五百八十八字，索靖纸书五千七百五十五字，钟会书五纸四百六十五字，是高祖平秦川所获，以赐永嘉公主，俄为第中所盗，流播始兴。及泰始开运，地无遁宝，诏庞、沈搜索，遂乃得之。又有范仰恒献上张芝缣素书三百九十八字，希世之宝，潜采累纪，隐迹于二王，耀美于盛辰。别加缋饰，在新装二王书所录之外，繇是拓书悉用薄纸，厚薄不均，辄好绉起。范晔装治卷帖小胜，犹谓不精，孝武使徐爰治护，随纸长短，参差不同，且以数十纸为卷，披视不便，不易劳茹⑦，善恶正草，不相分别。今所治

---

① 飞龙：指皇上即位。戚藩告衅：亲近藩王滋生事端。

② 及三年：指南朝宋明帝泰始三年。科简：衡量简择。景和：前废帝刘子业年号。嬖(bì)幸者：受宠爱的人。原往罪：宽恕以往的罪行。直：同"值"，财物。

③ 伏惟：下对上的敬辞，多用于奏疏或信函，谓念及、想到。爰凝：行凝，实行凝聚，集中精力。爰：行、为。

④ 体趣：书体情趣。机息：机心止息，犹忘息，指去机巧。

⑤ 鸠集：收集、聚集。

⑥ 纸书：纸写的书法。缣素：细绢写的书法。简帖：书柬。

⑦ 劳茹：谓操劳收藏；茹，受纳。

缮，悉改其弊，孝武选子敬学书，戏习十卷为帙，傅云①"戏学"而不题；或真、行、章草，杂在一纸，或重作数字，或学前辈名人能书者；或有聊尔戏书。既不留意，亦殊猥劣，徒闻则录，曾不披简。卷小者数纸，大者数十，巨细差悬，不相匹类。是以更裁减以二丈为度。亦取小王书古诗、赋、赞、论，或草或正，言无次第者，入"戏学部"，其有恶者，悉皆删去。卷既调均，书又精好。

羲之所书紫纸，多是少年临川时迹，既不足观，亦无取焉。今拓书皆用大厚纸，泯若一体同度，剪截皆齐。又补接败字②，体势不失，墨色更明。凡书虽同在一卷，要有优劣。今此一卷之中，以好者在首，下者次之，中者最后。所以然者，人之看书，必锐于开卷，懈怠于将半，既而略进，次遇中品，赏悦留连，不觉终卷。又旧书目帙无次第，诸帙中各有第一至于第十，脱落散乱，卷帙殊等③。今各题其卷帙所在，与目相应，虽相涉入，终无杂谬。又旧以封书纸次相随，草正混糅，善恶一贯。今各随其品，不从本封条目纸行，凡字数皆使分明，一毫靡遗。二王缣素书珊瑚轴二帙二十四卷，纸书金轴二帙二十四卷，又纸书玳瑁轴五帙五十卷，皆互帙金题玉蹀织成带④。又有书扇二帙二卷；又纸书飞白、章草二帙十五卷，并旃檀⑤轴。又纸书戏学一帙十二卷玳瑁轴，此皆书之冠冕也。自此以下，别有三品书，凡五百二十五帙百二十卷，悉旃檀轴。又羊欣缣素及纸书，亦选取其妙者为十八帙一百八十卷，皆漆轴⑥而已。二王新入书，各装为六帙六十卷，别充备预。又其中入品之

---

① 傅云：附说。
② 败字：残损之字。
③ 目帙：书目与函册、函套。卷帙：篇章。
④ 金题：指金字题签，或题签上涂金。玉蹀（xiè）：玉的杆轴。
⑤ 旃檀：檀香木。
⑥ 漆轴：漆木做的卷轴。

馀，各有条贯，足以声华四万，价倾五都，天府之名珍，盛代之伟宝。

陛下渊昭自天，触理必镜，凡诸思制，莫不妙极。乃诏张永更制御纸，紧洁光丽，辉日夺目①。又合秘墨，美殊前后，色如点漆，一点竟纸。笔则一二简毫专用白兔，大管丰毛，胶漆坚密，草书笔悉使长毫，以利纵舍之便。兼使吴兴郡作青石圆砚，质滑而停墨，殊胜南方瓦石之器，缣素之工殆绝于昔。王僧虔寻得其术，虽不及古，不减郗家所制。

二王书，献之始学父书正体，正体乃不相似，至于绝笔章草，殊相拟类；笔迹流丽，宛转妍媚，乃欲过之。

羲之书，在始未有奇殊，不胜庾翼、郗愔，迨其末年，乃造其极。尝以章草答庾亮，亮以示翼，翼叹服，因与羲之书云："吾昔有伯英章草书十纸，过江②亡失，常痛妙迹绝。忽见足下答家兄书，焕若神明，顿还旧观。"

旧说羲之罢会稽，住蕺山下，一老姬捉十许六角竹扇出市，王聊问一枚几钱，云值二十许。右军取笔书扇，扇为五字，姬大怅惋云："举家朝餐，惟仰于此，何乃书坏。"王曰："但言王右军书，字索一百。"入市，市人竞市去，姬复以十数扇来请书，王笑不答。

又云，羲之常自书表与穆帝，帝使张翼写效，一毫不异，题后答之。羲之初不觉，更详看，乃叹曰："小人几欲乱真。"

又羲之性好鹅，山阴县禳村有一道士，养好鹅十余，王清旦乘小船故往，意大愿乐。乃告求市易。道士不与，百方譬说不能得。道士乃言："性好道，久欲写《河上公》《老子》，缣素早办而无人能

---

① 张永：晋宋间吴郡吴县人，字景云，一作字景初，官至侍中，善隶书，晓音律，会造纸及墨。紧洁：坚实洁净。

② 过江：过长江，指西晋王室东渡事。

书，府君若能自屈，书《道》《德》经各两章，便合群以奉。"羲之便住半日，为写毕，笼鹅而归。

又尝诣一门生家，设佳馔供亿甚盛①，感之，欲以书相报。见有一新棐②几，至滑净，乃书之，草正相半。门生送王归郡，比还家，其父已刮尽，生失书，惊懊累日。

桓玄爱重书法，每宴集，辄出法书③示宾客。客有食寒具④者，仍以手捉书，大点污。后出法书，辄令客洗手，兼除寒具。子敬常⑤笺与简文帝十许纸，题最后云："民此书甚合，愿存之。"此书为桓玄所宝。高祖后得以赐王武刚，未审今何在⑥。

谢奉起庙，悉用棐材，右军取棐，书之满床，奉收得一大簀⑦。子敬后往，谢为说右军书甚佳，而密已削作数十寸棐板，请子敬书之，亦甚合，奉并珍录。奉后孙履分半与桓玄，用履为扬州主簿，馀一半，孙恩破会稽，掠以入海⑧。

羲之为会稽，子敬七八岁学书，羲之从后掣其笔不脱，叹曰："此儿书，后当有大名。"子敬出戏，见北馆新泥垩壁白净，子敬取帚沾泥汁书方丈一字，观者如市。羲之见，叹美，问所作，答云"七郎"⑨。羲之作书与亲故云："子敬飞白大有意。"是因于此壁也。

---

① 门生：东汉后亲受业者为弟子，转相传授者为门生，晋、南北朝世家豪族依附的人口称门生。供亿：供给。

② 棐：读 fěi，香木。

③ 法书：名家的书法范本。

④ 寒具：一种油炸的面食。

⑤ 常：同"尝"。

⑥ 高祖：指南朝宋武帝刘裕。审：审知、知道。

⑦ 谢奉：东晋人，官吏部尚书。起庙：兴建、建造庙宇。簀：读 zé，用竹片芦苇编成的床垫子。

⑧ 孙恩：东晋人，率数十万之众起义破会稽，杀官吏，后败入海。

⑨ 七郎：献之是羲之第七子。

有一好事年少，故作精白纱裓，着诣子敬；子敬便取书之，草正诸体悉备，两袖及褾略周①。年少觉王左右有凌夺之色，掣裓而走，左右果逐之。及门外，斗争分裂，少年才得一袖耳。

子敬为吴兴，羊欣父不疑为乌程令，欣时年十五六，书已有意，为子敬所知。子敬往县，入欣斋，欣衣白新绢裙昼眠，子敬因书其裙幅及带。欣觉欢乐，遂宝之。后以上朝廷，中乃零失②。

子敬门生以子敬书种蚕，后人于蚕纸中寻取，大有所得③。

谢安善书，不重子敬，每作好书，必谓被赏，安辄题后答之。

朝廷秘宝名书，久已盈积，太初狂迫，乃欲一时烧除。左右怀让者，苦相譬说，乃止④。

臣见卫恒《古来能书人录》一卷，时有不通，今随事改正，并写诸杂势一卷，今新装二王镇书定目各六卷，又羊欣书目六卷，钟张等书目一卷，文字之部备矣。谨诣省上表并上录势新书以闻。六年九月中书侍郎臣虞龢上⑤。

王僧虔

王僧虔（426—485），谥简穆，琅琊临沂（今山东临沂北）人，王羲之四世族孙，仕南朝宋、齐两朝。南朝宋孝武帝时，官武陵太守，后累迁至尚书令。入齐，转侍中。永明三年（485）去世，时年六十，

---

①　裓：读 gé，衣的前襟。褾：读 biǎo，袖端。

②　零失：零散遗失。

③　种：繁殖、养育。以书种蚕：指用书写的纸垫在下面作蚕床。

④　太初：南朝宋刘劭年号，代指刘劭。狂迫：愚顽狭窄。怀让：心怀阻拦。让：同"攘"，扰攘，引申为阻拦。譬说：譬解劝说。

⑤　六年：南朝宋明帝泰始六年。

追赠司空，侍中如故。通文史，精音律。少即善书，得家传，工隶、行、草书，有《王琰帖》《御史帖》《陈情帖》等书迹传世，著有《书赋》《论书》《笔意赞》等书论行世。《南齐书》《南史》有传。选文《论书》《又论书》参校《中国书画全书》第 2 册之《书苑菁华·卷十》，《笔意赞》参校《中国书画全书》第 2 册之《书苑菁华·卷十八》，《书赋》参校《中国书画全书》第 2 册之《书苑菁华·卷二十》；上海书画出版社 1993 年版。

论　书

宋文帝①书，自云不减王子敬，时议者云："天然胜羊欣，功夫不及欣。"

王平南廙②，是右军叔，自过江东，右军之前推廙为最善。画为晋明帝师，书为右军法。

亡曾祖领军洽，尝与右军书云："俱变古形，不尔，至今犹法钟、张③。"右军云："而书遂不减吾。"

亡从祖中书令珉，笔力过於子敬。书旧品云："有四匹素，自朝操笔，至暮便竟，首尾如一，又无误字。"子敬戏云："弟书如骑骡駸駸，恒欲度骅骝前。④"

庾征西翼书，少时与右军齐名，右军后进，庾犹不忿，在荆州与都下人书云："小儿辈乃贱家鸡爱野鹜，皆学逸少书，须吾还，当比之。"

---

① 宋文帝：南朝宋刘义隆，善隶书。

② 王平南廙：王廙曾官平南将军，故世称"王平南"。

③ 变古形：谓改变古书形体，指隶书。自魏晋开始，出现改变隶书形体，趋向后来才形势大备的楷书。这一趋向到王羲之显得明显。不尔：不如此、不然。

④ 骡：常以喻庸才。駸駸：马快跑貌。骅骝：古之良马，常以喻异才。

张翼书，右军自书表，晋穆帝令翼写题后答右军，右军当时不别，久方觉，云："小人几欲乱真。"

张芝、索靖、韦诞、钟会、二卫①并得名前代，古今既异，无以辨其优劣，惟见其笔力惊绝耳。

张澄书，当时亦呼有意②。

郄愔章草，亚于右军。

晋齐王攸书，京洛以为楷法。

李式书，右军云："是平南之流，可比庾翼"；王濛书，亦可比庾翼。

陆机书，吴士书也。无以校其多少。

庾亮书，亦能入录。

亡高祖丞相导，亦甚有楷法。以师钟、卫，好爱无厌，丧乱狼狈，犹以钟繇《尚书宣示帖》藏带中。过江后，在右军处，右军借王敬仁。敬仁死，其母见修平生所爱，遂以入棺③。

郄超草书，亚于二王，紧媚过其父，骨力不及也。

桓玄书，自比右军，议者未之许，云可比孔琳之④。

谢安亦入能流，殊亦自重。乃为子敬书嵇中散诗，得子敬书有时，裂作校纸。

羊欣、丘道护⑤并亲受于子敬。欣书见重一时，行草尤善，正乃不称。孔琳之书，天然绝逸，极有笔力，规矩恐在羊欣后。丘道护与羊欣皆面受子敬，故当在欣后，邱殊在羊欣前。

---

① 二卫：指卫瓘、卫恒父子。

② 张澄：东晋吴郡人，字国明。

③ 丧乱狼狈：指司马政权从洛阳东渡的事。王敬仁：王修字，王濛之子，工书，早死。

④ 孔琳之（369—423）：字彦琳，晋会稽山阴人，妙善草隶，桓玄以为西阁祭酒，后任御史中丞，又领本州大中正，迁祠部尚书，卒后，追赠太常。

⑤ 邱道护：南朝宋乌程人，官至相国主簿，善隶书。

范晔、萧思话①同师羊欣。范后背叛，皆失故步，名亦稍退。萧思话全法羊欣，风流趣好，殆当不减，而笔力恨弱。

谢灵运书，乃不伦，遇其合时，亦得入能流。昔子敬上表多在中书杂事中，皆自书窃易真本，相与不疑。元嘉初，方就索还。《上谢太傅殊礼表》亦是其例。亲闻文皇说此②。

谢综书，其舅云："紧洁生起，实为得赏。"③至不重羊欣，欣亦惮之。书法有力，恨少媚好。

颜腾之、贺道力，并便尺牍④。

康昕学右军草，亦欲乱真，与南州释道人作右军书赞⑤。

孔琳之书，放纵快利，笔道流便，二王后略无其比。但工夫少自任，故未得尽其妙，故当劣于羊欣。

谢静、谢敷⑥，并善写经，亦入能境，居钟毫之美，迈古流今，是以征南还有所得。

又论书

辱告并五纸，举体精隽灵奥，执玩反覆，不能释手。虽太傅之婉媚玩好，领军之静逊合绪，方之蔑如也⑦。昔杜度杀字甚安，而

① 萧思话：南朝宋南兰陵人，官至中书令，善行、隶、草。

② 元嘉：南朝宋文帝刘义隆年号。文皇：亦指宋文帝。

③ 谢综：南朝宋陈郡夏阳人，官至太子中舍人，有才艺，工书。舅：指舅父范晔。

④ 颜腾之：南朝宋琅琊临沂人，官至巴陵太守、度支校尉。贺道力：南朝宋会稽山阴人，历官尚书三公郎、吴兴令等。

⑤ 康昕：东晋义兴人，官至临沂令，善隶、草。南州释道人：释惠式，一作识道人，东晋时僧，南州人，王羲之之甥，书学二王。

⑥ 谢静：东晋陈郡夏阳人，谢奕之子，谢安之侄。谢敷：东晋隐士，会稽人。

⑦ 太傅：指钟繇，官至太傅。领军：指王洽，官拜领军将军，世称"王领军"。静逊：静远。合绪：聚集在一起。蔑如：不如、不及。

笔体微瘦；崔瑗笔势甚快，而结字小疏。居处二者之间，亦犹仲尼方于季、孟也①。夫工欲善其事，必先利其器，伯喈非流纨体素，不妄下笔。若子邑之纸，研染辉光；仲将之墨，一点如漆；伯英之笔，穷神静思。妙物远矣，邈不可追，遂令思挫于弱毫，数屈于陋墨，言之使人於邑②。若三珍尚存，四宝斯觌③，何但尺素信札，动见模式，将一字径丈，方寸千言也。承天凉体豫，复欲缮写一赋，倾迟辉采④，心目俱劳。承阅览秘府，备睹群迹，崔、张归美于逸少，虽一代所宗，仆不见前古人之迹，计亦无以过于逸少。既妙尽深绝，便当得之实录，然观前世称目⑤，窃有疑焉。崔、杜之后，共推张芝，仲将谓之"草圣"，伯玉得其筋，巨山得其骨。索氏自谓其书银钩虿⑥尾，谈者诚得其宗。刘德升为钟、胡所师，两贤并有肥瘦之断。元鸣获钉壁之玩，师宜致酒简之多，此亦不能止。长胤狸骨，右军以为绝伦，其功不可及⑦。由此言之，则向之论，或至投杖⑧，聊呈一笑，不妄言耳。

钟公之书谓之尽妙，钟有三体：一曰铭石书，最妙者也；二曰章程书，世传秘书教小学者也；三曰行狎书，行书是也。三法皆世

---

① 季孟：季孙氏与孟孙氏，《论语·微子》："齐景公待孔子，曰：'若季氏，则吾不能；以季孟之间待之。'"何晏集解云："孔曰：鲁三卿，季氏为上卿，最贵；孟氏为下卿，不用事。言侍之以二者之间。"后用以借指上等和下等之间。

② 於邑：同"郁悒"。

③ 三珍：指纸、墨、笔。四宝：即文房四宝，除三珍外，再加砚。觌：读 dí，见。

④ 体豫：身体安适。倾迟：倾心迟留。

⑤ 前世称目：前辈称许的条目。

⑥ 虿：读 chài，指蝎子。

⑦ 长胤：荀舆字，东晋颍川颍阴人，官为国子助教，工书。陈思《书小史》称："工隶书、章草，尝写《狸骨方》一纸，右军见以为绝伦，拟效数十通。云：'此乃天然，功不及也。'"

⑧ 投杖：放杖，表示作罢。

人所善。

张超，字子益，河间人。

卫觊，字伯儒，河东人，为魏尚书仆射，谥敬侯，善草及古文，略尽其妙。草体伤瘦而笔迹精杀，亦行于代。子瓘，字伯玉，晋司空、太保，为楚王所害。瓘采张芝草法，取父书参之，更为草稿，世传其善。瓘子恒，字巨山，亦能书。

索靖，字幼安，敦煌人，散骑常侍张芝姊之孙也。传芝草而形异，甚矜其书，名其字势曰"银钩虿尾"。

韦诞，字仲将，京兆人，善楷书，汉魏宫观，题署多出其手。魏明帝起凌云台，先钉榜未题，笼盛诞，辘轳长絙引上，使就榜题，榜去地将二十五丈，诞危惧。诫子孙绝此楷法，又著之家令。官至大鸿胪。

笔意赞①

书之妙道，神采为上，形质次之，兼之者方可绍②于古人。以斯言之，岂易多得？又使心忘于笔，手忘于书，心手达情，书不忘想，是谓求之不得，考之即彰。乃为《笔意赞》曰：

剡纸易墨，心员管直③。浆深色浓，万毫齐力。先临《告誓》，次写《黄庭》④。骨丰肉润，人妙通灵。努如植槊，勒若横钉；开张

---

① 此文见载于《书苑菁华》卷十八，未署作者姓名，《佩文斋书画谱》卷五转载，标明作者齐王僧虔，并注明转载自《书苑菁华》。

② 绍：承继。

③ 剡纸：指浙江绍兴剡溪用藤料制作的纸。易墨：指河北易水产烟墨。心员：笔心要圆，笔毫一般用兔毫制成，中心是长毫，缚成圆而尖的笔头，周围缚一些短的叫副毫。

④ 临：对照书画范本摹习。《告誓》《黄庭》：王羲之的两种法帖，是当时递相传习的范本。

风翼，耸擢芝英①。粗不为重，细不为轻。纤微向背，毫发死生。工之尽矣，可擅时名。

书　赋

情凭虚而测有，思沿想而图空。心经于则，目象其容②；手以心麾，毫以手从，风摇挺气，妍嬮深功③。尔其隶也，明敏蜿蠖，绚蒨趋将④。摛文筐绤，托韵笙簧⑤。像春等爱⑥，丽景依光。沈若云郁，轻若蝉扬。稠必昂萃，约实箕张⑦。垂端整曲，裁邪制方。或具美于片巧，或双竞于两伤。形绵靡而多态，气陵⑧厉其如芒。故其委貌也必妍，献体也贵壮。迹乘规而骋势，志循检而怀放。

庾元威

庾元威，生卒事迹未详，字少明，南朝梁人，工书，宋陈思《书小史》称庾元威"善虫篆及杂体书"，著有《论书》一文。选文参校《中国书画全书》第 1 册之《法书要录·卷二》，上海书画出版社 1993年版。

---

① 努：直画。勒：横画。耸擢：高耸突出。芝英：灵芝。

② 经：循行、遵循。则：法则、规矩。象：模拟、仿效。

③ 挺：动也。妍嬮：妍美。

④ 绚蒨：文采鲜艳。趋将：趋行。

⑤ 摛文：铺陈文采。筐绤：文采错杂的锦绤。

⑥ 爱：同"暖"。

⑦ 昂萃：鲜明汇集。箕张：谓向两旁伸张，形如簸箕。

⑧ 陵：同"凌"。

论 书

所学正书，宜以殷钧、范怀约为主①，方正循纪，修短合度。所学草书，宜以张融、王僧虔为则，体用得法，意气有余。章表笺书，于斯足矣。夫才能则关性分，耽嗜殊妨大业，但令紧快分明，属辞流便，字不须体，语辄投声。若以已巳莫分，东柬相乱，则两王妙迹，二陆高才，顷来非所用也。王延之②有言曰："勿欺数行尺牍，即表三种人身。岂非一者学书得法，二者作字得体，三者轻重得宜。"意谓犹须言无虚出，斯则善矣……余见学阮研书者，不得其骨力婉媚，唯学骞拳委尽③；学薄绍之④书者，不得其批研渊微，徒自经营险急。

萧 衍 陶弘景

萧衍(464—549)，南朝梁武帝，字叔达，小字练儿，南兰陵郡武进县东城里(今江苏省丹阳市访仙镇)人，汉朝相国萧何二十五世孙，原为南齐官员，南齐中兴二年(502)，齐和帝被迫"禅位"于萧衍，南朝梁建立。萧衍在位时间达四十八年，在南朝的皇帝中列第一位。前期任用陶弘景，在位颇有政绩，晚年爆发"侯景之乱"，都城陷落，被侯景囚禁，死于台城，享年八十六岁，葬于修陵，谥号

---

① 正书：指楷书，亦称"真书""正楷"。殷钧：字季和(484—532)，南朝梁陈郡长平(今河南西华)人，善隶书，《梁书》《南史》有传。范怀约：南朝梁吴郡(今江苏苏州)人，梁东宫侍书，能隶书，尤工正书，《南史》有传。

② 王延之：字希季(421—484)，南朝宋琅琊临沂人，《南齐书》有传。

③ 阮研：字文机，南朝梁陈留(今河南省开封)人，善书，行草甚精熟。骞拳：蜷曲。

④ 薄绍之：字敬叔，南朝宋丹阳(今安徽省当涂东)人，善书，尤工行草。

武皇帝，庙号高祖。以下梁武帝与陶弘景论书数信参校《中国书画全书》第 1 册之《法书要录·卷二》，上海书画出版社 1993 年版。

论书启

陶隐居与梁武帝论书启

奉旨，左右中书复稍有能者，惟周喜赞。夫以含心之荄，实俟夹钟吐气①。今既自上体妙，为下理用成工。每惟申钟、王论于天下，进艺方兴，所恨微臣沉朽，不能钻仰高深，自怀叹慕。前奉神笔三纸，并今为五，非但字字注目，乃画画抽心，日觉劲媚，转不可说。以雠②昔岁，不复相类。正此即为楷式，何复多寻钟、王。臣心本自敬重，今者弥增爱服。俯仰悦豫，不能自已。启。

适复蒙给二卷，伏览襟③帖，皆如圣旨。既不显垂允少留，不敢久停。已就摹素者一段未毕，不赴今信。纸卷先已经有，兼多他杂，无所复取，亦请俟俱了日奉送。兼此诸书是篇章体，臣今不辨，复得修习。惟愿细书，如《乐毅论》《太师箴》④例，依仿以写，经传永存，置题中精要而已。

梁武帝答书

近二卷欲少留，差不为异。纸卷是出装书，既须见，前所卧付

---

① 荄：读 gāi，草根。夹钟：古乐分十二律，阴阳各六，第四为夹钟。吐气：显现生机。

② 雠：读 chóu，校对文字。这里指与过去的书法作比较。

③ 襟：同"裱"。

④ 《乐毅论》：三国魏夏侯玄所撰，传王羲之抄写了这篇文章，陈、隋之际释智永视为王羲之正书第一，唐朝初年，《乐毅论》入於内府，曾经褚遂良检校鉴定，认定为真迹。《太师箴》：嵇康所撰，传王羲之抄写了这篇文章。

耳。无正，可取备于此。及欲更须细书如《论》《箴》例，逸少迹无甚极细书，《乐毅论》乃微粗健，恐非真迹；《太师箴》小复方媚，笔力过嫩，书体乖异。上二者已经至鉴，其外便无可付也。

梁武帝又答书

又省别疏云，故当宜微以著赏，此既胜事，风训非嫌云云①。然非所习，聊试略言。夫运笔邪则无芒角②，执笔宽则书缓弱；点掣短则法臃肿，点掣长则法离澌③。画促则字势横，画疏则字形慢。拘则乏势，放又少则。纯骨无媚，纯肉无力；少墨浮涩，多墨笨钝；比并皆然。任意所之，自然之理也。若抑扬得所，趋舍无违，值笔廉断，触势峰郁，扬波折节，中规合矩，分间下注，浓纤有方，肥瘦相和，骨力相称。婉婉暧暧，视之不足；棱棱凛凛，常有生气；适眼合心，便为甲科④。众家可识，亦当复由串⑤耳；六文可工，亦当复由习耳。一闻能持，一见能记，亘古亘今，不无其人。太抵为论，终归是习。程邈所以能变⑥，书体为之旧也；张芝所以能善书，工学之积也。既旧既积，方可以肆其谈。吾少来乃至不尝画甲子⑦，无论于篇纸，老而言之，亦复何谓？正足见嗤于当今，贻笑于后代，遂有独冠之言，览之背热，隐真于是乎累真矣。此直一艺之工，非吾所谓胜事；此道心之尘，非吾所谓无欲也。

---

① 省：省察、观览。疏：奏章。著赏：明赏。胜事：美好的事。风训：指风教典法。非嫌：不避忌、无妨碍。

② 芒角：笔锋，运笔倾斜无笔锋，无中锋也。

③ 澌：尽。

④ 暧暧：繁茂貌。棱棱：重叠突兀貌。甲科：汉时课士分甲乙丙三科，此借指为甲等上品也。

⑤ 串：串成系列，融会贯通。

⑥ 程邈所以能变：指其增损大篆而始为隶书。

⑦ 甲子：甲居十二干首位，子居十二支首位，"画甲子"指写熟悉而简单的字以练笔。

陶隐居又启（其一）

按此卷是右军书者，惟有八条。前《乐毅论》书，乃极劲利，而非甚用意，故颇有坏字。《太师箴》《大雅吟》，用意甚至，而更成小拘束，乃是书扇题屏风好体。

陶隐居又启（其二）

启：伏览前书，用意虽止二六，而规矩必周，后字不出二百，亦褒贬大备①。一言以蔽，便书情顿极。使元常老骨，更蒙荣造；子敬懦肌，不沉泉夜；逸少得进退其间，则玉科显然可观②。若非圣证品析，恐爱附近习之风，永遂沦迷矣。伯英既称草圣，元常实自隶绝，论旨所谓，殆同璇玑神宝，旷世以来莫继。斯理既明，诸画虎之徒③，当日就辍笔，反古归真，方宏盛世。愚管见预闻，喜佩无届④。比世皆高尚子敬，子敬、元常继以齐名，贵斯式略⑤。海内非惟不复知有元常，于逸少亦然。非排弃所可，涅而不缁，不过数纸⑥。今奉此论，自舞自蹈，未足逞泄⑦日月，愿以所摹窃示洪远、思旷，此二人皆是均思者，必当赞仰踊跃，有盈半之益。臣与洪远虽不相识，从子诩以学业往来，故因之有会。但既在阁，恐或以应闻知。摹者所采字，大小不甚均调，熟看乃尚可，恐笔意大殊；此篇方传千载，故宜令迹随名偕，老亦增美；晚所奉三旨，伏循字

---

① 前书：指梁武帝《观钟繇书十二意》。二六：指十二意。

② 顿极：顿时穷尽。玉科：玉条，指逸少堪作楷则的法书。

③ 画虎之徒：指摹写子敬书迹的人，《观钟繇书法十二意》云："学子敬者如画虎也，学元常者如画龙也。"

④ 预闻：与闻；预，同"与"。

⑤ 比世：近世。式略：楷则被忽略、轻视。

⑥ 涅而不缁：语出《论语·阳货》："不曰白乎，涅而不缁。"涅：污染、染黑。缁：黑色。谓用涅染也染不黑。

⑦ 逞泄：谓快心发泄。

迹，大觉劲密。窃恐既以言发意，意则应言，而手随意运，笔与手会，故益得谐称，下情叹仰，宝奉愈至。世论咸云江东无复钟迹，常以叹息。比日伫望中原廓清，《太丘》之碑可就摹采。今论旨云，真迹虽少，可得而推，是犹有存者，不审可复几字？既无出见理，冒愿得工人摹填数行。脱①蒙见赐，实为过幸。又逸少学钟，势巧形密，胜于自运，不审此例复有几纸？垂旨以《黄庭》《像赞》等诸文，可更有出给理？自运之迹，今不复希，请学钟法，仰惟殊恩。

陶隐居又启（其三）

逸少自吴兴以前，诸书犹为未称，凡厥好迹，皆是向在会稽时永和十许年中者。从失郡告灵不仕以后，略不复自书。皆使此一人，世中不能别也。见其缓异，呼为末年书。逸少亡后，子敬年十七八，全仿此人书，故遂成与之相似。今圣旨标题，足使众识顿悟。于逸少，无复末年之讥。阮研。近闻有一人学研书，遂不复可别。臣比廓摹所得，虽粗写字形，而无复其用笔迹势②。不审前后诸卷一两条谨密者，可得在出装之例，复蒙垂至年末间不？此泽自天，直以启后，非敢必觊③。

萧 衍

选文《古今书人优劣评》《草书状》参校《中国书画全书》第 2 册之《书苑菁华·卷三》，《观钟繇书法十二章》参校《中国书画全书》第 2

---

① 脱：假使。

② 廓摹：似指与廓填相似的摹写办法，即以法书置石刻或字帖之上，两边用细线钩出，然后摹刻或填写。

③ 觊：希望。

册之《书苑菁华·卷十九》；上海书画出版社 1993 年版。

古今书人优劣评

钟繇书，如云鹄游天，群鸿戏海，行间茂密，实亦难过。

王羲之书，字势雄逸，如龙跳天门，虎卧凤阁，故历代宝之，永以为训。

蔡邕书，骨气洞达，爽爽如有神力。

韦诞书，如龙威虎振，剑拔弩张。

张芝书，如汉武爱道，凭虚欲仙。

萧子云①书，如危峰阻日，孤松一枝，荆柯负剑，壮士弯弓，雄人猎虎，心胸猛烈，锋刃难当。

羊欣书，如婢作夫人，不堪位置，而举止羞涩，终不似真。

萧思话书，如舞女低腰，仙人啸树。

李镇东书，如芙蓉出水，文彩镂金。

王献之书，绝众超群，无人可拟，如河朔少年，皆悉充悦，举体沓拖，而不可耐②。

索靖书，如飘风忽举，鸷鸟乍飞。

王僧虔书，如王、谢家子弟，纵复不端正，奕奕③皆有一种风流气骨。

程旷平书，如鸿鹄高飞，弄翅颉颃，又如轻云忽散，乍见白日。

李岩之书，如镂金素月，屈玉自照。

---

① 萧子云(487—549)：南朝梁史学家、文学家，字景齐，南兰陵人，工书，善草隶，为世楷法。

② 充悦：欣喜自得貌。沓拖：同"渃沰"，水波重叠貌，谓有一股奔腾的活力，言子敬书有一种感发人喜爱的艺术魅力，叫人按捺不住。

③ 奕奕：精神焕发貌。

吴施书，如新亭伧父①，一往见似扬州人共语，语便态出。

颜蒨书，如贫家果实，无妨可爱，少乏珍羞。

阮研书，如贵胄失品，不复排斥英贤。

王褒②书，凄断风流，而势不称貌，意深工浅，犹未当妙。

师宜官书，如鹏翔未息，翩翩自逝。

陶隐居书，如吴兴小儿，形状虽未成长，而骨体甚峭快。

钟会书，有十二意，意外奇妙。

萧特③书，虽有家风，而风流势薄，犹如羲、献，安得相似。

王彬之书，放纵快利，笔道流便。

范怀约真书，有力，而草、行无功，故知简牍非易。

郄愔书，得意甚熟，而取妙特难，疏散风气，一无雅素。

柳恽④书，纵横廓落，大意不凡，而德本未备。

庾肩吾书，畏惧收敛，少得自克，观阮未精，去萧、蔡远矣。

孔琳之书，如散花空中，流徽⑤自得。

徐淮南书，如南冈士大夫⑥，徒尚风轨，然不免寒乞。

---

① 新亭：故址在今南京市南，三国吴筑，东晋为朝士游宴之所。伧父：此系晋南北朝时南人讥北人粗鄙的蔑称。

② 王褒（约513—576）：字子渊，琅琊临沂人，妻子为梁武帝之弟鄱阳王萧恢之女。

③ 萧特：字世达，萧子云次子，早知名，善草隶，历官著作佐郎、太子舍人、宣惠主簿、中军记室，出为海盐令，坐事免，二十五，先子云卒。

④ 柳恽（465—517）：字文畅，河东解（今山西运城）人，善尺牍，南朝梁天监元年（502）萧衍建立梁朝，柳恽为侍中，沈约等共同定新律，历任散骑常侍、左民尚书、持节、都督、仁武将军、平越中郎将、广州刺史，又征为秘书监、领左军将军，曾两次出任吴兴太守，卒赠侍中、中护军。

⑤ 流徽：流传的好名声。

⑥ 徐淮南：徐希秀，南朝宋齐间琅琊开阳人，历官游击将军、淮南太守，书法上擅楷、草、隶、篆各体，泰始三年（467）奉诏与前将军巢尚之、淮南太守孙奉伯等编次二王法书。南冈：今属湖北鄂县。

袁崧①书，如深山道士，见人便欲退缩。

张融书，如辩士对扬，独语不困，行必会理。

薄绍之②书，如龙游在霄，缱绻可爱。

草书状

昔秦之时，诸侯争长，简檄相传，望烽走驿，以篆、隶之难，不能救速，遂作赴急之书，盖今草书是也。其先出自杜氏，以张为祖，以卫为父，索、范者，伯叔也。二王父子可为兄弟，薄为庶息③，羊为仆隶。目而叙之，亦不失仓公观鸟迹之措意邪！但体有疏密，意有偶僿，或有飞走流注之势，惊竦峭绝之气，滔滔闲雅之容，卓荦调宕之志，百体千形，巧媚争呈，岂可一概而论哉！皆古英儒之撮拨④，岂群小、皂隶之所能为？因为之状曰：

疾若惊蛇之失道，迟若渌水之徘徊。缓则鸦行，急则鹊厉。抽如雉啄，点如兔掷。乍驻乍引，任意所为。或粗或细，随态运奇。云集水散，风回电驰。及其成也，粗而有筋，似蒲葡之蔓延，女萝之繁萦，泽蛟之相绞，山熊之对争。若举翅而不飞，欲走而还停；状云山之有玄玉，河汉之有列星。厥体难穷，其类多容。婀娜如削弱柳，耸拔如袅长松；婆娑而飞舞凤，宛转而起蟠龙。纵横如结，联绵如绳，流离似绣，磊落如陵，暐暐晔晔，弈弈翩翩。或卧而似倒，或立而似颠，斜而复正，断而还连。若白水之游群鱼，丛林之挂腾猿；状众兽之逸原陆，飞鸟之戏晴天；象乌云之罩恒岳，紫雾

---

① 袁崧：或名袁山松，东晋陈郡夏阳人，有才名，博学善属文。

② 薄绍之：南朝宋丹阳人，字敬叔，《宣和书谱》作"钦叔"，官至给事中，书学子敬，尤工行草。

③ 庶：非嫡配所生的孩子。息：亲生子女。

④ 撮拨：做。

之出衡山。巉岩若岭，脉脉如泉，文不谢于波澜，义不愧于深渊。传志意于君子，报款曲①于人间，盖略言其梗概，未足称其要妙焉。

观钟繇书法十二意

平：谓横也。直：谓纵也。均：谓间也。密：谓际也。锋：谓端也。力：谓体也。轻：谓屈也。决：谓牵掣也。补：谓不足也。损：谓有余也。巧：谓布置也。称：谓大小也。

字外之奇，文所不书。世之学者宗二王，元常逸迹曾不睥睨②。羲之有过人之论，后生遂尔雷同。元常谓之古肥，子敬谓之今瘦。今古既殊，肥瘦颇反，如自省览，有异众说。张芝、钟繇，巧趣精细，殆同机神，肥瘦古今，岂易致意？真迹虽少，可得而推。逸少至学钟书，势巧形密，及其独运，意疏字缓。譬犹楚音习夏，不能无楚。过言不悒，未为笃论。又子敬之不迨③逸少，犹逸少之不迨元常。学子敬者如画虎也，学元常者如画龙也。余虽不习，偶见其理。不习而言，必慕之欤？聊复自记，以补其阙，非欲明解强以示物也④。傥有均⑤思，思盈半矣。

萧 纲

萧纲（503—551），南朝梁简文帝，字世缵，南兰陵（今江苏武

---

① 款曲：指衷情、内情。
② 睥睨：侧目而视。
③ 迨：达到、比、及。
④ 强：勉强。物：人。
⑤ 均：比较、衡量。

进)人，梁武帝萧衍第三子，昭明太子萧统同母弟。由于长兄萧统早死，萧纲在中大通三年(531)被立为太子。太清三年(549)，侯景之乱，梁武帝被囚饿死，萧纲即位，大宝二年(551)为侯景所害。萧纲因其创作风格，形成"宫体"诗派。选文参校清严可均校辑《全上古三代秦汉三国六朝文》第 3 册之《全梁文·卷十一》，中华书局 1958 年版。

答湘东王《上王羲之书》书

试笔成文，临池染墨，疏密俱巧，真草皆得，似望城扉，如瞻星石，不营云飞之散，何待曲缛①之丹。方当奉彼筐中，置之帐里，乍楷桐钩，时悬攲案②：戢③意之深，良不能已。

袁 昂

袁昂(461—504)，字千里，陈郡阳夏(今河南太康)人，本名千里，齐武帝改今名，字千里。仕南朝齐、梁两朝。卒年八十，册谥曰穆正公。选文参校《中国书画全书》第 1 册之《法书要录·卷二》，上海书画出版社 1993 年版。

---

① 缛：同"缛"，繁密的彩饰。
② 攲(qī)案：读书时用来托书的架。
③ 戢：读 jí，收藏、寄托。

古今书评

王右军书，如谢家子弟，纵复不端正者，爽爽有一种风气。

王子敬书，如河洛少年，虽皆充悦，而举体沓拖，殊不可耐。

羊欣书，如大家婢为夫人，虽处其位，而举止羞涩，终不似真。

徐淮南书，如南冈士大夫，徒好尚风范，终不免寒乞。

阮研书，如贵胄失品次，丛悴不能复排突英贤①。

王仪同书，如晋安帝，非不处尊位，而都无神明②。

施肩吾书，如新亭伧父，一往见似扬州人，共语便音态出。

陶隐居书，如吴兴小儿，形容虽未成长，而骨体甚骏快。

殷钧书，如高丽使人，抗浪甚有意气，滋韵终乏精味③。

袁崧书，如深山道士，见人便欲退缩。

萧子云书，如上林春花，远近瞻望，无处不发。

曹喜书，如经论④道人，言不可绝。

崔子玉书，如危峰阻日，孤松一枝，有绝望之意⑤。

师宜官书，如鹏羽未息，翩翩自逝。

---

① 贵胄：贵族的后裔。丛悴：众多杂乱貌。排突：突破。英贤：杰出的人。此言阮研书丛悴而乏神采也。

② 王仪同：王俭(452—489)，尝领开府仪同三司，故称；字仲宝，祖籍琅琊临沂(今属山东)，东晋名相王导五世孙，其父僧绰、叔僧虔，俱有文学才能。南朝宋明帝时，尚阳羡公主，拜驸马都尉。18岁时成为秘书郎，历任秘书丞、义兴太守、太尉右长史等职，封南昌县公，升尚书左仆射，领吏部、兼丹阳尹。齐武帝时任侍中、尚书令，领国子祭酒、学士馆主、太子少傅、卫军将军、中书监，死后谥文宪。晋安帝：晋孝武帝长子司马德宗，母弟琅琊王德文常侍左右，为之节制。

③ 殷钧：南朝齐梁间陈郡长平人，字季和，官至五兵尚书，国子祭酒，善隶书，为当时楷法。抗浪：粗犷貌。滋韵：滋味气韵。

④ 经论：指佛教三藏中的经藏与论藏。

⑤ 子玉：崔瑗字。绝望：极目远望。

韦诞书，如龙威虎振，剑拔弩张。

蔡邕书，骨气洞达，爽爽有神。

钟司徒书，字十二种意，意外殊妙，实亦多奇。

邯郸淳书，应规入矩，方圆乃成。

张伯英书，如汉武帝爱道，凭虚欲仙。

索靖书，如飘风忽举，鸷鸟乍飞。

梁鹄书，如太祖忘寝，观之丧目。

皇象书，如歌声绕梁，琴人舍徽①。

卫恒书，如插花美女，舞笑镜台。

孟光禄②书，如崩山绝崖，人见可畏。

李斯书，世为冠盖，不易施平③。

张芝惊奇，钟繇特绝，逸少鼎能，献之冠世，四贤共类，洪芳不灭④。羊真孔草，萧行范篆⑤，各一时绝妙。

右二十五人，自古及今，皆善能书。奉敕，遣臣评古今书，臣既愚短，岂敢辄量江海！但圣主委臣斟酌是非，谨品字法如前，伏愿照览，谨启。普通四年二月五日，内侍中、尚书令袁昂启⑥。

敕旨："具之，如卿所评。"⑦臣谓：钟繇书意气密丽，若飞鸿戏海，舞鹤游天，行间茂密，实亦难过。萧思话书走墨连绵，字势屈强，若龙跳天门，虎卧凤阙。薄绍之书字势蹉跎，如舞女低腰，仙

---

① 舍徽：舍琴也。徽：琴绳，代指琴。

② 孟光禄：名觊，卒赠光禄大夫，故称；南朝宋平昌安丘人，字彦重，官至侍中、仆射，终会稽太守。

③ 施平：放平。

④ 惊奇：警惊奇特。特绝：特异卓绝。鼎能：最具才能，无与伦比。洪芳：喻指贤德之人的懿德美誉。

⑤ 羊真孔草：羊欣的真书，孔琳之的草书。萧行范篆：萧子良的行书，范晔的小篆。

⑥ 普通：梁武帝萧衍年号。

⑦ 具之：完全如此，表示赞同所评。

人啸树，乃至挥毫振纸，有疾闪飞动之势。臣浅见无闻，暗于明灭，宁敢谬量山海！以圣命自天，不得不斟酌过失是非，如获汤炭①。

庾肩吾

庾肩吾(487—551)，字子慎，一作慎之，南朝梁南阳新野(今属河南省)人，世居江陵。初为晋安王国常侍，同刘孝威、徐摛诸人号称"高斋学士"。随府授宣惠参军，历中郎云麾参军，并兼记室，及王为太子，兼东宫通事舍人。除安西湘东王录事参军，领荆州大中正，迁中录事参军，太子率更令，中庶子。简文即位，进度支尚书，出为江州刺史，封武康县侯。选文参校《中国书画全书》第1册之《法书要录·卷二》，上海书画出版社1993年版。

书品并序

玄静先生曰：予遍求逴古，逖访厥初，书名起于玄洛，字势发于仓史②。故遗结绳，取诸爻，象诸形，会诸人事，末有广此缄縢，深兹文契③。是以"一"画加"大"，天尊可知；二"方"增"土"，地卑

---

① 汤炭：汤水与炭火，喻指惶恐不安。

② 玄静：何思澄字，南朝梁人，工文辞，起家南康王侍郎，迁侍御史。逴古：远古。逖：远。书名：用于书写的文字。玄：天也，文字起于天，是指观天象而来。洛：指河洛，即河图洛书。史仓：仓颉，传说为黄帝时史官，故称。

③ 广：推衍。缄縢：封固，把物件包封起来，引申为含义、内涵。文契：指文字，即书契。

可审①。日以君道，则字势圆；月以臣辅，则文体缺②。及其转注、假借之流，指事、会意之类，莫不状范毫端，形呈字表。开篇玩古，则千载共明；削简传今，则万里对面③。记善则恶自削，书贤则过必改。玉历颁正而化俗，帝载陈言而设教④。变通不极，日用无穷，与圣同功，参神并运⑤。爰泊中叶，舍繁从省，渐失颍川之言，竟逐云阳之字⑥。若乃鸟迹孕于古文，壁书存于科斗，符陈帝玺，摹调蜀漆。署表宫门，铭题礼器，鱼犹舍凤，鸟已分虫⑦。仁义起于麒麟，威形发于龙虎，云气时飘五色，仙人还作两童⑧。龟若浮溪，蛇如赴穴。流星疑烛，垂露似珠⑨。芝英转车，飞白掩素。参差倒薤，既思种柳之谣；长短悬针，复想定情之制⑩。蚊脚傍低，鹄头

---

① 二"方"增土：二"方"字增一"土"字，构成"堃"字，是"坤"的异形字，指地。

② 字势圆："日"字形为圆中加一点。文体缺："月"字形为缺月状。

③ 玩古：玩味、体会古文。削简：古代削薄竹木成片，用以书写。

④ 玉历：历法。正：指正朔，古代帝王易姓受命必改正朔，正朔者，正为一年之始，朔为一月之初。帝载：帝王的事业。设教：施教化。

⑤ 参神并运：指与神同运。

⑥ 云阳之字：指秦人程邈因罪囚系云阳狱而损大篆，创隶字。

⑦ 鱼犹舍凤：《法书要录》卷二梁庾元威《论书》所举"百体书"中有凤鱼篆，在篆字笔画上饰以凤和鱼特征的美术体。鸟已分虫：汉代王莽时有鸟虫书，庾元威所举"百体书"中有鸟隶与虫隶。

⑧ 麒麟：麒麟篆，以篆字笔画摹拟麒麟特征的一种美术体；麟麟，古以为仁义之兽。龙虎：龙虎篆，庾元威所说"百体书"有龙虎篆。云气：指云书，摹拟云之形状的一种美术体，庾元威所说"百体书"亦有云隶。仙人：仙人篆。

⑨ 龟：龟篆，在篆字笔画上饰以龟形的一种美术体。蛇：庾元威所说"百体书"有蛇草书。流星：庾元威所说"五十六种书"有星隶。垂露：垂露书，小篆垂笔末含蓄不出锋以仿露珠状的一种美术体。

⑩ 芝英：《墨薮》卷一《五十六种书》："芝英书，六国时各以异体为符信所制也。"书各国异体，车亦异轨，故说"芝英转车"也。飞白：蔡邕所创飞白体，笔画线条扁平、整齐，夹有丝丝露白，因属美术体，故云"飞白掩素"。倒薤：倒薤篆，垂支浓直，若健叶也，还有一种柳叶篆与倒薤书近似，故云"既思种柳之谣"。悬针：以小篆竖笔笔画摹仿针状的一种美术体，此长短悬针，似女子金钗一类佩饰，故云"复相定情之制"。

仰立；填飘版上，缪起印中①。波回堕镜之鸾，楷顾雕陵之鹊②。并以篆籀重复，见重昔时。或巧能售酒，或妙令鬼哭③，信无味之奇珍，非趣时之急务。且具录前训，今不复兼论。惟草正疏通，专行于世，其或继之者，虽百代可知。寻隶体发源，秦时隶人下邳程邈所作，始皇见而奇之，以奏事繁多，篆字难制，遂作此法，故曰"隶书"，今时正书是也。草势起于汉时，解散隶法④，用以赴急，本因草创之义，故曰"草书"。建初中，京兆杜操⑤始以善草知名，今之草书是也。余自少迄长，留心兹艺，敏手谢于临池，锐意同于削板。而戗山之扇，竟未增钱，凌云之台，无因诫子。求诸故迹，或有浅深，辄删善草隶者一百二十八人，伯英以称圣居首，法高以追骏处末。推能相越，小例而九，引类相附，大等为三，复为略论，总名《书品》。

张芝（伯英）　钟繇（元常）　王羲之（逸少）

右三人上之上

隶既发源秦始，草乃激流齐相⑥，跨七代而弥遵，将千载而无革，诚开博者也⑦。均其文，总六书之要；指其事，笼八体之奇。能拔篆籀于繁芜，移楷真于重密。分行纸上，类出茧之蛾；结画篇中，似闻琴之鹤。峰崿间起，琼山惭其敛雾；漪澜递振，碧海愧其下风。抽丝散水，定其下笔；倚刀较尺，验于成字。真草既分于星

---

① 蚊脚：蚊脚书，将篆字垂笔摹拟蚊脚细长之状的一种美术体。鹄头：鹄头书，一称鹤头书。蚊脚、鹄头都用于诏版，故云"填飘版上"；大概还用于摹刻玺印，故云"缪起印中"。

② 鸾：回鸾篆。雕陵之鹊：庾元威所谓"百体书"有金鹊书。

③ 或巧能售酒：似指师宜官事。或妙令鬼哭：传说仓颉造字，天雨粟，鬼夜哭。

④ 解散隶法：摆脱隶法。

⑤ 杜操：指杜度，魏时因避魏武帝曹操名讳而改"操"为"度"。

⑥ 齐相：指杜操。

⑦ 遵：当作"尊"。革：变。开博：指见闻广博，不局限于某一方面。

芒，烈火复成于珠佩。或横牵竖挈，或浓点轻拂。或将放而更留，或因挑而还置。敏思藏于胸中，巧意发于毫铦①。詹尹②端策，故以迷其变化；英韶③倾耳，无以察其音声。殆善射之不注，妙斫轮之不传。是以鹰爪含利，出彼兔毫；龙管润霜，游兹蚕尾。学者鲜能具体，窥者罕得其门。若探妙测深，尽形得势，烟华落纸将动，风彩带字欲飞，疑神化之所为，非人世之所学，惟张有道、钟元常、王右军其人也。张工夫第一，天然次之，衣帛先书，称为"草圣"。钟天然第一，工夫次之，妙尽许昌之碑，穷极邺下之牍。王工夫不及张，天然过之，天然不及钟，工夫过之，羊欣云："贵越群品，古今莫二，兼撮④众法，备成一家。"若孔门以书，三子入室矣，允为上之上。

　　崔瑗(子玉)　杜度(伯度)　师宜官　张昶(文舒)　王献之(子敬)
　　　　　　　　　右五人上之中(摘录)

　　子敬泥帚⑤，早验天骨，兼以掣笔，复识人工，一字不遗，两叶⑥传妙。

　　　　张超(子并)　节式(景则)　庾翼(稚恭)
　　　　谢安(安石)　王珉(季琰)　桓玄(敬道)
　　　　　　　‥‥‥‥‥‥
　　　　　　右十五人中之上(摘录)

　　景则毫素流靡，稚恭声彩逾越‥‥‥季琰桓玄，筋力俱骏。

---

①　毫铦：指笔锋、笔端。
②　詹尹：古卜筮者之名。
③　英韶：古乐《五英》《韶》合称，相传帝喾作《五英》，舜作《韶》。
④　撮：聚集。
⑤　子敬泥帚：王献之幼而能书，以扫帚作飞白书，其父王羲之叹美。
⑥　两叶：指父子两代。

三、绘画美学

刘义庆撰　刘孝标注

选文参校王根林等校点《汉魏六朝笔记小说大观》，上海古籍出版社1999年版。

世说新语并注

巧　艺

戴安道就范宣学，[《中兴书》曰："逵不远千里，往豫章诣范宣，宣见逵，异之，以兄女妻焉。"]视范所为：范读书亦读书，范钞书亦钞书。唯独好画，范以为无用，不宜劳思于此。戴乃画《南都赋图》；范看毕咨嗟，甚以为有益，始重画。

谢太傅云："顾长康画，有苍生来所无。"[《续晋阳秋》曰：恺之尤好丹青，妙绝于时。曾以一厨画寄桓玄，皆其绝者，深所珍惜，悉糊题其前。桓乃发厨后取之，好加理。后恺之见封题如初，而画并不存，直云："妙画通灵，变化而去，如人之登仙矣。"]

戴安道中年画行像①甚精妙，庾道季看之，语戴云："神明太俗，由卿世情未尽。"戴云："唯务光当免卿此语耳。"[《列仙传》曰：务光，夏时人也。耳长七寸，好鼓琴，服菖蒲韭根。汤将伐桀，谋于光，光曰："非吾事也。"汤曰："伊尹何如？"务光曰："强力忍诟，不知其它。"汤克天下，让于光，光曰："吾闻无道之世，不践其土。况让我乎？"负石自沈于卢水。]

顾长康画裴叔则，颊上益三毛。人问其故。顾曰："裴楷俊朗有识具，正此是其识具。"看画者寻之，定觉益三毛如有神明，殊胜未安时②。[恺之历画古贤，皆为之赞也。]

顾长康好写起人形。[《续晋阳秋》曰：恺之图写特妙。]欲图殷荆州，殷曰："我形恶，不烦耳。"顾曰："明府正为眼尔。[仲堪眇③目故也。]但明点童子，飞白拂其上④，使如轻云之蔽日。"[日，一作月。]

顾长康画谢幼舆（鲲）在岩石里。人问其所以，顾曰：谢云："一丘一壑，自谓过之。"此子宜置丘壑中。

顾长康画人，或数年不点目精。人问其故，顾曰：四体妍蚩，本无关于妙处；传神写照，正在阿堵中。

顾长康道画：手挥五弦易，目送归鸿难。

---

① 行像：立像。

② 寻：考究。安：安置。

③ 眇：读 miǎo，盲。

④ 童：同"瞳"。飞白：白粉。

曹 植

曹植(192—232)，字子建，三国魏沛国谯(今安徽省亳州市)人，出生于东阳武，是曹操与武宣卞皇后所生第三子，生前曾为陈王，去世后谥号"思"，因此又称陈思王。后人因其文学上的造诣而将他与曹操、曹丕合称为"三曹"。有集三十卷，已佚，今存《曹子建集》为宋人所编。选文参校清严可均校辑《全上古三代秦汉三国六朝文》第 2 册之《全三国文·卷十七》，中华书局 1958 年版。

画赞序

盖画者，鸟书①之流也。昔明德马后②，美于色，厚于德，帝用嘉之。尝从观画，过虞舜之像，见娥皇女英，帝指之戏后曰："恨不得如此人为妃。"又前，见陶唐③之像，后指尧曰："嗟乎，群臣百僚，恨不得戴君如是。"帝顾而咨嗟焉。故夫画所见多矣，上形太极混元之前，却列将来未萌之事。

观画者，见三皇五帝，莫不仰戴；见三季④暴主，莫不悲惋；见篡臣贼嗣，莫不切齿；见高节妙士，莫不忘食；见忠节死难，莫不抗首⑤；见放臣斥子，莫不叹息；见淫夫妒妇，莫不侧目；见令妃顺后，莫不嘉贵。是知存乎鉴者，图画也。

---

① 鸟书：传说仓颉据鸟迹等造字，索靖《草书状》："仓颉既生，书契是为。科斗鸟篆，类物象形。"
② 马后：指汉明帝之马皇后。
③ 陶唐：指尧帝。
④ 三季：指夏、商、周三代末世。
⑤ 抗首：昂首。

顾恺之

顾恺之(348—409)，字长康，小字虎头，晋陵无锡(今江苏焦溪)人。曾为桓温及殷仲堪参军，义熙初任通直散骑常侍。博学有才气，工诗赋、书法，尤善绘画，精于人像、佛像、禽兽、山水等，时称画绝、文绝、痴绝。谢安深重之。流传至今的《女史箴图》《洛神赋图》《列女仁智图》等均为唐宋摹本。选文参校陈传席撰《六朝画论研究》，天津人民美术出版社 2006 年版。

论　画

凡画，人最难，次山水，次狗马、台榭。一定器耳，难成而易好，不待迁想①妙得也。此以巧历不能差其品也②。

《小列女》：面如恨，刻削为容仪，不尽生气。又插置大夫支③体，不似自然。然服章④与众物既甚奇，作女子尤丽，衣髻俯仰中，一点一画，皆相与⑤成其艳姿，且尊卑贵贱之形，觉然易了，难可远过之也。

---

① 迁想：指构思中把主观情思迁移到外在对象中。

② 巧历：精于计算，语出《庄子·齐物论》："一与言为二，二与一为三。自此以往，巧历不能得，而况其凡乎？"差：这里作"区分"解。品：品级。

③ 支：同"肢"。

④ 服章：服装上的彩饰。

⑤ 相与：共同。

《周本纪》：重叠弥纶有骨法①，然人形不如《小列女》也。

《伏羲神农》：虽不似今世人，有奇骨而兼美好，神属②冥芒，居然有得一③之想。

《汉本纪》：季王④首也，有天骨而少细美。至于《龙颜》一像，超豁高雄，览之若面也。

《孙武》：大荀首也，骨趣甚奇。二婕以怜美之体，有惊剧之则⑤。若以临见妙裁，寻其置陈布势，是达画之变也⑥。

《醉客》：作人，形、骨成，而制衣服幔⑦之，亦以助醉神耳。多有［骨俱，然蔺生］⑧变趣，佳作者矣。

《穰苴》：类《孙武》而不如。

《壮士》：有奔胜大势，恨不尽激扬之态。

《列士》：有骨俱⑨，然蔺生恨意烈，不似英贤之概，以求古人，未之见也。然秦王之对荆卿，及复大闲，凡此类，虽美而不尽善也。

《三马》：隽骨天奇，其腾踔如蹑虚空⑩，于马势尽善也。

《东王公》：如小吴神灵，居然为神灵之器，不似世中生人也。

《七佛》及《夏殷与大列女》：二皆卫协手，伟而有情势。

---

① 弥纶：统摄、笼盖。骨法：人体骨骼结构所呈现出的特征，汉人认为由此可知人之尊卑贵贱。

② 属：同"瞩"，指眼神。

③ 得一：此处指帝王，典出《老子·三十九章》：天得一以清，地得一以宁，神得一以灵，谷得一以盈，万物得一以生，侯王得一以为天下贞。

④ 季王：末世君王。

⑤ 二婕："婕"为宫中女官名，这里指被孙武选为左右队长的吴王两宠姬。怜美：可爱而美丽。惊剧：极度恐惧。

⑥ 临见妙裁：面对对象加以巧妙剪裁。置陈布势：指通过构图呈现气势。达：通晓。

⑦ 幔：此处作动词，遮盖。

⑧ 此五字疑为阑入，当删。

⑨ 有骨俱：言俱有骨（法）。

⑩ 踔：原作"罩"，据《书画传习录》改，跳跃。蹑：踏。

《北风诗》：亦卫手，巧密于精思名作，然未离南中①。南中像兴，即形布施之像②，转不可同年而语矣。美丽之形，尺寸之制，阴阳之数，纤妙之迹，世所并贵。神仪在心，而手称其目者，玄赏③则不待喻。不然，真绝夫人心之达，不可惑以众论。执偏见以拟通者，亦必贵观于明识。夫学详此，思过半矣。

《清游池》：不见京镐，作山形势者，见龙虎杂兽。虽不极体，以为举势，变动多方。

《七贤》：唯嵇生④一像欲佳，其余虽不妙合，以比前诸竹林之画，莫能及者。

《嵇轻车诗》：作啸人，似人啸，然容悴不似中散⑤。处置意事既佳，又林木雍容调畅，亦有天趣。

《陈太丘二方》：太丘夷素似古贤，二方为尔耳⑥。

《嵇兴》：如其人。

《临深履薄》：兢战之形，异佳有裁。自《七贤》以来，并戴⑦手也。

魏晋胜流⑧画赞

凡将摹者，皆当先寻此要，而后次以即事。

---

① 卫：指卫协。南中：泛指南方。
② 即形布施之像：根据形体创作画像。
③ 玄赏：对奥妙旨趣的欣赏。
④ 嵇生：指嵇康。
⑤ 中散：指嵇康。
⑥ 太丘：指东汉人陈寔。夷素：平易、朴素。二方：指陈寔的儿子元方、季方。尔耳：不过尔尔。
⑦ 戴：指东晋人戴逵。
⑧ 胜流：名流。

凡吾所造诸画素幅①，皆广二尺三寸。其素丝邪②者不可用，久而还正，则仪容失。以素摹素当正掩，二素任其自正而下镇③，使莫动其正。笔在前运，而眼向前视者，则新画近我矣；可常使眼临笔止④，隔纸素一重，则所摹之本远我耳。则一摹蹉积蹉弥小（当为"大"）矣⑤。可令新迹掩本迹，而防其近内、防内⑥。

若轻物宜利其笔，重物宜陈其迹，各以全其想⑦。譬如画山，迹利则想动，伤其所以巍⑧。用笔或好婉，则于折楞⑨不隽；或多曲取，则于婉者增折；不兼之累，难以言悉，轮扁⑩而已矣。

写自颈以上，宁迟而不隽，不使远（当为"速"）而有失。其于诸像，则像各异迹，皆令新迹弥旧本。若长短、刚软、深浅、广狭与点睛之节，上下、大小、醲⑪薄，有一毫小失，则神气与之俱变矣。

竹、木、土，可令墨彩色轻，而松、竹叶醲也。凡胶清及彩色，不可进素之上下也。若良画黄满素者，宁当开际⑫耳，犹于幅之两边，各不至三分。

人有长短，今既定，远近以瞩其对，则不可改易阔促，错置高下也。凡生人，亡有手揖眼视而前亡所对者。以形写神而空其实对，

---

① 素幅：白绢的宽度，《汉书·食货志下》："布帛广二尺二寸为幅。"

② 邪：同"斜"。

③ 镇：压。

④ 止：同"趾"，脚趾，这里指笔尖。

⑤ 这句话的意思是说：一开始临摹失误，后面失误会积累得越来越大。蹉：失误。

⑥ 防内：衍文，当删。

⑦ 陈：这里指着墨缓而重，与"利（流利）"相对。想：此处当指画面的表现效果，"迹利则想动"之"想"与此义同，《周礼·春官》郑司农注云："想者，辉光也。"

⑧ 巍：读yí，高峻貌。

⑨ 折楞：曲折顿挫，"楞"指物体上条状的突起部分。

⑩ 轮扁：用《庄子·天道》轮扁斫轮典，指只可意会不可言传。

⑪ 醲：同"浓"。

⑫ 开际：通开其处，指不再加工，一仍其旧。

荃生之用乖，传神之趋①失矣。空其实对则大失，对而不正则小失，不可不察也。一像之明昧，不若悟对之通神也。

画云台山记

山有面，则背向有影②，可令庆云③西而吐于东方清天中，凡天及水色，尽用空青④，竟素上下以暎日。

西去山：别详其远近⑤。发迹东基⑥，转上未半，作紫石如坚云者五六枚。夹冈乘其间而上，使势蜿蟺如龙，因抱峰直顿而上⑦。下作积冈，使望之蓬蓬然凝⑧而上。次复一峰，是石，东邻向者峙峭峰，西连西向之丹崖，下据绝磵⑨。画丹崖临磵上，当使赫巘隆崇⑩，画险绝之势。天师⑪坐其上，合所坐石及荫。宜磵中，桃傍生石间。画天师，瘦形而神气远，据磵指桃，回面谓弟子。弟子中，有二人临下，到⑫身大怖，流汗失色。作王良（当为"王长"），穆然坐答问，而超升（当为"赵昪"）神爽精诣，俯眄桃树。又别作王、赵

----

① 趋：志趣、旨趣。

② 面：阳面。背向：阴面。

③ 庆云：祥云。

④ 空青：一种矿物质颜料。

⑤ 西去山：由东向西延展的山。别详：分别清楚、详细地画出（山远近之势）。

⑥ 发迹东基：指从山的东面山脚下开始画。

⑦ 蜿蟺：蚯蚓的别名，形容屈曲盘旋貌，"蟺"读 dàn。因：此处作"犹如"讲。

⑧ 凝：严整貌。

⑨ 磵：同"涧"，下同。

⑩ 巘：读 yǎn，大山上的小山。隆崇：突出而高峻。

⑪ 天师：指道教创始人张道陵，下文涉及的是张道陵考验弟子的情景，《周地图记》："汉末张道陵在此学道，使弟子王长、赵升授身绝壑，以取仙桃，长等七试已讫，九丹遂成，随陵白日升天。"本文涉及的是第七试，《神仙传（卷四）·张道陵传》有详细描述。

⑫ 到：同"倒"，此处指侧身。

趋，一人隐西壁倾①岩，余见衣裾；一人全见室中，使轻妙泠然。凡画人，坐时可七分②，衣服彩色殊鲜微，此正盖山高而人远耳。

中段：东面丹砂绝崿及荫，当使嶵峻高骊③，孤松植其上。对天师所壁以成碅，碅可甚相近，相近者，欲令双壁之内，悽怆澄清，神明之居，必有与立④焉。可于次峰头作一紫石亭立，以象左阙之夹，高骊绝崿，西通云台以表路，路左阙峰，似⑤岩为根，根下空绝，并诸石重势岩相承以合临东碅。其西，石泉又见，乃因绝际作通冈，伏流潜降，小复东出，下碅为石濑，沦没于渊。所以一西一东而下者，欲使自然为图。云台西北二面，可一图冈⑥绕之。上为双碣石，象左右阙，石上作狐（当作"孤"）游生凤，当婆娑体仪，羽秀而详，轩尾翼以眺绝碅⑦。

后一段：赤岍，当使释弁如裂电⑧。对云台西凤所临壁以成碅，碅下有清流。其侧壁外面，作一白虎，匍石饮水，后为降势而绝。

凡三段山，画之虽长，当使画甚促，不尔⑨不称。鸟兽中，时有用之者，可定其仪而用之。下为涧，物景皆倒，作清气带，山下三分倨一以上，使耿然成二重⑩。

---

① 倾：斜。
② 七分：指人坐高是立高的十分之七。
③ 崿：山崖。嶵：读 yǎn，险峻貌。骊：意为并驾齐驱。
④ 与立：与之相应。
⑤ 似：嗣、承、续。
⑥ 一图冈：画一山冈。
⑦ 生凤：即凤，犹言"生人"。轩：高扬、飞举。
⑧ 岍：读 qí，山旁的石头。释：开释、展开。弁：读 biàn，这里指"急促"。
⑨ 不尔：不如此。
⑩ 作清气带：作清气如带。耿然：显明貌。

宗　炳

宗炳(375—443)，字少文，南涅阳(今河南镇平)人，家居江陵(今属湖北)，南朝宋画家。士族，东晋末至宋元嘉中，屡被征做官，俱不就。擅书、画、琴诸艺，信佛，曾参加庐山僧慧远主持的"白莲社"，撰《明佛论》。漫游山川，西涉荆巫，南登衡岳，后以老病，才回江陵。选文参校陈传席撰《六朝画论研究》，天津人民美术出版社 2006 年版。

画山水序

圣人含道暎物，贤者澄怀味像，至于山水，质有而趣灵①，是以轩辕、尧、孔、广成、大隗、许由、孤竹之流，必有崆峒、具茨、藐姑、箕、首、大蒙之游焉②。又称仁智之乐③焉，夫圣人以神发④道，而贤者通；山水以形媚道⑤，而仁者乐，不亦几⑥乎？余眷恋庐、衡，契阔⑦荆、巫，不知老之将至。愧不能凝气怡身，伤跕石门之流⑧，于是画象布色，构兹云岭。

---

① 质有：形质的存在。趣：同"取"。

② "是以"后二句：是说轩辕(黄帝)、尧帝、孔子(似当为"舜帝")、广成子、大隗(传说中的仙人，姓苑)、许由、孤竹君的两个儿子伯夷和叔齐，曾游于崆峒山、具茨山、藐姑射山、箕山、首阳山、大蒙。

③ 仁智之乐：语出《论语·雍也》："智者乐水，仁者乐山；智者动，仁者静；智者乐，仁者寿。"

④ 发：显发、彰显；原作"法"，据《全宋文》改。

⑤ 媚道：使道显得美丽；"媚"也可作"迎合"解。

⑥ 几：读 jī，接近。

⑦ 契阔：这里指怀念。

⑧ 凝气怡身：调养气息使身体健康。跕：读 tiē，拖着鞋走路。

夫理绝于中古之上者，可意求于千载之下；旨微于言象之外者，可心取于书策之内；况乎身所盘桓，目所绸缪①，以形写形，以色貌色也。且夫昆仑山之大，瞳子之小，迫目以寸，则其形莫睹，迥以数里，则可围于寸眸。诚由去之稍阔，则其见弥小。今张绢素以远暎，则昆、阆之形②，可围于方寸之内。竖划三寸，当千仞之高；横墨数尺，体百里之迥。是以观画图者，徒患类之不巧，不以制小而累其似，此自然之势。如是，则嵩、华之秀，玄、牝③之灵，皆可得之于一图矣。

夫以应目会心④为理者，类之成巧，则目亦同应，心亦俱会，应会感神，神超理得。虽复虚求幽岩，何以加焉？又，神本亡⑤端，栖形感类，理入影迹，诚能妙写，亦诚尽矣。于是闲居理气，拂觞鸣琴，披图幽对，坐究四荒，不违天励之藂⑥，独应无人之野。峰岫峣嶷，云林森眇⑦。圣贤暎于绝代，万趣融其神思。余复何为哉，畅神而已！神之所畅，孰有先焉！

王　微

王微（415—443，一作 415—453），字景玄，一作景贤，琅琊临

---

① 盘桓：徘徊，逗留。绸缪：读 chóu móu，本义指紧密缠缚，这里指目光关注不移开。

② 暎：同"映"。昆、阆：昆仑山及其阆风岭，传为仙人所居。

③ 玄牝：指天地自然。

④ 应：感应。会：领会。

⑤ 亡：同"无"。

⑥ 违：离、避开。励：同"厉"，边。藂：同"丛"。

⑦ 峣嶷：读 yáo nì，高峻貌。眇：高远貌。

沂(今山东临沂市北)人，南朝宋画家、诗人。年十六，州举秀才；起家司徒祭酒，转主簿；除南平王铄右军谘议参军，称疾不就；仍除中书侍郎，又拟南琅琊、义兴太守，固辞；江湛举为吏部郎，不就。《宋书》有传。善属诗文，能书画，尤擅山水，兼解音律、医方、阴阳、术数。选文参校陈传席撰《六朝画论研究》，天津人民美术出版社2006年版。

叙　画

辱颜光禄①书。以图画非止艺行，成当与易象同体；而工篆隶者，自以书巧为高；欲其并辨藻绘，核其攸②同。

夫言绘画者，竟求容势③而已。且古人之作画也，非以案城域、辨方州、标镇阜、划浸流④。本乎形者融灵，而动变者心也⑤。灵亡所见⑥，故所托不动；目有所极⑦，故所见不周。于是乎以一管之笔，拟太虚之体；以判躯之状，画寸眸之明⑧。曲以为嵩高，趣以为方丈⑨。以友之画，齐乎太华；枉之点，表夫隆准⑩。眉额颊辅，

---

①　颜光禄：指颜延之。

②　攸：所。

③　容势：指外物的形状。

④　案：同"按"，查询、查索。方州：指州郡。镇：此处指大山。阜：高地。划：同"画"。浸流：指河流湖泊。

⑤　动变者心也：原作"动者变心"，据《佩文斋书画谱》改。

⑥　灵亡所见：原作"止灵亡见"，据《佩文斋书画谱》改。

⑦　极：这里指"极限"。

⑧　判躯：半体，指山水的一部分，"判"作"半"解。寸眸之明：眼之所见。

⑨　曲：曲笔。嵩高：嵩山。趣：同"促"，促笔，指快速运笔。方丈：传说中的仙山。

⑩　友：读bá，犬奔状。太华：华山。隆准：高鼻梁，此处喻指突出的山石。

若辅笑兮①；孤岩郁秀，若吐云兮。

横变纵化，而动生焉，前矩后方，而灵②出焉。然后宫观舟车，器以类聚；犬马禽鱼，物以状分。此画之致也。望秋云，神飞扬，临春风，思浩荡。虽有金石之乐，珪璋之琛，岂能仿佛之哉！披图按牒，效异《山海》；绿林扬风，白水激涧。呼呼！岂独运诸指掌，亦以明神降之。此画之情也。

谢　赫

谢赫(479—502)，南朝齐、梁间画家、绘画理论家，善作风俗画、人物画。选文参校陈传席撰《六朝画论研究》，天津人民美术出版社 2006 年版。

画　品③

夫画品④者，盖众画之优劣也。图绘者，莫不明劝戒、著升沉，千载寂寥，披图可鉴。虽画有六法，罕能尽该⑤，而自古及今，各善一节。六法者何？一气韵生动⑥是也；二骨法用笔⑦是也；三应物

---

① 辅：面颊。晏笑：安静、柔和地笑，"晏"同"安"。笑：据《佩文斋书画谱》。
② 而灵：原文无此二字，据上下文义补。
③ 《画品》：又称《古画品录》，《宋书·艺文志》则称之为《古今画品》。
④ 品：品赏、品第。
⑤ 该："赅"，兼备、兼善。
⑥ 气韵生动：与"传神"义近，指画中人物精神、仪态生动。
⑦ 骨法用笔：指表现画面上人体结构或物体结构的线条。

象形①是也；四随类赋彩②是也；五经营位置③是也；六传移模写④是也。唯陆探微、卫协备该之矣。然迹有巧拙，艺无古今，谨依远近，随其品第，裁成序引。故此所述不广⑤其源，但传出自神仙，莫之闻见也⑥。

第一品（五人）

陆探微　　事五代宋明帝，吴人⑦

穷理尽性，事绝言象⑧。包前孕后，古今独立。非复激扬⑨所能称赞，但价重之极乎上上品之外，无他寄言，故屈标第一等。

曹不兴　　五代吴时事孙权，吴兴人

不兴之迹，殆莫复传，唯秘阁⑩之内，"一龙"而已。观其风骨，名岂虚成！

卫协　　五代晋时

古画之略，至协始精。六法之中，迨为兼善。虽不该备形似⑪，颇得壮气。陵跨群雄，旷代绝笔。

———————————

① 应物象形：指画面所画形象与实际对象相应。

② 随类赋彩：指画面着色要按照实际对象达到类似的效果。

③ 经营位置：指画面的布置、构图。

④ 传移模写：一般认为指通过复制古画学习画法。

⑤ 广：此处指追究、追溯。

⑥ 意思是说把绘画源头追溯至神仙，谁也没见过，所以就不向遥远的过去追溯了。

⑦ 五代：指三国、晋与南朝宋、齐、梁五朝。

⑧ 穷理尽性：此处指能穷尽人物的气韵，《人物志·九征第一》："物有生形，形有神情，能知精神，则穷理尽性。"事绝言象：指绘画超越语言、形象所能表达的表面的东西。

⑨ 激扬：极其欣赏。

⑩ 秘阁：古代皇宫中藏图书的地方，又称"秘府""秘馆"。

⑪ 该备形似：原作"说备形纱"，据《佩文斋书画谱》改。

张墨、荀勖①

风范气韵，极妙参神。但取精灵，遗其骨法。若拘以体物②，则未见精粹。若取之象外，方厌膏腴③，可谓微妙也。

第二品（三人）

顾骏之④

神韵气力，不逮前贤；精微谨细，有过往哲。始变古则⑤今，赋彩制形，皆创新意。若包牺始更卦体，史籀初改画法⑥。常结构⑦层楼，以为画所。风雨炎燠⑧之时，故不操笔；天和气爽之日，方乃染毫。登楼去梯，妻子罕见。画蝉雀，骏之始也。宋大明中，天下莫敢竞矣。

陆　绥⑨

体韵遒举，风彩飘然。一点一拂，动笔皆奇。传世盖少，所谓希见卷轴⑩，故为宝也。

袁　蒨⑪

比方陆氏⑫，最为高逸。象人之妙，亚美前贤。但志守师法，更无新意。然和璧微玷，岂贬十城之价也。

---

① 荀勖（xù）：字公曾（？—289），颍川颍阴人，汉司空爽曾孙，《晋书》有传。

② 体物：指具体地描述事物。

③ 厌：同"餍"，满足。膏腴：肥美。

④ 顾骏之：南朝宋画家，吴（今江苏苏州）人，张墨弟子，擅画道、释人物。

⑤ 则：效法。

⑥ 包牺：通常作伏羲。史籀（zhòu）：周宣王史官，善书，师模仓颉古文，损益而广之，或同或异，谓之为"篆"，即"大篆"，故"大篆"又称"籀书"。

⑦ 结构：联结、构建。

⑧ 燠：读 yù，热。

⑨ 陆绥：南朝宋人，陆探微之子。

⑩ 卷轴：代指画作。

⑪ 袁蒨：一作袁倩，南朝宋人，师法陆探微。

⑫ 陆氏：指陆探微。

第三品（九人）

姚昙度①

画有逸方，巧变锋出②。魑魅神鬼，皆能绝妙。固流真为，雅郑兼善。莫不俊拔，出人意表。天挺生知③，非学所及。虽纤微长短，往往失之，而舆皂④之中，莫与为匹，岂直栋梁萧艾，可唐突玙璠⑤者哉！

顾恺之　五代晋时晋陵无锡人，字长康，小字虎头

除体⑥精微，笔无妄下。但迹不逮⑦意，声过其实。

毛惠远⑧

画体周赡，无适弗该⑨。出入穷奇，纵横逸笔。力遒韵雅，超迈绝伦。其挥霍⑩必也极妙，至于定质块然⑪，未尽其善。神鬼及马，泥滞于体，颇有拙也。

夏　瞻⑫

虽气力不足，而精彩有余。擅名远代⑬，事非虚美。

---

① 姚昙度：南朝齐人。

② 逸方：高逸的方法。锋出：层出不穷。

③ 天挺：天资卓越。生知：生而知之。

④ 舆皂：指地位低贱的人；"舆"指造车的人，"皂"指赶马的人。

⑤ 玙璠：两种优质美玉。

⑥ 除体：绘制结构，犹言"画体"，"除"读 zhù，给予。

⑦ 逮：及。

⑧ 毛惠远：南朝齐荥阳阳武（今河南原阳）人。

⑨ 周赡：周密详细。该：同"赅"。

⑩ 挥霍：指绘画时轻捷的动作。

⑪ 定质：确定形质。块然：像土块那样（缺乏生气）；原作"愧然"，据《佩文斋书画谱》改。

⑫ 夏瞻：东晋人。

⑬ 远代：此处指晋代。

戴逵

情韵连绵，风趣巧拔。善图贤圣，百工所范①。荀、卫②以后，实为领袖。及乎子颙③，能继其美。

江僧宝④

斟酌袁陆，亲渐朱蓝⑤。用笔骨梗⑥，甚有师法。像人⑦之外，非其所长也。

吴暕⑧

体法雅媚，制置⑨才巧。擅美当年，有声京洛。

张 则⑩

意思横逸，动笔新奇。师心独见，鄙于综采⑪。变巧不竭，若环之无端。景多触目。谢题徐落，云：此二人后，不得预焉⑫。

陆杲⑬

体致不凡，跨迈流俗。时有合作⑭，往往出人。点画之间，动

---

① 范：师法。

② 荀、卫：指荀勖、卫协。

③ 子颙：指戴逵之子戴颙，晋末宋初人。

④ 江僧宝：南朝梁人。

⑤ 袁陆：指袁蒨、陆绥；袁，原作"远"，据《历代名画记》改。朱蓝：两种正色，代指袁陆。

⑥ 骨梗：同"骨鲠"，指用笔强劲有力。

⑦ 像：指佛像画等。人：指人物画。

⑧ 吴暕：南朝宋人。

⑨ 制置：造型构图。

⑩ 张则：南朝宋人。

⑪ 综采：指综合、采用前人成果。

⑫ 谢题徐落等句：不可解，疑有阑入或缺漏。

⑬ 陆杲（459—532）：字明霞，南朝吴郡吴县（今苏州）人，位至扬州大中正。工书画，舅张融有高名。《梁书》有传。

⑭ 合作：合乎法度之作。

杂灰琯①。传于后者，殆不盈握。桂枝一芳，足征本性。流液②之素，难效其功。

第四品（五人）

蘧道愍、章继伯③

并善寺壁④，兼长画扇。人马分数⑤，毫厘不失。别体⑥之妙，亦为入神。

顾宝先⑦

全法陆家，事之宗禀⑧。方之袁蒨，可谓小巫。

王微、史道硕　　五代晋时

并师荀、卫，各体善能。然王得其细，史传似真。细而论之，景玄⑨为劣。

第五品（三人）

刘琐⑩

用意绵密，画体简细，而笔迹困弱，形制单省。其于所长，妇

① 动杂灰琯：原作"动流恢服"，据《历代名画记》改，指绘画动作富有节奏感。灰琯：古代候验节气变化的器具，以葭莩之灰置于中律的乐管中，故名，而节气之律与音乐之律相通，《晋书·律历志》："圣人观四时之变，刻玉纪其盈虚；察五行之声，铸金均其清浊，所以遂八风而宣九德，和大乐而成政道。"

② 流液：或指道教所谓丹液，《云笈七籤》卷八十："其山之上，元始天王所居；其山之下，众圣真仙所处。其山之气，生五色之水，名反魂流液；成脂，名震檀之香。"

③ 蘧道愍，章继伯：皆为南朝宋人，蘧学画于章而超过章；"蘧"读 qú，"愍"读 mǐn。

④ 寺壁：指在佛寺墙壁上作画。

⑤ 分数：数量、程度、比例。

⑥ 别体：变体，《南史·刘孝绰传》："兼善草隶，自以书似父，乃变为别体。"

⑦ 顾宝先：南朝宋人。

⑧ 事之宗禀：似当作"事事宗禀"；宗禀：师法、尊崇。

⑨ 景玄：王微字。

⑩ 刘琐：当作"刘瑱"（460—501），南朝齐彭城（今江苏徐州）人，字士温，郁林太守刘勋之子、刘绘弟。官至尚书吏部郎、义兴太守。其文藻、篆隶、丹青并为当世所称。时有荥阳毛惠远善画马，瑱善画妇人，世并品为第一。《齐书》有传。

人为最。但纤细过度，翻①更失真，然观察祥审，甚得姿态。

晋明帝②　讳绍，元帝长子，师王厉

虽略于形色，颇得神气。笔迹超越，亦有奇观。

刘绍祖③

善于传写，不闲其思④。至于雀鼠，笔迹历落⑤，往往出群。时人为之语，号曰"移画"，然述而不作，非画所先。

第六品（二人）

宋　炳⑥

炳明于六法，迄无适善，而含毫命素，必有损益⑦。迹非准的，意足师放⑧。

丁　光⑨

虽擅名蝉雀，而笔迹轻赢。非不精谨，乏于生气。

姚　最

姚最，生卒年不详（一说生年为公元536年，卒于公元603年），吴兴（今浙江省湖州市）人，"生于梁，仕于周，殁于隋"，自幼聪颖

---

① 翻：反而。
② 晋明帝：司马绍。
③ 刘绍祖：南朝宋人。
④ 传写：临摹别人的画作。闲：同"娴"，熟习。
⑤ 历落：俊秀不俗。
⑥ 宋炳：当作"宗炳"。
⑦ 损益：此处指或多或少而不准确。
⑧ 准的：标准、模范。师放：仿效、效法。
⑨ 丁光：南朝齐人。

好学，少长便博经通史，擅著述。十九岁随父入关进入萧梁，后入北周"预为学士"，入隋因事坐诛。撰《续画品》，或以为其父姚僧垣所撰。选文参校陈传席撰《六朝画论研究》，天津人民美术出版社2006年版。

续画品

夫丹青妙极，未易言尽。虽质沿古意，而文变今情。立万象于胸怀，传千祀于毫翰①。故九楼之上，备表仙灵；四门之墉，广图贤圣②。云阁兴拜伏之感③，掖庭致聘远之别④。凡斯缅邈，厥迹难详⑤。今之存者，或其人冥灭。自非渊识博见，孰究精粗？摈落蹄筌，方穷至理⑥。但事有否泰，人经盛衰，或弱龄⑦而价重，或壮齿而声遒，故前后相形，优劣舛错。

至如长康之美，擅高往策⑧，矫然独步，终始无双。有若神明，非庸识之所能效；如负日月，岂末学之所能窥？荀卫曹张，方之蔑

---

① 传：指表现。千祀：千年。

② 四门之墉，广图贤圣：语出《孔子家语》卷三："孔子观乎明堂，睹四门墉，有尧舜之容，桀纣之象，而各有善恶之状，兴废之诫焉。又有周公相成王，抱之负斧扆，南面以朝诸侯之图焉。"墉：墙壁。广图：画了许多。

③ 云阁兴拜伏之感："云阁"即"云台"，《后汉书》卷二十二载："永平中，显宗追感前世功臣，乃图画二十八将于南宫云台"。

④ 掖庭致聘远之别：指王昭君因画工毛延寿在呈给皇帝的画上将其画丑化而远嫁匈奴事。掖庭：又作"掖廷"，宫中旁舍，宫女居住的地方。

⑤ 厥：其。详：详知。

⑥ 摈落：排斥、弃而不用。穷：尽知。

⑦ 弱龄：指少年。

⑧ 擅：压倒、胜过。策：同"册"，这里指记载。

矣①；分庭抗礼，未见其人。谢云②"声过于实"，良可于邑③，列于下品，尤所未安④。斯乃情有抑扬，画无善恶；始信曲高和寡，非直名讴⑤；泣血谬题，宁止良璞⑥？将恐畴访理绝，永成沦丧；聊举一隅，庶同三益⑦。

夫调墨染翰，志存精谨，课兹有限，应彼无方⑧。燧变墨回，治点不息⑨；眼眩素缛⑩，意犹未尽。轻重微异，则妍鄙革⑪形；丝发不从，则欢惨殊观⑫。加以顷来容服，一月三改，首尾未周，俄成古拙⑬。欲臻其妙，不亦难乎？岂可曾未涉川，遽⑭云越海，俄观鱼鳖，谓察蛟龙？凡厥等曹⑮，未足与言画矣。

陈思王云：传⑯出文士，图生巧夫。性尚分流，事难兼善。蹑方趾之迹易⑰，不知圆行之步难；遇象谷之风翔，莫测吕梁之水

---

① 荀卫曹张：指荀勖、卫协、曹不兴、张墨。方：比。蔑：微细。

② 云：原作"陆"，据《历代名画记》改。

③ 邑：同"悒"，不高兴。

④ 安：安妥。

⑤ 讴：歌曲。

⑥ 指和氏璧的典故，和氏献良玉而被错题为"石"，哭泣而至眼睛流血。

⑦ 三益：典出《论语·季氏》："益者三友，损者三友。友直，友谅，友多闻，益矣。友便辟，友善柔，友便佞，损矣。"

⑧ 两句意思是说绘画上所教所学是有限的，但在创作中具体的应对方法却是无限的。课：教和学。无方：无边、无限。

⑨ 燧变墨回：(魏晋时)烧燃松漆制墨；燧，烧。治点：修改涂点。

⑩ 素：指作画用的素绢。缛：指彩饰繁密。

⑪ 革：变。

⑫ 不从：不适合。殊观：看上去非常不一样。

⑬ 顷来：进来。容服：容貌和服饰。周：完备。俄：马上。

⑭ 遽：急忙。

⑮ 等曹：犹言等辈、等流。

⑯ 传：指解说经义的书籍文字。

⑰ 蹑：追踪。趾：指踪迹。

蹈①。虽欲游刃，理解终迷②；空慕落尘③，未全识曲。

若永寻河书，则图在书前④；取譬《连山》，则言由象著⑤。今莫不贵斯鸟迹，而贱彼龙文⑥；消长相倾，有自来矣⑦。故倕断其指，巧不可为⑧；杖策坐忘，既惭经国⑨；据梧丧偶，宁足命家⑩？若恶居下流，自可焚笔；若冥心用舍，幸从所好。

戏陈鄙见，非谓毁誉；十室难诬，仁⑪闻多识。今之所载，并谢赫所遗，犹若文章，止于两卷。其中道有可采，使成一家之集。

----

①　象谷之风翔：似用《庄子·逍遥游》"列子御风而行"事。吕梁之水蹈：典出《庄子·达生》："孔子观于吕梁，县水三十仞，流沫四十里，鼋鼍鱼鳖之所不能游也。见一丈夫游之，以为有苦而欲死也，使弟子并流而拯之。数百步而出，被发行歌而游于塘下。孔子从而问焉，曰：'吾以子为鬼，察子则人也。请问蹈水有道乎？'曰：'亡，吾无道。吾始乎故，长乎性，成乎命。与齐俱入，与汨偕出，从水之道而不为私焉。此吾所以蹈之也。'"

②　此处用《庄子·养生主》庖丁解牛典故。理：剖开，与"解"义近。

③　落尘：《西京杂记》卷四："东方生善啸，每曼声长啸，辄尘落帽。"后以"落尘"形容歌声美妙。

④　永寻：追溯，"永"作远、长解。河书、图：《周易·系辞传上》："河出图，洛出书，圣人则之。"孔安国传曰："河图者，伏羲氏王天下，龙马出河，遂则其文以画八卦。洛书者，禹治水时，神龟负文而列于背，其数至九，禹遂因而第之，以成九类。""河"指黄河，"河图"指八卦；"洛"指洛水，"洛书"指《洪范》九畴。

⑤　连山：传为远古《易》书。言由象著：语言文字是从卦象产生出来的。

⑥　鸟迹：指文字，许慎《说文解字叙》："黄帝之史仓颉，见鸟兽蹄远之迹，知分理之可相别异也，初造书契。"龙文：指八卦之象，见前"河书"注。

⑦　意为重文字轻图象已有很长历史了。

⑧　典出《庄子·胠箧》："毁绝钩绳，而弃规矩，攦工倕之指，而天下始人有其巧矣。故曰：大巧若拙。"成玄英疏："工倕是尧工人，作规矩之法。亦云舜臣也。"倕断：原作"徭龄"，据《全齐文》改。

⑨　杖策：指持杖击节(打拍子)，语本《庄子·齐物论》："师旷之枝策也"。坐忘：语本《庄子·大宗师》："堕肢体，黜聪明，离形去知，同于大通，此谓坐忘。"经国：治理国家。

⑩　据梧：语本《庄子·齐物论》："昭文之鼓琴也，师旷之枝策也，惠子之据梧也，三子之知几乎？"指惠施靠着梧桐树侃侃而谈。丧偶：语本《庄子·齐物论》："南郭子綦隐机而坐，仰天而嘘，答焉似丧其耦(偶)。"义近"坐忘"。命家：自成一家。

⑪　仁：同"贮"，积累。

且古今书评，高下必铨①；解画无多，是故备取；人数既少，不复区别。其优劣，可以意求也。

湘东殿下　梁元帝，初封湘东王，尝画《芙蓉湖醮鼎图》

右天挺命世，幼禀生知②；学穷性表③，心师造化；非复景行，所能希涉④。画有六法，真仙为难；王于像人⑤，特尽神妙；心敏手运，不加点治⑥。斯乃听讼部领⑦之隙，文谈众艺之余，时复遇物援毫，造次⑧惊绝。足使荀卫阁笔，袁陆韬翰⑨。图制虽寡，声闻于外，非复讨论木讷可得而称焉⑩。

刘　璞⑪

右胤祖之子，少习门风，至老笔法，不渝前制。体韵精研⑫，亚于其父。信代有其人，兹名不堕矣。

沈　标⑬

右虽无偏擅，触类皆涉，性尚铅华⑭，甚能留意。虽未臻全美，殊有可观。

---

① 铨：衡量轻重。
② 天挺：天资卓越。命世：闻名于世。生知：生而知之。
③ 性表：犹言天性、天分。
④ 景行：这里指景仰。希涉：希望达到。
⑤ 像人：画人像。
⑥ 点治：这里指修改。
⑦ 部领：统领。
⑧ 造次：须臾、片刻。
⑨ 荀卫：荀勖、卫协。阁：同"搁"。袁陆：袁蒨、陆绥。韬：藏。
⑩ 犹言言语不足以称颂。
⑪ 刘璞：南朝宋人，父刘胤祖、叔刘绍祖皆画家。
⑫ 体韵：（人像的）体态韵致。精研：精深。
⑬ 沈标：南朝齐人，师谢赫。
⑭ 尚：崇尚。铅华：本指颜料，这里指作画。

谢 赫

右写貌人物，不俟对看，所须一览，便工操笔。点刷研精，意在切似；目想①毫发，皆无遗失。丽服靓妆，随时变改；直眉曲鬓，与世争②新。别体③细微，多自赫始，遂使委巷逐末，皆类效颦。至于气韵精灵，未穷生动之致；笔路纤弱，不副壮雅之怀。然中兴④以后，象人莫及。

毛惠秀⑤

右其于绘事，颇为详悉，太自矜持，番⑥成羸钝。遒劲不及惠远，委曲有过于秾。

萧 贲⑦

右雅性⑧精密，后来难尚，含毫命素，动必依真。尝画团扇，上为山川，咫尺之内，而瞻万里之遥；方寸之中，乃辩千寻之峻。学不为人，自娱而已；虽有好事，罕见其迹。

沈 粲⑨

右笔迹调媚，专工绮罗，屏障所图，颇有情趣。

---

① 目想：闭目凝思。

② 争：原作"事"，据《全陈文》改。

③ 别体：本指书法上从旧字体变出新字体，后泛指新的样式。

④ 中兴：南朝齐和帝年号。

⑤ 毛惠秀：南朝齐人，惠远之弟，荥阳阳武（今河南原阳）人，永明（483—493）作《汉武北伐图》。

⑥ 番：同"反"，反而。

⑦ 萧贲：字文奂，南朝梁兰陵（今常州西北）人，齐竟陵王萧子良孙，巴陵王萧昭胄次子，起家湘东王萧绎法曹参军。幼好学，有文才，能书善画，尝著《西京杂记》六十卷。事见《南史》。

⑧ 雅性：本性。

⑨ 沈粲：南朝齐人。

张僧繇① 五代梁时吴兴人

右善图塔庙，超越群工，朝衣野服，今古不失②。奇形异貌，殊方夷夏，实参其妙。俾昼作夜，未尝厌怠；惟公及私，手不停笔。但数纪③之内，无须臾之闲。然圣贤曈昽④，小乏神气，岂可求备于一人？虽云晚出，殆亚前品。

陆 肃⑤ 一本作宏肃

右绥之弟，早籍趋庭之教，未尽敦阅之勤⑥，虽复所得不多，犹有名家之法。方效轮扁，甘苦难投。

毛 稜 惠秀侄

右惠远之子，便捷有余，真巧不足，善于布置，略不烦草。若比方诸父，则床上安床。

嵇宝钧、聂松⑦

右二人无的师范，而意兼真俗⑧，赋彩鲜丽，观者悦情。若辨其优劣，则僧繇之亚。

---

① 张僧繇：南朝梁吴（今苏州）人，天监中为武陵王侍郎，直秘阁知画事，历右军将军、吴兴太守。擅画佛像、龙、鹰，多作卷轴画和壁画，并善于雕塑，有"张家样"之称。

② 朝衣：代指朝臣。野服：代指百姓。今：指今人。古：指古人。

③ 纪：古代十二年为一纪。

④ 曈昽：远视貌，"曈"读 xǐ。

⑤ 陆肃：南朝宋人。

⑥ 趋庭之教：指承受父教，典出《论语·季氏》："（孔子）尝独立，鲤趋而过庭。曰：'学诗乎？'对曰：'未也。''不学诗，无以言。'鲤退而学诗。"鲤，孔子之子伯鱼。敦阅：尊崇爱好，亦作"敦悦""敦说"。

⑦ 嵇宝钧、聂松：均为南朝梁人。

⑧ 真俗：佛教语，因缘所生之事理曰俗，不生不灭之理性曰真；出世（出家）为真，入世（在家）曰俗；此处"真"指佛教画，"俗"指俗世画。

焦宝愿①

右虽早游张谢，而靳固不传②。旁求造请，事均盗道之法；殚极斲轮，遂致兼采之勤。衣文树色，时表新异；点黛施朱，重轻不失。虽未穷秋驾，而见赏春坊，输奏薄伎，谬得其地③。今衣冠绪裔④，未闻好学，丹青道湮，良足为慨。

袁　质⑤

右蒨之子，风神俊爽，不坠⑥家声。始逾志学之年，便婴颠痫之病⑦。曾见草《庄周木雁》《卞和抱璞》两图，笔势遒正，继父之美。若方之体物，则伯仁龙马之颂⑧；比之书翰，则长胤狸骨之方⑨。虽复语迹⑩异途，而妙理同归一致。苗而不实，有足悲者；无名之贵，谅在斯人。

释僧珍、释僧觉⑪

右珍，蘧道愍之甥；觉，姚昙度之子；并弱年渐渍，亲承训勖。

---

① 焦宝愿：南朝梁人。

② 张谢：指张僧繇、谢赫。靳固：吝惜。

③ 秋驾：难以学到的技艺，本指一种御马的技艺，语出《吕氏春秋·博志》："尹儒学御，三年而不得焉，苦痛之，夜梦受秋驾於其师。"高诱注："秋驾，御法也。"春坊：魏晋以来称太子宫为春坊，又称春宫。输奏：奉献。

④ 绪裔：子孙后代。

⑤ 袁质：南朝宋人。

⑥ 不坠：不辱。

⑦ 志学之年：指十五岁，语出《论语·为政》："子曰：吾十有五而志于学"。婴：遭受。

⑧ 体物：描述、摹状事物。伯仁龙马之颂：《艺文类聚》卷九十三《兽部上·马》有"鲁国黄伯仁为《龙马颂》"之语，黄伯仁情况不详。

⑨ 长胤狸骨之方：荀舆字长胤，唐李绰《尚书故实》："荀舆能书，尝写《狸骨方》，右军临之，至今谓之《狸骨帖》。"方：原作"力"，据《历代名画记》改。

⑩ 语迹：语指语言文字，迹指绘画。

⑪ 释僧珍、释僧觉：均为南朝齐人。

珍乃易于酷似，觉岂难负析薪？染服①之中，有斯二道。若品其工拙，盖秸聂之流。

释迦佛陀、吉底俱、摩罗菩提

右此数手，并外国比丘②，既华戎殊体，无以定其差品。光宅威公，雅耽好此法③，下笔之妙，颇为京洛所知闻。

解蒨④

右全法章蘧⑤，笔力不逮，通变巧捷，寺壁最长。

萧绎

选文参校陈传席撰《六朝画论研究》，天津人民美术出版社2006年版。

山水松石格

夫天地之名，造化为灵。设奇巧之体势，写山水之纵横。或格高而思逸，信笔妙而墨精。

由是设粉壁⑥，运神情。素屏连隅，山脉溅淴⑦。首尾相映，项

---

① 染服：僧人穿的缁衣，代指僧人。
② 比丘：僧人。
③ 光宅：寺名。雅：非常。耽：酷爱。
④ 解蒨：南朝梁人。
⑤ 章蘧：章继伯、蘧道愍。
⑥ 设粉壁：作画前以粉涂壁，汉蔡质《汉官典职仪式选用》："省中皆以胡粉涂壁，紫素界之，画古烈士。"
⑦ 淴：读 hōng，水冲击声；原作"朴"，据《古今图书集成》改。

腹相近。丈尺分寸，约有常程①；树石云水，俱无正形。树有大小，丛贯孤平；扶疏②曲直，耸拔凌亭。乍起伏于柔条，便同"文"字；或难合于破墨③，体向异于丹青。隐隐半壁，高潜入冥。插空类剑，陷地如坑。秋毛冬骨，夏阴春英。炎绯寒碧，暖日凉星④。巨松沁水，喷之蔚荣⑤。褒茂林之幽趣，割⑥杂草之芳情。泉源至曲，雾破山明。精蓝观宇，桥彴关城⑦。行人犬吠，兽走禽惊。高墨犹绿，下墨犹赪⑧。水因断而流远，云欲坠而霞轻。桂不疏于胡越，松不难于弟兄⑨。路广石隔，天遥鸟征⑩。云中树石宜先点，石上枝柯末后成。高岭最嫌邻刻石，远山大忌学图经⑪。审问⑫既然传笔法，秘之勿泄于户庭。

---

① 是说画山水要有大概的比例，宗炳《画山水序》："竖划三寸，当千仞之高；横墨数尺，体百里之远"；王微《叙画》："目有所极，故所见不周"；王维《山水论》："丈山尺树，寸马分人"。

② 扶疏：形容枝叶繁茂四布，高下疏密有致。

③ 破墨：一种关乎水墨干湿、浓淡的技法，张彦远《历代名画记》谓曾见王维、张璪的"破墨山水"。

④ 此两句关乎色彩给人的冷暖感觉：绯红给人的是炎热的感觉，碧绿给人的是凉寒的感觉，日使人觉得暖，星使人觉得凉。

⑤ 荣：原作"问"。据《古今图书集成》本改。

⑥ 割：割取，这里指"取"，非割弃。

⑦ 精蓝：佛寺、僧舍。彴：读 zhuó，独木桥。

⑧ （画上）山的高处的墨色如绿色，山低处的墨色如红色。赪：读 chēng，赤色。

⑨ 此两句意谓：画桂树不要离得太远，画松树不要太相似。胡越：胡人在北方，越人在南方，相距很远。

⑩ 征：远飞。

⑪ 此两句意谓：山之高远处用墨宜淡而模糊，不要像刻石、图经一样分明。邻：原作"林"，据《古今图书集成》本改。

⑫ 审问：细问。

"十二五"国家重点图书
出版规划项目

中国美学经典

魏晋南北朝卷 下

丛书主编 张法　本卷主编 刘方喜

北京师范大学出版集团
BEIJING NORMAL UNIVERSITY PUBLISHING GROUP
北京师范大学出版社

第三编 ◎ 文学美学

本编导读

　　总体而论，魏晋南北朝文学美学的理论成就最高。此期被后世称为"文的自觉"的时代，这种自觉又表现为文之"采"与文之"体"的双重自觉，并突出而集中地表现在"声文（声韵）"和谐规律尤其"四声"的发现和运用上；而"美"与形式之"能""神"又是融合在一起的——这双重的形式自觉又是与性情（个性）的解放密切相关的，并且最终统一于神与物游、人与天合这种文之自然性的生成过程中。

　　萧统《文选序》所谓"各体互兴，分镳并驱""众制锋起"，是对此期文之"体"发展状况极好的描述，而"诗赋欲丽""诗缘情而绮靡"则是对重文之"采"的极佳表征。从此期遗存的文献来看，《文选》与刘勰《文心雕龙》最集中体现了此期的文学美学成就，当将此两大文献对读。从文体自觉看,《文选》"凡次文之体,和以汇聚。诗、赋体既不一,又以类分;类分之中,各以时代相次",汇聚了各类文体;从文采自觉看,《文选序》强调:"老、庄之作,管、孟之流,盖以立意为宗,不以能文为本","若其赞论之综缉辞采,序述之错比文华,事出于沈思,义归乎翰藻,故与夫篇什,杂而集之",其选文标准,体现了非常自觉的重"采"文学观。

当然,作为理论专著的《文心雕龙》更能体现此期文体、文采论的美学价值。《文心雕龙》包罗了各种文体,而其文体论又可谓此期文体研究成果的高度概括和总结:曹丕《典论·论文》提出"四科"之不同:"奏议宜雅,书论宜理,铭诔尚实,诗赋欲丽";陆机《文赋》则描述了诗、赋、碑、诔、铭、箴、颂、论、奏、说十种文体的不同风格特性,强调"诗缘情而绮靡,赋体物而浏亮"。此外,挚虞《文章流别论》探讨了各种文体的渊源与发展,李充《翰林论》留存下来的片段也都关乎文体论。刘勰后,文体论依然有所发展。

此期文体论一重要理论是"文-笔"之辨,《文心雕龙·总术》有云:"今之常言,有'文'有'笔',以为无韵者'笔'也,有韵者'文'也",此辨后世依然聚讼纷纭,争论的焦点在于是否当以韵之有无来判分文与笔,大致说来,"笔"偏重实用性,"文"更具文学性——但不可将两者截然对立起来,刘勰反对割裂两者,并且事实上,《文心雕龙》论述所谓实用性的文体,其实也强调要具有文采。与此相关,还有"诗"与"笔"之分,钟嵘《诗品》有云:"彦升少年为诗不工,故世称'沈诗任笔',昉深恨之";萧纲《与湘东王书》亦云:"至如近世谢朓、沈约之诗,任昉、陆倕之笔,斯实文章之冠冕,述作之楷模"。不管怎么说,诗与赋当是两种最具文学性的文体,因而,此期赋论尤其诗论也最有理论成就。《文心雕龙》之《辨骚》《诠赋》与皇甫谧《三都赋序》等,是赋论方面的重要文献。诗体又可据字数之多寡而细分，挚虞《文章流别论》对此有所讨论；而此期文人诗成就最大者当属五言诗，由此而论，钟嵘品鉴五言诗的《诗品》从文体论的角度来看也具有巨大的独特理论价值。

从理论上说，文采论关乎创作论（文术论）、作品论、鉴赏论等文学美学诸环节，今人往往分而论之，而古人则合而论之。从此期诗文专论来看，《文心雕龙》讨论的是"为文之用心"，重在创作论；《诗品》则重在品鉴、品赏之论。下面首先围绕"创作"或"作品之生成过程"，以《文心雕龙》为中轴，附以他人之论，罗列、排比，以略见此期文学美学概貌。

《神思》在《文心雕龙》全书中处于关键位置，是文体论之终、创作论之始，其实讲的是"驭文之首术，谋篇之大端"，关乎"文"之生成全过程，非仅论作为"首术"的主观之神思，结合《原道》，可见刘勰创作论之"大端"。"思"者，文之发动也，葛洪《抱朴子·外篇·尚博》有云"用思有限者，不能得其神也"，文之"思"有有神无神之异，而文之"术"有精粗之分，文之"体"有形神之别，后人往往把三者分开来谈，而关乎"谋篇之大端"的《神思》则汇通了文之"思""术""体"。

思之妙处在于"神与物游""物以貌求，心以理应"，而《神思》实际上主要讲"神（心）"，《物色》才讲"物"，所以，全面理解神与物游，需将两篇合观。"神"与胸臆、心、志气等相关，《神思》开篇固然强调"思接千载""视通万里"非常必要，但同时也强调"辞令管其枢机"；值得注意的是：该篇接着把由"神思"而"辞令"的过程又描述了一遍，并且是先扬后抑："方其搦翰，气倍辞前，暨乎篇成，半折心始。何则？意翻空而易奇，言征实而难巧也。是以意授于思，言授于意，密则无际，疏则千里"，"意授于思，言授于意"是文之生成的紧密联系在一起的两阶段："神思方运，万涂竞萌，规矩虚位，刻镂无形"是"意授于思"的阶段，此阶段尚处于"虚""无"状态；"言征实而难巧"，"言授于意"则是由虚而实、由无而有的阶段；而文之生成的关键、枢机就在"意"与"思"、"言"与"意"的密合无际——陆机《文赋》所描述的与之极相近(刘对陆当有所借鉴)："其始也，皆收视反听，耽思傍讯，精骛八极，心游万仞"，这是"神思方运"；"其致也，情曈昽而弥鲜，物昭晰而互进"，这就是刘勰所谓"思理之致"而"物无隐貌""神无遁心"；"课虚无以责有，叩寂寞而求音"就到了"言征实"的阶段了。那么，如何使枢机通从而使思、意、言密合无际呢？关键就在神(心)与物游，而《神思》则侧重讲"神(心)"，于神而言，关键就在：不要"苦虑""劳情"，而要"澡雪精神"；此外还要"积学""酌理"，以免"学浅""才疏"——《文赋》同样有相近描述。

《神思》又一重要内容，是分析文之由无而有的生成过程中，创作者"才性"的状态，主要讲的是创作迟速与才性的关系；紧接《神思》的《体性》则集中讨论了这一问题："夫情动而言形，理发而文见，盖沿隐以至显，因内而符外者也"，描述的同样是文之由隐(无)而显(有)的生成过程——值得强调的是：《才略》又讲"气形于言"，"理发而文见"只是文之生成的一面，与此并列的是"情动言形""气形于言"，"情"又与"才"相关，而"才有庸俊，气有刚柔，才力居中，肇自血气"，《事类》有云"才自内发，学以外成"，而"才有天资"，才气乃是"自然之恒资"，文之生成过程也是人之才气由隐而显的过程。"肇自血气"，刘勰又强调要"因性以练才"：创作者才性，不仅与心性有关，而且也与其体质特性有关。曹丕《典论·论文》强调："文以气为主，气之清浊有体，不可力强而致。譬诸音乐，曲度虽均，节奏同检，至于引气不齐，巧拙有素，虽在父兄，不能以移子弟"，之所以"不能以移子弟"，是因为每个人身体的血气之性不同。《体性》提出"八体"之风格论，又强调"雅与奇反，奥与显殊，繁与约舛，壮与轻乖"，两两相对，正与气之刚与柔、清与浊两两相对类似。"才性异区，文辞（或作'体'）繁诡"，才性是因，文体是果，由文体之别，可见才性之异，文体的丰富性表征着人的才性的丰富性。

如果说《体性》主要讲的是"才力居中，肇自血气"的话，那么，紧接的《风骨》主要讲的就是"气以实志，志以定言"。体分有八，只是概而言之，对于作品具体特性，刘勰其实还有极精细的分析："器成采定"，《情采》将文器之采分为"声文"与"形文"，"心术既形，英华乃赡"，声文、形文乃"心术"之形；《神思》亦云："吟咏之间，吐纳珠玉之声；眉睫之前，卷舒风云之色"，"然后使玄解之宰，寻声律而定墨；独照之匠，窥意象而运斤"，可见声文（声律）、形文（意象、色）关乎"驭文之首术，谋篇之大端"。又，《体性》："辞为肤根（或作'肌肤'），志实骨髓"；《附会》："必以情志为神明，事义为骨髓，辞采为肌肤，宫商为声气"——颜之推《颜氏家训·文章》有极相近之说："文章当以理致为心肾，气调为筋骨，事义为皮肤，华丽为冠冕"——凡此种种，乃是理解《风骨》的关键所在。

从《文心雕龙》全书结构来看，《神思》至《情采》5篇所论，皆可谓"谋篇之大端"，自《镕裁》后则开始讨论创作的具体方法。《风骨》后，《定势》也关乎"谋篇之大端"："形生势成，始末相承"，"刘桢云：'文之体指实强弱，使其辞已尽而势有余，天下一人耳，不可得也。'公幹所谈，颇亦兼气，然文之任势，势有刚柔，不必壮言慷慨，乃称势也"，"势"关乎"气"，但不必是强调气之壮，《风骨》则主要强调气之壮；"夫情固先辞，势实须泽"，《风骨》强调有风骨而不能"乏采"，《诗品序》也强调"干之以风力，润之以丹采"。

回过头来再看《风骨》："捶字坚而难移，结响凝而不滞：此风骨之力也"——这是理解"风骨"内涵的关键所在；后来，唐人韩愈《答李翊书》云："气盛则言之短长与声之高下皆宜"；陈子昂《与东方左史虬修竹篇序》云："汉魏风骨，晋宋莫传……骨气端翔，音情顿挫，光英朗练，有金石声"——"响""声""音情"可谓理解"风骨"含义的关键词。

"瘠义肥辞，繁杂失统"是从反面讲"无骨"，而"捶字坚而难移"则是从正面讲"有骨"，"骨"与"义"相关（今人黄侃认为"骨"指"辞意"）；"思不环周，索莫乏气"是从反面讲"无风（气）"，而"结响凝而不滞"则是从正面讲"有风（气）"，"风（气）"与"响"相关；"无骨"的表现可以说是辞肥而"繁杂失统"，解决的办法是以"义"割弃支离之辞，可谓之"义以节文"——这是《镕裁》要解决的问题；而《镕裁》后是《声律》："古之佩玉，左宫右徵，以节其步，声不失序。音以律文，其可忽哉"，"割弃支离，宫商难隐"，声"成文"而有"音律"，也可以起到"割弃支离"也即解决"繁杂失统"的作用；所以，在刘勰，解决文之"繁杂失统"之弊，实有二法：或以"义理"统摄辞藻，割弃游辞；或以"音律"统摄字词，于音律而言，多一字，则声响难免滞碍，如欲"不滞"，则同样需要"割弃支离"，此即"音以律文"——此等细密用心，后世注家大都未能体察。又，《乐府》："八音摛文，树辞为体"，辞之体也与"音"相关，而"声来被辞，辞繁难节；故陈思称左延年闲于增损古辞，多者则宜减之，明贵约也"——辞之增损，正是"音以律文"的具体表现之一。

再扩大范围看，《镕裁》《声律》后是《章句》《丽辞》，其后，《比兴》《夸饰》《事类》皆关乎"句"，再其后则为《练字》，分别讲的是章法、句法、字法，井然有序；再反而观之，《镕裁》《声律》讲的则是篇法，而"义以节文"与"音以律文"就是使一篇文章整篇整饬、统一而流畅的两种基本方法。《练字》作为字法，音、义并重（还涉及字之"形"）。再看句法，"事类者，盖文章之外，据事以类义，援古以证今者也"，故《事类》主要关乎"义"，与"音"无涉；"然饰穷其要，则心声锋起，夸过其理，则名实两乖"，《夸饰》关乎物象（形文）与

"理"，与"音"也无直接关联；"比者，附也；兴者，起也。附理者切类以指事，起情者依微以拟议"，《比兴》也主要关乎事、物与"理"，与"音"无涉；《丽辞》讲对仗，也与"音"无直接关联——以上三篇讲句法，可谓只重"义"，而《章句》篇则颇多重"音"之论："离章合句，调有缓急"，"若夫笔句无常，而字有常数，四字密而不促，六字格而非缓"，讲的是音之节奏；"改韵从调，所以节文辞气"，乃是"音"之"律"文、"节"文的重要表现；"又诗人以兮字入于句限，楚辞用之，字出于句外。寻兮字成句，乃语助余声。舜咏南风，用之久矣，而魏武弗好，岂不以无益文义耶"，"据事似闲，在用实切"，无关乎"义"的语助虚词，"用"则不小，"赞曰：断章有检，积句不恒。理资配主，辞忌失朋。环情节调，宛转相腾。离合同异，以尽厥能"——"理资配主，辞忌失朋"解决的就是"瘠义肥辞，繁杂失统"之弊，而"环情节调，宛转相腾"即"音以律文"也。总之，篇、章、句、字法，皆贯穿着"音律"与"义理"并重之旨，此乃理解《文心雕龙》主旨及其体系性之大节。

《练字》后又进入总论，《指瑕》《知音》关乎批评论，《养气》《才略》当与《体性》对读。直接关乎为文之"术"的，《附会》讲的是"首尾相援""原始要终"的篇章法："必以情志为神明，事义为骨髓，辞采为肌肤，宫商为声气"，与《镕裁》所讲篇章法相关，而"（以）宫商为声气"则与《声律》相通，强调的是"节文辞气""音以律文"，也关乎篇章法。《总术》讲的也是"执术驭篇"的篇章法，"或义华而声悴，或理拙而文泽"，依然是"声""义"并重："音"可"律"文，既要做到"义脉不流"（《附会》），又要做到"音节不乱"，方可得完篇。

《总术》有云："术有恒数，按部整伍，以待情会，因时顺机"，前面讲的篇、章、句、字之法，表明"术有恒数"而可"按部整伍"，但文之生成还需"因时顺机"——这是其后的《时序》所论主题；此外也需"情会"——这是《物色》的主题，而《物色》尤当回过头来与创作论开篇《神思》对读：从字面上来看，《物色》"若乃山林皋壤，实文思之奥府"句，也可见该篇也是关乎"文思"的，可以说两篇都是讲文思如何在神与物游中生成的：人事、物态，既是诗文反映之对象，也是文思激发之奥府。如果说《神思》偏重于"神"的话，那么，《物色》则侧重于"物"，侧重于物色对人的神思的触动、引发即在神思生成过程中的"江山之助"："物色之动，心亦摇焉"，"情以物迁，辞以情发"——《诗品序》有极相近之描述："气之动物，物之感人，故摇荡性情，形诸舞咏"。以情而发之辞，又有形文、声文之分：《物色》："写气图貌，既随物以宛转；属采附声，亦与心而徘徊"，这与《神思》"吟咏之间，吐纳珠玉之声；眉睫之前，卷舒风云之色""寻声律而定墨""窥意象而运斤"的描述是极相近的，都揭示了文之声律（声文）、意象（形文）在"气之动物，物之感人"中的自然生成——而《物色》赞语中"情往似赠，兴来如答"可以说是对文之生成的自然性，最为精彩的描述，萧子显《自序》也有相近描述："若乃登高目极，临水送归，风动春朝，月明秋夜，早雁初莺，开花落叶，有来斯应，每不能已也"，"有来斯应"与"物色相召"等一样，都是对人与物之间"召唤—应答"关系极精彩的描述。

由《物色》《神思》再回过头看《文心雕龙》之开篇《原道》："文之为德也大矣，与天地并生者何哉？夫玄黄色杂，方圆体分，日月叠璧，以垂丽天之象；山川焕绮，以铺理地之形：此盖道之文也"，"（人）为五行之秀，实天地之心，心生而言立，言立而文明，自然之道也"，人以"言"以"文"参天地之造化，而成为"五行之秀""天地之心"，"傍及万品，动植皆文：龙凤以藻绘呈瑞，虎豹以炳蔚凝姿；云霞雕色，有逾画工之妙；草木贲华，无待锦匠之奇；夫岂外饰，盖自然耳。至于林籁结响，调如竽瑟；泉石激韵，和若球锽：故形立则章成矣，声发则文生矣。夫以无识之物，郁然有采，有心之器，其无文欤"，这其中实际上把人之"文"视为"身（有心之器）"之文，而自然万品不外"形文（形立则章成）""声文（声发则文生）"，人之"言"之"文"也不外如此。"故知道沿圣以垂文，圣因文以明道，旁通而无滞，日用而不匮。《易》曰：'鼓天下之动者存乎辞。'辞之所以能鼓天下者，乃道之文也"，可以说：辞之"文（形文、声文）"，乃是"道之文"或天地之文"沿"而垂、"因"人而显（明）之物，言之文也以此而参天地造化。问题在于：人之文与道之文是有可能对立的，而克服这种对立的关键就在于：人之文、言之文必须在"神与物游"、人天互动中生成——这就是《物色》《神思》所揭示的重要内容。

《物色》《神思》与《原道》合观，可见刘勰对文之生成自然性的强调，而这种自然性又与文术之"精""粗"有关。《神思》："至于思表纤旨，文外曲致，言所不追，笔固知止。至精而后阐其妙，至变而后通其数，伊挚不能言鼎，轮扁不能语斤，其微矣乎"——这可以说讲的文术之"精"处，而由此反观，由《镕裁》而《练字》诸篇所论则是文术之"粗"者——由此亦可见：《文心雕龙》创作论由《神思》而《镕裁》等再到《物色》，昭示的是刘勰文术论"精—粗—精"的脉络。沈约《答陆厥书》云："故知天机启，则律吕自调；六情滞则音律顿舛也"，"韵与不韵，复有精粗，轮扁不能言，老夫亦不尽辨此"；陆机《文赋》亦云："文徽徽以溢目，音泠泠而盈耳。及其六情底滞，志往神留，兀若枯木，豁若涸流"——押韵等确是文之"术"，但只是术之"粗"者，即沈约等所谓四声八病等——但沈约等绝非只论其粗而不见其精，而形式之"精"处，形式（押韵等）就能与"六情"等相互融合，也就是说，文采形式若是自然生成的，就具有表现情性的功能——文之生成的自然性与文之功能性是相互规定的。

文之自然性、功能性，关乎人与物的关系，此外，还关乎人之心与身的关系。《文赋》："恒患意不称物，文不逮意，盖非知之难，能之难也"，如果说"意不称物(刘勰所谓'意授于思')"之"知"相对而言只是关乎"心"的话，那么，"文而逮意('言授于意')"之"能"则还同时关乎"身(口、耳、手等感官)"——由此来看，《文心雕龙·神思》不仅强调了人(神)与物之间的和谐，而且实际上也强调了人之心与身之间的和谐："意翻空而易奇，言征实而难巧也。是以意授于思，言授于意，密则无际，疏则千里"，"意"关乎"心"，"巧"则还关乎"身"，心与身之间的密合无际，对于文之生成同样非常重要——反过来说，文之生成的自然性，也体现了人之心与身的密合无际的和谐关系。《文心雕龙》文之生成论对"身"之重要性的强调，也体现为其对"身文"范畴的强调："酬酢以为宾荣，吐纳而成身文"(《明诗》)，范文澜注引《左传·僖公二十四年》语云："介之推曰：言，身之文也"；再如"既其身文，且亦国华"(《章表》)，《程器》有相近的说法："岂无华身，亦有光国"；"言既身文，信亦邦瑞"(《书记》)；也有间接涉及身之文的，如《原道》："有心之器，其无文欤！""虎豹以炳蔚凝姿"，相对于"心"的"器"就是指人之"身"；又《情采》："虎豹无文，则鞟同犬羊"，兽之身有文，人之身也应有文。总之，以语言、文章为"身之文"是刘勰的基本观念之一——当然就静态而论的，若就动态而论，即从文之动态生成过程来看，重视"身文"①就表现为对"心"与"身"互动、应和的重视。

文之由无而有、由虚而实的生成过程中究竟发生了什么？较全面地了解这一点，就要结合语言的功能来看。《文心雕龙·附会》："必以情志为神明，事义为骨髓，辞采为肌肤，宫商为声气"，《颜氏家训·文章》有相近说法，大致较全面地揭示了语言的基本功能：语

---

① 有关"身文"范畴的文献梳理与分析，参见刘方喜《"身文"辨：汉语文学语言哲学刍论》，《南华大学学报》2015 年第 2 期。

言可以直言"理"，也可以"据事以类义"，即通过叙事来表达某种"理"，此"事"既可以是历史上已提到的事，这就是"用典"；也可以自编虚构故事——这两者都关乎语言的"语义"功能："事"是用来"类义"的，但"事"也可以游离于"义"，叙事本身也可以获得一种"形式感"——总体来说我们古人是反对这样做的，此期赋论中就多有反对铺陈其事而无关乎义理倾向的评论。从文体角度看，总体来说，古人是反对在抒情性诗歌中过多运用"直言其理""据事以类义"的语义功能的；那么，剩下的就是华丽之辞采（形文）与气调之宫商（声文）了：形文理论后来发展为情景、意象论，关乎的也是语义功能，但也非直言其理，而是描摹色象——与绘画等色象相比，此可谓"语象"，而语象，既可以表达"理"（诗之"比"法与此相关），也可以表现"情"（"兴"法与此相关），而诗歌描摹色象主要是用来表现"情"——这就是后来意象、情景理论所强调的，《诗品》突出"兴"法，也可见对抒情性的强调。声文则关乎语音，语音可以是语义的简单载体而直言其理，但也可以直接表现情或气等——这就是刘勰讲的"（以）宫商为声气"，或范晔、张融所谓"音情"：《后汉书》卷七十录云："北海天逸，音情顿挫"；《南齐书》卷四十一录云："况父音情，婉在其韵"。

语象、语音可以表情，但未必能表情，也可能会出现无情之象（如包括刘勰在内对赋的一些批评），或无情之音——而关键就在于沈约所谓的"故知天机启，则律吕自调；六情滞则音律顿舛也"，即在文之自然生成过程中，形文、声文才能获得表现功能而成为"意象""音情"形式。没有意象、音情的篇章，往往只发挥了语言直言其理的语义功能，而情景交融、声情并茂的诗歌篇章则使语言的功能更全面充分地发挥出来了——以此来看，刘勰所谓"视之则锦绘，听之则丝簧，味之则甘腴，佩之则芬芳"可以说就是描述了语言功能的全面充分发挥，语言的潜能充分发挥出来，也同时意味着人的感官（耳、目等）的潜能全面发挥出来了——这是六朝人重视声色双美的价值根基。

合而论之，语言的语义、语象（形文）、语音（声文）功能可以同时发挥出来；分而观之，三种功能又可能产生冲突：以声文、形文为语义的表达的手段，则声文、形文本身所具有的表现潜能就不可能充分发挥出来——这是理解六朝重声色形式而不能过分重"意""义"旨趣的关键所在：《文选序》把"能文"与"立意"区分开；沈约《答陆厥书》："若斯之妙，而圣人不尚，何邪？此盖曲折声韵之巧，无当于训义，非圣哲立言之所急也"，声韵之妙无关乎训"义"，说得委婉，貌似自谦，实则对于发现声韵之巧是颇为自负的；《文心雕龙·章句》："寻兮字成句，乃语助余声。舜咏南风，用之久矣，而魏武弗好，岂不以无益文义耶"，而无益于文之"义"的发语词"据事似闲，在用实切"，其"用"不仅在于使文气舒畅，而且也关乎情、气之表现。此外，从生成的过程来看，刘勰相关描述实际上是强调具有表现功能声、象形式要"同时"生成——而颇能体察声韵之巧的范晔，在这方面的认识似乎有问题，其《狱中与诸甥侄书以自序》云："文患其事尽于形，情急于藻，义牵其旨，韵移其意"，为了声韵和谐而影响"意"的表达是不对的，"常谓情志所托，故当以意为主，以文传意。以意为主，则其旨必见；以文传意，则其词不流。然后抽其芬芳，振其金石耳"，他也不轻视声色形式，但似乎强调"先"立"意"，"然后"创造声色形式——对此，明人顾起元《锦研斋次草序》（《明文海》卷二六七）有针锋相对的辩驳：

> 昔士衡《文赋》有曰"诗缘情而绮靡"，玷斯语者谓为六代之滥觞，不知作者内激于志，外荡于物，志与物泊然相遇于标举兴会之时，而旖旎佚丽之形出焉。绮靡者，情之所自溢也，不

绮不可以言情。彼欲饰情而为绮靡，或谓必汰绮靡而致其情，皆非工于缘情者矣。范蔚宗言情致所托，要当以意为主，然后抽其芬芳，振其金石。夫苟不谓芬芳为意之萌芽，金石为意之节族，乃于以文传意之后，旁举而益之，至使雕缋繁积之工掩其真美，矫枉者遂疑《雅》《颂》之平典，非陶咏性情者之所庶几也，岂不陋哉！

在顾起元看来，范晔（蔚宗）所谓"先"立"意"，"然后"创造声色绮靡形式，声色形式就成为"饰"情之物，这是出自装饰美化作品的外在需要（"欲饰情而为绮靡"，即刘勰所谓"为文造情"），但也可以出自诗人情感表达的内在需要（"为情造文"），"不绮不可以言情"，诗人只有产生了非"绮靡"声色形式不足以表达之"情"，并且是在"内激于志，外荡于物，志与物泊然相遇于标举兴会之时"从而自然生成之时，诗歌声色形式才会具有情感表现力，或者说语言声、象表现功能才能充分发挥出来——至少从理论上讲，沈约等对此是有充分认识的，至于如何实际地做到"六情"与"音律"的自然和合，恰恰不是能一蹴而就的，是需要有一个历史发展和艺术经验累积的过程的，到了盛唐，声情茂美、情景交融的审美理想才得到较好实现。此外，《诗品序》还指出："自然英旨，罕值其人。词既失高，则宜加事义，虽谢天才，且表学问，亦一理乎？"诗歌只重视"事义"乃至直言其理，恰恰表明"自然英旨，罕值其人"而其人缺乏"天才"——所以，语象、语音形式的表现潜能充分发挥出来，仰赖于诗人的"天才"，仰赖于神与物游、人天和合。

在神与物游的自然生成过程中，文而有"能"，并且文也有"神"，文术能达到"精"处，文之篇章就会有"神"，而"神"的重要表现是"有余"："物色尽而情有余者"（《文心雕龙·物色》）、"辞已尽而势有余"（《文心雕龙·定势》）、"文已尽而意有余"（《诗品序》），"有余"意味着对有限性的超越：文术至精处，则语言表达功能的有限性被超越，人的存在的有限性也被超越了，人以此实现着自身生命价值。总之，六朝人"形式的自觉"与其"性情的解放"是结合在一起的。讲文术的《神思》也关乎今之所谓灵感，灵感有神秘性的一面，但可置于人与天、神与物的关系中加以描述：神思发动、灵感到来，体现了人与物冥然契合之关系；与此相关，"术"之精者为"数"，"数"之粗者为"术"，"术"可言而易学，"数"难言且难学，至精之"数"，也体现了人与物冥然契合之关系——这是文之价值的重要落脚点之一。

结合文之生成论，此期文之价值论就比较容易理解了。曹丕《典论·论文》"盖文章经国之大业，不朽之盛事"，把文之价值提到极高处；而曹植《与杨德祖书》"辞赋小道""壮夫不为"论也颇流行于此期文论中——对此批评最激烈的，是萧纲《答张缵谢示集书》："不为壮夫，扬雄实小言破道；非谓君子，曹植亦小辩破言。论之科刑，罪在不赦"，"科刑"之论或有戏谑之意，但也略可见两种不同文之价值观之冲突。作为"经国之大业"的文章，自不可以"技"视之，而无关乎此的文章则"殆同博弈"之"技"了："至若诗之为技，较尔可知，以类推之，殆同博弈"，但是"文丽日月，赏究天人"（《诗品序》），为"技"之诗也可于天人之际探究其价值。萧纲《与湘东王书》："吾辈亦无所游赏，止事披阅，性既好文，时复短咏，虽是庸音，不能阁笔。有惭伎痒，更同故态"，"披阅"是"经国之大业"，而诗赋之作则是"伎"，"有惭伎痒"貌似自惭，实则是对故态复萌之洋洋自得。而萧纲写给儿子的《诫当阳公大心书》竟有"立身之道，与文章异，立身先须谨重，文章且须放荡"之惊世骇俗之论，此论多为后世儒者所诟病，但却体现了六朝人比较主流的一种文艺价值观。刘勰、沈约等人文论中都常提到轮扁等出自《庄子》的高超艺匠，而作为无关乎经国大业的作为"技"的诗文的价值根基，最终就在《庄子》所谓的"技进乎道"：文之为技而至于"精"处，则进乎道而与道相合，人的自然性情也就随之得到自然的展现和实现，而过分"谨重"则不利于人之性情的自然、自由展现，所以"文章且须放荡"。

　　总之，文之技、术之精，篇章之神，关乎人与物、身与心之和谐，于此双重和谐中，人也可以安身立命：《文心雕龙·养气》、嵇康《声无哀乐论》等都关乎文艺创作和欣赏中人之身心之和。当然，儒家也重视身心之和，其"修身"之论与此相关：个体身心之乱，无助于齐家、治国、平天下。从和合互补方面看，道家（玄学家）所强调的个体身心和合，与儒家齐家等可以相容、相通；但从其对立方面来看，道家会指出：过分重视齐家、治国、平天下的"与人合"而沉溺于人际关系之中，会扰乱个体身心之和，也会阻碍"与天合"、阻碍人与物互动中人之性情的自然、自由的展露和实现——所以，要得性情解放，就必须"越名教而任自然"——六朝文艺形式论的价值根基，最终得从玄学人性论中探寻。

　　此外，此期文之价值论，还有历史论方面的辩护：《文心雕龙》之《时序》《才略》等与《抱朴子》外篇之《钧世》《尚博》《辞义》等，皆与此相关，强调文章由过去的"质"而至于"文"乃是时世变化的结果，并且是时世的变化导致人的性情的变化，重"文"的根据在于人之已变化的性情，"华实异用，惟才所安"（《文心雕龙·明诗》）最可见刘勰等开放包容的文质观：不以古"实（质）"否定今"华（文）"，当然，也不以今华否定古实，"惟才所安"，各各根据自己的才性，或偏文，或偏质，皆有价值。另一方面，《文心雕龙·明诗》又云"比采而推"，由声文、形文又可推知气数盛衰、世事变迁等。

　　以上所论主要是文之生成论，若就批评、鉴赏论，《文心雕龙·知音》集中论及，其他篇也有涉及，但能体现这方面最高理论成就的，非钟嵘《诗品》莫属，而其这方面的突出成就也就在于将当时的人物品藻引入诗歌评论："昔九品论人，《七略》裁士，校以宾实，诚多未值"，此外，萧纲《与湘东王书》论文也提到"辨兹清浊，使如泾渭，论兹月旦，类彼汝南"，可略见其时"月旦"评这种人物品藻对诗文评的影响。《诗品序》提出了有关诗歌的四大重要问题。第一，是人生天地间与环境互感而产生诗的物感说：强调由"气之动物，物之感人"而产生诗歌，而"物"，既指春夏秋冬四季的变化，也指由社会境遇促发的喜怒哀乐的变化等。第二，是好诗直寻说："观古今胜语，多非补假，皆由直寻"，这是对齐梁诗坛隶事抄书现象的批判，同时指出诗最重要的特质。第三，对传统诗学赋、比、兴，进行重释："故诗有六义焉：一曰兴，二曰比，三曰赋。文已尽而意有余，兴也；因物喻志，比也；直书其事，寓言写物，赋也。"提到了六义，却只讲三义，只重艺术性，在三义中，又把更具艺术性的"兴"放在首位。第四，是诗的滋味说："五言居文辞之要，是众作之有滋味者也"，在当时的观念中，《诗经》是以四言为主，有政治上的正确性和艺术上的经典性，五言诗是汉末魏晋才出现的，是新潮。《文心雕龙·明诗》也认为"四言正体……五言流调"，五言仅是时髦而已。钟嵘却从艺术性的角度，把五言提到了高位，而且五言的好处就在"滋味"。有了滋味说及对"味"这种审美把握方式的论述，《诗品》就达到了六朝的理论高峰，在中国美学史上占有重要地位。《诗品》的突出理论意义也就在于：将人物品藻中的"形－神"等人体结构论，移之以论诗体结构，其论诗歌篇章多用"神""韵""骨""气"等。这里要强调的是：诗体结构"形－神"论，同样与生成论、价值论相关。文章可以成为"不朽之盛事"，但文章如果有"形"而无"神"无"气"，则是不会"不朽"的，而不朽的文章则可谓文人的"第二生命"：只有在神与物游、人与天合之中，即参与天地造化而自然生成的文章，才能获得这种"第二生命"。

一、诗文专论

陆　机

　　陆机（261—303），字士衡，吴郡吴县（今江苏苏州）人，西晋大臣、文学家、书法家，曾任平原内史，世称"陆平原"，与其弟陆云合称"二陆"。太傅杨骏征召陆机任祭酒，升任太子洗马、著作郎。吴王司马晏出京镇守淮南，陆机任吴国郎中令，转任尚书中兵郎，又转为殿中郎。永康元年（300）赵王司马伦发动政变，诛杀贾后并辅政后，陆机被请为相国参军。因参与诛讨贾谧有功，赐爵关中侯，不久，司马伦将要篡位，任命他为中书郎。八王乱中，成都王司马颖让陆机参知大将军军事，任平原内史。太安二年（303），司马颖与河间王司马颙起兵讨伐长沙王司马乂，让陆机代理后将军、河北大都督，后因谗言在军中遇害，时年四十三岁，子陆蔚、陆夏一同被害，弟陆云、陆耽也随后遇害。陆机天才秀逸，辞藻宏达佳丽，被誉为"太康之英"，流传下来的诗共 105 首，大多为乐府诗和拟古诗，赋今存 27 篇，其《平复帖》是中古代存世最早的名人书法真迹。选文参校郭绍虞等撰《中国历代文论选》（一卷本），上海古籍出版社 2001 年版。

文　赋

余每观才士之所作，窃有以得其用心。夫放言遣辞，良多变矣，妍蚩好恶，可得而言。每自属文，尤见其情，恒患意不称物，文不逮意，盖非知之难，能之难也。故作《文赋》，以述先士之盛藻，因论作文之利害所由，他日殆可谓曲尽其妙。至於操斧伐柯，虽取则不远，若夫随手之变，良难以辞逮，盖所能言者，具於此云。

伫中区以玄览，颐情志於《典》《坟》①。遵②四时以叹逝，瞻万物而思纷。悲落叶於劲秋，喜柔条於芳春。心懔懔以怀霜，志眇眇而临云③。咏世德之骏烈④，诵先人之清芬。游文章之林府，嘉丽藻之彬彬。慨投篇而援笔，聊宣之乎斯文。

其始也，皆收视反听，耽思傍讯，精骛八极，心游万仞⑤；其致也，情曈昽而弥鲜，物昭晰而互进⑥。倾群言之沥液，漱六艺之

---

①　伫：久立。中区："区中"，谓宇宙之中。玄览：深刻地观察。颐：养。《典》《坟》：伏牺、神农、黄帝三皇之书《三坟》，少昊、颛顼、高辛、唐、虞五帝之书《五典》。

②　遵：循。

③　懔懔：危惧貌。眇眇：高远貌。

④　骏烈：大业。

⑤　耽思：沉思。讯：求。八极：九州之外八方极远之地。

⑥　曈昽：读 tóng lóng，日初出渐明貌。昭晰：清楚明白。

芳润。浮天渊以安流，濯下泉而潜浸。于是沈辞怫悦①，若游鱼衔
钩，而出重渊之深；浮藻联翩，若翰鸟缨缴，而坠曾云之峻②。收
百世之阙文，采千载之遗韵。谢朝华於已披③，启夕秀於未振。观
古今於须臾，抚四海於一瞬。

　　然后选义案部，考辞就班。抱景者咸叩，怀响者毕弹。或因枝
以振叶，或沿波而讨源。或本隐以之显，或求易而得难。或虎变而
兽扰，或龙见而鸟澜④。或妥帖而易施，或岨峿⑤而不安。罄澄心以
凝思，眇众虑而为言⑥。笼天地于形内，挫万物于笔端。始踯躅于
燥吻，终流离于濡翰⑦。理扶质以立干，文垂条而结繁。信情貌之
不差，故每变而在颜。思涉乐其必笑，方言哀而已叹。或操觚以率
尔⑧，或含毫而邈然。

　　伊兹事之可乐，固圣贤之所钦。课虚无以责有，叩寂寞而求音。
函绵邈於尺素，吐滂沛乎寸心。言恢之而弥广，思案之而逾深。播
芳蕤之馥馥，发青条之森森。粲风飞而猋⑨竖，郁云起乎翰林。

　　体⑩有万殊，物无一量。纷纭挥霍⑪，形难为状。辞程才以效

---

① 怫（fú）悦：怫郁，难出之貌，形容吐辞艰涩。
② 翰：高飞。缴：读 zhuó，系在箭上用以猎取飞鸟的生丝绳。缨缴：指中箭。曾："层"本字。
③ 谢：弃去。披：开。
④ 变：现。扰：驯。澜：散。
⑤ 岨峿：读 jǔ wǔ，本指山交错不平貌，引申为抵触、不合。
⑥ 罄：尽。眇：同"妙"。
⑦ 踯躅：徘徊不前，形容艰涩。燥吻：犹"口头"。流离：形容顺利。濡翰：蘸笔，犹"笔头"。
⑧ 觚：古代写字用的木板。率尔：不经意。
⑨ 猋：同"飙"，疾风。
⑩ 体：文体。
⑪ 挥霍：疾速貌。

伎，意司契而为匠①，在有无而僶俛②，当浅深而不让。虽离方而遁员③，期穷形而尽相。故夫夸目者尚奢，惬心者贵当。言穷者无隘，论达者唯旷。诗缘情而绮靡，赋体物而浏④亮。碑披文以相⑤质，诔缠绵而悽怆。铭博约而温润，箴顿挫而清壮。颂优游以彬蔚⑥，论精微而朗畅。奏平彻以闲雅，说炜晔⑦而谲诳。虽区分之在兹，亦禁邪而制放。要辞达而理举，故无取乎冗长。

其为物也多姿，其为体也屡迁。其会意也尚巧，其遣言也贵妍。暨音声之迭代⑧，若五色之相宣。虽逝止之无常⑨，固崎锜而难便⑩。苟达变而识次，犹开流以纳泉。如失机而后会，恒操末以续颠⑪。谬玄黄之秩序，故淟涊而不鲜⑫。

或仰偪於先条⑬，或俯侵於后章。或辞害而理比⑭，或言顺而义妨。离之则双美，合之则两伤。考殿最於锱铢⑮，定去留於毫芒。苟铨衡之所裁，固应绳其必当⑯。

---

① 程：展示。效伎：表现技巧。司：主。契：指意思相合。

② 僶(mǐn)俛：黾俛，亦作"黾勉"，努力、勉力。

③ 员：同"圆"。方圆：犹"规矩"。离方遁员：超越规矩法则。

④ 浏：清。

⑤ 相：助。

⑥ 彬蔚：文采美盛貌。

⑦ 炜晔：光盛貌。

⑧ 迭：更。

⑨ 逝止：去留。

⑩ 崎锜(qí)：不安貌。难便：不适合。

⑪ 操末以续颠：指始末颠倒。

⑫ 玄黄：青黄，这里指五色。淟涊：读 tiǎn niǎn，污浊。

⑬ 偪：同"逼"。先条：指前段文辞。

⑭ 比：合。

⑮ 殿最：首尾，第一为"最"，极下为"殿"。

⑯ 绳：木工所用的墨线。

或文繁理富，而意不指适①。极无两致，尽不可益。立片言而居要，乃一篇之警策②。虽众辞之有条，必待兹而效绩。亮功多而累寡，故取足而不易③。

或藻思绮合，清丽芊眠④。炳若缛绣，凄若繁弦。必所拟之不殊，乃暗合乎曩篇。虽杼轴⑤於予怀，怵他人之我先。苟伤廉而愆⑥义，亦虽爱而必捐。

或苕发颖竖⑦，离众绝致，形不可逐，响难为系。块⑧孤立而特峙，非常音之所纬。心牢落而无偶，意徘徊而不能揥⑨。石韫⑩玉而山辉，水怀珠而川媚。彼榛楛之勿翦，亦蒙荣於集翠⑪。缀《下里》於《白雪》，吾亦济夫所伟⑫。

或托言於短韵，对穷迹而孤兴。俯寂寞而无友，仰寥廓而莫承。譬偏弦之独张，含清唱而靡应。

或寄辞於瘁⑬音，言徒靡而弗华。混妍蚩而成体，累良质而为

---

① 适：读 dí，适当。

② 警策：驭马之鞭，《文选》李善注云："言马因警策而弥骏，以喻文资片言而益明也。"

③ 亮：同"谅"，信实。足：《左传·襄公二十五年》："仲尼曰：志有之：'言以足志，文以足言。'"足：成。

④ 芊眠：光色盛貌。

⑤ 杼（zhù）轴：本指织布机主要部件，比喻构思、经营。

⑥ 愆：读 qiān，失。

⑦ 苕：芦花。颖：禾穗。

⑧ 块：孤貌。

⑨ 牢落：寥落。揥：读 dì，去。

⑩ 韫：读 yùn，蕴藏、包含。

⑪ 榛楛：读 zhěn bù，恶木。蒙荣于：指"取荣于"。翠：翠鸟。《文选》李善注云："榛楛，喻庸音也。以珠玉之句既存，故榛楛之辞亦美。"

⑫ 伟：奇。《文选》李善注云："言以此庸音而偶彼嘉句，譬以下里鄙曲缀于白雪之高唱，吾虽知美恶不伦，然且以益夫所伟也。"

⑬ 瘁：憔悴。

瑕。象下管之偏疾①，故虽应而不和。

或遗理以存异，徒寻虚以逐微。言寡情而鲜爱，辞浮漂而不归。犹弦幺而徽急②，故虽和而不悲。

或奔放以谐合，务嘈囐③而妖冶。徒悦目而偶④俗，固声高而曲下。寤《防露》与《桑间》，又虽悲而不雅⑤。

或清虚以婉约⑥，每除烦而去滥。阙大羹之遗味，同朱弦之清氾；虽一唱而三叹，固既雅而不艳⑦。

若夫丰约之裁，俯仰之形，因宜适变，曲有微情⑧。或言拙而喻巧，或理朴而辞轻。或袭故而弥新，或沿浊而更清。或览之而必察，或研之而后精。譬犹舞者赴节以投袂，歌者应弦而遣声。是盖轮扁所不得言，故亦非华说⑨之所能精。

普辞条与文律，良余膺之所服。练世情之常尤，识前修之所淑⑩。虽濬发於巧心，或受欬⑪於拙目。彼琼敷与玉藻，若中原之有

---

①　下管：堂下管乐，泛指奏乐。

②　幺：小。徽：系弦之绳，离琴柱越近，声音越急促。

③　嘈囐(zá)：声音杂乱。

④　偶：迎合。

⑤　寤：觉。《防露》《桑间》：均为俗曲。

⑥　清虚：质朴无华。婉：简要。

⑦　大羹、朱弦：典出《礼记·乐记》："清庙之瑟，朱弦而疏越，一唱而三叹，有遗音者矣。大飨之礼，尚玄酒而俎腥鱼，大羹不和，有遗味者矣。"朱弦：用练丝（即熟丝）制作的琴弦；郑玄曰："朱弦，练朱弦也，练则声浊。"氾：同"泛"，散。《文选》李善注云："言作文之体，必须文质相半，雅艳相资。今文少而质多，故既雅而不艳，比之大羹而阙其余味，方之古乐而同清氾，言质之甚也。余味，谓乐羹皆古，不能备其五声五味，故曰有余也。"

⑧　丰约：指文辞的繁简。俯仰之形：指文辞的位置。曲有微情：曲折而有微妙之情。

⑨　华说："美言"。

⑩　练：同"拣"，选择、辨识。淑：善。

⑪　欬：同"嘘"，讥笑。

菽，同橐籥之罔穷，与天地乎并育①。虽纷蔼於此世，嗟不盈於予掬。患挈瓶之屡空，病昌言之难属②。故踸踔於短垣③，放庸音以足曲。恒遗恨以终篇，岂怀盈而自足？惧蒙尘於叩缶，顾取笑乎鸣玉④。

若夫应感之会，通塞之纪，来不可遏，去不可止。藏若景⑤灭，行犹响起。方天机之骏利，夫何纷而不理。思风发於胸臆，意泉流於唇齿。纷威蕤以驰逴⑥，唯毫素之所拟。文徽徽以溢目，音泠泠而盈耳。及其六情底滞⑦，志往神留，兀若枯木，豁若涸流。揽营魂以探赜，顿精爽於自求⑧。理翳翳而愈伏，思乙乙其若抽⑨。是以或竭情而多悔，或率意而寡尤。虽兹物之在我，非余力之所戮⑩。故时抚空怀而自惋，吾未识夫开塞之所由。

伊兹文之为用，固众理之所因。恢万里而无阂⑪，通亿载而为津。俯贻则於来叶，仰观象乎古人⑫。济文武於将坠，宣风声⑬於不泯。涂无远而不弥，理无微而弗纶⑭。配沾润於云雨，象变化乎鬼神。被金石而德广，流管弦而日新。

----

① 敷：花。菽：豆。橐籥：读 tuó yuè，亦作"橐爚"，本指风箱，常代指天地宇宙。

② 挈瓶：汲水之瓶，喻才智狭小。昌言：美言。

③ 踸踔：读 chěn chuō，跛脚行路貌。

④ 叩缶：秦人之俗乐。鸣玉：犹鸣球，玉磬，喻指雅乐。

⑤ 景：同"影"。

⑥ 驰逴：读 sà tà，多貌。

⑦ 底滞：钝涩不畅。

⑧ 营：魂。赜：读 zé，幽深之理。精爽：指"精魂"。

⑨ 翳翳(yì)：暗貌。乙乙(zhá)：同"轧轧"，难出貌；六臣注《文选》作"轧轧"。

⑩ 戮：并。戮力：并力。

⑪ 无阂(hé)：无限。

⑫ 叶：世。观象：犹"取法"。二句意谓垂范后世，取法前人。

⑬ 风声：指风教。

⑭ 涂：同"途"。弥、纶：包罗。

刘　勰

选文参校范文澜撰《文心雕龙注》，人民文学出版社 1958 年版。

文心雕龙

原　道

　　文之为德①也大矣，与天地并生者何哉？夫玄黄色杂，方圆体分②，日月叠璧，以垂丽天之象③；山川焕绮，以铺理地之形④：此盖道之文也。仰观吐曜，俯察含章⑤，高卑定位，故两仪既生矣⑥。惟人参之，性灵所钟，是谓三才⑦。为五行之秀⑧，实天地之心，心生而言立，言立而文明，自然之道也。傍及万品，动植皆文：龙凤以藻绘呈瑞，虎豹以炳蔚凝姿⑨；云霞雕色，有逾画工之妙；草木

---

　　①　文之为德：《周易·小畜·象传》曰："君子以懿文德。"刘勰"文德"说本此，下文"道沿圣以垂文，圣因文以明道"义近"君子以懿文德"。

　　②　玄黄：天地之色，天玄地黄。方圆：天地之形，天圆地方。

　　③　叠璧：传说日月曾像碧玉那样重叠起来。垂：垂示、显示。丽：附著。

　　④　焕：光彩。绮：有花纹的丝织品。铺：分布。理地：使地有纹理。

　　⑤　吐曜：发光，指日、月、星。含章：含有文采。

　　⑥　两仪：指天地。

　　⑦　参：三。性灵：指人的天性灵智。钟：聚集。三才：天地人。

　　⑧　五行：金木水火土，古人认为是组成天地万物的物种元素。

　　⑨　龙凤以藻绘呈瑞，虎豹以炳蔚凝姿：《抱朴子·外篇·尚博》云："夫上天之所以垂象，唐、虞之所以为称，大人虎炳，君子豹蔚，昌、旦定圣谧于一字，仲尼从周之郁，莫非文也。"这些论述关乎刘勰后面所谓的"身文"之论。傍：当作"旁"，指广。万品：万类。藻：文采。绘：彩画。炳：光彩鲜明。蔚：色彩繁多。

贲华①，无待锦匠之奇；夫岂外饰，盖自然耳。至於林籁结响，调如竽瑟②；泉石激韵，和若球锽③：故形立则章成矣，声发则文生矣。夫以无识之物，郁然有采，有心之器，其无文欤④？

人文之元，肇自太极⑤，幽赞神明，《易》象惟先⑥。庖牺画其始，仲尼翼其终⑦。而《乾》《坤》两位，独制《文言》⑧。言之文也，天地之心哉！若迺《河图》孕乎八卦，《洛书》韫乎九畴⑨，玉版金镂之实，丹文绿牒之华，谁其尸之⑩？亦神理而已。自鸟迹代绳，文字始炳⑪。炎皞遗事，纪在《三坟》⑫，而年世渺邈，声采靡追⑬。唐虞文章，则焕乎始盛。元首载歌⑭，既发吟咏之志；益稷陈谟，亦垂敷奏之风⑮。夏后

————————

① 贲：读 bì：装饰。贲华：开花。

② 籁：风吹孔窍所发出的声音。竽：吹奏乐器，像笙，三十六簧。瑟：弹奏乐器，像琴，五十或二十五弦。

③ 球：玉磬。锽：钟声。

④ 郁然：文采盛貌。其：岂。

⑤ 元：始。肇：开端。太极：天地未分以前的元气。

⑥ 幽：深。赞：明、通晓。神明：神奇的道理。《易》象：《易》之卦象。

⑦ 相传庖牺（伏羲）画八卦，孔子作《十翼》，即十篇解释《易经》的文章。翼：辅佐，作为《易经》的辅佐。

⑧ 《文言》：相传孔子作《文言》来解释《乾卦》和《坤卦》。

⑨ 迺：同"乃"。相传黄河里龙献图，伏羲依照图文作八卦；洛水里龟献书，禹依照书制定九畴。九畴：九类治国大法。《河图》《洛书》同玉版丹文皆是神话传说。孕、韫：指藏在里面。

⑩ 镂：刻。牒：竹简。尸：主管、控制。

⑪ 鸟迹：相传仓颉仿照兽蹄鸟迹制造文字。绳：上古结绳记事。炳：明显。

⑫ 炎：炎帝神农氏。皞：读 hào：太皞伏羲氏。《三坟》：相传记载三皇的书，三皇即伏羲、神农、黄帝。

⑬ 渺邈：遥远。靡：无。

⑭ 元首：指舜。载：始。

⑮ 益：伯益。稷：后稷。皆舜臣。陈谟：陈述谋译。垂：示。敷奏：进言。

氏兴，业峻鸿绩①，九序惟歌，勋德弥缛。逮②及商周，文胜其质，《雅》《颂》所被，英华日新。文王患忧，繇辞炳曜，符采复隐③，精义坚深。重以公旦多材，振其徽烈，剬诗缉颂，斧藻群言④。至若夫子继圣，独秀前哲，镕钧六经，必金声而玉振⑤；雕琢性情，组织辞令，木铎起而千里应，席珍流而万世响⑥，写天地之辉光，晓生民之耳目矣。

爰自风姓，暨于孔氏⑦，玄圣创典，素王述训⑧，莫不原道心以敷章，研神理而设教，取象乎《河》《洛》，问数乎蓍龟⑨，观天文以极变⑩，察人文以成化；然后能经纬区宇，弥纶彝宪，发挥事业，彪炳辞义⑪。故知道沿圣以垂文，圣因文以明道，旁通而无滞，日用而不匮⑫。《易》曰："鼓天下之动者存乎辞。"⑬辞之所以能鼓天下者，迺道之文也。

---

① 业、绩：事功。峻：高。鸿：大。

② 逮：及。

③ 患忧：指周文王被商纣王囚禁在羑里。繇辞：占卜的文辞；繇，读 zhòu，同"籀"。符采：玉的横纹，指文采。复隐：丰富含蓄。

④ 公旦：文王子周公，名旦。振：发扬。徽：美。烈：功。剬：同"制"。缉：辑。斧藻：修饰。

⑤ 镕钧：制作编订；镕，铸器的模子；钧，造瓦的转轮。金声玉振：奏乐时先击金钟，结束时击玉磬，指集大成。

⑥ 木铎：用木做舌的大铃，宣扬文教时摇铎。席珍：儒者在坐席上有珍贵的道德学问来供人请教，《礼记·儒行篇》："孔子曰：儒有席上之珍以待聘。"

⑦ 爰：于是。暨：及。

⑧ 玄圣：远古的圣人，指伏羲；玄，远。素王：空王，汉人认为孔子有王者之德而没有王位，所以称他为素王。

⑨ 数：术数。蓍：读 shī，草名，古时用它的梗来占吉凶。龟：龟甲，古时在龟甲上钻孔再烧，看它的裂纹来占卜吉凶。

⑩ 极变：把变化的道理探索到极点。

⑪ 经纬：织布的经线纬线交织，指治理。弥纶：包举。彝（yí）宪：常法，经久不变的大经大法。彪炳：像虎纹般鲜明。

⑫ 匮：乏。

⑬ 语出《周易·系辞上》。

赞曰：道心惟微，神理设教。光采玄圣①，炳耀仁孝。龙图献体，龟书呈貌；天文斯观，民胥以傲②。

征　圣

夫作者曰"圣"，述者曰"明"③。陶铸性情，功在上哲④。夫子文章，可得而闻⑤，则圣人之情，见乎文辞矣⑥。先王圣化，布在方册；夫子风采，溢於格言⑦；是以远称唐世，则焕乎为盛⑧；近褒周代，则郁哉可从⑨：此政化贵文之征也。郑伯入陈，以文辞为功⑩；宋置折俎，以多文举礼⑪：此事迹贵文之征也。褒美子产，则云"言

---

① 玄圣：大圣，指孔子。

② 胥：都。傲：仿效。

③ 语本《礼记·乐记》："作者之谓圣，述者之谓明。"此处用于引出孔子，因为孔子既是作者，又是述者。

④ 陶铸：像陶人冶工制器那样教育和改造人。上哲：圣人。

⑤ 语本《论语·公冶长》："子贡曰：夫子之文章，可得而闻也。"

⑥ 《文心雕龙》中颇多类似表述，如"心生文辞"（《丽辞》），"世远莫见其面，觇文辄见其心"（《知音》）等。

⑦ 方：木板。册：编联的竹简。古代文字写在方册上，指书籍。格言：可以作为法则的话；格，法则。

⑧ 焕乎：见《论语·泰伯》："子曰：大哉尧之为君也，巍巍乎，唯天为大，唯尧则之。荡荡乎，民无能名焉；巍巍乎其有成功也，焕乎其有文章！"唐世：指尧。焕乎：光明貌。文章：指文化。

⑨ 郁哉：见《论语·八佾》："子曰：周监于二代，郁郁乎文哉！吾从周。"郁郁：富有文采貌。从周：指遵从周代文化。

⑩ 事见《左传·襄公二十五年》："子展相郑伯如晋，拜陈之功……仲尼曰：'《志》有之：言以足志，文以足言。不言，谁知其志？言之无文，行而不远。晋为伯，郑入陈，非文辞不为功，慎辞也。'"

⑪ 事见《左传·襄公二十七年》："宋人享赵文子，叔向为介，司马置折俎，礼也。仲尼使举是礼也，以为多文辞。"置：办。折俎（zǔ）：把牲体的骨节折断了放在俎上；俎，放牲体的器具；这是一种隆重的礼节。举礼：记下这次和礼的事；举，记录。

以足志，文以足言"；泛论君子，则云"情欲信，辞欲巧"①：此修身贵文之征也。然则志足而言文，情信而辞巧，迺含章之玉牒，秉文之金科矣②。夫鉴周日月，妙极机神；文成规矩，思合符契③。或简言以达旨，或博文以该情，或明理以立体，或隐义以藏用④。故《春秋》一字以褒贬，《丧服》举轻以包重：此简言以达旨也。《邠诗》联章以积句，《儒行》缛说以繁辞⑤：此博文以该情也。书契决断以象《夬》，文章昭晰以象《离》⑥：此明理以立体也。"四象"精义以曲隐⑦，"五例"微辞以婉晦⑧：此隐义以藏用也。故知繁略殊形，隐显异术，抑引随时，变通适会⑨，征之周、孔，则文有师矣。

是以论文必征於圣，窥圣必宗於经⑩。《易》称"辨物正言，断辞则

---

① 语出《礼记·表记》，郑注云："巧谓顺而说也。"正义云："辞欲巧者，言君子情貌欲得信实，言辞欲得和顺美巧，不违逆于理，与巧言令色者异也。"又《表记》："无辞不相接也。"郑注云："辞所以通情也。"

② 含章、秉文：都指写作。玉牒、金科：犹金科玉律，指重要规律。

③ 周：普遍。机：同"几"，事物微露的征兆。符契：符节。

④ 该：兼备。体：主体，重要部分。用：功用、作用。

⑤ 邠（bīn）诗：《诗经·邠风·七月》分八章，每章十一句。《儒行》：《礼记·儒行》："哀公问曰：敢问儒行？孔子曰：遽数之，不能终其物，悉数之，乃留，更仆未可终也。"据郑注，孔子所举十有五儒，加以圣人之儒为十六儒也，故曰"缛说以繁辞"。

⑥ 书契：文字，以此记事比结绳记事要清楚明确。夬（kuài）：夬卦，表决断。昭晰：明白。离：《易经·离卦》用离来象火，洞若观火，故"昭晰"。

⑦ 四象：《易经》六十四卦中有实象、假象、义象、用象，含义曲折隐晦。

⑧ 五例：《左传·成公十四年》："故君子曰：《春秋》之称，微而显，志而晦，婉而成章，尽而不污，惩恶而劝善，非圣人谁能修之？"杜预《春秋左氏传序》云："为例之情有五，一曰微而显，文见于此，而起义在彼……二曰志而晦，约言示制，推以知例……三曰婉而成章，曲从义训，以示大顺……四曰尽而不污，直书其事，具文见意……五曰惩恶而劝善，求名而亡，欲盖而章"。

⑨ 适会：指适应各种情况。

⑩ 原作"是以子政论文，必征於圣；稚圭劝违，必宗於经"，此二句从唐写本改。宗：主，以为主。

备"①；《书》云"辞尚体要，弗惟好异"②。故知正言所以立辩，体要所以成辞，辞成无好异之尤，辩立有断辞之美③。虽精义曲隐，无伤其正言；微辞婉晦，不害其体要。体要与微辞偕通，正言共精义并用；圣人之文章，亦可见也。颜阖以为："仲尼饰羽而画，徒事华辞。"④虽欲訾⑤圣，弗可得已。然则圣文之雅丽，固衔华而佩实者也。天道难闻，犹或钻仰；文章可见，胡宁勿思⑥？若征圣立言，则文其庶⑦矣。

赞曰：妙极生知，睿哲惟宰⑧。精理为文，秀气成采。鉴悬日月，辞富山海。百龄影徂，千载心在⑨。

宗　经

三极彝训⑩，其书言经。经也者，恒久之至道，不刊之鸿教

---

①　语出《易·系辞下》："夫《易》彰往而察来，而微显阐幽，开而当名，辨物正言，断辞则备矣。"辨物：辨明事物。断：决断。

②　语出伪《古文尚书·毕命》："政贵有恒，辞尚体要，不惟好异。"正义云："为政贵在有常，言辞尚其体实要约，当不唯好其奇异。"体要：谓切实简要。

③　美：原作"义"，据唐写本改。

④　语出《庄子·列御寇》："鲁哀公问于颜阖曰：吾以仲尼为贞干，国其有瘳乎？曰：殆哉岌乎！仲尼方且饰羽而画，从事华辞，以支为旨。忍性以视民，而不知不信，受乎心，宰乎神，夫何足以上民！"

⑤　訾：诋毁。

⑥　钻：研究。仰：向往。胡宁：何乃。

⑦　庶：近乎。

⑧　生知：指圣人生而知之。睿：智慧。宰：主宰。

⑨　影徂：犹形逝，形体消失；徂(cú)，往。又《诸子》篇云："标心于万古之上，而送怀于千载之下，金石靡矣，声其销乎。"

⑩　三极彝(yí)训：《易·系辞上》："六爻之动，三极之道也。"韩康伯注："三极，三材也。兼三材之道，故能见吉凶、成变化也。"正义："六爻递相推动而生变化，是天地人三材，至极之道。"《尚书·酒诰》："聪听祖考之彝训。"孔传："言子孙皆聪听父祖之常教。"《尔雅·释诂》："彝，常也。"

也①。故象天地，效鬼神，参物序，制人纪②，洞性灵之奥区，极文章之骨髓者也③。皇世《三坟》，帝代《五典》，重以《八索》，申以《九邱》④。岁历绵暖⑤，条流纷糅，自夫子删述，而大宝咸耀⑥：於是《易》张《十翼》⑦，《书》标七观⑧，《诗》列四始⑨，《礼》正五经⑩，《春秋》五例，义既埏乎性情，辞亦匠於文理，故能开学养正，昭明有融⑪。然而道心惟微，圣谟卓绝，墙宇重峻，而吐纳自深⑫。譬万钧

---

① 不刊：不可磨灭。刊：削。鸿：大。

② 象天地：取象于天地。取象指效法。效：检验。参：参究，深研。人纪：人伦纲纪，人和人的伦常关系。

③ 洞：洞察、深通。极：尽。骨髓：犹精神，《汉书·礼乐志》："夫乐本情性，浃肌肤而藏骨髓。"《序志》篇云："轻采毛发，深极骨髓。"

④ 孔安国《尚书序》云："伏牺、神农、黄帝之书谓之《三坟》，言大道也。少昊、颛顼、高辛、唐、虞之书谓之《五典》，言常道也。八卦之说，谓之《八索》，求其义也。九州之志，谓之《九邱》，丘，聚也，言九州所有，土地所生，风气所宜，皆聚此书也。"申以：与"重以"同，又加以。

⑤ 绵：久远。暖：不明。

⑥ 删述：相传孔子删《诗》《书》，订《礼》《乐》，作《十翼》《春秋》。大宝：指经书。

⑦ 张：发扬。《十翼》：十篇对《易经》的解释：《彖辞》上下、《象辞》上下、《系辞》上下、《文言》、《说卦》、《序卦》、《杂卦》，传为孔子所作。

⑧ 七观：《尚书大传》云："孔子曰：'六誓可以观义，五诰可以观仁，《甫刑》可以观诚，《洪范》可以观度，《禹贡》可以观事，《皋陶谟》可以观治，《尧典》可以观美。'"

⑨ 四始：指《诗经》中的风、大雅、小雅、颂四部分，《毛诗序》云："是以一国之事，系一人之本，谓之《风》。言天下之事，形四方之风，谓之《雅》。雅者正也，言王政之所由废兴也。政有大小，故有《小雅》焉，有《大雅》焉。《颂》者，美盛德之形容，以其成功告于神明者也。是谓四始，诗之至也。"郑笺云："始者，谓王道兴衰之所由也。"指四部分中有反映周朝兴衰的内容。

⑩ 五经：指吉礼、凶礼、宾礼、军礼、嘉礼。

⑪ 埏：读 shān，和泥制瓦，指陶冶、教化。匠：动词，意匠经营。昭明：明亮。融：朗，更明亮。

⑫ 谟：谋议。墙宇重峻：指圣人的道德学问，《论语·子张》："子贡曰：譬之宫墙……夫子之墙数仞，不得其门而入，不见宗庙之美，百官之富。"吐纳：指言论。

之洪钟，无铮铮之细响矣①。

　　夫《易》惟谈天，入神致用。故《系》称旨远辞文，言中事隐②，
韦编三绝，固哲人之骊渊也③。《书》实记言，而训诂茫昧，通乎《尔
雅》④，则文意晓然，故子夏叹《书》"昭昭若日月之明，离离如星辰
之行"⑤，言昭灼也。《诗》主言志，诂训同《书》，摛风裁兴，藻辞谲
喻，温柔在诵，故最附深衷矣⑥。《礼》以立体，据事剟范⑦，章条纤
曲，执而后显，采掇片言，莫非宝也。《春秋》辨理，一字见义，五
石六鹢，以详备成文；雉门两观，以先后显旨⑧；其婉章志晦，谅
以邃矣⑨。《尚书》则览文如诡，而寻理即畅；《春秋》则观辞立晓，
而访义方隐。此圣人之殊致⑩，表里之异体者也。

------

　　①　钧：三十斤。铮铮：金属声。

　　②　系：指解释《易经》的《系辞》。

　　③　韦编三绝：指孔子为读《周易》而多次翻断了编联竹简的牛皮带子之事。韦：熟
皮，古用熟皮做绳来编联竹简。骊渊：黑龙潜伏的深潭，龙的下巴有个珠子，此处以得到
珠子比喻得到文章的精义。

　　④　训诂：解释古语。茫昧：不明。《尔雅》：《文心雕龙·练字》有云："夫《尔雅》者，
孔徒之所纂"，"《尔雅》者，《诗》《书》之襟带"；又，《论衡·是应》云："《尔雅》之书，《五
经》之训诂。"

　　⑤　语本《尚书大传》："子夏读《书》毕，见于夫子，夫子问焉：子何为于《书》？子夏
对曰：《书》之论事也，昭昭如日月之代明，离离若参辰之错行，上有尧舜之道，下有三王
之义，商所受于夫子，志之于心，不敢忘也。"离离：历历分明貌。

　　⑥　摛（读 chī）：发布，指作诗。裁：制，指运用比兴手法。谲喻：比喻婉曲。温柔
在诵：这句是说在诵读中，可以体会到它温柔敦厚的特点。附：接近。

　　⑦　体：事体。据事剟范：根据事理制定规范。

　　⑧　五石、六鹢(yì)：《春秋·僖公十六年》载："陨石于宋五"，"六鹢退飞过宋都"；
鹢：鸟名。雉门、两观：《春秋·定公二年》载："雉门及两观灾"；雉门：鲁宫的南门；两
观：宫门外左右二台上的楼；灾：指火灾，失火的主要是两观，但两观附属于雉门，所以
先说雉门。

　　⑨　谅：确实。邃：深远。

　　⑩　致：这里指表达方式。

至根柢槃深①，枝叶峻茂，辞约而旨丰，事近而喻远，是以往者虽旧，余味日新，后进追取而非晚，前修久用而未先，可谓太山遍雨，河润千里者也。

故论、说、辞、序，则《易》统其首②；诏、策、章、奏，则《书》发其源③；赋、颂、歌、赞，则《诗》立其本④；铭、诔、箴、祝，则《礼》总其端⑤；纪、传、盟、檄，则《春秋》为根⑥：并穷高以树表，极远以启疆，所以百家腾跃，终入环内者也⑦。

若禀经以制式，酌《雅》⑧以富言，是即山而铸铜，煮海而为盐也。故文能宗经，体有六义：一则情深而不诡，二则风清而不杂，三则事信而不诞，四则义贞而不回，五则体约而不芜⑨，六则文丽而不淫。扬子比雕玉以作器，谓五经之含文也⑩。夫文以行立，行

---

① 柢：根。槃：蟠，盘曲。峻：高。

② 二句的意思是说：《易经》里的《系辞》《说卦》《序卦》诸篇乃论、说、辞、序这些文体的渊源。统：总。

③ 《诏策》篇云："其在三代，事兼诰誓。"《尚书》中有五诰、六誓，故诏、策两种文体源于《尚书》；《文心雕龙·议对》云："尧咨四岳""舜畴五人"；《文心雕龙·奏启》云："唐虞之世，敷奏以言"；所以奏、议也是《书》发其原。

④ 二句谓《诗》乃韵文之总汇。《文心雕龙·诠赋》云："诗有六义，其二曰赋"；《文心雕龙·乐府》云："乐辞曰诗，诗声曰歌"；《文心雕龙·颂赞》云："四始之至，颂居其首"。

⑤ 此二句涉及的文体也是韵文，但以行礼所用，故属《礼》：《周礼》太祝"作六辞"，其六为诔(lěi)"；周太史"命百官箴王阙"；《礼记·祭统》录卫孔悝《鼎铭》，又《大学》载商汤《盘铭》；《仪礼》有祝辞。

⑥ 《史传》篇云："言经则《尚书》，事经则《春秋》"，故纪传以《春秋》为根；《祝盟》篇所举曹沫、毛遂、秦昭、汉祖、臧洪、刘琨诸人之盟，皆载史传；《檄移》篇所举刘献公、管仲、吕相等之诘责，皆见《左传》，且谓'即今之檄文'，张仪、隗嚣、陈琳等之檄文，亦无不见史传。

⑦ 树表：建立表率。环：范围。

⑧ 雅：指《尔雅》，《文心雕龙·练字》云："(《尔雅》)以渊源诂训，《颉》《仓颉篇》以苑囿奇文"，"该旧而知新，亦可以属文"。

⑨ 诞：虚妄。贞：正确。回：邪曲。体：体制。

⑩ 语见扬雄《法言·寡见》："或曰良玉不雕，美言不文，何谓也？曰：玉不雕，璠玙不作器；言不文，典谟不作经。"

以文传，四教所先，符采相济①，迈②德树声，莫不师圣，而建言修辞，鲜克宗经。是以楚艳汉侈，流弊不还，正末归本，不其懿欤！

赞曰：三极彝道，训深稽③古。致化归一，分教斯④五。性灵镕匠，文章奥府。渊哉铄乎⑤，群言之祖。

辨 骚

自《风》《雅》寝声，莫或抽绪⑥，奇文郁起，其《离骚》哉！固已轩翥诗人之后⑦，奋飞辞家之前，岂去圣之未远，而楚人之多才乎！昔汉武爱《骚》，而淮南作《传》，以为："《国风》好色而不淫，《小雅》怨诽而不乱⑧，若《离骚》者，可谓兼之。蝉蜕秽浊之中，浮游尘埃之外，皭然涅而不缁，虽与日月争光可也。"⑨班固以为：露才扬己，忿怼沉江；羿浇二姚，与左氏不合；昆仑悬圃，非经义所载；然其文辞丽雅，为词赋之宗，虽非明哲，可谓妙才。⑩王逸以为：诗人提耳，屈原婉顺，《离骚》之文，依经立义。驷虬乘鹥，则时乘六龙；

---

① 四教：《论语·述而》篇："子以四教：文、行、忠、信。"符采：玉的文采。

② 迈：行，原作"励"，据范文澜注改。

③ 稽：考究。

④ 斯：则。

⑤ 渊：深。铄：美。

⑥ 寝：停息。抽绪：抽出头绪，指继承。

⑦ 轩翥(zhù)：高飞。

⑧ 淮南作传：事见《汉书·淮南王传》："淮南王安入朝，献所作，《内篇》新出，上爱秘之。使为《离骚传》，旦受诏，日食时上。"

⑨ 语出班固《离骚序》。淫：过分、放荡。诽：讥讽。乱：没有节制。蝉蜕：蝉蛹脱皮，蜕化为蝉。皭(jiào)然：皎洁貌。涅(niè)而不缁(zī)：染不黑；涅，染黑；缁，黑。

⑩ 语本班固《离骚序》。忿怼(duì)：怨恨。不合：屈原在《离骚》中所写羿的过分游猎、浇的逞强纵欲，以及少康、二姚（"及少康之未家兮，留有虞之二姚。"）的事，和《左传·襄公四年》所载羿、浇的事迹，《哀公元年》所载二姚的事迹，基本一致，只详略不同，角度稍异。悬圃：《离骚》提及，但经书无载。

昆仑流沙，则《禹贡》敷土；名儒辞赋，莫不拟其仪表，所谓金相玉质，百世无匹者也①；及汉宣嗟叹，以为皆合经术②。扬雄讽味，亦言体同《诗经·雅》。四家举以方经，而孟坚谓不合传，褒贬任声，抑扬过实，可谓鉴而弗精，玩而未核者也③。

将核其论，必征言焉。故其陈尧舜之耿介，称禹汤之祗敬，典诰之体也④；讥桀纣之猖披，伤羿浇之颠陨，规讽之旨也⑤；虬龙以喻君子，云蜺以譬谗邪，比兴之义也⑥；每一顾而掩涕，叹君门之九重，忠怨之辞也；观兹四事，同於《风》《雅》者也⑦。至於托云龙，

---

① 仪表：外貌，风度。匹：比。

② 语本王逸《楚辞章句序》。嗟叹：称赞。言提其耳：语出《诗经·大雅·抑》，状诗人和顺，王逸认为屈原比诗人还和顺。时乘六龙：语出《周易·乾卦·彖辞》，王逸认为《离骚》"驷玉虬以乘鹥兮"句本此。昆仑流沙：《离骚》提及，《尚书·禹贡》里也提及。敷土：治理水土。金相玉质：金玉为质。相：质地。汉宣：西汉宣帝，《汉书·王褒传》中说宣帝喜爱《楚辞》，并说："辞赋大者与古诗同义。"这里"大者"指屈原的作品，"古诗"指《诗经》。

③ 孟坚：班固字。玩：赏鉴。

④ 尧舜之耿介：《离骚》有"彼尧舜之耿介兮，既遵道而得路"句；耿，光明；介，大。汤武之祗（zhī）敬：《离骚》有"汤禹俨而祗敬兮"句；祗，敬。典：指《尚书》中的《尧典》等篇。诰：指《尚书》中的《汤诰》等篇。体：刘勰认为《离骚》句体出典诰。

⑤ 桀纣之猖披：语出《离骚》。猖：狂妄。披：借做"詖"（bì 闭），邪僻。羿、浇之颠陨（yǔn）：语本《离骚》："羿淫游以佚（yì）畋（tián）兮，又好射夫封狐；固乱流其鲜终兮，浞又贪夫厥家。浇身被服强圉（yǔ）兮，纵欲而不忍；日康娱而自忘兮，厥首用乎颠陨。"颠陨：坠落。

⑥ 虬龙：《楚辞·九章·涉江》："驾青虬兮骖（cān）白螭（chī）。"王逸注："虬、螭：神兽，宜于驾乘，以喻贤人清白，宜可信任也。"云蜺：《离骚》："飘风屯其相离兮，帅云霓而来御。"王逸注："云霓：恶气，以喻佞人。"霓：即蜺，副虹。谗邪：指佞人，花言巧语说人坏话的不正派的人。

⑦ 一顾而掩涕：《楚辞·九章·哀郢（yǐng）》："望长楸（qiū）而太息兮，涕淫淫其若霰（xiàn）；过夏首而西浮兮，顾龙门而不见。"君门之九重：宋玉在《九辩》中说："岂不郁陶而思君兮，君之门以九重。"九重：九层的门，讽刺君门深闭难入。忠怨：是说因忠于君的抱负不能施展而有所怨恨。《风》《雅》：指《诗经》。

说迂怪，丰隆求宓妃，鸩鸟媒娀女，诡异之辞也①；康回倾地，夷羿彃日，木夫九首，土伯三目②，谲怪之谈也；依彭咸之遗则，从子胥以自适，狷狭之志也③；士女杂坐，乱而不分，指以为乐，娱酒不废，沉湎日夜，举以为欢④，荒淫之意也：摘此四事，异乎经典者也。故论其典诰则如彼，语其夸诞则如此，固知《楚辞》者，体宪于三代，而风杂于战国，乃《雅》《颂》之博徒，而词赋之英杰也⑤。观其骨鲠所树，肌肤所附，虽取镕经旨，亦自铸伟辞。故《骚经》《九章》，朗丽以哀志⑥；《九歌》《九辩》，绮靡以伤情⑦；《远游》《天问》，

---

① 托云龙：《离骚》："驾八龙之婉婉兮，载云旗之委蛇。"迂：不切事理。丰隆求宓(fú)妃：《离骚》："吾令丰隆乘云兮，求宓妃之所在。"丰隆：有云神、雷神二说。宓妃：传为洛水的神。鸩鸟媒娀(sōng)女：《离骚》："望瑶台之偃蹇兮，见有娀之佚女；吾令鸩为媒兮，鸩告余以不好。"鸩：羽毛有毒的鸟。娀：古国名，在今山西省；也叫"有娀"。诡：反常。

② 康回倾地：《楚辞·天问》："康回凭怒，地何故以东南倾?"康回：共工的名字，关于他的传说，也见于《淮南子·天文训》等。夷羿彃(bì)曰：《楚辞·天问》："羿焉彃日? 乌焉解羽?"夷：是羿的姓；彃：射；这个神话传说也见于《淮南子·本经训》。木夫九首：《招魂》(王逸认为是宋玉所作，一说屈原所作，尚无定论)中说："一夫九首，拔木九千些。"土伯三目：《招魂》："土伯九约，其角觺觺(yí)些；……叁目虎首，其身若牛些。"土伯：土地神。

③ 彭咸之遗则：语出《离骚》。彭咸：相传为殷商时的贤大夫，因谏君不听而投水自杀。遗则：留下来的榜样。子胥以自适：语本《楚辞·九章·悲回风》。子胥：伍子胥，春秋时楚国人，帮助吴王夫差打败越国，越王勾践请和，伍子胥反对，被迫而死，夫差投其尸于江。自适：顺适自己的心意。狷：急躁。

④ "士女杂坐"等句：语本《招魂》。不废：不停止。湎：沉迷。

⑤ 宪：法，效法；原作"慢"，据唐写本改。三代：夏商周，指《尚书》《诗经》。杂：原作"雅"，据唐写本改。博徒：赌徒，微贱者；这里是说《楚辞》稍逊于《诗经》。

⑥ 《骚经》：王逸尊称《离骚》为经。《九章》是屈原做的九首诗，都有对自己抱负不能实现的哀叹。

⑦ 《九歌》：楚国民间的祭神曲，屈原加以改写。《九辩》：宋玉作长篇抒情诗，都抒写哀伤的情感。

瑰诡而惠巧①，《招魂》《招隐》，耀艳而深华②；《卜居》标放言之致③，《渔父》寄独往之才④。故能气往轹古，辞来切今⑤，惊采绝艳，难与并能矣。

自《九怀》以下，遽蹑其迹，而屈、宋逸步，莫之能追⑥。故其叙情怨，则郁伊⑦而易感；述离居，则怆怏⑧而难怀；论山水，则循声而得貌；言节侯，则披文而见时。是以枚、贾追风以入丽，马、扬沿波而得奇，其衣被词人⑨，非一代也。故才高者菀其鸿裁，中巧者猎其艳辞，吟讽者衔其山川，童蒙者拾其香草⑩。若能凭轼以倚《雅》《颂》，悬辔以驭楚篇，酌奇而不失其贞，玩华而不坠其实⑪；则顾盼可以驱辞力，欬唾可以穷文致，亦不复乞灵於长卿，假宠於子渊矣⑫。

赞曰：不有屈原，岂见《离骚》？惊才风逸，壮志烟高。山川无极，情理实劳。金相玉式，艳溢锱毫⑬。

---

① 《远游》：旧说屈原作，写他与仙人远游各地，最后思归。《天问》：屈原看到庙里画的神话故事提出的种种疑问，都写得瑰丽奇特。

② 《招魂》：屈原因楚怀王到秦国去被拘留死去，哀悼怀王而作。《大招》：旧说屈原作，屈原大招其魂来讽谏；一说《大招》是景差作。

③ 《卜居》：写屈原被放逐后，到太卜家去卜问自己行动。放言：不羁的话。

④ 《渔父》：写渔父劝屈原随俗浮沉，屈原表示自己不愿同流合污。

⑤ 轹：读lì，车轮碾压，指超过。切：切断、绝。

⑥ 《九怀》：王褒著，《楚辞》从《九怀》以下，是汉人所作。蹑：跟踪。逸：快速。

⑦ 郁伊：抑郁貌。

⑧ 怆怏：失意悲愁貌。

⑨ 枚贾：枚乘、贾谊，西汉初期著名辞赋家。马扬：司马相如、扬雄，汉代辞赋代表作家。衣被：像穿衣盖被，使人受到好处。

⑩ 菀(wǎn)：借做"挽"(wǎn)，取。鸿裁：大义。中巧：心巧，心巧者只着眼于文辞，只是小巧而已。衔：含在口中，这里是指经常诵读。香草：《离骚》等篇中常用美人和香草来象征理想中的人和品德。

⑪ 凭轼：靠在车前横木上致敬，表严肃。悬辔：在马头上加辔头，指控制。贞：正，正确。

⑫ 欬：读kài，咳嗽。长卿：司马相如字。子渊：王褒字。

⑬ 锱毫：微细处；锱重六铢，二十四铢为两。

明　诗

大舜云："诗言志，歌永言。"圣谟所析，义已明矣①。是以"在心为志，发言为诗"②，舒文载实，其在兹乎？诗者，持也，持人情性；三百之蔽，义归"无邪"③，持之为训，有符焉尔。

人禀七情，应物斯感，感物吟志，莫非自然。昔葛天乐辞，《玄鸟》在曲；黄帝《云门》，理不空弦④。至尧有《大唐》之歌，舜造《南风》之诗，观其二文⑤，辞达而已。及大禹成功，九序惟歌；太康败德，五子咸怨：顺美匡恶，其来久矣⑥。自商暨周，《雅》《颂》圆备，四始彪炳，六义环深⑦。子夏监绚素之章，子贡悟琢磨之句，故商、赐二子，可与言诗⑧。自王泽殄竭，风人辍采，春秋观志，

---

① 永：长，拉长，把诗用拉长的音节唱出来就是歌。圣谟：圣训。

② 语出《毛诗序》。

③ 语本《论语·为政》："子曰：《诗》三百，一言以蔽之，曰：思无邪。'"蔽：包括。

④ 葛天乐辞：原作"葛天氏乐辞云"，"氏""云"二字是衍字，应删去。《玄鸟》：《吕氏春秋·古乐》中说，葛天氏的时候，曾有人唱八首歌，《玄鸟》是其中第二首；"玄鸟"指燕子。黄帝《云门》：《周礼·春官·大司乐》中讲到，周代曾用《云门舞》来教贵族子弟，汉代郑玄注，说《云门舞》是黄帝时的舞乐。不空弦（原作"绮"）：是说《云门》既已配上乐器，就必有乐词。

⑤ 二文：《大唐》歌见《尚书大传》，《南风》歌见《孔子家语》，皆后人拟作。

⑥ 九序：指治理天下的各种工作都有秩序。太康：是夏禹的孙子，因荒淫而失国。五子：太康的五个兄弟，《尚书》中有《五子之歌》，共五首，是后人伪作。匡：纠正，即规劝讽刺。

⑦ 暨：及，到。圆：全。六义：指风、雅、颂、赋、比、兴。环：围绕，引申为周密。

⑧ 子夏：孔子弟子，姓卜名商。监：察看，明白。绚（xuàn）素：《论语·八佾》："子夏问曰：'巧笑倩兮，美目盼兮，素以为绚兮，何谓也？'子曰：'绘事后素。'曰：'礼后乎？'子曰：'启予者商也，始可与言诗已矣！'"素：白色。绚：彩色。子贡：孔子弟子，姓端木名赐。琢磨："如琢如磨"语出《诗经·卫风·淇（qí）澳（ào）》；《论语·学而》："子贡曰：'贫而无谄，富而无骄，何如？'子曰：'可也，未若贫而乐，富而好礼者也。'子贡曰：'《诗》云：如切如磋，如琢如磨，其斯之谓与？'子曰：'赐也，始可与言诗已矣！告诸往而知来者。'"子夏、子贡皆由《诗》之章句而悟礼之理，在孔子看来，这才是真正知《诗》。

讽诵旧章,酬酢以为宾荣,吐纳而成身文①。逮楚国讽怨,则《离骚》为刺;秦皇灭典,亦造《仙诗》②。汉初四言,韦孟首唱,匡谏之义,继轨周人③。孝武爱文,柏梁列韵④;严马之徒,属辞无方⑤。至成帝品录,三百余篇,朝章国采,亦云周备⑥。而辞人遗翰,莫见五言,所以李陵、班婕妤,见疑於后代也⑦。按《召南·行露》,始肇半章⑧;孺子《沧浪》,亦有全曲⑨;《暇豫》优歌,远见

---

① 殄:读 tiǎn,尽。风人:采诗的人。辍:停止。观:示。讽:诵读。酬:主人劝酒。酢:读 zuò,客人回敬。荣:荣宠。吐纳:指诵诗。身文:见前常爽《六经略注序》注;诵诗是当时外交上的礼节,就招待外宾讲,是"以为宾荣";就显出自己的才能讲,是"以为身文"。

② 仙诗:秦始皇三十六年,使博士作《仙真人诗》。

③ 韦孟:西汉初年诗人,有《讽谏诗》和《在邹诗》,皆四言诗。匡谏之义:韦孟的两首四言诗,主要是匡劝楚王戊的。轨:法则。

④ 柏梁:是汉武帝所筑台名,《古文苑》卷八载《柏梁诗》,据说是武帝和群臣联句作成,每人一句,句句押韵,后称"柏梁体"。

⑤ 严:严忌,本姓庄,又叫庄忌。马:司马相如,都是西汉文学家。严忌有《哀时命》一篇,司马相如相传有《琴歌》二首,都是骚体诗。《哀时命》也收入《楚辞》。属辞:写作。属:连缀。方:常。

⑥ 品:评论。录:辑集。三百余篇:据《汉书·艺文志·诗赋略》,当时歌诗有二十八家,三百十四篇。朝:朝廷。章、采:都指作品。"国"与"朝"对称,所以"国采"指采自全国范围内的诗歌,多为民谣,"朝章"则大多为文士所作朝廷庙堂之作。

⑦ 遗翰:遗留下来的作品。翰:笔,这里指作品。李陵:字少卿,是汉武帝时的名将,《文选》卷二十九载他的《与苏武诗》三首。班婕妤:汉成帝时宫人;《文选》卷二十七载她的《怨诗》;后世或以为非二人本人所作,如《宋书·颜延之传》:延之《庭诰》云:逮李陵众作,总杂不类,元是伪讬,非尽陵制。

⑧ 《召南》:《诗经》十五国风之一,《文心雕龙·章句》云:"五言见于周代,《行露》之章是也。"《行露》第二章:为"谁谓雀无角,何以穿我屋?谁谓女无家,何以速我狱?虽速我狱,室家不足。"前四句皆五言,而《大雅·绵》第九章通体五言。肇:读 zhào,开端。

⑨ 孺子:儿童。《沧浪》:《沧浪歌》,《孟子·离娄》载孺子之歌曰:"沧浪之水清兮,可以濯我缨。沧浪之水浊兮,可以濯我足。"按歌中虽然有"兮"字,而实际上是以清、缨、浊、足押韵,所以说是"全曲"五言。

春秋①；《邪径》童谣，近在成世②；阅时取证，则五言久矣。又古诗佳丽，或称枚叔③，其《孤竹》一篇，则傅毅之词④。比采而推，两汉之作乎⑤？观其结体散文，直而不野，婉转附物，怊怅切情，实五言之冠冕也⑥。至于张衡《怨篇》，清典可味；《仙诗缓歌》，雅有新声。⑦ 暨建安之初，五言腾踊，文帝陈思，纵辔以骋节，王徐应刘，望路而争驱⑧；并怜风月，狎池苑，述恩荣，叙酣宴，慷慨以任气，磊落以使才⑨；造怀指事⑩，不求纤密之巧，驱辞逐貌，唯取昭晰之能：此其所同也。乃正始明道，诗杂仙心；何晏之徒，率多浮浅⑪。

---

① 《暇豫歌》：载《国语·晋语》："暇豫之吾吾，不如鸟鸟。人皆集于苑，己独集于枯。"三句五言。优：倡优，古代奏乐或演戏供人玩乐的人，这里指晋国优人，名施，相传《暇豫歌》是优施所作。

② 《邪径谣》：见载于《汉书·五行志》："邪径败良田，谗口乱善人。桂树花不实，黄爵巢其颠。昔为人所羡，今为人所怜。"并云"成帝时歌谣也"。此外《汉书·尹赏传》载成帝时长安中为尹赏作歌云："安所求子死，桓东少年场。生时谅不谨，枯骨后何葬？"体五言。成世：指汉成帝时期（公元前32—前7）。

③ 《古诗》：指《古诗十九首》，载《文选》卷二十九。枚叔：枚乘，字叔，西汉初年作家，《玉台新咏》把《古诗十九首》中的《西北有高楼》等九首列为枚乘的作品，但未必可信。

④ 《孤竹》：指《古诗十九首》中的《冉冉孤生竹》，《乐府诗集》卷七十四列此诗为无名氏杂曲。傅毅：字武仲，东汉初年作家，除《冉冉孤生竹》一首传为他的作品外，还有一首《迪志诗》，是四言诗。

⑤ 比采而推：比较其文采而推论。二汉之作：《古诗十九首》一般认为不是西汉人作，应该是东汉后期作品。

⑥ 结体：谓结构文体。结：用作动词，如《时序》篇"结藻清英"之例。散文：范文澜注云："散文犹言敷文。"即铺陈文采。怊怅：惆怅。切：切合。冠冕：帽子，居首，第一。

⑦ 张衡：东汉文学家、科学家。《怨篇》：指他的《怨诗》，四言八句。《仙诗缓歌》：可能指乐府杂曲的《前缓声歌》。雅：常常。新声：新的音节，引申为风格上的特点。

⑧ 建安：汉献帝年号。辔：马缰绳。节：一定的度数。王：王粲，字仲宣。徐：徐幹，字伟长。应：应玚（chàng），字德琏。刘：刘桢，字公幹。他们都在"建安七子"中，是当时著名文学家。

⑨ 怜：爱。狎：游玩。苑：养鸟兽处。磊落：错杂不平，指音词激越。

⑩ 造怀：犹言遣怀、抒怀。指事：叙述事物。

⑪ 正始：魏废帝齐王芳年号。仙心：道家思想。何晏：正始时清谈领袖。率：大抵。

唯嵇志清峻，阮旨遥深，故能标焉①。若乃应璩《百一》②，独立不惧，辞谲义贞，亦魏之遗直③也。晋世群才，稍入轻绮④。张潘左陆，比肩诗衢，采缛于正始⑤，力柔于建安；或析文以为妙，或流靡以自妍⑥：此其大略也。江左篇制⑦，溺乎玄风，嗤笑徇务之志，崇盛忘机之谈⑧。袁孙已下，虽各有雕采，而辞趣一揆，莫与争雄⑨；所以景纯仙篇⑩，挺拔而为俊矣。宋初文咏，体有因革，庄老告退，而山水方滋；俪采百字之偶⑪，争价一句之奇，情必极貌以写物，辞必穷力而追新，此近世之所竞也。

故铺观列代，而情变之数可监；撮举同异，而纲领之要可明矣⑫。若夫四言正体，则雅润为本；五言流调，则清丽居宗；华实异用，惟才所安。故平子得其雅，叔夜含其润，茂先凝其清，景阳振其丽，兼善则子建仲宣，偏美则太冲公幹⑬。然诗有恒裁，思无定位，随性适分，鲜能通圆。若妙识所难，其易也将至；忽之为易，

---

① 嵇：嵇康，字叔夜。峻：高而严。阮：阮籍，字嗣宗。嵇、阮都是正始间"竹林七贤"之一。标：显著。

② 应璩（qú）：字休琏，应场弟。百一：《百一诗》。

③ 遗直：是说一个人直道而行，有古人遗风。

④ 轻绮：浮华，内容不充实而追求文采。

⑤ 衢：大路。缛：繁富。

⑥ 流靡：讲究音节的流利。

⑦ 江左：江东，东晋南渡，偏安江左。

⑧ 溺：陷入。玄风：谈玄的风气，当时以《老子》《庄子》《易经》为三玄。徇务：以身从事政务，致力于政务。忘机：忘掉机务，机务即要事。

⑨ 袁孙：指袁宏、孙绰。趣：志趣。一揆：一道，一致。

⑩ 景纯：郭璞字，东晋作家，有《游仙诗》十四章。

⑪ 俪：对偶。百字：五言诗二十句，指全篇。

⑫ 铺观：纵观。铺：陈列。情变：情势变化。监：察看。撮：总括。

⑬ 平子：张衡字。叔夜：嵇康字。含：包含，具有。茂先：张华字，西晋初作家。凝：犹"含"。景阳：张协字。兼善：指上面所说雅、润、清、丽等特点都具备。太冲：左思字。公幹：刘桢字。

其难也方来。至於三六杂言，则出自篇什①；离合之发，则萌于图谶②；回文所兴，则道原为始③；联句共韵，则柏梁余制；巨细或殊，情理同致，总归诗囿④，故不繁云。

赞曰：民生而志，咏歌所含⑤。兴发皇世，风流《二南》。神理共契，政序相参⑥。英华弥缛，万代永耽⑦。

诠 赋

《诗》有六义，其二曰赋⑧。赋者，铺也，铺采摛文，体物写志也。昔邵公称："公卿献诗，师箴瞍赋"⑨。传云："登高能赋，可为大夫。"⑩

---

① 杂言：每句字数多少不固定的杂言诗。篇什：指《诗经》，《诗经》中的《雅》和《颂》，每十篇称为"什"。

② 离合：指离合诗，这是一种按字的形体结构，用拆字法组成的诗歌，如《古文苑》卷八载汉末孔融《离合作郡姓名字诗》，全诗二十二句，由字形的离合组成"鲁国孔融文举"六个字。图谶：汉代迷信预言灾异的文字（详见《正纬》篇），图谶也多用拆字法组成。

③ 回文：指回文诗，是一种可以颠倒念的诗，如南齐王融《春游》第一句"枝分柳塞北"，也可念作"北塞柳分枝"。道原：未详，一说即南朝宋的贺道庆。

④ 诗囿：诗的园地，"囿"本指养鸟兽的园林。

⑤ 含：含有的内容。

⑥ 神理：指道。政序：政治秩序。

⑦ 弥：更。耽：喜爱。

⑧ 六义：《毛诗序》中六义的排列次序是风、赋、比、兴、雅、颂，赋是第二。

⑨ 语本《国语·周语上》："召公曰：……故天子听政，使公卿至于列士献诗，瞽献曲，史献书，师箴，瞍(sǒu)赋，矇诵。"韦注："师，少师也。箴，箴刺王阙以正得失也。无眸子曰瞍。赋公卿列士所献诗也。有眸子而无见曰矇。《周礼》：矇主弦歌讽诵，谓箴谏之语也。"邵公：即召公，姓姬名奭(shì)，周初封于召(今陕西岐山县西南)，故称召公。公卿：指王朝高级官吏。

⑩ 传：指《毛诗故训传》，简称《毛传》；"传"是对经义的阐明。"登高能赋"二句：语见《诗经·鄘(yōng)风·定之方中》毛传："故建邦能命龟，田能施命，作器能铭，使能造命，升高能赋，师旅能誓，山川能说，丧纪能诔，祭祀能语，君子能此九者，可谓有德音，可以为大夫。"

诗序则同义，传说则异体①。总其归途，实相枝干。故刘向明"不歌而颂"，班固称"古诗之流也"②。至如郑庄之赋"大隧"，士蒍之赋"狐裘"，结言短韵，词自己作，虽合赋体，明而未融③。及灵均唱《骚》，始广声貌。然则赋也者，受命於《诗》人，而拓宇於《楚辞》也。于是荀况《礼》《智》，宋玉《风》《钓》，爰锡名号，与诗画境④，六义附庸，蔚成大国⑤。述客主以首引，极声貌以穷文。斯盖别诗之原始，命赋之厥初也⑥。

秦世不文，颇有杂赋⑦。汉初词人，顺流而作，陆贾扣其端，

---

① 同义：同为六义之一的意思。传：这里指《国语》和《毛传》。异体：指不同于《诗经》而为另一文体。

② 不歌而颂：语本《汉书·艺文志》："不歌而诵谓之赋。"此语原出刘向《七略》(今佚)。古诗之流也：语见班固《三都赋序》。

③ 郑庄：春秋时郑国庄公。大隧：事见《左传·隐公元年》："郑庄公以弟叔段之故，遂置母姜氏于城颍而誓之曰：不及黄泉，毋相见也。因颍考叔而告之，悔。对曰：君何患焉？若阙地及泉，隧而相见，其谁曰不然？公从之。公入而赋'大隧之中，其乐也融融'，姜出而赋'大隧之外，其乐也泄泄'。遂为母子如初。"士蒍(wěi)：春秋时晋国大夫。狐裘：事见《左传·僖公五年》："晋献公使士蒍为二公子筑蒲与屈，不慎。公让之。退而赋曰：狐裘蒙茸，一国三公，吾谁适从！"词自己作：当时诵诗，常常是朗诵别人的作品，借别人的话来表达自己的意思，所以这里要强调自己作。短韵：短文。明而未融：《左传·昭公五年》："明而未融，其当旦乎？"杜注："融，朗也。"正义："融是大明，故为朗也。"这是说日初有光，尚未大亮；此处比喻赋体只是萌芽，尚未昌盛。

④ 荀况《礼》《智》：《荀子》之《赋篇》分《礼》《智》《云》《蚕》《箴》五个部分。《风》《钓》：《文选》卷十三、十九载宋玉的《风赋》等四篇，《古文苑》卷二载宋玉的《钓赋》等六篇；近代学者认为其中大部分是后人伪托的。爰：于是。锡：赐予。画境：划界。

⑤ 六艺：这里用以代指《诗经》。附庸：封建诸侯的附属国，这里比喻"赋"原来的地位。蔚：繁盛，这里指赋体的兴盛。

⑥ 客主：指汉赋中常用主客两人对话的格式。极：极力描写。声貌：指一切事物的声色状貌。穷：追究到底。命：命名。厥(jué)初：其初，这里指起源。

⑦ 《杂赋》：据《汉书·艺文志》，秦代有《杂赋》九篇。

贾谊振其绪①，枚马播其风，王扬骋其势②，皋朔已下，品物毕图③。繁积於宣时，校阅於成世，进御之赋，千有余首，讨其源流，信兴楚而盛汉矣。夫京殿苑猎，述行序志④，并体国经野⑤，义尚光大。既履端於唱序，亦归余於总乱⑥。序以建言，首引情本；乱以理篇，写送文势⑦。按《那》之卒章，闵马称"乱"，故知殷人辑《颂》，楚人理赋，斯并鸿裁之寰域，雅文之枢辖也⑧。至於草区禽族，庶品杂类⑨，则触兴致情，因变取会，拟诸形容，则言务纤密；象其物宜，则理贵侧附；斯又小制之区畛⑩，奇巧之机要也。

---

①　作：兴起。陆贾：秦汉之间的作家，据《汉书·艺文志》，他有赋三篇，今不存。扣：打开。贾谊：西汉初年的作家，《汉书·艺文志》说他有赋七篇，今存《鵩(fú)鸟赋》等四篇，见《全汉文》卷十五、十六。振：发扬。绪：端绪。

②　枚：枚乘。马：司马相如，都是西汉中期的作家，《汉书·艺文志》说枚乘有赋九篇，今存《梁王菟(tù)园赋》和《柳赋》(有人疑为伪作)，见《全汉文》卷二十；司马相如有赋二十九篇，今存《子虚赋》等六篇，见《全汉文》卷二十一、二十二。王：王褒。扬：扬雄；都是西汉末年的作家，《汉书·艺文志》说王褒有赋十六篇，今存《洞箫赋》，载《文选》卷十七；扬雄有赋十二篇，今存《甘泉赋》等八篇，见《全汉文》卷五十一、五十二。

③　皋(gāo)：枚皋。朔：东方朔。都是西汉中期作家，《汉书·艺文志》说枚皋有赋一百二十篇，今不存；东方朔的赋今不存。品物：众物。毕：完全。图：描绘。

④　京殿：描写京城和宫殿的赋，如班固的《两都赋》、王延寿的《鲁灵光殿赋》等。苑猎：描写宛囿和狩猎的赋，如司马相如的《上林赋》、扬雄的《羽猎赋》等。述行：写远行的赋，如班彪的《北征赋》、班昭的《东征赋》等。序志：抒写自己志向的赋，如班固的《幽通赋》、张衡的《思玄赋》等，这类作品常常带有自传的性质。

⑤　体国经野：这是《周礼·天官·冢宰》中的话，意思是说进行全国范围的重要规划。体：划分。国：城中。经：丈量。野：郊外。

⑥　履端：开端，开始写作；履、践、实行。归余：归结。总乱：全篇的结语。乱：乐曲的最后一章。二句意谓赋以"序"开始而以"乱"结束。

⑦　写送文势：指充足结尾的文势。

⑧　《那》：《诗经·商颂》中的一篇。闵马：指闵马父，又称闵子马，春秋时鲁国大夫。其语见《国语·鲁语下》。鸿裁：指大赋，大赋是篇幅比较长，内容比较广泛的赋。裁：体制。寰域：领域，范围。枢辖：关键，也就是要点。

⑨　区、族：都是类的意思。庶品：指各种各样的东西；庶，众。

⑩　小制：指小赋，小赋是篇幅比较短，内容比较狭窄的赋。区畛(zhěn)：指上面所说"寰域"；畛，分界。

　　观夫荀结隐语，事数自环①；宋发夸谈，实始淫丽；枚乘《菟园》，举要以会新②；相如《上林》，繁类以成艳；贾谊《鵩鸟》，致辨於情理；子渊《洞箫》，穷变於声貌，孟坚《两都》，明绚以雅赡；张衡《二京》，迅发以宏富③；子云《甘泉》，构深玮之风；延寿《灵光》，含飞动之势④：凡此十家，并辞赋之英杰也。及仲宣靡密，发篇必遒；伟长博通，时逢壮采⑤；太冲安仁，策勋於鸿规⑥；士衡子安，底绩於流制⑦；景纯绮巧，缛理有余；彦伯梗概，情韵不匮⑧：亦魏晋之赋首也。

　　原夫登高之旨，盖睹物兴情。情以物兴，故义必明雅；物以情观，故词必巧丽。丽词雅义，符采相胜，如组织之品朱紫⑨，画绘之着玄黄。文虽新而有质，色虽糅而有本：此立赋之大体也。然逐末之俦，

----

　　①　荀：荀况。结：联系。隐语：谜语。《荀子·赋篇》五部分都类似谜语。自环：自相问答。《赋篇》各部分都是先作问语，后作答语。

　　②　宋：宋玉。会：合。

　　③　张衡：东汉中期文学家和自然科学家；《二京》：《西京赋》和《东京赋》的合称，载《文选》卷二、三。迅发：刚健有力。

　　④　延寿：王延寿，东汉文学家。《灵光》：《鲁灵光殿赋》，载《文选》卷十一。

　　⑤　仲宣：王粲字，今存《登楼赋》等十多篇，见《全后汉文》卷九十。遒(qiú)：强劲有力。伟长：徐幹字，所作赋今存《齐都赋》等数篇，大都残缺不全，见《全后汉文》卷九十三。

　　⑥　太冲：左思字。安仁：潘岳字。都是西晋作家。策勋：立功，指在赋的创作上做出成绩。鸿规：与上文"鸿裁"意义相近，都指大赋。左思的《三都赋》，潘岳的《西征赋》《藉田赋》等都是大赋。

　　⑦　士衡：陆机字。子安：成公绥字。都是西晋作家。底绩：和上文"策勋"的意义相近；底，致、获得。流制：谓流行制作，指陆机的《文赋》和成公绥的《啸赋》之类。

　　⑧　景纯：郭璞字，今存《江赋》等篇。绮(qǐ)：有花纹的丝织品，引申为华丽。缛(rù)：繁盛，指"理"的繁盛。"缛理"和上句"绮巧"对举，所以"缛理"是讲内容方面。彦伯：袁宏字，所作赋有《东征赋》等，今不全，见《全晋文》卷五十七。梗概：慷慨。本书《时序》篇说"故梗概而多气也"，与此意同。情韵：情调韵味。匮：缺乏。

　　⑨　符采：玉的文采。组织：丝麻之属，分析经纬，纵横交贯，以编织成幅，曰"组织"。品：指品列，亦可解作品分。品朱紫：古以朱为正色，紫为间色，加以评比，有分别邪正之意。

蔑弃其本，虽读千赋，愈惑体要①。遂使繁华损枝，膏腴害骨，无贵风轨，莫益劝戒，此扬子所以追悔於"雕虫"，贻诮於"雾縠"者也②。

赞曰：赋自诗出，分歧异派。写物图貌，蔚似雕画。抑滞必扬③，言旷无隘。风归丽则，辞翦稊稗④。

神　思

古人云："形在江海之上，心存魏阙之下。"⑤神思之谓也。文之思也，其神远矣。故寂然凝虑，思接千载；悄焉动容，视通万里；吟咏之间，吐纳珠玉之声；眉睫之前，卷舒风云之色：其思理之致乎？故思理为妙，神与物游⑥；神居胸臆，而志气统其关键⑦；物沿耳目，而辞令管其枢机⑧。枢机方通，则物无隐貌；关键将塞，则

---

①　逐：追求。俦：辈。读千赋：《西京杂记》卷二载扬雄的话："读千首赋，乃能为之。"

②　扬子：扬雄。雕虫、雾縠：典出扬雄《法言·吾子》："或问：吾子少而好赋？曰：然，童子雕虫篆刻。俄而曰：壮夫不为也。或曰：'赋可以讽乎？'曰：'讽乎，讽则已。不已，吾恐不免于劝也。'或曰：'雾縠之组丽。'曰：'女工之蠹矣。'"雕虫：雕刻鸟虫书，比喻小技，鸟虫书是古代篆字的一种，有鸟虫形的笔画，故称鸟虫书。诮：读 qiào，责备。雾縠（hú）：绉纱、锦绣。

③　抑滞：指被压抑、阻滞之文思、情志。扬：发扬，指情思被顺畅地表达出来。

④　丽则：《法言·吾子》："诗人之赋丽以则。"稊稗：稗草，比喻浮而不实的文辞。

⑤　语出《庄子·让王》："中山公子牟谓瞻子曰：'身在江海之上，心居乎魏阙之下，奈何！'"魏阙：指宫门上巍然高出的观楼，其下常悬挂法令，后用作朝廷的代称。魏：同"巍"，高大。案：公子牟此语，谓身在江湖草莽，而心怀好爵，刘勰引之，以示人心之无远不届，与原文本义无关。

⑥　思理为妙，神与物游：思理的妙处在于神与物游。

⑦　《体性》篇云："才力居中，肇自血气，气以实志，志以定言。"《孟子·公孙丑上》："夫志，气之帅也；气，体之充也。夫志至焉，气次焉……志壹则动气，气壹则动志也。"赵注："志，心所念虑也。气，所以充满形体为喜怒也。志帅气而行。"

⑧　枢机：指"关键"；《声律》篇亦云："故言语者，文章关键，神明枢机"；《易·系辞上》："言行，君子之枢机。"韩注："枢机，制动之主。"正义："枢，谓户枢；机，谓弩牙。"李唐人徐彦伯长文《枢机论》（《全唐文》卷二百六十七）专门讨论语言。又，《国语·周语下》："夫耳目，心之枢机也。"苏轼《前赤壁赋》："惟江上之清风，与山间之明月，耳得之而为声，目遇之而成色。"

神有遁心。是以陶钧文思①，贵在虚静，疏瀹五藏，澡雪精神②。积学以储宝，酌理③以富才，研阅以穷照④，驯致以怿辞⑤；然后使玄解之宰，寻声律而定墨⑥；独照之匠，窥意象而运斤⑦：此盖驭文之首术，谋篇之大端。夫神思方运，万涂竞萌，规矩虚位，刻镂无形。登山则情满於山，观海则意溢於海，我才之多少，将与风云而并驱矣。方其搦翰⑧，气倍辞前，暨乎篇成，半折心始⑨。何则？意翻空而易奇，言征实而难巧也⑩。是以意授於思，言授於意，密则无际，

---

① 陶钧：制造瓦器；陶，瓦器；钧，制瓦器用的转轮；这里指酝酿文思。

② 疏瀹（yuè）：洗净。五藏：五脏。澡雪：洗净。

③ 酌理：用理来斟酌去取，评量是非。

④ 阅：阅历。照：查看。

⑤ 驯致：顺着思路。怿辞：运用文辞；怿，同"绎"，抽取。

⑥ 玄解之宰：可作两解：一本《庄子·养生主》，"宰"指宰夫庖丁，"解"为解牛，以善于用妙法"解牛"的庖丁来比喻具有高度造诣的作家；二也可解作"妙悟的主宰"，指心，《荀子·正名》："心也者，道之工宰也。"又《解蔽》篇："心者，形之君也。"。寻：依照。墨：文字。

⑦ 独照之匠：范文澜注认为语本《庄子·天道》："轮扁曰：斫轮徐则甘而不固，疾则苦而不入，不徐不疾，得之于手而应于心，口不能言，有数存焉于其间。臣不能以喻臣之子，臣之子亦不能受之于臣，是以行年七十而老斫轮。"运斤：《庄子·徐无鬼》云"匠石运斤成风"；斤，斧；这是指写作时的剪裁修饰。

⑧ 搦：读 nuò，持、执。翰：笔。

⑨ 暨乎篇成，半折心始：范晔《狱中与诸甥侄书》："文章精进，但才少思难。每于操笔，其所成篇，殆无全称者。"

⑩ "意""言"二句：《文赋序》："每自属文，尤见其情，恒患意不称物，文不逮意。盖非知之难，能之难也。"张怀瓘《书断序》："心不能授之于手，手不能受之于心。"苏轼《答谢氏师书》："求物之妙，如系风捕影，能使是物了然于心者，盖千万人而不一遇也，而况能使了然于口与手乎？"又，王应麟《困学纪闻》卷十七"评文"类引赵宋人黄庭坚语曰："南阳刘勰尝论文章之难云：'意翻空而易奇，文征实而难工。'此语亦是沈谢辈为儒林宗主时好作奇语，故后生立论如此。"何焯注《困学纪闻》辩驳云："彦和乃谓手为心使之难，山谷错会也。"清万希槐《困学记闻五笺集证》："按此乃是手不从心之谓，非好作奇语也。"又，今人钱钟书《谈艺录》附说第十六："Lessing 剧本 Emilia Galotti 第一幕第四场有曰：'倘目成即为图画，不须手绘，岂非美事！惜自眼中至腕下，自腕下至毫颠，距离甚远，沿途走漏不少。'……此皆谓非得心之难，而应手之难也……夫艺也者，执心物两端而用厥中。兴象意境，心之事也；所资以驱遣而抒写兴象意境者，物之事也。物各有性，顺其性而恰有当于吾心，违其性而强有就吾心，其性有必不可逆，乃折吾心以应物。一艺之成，而三者具焉。自心言之，则生于心者应于手，出于手者形于物。……自物言之，则以心就手，以手合物……夫大家之能得心应手，正先由于得手应心。"

疏则千里①。或理在方寸而求之域表，或义在咫尺而思隔山河②。是以秉心养术，无务苦虑；含章司契，不必劳情也③。

人之禀才，迟速异分④，文之制体，大小殊功⑤。相如含笔而腐毫⑥，扬雄辍翰而惊梦⑦，桓谭疾感於苦思⑧，王充气竭於思虑⑨，张衡研《京》以十年⑩，左思练《都》以一纪⑪：虽有巨文，亦思之缓

---

① 授：疑当作"受"，张怀瓘《书断》有云："或笔下始思，困于钝滞"，"心不能授之于手，手不能受之于心"，而到灵感来时，则"意与灵通，笔与冥会，神将化合，变出无方"。无际：两者密合，无空隙；际，两者连接处。疏：远、不合。

② 方寸：指心。域表：域外。咫尺：指眼前。咫：八寸。

③ 秉心：操持心，即训练。务：专力。含章：内含美质。司契：《文赋》："意司契而为匠"，李善注："取舍由意，类司契为匠。"《文心雕龙·通变》："先博览以精阅，总纲纪而摄契。"《文心雕龙·总术》："思无定契，理有恒存。"可见"司契"就是掌握要领或法则。

④ 禀：禀赋，有天赋。迟速：陆机《文赋》："或操觚以率尔，或含毫而邈然。"陆厥《与沈约书》："王粲《初征》，他文未能称是；杨修敏捷，《暑赋》弥日不献。率意寡尤，则事促乎一日；翳翳愈伏，而理赊于七步。一人之思，迟速天悬；一家之文，工拙壤隔。"

⑤ 制体：体制。功：用。

⑥ 相如含笔而腐毫：《西京杂记》二载："司马相如为《上林》《子虚赋》，意思萧散，不复与外事相关，控引天地，错综古今，忽然如睡，焕然而兴，几百日而后成。"《文赋》："或操觚以率尔，或含毫而邈然。"刘孝绰《昭明太子集序》："窃以属文之体，鲜能周备。长卿徒善，既累为迟；少孺（枚皋字）虽疾，俳优而已。"

⑦ 扬雄事：《金楼子》有云："扬雄作赋有梦肠之谈，曹植为文有反胃之论，言劳神也。"

⑧ 桓谭事：见桓谭《新论·祛蔽》："余少时见扬子云之丽文高论，不自量年少新进，而猥欲逮及。尝激一事而作小赋，用精思太剧，而立感动发病，弥日瘳（愈）。子云亦言：成帝时，赵昭仪方大幸。每上甘泉，诏令作赋，为之卒暴，思虑精苦，赋成遂困倦小卧，梦其五脏出在地，以手收而内之。及觉，病喘悸，大少气，病一岁。由此言之，尽思虑，伤精神也。"

⑨ 王充事：见《后汉书》本传："充好论说……乃闭门潜思，绝庆吊之礼，户牖墙壁，各置刀笔，著《论衡》八十五篇，二十余万言。年渐七十，志力衰耗，乃造《养性书》十六篇，裁节嗜欲，颐神自守。"王充自己的《论衡·对作》篇也说："愁精神而忧魂魄，动胸中之静气，贼年损寿，无益于性，祸重于颜回，违负黄老之教，非人所贪，不得已故为《论衡》。"

⑩ 张衡事：见《后汉书》本传："时天下承平日久，自王侯以下莫不逾侈。衡乃拟班固《两都》作《二京赋》，因以讽谏。精思傅会，十年乃成。"

⑪ 左思事：《文选·三都赋序》李善注引臧荣绪《晋书》曰："左思，字太冲，齐国人。少博览文史，欲作《三都赋》，乃诣著作郎张载访岷邛之事。遂构思十稔，门庭藩溷，皆著纸笔，遇得一句即疏之。赋成，张华见而咨嗟，都邑豪贵，竞相传写。"

也。淮南崇朝而赋《骚》①，枚皋应诏而成赋②，子建援牍如口诵③，仲宣举笔似宿构④，阮瑀据案而制书⑤，祢衡当食而草奏⑥：虽有短篇，亦思之速也。若夫骏发之士，心总要术⑦，敏在虑前，应机立断；覃思之人，情饶歧路⑧，鉴在疑后，研虑方定。机敏，故造次而成功，虑疑，故愈久而致绩⑨。难易虽殊，并资博练⑩。若学浅而空迟，才疏而徒速，以斯成器⑪，未之前闻。是以临篇缀虑⑫，必有二患：理郁者苦贫，辞溺者伤乱⑬，然则博见为馈贫之粮⑭，贯一为拯乱之药，博而能一，亦有助乎心力矣。

---

① 淮南：淮南王刘安，西汉前期的思想家和文学家。崇：终。赋《骚》：指刘安所写有关《离骚》的作品，现已失传；事见高诱《淮南子叙》："(刘)安为辨达，善属文。皇帝为从父，数上书召见，孝文皇帝甚重之。诏使为《离骚赋》，自旦受诏，日早食已(完成)。上爱而秘之。"

② 枚皋事：见《汉书》本传。

③ 子建：曹植字。援牍：指撰文；援，持；牍，木简。

④ 仲宣：王粲字。宿构：早写好的。事见《三国志》本传。

⑤ 阮瑀(yǔ)：字元瑜，"案"当作"鞍"，《三国志·魏书·王粲传》注引《典略》说："太祖(曹操)尝使瑀作书与韩遂，时太祖适近出，瑀随从，因于马上具草，书成呈之。太祖揽笔欲有所定，而竟不能增损。"

⑥ 祢(mí)衡：字正平，事见《后汉书·祢衡传》："人有献鹦鹉者，(黄)射举卮于衡曰：'愿先生赋之以娱嘉宾。衡览(揽)笔而作，文无加点，辞采甚丽'，"(刘)表尝与诸文人共草章奏，并极其才思。时衡出，还见之，开省未周，因毁以抵(掷)地。表忧然(不乐)为骇。衡乃从求笔札，须臾立成，辞义可观。"

⑦ 骏发：迅速得到启发，指文思敏捷；骏，速。要术：主要方法。

⑧ 覃：深。饶：多。歧路：指意见不定。

⑨ 造次：仓促，匆促。致绩：成功。陆机《文赋》云："或竭情而多悔，或率意而寡尤。"《西京杂记》三载："扬子云曰：军旅之际，戎马之间，飞书驰檄，用枚皋；廊庙之下，朝廷之中，高文典册，用相如。"此"造次而成功"与"愈久而致绩"之征。

⑩ 博练：博学而精练。

⑪ 器：才器，才能。

⑫ 缀虑：构思。

⑬ 郁：郁积，指思路畅。贫：贫乏，没东西可写。辞溺：陷在辞藻里。

⑭ 馈：进食。

若情数诡杂①，体变迁贸②，拙辞或孕於巧义，庸事或萌於新意③，视布於麻，虽云未费，杼轴献功，焕然乃珍④。至于思表纤旨，文外曲致，言所不追，笔固知止。至精而后阐其妙，至变而后通其数⑤，伊挚不能言鼎，轮扁不能语斤⑥，其微矣乎！

赞曰：神用⑦象通，情变所孕。物以貌求，心以理应。刻镂声律，萌芽比兴。结虑司契，垂帷制胜⑧。

---

①　数：可作二解，一作"家数""路数"，再如《文心雕龙·体性》："若总其归涂，则数穷八体"，"八体虽殊，会通合数"；二作"理数"，《文心雕龙·章句》："情数运周，随时代用矣。""情数"犹"情理"。

②　体：风格，《文赋》："其为物也多姿，其为体也屡迁。"《文心雕龙·体性》："若夫八体屡迁，功以学成。"迁贸：变化无定。

③　《文赋》："或言拙而喻巧，或理朴而辞轻。"

④　二句意谓：由麻而布，虽然为添加什么（未费），但经过织布机的作用，就有光彩而可珍贵了。杼轴：织布机类，此处喻指酝酿构思、文字锤炼等。钱钟书《谈艺录》附说第十六云："画以心不以手，立说似新。实则王子安（勃）腹稿，文与可胸有成竹之类，乃不在纸上起草，而在胸中打稿耳……胸中所位置安排，删削增改者，亦即纸上文字笔墨，何尝能超越迹象，废除技巧！纸上起草，本非完全由手，胸中打稿，亦岂一切唯心哉！"

⑤　"至精"二句：《周易·系辞上》："是以君子将有为也……非天下之至精，其谁能与于此？参伍以变，错综其数，通其变，遂成天地之文。极其数，遂定天下之象。非天下之至变，其谁能与于此？"又，《庄子·天道》："（轮扁曰）口不能言，有数存焉于其间。"《文赋》亦云："因宜适变，曲有微情。"阐：说明。数：术，技巧。

⑥　伊挚：伊尹名挚，典出《吕氏春秋·本味》："汤得伊尹，明日设朝而见之，说汤以至味，曰：鼎中之变，精妙微纤，口弗能言，志弗能喻。"。鼎：古烹调用具。轮扁：一个做车轮名叫扁的人，典出《庄子·天道》："轮扁谓桓公曰：以臣之事观之，斫轮徐则甘而不固，疾则苦而不入，不徐不疾，得之于手而应于心，口不能言，有数存焉于其间。"上文"至变而后通其数"，其实就暗用轮扁说桓公的话。时人用轮扁事说言文者颇多，如《南齐书·文学传论》："轮扁斫轮，言之未尽。"《文赋》："至于操斧伐柯，虽取则不远；若夫随手之变，良难以辞逮"，"是盖轮扁所不得言，亦非华说之所能精。"沈约《答陆厥书》："韵与不韵，复有精粗，轮扁不能言，老夫亦不尽辨此。"

⑦　用：与。

⑧　司契：指意匠经营。垂帷：下帷，典出《史记·儒林·董仲舒传》："以治《春秋》，孝景时为博士。下帷讲诵，弟子以久次相受业，或莫见其面。盖三年，董仲舒不观于舍园。其精如此。"又，《汉书·叙传下·董仲舒传述》："下帷覃思，论道属书。"可见刘勰所谓"垂帷制胜"，乃重申篇中"积学""博见""覃思"之要，非谓将军之运筹帷幄，决胜千里也。

体　性

　　夫情动而言形，理发而文见，盖沿隐以至显，因内而符外者也。然才有庸俊，气有刚柔，学有浅深，习有雅郑①，并情性所铄，陶染所凝②，是以笔区云谲、文苑波诡者矣③。故辞理庸俊，莫能翻其才；风趣刚柔，宁或改其气；事义浅深，未闻乖其学；体式雅郑，鲜有反其习④：各师成心，其异如面⑤。若总其归涂，则数穷八体⑥：一曰典雅⑦，二曰远奥⑧，

---

　　① 俊：杰出。习：习染。雅郑：正邪，雅是周天子辖区内的标准音乐，故为正，郑声淫而邪。关于"才"与"学"的关系，《文心雕龙·事类》也有所论："文章由学，能在天资。才自内发，学以外成；有学饱而才馁，有才富而学贫。学贫者迍邅(zhūn zhān，难行貌)于事义，才馁者劬劳于辞情，此内外之殊分也。"

　　② 铄：冶金，借作形成。陶染：风俗习惯的陶冶感染。

　　③ 笔区：指文坛。谲、诡：都指变化。

　　④ 翻、改、乖、反：四字义近，此八句说辞理与才、风趣(风格)与气、事义与学、体式(体格法式)与习是一致的。

　　⑤ 各师成心：典出《庄子·齐物论》："夫随其成心而师之，谁独且无师乎?"郭象注："夫心之足以制一身之用者，谓之成心。"其异如面：犹言"文如其人"，今人钱钟书《谈艺录》有云："心画心声，本为成事之说，实鲜先见之明。然所言之物可以饰伪，巨奸为忧国语，热中人作冰雪文是也。其言之格调，则往往流露本相。狷疾人之作风，不能尽变为澄澹；豪迈人之笔性，不能尽变为谨严。文如其人，在此不在彼也。"

　　⑥ 八体：刘勰倡"八体"说，当时还流行"三体"说，如沈约《宋书·谢灵运传论》："自汉至魏，四百余年，辞人才子，文体三变，相如工为形似之言，二班长于情理之说，子建、仲宣以气质为体。"又，萧子显《南齐书·文学传论》："今之文章，作者虽众，总而为论，略有三体：一则启心闲绎，托辞华旷，虽存巧绮，终致迂曲……此体之源，出灵运而成也。次则缉事比类，非对不发……唯睹事例，顿失清采。此则傅咸五经，应璩指事，虽不全似，可以类从。次则发唱惊挺，操调险急，雕藻淫艳，倾炫心魂……斯鲍照之遗烈也。"此外，钟嵘《诗品中》涉及"体"之源流："(张华诗)其源出于王粲，其体华艳，兴托不奇"，"(陶潜诗)文体省净，殆无长语。"

　　⑦ 典雅：与此风格相关的论述有：《文心雕龙·定势》："模经为式者，自入典雅之懿。"《文心雕龙·诏策》："潘勖《九锡》，典雅逸群"，"武帝崇儒，选言弘奥，策封三王，文同训典，劝戒渊雅"。

　　⑧ 远奥：与此相关的论述：《文心雕龙·原道》："符采复隐"；《文心雕龙·征圣》"四象精义以曲隐"；《文心雕龙·宗经》："故《系》称旨远辞文，言中事隐"；《文心雕龙·练字》："复文隐训"；《文心雕龙·隐秀》："隐以复意为工"，"深文隐蔚，余味曲包"；《文心雕龙·序志》："或有曲意密源，似近而远"。

三曰精约^①，四曰显附，五曰繁缛^②，六曰壮丽^③，七曰新奇^④，八曰轻靡^⑤。典雅者，镕式经诰、方轨儒门者也^⑥；远奥者，馥采曲文、经理玄宗者也^⑦；精约者，核字省句、剖析毫厘者也^⑧；显附者，辞直义畅、切理厌心者也^⑨；繁缛者，博喻酿采、炜烨枝派者也^⑩；壮丽者，高论宏裁、卓烁异采者也^⑪；新奇者，摈古竞今、危侧趣诡者也^⑫；轻靡者，浮文弱植、缥缈附俗者也^⑬。故雅与奇反，奥与显殊，繁与约舛^⑭，壮与轻乖，文辞根叶，苑囿^⑮其中矣。

---

①　精约：与此相关的论述：《文心雕龙·事类》："综学在博，取事贵约，校练务精，捃理须覈"；《文心雕龙·诸子》："辞约而精，《尹文》得其要"；《文心雕龙·镕裁》："精论要语，极略之体"；《文心雕龙·丽辞》："魏晋群才，析句弥密，联字合趣，剖毫析厘"。

②　繁缛：《文心雕龙·议对》："文以辨洁为能，不以繁缛为巧"。

③　壮丽：《文心雕龙·杂文》："陈思《七启》，取美于宏壮"。

④　新奇：与此相关的论述有：《文心雕龙·定势》："自近代辞人，率好诡巧"，"厌黩旧式，故穿凿取新"，"辞反正为奇。效奇之法，必颠倒文句，上字而抑下，中辞而出外，回互不常，则新色耳"；《文心雕龙·明诗》："俪采百字之偶，争价一句之奇，情必极貌以写物，辞必穷力而追新。从质及讹，弥近弥澹，何则？竞今疏古，风昧气衰也。"《文心雕龙·风骨》："若夫……洞晓情变，曲昭文体，然后能孚甲新意，雕画奇辞。昭体，故意新而不乱；晓变，故辞奇而不黩"。

⑤　轻靡：《文心雕龙·明诗》："晋世群才，稍入轻绮，张、潘、左、陆，比肩诗衢，采缛于正始，力柔于建安。或析文以为妙，或流靡以自妍。"

⑥　镕式：熔铸、取法。经诰：经典。方轨：并驾。

⑦　馥：当作"复"，隐而不显，如《文心雕龙·总术》云："奥者复隐"。玄宗：指玄学，《颜氏家训·勉学》："何晏王弼，祖述玄宗。""复采曲文"指的是表现形式，"经理玄宗"指的是玄学思想。远奥的作品固然不一定都具有玄学思想，可是"经理玄宗"的作品如玄言诗总是比较思路遥远而深奥的。

⑧　核字：字字经过考核，即内容剖析入微，文辞精练的是精约。

⑨　附：近。切：切合。厌：满足。

⑩　酿采：指辞采丰富。炜烨：读 wěi yè，明亮貌。枝派：树多枝叶，水分流派，这里指铺叙的夸张。

⑪　宏裁：大体裁。卓烁：卓越的光彩。议论卓越，文辞杰出的是壮丽。

⑫　摈：排斥。危侧：险僻。趣诡：情趣诡奇。

⑬　植：指内容的情志。缥缈：虚飘。指内容浅薄，文辞浮靡的是轻靡。

⑭　繁与约舛：《文心雕龙·定势》："断辞辨约者，率乖繁缛。"

⑮　苑囿：囊括、蕴含。

　　若夫八体屡迁，功以学成，才力居中①，肇自血气②；气以实志，志以定言③，吐纳英华，莫非情性。是以贾生俊发，故文洁而体清④；长卿傲诞，故理侈而辞溢⑤；子云沉寂，故志隐而味深⑥；子政简易，故趣昭而事博⑦；孟坚雅懿，故裁密而思靡⑧；平子淹通，故虑周而藻密⑨；仲宣躁锐，故颖出而才果⑩；公幹气褊，

---

　　① 学、才：《文心雕龙·事类》："才自内发，学以外成。"中：指内心。

　　② 肇：开始。血气：气质。前文有"气有刚柔"，"气"乃文之体性之源，曹丕《典论·论文》："夫人善于自见，而文非一体，鲜能备善"，"夫文本同而末异，盖奏议宜雅，书论宜理，铭诔尚实，诗赋欲丽，此四科不同，故能之者偏也。唯通才能备其体。文以气为主，气之清浊有体，不可力强而致。"人之体气刚柔、清浊两两相对，文之体性也两两相对：雅与奇反、奥与显殊、繁与约舛、壮与轻乖，亦可见"八体"肇自"血气"。血气与人的体质有关，也与年龄有关，《文心雕龙·养气》云："凡童少鉴浅而志盛，长艾识坚而气衰"，所以，不同的人有不同的风格，同一人在不同的年龄段，风格也略有不同。

　　③ 语出《左传·昭公九年》："味以行气，气以实志，志以定言。"杜注："气和，则志充；在心为志，发口为言。"

　　④ 贾生：指贾谊。《文心雕龙·才略》："贾谊才颖，陵轶飞兔，议惬而赋清，岂虚至哉！"《文心雕龙·哀吊》："自贾谊浮湘，发愤吊屈，体周而事覈，辞清而理哀。"

　　⑤ 长卿：司马相如字；诞：放荡；侈：夸大。《文心雕龙·诠赋》："相如《上林》，繁类以成艳"；《文心雕龙·才略》："相如好书，师范屈宋，洞入夸艳，致名辞宗，然覆取精意，理不胜辞。故扬子以为文丽用寡者长卿，诚哉是言也"；《文心雕龙·物色》："及长卿之徒，诡势瑰声，模山范水，字必鱼贯，所谓诗人丽则而约言，辞人丽淫而繁句也。"

　　⑥ 子云：扬雄字。《文心雕龙·才略》："子云属意，辞人最深，观其涯度幽远，搜选诡丽，而竭才以钻思，故能理赡而辞坚矣"；《文心雕龙·诠赋》："子云《甘泉》，构深伟之风"；《文心雕龙·练字》："扬、马之作，趣幽旨深"。

　　⑦ 子政：刘向字。趣昭：明白易懂，是为"显附"。《文心雕龙·才略》："（刘向）《新序》该练"。

　　⑧ 孟坚：班固字。懿：深。靡：细。《文心雕龙·封禅》："（班固）《典引》所叙，雅有懿乎？"《文心雕龙·诠赋》："孟坚《两都》，明绚以雅赡"；《文心雕龙·杂文》："班固《宾戏》，含懿采之华"。

　　⑨ 平子：张衡字。淹：广。周：周到。《文心雕龙·才略》："张衡通赡"；《文心雕龙·杂文》："张衡《七辨》，结采绵靡"。

　　⑩ 仲宣：王粲字。颖出：锥子的尖脱出，指露锋芒。果：决断。《文心雕龙·才略》："仲宣溢才，捷而能密。文多兼善，辞少瑕累，摘其诗赋，则七子之冠冕乎？"

故言壮而情骇①；嗣宗俶傥，故响逸而调远②；叔夜俊侠，故兴高而采烈③；安仁轻敏，故锋发而韵流④；士衡矜重，故情繁而辞隐⑤。触类以推，表里必符，岂非自然之恒资⑥，才气之大略哉！

夫才由天资，学慎始习，斫梓染丝，功在初化，器成采定，难可翻移。故童子雕琢，必先雅制，沿根讨叶，思转自圆，八体虽殊，会通合数，得其环中，则辐辏相成。故宜摹体以定习，因性以练才⑦，文之司南，用此道也。

赞曰：才性异区，文体繁诡。辞为肌肤，志实骨髓⑧。雅丽黼黻，淫巧朱紫⑨。习亦凝真，功沿渐靡⑩。

---

① 公幹：刘桢字。

② 嗣宗：阮籍字。俶傥：读 tì tǎng，不受拘束。逸：高超。

③ 叔夜：嵇康字。烈：强烈。

④ 安仁：潘岳字。《文心雕龙·才略》："潘岳敏给，辞自和畅。"

⑤ 士衡：陆机字。矜：矜持，庄重。《文心雕龙·才略》："陆机才欲窥深，辞务索广，故思能入巧而不制繁"；《文心雕龙·镕裁》："士衡才优，而缀词尤繁。及云之论机，亟恨其多"；《文心雕龙·哀吊》："陆机之《吊魏武》，序巧而文繁"。

⑥ 恒资：恒久不变的资质，指气质。

⑦ 因性以练才：《抱朴子·外篇·辞义》："夫才有清浊，思有修短；虽并属文，参差万品：或浩瀚而不渊潭，或得事情而辞钝，违物理而文工。盖偏长之一致，非兼通之才也。暗于自料，强欲兼之，违才易务，故不免嗤也。"又，《世说新语·文学》注引《魏志》："(钟)会尝论才性同异，传于世。四本者，言才性同，才性异、才性合、才性离是也。""因性以练才"可谓才性"合"。

⑧ 肌肤：原作"肤根"，当改，《文心雕龙·附会》："事义为骨髓，辞采为肌肤"；《文心雕龙·辨骚》："骨鲠所树，肌肤所附"。再如《汉书·礼乐志》："夫乐本性情，浃肌肤而藏骨髓"；《抱朴子·外篇·辞义》："属笔之家，亦各有病；其浅者，则患乎妍而无据，证援不给，皮肤鲜泽，而骨鲠迥弱也。"

⑨ 黼黻：读 fǔ fú，古代礼服上绣的花纹，半白半黑的斧形（刃白背黑）叫黼，半黑半青的两个己字形叫黻。朱紫：古代以朱为正色，紫为间色，即正色和间色混杂。

⑩ 靡：倒，指倒向正确的一面。

风　骨

《诗》总六义，风冠其首，斯乃化感之本源，志气之符契也①。是以怊怅②述情，必始乎风；沈吟铺辞，莫先於骨。故辞之待骨，如体之树骸；情之含风，犹形之包气③。结言端直，则文骨成焉；意气骏爽，则文风清焉。若丰藻克赡，风骨不飞，则振采失鲜，负声无力④。是以缀虑裁篇，务盈守气⑤，刚健既实，辉光乃新，其为文用，譬征鸟之使翼也⑥。故练於骨者，析辞必精；深乎风者，述情必显⑦。捶字坚而难移，结响凝而不滞⑧：此风骨之力也。若瘠义肥辞，繁杂失统⑨，

---

① 符契：表征。范文澜注云："本篇以风为名，而篇中多言气。《广雅·释言》：'风，气也。'《庄子·齐物论》：'大块噫气，其名为风。'《诗大序》：'风以动之。'盖气指其未动，风指其已动，《国风》所陈，多男女饮食之事，故曰'化感之本源，志气之符契'。"

② 怊怅：惆怅。

③ 包气：《孟子·公孙丑上》："气，体之充也。"《管子·心术下》："气者，身之充也。"

④ 振采：舒发词采。负声无力：意为"无力负声"，《封禅》："至于邯郸受命……风末力寡……虽文理顺序，而不能奋飞。"又，《旧唐书·杨炯传》："许景先之文，如丰肌腻理，虽秾华可爱，而微少风骨。"

⑤ 守气：《左传·昭公十一年》："单子会韩宣子于戚，视下，言徐叔向曰：'单子其将死乎？……今单子为王官伯，而命事于会，视不登带，言不过步，貌不道（导）容，而言不昭矣。不道不共（恭），不昭不从，无守气矣。'"正义："言无守身之气，将必死。"

⑥ 征鸟：远飞的鸟。

⑦ 析辞必精："析辞"犹"遣词"，《文心雕龙·诸子》："辞约而精，尹文得其要。"《文心雕龙·丽辞》："魏晋群才，析句弥密，联字合趣，剖毫析厘。"

⑧ 捶字：炼字。结响凝而不滞：凝，声调有力；不滞，流畅。唐人韩愈《答李翊书》云："气盛则言之短长与声之高下皆宜"；又，陈子昂《与东方左史虬修竹篇序》云："汉魏风骨，晋宋莫传……一昨于解三处见明公《咏孤桐篇》，骨气端翔，音情顿挫，光英朗练，有金石声……不图正始之音，复睹于兹；可使建安作者，相视而笑"，"响""声""音情"乃是理解"风骨"含义的关键所在。

⑨ 瘠义：意义贫乏。统：统绪、条理。征：征兆、证验。《文心雕龙·议对》："及陆机断议，亦有锋颖；而腴辞弗剪，颇累文骨。亦各有美，风格存焉。"《文心雕龙·诠赋》："繁华损枝，膏腴害骨。"

则无骨之征也；思不环周，索莫乏气①，则无风之验也②。昔潘勖锡

---

①　环周：环旋周回，"思不环周"谓思路不周密圆通。索莫：沮丧、寂寥、无生气貌，即"索漠""索寞"。

②　"捶字坚而难移"等句：此段需细加分析："瘠义肥辞，繁杂失统"是从反面讲"无骨"，而"捶字坚而难移"则是从正面讲"有骨"，"骨"与"义"相关；"思不环周，索莫乏气"是从反面讲"无风（气）"，而"结响凝而不滞"则是从正面讲"有风（气）"，"风（气）"与"响"相关；"无骨"的表现可以说是辞肥而"繁杂失统"，对付的办法是以"义"割弃支离之辞，可谓之"义以节文"——这是《镕裁》篇要解决的问题；而《镕裁》篇后是《声律》篇，其中有云："古之佩玉，左宫右徵，以节其步，声不失序。音以律文，其可忽哉"，"割弃支离，宫商难隐"，声"成文"而有"音律"，也可以起到"割弃支离"也即解决"繁杂失统"的作用；所以，在刘勰，解决文之"繁杂失统"之弊，实有二法：或以"义理"统摄辞藻，割弃游辞；或以"音律"统摄字词，于音律而言，多一字，则声响难免滞碍，如欲"不滞"，则同样需要"割弃支离"，此即"音以律文"——刘勰这种细密的用心，后世注家大都未能体察。再扩大范围来看，《镕裁》《声律》后是《章句》《丽辞》，其后，《比兴》《夸饰》《事类》皆关乎"句"，其后则为《练字》篇，以篇幅大小论，分别讲的是章法、句法、字法，井然有序；再反而观之，《镕裁》《声律》讲的则是篇法，而"义以节文"与"音以律文"就是使一篇文章整篇整饬、统一而流畅的两种基本方法。《练字》作为字法，音、义并重（还涉及字之"形"），兹姑不论。再看句法，"事类者，盖文章之外，据事以类义，援古以证今者也"，故《事类》篇主要关乎"义"，与"音"无涉；"然饰穷其要，则心声锋起，夸过其理，则名实两乖"，《夸饰》关乎物象与"理"，与"音"也无直接关联；"比者，附也；兴者，起也。附理者切类以指事，起情者依微以拟议"，《比兴》也主要关乎事、物与"理"，与"音"无涉；《丽辞》讲对仗，也与"音"无直接关联——以上三篇讲句法，可谓只重"义"，而《章句》篇则颇多重"音"之论："离章合句，调有缓急"，"若夫笔句无常，而字有常数，四字密而不促，六字格而非缓"，讲的是音之节奏；"若乃改韵从调，所以节文辞气。贾谊枚乘，两韵辄易；刘歆、桓谭，百句不迁：亦各有其志也。昔魏武论赋，嫌于积韵，而善于资代。陆云亦称'四言转句，以四句为佳。'观彼制韵，志同枚贾。然两韵辄易，则声韵微躁，百句不迁，则唇吻告劳；妙才激扬，虽触思利贞，曷若折之中和，庶保无咎"，"改韵从调，所以节文辞气"，乃是"音"之"律"文、"节"文的重要表现；"又诗人以兮字入于句限，楚辞用之，字出于句外。寻兮字成句，乃语助余声。舜咏南风，用之久矣，而魏武弗好，岂不以无益文义耶！至于夫惟盖故者，发端之首唱；之而于以者，乃扎句之旧体；乎哉矣也，亦送末之常科。据事似闲，在用实切"，无关乎"义"的语助虚词，"用"则不小，"赞曰：断章有检，积句不恒。理资配主，辞忌失朋。环情节调，宛转相腾。离合同异，以尽厥能"——"理资配主，辞忌失朋"解决的就是"瘠义肥辞，繁杂失统"之弊，而"环情节调，宛转相腾"即"音以律文"也。总之，篇、章、句、字法，皆贯穿着"音律"与"义理"双重之旨，此乃理解《文心雕龙》主旨及其体系性之大节，其可忽焉？

魏，思摹经典，群才韬笔①，乃其骨髓峻也；相如赋仙，气号凌云，蔚为辞宗，迺其风力遒也②。能鉴斯要，可以定文，兹术或违，无务繁采。

故魏文称："文以气为主，气之清浊有体③，不可力强而致。"故其论孔融则云"体气高妙"④，论徐幹则云"时有齐气"⑤，论刘桢则云"有逸气"⑥。公幹亦云："孔氏卓卓，信含异气；笔墨之性，殆不可胜。"⑦并重气之旨也。夫翚翟备色，而翾翥百步⑧，肌丰而力沈也；鹰隼乏采，而翰飞戾天⑨，骨劲而气猛也；文章才力，有似於此。若风骨乏采，则鸷集翰林⑩；采乏风骨，则雉窜文囿⑪；唯藻耀而高翔，固文笔之鸣凤也。

----

① 韬笔：搁笔。《文心雕龙·诏策》："潘勖《九锡》典雅逸群"；《文心雕龙·才略》："潘勖凭经以骋才，故绝群于锡命"。

② 蔚：盛。宗：宗匠。遒：劲。

③ 魏文：魏文帝曹丕。气、体：《论衡·无形》："人以气为寿，形随气而动；气性不均，则体不同。"《抱朴子·外篇·尚博》："清浊参差，所禀有主，朗昧不同科，强弱各殊气。"

④ 体气：兼指作者的气质和作品的气貌，《典论·论文》："孔融体气高妙，有过人者，然不能持论，理不胜辞"；《三国志·吴书·王楼贺韦华传》："蓄体气高亮，不能承颜顺旨"。《文心雕龙·章表》："文举之荐祢衡，气扬采飞"；《文心雕龙·才略》："孔融气盛于为笔"。

⑤ 齐气：齐俗文体舒缓，所以称文气舒缓为齐气。

⑥ 逸气：奔放之气；曹丕《与吴质书》："公幹有逸气，但未遒耳"；《颜氏家训·文章》："凡为文章，犹乘骐骥，虽有逸气，当以衔勒制之，勿使流乱轨躅，放意填坑岸也"；"未遒"与缺乏"以衔勒制之"有关。钟嵘《诗品上》评刘桢诗："仗气爱奇，动多振绝，真骨凌霜，高风跨俗，但气过其文，雕润恨少。"谢灵运《拟魏太子邺中集刘桢诗序》："卓荦偏人，而文最有气，所得颇经奇。"

⑦ 公幹：刘桢字。孔氏：指孔融。卓卓：卓越，超出一般。异气：特异之气。

⑧ 翚：读 huī，五彩的野鸡。翟：读 dí，长尾的山鸡。翾翥：读 xuān zhù，小飞。

⑨ 翰：高。戾：到。

⑩ 翰林：翰（笔）墨之林，即文艺园地。

⑪ 采、风骨：《诗品序》云："干之以风力，润之以丹采，使味之者无极，闻之者动心，是诗之至也"。

若夫镕铸经典之范，翔集子史之术①，洞晓情变，曲昭文体，然后能孚甲新意，雕画奇辞②。昭体故意新而不乱，晓变故辞奇而不黩③。若骨采未圆，风辞未练，而跨略旧规，驰骛新作，虽获巧意，危败亦多，岂空结奇字，纰缪而成经④矣？《周书》云："辞尚体要，弗惟好异。"⑤盖防文滥也。然文术多门，各适所好，明者弗授，学者弗师。於是习华随侈，流遁忘反。若能确⑥乎正式，使文明以健，则风清骨峻，篇体光华⑦。能研诸虑，何远之有哉！

赞曰：情与气偕，辞共体并。文明以健，珪璋乃聘⑧。蔚彼风力，严此骨鲠⑨。才锋峻立，符采克炳。

通　变

夫设文之体有常，变文之数无方，何以明其然耶⑩？凡诗赋书记，名理相因，此有常之体也⑪；文辞气力，通变则久，此无方之

---

①　翔集：指取法子史使文字写得极为生动，像飞翔一般。

②　洞：深。曲昭：详悉。孚甲：萌生。雕画：修饰。

③　黩：读 dú，污点。

④　成经：成为恒常的法式。

⑤　语出《尚书·毕命》："政贵有恒，辞尚体要，不惟好异。"孔传："辞以体实为要，故贵尚之。若异于先王，君子所不好。"正义："言辞尚其体实要约，当不惟好其奇异。"

⑥　确：坚定。

⑦　文明以健：语出《周易·同人·彖辞》："文明以健，中正而应"，"明"状"风"貌，"健"状"骨"性。《诗品中》云："彦伯《咏史》，虽文体未遒，而鲜明紧健，去凡俗远矣。"篇体：指整篇的体制风格，《文心雕龙·时序》云："正始余风，篇体轻澹"。

⑧　珪璋：各国聘问时的宝玉。

⑨　骨鲠：《文心雕龙·檄移》："陈琳之檄豫州，壮有骨鲠。"《文心雕龙·诔碑》："观杨赐之碑，骨鲠似典。"《文心雕龙·奏启》："陈蕃愤懑于尺一，骨鲠得焉。"

⑩　常：不变的。数：术数、方法。方：犹"常"。《镕裁》亦云："立本有体，意或偏长；趋时无方，辞或繁杂。"

⑪　诗赋书记：这是总论从《明诗》到《书记》的文体论各篇说的。

数也①。名理有常，体必资於故实；通变无方，数必酌於新声②；故能骋无穷之路，饮不竭之源。然绠短者衔渴③，足疲者辍涂，非文理之数尽，乃通变之术疏耳。故论文之方，譬诸草木，根干丽土而同性，臭味晞阳而异品矣④。

是以九代咏歌，志合文则⑤。黄歌"断竹"⑥，质之至也；唐歌《在昔》，则广於黄世；虞歌《卿云》，则文於唐时；夏歌"雕墙"⑦，缛於虞代；商周篇什，丽於夏年。至於序志述时，其揆一也⑧。暨楚之骚文，矩式周人⑨；汉之赋颂，影写楚世⑩；魏之策制，顾慕汉风；晋之辞章，瞻望魏采。摧而论之⑪，则黄唐淳而质，虞夏质而辨，商周丽而雅，楚汉侈而艳，魏晋浅而绮，宋初讹而新。从质及讹，弥近弥淡，何则？竞今疏古，风昧⑫气衰也。今才颖之士，刻意学文，多略汉篇，师范宋集⑬，虽古今备阅，然近附而远疏⑭矣。

---

① 气：气势。通：会通，通观历代创作而求得它的规律。通变：指继承和革新；变，变革。《文心雕龙·神思》："至变而后通其数。"《文心雕龙·物色》："古来辞人，异代接武，莫不参伍以相变，因革以为功，物色尽而情有余者，晓会通也。"

② 资：凭借。故实：指过去的作品。新声：新音乐，指新作品。《文心雕龙·议对》亦云："采故实于前代，观通变于当今。"

③ 绠：汲水绳。衔渴：受渴。辍：停止。

④ 丽：附著。晞：晒太阳。

⑤ 九代：黄帝、唐、虞、夏、商、周（包括楚国）、汉、魏、晋（含宋初）。则：法则。

⑥ 黄歌：黄帝时歌；其《弹歌》曰："断竹续竹，飞土逐肉"。

⑦ 《雕墙》：指《五子之歌》，其中有"峻宇雕墙"句。

⑧ 揆：读 kuí，道。

⑨ 矩式：以为规矩法式，即取法。

⑩ 影写：模仿。

⑪ 摧：大摧，大略。

⑫ 昧：暗昧不明。

⑬ 宋集：刘宋各家集子，犹宋文。

⑭ 近附而远疏：《诗品序》亦云："次有轻薄之徒，笑曹（植）刘（祯）为古拙，谓鲍照羲皇上人，谢朓今古独步。而师鲍照，终不及'日中市朝满'；学谢朓，劣得'黄鸟度青枝'。"

夫青生於蓝，绛生於蒨①，虽逾本色，不能复化。桓君山云②："予见新进丽文，美而无采；及见刘扬③言辞，常辄有得。"此其验也。故练青濯绛，必归蓝蒨；矫讹翻浅，还宗经诰。斯斟酌乎质文之间，而櫽括④乎雅俗之际，可与言通变矣。

夫夸张声貌，则汉初已极，自兹厥后，循环相因，虽轩翥⑤出辙，而终入笼内。枚乘《七发》云："通望兮东海，虹洞⑥兮苍天。"相如《上林》云："视之无端，察之无涯，日出东沼，入乎西陂。"马融《广成》云："天地虹洞，固无端涯，大明出东，入乎西陂。"⑦扬雄《校猎》云："出入日月，天与地沓⑧。"张衡《西京》云："日月於是乎出入，象扶桑於濛汜。"⑨此并广寓极状，而五家如一。诸如此类，莫不相循，参伍因革⑩，通变之数也。

是以规略文统⑪，宜宏大体。先博览以精阅，总纲纪而摄契⑫；然后拓衢路，置关键，长辔远驭，从容按节，凭情以后通，负气以适变，采如宛虹之奋鬐，光若长离之振翼，迺颖脱之文矣⑬。若乃

---

① 绛：读 jiàng，赤色。蒨：读 qiàn，可染赤色的草。

② 君山：桓谭字，著《新论》，下面所引的话，大概是《新论》的佚文。

③ 刘扬：刘向、扬雄。

④ 櫽(yǐn)括：矫正曲木的器具，这里指纠正偏向。

⑤ 轩翥：高飞。

⑥ 虹洞：相连貌。

⑦ 大明：指太阳。陂：山坡。

⑧ 沓：合。

⑨ 扶桑：传为日所从出的神树。濛汜(sì)：日落的地方。

⑩ 循：沿袭。参伍：错综。

⑪ 规略：规划，考虑。统：总纲。

⑫ 摄：统摄，包括。契：契合。

⑬ 宛虹：弯曲的长虹。奋鬐(qí)：弓起背。长离：朱鸟星，南方七个星宿的总称，因为称鸟，所以联系到鼓动翅膀。颖脱：锥子的头从袋子里面脱出来，比喻突出。

龌龊于偏解，矜激乎一致，此庭间之回骤，岂万里之逸步哉①！

赞曰：文律运周，日新其业。变则可久，通则不乏。趋时必果②，乘机无怯。望今制奇，参古定法。

定　势

夫情致异区，文变殊术，莫不因情立体，即体成势也，势者，乘利而为制也③。如机发矢直，涧曲湍回，自然之趣也。圆者规体，其势也自转；方者矩形，其势也自安：文章体势④，如斯而已。是以模经为式者，自入典雅之懿；效《骚》命篇者，必归艳逸之华；综意浅切者，类乏酝藉；断辞辨约者，率乖繁缛：譬激水不漪⑤，槁木无阴，自然之势也。

是以绘事图色，文辞尽情，色糅而犬马殊形，情交而雅俗异势⑥。镕范所拟，各有司匠，虽无严郛，难得逾越⑦。然渊乎文者，并总群势；奇正虽反，必兼解以俱通；刚柔虽殊，必随时而适用。若爱典而恶华，则兼通之理偏，似夏人争弓矢，执一不可以独射也⑧；

---

① 龌龊：局促。矜激：骄傲偏激。骤：跑马。逸步：快步，指马的快跑。

② 果：果断，决断。

③ 语本《孙子·计篇》："计利以听，乃为之势，以佐其外；势者，因利而制权也。"

④ 体势：《文心雕龙·诸子》亦云："两汉以后，体势漫弱。"又，嵇康《琴赋》有云："若论其体势，详其风声，器和故响逸，张急故声清。"何谓"势"，今人争论不休，其实，若从动静观，则其义昭然：上文云"因情立体，即体成势"，本篇《赞》云"形生势成"，"势"与"体（形）"相关，"体（之）势"又不同于"体（之）性"，体之性为静态属性，体之势则为动态属性，体有"圆"之静态之形，则必有"自转"之动态之势。于人而言，"情"为"性"之动，"性（志）—情—体（文、性）—势"这一"文"之生成过程，就成为"静—动—静—动"的回环过程，只有置于此全过程中，"势"等之义，昭然若揭。

⑤ 漪：这里作动词，起微波。

⑥ 色糅：色彩糅杂，指调配色彩。情交：不同感情的交替。

⑦ 镕范：铸器的模子，指写作范本。司匠：主管的匠人，犹师承。郛：读 fú，外城，与内城有界，"严郛"谓严格划界。

⑧ 夏人争弓矢：《太平御览》卷三四七引《胡非子》："一人曰：'吾弓良，无所用矢。'一人曰：'吾矢善，无所用弓。'羿闻之曰：'非弓，何以往矢？非矢，何以中的？'令合弓矢而教之射。"

若雅郑而共篇，则总一之势离，是楚人鬻矛誉楯，两难得而俱售也①。是以括囊杂体，功在铨②别，宫商朱紫，随势各配。章表奏议，则准的乎典雅；赋颂歌诗，则羽仪乎清丽；符檄书移，则楷式於明断；史论序注，则师范於核要；箴铭碑诔，则体制於宏深；连珠七辞，则从事於巧艳③：此循体而成势，随变而立功者也。虽复契会相参，节文互杂，譬五色之锦，各以本采为地矣④。

桓谭称："文家各有所慕，或好浮华而不知实核，或美众多而不见要约。"⑤陈思亦云："世之作者，或好烦文博采，深沈其旨者；或好离言辨句，分毫析厘者：所习不同，所务各异。"⑥言势殊也。刘桢云："文之体指实强弱⑦，使其辞已尽而势有余，天下一人耳，不可得也。"公幹所谈，颇亦兼气。然文之任势，势有刚柔，不必壮言慷慨，乃称势也。又陆云自称："往日论文，先辞而后情，尚势而不取悦泽，及张公论文，则欲宗其言。"⑧夫情固先辞，势实须泽，可谓先迷后能从善矣。

自近代辞人，率好诡巧，原其为体，讹势所变，厌黩⑨旧式，故穿凿取新，察其讹意，似难而实无他术也，反正而已。故文反

---

①　矛楯（盾）事：典出《韩非子·难一》："楚人有鬻楯与矛者，誉之曰：'吾楯之坚，莫能陷也。'又誉其矛曰：'吾矛之利，于物无不陷也。'或曰：'以子之矛，陷子之楯，何如？'其人弗能应也。"鬻，读 yù，卖。

②　铨：衡量。

③　"章表奏议"等十二句：泛论各种文体；准的、羽仪、楷式、师范、体制、从事六词皆古汉语中的"意动用法"，"准的乎典雅"即"以典雅为准的"，余同，且六词含义近似。

④　节文：节奏、文采。本采为地：锦缎本色作底子，本色不同，好比各体的风格也各不相同。

⑤　或为桓谭《新论》佚文。实核：核实。

⑥　离言辨句：字斟句酌，"句"原作"白"，改。务：致力。

⑦　文之体指实强弱：此句于义不畅，或有误，黄侃《文心雕龙札记》认为"弱"为衍字，亦有校注者改"体指"为"体势"。

⑧　语出陆云《与兄平原书》。张公：指西晋文学家张华。

⑨　厌黩（dú）：厌烦。

“正”为“乏”①，辞反正为奇。效奇之法，必颠倒文句，上字而抑下，中辞而出外，回互不常，则新色耳②。夫通衢夷坦，而多行捷径者，趋近故也；正文明白，而常务反言者，适俗故也。然密会者以意新得巧，苟异者以失体成怪③。旧练之才，则执正以驭奇；新学之锐，则逐奇而失正；势流不反，则文体遂弊。秉兹情术，可无思耶！

赞曰：形生势成，始末相承。湍回似规，矢激如绳。因利骋节，情采自凝④。枉辔学步，力止寿陵⑤。

情　采

圣贤书辞，总称“文章”⑥，非采而何？夫水性虚而沦漪结，木体实而花萼振，文附质也⑦；虎豹无文，则鞹同犬羊，犀兕有皮，而色资丹漆⑧，质待文也。若乃综述性灵，敷写器象，镂心鸟迹之中，织辞鱼网之上，其为彪炳，缛采名矣⑨。故立文之道，其理有

---

① 反“正”为“乏”：篆文的“正”字反过来就成“乏”字。

② 颠倒文句：如鲍照《石帆铭》“君子彼想”即“想彼君子”把上面的字放在下面。江淹《恨赋》：“孤臣危涕，孽子坠心”，实是“坠涕”“危心”，故意把中间的两个词颠倒一下。中辞而出外：一个句子里的词汇，本来在句中的，却把它提到句前或句后。回互：回旋互变，指颠倒。

③ 密会：深切的懂得。苟异：苟且求异。

④ 骋节：有节度地驰骋，比做按照正确的方法写作。凝：指结合。

⑤ 枉辔(pèi)：指走不该走的路。枉，歪曲；辔，马缰绳。学步、寿陵：典出《庄子·秋水》：“子独不闻夫寿陵余子之学行于邯郸与？未得国能，又失其故行矣，直匍匐而归耳。”寿陵：燕国的城邑。

⑥ 文章：《论语·公冶长》：“子贡曰：‘夫子之文章，可得而闻也。’”何晏注：“章，明也；文，彩。形质著见，可以耳目循。”

⑦ 沦漪(yī)：水的波纹。萼：花朵下的绿片。振：开放。

⑧ 鞹(kuò)同犬羊：《论语·颜渊》：“文犹质也，质犹文也；虎豹之鞹，犹犬羊之鞹。”鞹：同“鞟”，去了毛的皮革。犀兕：读 xī sì，都是似牛的野兽(犀是雄的，兕是雌的)，皮坚韧，可制铠甲。资：凭借。

⑨ 综述性灵：抒情，《颜氏家训·文章》：“至于陶冶性灵，从容讽谏，入其滋味，亦乐事也。”敷写：描写；敷，铺述。鸟迹：指文字，相传黄帝时的仓颉受鸟兽足迹的启发而造文字。(见许慎《说文解字序》)织辞：编织文辞。鱼网：指纸，《后汉书·宦者列传》说蔡伦开始用树皮、鱼网等造纸。彪炳：光彩。名：明也，显著。

三：一曰形文，五色是也；二曰声文，五音是也；三曰情文，五性是也。五色杂而成黼黻，五音比而成韶夏，五性发而为辞章①，神理之数也。《孝经》垂典，丧言不文②；故知君子常言，未尝质也。老子疾伪，故称"美言不信"，而五千精妙，则非弃美矣。庄周云"辩雕万物"③，谓藻饰也。韩非云"艳乎辩说"④，谓绮丽也。绮丽以艳说，藻饰以辩雕，文辞之变，于斯极矣。研味《孝》《老》，则知文质附乎性情；详览《庄》《韩》，则见华实过乎淫侈。若择源於泾渭之流，按辔於邪正之路，亦可以驭文采矣。夫铅黛所以饰容，而盼倩生於淑姿⑤；文采所以饰言，而辩丽本於情性。故情者文之经，辞者理之纬；经正而后纬成，理定而后辞畅：此立文之本源也。

　　昔《诗》人什篇，为情而造文⑥；辞人赋颂，为文而造情。何以明其然？盖风雅之兴，志思蓄愤，而吟咏情性，以讽其上：此为情而造文也；诸子之徒，心非郁陶，苟驰夸饰，鬻声钓世⑦：此为文

---

①　五性：《汉书·眭两夏侯京翼李传》："五性不相害，六情更兴废。"注："晋灼曰：'翼氏五性：肝性静，静行仁，甲己主之；心性躁，躁行礼，丙辛主之；脾性力，力行信，戊癸主之；肺性坚，坚行义，乙庚主之；肾性智，智行敬，丁壬主之也。'"《大戴礼·文王官人》："民有五性：喜、怒、欲、惧、忧也。"黼黻：读 fǔ fú，古代礼服上的花纹。黼：半白半黑的斧形。黻：半黑半青的两个"己"字形。比：配合。

②　语出《孝经·丧亲》："孝子之丧亲也，哭不偯，礼无容，言不文，服美不安，闻乐不乐。"垂典：传下法则。

③　辩：巧言。原文见《庄子·天道》。

④　语见《韩非子·外储说左上》。

⑤　铅：铅粉。黛：古代女子画眉用的青黑色颜料。倩：状巧笑，典出《诗经·卫风·硕人》："巧笑倩兮，美目盼兮。"

⑥　为情造文：《文心雕龙·物色》："辞以情发。"《文心雕龙·知音》："夫缀文者，情动而辞发。"《文心雕龙·章表》："恳恻者辞为心使。"《论衡·超奇》亦云："心思为谋，集札为文，情见于辞，意验于言……精诚由中，故其文语感动人深。是故鲁连飞书，燕将自杀；邹阳上书，梁孝开牢。书疏文义，夺于肝心，非徒博览者所能造，习熟者所能为也。"

⑦　诸子：指辞赋家。郁陶(yáo)：忧思郁积，《楚辞·九辩》："岂不郁陶而思君兮，君之门以九重。"王逸注："愤念蓄积盈胸臆也。"苟：姑且，勉强。

而造情也。故为情者要约而写真，为文者淫丽而烦滥。而后之作者，采滥忽真，远弃风雅，近师辞赋，故体情之制日疏①，逐文之篇愈盛。故有志深轩冕，而泛咏皋壤；心缠几务，而虚述人外②；真宰弗存，翩其反矣③。夫桃李不言而成蹊，有实存也；男子树兰而不芳，无其情也。夫以草木之微，依情待实；况乎文章，述志为本，言与志反，文岂足征？

是以联辞结采，将欲明理，采滥辞诡，则心理愈翳④。固知翠纶桂饵⑤，反所以失鱼。"言隐荣华"⑥，殆谓此也。是以"衣锦褧衣"，恶文太章⑦；贲象穷白，贵乎反本⑧。夫能设模以位理，拟地以置心⑨，心定而后结音，理正而后摛藻，使文不灭质，博不溺心，正采耀乎朱蓝，间色屏於红紫，乃可谓雕琢其章，彬彬君子矣⑩。

---

① 体：体现。制：制作、作品。

② 轩冕：古制，大夫以上官乘轩服冕，因借用轩冕以指官位爵禄。皋壤：水边地，指山野隐居的地方。几务：机要之政务，"几"同"机"。人外：指尘世之外。

③ 真宰：指作者内心。翩：疾飞。翩其反矣：语出《诗经·小雅·角弓》，这里实际上只取"反"义。

④ 翳：读 yì，隐蔽。

⑤ 纶：钓丝。桂：肉桂，一种珍贵食物。

⑥ 言隐荣华：语出《庄子·齐物论》。

⑦ 衣锦褧衣：语出《诗经·卫风·硕人》，正义曰："锦衣所以加褧者，为其文之大著也。故《中庸》云：'衣锦尚絅，恶其文之大著'是也。"褧：读 jiǒng，一种套在外面的麻布单衣。

⑧ 贲（bì）：《易经》中的卦名，《序卦》云："贲者饰也"，《杂卦》云："贲，无色也"。穷白：谓《贲》的卦爻最终的上九是"白贲无咎"，王弼注云："处饰之终，饰终反素，故在其质素，不劳文饰而无咎也。"

⑨ 模：规范。地：底子，《文心雕龙·定势》："譬五色之锦，各以本采为地矣。"

⑩ 正采：指正色。间色：由正色相间杂而成的杂色。《礼记·玉藻》："衣正色，裳间色。"疏引皇氏云："正，谓青、赤、黄、白、黑，五方正色也；不正，谓五方间色也，绿、红、碧、紫、駵黄（即留黄）是也。朱：属赤色。蓝：属青色。都是正色。红、紫：都属杂色。屏：弃。彬彬：指文质兼顾，内容和形式结合得恰当，语本《论语·雍也》："质胜文则野，文胜质则史；文质彬彬，然后君子。"

赞曰：言以文远，诚哉斯验。心术既形①，英华乃赡。吴锦好渝，舜英徒艳②。繁采寡情，味之必厌。

比　兴

《诗》文弘奥，包韫六义③；毛公述传，独标"兴"体，岂不以"风"通而"赋"同，"比"显而"兴"隐哉④？故"比"者，附也；"兴"者，起也。附理者切类以指事，起情者依微以拟议。起情故"兴"体以立，附理故"比"例以生。"比"则畜愤以斥言，"兴"则环譬以托讽⑤。盖随时之义不一，故诗人之志有二也。

观夫兴之托喻⑥，婉而成章，"称名也小，取类也大"⑦。关雎有

---

①　心术：《礼记·乐记》："应感起物而动，然后心术形焉。"孔疏："术，谓所申道路也；形，见也；以其感物所动，故然后心之所由道路而形见焉。"

②　好渝：易变。舜英：木槿花，朝开暮落，有花无实。

③　韫：犹蕴。六义：指风、雅、颂三种诗体和赋、比、兴三种作诗方法。《毛诗序》："故诗有六义焉：一曰风，二曰赋，三曰比，四曰兴，五曰雅，六曰颂。"孔颖达正义云："风、雅、颂者，诗篇之异体；赋、比、兴者，诗文之异辞耳。大小不同，而得并为六义者，赋、比、兴是诗之所用，风、雅、颂是诗之成形，用彼三事，成此三事。是故同称为义，非别有篇卷也。"又，《周礼·春官·大师》："教六诗：曰风、曰赋、曰比、曰兴、曰雅、曰颂。""六诗""六义"，其实为一，孔颖达《毛诗序》正义云："六义次第如此者，以诗之四始以风为先，故曰风。风之所用，以赋、比、兴为之辞，故于风之下即次赋、比、兴，然后次以雅、颂。雅、颂亦以赋、比、兴为之，既见赋、比、兴于风之下，明雅、颂亦同之……赋、比、兴如此次者，言事之道，直陈为正，故《诗经》多赋在比、兴之先。比之与兴，虽同是附托外物，比显而兴隐，当先显后隐，故比居兴先也。"

④　毛公：陆玑《毛诗草木虫鱼疏》："荀卿授鲁国毛亨，毛亨作《训诂传》以授赵国毛苌，时人谓亨为大毛公，苌为小毛公。"风通：指"风"诗通用赋、比、兴三种方法，但"风"也概括了"雅"、"颂"在内。赋同：指"赋"的表现方法是直陈事物。

⑤　畜：同"蓄"。环譬：委婉曲折的比喻。

⑥　喻：原作"谕"，据《图书集成》本改。

⑦　语出《周易·系辞下》，韩注："托象以明义，因小以喻大。"孔疏："'其称名也小'者，言《易》辞所称物名多细小，若见豕负涂噬腊肉之属，是其辞碎小也；'其取类也大'者，言虽是小物，而比喻大事，是所取义类而广大也。"名：名物；称：举也；"称名也小，取类也大"就是说，可以通过对少量事物的描绘，概括较为深广的内容。

别，故后妃方德①；尸鸠贞一，故夫人象义②。义取其贞，无从於夷禽③；德贵其别，不嫌於鸷鸟；明而未融④，故发注而后见也。且何谓为"比"？盖写物以附意，飏言以切事者也⑤。故金锡以喻明德⑥，珪璋以譬秀民⑦，螟蛉以类教诲⑧，蜩螗以写号呼⑨，澣衣以拟心忧⑩，席卷以方志固⑪：凡斯切象，皆比"义"也。至如"麻衣如雪"⑫，"两骖如舞"⑬，若斯之类，皆"比"类者也。楚襄信谗，而三闾忠烈⑭，依《诗》制《骚》，讽兼"比""兴"。炎汉虽盛，而辞人夸毗⑮，诗刺道丧，

---

① 关雎：《诗经·周南·关雎》，《诗小序》云："《关雎》，后妃之德也。"后妃方德：谓比方后妃之德。有别：雌雄有别，郑玄笺云："谓王雎之鸟，雌雄情意至然而有别。"

② 尸鸠：《诗经·召南·鹊巢》，《诗小序》："《鹊巢》，夫人之德也。国君积行累功以致爵位，夫人起家而居有之，德如鸤鸠，乃可以配焉。'"郑笺："鹊之作巢，冬至架之，至春乃成，犹国君积行累功，故以兴焉。兴者，鸤鸠因鹊成巢而居有之，而有均壹之德，犹国君夫人来嫁，居君子之室，德亦然。"鸤鸠：布谷鸟。

③ 夷禽：指常禽。

④ 融：大明。

⑤ 飏：读 yáng，显扬，指鲜明突出的描写。

⑥ 金锡：精炼的；《诗经·卫风·淇奥》用"如金如锡"来称赞卫武公之德。

⑦ 珪璋：读 guī zhāng，古人到各国聘问时所用的名贵玉器，《诗经·大雅·卷阿》用"如珪如璋"来称赞贤人。秀：超出众人之上。

⑧ 螟蛉：读 míng líng，螟蛉蛾的幼虫，《诗经·小雅·小宛》用"螟蛉有子，蜾蠃负之"来比喻教养后辈。蜾蠃：读 guǒ luǒ，蜂的一种。这种蜂原是捕捉螟蛉以喂养其幼蜂，古人误以为蜾蠃是养螟蛉为子，所以，后称义子为螟蛉。

⑨ 蜩螗：读 tiáo táng，蝉；《诗经·大雅·荡》中用"如蜩如螗"来比喻饮酒呼号的声音。

⑩ 澣：同"浣"，《诗经·邶(bèi)风·柏舟》中说："心之忧矣，如匪(非)澣衣。"

⑪ 席卷：《诗经·邶风·柏舟》中说："我心匪(非)席，不可卷也。"

⑫ 麻衣如雪：这是《诗经·曹风·蜉蝣(fú yóu)》中的一句。雪和麻衣同样洁白，所以用为比喻。

⑬ 两骖(cān)如舞：这是《诗经·郑风·大叔于田》中的一句。骖：三匹或四匹马共驾一车时在两旁的马。

⑭ 三闾：屈原，他曾任三闾大夫。

⑮ 炎汉：汉代，旧说汉代属五行中的火，所以有这个称呼。夸毗：《经诗·大雅·板》传曰："夸毗，体柔人也。"正义引李巡曰："屈己卑身求得于人曰体柔。"

故"兴"义销亡。于是赋颂先鸣，故"比"体云构，纷纭杂遝，信旧章矣①。

夫"比"之为义，取类不常：或喻於声，或方於貌，或拟於心，或譬於事。宋玉《高唐》云："纤条悲鸣，声似竽籁"，此比声之类也；枚乘《菟园》云："焱焱纷纷，若尘埃之间白云"，此则比貌之类也；贾生《鵩赋》云："祸之与福，何异纠缠"②，此以物比理者也；王褒《洞箫》云："优柔温润，如慈父之畜子也"，此以声比心者也；马融《长笛》云："繁缛络绎，范蔡之说也"③，此以响比辩者也；张衡《南都》云："起郑舞，茧曳绪"④，此以容比物者也。若斯之类，辞赋所先，日用乎"比"，月忘乎"兴"，习小而弃大，所以文谢於周人也。至於扬班之伦，曹刘以下，图状山川，影写云物，莫不织综"比"义，以敷其华，惊听回视，资此效绩。又安仁《萤赋》云"流金在沙"，季鹰《杂诗》云"青条若总翠"⑤，皆其义者也。故比类虽繁，以切至为贵，若刻鹄类鹜⑥，则无所取焉。

赞曰：诗人比兴，触物圆览。物虽胡越，合则肝胆⑦。拟容取心，断辞必敢⑧。攒杂咏歌，如川之澹⑨。

---

①　云构：犹谓风起云涌。杂遝(tà)：众多，杂乱。信：范文澜注认为当作"倍"，违背。

②　纠：即"纠"，绞合的意思。缠(mò)：绳索。

③　范：范雎。蔡：蔡泽。皆战国时辩士。

④　曳：抽。

⑤　季鹰：西晋作家张翰字。

⑥　鹄：天鹅。鹜：野鸭。

⑦　语本《淮南子·俶真》："是故自其异者视之，肝胆胡越。"高注："肝胆，喻近；胡越，喻远。"

⑧　断辞：措辞。敢：《说文》："进取也。"

⑨　攒：聚集。澹：状水的动荡。

隐　秀

　　夫心术之动远矣①，文情之变深矣，源奥而派生，根盛而颖峻②，是以文之英蕤③，有秀有隐。隐也者，文外之重旨者也；秀也者，篇中之独拔者也。隐以复意为工④，秀以卓绝为巧，斯乃旧章之懿绩，才情之嘉会也。夫隐之为体，义生文外，秘响旁通，伏采潜发⑤，譬爻象之变互体，川渎之韫珠玉也。故互体变爻，而化成四象⑥；珠玉潜水，而澜表方圆⑦。

　　"朔风动秋草，边马有归心"⑧，气寒而事伤，此羁旅之怨曲也。凡文集胜篇，不盈十一，篇章秀句，裁可百二；并思合而自逢，非研虑之所课也⑨。或有晦塞为深，虽奥非隐，雕削取巧，虽美非秀矣。故自然后妙，譬卉木之耀英华；润色取美，譬缯帛之染朱绿。朱绿染缯，深而繁鲜；英华曜树，浅而炜烨⑩。隐篇所以照文苑，

---

　　①　心术：《礼记·乐记》："应感起物而动，然后心术形焉。"

　　②　奥：深远。派：支流。颖：禾芒，比树梢。峻：高。

　　③　英蕤（ruí）：指精华。

　　④　复意：指有两重意思，一是字面的意思，一是言外之意。

　　⑤　秘响：暗响，指不显露的意义。伏采：不显露的文采。

　　⑥　互体：卦爻的变化形式，《左传·庄公二十二年》："陈侯使筮（shì）之，遇《观》之《否》。"孔颖达正义云："《易》之为书，揲蓍求爻，重爻为卦。爻有七、八、九、六，其七、八者，六爻并皆不变……其九、六者，当爻有变……是六爻皆有变象。二至四，三至五，两体交互各成一卦，先儒谓之'互体'。圣人随其义而论之，或取互体，言其取义为（无）常也。"刘勰以其"取义无常"，来比喻"文外之重旨"可以"秘响旁通"。

　　⑦　澜表方圆：《淮南子·地形训》："水圆折者有珠，方折者有玉。"此句后至"朔风动秋草"，原有后世伪托之文，据范文澜注本，已删。

　　⑧　语出王讚《杂诗》。

　　⑨　裁：才、仅。课：责求，求得。

　　⑩　卉木之耀英华、缯帛之染朱绿：此二喻其实涉及"采（色）"与"气"的关系："卉木之耀英华"者，含"（生）气"之采也；"缯帛之染朱绿"者，无"气"之色也；并且"秀"与"美"之别也在"气"："秀"者，有"气"之美也，"美"者则或无"气"。《文心雕龙·风骨》："风骨（气）不飞，则振采失鲜"；《文心雕龙·诸子》："气伟而采奇"；《文心雕龙·章表》："气扬采飞"。

秀句所以侈翰林①，盖以此也。

赞曰：深文隐蔚，余味曲包②。辞生互体，有似变爻。言之秀矣，万虑一交③。动心惊耳，逸响笙匏。

养　气

昔王充著述，制《养气》之篇，验己而作，岂虚造哉④！夫耳目鼻口，生之役也；心虑言辞，神之用也⑤。率志委和⑥，则理融而情畅；钻砺过分，则神疲而气衰⑦：此性情之数也。夫三皇辞质，心绝於道华⑧；帝世始文，言贵於敷奏⑨；三代春秋，虽沿世弥缛，并适分胸臆，非牵课才外也⑩。战代枝诈，攻奇饰说，汉世迄今，辞务日新，争光鬻采⑪，虑亦竭矣。故淳言以比浇辞⑫，文质悬乎千载；率志以方竭情，劳逸差於万里：古人所以余裕，后进所以莫遑也⑬。

---

① 隐篇所以照文苑，秀句所以侈翰林：此二句据詹锳先生引梅庆生六次校定本补。

② 蔚：草木盛，指文采丰富。

③ 一交：一得。

④ 王充：东汉著名学者，其《论衡·自纪》篇有云："乃作养性之书凡十六篇。养气自守，适时则酒，闭明塞聪，爱精自保。适辅服药引导，庶冀性命可延，斯须不老"，"养气自守""爱精自保"就是刘勰所说的"验己而作，岂虚造哉"。

⑤ 神之用：《史记·自序》引司马谈《论六家要旨》语云："凡人所生者，神也；所托者，形也。神大用则竭，形大劳则敝，形神离则死。"

⑥ 率志：顺着心意。委和：和顺。

⑦ 神疲而气衰：《抱朴子·至理》："身劳则神散，气竭则命终。"

⑧ 道华：《老子·三十八章》："夫礼者，忠信之薄而乱之首。前识者，道之华而愚之始。是以大丈夫处其厚，不居其薄，处其实，不居其华。"这里指"道"的虚华。

⑨ 敷奏：臣下对君主提出建议，《文心雕龙·奏启》云："昔唐虞之臣，敷奏以言。"

⑩ 牵课：勉强、强求。

⑪ 枝诈：疑当作"权诈"。鬻：卖弄、夸耀。

⑫ 淳言、浇辞：《淮南子·齐俗训》："浇天下之淳。"高诱注："浇，薄也；淳，厚也。"

⑬ 莫遑：无闲暇。

凡童少鉴浅而志盛，长艾①识坚而气衰，志盛者思锐以胜劳，气衰者虑密以伤神，斯实中人之常资，岁时之大较也。若夫器分有限，智用无涯；或惭凫企鹤，沥辞镌思②。於是精气内销，有似尾闾之波③；神志外伤，同乎牛山之木④。怛惕⑤之盛疾，亦可推矣。至如仲任置砚以综述⑥，叔通怀笔以专业⑦，既暄之以岁序⑧，又煎之以日时，是以曹公惧为文之伤命，陆云叹用思之困神⑨，非虚谈也。

夫学业在勤，故有锥股自厉；志於文也，则有申写郁滞，故宜从容率情，优柔适会。若销铄精胆，蹙迫和气，秉牍以驱龄，洒翰

---

① 长艾：年老，《礼记·曲礼上》："五十曰艾。"孔颖达疏："发苍白色如艾也。"

② 惭凫(fú)：因凫(野鸭)腿之短而惭愧。企鹤：羡慕鹤的腿长。《庄子·骈拇》："长者不为有余，短者不为不足。是故凫胫虽短，续之则忧；鹤胫虽长，断之则悲。"刘勰借此以喻作者违背自然之理，而抱不切实际的要求。沥(lì)辞：精选文辞；沥，过滤以除去杂质。镌：读juān，雕凿、刻画。

③ 尾闾之波：海水外泄；尾闾：《庄子·秋水》："天下之水，莫大于海，万川归之，不知何时止而不盈；尾闾泄之，不知何时已而不虚。"《释文》："尾闾，崔云：海东川名。司马云：泄海水出外者也。"

④ 牛山之木：《孟子·告子上》："牛山之木尝美矣，以其郊于大国也，斧斤伐之，可以为美乎？……牛羊又从而牧之，是以若彼濯濯也。"赵岐注："牛山，齐之东南山也……濯濯，无草木之貌。"

⑤ 怛(dá)惕：惊恐忧惧。

⑥ 仲任：王充字，事见谢承《后汉书》："王充于宅内门户墙柱，各置笔砚简牍，见事而作，著《论衡》八十五篇。"

⑦ 叔通：曹褒字，事见《后汉书》本传："褒字叔通，博雅疏通，常慨朝廷制度未备，慕叔孙通为汉礼仪，昼夜研精，沉吟专思，寝则怀抱笔札，行则诵习文书，当其念至，忘所之适。"专业：指研精专思。

⑧ 暄：和暖，这里指煎迫。

⑨ 曹公：指曹操。陆云语：见其《与兄平原书》："兄文章已自行天下，多少无所在，且用思困人，亦不事复及，以此自劳役。"

以伐性^①，岂圣贤之素心、会文之直理哉^②！且夫思有利钝，时有通塞，沐则心覆，且或反常^③；神之方昏，再三愈黩^④。是以吐纳文艺^⑤，务在节宣，清和其心，调畅其气，烦而即舍，勿使壅滞^⑥，意得则舒怀以命笔，理伏则投笔以卷怀，逍遥以针劳，谈笑以药倦，常弄闲於才锋，贾余於文勇，使刃发如新，凑理无滞^⑦，虽非胎息之万术^⑧，斯亦卫气之一方也。

　　赞曰：纷哉万象，劳矣千想。玄神宜宝，素气资养。水停以鉴，火静而朗。无扰文虑，郁此精爽^⑨。

---

　　① 伐性：《吕氏春秋·本生》："靡曼皓齿，郑卫之音，务以自乐，命之曰伐性之斧。"性：性命。又，《论衡·效力》载："贤者有云雨之知，故其吐文万牒以上，可谓多力矣。世称力者，常褒乌获。然则董仲舒、扬子云，文之乌获也。秦武王与孟说举鼎不任，绝脉而死。少文之人，与董仲舒等涌胸中之思，必将不任，有脉绝之变。王莽之时，省《五经》章句皆为二十万，博士弟子郭路，夜定旧说，死于烛下，精思不任，绝脉气灭也。"

　　② 素心：纯朴的心境。会文：会合文辞，即写作。直理：正道。

　　③ 沐则心覆：《左传·僖公二十四年》："晋侯之竖（小吏）头须，守藏者也……求见。公辞焉以沐。（头须）谓仆人曰：'沐则心覆，心覆则图反（意图相反），宜吾不得见也。'"沐：洗头。

　　④ 黩：读 dú，乱也。

　　⑤ 吐纳文艺：指写作是。文艺：文章技巧。

　　⑥ "务在节宣"等五句：《申鉴·俗嫌》："或问曰：'养有性乎？'曰：'养性秉中和，守之生而已……故君子节宣其气，勿使有所壅闭滞底。'"《抱朴子·内篇·释滞》："任情肆意，又损年命，唯有得其节宣之和，可以不损。"《左传·昭公元年》："君子有四时，朝以听政，昼以访问，夕以脩令，夜以安身，于是乎节宣其气。勿使有所壅闭湫底。"杜注："宣，散也。"

　　⑦ 刃发如新：《庄子·养生主》："庖丁曰：今臣之刀十九年矣，所解数千牛矣，而刀刃若新发于硎"。凑理：同"腠理"，肌肤的纹理，《黄帝内经素问·举痛论》："寒则腠理闭，气不行，故气收矣。"王冰注："腠谓津液渗泄之所，理谓文理逢会之中，闭谓密闭，气谓卫气，行谓流行，收谓收敛也。身寒则卫气沉，故皮肤文理及渗泄之处，皆闭密而气不流行，卫气收敛于中而不发散也。"

　　⑧ 胎息：指气功。万术：多种技术。

　　⑨ 精爽：指精神清明，《左传·昭公二十五年》："心之精爽，是谓魂魄；魂魄去之，何以能久？"

附 会

何谓"附会"？谓总文理，统首尾，定与夺，合涯际，弥纶一篇，使杂而不越者也①。若筑室之须基构，裁衣之待缝缉矣②。夫才童③学文，宜正体制：必以情志为神明，事义为骨髓，辞采为肌肤，宫商为声气④；然后品藻玄黄，摛振金玉⑤，献可替否，以裁厥中；斯缀思之恒数也。凡大体⑥文章，类多枝、派，整派者依源，理枝者循干。是以附辞会义，务总纲领，驱万涂於同归，贞百虑於一致，使众理虽繁，而无倒置之乖，群言虽多，而无棼丝之乱⑦。扶阳而出条⑧，顺阴而藏迹，首尾周密，表里一体：此附会之术也。夫画者谨发而易貌，射者仪毫而失墙⑨，锐精细巧，必疏体统⑩。故宜诎寸以信尺，枉尺以直寻⑪，弃偏善之巧，学具美之绩：此命篇之

---

① 与夺：指取舍。合涯际：文章各个部分密合无隙。弥纶：综合组织；弥，弥缝；纶，经纶。杂而不越：语本《周易·系辞下》："其称名也，杂而不越。"韩注："备物极变，故其名杂也。各得其序，不相逾越，况爻繇之辞也。"

② 缉：缝得细密。

③ 才童：原作"才量"，据《御览》卷五八五引改。

④ "必以情志为神明"等四句：可参《颜氏家训·文章》："文章当以理致为心肾，气调为筋骨，事义为皮肤，华丽为冠冕。"又，《文心雕龙·体性》："辞为肌肤，志实骨髓。"

⑤ 品藻：品评藻饰。摛振：发动。

⑥ 大体：指鸿篇巨制。

⑦ 贞：定。乖：不合。棼：读 fén，纷乱。

⑧ 扶阳而出条：树沿着太阳而生发出枝条，喻辞义见于文。

⑨ 画者谨发而易貌，射者仪毫而失墙：《吕氏春秋·处方》："今夫射者仪毫而失墙，画者仪发而易貌，言审本也。"高诱注："仪，望也。'"又，《淮南子·说林训》："画者谨毛而失貌，射者仪小而遗大。"

⑩ 锐精：集中精力，注意推敲。疏：忽视。体统：主体、总体。

⑪ 诎（qū）寸以信（shēn）尺：犹取大遗小，《太平御览》卷八三〇录《尸子》："孔子曰：诎寸而信尺，小枉而大直，吾为之者也。"诎：屈，缩短。信：同"伸"，舒张。枉尺以直寻：亦犹取大遗小，语本《孟子·滕文公下》："《志》曰：枉尺而直寻，宜若可为也。"朱注："枉，屈也；直，伸也；八尺曰寻。在尺宜寻，犹屈己一见诸侯，而可以致王霸，所屈者小，所伸者大也。"

经略也①。

夫文变无方，意见浮杂，约则义孤，博则辞叛，率故多尤，需为事贼②。且才分不同，思绪各异，或制首以通尾，或尺接以寸附。然通制者盖寡，接附者甚众。若统绪失宗③，辞味必乱；义脉不流，则偏枯④文体。夫能悬识凑理，然后节文自会，如胶之粘木，石之合玉⑤矣。是以驷牡异力，而六辔如琴⑥；并驾齐驱，而一毂统辐；驭文之法，有似於此。去留随心，修短在手，齐其步骤，总辔而已。

故善附者异旨如肝胆，拙会者同音如胡越。改章难於造篇，易字艰於代句⑦，此已然之验也。昔张汤拟奏而再却⑧，虞松草表而屡谴⑨，并理事之不明，而词旨之失调也；及倪宽更草，钟会易字，而汉武叹奇，晋景称善者，乃理得而事明，心敏而辞当也。以此而

---

①　具：同"俱"。经略：计谋，这里指写作的巧妙。

②　约：简单。叛：乱。率：草率。尤：过失。需为事贼：语本《左传·哀公十四年》："子行抽剑曰：'需，事之贼也。'"杜预注："言需疑则害事。"需：迟疑。

③　统绪：总束头绪。

④　偏枯：病名，即半身不遂。

⑤　石之合玉：原作"豆之合黄"，据《太平御览》卷五八五改。

⑥　语本《诗经·小雅·车辖》："四牡骓骓，六辔如琴。"孔疏："如善御者之使四牡之马，骓骓行而不息，进止有度，执其六辔，缓急调和，如琴瑟之相应也。"驷（sì）：一车四马。牡：指雄性的马。辔：马缰绳。

⑦　《文心雕龙·练字》云："故善为文者，富于万篇，贫于一字，一字非少，相避为难也。"

⑧　张汤、倪宽事：见《汉书·公孙弘卜式倪宽传》："时张汤为廷尉，……会廷尉时有疑奏，已再见却矣，掾史莫知所为。宽为言其意，掾史因使宽为奏。奏成，读之皆服。以白廷尉汤，汤大惊，召宽与语，乃奇其材，以为掾。上宽所作奏，即时得可。异日汤见上，问曰：'前奏非俗吏所及，谁为之者？'汤言倪宽。上曰：'吾固闻之久矣。'"

⑨　虞松、钟会事：见《三国志·魏书·钟会传》注引《世语》："司马景王命中书令虞松作表。再呈辄不可意，命松更定。以经时，松思竭不能改，心苦之，形于颜色。会（钟会）察其有忧，问松。松以实答。会取视，为定五字。松悦服，以呈景王。王曰：'不当尔邪，谁所定也？'"

观，则知附会巧拙，相去远哉！若夫绝笔断章①，譬乘舟之振楫；会词切理，如引辔以挥鞭。克终底绩②，寄深写远。若首唱荣华，而媵句憔悴，则遗势郁湮③，余风不畅。此《周易》所谓"臀无肤，其行次且"也④。惟首尾相援，则附会之体，固亦无以加於此矣。

赞曰：篇统间关，情数稠迭⑤。原始要终，疏条布叶⑥。道味相附，悬绪自接。如乐之和，心声克协。

总　术

今之常言，有"文"有"笔"，以为无韵者"笔"也，有韵者"文"也。夫文以足言，理兼《诗》《书》，别目⑦两名，自近代耳。颜延年以为："笔"之为体，"言"之文也；经典则"言"而非"笔"，传记则"笔"而非"言"⑧。请夺彼矛，还攻其楯矣⑨，何者？《易》之《文言》，岂非"言"文？若"笔"为"言"文，不得云经典非"笔"矣。将以立论，未见其论立也。予以为：发口为"言"，属翰曰"笔"⑩，常道曰经，述经曰传。经传之体，出"言"入"笔"，"笔"为"言"使，可强可弱⑪。《六⑫经》以

---

①　绝笔断章：指在字句上决定取舍。绝、断：裁决。

②　底绩：致绩、致功，《尚书·舜典》："乃言底可绩。"孔传："厎，致。""厎"原作"底"，据改。

③　媵：读 yìng，陪嫁的人或物，这里指作品的结尾部分。郁湮：阻塞。

④　次且：读 zī jū，同"趑趄"，行走困难；语出《周易·夬（guài）卦》。

⑤　篇统：指文章层次的安排。间关：《汉书·王莽传下》："王邑昼夜战，罢（疲）极，士死伤略尽。驰入宫，间关至渐台。"颜师古注："间关，犹言崎岖展转也。"刘勰用以指艰难。

⑥　原：追溯。要：约会，这里指联系；《周易·系辞下》："原始要终，以为质也。"疏：疏布、分布。

⑦　目：称。

⑧　颜延年：名延之，晋宋之间的作家，主张把作品分成"文""笔""言"三种。

⑨　楯：即"盾"，盾牌。

⑩　属翰曰笔：原作"属笔曰翰"，据杨明照校注改。翰：笔。属翰：用笔来写。

⑪　出"言"入"笔"：犹出之于口，笔之于书。强、弱：指文采的多、少。

⑫　六：原作"分"，据黄侃《文心雕龙札记》改。

典奥为不刊，非以"言""笔"为优劣也。昔陆氏《文赋》，号为曲尽，然泛论纤悉，而实体未该①。故知九变之贯匪穷，知言之选难备矣②。

凡精虑造文，各竞新丽，多欲练辞，莫肯研术。落落之玉，或乱乎石；碌碌之石，时似乎玉。③ 精者要约，匮者亦鲜；博者该赡，芜者亦繁；辩者昭晰，浅者亦露；奥者复隐，诡者亦曲。或义华而声悴，或理拙而文泽。知夫调钟未易，张琴实难。伶人告和，不必尽窕桅之中④；动用挥扇，何必穷初终之韵⑤；魏文比篇章於音乐⑥，盖有征矣。夫不截盘根，无以验利器；不剖文奥，无以辨通才。才之能通，必资晓术，自非圆鉴区域，大判条例⑦，岂能控引情源，制胜文苑哉！

是以执术驭篇，似善弈之穷数⑧；弃术任心，如博塞之邀遇⑨。

---

①　曲：详尽。该：即"赅"，完备。

②　九变之贯、知言之选：语本《汉书·武帝纪》所引逸诗："九变复贯，知言之选。"九：指多。贯：一贯，犹宗、主。匪：非。

③　落落：状玉貌。碌碌：状石貌。

④　伶人告和：《国语·周语下》："钟成，伶人告和。"韦昭注："伶人，乐人也。"和：调和。窕(tiǎo)：小。桅(huà)：大。这里指大大小小的各种乐器；《左传·昭公二十一年》："小者不窕，大者不桅，则和于物。物和则嘉成。"杜预注："窕，细不满；桅，横大不入。"中：恰当，这里指音节的恰到好处。

⑤　动用挥扇：桓谭《新论·琴道》："雍门周以琴见孟尝君……雍门周引琴而鼓之；徐动宫、徵，挥角、羽；初终，而成曲。孟尝君遂歔欷而就之。"又，《文选·别赋》李善注云："琴羽，琴之羽声。《说苑》曰：'雍门周以琴见孟尝君，微挥当角羽。'"所以，后世注家多认为"扇"当作"羽"，也有注家还认为"用"当作"角"。韵：指曲调。

⑥　"魏文"语见其《典论·论文》："文以气为主，气之清浊有体，不可力强而致。譬诸音乐，曲度虽均，节奏同检，至于引气不齐，巧拙有素，虽在父兄，不能以移子弟。"

⑦　圆鉴：犹通观。区域：指各种体裁。范文澜注云："圆鉴区域，谓审定体势，上篇所论是也。大判条例，谓举要治繁，下篇所论是也。"

⑧　弈：围棋。穷：穷究。数：技巧。

⑨　博塞：古代赌博游戏。邀：求。遇：偶得，犹机遇。

故博塞之文，借巧傥来①，虽前驱有功，而后援难继。少既无以相接，多亦不知所删，乃多少之并惑，何妍蚩之能制乎！若夫善弈之文，则术有恒数，按部整伍，以待情会，因时顺机，动不失正。数逢其极，机入其巧，则义味腾跃而生，辞气丛杂而至。视之则锦绘，听之则丝簧，味之则甘腴，佩之则芬芳，断章②之功，于斯盛矣。夫骥足虽骏，缰牵忌长，以万分一累，且废千里③。况文体多术，共相弥纶，一物携贰④，莫不解体。所以列在一篇，备总情变，譬三十之辐，共成一毂⑤，虽未足观，亦鄙夫之见也。

赞曰：文场笔苑，有术有门。务先大体，鉴必穷源。乘一总万，举要治繁。思无定契，理有恒存。

时　序

时运交移，质文代变，古今情理，如可言乎？昔在陶唐，德盛化钧⑥，野老吐"何力"之谈，郊童含"不识"之歌⑦。有虞继作，政阜

---

①　傥来：意外得来，《庄子·缮性》："物之傥来，寄者也。"成玄英疏："傥者，意外忽来者耳。"

②　断章：分章布局。

③　"骥足"事：见《战国策·韩策》："造父之弟子曰：'马不千里。'王良弟子曰：'马，千里之马也；服（车衣），千里之服也。而不能取千里，何也？'曰：'子缰牵长。'故缰牵于事，万分之一也，而难千里之行。"

④　携贰：语本《左传·襄公四年》："诸侯新服，陈新来和，将观于我，我德则睦，否则携贰。"指有离心，刘勰用以喻作品中某一部分不协调，如《练字》："今一字诡异，则群句震惊。"

⑤　辐：读fú，车轮中直木，即辐条。毂：读gǔ，车轮中心圆木；《老子·十一章》："三十辐，共一毂。"

⑥　陶唐：指尧时。钧：同"均"，等同。

⑦　何力：指《击壤歌》，其中有"帝何力于我哉"句。不识：指《康衢谣》，其中有"不识不知"句。

民暇①，"熏风"诗於元后，"烂云"歌於列臣②。尽其美者何？乃心乐而声泰③也。至大禹敷土，九序咏功，成汤圣敬，"猗欤"作颂④。逮姬文之德盛，《周南》勤而不怨⑤；太王之化淳，《邠风》乐而不淫⑥。幽厉昏而《板》《荡》怒⑦，平王微而《黍离》哀⑧。故知歌谣文理，与世推移，风动於上⑨，而波震於下者也。春秋以后，角战英雄，六经泥蟠⑩，百家飙骇。方是时也，韩魏力政⑪，燕赵任权；五蠹六虱，

① 有虞：指舜时。阜：盛大。

② 熏风：指《南风歌》，其中有"南风之薰兮"句，熏通"薰"。元后：元首，指舜。烂云：指《卿云歌》，其中"卿云烂兮"句。歌于列臣：相传舜时百官曾共同歌颂"卿（庆）云"。

③ 泰：安舒。

④ 成汤：商代的开创者。圣敬：圣明严慎。猗欤：郑康成《诗谱》云："汤受命定天下，后世有中宗、高宗者，此三主有受命中兴之功，时有作诗颂之者。商德之坏，武王伐纣，封纣兄微子启为宋公，七世至戴公时，大夫正考父校商之名颂十二篇于周太师，以《那》为首。"其首章曰："猗欤那欤！"

⑤ 姬文：周文王，姓姬。《周南》：《诗经》中的《国风》之一，包括《关雎》等十一首诗。勤而不怨：《左传·襄公二十九年》："吴公子札来聘……请观于周乐。使工为之歌《周南》《召南》。曰：'美哉！始基之矣，犹未也，然勤而不怨矣。'"

⑥ 太王：周文王的祖父。邠(bīn)：即豳，是太王所居的地方，在今陕西省旬邑县。《豳风》是《诗经·国风》中的一部分。乐而不淫：《左传·襄公二十九年》："为之歌豳。曰：美哉！荡乎，乐而不淫。"

⑦ 幽：指周幽王。厉：指周厉王，与周幽王一起被看作是西周末年的昏君。《板》：《诗经·大雅》中的一篇，诗序云："《板》，凡伯刺厉王也。"《荡》：也是《大雅》中的一篇，序云："《荡》，召穆公伤周室大坏也。厉王无道，天下荡荡，无纲纪文章，故作是诗也。"

⑧ 平王：东周第一代国君。微：衰落。《黍离》：《诗经·王风》中的一篇，序云："《黍离》，闵宗周也。周大夫行役，至于宗周，过故宗庙宫室，尽为禾黍，闵周室之颠覆，彷徨不忍去而作是诗也。"

⑨ 风动於上：指诗歌受政教影响。

⑩ 角：较量胜败。泥蟠：屈在泥里。

⑪ 力政：力征。

严於秦令①；唯齐楚两国，颇有文学：齐开庄衢之第，楚广兰台之宫②，孟轲宾馆，荀卿宰邑③，故稷下扇其清风，兰陵郁其茂俗④，邹子以谈天飞誉，驺奭以雕龙驰响⑤，屈平联藻於日月，宋玉交彩於风云。观其艳说，则笼罩雅颂，故知暐烨之奇意，出乎纵横之诡俗也。

爰至有汉，运接燔书，高祖尚武，戏儒简学，虽礼律草创，《诗》《书》未遑⑥，然《大风》《鸿鹄》之歌，亦天纵之英作也⑦。施及孝惠，迄

---

① 五蠹（dù）：指《韩非子·五蠹》中讲的"学者"（儒家）、"言谈者"（纵横家）、"带剑者"（游侠）、"患御者"（害怕兵役的人）和"工商之民"；蠹，蛀虫；韩非认为以上五种人是有害的蛀虫。六虱：六种有害的虱子，指《商君书·靳令》中说的"礼、乐"，"诗、书"，"修善、孝弟"，"诚信、贞廉"，"仁、义"，"非兵、羞战"。

② 齐开庄衢：《史记·孟子荀卿列传》："驺奭者，齐诸驺子，亦颇采驺衍之术以纪文。于是，齐王嘉之，自如淳于髡以下皆命曰列大夫，为开第康庄之衢，高门大屋尊宠之。"正义云："开第康庄之衢，言为诸子起第于要路也。"庄衢，大路。第：大宅。兰台之宫：传为宋玉所作的《风赋》中说："楚襄王游于兰台之宫，宋玉、景差侍。"兰台宫，相传在今湖北钟祥。

③ 宾馆：宾于馆，指孟子作客于齐。荀卿：名况，战国时著名思想家。宰：主宰、管理。邑：城邑，指兰陵，在今山东枣庄市东南旧峄县；荀子曾做兰陵令。

④ 稷下：在今山东临淄，为齐国招集学者们讨论问题的地方。扇：扇扬。刘向《孙（荀）卿书录》云："孙卿，赵人，名况，方齐宣王、威王之时，聚天下贤士于稷下，尊宠之……是时孙卿有秀才，年五十，始来游学；诸子之事，皆以为非先王之法也。孙卿善为《诗》《礼》《易》《春秋》。至齐襄王时，孙卿最为老师。"（《全汉文》卷三十七）郁：积；茂；美；《孙卿书录》又云："兰陵多善为学，盖以孙卿也。长老至今称之，曰：'兰陵人喜字为卿，盖以法孙卿也。'"

⑤ 邹子：邹衍，稷下学者之一，喜欢谈天说地。飞誉：和下句"驰响"意同，都指飞扬名声。驺奭（zōu shì）：也是稷下学者之一，有文才。雕龙：《史记·孟子荀卿列传》集解引刘向《别录》："驺奭修衍之文，饰若雕镂龙文，故曰'雕龙'。"

⑥ 燔书：指秦焚书坑儒事。高祖：刘邦。戏儒：《史记·郦生陆贾列传》："骑士曰：沛公不喜儒，诸客冠儒冠来者，沛公辄解其冠，溲溺其中。"简：傲慢忽略。律：法；汉初，曾命叔孙通制礼仪，萧何订律法。

⑦ 《大风》：汉高祖统一天下后回故乡作《大风歌》："大风起兮云飞扬，威加海内兮归故乡，安得猛士兮守四方！"《鸿鹄》：指《鸿鹄歌》。汉高帝欲易太子，吕后劫留侯为画计。留侯曰："此难以口舌争也。"令太子卑辞安车，因使辩士固请商山四皓来，以为客。及上燕置酒，太子侍，四人从太子。上怪之，问曰："彼何为者?"四人前对，各言名姓，为寿已毕，趋去。上召戚夫人，指示四人者曰："我欲易之，彼四人辅之，羽翼已成，难动矣。吕后真而主矣。"戚夫人泣，上曰："为我楚舞，吾为若楚歌。"歌曰："鸿鹄高飞，一举千里。羽翮已就，横绝四海。横绝四海，当可奈何? 虽有增缴，尚安所施!"事见《史记·留侯世家》。

於文景^①，经术颇兴，而辞人勿用。贾谊抑而邹枚沈，亦可知已^②。逮孝武崇儒，润色鸿业，礼乐争辉，辞藻竞骛^③：柏梁展朝宴之诗，金堤制恤民之咏^④，征枚乘以蒲轮，申主父以鼎食^⑤，擢公孙之对策，叹倪宽之拟奏^⑥，买臣负薪而衣锦，相如涤器而被绣^⑦。於是史迁寿

---

①　孝惠：汉惠帝刘盈。文：汉文帝刘恒。景：汉景帝刘启。

②　邹枚：指邹阳、枚乘；都是西汉文学家。沈：低沉；邹、枚地位都不高。

③　孝武：汉武帝刘彻。润色鸿业：班固《两都赋序》："至于武宣之世，乃崇礼官，考文章，内设金马石渠之署，外兴乐府协律之事，以兴废继绝，润色鸿业。"李善注云："言能发起遗文，以光赞大业也。"骛：疾驰。

④　金堤：事见《汉书·沟洫志》。孝文时，河决酸枣，东溃金堤。于是东郡大兴卒塞之。其后三十六岁，孝武元光中，河决于瓠子。自河决瓠子后二十余岁，岁因以数不登。上乃使汲仁郭昌发卒数万人塞瓠子决河。于是上用事万里沙，则还自临决河，湛白马玉璧，令群臣从官，自将军以下，皆负薪塞决河。是时东郡烧草，以故薪柴少，而下淇园之竹，以为楗。上既临河决，悼功之不成，乃作歌曰："瓠子决兮将奈何？浩浩洋洋，虑殚为河。殚为河兮地不得宁，功无已时兮吾山平。吾山平兮钜野溢，鱼弗郁兮柏冬日。正道弛兮离常流，蛟龙骋兮放远游。归旧川兮神哉沛，不封禅兮安知外！皇谓河公兮何不仁，泛滥不止兮愁吾人。啮桑浮兮淮泗满，久不反兮水维缓。"一曰："河汤汤兮激潺湲，北渡回兮迅流难。搴长茭兮湛美玉，河公许兮薪不属，薪不属兮卫人罪，烧萧条兮噫乎何以御水！隤林竹兮楗石灾，宣防塞兮万福来。"丁是卒塞瓠子，筑宫其上，名曰宣防。金堤是黄河在瓠子决口时所筑的堤，瓠子在濮阳（今属河南省）。恤：怜悯。

⑤　征：召。蒲轮：以蒲草裹车轮，使坐车减轻颠簸，是敬老的意思；《汉书·贾邹枚路传》："武帝自为太子闻乘名。及即位，乘年老，乃以安车蒲轮征乘。道死。"申：致。主父：名偃，武帝时为中大夫。鼎食：饮食讲究的意思；鼎，食器；《汉书·严朱吾丘主父徐严终王贾传》："臣结发游学，四十余年，身不得遂，亲不以为子，昆弟不收，宾客弃我，我厄日久矣！丈夫生不五鼎食，死则五鼎亨（烹）耳。"

⑥　擢（zhuó）：提拔。公孙：公孙弘，武帝时为丞相；《汉书·公孙弘卜式倪宽传》载公孙弘的《举贤良对》奏上，"天子擢弘对为第一。召入见，容貌甚丽，拜为博士，待诏金马门"。倪宽：武帝时廷尉张汤的僚属，曾为张汤草拟奏文，事见《汉书·公孙弘卜式倪宽传》。

⑦　买臣：朱买臣；《汉书》本传中说，他原来穷得靠卖柴为生，后来做了会稽太守（朱买臣是会稽人），汉武帝对朱买臣说："富贵不归故乡，如衣绣夜行。今子何如？"相如：司马相如，《史记》本传载，他曾在临邛（今四川邛崃市）开过酒店，亲自涤洗酒器。被绣：穿锦绣，指他后来做中郎将入蜀，太守以下都来迎接。

王之徒，严终枚皋之属，应对固无方，篇章亦不匮①，遗风余采，莫与比盛。越昭及宣，实继武绩②，驰骋石渠，暇豫文会③，集雕篆之轶材，发绮縠之高喻④，於是王褒之伦，底禄待诏⑤。自元暨成，降意图籍⑥，美玉屑⑦之谈，清金马⑧之路。子云锐思於千首，子政雠校於六艺⑨，亦已美矣。爰自汉室，迄至成哀，虽世渐百龄，辞人九变⑩，而大抵所归，祖述《楚辞》，灵均余影，於是乎在。

　　自哀平陵替，光武中兴，深怀图谶⑪，颇略文华，然杜笃献诔以免刑，班彪参奏以补令，虽非旁求，亦不遐弃⑫。及明章叠耀，

---

① 史迁：太史令司马迁。寿王：姓吾丘，名寿王，西汉辞赋家。严：指严助。终：指终军。《汉书》均有传。方：一定规格。

② 昭：汉昭帝刘弗陵。宣：汉宣帝刘询。武：汉武帝刘彻。绩：功绩。

③ 石渠：石渠阁，是汉代帝王藏书的地方，宣帝时曾召集学者在此讲学。暇豫：闲逸。

④ 雕篆：扬雄在《法言·吾子》中曾以"雕虫篆刻"比喻辞赋的写作，这里即指辞赋。轶材：才华出众的作家；轶：超越一般之上。绮縠：读 qǐ hú，指文采华美；绮，有花纹的丝织品；縠，薄纱。高喻：指有启发作用的作品；喻，譬喻。

⑤ 底禄：取得官俸；底，应为"厎"，致；禄，官俸。待诏：西汉官职名，如《汉书》载公孙弘"拜为博士、待诏金马门"。

⑥ 元：指汉元帝刘奭。成：指汉成帝刘骜。降意：留意。

⑦ 玉屑：比喻议论的美好。

⑧ 金马：汉代官署，班固《两都赋序》："考文章，内设金马石渠之署。"金马之路喻指青云直上之路。

⑨ 子政：刘向字，曾奉命整理皇宫藏书。雠（chóu）校：校核。

⑩ 从汉武帝建元元年（前140）到哀帝建平元年，计一百三十五年，故称进于百年。渐：进。龄：年。九变：多种变化。汉赋有抒情的，有描绘宫殿山川和打猎的，有咏物的等，有多种变化。

⑪ 平：指汉平帝刘衎（kàn），是哀帝之弟。陵替：衰颓。光武：指汉光武帝刘秀。中兴：指他诛王莽而复汉。图谶（chèn）：《后汉书·光武帝纪》："宛人李通等以图谶说光武云：'刘氏复起，李氏为辅。'"李贤注："图，河图也；谶，符命之书。谶，验也，言为王者受命之征验也。"

⑫ 杜笃：字季雅，东汉初年作家。诔（lěi）：哀悼死者的作品，《后汉书·文苑·杜笃传》载，大司马吴汉死后，"光武诏诸儒诔之。笃于狱中为诔，辞最高。帝美之，赐帛免刑"。杜笃的《吴汉诔》见《艺文类聚》卷四十七，不全。班彪：字叔皮，东汉初年的史学家、文学家，《后汉书·班彪传》载，他曾任河西将军窦融的从事，后来光武帝知道窦融的章奏皆班彪草拟，特召见班彪，并拜为徐令。旁求：广泛搜求。遐：远。

崇爱儒术，肄礼璧堂，讲文虎观①，孟坚珥笔於国史，贾逵给札於瑞颂②；东平擅其懿文，沛王振其通论③；帝则藩仪，辉光相照矣④。自安和以下，迄至顺桓⑤，则有班傅三崔，王马张蔡，磊落鸿儒，才不时乏，而文章之选，存而不论⑥。然中兴之后，群才稍改前辙，华实所附，斟酌经辞，盖历政讲聚，故渐靡儒风者也。降及灵帝，时好辞制，造羲皇之书，开鸿都之赋⑦；而乐松之徒，招集浅陋⑧，故杨赐号为驩兜，蔡邕比之俳优，其余风遗文，盖蔑如也⑨。

---

①　明：指汉明帝刘庄。章：指汉章帝刘炟。叠耀：重叠照耀，以二日比二帝。肄：学习。璧堂：指辟雍、明堂，古代学习的地方。虎观：即白虎观，汉章帝曾在此招集学者讨论经学。

②　孟坚：班固字。珥(ěr)笔：古代史官插笔于冠侧，以备随时记录；珥，插。贾逵：东汉学者、文学家。札：小木简。瑞颂：指《神雀颂》；《后汉书·郑范陈贾张列传》载，永平间有神雀集于宫殿宫府，贾逵认为是胡人降服的征兆，汉明帝命"给笔札，使用《神雀颂》"。

③　东平：指刘苍，他封东平王，是东汉宗室中比较能文的人，著有赋颂歌诗，今只存其疏、议数篇，见《全后汉文》卷十。沛王：指刘辅，也是较有文才的宗室。《通论》：指刘辅的《五经论》，当时有《沛王通论》之称。

④　帝：指明帝和章帝。则：法则。藩：藩工，指东平王刘苍和沛王刘辅。仪：表率。

⑤　安：指汉安帝刘祜。和：指汉和帝刘肇。顺：指汉顺帝刘保。桓：指汉桓帝刘志。

⑥　班：指班固。傅：指傅毅，和班固齐名的汉代文学家。三崔：指崔骃、崔瑗、崔寔祖孙三人。王：指王延寿。王与三崔都是东汉文学家。马：指马融。张：指张衡。蔡：指蔡邕(yōng)。磊落：众多的样子，《文心雕龙·论说》："六印磊落以佩。"

⑦　灵帝：刘宏。羲皇：指《皇羲篇》，《后汉书·蔡邕列传》载，汉灵帝好学，曾"自造《皇羲篇》五十章"。鸿都：指鸿都门学，是汉代藏书置学之所，灵帝曾在此招集文士。

⑧　乐松：汉灵帝时负责招集文士到鸿都门来的人。

⑨　杨赐：汉灵帝时司空。驩(huān)兜：尧时坏人，《后汉书·杨震列传》：杨赐在给汉灵帝上书中曾说："又鸿都门下，招会群小，造作赋说，以虫篆小技见宠于时，如驩兜、共工更相荐说。"俳优：弄臣一类的人，《后汉书·蔡邕列传》："侍中祭酒乐松、贾护，多引无行趣势之徒，并待制鸿都门下，喜陈方俗闾里小事，帝甚悦之，待以不次之位。"蔡邕对此上封事曰："而诸生竞利，作者鼎沸，其高者颇引经训风谕之言，下则连偶俗语，有类俳优。"蔑如：不足道。

自献帝播迁，文学蓬转，建安之末，区宇方辑①。魏武以相王之尊，雅爱诗章②；文帝以副君之重，妙善辞赋③；陈思以公子之豪，下笔琳琅④；并体貌英逸，故俊才云蒸⑤。仲宣委质於汉南，孔璋归命於河北⑥，伟长从宦於青土，公幹徇质於海隅⑦；德琏综其斐然之思；元瑜展其翩翩之乐⑧。文蔚休伯之俦，于叔德祖之侣⑨，傲雅觞豆之前，雍容衽席之上⑩，洒笔以成酣歌，和墨以藉谈笑。观

---

① 献帝：汉代最后一个帝王刘协。播迁：指董卓逼献帝由洛阳迁长安，后来曹操又迁之于许；播，迁。蓬转：如蓬草的随风飘转，喻文人所遭动乱。建安：汉献帝年号（196—220）。区宇：指国内。辑：和。

② 魏武：指曹操，他于208年为丞相，216年晋爵魏王，曹丕继位后追尊为魏武帝。雅：向来。

③ 文帝：魏文帝曹丕。副君：太子，曹丕于公元217年立为魏王太子。

④ 陈思：指曹植，他曾封陈王，死后谥号"思"。琳琅：比喻作品的美好；琳，美玉；琅，即琅玕，一说指美玉，一说指仙树，其实似珠。

⑤ 体貌：尊敬，《汉书·贾谊传》："所以体貌大臣，而励其节也。"颜注："体貌，谓加礼容而敬之。" 云蒸：多得如云。

⑥ 仲宣：王粲字，"建安七子"之一。委质：归顺；《三国志·蜀书·关张马黄赵传》："先主南定诸郡，忠遂委质，随从入蜀。"汉南：汉水之南，指汉末刘表父子所统治的荆州，王粲在此避难。孔璋：陈琳字，"建安七子"之一。河北：指汉末袁绍父子统治的冀州，陈琳原来在袁绍门下。

⑦ 伟长：徐幹字，"建安七子"之一。青土：指他的原籍北海（今山东寿光）。公幹：刘桢字，"建安七子"之一。徇质：和上文"委质"意义相近；徇，从。海隅：指他的原籍东平（今山东省东平县）。

⑧ 德琏：应场字，"建安七子"之一。斐然：有文采的样子；曹丕《与吴质书》："德法常斐然有述作之意。"元瑜：阮瑀字，"建安七子"之一；曹丕《与吴质书》："元瑜书记翩翩。"

⑨ 文蔚：路粹字。休伯：繁（bó）钦字。于叔：应作"子叔"，邯郸淳字。德祖：杨修字。四人皆建安作家。之俦、之侣：犹"之辈"。

⑩ 雅：有威仪的美。觞豆之前：指侍宴赋诗；觞，酒杯；豆，盛肉器。衽（rèn）：床席，这里"衽席"连用，指坐席。曹丕《与吴质书》回忆与徐幹、陈琳、应场、刘桢等共处的情形："昔日游处，行则同舆，止则接席，何尝须臾相失！每至觞酌流行，丝竹并奏，酒酣耳热，仰而赋诗。当此之时，忽然不自知乐也。""傲雅"二句，就是指这种生活。

其时文，雅好慷慨，良由世积乱离，风衰俗怨，并志深而笔长，故梗概①而多气也。至明帝纂戎②，制诗度曲，征篇章之士，置崇文之观，何刘群才，迭相照耀③。少主相仍④，唯高贵英雅，顾盼含章，动言成论。於时正始余风，篇体轻淡，而嵇阮应缪⑤，并驰文路矣。

逮晋宣始基，景文克构⑥，并迹沈儒雅，而务深方术⑦。至武帝惟新，承平受命⑧，而胶序篇章，弗简皇虑⑨。降及怀愍，缀旒而已⑩。然晋虽不文，人才实盛：茂先摇笔而散珠，太冲动墨而横锦，岳湛曜联璧之华，机云标二俊之采⑪。应傅三张之徒，孙挚成公之

---

① 梗概：犹慷慨。

② 明帝：指曹叡，曹丕之子。纂戎：指继承帝位；纂，继；戎，大。

③ 崇文观：魏明帝招集文士的地方，《三国志·魏书·明帝纪》：青龙四年"夏四月，置崇文观，征善属文者以充之"。何刘：指何晏、刘劭；三国中期作家。

④ 少主：指明帝之后的曹芳、曹髦、曹奂等人，即位时年纪都很轻，在位的时间也很短。相仍：相继。

⑤ 正始：齐王曹芳的年号（240—249）。体：风格。轻澹：轻淡无味，这是就何晏等人的玄言诗说的。嵇阮：指嵇康、阮籍；正始文学家。应缪：应璩、缪袭；略早于嵇、阮的文学家。

⑥ 晋宣：指魏末司马懿，被追尊为晋宣帝。基：基础，这里指司马氏政权的基础。景：指司马师，追尊为晋景帝；文：指司马昭，追尊为晋文帝；他俩都是司马懿的儿子。克构：指能继承父志，《尚书·大诰》："若考（父）作室，既底（致）法，厥子乃弗肯堂，矧肯构？"

⑦ 方术：技术，这里指政治上的权术。

⑧ 武帝：指西晋第一个帝王晋武帝司马炎，司马昭之子。惟新：指建立西晋王朝。承平：相继平安。受命：受天之命来统治天下，指做皇帝。

⑨ 胶、序：都是学校。简：阅，有注意、系之于的意思。

⑩ 怀：指晋怀帝司马炽。愍（mǐn）：指晋愍帝司马邺（yè）。缀旒：或作"赘旒"，比喻君主为大臣挟制，实权旁落，《春秋公羊传·襄公十六年》："君若赘旒然。"何休注："旒，旗旒。赘，系属之辞……以旗旒喻者，为下所执持。"《释文》："赘，本又作缀。"

⑪ 茂先：张华字。太冲：左思字。岳：指潘岳。湛：指夏侯湛。联璧：《晋书·列传第二十五》说，夏侯湛"与潘岳友善，每行止同舆接茵，京都谓之连璧"。机云：指陆机、陆云；两兄弟都是西晋文学家。二俊：《晋书·列传第二十四》说，陆机、陆云于吴国灭亡后，到洛阳，张华见到他们时说："伐吴之役，利获二俊。"

属，并结藻清英，流韵绮靡①。前史以为运涉季世②，人未尽才，诚哉斯谈，可为叹息。

元皇中兴，披文建学③，刘刁礼吏而宠荣，景纯文敏而优擢④。逮明帝秉哲，雅好文会，升储御极，孳孳讲艺⑤，练情於诰策，振采於辞赋，庾以笔才愈亲，温以文思益厚，揄扬风流⑥，亦彼时之汉武也。及成康促龄，穆哀短祚⑦，简文⑧勃兴，渊乎清峻，微言精理，函满玄席；淡思浓采，时洒文囿。至孝武不嗣，安恭已矣⑨。其文史则有袁殷之曹，孙干之辈⑩，虽才或浅深，珪璋足用。自中朝贵玄，江左称盛，因谈余气，流成文体⑪。是以世极迍邅，而辞

---

① 应：指应贞，字吉甫，应璩之子。傅：指傅玄。三张：指张载、张协、张亢兄弟三人。孙：孙楚。挚：挚虞。成公：成公绥。本句所言都是西晋著名文学家。

② 季世：末世。

③ 元皇：指晋元帝司马睿。中兴：指他建立东晋王朝。披：开。建学：《晋书·列传第四十八》："先是，以兵乱之后，务存慰悦，远方秀孝到，不策试，普皆除署。至是，帝（元帝）申明旧制，皆令试经，有不中科，刺史、太守免官。"

④ 刘刁：指刘隗（wěi）、刁协；都是晋元帝所亲信的官吏。礼吏：懂得礼法的官吏。景纯：郭璞字，东西晋之间的作家；优擢：晋元帝选拔郭璞做著作佐郎。

⑤ 明帝：指司马绍。秉哲：具有高度智慧；秉，操持；《晋书·明帝纪》说他"雅好文辞"。储：副，即前面说的"副君"。御极：登帝位。孳孳（zī）：不倦，指经常关怀。

⑥ 庾：指庾亮，字元规。笔才：《文心雕龙·才略》："庾元规之表奏……亦笔端之良工也。"温：指温峤。益厚：更加被厚重。《文心雕龙·诏策》："唯明帝崇才，以温峤文清故，引入中书。"揄（yú）扬：指奖励，提倡。

⑦ 成：指晋成帝司马衍。康：指晋康帝司马岳。促龄：犹短命，成帝终年 21 岁（321—342），康帝终年 22 岁（322—344）。穆：指穆帝司马聃（dān）。哀：指晋哀帝司马丕。短祚（zuò）：在帝位时间短，穆帝在位十六年（345—361），哀帝在位三年（362—365）。

⑧ 简文：指晋简文帝司马昱（yù）。

⑨ 孝武：指晋孝武帝司马曜。不嗣：指当时一种迷信的预言，说孝武帝将是东晋最后一代皇帝，《晋书·孝武帝纪》中有"晋祚尽昌明"的谶语，昌明是司马曜的字。安：指晋安帝司马德宗。恭：指晋恭帝司马德文。已：终止，指东晋灭亡，安帝于公元 418 年被刘裕缢死，恭帝于公元 420 年禅位给刘裕，第二年被杀。

⑩ 袁：指袁宏。殷：指殷仲文。孙：指孙盛。干：指干宝。以上四人都以文史兼善著名。

⑪ 中朝：指西晋。玄：玄学，以老庄思想为主的学说。江左：指东晋。谈：指清谈。

意夷泰①，诗必柱下之旨归，赋乃漆园之义疏②。故知文变染乎世情，兴废系乎时序，原始以要终，虽百世可知也。

自宋武爱文，文帝彬雅③，秉文之德，孝武多才，英采云构④。自明帝以下，文理替矣⑤。尔其缙绅之林，霞蔚而飙起⑥。王袁联宗以龙章，颜谢重叶以凤采⑦，何范张沈之徒，亦不可胜数也⑧。盖闻之於世，故略举大较⑨。暨皇齐驭宝，运集休明⑩：太祖以圣武膺箓，世祖以睿文纂业，文帝以贰离含章，高宗以上哲兴运⑪，并文

---

① 迍邅：读 zhūn zhān，困难。夷泰：平淡安泰。

② 柱下：指老子，春秋时期的思想家，被奉为道家的创始人，曾经担任周的柱下史。漆园：指庄子，战国时期的思想家，道家学说的代表人物，曾任漆园吏。疏：阐述。以上几句是对晋代玄言诗的批判。

③ 宋武：指宋武帝刘裕。爱文：《南史·列传第十二》："宋孝武好文章，天下悉以文采相尚。"文帝：指宋文帝刘义隆，武帝之子。彬：文质兼顾；彬雅：文雅；《南史·宋文帝纪》："上（宋文帝）好儒雅，又命丹阳尹何尚之立玄学，著作佐郎何承天立史学，司徒参军谢元立文学，各聚门徒，多就业者。江左风俗，于斯为美。"

④ 孝武：指南朝宋孝武帝刘骏。多才：《南史·宋孝武帝纪》说刘骏"少机颖，神明爽发。读书七行俱下，才藻甚美。"云构：形容众多。

⑤ 明帝：指刘彧（yù），是文帝之子。替：废。

⑥ 缙（jìn）绅：指士大夫。蔚：盛。飙：暴风。此句形容文才兴盛。

⑦ 王袁：南朝宋代王家有王韶之、王淮之等人，袁家有袁淑、袁粲等人，在文学创作上有一定成就。龙章：颂美文采之盛，下句"凤采"同；《文心雕龙·原道》："龙凤以藻绘呈瑞。"颜：颜家有颜延之及其子颜竣、颜测等；谢：谢家有谢灵运及其族弟谢惠连、谢庄等人。上举诸姓，都是当时世家大族，他们垄断文坛，世代相传，能文者极多。叶：世代。

⑧ 何：宋代何家有何承天、何长瑜、何尚之等。范：有范泰、范晔（yè）父子。张：张敷；沈：沈怀文。

⑨ 闻：著名。大较：大概。

⑩ 皇齐：《文心雕龙》成书于齐末，故称"皇齐"；皇，美。驭宝：登帝位；宝，宝座、宝位。运：时运。休：美。

⑪ 太祖：指齐高帝萧道成。膺箓（lù）：受天命统治天下；膺，受；箓，符命。世祖：指齐武帝萧赜（zé），高帝之子。睿：聪慧。文帝：指文惠太子萧长懋（mào），武帝之子。贰离：继明，指太子；离，明。高宗：指齐明帝萧鸾（luán）。

明自天，缉熙景祚①。今圣历方兴，文思光被②，海岳降神，才英秀发，驭飞龙於天衢，驾骐骥於万里。经典礼章，跨周轹汉，唐虞之文，其鼎盛乎③！鸿风懿采，短笔敢陈；颺言赞时，请寄明哲④！

赞曰：蔚映十代，辞采九变⑤。枢中所动，环流无倦。质文沿时，崇替在选⑥。终古虽远，僾焉如面⑦。

才　略

九代之文，富矣盛矣；其辞令华采，可略而详也。虞夏文章，则有皋陶六德，夔序八音，益则有赞，五子作歌⑧，辞义温雅，万代之仪表也。商周之世，则仲虺垂诰，伊尹敷训，吉甫之徒，并述诗颂⑨，义固为经，文亦足师矣。及乎春秋大夫，则修辞聘会，磊落如琅玕之圃，焜耀似缛锦之肆⑩，蒍敖择楚国之令典⑪，随会讲晋

---

① 缉熙：光明。景：大。

② 圣历：指当时正在位的皇帝，可能是东昏侯萧宝卷；也有人认为指和帝萧宝融。光被：广及。

③ 轹(lì)：践踏，这里指超过。鼎盛：方盛，正盛。

④ 敢：岂敢。颺言：大声。

⑤ 十代：十个朝代，指唐、虞、夏、商、周、汉、魏、晋、宋、齐。九：指多。

⑥ 枢中：中心，关键，指时代；枢，户枢。崇替：兴废。

⑦ 终古：远古。僾：仿佛；原作"暖"，据范文澜注改。

⑧ 六德：《尚书·皋陶谟》："皋陶曰：'都！亦行有九德……宽而栗、柔而立、愿而恭、乱而敬、扰而毅、直而温、简而廉、刚而塞、强而义。彰厥有常，吉哉！日宣三德，夙夜浚明有家(九德中有三德，可为大夫)；日严祗敬六德，亮采有邦(有六德可为诸侯)。'"益：舜的臣子。有赞：《尚书·大禹谟(伪)》："益赞于禹曰，'惟德动天，无远弗届；满招损，谦受益，时乃天道……'"

⑨ 仲虺(huǐ)：商汤王的臣子。垂诰：留下告诫商汤的话，《尚书》中有《仲虺之诰》，是后人伪作，其序云："汤归自夏，至于大坰(jiōng)，仲虺作诰。"伊尹：汤臣，亦名伊挚。敷训：陈说教训；汤死，其孙太甲无道，伊尹作训以教太甲，《尚书》中有《伊训》，是后人伪作的，其序云："成汤既没，太甲元年，伊尹作伊训。"吉甫：尹吉甫，周宣王时的贤臣。

⑩ 磊落：众多貌。焜(kūn)耀：照明。肆：商店，市场。

⑪ 蒍(wěi)敖：春秋时楚国人，一作蔿敖，一说即孙叔敖，《左传·宣公十二年》："蔿敖为宰(杜注："宰，令尹。蔿敖，孙叔敖")，择楚国之令典……百官象物而动，军政不戒而备，能用典矣。"择：选择，据《左传》原话所说"能用典矣"，当指选用。

国之礼法①，赵衰以文胜从飨②，国侨以修辞扞郑③，子太叔美秀
而文④，公孙挥善於辞令⑤，皆文名之标者也。战代任武，而文士不
绝。诸子以道术取资，屈宋以《楚辞》发采。乐毅报书辨而义⑥，范雎
上书密而至⑦，苏秦历说壮而中⑧，李斯自奏丽而动⑨。若在文世，

---

①　随会：士会，春秋时晋国大夫，因食采于随地，故称随会，后改封于范，称范武子，
《左传·宣公十六年》："晋侯使士会平王室(之乱)，定王享之。原襄公相礼。肴烝(杜注，烝，
升也，升肴于俎)。武子私问其故。王闻之，召武子曰：'季氏(士会字季)，而弗闻乎？王享有
体荐，宴有折俎。公当享，卿当宴，王室之礼也。'武子归而讲求典礼，以修晋国之法。"

②　赵衰(cuī)：字子余，春秋时晋国大夫。从飨：随从赴宴，《左传·僖公二十三
年》载，秦穆公设享礼招待晋公子重耳，晋国大夫狐偃说："吾不如衰(赵衰)之文也，请
使衰从。""公子赋《河水》，公赋《六月》。赵衰曰：'重耳拜赐。'公子降拜稽首。公降一级
而辞焉。衰曰：'君称所以佐天子者命重耳，重耳敢不拜。'"

③　国侨：春秋时郑国大夫，字子产，掌国政四十余年，故称国侨。修辞：指善于
运用辞令。扞郑：捍卫郑国；事见《左传·襄公二十五年》。

④　子太叔：游吉，春秋时郑国正卿。美秀而文：《左传·襄公三十一年》："子太叔
美秀而文。"杜注："其貌美，其才秀。"

⑤　公孙挥：字子羽，春秋郑国简公时为行人(掌朝见聘问)。善于辞令：《左传·襄公三
十一年》："公孙挥能知四国之为，而辨于其大夫之族性、班位、贵贱、能否，而又善于辞令。"

⑥　乐毅：战国时燕国的上将军，以功封昌国君。报书：指《献书报燕王》，《战国策·
燕策二》："昌国君乐毅为燕昭王合五国之兵而攻齐，下七十余城，尽郡县之以属燕，三城
未下，而燕昭王死。惠王即位，用齐人反间，疑乐毅，而使骑劫代之将。乐毅奔赵，赵封
以为望诸君。齐田单欺诈骑劫，卒败燕军，复收七十城以复齐。燕王悔，惧且用乐毅，承
燕之弊以伐燕。燕王乃使人让乐毅……望诸君乃使人献书报燕王，曰……"辨：明辨。

⑦　范雎：字叔，战国时魏人，入秦为秦昭王相。上书：指《献书昭王》，载《战国策·
秦策三》。密而至：《史记·范雎蔡泽列传》："穰侯华阳君，昭王母宣太后之弟也，而泾阳
君、高陵君，皆昭王同母弟也。穰侯相，三人者更将有封邑。以太后故，私家富重于王
室。及穰侯为秦将，且欲越韩、魏而伐齐纲寿，欲以广其陶封。范雎乃上书曰：臣闻明王
立政，有功者不得不赏，有能者不得不官，劳大者其禄厚，功多者其爵尊，能治众者其官
大。故无能者不敢当职焉。"这说明范雎上书正"以太后故"而发，《文心雕龙·史传》篇说的
"宣后乱秦"即指此事。但范雎在《献书昭王》中，既未讲太后专政，又未说穰侯等无功受
禄，却触及当时秦国存在问题的实质。这就是所谓"密而至"。

⑧　苏秦：字季子，战国时期的纵横家。《汉书·艺文志》有《苏子》三十一篇，今佚。
《战国策》和《史记·苏秦列传》中载有部分苏秦的游说辞。壮：有力。中：符合，切中时事。

⑨　李斯：秦代政治家，秦始皇的丞相。自奏：指《上书谏逐客》，《史记·李斯列
传》："秦宗室大臣，皆言秦王曰：诸侯人来事秦者，大抵为其主游间于秦耳，请一切逐
客。李斯议亦在逐中，斯乃上书曰……"动：动人，有说服力。

则扬班俦矣。荀况学宗，而象物名赋①，文质相称，固巨儒之情也。

汉室陆贾，首发奇采，赋《孟春》而进《新语》，其辩之富矣。贾谊才颖，陵轶飞兔，议惬而赋清②，岂虚至哉！枚乘之《七发》，邹阳之《上书》，膏润於笔，气形於言矣③。仲舒专儒，子长纯史，而丽缛成文，亦《诗》人之告哀焉④。相如好书，师范屈宋，洞入夸艳，致名辞宗。然覆取精意，理不胜辞，故扬子以为"文丽用寡者长卿"⑤，诚哉是言也！王褒构采，以密巧为致，附声测貌，泠然可观⑥。子云属意，辞人最深，观其涯度⑦幽远，搜选诡丽，而竭才以钻思，故能理赡而辞坚矣。桓谭著论，富号猗顿⑧，宋弘称荐⑨；爰

① 象物名赋：《荀子·赋篇》有《礼》《知》《云》《蚕》《箴》五篇赋；象物，状貌事物，描写物象。

② 陵轶：超越。飞兔：《吕氏春秋·离俗览》："飞兔、要褭（niǎo），古之骏马也。"高诱注："飞兔、要褭，皆马名也。日行万里，驰若兔之飞，故以为名也。"议惬：议论恰当。

③ 邹阳：西汉文人。上书：邹阳初仕吴王刘濞，濞谋反，阳有《上书吴王》劝阻。濞不听，邹阳转仕梁孝王刘武，又遭谗言而下狱，以《狱中上书自明》获释；这两次上书均载《汉书·贾邹枚路传》。

④ 仲舒：董仲舒。子长：司马迁字子长。文：指董仲舒的《士不遇赋》、司马迁的《感士不遇赋》等文学作品。《诗》人告哀：《诗经·小雅·四月》："君子作歌，维以告哀。"

⑤ 扬雄语，见《法言·吾子》。覆：考核。

⑥ 密巧：细密工巧，致：旨趣；范文澜注云："骈俪之文，始于王褒《圣主得贤臣颂》，故云以密巧为致。"

⑦ 涯度：指内容的广阔；涯，极限。

⑧ 桓谭著论：桓谭有《新论》二十九篇，原书不存，佚文见《全后汉文》卷十三至十五。富号猗顿：喻桓谭论著的贵重；《论衡·佚文》："挟桓君山之书，富于积猗顿之财。"《孔丛子·陈士义第十四》："猗顿，鲁之穷士也，耕则常饥，桑则常寒。闻陶朱公富，往而问术焉。朱公告之曰：'子欲速富，当畜五牸（马、牛、猪、羊、驴五种雌性牲畜）。'于是乃适河西，大畜牛羊于猗氏之南，十年之间，其滋息不可计，赀（财）拟王公，驰名天下。以兴富于猗氏，故曰猗顿。"

⑨ 宋弘称荐：宋弘，字仲子，京兆人，历官大司空，《后汉书·伏侯宋蔡冯赵牟韦列传》："帝尝问弘通博之士，弘荐沛国桓谭，才学洽闻，几能及扬雄、刘向父子。"

比相如，而集灵诸赋①，偏浅无才，故知长於讽论，不及丽文也。敬通雅好辞说，而坎壈盛世②，《显志》自序，亦蚌病成珠矣③。二班两刘，弈叶继采，旧说以为固文优彪，歆学精向，然《王命》清辩，《新序》该练，璇璧产於昆冈，亦难得而逾本矣④。傅毅崔骃，光采比肩，瑷寔踵武，能世厥风者矣⑤。杜笃贾逵，亦有声於文，迹⑥其为才，崔傅之末流也。李尤赋铭，志慕鸿裁，而才力沈腄，垂翼不飞⑦。马融

---

　　① 爰比相如：指扬雄，《汉书·扬雄传》："先是时，蜀有司马相如，作赋甚弘丽温雅，雄心壮之，每作赋，常拟之以为式"，"孝成帝时，客有荐雄文似相如者，上方郊祠甘泉泰畤、汾阳后土，以求继嗣，召雄待诏承明之庭"。集灵诸赋：指扬雄的《甘泉赋》《河东赋》及桓谭的《仙赋》。《汉书·扬雄传》："孝成帝时……召雄待诏承明之庭。正月，从上甘泉，还奏《甘泉赋》以风"，"其三月，将祭后土，上乃帅群臣横大河，凑汾阴……还，上《河东赋》以劝"。又《艺文类聚》卷七十八，桓谭《仙赋》序云："余少时为中郎，从孝成帝出祠甘泉河东见郊，先置华阴集灵宫。宫在华山下，武帝所造，欲以怀集仙者王乔、赤松子，故名殿为存仙"。

　　② 敬通：冯衍字。雅好：很爱好。《后汉书·桓谭冯衍列传》说他著有赋、诔、铭、说等五十篇，其现存作品以说辞最多，如《说廉丹》《计说鲍永》《说邓禹书》等，见《全后汉文》卷二十。坎壈：不顺利，不得志。

　　③ 显志：指冯衍的《显志赋》，《后汉书·桓谭冯衍列传》："衍不得志，退而作赋，又自论曰：'……喟然长叹，自伤不遭，久栖迟于小官，不得舒其所怀……乃作赋自厉，命其篇曰《显志》。显志者，言光明风化之情，昭章玄妙之思也。'"

　　④ 二班：班固、班彪。两刘：刘歆、刘向。弈叶：累世，一代接一代。《王命》：班彪的《王命论》，载《汉书·叙传》。清辩：清晰明辩；《文心雕龙·论说》评《王命论》"敷述昭情"。《新序》：刘向著，十卷，今存。该练：完备而精练。璇（xuán）璧：美玉。昆冈：古代传说中产玉的山，《尚书·胤征（伪）》："火炎昆冈。"孔传："山脊曰冈，昆山出玉。"

　　⑤ 傅毅：字武仲。崔骃（读 yīn）：字亭伯。瑷（yuàn）：崔瑷，字子玉，崔骃之子。寔（shí）：指崔寔，字子真，崔骃之孙。踵武：跟前人脚步走，这里指崔氏祖孙相继为东汉文学家。世：承袭。

　　⑥ 迹：循其实而考察。

　　⑦ 李尤：字伯仁，东汉文学家。赋铭：李尤的赋有《函谷关赋》《辟雍赋》等五篇，现均不全。李尤的铭今存《河铭》《洛铭》等八十余篇，均见《全后汉文》卷五十。沈腄（zhuì）：《左传·成公六年》："民愁则垫隘（瘦弱），于是乎有沈溺重腄之疾。"杜注："沈溺，湿疾；重腄，足肿。"这里喻才力低下；"才力沈腄，垂翼不飞"，和《文心雕龙·风骨》的"翾翥百步，肌丰而力沈也"意近。

鸿儒，思洽识高，吐纳经范，华实相扶。王逸博识有功，而绚采无力。延寿继志，瑰颖独标，其善图物写貌，岂枚乘之遗术欤①？张衡通赡，蔡邕精雅，文史彬彬，隔世相望。是则竹柏异心而同贞，金玉殊质而皆宝也。刘向之奏议，旨切而调缓；赵壹之辞赋，意繁而体疏②；孔融气盛於为笔，祢衡思锐於为文③，有偏美焉。潘勖凭经以骋才，故绝群於锡命④；王朗发愤以托志，亦致美於序铭⑤。然自卿渊已前，多役才而不课学；雄向以后，颇引书以助文，此取与之大际⑥，其分不可乱者也。

---

① 延寿：王延寿，字文考，王逸的儿子，东汉辞赋家。瑰颖：奇丽的锋芒；瑰：同"瑰"。标：突出。

② 赵壹：字元叔，东汉文学家，《后汉书·文苑列传·赵壹传》载其《穷鸟赋》和《刺世疾邪赋》。意繁：赵壹的两篇赋（另有《迅风赋》等不全）都很简短，意旨也比较集中；从上下几句讲刘向、孔融等人各"有偏美"的说法看，"意繁"在这里指内容充实。体疏：主要指《刺世疾邪赋》的体制松散，这篇赋的最后说："有秦客者乃为诗曰：'河清不可俟，人命不可延……'鲁生闻此辞，系而作歌曰：'势家多所宜，咳唾自成珠……'"以赋、诗、歌合为一篇，故云"体疏"。

③ 气盛：《文心雕龙·风骨》引刘桢云："孔氏卓卓，信含异气，笔墨之性，殆不可胜。"笔：指孔融的《荐祢衡表》《论盛孝章书》等书、表。祢衡：字正平，汉末辞赋家。思锐：《后汉书·文苑列传·祢衡传》："（刘）表尝与诸文人共草章奏，并极其才思。时衡出，还见，开省未周，因毁以抵（掷）地。表怅然为骇。衡乃从求笔札，须臾立成，辞义可观。"又说："（黄）射时大会宾客，人有献鹦鹉者。射举卮于衡曰：'愿先生赋之以娱嘉宾。'衡览笔而作，文无加点，辞采甚丽。"文：指《鹦鹉赋》等有韵之文。但这两句中的"文""笔"，不是绝对的。

④ 潘勖（xù）：字元茂，汉末文人，建安中拜尚书左丞。凭经：依靠儒家经书。《锡命》：指潘勖的《册魏公九锡文》，这是代汉献帝起草给曹操加九锡的册命。锡：赐，古代帝王给有功大臣赏赐衣服、车马、弓矢等九种器物为加九锡。

⑤ 王朗：字景兴，三国魏文帝、明帝时为司空、司徒。序铭：王朗序铭今不存，《三国志·魏书·钟繇华歆王朗传》只说："朗著《易》《春秋》《孝经》《周官》传，奏议论记，咸传于世。"可能他并未写过铭文，《文心雕龙·铭箴》评王朗的《杂箴》说："观其约文举要，宪章戒（武）铭。"王朗无诗赋，今存表奏书论三十余篇，也没有什么堪称"致美"的作品，所以"序铭"或指他的《杂箴》能"宪章武铭"。

⑥ 卿、渊：指司马相如、王褒。雄向：扬雄、刘向。际：分界。

魏文之才，洋洋清绮，旧谈抑之，谓去植千里，然子建思捷而才俊，诗丽而表逸；子桓虑详而力缓，故不竞於先鸣，而乐府清越，《典论》辩要，迭用短长，亦无懵焉①。但俗情抑扬，雷同一响，遂令文帝以位尊减才，思王以势窘益价，未为笃论也。仲宣溢才，捷而能密，文多兼善，辞少瑕累，摘其诗赋，则七子之冠冕乎？琳瑀以符檄擅声，徐幹以赋论标美，刘桢情高以后采，应场学优以得文，路粹杨修颇怀笔记之工，丁仪邯郸亦含论述之美，有足算焉②。刘劭《赵都》，能攀於前修；何晏《景福》，克光於后进③；休琏风情，则《百壹》标其志；吉甫文理，则《临丹》成其采④；嵇康师心以遣论，阮籍使气以命诗，殊声而合响，异翮⑤而同飞。

张华短章，奕奕清畅，其《鹪鹩》寓意，即韩非之《说难》也⑥。左思奇才，业深覃思，尽锐於《三都》，拔萃於《咏史》，无遗力矣。潘岳敏给，辞自和畅，钟美於《西征》，贾馀於哀诔，非自外也⑦。陆机才欲窥深，辞务索广，故思能入巧而不制繁。士龙朗练，以识检乱，故能布采鲜净，敏於短篇。孙楚缀思，每直置以疏通；挚虞述怀，必循规以

---

① 乐府：曹丕《燕歌行》是魏七言诗的创始。《典论》辩要：《典论·论文》为魏文论的创始。迭：屡。短长：指长处，短是陪衬字。懵：不明。

② 琳、瑀：陈琳、阮瑀。符：符命，歌功颂德的文字，这里指章表。丁仪：《三国志·魏书·任城陈萧王传》注引《魏略》曰："丁仪字正礼……太祖辟仪为掾，到与论议，嘉其才朗。"邯郸：指邯郸淳。算：计数。

③ 刘劭：字孔才，三国时魏国文人，明帝时官至散骑常侍。《赵都》：《赵都赋》，今存不全，见《全三国文》卷三十二。《景福》：指何晏的《景福殿赋》，载《文选》卷十一。

④ 休琏：应璩字，三国魏文学家，应场之弟。风情：作者的怀抱、意趣。《百壹》：应璩《百壹诗》。吉甫：应贞字，西晋文学家，应璩之子。文理：写作的道理，这里指应贞对为文之理的掌握。《临丹》：应贞《临丹赋》，《艺文类聚》卷八有录。

⑤ 翮：读 hé，指鸟翎的茎、翎管，这里指鸟的翅膀。

⑥ 奕奕：盛美貌。《鹪鹩》：指张华的《鹪鹩赋》。

⑦ 非自外：指潘岳擅于写哀诔，是由其内心的情感决定的。

温雅，其品藻《流别》，有条理焉①。傅玄篇章，义多规镜；长虞笔奏，世执刚中；并桢幹之实才，非群华之韡萼也②。成公子安选赋而时美③，夏侯孝若具体而皆微④，曹摅清靡於长篇，季鹰辨切於短韵⑤，

———————

① 挚虞：字仲洽，西晋文学家。述怀：《晋书·列传第二十一》载挚虞的《思游赋》，末二句是："乐自然兮识穷达，澹无思兮心恒娱。"正是其述怀之作。循规以温雅：指遵循天命而辞义温和雅正，《思游赋》的序说："虞尝以死生有命，富贵在天。天之所祐者，义也；人之所助者，信也。履信思顺，所以延福；违此而行，所以速祸……推神明之应于视听之表，崇否泰之运于智力之外，以明信天任命之不可违，故作《思游赋》。"品藻《流别》：挚虞有《文章流别论》，其书早佚，《全晋文》卷七十七辑得部分残文。流别：流派，指不同文体的源流演变。就现存《文章流别论》残文看，和刘勰文体论相近似。

② 傅玄：字休奕，西晋文学家。规镜：规诫鉴戒。长虞：傅咸字，西晋文学家，傅玄之子。笔奏：傅咸以奏议称著，《文心雕龙·议对》："晋代能议，则傅咸为宗。"世执刚中：世代坚持刚强正直，《晋书·列卷第十七》说傅玄"性刚劲亮直"、"陈事切直"，又说傅咸"刚简有大节，风格峻整，识性明悟，疾恶如仇，推贤乐善。常慕季文子、仲山甫之志，好属文论，虽绮丽不足，而言成规鉴"。桢干：骨干，国家的栋梁之材。韡萼：读 wěi è，美观的花朵。

③ 成公子安：成公绥，字子安，西晋文学家。选赋：撰赋。其《啸赋》较突出，载《文选》卷十八，又《全晋文》卷五十九辑其《天地赋》《云赋》等二十余篇。

④ 夏侯孝若：夏侯湛，字孝若，西晋文学家。具体而皆微：指形式具备，成就不大，语本《孟子·公孙丑》："子夏、子游、子张，皆有圣人之一体；冉牛、闵子、颜渊，则具体而微。"赵岐注："体者，四枝股肱也……具体者，四枝皆具。微，小也，比圣人之体微小耳。体以喻德也。"刘勰是借"体"以喻儒家经典的形式。夏侯湛有《昆弟诰》，开头说"惟正月才生魄，湛若曰，咨尔昆弟……"，全仿《尚书》而作。又有《周诗》一首，其序云："《周诗》者，《南陔》《白华》《华黍》《由庚》《崇丘》《由仪》(皆《诗经·小雅》篇名)六篇，有其义而亡其辞(各篇篇名及其序尚存，故知其义)。湛续其亡，故曰《周诗》也。"全诗八句："既殷斯虔，仰说洪恩。夕定晨省，奉朝侍昏。宵中告退，鸡鸣在门。挚挚恭海，夙夜是敦。"张溥《夏侯常侍集题辞》："《昆弟诰》总训群子……但规模帝典，仅能形似，刻鹄画虎，不无讥焉。"

⑤ 曹摅(shū)：字颜远，西晋良吏，工诗赋，丁福保《全晋诗》卷四辑其《赠韩德真》等九首，多是长篇。季鹰：张翰字，西晋文学家。辨切：辨明切实。短韵：指小诗，《文选》卷二十八录其《杂诗》一首。钟嵘《诗品》称："季鹰'黄华'之唱……得虬龙片甲，凤凰一毛"，即指《杂诗》中的"黄华如散金"句。

各其善也。孟阳景阳，才绮而相埒，可谓鲁卫之政，兄弟之文也①。
刘琨雅壮而多风，卢谌情发而理昭，亦遇之於时势也②。景纯艳逸，
足冠中兴，《郊赋》既穆穆以大观，《仙诗》亦飘飘而凌云矣③。庾元
规之表奏，靡密以闲畅；温太真之笔记，循理而清通④：亦笔端之
良工也。孙盛、干宝，文胜为史，准的所拟，志乎典训；户牖虽
异⑤，而笔彩略同。袁宏发轸以高骧，故卓出而多偏；孙绰规旋以
矩步，故伦序而寡状⑥。殷仲文之孤兴，谢叔源之闲情，并解散辞

----

①　孟阳：张载字。景阳：张协字。兄弟二人都是西晋文学家。相埒(liè)：相等。钟
嵘《诗品》列张协为上品，张载为下品，是仅就二人的五言诗而论。张溥《张孟阳景阳集题
辞》："景阳文稍让兄，而诗独劲出。盖二张齐驱，诗文之间，互有短长。若论才家庭，则
伯难为兄，仲难为弟矣。"鲁卫之政：典出《论语·子路》："鲁卫之政，兄弟也。"兄弟：此
二字意义双关，既说张载、张协二人是兄弟，又表示二人文学成就大小相近。

②　卢谌(chén)：字子谅，东西晋之交的文学家。发：明显。遇之於时势：指刘琨、
卢谌均遭西晋末年的动乱，刘琨《答卢谌书》有云："昔在少壮，未尝检括，远慕老庄之齐
物，近嘉阮生之放旷……自倾辀张，困于逆乱，国破家亡，亲友凋残。负杖行吟，则百忧
俱至；块然独坐，则哀愤两集。"(《文选》卷二十五)

③　景纯：郭璞字，东西晋之间的文学家、训诂学家。艳逸：钟嵘《诗品》说郭璞的诗
"文体相辉，彪炳可玩；始变永嘉平淡之体，故称中兴第一"。《郊赋》：郭璞有《南郊赋》，
今不全，见《初学记》卷十三。穆穆：庄严美好。《仙诗》：郭璞有《游仙诗》十四首，《文选》
卷二十一录七首。飘飘而凌云：《史记·司马相如列传》："相如既奏《大人》之颂，天子大说
(悦)，飘飘有凌云之气，似游天地之间意。"刘勰借以说明《游仙诗》写得有仙味，能动人。

④　元规：庾亮字，东晋玄言诗的主要作者之一，但其表奏刘勰评价较高，《文心雕
龙·章表》："庾公之《让中书》，信美于往载。"靡密：细密。闲畅：熟练畅达。太真：温峤
字，东晋成帝时任江州刺史，迁骠骑将军。

⑤　户牖(yǒu)：门户，指不同的道路。虽异：《文心雕龙·史传》："干宝述《纪》，以
审正得序；孙盛《阳秋》，以约举为能。"

⑥　发轸(zhěn)：发车，喻指出发点。骧(xiāng)：举。发轸高骧，指为文立意甚高；
《诗品》评袁宏说："彦伯《咏史》，虽文体未遒，而鲜明紧健，去凡俗远矣。"孙绰：字兴公，
东晋玄言诗的代表作家之一。规旋以矩步：指遵循玄理写诗文。《世说新语·文学》注引
《续晋阳秋》："正始中，王弼、何晏好庄老玄胜之谈，而世遂贵焉。至过江，佛理尤胜，
故郭璞五言，始会合道家之言而韵之。(许)询及太原孙绰，转相祖尚，又加以三世之辞
(佛教的佛理)，而诗骚之体尽失。"伦序：有次序，有条理。寡状：缺乏形象描绘，《诗品
序》说："孙绰、许询、桓、庾诸公诗，皆平典似《道德论》。"范文澜注："孙兴公《游天台山
赋》，多用佛老之语，不甚状貌山水，与汉赋穷形尽貌者颇异。"

体，缥缈浮音，虽滔滔风流，而大浇文意①。

宋代逸才，辞翰鳞萃，世近易明，无劳甄②序。观夫后汉才林，可参西京；晋世文苑，足俪邺都③。然而魏时话言，必以元封为称首；宋来美谈，亦以建安为口实④；何也？岂非崇文之盛世，招才之嘉会哉？嗟夫！此古人所以贵乎时也。

赞曰：才难然乎⑤？性各异禀。一朝综文，千年凝锦。余采徘徊，遗风籍甚⑥。无曰纷杂，皎然可品。

知　音

知音其难哉！音实难知，知实难逢，逢其知音，千载其一乎！夫古来知音，多贱同而思古，所谓"日进前而不御，遥闻声而相思"⑦也。昔《储说》始出，《子虚》初成，秦皇汉武，恨不同时；既同时矣，则韩囚而马轻，岂不明鉴同时之贱哉⑧！至於班固、傅毅，

---

① 叔源：谢混字，晋末诗人。解散辞体：《文心雕龙·明诗》："江左篇制，溺乎玄风……袁、孙以下，虽各有雕采，而辞趣一揆，莫与争雄。"这里所说"解散"，即指玄风而言；"辞体"，即"辞趣一揆"的玄理文辞；解散：分散，冲淡，《文心雕龙·论说》："若夫注释为词，解散论体，杂文虽异，总会是同。"浮音：指玄理，《南齐书·文学传论》："仲文玄气，犹不尽除；谢混情新，得名未盛。"风流：和《文心雕龙·诏策》篇的"风流"意近："晋室中兴，唯明帝崇才，以温峤文清，故引入中书。自斯以后，体宪风流矣。"意为消失，指玄风的大势已去，如风之流失。浇：浇薄。

② 甄：审查区别。

③ 俪：配、偶。邺都：魏建都在邺，在今河北省临漳县西。

④ 元封：汉武帝年号。口实：谈话的资料。

⑤ 才难然乎：语本《论语·泰伯》："子曰：'才难，不其然乎！'"

⑥ 徘徊：指影响存在着。籍甚：著名。

⑦ 语出《鬼谷子·内楗（jiàn）》："君臣上下之事，有远而亲，近而疏，就之不用，去之反求，日进前而不御，遥闻声而相思。"御：用。声：名声。

⑧ 《储说》：战国时期杰出的思想家韩非所著《韩非子》中，有《内储说》《外储说》等篇。《子虚》：指西汉文学家司马相如的《子虚赋》。恨不同时：《史记·老庄申韩列传》中说，秦始皇读了韩非的《孤愤》等篇曾说："寡人得见此人，与之游，死不恨矣！"《汉书·司马相如传》中说，汉武帝读了司马相如的《子虚赋》曾说："朕独不得与此人同时哉！"韩：指韩非，他入秦后，被谗入狱而死。马：指司马相如，他始终只是汉武帝视若倡优的人。

文在伯仲，而固嗤毅云"下笔不能自休"①。及陈思论才，亦深排孔璋。敬礼请润色，叹以为美谈；季绪好诋诃，方之於田巴，意亦见矣②。故魏文称"文人相轻"，非虚谈也。至如君卿唇舌，而谬欲论文，乃称"史迁著书，谘东方朔"，于是桓谭之徒，相顾嗤笑，彼实博徒，轻言负诮③，况乎文士，可妄谈哉！故鉴照洞明，而贵古贱今者，二主是也；才实鸿懿，而崇己抑人者，班曹是也；学不逮文，而信伪迷真者，楼护是也：酱瓿之议，岂多叹哉④！

夫麟凤与麏雉悬绝，珠玉与砾石超殊，白日垂其照，青眸写其形⑤。然鲁臣以麟为麏，楚人以雉为凤，魏氏以夜光为怪石，宋客

---

①　班固、傅毅：事见《典论·论文》："文人相轻，自古而然。傅毅之于班固，伯仲之间耳，而固小之，与弟超书：'武仲以能属文为兰台令史，下笔不能自休。'"休，停止，"不能休"意指傅毅写作不会剪裁。

②　孔璋：陈琳字。敬礼：丁廙（yì）字。季绪：刘修字，刘表子，官至乐安太守。田巴：战国时齐国善辩的人，曾被鲁仲连所驳倒。诸事见曹植《与杨德祖书》："以孔璋之才，不闲于辞赋，而多自谓能与司马长卿同风，譬画虎不成，反为狗者也……昔丁敬礼尝作小文，使仆润色之，仆自以才不过若人，辞不为也。敬礼谓仆：'卿何所疑难？文之佳恶，吾自得之。后世谁相知定吾文者耶？'吾常叹此达言，以为美谈……刘季绪才不能逮于作者，而好诋诃文章，掎摭利病。昔田巴毁五帝，罪三王，呰五霸于稷下，一旦而服千人。鲁连一说，使终身杜口。刘生之辩，未若田氏；今之仲连，求之不难，可无叹息乎！"诋诃（hē）：诽谤。

③　君卿：楼护字，西汉末辩士。唇舌：指有口才；《文心雕龙·论说》："楼护唇舌。"史迁：司马迁。谘：询问；楼护说司马迁著书曾咨询东方朔的话今不存，《史记·太史公自序》司马贞索隐云："案桓谭云：迁所著书成，以示东方朔，朔皆署曰'太史公。'则谓'太史公'是朔称也。"博徒：指贱者。诮：读 qiào，责怪。

④　酱瓿之议：事见《汉书·扬雄传赞》："而钜鹿侯芭，尝从雄居，受其《太玄》《法言》焉。刘歆亦尝观之，谓雄曰：空自苦！今学者有禄利，然尚不能明《易》，又如《玄》何？吾恐后人用覆酱瓿也。"酱瓿（bù）：酱坛子，喻轻贱。

⑤　麏：读 jūn，獐，似鹿而小。雉：野鸡。悬绝：相差极远。青眸：青眼，指正视，正目而视，眼多青处。写形：谓仔细观察形貌。

以燕砾为宝珠①。形器易征，谬乃若是；文情难鉴，谁曰易分？

夫篇章杂沓，质文交加，知多偏好，人莫圆该②。慷慨者逆声而击节，酝藉者见密而高蹈③，浮慧者观绮而跃心，爱奇者闻诡而惊听。会己则嗟讽，异我则沮④弃，各执一隅之解，欲拟万端之变，所谓东向而望，不见西墙也。

凡操千曲而后晓声，观千剑而后识器⑤。故圆照之象⑥，务先博观。阅乔岳以形培塿，酌沧波以喻畎浍⑦。无私於轻重，不偏於憎爱，然后能平理若衡⑧，照辞如镜矣。是以将阅文情，先标六观：一观位体⑨，二观置辞，三观通变，四观奇正，五观事义，六观宫

---

① 麟为麏：事见《公羊传·哀公十四年》："春，西狩获麟……有以告者曰：有麏而角者。"雉为凤：事见《尹文子·大道上》："楚人担山雉者，路人问：'何鸟也？'担雉者欺之曰：'凤凰也。'路人曰：'我闻有凤凰，今直见之。'"夜光：夜间发光，美玉或明珠都如此，这里指玉，事见《尹文子·大道上》："魏田父有耕于野者，得宝玉径尺，弗知其玉也，以告邻人。邻人阴欲图之，谓之曰：'怪石也。'……于是遽而弃于远野。"燕砾：燕石，《艺文类聚》卷六录《阚子》："宋之愚人得燕石于梧台之东，归而藏之以为宝。周客闻而观焉……掩口而笑曰：'此特燕石也，其与瓦甓不殊。'"

② 圆该：圆通兼备。

③ 逆：迎着。高蹈：举足高，指高兴。

④ 沮：阻止。

⑤ 操千曲：桓谭《新论·琴道》："成少伯工吹竽，见安昌侯张子夏鼓瑟，谓曰：'音不通千曲以上，不足以为知音。'"（《全后汉文》卷十五）观千剑：桓谭《新论·道赋》："扬子云工于赋，王君大习兵器，余欲从二子学，子云曰：'能读千赋则善赋。'君大曰：'能观千剑则晓剑。'"（《全后汉文》卷十五）

⑥ 照：观察。象：犹法。

⑦ 乔岳：高山。培塿：读 pǒu lǒu，小土山。酌沧波：汲取沧海水。喻：懂得。畎浍：读 quǎn kuài：田间小沟。

⑧ 衡：秤。

⑨ 观位体：《文心雕龙·镕裁》："情理设位，文采行乎其中"，"履端于始，则设情以位体"，"位体"是指根据作者所要表达的思想感情确定文体，如《文心雕龙·封禅》云："构位之始，宜明大体，树骨于训典之区，选言于宏富之路，使意古而不晦于深，文今而不坠于浅。"

商①。斯术既形，则优劣见矣。

夫缀文者情动而辞发，观文者披文以入情，沿波讨源，虽幽必显②。世远莫见其面，觇文辄见其心③。岂成篇之足深，患识照之自浅耳。夫志在山水，琴表其情，况形之笔端，理将焉匿④？故心之照理，譬目之照形，目瞭则形无不分，心敏则理无不达⑤。然而俗监之迷者，深废浅售⑥，此庄周所以笑《折杨》，宋玉所以伤《白雪》也⑦。昔屈平有言："文质疏内，众不知余之异采。"⑧见异唯知音耳。扬雄自称"心好沈博绝丽之文。"⑨其⑩事浮浅，亦可知矣。夫唯深识鉴奥，必欢然内怿，譬春台之熙众人，乐饵之止过客⑪。盖闻兰为国香，

---

① 置辞：《丽辞》《镕裁》《章句》《练字》《指瑕》等篇多有涉及。奇正：《文心雕龙·定势》多有涉及。事义：《文心雕龙·事类》专论此。宫商：《文心雕龙·声律》专论此。

② 缀文：指写作。缀：联结。情动而辞发：《文心雕龙·物色》："情以物迁，辞以情发。"披文：《文心雕龙·辨骚》："言节候，则披文而见时。"披：翻阅。讨：寻究。幽：隐微。

③ 觇：读 chān，窥视。辄：往往。

④ 琴表其情：《吕氏春秋·本味》："伯牙鼓琴，钟子期听之。方鼓琴而志在太山，钟子期曰：'善哉乎鼓琴，巍巍乎若太山。'少选（须臾）之间，而志在流水。钟子期又曰：'善哉乎鼓琴，汤汤（大水疾流的样子）乎若流水。'"伯牙、钟子期：传为春秋时楚人。

⑤ 目瞭：目明。达：通晓。

⑥ 监：察看。售：指作品有许多人欣赏。

⑦ 《折杨》：俗曲，《庄子·天地》："大声不入于里耳，《折杨》《皇华》则嗑然而笑。"《白雪》：一种高妙的乐曲，传为宋玉所作《对楚王问》云："客有歌于郢中者，其始曰《下里》《巴人》，国中属而和者数千人……其为《阳春》《白雪》，国中属而和者不过数十人。"（《文选》卷四十五）

⑧ 语见屈原《楚辞·九章·怀沙》。文：指外表。质：指本性。疏：粗，这里指不注意装饰。内：讷，迟钝，这里引申为朴实的意思。异采：指与众不同的才华。

⑨ 扬雄语见其《答刘歆书》（《古文苑》卷十）。

⑩ 其：似当作"不"。

⑪ 怿（yì）：喜悦。《老子·二十章》说："众人熙熙，如享太牢，如春登台。"河上公本作"如登春台"，又，《文心雕龙·总术》"落落之玉"也是取自河上公本，可见刘勰这里说"春台"是据河上公本《老子》。乐饵之止过客：语本《老子·三十五章》："乐与饵，过客止。"王弼注："乐与饵则能令过客止。"谓音乐与食物可使过客止步。

服媚弥芬；书亦国华，翫绎方美①；知音君子，其垂意焉。

赞曰：洪钟万钧，夔旷所定②。良书盈箧，妙鉴乃订③。流郑淫人④，无或失听。独有此律，不谬蹊径⑤。

序　志

夫"文心"者，言为文之用心也。昔涓子《琴心》，王孙《巧心》⑥，心哉美矣，故用之焉。古来文章，以雕缛成体，岂取驺奭之群言雕龙也？⑦夫宇宙绵邈，黎献⑧纷杂，拔萃出类，智术而已；岁月飘忽，性灵不居，腾声飞实，制作而已⑨。夫肖貌天地，禀性五才，拟耳目於日月，方声气乎风雷，其超出万物，亦已灵矣⑩。形同草木之脆，名逾金石之坚，是以君子处世，树德建言⑪，岂好辩哉？

---

① 服：佩戴。媚：爱好。翫：同"玩"，赏玩。绎：推求义蕴。

② 夔：舜时的乐官。旷：师旷，春秋时晋国的乐师。

③ 箧（qiè）：箱。鉴：这里指评论家。订：校订。

④ 流郑：流荡的郑声。淫人：使人意志淫滥。失听：听错，在此比喻对作品的理解错误。

⑤ 蹊：路。

⑥ 涓子：环渊，《史记·孟子荀卿列传》说他是楚国人，著书上下两篇，阐述道家的学说；《汉书·艺文志》称他的著作为《蜎子》，也就是这里所说的《琴心》。王孙：是姓，名不传；《汉书·艺文志》称他的著作为《王孙子》，一名《巧心》，属儒家。

⑦ 驺奭（zōu shì）：战国时齐国学者，《史记·孟子荀卿列传》："驺奭者，齐诸驺子，亦颇采驺衍之术以纪文……驺衍之术，迂大而闳辩，奭也文具难施……故齐人颂曰：谈天衍，雕龙奭。"

⑧ 黎：众人。献：贤者。

⑨ 性灵：指人的智慧。不居：很快就过去。居：停留。腾声：名声的流传。实：指造成其名声的事业。

⑩ 肖貌天地：《汉书·刑法志》："夫人宵天地之貌，怀五常之性。"师古注："宵，义与肖同。"肖：相似。五才：五行，指金、木、水、火、土。拟耳目：《淮南子·精神训》："是故耳目者，日月也；血气者，风雨也。"方声气乎风雷：《春秋繁露·人副天数》："耳目戾戾，象日月也；鼻口呼吸，象风气也。"

⑪ 树德建言：《左传·襄公二十四年》："太上有立德，其次有立功，其次有立言。虽久不废，此之谓不朽。"

不得已也！

　　予生七龄，乃梦彩云若锦，则攀而采之。齿在逾立，则尝夜梦执丹漆之礼器，随仲尼而南行①；旦而寤，迺怡然而喜②。大哉圣人之难见哉，乃小子之垂梦欤③！自生人以来，未有如夫子者也。敷赞圣旨，莫若注经，而马郑诸儒④，弘之已精，就有深解，未足立家。唯文章之用，实经典枝条，五礼资之以成文，六典因之致用⑤，君臣所以炳焕，军国所以昭明，详其本源，莫非经典。而去圣久远，文体解散，辞人爱奇，言贵浮诡，饰羽尚画，文绣鞶帨，离本弥甚，将遂讹滥⑥。盖《周书》论辞，贵乎体要⑦，尼父陈训，恶乎异端⑧，辞训之异，宜体於要。于是搦⑨笔和墨，乃始论文。

　　详观近代之论文者多矣：至如魏文述典，陈思序书，应场文论，

---

　　①　逾立：过了三十岁；立，三十岁，《论语·为政》："三十而立。"礼器：祭器。南行：捧着祭器随孔子向南走，表示成了孔子的学生，协助老师完成某种典礼。

　　②　寤：醒。迺：同"乃"。怡：快乐。

　　③　垂梦：示梦，在梦中显现。

　　④　敷：陈述。赞：明。马：指马融，东汉学者，曾为《周易》《诗经》《尚书》《论语》等经书作注解；郑：郑玄，马融的学生，也曾为《周易》《诗经》等作注解。他们二人成为后汉注经的典范。

　　⑤　五礼：指吉礼（祭礼等）、凶礼（丧吊等）、宾礼（朝觐等）、军礼（阅车徒、正封疆等）、嘉礼（婚、冠等），见《礼记·祭统》郑玄注。六典：见《周礼·大宰》，包含治典（近于后代吏部的工作）、教典（近于后代户部的工作）、礼典（近于后代礼部的工作）、政典（近于后代兵部的工作）、刑典（近于后代刑部的工作）、事典（近于后代工部的工作）；典：法度，这里指国家的政法制度等。

　　⑥　鞶：读 pán，束衣的大带。帨：读 shuì，佩巾。《法言·寡见》："今之学也，非独为之华藻也，又从而绣其鞶帨。"讹：伪。

　　⑦　《周书》：指《尚书》中的《周书》。体要：《周书·毕命》："辞尚体要，不惟好异。"体，体现；要，要点；异，指奇异的文辞。

　　⑧　尼父：指孔子。异端：《论语·为政》："攻乎异端，斯害也已。"攻，钻研；异端，指违反儒家思想的观点学说。

　　⑨　搦：读 nuò，持、握。

陆机《文赋》，仲治《流别》，宏范《翰林》①，各照隅隙，鲜观衢路，或臧否当时之才，或铨品前修之文②，或泛举雅俗之旨，或撮题篇章之意。魏典密而不周，陈书辩而无当③，应论华而疏略，陆赋巧而碎乱④，《流别》精而少功，《翰林》浅而寡要⑤。又君山公幹之徒，吉甫士龙之辈，泛议文意，往往间出⑥，并未能振叶以寻根，观澜而索源，不述先哲之诰，无益后生之虑。

　　盖文心之作也，本乎道，师乎圣，体乎经，酌乎纬，变乎骚：文之枢纽，亦云极矣。若乃论文叙笔，则囿别区分⑦，原始以表末，释名以章义，选文以定篇，敷理以举统：上篇以上⑧，纲领明矣。至於剖情析采，笼圈条贯，摛神性，图风势，苞会通，阅声字，崇替於《时序》，褒贬於《才略》，怊怅於《知音》，耿介於《程器》，长怀《序志》，以驭群篇：下篇以下，毛目显矣。位理定名，彰乎大易之

---

① 魏文述典：指曹丕《典论》，其中有《论文》篇。陈思序书：曹植《与杨德祖书》。仲治《流别》：挚虞《文章流别论》。宏范《翰林》：李充《翰林论》。

② 臧否（pǐ）：褒贬。铨（quán）：衡量。品：品评。前修：前贤。

③ 密而不周：这是指《典论·论文》讲才气等比较严密，讲文体比较简单，所以说不周到。辩而无当：《与杨德祖书》评论当时作家显得能言善辩，但轻视词赋便不够恰当。

④ 华而疏略：应玚有《文质论》，写得有文采，但没有论文章，显得疏漏。巧而碎乱：这是说《文赋》论创作有见地，文辞精美，所谓工巧，但内容琐碎而杂乱。这是由于受到赋这种体裁的限制。

⑤ 精而少功：指《文章流别论》讲各体文章的起源是精当的，但没有讲写各体文章的要求，所以不切实用。浅而寡要：指《翰林论》讲得比较一般化，所以浅而不得当。

⑥ 君山：桓谭字，所著《新论》中偶然有关于文学方面的论点。公幹：刘桢字，《文心雕龙》中有两处（《风骨》《定势》）引到他对于文学的意见。吉甫：应贞字。士龙：陆云字，他对文学的一些主张大都表达在给其兄陆机的信里。

⑦ 文、笔：《文心雕龙》第五篇《辨骚》到第十三篇《哀吊》中所论文体是"文"类，第十四篇《杂文》和第十五篇《谐隐》介于"文""笔"之间，第十六篇《史传》到第二十五篇《书记》是"笔"类。囿：本指园林，这里和"区"字同指写作的领域。

⑧ 上篇：《文心雕龙》分上下两部分，称上篇、下篇。上一部分二十五篇，讲文章纲领和文体论；下一部分二十四篇，讲创作论和文学评论；最后《序志》；合共五十篇。

数，其为文用，四十九篇而已①。

夫铨序②一文为易，弥纶②群言为难，虽复轻采毛发，深极骨髓，或有曲意密源，似近而远，辞所不载，亦不可胜数矣。及其品列成文，有同乎旧谈者，非雷同也，势自不可异也；有异乎前论者，非苟异也，理自不可同也。同之与异，不屑古今，擘肌分理，唯务折衷③。按辔文雅之场，环络藻绘之府，亦几乎备矣。但言不尽意，圣人所难，识在瓶管，何能矩矱④。茫茫往代，既沈予闻；眇眇来世，倘尘⑤彼观也。

赞曰：生也有涯，无涯惟智。逐物实难，凭性良易。傲岸泉石，咀嚼文义。文果载心，余心有寄。

钟　嵘

钟嵘(约 468—约 518)，字仲伟，颍川长社(今河南许昌长葛市)人，南朝齐时官至司徒行参军，入梁，历任中军临川王行参军、西中郎将晋安王记室。梁武帝天监十二年(513)以后，仿汉"九品论人，七略裁士"著例，撰成《诗品》，以五言诗为主，将两汉至梁作家 122人，分为上、中、下三品进行评论，《隋书·经籍志》又称之为《诗

---

① 大易：范文澜注："大易，疑当作大衍。"《周易·系辞上》说："大衍之数五十，其用四十有九。"意为推演天地之数，共有五十。《文心雕龙》全书五十篇，除《序志》外，论文的共四十九篇。

② 铨序，谓衡量论述。弥纶：有综合组织、整理阐明之意。

③ 不屑：不介意。擘：读 bò，分开。肌、理：指肌肉的纹理，这里是比喻对文学理论的分析。折衷：折中；折是判断，衷是恰当。

④ 瓶管：用瓶汲水，用管窥天，比喻见识极狭窄。矩矱(yuē)：指文学的法则。

⑤ 尘：污，谦辞。

评》。选文参校陈延杰撰《诗品注》，人民文学出版社 1961 年版。

诗 品

序

气之动物，物之感人，故摇荡性情，形诸舞咏，照烛三才，辉丽万有①；灵祇待之以致飨，幽微藉之以昭告，动天地，感鬼神，莫近于诗②。昔《南风》之词，《卿云》之颂，厥义夐矣③。夏歌曰："郁陶乎予心。"楚谣云："名余曰正则。"④虽诗体未全，然略是五言之滥觞也。逮汉李陵，始著五言之目矣⑤。古诗眇邈，人世难详，推其文体，固是炎汉之制，非衰周之倡也⑥。自王、扬、枚、马之徒，词赋竞爽，而吟咏靡闻⑦。从李都尉讫班婕妤⑧，将百年间，有妇人焉，一人而已。诗人之风，顿已缺丧。东京二百载中⑨，惟有班固《咏史》，质木无文。降及建安，曹公父子，笃好斯文，平原兄

---

① 三才：指天、地、人。辉：同"辉"。

② 灵祇：本指神灵，后用以指天地。幽微：指鬼神。致飨、昭告：意谓诗可以祭祀天地鬼神。

③ 《南风》：传为舜时歌曲，《孔子家语·辩乐》记其辞云："南风之熏兮，可以解吾民之愠兮；南风之时兮，可以阜吾民之财兮。"后人疑为伪托。《卿云》：传为舜时歌曲，《尚书大传》记其辞云："卿云烂兮，轧缦缦兮，日月光华，旦复旦兮。"后人疑为伪托。夐：读 xiòng，远。

④ 郁陶乎予心：语出伪《古文尚书·五子之歌》。名余曰正则：语出屈原《离骚》。

⑤ 始著五言之目：《文选》载李陵《与苏武诗三首》，一般认为此组诗为后人伪托。

⑥ 炎汉：指汉朝，汉人认为汉代五行属火，故称炎汉。衰周：即周末。

⑦ 王、扬、枚、马：王褒、扬雄、枚乘、司马相如，均为汉辞赋家。靡闻：不闻。

⑧ 李都尉：李陵，曾官骑都尉。班婕妤：汉成帝之女官，《文选》载班婕妤《怨歌行》一首，系伪托。

⑨ 东京：指后汉，后汉建都洛阳为东京。

弟，郁为文栋①；刘桢王粲，为其羽翼。次有攀龙托凤，自致于属车者②，盖将百计。彬彬之盛，大备于时矣。尔后陵迟③衰微，迄于有晋。太康中，三张二陆，两潘一左④，勃尔复兴，踵武前王，风流未沫⑤，亦文章之中兴也。永嘉时，贵黄老，尚虚谈，于时篇什，理过其辞，淡乎寡味。爰及江表，微波尚传，孙绰许询桓庾诸公诗，皆平典似《道德论》⑥，建安之风尽矣。先是郭景纯用隽上之才，创变其体；刘越石仗清刚之气，赞成厥美。然彼众我寡，未能动俗。逮义熙中，谢益寿斐然继作⑦；元嘉初，有谢灵运，才高词盛，富艳难踪，固已含跨刘郭，凌轹⑧潘左。故知陈思为建安之杰，公幹仲宣为辅⑨。陆机为太康之英，安仁景阳为辅⑩。谢客为元嘉之雄⑪，颜延年为辅，此皆五言之冠冕，文词之命世⑫也。

夫四言，文约意广，取效《风》《骚》，便可多得，每苦文繁而意少，故世罕习焉。五言居文词之要，是众作之有滋味者也，故云会

---

① 平原兄弟：曹植曾做过平原侯，此指曹植与白马王曹彪；前"曹公父子"则指曹操、曹丕。

② 属车：帝王出行时的侍从车，此处"自致于属车"指归附曹氏集团。

③ 陵迟：衰微。

④ 三张：张载、张协、张亢。二陆：陆机、陆云。一左：左思。

⑤ 踵武：继承。沫：衰竭。

⑥ 江表：江外，引申为江南，此指东晋。桓、庾：桓温、庾亮。《道德论》：阐述老、庄思想的论文，《三国志·魏书》言何晏曾作过《道德二论》，《世说新语》亦载夏侯玄、阮籍作过《道德论》。

⑦ 益寿：谢混小字，东晋山水诗人。

⑧ 凌轹(lì)：超越、压倒。

⑨ 陈思：曹植，曹植封陈王，卒谥思。公幹：刘桢字。仲宣：王粲字。

⑩ 安仁：潘岳字。景阳：张协字。

⑪ 谢客：谢灵运，他幼时曾名客儿。

⑫ 命世：著名于当世。

于流俗，岂不以指事造形①、穷情写物，最为详切者耶？故诗有三义焉，一曰兴，二曰比，三曰赋。文已尽而意有余，兴也；因物喻志，比也；直书其事，寓言写物，赋也。弘斯三义，酌而用之，干之以风力，润之以丹采，使味之者无极，闻之者动心，是诗之至也。若专用比兴，患在意深，意深则词踬②。若但用赋体，则患在意浮，意浮则文散，嬉成流移，文无止泊，有芜漫之累矣。若夫春风春鸟，秋月秋蝉，夏云暑雨，冬月祁寒③，斯四候之感诸诗者也。嘉会寄诗以亲，离群托诗以怨。至于楚臣去境，汉妾辞宫④；或骨横朔野，或魂逐飞蓬；或负戈外戍，或杀气雄边；塞客衣单，孀闺泪尽；或士有解佩出朝，一去忘反；女有扬蛾入宠，再盼倾国；凡斯种种，感荡心灵，非陈诗何以展其义？非长歌何以骋其情？故曰："诗可以群，可以怨。"⑤使穷贱易安，幽居靡闷，莫尚于诗矣。故词人作者，罔不爱好。今之士俗，斯风炽矣。才能胜衣，甫就小学⑥，必甘心而驰骛焉。于是庸音杂体，人各为容。至于膏腴子弟，耻文不逮，终朝点缀，分夜呻吟，独观谓为警策⑦，众视终沦平钝。次有轻荡之徒，笑曹刘为古拙，谓鲍照羲皇上人，谢朓今古独步。而师鲍照终不及"日中市朝满"，学谢朓劣得"黄鸟度青枝⑧"，徒自弃于高明，无涉于文流矣。观王公缙绅之士，每博论之余，何尝不以诗为口实。

① 会于流俗：适合普通读者的口味。指事造形：叙述事情、描绘形象。
② 踬：读 zhì，被东西绊倒、事情不顺利，这里指滞碍难通。
③ 祁寒：大寒。
④ 楚臣去境：指屈原放逐事。汉妾辞宫：指王昭君出塞事。
⑤ "诗可以群"二句：语本《论语·阳货》："子曰：'小子何莫学夫诗？诗可以兴，可以观，可以群，可以怨。'"
⑥ 胜衣：指儿童能穿成人之衣，此指年幼。甫：始。小学：文字之学。
⑦ 警策：指诗文中秀拔之处，陆机《文赋》："立片言而居要，乃一篇之警策。"
⑧ 日中市朝满：语出鲍照《代结客少年场行》。黄鸟度青枝：语出虞炎《玉阶怨》。

随其嗜欲，商榷不同，淄渑并泛，朱紫相夺①，喧议竞起，准的无依。近彭城刘士章②，俊赏之士，疾其淆乱，欲为当世诗品，口陈标榜。其文未遂，感而作焉。昔九品论人，《七略》裁士，校以宾实，诚多未值③。至若诗之为技，较尔可知，以类推之，殆同博弈。方今皇帝，资生知之上才，体沉郁之幽思，文丽日月，赏究天人，昔在贵游，已为称首④。况八纮既奄，风靡云蒸，抱玉者连肩，握珠者踵武⑤。固以瞰汉魏而不顾，吞晋宋于胸中。谅非农歌辕议⑥，敢致流别。嵘之今录，庶周游于闾里，均之于谈笑耳。

一品之中，略以世代为先后，不以优劣为诠次。又其人既往，其文克定，今所寓言，不录存者。夫属词比事，乃为通谈，若乃经国文符，应资博古，撰德驳奏，宜穷往烈⑦。至乎吟咏情性，亦何贵于用事？"思君如流水"，既是即目；"高台多悲风"，亦惟所见；"清晨登陇首"，羌无故实；"明月照积雪"，讵出经史？⑧观古今胜

---

①　淄渑：二水名，在今山东境，传二水味不同，混则难辨，以比喻好坏难分。朱紫相夺：语本《论语·阳货》："子曰：'恶紫之夺朱，恶郑声之乱雅乐。'"

②　士章：刘绘字，齐中庶子，传有圣才，《诗品》列之下品。

③　九品论人：班固《汉书·古今人表》将古今人物分为九等，魏晋以来，又出现了九品观人法。《七略》裁士：刘歆在《七略》中将作家分为七类加以品评。宾实：名实。未值：是说名实不符。

④　方今皇帝：指梁武帝萧衍。生知之上才：语出《论语·季氏》："孔子曰：'生而知之者上也。'"昔在贵游：指梁武帝未登基前与诸文士的交游生活。

⑤　八纮：八方。奄：覆盖。八纮既奄：指已统治天下。抱玉者、握珠者：均指才华横溢之文士，曹植《与杨德祖书》："人人自谓握灵蛇之珠，家家自谓抱荆山之玉。"

⑥　农歌辕议：农民的歌谣，赶车人的议论。

⑦　经国文符：涉及国家大事的文章。撰德驳奏：叙述德业和驳议奏疏之类的文章。往烈：先辈的功业。

⑧　思君如流水：出自徐幹《室思》诗。高台多悲风：出自曹植《杂诗》。清晨登陇首：乃张华诗，见《北堂书钞》卷一五七引。明月照积雪：出自谢灵运《岁暮》诗。羌：文言助词，用在句首，无义。讵：岂。

语，多非补假①，皆由直寻。颜延、谢庄，尤为繁密，于时化之。故大明、泰始中，文章殆同书钞。近任昉、王元长等，词不贵奇，竞须新事，尔来作者，寖②以成俗。遂乃句无虚语，语无虚字，拘挛补衲，蠹③文已甚。但自然英旨，罕值其人。词既失高，则宜加事义，虽谢天才，且表学问，亦一理乎？陆机《文赋》，通而无贬；李充《翰林》，疏而不切；王微《鸿宝》，密而无裁④；颜延论文，精而难晓⑤；挚虞《文志》，详而博赡⑥，颇曰知言：观斯数家，皆就谈文体，而不显优劣。至于谢客集诗，逢诗辄取；张隲《文士》，逢文即书⑦；诸英志录，并义在文，曾无品第。嵘今所录，止乎五言。虽然，网罗今古，词人⑧殆集。轻欲辨彰清浊，掎摭⑨病利，凡百二十人。预⑩此宗流者，便称才子。至斯三品升降，差非定制，方申变裁，请寄知者尔。

昔曹、刘殆文章之圣，陆、谢为体贰之才⑪，锐精研思，千百年中，而不闻宫商之辨、四声之论。或谓前达偶然不见，岂其然乎？尝试言之，古曰诗颂，皆被之金竹，故非调五音，无以谐会。若"置酒高堂上""明月照高楼"，为韵之首，故三祖之词⑫，文或不工，而韵入歌唱。此重音韵之义也，与世之言宫商异矣。今既不被管弦，亦何取于声律耶？齐有王元长者，尝谓余云："宫商与二仪俱生，自

---

① 补假：谓借典故以增饰文采。

② 寖：逐渐。

③ 蠹：蛀蚀。

④ 《鸿宝》：今不存，《隋书·经籍志》著其目，未著撰者。

⑤ 颜延论文：指颜延之《庭诰》中的论文之语。

⑥ 挚虞《文志》：指挚虞的《文章志》，《隋书·经籍志》著录为四卷，今仅存《文章流别论》。

⑦ 张隲(zhì)《文士》：《隋书·经籍志》著张隲作《文士》五十卷，今佚。

⑧ 人：原作"文"，据山堂本改。

⑨ 掎摭：读 jǐ zhí，指摘。

⑩ 预：加入、进入。

⑪ 曹、刘：指曹植、刘桢。陆、谢：指陆机、谢灵运。体贰：谓相类似。

⑫ 置酒高堂上：出自阮瑀《杂诗》。明月照高楼：出自曹植《七哀诗》。三祖：指魏武帝曹操，魏文帝曹丕，魏明帝曹叡，三人分别庙号为太祖、高祖、烈祖，故称。

古词人不知之，惟颜宪子乃云律吕音调，而其实大谬①。惟见范晔、谢庄，颇识之耳。常欲进《知音论》，未就。"王元长创其首，谢朓、沈约扬其波②。三贤或贵公子孙，幼有文辨，于是士流景慕，务为精密，襞积细微，专相陵架③。故使文多拘忌，伤其真美。余谓文制，本须讽读，不可塞碍，但令清浊通流，口吻调利，斯为足矣。至平上去入，则余病未能，蜂腰、鹤膝，闾里已具④。陈思赠弟，仲宣《七哀》，公幹思友，阮籍《咏怀》，子卿"双凫"，叔夜"双鸾"，茂先寒夕，平叔衣单，安仁倦暑，景阳苦雨，灵运《邺中》，士衡《拟古》，越石感乱，景纯咏仙，王微风月，谢客山泉，叔源离宴，鲍照戍边，太冲《咏史》，颜延入洛，陶公《咏贫》之制，惠连《捣衣》之作，斯皆五言之警策者也⑤。所谓篇章之珠泽，文彩之邓林⑥。

---

① 二仪：天地。颜宪子：颜延之，死谥宪子。

② "王元长"二句：《梁书·列传第四十三·文学》："齐永明中，文士王融、谢朓、沈约文章始用四声，以为新变。"

③ 襞（bì）积：本指衣之皱褶、折叠衣裙，此指诗歌声律方面的雕琢。陵架：本指超越，这里指争新。

④ 蜂腰、鹤膝：沈约所归纳的"八病"之二病，"八病"为：平头、上尾、蜂腰、鹤膝、大韵、小韵、旁纽、正纽。

⑤ 陈思赠弟：指曹植《赠白马王彪诗》。仲宣《七哀》：王粲《七哀诗》。公幹思友：指刘桢《赠徐幹诗》。子卿双凫：苏武《别李陵诗》，中有"双凫俱北飞，长叹不能言"之诗句。叔夜双鸾：嵇康《赠秀才入军》诗，中有"双鸾匿景曜"句。茂先寒夕：张华《杂诗》中有"繁霜降当夕"句。平叔衣单：何晏（字平叔）有《衣单》诗，今佚。安仁倦暑：潘岳（字安仁）《在怀县作》等诗中有描绘酷暑的诗句。景阳苦雨：张协（字景阳）《杂诗》十首中，有"飞雨洒朝兰"等诗句。灵运《邺中》：谢灵运有《拟魏太子邺中集诗》八首。士衡《拟古》：陆机（字士衡）有《拟古诗》十二首。越石感乱：刘琨（字越石）之《扶风歌》《重赠卢谌》等均为感乱诗。景纯咏仙：郭璞（字景纯）有《游仙诗》十四首。王微风月：王微诗今仅存五首，无咏风月之作。谢客山泉：谢灵运擅为山水诗。叔源离宴：谢混（字叔源）《送二王在领军府集诗》中有描写离宴的诗句。鲍照戍边：鲍照《代出自蓟北门行》诗，为咏叹戍边之作。太冲《咏史》：左思有《咏史诗》八首。颜延入洛：颜延之有《北使洛》诗。陶公《咏贫》之制：陶渊明有《咏贫士诗》七首。惠连《捣衣》之作：谢惠连有《捣衣诗》。

⑥ 珠泽：产珠的水泽。邓林：桃林，《山海经·海外北经》："夸父与日逐走，入日……弃其杖，化为邓林。"

上

古　诗①

其体源出于《国风》。陆机所拟十四首②，文温以丽，意悲而远，惊心动魄，可谓几乎一字千金。其外"去者日以疏"四十五首，虽多哀怨，颇为总杂，旧疑是建安中曹、王所制，"客从远方来""橘柚垂华实"，亦为警绝矣③，人代冥灭，而清音独远，悲夫。

汉都尉李陵

其源出于《楚辞》，文多棲怆，怨者之流。陵，名家子，有殊才，生命不谐④，声颓身丧。使陵不遭辛苦，其文亦何能至此。

汉婕妤班姬

其源出于李陵。《团扇》短章，辞旨清捷，怨深文绮，得匹妇之致，侏儒一节，可以知其工矣⑤。

魏陈思王植

其源出于《国风》。骨气奇高，词彩华茂，情兼雅怨，体被文质，粲溢今古，卓尔不群。嗟夫，陈思之于文章也，譬人伦之有周、孔，鳞羽之有龙凤，音乐之有琴笙，女工之有黼黻。俾尔怀铅吮墨⑥者，抱篇章而景慕，映余晖以自烛。故孔氏之门如用诗，则公幹升堂，思王入室，景阳、潘、陆，自可坐于廊庑之间矣。

---

①　古诗：指以"古诗十九首"为代表的东汉末期五言诗，"古诗十九首"乃萧统《文选》杂诗类所录之十九首诗之总称。

②　陆机所拟十四首：今可见者十二首，二首已佚。

③　其外"去者日以疏"四十五首：这四十五首诗，除了"客从远方来""去者日以疏""橘抽垂华实"三首外，余者均未列目。四十五首乃是陆机所拟古诗之外的古诗，后人疑其出于建安诸子之手。

④　生命：命运。

⑤　团扇：《怨歌行》，其中有"裁作合欢扇，团圆似明月"二句，《文选》著录，《玉台新咏》作《怨诗》，后人疑为伪托。侏儒一节：此犹言短章一首。

⑥　怀铅吮墨：犹言写文章。

魏文学刘桢

其源出于《古诗》。仗气爱奇，动多振绝。真骨凌霜，高风跨俗。但气过其文，雕润恨少。然自陈思以下，桢称独步。

魏侍中王粲

其源出于李陵。发愀怆之词，文秀而质赢。在曹、刘间，别构一体，方陈思不足，比魏文有余。

晋步兵阮籍

其源出于《小雅》。无雕虫之功，而《咏怀》之作，可以陶性灵，发幽思。言在耳目之内，情寄八荒之表。洋洋乎会于风雅，使人忘其鄙近，自致远大，颇多感慨之词。厥旨渊放，归趣杂求，颜延年注解，怯言其志。

晋平原相陆机

其源出于陈思。才高词赡，举体华美。气少于公幹，文劣于仲宣。尚规矩，不贵绮错，有伤直致之奇。然其咀嚼英华，厌饫①膏泽，文章之渊泉也。张公叹其大才②，信矣。

晋黄门郎潘岳

其源出于仲宣。《翰林》叹其翩翩然如翔禽之有羽毛，衣服之有绡縠③，犹浅于陆机。谢混云："潘诗烂若舒锦，无处不佳；陆文如披沙简金，往往见宝。"④嵘谓益寿轻华，故以潘胜，《翰林》笃论，故叹陆为深。余常言：陆才如海，潘才如江。

---

① 厌饫(yù)：饱食。

② 张公：指张华，事见《世说新语·文学》注引《文章传》曰"机善属文，司空张华见其文章，篇篇称善，犹讥其作文大冶，谓曰：'人之作文，患于不才；至子为文，乃患太多也。'"

③ 《翰林》：李充《翰林论》。绡縠：读 xiāo hú，泛指轻纱之类的丝织品。

④ "谢混云"等五句：《世说新语·文学》云："孙兴公云：潘文烂若披锦，无处不善；陆文若排沙简金，往往见宝。"

晋黄门郎张协

其源出于王粲。文体华净，少病累，又巧构形似之言。雄于潘岳，靡于太冲。风流调达，实旷代之高手，词彩葱蒨①，音韵铿锵，使人味之，亹亹不倦。

晋记室左思

其源出于公幹。文典②以怨，颇为精切，得讽谕之致。虽野于陆机，而深于潘岳。谢康乐尝言："左太冲诗，潘安仁诗，古今难比。"

宋临川太守谢灵运

其源出于陈思，杂有景阳之体。故尚巧似，而逸荡过之，颇以繁富为累。嵘谓：若人兴多才高，寓目辄书，内无乏思，外无遗物，其繁富，宜哉！然名章迥句，处处间起；丽典新声，络绎奔会。譬犹青松之拔灌木，白玉之映尘沙，未足贬其高洁也。初，钱塘杜明师夜梦东南有人来入其馆，是夕，即灵运生于会稽。旬日而谢玄③亡。其家以子孙难得，送灵运于杜治养之。十五方还都，故名"客儿"。

中

汉上计秦嘉　嘉妻徐淑④

夫妻事既可伤，文亦悽怨。为五言者，不过数家，而妇人居二，徐淑叙别之作，亚于团扇⑤矣。

---

　① 葱蒨：草木青翠茂盛貌，此指华美、艳丽。

　② 典：庄重、典雅、不浅俗。

　③ 谢玄：当为谢安。

　④ 秦嘉：字士会，陇西（今甘肃东南）人，曾官黄门郎，今存诗八首。嘉妻徐淑：严可均《铁桥漫稿》卷七谓："陇西秦嘉妻者，同郡徐氏女也。名淑，有才章，适嘉。"《玉台新咏》载秦嘉《赠妇诗》三首和徐淑《答秦嘉诗》一首。

　⑤ 团扇：指班婕妤《怨歌行》。

魏文帝

其源出于李陵，颇有仲宣之体。则所计百许篇，率皆鄙直如偶语，惟"西北有浮云"①十余首，殊美赡可玩，始见其工夫矣。不然，何以铨衡群彦，对扬厥弟者邪②？

晋中散嵇康

颇似魏文。过为峻切，讦直③露才，伤渊雅之致。然托谕清远，良有鉴裁，亦未失高流矣。

晋司空张华

其源出于王粲。其体华艳，兴托不奇。巧用文字，务为妍冶。虽名高曩代，而疏亮之士④，犹恨其儿女情多、风云气少。谢康乐云："张公虽复千篇，犹一体耳。"今置之中品疑弱，处之下科恨少，在季孟之间矣。

魏尚书何晏　晋冯翊守孙楚　晋著作王讚　晋王司徒掾张翰
晋中书令潘尼⑤

平叔"鸿鹄"之篇，风规见矣⑥。子荆"零雨"之外⑦，正长"朔风"

---

①　西北有浮云：语出曹丕《杂诗》。

②　铨衡群彦：指曹丕在《典论·论文》《与吴质书》等中，对当时作家的品评。对扬：比美。厥弟：指曹植。

③　讦(jié)直：指亢直敢言。

④　疏亮之士：疏朗通达之人。

⑤　孙楚(218？—293)：字子荆，晋太原中都(今山西平遥境)人，曾出为冯翊太守，其诗文，后人辑有《孙冯翊集》。王讚：字正长，晋义阳(今河南新野县境)人，曾官太子舍人、侍中等，今存诗五首。张翰：字季鹰，晋吴郡吴(今属江苏苏州市)人，曾官大司马东曹掾，今存诗六首。潘尼(约250—约311)，字正叔，晋荥阳中牟(今属河南)人，累官著作郎、秘书监、中书令等，与从父潘岳齐名，世称"两潘"，今存诗三十一首。

⑥　鸿鹄：何晏《拟古》诗首句为"鸿鹄比翼游。"

⑦　零雨：孙楚《征西官属送于陟阳侯作诗》首二句云："晨风飘歧路，零雨披秋草。"

之后①，虽有累札，良亦无闻。季鹰"黄华"之唱②，正叔"绿蘩"之章③，虽不具美，而文彩高丽，并得虬龙片甲，凤皇一毛。事同驳圣④，宜居中品。

魏侍中应璩

祖袭魏文。善为古语，指事殷勤，雅意深笃，得诗人激刺之旨。至于"济济今日所"，华靡可讽味焉。

晋清河守陆云　晋侍中石崇　晋襄城太守曹摅　晋朗陵公何劭⑤

清河之方平原，殆如陈思之匹白马。于其哲昆⑥，故称"二陆"。季伦、颜远，并有英篇。笃而论之，朗陵为最。

晋太尉刘琨　晋中郎卢谌⑦

其源出于王粲。善为悽戾之词，自有清拔之气。琨既体良才，又罹厄运，故善叙丧乱，多感恨之词。中郎仰之，微不逮者矣。

晋弘农太守郭璞

宪章⑧潘岳，文体相辉，彪炳可玩。始变永嘉平淡之体，故称中兴第一⑨。《翰林》以为诗首。但《游仙》之作，辞多慷慨，乖远玄

---

① 朔风：王讚《杂诗》有"朔风动秋草，边马有归心"句。

② 黄华：张翰《杂诗》三首之一有"黄华如散金"诗句，一时传为名唱。

③ 绿蘩：潘尼《迎大驾》诗有"青松荫修岭，绿蘩披广隰"句。

④ 驳圣：驳指驳杂，圣指佳构，此谓虽不完全称美，但也时有佳构。

⑤ 陆云（262—303）：字士龙，曾官清河内史，有《陆士龙集》行世，与兄陆机并称"二陆"。石崇（249—300）：字季伦，晋渤海南皮（今河北南皮境）人，封安阳乡侯，今存诗十首。曹摅（？—308）：字颜远，晋谯（今安徽亳州）人，曾官襄阳太守，今存诗十一首。何劭（236—301）：字敬祖，阳夏（今河南太康）人，袭封朗陵郡公，今存诗五首。

⑥ 哲昆：对他人之兄的敬称。

⑦ 刘琨（271—318）：字越石，晋中山魏昌（今河北无极县）人，曾官侍中太尉，今存诗四首。卢谌（284—350）：字子谅，晋范阳涿（今河北涿州市）人，今存诗十首。

⑧ 宪章：效法。

⑨ 永嘉平淡之体：指玄言诗风，《诗品序》云："永嘉时，贵黄老，稍尚虚谈，于是篇什，理过其辞，淡乎寡味。"中兴：指东晋王朝。

宗。其云"奈何虎豹姿"，又云"戢翼栖榛梗"，乃是坎壈①咏怀，非列仙之趣也。

晋吏部郎袁宏②

彦伯《咏史》，虽文体未遒，而鲜明紧健，去凡俗远矣。

晋处士郭泰机　晋常侍顾恺之　宋谢世基　宋参军顾迈
宋参军戴凯③

泰机"寒女"之制④，孤怨宜恨。长康能以二韵答四首之美。世基"横海"⑤，顾迈"鸿飞"。戴凯人实贫羸，而才章富健。观此五子，文虽不多，气调警拔，吾许其进，则鲍照、江淹，未足逮止。越居中品，佥⑥曰宜哉。

宋征士陶潜

其源出于应璩，又协左思风力。文体省静，殆无长语⑦。笃意真古，辞兴婉惬，每观其文，想其人德。世叹其质直，至如"欢言酌春酒"，"日暮天无云"⑧，风华清靡，岂直为田家语耶？古今隐逸诗人之宗也。

宋光禄大夫颜延之

其源出于陆机。尚巧似。体裁绮密，情喻渊深，动无虚散，一

---

① 坎壈(lǎn)：困顿、不顺利。

② 袁宏(328—376)：字彦伯，晋陈郡(今河南淮阳)人，曾为桓温吏部郎，今存诗六首。

③ 郭泰机：晋河南(今洛阳东北)人，终生未仕，今存诗一首。谢世基(？—426)：南朝宋陈郡阳夏(今河南太康)人，今存诗一首。顾迈：曾为南朝宋征北行参军，今诗无存。戴凯：生平不详。

④ 泰机"寒女"之制：郭泰机《答傅咸》为咏寒女诗。

⑤ 世基"横海"：《宋书·列传第四》载谢世基临死作连句诗云："伟哉横海鳞，壮矣垂天翼。一旦失风水，翻为蝼蚁食。"顾迈"鸿飞"：今不详，当为顾迈佚诗。

⑥ 佥：读qiān，皆。

⑦ 长语：多余的话。

⑧ 欢言酌春酒：陶潜《读山海经十三首》之一。日暮天无云：陶潜《拟古九首》之一。

句一字，皆致意焉。又喜用古事，弥见拘束，虽乖秀逸，是经纶文雅才。雅才减若人，则蹈于困踬①矣。汤惠休曰："谢诗如芙蓉出水，颜如错彩镂金。"颜终身病之。

宋豫章太守谢瞻　宋仆射谢混　宋太尉袁淑　宋征君王微

宋征虏将军王僧达②

其源出于张华。才力苦弱，故务其清浅，殊得风流媚趣。课其实录，则豫章、仆射，宜分庭抗礼；征君、太尉，可托乘后车。征虏卓卓，殆欲度骅骝前。

宋法曹参军谢惠连

小谢才思富捷，恨其兰玉夙凋③，长辔未骋。《秋怀》《捣衣》之作，虽复灵运锐思，亦何以加焉。又工为绮丽歌谣，风人第一。《谢氏家录》云："康乐每对惠连，辄得佳语。后在永嘉西堂，思诗竟日不就，寤寐间忽见惠连，即成'池塘生春草'，故尝云：'此语有神助，非吾语也。'"

宋参军鲍照

其源出于二张④，善制形状写物之词，得景阳之诙诡，含茂先之靡嫚⑤。骨节强于谢混，驱迈疾于颜延。总四家而擅美，跨两代而孤出。嗟其才秀人微，故取湮当代。然贵尚巧似，不避危仄，颇伤清雅之调，故言险俗者，多以附照。

---

① 困踬：窘迫。

② 谢瞻(387—421)：字宣远，东郡人，曾官黄门郎、豫章太守等，今存诗六首。袁淑(408—453)：字阳源，陈郡人，曾官太子左卫军，死后追赠侍中、太尉，有《袁阳源集》。王僧达(423—458)：琅琊人，曾为始兴王刘浚后军参军、太子舍人，累官征虏将军、中书令等，今存诗五首。

③ 兰玉夙凋：指谢惠连早夭。

④ 二张：张协、张华。

⑤ 诙诡：《庄子·德充符》李注："诙诡，奇异也。"此处意为逸荡调达。靡嫚：细弱靡丽。

齐吏部谢朓

其源出于谢混，微伤细密，颇在不伦。一章之中，自有玉石，然奇章秀句，往往警遒，足使叔源失步，明远变色。善自发诗端，而末篇多踬，此意锐而才弱也。至为后进士子之所嗟慕。朓极与余论诗，感激顿挫过其文。

齐①光禄江淹

文通诗体总杂，善于摹拟，筋力于王微②，成就于谢朓。初，淹罢宣城郡，遂宿冶亭，梦一美丈夫，自称郭璞，谓淹曰："吾有笔在卿处多年矣，可以见还。"淹探怀中，得五色笔以授之。尔后为诗，不复成语，故世传江淹才尽。

梁卫将军范云　梁中书郎丘迟③

范诗清便宛转，如流风回雪。丘诗点缀映媚，似落花依草。故当浅于江淹，而秀于任昉。

梁太常任昉④

彦升少年为诗不工，故世称"沈诗任笔"⑤，昉深恨之。晚节爱好既笃，文亦遒变，若铨事理，拓体渊雅，得国士之风，故擢居中品。但昉既博物，动辄用事，所以诗不得奇。少年士子，效其如此，弊矣。

---

①　齐：据山堂本、吟窗杂录本等，当作"梁"，江淹以梁天监元年授光禄大夫。

②　筋力于王微：以王微为楷范，《后汉书·左周黄列传》："唐尧以德化为冠冕，以稷契为筋力。"

③　范云(451—503)：字彦龙，齐竟陵王萧子良之"八友"之一，曾官尚书右仆射，卒赠侍中、卫将军，今存诗四十余首。丘迟(464—508)：字希范，曾宫中书郎等，有《丘司空集》。

④　任昉(460—508)：字彦升，仕宋、齐、梁三代，有《任彦升集》。

⑤　沈诗任笔：沈指沈约。南朝时曾有"文笔"之说，一般认为，有韵者谓之文，无韵者为笔，"沈诗任笔"即沈约善韵制，任昉擅散文。

梁左光禄沈约

观休文众制，五言最优。详其文体，察其余论，固知宪章鲍明远也。所以不闲于经纶①，而长于清怨。永明相王爱文②，王元长等皆宗附之。约于时谢朓未遒，江淹才尽，范云名级故微，故约称独步。虽文不至，其工丽亦一时之选也。见重闾里，诵咏成音。嵘谓：约所著既多，今翦除淫杂，收其精要，允为中品之第矣。故当词密于范，意浅于江也。

下

汉令史班固　汉孝廉郦炎　汉上计赵壹③

孟坚才流，而老于掌故，观其《咏史》，有感叹之词。文胜托咏灵芝④，怀寄不浅。元叔散愤兰蕙，指斥囊钱⑤，苦言切句，良亦勤矣。斯人也，而有斯困，悲夫！

魏武帝　魏明帝⑥

曹公古直，甚有悲凉之句。叡不如丕，亦称三祖。

魏白马王彪　魏文学徐幹⑦

白马与陈思答赠，伟长与公幹往复，虽曰"以莛扣钟"⑧，亦能

---

① 闲：同"娴"。经纶：指用于朝廷庙堂的文章。

② 永明相王：指永明时竟陵王萧子良。

③ 郦炎（150—177）：字文胜，汉范阳人，善解音律，今存诗二首。赵壹（122—196）：字元叔，汉阳西县人，光和元年举郡上计，不就，有《刺世疾邪赋》等。

④ 灵芝：郦炎《见志诗》二首之一为咏灵芝之作。

⑤ 兰蕙：据《后汉书·赵壹传》：赵壹因愤怒而托"鲁牛"作《疾邪诗》，诗中有"被褐怀金玉，兰蕙化为刍"之句。囊钱：赵壹又曾假托"秦客"为诗，诗中有"文籍虽满腹，不如一囊钱"之句。

⑥ 魏明帝：曹叡（204—239），曹丕子，亦善为诗，今存诗十余首。

⑦ 曹彪（？—249）：字朱虎，曹植异母弟，封白马王。

⑧ 白马与陈思答赠：曹植有《赠白马王彪》诗，曹彪有《答东阿王》以酬答。伟长与公幹往复：刘桢有《赠徐幹》诗一首，徐幹有《答刘公幹诗》。以莛（tíng）扣钟：莛，小木条，此喻曹彪和徐幹的诗，而钟则喻曹植和刘桢之诗。

闲雅矣。

　　魏仓曹属阮瑀　晋顿丘太守欧阳建　晋文学应璩　晋中书令嵇含
　　　　晋河南太守阮侃　晋侍中嵇绍　晋黄门枣据①

　　元瑜、坚石七君诗，并平典不失古体。大检似②，而二嵇微
优矣。

　　晋中书张载　晋司隶傅玄　晋太仆傅咸　魏侍中缪袭
　　　　晋散骑常侍夏侯湛③

　　孟阳诗，乃远惭厥弟，而近超两傅。长、虞父子④，繁富可嘉。
孝冲⑤虽曰后进，见重安仁。熙伯《挽歌》⑥，唯以造哀尔。

　　晋骠骑王济　晋征南将军杜预　晋廷尉孙绰　晋征士许询⑦

　　永嘉以来，清虚在俗。王武子辈诗，贵道家之言。爰泊江表，
玄风尚备。真长、仲祖、桓、庾诸公犹相袭⑧。世称孙、许，弥善
恬淡之词。

---

　　①　应璩：误，应璩已见中品，据吟窗杂录本、格致丛书本，当作"应场"。嵇含
（263—306）：字君道，晋惠帝时曾官中书侍郎、广州刺史等，今存诗四首。阮侃（kǎn）：
字德如，嵇康密友，曾官河内太守，今存诗二首。嵇绍（253—304）：字延祖，嵇康子，曾
官平西将军、侍中等，今存诗一首。枣据：字道彦，曾为晋黄门侍郎、太子中庶子等，今
存诗九首。

　　②　大检似：格致丛书、吟窗杂录本作"大抵相似"。

　　③　张载：字孟阳，曾官中书侍郎，有《张孟阳集》。傅咸（239—294）：字长虞，傅玄
子，曾官御史中丞、司隶校尉等，有《傅中丞集》。缪袭（186—245）：字熙伯，累官魏侍
中、光禄勋，今存诗十余首。夏侯湛（243—291）：字孝若，官至晋散骑常侍。

　　④　长虞父子：傅玄、傅咸。

　　⑤　孝冲：各本均作"孝冲"，应为"孝若"，乃夏侯湛的字。

　　⑥　熙伯《挽歌》：缪袭有《挽歌诗》一首，《文选》载录。

　　⑦　王济：字武子，官晋侍中，卒赠骠骑将军，今存诗四首。杜预（222—284）：字元
凯，晋镇南将军，著《春秋左氏经传集解》。许询：字玄度，善清谈玄言，今存诗三首。

　　⑧　真长：刘谈，字真长，官至丹阳尹，好老庄。仲祖：王濛字，官至中书郎。桓：
桓温。庾：庾亮。四人皆善玄言诗。

晋征士戴逵　晋东阳太守殷仲文

安道诗虽嫩弱，有清上之句，裁长补短，袁彦伯之亚乎？逮子颙，亦有一时之誉①。晋、宋之际，殆无诗乎？义熙中，以谢益寿、殷仲文为华绮之冠，殷不竞矣。

宋尚书令傅亮②

季友文，余常忽而不察。今沈特进撰诗③，载其数首，亦复平美。

宋记室何长瑜　羊曜璠　宋詹事范晔④

才难，信矣！以康乐与羊、何若此，而二人文辞，殆不足奇。蔚宗诗，乃不称其才，亦为尠⑤举矣。

宋孝武帝　宋南平王铄　宋建平王宏⑥

孝武诗，雕文织彩，过为精密，为二藩希慕⑦，见称轻巧矣。

宋光禄谢庄

希逸诗，气候清雅，不逮于王、袁⑧，然兴属闲长，良无鄙促也。

---

① 戴颙：字仲若，善佛教雕塑。

② 傅亮（374—426）：字季友，北地人，仕晋、宋二朝，今存诗四首。

③ 沈特进：指沈约，沈约仕梁，位至光禄侍中、少傅，加特进。选诗：《隋书·经籍志》载其撰《集钞》十卷，今佚。

④ 何长瑜（？—443）：东海人，曾任南朝宋临川王刘义庆侍郎、平西记室参军，今存诗二首。曜璠：羊璿之字，太山人，曾为临川内史，与谢灵运及其族弟惠连、何长瑜、荀雍共为山泽游，时称"四友"。

⑤ 尠：读 xiǎn，同"鲜"，稀有的、罕见的。

⑥ 宋孝武帝：刘骏，字休龙，宋文帝第三子，死谥孝武皇帝，今存诗二十余首。铄：宋南平王刘铄，字休玄，宋文帝第四子，诗存十首。宏：宋建平王刘宏，字休度，宋文帝第七子。

⑦ 二藩：指刘铄、刘宏。

⑧ 王、袁：王微、袁淑。

宋御史苏宝生 宋中书令史陵修之 宋典祠令任昙绪 宋越骑戴法兴^①

苏、陵、任、戴，并著篇章，亦为缙绅之所嗟咏，人非文才是，愈甚可嘉焉^②。

宋监典事区惠恭

惠恭，本胡人，为颜师伯干^③。颜为诗，辄偷笔定之。后造《独乐赋》，语侵给主，被斥。及大将军修北第，差充作长^④。时谢惠连兼记室参军，惠恭时往共安陵嘲调^⑤。末作《双枕诗》以示谢，谢曰："君诚能，恐人未重，且可以为谢法曹造。"遣大将军，见之赏叹，以锦二端赐谢。谢辞曰："此诗，公作长所制，请以锦赐之。"

齐惠休上人 齐道猷上人 齐释宝月^⑥

惠休淫靡，情过其才，世遂匹之鲍照，恐商、周矣^⑦。羊曜璠云："是颜公忌鲍之文，故立休、鲍之论。"康、帛二胡^⑧，亦有清句。《行路难》是东阳柴廓所造。宝月尝憩其家，会廓亡，因窃而有之。廓子赍手本出都^⑨，欲讼此事，乃厚赂止之。

---

① 苏宝生(?—458)：南朝宋文帝时，曾官南台侍御史、江宁令。戴法兴：曾官南台侍御史、越骑校尉。

② 人非文才是，愈甚可嘉矣：吟窗杂录本、格致丛书本作"人非文是，愈有可嘉矣。"

③ 颜师伯(419—465)：字长渊，曾为黄门侍郎，领步兵校尉，后改任前军将军，徙御史中丞，迁侍中，封平都县子。干：主管文书之事。

④ 大将军：指彭城王刘义康。作长：工匠之长。

⑤ 嘲调：嘲弄调笑。

⑥ 惠休：俗姓汤，字茂远，曾剃度为僧，南朝宋孝武帝命其还俗，官至扬州刺史，今存诗十一首。道猷：俗姓冯，改姓帛，出家为沙门，《高僧传》载其事，今存诗一首。宝月：沙门，俗姓康，善解音律，为齐武帝作《估客乐》配曲，今存诗二首。

⑦ 恐商、周矣：谓汤惠休不能和鲍照相比，犹商不能以人多战胜得民意的周。

⑧ 康、帛：山堂本作"庚、白"，历代诗话本作"庚、帛"，根据当时佛徒姓氏特点，当作"康、帛"。

⑨ 出都：进京都，此为南朝时习用语。

齐高帝　齐征北将军张永　齐太尉王文宪①

齐高帝诗，词藻意深，无所云少。张景云虽谢文体，颇有古意。至如王师文宪，既经国图远，或忽是雕虫。

齐黄门谢超宗　齐浔阳太守丘灵鞠　齐给事中郎刘祥　齐司徒长史檀超

齐正员郎钟宪　齐诸暨令颜则　齐秀才顾则心②

檀、谢七君，并祖袭颜延，欣欣不倦，得士大夫之雅致乎？余从祖正员常云③："大明、泰始中，鲍、休美文，殊以动俗，惟此诸人，传颜、陆体。用固执不如，颜诸暨最荷家声。"

齐参军毛伯成　齐朝请吴迈远　齐朝请许瑶之④

伯成文不全佳，亦多惆怅。吴善于风人答赠。许长于短句咏物。汤休谓远云："吾诗可为汝诗父"。以访谢光禄，云："不然尔，汤可为庶兄。"

齐鲍令晖　齐韩兰英⑤

令晖歌诗，往往崭绝清巧，拟古尤胜，惟百愿淫矣。照尝答孝武云："臣妹才自亚于左芬⑥，臣才不及太冲尔。"兰英绮密，甚有名

---

① 齐高帝：萧道成，字绍伯。张永（410—475）：字景云，南朝宋明帝、宋后废帝时累官金紫光禄大夫、征北将军等。王文宪：王俭，字仲宝，历仕宋、齐二朝，卒谥文宪公，今存诗八首。

② 谢超宗：谢灵运孙，历仕南朝宋、齐二朝，曾为齐黄门郎。丘灵鞠：南朝齐时为镇南相、浔阳相，迁长沙王车骑长史、太中大夫，著《江左文章录序》。刘祥：字显微，为豫章王大司马谘议、临川王骠骑从事中郎。檀超：字悦祖，齐时曾为骠骑将军常侍、司徒右长史。钟宪：钟嵘从祖，余未详。颜则：颜延之次子，曾为江夏王刘义恭大司马录事参军。顾则心：曾为扬州主簿，余未详。

③ 正员：钟嵘从祖钟宪，他曾官正员常侍。颜、陆体：颜延之、陆机之诗体。

④ 伯成：毛玄字，善诗文，诗今不存。吴迈远：曾为南朝宋江州从事，诗今存十一首。许瑶之：生平不详，今存诗三首。

⑤ 鲍令晖：鲍照妹，善诗文，有《香茗赋集》，今存诗六首。韩兰英：南朝宋孝武帝时，被召入宫，有文才，今存诗一首。

⑥ 左芬：左思妹，晋武帝时封为贵嫔，有诗才。

篇。又善谈笑，齐武谓韩云："借使二媛生于上叶，则玉阶之赋，纨素之辞，未讵多也①。"

齐司徒长史张融　齐詹事孔稚珪②

思光纤缓诞放，纵有乖文体，然亦捷疾丰饶，差不局促。德璋生于封溪③，而文为雕饰，青于蓝矣。

齐宁朔将军王融　齐中庶子刘绘④

元长、士章，并有盛才。词美英净，至于五言之作，几乎尺有所短。譬应变将略，非武侯所长，未足以贬卧龙⑤。

齐仆射江祏⑥

祏诗猗猗清润，弟祀⑦，明靡可怀。

齐记室王巾　齐绥建太守卞彬　齐端溪令卞录⑧

王巾、二卞，并爱奇崭绝，慕袁彦伯之风。虽不宏绰，而文体剿净，去平美远矣。

齐诸暨令袁嘏⑨

嘏诗平平耳，多自谓能。尝语徐太尉云："我诗有生气，须人捉

---

① 二媛：指鲍令晖、韩兰英。上叶：上代、上世，此指汉代。"玉阶"之赋：指班婕妤《自悼诗》中"华殿尘兮玉阶苔"句。"纨素"之辞：班婕妤《怨歌行》有"新制齐纨素"句。

② 张融：字思光，仕宋、齐二代，累官黄门郎、司徒左长史等，有文集《玉海》，今存诗五首。孔稚圭：字德璋，曾为都官尚书，迁太子詹事，卒赐金紫光禄大夫，今存诗五首。

③ 封溪：指张融，他曾作封溪令。

④ 王融（467—493）：字元长，"竟陵八友"之一，善音律，与沈约共创"永明体"。刘绘（458—502）：字士章，历仕宋、齐、梁三代。

⑤ 武侯：指诸葛亮，又称卧龙先生。

⑥ 江祏（shí）：字弘业，在齐曾官右仆射，领太子詹事，今诗无存。

⑦ 江祀：字景昌，曾为齐南东海太守等。

⑧ 王巾：字简栖，仕齐为郢州从事、征南记室等，《隋书·经籍志》云："梁有《王巾集》十卷，亡。"卞彬：字士蔚。卞录：当作"卞铄"，曾为袁集主簿，《隋书·经籍志》载《卞铄集》十六卷。

⑨ 袁嘏（gǔ）：陈郡人，齐武帝建武末年，出为诸暨令，善诗文。

著，不尔，便飞去。"

齐雍州刺史张欣泰　梁中书令范缜①

欣泰、子真，并希古胜文，鄙薄俗制，赏心流亮，不失雅宗。

齐秀才陆厥②

观厥文纬，具识丈夫之情状，自制未优，非言之失也。

梁常侍虞羲　梁建阳令江洪③

子阳诗奇句清拔，谢朓常嗟颂之。洪虽无多，亦能自迥出。

梁步兵鲍行卿　梁晋陵令孙察④

行卿少年，甚擅风谣之美。察最幽微，而感赏至到耳。

---

① 张欣泰(456—501)：字义亨，仕齐为雍州刺史，后谋反被杀。

② 齐秀才陆厥："齐"，各本均作"梁"，非，陆厥卒于齐东昏侯永元元年，因校改。

③ 虞羲：字子阳，一说字士光，南朝齐时为始安王侍郎，入梁为晋安王侍郎，今存诗十三首。江洪：梁时为建阳令，今存诗十八首。

④ 鲍行卿：曾官中书舍人、步兵校尉等，今诗无存。孙察：生平不详。

二、诗文散论

刘义庆撰　刘孝标注

选文参校王根林等校点《汉魏六朝笔记小说大观》，上海古籍出版社 1999 年版。

世说新语并注

文　学

左太冲作《三都赋》初成，[《思别传》曰："思字太冲，齐国临淄人。父雍起于笔札，多所掌练，为殿中御史。思蚤丧母，雍怜之，不甚教其书学。及长，博览名文，遍阅百家。司空张华辟为祭酒，贾谧举为秘书郎。谧诛，归乡里，专思著述。齐王同请为记室参军，不起。时为《三都赋》未成也。后数年疾终。其

《三都赋》改定，至终乃上……思为人无吏干而有文才，又颇以椒房自矜①，故齐人不重也。"]时人互有讥訾，思意不惬②。后示张公。[张华]张曰："此二京可三，然君文未重于世，宜以经高名之士。"思乃询求于皇甫谧。谧见之嗟叹，遂为作叙。于是先相非贰者，莫不敛衽赞述焉。

乐令善于清言，而不长于手笔。将让河南尹，请潘岳为表。[《晋阳秋》曰："岳字安仁，荥阳人。凤以才颖发名。善属文，清绮绝世，蔡邕未能过也。仕至黄门侍郎，为孙秀所害。"]潘云："可作耳，要当得君意。"乐为述己所以为让，标位二百许语。潘直取错综，便成名笔。时人咸云："若乐不假潘之文，潘不取乐之旨，则无以成斯矣。"

夏侯湛作《周诗》成，[《文士传》曰："湛字孝若，谯国人，魏征西将军夏侯渊曾孙也。有盛才，文章巧思，善补雅词，名亚潘岳。历中书侍郎。"《湛集》载其《叙》曰："周诗者，《南陔》《白华》《华黍》《由庚》《崇丘》《由仪》六篇，有其义而亡其辞。湛续其亡，故云周诗也。"]示潘安仁，安仁曰："此非徒温雅，乃别见孝悌之性。"潘因此遂作《家风诗》。

孙子荆除妇服，作诗以示王武子。[《孙楚集》云："妇胡毋氏也。"其诗曰："时迈不停，日月电流。神爽登遐，忽已一周。礼制有叙，告除灵丘。临祠感痛，中心若抽。"]王曰："未知文生于情，情生于文③。览之凄然，增伉俪之重。"

太叔广甚辩给④，而挚仲治长于翰墨，俱为列卿。每至公坐，广谈，仲治不能对。退著笔难广，广又不能答。[王隐《晋书》曰："广，

---

① 椒房：西汉未央宫皇后所居殿名，亦称椒室，后代指后妃，左思妹左芬晋武帝时被选入宫。自矜：自负、自夸。

② 訾：读 zī，毁谤、非议。惬：读 qiè，满足、畅快。

③ 《文心雕龙·情采》有云："夫情者文之经，辞者理之纬。经正而后纬成，理定而后辞畅，此立文之本源也。昔诗人什篇，为情而造文；辞人赋颂，为文而造情"，余嘉锡案：彦和此论，似即从武子之言悟出。

④ 辩给：能言善辩。

字季思，东平人。拜成都王为太弟。欲使诣洛，广子孙多在洛，虑害，乃自杀。挚虞，字仲洽，京兆长安人。祖茂，秀才。父模，太仆卿。虞少好学，师事皇甫谧，善校练文义，多所著述。历秘书监、太常卿。从惠帝至长安，遂流离鄠、杜间。性好博古，而文籍荡尽。永嘉五年，洛中大饥，遂饿而死。虞与广名位略同，广长口才，虞长笔才，俱少政事。众坐广谈，虞不能对；虞退笔难广，广不能答。于是更相嗤笑，纷然于世。广无可记，虞多所录，于斯为胜也。"]

江左殷太常父子，并能言理，亦有辩、讷之异。扬州（殷浩）口谈至剧，太常（殷融）辄云："汝更思吾论。"[《中兴书》曰：殷融字洪远，陈郡人。桓彝有人伦鉴，见融甚叹美之。著《象不尽意》《大贤须易论》，理义精微，谈者称焉。兄子浩亦能清言，每与浩谈，有时而屈，退而著论，融更居长。为司徒左西属。饮酒善舞，终日啸咏，未尝以世务自婴。累迁吏部尚书、太常卿，卒。]

庾子嵩作《意赋》成，[《晋阳秋》曰："敳永嘉中为石勒所害。先是敳见王室多难，知终婴其祸，乃作《意赋》以寄怀。"]从子①文康见，问曰："若有意邪？非赋之所尽；若无意邪？复何所赋？"答曰："正在有意无意之间。"

郭景纯诗云："林无静树，川无停流。"[王隐《晋书》曰："郭璞字景纯，河东闻喜人。父瑗，建平太守。"《璞别传》曰："璞奇博多通，文藻粲丽，才学赏豫②，足参上流。其诗赋诔颂，并传于世，而讷于言。造次咏语，常人无异。又不持仪检，形质颓索，纵情嫚惰③，时有醉饱之失。友人干令升戒之曰：'此伐性之斧也。'璞曰：'吾所受有分，恒恐用之不尽，岂酒色之能害！'王敦取为参军。敦纵兵都辇④，乃咨以大事，璞极言成败，不为回屈。敦忌而害之。"诗，璞《幽思》篇者。]阮孚云："泓峥萧瑟，实不可言。每读此文，辄觉

---

① 从子：侄子。

② 赏豫：优美富赡。

③ 嫚惰：轻慢、懒散。

④ 都辇：京城、国都。

神超形越。"

庾仲初作《扬都赋》成，以呈庾亮。亮以亲族之怀，大为其名价，云："可三《二京》，四《三都》①。"于此人人竞写，都下纸为之贵。谢太傅云："不得尔。此是屋下架屋耳，事事拟学，而不免俭狭。"

孙兴公（绰）云："《三都》《二京》，五经鼓吹。"［言此五赋是经典之羽翼。］

谢太傅问主簿陆退：［《陆氏谱》曰："退，字黎民，吴郡人。高祖凯，吴丞相。祖仰，吏部郎。父伊，州主簿。退仕至光禄大夫。"］"张凭何以作母诔，而不作父诔？"退答曰："故当是丈夫之德，表于事行；妇人之美，非诔不显。"［《陆氏谱》曰："退，凭婿也。"］

孙兴公云："潘文烂若披锦，无处不善；［《续文章志》曰：岳为文选言简章，清绮绝伦。］陆文若排沙简金，往往见宝。"［《文章传》曰：机善属文，司空张华见其文章，篇篇称善，犹讥其作文大治②，谓曰："人之作文，患于不才；至子为文，乃患太多也。"］

简文称许掾云："玄度五言诗，可谓妙绝时人。"［《续晋阳秋》曰：询有才藻，善属文。自司马相如、王褒、扬雄诸贤，世尚赋、颂，皆体则《诗》《骚》③，傍综百家之言。及至建安，而诗章大盛。逮乎西朝之末，潘、陆之徒虽时有质文，而宗归不异也。正始中，王弼、何晏好《庄》《老》玄胜之谈，而世遂贵焉，至江左李充尤盛，故郭璞五言，始会合道家之言而韵之。询及太原孙绰，转相祖尚，又加以三世之辞④，而《诗》《骚》之体尽矣。询、绰并为一时文宗，自此作者悉体之。至义熙中，谢混始改。］

孙兴公作《天台赋》成，以示范荣期，［《中兴书》曰：范启，字荣期，

---

① 三《二京》，四《三都》：意谓可成为《二京赋》的第三篇、《三都赋》的第四篇。

② 大治：谓作文推阐尽致，"治"指作文，如《颜氏家训·名实》云："治点子弟文章，以为声价"。

③ 体则《诗》《骚》：在体式上以《诗经》《楚辞》为规则、典范。

④ 三世之辞：代指佛学语。三世：前世、今世、来世。

慎阳人。父坚，护军。启以才义显于世，仕至黄门郎］云："卿试掷地，要作金石声。"范曰："恐子之金石，非宫商中声!"然每至佳句，［"赤城霞起而建标，瀑布飞流而界道"，此赋之佳处。］辄云："应是我辈语。"

桓公（温）见谢安石作《简文谥议》，看竟，掷与坐上诸客曰："此是安石碎金。"［刘谦之《晋纪》载安《议》曰："谨按谥法：'一德不懈曰简，道德博闻曰文。'《易》简而天下之理得，观乎人文，化成天下，仪之景行，犹有仿佛。宜尊号曰太宗，谥曰简文。"］

袁虎少贫，［虎，袁宏小字也。］尝为人佣载运租。谢镇西（尚）经船行，其夜清风朗月，闻江渚间估客①船上有咏诗声，甚有情致。所诵五言，又其所未尝闻，叹美不能已。即遣委曲②讯问，乃是袁自咏其所作《咏史诗》。因此相要③，大相赏得。［《续晋阳秋》曰：虎少有逸才，文章绝丽，曾为《咏史诗》，是其风情所寄。少孤而贫，以运租为业。镇西谢尚，时镇牛渚，乘秋佳风月，率尔与左右微服泛江。会虎在运租船中讽咏，声既清会，辞文藻拔，非尚所曾闻，遂住听之，乃遣问讯。答曰："是袁临汝郎诵诗，即其咏史之作也。"尚佳其率有胜致，即遣要迎，谈话申旦。自此名誉日茂。］

孙兴公云："潘文浅而净，陆文深而芜。"

裴郎作《语林》，始出，大为远近所传。时流年少，无不传写，各有一通。载王东亭作《经王（当作"黄"）公酒垆下赋》，甚有才情。［《裴氏家传》曰："裴荣，字荣期，河东人。父稚，丰城令。荣期少有风姿才气，好论古今人物。撰《语林》数卷，号曰《裴子》。"……］

桓宣武（温）命袁彦伯（宏）作《北征赋》，既成，公与时贤共看，咸嗟叹之。时王珣在坐云："恨少一句，得'写'字足韵，当佳。"袁即

---

① 估客：商人。估：同"贾"。

② 委曲：文书。

③ 要：同"邀"。

于坐揽笔益云："感不绝于余心，溯流风而独写。"公谓王曰："当今不得不以此事推袁。"[《宏集》载其《赋》云："闻所闻于相传，云获麟于此野。诞灵物以瑞德，奚授体于虞者。悲尼父之恸泣，似实恸而非假。岂一物之足伤，实致伤于天下。感不绝于余心，溯流风而独写。《晋阳秋》曰："宏尝与王珣、伏滔同侍温坐，温令滔读其赋，至'致伤于天下'，于此改韵。云：'此韵所咏，慨深千载。今于'天下'之后便移韵，于写送之致，如为未尽。'滔乃云：'得益'写'一句，或当小胜。'桓公语宏："卿试思益之。"宏应声而益，王、伏称善。]

孙兴公道："曹辅佐才如白地明光锦，[《中兴书》曰：曹毗，字辅佐，谯国人，魏大司马休曾孙也。好文籍，能属词，累迁太学博士、尚书郎、光禄勋。]裁为负版绔，[《论语》曰："孔子式负版者。"郑氏注曰："版，谓邦国籍也。负之者，贱隶人也。"]非无文采，酷无裁制。"

袁伯彦（当作"彦伯"）作《名士传》成，[宏以夏侯太初、何平叔、王辅嗣为正始名士，阮嗣宗、嵇叔夜、山巨源、向子期、刘伯伦、阮仲容、王浚仲为竹林名士，裴叔则、乐彦辅、王夷甫、庾子嵩、王安期、阮千里、卫叔宝、谢幼舆为中朝名士。]见谢公。公笑曰："我尝与诸人道江北事，特作狡狯①耳！彦伯遂以箸书。"

桓宣武北征，袁虎时从，被责免官。会须露布文②，唤袁倚马前令作。手不辍笔，俄得七纸，殊可观。东亭在侧，极叹其才。袁虎云："当令齿舌间得利。"

或问顾长康："君《筝赋》何如嵇康《琴赋》？"顾曰："不赏者，作后出相遗；深识者，亦以高奇见贵。"[《中兴书》曰："恺之博学有才气，为人迟钝而自矜尚，为时所笑。"宋明帝《文章志》曰："桓温云：'顾长康体中痴黠各半，合而论之，正平平耳。'世云有三绝，画绝、文绝、痴绝。"《续晋阳秋》曰："恺之矜伐过实，诸年少因相称誉，以为戏弄。为散骑常侍，与谢瞻连省，夜于月下长咏，自云得先贤风制，瞻每遥赞之。恺之得此，弥自力忘倦。瞻将

---

① 狡狯：玩笑、游戏；狯，读 kuài。
② 露布文：公告。

眠，语捶脚人令代，恺之不觉有异，遂几申旦而后止。"]

殷仲文天才宏瞻，[《续晋阳秋》曰：仲文雅有才藻，著文数十篇。]而读书不甚广，博亮叹曰："若使殷仲文读书半袁豹，才不减班固。"

羊孚作《雪赞》云："资清以化，乘气以霏。遇象能鲜，即洁成辉。"桓胤遂以书扇。[《中兴书》曰："胤，字茂祖，谯国人。祖冲，太尉。父嗣，江州刺史。胤少有清操，以恬退见称，仕至中书令。玄败，徙安成郡，后见诛。"]

王孝伯在京行散，至其弟王睹户前，[睹，王爽小字也]问："古诗中何句为最？"睹思未答，孝伯咏"所遇无故物，焉得不速老？"此句为佳。

桓玄尝登江陵城南楼云："我今欲为王孝伯作诔。"因吟啸良久，随而下笔。一坐之间，诔以之成。

桓玄初并西夏，领荆、江二州，二府一国。于时始雪，五处俱贺，五版并入。玄在听事上，版至即答版后，皆粲然成章，不相揉杂。

曹　丕

选文《典论·论文》参校清严可均校辑《全上古三代秦汉三国六朝文》第2册之《全三国文·卷八》，《又与吴质书》参校清严可均校辑《全上古三代秦汉三国六朝文》第2册之《全三国文·卷七》；中华书局1958年版。

典 论

论 文

夫文人相轻，自古而然。傅毅之于班固，伯仲之间耳，而固小之，与弟超书曰："武仲以能属文为兰台令史，下笔不能自休。"①夫人善于自见，而文非一体，鲜能备善，是以各以所长，相轻所短。里语曰："家有弊帚，享②之千金。"斯不自见之患也。

今之文人，鲁国孔融文举，广陵陈琳孔璋，山阳王粲仲宣，北海徐幹伟长，陈留阮瑀元瑜，汝南应玚德琏③，东平刘桢公幹：斯七子者④，于学无所遗，于辞无所假，咸以自骋骐骥于千里，仰⑤齐足而并驰，以此相服，亦良难矣。盖君子审己度人，故能免于斯累⑥，乃作《论文》。

王粲长于辞赋，徐幹时有齐气⑦，然粲之匹也。如粲之《初征》《登楼》《槐赋》《征思》，幹之《玄猿》《漏厄》《圆扇》《橘赋》，虽张、蔡⑧不过也。然于他文，未能称是。陈琳、阮瑀之章表书记，今之隽也。应玚和而不壮，刘桢壮而不密。孔融体气高妙，有过人者，然不能持论，理不胜词，以至乎杂以嘲戏，及其时所善，杨、班

---

① 傅毅：字武仲，东汉文学家，汉章帝时为兰台令史，《后汉书·文苑列传》有传。超：班超，字仲升，班彪少子，《后汉书》有传。兰台令史：兰台，汉代宫中藏书之处，由御史中丞兼管，后复置兰台令史六人，主持整理图书、办理书奏。

② 享：当。

③ 琏：原作"梿"，改。

④ 上举七人，后世称为"建安七子"。

⑤ 仰：仰仗、凭恃。

⑥ 累：毛病。

⑦ 齐气：《文选》李善注："言齐俗文体舒缓，徐幹亦有斯累。"是一种文气舒缓的文学风格；《三国志·魏书·王卫二刘傅传》裴松之注引《典论》作"逸气"。

⑧ 张、蔡：指张衡、蔡邕，都是东汉文学家。

俦也。

常人贵远贱近，向声背实，又患暗于自见，谓己为贤。夫文本同而末异，盖奏议宜雅，书论宜理，铭诔尚实，诗赋欲丽，此四科不同，故能之者偏也，唯通才能备其体。

文以气为主，气之清浊有体①，不可力强而致。譬诸音乐，曲度虽均，节奏同检，至于引气不齐，巧拙有素，虽在父兄，不能以移子弟②。

盖文章经国之大业，不朽之盛事③。年寿有时而尽，荣乐止乎其身，二者必至之常期，未若文章之无穷。是以古之作者，寄身于翰墨，见意于篇籍，不假良史之辞，不托飞驰之势，而声名自传于后。故西伯幽而演《易》，周旦显而制《礼》，不以隐约而弗务，不以康乐而加思④。夫然，则古人贱尺璧而重寸阴，惧乎时之过已，而人多不强力；贫贱则慑于饥寒，富贵则流于逸乐，遂营目前之务，而遗千载之功；日月逝于上，体貌衰于下，忽然与万物迁化，斯志士之大痛也。融等已逝，唯幹著论⑤，成一家言。（以上参校《文选》）

或问屈原、相如之赋孰愈，曰："优游案衍⑥，屈原之尚也；穷侈极妙，相如之长也。然原据托譬喻，其意周旋，绰有余度矣。长卿、子云，意未能及已。"

余观贾谊《过秦论》，发周秦之得失，通古今之制义，洽以三代

---

① 气之清浊：气之清者，指俊爽超迈的阳刚之气；气之浊者，指凝重沉郁的阴柔之气。

② 均：同。检：法度。引气：吹气奏乐。素：本。

③ 不朽：《左传·襄公二十四年》载："太上有立德，其次有立功，其次有立言，虽久不废，此之谓不朽。"

④ 西伯：指周文王，传说其被商纣王幽禁时演绎《周易》。周旦：周公旦，旧说《周礼》为其所作。隐约：穷困、失志之意。加思：转移著述的心思；加，移也。

⑤ 唯幹著论：徐幹著有《中论》二十余篇。

⑥ 案衍：音调低沉、悠长貌。

之风，润以圣人之化，斯可谓作者矣。

李尤①字伯宗(《后汉》本传作"伯仁")，年少有文章。贾逵荐尤有相如、扬雄之风，拜兰台令史，与刘珍等共撰《汉记》。

议郎马融，以永兴中(《后汉》本传作"元初二年")，帝猎广成，融从，是时北州遭水潦②蝗虫，融撰《上林颂》以讽。(严可均注：此三条，疑当在前半，《文选》删落者尚多也。)

又与吴质书

二月三日。丕白：岁月易得，别来行复四年。三年不见，《东山》犹叹其远③，况乃过之，思何可支？虽书疏往返，未足解其劳结④。

昔年疾疫，亲故多离其灾，徐、陈、应、刘，一时俱逝，痛可言邪⑤！昔日游处，行则连舆，止则接席，何曾须臾相失！每至觞酌流行，丝竹并奏，酒酣耳热，仰而赋诗。当此之时，忽然不自知乐也。谓百年已分，可长共相保⑥，何图数年之间，零落略尽，言之伤心。顷撰其遗文，都为一集⑦，观其姓名，以为鬼录。追思昔游，犹在心目，而此诸子化为粪壤，可复道哉！观古今文人，类不护细行，鲜能

---

① 尤：读 yóu。
② 潦：同"涝"。
③ 《东山》：《诗经·豳风·东山》："我徂东山，慆慆不归。……自我不见，于今三年。"
④ 结：谓忧心之结。
⑤ 昔年疾疫：曹植《说疫气》："建安二十二年，疠气流行。家家有僵尸之痛，室室有号泣之哀。或阖门而殪，或覆族而丧。"
⑥ 分：读 fèn，命分，唐吕延济注："百年之欢，是己分之有，可长相保也。"
⑦ 撰：定。都：凡。

以名节自立①，而伟长独怀文抱质，恬淡寡欲，有箕山之志②，可谓彬彬君子者矣。著《中论》二十余篇，成一家之言，辞义典雅，足传于后，此子为不朽矣。德琏③常斐然有述作之意，其才学足以著书，美志不遂，良可痛惜。闲者历览诸子之文，对之抆④泪，既痛逝者，行自念也。孔璋章表殊健，微为繁富。公幹有逸气，但未遒耳，其五言诗之善者，妙绝时人。元瑜书记翩翩，致足乐也。仲宣续⑤自善于辞赋，惜其体弱，不足起其文，至于所善，古人无以远过。昔伯牙绝弦于钟期，仲尼覆醢于子路⑥，痛知音之难遇，伤门人之莫逮。诸子但为未及古人，自一时之隽也，今之存者已不逮矣。后生可畏，来者难诬⑦，然恐吾与足下不及见也。

年行已长大，所怀万端，时有所虑，至通夜不瞑。志意何时复类昔日？已成老翁，但未白头耳。光武言："年三十余，在兵中十岁，所更非一。"吾德不及之，年与之齐矣。以犬羊之质，服虎豹之皮；无众星之明，假日月之光；动见瞻观，何时易乎？恐永不复得为昔日游也。少壮真当努力，年一过往，何可攀援？古人思炳烛夜游⑧，良有以也。顷何以自娱？颇复有所述造不？东望于邑⑨，裁书叙心。丕白。

---

①　护：慎守。细行：小节。

②　箕山之志：隐居之志；尧以天下让许由，许由以天下已治，不受，避于箕山之下、颍水之阳，耕而食，终身以此为乐。见《庄子》《吕氏春秋》《高士传》。

③　琏：原作"梿"，改。

④　抆：读 wěn，揩拭、擦去。

⑤　续：《文选》李善注云："言仲宣最少，续彼众贤，自善于辞赋也。续或为独。"

⑥　醢：读 hǎi，肉酱，言卫人把子路杀死后剁成肉酱，孔丘命覆而弃之，事见《礼记·檀弓上》。

⑦　诬：不信。

⑧　炳：六臣注《文选》作"秉"，《古诗十九首》："昼短苦夜长，何不秉烛游。"

⑨　于邑：同"呜咽"，短气貌。

曹 植

选文参校清严可均校辑《全上古三代秦汉三国六朝文》第 2 册之《全三国文·卷十六》，中华书局 1958 年版。

与杨德祖书

植白：数日不见，思子为劳，想同之也。

仆少小好词赋，迄至于今二十有五年矣。然今世作者，可略而言也。昔仲宣独步于汉南①，孔璋鹰扬于河朔②，伟长擅名于青土③，公幹振藻于海隅，德琏发迹于大魏④，足下高视于上京⑤。当此之时，人人自谓握灵蛇之珠，家家自谓抱荆山之玉⑥。吾王于是设天网以该之，顿八纮以掩之⑦，今尽集兹国矣。然此数子，犹不能飞翰绝迹，一举千里也。以孔璋之才，不闲于辞赋，而多自谓能与司马长卿同风，譬画虎不成还为狗者也。前为书嘲⑧之，反作论盛道仆赞其文。夫钟期不失听于今，称之！吾亦不敢妄叹者，畏后之嗤余也。

———————

① 仲宣：王粲字，粲在荆州，故曰汉南。

② 孔璋：陈琳字，他避难冀州，曾为袁绍记室，故曰河朔。鹰扬：如鹰之飞扬。

③ 伟长：徐幹字，居北海郡，为旧之青州，故曰青土。

④ 琏：原作"桓"，改。公幹：刘桢字，东平人，东平临海，故曰海隅。

⑤ 上京：京都，杨修为太尉杨彪之子，居京都。

⑥ "人人自谓"两句：随侯之珠与和氏之璧的故事，典出《淮南子·览冥训》。

⑦ 吾王：指曹操。顿：整也。八纮(hóng)：八方极远之地，泛指天下。

⑧ 嘲：读 tiào，调笑。

世人之著述，不能无病。仆常好人讥弹，其文有不善者，应时改定。昔丁敬礼①尝作小文，使仆润饰之，仆自以才不能过若人，辞不为也。敬礼云："卿何所疑难乎？文之佳丽，吾自得之。后世谁相知定吾文者邪？"吾常叹此达言，以为美谈。昔尼父之文辞，与人通流；至于制《春秋》，游、夏之徒不能错一字②。过此而言不病者，吾未之见也。

盖有南威之容，乃可以论于淑媛；有龙渊之利，乃可以议于割断③。刘季绪才不逮于作者④，而好诋呵文章，掎摭⑤利病。昔田巴毁五帝，罪三王，呰五伯于稷下，一旦而服千人；鲁连一说，使终身杜口⑥。刘生之辩未若田氏，今之仲连，求之不难．可无叹息乎人各有所好尚？兰茞荪蕙之芳，众人之所好，而海畔有逐臭之夫⑦；《咸池》《六英》之发，众人所共乐，而墨翟有非之之论⑧，岂可同哉！

今往仆少小所著辞赋一通相与⑨。夫街谈巷说，必有可采，击辕

①　敬礼：丁廙字，建安文人，与植友善。

②　"昔尼父之文辞"四句：意谓孔子文辞弟子可参与意见，唯其《春秋》之作，即使子游、子夏也不能改一字。错：同"措"。

③　南威：战国时美女，晋文公得之，三日不听朝，事见《战国策·魏策二》。龙渊：古名剑名。

④　刘季绪：名修，刘表之子。

⑤　掎摭：读 jǐ zhí，指摘。

⑥　"鲁连"事：见李善《文选注》引《鲁连子》："齐之辩者田巴，辩于狙丘而议于稷下，毁五帝、罪三王，一日而服千人。有徐劫弟子曰鲁连，谓劫曰：'臣愿当田子，使不敢复说。'"呰：读 zǐ，同"訾"，诋毁。五伯：指春秋五霸齐桓公、宋襄公、晋文公、秦穆公和楚庄王。

⑦　茞：读 chǎi，古书上说的一种香草。逐臭之夫：典出《吕氏春秋·遇合》："人有大臭者，其亲戚兄弟妻妾知识，无能与居者，自苦而居海上，海上有悦其臭者，昼夜随之，而弗能去。"

⑧　"《咸池》《六英》之发"三句：《咸池》传为黄帝之乐，《六英》传为颛顼之乐，为人所共赏，而墨子有非乐之论，置之不顾。

⑨　往：送去。一通：一卷。

之歌①，有应风雅，匹夫之思，未易轻弃也。辞赋小道，固未足以揄扬大义，彰示来世也。昔杨子云，先朝执戟之臣耳，犹称壮夫不为②也；吾虽薄德，位为番侯，犹庶几戮力上国，流惠下民，建永世之业，流金石之功，岂徒以翰墨为勋绩、辞颂为君子哉？若吾志不果，吾道不行，亦将采史官之实录，辨时俗之得失，定仁义之衷，成一家之言，虽未能藏之名山，将以传之同好，此要③之白首，岂可以今日论乎！其言之不怍，恃惠子之知我也④。明早相迎，书不尽怀。曹植白。

与吴季重书

植白。季重足下：前日虽因常调⑤，得为密坐，虽燕饮弥日，其于别远会稀，犹不尽其劳积也。若夫觞酌凌波于前，箫笳发音于后，足下鹰扬其体，凤叹虎视，谓萧、曹不足俦，卫、霍不足侔也⑥。左顾右盼，谓若无人，岂非吾子壮志哉？过屠门而大嚼，虽不得肉，贵且快意⑦。当斯之时，愿举泰山以为肉，倾东海以为酒，伐云梦之竹以为笛，斩泗滨之梓以为筝，食若填巨壑，饮若灌漏卮。其乐固难量，岂非大丈夫之乐哉？然日不我与，曜灵急节，面有逸

---

① 击辕之歌：崔骃《西巡颂表》有云："唐虞之世，樵夫牧竖，击辕中《韶》，感于和也。"

② 壮夫不为：扬雄《法言·吾子》："或问吾子少而好赋，曰：'然，童子雕虫篆刻。'俄而曰：'壮夫不为也。'"

③ 要：期望。

④ 惠子：惠施，庄子以惠施为知言之人，植亦以杨修比拟之。

⑤ 常调：按常例调动官职，时吴质调任冀州魏郡之朝歌县为县令。

⑥ 萧、曹：萧何、曹参，汉之文臣。卫、霍：卫青、霍去病，汉之武将。两句意谓：吴质文才武略较四人均有过之。

⑦ "过屠门"三句：李善《文选》注引《桓子新论》："人闻长安乐，则出门向西而笑；知肉味美，对屠门而大嚼。"

景之速，别有参商之阔①。思欲抑六龙之首，顿羲和之辔，折若木之华，闭蒙汜之谷②。天路高邈，良久无缘，怀恋反侧，如何如何！

得所来讯，文采委曲，晔若春荣，浏若清风，申咏反覆，旷若复面。其诸贤所著文章，想还所治，复申咏之也。可令熹事小吏，讽而诵之。夫文章之难，非独今也，古之君子，犹亦病诸。家有千里，骥而不珍焉，人怀盈尺，和氏无贵矣。夫君子而知音乐，古之达论，谓之通而蔽③。墨翟不好伎，何为过朝歌而回车乎④? 足下好伎，值墨翟回车之县，想足下助我张目也。

又闻足下在彼，自有佳政，夫求而不得者有之矣，未有不求而得者也。且改辙易行，非良、乐之御⑤；易民而治，非楚、郑之政⑥，愿足下勉之而已矣。适对嘉宾，口授不悉，往来数相闻。曹植白。

皇甫谧

皇甫谧（215—282），幼名静，字士安，自号玄晏先生，安定郡朝那县（今甘肃省灵台县）人，后徙居新安（今河南新安县），西晋学

---

① 曦灵：日也。急节：行速。节：策也。逸景：消失的日影，言时间短也。景，同"影"。参商：指参星与商星，二者在星空中此出彼没，彼出此没，此处比喻距离远。

② 折若木之华：典出《离骚》："折若木以拂日兮，聊逍遥以相羊。"王逸注："若木在昆仑，言折取若木以拂击蔽日，使之还却也。"蒙汜：传说中日西入之地。

③ 通而蔽：谓逸人亦有所蔽。

④ "墨翟不好伎"两句：《淮南子·说山训》："墨子非乐，不入朝歌。"据说墨子因主张非乐，到了朝歌县境即回车而返。

⑤ 良、乐之御：战国时赵之王良、秦之伯乐，均善御马、识马。

⑥ "易民而治"两句：《文选》李善注引《史记·循吏列传》云："楚有孙叔敖，郑有子产，而二国俱治，是不易之民也。"

者、医学家、史学家。一生以著述为业，晋武帝时累征不就，自表借书，武帝赐书一车。著有《针灸甲乙经》《历代帝王世纪》《高士传》《逸士传》《列女传》《玄晏先生集》等书，在医学史和文学史上都负有盛名。选文参校清严可均校辑《全上古三代秦汉三国六朝文》第 2 册之《全晋文·卷七十一》，中华书局 1958 年版。

三都赋序①

玄晏先生曰：古人称不歌而颂谓之赋，然则赋也者，所以因物造端，敷②弘体理，欲人不能加也。引而申之，故文必极美；触类而长之，故辞必尽丽。然则美丽之文，赋之作也。昔之为文者，非苟尚辞而已，将以纽③之王教，本乎劝戒也。自夏殷以前，其文隐没，靡④得而详焉。周监二代⑤，文质之体，百世可知。故孔子采万国之风，正雅颂之名，集而谓之《诗》。诗人之作，杂有赋体。子夏序《诗》曰：一曰风，二曰赋。故知赋者，古诗之流也。

至于战国，王道陵迟，风雅寖顿⑥，于是贤人失志，辞赋作焉。是以孙卿、屈原之属，遗文炳然，辞义可观。存其所感，咸有古诗之意，皆因文以寄其心，托理以全其制，赋之首也。及宋玉之徒，淫文放发，言过于实，夸竞之兴，体失之渐，风雅之则，于是乎乖⑦。逮

① 《文选》李善注引臧荣绪《晋书》曰：左思作《三都赋》，世人未重。皇甫谧有高名于世，思乃造而示之，谧称善，为其赋序也。
② 敷：《释名》曰："赋，敷也，敷布其义谓之赋。"
③ 纽：系。
④ 靡：不。
⑤ 周监二代：语出《论语·八佾》："子曰：周监于二代，郁郁乎文哉，吾从周"。监，同"鉴"；二代，指夏、殷(商)。
⑥ 陵迟：衰微。寖顿：渐渐废弃。
⑦ 乖：背离。

汉贾谊，颇节之以礼。自时厥后，缀文之士，不率典言，并务恢张，其文博诞①空类。大者罩天地之表，细者入毫纤之内，虽充车联驷不足以载，广夏接榱②不容以居也。其中高者，至如相如《上林》，扬雄《甘泉》，班固《两都》，张衡《二京》，马融《广成》，王生《灵光》。初极宏侈之辞，终以约简之制，焕乎有文，蔚尔鳞集，皆近代辞赋之伟也。若夫土有常产，俗有旧风，方以类聚，物以群分；而长卿之俦，过以非方之物，寄以中域③，虚张异类，托有于无。祖④构之士，雷同影附，流宕忘反，非一时也。

曩者汉室内溃，四海圮⑤裂。孙、刘二氏，割有交、益；魏武拨乱，拥据函夏⑥。故作者先为吴、蜀二客，盛称其本土险阻瑰琦，可以偏王，而却为魏主述其都畿，弘敞丰丽，奄有⑦诸华之意。言吴、蜀以擒灭比亡国，而魏以交禅比唐、虞，既已著逆顺，且以为鉴戒。盖蜀包梁、岷之资，吴割荆南之富，魏跨中区之衍，考分次⑧之多少，计殖物之众寡，比风俗之清浊，课⑨士人之优劣，亦不可同年而语矣。二国之士，各沐浴所闻，家自以为我土乐，人自以为我民良，皆非通方之论也。作者又因客主之辞，正之以魏都，折之以王道，其物土所出，可得披图而校。体国经制⑩，可得按记而验，岂诬也哉！

---

①　诞：大。

②　榱：读 cuī，椽子。

③　中域：中原。

④　祖：学习。

⑤　圮：读 pǐ，倒塌、分裂。

⑥　交、益：指交州（今广东及周边等地）、益州（今四川等地）。函夏：中原。

⑦　奄有：全部占有（疆土）。

⑧　分次：指星宿分野，《周礼》以此辨九州之地所封域。

⑨　课：校验。

⑩　体国经制：把都城划分为若干区域，语出《周礼·天官·序官》："惟王建国，辨方正位，体国经野，设官分职，以为民极。"郑玄注云："体犹分也，经谓为之里数。"体：划分。国：都城。经：丈量。

挚 虞

挚虞(250—300),字仲洽,京兆长安(今陕西西安)人,西晋著名文学家、谱学家。泰始年间举贤良,担任中郎,后任太子舍人、闻喜县令、尚书郎。元康年间,迁任吴王之友,后历任秘书监、卫尉卿、光禄勋、太常卿。后因遭乱饿死。著有《族姓昭穆》十卷,《文章志》四卷,注解《三辅决录》等。选文参校清严可均校辑《全上古三代秦汉三国六朝文》第 2 册之《全晋文·卷七十七》,中华书局 1958年版。

文章流别论

文章者,所以宣上下之象,明人伦之叙,穷理尽性,以究万物之宜者也①。王泽流而《诗》作,成功臻而《颂》兴,德勋立而铭著,嘉美终②而诔集。祝史陈辞,官箴王阙③。《周礼》太师掌教六诗:曰风,曰赋,曰比,曰兴,曰雅,曰颂。言一国之事,系一人之本,谓之风;言天下之事,形四方之风,谓之雅;颂者,美盛德之形容④;赋者,敷陈之称也;比者,喻类之言也;兴者,有感之辞也。后世之为诗者多矣,其功德者谓之颂,其余则总谓之诗,颂,诗之美者也。古者圣帝明王,功成治定,而颂声兴,于是史录其篇,工

---

① "文章者"五句:文章包括各类文学作品和应用文体,其要务在宣示天(上)地(下)之象,昭明人伦次序,穷极万物深妙之理,究尽生灵所察之性。

② 嘉美:指有美德善行之人。终:去世。

③ 祝史:祝官与史官。箴:箴言。阙:过错。

④ "言一国之事"八句:引自《毛诗序》。

歌其章，以奏于宗庙，告于鬼神；故颂之所美者，圣王之德也，则以为律吕①。或以颂形，或以颂声，其细已甚，非古颂之意。昔班固为《安丰戴侯颂》，史岑为《出师颂》《和熹邓后颂》②，与鲁颂体意相类，而文辞之异，古今之变也。扬雄《赵充国颂》，颂而似雅，傅毅《显宗颂》，文与周颂相似，而杂以风雅之意；若马融《广成》《上林》之属，纯为今赋之体，而谓之颂，失之远矣。

　　赋者，敷陈之称，古诗之流也。古之作诗者，发乎情，止乎礼义。情之发，因辞以形之；礼义之旨，须事以明之：故有赋焉，所以假象尽辞，敷陈其志。前世为赋者有孙卿、屈原，尚颇有古诗之义③，至宋玉则多淫浮之病矣。楚辞之赋，赋之善者也。故扬子称赋莫深于《离骚》。贾谊之作，则屈原俦也。古诗之赋，以情义为主，以事类为佐；今之赋，以事形为本，以义正为助④。情义为主，则言省而文有例矣；事形为本，则言当而辞无常矣。文之烦省，辞之险易，盖由于此。夫假象过大则与类相远，逸辞过壮则与事相违，辩言过理则与义相失，丽靡过美则与情相悖：此四过者，所以背大体而害政教。是以司马迁割相如之浮说，扬雄疾"辞人之赋丽以淫"。

　　《书》云："诗言志，歌永言。"言其志谓之诗。古有采诗之官，王者以知得失，古之诗，有三言、四言、五言、六言、七言、九言。古诗率以四言为体，而时有一句二句，杂在四言之间，后世演之，遂以为篇。古诗之三言者，"振振鹭、鹭于飞"⑤之属是也，汉郊庙

---

①　以为律吕：歌颂帝王盛德的诗，须配奏音乐。

②　史岑（约69—148）：字孝山，汉代大将军。

③　"前世为赋者"三句：班固《汉书·艺文志》："大儒孙卿及楚臣屈原，离谗忧国皆作赋以风，咸有恻隐古诗之义。"

④　古诗之赋：指荀况、屈原为代表的"诗人之赋"。今之赋：指枚乘、司马相如等汉代赋家的"辞人之赋"。

⑤　振振鹭，鹭于飞：《诗经·鲁颂·有駜》句。

歌多用之。五言者，"谁谓雀无角，何以穿我屋"①之属是也，于俳谐倡乐多用之。六言者，"我姑酌彼金罍"②之属是也，乐府亦用之。七言者，"交交黄鸟止于桑"③之属是也，于俳谐倡乐世用之。古诗之九言者，"泂酌彼行潦挹彼注兹"④之属是也，不入歌谣之章，故世希为之。夫诗虽以情志为本，而以成声为节。然则雅音之韵，四言为正，其余虽备曲折之体，而非音之正也。

《七发》造于枚乘⑤，借吴楚以为客主，先言出舆入辇蹷痿之损，深宫洞房寒暑之疾，靡曼美色晏安之毒，厚味暖服淫曜之害，宜听世之君子要言妙道，以疏神导引，蠲淹滞之累⑥；既设此辞，以显明去就之路，而后说以色声逸游之乐，其说不入，乃陈圣人辨士讲论之娱，而霍然疾瘳：此因膏粱之常疾以为匡劝，虽有甚泰⑦之辞而不没其讽谕之义也。其流遂广，其义遂变，率有辞人淫丽之尤矣。崔骃既作《七依》，而假非有先生之言曰。呜呼！扬雄有言"童子雕虫篆刻"，俄而曰"壮夫不为也"，孔子疾小言破道⑧。斯文之簇，岂不谓义不足而辨有余者乎！赋者将以讽，吾恐其不免于劝也。

扬雄依《虞箴》，作《十二州》《十二官箴》，而传于世，不具九官。

---

① 谁谓雀无角，何以穿我屋：《诗经·召南·行露》句。
② 我姑酌彼金罍：《诗经·周南·卷耳》句；罍：读 léi，酒具。
③ 交交黄鸟止于桑：《诗经·秦风·黄鸟》句。
④ 泂酌彼行潦挹彼注兹：《诗经·大雅·泂酌》句；泂：读 jiǒng，远也。今人黄侃以为《诗三百》并无九言，此句应从潦字断句。
⑤ 枚乘《七发》：见《文选》卷三十四。
⑥ 蠲：读 juān，除去、免除。淹滞：久留，犹言沉湎、沉溺。
⑦ 甚泰：本谓衣着过于宽大而不称体，泛指过分。
⑧ 小言破道：《大戴礼》："夫小辨破言，小言破义，小义破道。"

崔氏累世弥缝其阙，胡公又以次其首目而为之解，署曰《百官箴》①。

夫古之铭至约，今之铭至繁，亦有由也。质文时异，论既论则之矣。且上古之铭，铭于宗庙之碑。蔡邕为杨公作碑，其文典正，末世之美者也。后世以来之器铭之嘉者，有王莽《鼎铭》、崔瑗《杌铭》、朱公叔《鼎铭》②、王粲《砚铭》，咸以表显功德。天子铭嘉量，诸侯大夫铭太常，勒钟鼎之义③，所言虽殊，而令德一也。李九为铭④，自山、河、都邑，至于刀、笔、平契，无不有铭，而文多秽病，讨论润色，言可采录。

诗、颂、箴铭之篇，皆有往古成文，可放依而作，惟诔无定制，故作者多异焉，见于典籍者，《左传》有鲁哀公为《孔子诔》。

哀辞者，诔之流也。崔瑗、苏顺、马融等为之率，以施于童殇夭折不以寿终者。建安中，文帝与临淄侯各失稚子，命徐幹、刘桢等为之哀辞⑤。哀辞之体，以哀痛为主，缘以叹息之辞。

今所□哀策者，古诔之义。

若《解嘲》之弘缓优大⑥，《应宾》之渊懿温雅⑦，《连旨》之壮厉忼慷⑧，《应间》之绸缪契阔⑨，郁郁彬彬，靡有不长焉矣。

---

① 扬雄事：扬雄仿照《虞人箴》（见《左传·襄公四年》）作《十二州》《十二官箴》（据《后汉书·邓张徐张胡列传》应为《二十五官箴》），中有九篇官箴亡阙。崔氏：指崔骃及其子崔瑗，曾增补扬雄《官箴》之亡阙。胡公：指胡广，曾为诸《官箴》排定日次，为之作解。

② 公叔：朱穆（100—163）字，一字文元，东汉南阳郡宛（今河南南阳市）人，曾作《崇厚论》《绝交论》等。

③ 嘉量：古代标准量器名。太常：王所建日月之旗。勒：刻字。

④ 李九：字伯仁，东汉文学家。

⑤ 文帝：曹丕。临淄侯：曹植。

⑥ 《解嘲》：扬雄作，见《文选》卷四十五。

⑦ 《应宾》：《答宾戏》，班固作，见《文选》卷四十五。

⑧ 《达旨》：崔骃作，已佚。

⑨ 《应间》：张衡作，已佚。

古有宗庙之碑，后世立碑于墓，显之衢路，其所载者铭辞也。

图谶之属，虽非正文之制，然以取其纵横有义，反覆成章。

李 充

李充（约生于西晋末年，卒年上限不早于公元 349 年，下限大约在 362—365 年），字弘度，江夏（今湖北安陆）人，东晋著名文学家、目录学家。晋成帝时丞相王导召他为掾，转记室参军。又曾任剡县令、大著作郎，奉命整理典籍。后迁中书侍郎，逝世于任上。《晋书》有传。选文参校清严可均校辑《全上古三代秦汉三国六朝文》第 2 册之《全晋文·卷五十三》，中华书局 1958 年版。

翰林论

或问曰，何如斯可谓之文？答曰：孔文举之书①，陆士衡之议②，斯可谓成文矣。

潘安仁之为文也，犹翔禽之羽毛，衣被之绡縠③。

容象图而赞立，宜使辞简而义正，孔融之赞杨公，亦其义也。

表宜以远大为本，不以华藻为先。若曹子建之表，可谓成文矣；

---

① 书：有广狭二义，广义的"书"，与"议"相对，为书面记录一类文字；狭义，指书信；此当指狭义。孔融擅书信，其《论盛孝章书》有盛名。

② 陆士衡之议：陆机以"议对"闻名，如《大田议》等。

③ 潘安仁之为文：《晋书·列传第二十五》曰："岳美姿仪，辞藻绝丽，尤善为哀诔之文。"

诸葛亮之表刘主①，裴公之辞侍中，羊公之让开府②，可谓德音矣。

驳不以华藻为先，世以傅长虞每奏驳事，为邦之司直矣③。

研玉名理，而论难生焉。论贵于允理，不求支离，若嵇康之论，文矣。

在朝辨政而议奏出，宜以远大为本，陆机议晋断④，亦名其美矣。

盟檄发于师旅，相如喻蜀父老⑤，可谓德音矣。

葛　洪

选文参校《中华道藏》第二十五册，华夏出版社 2014 年版。

抱朴子

外篇·钧世

或曰：“古之著书者，才大思深，故其文隐而难晓；今人意浅力近，故露而易见。以此易见，比彼难晓，犹沟浍之方江河，蟥垤之并嵩岱矣⑥。故水不发崑山，则不能扬洪流以东渐；书不出英俊，则不能备致远之弘韵焉。”

---

① 诸葛亮之表刘主：指《出师表》。

② 羊公：指羊祜，曾上表固辞开府之职。

③ 驳：同“驳”。长虞：傅咸字，以议郎长兼司隶校尉，以刚直闻名。

④ 陆机议晋断：指陆机《晋书限断议》。

⑤ 相如喻蜀父老：司马相如为力劝蜀中父老修筑道路通西南夷，作《难蜀父老》。

⑥ 浍：读 kuài，田间小水沟。蟥：同“蚁”。垤：读 dié，蚂蚁做窝时堆在洞口的土。

抱朴子答曰：夫论管穴者①，不可问以九陔之无外；习拘阂者，不可督以拔萃之独见。盖往古之士，匪鬼匪神，其形器虽冶铄於畴曩②，然其精神，布在乎方策。情见乎辞，指归可得。且古书之多隐，未必昔人故欲难晓，或世异语变，或方言不同。经荒历乱，埋藏积久，简编朽绝，亡失者多，或杂续残缺，或脱去章句，是以难知，似若至深耳。且夫《尚书》者，政事之集也，然未若近代之优文③、诏策、军书、奏议之清富赡丽也；《毛诗》者，华彩之辞也，然不及《上林》《羽猎》《二京》《三都》之汪濊④博富也。

然则古之子书，能胜今之作者，何也？然守株之徒，喽喽所玩⑤，有耳无目，何肯谓尔，其于古人所作为神，今世所著为浅，贵远贱近，有自来矣。故新剑以诈刻加价，弊方以伪题见宝也⑥。是以古书虽质朴，而俗儒谓之堕于天也；今文虽金玉，而常人同之於瓦砾也。古书者虽多，未必尽美，要当以为学者之山渊，使属笔者得采伐渔猎其中。然而譬如东瓯之木，长洲之林，梓豫虽多，而未可谓之为大厦之壮观、华屋之弘丽也；云梦之泽，孟诸之薮，鱼肉之虽饶，而未可谓之为煎熬之盛膳、渝狄⑦之嘉味也。今诗与古诗，俱有义理，而盈于差美⑧。方之於士，并有德行，而一人偏长艺文，不可谓一例也；比之於女，俱体国色，而一人独闲⑨百伎，

---

① 论管穴者：以管窥天之人。

② 形器：人之形体。冶铄：销镕。畴曩：往日、旧时。

③ 优文：褒奖的文告。

④ 汪濊（huì）：深广；濊，水多貌。

⑤ 喽喽（lóu）所玩：指不厌其烦反复称道的古人之作；喽喽，多言而不厌其烦貌。

⑥ 新剑以诈刻加价：新剑刻以假托的古代年号以抬高身价。弊方以伪题见宝：没有效验的药方以伪称出自名医之手而受珍视。

⑦ 渝：渝兒。狄：狄牙，即易牙。两人皆善识美味。

⑧ 盈于差美：犹言今诗略优于古诗。

⑨ 闲：同"娴"，娴熟。

不可混为无异也。若夫俱论宫室，而奚斯路寝之颂，何如王生之赋灵光乎①？同说游猎，而叔畋卢铃之诗②，何如相如之言上林乎？并美祭祀，而《清庙》《云汉》之辞，何如郭氏《南郊》之艳乎③？等称征伐，而《出车》《六月》之作，何如陈琳《武军》之壮乎④？则举条可以觉焉。近者夏侯湛、潘安仁并作《补亡诗》，《白华》《由庚》《南陔》《华黍》之属⑤，诸硕儒高才之赏文者，咸以古诗三百未有足以偶二贤之所作也。

且夫古者事事醇素，今则莫不雕饰，时移世改，理自然也。至于罽⑥锦丽而且坚，未可谓之减於蓑衣；辒輧妍而又牢，未可谓之不及椎车也⑦。书犹言也，若人谈语，故为知有，胡越之接，终不相解，以此教戒，人岂知之哉！若言以易晓为辨，则书何故以难知为好哉？若舟车之代步涉，文墨之改结绳，诸后作而善於前事，其功业相次千万者，不可复缕举也，世人皆知之快⑧於曩矣，何以独文章不及古邪？

外篇·尚博

抱朴子曰：正经为道义之渊海，子书为增深之川流。仰而比之，

---

①　奚斯路寝之颂：《诗经·鲁颂·閟宫》有"路寝孔硕"句，据说该诗为鲁公子奚斯所作，《毛传》云："路寝，正寝也。"春秋时指天子、诸侯所居宫殿的正殿，汉代叫"正殿"，而宋代则称为"正厅"。王生之赋灵光：指王逸作《灵光殿赋》。

②　叔畋卢铃之诗：指讽刺庄公的《诗经·郑风·叔于田》、讽刺襄公的《诗经·齐风·卢令》。

③　《清庙》：《诗经·周颂》歌颂文王之篇。《云汉》：《诗经·大雅》颂美宣王之篇。郭氏《南郊》：指郭璞作《南郊赋》。

④　《出车》《六月》：《诗经·小雅》诗篇，"车"原作"军"，改。《武军》：指《武军赋》。

⑤　《白华》《由庚》《南陔》《华黍》：均系《诗经·小雅》篇名，因其有声无辞，夏侯湛、潘岳(安仁)二贤曾为之"补亡"。

⑥　罽：读 jì，一种毛织品。

⑦　辒輧(píng)：古代有帷盖的车子。椎车：古代以椎木驱动的较原始的车子。

⑧　快：原作"快"，改。

则景星之佐三辰也；俯而方之，则林薄之裨嵩岳也①。虽津途殊辟，而进德同归；虽离於举趾②，而合於兴化。故通人总原本以括流末，操纲领而得一致焉。古人叹息於才难，故谓百世为随踵，不以璞非昆山而弃耀夜之宝，不以书不出圣而废助教之言。是以闾陌之拙诗，军旅之鞠③誓，或词鄙喻陋，简不盈十，犹见撰录，亚次典诰。百家之言，与善一揆④。譬操水者，器虽异而救火同焉；犹针灸者，术虽殊而攻疾均焉。汉魏以来，群言弥繁，虽义深於玄渊，辞赡於波涛，施之可以臻征祥於天上，发嘉瑞於后土，召环雉於大荒之外，安圜堵於函夏之内⑤，近弭祸乱之阶，远垂长世之祉。然时无圣人，目其品藻，故不得骋骅骝之迹於千里之途，编近世之道於於三坟之末也。拘系之徒，桎梏浅隘之中，挈瓶⑥训诂之间，轻奇贱异，谓为不急。或云小道不足观，或云广博乱人思，而不识合锱铢可齐重於山陵，聚百十可以致数於亿兆，群色会而衮⑦藻丽，众音杂而《韶》《濩》和也。或贵爱诗赋浅近之细文，忽薄深美富博之子书，以磋切之至言为騃⑧拙，以虚华之小辩为妍巧，真伪颠倒，玉石混淆，同广乐於桑间，钧龙章於卉服⑨。悠悠皆然，可叹可慨也！

　　或曰：著述虽繁，适可以骋辞耀藻，无补救於得失，未若德行

---

①　三辰：日、月、星。薄：林木交错。

②　举趾：举动。

③　鞠：读 jū，告。

④　揆：读 kuí，道理、法则。

⑤　环、雉：白环、白雉，传说中的祥瑞之物。圜堵：四周环以短墙的陋室；"圜"原作"圆"，改。函夏：包函诸夏的广大地区。

⑥　挈瓶：汲水之瓶，小器也。

⑦　衮：读 gǔn，古代君王等的礼服。

⑧　騃：读 ái，无知貌。

⑨　广乐：盛大高尚的雅乐。桑间：淫靡的音乐。龙章：绣有龙文的华服。卉服：草织的粗衣。

不言之训。故颜、闵为上，而游、夏乃次，四科之格，学本而行末①，然则缀文固为余事，而吾子不褒崇其源，而独贵其流，可乎？

抱朴子答曰：德行为有事，优劣易见。文章微妙，其体难识。夫易见者粗也，难识者精也。夫唯粗也，故铨衡有定焉；夫唯精也，故品藻难一焉。吾故舍易见之粗，而论难识之精，不亦可乎！

或曰：德行者本也，文章者末也，故四科之序，文不居上。然则著纸者，糟粕之余事；可传者，祭毕之刍狗。卑高之格，是可讥矣，文之体略，可得闻乎？

抱朴子答曰：筌可以弃而鱼未获，则不得无筌；文可以废而道未行，则不得无文。若夫翰迹韵略之宏促，属辞比事之疏密，源流至到之修短，蕴藉汲引之深浅。其悬绝也，虽天外毫内，不足以喻其辽邈；其相倾也，虽三光②熠耀，不足以方其巨细；龙渊铅铤③，未足譬其锐钝；鸿羽积金，未足比其轻重。清浊参差，所禀有主，朗昧不同科，强弱各殊气，而俗士唯见能染毫画纸者，便概之一例。斯伯牙所以永思钟子，郢人所以格斤不运也④。盖刻削者比肩，而班狄擅绝手之称⑤；援琴者至众，而夔襄专知音之难。厩马千驷，

---

① 四科：《论语·先进》："德行：颜渊、闵子骞、冉伯牛、仲弓。言语：宰我、子贡。政事：冉有、季路。文学：子游、子夏。"邢昺疏云："夫子门徒三千，达者七十有二，而此四科惟举十人者，但言其翘楚者耳。"《后汉书·张曹郑列传》："仲尼之门，考以四科。"孔门以德行、言语、政事、文学四科教育弟子，从重要性说，德行为首；从教育程序说，从文学（广义，指一切文化学问）入手，故云"学本行末"。

② 三光：指日、月、星。

③ 龙渊：古代越国著名的利剑。铤：读 tǐng，古代称未经冶铸的铜铁。

④ 格：止。郢人：事见《庄子·徐无鬼》："庄子送葬，过惠子之墓，顾谓从者曰：'郢人垩慢其鼻端若蝇翼，使匠石斫之。匠石运斤成风，听而斫之，尽垩而鼻不伤，郢人立不失容。宋元君闻之，召匠石曰：'尝试为寡人为之。'匠石曰：'臣则尝能斫之。虽然，臣之质死久矣。自夫子之死也，吾无以为质矣！吾无与言之矣。'"

⑤ 班狄：古代巧匠鲁班与仪狄的略称。

而骐骥有逸群之价；美人万计，而威施①有超世之容。盖有远过众者也。且夫文章之与德行，犹十尺之与一丈，谓之余事，未之前闻。夫上天之所以垂象，唐、虞之所以为称，大人虎炳，君子豹蔚，昌、旦定圣谥於一字，仲尼从周之郁，莫非文也。八卦生鹰隼之所被，六甲出灵龟之所负，文之所在，虽贱犹贵，犬羊之鞟，未得比焉。且夫本不必皆珍，末不必悉薄。譬若锦绣之因素地，珠玉之居蜯②石，云雨生於肤寸，江河始於咫尺尔，则文章虽为德行之弟，未可呼为余事也。

或曰：今世所为，多不及古，文章著述，又亦如之。岂气运衰杀，自然之理乎？

抱朴子答曰：百家之言，虽有步起，皆出硕儒之思，成才士之手，方之古人，不必悉减也。或有汪濊玄旷，合契作者，内辟不测之深源，外播不匮之远流，其所祖宗也高，其所紬绎也妙，变化不系滞於规矩之方圆，旁通不凝阂於一途之逼促，是以偏嗜酸咸者，莫能知其味，用思有限者，不能得其神也。夫应龙徐举，顾盻凌云，汗血缓步，呼吸千里，而蝼蚁怪其无阶而高致，驽蹇患其过己之不渐也。若夫驰骤于诗论之中，周旋于传记之间，而以常情览巨异，以褊量测无涯，以至粗求至精，以甚浅揣甚深，虽始自髫龀，迄于振素③，犹不得也。夫赏其快者必誉之以好，而不得晓者必毁之以恶，自然之理也。於是以其所不解者为虚诞，慺④诚以为尔，未必违情以伤物也。又世俗率神贵古昔而黩贱同时：虽有追风之骏，犹谓之不及造父⑤之所御也；虽有连城之珍，犹谓之不及楚人之所泣

---

① 威施：古代美女南威与西施的略称。
② 蜯：同"蚌"。
③ 髫龀：童年。振素：老年，言其头白也。
④ 慺：读 lóu，谨敬、恭谨。
⑤ 造父：周穆王时之善御者。

也；虽有拟断之剑，犹谓之不及欧冶之所铸也①；虽有起死之药，犹谓之不及和、鹊②之所合也；虽有超群之人，犹谓之不及竹帛之所载也；虽有益世之书，犹谓之不及前代之遗文也。是以仲尼不见重於当时，大玄见蚩薄於比肩也。俗士多云，今山不及古山之高，今海不及古海之广，今日不及古日之热，今月不及古月之朗，何肯许今之才士，不减古之枯骨！重所闻，轻所见，非一世之所患矣。昔之破琴剩弦者，谅有以而然乎！

外篇·辞义

或曰：乾坤方圆，非规矩之功；三辰摛景，非莹磨之力；春华粲焕，非渐染之采；苣蕙芬馥，非容气所假。知夫至真，贵乎天然也。义以罕觌③为异，辞以不常为美，而历观古今属文之家，鲜能挺逸丽於毫端，多斟酌於前言。何也？

抱朴子曰：清音贵於雅韵克谐，著作珍乎判微析理。故八音形器异而钟律同，黼黻文物殊而五色均。徒闲涩④有主宾，妍媸有步骤。是则总章无常曲，大庖无定味。夫梓豫山积，非班匠不能成机巧；众书无限，非英才不能收膏腴。何必寻木千里，乃构大厦，鬼神之言，乃著篇章乎！

抱朴子曰：夫才有清浊，思有修短，虽并属文，参差万品，或浩漾而不渊潭，或得事情而辞钝，违物理而言功，盖偏长之一致，非兼通之才也。暗於自料，强欲兼之，违才易务，故不免嗤也。

抱朴子曰：五味舛而并甘，众色乖而皆丽。近人之情，爱同憎异，贵乎合己，贱於殊途。夫文章之体，尤难详赏，苟以入耳为佳，

---

①　欧冶：越国名匠欧冶子。欧冶所铸：指龙渊等名剑。
②　和：秦景公时良医名。鹊：指扁鹊。
③　觌：读 dí，见。
④　闲涩：指文章的闲雅或枯涩。

适心为快，鲜知忘味之九成，雅颂之风流也。所谓考盐梅之咸酸，不知大羹之不致①，明飘飖之细巧，蔽於沈深之弘邃也。其英异宏逸者，则网罗乎玄黄之表；其拘束龌龊者，则羁绁於笼罩之内。振翅有利钝，则翔集有高卑；骋迹有迟迅，则进趋有远近，弩锐不可以不涂验，筝琴不可以胶柱调也。② 文贵丰赡，何必称善如一口乎！不能拯风俗之流遁、世途之凌夷，通疑者之路，赈贫者之乏，何异春华不为肴粮之用，苗蕙不救冰寒之急？古诗刺过失，故有益而贵；今诗纯虚誉，故有损而贱也。

抱朴子曰：属笔之家，亦各有病：其深者则患乎譬烦言冗，申诚广喻，欲弃而惜，不觉成烦也。其浅者则患乎妍而无据，证援不给，皮肤鲜泽而骨鲠迥弱也。繁华暐晔，则并七曜以高丽；沈微沦妙，则侪玄渊之无测③。人事靡细而不浃，王道无微而不备，故能身贱而言贵，千载弥彰焉。

谢灵运

谢灵运（385—433），原名公义，字灵运，以字行，小名客，人称谢客，世袭为康乐公，故又称谢康乐，祖籍陈郡阳夏（今河南太康县），生于会稽始宁（今绍兴市上虞区谢塘镇），东晋名将谢玄之孙，其母是王羲之与郗璿的独女王孟姜的女儿刘氏，晋宋诗人、文学家、旅行家，其创作活动主要集中在刘宋时代，开创中国文学史上山水

---

① "所谓考盐梅"两句：言大羹以无味为至味，不可以酸咸考之。

② 原文作"弩锐不可胶柱调也"《文选·论四·辩命论注》云"《抱朴子》曰：'弩锐不可以不涂验，筝琴不可以胶柱调也。'"，今据以改。

③ 七曜：又称七政、七纬、七耀，中国古代对日（太阳）、月（太阴）与金（太白）、木（岁星）、水（辰星）、火（荧惑）、土（填星、镇星）五大行星的一种总称。侪：同。玄渊：深渊。

诗派。东晋安帝义熙元年(405)出任琅琊大司马行军参军，后任太尉参军、中书侍郎等职。义熙二年(407)改任抚军将军、豫州刺史刘毅记室参军。义熙八年(413)返京任秘书丞。义熙十一年(416)转中书侍郎。义熙十四年(419)刘裕在彭城建宋国，任黄门侍郎。420年，刘裕代东晋自立，创刘宋，是为宋武帝，谢灵运爵位由公降为侯，任太子左卫率。永初三年(422)出任永嘉太守，在职一年，即称病返乡隐居。元嘉三年(426)回朝任秘书监，后任临川内史。元嘉十年(433)因罪徙广州，密谋使人劫救自己，事发，被宋文帝刘义隆以"叛逆"罪名杀害，终年四十九岁。谢灵运还兼通史学，工于书法，翻译佛经，曾奉诏撰《晋书》，《隋书·经籍志》《晋书》录有《谢灵运集》等14种。选文参校顾绍柏撰《谢灵运集校注》，中州古籍出版社1987年版。

拟魏太子邺中集诗序

魏太子

建安末，余时在邺宫，朝游夕燕①，究欢愉之极。天下良辰、美景、赏心、乐事，四者难并，今昆弟友朋、二三诸彦②共尽之矣。古来此娱，书籍未见，何者？楚襄王时有宋玉、唐、景③，梁孝王时有邹、枚、严、马④，游者美矣，而其主不文。汉武帝徐乐⑤诸才，备应对之能，而雄猜多忌，岂获晤言之适⑥？不诬方将

---

① 燕：同"宴"。

② 彦：指有才学、德行之人。

③ 唐、景：指唐勒、景差，与宋玉三人皆为楚大夫和著名辞赋家。

④ 梁孝王：指汉文帝次子刘武，分封于梁。邹、枚、严、马：指邹阳、枚乘、严忌、司马相如，皆为汉代著名辞赋家。

⑤ 徐乐：燕人，汉武帝拜为郎中。

⑥ 雄猜：随便猜疑，"雄"义近"多"。晤言：对言。

庶必贤于今日尔①。岁月如流，零落将尽，撰文怀人，感往增怆。

王 粲

家本秦川②贵公子孙，遭乱流寓，自伤清多。

陈 琳

袁本初③书记之士，故述丧乱事多。

徐 幹

少无宦情，有箕颍之心事，故仕世多素辞④。

刘 桢

卓荦偏人，而文最有气，所得颇经奇⑤。

应 玚

汝颍之士，流离世故，颇有飘薄之叹⑥。

阮 瑀

管书记之任，故有优渥⑦之言。

平原侯植⑧

公子不及世事，但美遨游，然颇有忧生之嗟。

---

① 诬：妄言、欺骗。方将：将来。

② 秦川：指当时的长安。

③ 本初：袁绍字。

④ 无宦情：对做官不感兴趣。箕颍：指箕山、颍水，在今河南登封市内，传说尧帝时许由、巢父隐居此地，代指隐居。素辞：空疏玄妙之辞。

⑤ 卓荦(luò)：高超突出。偏人：有偏好、偏长之人。经奇：典正偏奇。

⑥ 汝颍：指汝水、颍水，在今河南境内，代指隐居。飘薄：漂泊。

⑦ 优渥：丰厚深邃。

⑧ 平原侯植：指曹植，建安十六年被封为平原侯。

沈　约

选文《谢灵运传论》参校沈约撰《宋书·谢灵运传》，中华书局1974年版；《答陆厥书》参校萧子显撰《南齐书》，中华书局1972年版。

谢灵运传论

史臣曰：民禀天地之灵，含五常之德，刚柔迭用，喜愠分情①。夫志动於中，则歌咏外发，六义所因，四始攸系，升降讴谣，纷披风什②。虽虞夏以前，遗文不睹，禀气怀灵，理无或异。然则歌咏所兴，宜自生民始也。周室既衰，风流弥著③，屈平、宋玉导清源於前，贾谊、相如振芳尘於后。英辞润金石，高义薄云天④。自兹以降，情志愈广。王褒、刘向、扬、班、崔、蔡之徒⑤，异轨同奔，递相师祖。

---

①　"民禀天地之灵"四句：《汉书·礼乐志》："人函天地阴阳之气，有喜怒哀乐之情。"又《汉书·刑法志》："夫人肖天地之貌，怀五常之性，聪明精粹，有生之最灵者也。"《礼记·乐记》："合生气之和，道五常之行，使之阳而不散，阴而不密，刚气不怒，柔气不慑。"郑注："生气，阴阳气也。五常，五行也。"孔疏："道达人情以五常之行，谓依金木水火土之性也。"《易·系辞下》"刚柔相推"，孔疏："刚柔即阴阳也。论其气即谓之阴阳，语其体即谓之刚柔也。"又《礼记·礼运》："何谓人情？喜怒哀惧爱恶欲，七者弗学而能。"

②　六义、四始：《毛诗序》："诗有六义焉：一曰风，二曰赋，三曰比，四曰兴，五曰雅，六曰颂。"又："风……小雅……大雅……颂……是谓四始。"攸：所也。纷披：言多也。风什：《诗经·小雅·鹿鸣之什》，陆德明《释文》云："歌诗之作，非止一人，篇数既多，故以十篇编为一卷，名之为什。"

③　"周室既衰"两句：《文选》李善注："幽、厉之时，多有讽刺，在下祖习，如风之散，如水之流，故曰弥著。"

④　"英辞润金石"两句：《文选》吕向注："英，美也，言美辞可以润泽金石也。薄，迫也，迫云天，言高也。"

⑤　扬、班、崔、蔡：扬雄、班固、崔骃、蔡邕，并为汉代文学家。

虽清辞丽曲，时发乎篇，而芜音累气，固亦多矣。若夫平子艳发，文以情变，绝唱高踪，久无嗣响①。至於建安，曹氏基命，二祖陈王，咸蓄盛藻。甫乃以情纬文，以文被质②。自汉至魏，四百余年，辞人才子，文体三变：相如工为形似之言，二班长於情理之说，子建、仲宣以气质为体③，并标能擅美，独映当时。是以一世之士，各相慕习，源其飚流所始，莫不同祖风骚④。徒以赏好异情，故意制相诡。降及元康，潘、陆特秀，律异班、贾，体变曹、王⑤。缛旨星稠，繁文绮合⑥，缀平台之逸响，采南皮之高韵⑦。遗风余烈，事极江右⑧。在晋中兴，玄风独扇，为学穷於柱下，博物止乎七篇，驰骋文辞，义殚乎此⑨。自建武暨於义熙，历载将百，虽缀响联辞，波属云委，莫不寄

---

① 平子：张衡字。艳发：光彩四射。高踪：高尚经典之作。嗣响：后继之作。

② 曹氏基命：谓曹操始封魏王。二祖：指魏武帝曹操即魏太祖、魏文帝曹丕即魏高祖，《文选》作"三祖"，则含魏明帝曹叡。陈王：指陈思王曹植。甫：始。

③ 二班：指班彪、班固。子建、仲宣：曹植、王粲。《文选》刘良注："情理谓得事之实也，气质谓有力也。"

④ "源其飚流所始"两句：《文选》李善注："《续晋阳秋》曰：'自司马相如、王褒、扬雄诸贤，代尚诗赋，皆体则风骚，诗总百家之言。'飚流即风流，言如风之散、如水之流。《广雅》曰：'祖，法也'。"

⑤ 元康：晋惠帝年号。潘、陆：潘岳、陆机；《文选》李善注引《续晋阳秋》曰："逮夫西朝之末，潘、陆之徒有文质而宗师不异。"律：法也。

⑥ 缛：繁饰也。星稠、绮合：喻文章秀媚。

⑦ 缀平台之逸响：指继承司马相如辞赋风格。平台：汉梁孝王建离宫所在地，在今开封附近，司马相如《子虚赋》写于此。采南皮之高韵：指继承建安作家风格；南皮，今河北沧州附近，曹丕与建安七子曾游于此。

⑧ 烈：业。极：尽也；江右：即西晋。

⑨ "在晋中兴"六句：《文选》李善注引《续晋阳秋》曰："正始中，王弼、何晏好《庄子》玄胜之谈，而俗遂贵焉。"又张铣注："扇，盛也。柱下，谓老子，为周柱下史，制《道德经》五千言……七篇，谓庄周著书，内篇有七也。言中兴之后，人承王弼、何晏之风，学者义理尽于庄、老。殚，尽也。"

言上德，托意玄珠，遒丽之辞，无闻焉尔①。仲文始革孙、许之风，叔源大变太元之气②。爰逮宋氏，颜、谢腾声，灵运之兴会标举，延年之体裁明密，并方轨前秀，垂范后昆③。若夫敷衽论心，商榷前藻，工拙之数，如有可言④。夫五色相宜，八音协畅，由乎玄黄律吕，各适物宜。欲使宫羽相变，低昂互节，若前有浮声，则后须切响。一简之内，音韵尽殊；两句之中，轻重悉异。妙达此旨，始可言文⑤。至于先士茂制，讽高历赏，子建"函京"之作，仲宣"灞岸"之篇，子荆"零雨"之章，正长"朔风"之句⑥，并直举胸情，非傍诗史，正以音律调韵，取高前式。自灵均⑦以来，多历年代，虽文体稍精，而此秘未睹。至于高言妙句，音韵天成，皆暗与理合，匪由思至。张、蔡、

---

① 建武：晋元帝年号。义熙：晋安帝年号。波属云委：《文选》吕延济注："属，续。委，积也。言文章盛多也。"玄珠：典出《庄子·天地》："黄帝游乎赤水之北，登乎昆仑之丘，而南望还归，遗其玄珠。"《文选》刘良注："上德，谓无为之化也。玄珠，喻至道也。"又李周翰注："遒，犹美也。言皆寄意德，不为美辞也。"

② 仲文：《晋书·列传第六十九》："仲文善属文，为世所重。"孙、许：孙绰、许询，《晋书·列传第二十六》："绰……少与高阳许询俱有高尚之志，居于会稽，游放山水十有余年……一时名流。"孙、许同为玄言诗人。叔源：谢混字。太元：晋孝武帝年号；《文选》李善注引《续晋阳秋》曰："询及太原孙绰转相祖尚，又加以三世之辞，而《风》《骚》之体尽矣。询、绰并为一时文宗，自比作者，悉化之。至义熙中，谢混始改之。"

③ 宋氏：指刘宋王朝。颜：颜延年。谢：谢灵运。范：法。昆：嗣、后代。

④ 敷衽：布襟，言席地而坐，衣襟铺地。前藻：前人文章。数：方法。

⑤ 玄黄：代指颜色。律吕：代指音声。宫羽：代指四声，或曰代指平仄。互：《文选》作"舛"。浮声、切响：指清音、浊音，或轻音、重音。一简：一行，指五言诗一句。《南史·列传第三十八》："约等文皆用宫商，将平、上、去、入四声，以此制韵，有平头、上尾、蜂腰、鹤膝，五字之中音韵悉异，两句之内角徵不同。"

⑥ "子建'函京'之作"四句：曹植《赠丁仪王粲诗》有"从军渡函谷，驱马过西京"句。王粲《七哀诗》有"南登灞陵岸，回首望长安"句。《晋书·列传第二十六》："孙楚字子荆……才藻卓绝，爽迈不群。"其《征西官属送于涉阳侯作诗》有"晨风飘歧路，零雨被秋草"句。《文选》李善注引臧荣绪《晋书》曰："王讚字正长……博学有俊才。"其《杂诗》有"朔风动秋草，边马有归心"句。

⑦ 灵均：屈原。

曹、王①，曾无先觉；潘、陆、颜、谢，去之弥远。世之知音者，有以得之，知此言之非谬。如曰不然，请待来哲。

答陆厥书

宫商之声有五②，文字之别累万，以累万之繁，配五声之约，高下低昂，非思力所举③，又非止若斯而已也。十字之文，颠倒相配，字不过十，巧历④已不能尽，何况复过于此者乎！灵均以来，未经用之于怀抱，固无从得其仿佛矣。若斯之妙，而圣人不尚，何邪？此盖曲折声韵之巧，无当于训义，非圣哲立言之所急也。是以子云譬之"雕虫篆刻"，云"壮夫不为"。自古辞人，岂不知宫羽之殊，商徵之别。虽知五音之异，而其中参差变动，所昧实多。故鄙意所谓"此秘未睹"⑤者也。以此而推，则知前世文士，便未悟此处。若以文章之音韵，同弦管之声曲，则美恶妍蚩，不得顿相乖反。譬犹子野操曲，安得忽有阐缓失调之声⑥？以《洛神》比陈思他赋，有似异手之作。故知天机启，则律吕自调；六情滞则音律顿舛也。士衡虽云"炳若缛锦"，宁有濯色江波，其中复有一片是卫文之服⑦？此则陆生之言，即复不尽者矣。韵与不韵，复有精粗，轮扁不能言⑧，老夫亦不尽辨此。

---

① 张、蔡、曹、王：指张衡、蔡邕、曹植、王粲。

② 宫商之声有五：《周礼·春官·大师》："皆文之以五声：宫、商、角、徵、羽。"

③ 举：得。

④ 历：算数。

⑤ 此秘未睹：语见沈约《宋书·谢灵运传论》。

⑥ 子野：师旷字。阐：缓也。

⑦ 卫文之服：《左传·闵公二年》："卫文公大布之衣，大帛之冠。"

⑧ 轮扁不能言：典出《庄子·天道》："（轮扁曰）不徐不疾，得之于手而应于心，口不能言，有数存焉于其间。"又《庄子·秋水》："可以言论者，物之粗也；可以意致者，物之精也；言之所不能论、意之所不能察致者，不期精粗焉。"

陆　厥

陆厥(472—499)，字韩卿，吴郡(今江苏苏州)人，南朝齐文学家。齐武帝永明九年(491)，举秀才，为王宴少傅主簿，后迁行参军。东昏侯永元元年(499)，始安王萧遥光谋反，其父陆闲被杀，厥下狱。后有赦，悲恸而卒。好属文，五言诗体甚新变。《南史》有传。选文参校萧子显撰《南齐书》，中华书局1972年版。

与沈约书

范詹事《自序》①："性别宫商，识清浊，特能适轻重，济艰难。古今文人，多不全了斯处，纵有会此者，不必从根本中来。"沈尚书亦云："自灵均以来，此秘未睹"，"或暗与理合，匪由思至。张蔡曹王，曾无先觉，潘陆颜谢，去之弥远。"大旨钧"使宫羽相变，低昂舛节。若前有浮声，则后须切响。一简之内，音韵尽殊；两句之中，轻重悉异。"辞既美矣，理又善焉。但观历代众贤，似不都暗此处，而云"此秘未睹"，近於诬乎？

案范云"不从根本中来"，尚书云"匪由思至"，斯可谓揣情谬於玄黄，摘句差其音律也②。范又云"时有会此者"，尚书云"或暗与理合"，则美咏清讴，有辞章调韵者，虽有差谬，亦有会合，推此以

---

① 《自序》：范晔《狱中与诸甥侄书以自序》。

② "斯可谓"两句：陆机《文赋》："暨音声之迭代，若五色之相宣……谬玄黄之秩序，故洮涩而不鲜。"《文选》李善注云："音声迭代而成文章，若五色相宣而为绣也……音韵失宜，类绣之玄黄谬叙，故洮涩垢浊而不鲜明也。"

往，可得而言。夫思有合离，前哲同所不免，文有开塞①，即事不得无之。子建所以好人讥弹，士衡所以遗恨终篇②，既曰遗恨，非尽美之作，理可诋诃。君子执其诋诃，便谓合理为暗，岂如指其合理而寄诋诃为遗恨邪？

自魏文属论，深以清浊为言③，刘桢奏书，大明体势之致④，岨峿妥贴之谈，操末续颠之说⑤，兴玄黄於律吕，比五色之相宣，苟此秘未睹，兹论为何所指邪？故愚谓前英已早识宫徵，但未屈曲指的，若今论所申。至於掩瑕藏疾，合少谬多，则临淄所云"人之著述，不能无病"也者⑥。非知之而不改，谓不改则不知，斯曹、陆又称"竭情多悔""不可力强"者也⑦。今许以有病有悔为言，则必自知无悔无病之地，引其不了不合为暗，何独诬其一合一了之明乎意者？亦质文时异，古今好殊，将急在情物，而缓于章句。情物，文之所急，美恶犹且相半；章句，意之所缓，故合少而谬多。义兼於斯，必非不知明矣。

---

① 文有开塞：《文赋》："若夫应感之会，通塞之纪，来不可遏，去不可止。藏若影灭，行犹响起。方天机之骏利，夫何纷而不理……及其六情底滞，志往神留……吾未识夫开塞之所由。"《文选》李善注："开谓天机骏利，塞谓六情底滞。"

② "子建所以"两句：曹植《与杨德祖书》："仆常好人讥弹，其文有不善者，应时改定。"陆机《文赋》："恒遗恨以终篇，岂怀盈而自足？"

③ "自魏文属论"两句：曹丕《典论·论文》："文以气为主，气之清浊有体。"

④ "刘桢奏书"两句：刘桢"明体势之致"的奏书已佚，《文心雕龙·定势》引刘桢语云："文之体指，虚实强弱，使其辞已尽而势有余，天下一人耳，不可得也。"或出此奏书。

⑤ "岨峿妥贴之谈"两句：《文赋》："或妥贴而易施，或岨峿而不安"，"如失机而后会，恒操末以续颠"。

⑥ "则临淄所云"两句：曹植《与杨德祖书》："世人之著述，不能无病。"

⑦ "斯曹、陆又称"两句：曹丕《典论·论文》："气之清浊有体，不可力强而致。"陆机《文赋》："或竭情而多悔。"

《长门》《上林》，殆非一家之赋①，《洛神》《池雁》，便成二体之作②。孟坚精整，《咏史》无亏於东主③，平子恢富，《羽猎》不累於凭虚④。王粲《初征》，他文未能称是⑤；杨修敏捷，《暑赋》弥日不献⑥。率意寡尤，则事促乎一日；翳翳愈伏，而理赊於七步⑦。一人之思，迟速天悬；一家之文，工拙壤隔。何独宫商律吕，必责其如一邪？论者乃可言未穷其致，不得言曾无先觉也。

范　晔

范晔（398—445），字蔚宗，顺阳（今河南淅川东）人，南朝宋著名史学家。出身士族，祖父范宁、父范泰均为重臣。早年曾任鼓城

---

①　"《长门》《上林》"两句：《长门赋》见《文选》卷十六，属哀伤类；《上林赋》见《文选》卷八，属田猎类；同为司马相如所作，而风格迥异。

②　"《洛神》《池雁》"两句：《洛神赋》序云："黄初三年，余朝京师，还济洛川。古人有言：斯水之神，名曰宓妃。感宋玉对楚王神女之事，遂作斯赋。"《离缴雁赋》序云："余游于玄武陵中，有雁离缴，不能复飞，顾命舟人追而得之，故怜而赋焉。"同为曹植所作，风格殊异。

③　"孟坚精整"两句：班固《东都赋》系托东都主人而为辞，故以"东主"指《东都赋》。

④　"平子恢富"两句：张衡《西京赋》因托凭虚公子而为辞，故以"凭虚"指《西京赋》。

⑤　"王粲《初征》"两句：《艺文类聚》卷五十九有王粲《初征赋》。曹丕《典论·论文》："王粲长于辞赋……如粲之《初征》《登楼》《槐赋》《征思》……虽张、蔡不过也。然于他文，未能称是。"

⑥　"杨修敏捷"两句：《文选》杨修《答临淄侯笺》："又尝亲见执事握牍持笔，有所造作，若成诵在心，借书于手，曾不斯须少留思虑……是以对鹄而辞，作《暑赋》弥日而不献，见西施之容，归憎其貌者也。"

⑦　"率意寡尤"四句：陆机《文赋》："揽营魂以探赜，顿精爽而自求。理翳翳而愈伏，思乙乙其若抽"，"或率意而寡尤。"《世说新语·文学》："文帝（曹丕）尝令东阿王（曹植）七步中作诗，不成者行大法。应声便为诗曰：'煮豆持作羹，漉菽以为汁。萁在釜下燃，豆在釜中泣；本自同根生，相煎何太急！'帝深有惭色。"

王刘义康的参军，后官至尚书吏部郎，宋文帝元嘉元年（424）因事触怒刘义康，左迁为宣城郡（郡治在今安徽宣城）太守，后又升迁左卫将军、太子詹事。元嘉二十二年（445），因有人告发他密谋拥立刘义康，于是以谋反的罪名被处以死刑。范晔以《东观汉记》为蓝本，博采众长，斟酌取舍，并自定体例，订伪考异，删繁补略，撰成《后汉书》。选文参校清严可均校辑《全上古三代秦汉三国六朝文》第 3 册之《全宋文·卷十五》，中华书局 1958 年版。

狱中与诸甥侄书以自序

吾狂衅覆灭①，岂复可言，汝等皆当以罪人弃之。然平生行己②在怀，犹应可寻，至於能不意中所解，汝等或不悉知。吾少懒学问，晚成人，年三十许，政始有向③耳。自尔以来，转为心化，推老将至者，亦当未已也，往往有微解，言乃不能自尽。为性不寻注书，心气恶，小苦思，便惯闷④，口机又不调利，以此无谈功。至于所通解处，皆自得之於胸怀耳。文章转进，但才少思难，所以每於操笔，其所成篇，殆无全称者。常耻作文士。文患其事尽於形，情急於藻，义牵其旨，韵移其意⑤。虽时有能者，大较多不免此累，政可类工巧图缋⑥，竟无得也。常谓情志所托，故当以意为主，以文

---

① 狂衅覆灭：范晔因策划谋杀宋文帝，立彭城王刘义康，事泄被捕。

② 行己：谓立身行事。

③ 向：《南史》作"尚"。

④ 惯闷：言体质羸弱，稍思则感心胸塞闷。

⑤ "文患其"四句：批评晋末宋时的作文之弊：空陈形似，徒弄辞藻，沉迷声色，因而以文害意，情为采淹。

⑥ 图缋：图绘，图模物象。

传意。以意为主，则其旨必见；以文传意，则其词不流①。然后抽其芬芳，振其金石耳。此中情性旨趣，千条百品，屈曲有成理。自谓颇识其数，尝为人言，多不能赏，意或异故也。

性别宫商、识清浊，斯自然也。观古今文人，多不全了此处，纵有会此者，不必从根本中来，言之皆有实证，非为空谈。年少中谢庄最有其分，手笔②差易，文不拘韵故也。吾思乃无定方，特能济难适轻重，所禀之分，犹当未尽。但多公家之言，少於事外远致。以此为恨，亦由无意於文名故也。

本未关史书，政③恒觉其不可解耳。既造《后汉》，转得统绪，详观古今箸④述及评论，殆少可意者。班氏最有高名，既任情无例，不可甲乙辨⑤。后赞於理近无所得，唯志可推耳⑥。博赡可不及之，整理⑦未必愧也。吾杂传论，皆有精意深旨，既有裁味⑧，故约其词句。至於《循吏》以下，及《六夷》诸序论，笔势纵放，实天下之奇作，其中合者，往往不减《过秦》⑨篇。尝共比方班氏所作，非但不愧之而已，欲遍作诸志，前汉所有者悉令备。虽事不必多且使见文得尽，又欲因事就卷内发论，以正一代得失，意复未果。赞自是吾文之杰思，殆无一字空设，奇变不穷，同含异体，乃自不知所以称之。此书行，故应有赏音者。纪传例为举其大略耳，诸细意甚多。自古体大而思精，未有此也。恐世人不能尽之，多贵古贱今，所以称情狂

---

① 不流：不华靡浮飘。

② 手笔：即下文"公家之言"，"笔"相对于"文"而言，可不押韵。

③ 政：前文有"政始有向耳"，根据上下文语义合而观之，"政"似自称，待考。

④ 箸：同"著"。

⑤ 班氏：指班固。无例：不讲体例。甲乙辨：一一辩驳。

⑥ 后赞：《汉书》中的赞文。志：《汉书》文类之一。

⑦ 整理：指文章的组织结构。

⑧ 裁味：裁断、品味。

⑨ 过秦：《过秦论》，汉贾谊作。

言耳。

吾於音乐，听功不及自挥，但所精非雅，声为可恨。然至於一绝处，亦复何异邪？其中体趣，言之不尽，弦外之意，虚响之音，不知所从而来。虽少许处，而旨态无极，亦尝以授人，士庶中未有一豪似者，此永不传矣。吾书虽小小有意，笔势不快，馀竟不成就，每愧此名。

张　融

张融（444—497），字思光，一名少子，吴郡（今江苏苏州）人，南朝齐文学家、书法家。出身世族，初仕宋为封溪令，后举秀才，对策中第，为仪曹郎。以故免官，复摄祠部、仓部二曹。又被萧道成辟为太傅掾、迁中书郎。入齐，为长沙王萧晃镇军，竟陵王萧子良征北谘议，并领记室，司徒从事中郎。官至黄门郎，太子中庶子，司徒左长史，世称"张长史"。选文参校萧子显撰《南齐书》，中华书局1972年版。

门律自序

吾文章之体，多为世人所惊，汝可师耳以心，不可使耳为心师也。夫文岂有常体，但以有体为常，政当使常有其体。丈夫当删《诗》《书》，制礼乐，何至因循寄人篱下。且中代之文，道体阙变，尺寸相资，弥缝旧物。吾之文章，体亦何异，何尝颠温凉而错寒暑，综哀乐而横歌哭哉？政以属辞多出，比事不羁，不阡不陌，非途非路耳。然其传音振逸，鸣节竦①韵，或当未极，亦已极其所矣。汝若复别得体者，吾不拘也。吾义亦如文，造次乘我，颠沛非物②。吾无师无友，不文不句，颇有孤神独逸耳。义之为用，将使性入清波，尘洗犹沐。无得钓声同利，举价如高，俾是道场，险成军路③。吾昔嗜僧言，多肆法辩，此尽游乎言笑，而汝等无幸。

戒　子

手泽④存焉，父书不读，况父音情⑤，婉在其韵。吾意不然，别遗尔音。吾文体英绝，变而屡奇，既不能远至汉魏，故无取嗟晋宋。岂吾天挺，盖不隤家声⑥。汝若不看，父祖之意欲汝见也。可号哭而看之。

萧　统

萧统(501—531)，字德施，小字维摩，祖籍兰陵(今江苏丹阳)，生于襄阳，南朝梁武帝萧衍长子，于天监元年十一月被立为太子，然英年早逝，未及即位即于531年去世，死后谥号"昭明"，故后世又称

---

①　竦：读 sǒng，振动、振作。
②　造次：这里指善辩。颠沛：颠簸摇荡。
③　道场：修行处。军路：战场。
④　手泽：手汗，代指先人或前辈的遗墨、遗物等。
⑤　音情：《后汉书》卷七十云："北海天逸，音情顿挫"；又唐人陈子昂《与东方左史虬修竹篇序》云："汉魏风骨，晋宋莫传……一昨于解三处见明公《咏孤桐篇》，骨气端翔，音情顿挫，光英朗练，有金石声……不图正始之音，复睹于兹；可使建安作者，相视而笑"。
⑥　天挺：谓天生卓越超拔。隤：读 tuí，败坏。

"昭明太子"。原有集，已佚，后人辑有《昭明太子集》；笃信佛教，曾编辑《金刚经》"三十二分则"。主持编撰《文选》，又称《昭明文选》。选文参校清严可均校辑《全上古三代秦汉三国六朝文》第 3 册之《全梁文·卷二十》，中华书局 1958 年版。

文选序

式观元始，眇觌玄风①；冬穴夏巢之时，茹毛饮血之世，世质民淳，斯文未作。逮乎伏羲氏之王天下也，始画八卦，造书契，以代结绳之政，由是文籍生焉。《易》曰："观乎天文，以察时变；观乎人文，以化成天下"②。文之时义远矣哉！若夫椎轮为大辂之始，大辂宁有椎轮之质③？增冰为积水所成，积水曾微增冰之凛④。何哉？盖踵其事而增华，变其本而加厉。物既有之，文亦宜然，随时变改，难可详悉。

尝试论之曰：《诗序》云："诗有六义焉，一曰风，二曰赋，三曰比，四曰兴，五曰雅，六曰颂。"至於今之作者，异乎古昔。古诗之体，今则全取赋名⑤。荀、宋表之於前，贾、马继之于末⑥。自兹以降，源流实繁。述邑居，则有"凭虚""亡是"之作；戒畋游，则有"长

---

① 式：发语词，无义。元始：原始。眇觌（dí）：远看。玄风：远古的风俗、风气。

② 《易》曰"五句：语见《易·贲卦·彖辞》。

③ 椎轮：椎车，一种最原始的车，用圆形大木推着向前滚动，没有幅，形状如椎，作车轮之用，所以也称椎轮。大辂（lù）：古时天子祭天时所乘的大车。

④ 增冰：厚冰。微：无。

⑤ "古诗之体"二句：意谓赋本为《诗》"六义"之一，后来沿用而成了一种文体的名称。班固《两都赋序》云："赋者，古诗之流也。"刘勰《文心雕龙·诠赋》也说，赋本"六义附庸，蔚为大国"。

⑥ 荀：指荀卿。宋：指宋玉。贾：指贾谊。马：指司马相如。《文选》于赋之外另立"骚体"，所以这里没有说屈原。

杨""羽猎"之制①。若其纪一事，咏一物，风云草木之兴，鱼虫禽兽之流，推而广之，不可胜载矣。又楚人屈原，含忠履洁，君匪从流，臣进逆耳，深思远虑，遂放湘南。耿介之意既伤，壹郁之怀靡诉；临渊有怀沙之志，吟泽有憔悴之容②。骚人之文，自兹而作。诗者，盖志之所之也，情动於中，而形于言。《关雎》《麟趾》，正始之道著③；《桑间》《濮上》，亡国之音表④。故《风》《雅》之道，粲然可观。

自炎汉中叶，厥途渐异。退傅有"在邹"之作，降将著"河梁"之篇⑤。四言五言，区以别矣；又少则三字，多则九言；各体互兴，分镳并驱。《颂》者，所以游扬德业，褒赞成功，吉甫有"穆若"之谈，季子有"至矣"之叹⑥，舒布为诗，既言如彼，总成为颂，又亦若此。次则：箴兴於补阙，戒出於弼匡，论则析理精微，铭则序事清润，美终⑦则诔发，图像则赞兴。又诏诰教令之流，表奏笺记之列，书

---

① 凭虚：张衡《西京赋》首句云"有凭虚公子者"。亡是：司马相如《上林赋》首句云"亡是公听然而笑曰"。长杨、羽猎：指扬雄的《长杨赋》《羽猎赋》。

② "临渊有怀沙之志"二句：《怀沙》，屈原所作《九章》之一，据说是他沉江之前的绝命词。《楚辞·渔父》："屈原既放，游于江潭，行吟泽畔；颜色憔悴，形容枯槁。"

③ 《关雎》《麟趾》：分别为《诗经·国风·周南》的开篇和末篇。正始之道：《毛诗序》："《关雎》《麟趾》，王者之风。《周南》《召南》，正始之道，王化之基。"著：立。

④ "桑间濮上"二句：《礼记·乐记》："桑间濮上之音，亡国之音也。"郑玄注："濮水之上，地有桑间者，亡国之音于此之水出也。昔殷纣使师延作靡靡之乐，已而自沉于濮水，后师涓过焉，夜闻而写之，为平公鼓之，是之谓也。"

⑤ 退傅：指韦孟，为楚元王傅，历元王子夷王及孙王戊，戊荒淫无道，韦孟作《讽谏诗》，辞官居邹，有《在邹》诗，都是四言体，事见《汉书·韦贤传》；《文心雕龙·明诗》："汉初四言，韦孟首唱。"降将：指李陵。"河梁"之篇：指李陵与苏武诗，诗的第三首有"携手上河梁"句，是五言体。萧统不疑苏、李诗是伪托，所以认为这是文人最早创作的五言诗。

⑥ 穆若：《诗经·大雅·烝民》有"吉甫作诵，穆如清风"句。至矣：《左传·襄公二十九年》："吴公子札来聘，请观于周乐，为之歌《颂》，曰：至矣哉，盛德之所同也。"

⑦ 美：指有美德功绩之人。终：去世。

誓符檄之品，吊祭悲哀之作，答客指事之制①，三言八字之文，篇辞引序，碑碣志状，众制锋起，源流间出。譬陶匏异器②，并为入耳之娱；黼黻不同，俱为悦目之玩。作者之致，盖云备矣。

余监抚余闲③，居多暇日，历观文囿，泛览辞林，未尝不心游目想，移晷忘倦。自姬汉以来，眇焉悠邈，时更七代④，数逾千祀。词人才子，则名溢於缥囊；飞文染翰，则卷盈乎缃帙⑤。自非略其芜秽，集其清英，盖欲兼功太半，难矣。若夫姬公之籍，孔父之书⑥，与日月俱悬，鬼神争奥，孝敬之准式，人伦之师友，岂可重以芟夷，加之翦截？老、庄之作，管、孟之流，盖以立意为宗，不以能文为本。今之所撰，又以略诸。若贤人之美辞，忠臣之抗直，谋夫之话，辨士之端，冰释泉涌，金相玉振。所谓坐狙丘，议稷下⑦，仲连之却秦军⑧，食其之下齐国⑨，留侯之发八难⑩，曲逆之吐六奇⑪，盖乃事美一时，语流千载，概见坟籍，旁出子史，若斯之流，又亦繁博。虽传之简牍，而事异篇章，今之所集，亦所不取。

---

① 答客：是假借答复别人问难，用以抒写情怀的一种文体，如东方朔《答客难》、扬雄《解嘲》等。指事：《文选》中的"七"体，如枚乘的《七发》，通过七件事来启发楚太子，故云指事。

② 陶：埙，是土制的乐器。匏：笙。

③ 监抚：古代称皇太子为储君，居储贰（副）之位，有帮助皇帝监国抚民的任务。

④ 七代：指周、秦、汉、魏、晋及南朝宋、齐。

⑤ 缥囊：书袋。缃帙：书衣。

⑥ 姬公：周公姬旦；姬公之籍，泛指儒家所尊奉的经典。孔父：孔子，鲁哀公为孔子作诔，称孔子为尼父，见《史记·孔子世家》。

⑦ "所谓坐狙丘"二句：指辩士田巴事，曹植《与杨德祖书》李善注："《鲁连子》曰：'齐之辩者曰田巴，辩于狙丘而议于稷下，毁五帝，罪三王，一旦而服千人……'"

⑧ 仲连之却秦军：事见《战国策·赵策》及《史记·鲁仲连邹阳列传》。

⑨ 食其之下齐国：楚汉相争时，郦食其说服齐王田广归汉，事见《史记·郦生陆贾传》。

⑩ 留侯之发八难：指留侯张良用八事难郦食其阻止重封六国，事见《史记·留侯世家》。

⑪ 曲逆之吐六奇：指曲逆侯陈平六出奇计，事见《史记·陈丞相世家》。

至於记事之史，系年之书，所以褒贬是非，纪别同异，方之篇翰，亦已不同。若其赞论之综缉辞采，序述之错比文华，事出於沈思，义归乎翰藻，故与夫篇什，杂而集之。远自周室，迄於圣代，都为三十卷，名曰《文选》云耳。

凡次文之体，和以汇聚。诗、赋体既不一，又以类分；类分之中，各以时代相次。

陶渊明集序

夫自炫自媒者，士女之丑行；不忮不求者，明达之用心①。是以圣人韬光，贤人遁世。其故何也？含德之至，莫逾於道；亲己之切，无重於身。故道存而身安，道亡而身害。处百龄之内，居一世之中，倏忽比之白驹，寄寓谓之逆旅，宜乎与大块而盈虚，随中和而任放②。岂能戚戚劳於忧畏，汲汲③役於人间？齐讴赵女之娱，八珍九鼎之食，结驷连骑之荣，侈袂执圭之贵④，乐既乐矣，忧亦随之。何倚伏之难量，亦庆吊之相及⑤。智者贤人居之，甚履薄冰⑥；愚夫贪士竞之，若泄尾闾⑦。玉之在山，以见珍而终破；兰之生谷，

---

① 自炫自媒：指男女互相引逗，私订终身。忮：读 zhì，嫉妒。求：贪求。
② 倏忽比之白驹：《庄子·知北游》："人生天地之间，若白驹之过隙，忽然而已。"成玄英疏："白驹，骏马也，亦言日也。"逆旅：客舍。大块：自然。
③ 汲汲：心情急切貌。
④ 侈袂：广袖、大袖，古代官服皆为大袖，故以"侈袂"借指入仕。执圭：亦作"执珪"，先秦楚国爵位名，圭以区分爵位等级，使执圭而朝，故名；泛指封爵。
⑤ 何倚伏之难量：《老子·五十八章》："祸兮福之所倚，福兮祸之所伏。"庆：喜庆。吊：哀吊。
⑥ 甚履薄冰：《诗经·小雅·小旻》："战战兢兢，如临深渊，如履薄冰。"
⑦ 若泄尾闾：《庄子·秋水》："天下之水莫大于海，万川归之，不知何时止而不盈；尾闾泄之，不知何时已而不虚。"

虽无人而自芳。故庄周垂钓於濠，伯成躬耕於野①。或货海东之药草，或纺江南之落毛②。譬彼鸳雏，岂竞鸢鸥之肉③；犹斯杂县，宁劳文仲之牲④！至於子常、宁喜之伦，苏秦、卫鞅之匹⑤，死之而不疑，甘之而不悔。主父偃⑥言："生不五鼎食，死则五鼎烹"。卒如其言，岂不痛哉！又楚子观周，受折於孙满⑦；霍侯骖乘，祸起於负芒⑧。饕餮之徒，其流甚众。唐尧四海之主，而有汾阳之心⑨；

---

① 庄周垂钓：《庄子·秋水》："庄子钓于濮水，楚王使大夫二人往先焉，曰：'愿以境内累矣！'庄子持竿不顾。"伯成躬耕：《庄子·天地》："尧治天下，伯成子高立为诸侯。尧授禹，伯成子高辞为诸侯而耕。禹往见之，则耕在野。"

② 或货海东：安期生在海边卖药，事见《高士传·安期生传》。或纺江南：《高士传》："老莱子者，楚人也。当时世乱，逃耕于蒙山之阳……曰：'鸟兽之毛可绩而衣，其遗粒足食也。'"

③ "譬彼鸳雏"二句：典出《庄子·秋水》："惠子相梁，庄子往见之，或谓惠子曰'庄子来，欲代子相。'于是惠子恐，搜于国中，三日三夜。庄子往见之，曰：'南方有鸟，其名鹓鶵，子知之乎？夫鹓鶵发于南海而飞于北海，非梧桐不止，非练食不食，非醴泉不饮，于是鸱得腐鼠，鹓鶵过之，仰而视之曰：'吓！今子欲以子之梁国吓我邪？'"

④ "犹斯杂县"二句：杂县：海鸟名，即"爰居"。文仲：臧文仲。事见《国语·鲁语上》："海鸟曰爰居，止于鲁东门之外二日。臧文仲使国人祭之。展禽曰：'越哉，臧孙之为政也！夫祀，国之大节也，而节，政之所成也。故慎制祀以为国典。今无故而加典，非政之宜也。'"

⑤ 子常：楚国令尹囊瓦，字子常。宁喜：春秋卫国人，曾任卫相。二人均为贪财狡诈之徒。卫鞅：商鞅。

⑥ 主父偃：汉临淄人，善揭人阴私。

⑦ "又有楚子观周"二句：楚子：指楚庄王，事见《左传·宣公三年》："楚子伐陆浑之戎，遂至于洛，观兵于周疆。定王使王孙满劳楚子。楚子问鼎之大小轻重焉。对曰：'在德不在鼎……周德虽衰，天命未改。鼎之轻重，未可问也。'"

⑧ 霍侯：汉霍光，宣帝始立，霍光从骖乘，宣帝惧，如芒刺背。霍光死，宣帝诛其宗族。

⑨ "唐尧四海之主"二句：《庄子·逍遥游》："尧治天下之民，平海内之政，往见四子藐姑射之山，汾水之阳，窅然丧其天下焉。"

子晋天下之储，而有洛滨之志①；轻之苦脱履，视之若鸿毛；而况於他人乎？是以至人达士，因以晦迹。或怀厘②而谒帝，或被褐而负薪③，鼓枻清潭④，弃机汉曲⑤。情不在於众事，寄众事以忘情者也。

有疑陶渊明诗，篇篇有酒，吾观其意不在酒，亦寄酒为迹者也。其文章不群，辞彩精拔，跌宕昭彰，独超众类，抑扬爽朗，莫之与京⑥。横素波而傍流，干青云而直上。语时事则指而可想，论怀抱则旷而且真。加以贞志不休，安道苦节，不以躬耕为耻，不以无财为病，自非大贤笃志，与道汙隆⑦，孰能如此乎？余素爱其文，不能释手，尚想其德，恨不同时。故加搜校，粗为区目，白璧微瑕，惟在《闲情》一赋，扬雄所谓劝百而讽一者；卒无讽谏，何足摇其笔端？惜哉！亡是可也。并粗点定其传，编之于录。尝谓有能观渊明

---

①　"子晋天下之储"二句：《列仙传》："王子乔者，周灵王太子晋也。游伊洛之间，道士浮丘公接以上嵩高山，三十余年。"储：储君、太子。

②　厘：治理，这里指治理的能力。

③　"或被褐而负薪"句：事见王充《论衡·书虚》："延陵季子出游，见路有遗金。当夏五月，有披裘而薪者，季子呼薪者曰：'取彼地金来！'薪者投镰于地瞋目拂手而言曰：'何子居之高，视之下，仪貌之壮，语言之野也！吾当夏五月，披裘而薪，岂取金者哉！'季子谢之，请问姓字。薪者曰：'子皮相之士也，何足于姓名！'遂去不顾。"

④　鼓枻清潭：枻：读 yì，船舷，"鼓枻"即扣船舷；事见《楚辞·渔父》："屈原既放，游于江潭，行吟泽畔。"

⑤　弃机汉曲：汉曲：汉水之阴，事见《庄子·天地》："子贡南游于楚，反于晋，过汉阴，见一丈人方将为圃畦，凿隧而入井，抱瓮而出灌，㥉㥉然用力甚多而见功寡。子贡曰：'有械于此，一日浸百畦，用力甚寡而见功多，夫子不欲乎？'为圃者仰而视之曰：'奈何？'曰：'凿木为机，后重前轻，挈水若抽，数如泆汤，其名为槔。'为圃者忿然作色而笑曰：'吾闻之吾师，有机械者必有机事，有机事者必有机心。机心存于胸中则纯白不备。纯白不备则神生不定，神生不定者，道之所不载也。吾非不知，羞而不为也。'子贡瞒然惭，俯而不对。"

⑥　京：高、大。

⑦　汙隆：衰盛。

之文者，驰竞之情遣，鄙吝之意祛，贪夫可以廉，懦夫可以立①。岂止仁义可蹈，抑乃爵禄可辞，不必傍游泰华，远求柱史②。此亦有助於风教也。

答湘东王求文集及诗苑英华书

得疏，知须《诗苑英华》及诸文制，发函伸纸，阅览无辍。虽事涉乌有，义异拟伦③，而清新卓尔，殊为佳作。夫文典则累野，丽亦伤浮，能丽而不浮，典而不野，文质彬彬，有君子之致④。吾尝欲为之，但恨未逮耳。观汝诸文，殊与意会。至於此书，弥见其美。远兼邃古，傍暨典坟，学以聚益，居焉可赏。吾少好斯文，迄兹无倦。谭经之暇，断务之余，陟龙楼而静棋，掩鹤关⑤而高卧。与其饱食终日，宁游思於文林。或日因春阳，其物韶丽，树花发，莺鸣和，春泉生，暄风至，陶嘉月而嬉游，藉芳草而眺瞩。或朱炎受谢，白藏纪时⑥，玉露夕流，金风多扇，悟秋山之心，登高而远托。或夏条可结，倦於邑而属词；冬云千里，睹纷霏而兴咏。密亲离则手为心使，昆弟晏则墨以亲露。又爱贤之情，与时而笃。冀同市骏，

---

① "尝谓有能观渊明之文者"五句：《孟子·尽心》："故闻伯夷之风者，顽夫廉，懦夫有立志。"

② 柱史：指老子。

③ 拟伦：比拟。

④ "夫文典则累野"等句，语本《论语·雍也》。

⑤ 鹤关：太子宫禁之门。

⑥ 炎：太阳。白藏：《尔雅·释天》："春为青阳，夏为朱明，秋为白藏，冬为玄英。"两句意谓夏去秋来。

庶匪畏龙①。不如子晋，而事似洛滨之游②；多愧子桓，而兴同漳川③之赏。漾舟玄圃，必集应阮之俦④；徐轮博望，亦招龙渊之侣⑤。校核仁义，源本山川；旨酒盈罍，嘉肴溢俎。曜灵既隐，继之以朗月；高舂⑥既夕，申之以清夜。并命连篇，在兹弥博。又往年因暇，搜采英华，上下数十年间，未易详悉，犹有遗恨。而其书已传，虽未为精核，亦粗足讽览。集乃不工，而并作多丽。汝既须之，皆遣送也。某启。

刘孝绰

　　刘孝绰(481—539)，字孝绰，本名冉，小字阿士，彭城(今江苏徐州)人，南朝梁文学家。能文善草隶，号"神童"，年十四，代父起草诏诰，初为著作佐郎，后官秘书丞，迁廷尉卿，后复为秘书监。明人辑有《刘秘书集》。《梁书》有传。选文参校清严可均校辑《全上古三代秦汉三国六朝文》第 4 册之《全梁文·卷六十》，中华书局 1958 年版。

---

　　①　市骏：指燕昭王用千金购千里马骨以求贤的故事，见《战国策·燕策》。畏龙：指叶公好龙事，见刘向《新序·杂事》。

　　②　"不如子晋"二句：《列仙传》："王子乔者，周灵王太子晋也，游伊洛之间，道士浮丘公接以上嵩高山，三十余年。"

　　③　漳川：漳水，《水经注》卷十："魏武……引漳流自城西东入经铜雀下"，曹氏父子及邺下文人常常在此游乐赋诗。

　　④　玄圃：梁时园名。应阮：指应玚、阮瑀，代指文士。

　　⑤　徐轮：车缓行。博望：《汉书·成帝纪》："秋罢太子博望苑。"颜注引文颖曰："武帝为卫太子作此苑，令受宾客也。"龙渊之侣：指武将；龙渊，古宝剑名。

　　⑥　高舂：傍晚时刻，《淮南子·天文训》："日至渊虞，是曰高舂。"

昭明太子集序

　　臣窃观大《易》，重明之象著焉；抑又闻之，匕鬯之义存焉①。故《书》有孟侯之名②，《记》表元良之德③，历选前古，以泊夏周，可得而称，启诵而已。虽彻圣挺贤，光乎二代，高文精义，阒尔无闻。汉之显宗，晋之肃祖，昔自春宫，益好儒术，或专经止於区易，或持论穷於贞假④。子桓虽摛藻铜省，集讲肃成，事在藩储，理非皇贰，未有正位少阳，多才多艺者也⑤。粤我大梁之二十一载，盛德备乎东朝，若乃有纵自天，惟睿作圣，显仁立孝，行於四海；如圭如璋，不因琢磨之义；为臣为子，宁待观喻之言；惟性道难闻，而

---

　　①　重明：《周易·离卦·象辞》："重明以丽乎正。"重明谓日月。匕鬯（chàng）：《周易·震卦》："震惊百里，不丧匕鬯。"王弼注："匕，所以载鼎实；鬯，香酒；奉宗庙之盛也。"后因以指宗庙祭祀。

　　②　故《书》有孟侯之名：《尚书·康诰》："王若曰：'孟侯，朕其弟，小子封。'"孔传曰："孟，长也，五侯之长，谓为伯，使康叔为之。封，康叔名。"

　　③　《记》表元良之德：《礼记·文王世子》："一有元良，万国以贞，世子之谓也。"郑玄注："一，人也。元，大也；良，善也。"后因以"元良"代称太子。

　　④　"汉之显宗"六句：《后汉书·明帝纪》："显宗孝明皇帝讳庄……十岁能通《春秋》……（建武）十九年立为皇太子，师事博士桓荣，学通《尚书》。"又《晋书·明帝纪》："明皇帝讳绍，字道畿……元帝为晋王，立为晋王太子，及帝即尊号，立为皇太子……尝论圣人真假之意，（王）导等不能屈……永昌元年……即皇帝位……庙号肃宗。"春宫为太子所住宫室，亦为太子代称。

　　⑤　"子桓虽摛藻铜省"六句：《三国志·魏书·任城陈萧王传》："时邺铜雀台新成，太祖悉将诸子登台，使各为赋。"又《文帝纪》："文皇帝讳丕，字子桓……初，帝好文学，以著述为务，自所勒成垂百篇。又使诸儒撰集经传，随类相从，凡千余篇，号曰《皇览》。"裴松之注引《魏书》曰："帝初在东宫，疫病大起，时人凋伤，帝深感叹……故论撰所著《典论》、诗赋，盖百余篇，集诸儒于肃城门内，讲论大义，侃侃无倦。"《文选》颜延之《三月三日曲水诗序》："正体毓德于少阳，王宰宜哲子元辅。"李善注："正体，太子也……少阳，东宫也。"吕延济注："正体谓太子承继天子之体以育德于东宫也。"正位：正体。

文章可见①……

　　若夫天文以烂然为美，人文以焕乎为贵②，是以隆儒雅之大成，游雕虫之小道，握牍持笔，思若有神，曾不斯须，风飞雷起。至於宴游西园，祖道③清洛，三百载赋，该极连篇，七言致拟，见诸文学。博逸兴咏，并命从游。书令视草，铭非润色。七④穷炜烨之说，表极远大之才，皆喻不备体，词不掩义，因宜适变，曲尽文情。窃以属文之体，鲜能周备，长卿徒善，既累为迟。少孺虽疾，俳优而已⑤。子渊淫靡，若女工之蠹；子云侈靡，异诗人之则。孔璋词赋，曹祖劝其修今；伯喈答赠，挚虞知其颇古。孟坚之颂，尚有似赞之讥；士衡之碑，犹闻类赋之贬。深乎文者，兼而善之，能使典而不野，远而不放，丽而不淫，约而不俭，独擅众美，斯文在斯。假使王朗报笺，卞兰献颂⑥，犹不足以揄扬著述，称赞才章，况在庸才，曾何仿佛……

---

　　①　"惟性道难闻"两句：《论语·公冶长》："子贡曰：夫子之文章，可得而闻也；夫子之言性与天道，不可得而闻也。"

　　②　焕乎：《论语·泰伯》："子曰：大哉，尧之为君也……焕乎其有文章。"

　　③　祖道：古代为出行者祭祀路神和设宴送行的礼仪。

　　④　七：赋之"七体"，发端于枚乘《七发》。

　　⑤　少孺：《汉书·贾邹枚路传》："皋字少孺……上有所感，辄使赋之。为文疾，受诏辄成，故所赋者多。司马相如善为文而迟，故所作少，而善于皋。皋赋辞中自言为赋不如相如，又言为赋乃俳，见视如倡，自悔类倡也。"

　　⑥　王朗报笺：《三国志·魏书·钟繇华歆王朗传》："朗著《易》《春秋》《孝经》《周官》传，奏议论记，咸传于世。"《初学记》卷二十七有王朗《与魏太子书》残文。卞兰献颂：《三国志·魏书·后妃传》："武宣卞皇后，琅琊开阳人，文帝母也……太后弟秉……薨，子兰嗣，少有才学。"裴松之注引《魏略》曰："兰献赋赞述太子德美，太子报曰：'赋者，言事类之所附也；颂，美盛德之形容也，故作者不虚其辞，受者必当其实。兰此赋，岂吾实哉？昔吾丘寿王一陈宝鼎，何武等徒以歌颂，犹受金帛之赐，兰事虽不谅、义足嘉也。今赐牛一头。'由是遂见亲敬。"《全三国文》卷三十辑有卞兰《赞述太子赋并上赋表》。

萧　纲

选文参校清严可均校辑《全上古三代秦汉三国六朝文》第 3 册之《全梁文·卷十一》，中华书局 1958 年版。

诫当阳公大心[1]书

汝年时尚幼，所阙者学，可久可大，其唯学欤？所以孔丘言：吾尝终日不食、终夜不寝以思，无益，不如学也[2]。若使墙面而立，沐猴而冠[3]，吾所不取。立身之道，与文章异，立身先须谨重，文章且须放荡。

答张缵谢示集书[4]

纲少好文章，於今二十五载矣，窃尝论之，日月参辰，火龙黼黻，尚且著於玄象，章乎人事，而况文辞可止、咏歌可辍乎？不为壮夫，扬雄实小言破道；非谓君子，曹植亦小辩破言[5]。论之科刑，罪在不赦。至如春庭落景，转蕙承风，秋雨且晴，檐梧初下，浮云

---

① 大心：字仁恕，萧纲第二子，以皇孙被封为当阳县公，再封浔阳王，后为侯景将任约所害。
② "孔丘言"等句：语见《论语·卫灵公》。
③ 墙面而立：面对墙壁站立，目无所见。比喻无所事事或不学无术。典出《尚书·周官》："不学墙面"，孔传云："人而不学，其犹正墙面而立也。"沐猴而冠："沐猴"即"猕猴"，猕猴戴帽子，比喻虚有其表。
④ 张缵：字伯绪。年十一，尚高祖第四女富阳公主，拜驸马都尉，封利亭侯，召补国子生。缵好学，兄缅有书万余卷，昼夜披读，殆不辍手。《梁书》有传。
⑤ 非谓君子：见曹植《与杨德祖书》。

生野，明月入楼，时命亲宾，乍动严驾①，车渠屡酌，鹦鹉骤倾②，伊昔三边，久留四战，胡雾连天，征旗拂日，时闻坞笛，遥听塞笳，或乡思凄然，或雄心愤薄。是以沈吟短翰，补缀庸音，寓目写心，因事而作。

与湘东王书

吾辈亦无所游赏，止事披阅，性既好文，时复短咏，虽是庸音，不能阁③笔。有惭伎痒，更同故态。比见京师文体，儒钝殊常，竞学浮疏，争为阐缓④。玄冬修夜⑤，思所不得，既殊比兴，正背风骚。若夫六典三礼，所施则有地⑥；吉凶嘉宾，用之则有所⑦。未闻吟咏情性，反拟《内则》之篇；操笔写志，更摹《酒诰》之作⑧。迟迟春日，翻学《归藏》；湛湛江水，遂同《大传》⑨。吾既拙於为文，不敢轻有掎摭⑩。但以当世之作，历方古之才人，远则杨、马、曹、

---

① 严驾：整备车马。

② 车渠、鹦鹉：皆酒杯名。

③ 阁：同"搁"。

④ "比见京师文体"四句：比，近来；儒钝，萎靡不畅；阐缓，声音缓长不节。

⑤ 玄冬：冬天。修夜：长夜。

⑥ 六典：《周礼·天官·大宰》："大宰之职，掌建邦之六典，以佐王治邦国"，包括治典、教典、礼典、政典、刑典、事典。三礼：《周礼》《仪礼》《礼记》的合称。

⑦ 吉凶嘉宾：古代以祭祀为吉礼，丧葬为凶礼，冠婚为嘉礼，宾客为宾礼，军旅为军礼，合称"五礼"。

⑧ 《内则》：《礼记》篇名，内容为妇女在家庭内言行的礼教规范。《酒诰》：《尚书·周书》篇名，康叔封于殷之故都，其俗嗜酒。康叔年少，周公惧其沾染此习，告之以纣之所以亡国者乃酒色，以成王之命作《酒诰》戒之。

⑨ 迟迟：徐行貌。翻学：反学。《归藏》：古《易》名，相传黄帝时作，《周礼》："太卜掌三《易》之法：一曰《连山》，二曰《归藏》，三曰《周易》。"湛湛江水：语出《楚辞·招魂》："湛湛江水兮上有枫。"《大传》：指《周易·大传》。

⑩ 掎摭：指摘。

王，近则潘、陆、颜、谢①，而观其遣辞用心，了不相似。若以今文为是，则古文为非，若昔贤可称，则今体宜弃，俱为盍各，则未之敢许②。又时有效谢康乐、裴鸿胪文者，亦颇有惑焉③。何者？谢客吐言天拔，出於自然，时有不拘，是其糟粕。裴氏乃是良史之才，了无篇什之美。是为学谢则不届其精华，但得其冗长，师裴则蔑绝其所长，惟得其所短，谢故巧不可阶，裴亦质不宜慕，故胸驰臆断之侣，好名忘实之类，方分肉於仁兽，逞郤克於邯郸，入鲍忘臭，效尤致祸④。决羽谢生，岂三千之可及，伏膺裴氏，惧两唐之不传⑤。故玉徽金铣，反为拙目所嗤；《巴人》《下里》，更合郢中之听⑥。《阳春》高而不和，妙声绝而不寻，竟不精讨锱铢，核量文质，有异巧心，终愧妍手。是以握瑜怀玉之士，瞻郑邦而知退；章甫翠履之人，望闽乡而叹息⑦。诗既若此，笔又如之。徒以烟墨不言，受其驱染，纸札无情，任其摇襞，甚矣哉，文之横流，一至於此⑧。

---

① 历方：逐一比拟。扬、马、曹、王：指扬雄、司马相如、曹植、王粲。潘、陆、颜、谢：指潘岳、陆机、颜延之、谢灵运。

② 盍各：语本《论语·公冶长》："颜渊、季路侍，子曰：'盍各言尔志？'"；后以"盍各"代言情言志。

③ 谢康乐：谢灵运袭封康乐公，世称谢康乐，因其幼寄养於外，小名客儿，世又称谢客。裴鸿胪：裴子野，官至鸿胪卿，故称，梁史学家、文学家，字几原，河东闻喜人。

④ 方：比。分肉：《册府元龟》卷一九二作"六驳"，兽名，形如马，食虎豹。仁兽：古代传说中的麒麟。郤克：春秋晋人，跛足。邯郸：赵国都城，其俗善行。鲍：指咸鱼，其气腥臭，《孔子家语·六本》："与不善人居，如入鲍鱼之肆，久而不闻其臭。"效尤致祸：《左传·庄公二十一年》："郑伯效尤，其亦将有咎。"

⑤ 羽：羽翼，引申为辅佐。谢生：指谢灵运。三千：指孔门三千弟子。裴氏：指裴子野。两唐：指陶唐（帝尧封地）与周唐（叔虞封地），陶唐有《尚书·尧典》，周唐有《诗经·唐风》。

⑥ 玉徽：精制的琴。金铣：金钟；铣，古代钟口的两角。

⑦ 章甫：古代一种礼帽。翠履：缀以翠玉的鞋子；《庄子·逍遥游》："宋人资章甫而适诸越，越人断发文身，无所用之。"意谓文采不为蛮人所欣赏。

⑧ 摇襞(bì)：摇动折叠。横流：水不由道而行。

至如近世谢朓、沈约之诗，任昉、陆倕之笔，斯实文章之冠冕，述作之楷模。张士简之赋，周升逸之辩，亦成佳手，难可复遇①。文章未坠，必有英绝领袖之者，非弟而谁？每欲论之，无可与语，思吾子建，一共商榷②。辨兹清浊，使如泾渭，论兹月旦，类彼汝南③。朱丹既定，雌黄有别，使夫怀鼠知惭，滥竽自耻④。譬斯袁绍，畏见子将⑤；同彼盗牛，遥羞王烈⑥。相思不见，我劳如何⑦！

萧　绎

选文参校许逸民撰《金楼子校笺》，中华书局 2011 年版。

---

①　士简：张率字，梁辞赋家，曾作《待诏赋》奏之，梁武帝甚见称赏"相如工而不敏，枚皋速而不工，卿可谓兼二子于金马矣。"周升逸：名舍，博通文史，尤长于口辩，与人辩论，终日滔滔不绝。

②　"思吾子建"二句：这里萧纲自比曹丕，以弟萧绎比曹植。

③　月旦：《后汉书·郭符许列传》："初，邵与靖俱有高名，好共核论乡党人物，每月辄更其品题，汝南俗有'月旦评'焉。"

④　怀鼠：比喻以假充真，典出《尹文子·大道》："郑人谓玉未理者为璞，周人谓鼠未腊者为璞，周人怀璞谓郑贾曰：'欲买璞乎？'郑贾曰：'欲之。'出其璞，视之，乃鼠也。因谢不取。"滥竽：滥竽充数。

⑤　"譬斯袁绍"二句：子将：许劭字；事见《后汉书·郭符许列传》："（许劭）初为郡功曹，太守徐璆甚敬之。府中闻子将为吏，莫不改操饰行。同郡袁绍，公族豪侠，去濮阳令归，车徒甚盛，将入郡界，乃谢遣宾客，曰：'吾舆服岂可使许子将见。'遂以单车归家。"

⑥　"同彼盗牛"二句：事见《后汉书·独行列传》："王烈，字彦方，太原人也。少师事陈寔，以义行称。乡里有盗牛者，主得之。盗请罪曰：'刑戮是甘，乞不使王彦方知也。'烈闻而使人谢之，遗布一端。或问其故，烈曰：'盗惧吾闻其过，是有耻恶之心。既怀耻恶，必能改善，故以此激之。'后有老父遗剑于路，行道一人见而守之，至暮，老父还寻，得剑，怪而问其姓名，以事告烈。烈使推求，乃先盗牛者也。诸有争讼曲直，将质之于烈，或至涂而反，或望庐而还。其以德感人若此。"

⑦　劳：忧愁。

金楼子

立　言

　　诸子兴於战国，文集盛於二汉，至家家有制，人人有集。其美者足以叙情志，敦风俗；其弊者祇以烦简牍，疲后生。往者既积，来者未已。翘足①志学，白首不遍。或昔之所重，今反轻，今之所重，古之所贱。嗟我后生博达之士，有能品藻异同，删整芜秽，使卷无瑕玷，览无遗功，可谓学矣。

　　颜回希②舜，所以早亡；贾谊好学，遂令速殒。扬雄作赋，有梦肠之谈③；曹植为文，有反胃之论。生也有涯，智也无涯，以有涯之生，逐无涯之智，余将养性养神，获麟④於《金楼》之制也。

　　古之学者为己，今之学者为人⑤。学而优则仕，仕而优则学，古人之风也。修天爵以取人爵，获人爵而弃天爵，末俗之风也。古人之风，夫子所以昌言。末俗之风，孟子所以扼腕⑥。然而古人之学者二，今人之学者有四：夫子门徒，转相师受，通圣人之经者，谓之"儒"；屈原、宋玉、枚乘、长卿之徒，止於辞赋，则谓之"文"；今之儒博穷子史，但能识其事，不能通其理者，谓之"学"；至如不便为诗如阎纂，

---

　　① 翘足：企盼。

　　② 希：取法于。

　　③ "扬雄作赋"句：《文选·扬雄〈甘泉赋〉》题解李善注引汉桓谭《新论》："雄作《甘泉赋》一首，始成，梦肠出，收而内之，明日遂卒。"

　　④ 获麟：比喻绝笔之作。

　　⑤ 语出《论语·宪问》。

　　⑥ "修天爵以取人爵"七句：《孟子·告子》："孟子曰：'有天爵者，有人爵者。仁义忠信，乐善不倦，此天爵也；公卿大夫，此人爵也。古之人修其天爵，而人爵从之。今之从修其天爵以要人爵，既得人爵而弃其天爵，则惑之甚者也，终亦必亡而已矣。'"

善为章奏如伯松，若此之流，泛谓之"笔"①。吟咏风谣，流连哀思者，谓之"文"。而学者率多不便属辞，守其章句，迟於通变，质②於心用。学者不能定礼乐之是非，辩经教之宗旨，徒能扬榷③前言，抵掌多识。然而挹源知流，亦足可贵。笔，退则非谓成篇，进则不云取义，神其巧惠，笔端而已。至如文者，惟须绮縠纷披，宫徵靡曼，唇吻适会，情灵摇荡。而古之文笔，今之文笔，其源又异。至如象、系、风、雅，名、墨、农、刑，虎炳豹郁，彬彬君子，卜谈"四始"，李言《七略》，源流已详，今亦置而弗辨④。潘安仁清绮若是，而评者止称情切，故知为文之难也。曹子建、陆士衡，皆文士也，观其辞致侧密，事语坚明，意匠有序，遗言无失，虽不以儒者命家，此亦悉通其义也。遍观文士，略尽知之。至於谢玄晖，始见贫小，然而天才命世，过足以补尤。任彦升甲部⑤阙如，才长笔翰，善辑流略，遂有龙门之名⑥，斯亦一时之盛。

铭颂所称，兴公⑦而已。夫披文相质，博约温润，吾闻斯语，

---

① 阎纂：疑即阎缵，《晋书》卷四十七有《阎缵传》，严可均《全晋文》录阎缵文五首，并云："案《隋志》有《陇西太守阎缵》集二卷，未知即此否?"伯松：张竦字，《古谣谚》卷五："长安为张竦语：'欲求封，过张伯松；力战斗，不如巧为奏。'"事见《汉书·王莽传》。

② 质：引申作笨拙。

③ 扬榷：约略举其大概，扼要进行论述。

④ 卜谈"四始"：指子夏《诗序》，卜商字子夏。刘言《七略》：《汉书·艺文志》："(刘)歆于是总群书而奏其《七略》，故有《辑略》，有《六艺略》，有《诸子略》，有《诗赋略》，有《兵书略》，有《术数略》，有《方技略》。"

⑤ 甲部：指经部。

⑥ 龙门之名：《南史·列传第三十八》："梁天监初，为右军安成王主簿，与乐安任昉友，为《感知己赋》赠昉，昉因此名以报之。及昉为中丞，簪裾辐凑，预其宴者，殷芸、到溉、刘苞、刘孺、刘显、刘孝绰及偃而已，号曰'龙门之游。'虽贵公子孙不得预也。"

⑦ 兴公：孙绰字。

未见其人。班固硕学，尚云赞颂相似；陆机钩深，犹称碑赋如一。①

萧子显

萧子显(487—537)，字景阳，南兰陵(今江苏常州)人，南朝梁史学家，文学家。齐高帝萧道成孙，历任太子中舍人、国子祭酒、侍中、吏部尚书等职。后迁吴兴太守。博学能文，好饮酒、爱山水，不畏鬼神，恃才傲物。谥曰"骄"。传世主要著作是《南齐书》。选文参校萧子显撰《南齐书》，中华书局 1972 年版。

南齐书

文学传论

史臣曰：文章者，盖情性之风标，神明之律吕也②。蕴思含毫，游心内运，放言落纸，气韵天成。莫不禀以生灵，迁乎爱嗜，机见殊门，赏悟纷杂。若子桓之品藻人才，仲治之区判文体③，陆机辨於《文赋》，李充论於《翰林》，张眎摘句褒贬，颜延图写情兴④，各任怀抱，共为权

---

① "班固硕学"四句：刘孝绰《昭明太子集序》："孟坚之颂，尚有似赞之讥；士衡之碑，犹闻类赋之贬。"

② 风标：谓见之于外的风采。律吕：指声韵。神明：指心灵。

③ 子桓：曹丕字，其《典论·论文》对建安七子作了品评。仲治：挚虞字，《晋书》中作仲治；《晋书·列传第二十一》："虞撰《文章志》四卷……又撰古文章，类聚区分为三十卷，名曰《流别集》，各为之论，辞理惬当，为世所重。"

④ 张眎(shì)：未详。颜延：指颜延之。

衡。属文之道，事出神思①，感召无象，变化不穷。俱五声之音响，而出言异句；等万物之情状，而下笔殊形。吟咏规范，本之雅什；流分条散，各以言区。若陈思《代马》群章，王粲《飞鸾》诸制②，四言之美，前超后绝。少卿离辞③，五言才骨，难与争鹜。"桂林""湘水"，平子之华篇；飞馆、玉池，魏文之丽篆；七言之作，非此谁先④？卿、云巨丽，升堂冠冕；张、左恢廓，登高不继；赋贵披陈，未或加矣⑤。显宗之述傅毅，简文之摛彦伯，分言制句，多得颂体⑥。裴頠内侍，元规凤池，子章以来，章表之选⑦。孙绰之碑，嗣伯喈之后⑧；谢庄

---

①　神思：《文心雕龙·神思》："文之思也，其神远矣。"

②　陈思《代马》：《文选》卷二十九有曹植《朔风诗》共五章，首章云："仰彼朔风，用怀魏都；愿骋代马，倏忽北祖。凯风永至，思彼蛮方；愿随越鸟，翻飞南翔。"刘良注："'代马，胡马也。'王粲《飞鸾》：指《文选》卷二十三所录王粲《赠蔡子笃诗》，开篇云："翼翼飞鸾，载飞载东；我友云徂，言戾旧邦。"

③　少卿离辞：李陵字少卿，《文选》卷二十九有其《与苏武诗三首》，皆五言，俱言别离。

④　"桂林湘水"六句：《文选》卷二十九有张衡《四愁诗四首》，皆七言，其中有云："我所思兮在桂林，欲往从之湘水深。侧身南望涕沾襟。美人赠我金琅玕，何以报之双玉盘。路远莫致倚惆怅，何为怀忧心烦伤。"魏文：指魏文帝曹丕，《魏文帝集》有《燕歌行》二首，王夫之《古诗评选》称："二首为七言初祖。"然无"飞馆玉池"语。

⑤　"卿、云巨丽"四句：卿、云指司马相如、扬雄；张、左指张衡、左思。登高：登高而赋。

⑥　显宗之述傅毅：《后汉书·文苑列传》："毅追美孝明皇帝功德最盛，而庙颂未立，乃依《清庙》作《显宗颂》十篇奏之，由是文雅显于朝廷。"彦伯：袁宏字，《晋书·列传第六十二》："宏见汉时傅毅作《显宗颂》，辞甚典雅，乃作颂九章，颂简文之德，上之于孝武。"

⑦　裴頠内侍：《晋书·列传第五》："頠字逸民，弘雅有远识，博学稽古……累迁侍中……每授一职，未尝不殷勤固让，表疏十余上，博引古今成败以为言，览之者莫不寒心。"元规：庾亮字。凤池：为宫廷中书省所在地，故以此代指中书令；《晋书·列传第四十三》："(王)敦与亮谈论，不觉改席而前，退而叹曰：'庾元规贤于裴頠远矣……明帝即位，以为中书监……及帝病笃……引亮升御座，遂与司徒王导受遗诏辅幼主。加亮给事中，徙中书令。太后临朝，政事一决于亮。"表疏甚多，《文选》卷三十八录其《让中书令表》。子章：疑当作"孔璋"，陈琳字，曹丕《与吴质书》："孔璋章表殊健。"

⑧　孙绰之碑：《晋书·列传第二十六》："绰少以文才垂称，于时文士绰为其冠，温、王、郗、庾诸公之薨，必须绰为碑文，然后刊石焉。"伯喈：蔡邕字。

之诔，起安仁之尘①；颜延《杨瓒》，自比《马督》②，以多称贵，归庄为允。王褒《僮约》，束皙《发蒙》③，滑稽之流，亦可奇玮。五言之制，独秀众品④。

习玩为理，事久则渎，在乎文章，弥患凡旧，若无新变，不能代雄⑤。建安一体，《典论》短长互出；潘、陆齐名，机、岳之文永异。江左风味，盛道家之言，郭璞举其灵变，许询极其名理，仲文玄气，犹不尽除，谢混情新，得名未盛。颜、谢并起，乃各擅奇，休、鲍后出，咸亦标世⑥。朱蓝共妍，不相祖述。

今之文章，作者虽众，总而为论，略有三体：一则启心闲绎，托辞华旷，虽存巧绮，终致迂回，宜登公宴，本非准的。而疏慢阐缓，膏肓之病，典正可采，酷不入情。此体之源，出灵运而成也。次则缉事比类，非对不发，博物可嘉，职成拘制。或全借古语，用申今情，崎岖牵引，直为偶说，唯睹事例，顿失清采。此则傅咸五经，应璩指事，虽不全似，可以类从⑦。次则发唱惊挺，操调险急，

① 谢庄之诔：《南史·后妃传》："殷淑仪……帝常思见之……追赠贵妃，谥曰宣……谢庄作哀策文奏之，帝卧览读起坐流涕曰：'不谓当今复有此才！'都下传写，纸墨为之贵。"安仁：潘岳字，《文心雕龙·才略》篇："潘岳敏给，辞自和畅，钟美于《西征》，贾馀于哀诔，非自外也。"又《诔碑》篇："潘岳构意，专师孝山，巧于序悲，易入新切，所以隔代相望，能征厥声者也。"
② "颜延《杨瓒》"两句：颜延之《杨给事诔》、潘岳《马汧督诔》并见《文选》卷五十七。杨瓒事迹见《宋书·列传第五十五》。
③ "王褒《僮约》"两句：《晋书·列传第二十一》："皙才学博通，……其《五经通论》《发蒙记》《补亡诗》文集数十篇行于世。"
④ "五言之制"两句：钟嵘《诗品序》："五言居文词之要，是众作之有滋味者也。"
⑤ 渎：烦琐。凡旧：平凡陈旧。
⑥ 标世：标名于世。
⑦ 傅咸《五经》：《晋书·列传第十七》："好属文论，虽绮丽不足，而言成规鉴。"《初学记》卷二十一有傅咸《孝经诗》《论语诗》《毛诗诗》《周易诗》《周官诗》《左传诗》，《诗纪》云："《春秋正义》曰：傅咸《七经诗》，王羲之写，今所存者《六经》耳。"应璩指事：《诗品》评应璩诗"善为古语，指事殷勤，雅意深笃。"

雕藻淫艳，倾炫心魂，亦犹五色之有红紫，八音之有郑、卫，斯鲍照之遗烈也①。三体之外，请试妄谈：若夫委自天机，参自史传，应思徘来，勿先构聚②，言尚易了，文憎过意③，吐石含金，滋润婉切，杂以风谣，轻唇利吻④，不雅不俗，独中胸怀，轮扁斲轮，言之未尽，文人谈士，罕或兼工⑤。非唯识有不周，道实相妨，谈家所习，理胜其辞，就此求文，终然翳夺⑥，故兼之者鲜矣。

赞曰：学亚生知，多识前仁，文成笔下，芬藻丽春。

裴子野

裴子野(469—530)，字几原，河东闻喜(今山西闻喜县)人，仕南朝齐、梁两朝，著名史学家、文学家。出身士族，曾祖裴松

---

① "次则发唱惊挺"七句：《诗品中·宋参军鲍照诗》："其源出于二张。善制形状写物之词……然贵尚巧似，不避危仄，颇伤清雅之调。故言险俗者多以附照。"

② 徘来：犹言"不发"；《梁书》卷第三十五载萧子显《自序》，其略云："余为邵陵王友，恭还京师，远思前比，即楚之唐、宋，梁之严、邹。追寻平生，颇好辞藻，虽在名无成，求心已足。若乃登高目极，临水送归，风动春朝，月明秋夜，早雁初莺，开花落叶，有来斯应，每不能已也。前世贾、傅、崔、马、邯郸、缪、路之徒，并以文章显，所以屡上歌颂，自比古人。天监十六年，始预九日朝宴，稠人广坐，独受旨云：'今云物甚美，卿得不斐然赋诗。'诗既成，又降帝旨曰：'可谓才子。'余退谓人曰：'一顾之恩，非望而至。遂方贾谊何如哉？未易当也。'每有制作，特寡思功，须其自来，不以力构。少来所为诗赋，则《鸿序》一作，体兼众制，文备多方，颇为好事所传，故虚声易远。"

③ 言尚易了：《颜氏家训·文章》："沈隐侯曰：文章当从三易：易见事，一也；易识字，二也；易读诵，三也。"

④ "杂以风谣"两句：《金楼子·立言》："吟咏风谣，流连哀思者，谓之文……至于文者，惟须绮縠纷披，宫徵靡曼，唇吻遒会，情灵摇荡。"

⑤ 文人谈士：《抱朴子·外篇·行品》："摛锐藻以立言，辞炳蔚而清允者，文人也"，"飞清机之英丽，言约畅而判滞者，辩也"；谈士，辩人。

⑥ 翳夺：蒙蔽失误。

之，南朝宋太中大夫，曾为《三国志》作注。曾任安成王参军，兼廷尉正。任尚书比部郎，仁威记室参军，后又任诸暨（今浙江诸暨）令。被吏部尚书徐勉推荐为著作郎，掌修国史及起居注。后又兼中书通事舍人，掌中书诏诰，不久又迁中书侍郎。梁大通元年（527）转鸿胪卿、领步兵校尉。中大通二年（530），死于任上，终年六十二岁。《南史·梁书》有传。选文参校清严可均校辑《全上古三代秦汉三国六朝文》第 4 册之《全梁文·卷五十三》，中华书局 1958 年版。

雕虫论

宋明帝博好文章①，才思朗捷，常读书奏，号称七行俱下。每有祯祥，及幸宴集，辄陈诗展义，且以命朝臣，其戎士武夫，则托请不暇，困於课限，或买以应诏焉。于是天下向风，人自藻饰，雕虫之艺，盛於时矣。梁鸿胪卿裴子野论曰：

古者四始六艺②，总而为诗，既形四方之气，且彰君子之志，劝美惩恶，王化本焉。后之作者，思存枝叶，繁华蕴藻，用以自通。若悱恻芳芬，楚骚为之祖，靡漫容与，相如和其音。由是随声逐影之俦，弃指归而无执，赋诗歌颂，百帙五车，蔡邕等之俳优，扬雄悔为童子。圣人不作，雅郑谁分？其五言为家，则苏李自出，曹刘伟其风力，潘陆固其枝叶。爰及江左，称彼颜谢③，箴绣鞶帨，无

---

① 宋明帝博好文章：《宋书·明帝本纪》："太宗明皇帝讳彧，字休炳（《南史·宋本纪》作休景）……好读书，爱文义，在藩时撰《江左以来文章志》，又续注《论语》二卷，行于世。及即大位……旧臣才学之士多蒙引进。"

② 四始六艺：艺，当作"义"；四始、六义，并见《毛诗序》。

③ 江左：指东晋。颜、谢：颜延之、谢灵运。

取庙堂^①。宋初迄於元嘉，多为经史，大明之代^②，实好斯文，高才逸韵，颇谢前哲，波流相尚，滋有笃焉。自是闾阎年少，贵游总角，罔不摈落六艺，吟咏情性，学者以博依为急务，谓章句为专鲁^③，淫文破典，斐尔为功。无被於管弦，非止乎礼义，深心主卉木，远致极风云，其兴浮，其志弱，巧而不要，隐而不深，讨其宗途，亦有宋之风也，若季子聆音，则非兴国，鲤也趋庭^④，必有不敢。荀卿有言，乱代之征，文章匿而采^⑤，斯岂近之乎？

颜延之

颜延之(384—456)，字延年，南朝宋文学家，祖籍琅琊临沂(今山东临沂)。东晋末，官江州刺史刘柳后军功曹，转主簿，历豫章公刘裕世子参军。刘裕代晋建宋，官太子舍人。宋少帝时，以正员郎兼中书郎，出为始安太守。宋文帝时，征为中书侍郎，转太子中庶子，领步兵校尉。后为秘书监，光禄勋，太常。刘劭弑立，以之为光禄大夫。宋孝武帝即位，为金紫光禄大夫，领湘东王师，后世称

---

① 鞶帨：读 pán shuì，《法言·寡见》："今之学也，非独为之华藻也，又从而绣其鞶帨。"李轨注："鞶，大带也；帨，佩巾也。"庙堂：指雅乐。

② 元嘉：宋文帝年号。大明：宋孝武帝年号。

③ 博依：《礼记·学记》："不学博依，不能安诗。"郑注："博依，广譬喻也。"孔疏："此一节论教学之道，必当优柔宽缓，不假急速。"章句：《毛诗·关雎》："五章章四句，孔疏：'句者，局也；联字分疆，所以局言者也。章者，明也；总义包体，所以明情者也。'"此言章句，指从事对古代经传离章辨句的章句之学。专鲁：固执迟钝。

④ 鲤也趋庭：《论语·季氏》："(孔子)尝独立，鲤(孔子之子)趋而过庭。曰：'学诗乎？'对曰：'未也。''不学诗，无以言。'鲤退而学诗。"

⑤ "乱代之征"两句：《荀子·乐论》："乱世之征，其服组，其容妇，其俗淫，其志利，其行杂，其声乐险，其文章匿而采。"匿，邪也。

其"颜光禄"。孝建三年卒，时年七十三。追赠散骑常侍、特进、金紫光禄大夫如故。谥曰宪子。《隋书》称有文集二十五卷，两《唐书》作三十卷，佚。明代张溥辑有《颜光禄集》，收在《汉魏六朝百三名家集》中。《宋书》有传。选文参校清严可均校辑《全上古三代秦汉三国六朝文》第3册之《全宋文·卷三十六》，中华书局1958年版。

庭 诰

观书贵要，观要贵博，博而知要，万流可一。咏歌之书，取其连类合章，比物集句，采风谣以达民志，《诗》为之祖……

荀爽云：诗者古之歌章，然则《雅》《颂》之乐篇全矣，以是后之□诗者，率以歌为名。及秦勒望岱，汉祀郊宫，辞著前史者，文变之高制也。虽雅声未至，弘丽难追矣。逮李陵众作，总杂不类，元①是假托，非尽陵制。至其善写，有足悲者。挚虞《文论》，足称优洽；柏梁以来，继作非一，所纂至七言而已，九言不见者，将由声度阐诞②，不协金石。至於五言流靡，则刘桢、张华；四言侧密，则张衡、王粲。若夫陈思王，可谓兼之矣。

颜之推

颜之推（531—约595），字介，祖籍琅琊临沂（今山东省临沂市），生于建康（今江苏省南京市），出身士族，南齐治书御史颜见远之孙、南梁咨议参军颜协之子，北齐文学家、教育家。早传家业，博览群

---

① 元：同"原"。

② 阐诞：犹阐缓，指声音长而缓，难成节奏。

书，得梁湘东王赏识，19 岁被任为国左常侍。后投奔北齐，历 20
年，官至黄门侍郎。577 年，北齐为北周所灭，被征为御史上士。
581 年，隋代北周，于隋文帝开皇年间，被召为学士，不久以疾终。
传世著作有《颜氏家训》《还冤志》《集灵记》等。《颜氏家训》共二十篇，
后世称为"家教规范"。选文参校王利器撰《颜氏家训集解（增补本）》，
中华书局 1993 年版。

颜氏家训

文　章

　　夫文章者，原出《五经》；诏命策檄，生於《书》者也；序述论议，
生於《易》者也；歌咏赋颂，生於《诗》者也；祭祀哀诔，生於《礼》者
也；书奏箴铭，生於《春秋》者也。朝廷宪章，军旅誓诰，敷显仁义，
发明功德，牧民建国，施用多途。至于陶冶性灵，从容讽谏，入其滋
味，亦乐事也。行有余力，则可习之。然而自古文人，多陷轻薄……
自子游、子夏、荀况、孟轲、枚乘、贾谊、苏武、张衡、左思之俦，
有盛名而免过患者，时复闻之，但其损败居多耳。每尝思之，原其
所积，文章之体，标举兴会，发引性灵，使人矜伐，故忽於持操，
果於进取。今世文士，此患弥切，一事惬当，一句清巧，神厉九霄，
志凌千载，自吟自赏，不觉更有傍人。加以砂砾所伤，惨於矛戟，
讽刺之祸，速乎风尘，深宜防虑，以保元吉①。

　　学问有利钝，文章有巧拙。钝学累功，不妨精熟；拙文研思，
终归蚩鄙②。但成学士，自足为人。必乏天才，勿强操笔。吾见世

----

　　①　元吉：大吉。
　　②　蚩鄙：粗鄙。

人，至无才思，自谓清华，流布丑拙，亦以众矣……

学为文章，先谋亲友，得其评裁，知可施行，然后出手；慎勿师心自任，取笑旁人也。自古执笔为文者，何可胜言。然至於宏丽精华，不过数十篇耳。但使不失体裁，辞意可观，便称才士；要须动俗盖世，亦俟河之清乎①！

············

或问扬雄曰："吾子少而好赋?"雄曰："然。童子雕虫篆刻，壮夫不为也。"余窃非之曰：虞舜歌《南风》之诗，周公作《鸱鸮》之咏，吉甫、史克《雅》《颂》之美者②，未闻皆在幼年累德也。孔子曰："不学诗，无以言"，"自卫返鲁，乐正，《雅》《颂》各得其所"。大明孝道，引《诗》证之③。扬雄安敢忽之也？若论"诗人之赋丽以则，辞人之赋丽以淫"，但知变之而已，又未知雄自为壮夫何如也？著《剧秦美新》，妄投於阁，周章怖慑，不达天命，童子之为耳④。桓谭以胜老子，葛洪以方仲尼⑤，使人叹息。此人直⑥以晓算术，解阴阳，故著《太玄经》，数子为所惑耳；其遗言余行，孙卿、屈原之不及，安敢望大圣之清尘？且《太玄》今竟何用乎？不啻覆酱瓿⑦而已。

---

① 亦俟河之清乎：《左传·襄公八年》："周诗有之曰：俟河之清，人寿几何?"

② 虞舜：《孔子家语·辩乐解》："昔者，舜弹五弦之琴，造《南风》之诗，其诗曰：南风之薰兮，可以解吾民之愠兮；南风之时兮，可以阜吾民之财兮。"周公：《毛诗序》："《鸱鸮》，周公救乱也，成王未知周公之志，公乃为诗以遗王。"吉甫、史克：《毛诗序》以《大雅》中《崧高》《烝民》等为吉甫赞颂宣王诗，以《鲁颂》中《駉》为史克歌颂僖公诗。

③ "大明"二句：此言《孝经》引证《诗经》事。

④ 妄投於阁：据《汉书·扬雄传》载，王莽凭符命而立，既成，又杀帮其作符命的人，"时雄校书天禄阁上，治狱事使者来，欲收雄，雄恐不免，乃从阁上自投下，几死。"周章怖慑：恐惧貌。

⑤ "桓谭"句：桓谭以为扬雄胜过老子，葛洪认为扬雄《太玄》几可与圣人之作比肩。

⑥ 直：只不过。

⑦ 覆酱瓿：这里指用作盖酱缸的盖子。

齐世有席毗者，清干之士，官至行台尚书，嗤鄙文学，嘲刘逖云①："君辈辞藻，譬若荣华，须臾之玩，非宏才也；岂比吾徒千丈松树，常有风霜，不可凋悴矣！"刘应之曰："既有寒木，又发春华，何如也？"席笑曰："可哉！"

凡为文章，犹人乘骐骥，虽有逸气，当以衔勒制之，勿使流乱轨躅②，放意填坑岸也。

文章当以理致为心肾，气调为筋骨，事义为皮肤，华丽为冠冕。今世相承，趋本弃末，率多浮艳。辞与理竞，辞胜而理伏；事与才争，事繁而才损。放逸者流宕而忘归，穿凿者补缀而不足。时俗如此，安能独违？但务去泰去甚耳。必有盛才重誉，改革体裁者，实吾所希。

古人之文，宏材逸气，体度风格，去今实远；但缉缀疏朴，未为密致耳。今世音律谐靡，章句偶对，讳避精详，贤於往昔多矣。宜以古之制裁为本，今之辞调为末，并须两存，不可偏弃也。

吾家世文章，甚为典正，不从流俗……

沈隐侯曰："文章当从三易：易见事，一也；易识字，二也；易读诵，三也。"邢子才③常曰："沈侯文章，用事不使人觉，若胸臆语也。"深以此服之。祖孝征④亦尝谓吾曰："沈诗云：'崖倾护石髓'，此岂似用事邪？"

邢子才、魏收俱有重名，时俗准的，以为师匠。邢赏服沈约而轻任昉，魏爱慕任昉而毁沈约，每於谈谑，辞色以之⑤。邺下纷纭，各有朋党。祖孝征尝谓吾曰："任、沈之是非，乃邢、魏之优劣也。"

---

① 席毗：曹魏时人，事迹不详。刘逖：北齐文学家，工诗文。

② 轨躅：车辙。

③ 子才：邢邵字，北朝魏、齐文学家。

④ 孝征：祖珽字，北齐文学家。

⑤ 辞色以之：争论得面红耳赤。

··········

凡代人为文，皆作彼语，理宜然矣……

挽歌辞者，或云古者《虞殡》之歌，或云出自田横之客①，皆为生者悼往告哀之意。陆平原多为死人自叹之言，诗格既无此例，又乖制作本意。

凡诗人之作，刺箴美颂，各有源流，未尝混杂，善恶同篇也。陆机为《齐讴篇》，前叙山川物产风教之盛，后章忽鄙山川之情，殊失厥体……

王籍《入若耶溪》诗云："蝉噪林逾静，鸟鸣山更幽。"江南以为文外断绝，物无异议。简文吟咏，不能忘之，孝元讽味，以为不可复得，至《怀旧志》载於《籍传》。范阳卢询祖，邺下才俊，乃言："此不成语，何事於能？"魏收亦然其论。《诗》云："萧萧马鸣，悠悠旆旌。"毛《传》曰："言不諠哗也。"吾每叹此解有情致，籍诗生於此耳。

兰陵萧悫，梁室上黄侯之子，工於篇什。尝有《秋诗》云："芙蓉露下落，杨柳月中疏。"时人未之赏也。吾爱其萧散，宛然在目……

何逊诗实为清巧，多形似之言；扬都论者，恨其每病苦辛，饶贫寒气，不及刘孝绰之雍容也……又撰《诗苑》，止取何两篇，时人讥其不广。刘孝绰当时既有重名，无所与让；唯服谢朓，常以谢诗置几案间，动静辄讽味。简文爱陶渊明文，亦复如此。江南语曰："梁有三何，子朗最多。"三何者，逊及思澄、子朗也。子朗信饶清巧。思澄游庐山，每有佳篇，亦为冠绝。

---

① 虞殡之歌：春秋时送葬歌曲。田横之客：田横死，门人曾作《薤露》《蒿里》曲送葬。

第四编 ◎

自然——建筑

人物品藻——日

常生活美学

本编导读

山水游赏、人物品藻，也是魏晋南北朝士人重要的审美文化活动：物与道不分的自然美学及园林建筑美学、形与神不离的身体美学，构成了此期士人美学的重要组成部分；由人物品藻生发出来的中国审美结构与审美把握方式的成型，则是此期美学的重要成果；而跟建筑、城市、器物等相关的日常生活美学，又展示着此期美学的丰富性。

对自然山水之美的自觉欣赏和重视，使魏晋南北朝开辟出了一种独特的审美新境。从自然景物诗的发展史来看，《楚辞》的"香草美人"其实尚未摆脱《诗经》的"比德"传统——谢灵运《山居赋》却不认可这种传统："谓种类既繁，不可根源，但观其列状，相其音声，则知山川之好。兴节随宜，自然之数，非可敦戒也"，

"敦戒"就关乎儒家的"比德"传统——六朝山水田园诗开始超越这种传统，而这与玄学重"自然"的观念密切相关。从理论来说，儒、道两家似都强调人与天、人世与自然的统一，但不同处在于：儒家相对而言是使自然服从于人世，孔子虽然讲"智者乐水，仁者乐山"，但着眼点在人世；而道家则强调超越人世的束缚而"纵浪大化中"。《庄子·外篇·天道》强调："夫明白于天地之德者，此之谓大本大宗，与天和者也；所以均调天下，与人和者也。与人和者，谓之人乐；与天和者，谓之天乐。"儒家在人与人的和谐关系（均调天下）中确立个人的生命价值，而道家则在人与自然（天）的和谐关系中确立个人的生命价值。所以，对自然山水的欣赏超越"比德"传统，体现的不仅是哲学（玄学）、艺术（山水诗画）所关注对象的转移，而且更是审美精神乃至文化价值观、生命价值观的转变。

吴均《与朱元思书》描写道：在山水之间，"鸢飞戾天者，望峰息心；经纶世务者，窥谷忘反"；王羲之《三月三日兰亭诗序》："虽无丝竹管弦之盛，一觞一咏，亦足以畅叙幽情"；宗炳更是指出："余复何为哉，畅神而已"——山水及在山水之间的诗文、书画创作，成为士人脱略世务而畅神的审美空间。如果说琴与啸都是以一种与人密切相关的音乐形式去承载音乐宇宙（天籁）中的形而上意义的话，那么，山水则是以一种自然本身的形式直接呈现之，此即"天乐"。郦道元《水经注》本是地理学著述，且看这样的描述："沙门释法澄建刹于其上，更为思玄之胜处也"，"山高林茂，风烟披薄，触目怡情，方外之士，尚凭依旧居，取畅林木"（卷十一）；"桂筍寻波，轻林委浪，琴歌既洽，欢情亦畅，是焉栖寄，实可凭衿"（卷二十六）；"游者登之，以畅远情"（卷二十八）；"览其余诵，依然息远，匪直邈想霞踪，爱其文咏可念，故端牍抽札，以诠其咏"（卷三十九）——兴之所至，地理学家也咏之以歌，可见时人所面对的山水绝非死物：山水是激发诗兴、抒发怀抱之所，是"游神之胜处"，也是"思玄之胜处"。当然，山水审美意味更多体现在诗画之中。

自然美与士人玄学审美精神最终集中的落实，当属处在自然与建筑、造化与人工之间的"园林"。"园林"体现了自然美与多重文化因素的交汇。在此期独特氛围中，士大夫审美趣味从朝廷中分离出来，其审美空间从"竹林"到"兰亭"再到山水，越来越远离都市—朝廷；其审美对象也从人物到景点再到自然山水，越来越远离社会—政治—文化；其享受方式从饮酒纵言到赏景乐心再到寄情山水。到东晋，"以玄对山水"和"以佛对山水"成了时髦话题。山水意境以一种自然感性和哲学智性相统一的形象出现在士人面前。但是，士人最终并不是消融在山水之间，而是栖居于园林之中，以园林的形式定义了山水，同时也定义了自身：园林成了连接各审美形态的综合体，又是体现士人心态的典型体。

园林在这里主要是指私家园林。中国与园林相关的建筑文化的发展主线，可以说是从上古的"囿"到秦汉的"苑"到魏晋的"园"。魏晋以前，虽有园，园结构如苑；魏晋以后，仍有苑，苑的境界似园①。园林一出现就成为艺术，并处在审美文化中很重要的位置。魏晋以来，审美风气发生变化，讲情致，讲风神，讲个性，皇家园苑多了一种风度和韵致。魏之时，"文帝陈思，纵辔以骋节，王徐应刘，望路而争驱。并怜风月，狎池苑，述恩荣，叙酣宴"（《文心雕龙·明诗》）。"述恩荣"是政治性的，但又把政治转为一种审美和娱乐方式，"怜风月，狎池苑"就是纯娱乐的抒发性情活动了。园苑成为娱情悦性的场所，其物质结构是音乐、饮食、诗文、景物的多样统一，其精神结构是朝廷的豪华奢侈和士人的优雅情怀的结合。但随着时

---

① 关于由"囿""苑"到"园"的发展史及六朝园林的具体状况，参见余开亮：《六朝园林美学》，重庆出版社 2007 年版。

间的推移，士人趣味逐渐增多，并从朝廷趣味中分离出来：从嵇康等人以竹林标榜，到王羲之等人聚兰亭赏乐，山水之乐的重要性越来越凸显出来，到了刘宋时，王微《叙画》说："望秋云，神飞扬；临春风，思浩荡。虽有金石之乐，圭璋之琛，岂能仿佛之哉！"这里表达的自然之乐与朝廷之乐的审美等级划分，已经是当时士人群体的普遍认识了。

自然山水处于审美高位，是多种文化因素交汇的结果。从哲学、宗教上看，玄学，从《周易》主潮到《老子》主潮，再到《庄子》主潮，《庄子》山林情味最浓，宗炳"山水以形媚道"正好道出了玄学观念在山水上的凝结。道教，在汉末的思想分裂中产生，又从太平道式和天师道式的以政治—社会为主的形态，向葛洪和陆修静型的以思想—宗教为主的形态演进，最终在山水中获得了自己在中国文化整体结构中的最好位置，齐梁时居住山中的陶弘景成为这方面的代表，其《寻山志》："欣夫得志者忘形，遗形者神存"，"心容旷朗，气宇调畅；玄虽远其必存，累无大而必忘"，"反无形于寂寞"；又，其《华阳颂》："宅无生乃有，生有则还空。灵构不待匠，虚形自成功"，"清歌翔羽集，长啸归云翻。子弦有逸调，空谈无与言"——分明是"以玄对山水"。《世说新语·容止》有"唯丘壑独存"语，注引孙绰语曰："公雅好所托，常在尘垢之外。虽柔心应世，蠖屈其迹，而方寸湛然，固以玄对山水。"孙绰自己更是"以玄对山水"，其《天台山赋》云："骋神变之挥霍，忽出有而入无"，"散以象外之说，畅以无生之篇。悟遣有之不尽，觉涉无之有间。泯色空以合迹，忽即有而得玄"。佛教，魏晋开始以自己的独特面貌逐渐兴盛，同时逐渐适应中国文化，最终同样落实在山水之中，建寺庐山"以道对山水"的慧远成为这方面的代表（参读慧远《庐山记》《庐山诸道人游石门诗序》）。道教、佛教、玄学都依靠山水而升华了自己，但三者的文化空间定位又不尽相同：道教的定位是道观，佛教的定位是佛寺，玄学的定位是园林；而山水之乐中共同的时代特点，在士人园林中得到了最好的体现。

总之，造园，融汇了哲学、宗教、艺术、士人、宇宙等多方面因素，成了此期士大夫普遍的文化生命活动。魏晋以来园林走向的轨迹，大致可作如下勾勒：从城市园到山林园，山林园中从富贵园到自然园，自然园中从大园到小园（当然这一演进不是单向直线性的，而是不断地回环往复，相互影响）——这构成了六朝美学演进的关键点之一：其中，富贵园的代表是石崇的金谷园，该园是一座山水林园，位于自然之中，但又带着都市—豪门的气象："时琴瑟笙筑，合载车中，道路并作。及住，令与鼓吹递奏。遂各赋诗，以叙中怀。或不能者，罚酒三斗"（石崇《金谷诗叙》），"登云阁，列姬妾，拊丝竹，叩宫商，宴华池，酌玉觞"（石崇《思归引》）——其热闹还是有些宫廷、都市味道的。再如潘岳的闲居之所："于是退而闲居，于洛之涘。身齐逸民，名缀下士。陪京溯伊，面郊后市"（潘岳《闲居赋》），虽是闲居，心却未必闲适，还颇多人间之想。

谢灵运《山居赋》是此期园林、自然山水美学乃至整个美学思想中的重要文献。谢"移籍会稽，修营别业，傍山带江，尽幽居之美"，相对于石崇的金谷园，谢家园林进一步脱去了都市的繁华热闹。《山居赋》有自序、自注，序云："古巢居穴处曰岩栖，栋宇居山曰山居，在林野曰丘园"，"今所赋既非京都宫观游猎声色之盛，而叙山野草木水石谷稼之事，才乏昔人"，"山居""丘园"不同于简陋的"岩栖"，又不同于游猎声色之盛的"京都宫观"，赋之正文中对这些不同还有很多描述，从文献上来说可作为园林发展之简史来读。从精神来说，将此赋与陶渊明《饮酒》"采菊东篱下"诗对读，尤可见两者之异同：该赋序曰"意实言表，而书不尽，遗迹索意，托之有赏"，意近陶诗

"此中有真意，欲辨已忘言"；谢所谓"言心也，黄屋实不殊于汾阳，即事也，山居良有异乎市廛"，分明就是陶所谓"心远地自偏"：陶在"南山"之自然意境中辨寻"真意"，而谢在山水园林之居、之赏中"遗迹索意"，两者皆有玄学风味而又有所不同。再如《世说新语·言语》："简文入华林园，顾谓左右曰：'会心处，不必在远。翳然林水，便自有濠、濮间想也。觉鸟兽禽鱼，自来亲人。'"也是"心远地自偏"之意；慧远《庐山诸道人游石门诗序》亦云："虽仿佛犹闻，而神以之畅；虽乐不期欢，而欣以永日。当其冲豫自得，信有味焉，而未易言也"，山水之"真意"与玄味是"未易言"的。《山居赋》所谓"才乏昔人"又可见山水园林开辟出了一种前所未有的审美新境，而这种审美新境的重要特征之一是"清"，《山居赋》中多次用到了"清"字——在至"清"的自然山水中，人之心胸得以"清"，而在清虚寂寞中，人"澄怀味像""澄怀观道"，"山水有清音"的审美理想在园林中也就有了落实。

根据"选自然之神丽，尽高栖之意得"的选址标准，谢灵运山居"左湖右江，往渚还汀。面山背阜，东阻西倾。抱含吸吐，款跨纡萦。绵联邪亘，侧直齐平。"有的只是山水之美，而近东、近南、近西、近北，远东、远南、远北，各有其美，其中，各种水草、竹木及鱼、鸟、兽类都在其中。士人不仅居于斯、游于斯，能体现名士风度的吃药（当还有饮酒）、清谈等也皆汇聚于此。当然，还有"文章"："谓少好文章，及山栖以来，别缘既阑，寻虑文咏，以尽暇日之适。便可得通神会性，以永终朝。"远离"圣教"后，文章自然也就不再是什么"经国之大业"，而成了"通神会性"也即"畅神"的方式。《山居赋》结合了大赋的形式和山水大园的内容，同时也就把大赋所内蕴含的音乐宇宙与山水园林所内含的魏晋观念结合起来了。而当谢灵运不用大赋而用五言诗来表达自己的山水大园情怀时，一种以佛对山水的理路得到了更好的体现。

　　山水大园中的栖息之乐，虽已与都市游乐有质的区别，但因其大，人对自然的把握，更多的还是一种汉赋式的从思想结构上的理智型的把握。而小园因其小，自然、园林、人构成了一个生活的整体——陶渊明田园是这方面典型。由谢之大园到陶之小园可以看出：东晋以来的私家园林，已完全逸出秦汉宫廷的园苑，而新创出另一番审美天地了。

　　关于山水之用，描述的最为精彩的当属王羲之《三月三日兰亭诗序》："虽无丝竹管弦之盛，一觞一咏，亦足以畅叙幽情"，"所以游目骋怀，足以极视听之娱，信可乐也。"再如《世说新语·言语》："王司州至吴兴印渚中看，叹曰：'非唯使人情开涤，亦觉日月清朗。'"谢灵运《游名山志序》："夫衣食，生之所资，山水，性之所适。今滞所资之累，拥其所适之性耳"；戴逵《闲游赞》："然如山林之客，非徒逃人患、避争门，谅所以翼顺资和，涤除机心，容养淳淑，而自适者尔"——山林之游，绝非消极的逃避世事，也是积极的"自适"。孙绰《三月三日兰亭诗序》："屡借山水，以化其郁结"，"原诗人之致兴，谅歌咏之有由"——"情往似赠，兴来如答"，在人与山水的相互召唤—应答之中，不仅人情得以畅，而且诗思也得以兴，"余复何为哉，畅神而已"。

　　当然，园林非纯自然之所，也是人工建筑。《水经注》中多有对建筑的描述。杨衒之《洛阳伽蓝记》可谓宗教空间美学或宗教建筑美学文献，同时也关乎城市建筑美学，此外还涉及佛像雕塑等美学问题。左思《三都赋》则可谓政治空间美学文献，"思摹《二京》而赋《三都》"，在内容和风格上都是对汉大赋的继承，在创作目的上采取了欲抑先扬的做法，先写蜀都、吴都之盛，最后归结点却是论证魏都之合乎"体统"；三赋固然也多自然描述，但大致是讲物产丰富，与畅抒性情没有直接关联。其间关于建筑格局的描述，尤可见政治秩序是如何空间化、具象化的。

人物品藻是此期士人又一重要文化活动，其始于汉代，是一种与选拔人才相关的、不同于一般的政治人才学，傅玄《傅子·补遗》就记载了相关情况："魏司空陈群始立九品之制，郡置中正，评人才之高下，各为辈目；州置州都，而总其议。凡品才有九。"据《后汉书·许劭传》记载，许劭、许靖每月初都定期发布对当时人物的品鉴、评价，被称为"月旦评"，一时影响很大。汉人往往用气、阴阳、五行结构等来划定人才的类型，刘劭《人物志》总结了汉代以来的人物品藻经验，得出了九征系统：神、精、筋、骨、色、仪、容、气、言，其中就蕴含着神、骨、肉三层结构。袁宏《三国名臣序赞》主要侧重于政治人才学，但也以"亹亹通韵""韵与道合"等品藻人物。葛洪《抱朴子·外篇》之《擢才》《行品》等也与人物品藻相关，《行品》提出观评人物的十种"难分"情况，指出："夫物有似而实非，若然而不然，料之无惑，望形得神，圣者其将病诸，况乎常人？""望形得神"可谓人物品藻的基本方法。其实，刘勰《文心雕龙·程器》是关乎作家的人物品藻："《周书》论士，方之'梓材'，盖贵器用而兼文采也"，如果说政治品评只关注"器用"的话，那么，审美品藻则还关乎"文采"，该篇赞曰："瞻彼前修，有懿文德。声昭楚南，采动梁北。雕而不器，贞干谁则？岂无华身，亦有光国"，当文学成为"华身"之器时，也就成为"身文"，而由"言"这种"身之文"也可对人进行品评——《才略》等篇也与此相关，《世说新语》中"文学""言语"等篇也关乎人物品藻——由此略见人物品藻与文学品评、人之身文之结构与言文之结构的相连接、相会通之处。

当然，由政治上的裁量人物转为美学上的欣赏人物，这种人物品藻潮流，最集中体现在《世说新语并注》的相关记载中，标志着中国美学走向成熟，中国文化的性质在美学上得到了落实，美学对象的理论达到了文化的高度。《世说新语并注》紧密联系在一起的两大标志性成就是：形成了对审美对象独特的"品"的把握方式，审美对象"神—骨—肉"结构得以定型：

> 王戎云："太尉神姿高彻，如瑶林琼树，自然是风尘外物。"（《赏誉》）
>
> 王公目太尉："岩岩清峙，壁立千仞。"（《赏誉》）
>
> 有人叹王公形茂者云："濯濯如春月柳。"（《容止》）

以上第一例强调神，第二例强调骨，第三例强调肉，明显是用神、骨、肉的结构来进行审美欣赏的（"肉"相对而言处在最表层，但与"神"可以相通、相融，"肥瘦""形色""肌肤""皮肤"等皆可归类在"肉"这一层）。据说韩康伯很肥胖，而《品藻》载："蔡叔子云：'韩康伯虽无骨干，然亦肤立。'"可见当时人物品藻虽然重"神""骨"，但也不排斥"肉（肥）"之美。

人物品藻的一种重要方式是"目"，用如动词，指用目去观察认识，即目观之"目"；同时也指观察认识后形成的本质上的定性，即纲目之"目"。作为定性的目，有了类型和范畴的意义，体现为精炼性的词或词组。如刘劭《人物志》把人分为12类，并用精练性词组如强毅、柔顺等来品题。时至魏晋，人物品藻由政治学上的品评人物转为美学上的欣赏人物，这就使人物品藻之"目"也发生了性质上的变化，已不再是对人物的政治才能和道德情操的评价，而是对人物的个性气质和人格风度的欣赏：

> 世目李元礼："谡谡如劲松下风。"
>
> 裴令公目夏侯太初："肃肃如入廊庙中，不修敬而人自敬。"
>
> 卞令目叔向："朗朗如百间屋。"（《世说新语·赏誉》）

这里"目"用的全是类似性感受，就是某人的形象、神态、风韵给人的感受，与某种自然物、自然景色、某种事物或场景给人的感受类似，于是就以物、以景评人。今人余嘉锡案云：

> 凡题目人者，必亲见其人，挹其风流，听其言论，观其气宇，察其度量，然后为之品题。其言多用比兴之体，以极其形容。如本篇世目李元礼谡谡如劲松下风，公孙度目邴原为云中白鹤，以及裴令公之目夏侯太初等，庾子嵩之目和峤皆是也。卞令目叔向朗朗如百间屋，盖言其气度恢宏，此非与之亲熟者不能道。

难以言传的风、神、气、韵，通过类似性感受的描绘，被真切而深刻地传达了出来——这种"比兴"的"品"的方式渗入到各门艺术批评之中（见前"艺术美学"篇）。《世说新语·赏誉》："夫学之所益者浅，体之所安者深。闲习礼度，不如式瞻仪形。讽味遗言，不如亲承音旨"——"目""品"就是对审美对象一种"体"的把握方式，而比兴的描述方式显然更有利于"体"而"察"之。

最后再看日常生活与工艺、器物美学。这方面首先可注意的是颜之推《颜氏家训·杂艺》，泛论投壶、弧矢、卜筮、算术、医方、博弈诸艺，而书、画、乐也包含其中——这可见时人并未把所谓"工艺"等与所谓美的艺术截然区分开来的观念。颜之推强调对书法等艺术"微须留意"但"不须过精"，"夫巧者劳而智者忧，常为人所役使，更觉为累"，并记述了王羲之等如何为之所累的故事。讲到琴艺时，颜之推指出：

> 《礼》曰："君子无故不彻琴瑟。"古来名士，多所爱好。洎于梁初，衣冠子孙，不知琴者，号有所阙；大同以末，斯风顿尽。然而此乐愔愔雅致，有深味哉！今世曲解，虽变于古，犹足以畅神情也。唯不可令有称誉，见役勋贵，处之下坐，以取残杯

冷炙之辱。戴安道犹遭之，况尔曹乎！

能否"畅神情"，乃是士人雅艺与匠人工艺相区别的关键所在。《世说新语并注》也把与书、画、乐等相关的故事记在"巧艺"篇，有关顾恺之著名的"传神"论就载于该篇，也可见以"神"区分士人艺术与一般工艺的观念。从积极的一面来说，艺术与工艺合论，也揭示了两者相通的规律，如刘昼《刘子·言苑》：

> 妙必假物，而物非生妙；巧必因器，而器非成巧。是以羿无弧矢，不能中微，其中微者，非弧矢也；倕无斧斤，不能善断，其善断者，非斧斤也。画以摹形，故先质后文；言以写情，故先实后辩。无质而文，则画非形也；不实而辩，则言非情也。红黛饰容，欲以为艳，而动目者稀；挥弦繁弄，欲以为悲，而惊耳者寡；由于质不美、曲不和也。质不美者，虽崇饰而不华；曲不和者，虽响疾而不哀。

绘画、文学与弧矢、斧斤之技，是存在相通之处的。

士人工艺思想，多体现在对日常器物所作的各种"铭""赞""赋"等之中。孙绰《樽铭》："大匠体物，妙思入神"，这是工艺的最高境界。傅玄写了很多乐器赋，如《琴赋》《琵琶赋》《筝赋》，也写了很多各种日常器物的赋、铭等，如《笔赋》《砚赋》《剑铭》《镜铭》《衣铭》《裳铭》等；而最能代表其工艺美学思想的是其《马先生传》，记录了"天下之名巧"的故事。马先生拙于口谈，受到善辩之士的嘲讽，傅玄为其辩解道：

> 圣人具体备物，取人不以一揆也：有以神取之者，有以言取之者，有以事取之者。有以神取之者，不言而诚心先达，德行颜渊之伦是也；以言取之者，以变辩是非，言语宰我、子贡是也；以事取之者，若政事冉有、季路、文学子游、子夏。虽

> 圣人之明尽物，如有所用，必有所试，然则试冉有以政，试游、夏以学矣。游、夏犹然，况自此而降者乎！何者？县言物理，不可以言尽也；施之于事，言之难尽，而试之易知也。今若马氏所欲作者，国之精器，军之要用也。

傅玄对工艺技术的价值作了比较充分的肯定。其中"施之于事，言之难尽"，与以下所论对读，尤可见艺术形式创造与工艺制作的相通之处："韵与不韵，复有精粗，轮扁不能言，老夫亦不尽辨此"（沈约）；"至于思表纤旨，文外曲致，言所不追，笔固知止。至精而后阐其妙，至变而后通其数，伊挚不能言鼎，轮扁不能语斤，其微矣乎"（《文心雕龙·神思》）——而《庄子》对各种匠人神奇技艺的肯定，为凡此种种提供了价值依据。

一、自然—建筑—城市美学

刘义庆撰　刘孝标注

选文参校王根林等校点《汉魏六朝笔记小说大观》，上海古籍出版社 1999 年版。

世说新语并注

言　语

桓公（温）北征经金城，见前为琅琊时种柳，皆已十围，慨然曰："木犹如此，人何以堪！"攀枝执条，泫然流泪。

简文入华林园，顾谓左右曰："会心处，不必在远。翳然林水，便自有濠、濮间想也。[濠、濮，二水名也。《庄子》曰：庄子与惠子游濠梁水上，庄子曰："儵鱼出游从容，是鱼乐也。"惠子曰："子非鱼，安知鱼之乐邪?"庄子曰："子非我，安知我之不知鱼之乐也?"庄周钓在濮水，楚王使二大夫造焉，曰："愿以境内累庄子。"庄子持竿不顾，曰："吾闻楚有神龟者，死已三千年矣，巾笥而藏于庙。此宁曳尾于涂中，宁留骨而贵乎?"二大夫曰："宁曳尾于涂中。"庄子曰："往矣! 吾亦宁曳尾于涂中。"］觉鸟兽禽鱼，自来亲人。"

谢太傅寒雪日内集，与儿女讲论文义。俄而雪骤，公欣然曰："白雪纷纷何所似?"兄子胡儿曰：［胡儿，谢朗小字也。《续晋阳秋》曰："朗字长度，安次兄据之长子。安蚤知之。文义艳发，名亚于玄，仕至东阳太守。"］"撒盐空中差可拟。"兄女曰："未若柳絮因风起。"公大笑乐，即公大兄无奕女，左将军王凝之妻也。［《王氏谱》曰："凝之，字叔平，右将军羲之第二子也。历江州刺史、左将军、会稽内史。"……《妇人集》曰："谢夫人名道蕴，有文才。所著诗、赋、诔、颂传于世。"］

谢中郎经曲阿后湖，问左右："此是何水?"［《中兴书》曰："谢万，字万石，太傅安弟也。才气高俊，蚤知名，历吏部郎、西中郎将、豫州刺史、散骑常侍。"］答曰："曲阿湖。"［《太康地记》曰："曲阿本名云阳，秦始皇以有王气，凿北坑山以败其势，截其直道，使其阿曲，故曰曲阿也。吴还为云阳，今复名曲阿。"］谢曰："故当渊注渟著①，纳而不流。"

王司州至吴兴印渚中看。［《王胡之别传》曰："胡之，字修龄，琅琊临沂人，王廙之子也。历吴兴太守，征侍中、丹阳尹、秘书监，并不就。拜使持节，都督司州诸军事、西中郎将、司州刺史。"……］叹曰："非唯使人情开涤，亦觉日月清朗。"

袁彦伯(宏)为谢安南司马，［谢奉］都下诸人送至濑乡。将别，既自凄惘，叹曰："江山辽落，居然有万里之势。"

孙绰赋遂初，筑室畎川，自言见止足之分。［《中兴书》曰："绰，字兴公，太原中都人。少以文称，历太学博士、大著作、散骑常侍。"《遂初赋叙》

---

① 渊注渟著：水积聚得很深；渟，水积聚不流。

曰：“余少慕老庄之道，仰其风流久矣。却感于陵贤妻之言，怅然悟之。乃经始东山，建五亩之宅，带长阜，倚茂林，孰与坐华幕击钟鼓者同年而语其乐哉！”］斋前种一株松，恒自手壅治之。高世远时亦邻居，［世远，高柔字也］语孙曰：“松树子非不楚楚可怜，但永无栋梁用耳！”孙曰：“枫柳虽合抱，亦何所施？”

桓征西治江陵城甚丽，会宾僚出江津望之，云“若能目此城者有赏。”顾长康时为客，在坐，目曰：“遥望层城，丹楼如霞。”桓即赏以二婢。

顾长康从会稽还，人问山川之美，顾云：“千岩竞秀，万壑争流，草木蒙笼其上，若云兴霞蔚。”

王子敬云：“从山阴道上行，山川自相映发，使人应接不暇。若秋冬之际，尤难为怀。”

道壹道人好整饰音辞，［王询《游严陵濑诗叙》曰：“道壹，姓竺氏，名德。”《沙门题目》曰：“道壹文锋富赡，孙绰为之赞曰：‘驰骋游说，言固不虚。唯兹壹公，绰然有余。譬若春圃，载芬载敷。条柯猗蔚，枝干扶疏。’”］从都下还东山，经吴中。已而会雪下，未甚寒。诸道人问在道所经。壹公曰：“风霜固所不论，乃先集其惨澹。郊邑正自飘瞥①，林岫便已皓然。”

司马太傅斋中夜坐，［《孝文王传》曰：王讳道子，简文皇帝第五子也。封会稽王，领司徒、扬州刺史，进太傅。为桓玄所害，赠丞相］于时天月明净，都无纤翳。太傅叹以为佳。谢景重在坐，［《续晋阳秋》曰：谢重，字景重，陈郡人］答曰：“意谓乃不如微云点缀。”太傅因戏谢曰：“卿居心不净，乃复强欲滓秽太清邪？”

宣武(桓温)移镇南州，制街衢平直。人谓王东亭曰：［《王司徒传》曰：王珣，字元琳，丞相导之孙，领军洽之子也。少以清秀称。大司马桓温

---

① 飘瞥：迅速飘落或飘过。

辟为主簿，从讨袁真，封交趾望海县东亭侯，累迁尚书左仆射、领选、进尚书令。]"丞相初营建康，无所因承，而制置纡曲，方此为劣。"东亭曰："此丞相乃所以为巧。江左地促，不如中国；若使阡陌条畅，则一览而尽；故纡余委曲，若不可测。"

赏　誉

孙兴公为庾公参军，共游白石山。卫君长在坐[《卫氏谱》曰：承，字君长，成阳人，位至左军长史]孙曰："此子神情都不关山水，而能作文。"庾公曰："卫风韵虽不及卿诸人，倾倒处亦不近。"孙遂沐浴此言。

谢太傅称王修龄曰："司州可与林泽游。"[《王胡之别传》曰：胡之常遗世务，以高尚为情，与谢安相善也]

容　止

庾太尉在武昌，秋夜气佳景清，使吏殷浩、王胡之之徒登南楼理咏。音调始遒，闻函道中有屐声甚厉，定是庾公。俄而率左右十许人步来，诸贤欲起避之，公徐云："诸君少住，老子于此处兴复不浅！"因便据胡床，与诸人咏谑，竟坐甚得任乐。后王逸少下，与丞相言及此事。丞相曰："元规尔时风范，不得不小颓。"右军答曰："唯丘壑独存。"[孙绰《庾亮碑文》曰：公雅好所托，常在尘垢之外。虽柔心应世，蠖屈其迹，而方寸湛然，固以玄对山水。]

任　诞

刘尹云："孙承公狂士，每至一处，赏玩累日，或回至半路却返。"[《中兴书》曰：承公少诞任不羁，家于会稽，性好山水。及求鄮县，遗心细务，纵意游肆，名阜盛川，靡不历览。]

石　崇

　　石崇(249—300)，字季伦，小名齐奴，渤海南皮(今河北南皮东北)人，西晋文学家、重臣、巨富，"金谷二十四友"之一。早年历任修武县令、城阳太守、散骑侍郎、黄门郎等职，吴国灭亡后获封安阳乡侯。后任南中郎将、荆州刺史、南蛮校尉、鹰扬将军，在任上劫掠往来富商，因而致富。其后任徐州刺史、卫尉等职，贾后专权时，石崇阿附外戚贾谧。永康元年(300)，贾后等为赵王司马伦所杀，司马伦党羽孙秀向石崇索要其宠妾绿珠不果，因而诬陷其为乱党，遭夷三族。晋惠帝复位后，以九卿礼安葬石崇。选文《金谷诗叙》参校王根林等校点《汉魏六朝笔记小说大观》之《世说新语·品藻》注引，上海古籍出版社 1999 年版；《思归引并序》参校逯钦立辑校《先秦汉魏晋南北朝诗·晋诗·卷四》，中华书局 1983 年版。

金谷诗叙

　　余以元康六年，从太仆卿出为使持节、监青徐诸军事、征虏将军。有别庐在河南县界金谷涧中，或高或下，有清泉茂林，众果竹柏、药草之属，莫不毕备。又有水碓①、鱼池、土窟，其为娱目欢心之物备矣。时征西大将军祭酒王诩当还长安，余与众贤共送往涧中，昼夜游宴，屡迁其坐。或登高临下，或列坐水滨。时琴瑟笙筑，合载车中，道路并作。及住，令与鼓吹递奏。遂各赋诗，以叙中怀。或不能者，罚酒三斗。感性命之不永，惧凋落之无期。故具列时人

---

　　①　碓：读 duì，木石做成的捣米器具。

官号、姓名、年纪，又写诗著后。后之好事者，其览之哉！凡三十人，吴王师、议郎、关中侯、始平武功苏绍字世嗣，年五十，为首。

思归引并序

余少有大志，夸迈流俗，弱冠登朝，历位二十五，年五十以事去官。晚节更乐放逸，笃好林薮，遂肥遁①於河阳别业。其制宅也，却阻长堤，前临清渠，柏木几於万株，江水周於舍下。有观阁池沼，多养鱼鸟。家素习技，颇有秦赵之声。出则以游目弋钓为事，入则有琴书之娱。又好服食咽气，志在不朽，傲然有凌云之操。欻复见牵羁，婆娑於九列，困於人间烦黩②，常思归而永叹。寻览乐篇有《思归引》，傥③古人之心有同於今，故制此曲。此曲有弦无歌，今为作歌辞以述余怀，恨时无知音者，令造新声而播於丝竹也。

思归引，归河阳，假余翼鸿鹤高飞翔。经芒阜，济河梁，望我旧馆心悦康。清渠激，鱼彷徨，雁惊溯波群相将，终日周览乐无方。

登云阁，列姬姜，拊丝竹，叩宫商，宴华池，酌玉觞。

戴 逵

戴逵（326—396），字安道，谯郡铚县（今安徽濉溪）人，居会稽剡县（今浙江绍兴附近），南渡的北方士族，东晋著名美术家、音乐家。终生不仕，初就学于名儒范宣，博学多才，善鼓琴，工人物、

---

① 肥遁：指退隐。
② 九列：九卿的职位，谓少府。烦黩：繁杂污浊。
③ 傥：倘若、假使。

山水，孝武帝时累征不就。又以擅长雕刻及铸造佛像而知名。选文参校清严可均校辑《全上古三代秦汉三国六朝文》第 3 册之《全晋文·卷一百三十七》，中华书局 1958 年版。

闲游赞

昔神人在上，辅其天理，知溟海之禽，不以笼樊服养，栎散之质，不以斧斤致用，故能树之于广汉，栖之于江湖，载之以大猷①，覆之以玄风，使夫淳朴之心，静一之性，咸得就山泽，乐闲旷，自此而箕岭之下，始有闲游之人焉。降及黄、绮，逮于台、尚②，莫不有以保其太和，肆其天真者也。且夫岩岭高则云霞之气鲜，林薮深则萧瑟之音清，其可以藻玄莹素、疵其皓然者舍是焉？故虽援世之彦，翼教③之杰，放舞雩以发咏，闻乘桴而檩厉，况乎道乖方内，体绝风尘，理楫长谢，歌凤逡巡，荡八疵于玄流，澄云崖而颐神者哉？然如山林之客，非徒逃人患、避争门，谅所以翼顺资和，涤除机心，容养淳淑，而自适者尔。况物莫不以适为得，以足为至，彼闲游者，奚往而不适，奚待而不足？故荫映岩流之际，偃息琴书之侧，寄心松竹，取乐鱼鸟，则澹泊之愿，于是毕矣。然奇趣难均，玄契罕遇，终古皆孤栖于一岩，独玩于一流，苟有情而未忘，有感而无对，则缀斤寝弦之叹，固已幽结于林中，骤感于遐心，为日久矣。我故遂求方外之美，略举养和之具，为杂赞八首，畅其所托，始欣闲游之遐逸，终感嘉契之难会，以广一往之咏，以抒幽人之心

---

①　大猷(yóu)：大道。

②　黄、绮：汉初商山四皓中之夏黄公、绮里季的合称。台、尚：东汉隐士台佟、向长的合称，"向"，晋皇甫谧《高士传》作"尚"。

③　翼教：维护圣教。

云尔。

　　茫茫草昧，绵邈玄世。三极未鼓，天人无际。万器既判，灵朴乃翳。实有神宰，忘怀司契①。冥外旁通，潜感莫滞。总顺巢离，兼应夷惠。缅矣遐风，超哉绝步。顾揖百王，仰怡泰素。矜其天真，外其器务。详观群品，驰神万虑。谁能高佚，悠然一悟。

慧　远

　　选文《庐山记》参校清严可均校辑《全上古三代秦汉三国六朝文》第3册之《全晋文・卷一百六十二》，中华书局1958年版；《庐山诸道人游石门诗并序》参校逯钦立辑校《先秦汉魏晋南北朝诗・晋诗・卷二十》，中华书局1983年版。

庐山记

　　山在江州浔阳南，南滨宫亭，北对九江。九江之南为小江，山去小江三十里余，左挟彭蠡，右傍通州，引三江之流而据其会。《山海经》云：庐江出三天子都，入江彭泽西，一曰天子障，彭泽也。山在其西，故旧语以所滨为彭蠡。有匡续（《水经・庐江水篇注》作“匡俗”）先生者，出自殷周之际，遁世隐时，潜居其下。或云，续受道于仙人，而适游其岩，遂托室岩岫，即岩成馆，故时人感（《水经注》作“谓”）其所止为神仙之庐而名焉。

　　其山大岭，凡有七重，圆基周回，垂五百里。风雨之所摅，江

---

　　① 司契：掌管契据、法条，指俗务。

山之所带，高岩仄宇，峭壁万寻，幽岫穿崖，人兽两绝。天将雨，则有白气先抟，而缨络①於山岭下。及至触石吐云，则倏忽而集，或大风振岩，逸响动谷，群籁竞奏，其声骇人，此其化不可测者矣。

众岭中，第三岭极高峻，人之所罕经也。太史公东游，登其峰而遐观，南眺五湖，北望九江，东西肆目，若登天庭焉。其岭下半里许有重岩，上有悬崖，古仙之所居也。其后有岩，汉董奉②复馆於岩下，常为人治病，法多神验，病愈者令栽杏五株，数年之间，蔚然成林。计奉在人间近三百年，容状常如三十时，俄而升仙绝迹於杏林。其北岭两岩之间，常悬流遥沾，激势相趣，百余仞中，云气映天，望之若山，有云雾焉……昔野夫见人著沙弥服，凌云直上，既至，则踞其峰，良久乃与云气俱灭，此似得道者，当时能文之士，咸为之异。

又所止多奇，触象有异，北背重阜，前带双流，所背之山，左有龙形，而右塔基焉，下有甘泉涌出，冷暖与寒暑相变，盈灭经水旱而不异，寻其源，出自於龙首也。南对高峰，上有奇木，独绝於林表数十丈，其下似一层浮图，白鸥之所翔，玄云之所入也。东南有香罏山，孤峰独秀，起游气笼其上，则氤氲若香烟；白云英其外，则炳然与众峰殊别。将雨，则其下水气涌出如马车盖，此龙井之所吐。其左则翠林，青雀白猿之所憩，玄鸟之所蛰。西有石门，其前似双阙，壁立千余仞，而瀑布流焉，其中鸟兽草木之美，灵药万物之奇，略举其异而已耳。

---

① 缨络：缠绕。
② 董奉：又名董平，字君异，号拔墥，东汉隐居庐山的医家。

庐山诸道人游石门诗序

石门在精舍南十余里①，一名障山。基②连大岭，体绝众阜。辟三泉之会，并立而开流，倾岩玄映其上，蒙形表於自然，故因以为名。此虽庐山之一隅，实斯地之奇观，皆传之於旧俗，而未睹者众。将由悬濑险峻，人兽迹绝，径回曲阜，路阻行难，故罕经焉。

释法师以隆安四年仲春之月③，因咏山水，遂振锡④而游。于时交徒同趣，三十余人，咸拂衣晨征，怅然增兴。虽林壑幽邃，而开途竞进；虽乘危履石，并以所悦为安。即至，则援木寻葛，历险穷崖，猿臂相引，仅乃造极。於是拥胜倚岩，详观其下，始知七岭之美蕴奇於此：双阙对峙其前，重岩映带其后，峦阜周回以为障，崇岩四营而开宇；其中则有石台、石池、宫馆之象，触类之形，致可乐也。清泉分流而合注，渌渊镜净於天池，文石发彩，焕若披面，柽⑤松芳草，蔚然光目。其为神丽，亦已备矣。斯日也，众情奔悦，瞩览无厌。游观未久，而天气屡变：霄雾尘集，则万象隐形；流光回照，则众山倒影。开阖之际，状有灵焉，而不可测也。乃其将登，则翔禽拂翮，鸣猿厉响。归云回驾，想羽人之来仪；哀声相和，若玄音之有寄。虽仿佛犹闻，而神以之畅；虽乐不期欢，而欣以永日。当其冲豫⑥自得，信有味焉，而未易言也。

---

① 石门：指石门涧，庐山西面，天池、铁船二山并峙如门，故称"石门"。精舍：这里指慧远所据东林寺。

② 基：山脚。

③ 释法师：慧远自称。隆安四年：隆安为东晋安帝年号，四年即公元400年。仲春之月：指农历二月。

④ 锡：指锡杖。

⑤ 柽：读 chēng，一种柳树。

⑥ 冲豫：恬淡闲适。

退而寻之，夫崖谷之间，会物无主。应不以情而开兴，引人致深若此，岂不以虚明朗其照，闲邃笃其情耶？并三复斯谈，犹昧然未尽。俄而太阳告夕，所存已往，乃悟幽人之玄览，达恒物之大情，其为神趣，岂山水而已哉！於是徘徊崇岭，流目四瞩：九江如带，丘阜成垤①。因此而推，形有巨细，智亦宜然。乃喟然叹：宇宙虽遐，古今一契；灵鹫②邈矣，荒途日隔；不有哲人，风迹谁存？应深悟远，慨焉长怀！各欣一遇之同欢，感良辰之难再，情发于中，遂共咏之云尔：

超兴非有本，理感兴自生。忽闻石门游，奇唱发幽情。褰裳思云驾，望崖想曾城③。驰步乘长岩，不觉质④自轻。矫首登灵阙，眇若凌太清。端坐运虚轮，转彼玄中经⑤。神仙同物化，未若两俱冥。

王羲之

选文参校清严可均校辑《全上古三代秦汉三国六朝文》第 2 册之《全晋文·卷二十六》，中华书局 1958 年版。

三月三日兰亭诗序

永和九年，岁在癸丑，暮春之初，会於会稽山阴之兰亭，修

---

①　垤：读 dié，蚂蚁做窝时堆在洞口的土，这里指小土丘。

②　灵鹫：山名，在古印度摩揭陀国王舍城之东北，梵名耆阇崛，如来佛曾在此讲《法华》等经，故佛教以为圣地。

③　曾城：地名，在今江西省星子县城南滨湖二里，陶渊明《游斜川》序云"临长流，望曾城。"

④　质：身体、体重。

⑤　轮：指法轮，佛法。玄中经：意为极其高深玄妙的理论。

禊①事也。群贤毕至，少长咸集。此地有崇山峻岭，茂林修竹，又有清流激湍，映带左右。引以为流觞曲水，列坐其次，虽无丝竹管弦之盛，一觞一咏，亦足以畅叙幽情。是日也，天朗气清，惠风和畅。仰观宇宙之大，俯察品类之盛，所以游目骋怀，足以极视听之娱，信可乐也。夫人之相与，俯仰一世。或取诸怀抱，悟言一室之内；或因寄所托，放浪形骸之外。虽趣舍万殊，静躁不同，当其欣於所遇，暂得於己，快然自足，不知老之将至；及其所之既倦，情随事迁，感慨系之矣。向之所欣，俯仰之间，已为陈迹，犹不能不以之兴怀，况修短②随化，终期於尽！古人云"死生亦大矣。"岂不痛哉！每览昔人兴感之由，若合一契，未尝不临文嗟悼，不能喻之於怀。固知一死生为虚诞，齐彭殇为妄作。后之视今，亦犹今之视昔。悲夫！故列叙时人，录其所述。虽世殊事异，所以兴怀，其致一也。后之览者，亦将有感於斯文。

潘 岳

选文参校李善注《昭明文选·卷十六》，上海古籍出版社 1986年版。

闲居赋③

岳尝读《汲黯传》，至司马安四至九卿，而良史书之，题以巧宦

---

① 修禊：指古代春秋两季在水边举行的一种祭礼，"禊"读 xì。

② 修短：（寿命）长短。

③ 《文选》李善注云：《闲居赋》者，此盖取于《礼篇》，不知世事闲静居坐之意也。

之目，未尝不慨然废书而叹①，曰：嗟乎！巧诚有之，拙亦宜然。顾常以为士之生也，非至圣无轨②、微妙玄通者，则必立功立事，效③当年之用。是以资忠履信以进德，修辞立诚以居业④……於是览止足之分⑤，庶浮云之志，筑室种树，逍遥自得。池沼足以渔钓，春税⑥足以代耕。灌园粥⑦蔬，以供朝夕之膳；牧羊酤酪，以俟伏腊之费⑧。孝乎惟孝，友于兄弟，此亦拙者之为政也。乃作《闲居赋》，以歌事遂情焉，其辞曰：

傲坟素之场圃⑨，步先哲之高衢。虽吾颜之云厚，犹内愧於宁蘧；有道吾不仕，无道吾不愚⑩。何巧智之不足，而拙艰之有余也？於是退而闲居，于洛之涘⑪。身齐逸民，名缀下士。陪京溯伊⑫，面郊后市……其西则有元戎禁营⑬，玄幕绿徽……其东则明

---

①　《汉书·张冯汲郑传》："黯姊(佸)子司马安，文深善巧宦，四至九卿，以河南太守卒"。题：品题、品评。废：放下。

②　无轨：不留踪迹。

③　效：实现、达到。

④　居业：维持常业。

⑤　止足：《老子·四十四章》："知足不辱，知止不殆，可以长久。"分：分寸。

⑥　春税：春谷取利。

⑦　粥：同"鬻"，卖。

⑧　酤：读 gū，本指买卖酒，这里泛指买卖。伏腊：指夏祭和冬祭。

⑨　傲：同"遨"，遨游。坟：指三坟五典，传说为三皇五帝所作。素：古称孔子为"素王"，这里指孔子的经典著述。场圃：以古代经典为园地。

⑩　宁蘧：指《论语》所提及的春秋时的贤明士大夫知进退的宁武子、知改过的蘧伯玉。《论语·公冶长》："子曰：宁武子，邦有道，则知；邦无道，则愚"，邢昺疏云："若遇邦国有道，则显其知谋；若遇无道，则韬藏其知而佯愚"；《论语·宪问》："蘧伯玉使人于孔子。孔子与之坐而问焉，曰：'夫子何为？'对曰：'夫子欲寡其过而未能也。'使者出。子曰：'使乎！使乎！'"

⑪　洛：洛水。涘：读 sì，水边。

⑫　陪京：背向京都洛阳。溯伊：逆向伊水。

⑬　元戎：兵车。禁营：保卫皇帝的兵营。

堂辟雍①，清穆敞闲……若乃背冬涉春，阴谢阳施。天子有事于柴燎，以郊祖而展义②……兹礼容之壮观，而王制之巨丽也……此里仁所以为美，孟母所以三徙也。爰定我居，筑室穿池。长杨映沼，芳枳树篱……菜则葱韭蒜芋，青笋紫姜……于是凛秋暑退，熙春寒往。微雨新晴，六合清朗。太夫人乃御版舆③，升轻轩。远览王畿，近周家园……席长筵，列孙子……昆弟班白，儿童稚齿。称万寿以献觞，咸一惧而一喜。寿觞举，慈颜和。浮杯乐饮，丝竹骈罗④。顿足起舞，抗音高歌。人生安乐，孰知其佗⑤……仰众妙而绝思，终优游以养拙。

孙　绰

　　孙绰(314—371)，字兴公，太原中都(今山西平遥)人，后迁会稽(今浙江绍兴)。东晋士族中很有影响的名士、玄言诗人。袭父爵为长乐侯，官拜太学博士、尚书郎。后历任建威长史、右军长史、永嘉太守。哀帝时，迁散骑常侍、统领著作郎。后转廷尉卿仍领著作郎。善书博学，信奉佛教，与名僧竺道潜、支遁都有交往。《晋书》有传。选文《游天台山赋》参校李善注《昭明文选·卷十一》，上海古籍出版社1986年版；《三月三日兰亭诗序》参校清严可

---

　　① 明堂：古代帝王宣明政教、举行大典的地方。辟雍：亦作"璧雍"，本为西周天子为教育贵族子弟所设立的大学，后泛指皇帝所辖学宫。
　　② 柴燎：古代祭祀之一，烧柴祭天。郊祖：郊祭祖宗。展义：施行德义。
　　③ 版舆：一种木制的轻便坐车。
　　④ 骈罗：骈比罗列。
　　⑤ 佗：同"他"。

均校辑《全上古三代秦汉三国六朝文》第 2 册之《全晋文·卷六十一》，中华书局 1958 年版。

游天台山赋

天台山者，盖山岳之神秀者也。涉海则有方丈、蓬莱，登陆则有四明、天台，皆玄圣之所游化，灵仙之所窟宅。夫其峻极之状，嘉祥之美，穷山海之瑰富，尽人神之壮丽矣。所以不列於五岳、阙载於常典者，岂不以所立冥奥、其路幽迥？或倒景①於重溟，或匿峰於千岭。始经魑魅之途，卒践无人之境。举世罕能登陟，王者莫由禋祀②。故事绝於常篇，名标於奇纪。然图像③之兴，岂虚也哉？非夫遗世玩道、绝粒茹芝者，乌能轻举而宅之？非夫远寄冥搜、笃信通神者，何肯遥想而存之？余所以驰神运思，昼咏宵兴，俯仰之间，若已再升者也。方解缨络④，永托兹岭。不任吟想之至，聊奋藻⑤以散怀。

太虚辽廓而无阂，运自然之妙有，融而为川渎，结而为山阜。嗟台岳之所奇挺，实神明之所扶持。荫牛宿以曜峰，托灵越以正基⑥。结根弥於华、岱，直指高於九疑⑦。应配天於唐典，齐峻极於

---

① 景：同"影"。
② 禋祀：本指先燔柴升烟再加牲体或玉帛于柴上焚烧的祭祀方式，一般泛指祭祀，"禋"读 yīn。
③ 图像：指关于天台山的画像。
④ 缨络：喻指世俗的束缚。
⑤ 奋藻：指奋笔疾书。
⑥ 牛宿：指牵牛星。灵越：灵异的越地。
⑦ 华、岱：华山、泰山。九疑：似指九嶷山。

周诗①。邈彼绝域，幽邃窈窕。近智以守见而不之②，之者以路绝而莫晓。哂夏虫之疑冰③，整轻翮而思矫④。理无隐而不彰，启二奇以示兆：赤城⑤霞起而建标，瀑布飞流以界道。

睹灵验而遂徂⑥，忽乎吾之将行。仍羽人於丹丘⑦，寻不死之福庭。苟台岭之可攀，亦何羡於层城⑧？翻域中之常恋⑨，畅超然之高情。被毛褐之森森，振金策之铃铃⑩。披荒榛之蒙茏，陟峭崿之峥嵘⑪。济楢溪而直进⑫，落五界而迅征⑬。跨穹隆之悬磴⑭，临万丈之绝冥。践莓苔之滑石，搏壁立之翠屏。揽樛木之长萝，援葛藟之飞茎⑮。虽一冒于垂堂⑯，乃永存乎长生。必契诚於幽昧，履重崄⑰而逾平。

---

① 唐典：唐尧之典，指《尚书》之《尧典》。齐峻极於周诗：是说天台山像《诗经》所描述的"四岳"一样高峻，《诗经·大雅·崧高》："崧高维岳，骏极于天"。

② 近智：才智短浅。守见：保守、固执之见。之：去、往。

③ 哂夏虫之疑冰：嘲笑见识短浅，语本《庄子·秋水》："夏虫不可以语于冰者，笃于时也。"

④ 翮：读hé，鸟的翅膀。矫：飞。

⑤ 赤城：赤城山，天台山的南门。

⑥ 徂：读cú，去、往。

⑦ 仍：跟随。羽人：传说中的飞仙。丹丘：传说中神仙所居之地。

⑧ 层城：传说中昆仑山上的高城。

⑨ 翻：改变原先的。域中：此处指尘世。

⑩ 森森：丰满修长貌。金策：指僧人所持锡杖。

⑪ 蒙茏：草木茂盛貌。峭崿：高峰、高崖，"崿"读è。

⑫ 济：渡河。楢溪：水名，又作"油溪"，"楢"读yóu。

⑬ 落：斜行。五界：山名。

⑭ 悬磴：石桥、石梁，"磴"读dèng。

⑮ 樛木：枝向下弯曲的树，"樛"读jiū。葛藟：又称"千岁藟"，落叶木质藤本，"藟"读lěi。

⑯ 冒：冒险。垂堂：靠近堂屋檐下，因檐瓦坠落可能伤人，故以喻危险的境地。

⑰ 崄：同"险"。

　　既克隋於九折，路威夷而修通①。恣心目之寥朗，任缓步之从容。藉萋萋之纤草，荫落落之长松。觌翔鸾之裔裔，听鸣凤之嗈嗈②。过灵溪而一濯，疏烦想於心胸。荡遗尘於旋流，发五盖之游蒙③。追羲、农之绝轨，蹑二老④之玄踪。

　　陟降信宿⑤，迄於仙都。双阙云竦以夹路，琼台中天而悬居⑥。朱阙玲珑於林间，玉堂阴映於高隅。彤云斐亹以翼櫺⑦，曒日炯晃於绮疏⑧。八桂森挺以凌霜，五芝含秀而晨敷⑨。惠风仁芳於阳林，醴泉涌溜於阴渠。建木⑩灭景於千寻，琪树璀璨而垂珠。王乔控鹤以冲天⑪，应真飞锡以蹑虚⑫。骋神变之挥霍⑬，忽出有而入无。

　　於是游览既周，体静心闲。害马⑭已去，世事都捐。投刃皆虚，目牛无全⑮。凝思幽岩，朗咏长川。尔乃羲和亭午，游气高褰⑯。法

----

① 隮：读 jī，登上。威夷：同"逶迤"。

② 觌：读 dí，看。裔裔：飞翔貌。嗈嗈：和鸣声，"嗈"读 yōng。

③ 五盖：佛学用语，是指五种覆盖众生心识、使不能明了正道的烦恼，包括贪欲盖、嗔恚盖、惛沉睡眠盖、掉举恶作盖、疑盖。游蒙：虚浮不实的蒙蔽。

④ 二老：指老子、老莱子。

⑤ 信宿：连宿两夜，指两三日，《诗经·豳风·九罭》："公归不复，于女信宿"，毛传："再宿曰信；宿，犹处也"。

⑥ 双阙：原指宫门、城门两侧的高台，此处指双峰。琼台：山峰名。

⑦ 斐亹：读 fěi wěi，文彩绚丽貌。櫺：读 líng，此处指屋檐。

⑧ 炯晃：光明貌。绮疏：指雕刻成空心花纹的窗户。

⑨ 敷：开（花）。

⑩ 建木：传说中的神木。

⑪ 王乔：仙人王子乔。控鹤：驾鹤。

⑫ 应真：罗汉等得道之人。飞锡：持锡杖而飞行于空中。

⑬ 挥霍：迅疾貌。

⑭ 害马：本指有害于马的天性的事情，喻指危害性的事物，语本《庄子·徐无鬼》："小童曰：'夫为天下者，亦奚以异乎牧马者哉？亦去其害马者而已矣！'"郭象注："马以过分为害"，成玄英疏："害马者，谓分外之事也"。

⑮ 典出《庄子·养生主》庖丁解牛事。

⑯ 亭午：正午。褰：读 qiān，散开。

鼓琅以振响①，众香馥以扬烟。肆觐天宗②，爰③集通仙。挹以玄玉之膏，嗽以华池之泉④。散以象外之说，畅以无生之篇⑤。悟遣有之不尽，觉涉无之有间。泯色空以合迹，忽即有而得玄。释二名之同出，消一无於三幡⑥。恣语乐以终日，等寂默於不言。浑万象以冥观，兀⑦同体於自然。

三月三日兰亭诗序

古人以水喻性，有旨哉斯谈！非以停之则清，混之则浊邪？情因所习而迁移，物触所遇而兴感。故振辔于朝市，则充屈之心生⑧；闲步于林野，则辽落之志兴。仰瞻羲唐⑨，邈已远矣；近咏台阁，顾深增怀。为复于暧昧之中，思萦拂⑩之道，屡借山水，以化其郁结，永一日之足，当百年之溢。以暮春之始，禊于南涧之滨，高岭千寻，长湖万顷，隆屈澄汪之势，可为壮矣。乃席芳草，镜清流，览卉木，观鱼鸟，具物同荣，资生咸畅⑪。于是和以醇

---

① 法鼓：佛教举行法事时所用大鼓。琅：本指金石相击声，此处指击鼓声。

② 肆：于是。觐：拜见。天宗：天尊，此处或指老子。

③ 爰：于是。通仙：众仙。

④ 玄玉之膏：含有黑玉的脂膏，传说中的仙药。华池：传说中昆仑上的仙池。

⑤ 无生之篇：指佛经。

⑥ 二名：指有与无，色与空。三幡：谓色、空、观三者最易摇荡人心，故以三幡为喻。

⑦ 兀：无知貌。

⑧ 振辔：抖动缰绳以跑马，这里指奔波。充屈：郁结貌。

⑨ 羲唐：伏羲氏和唐尧的并称。

⑩ 萦拂：挥绕拂尘，因魏晋名士谈玄时常手执拂尘，故此处代指玄谈。

⑪ 资生：指万物，《周易·坤卦》："至哉坤元，万物资生"，孔颖达疏云："万物资生者，言万物资地而生"。畅：旺盛。

醪，齐以达观，决然兀矣，焉复觉鹏鷃之二物哉①！耀灵纵辔，急景西迈②，乐与时去，悲亦系之。往复推移，新故相换，今日之迹，明复陈矣。原诗人之致兴，谅歌咏之有由。

刘　勰

选文参校范文澜撰《文心雕龙注》，人民文学出版社 1958 年版。

文心雕龙

物　色

春秋代序，阴阳惨舒③，物色之动，心亦摇焉。盖阳气萌而玄驹步，阴律凝而丹鸟羞④；微虫犹或入感，四时之动物深矣。若夫珪璋挺其惠心，英华秀其清气⑤，物色相召，人谁获安？是以献岁发春，悦豫之情畅⑥；滔滔孟夏，郁陶之心凝⑦；天高气清，阴沈之

---

① 典出《庄子·逍遥游》："蜩与学鸠笑之曰：'我决起而飞，枪榆枋，时则不至而控于地而已矣，奚以之九万里而南为？'""斥鷃笑之曰：'彼且奚适也？我腾跃而上，不过数仞而下，翱翔蓬蒿之间，此亦飞之至也。而彼且奚适也？'此小大之辩也"，郭象注云："苟有乎大小，则虽大鹏之与斥鷃，宰官之与御风，同为累物耳。齐死生者，无死无生者也；苟有乎死生，则虽大椿之与蟪蛄，彭祖之与朝菌，均于短折耳"。

② 耀灵纵辔：传说羲和驾驭日车由东而西行一回为一日，"耀灵"指太阳或羲和。急景：疾驰的日光，"景"同"影"。迈：远去。

③ 阴阳惨舒：即阴惨阳舒。

④ 萌：开始。玄驹：蚂蚁。步：走动。阴律：古代乐律分阴阳二种，以十二种乐律分配于十二月，这里借阴律来指阴冷季节。丹鸟：萤火虫。羞：同"馐"，进食。

⑤ 挺：支撑。惠：同"慧"。秀：植物吐穗开花。

⑥ 献岁：新的一年。献：进。发春：春气发扬。豫：安乐。

⑦ 滔滔：阳气盛发的样子。孟夏：初夏。孟：始。郁陶：忧闷。

志远；霰①雪无垠，矜肃之虑深。岁有其物，物有其容；情以物迁，辞以情发。一叶且或迎意，虫声有足引心；况清风与明月同夜，白日与春林共朝哉！

是以诗人感物，联类不穷；流连万象之际，沈吟视听之区。写气图貌，既随物以宛转；属②采附声，亦与心而徘徊。故"灼灼"状桃花之鲜，"依依"尽杨柳之貌③；"杲杲"为出日之容，"瀌瀌"拟雨雪之状④；"喈喈"逐黄鸟之声，"喓喓"学草虫之韵⑤。"皎日""嘒星"，一言穷理⑥；"参差""沃若"，两字穷形⑦：并以少总多，情貌无遗矣。虽复思经千载，将何易夺？及《离骚》代兴，触类而长。物貌难尽，故重沓舒状；於是"嵯峨"之类聚，"葳蕤"之群积矣⑧。及长卿之徒，诡势瑰声，模山范水，字必鱼贯⑨；所谓诗人丽则而约言，辞人丽淫而繁句也。

至如《雅》咏棠华，"或黄或白"⑩；《骚》述秋兰，"绿叶""紫茎"⑪。凡

---

① 霰：读 xiàn，雪珠。

② 属：连缀。

③ 灼灼：《诗经·周南·桃夭》："桃之夭夭，灼灼其华。"毛传："夭夭，其少壮也；灼灼，华之盛也。"依依：《诗经·小雅·采薇》："昔我往矣，杨柳依依。"

④ 杲杲(gǎo)：光明貌，《诗经·卫风·伯兮》："其雨其雨，杲杲出日。"瀌瀌(biāo)：雪多貌，《诗经·小雅·角弓》："雨雪瀌瀌。"

⑤ 喈喈(jiē)：众鸟和鸣声，《诗经·周南·葛覃》："黄鸟于飞，集于灌木，其鸣喈喈。"喓喓(yāo)：虫叫声，《诗经·召南·草虫》："喓喓草虫。"

⑥ 皎：同"皦"，《诗经·王风·大车》："谓予不信，有如皦日。"嘒：微小，《诗经·召南·小星》："嘒彼小星，三五在东。"

⑦ 参差：不齐貌，《诗经·周南·关雎》："参差荇菜，左右流之。"沃若：美盛貌，《诗经·卫风·氓》："桑之未落，其叶沃若。"

⑧ "于是"二句：指辞赋中常用"嵯峨""葳蕤"之类的词。

⑨ 字必鱼贯：所用辞藻如鱼之成行，指罗列堆砌之病。

⑩ "至如"二句：语见《诗经·小雅·裳裳者华》："裳裳者华，或黄或白。"

⑪ "《骚》述"二句：语见《楚辞·九歌·少司命》："秋兰兮青青，绿叶兮紫茎。"

摛表五色，贵在时见①；若青黄屡出，则繁而不珍。

自近代以来，文贵形似，窥情风景之上，钻貌草木之中。吟咏所发，志惟深远；体物为妙，功在密附②。故巧言切状，如印之印泥，不加雕削，而曲写毫芥。故能瞻言而见貌，印字而知时也。然物有恒姿，而思无定检③；或率尔造极，或精思愈疏。且《诗》《骚》所标，并据要害；故后进锐笔，怯於争锋。莫不因方以借巧，即势以会奇；善於适要，则虽旧弥新矣。是以四序纷回④，而入兴贵闲；物色虽繁，而析辞尚简；使味飘飘而轻举，情晔晔而更新。古来辞人，异代接武，莫不参伍以相变，因革以为功⑤；物色尽而情有余者，晓会通也。若乃山林皋壤，实文思之奥府⑥。略语则阙，详说则繁。然屈平所以能洞监风骚之情者，抑亦江山之助乎！

赞曰：山沓水匝⑦，树杂云合。目既往还，心亦吐纳。春日迟迟，秋风飒飒。情往似赠，兴来如答。⑧

陶弘景

选文参校王京州撰《陶弘景集校注》，上海古籍出版社 2009 年版。

---

① 摛：读 chī，发布，引申为描写。时见：适时出现。

② 体：体现、描写。密附：指准确地描绘事物，类《比兴》篇所谓"以切至为贵"；附，接近。

③ 检：法式。

④ 四序：四季。纷回：复杂多变。

⑤ 接武：继迹。武：半步。参伍：错杂。因：沿袭。革：改变。

⑥ 皋：水边地。奥：深。府：藏聚财物之所。

⑦ 匝：围绕。

⑧ 纪昀评曰："诸赞之中，此为第一。"

与亲友书

畴昔之意，不愿处人间，年登四十，毕志山薮；今已三十六矣，时不我借。知几其神乎？毋为自苦也。

答谢中书书

山川之美，古来共谈。高峰入云，清流见底，两岸石壁，五色交晖，青林翠竹，四时俱备，晓雾将歇，猿鸟乱鸣，夕日欲颓，沉鳞竞跃，实是欲界之仙都，自康乐以来①，未复有能与其奇者。

寻山志

倦世情之易挠，乃杖策而寻山②；既沿幽以达峻，实穷阻而备艰。眇游心其未已，方际夕乎云根③。欣夫得志者忘形，遗形者神存。於是散发解带，盘旋其上；心容旷朗，气宇调畅④；玄虽远其必存，累无大而必忘⑤。害马之弊既去，解牛之刀乃王⑥；物我之情

---

① 沉鳞：游鱼。欲界：佛教三界之一，指人间、尘世。康乐：指谢灵运。

② 挠：扰乱。杖策：拄着手杖。

③ 眇：远貌。际：接近。云根：深山云起之处。

④ 心容：心胸。旷朗：开朗。气宇：襟怀。调畅：调和通畅。

⑤ 累：负累、忧患。无：即使。

⑥ 害马之弊：典出《庄子·马蹄》："马，蹄可以践霜雪，毛可以御风寒，龁草饮水，翘足而陆，此马之真性也。虽有义台路寝，无所用之。及至伯乐，曰：'我善治马。'烧之，剔之，刻之，雒之，连之以羁縶，编之以皂栈，马之死者十二三矣。饥之，渴之，驰之，骤之，整之，齐之，前有橛饰之患，而后有鞭筴之威，而马之死者已过半矣。"解牛之刀：典出《庄子·养生主》庖丁解牛事。

虽均，因以济①吾之所尚也。

若夫飞声西岳，邀利东陵，楚湘之絜，吴江之矜②；轻死重气，名贵於身，迷真晦道，余所弗丞③。袭衣缝掖，端委章甫④，徘徊廊庙，趋翔⑤庭宇；传氏百王，流芳世绪⑥，负德叨荣，吾未敢许⑦。

尔乃荆门昼掩，蓬户夜开，室迷夏草，径惑春苔⑧，庭虚月映，琴响风哀，夕鸟依檐，暮兽争来。时复历近垄⑨，寻远峦，坐磐石，望平原。日负嶂以共隐，月披云而出山；风下松而含曲，泉漱石而生文；草藿藿以拂露，鹿飒飒而来群⑩；扪虚萝以入谷，傍洪泽而比清；照石壁以端色，攀桂枝而齐贞⑪；亟扈兰而佩蕙，及春躯之未鸣⑫；且含怀以屏气，待惠风而舒情。

乃乘兴而遂往，遵⑬岩路以远游；亡天维而摽思，恼怳忽而莫求⑭；眺回江之森漫，眩叠嶂之相稠；日斜云而色黛，风过水而安流⑮；触钦

---

① 济：成全。

② 飞声西岳：似指伯夷、叔齐不食周粟饿死首阳山事，首阳山与西岳华山隔河相对；飞声即"蜚声"。邀利东陵：指盗跖为利而死于东陵山之事。楚湘之絜：指屈原事。吴江之矜：指伍子胥谏吴王而死之事；矜，美。

③ 丞：同"承"，秉承。

④ 袭衣：礼服。缝掖：指逢掖，儒者之服。端委：礼衣。章甫：儒者之冠。

⑤ 趋翔：行走有节奏而符合礼仪。

⑥ 传氏百王：犹言基业世代相传。流芳世绪：犹言流芳百世。

⑦ 负德叨荣：仰仗德行以获取荣誉。许：赞许。

⑧ 二句意思是说由于人迹罕至，居所及通往居所的路被杂草、青苔覆盖而使人无法辨识。

⑨ 垄：高地。

⑩ 藿藿：草繁盛貌。飒飒：此处形容鹿奔走之声。

⑪ 端色：端正容色。齐贞：节操相齐。

⑫ 亟：疾速。扈：披戴。春躯：指杜鹃鸟，"躯"读 jué。

⑬ 遵：沿着。

⑭ 天维：天之纲维。摽：高举。恼：惆怅。怳忽：恍惚。

⑮ 安流：徐缓流淌。

岩而起巘①，值阔达而成洲；石孤耸而独绝，岸悬天而似浮；缘磴道②
其过半，魂渺渺而无忧，悟伯昏之倜傥，蹑千仞而神休③。遂乃凌岩
峭，至松门，背通林，面长源；右联山而无际，左凭海而齐天；竹
泫泫④以垂露，柳依依而迎蝉；鸥双双以赴水，鹭轩轩⑤而归田。赴
水兮泛滥⑥，归田兮翱翔，此潆滥之足乐，意斯龄之不长；悼茵蟪
之危促，羡灵椿兮未央，虽鹏鹦之异类，托逍遥乎一方⑦。

　　愿敷衽⑧以远诉，思松朝而陈辞；至赤城兮一憩，遇王子而宿
之⑨；仰彭涓⑩兮弗远，必长年兮可期；及榆光⑪之未暮，将寻山而
采芝。去采芝兮入深涧，深涧幽兮路窈窕⑫；窈窕路兮终无曙，深

---

①　钦：崎岖的样子。起：隆起。巘：读 yǎn，山峰，或指小山。

②　磴道：由石级构成的山路。

③　典出《庄子·田子方》："列御寇为伯昏无人射……于是无人遂登高山，履危石，临百
仞之渊，背逡巡，足二分垂在外，揖御寇而进之。御寇伏地，汗流至踵。伯昏无人曰：'夫至
人者，上窥青天，下潜黄泉，挥斥八极，神气不变。今汝怵然有恂目之志，尔于中也殆矣
夫！'"伯昏：伯昏无人。倜傥：卓异。

④　泫泫：露垂貌。

⑤　轩轩：飞舞貌。

⑥　泛滥：此处指浮游水上。

⑦　"悼茵蟪"等四句：典出《庄子·逍遥游》："小知不及大知，小年不及大年。奚以
知其然也？朝菌不知晦朔，蟪蛄不知春秋，此小年也。楚之南有冥灵者，以五百岁为春，
五百岁为秋；上古有大椿者，以八千岁为春，八千岁为秋。而彭祖乃今以久特闻，众人匹
之，不亦悲乎？汤之问棘也是已。穷发之北，有冥海者，天池也。有鱼焉，其广数千里，
未有知其修者，其名为鲲。有鸟焉，其名为鹏，背若泰山，翼若垂天之云；抟扶摇羊角而
上者九万里，绝云气，负青天，然后图南，且适南冥也。斥鹦（yàn）笑之曰：'彼且奚适
也？我腾跃而上，不过数仞而下，翱翔蓬蒿之间，此亦飞之至也。而彼且奚适也？'此小大
之辩也"。危促：短促。未央：无尽。

⑧　敷衽：解开衣襟，表示坦诚。

⑨　赤城：赤城山，去天台山需经此山。王子：传说中的仙人王子乔。

⑩　彭涓：传说中的仙人彭祖、涓子。

⑪　榆光：照在桑榆树上的阳光。

⑫　窈窕：深远的样子。

涧深兮未曾晓；高松上兮呕停云，低萝下兮屡迷鸟；鸟迷萝兮缤缤，云停松兮纷纷；停云游兮安泊，离鸟楼兮索群；嗟群泊其无所，思参差而谁闻。既穷目以无阂①，［缺一句］问渔人以前路，指示余以蓬莱。曰果尔以寻山之志，馆尔以招仙之台②。［缺一句］就瀛③水以通怀；谓万感其已会，亦千念而必谐；竟莫知其所踥④，［缺一句］反无形於寂寞，长超忽乎尘埃。

华阳颂

《河篇》征往册，《孔记》昭昔名⑤。三宿丽天秀，两金标地英⑥。　（枢域）

宅无生乃有，生有则还空。灵构不待匠，虚形自成功。　　　　（质象）

总神列三府，分途交五便⑦。阴晖迎夜晳，晨精望晓悬⑧。　　（形位）

南峰秀玄鼎⑨，北岭横秦璧。表里玉沙津，周回隐轮迹⑩。　　（标贯）

左带柳汧水，右浚阳谷川⑪。土怀北邙色，井冽凤门泉⑫。　　（区别）

---

①　阂：障碍。

②　果：实现。馆：动词，让……住。

③　瀛：大海。

④　踥：攀登。

⑤　两句意思是说《河篇》《孔记》都记载着华阳洞的名字；《河篇》《孔记》：指《河图·要元篇》《孔子福地纪》，道教著述。

⑥　三宿：日、月、星。丽：附丽、附着。两金：指金庭、金陵两地，道教认为这是吴越之境中的两大福地。标：标示。

⑦　三府：这里指茅山教派官府等级。五便：五便门。

⑧　阴晖：道家指月之精华。晳：白。晨精：道家指日之精华。

⑨　玄鼎：玄帝时铜鼎。

⑩　表里：贯通表里、内外。玉沙津：指华阳雷平山之田公泉，传为玉沙之流津，其水神异。周回：环绕、回环。

⑪　柳汧水：指田公泉，"汧"读 qiān。浚：疏浚、疏通。

⑫　两句意思是：土像洛阳北邙山的土色黄黑而肥沃，井水像长安城外凤门泉的水一样清冽。

郭干峙留岸，姜巴亘远踪。鹤庙或时响①，别宅乃恒恭。　　（迹号）

吴居非知地，越冢讵隐迁②。树盖徒低荫，石灶未尝烟。　　（类附）

果林郁余奈，蔬圃蔓遗辛③。荧芝可烛夜，田泉尝澜尘④。　　（物轨）

降辔龟山客，解驾青华童⑤。寝宴含真馆，高会萧闲宫。　　（游集）

清歌翔羽集，长啸归云翻。子弦有逸调，空谈无与言⑥。　　（才英）

标舍雷平下，立静连石阴⑦。上道已冲念，飞华当轸心⑧。　　（学稟）

方隅游琼刃，华阳栖隐居⑨。重离俍或似，七元乃扶胥⑩。　　（挺契）

号期行当满，亥数未终丁⑪。迨及唐承世，将宾来圣庭。　　（机萌）

济神⑫既有在，去留从所宜。心迹何用显，冥途自相知。　　（业运）

刊石玄窗上，显诚曲阶门。动静愿矜录，不负保举恩。　　（诚期）

茅山曲林馆铭

　　层岭外峙，邃宫内映。厌穴旁通，荣泉远镜⑬。尚德依仁，祈生翊⑭命。且天且地，若凡若圣。连甍比栋，各谓知道。参差经术，

---

① 郭干、姜巴、鹤庙：指华阳地名郭干塘、姜巴路、白鹤庙。
② 吴居：吴太伯旧居。越冢：越王坟墓。讵：曾。
③ 奈：果名。辛：含辛辣味的蔬菜。
④ 荧芝：萤火芝，一种神奇的植物，半夜能发光。田泉：田公泉水。澜：同"浣"。
⑤ 降辔、解驾：停下车马。龟山客、青华童：传说中的神仙。
⑥ 子弦：单根弦。空谈：空无之清谈。
⑦ 标舍：建房。雷平：山名。静：指坛静，道教修炼场所。连石：指积金山。
⑧ 冲：动摇。轸心：痛心，"轸"读 zhěn，伤痛。
⑨ 方隅：山名。琼刃：玉斧。华阳：华阳宫。隐居：陶弘景自称。
⑩ 重离：指太阳。俍：同"倞"。七元：日、月与金木水火土五星。扶胥：扶助。
⑪ 亥数未终丁：道教传说，容成氏为黄帝作历，元起丁亥，故丁亥为劫数始终之时。
⑫ 济神：涵养神明。
⑬ 荣泉：清泉。镜：映照。
⑭ 翊：同"翼"，辅助、卫护。

跌宕辞藻。孰曰曲林，独为劲①好。奄②迹韬功，守兹偕老。

谢灵运

选文《山居赋》参校沈约撰《宋书》，中华书局 1974 年版；《入道至人赋》《游名山志序》参校顾绍柏撰《谢灵运集校注》，中州古籍出版社 1987 年版。

山居赋(并序及自注)

古巢居穴处曰"岩栖"，栋宇居山曰"山居"，在林野曰"丘园"，在郊郭曰"城傍"，四者不同，可以理推。言心也，黄屋实不殊於汾阳；即事也，山居良有异乎市廛③。抱疾就闲，顺从性情，敢率所乐，而以作赋。扬子云云："诗人之赋丽以则。"④文体宜兼，以成其美。今所赋，既非京都宫观游猎声色之盛，而叙山野草木水石谷稼之事，才乏昔人，心放俗外，咏於文则可勉而就之，求丽，邈以远矣。览者废张、左之艳辞，寻台、皓之深意⑤，去饰取素，傥值⑥其心耳。意实言表，而书不尽，遗迹索意，托之有赏⑦。其辞曰：

---

① 劲：坚固。

② 奄：同"掩"。

③ 黄屋：本指古代帝王专用的黄缯车盖，此处代指帝王。汾阳：山西汾水之北，隐居佳处，此处代指隐士。良：的确。市廛：指店铺集中的市区，"廛"读 chán。

④ 语出扬雄《法言》。

⑤ 张：似指张衡，有《东京赋》《南都赋》等描述"京都宫观游猎声色之盛"之赋；左：似指左思，有《三都赋》。台：人名，未详。皓：疑指秦时隐士、汉代逸民商山四皓。

⑥ 傥值：偶或相合。

⑦ 托之有赏：寄情于游赏。

　　谢子卧疾山顶，览古人遗书，与其意合，悠然而笑曰：夫道可重，故物为轻；理宜存，故事斯忘。古今不能革，质文咸其常①。合宫非缙云之馆，衢室岂放勋之堂；迈深心於鼎湖，送高情於汾阳②。嗟文成之却粒，愿追松以远游③；嘉陶朱之鼓棹，乃语种以免忧④。判身名之有辨，权荣素⑤其无留；孰如牵犬之路既寡⑥，听鹤之途何由哉⑦。［理以相得为适，古人遗书，与其意合，所以为笑。孙权亦谓周瑜"公瑾与孤意合"。夫能重道则轻物，存理则忘事，古今质文可谓不同，而此处不异。缙云、放勋不以天居为所乐，故合宫、衢室，皆非淹留⑧。鼎湖、汾阳，乃是所居之。文成张良却粒弃人间事，从赤松子游，陶朱范蠡，临去之际，亦语文种云云。谓二贤既权荣素，故身名有判也。牵犬，李斯之叹；听鹤，陆机领成都众大败后，云"思闻华亭鹤唳，不可复得"。］

　　若夫巢穴以风露贻患，则《大壮》⑨以栋宇祛弊；宫室以瑶璇致

---

　　① 革：变更。常：永恒不变。

　　② 合宫：相传为黄帝明堂。缙云：本为黄帝时官名，此处代指黄帝。衢室：尧帝听政之所。放勋：尧帝名，号陶唐氏，"尧"是其谥号。鼎湖：相传黄帝铸鼎荆山下，鼎成，有龙载黄帝升天，后世因名其处曰鼎湖。

　　③ 指张良绝食仙游事，见《汉书·张良传》《史记·留侯世家》。文成：汉高祖谋臣张良的谥号；却粒：指"辟谷"，不食五谷以求长生。松：指传说中的仙人赤松子。

　　④ 陶朱：范蠡，春秋时楚人，助越王勾践灭吴，后退隐至齐国陶地经商，号陶朱公。鼓棹：划动船桨，指乘船退隐江湖。种：指越国贤臣文种，范蠡语文种免忧事见《史记·越王勾践世家》。

　　⑤ 荣：指荣耀而有名。素：指素朴而无名。

　　⑥ 李斯事，见《史记·李斯列传》：（秦）二世二年七月，具斯五刑，论腰斩咸阳市。斯出狱，与其中子俱执，顾谓其中子曰："吾欲与若复牵黄犬，俱出上蔡东门逐狡兔，岂可得乎！"遂父子相哭，而夷三族。

　　⑦ 陆机事，见《晋书·列传第二十四》：（成都王）颖大怒，使（牵）秀密收机……因与颖笺，词甚凄恻。既而叹曰："华亭鹤唳，岂可复闻乎！"遂遇害于军中，时年四十三。二子蔚、夏亦同被害。

　　⑧ 淹留：长期逗留。

　　⑨ 《大壮》：《周易》六十四卦之一。

美，则白贲以丘园殊世①。惟上托於岩壑，幸兼善而罔滞②。虽非市朝而寒暑均和也，虽是筑构而饰朴两逝。[《易》云："上古穴居野处，后世圣人易之以宫室，上栋下宇，以蔽风雨，盖取诸《大壮》。"③璇堂自是素，故曰白贲最是上爻也。此堂世异矣。谓岩壑道深於丘园，而不为巢穴。斯免拘滞，得暑寒之适，虽是筑构，无妨非朝市云云。]

昔仲长愿言，流水高山④；应璩作书，邙阜洛川⑤；势有偏侧，地阙周员⑥。铜陵之奥，卓氏充钊揆之端⑦；金谷之丽，石子致音徽之观⑧；徒形域之荟蔚，惜事异於栖盘⑨。至若凤、丛二台，云梦、青丘，漳渠、淇园、橘林、长洲，虽千乘之珍苑，孰嘉遁之所游⑩。且山川之未备，亦何议⑪於兼求。[仲长子云："欲使居有良田广宅，在高山流水之畔。沟池自环，竹木周布，场圃在前，果园在后。"⑫应璩《与程文信书》云："故求道田，在关之西，南临洛水，北据邙岫，托崇岫以为宅，因茂林以为荫。"谓二家山居，不得周员之美。扬雄《蜀都赋》云："铜陵衍⑬。"卓王孙采

---

①　瑶璇：美玉。白贲、丘园：《周易·贲卦》"六五：贲于丘园，束帛戋戋。吝，终吉"，王肃注："失位无应，隐处丘园"，孔颖达疏云："丘谓丘墟，园谓园圃。唯草木所生，是质素之所"，后以"丘园"指隐居之处；"上九：白贲，无咎。"贲：读 bì，饰，这里指配色；白贲：犹言白底的布帛绘以各种花纹。

②　惟：思、愿。幸：希望。兼善：语出《孟子·尽心上》："穷则独善其身，达则兼善天下"，这里指做官。罔滞：没有拘滞。

③　语出《周易·系辞下》。

④　仲长：指东汉仲长统，字公理。愿言：描述自己的理想或希望。

⑤　应璩：字休琏，三国时魏人，"璩"读 qú。邙阜：邙山。

⑥　阙：同"缺"。周员：圆满、圆全，"员"同"圆"。

⑦　铜陵：产铜之山。奥：深厚、丰富。卓氏：汉代巨富卓王孙。钊：读 zhāo，炼铜的初次生成物。揆：读 guī，剪裁为衣。

⑧　石子：指晋人石崇。音徽：本指琴上供按弦时识音的标志，亦代指琴或乐曲。

⑨　荟蔚：草木繁盛貌。栖盘：寄居盘桓。

⑩　千乘：古代用四匹马拉的一辆兵车叫一乘，诸侯国的大小以兵车的多少来衡量，春秋战国时，诸侯国小的称"千乘"，此处代指王侯。嘉遁：指合乎正道、合乎时宜的隐居。

⑪　何议：怎么谈得上。

⑫　语见《后汉书·王充王符仲长统列传》。周布：遍布。

⑬　衍：富饶。

山铸铜，故《汉书·货殖传》云："卓氏之临邛，公擅山川。"扬雄《方言》："梁、益之间，裁木为器曰𣚫，裂帛为衣曰摫。"金谷，石季伦之别庐，在河南界，有山川林木、池沼水碓。其镇下邳时，过游赋诗，一代盛集。谓二地虽珍丽，然制作非栖盘之意也。凤台，秦穆公时秦女所居，以致萧史①。丛台，赵之崇馆，张衡谓"赵筑丛台於前，楚建章华於后"②。楚之云梦，大中山居《长饮赋》："楚灵王游云梦之中，息於荆台之上。前方淮之水，左洞庭之波，右顾彭蠡之涛，南望巫山之阿，遂造章华之台。"③亦见诸史。淮南青丘，齐之海外，皆猎所，司马相如云："秋田乎青丘，傍徨乎海外。"④漳渠，史起为魏文侯所起，溉水之所⑤。淇园，卫之竹园，在淇水之澳，《诗》人所载⑥。橘林，蜀之园林，扬子云《蜀都赋》亦云"橘林"，左太冲谓"户有橘柚之园"⑦。长洲，吴之范围，左亦谓长洲之茂苑，因江海洲渚以为苑囿也⑧。长洲亦珍灵之所产，故特表此园之

---

① 事见刘向《列仙传·萧史》：萧史者，秦穆公时人也。善吹箫，能致孔雀白鹤于庭，穆公有女，字弄玉，好之，公遂以女妻焉，日教弄玉作凤鸣。居数年，吹似凤声，凤凰来止其屋，公为作凤台，夫妇止其上，不下数年，一旦皆随凤凰飞去。

② 语见张衡《东京赋》。

③ 此处引语实出自东汉边让（字文礼）《章华台赋》。

④ 语见司马相如《子虚赋》。

⑤ 史起：战国时人，仕于魏，魏襄王时任邺（今河北临漳西南）令，他在西门豹兴修水利的基础上，进一步加修水利工程，引漳水溉田。起：造。

⑥ 语见《诗经·卫风·淇奥》。

⑦ 语见左思《蜀都赋》。

⑧ 左思《吴都赋》有"佩长洲之茂苑"，"岛屿绵邈，洲渚冯隆……尔乃地势块圠，卉木跃蔓。遭薮为圃，值林为苑"等语。囿：《康熙字典》释云："《说文》从口有声，苑有垣也。一曰禽兽有囿。《诗经·大雅》'王在灵囿'，疏：囿者，筑墙为界域，而禽兽在其中也。《周礼·地官·囿人》'掌囿游之兽禁'，注：古谓之囿，汉谓之苑。《孟子》'文王之囿'，注：古者四时之田，皆于农隙以讲武事，不欲驰骛于稼穑场圃之中，故度闲旷之地以为囿也。《初学记》'囿犹有也，有藩曰园，有墙曰囿'"。苑：《说文解字》释云"所以养禽兽也"，秦汉以后在囿的基础上发展起来的、建有宫室的园林，又称"宫苑"。大的苑广袤百里，有天然植被、野生或畜养飞禽走兽，并建有居住、游乐、宴饮用的宫室建筑群；小的苑筑在宫中；此外，还有建在郊外或其他地方的离宫别苑。圃：《康熙字典》释云："《说文》'种菜曰圃'。《周礼·天官·大宰》'九职，二曰园圃，毓草木'，注：'树果蓏曰圃，园其樊也'。又，《地官·场人》'掌国之场圃，而树之果蓏珍异之物，以时敛而藏之'，疏：'场圃连言，同地耳，春夏为圃，秋冬为场也'。又，《地官·闾师》'任圃，以树事责草木'，注：'任，使也，园圃毓草木，故还使贡草木也。'"

珍静。千乘宴嬉之所，非幽人①憩止之乡，且山川亦不能兼茂，随地势所遇耳〕

　　览明达之抚运，乘机缄而理默②。指岁暮而归休，咏宏徽於刊勒③。狭三闾之丧江④，矜望诸之去国⑤。选自然之神丽，尽高楼之意得。〔余祖车骑⑥，建大功淮、肥，江左得免横流之祸。后及太傅既薨，远图已辍⑦，於是便求解驾东归，以避君侧之乱。废兴隐显，当是贤达之心，故选神丽之所，以申高栖之志。经始⑧山川，实基於此。〕

　　仰前哲之遗训，俯性情之所便。奉微驱以宴息，保自事以乘闲。愧班生之夙悟⑨，惭尚子之晚研⑩。年与疾而偕来，志乘拙而俱旋⑪。谢平生於知游，栖清旷於山川。〔谓经始此山，遗训於后也。性情各有所便，山居是其宜也。《易》云："向晦入宴息。"⑫庄周云："自事其心。"⑬

---

　　①　幽人：指隐士，《周易·履卦》："履道坦坦，幽人贞吉。"孔颖达疏云："幽人贞吉者，既无险难，故在幽隐之人守正得吉。"

　　②　明达：贤明通达之人，此处指谢灵运祖父谢玄。抚运：应运而动，此处指谢玄淝水之战立大功。机缄：气运、气数。理默：指退隐。

　　③　归休：回家养老。宏徽：大功大德。刊勒：雕刻（碑文）。

　　④　指觉得三闾大夫屈原投江而死有些狭隘。

　　⑤　矜：同情、怜悯。望诸：指战国时燕国名将乐毅，号望诸君。去国：指乐毅因国君猜疑而离开燕国，投奔赵国。

　　⑥　谢玄被封车骑将军。

　　⑦　太傅：指谢灵运曾祖谢安，官卫将军、太保，封太傅。薨：去世。远图：指谢安统一中原的远大志向。

　　⑧　经始：开始营建、经营。

　　⑨　班生：指汉代隐士班嗣，好老庄之学。夙悟：早有领悟。

　　⑩　尚子：指东汉人尚长，字子平，《后汉书·逸民列传》有云："（尚长）隐居不仕，性尚中和……建武中，男女娶嫁既毕，敕断家事勿相关，当如我死也。于是遂肆意，与同好北海禽庆俱游五岳名山，竟不知所终。"研：此处指研究而得感悟。

　　⑪　旋：改变。

　　⑫　语见《周易·随卦》之象辞："泽中有雷，随；君子以向晦入宴息"。

　　⑬　语见《庄子·人间世》："自事其心者，哀乐不易施乎前，知其不可奈何而安之若命，德之至也。"

此二是其所处①。班嗣本不染世，故曰凤悟；尚平未能去累，故曰晚研。想迟二人②，更以年衰疾至，志寡求拙日乘，并可山居。曰与知游别，故曰谢平生；就山川，故曰栖清旷。]

其居也，左湖右江，往渚还汀；面山背阜，东阻西倾③；抱含吸吐，款跨纡萦；绵联邪亘，侧直齐平。[枚乘曰："左江右湖，其乐无有"，此吴客说楚公子之词，当谓江都之野④。彼虽有江湖而乏山岩，此忆江湖左右与之同，而山岳形势，池城所无也。往渚还汀，谓四面有水；面山背阜，亦谓东西有山，便是四水之里也。抱含吸吐，谓中央复有川。款跨纡萦，谓边背相连带。迂回处谓之邪亘，平正处谓之侧直。]

近东则上田下湖，西溪南谷，石墭石濑，闵硎黄竹⑤。决飞泉於百仞，森高薄於千麓。写长源於远江，派深毖於近渎⑥。[上田在下湖之水口，名为田口。下湖，在田之下下处，并有名山川。西溪、南谷分流，谷畎水畎入⑦田口。西溪水出始宁县西谷畎，是近山之最南峰者，西溪便是山之背。入西溪之里，得石墭，以石为阻，故谓为墭。石濑在西溪之东，从县南入九里，两面峻峭数十丈，水自上飞下。比至外溪，封墱⑧十数里，皆飞流迅激，左右岩壁缘竹。闵硎，在石濑之东溪，逶迤下注良田，黄竹与其连，南界莆中也⑨。]

近南则会以双流，萦以三洲；表里回游，离合山川。嶭崩飞於东峭，盘傍薄於西阡⑩；拂青林而激波，挥白沙而生涟。[双流，谓剡

---

① 二：指以上所引《周易》《庄子》两句话。处：似当作"出"。

② 想迟二人：自己产生游山的想法比班嗣、尚平二人晚。

③ 渚：读 zhǔ，水中小块陆地。汀：读 tīng，水边平地。阜：读 fù，土山。

④ 语见汉枚乘(字叔)《七发》："既登景夷之台，南望荆山，北望汝海，左江右湖，其乐无有。"

⑤ 墭：读 zhuàn，高垄。石濑、闵硎、黄竹：水名。

⑥ 写：同"泻"。派：支流。毖：同"泌"，流出。渎：小溪流。

⑦ 畎入：从小水沟里流入，"畎"读 quǎn，田地中间的沟。

⑧ 墱：读 dèng，小坎、排水道。

⑨ 界：作为边界。莆中：福建莆田中部。

⑩ 嶭：读 è，山崖。盘：同"磐"。傍薄：靠近。阡：小路。

江及小江，此二水同会於山南，便合流注下。三洲在二水之口，排沙积岸，成此洲涨。表里离合，是其貌状也。崿者，谓回江岑，在其山居之南界，有石跳出，将崩江中，行者莫不骇栗。盘者，是县故治之所，在江之东西用盘石竟①渚，并带青林而连白沙也。]

近西则杨宾接峰，唐皇连纵，室壁带溪，曾孤临江。竹缘浦以被绿，石照涧而映红。月隐山而成阴，木鸣柯②以起风。[杨中、元宾，并小江之近处，与山相接也。唐皇便从北出。室、石室、在小江口南岸；壁、小江北岸，并在杨中之下，壁高四十丈，色赤，故曰照涧而映红。曾山之西，孤山之南，王子所经始，并临江，皆被以绿竹。山高月隐，便谓为阴，鸟集柯鸣，便谓为风也。]

近北则二巫结湖，两㟎通沼，横石判尽，休周分表。引修堤之逶迤，吐泉流之浩漾③。山矶下而回泽，濑石上而开道。[大小巫湖，中隔一山，外㟎周回，在圻④西北，边浦出江，并是美处。义熙中，王穆之⑤居大巫湖，经始处所犹在。两㟎皆长溪，外㟎出山之后四五里许，里㟎亦隔一山，出新墰。横山，野舍之北面；常石，野舍之西北。巫湖旧唐⑥，故曰修堤；长溪甚远，故曰泉流。常石矶低而水曲，故曰山矶下而回泽，里㟎漫石数里，水从上过，故曰濑石上而开道。休山东北，周里山在休之南，并是北边。]

远东则天台、桐柏，方石、太平，二韭、四明，五奥、三菁。表神异於纬牒，验感应於庆灵⑦；凌石桥之莓苔，越楢⑧溪之纤紫。[天台、桐柏，七县余地，南带海。二韭、四明、五奥，皆相连接，奇地所无，

---

① 竟：同"境"，动词，以……为境，围成边界的意思。

② 柯：枝条。

③ 浩漾：水无际貌，"漾"读 yǎng，浩荡的意思。

④ 圻：边。

⑤ 王穆之：晋哀帝司马丕皇后，太原晋阳人，司徒左长史王蒙之女。

⑥ 唐：古代朝堂前或宗庙门内的大路。

⑦ 纬：相对于"经"而言，指汉代以神学附会儒家经义的书。牒，简札。庆灵：指古代以为祥瑞的庆云、灵芝等。

⑧ 楢：读 yóu，木名。

高於五岳，便是海中三山①之流。韭以菜为名，四明、方石，四面自然开窗也，五奥者，昙济道人②、蔡氏，郗氏、谢氏、陈氏，各有一奥，皆相掎角③，并是奇地。三菁，太平之北；太平，天台之始。方石，直上万丈，下有长溪，亦是缙云④之流云。此诸山并见图纬，神仙所居。往来要径石桥，过楢溪，人迹之艰不复过此也。]

远南则松箴、栖鸡，唐嵫、漫石。崒、嵊⑤对岭，嶵、孟分隔，入极浦而遭回⑥，迷不知其所适。上嵚崎而蒙笼，下深沉而浇激⑦。[栖鸡，在保口之上，别浦入其中，周回甚深，四山之里。松箴在栖鸡之上，缘江。唐嵫入太平水路，上有瀑布数百丈。漫石在唐嵫下，郗景兴经始精舍⑧，亦是名山之流。崒、嵊与分界，去山八十里，故曰远南。前岭鸟道，正当五十里高，左右所无，就下地形高，乃当不称。远望嶵山甚奇，谓白烁尖者最高，下有良田，王敬弘⑨经始精舍。昙济道人住孟山，名曰孟埭，芊薯之嘹⑩田。清溪秀竹，回开巨石，有趣之极。此中多诸浦涧，傍依茂林，迷不知所通，嵚崎深沉，处处皆然，不但一处。]

远西则[下缺]

远北则长江永归，巨海延纳⑪，昆涨缅旷，岛屿绸⑫沓。山纵横

---

① 海中三山：指传说中的东海蓬莱、方丈、瀛洲三座仙山。

② 昙济道人：南朝宋时著名僧人。

③ 奥：本指室内的西南角，泛指房屋及其他深处隐蔽的地方。掎角：此处指相互牵连、照应、依存。

④ 缙云：彩色祥云。

⑤ 崒、嵊：读 zú shèng，皆为山名。

⑥ 遭回：萦绕、回环，"遭"读 zhān。

⑦ 嵚崎：读 qīn qí，险峻、不平。浇激：谓水流回旋湍急。

⑧ 郗景兴：郗超，字景兴，一字嘉宾，高平金乡（今山东）人，东晋大臣，是东晋开国功臣郗鉴之孙，书圣王羲之的夫人是他的亲姑姑。精舍：佛教修行者的住处。

⑨ 王敬弘：王裕之，字敬弘，琅琊临沂（今属山东省）人，南朝宋大臣。

⑩ 嘹：读 liú，开沟引水灌溉。

⑪ 延纳：吸收、接纳。

⑫ 绸：同"稠"。

以布护，水回沈而萦浥①。信荒极之绵眇，究风波之睽②合。〔江从山北流，穷上虞界，谓之三江口，便是大海。老子谓海为百谷王，以其善处下也。海人谓孤山为昆。薄洲有山，谓之岛屿，即洲也。涨者，沙始起将欲成屿也。纵横，无常，於一处回沈相萦扰也。大荒东极，故为荒极。风波不恒，为睽合也。〕

徒观其南术之□□□□□□□□□□岸测深，相渚知浅。洪涛满则曾③石没，清澜减则沈沙显。及风兴涛作，水势奔壮。于岁春秋，在月朔望，汤汤惊波，滔滔骇浪。电激雷崩，飞流洒漾。凌绝壁而起岑，横中流而连薄④。始迅转而腾天，终倒底而见壑。此楚贰心醉於吴客，河灵怀惭於海若。〔南术是其临江旧宅，门前对江，三转曾山，路穷四江，对岸西面常石，此二山之间，西南角岸孤山。此二山皆是狭处，故曰生矶。勇门以南上便大阆，故曰成衍⑤。岸高测深，渚下知浅也。江中有孤石沈沙，随水增减，春秋塑望，是其盛时。故枚乘云：楚太子有疾，吴客问之，举秋涛之美，得以瘳⑥病。太子，国之储贰，故曰楚贰。河灵，河伯居河，所谓河灵。惧於海若，事见庄周《秋水篇》。〕

尔其⑦旧居，曩宅今园，枌槿尚援，基井具存⑧。曲术周乎前后，直陌矗其东西⑨。岂伊临溪而傍沼，乃抱皋而带山⑩。考封域之灵异，实兹境之最然。葺骈梁於岩麓，栖孤栋於江源⑪。敞南户以

---

① 布护：遍布。浥：读 yì，湿润。

② 睽：同"暌"，分离。

③ 曾：同"層（层）"。

④ 起岑：卷起像山一样的浪峰。连薄：水波如卷帘翻动，"薄"同"箔"，帘子。

⑤ 阆：门高的样子。衍：低而平坦之地。

⑥ 瘳：读 chōu，病愈。

⑦ 尔其：连词，犹言"至于"。

⑧ 援：攀援、牵引。基：墙基。

⑨ 术：城中之路。矗：直平貌。

⑩ 伊：同"唯"，只、只是。乃：又、还。

⑪ 葺、栖：修建。

对远岭，辟东窗以瞩近田。田连冈而盈畴，岭枕水而通阡。［茸室在宅里山之东麓，东窗瞩田，兼见江山之美。三间，故谓之骈梁。门前一栋，枕矶上，存江之岭，南对江上远岭。此二馆属望，殆无优劣也。］

　　阡陌纵横，塍埒①交经。导渠引流，脉散沟并。蔚蔚丰秫，苾苾香粳②。送夏蚤③秀，迎秋晚成。兼有陵陆④，麻麦粟菽。候时觇节，递艺递熟⑤。供粒食与浆饮，谢工商与衡牧⑥。生何待於多资，理取足於满腹。［许由云："偃鼠饮河，不过满腹。"⑦谓人生食足，则欢有余，何待多须邪。工商衡牧，似多须者，若少私寡欲，充命则足，但非田无以立耳。］

　　自园之田，自田之湖⑧。泛滥川上，缅邈水区。浚潭涧而窈窕，除菰⑨洲之纤余。毖温泉於春流，驰寒波而秋徂⑩。风生浪於兰渚，日倒景於椒涂；飞渐榭於中沚⑪，取水月之欢娱。且延阴而物清，夕栖芬而气敷⑫。顾情交之永绝，觊云客之暂如⑬。［此皆湖中之美，但患言不尽意，万不写一耳。诸涧出源入湖，故曰浚潭涧。涧长，是以窈窕。除菰以作洲，言所以纤余也。］

　　植物既载，动类亦繁。飞泳骋透，胡可根源。观貌相音，备列

---

①　塍埒：读 chéng liè，田埂。

②　秫：读 shú，黏高粱。苾苾：读 bì bì，香气浓郁。粳：读 jīng，稻的一种。

③　蚤：同"早"。

④　陵陆：山陵与平地。

⑤　觇：读 chān，窥。艺：种植。

⑥　衡：林衡，古代掌山林之官。牧：牧正，古代掌畜牧之官。

⑦　语出《庄子·逍遥游》。

⑧　之：往、到。

⑨　菰：读 gū，多年生草本植物，生在浅水里，嫩茎称"茭白"，可食。

⑩　毖：同"泌"，泉水涌流的样子。徂：往、去。

⑪　渐：高峻之貌。沚：水中小洲。

⑫　敷：似同"馥"，香。

⑬　暂如：突然来访。

山川。寒燠顺节，随宜匪敦①。〔草、木、竹，植物；鱼、鸟、兽，动物。兽有数种，有腾者，有走者；走者骋，腾者透。谓种类既繁，不可根源，但观其列状，相其音声，则知山川之好。兴节随宜，自然之数，非可敦戒也。〕

…………

缗纶不投，罝罗不披；磻弋靡用，蹄筌谁施②？鉴虎狼之有仁，伤遂欲之无崖；顾弱龄③而涉道，悟好生之咸宜。率所由以及物，谅不远之在斯；抚鸥鷾而悦豫，杜机心於林池。〔八种皆是鱼猎之具。自少不杀，至乎白首，故在山中，而此欢永废。庄周云：虎狼仁兽，岂不父子相亲？世云虎狼暴虐者，政④以其如禽兽，而人物不自悟其毒害，而言虎狼可疾⑤之甚。苟其遂欲，岂复崖限。自弱龄奉法⑥，故得免杀生之事，苟此悟万物生好之理。《易》云："不远复，无祇悔。"⑦庶乘此得以入道。庄周云："海人有机心，鸥鸟舞而不下"⑧。今无害彼之心，各悦豫於林池也。〕

敬承圣诰，恭窥前经；山野昭旷，聚落膻腥⑨。故大慈之弘

---

① 燠：读 yù，热。敦：督促。

② 缗纶：两种钓鱼用丝线，"缗"读 mín。罝：读 jū，捕捉兔子的网。罗：捕鸟的网。磻：读 bō，古代射鸟用的拴在丝绳上的石箭镞。弋：用带着绳子的箭射鸟。蹄：捕兔用器具，可夹住其腿脚。筌：捕鱼器具，竹制，有逆向钩刺，亦为钓鱼用具的统称。

③ 弱龄：弱冠之年，泛指幼年、青少年。

④ 政：同"正"。

⑤ 疾：恨。

⑥ 奉法：奉守佛法。

⑦ 语出《周易·复卦》初九爻辞，《象》曰："不远之复，以修身也"。韩康伯云："祇，大也。既能速复，是无大悔。"

⑧ 今本《庄子》无此语，语见《列子·黄帝》：海上之人有好沤鸟者，每旦之海上，从沤鸟游，沤鸟之至者百住而不止。其父曰："吾闻沤鸟皆从汝游，汝取来，吾玩之。"明日之海上，沤鸟舞而不下也。

⑨ 圣诰：圣人的教诲。昭旷：宽敞明亮。膻腥：本指牛羊肉气味，这里喻指尘世之喧嚣。

誓①，拯群物之沦倾；岂寓地而空言，必有贷以善成。钦鹿野之华苑，羡灵鹫之名山；企坚固之贞林，希庵罗之芳园。虽缞容②之缅邈，谓哀音之恒存。建招提於幽峰，冀振锡③之息肩。庶镫王之赠席④，想香积之惠餐⑤。事在微而思通，理匪绝而可温。[贾谊《吊屈》云："恭承嘉惠。"敬承，亦此之流。聚落是墟邑，谓歌哭诤讼，有诸喧哗，不及山野为僧居止也。经教欲令在山中，皆有成文。《老子》云："善贷且善成。"⑥此道惠物也。鹿苑，说"四真谛"处；灵鹫山，说《般若》《法华》处；坚固林，说《泥洹》处；庵罗园，说《不思议》处⑦。今旁林艺园制苑，仿佛在昔，依然托想，虽缞容缅邈，哀音若存也。招提，谓僧不能常住者，可持作坐处也，所谓息肩。镫王、香积，事出《维摩经》。《论语》云："温故知新。"⑧理既不绝，更宜复温，

---

① 《菩萨璎珞经》卷二有云："耳识玄鉴通达无碍，不舍弘誓大慈之心，是谓四法清净璎珞。"大慈：佛教语，意为带给众生快乐，是佛菩萨对一切众生广大的慈善心，常与"大悲"连用。弘誓：全称"弘誓愿"，佛教语，佛菩萨的弘大誓愿。

② 缞容：对人容貌的敬称，"缞"读 cuī，本指五色杂合的丝织品。

③ 振锡：僧人手持锡杖，行则振动有声，此处代指出行、云游的僧人。

④ 镫王：指须弥灯王，事出《维摩诘所说经·不思议品》：东方度三十六恒河沙国，有世界名须弥相，其佛号须弥灯王。今现在，彼佛身长八万四千由旬，其师子座，高八万四千由旬……维摩诘语舍利弗："就师子座。"舍利弗言："居士，此座高广，吾不能升。"维摩诘言："唯，舍利弗，为须弥灯王如来作礼，乃可得坐。"于是新发意菩萨及大弟子，即为须弥灯王如来作礼，便得坐师子座。

⑤ 事出《维摩诘所说经·香积佛品》：于是舍利弗心念：日时欲至，此诸菩萨当于何食？时维摩诘知其意而语言：佛说八解脱，仁者受行，岂杂欲食而闻法乎？……若欲食者，且待须臾，当令汝得未曾有食……汝往上方界分，度如四十二恒河沙佛土，有国名众香，佛号香积，与诸菩萨方共坐食，汝往到彼，如我词曰：维摩诘稽首世尊足下，致敬无量，问讯起居，少病少恼，气力安不？愿得世尊所食之余，当于娑婆世界施作佛事，令此乐小法者，得弘大道，亦使如来名声普闻……于是香积如来，以众香钵盛满香饭，与化菩萨。

⑥ 语出《老子·四十一章》："夫唯道，善贷且成。"贷：施予。成：化成、成全。

⑦ 四真谛：又称"四真谛""四谛"，佛教语，指苦、集、灭、道四条真理：苦为生老病死，集为聚骨肉财物，灭为灭惑业而离生死之苦，道为八正道，即正见、正思维、正语、正业、正命、正精进、正念、正定，能正八道则能通于涅槃。《般若》：《金刚般若波罗蜜经》；《法华》：《妙法莲华经》。泥洹：涅槃。《不思议》：《一切诸佛不思议法》。

⑧ 语出《论语·为政》。

则可恃为己之日用也。］

　　爰初经略①，杖策孤征；入涧水涉，登岭山行。陵顶不息，穷泉不停；栉风沐雨，犯露乘星。研其浅思，罄其短规；非龟非筮，择良选奇②。翦榛开迳，寻石觅崖；四山周回，双流透迤。面南岭建经台，倚北阜筑讲堂；傍危峰立禅室，临浚流列僧房。对百年之乔木，纳万代之芬芳；抱终古之泉源，美膏液之清长。谢丽塔於郊廓，殊世间於城傍；欣见素以抱朴③，果甘露於道场④。［云初经略，躬自履行，备诸苦辛也。罄其浅短，无假于龟筮。贫者既不以丽为美，所以即安茅茨而已，是以谢郊郭而殊城傍，然清虚寂寞，实是得道之所也。］

　　苦节之僧，明发怀抱；事绝人徒，心通世表⑤。是游是憩，倚石构草；寒暑有移，至业莫矫⑥。观三世以其梦，抚六度以取道⑦；乘恬知⑧以寂泊，含和理之窈窕。指东山以冥期，实西方之潜兆⑨；虽一日以千载，犹恨相遇之不早。［谓昙隆、法流二法师也。二公辞恩爱，弃妻子，轻举入山，外缘都绝，鱼肉不入口，粪扫必在体，物见之绝叹，而法

---

①　爰：发语词，无义。经略：经营、建造。

②　研、思：反复思考。罄：尽。规：规划。龟、筮：用龟壳、蓍草占卜。

③　语出《老子·十九章》："绝圣弃智，民利百倍；绝仁弃义，民复孝慈；绝巧弃利，盗贼无有。此三者以为文不足，故令有所属：见素抱朴，少私寡欲。"

④　果：充实、饱足。甘露：佛教用语，梵语的意译，喻佛法、涅槃等。道场：原指佛成道之所，后泛指供佛祭祀或修行学道的处所。

⑤　苦节：艰苦卓绝地持守节操。明发：阐明。人徒：犹言众生。世表：世外。

⑥　草：指草屋。至业：最高的修行。矫：改变。

⑦　三世：佛教指前世、今世和来世。抚：摸索、揣摩。六度：佛教指菩萨所修布施、持戒、忍辱、精进、禅定（止观）、智慧这六种法门，"度"即"渡"，梵语音译为波罗蜜、波罗蜜多，到彼岸的意思。

⑧　恬知：语本《庄子·缮性》："古之治道者，以恬养知。"

⑨　此二句意为愿意一心向佛而终老于东山。冥期：神鬼给世人所定的生命期限。西方：指佛界。

师处之夷然①。诗人西发②不胜造道者，其亦如此。往石门瀑布中路高楼之游，昔告离之始，期生东山，没存西方③。相遇之欣，实以一日为千载，犹慨恨不早。]

贱物重己，弃世希灵；骇彼促年，爱是长生。冀浮丘之诱接，望安期之招迎④；甘松桂之苦味，夷皮褐以颓形。羡蝉蜕之匪日，抚云霓其若惊⑤；陵名山而屡憩，过岩室而披情。虽未阶於至道，且缅绝於世缨⑥；指松菌而兴言，良未齐於殇彭⑦。[此一章叙仙学者虽未及佛道之高，然出於世表矣。浮丘公是王子乔师，安期先生是马明生师，二事出《列仙传》。《洞真经》云："今学仙者，亦明师以自发悟，故不辞苦味颓形也。"庄周云："和以天倪。"⑧倪者，崖也。数经历名山，遇余岩室，披露其情性，且获长生，方之松菌殇彭，邈然有间⑨也。]

山作水役，不以一牧⑩；资待各徒，随节竞逐⑪……[此一章谓是山作及水役采拾诸事也，然渔猎之事，皆不载……]

若乃南北两居，水通陆阻；观风瞻云，方知厥所。[两居谓南北两

---

① 粪扫：指粪扫衣，僧人穿的用碎布拼缀而成的旧衣，又称百衲衣、功德衣。物：人、别人。夷然：平静、安然。

② 西发：指向西方、西天寻道。

③ 没存西方：指死后升西天。

④ 浮丘：指浮丘公，古代传说中的仙人，王子乔之师。安期：指安期生，主要活动在秦汉之际，为著名术士，方仙道的创始人。

⑤ 蝉蜕：蝉的幼虫变成成虫时蜕下壳，喻羽化登仙。抚云霓：抚摸白云、彩虹，指升天成仙。

⑥ 缅绝：永绝。世缨：尘世的牵挂。

⑦ 典出《庄子·逍遥游》："朝菌不知晦朔，蟪蛄不知春秋，此小年也。楚之南有冥灵者，以五百岁为春，五百岁为秋；上古有大椿者，八千岁为春，以八千岁为秋，此大年也。而彭祖乃今以久特闻，众人匹之，不亦悲乎！"

⑧ 语出《庄子·齐物论》："何谓和之以天倪？"郭象注云："天倪者，自然之分也。"

⑨ 有间：有距离。

⑩ 意思是说山间、水中的劳作各种各样，不局限于一种劳作。

⑪ 意思是说随着季节的变化而获取不同的物资。

处各有居止，峰岭阻绝，水道通耳，观风瞻云，然后方知其处所。]

　　南山则夹渠二田，周岭三苑。九泉别涧，五谷异巘①。群峰参差出其间，连岫复陆成其坂②。众流溉灌以环近，诸堤拥抑以接远。远堤兼陌，近流开渰。凌阜泛波，水往步还。还回往匝，枉渚员峦③。呈美表趣，胡可胜单④。抗⑤北顶以葺馆，瞰南峰以启轩。罗曾⑥崖於户里，列镜澜於窗前。因丹霞以頳⑦楣，附碧云以翠椽。视奔星之俯驰，顾飞埃之未牟。鹍鸿翻翥而莫及，何但燕雀之翩翾⑧。氿泉傍出，潺湲於东檐；桀壁对峙，硿礲於西霤⑨。修竹葳蕤以翳荟，灌木森沈以蒙茂⑩。萝蔓延以攀援，花芬熏而媚秀。日月投光於柯间，风露披清於崴⑪岫。夏凉寒燠，随时取适。阶基回互，橑㮹⑫乘隔。此焉卜寝，玩水弄石。迤即回眺，终岁罔斁⑬。伤美物之遂化，怨浮龄⑭之如借。眇⑮遁逸於人群，长寄心於云霄。[南山是开创卜居之处也。从江楼步路，跨越山岭，绵亘田野，或升或降，当三里许。

---

① 巘：读 yǎn，山岭上的小山。

② 岫：山峦。复陆：重叠貌。阪：斜坡。

③ 枉渚：弯曲之渚是。员峦：圆转之峦。

④ 单：同"阐"，说明。

⑤ 抗：对抗，这里是"对着"的意思。

⑥ 曾：同"层"。

⑦ 頳：读 chēng，同"赪"，赤色。

⑧ 鹍：一种大鸟。翥：读 zhù，鸟向上飞。何但：岂止。翾：读 xuān，轻柔地（飞）。

⑨ 氿：读 guǐ，泉水从旁流出。桀：突出。硿礲：读 kōng lóng，岩石隆起貌。霤：读 liù，同"溜"，屋檐滴水之处，此处代指屋檐。

⑩ 葳蕤：读 wēi ruí，形容枝叶繁盛。翳荟：草木茂盛，可为障蔽。森沈：谓林木繁茂幽深。蒙茂：茂密。

⑪ 崴：读 wěi，山高不平。

⑫ 橑：读 liáo，屋椽。㮹：旧式房屋的窗格。

⑬ 罔：不。斁：读 yì，厌倦。

⑭ 浮龄：浮生之年，指年华、岁月。

⑮ 眇：读 miǎo，高远。

涂①路所经见也，则乔木茂竹，缘畛弥阜，横波疏石，侧道飞流，以为寓目之
美观。及至所居之处，自西山开道，迄於东山，二里有余。南悉连岭叠嶂②，
青翠相接，云烟霄路，殆无倪际。从径入谷，凡有三口。方壁西南石门世□南
□池东南，皆别载其事。缘路初入，行於竹径，半路阔，以竹渠涧。既入，东
南傍山渠，展转幽奇，异处同美。路北东西路，因山为郭。正北狭处，践湖为
池。南山相对，皆有崖岩。东北枕壑，下则清川如镜，倾柯盘石，被隩③映渚。
西岩带林，去潭可二十丈许，葺基构宇，在岩林之中。水卫石阶，开窗对山，
仰眺曾峰，俯镜浚壑。去岩半岭，复有一楼。回望周眺，既得远趣，还顾西馆，
望对窗户。缘崖下者，密竹蒙径，从北直南，悉是竹园。东西百丈，南北百五
十五丈。北倚近峰，南眺远岭，四山周回，溪涧交过，水石林竹之美，岩岫隈
曲之好，备尽之矣。刊翦开筑，此焉居处，细趣密玩，非可具记，故较言大势
耳。越山列其表，侧傍缅云霓④，为异观也。]

　　因以小湖，邻於其隈⑤。众流所凑，万泉所回。汍滥异形，首
毖终肥。别有山水，路邈缅归。[汍、滥、肥、毖，皆是泉名，事见于
《诗》。云此万泉所凑，各有形势。]

　　求归其路，乃界北山。栈道倾亏，蹬阁连卷。复有水径，缭绕
回圆。弥弥平湖，泓泓澄渊⑥。孤岸竦秀，长洲芊绵⑦。既瞻既眺，
旷矣悠然。及其二川合流，异源同口。濑排沙以积丘，峰倚渚以起阜。
石倾澜而捎⑧岩，木映波而结薮。径南漘⑨以横前，转北崖而掩后。隐丛灌故悉晨暮，托星宿以知左右。

---

① 涂：同"途"。

② 郭：同"嶂"。

③ 被：同"披"。隩：读 yù，河岸弯曲处。

④ 越：远。列：陈列、露出。缅：思貌。

⑤ 隈：山水等弯曲处。

⑥ 弥弥、泓泓：皆水盛貌。

⑦ 竦秀：挺拔、突出。芊绵：草木茂盛貌。

⑧ 捎：掠拂。

⑨ 漘：读 chún，临水的山崖。

［往反经过，自非岩涧，便是水径，洲岛相对，皆有趣也。］

山川涧石，州岸草木。既标异於前章，亦列同於后牒。山匪砠而是岵①，川有清而无浊。石傍林而插岩，泉协涧而下谷。渊转渚而散芳，岸靡②沙而映竹。草迎冬而结葩，树凌霜而振绿。向阳则在寒而纳煦，面阴则当暑而含雪。连冈则积岭以隐嶙，举峰则群竦以巀嶭③。浮泉飞流以写④空，沉波潜溢於洞穴。凡此皆异所而咸善，殊节而俱悦。［土山戴石曰砠，山有林曰岵。此章谓山川众美，亦不必有，故总叙其最。居山之后事，亦皆有寻求也。］

春秋有待，朝夕须资。既耕以饭，亦桑贸⑤衣。艺菜当肴，采药救颓⑥。自外何事，顺性靡违。法音⑦晨听，放生夕归。研书赏理，敷文奏怀。凡厥意谓，扬摧以挥⑧。且列於言，试待此推。［谓寒待绵纩，暑待絺绤⑨，朝夕餐饮，设此诸业以待之。药以疗疾，又在其外，事之相推，自不得不然。至於听讲放生，研书敷文，皆其所好。韩非有《扬摧》，班固亦云"扬摧古今"⑩，其义一也。左思曰："为左右扬摧而陈之。"⑪］

北山二园，南山三苑。百果备列，乍近乍远……

畦町所艺，含蕊藉芳……［……灌蔬自供，不待外求者也。］

弱质难恒，颓龄易丧。抚鬓生悲，视颜自伤。承清府⑫之有术，

---

① 砠：读 jū，上面有石的土山。岵：读 hù，多草木的山。

② 靡：分散。

③ 隐嶙：绝起貌。巀嶭：读 jié niè，高峻貌。

④ 写：同"泻"。

⑤ 贸：交换。

⑥ 救颓：补身治病。

⑦ 法音：念佛讲经之声。

⑧ 扬摧：犹"扬推"，略举大要、扼要论述。挥：发挥、抒发。

⑨ 绵纩：读 mián kuàng，本指丝棉，此处借指丝棉做的衣服。絺绤：读 chī xì，葛布的统称，细者曰绤，粗者曰绤，此处借指葛服。

⑩ 语见《汉书·叙传》。

⑪ 语见左思《蜀都赋》。

⑫ 清府：清庙，或指道家修炼之处。

冀在衰之可壮。寻名山之奇药，越灵波而憩辕。采石上之地黄，摘竹下之天门①。摭②曾岭之细辛，拔幽涧之溪荪。访钟乳於洞穴，讯丹沙於红泉③。[此皆住年④之药，即近山之所出，有采拾，欲以消病也。]

安居二时，冬夏三月。远僧有来，近众无阙。法鼓朗响，颂偈清发⑤。散华霏蕤⑥，流香飞越。析旷劫之微言，说像法之遗旨⑦。乘此心之一豪，济彼生之万理。启善趣於南倡，归清畅於北机⑧。非独惬於予情，谅佥⑨感於君子。山中兮清寂，群纷兮自绝。周听兮匪多，得理兮俱悦。寒风兮搔屑⑩，面阳兮常热。炎光兮隆炽，对阴兮霜雪。憩曾台兮陟云根⑪，坐涧下兮越风穴。在兹城而谐赏，传古今之不灭。[众僧冬夏二时坐，谓之安居，辄九十日。众远近聚萃，法鼓、颂偈、华、香四种，是斋讲之事，析、说是斋讲之议。乘此之心，可济彼之生。南倡者都讲⑫，北机者法师，山中静寂，实是讲说之处。兼有林木，可随寒暑，恒得清和，以为适也。]

好生之笃，以我而观。惧命之尽，吝景之欢。分一往之仁心，拔万族之险难。招惊魂於殆化，收危形於将阑。漾水性於江流，吸

---

① 天门：指天门冬，一种可入药的植物。

② 摭：读 zhí，采摘。

③ 钟乳：钟乳石。丹沙：朱砂。道家认为此二者皆可药用。

④ 住年：延年益寿。

⑤ 法鼓：佛寺里的大鼓。偈：读 jì，佛经中的唱词，又称偈子等。

⑥ 霏蕤：纷飞貌。

⑦ 旷劫：久远。像法：佛教语，正、像、末"三时"之一，谓佛去世久远，与"正法"相似的佛法。

⑧ 善趣：佛教语，谓由善之业因而趣往之所在，又称善处、善道，相对于"恶趣"，其中一种说法是：地狱、饿鬼、畜生为三恶趣，阿修罗、人、天为三善趣。

⑨ 佥：读 qiān，众人。

⑩ 搔屑：萧瑟。

⑪ 憩：同"憩"，休息。云根：深山云起之处。

⑫ 都讲：古代寺院讲经时所设之职掌，配合法师讲经，须负责发问，俾使听众容易理解文义。

云物於天端。睹腾翰之颉颃，视鼓鳃之往还①。驰骋者倘能狂愈，猜害②者或可理攀。[云物皆好生，但以我而观，便可知彼之情。各景惧命，是好生事也。能放生者，但有一往之仁心，便可拔万族之险难。水性云物，各寻其生。《老子》云："驰骋田猎，令人心发狂"③。猜害者恒以忍害为心，见放生之理，或可得悟也。]

　　哲人不存，怀抱谁质。糟粕犹在，启滕剖帙④。见柱下⑤之经二，睹濠上之篇七。承未散之全朴，救已颓於道术。嗟夫！六艺以宣圣教，九流以判贤徒⑥，国史以载前纪，家传以申世模，篇章以陈美刺，论难以核有无。兵技医日、龟策筮梦之法，风角冢宅、算数律历之书⑦，或平生之所流览，并於今而弃诸。验前识之丧道，抱一德而不渝。[庄周云："轮扁语齐桓公，公之所读书，圣人之糟粕。"滕者，《金滕》⑧之流也。柱下，《老子》；濠上，《庄子》，二、七，是篇数也；云此二书最有理，过此以往，皆是圣人之教，独往者所弃。]

　　伊昔龆龀⑨，实爱斯文。援纸握管，会性通神。诗以言志，赋以敷陈。箴铭诔颂，咸各有伦。爰暨山栖，弥历年纪。幸多暇日，自求诸己。研精静虑，贞观厥美。怀秋成章，含笑奏理。[谓少好文章，及山栖以来，别缘既阑，寻虑文咏，以尽暇日之适。便可得通神会性，以

---

　　① 腾翰：指鸟类。颉颃：一般作"颉颃"，读 xié háng，鸟上下翻飞。鼓鳃：指鱼类。

　　② 猜害：因猜忌而杀害或陷害。

　　③ 语见《老子·十二章》。

　　④ 滕：藏书的柜子。帙：书的封套。

　　⑤ 柱下：本为官名，周秦置"柱下史"，后因以为御史的代称，相传老子曾为周"柱下史"，后以"柱下"为老子或老子《道德经》的代称。

　　⑥ 六艺：此处当指"六经"，指儒家《诗》《书》《礼》《乐》《易》《春秋》六部经典。九流：此处当指诸子学，指有关儒家、道家、阴阳家、法家、名家、墨家、纵横家、杂家、农家九个学术流派的学问。

　　⑦ 曰：指日辰禁忌。风角：古代占卜之法，以五音占四方之风而定吉凶。冢宅：以风水定阴宅、阳宅。

　　⑧ 《金滕》：《尚书》中有《金滕》一篇。

　　⑨ 龆龀：读 tiáo chèn，垂髫换齿之时，指童年。

永终朝。]

　　若乃乘摄持之告，评养达之篇①。畏绝迹之不远，惧行地之多艰。均上皇之自昔，忌下衰之在旃②。投吾心於高人，落宾名於圣贤。广灭景③於崆峒，许遁音於箕山。愚假驹以表谷，涓隐岩以搴芳④。庚宅釁以葆和，舆陟峨而善狂。徐韬魏而采芋，莱庇蒙以织畚。皓栖商而颐志，卿寝茂而敷词。郑别谷而永逝，梁去霸而之会。高居唐而胥宇，台依崖而穴墀⑤。咸自得以穷年，眇贞思於所遗。[《老子》云："善摄生者。"⑥《庄子》云："谓之不善持生"，又云："养生有无崖，达生者不务生之所无奈何。"⑦绝迹，上皇，下衰，宾名，义亦皆出庄周⑧。广成子在崆峒之上，黄帝之师也⑨。许由隐於箕山，尧以天下让而不取⑩。愚公居於驹阜，齐桓公逐鹿入山，见之⑪。涓子隐于宕山，好饵术，告伯阳《琴心》

---

　　① 摄持：摄生、持生，即养生。养达之篇：《庄子》有《养生主》《达生》诸篇，代指《庄子》一书。

　　② 旃：读zhān，文言助词，相当于"之"或"之焉"。

　　③ 景：同"影"。

　　④ 表：表显、命名。搴：读qiān，拔取。

　　⑤ 胥宇：粗陋的房舍，"胥"同"疏"。墀：读chí，台阶上的空地。

　　⑥ 语见《老子·五十章》："善摄生者，陆行不遇兕虎，入军不备甲兵。兕无所投其角，虎无所错其爪，兵无所容其刃。夫何故？以其无死地。"

　　⑦ 语本《庄子·养生主》："吾生也有涯，而知也无涯，以有涯随无涯，殆已……是以达生之情者不务生之所无以为，达命之情者不务命之所奈何也，全其自然而已。"

　　⑧ 绝迹：义本《庄子·人间世》："夫子曰：'尽矣！吾语若：若能入游其樊而无感其名，入则鸣，不入则止。无门无毒，一宅而寓于不得已则几矣。绝迹易，无行地难。'"上皇：义本《庄子·天运》："巫咸祒曰：'来，吾语女。天有六极五常，帝王顺之则治，逆之则凶。九洛之事，治成德备，临照下土，天下戴之，此谓上皇。'"下衰：义本《庄子·在宥》："于是乎喜怒相疑，愚知相欺，善否相非，诞信相讥，而天下衰矣。"宾名：义本《庄子·逍遥游》："名者，实之宾也，吾将为宾乎？"

　　⑨ 事见《庄子·在宥》。

　　⑩ 事见《庄子·逍遥游》等。

　　⑪ 事见刘向《说苑·政理》。

三篇①。庚桑楚得老子之道，居畏垒之山②。楚狂接舆，楚王闻其贤，使使者聘之，于是遂游诸名山，在蜀峨眉山上③。徐无鬼岩栖，魏侯劳之，问："先生苦山林矣，乃肯见寡人。"无鬼问："君绌嗜欲，屏好恶，则耳目察矣。"常采芋栗④。老莱子耕於蒙山之阳，著书十五篇，言道家之事，织畚为业⑤。四皓避秦乱，入商洛深山，汉祖召不能出⑥。司马长卿高才，而处世不乐预公卿大事，病免，家居茂陵⑦。郑子真耕隐谷口，大将军王凤礼聘不屈，遂与弟子别於山阿，终身不反⑧。梁伯鸾隐霸陵山中，耕织以自娱，后复入会稽山⑨。台孝威居武安山下，依崖为土室，采药自给⑩。高文通居西唐山，从容自娱也⑪。]

暨其窈窕幽深，寂漠虚远。事与情乖，理与形反。既耳目之靡端，岂足迹之所践。蕴终古於三季，俟通明於五眼⑫。权近虑以停笔，抑浅知而绝简。[谓此既非人迹所求，更待三明五通，然后可践履耳。故停笔绝简，不复多云，冀夫赏音悟夫此旨也。]

入道至人赋

爰有名外之至人，乃入道而馆真⑬，荒聪明以削智，遁支体以

---

①　事见刘向《列仙传·涓子》。饵术：服食苍术，传说久服可以成仙。

②　事见《庄子·庚桑楚》。

③　事见《庄子·人间世》等。

④　事见《庄子·徐无鬼》。绌：同"黜"，革除。屏：同"摒"，摒弃。

⑤　事见《庄子·外物》等。

⑥　四皓：指秦末隐士东园公、夏黄公、绮里季、甪里四人，因避秦乱世而隐居商山，采芝充饥，四人年皆八十多岁，须眉皓白，世称为商山四皓，事见《史记·留侯世家》。

⑦　事见《史记·司马相如列传》。

⑧　事见扬雄《法言·问神》。

⑨　梁鸿：字伯鸾，事见《后汉书·逸民传》。

⑩　台佟：字孝威，事见《后汉书·逸民传》。

⑪　高凤：字文通，事见《后汉书·逸民传》。

⑫　三季：指夏、商、周三朝。五眼：佛教语，指肉眼、天眼、慧眼、法眼、佛眼。

⑬　馆真：犹"守真"。

逃身，于是卜居千仞，左右穷悬，幽庭虚绝，荒帐成烟，水纵横以触石，日参差于云中，飞英明于对溜①，积氤氲而为峰，推天地于一物，横四海于寸心，超埃尘以贞观，何落落②此胸襟。

游名山志序

夫衣食，生之所资，山水，性之所适。今滞所资之累，拥其所适之性耳。俗议多云：欢足本在华堂，枕岩漱流者乏于大志，故保其枯槁。余谓不然，君子有爱物之情，有救物之能。横流之弊，非才不治，故有屈己以济彼，岂以名利之场贤于清旷之域邪？语万乘则鼎湖有纵辔③，论储贰则嵩山有绝控④。又陶朱高揖越相⑤，留侯愿辞汉傅⑥。推此而言，可以明矣。

萧 绎

选文参校许逸民撰《金楼子校笺》，中华书局2011年版。

---

① 英明：似指水花、水珠。对溜：成双成对的瀑布。

② 落落：形容坦荡、开朗。

③ 万乘：此处指黄帝，事见《史记·封禅书》："黄帝铸鼎于荆山下，鼎成，乘龙上天，后人因名其处曰鼎湖。"

④ 储贰：太子，指王子乔，事见《列仙传》："王子乔者，太子晋也，道人浮丘公接以上嵩山。"

⑤ 陶朱：指范蠡，事见《史记·货殖列传》等。

⑥ 留侯：指张良，事见《史记·留侯世家》。

金楼子

著　书

《全德志论》曰：物我俱忘，无贬廊庙之器；动寂同遣，何累经纶之才。虽坐三槐，不妨家有三径①；接五侯，不妨门垂五柳。但使良园广宅，面水带山，饶甘果而足花卉，葆筊筜而玩鱼鸟。九月肃霜，时飨田畯②；三春捧茧，乍酬蚕妾。酌升酒而歌《南山》③，烹羔豚而击西缶。或出或处，并以全身为贵；优之游之，咸以忘怀自逸。若此众君子，可谓得之矣。

《怀旧志序》曰：吾自北守琅台，东探禹穴④。观涛广陵，面金汤之设险；方舟宛委，眺玉笥之干霄⑤。临水登山，命俦啸侣⑥。中年承乏⑦，摄牧神州。戚里英贤，南冠髦俊⑧。荫真长之弱柳，观茂宏之舞鹤⑨。清酒继进，甘果徐行。长安郡公，为其延誉⑩；扶风长者⑪，刷其羽毛。于是驻伏熊⑫，回驷□；命邹湛，召王祥⑬。余顾

---

① 坐三槐：坐朝堂，《周礼·秋官·朝士》："面三槐，三公位焉。"后因以三槐喻三公。三径：意为归隐者的家园，晋赵岐《三辅决录·逃名》："蒋诩归乡里，荆棘塞门，舍中有三径，不出，唯求仲、羊仲从之游。"

② 田畯：指农神。

③ 《南山》：指《诗经·小雅·南山有台》。

④ 琅台：琅琊（在今江苏镇江）。禹穴：禹井，在会稽（今浙江绍兴）。

⑤ 宛委、玉笥：会稽山山峰。

⑥ 命俦啸侣：犹言呼朋引伴。

⑦ 承乏：指暂任某职的谦称。

⑧ 戚里：帝王外戚聚居的地方。南冠：这里泛指南方人。

⑨ 真长：刘惔字，《晋书》有传。茂宏：王导字，《晋书》有传。

⑩ 延誉：播扬声誉。

⑪ 扶风长者：指梁鸿，《后汉书》有传。

⑫ 伏熊：伏熊轼，伏熊形的车前横木，因以指代有熊轼的车，古时为显宦所乘。

⑬ 邹湛、王祥：《晋书》有传。

而言曰："斯乐难常，诚有之矣。"日月不居，零露相半。素车白马①，往矣不追；春华秋实，怀哉何已。独轸②魂交，情深宿草。故备书爵里③，陈怀旧焉。

杨衒之

杨衒之(或作阳炫之、羊炫之)，生卒年未详，北魏北平(今河北满城)人。曾任奉朝请、期城郡守、抚军府司马、秘书监。博学能文，精通佛典。于547年(东魏武定五年)经北魏旧都洛阳，时在丧乱之后，贵族王公耗费巨资所建佛寺，已大半被毁，有感而作《洛阳伽蓝记》，伽蓝即梵文"僧伽蓝"略语，指佛寺，该书记述了诸大寺之建筑缘起及结构、佛寺园林兴衰之梗概，兼及人物、风俗、地理及传闻掌故，文寓讥评之意。选文参校朱祖谋撰《洛阳伽蓝记校释》，中华书局1963年版。

洛阳伽蓝记

卷一·城内

永宁寺，熙平元年灵太后胡氏所立也，在宫前阊阖门南一里御道西。中有九层浮图④一所，架木为之，举高九十丈。上有金刹，复高十丈；合去地一千尺。去京师百里，已遥见之。初掘基至黄泉

---

① 素车白马：旧时办丧事用的车马，这里代指已去世之人。

② 轸：读 zhěn，古代指车箱底部四周的横木，借指车。

③ 爵里：官爵和乡里。

④ 浮图：佛塔。

下，得金像三十躯，太后以为信法之征，是以营建过度也。刹①上有金宝瓶，容二十五斛。宝瓶下有承露金盘一十一重，周匝皆垂金铎。复有铁锁②四道，引刹向浮图四角，锁上亦有金铎，铎大小如一石瓮子。浮图有九级，角角皆悬金铎，合上下有一百三十铎。浮图有四面，面有三户六窗，户皆朱漆。扉上各有五行金铃，合有五千四百枚。复有金环铺首③，殚土木之功，穷造形之巧，佛事精妙，不可思议。绣柱金铺，骇人心目。至於高风永夜，宝铎和鸣，铿锵之声，闻及十余里。

浮图北有佛殿一所，形如太极殿。中有丈八金像一躯、中长金像十躯、绣珠像三躯、金织成像五躯、玉像二躯，作工奇巧，冠於当世。僧房楼观，一千余间，雕梁粉壁，青琐④绮疏，难得而言。栝柏椿松，扶疏檐霤；藂竹香草，布护阶墀⑤。

外国所献经像皆在此寺。寺院墙皆施短椽，以瓦覆之，若今宫墙也。四面各开一门。南门楼三重，通三阁道，去地二十丈，形制似今端门。图以云气，画彩仙灵，绮钱青琐，赫奕丽华。拱门有四力士、四师⑥子，饰以金银，加之珠玉，庄严焕炳，世所未闻。东西两门亦皆如之，所可异者，唯楼两重。北门一道，上不施屋，似乌头门。四门外，皆树以青槐，亘以绿水，京邑行人，多庇其下。路断飞尘，不由滫⑦云之润；清风送凉，岂籍合欢之发？

诏中书舍人常景为寺碑文。装饰毕功，明帝与太后共登之。视宫中如掌内，临京师若家庭。以其目见宫中，禁人不听升。衒之尝

---

① 刹：读 chà，梵语"刹多罗"的简称，寺庙佛塔。
② 锁：同"锁"。
③ 铺首：门扉上的环形饰物。
④ 青琐：装饰门窗的青色连环花纹。
⑤ 藂：读 cóng，聚集。布护：散布。
⑥ 师：狮。
⑦ 滫：读 yǎn，雨云。

与河南尹胡孝世共登之，下临云雨，信哉不虚！时有西域沙门菩提达摩者，波斯国胡人也。起自荒裔，来游中土。见金盘炫日，光照云表，宝铎含风，响出天外；歌咏赞叹，实是神功。自云："年一百五十岁，历涉诸国，靡不周遍，而此寺精丽，阎浮①所无也。极佛境界，亦未有此！"口唱南无，合掌连日……

瑶光寺……有五层浮图一所，去地五十丈。仙掌凌虚，铎垂云表，作工之妙，埒美永宁。讲殿尼房，五百余间。绮疏连亘，户牖相通，珍木香草，不可胜言。牛筋狗骨之木，鸡头鸭脚之草，亦悉备焉……

景乐寺……有佛殿一所，像辇在焉。雕刻巧妙，冠绝一时。堂庑周环，曲房连接，轻条拂户，花蕊被庭。至於六斋，常设女乐，歌声绕梁，舞袖徐转，丝管寥亮，谐妙入神……召诸音乐，逞伎寺内。奇禽怪兽，舞抃殿庭。飞空幻惑，世所未睹。异端奇术，总萃其中。剥驴投井，植枣种瓜，须臾之间，皆得食之。士女观者，目乱精迷……

景林寺，在开阳门内御道东。讲殿叠起，房庑连属。丹槛炫日，绣桷迎风，实为胜地。寺西有园，多饶奇果。春鸟秋蝉，鸣声相续。中有禅房一所，内置祇洹精舍②，形制虽小，巧构难比。加以禅阁虚静，隐室凝邃，嘉树夹牖，芳杜匝阶，虽云朝市，想同岩谷。静行之僧，绳坐其内，飱风服道，结跏数息③……

有石铭一所，国子博士卢白头为其文。建春门内御道南有勾盾、典农、籍田三署。籍田南有司农寺。御道北有空地，拟作东宫，晋中朝时太仓处也。太仓西南有翟泉，周回三里，即春秋所谓王子虎

---

① 阎浮：梵语，亦称"阎浮提""南阎浮提"，须弥山四方的四洲之一，位于南方，上面生长许多南赡部树；后泛指人间世界。

② 祇洹精舍：指"祇园精舍"，于祇陀太子园林中所建精舍，如来佛曾居之说法；后泛指佛寺。

③ 绳坐：正坐。结跏：结跏趺坐，佛教徒的一种坐法，双足交叠而坐。

晋狐偃盟於翟泉也。高祖於泉北置河南尹。泉西有华林园。高祖以泉在园东，因名苍龙海。华林园中有大海，即汉天渊池。海西有藏冰室。六月出冰，以给百官。海西南有景山殿。山东有羲和岭，岭上有温风室。山西有姮娥峰，峰上有露寒馆。并飞阁相通，凌山跨谷。山北有玄武池，山南有清暑殿。殿东有临涧亭，殿西有临危台。

景阳山南，有百果园。果列作林，林各有堂。

有仙人枣，长五寸，把之两头俱出，核细如针，霜降乃熟，食之甚美。俗传云出昆仑山，一曰西王母枣。又有仙人桃，其色赤，表里照彻，得霜乃熟。亦出昆仑山，一曰王母桃也。柰林南有石碑一所，魏明帝所立也，题云"苗茨之碑"。高祖於碑北作苗茨堂。

柰林西有都堂，有流觞池，堂东有扶桑海。

凡此诸海，皆有石窦流於地下，西通谷水，东连阳渠，亦与翟泉相连。若旱魃为害，谷水注之不竭；离毕①滂润，阳谷泄之不盈。至於鳞甲异品，羽毛殊类，濯波浮浪，如似自然也。

卷二·城东

宗圣寺，有像一躯，举高三丈八尺，端严殊特，相好毕备，士庶瞻仰，目不暂瞬。此像一出，市井皆空，炎光辉赫，独绝世表……

卷三·城南

景明寺……其寺东西南北方五百步，前望嵩山少室，却负帝城，青林垂影，绿水为文，形胜之地，爽垲独美。山悬堂光观盛，一千余间。复殿重房，交疏对雷，青台紫阁，浮道相通。虽外有四时，而内无寒暑。房檐之外，皆是山池。竹松兰芷，垂列阶墀，含风团露，流香吐馥……妆饰华丽，侔於永宁。金盘宝铎，焕烂霞表。寺有三池，萑蒲菱藕，水物生焉。或黄甲紫鳞，出没於繁藻，或青凫白雁，浮沈於绿水……伽蓝之妙，最得称首。

---

① 离毕：月亮附于毕星，天降雨之兆。

时世好崇福，四月七日京师诸像皆来此寺，尚书祠曹录像凡有一千余躯。至八日，以次入宣阳门，向阊阖宫前受皇帝散花。于时金花映日，宝盖浮云，幡幢若林，香烟似雾。梵乐法音，聒动天地。百戏腾骧①，所在骈比。名僧德众，负锡②为群；信徒法侣，持花成薮。车骑填咽，繁衍相倾。时有西域胡沙门见此，唱言佛国。

卷四·城西

法云寺……佛殿僧房，皆为胡饰。丹素炫彩，金玉垂辉，摹写真容，似丈六之见鹿苑；神光壮丽，若金刚之在双林。伽蓝之内，花果蔚茂，芳草蔓合，嘉木被庭。

大觉寺……北瞻芒岭，南眺洛汭，东望宫阙，西顾旗亭，禅皋显敞，实为胜地。怀所居之堂，上置七佛，林池飞阁，比之景明。至於春风动树，则兰开紫叶；秋霜降草，则菊吐黄花。名僧大德，寂以遣烦。永熙年中，平阳王即位，造砖浮图一所，是土石之工，穷精极丽，诏中书舍人温子升以为文也。

郦道元

郦道元(约 470—527)，字善长，范阳涿州(今河北涿州)人，北魏地理学家，历任平东将军、青州刺史、骑都尉、御史中尉、北中郎将、冀州长史、鲁阳郡太守、东荆州刺史、河南尹等，后慷慨殉国。博览奇书，幼时曾随父亲到山东访求水道，后又游历秦岭、淮河以北和长城以南广大地区，考察河道沟渠，搜集有关的风土民情、历史故事、神话传说，撰成《水经注》四十卷。另著《本志》十三篇及

---

① 骧：马奔跑。

② 负锡：手持禅杖。

《七聘》等文，已佚。选文参校陈桥驿撰《水经注校证》，中华书局
2007 年版。

水经注

卷　九

黑山在县北，白鹿山东，清水所出也。上承诸陂散泉，积以成
川，南流，西南屈。瀑布乘岩，悬河注壑，二十余丈。雷赴之声，
震动山谷。左右石壁层深，兽迹不交，隍中散水雾合，视不见底。
南峰北岭，多结禅栖之士；东岩西谷，又是刹灵之图①。竹柏之怀，
与神心妙远；仁智之性，共山水效深，更为胜处也。其水历涧流飞，
清泠洞观，谓之清水矣。

又迳七贤祠东，左右筠篁列植，冬夏不变贞萋。魏步兵校尉陈
留阮籍、中散大夫谯国嵇康、晋司徒河内山涛、司徒琅琊王戎、黄
门郎河内向秀、建威参军沛国刘伶、始平太守阮咸等，同居山阳，
结自得之游，时人号之为竹林七贤。向子期所谓山阳旧居也。后人
立庙于其处，庙南又有一泉，东南流注于长泉水。郭缘生《述征记》
所云，白鹿山东南二十五里，有嵇公故居，以居时有遗竹焉，盖谓
此也。其水又南，迳邓城东，名之为邓渎，又谓之为白屋水也。昔
司马懿征公孙渊，还，达白屋，即于此也。其水又东南流，迳隤城
北，又东南，历泽注于陂。陂水东流，谓之八光沟，而东流注于清
水，谓之长清河。而东周永丰坞，有丁公泉，发于焦泉之右。次东
又得焦泉，泉发于天门之左，天井固右。天门山石自空，状若门焉，
广三丈，高两匹，深丈余，更无所出，世谓之天门也。东五百余步，
中有石穴西向，裁得容人，自平地东南入，径至天井，直上三匹有

---

① 图：浮屠，指佛塔，图通"屠"。

余，扳蹑而升，至上平，东西二百步，南北七百步，四面崄绝，无由升陟矣。上有比邱释僧训精舍。寺有十余僧，给养难周，多出下平，有志者居之。寺左右杂树疏挺，有一石泉，方丈余，清水湛然，常无增减，山居者资以给饮。北有石室二间，旧是隐者念一之所，今无人矣。泉发于北阜，南流成溪，世谓之焦泉也。次东得鱼鲍泉，次东得张波泉，次东得三渊泉，梗河参连，女宿相属①。是四川在重门城西，并单川南注也。重门城，昔齐王芳为司马师废之，宫于此，即《魏志》所谓送齐王于河内重门者也。城在共县故城西北二十里。城南有安阳陂，次东，又得卓水陂，次东，有百门陂，陂方五百步，在共县故城西。汉高帝八年，封卢罢师为共侯，即共和之故国也。共伯既归帝政，逍遥于共山之山。山在国北，所谓共北山也，仙者孙登之所处。袁彦伯《竹林七贤传》，稽叔夜尝采药山泽，遇之于山。冬以被发自覆，夏则编草为裳，弹一弦琴而五声和。其水三川南合，谓之清川。

县，故汲郡治，晋太康中立。城西北有石夹水，飞湍濬急，世人亦谓之磻②溪，言太公尝钓于此也。城东门北侧有太公庙，庙前有碑。碑云：太公望者，河内汲人也。县民故会稽太守杜宣白令崔瑗曰：太公本生于汲，旧居犹存，君与高、国同宗太公，载在经传，今临此国，宜正其位，以明尊祖之义。于是国老王喜、廷掾郑笃、功曹邠勤等，咸曰宜之，遂立坛祀，为之位主。城北三十里有太公泉，泉上又有太公庙，庙侧高林秀木，翘楚竞茂，相传云，太公之故居也。晋太康中，范阳卢无忌为汲令，立碑于其上。太公避纣之乱，屠隐市朝，遁钓鱼水，何必渭滨，然后磻溪，苟惬神心，曲渚则可，磻溪之名，斯无嫌矣。

---

① 梗河、女宿：星宿名。

② 磻：读 pán。

卷　十

　　(漳水)魏武又以郡国之旧，引漳流自城西东入，迳铜雀台下，伏流入城东注，谓之长明沟也。渠水又南，迳止车门下。魏武封于邺，为北宫，宫有文昌殿。沟水南北夹道，枝流引灌，所在通溉，东出石窦下，注之洹水。故魏武《登台赋》曰：引长明，灌街里，谓此渠也。石氏于文昌故殿处，造东、西太武二殿，于济北谷城之山，采文石为基。一基下五百武直①宿卫。屈柱跌瓦，悉铸铜为之，金漆图饰焉。又徙长安、洛阳铜人，置诸宫前，以华国也。城之西北有三台，皆因城为之基，巍然崇举，其高若山。建安中魏武所起，平坦略尽。《春秋古地》云：葵丘，地名，今邺西三台是也。谓台已平，或更有见，意所未详。中曰铜雀台，高十丈，有屋百余间。台成，命诸子登之，并使为赋。陈思王下笔成章，美捷当时。亦魏武望奉常王叔治之处也。昔严才与其属攻掖门，修闻变，车马未至，便将官属步至宫门……石虎更增二丈，立一屋，连栋接榱②，弥覆其上，盘回隔之，名曰命子窟。又于台上起五层楼，高十五丈，去地二十七丈。又作铜雀于楼巅，舒翼若飞。南则金凤台，高八丈，有屋一百九间。北曰冰井台，亦高八丈，有屋一百四十间。上有冰室，室有数井。井深十五丈，藏冰及石墨焉。石墨可书，又然③之难尽，亦谓之石炭。又有粟窖及盐窖，以备不虞。今窖上犹有石铭存焉。左思《魏都赋》曰：三台列峙而峥嵘者也。城有七门，南曰凤阳门，中曰中阳门，次曰广阳门，东曰建春门，北曰广德门，次曰厩门，西曰金明门，一曰白门。凤阳门三台洞开，高三十五丈。石氏作层观架其上，置铜凤，头高一丈六尺。东城上，石氏立东明观，观上加金博山，谓之锵天。北城上有齐斗楼，超出群榭，孤高特立。

---

①　武直：武装卫士。

②　榱：读 cuī，椽子。

③　然：同"燃"。

其城东西七里，南北五里，饰表以砖，百步一楼。凡诸宫殿门台隅雉，皆加观榭，层甍反宇，飞檐拂云，图以丹青，色以轻素。当其全盛之时，去邺六七十里，远望苕亭，巍若仙居。魏因汉祚，复都洛阳，以谯为先人本国，许昌为汉之所居，长安为西京之遗迹，邺为王业之本基，故号五都也。

卷十一

濡水又东南流，迳荆轲馆北，昔燕丹纳田生之言，尊轲上卿，馆之于此。二馆之城，涧曲泉清，山高林茂，风烟披薄，触目怡情，方外之士，尚凭依旧居，取畅林木。

濡水又东，得白杨水口，水出遒县西山白杨岭下，东南流入濡水，时人谓之虎眼泉也。濡水东合檀山水，水出遒县西北，檀山西南。南流与石泉水会。水出石泉固东南隅，水广二十许步，深三丈。固在众山之内，平川之中，四周绝涧阻水，八丈有余，石高五丈，石上赤土又高一匹，壁立直上，广四十五步。水之不周者，路不容轨，仅通人马，谓之石泉固。固上宿有白杨寺，是白杨山神也。寺侧林木交荫，丛柯隐景。沙门释法澄建刹于其上，更为思玄之胜处也。

滱①水自倒马关南流，与大岭水合。水出山西南大岭下，东北流出峡，峡右山侧有祇洹精庐，飞陆陵山，丹盘虹梁，长津泛澜，萦带其下，东北流注于滱。滱水又屈而东，合两岭溪水，水出恒山北阜，东北流历两岭间。北岭虽层陵云举，犹不若南峦峭秀。自水南步远峰，石磴逶迤，沿途九曲。历睇诸山，咸为劣矣，抑亦羊肠、邛崃之类者也。

卷十二

巨马水又东，郦亭沟水注之。水上承督亢沟水于遒县东，东南

---

① 滱：读 kòu。

流历紫渊东。余六世祖乐浪府君，自涿之先贤乡，爰宅其阴。西带巨川，东翼兹水，枝流津通，缠络墟圃，匪直田渔之赡可怀，信为游神之胜处也。

卷十三

漯水又东北，迳白狼堆南，魏烈祖道武皇帝于是遇白狼之瑞，故斯阜纳称焉。阜上有故宫庙，楼榭基雉①尚崇，每至鹰隼之秋，羽猎之日，肆阅清野，为升眺之逸地矣。

羊水又东注于如浑水，乱流迳方山西，岭上有文明太皇太后陵，陵之东北有高祖陵，二陵之南有永固堂，堂之四隅，雉列榭、阶、栏、槛、及扉、户、梁、壁、椽、瓦，悉文石也。檐前四柱，采洛阳之八风谷黑石为之，雕镂隐起，以金银间云矩，有若锦焉。堂之内外四侧，结两石趺②，张青石屏风以文石为缘，并隐起忠孝之容，题刻贞顺之名。庙前镌石为碑、兽，碑石至佳。左右列柏，四周迷禽暗日。院外西侧有思远灵图，图之西有斋堂，南门表二石阙，阙下斩山累结御路，下望灵泉宫池，皎若圆镜矣。如浑水又南至灵泉池，枝津东南注池，池东西一百步，南北二百步。池渚旧名白杨泉，泉上有白杨树，因以名焉，其犹长杨五柞③之流称矣。南面旧京，北背方岭，左右山原，亭观绣峙，方湖反景，若三山之倒水下。如浑水又南迳北宫下，旧宫人作薄④所在。

卷十五

洛水又东，渠谷水出宜阳县南女几山，东北流，迳云中坞，左上迢遰⑤层峻，流烟半垂，缨带山阜，故坞受其名。渠谷水又东北，

---

①　基雉：宫室与城垣的基础；雉，城墙。

②　趺：碑下的石座。

③　柞："栎"的通称。

④　薄：同"敷"，装饰。

⑤　迢遰（dì）：亦作迢递、迢逓，高峻貌。

入洛水。臧荣绪《晋书》称：孙登尝经宜阳山，作炭①人见之，与语，登不应。作炭者觉其情神非常，咸共传说。太祖闻之，使阮籍往观，与语，亦不应。籍因大啸。登笑曰：复作向声。又为啸，求与俱出，登不肯。籍因别去。登上峰，行且啸，如箫韶笙簧之音，声振山谷。籍怪而问作炭人，作炭人曰：故是向人声。籍更求之，不知其所止。推问久之，乃知姓名。余按孙绰之叙《高士传》言在苏门山，又别作《登传》，孙盛《魏春秋》亦言在苏门山，又不列姓名。阮嗣宗感之，著《大人先生论》，言吾不知其人，既神游自得，不与物交。阮氏尚不能动其英操，复不识何人而能得其姓名。

卷十六

又东历大夏门下，故夏门也。陆机《与弟书》云：门有三层，楼高百尺，魏明帝造。门内东侧际城，有魏明帝所起景阳山，余基尚存。孙盛《魏春秋》曰：景初元年，明帝愈崇宫殿，雕饰观阁，于太行谷城之山，取白石英及紫石英及五色文石，起景阳山于芳林园，树松竹草木，捕禽兽以充其中。于时百役繁兴，帝躬自掘土，率群臣、三公以下，莫不展力。山之东，旧有九江。陆机《洛阳记》曰：九江直作圆水，水中作圆坛三破之，夹水得相逶通。《东京赋》曰：濯龙、芳林，九谷八溪，芙蓉覆水，秋兰被崖。今也，山则瑰阜独立，江无复仿佛矣。渠水又东，枝分南入华林园，历疏圃南。圃中有古玉井，井悉以珉玉为之，以缁石为口，工作精密，犹不变古，璨焉如新。又迳瑶华宫南，历景阳山北。山有都亭②。堂上结方湖，湖中起御坐，石也。御坐前建蓬莱山，曲池接筵，飞沼拂席，南面射侯夹席，武峙背山。堂上则石路崎岖，严嶂峻险，云台风观，缨峦带阜。游观者升降阿阁，出入虹陛，望之状凫没鸾举矣。其中引

---

① 作炭：指砍樵做炭。
② 都亭：都邑中的传舍，秦法，十里一亭，郡县治所则置都亭。

水飞睪①，倾澜瀑布，或枉渚声溜②，潺潺不断。竹柏荫于层石，绣
薄丛于泉侧，微飙暂拂，则芳溢于六空，实为神居矣。其水东注天
渊池。池中有魏文帝九华殿，殿基悉是洛中故碑累之，今造钓台于
其上。池南直魏文帝茅茨堂，前有《茅茨碑》，是黄初中所立也。其
水自天渊池东，出华林园，迳听讼观南，故平望观也。魏明帝常言：
狱，天下之命也。每断大狱，恒幸观听之。以太和三年，更从今名。
观西北接华林隶簿，昔刘桢磨石处也。《文士传》曰：文帝之在东宫
也，宴诸文学。酒酣，命甄后出拜，坐者咸伏，惟刘桢平视之，太
祖以为不敬，送徒隶簿。后太祖乘步牵车乘城，降阅簿作，诸徒咸
敬，而桢抠坐③，磨石不动。太祖曰：此非刘桢也？石如何性？桢
曰：石出荆山玄岩之下，外炳五色之章，内秉坚贞之志，雕之不增
文，磨之不加莹，禀气贞正，禀性自然。太祖曰：名岂虚哉！复为
文学。

　　魏太和中，皇都迁洛阳，经构宫极，修理街渠，务穷幽隐。发
石视之，曾无毁坏，又石工细密，非今之拟，亦奇为精至也，遂因
用之。其一水自千秋门南流，迳神虎门下，东对云龙门。二门衡
栿④之上，皆刻云龙风虎之状，以火齐⑤薄之。及其晨光初起，夕景
斜辉，霜文翠照，陆离眩目。又南迳通门、掖门西。又南流东转，
迳阊阖门南。案礼：王有五门，谓皋门、库门、雉门、应门、路门。
路门一曰毕门，亦曰虎门也。魏明帝上法太极于洛阳南宫，起太极
殿于汉崇德殿之故处，改雉门为阊阖门。昔在汉世，洛阳宫殿门题，
多是大篆，言是蔡邕诸子。自董卓焚宫殿，魏太祖平荆州，汉吏部
尚书安定梁孟皇，善师宜官八分体，求以赎死。太祖善其法，常仰

---

① 睪：当作“皋”。
② 溜：鸣叫。
③ 抠坐：抠衣而坐。
④ 栿：读 fú，房梁。
⑤ 火齐：火齐珠。

系帐中，爱玩之，以为胜宜官。北宫榜题，咸是鹄笔。南宫既建，明帝令侍中京兆韦诞以古篆书之。皇都迁洛，始令中书舍人沈含馨以隶书书之。景明、正始之年，又敕符节令江式以大篆易之。公诸桁①榜题，皆是式书。

渠水又枝分，夹路南出，迳太尉、司徒两坊间，谓之铜驼街。旧魏旧帝置铜驼诸兽于阊阖南街。陆机云：驼高九尺，脊出太尉坊者也。水西有永宁寺，熙平中始创也。作九层浮图，浮图下基，方一十四丈，自金露柈②下至地四十九丈，取法代都七级而又高广之，虽二京之盛，五都之富，利刹灵图，未有若斯之构。按《释法显行传》，西域有爵离浮图，其高与此相状。东都、西域，俱为庄妙矣。其地是曹爽故宅。经始之日，于寺院西南隅，得爽窟室，下入地可丈许。地壁悉累方石砌之，石作细密，都无所毁，其石悉入法用。自非曹爽，庸匠亦难复制此……

汉、魏以来，置太学于国子堂东。汉灵帝光和六年刻石镂碑，载五经，立于太学讲堂前，悉在东侧。蔡邕以熹平四年，与五官中郎将堂谿典、光禄大夫杨赐、谏议大夫马日磾、议郎张驯、韩说、太史令单飏等，奏求正定六经文字，灵帝许之。邕乃自书丹于碑，使工镌刻，立于太学门外。于是后儒晚学，咸取正焉。及碑始立，其观视及笔写者，车乘日千余辆，填塞街陌矣。今碑上悉铭刻蔡邕等名。魏正始中又立古、篆、隶《三字石经》。古文出於黄帝之世，仓颉本鸟迹为字，取其孳乳相生，故文字有六义焉。自秦用篆书，焚烧先典，古文绝矣。鲁恭王得孔子宅书，不知有古文，谓之科斗书，盖因科斗之名，遂效其形耳。言大篆出于周宣之时，史籀创著。平王东迁，文字乖错。秦之李斯及胡母敬又改籀书，谓之小篆，故

---

① 桁：读 héng，檩。

② 柈：同"盘"。

有大篆、小篆焉。然许氏字说①，专释于篆，而不本古文。言古隶之书，起于秦代，而篆字文繁，无会剧务②，故用隶人之省，谓之隶书。或云，即程邈于云阳增损者，是言隶者篆捷也。孙畅之尝见青州刺史傅宏仁说临淄人发古冢，得铜棺，前和外隐起为隶字，言齐太公六世孙胡公之棺也。惟三字是古，余同今书。证知隶自出古，非始于秦。魏初，传古文出邯郸淳，石经古文，转失淳法。树之于堂西，石长八尺，广四尺，列石于其下。碑石四十八枚，广三十丈。魏明帝又刊《典论》六碑附于其次。陆机言：《太学赞》别一碑，在讲堂西。下列石龟，碑载蔡邕、韩说、堂谿典等名。《太学弟子赞》复一碑，在外门中。今二碑并无。石经东有一碑，是汉顺帝阳嘉元年立。碑文云：建武二十七年造太学，年积毁坏。永建六年九月，诏书修太学。刻石记年，用作工徒十一万二千人，阳嘉元年八月作毕。碑南面刻颂，表里镂字，犹存不破……

袁氏《王陆诗叙》：机初入洛，次河南之偃师，时忽结阴，望道左若有民居者，因往逗宿，见一少年，姿神端远，与机言玄，机服其能，而无以酬折，前致一辩，机题纬古今，综检名实，此少年不甚欣解。将晓去，税驾逆旅③，妪曰：君何宿而来？自东数十里无村落，止有山阳王家墓。机乃怪怅，还睇昨路，空野昏霾，云攒蔽日，知所遇者，审④王弼也。

卷二十六

巨洋水自朱虚北入临朐⑤县，熏冶泉水注之。水出西溪，飞泉侧濑于穷坎之下，泉溪之上，源麓之侧，有一祠，目之为冶泉祠。

---

① 许氏字说：指东汉许慎《说文解字》。

② 剧务：繁剧的事务。

③ 税驾：解驾、停车；税：同"捝""脱"。逆旅：旅舍、旅馆。

④ 审：一定是、果然是。

⑤ 朐：读 qú。

按《广雅》，金神谓之清明，斯地盖古冶官所在，故水取称焉。水色澄明，而清泠特异。渊无潜石，浅镂沙文，中有古坛，参差相对，后人微加功饰，以为嬉游之处。南北邃岸凌空，疏木交合。先公以太和中作镇海岱，余总角之年，侍节东州，至若炎夏火流，闲居倦想，提琴命友，嬉娱永日。桂笋寻波，轻林委浪，琴歌既洽，欢情亦畅，是焉栖寄，实可凭衿①。小东有一湖，佳饶鲜笋，匪直芳齐芍药，实亦洁并飞鳞。其水东北流入巨洋，谓之熏冶泉。

（淄水）阳水又东北流，石井水注之。水出南山，山顶洞开，望若门焉，俗谓是山为劈头山。其水北流注井，井际广城东侧，三面积石，高深一匹有余。长津激浪，瀑布而下，澎赑之音，惊川聒谷，渀濞②之势，状同洪河，北流入阳水。余生长东齐，极游其下，于中阔绝，乃积绵载。后因王事，复出海岱。郭金紫惠同石井，赋诗言意。弥日嬉娱，尤慰羁心，但恨此水时有通塞耳。阳水东迳故七级寺禅房南。水北则长庑遍驾，回阁承阿，林际则绳坐疏班，锡钵间设，所谓修修释子，眇眇禅栖者也。阳水又东迳东阳城东南。义熙中，晋青州刺史羊穆之筑此，以在阳水之阳，即所谓东阳城，世以浊水为西阳水故也。水流亦有时穷通，信为灵矣。昔在宋世，是水绝而复流，刘晃赋《通津》焉。魏太和中，此水复竭，辍流积年。先公除州，即任未期，是水复通，澄映盈川，所谓幽谷枯而更溢，穷泉辍而复流矣。海岱之士，又颂通津焉。

卷二十八

襄阳城东有东白沙，白沙北有三洲，东北有宛口，即淯水所入也。沔水中有鱼梁洲，庞德公所居。士元居汉之阴，在南白沙，世故谓是地为白沙曲矣。司马德操宅洲之阳，望衡对宇，欢情自接，

---

① 凭衿：寄托胸怀。

② 渀（pēng）濞：亦作"渀奔"，水流猛激貌。

泛舟褰裳，率尔休畅。岂待还桂柁①于千里，贡深心于永思哉。水南有鹰台，号曰景升台。盖刘表治襄阳之所筑也。言表盛游于此常所止憩。表性好鹰，尝登此台，歌《野鹰来曲》。其声韵似孟达《上堵吟》矣。

⋯⋯⋯⋯⋯⋯

扬水又东历天井北，井在方城北里余，广圆二里，其深不测。井有潜室，见辄兵。西岸有天井台，因基旧堤，临际水湄，游憩之佳处也。扬水又东北流，得东赤湖水口，湖周五十里，城下陂池，皆来会同。湖东北有大暑台，高六丈余，纵广八丈，一名清暑台，秀宇层明，通望周博，游者登之，以畅远情。

卷三十二

沮水南迳临沮县西，青溪水注之。水出县西青山，山之东有滥泉，即青溪之源也。口径数丈，其深不测，其泉甚灵洁。至于炎阳有亢，阴雨无时，以秽物投之，辄能暴雨。其水导源东流，以源出青山，故以清溪为名。寻源浮溪，奇为深峭。盛弘之云：稠木傍生，凌空交合，危楼倾崖，恒有落势。风泉传响于青林之下，岩猨流声于白云之上，游者常若目不周玩，情不给赏。是以林徒栖托，云客宅心，泉侧多结道士精庐焉。

卷三十四

自三峡七百里中，两岸连山，略无阙处，重岩叠嶂，隐天蔽日，自非停午夜分，不见曦月。至于夏水襄陵，沿溯阻绝，或王命急宣，有时朝发白帝，暮到江陵，其间千二百里，虽乘奔御风，不以疾也。春冬之时，则素湍绿潭，回清倒影，绝巘多生怪柏，悬泉瀑布，飞漱其间，清荣峻茂，良多趣味。每至晴初霜旦，林寒涧肃，常有高猿长啸，属引凄异，空谷传响，哀转久绝。故渔者歌曰：巴东三峡

---

① 柁：同“舵”。

巫峡长，猿鸣三声泪沾裳……

江水又东迳西陵峡，《宜都记》曰：自黄牛滩东入西陵界，至峡口一百许里，山水纡曲，而两岸高山重嶂，非日中夜半，不见日月，绝壁或千许丈，其石彩色形容，多所像类，林木高茂，略尽冬春。猿鸣至清，山谷传响，泠泠不绝。所谓三峡，此其一也。山松言：常闻峡中水疾，书记及口传，悉以临惧相戒，曾无称有山水之美也。及余来践跻此境，既至欣然，始信耳闻之不如亲见矣。其叠崿秀峰，奇构异形，固难以辞叙。林木萧森，离离蔚蔚，乃在霞气之表。仰瞩府映，弥习弥佳。流连信宿，不觉忘返，目所履历，未尝有也。既自欣得此奇观，山水有灵，亦当惊知己于千古矣！江水历禹断江南。峡北有七谷村，两山间有水清深，潭而不流。

卷三十九

洣水又西北，与洋湖水会。水出县西北乐薮冈下洋湖，湖去冈七里，湖水下注洣，谓之洋湖口。洣水东北有峨山，县东北又有武阳、龙尾山，并仙者羽化之处。上有仙人及龙马迹，于其处得遗咏。虽神栖白云，属想芳流，藉念泉乡，遗咏在兹。览其余诵，依然息远，匪直邈想霞踪，爱其文咏可念，故端牍抽札，以诠其咏。其略曰：登武阳，观乐薮，峨岭千蒬洋湖口，命蜚螭，驾白驹，临天水，心踟蹰，千载后，不知如。盖胜赏神乡，秀情超拔矣。

卷四十

有青溪、余洪溪、大发溪、小发溪，江上有溪，六溪列溉，散入江。夹溪上下，崩崖若倾。东有簟山，南有黄山，与白石三山，为县之秀峰。山下众流前导，湍石激波，浮险四注。浦阳江又东迳石桥，广八丈，高四丈。下有石井，口径七尺，桥上有方石，长七尺，广一丈二尺。桥头有磐石，可容二十人坐。溪水两旁悉高山，山有石壁二十许丈，溪中相攻，屃响外发，未至桥数里，便闻其声。

江水北迳嵊山，山下有亭，亭带山临江，松岭森蔚，沙渚平静，浦阳江又东北迳始宁县崿山之成功峤①。峤壁立临江，歊路峻狭，不得并行。行者牵木稍进，不敢俯视。峤西有山，孤峰特上，飞禽罕至。尝有采药者，沿山见通溪，寻上，于山顶树下，有十二方石，地甚光洁。还复更寻，遂迷前路。言诸仙之所憩宴，故以坛宴名山。峤北有崿浦，浦口有庙，庙甚灵验，行人及樵伐者皆先敬焉。若相侵窃，必为蛇虎所伤。北则崿山与嵊山接，二山虽曰异县，而峰岭相连，其间倾涧怀烟，泉溪引雾，吹畦风馨，触岫延赏。是以王元琳谓之神明境，事备谢康乐《山居记》。浦阳江自崿山东北，迳太康湖，车骑将军谢玄田居所在。右滨长江，左傍连山，平陵修通，澄湖远镜。于江曲起楼，楼侧悉是桐梓，森耸可爱，居民号为桐亭楼，楼两面临江，尽升眺之趣。芦人渔子，泛滥②满焉。湖中筑路，东出趣山，路甚平直，山中有三精舍，高甍凌虚，垂檐带空，俯眺平林，烟杳在下，水陆宁晏，足为避地之乡矣。江有琵琶圻，圻有古冢堕水，甓有隐起字云：筮吉龟凶，八百年，落江中。谢灵运取甓诣京，咸传观焉。

　　（虞县兰风山）丹阳葛洪遁世居之，基井存焉。琅琊王方平性好山水，又爱③宅兰风，垂钓于此，以永终朝。行者过之，不识，问曰：卖鱼师，得鱼卖否？方平答曰：钓亦不得，得复不卖。亦谓是水为上虞江。县之东郭外有渔浦湖，中有大独小独二山。又有覆舟山。覆舟山下有渔浦王庙。庙今移入里山。此三山孤立水中。湖外有青山、黄山、泽兰山，重岫叠岭，参差入云。泽兰山头有深潭，山影临水，水色青绿。山中有诸坞，有石楗④一所，右临白马潭。

---

　　① 崿：读 tū。峤：尖而高的山。

　　② 泛滥：浮游于水上。

　　③ 爰：改易、更换。

　　④ 楗：河工以埽料所筑之柱桩。

潭之深无底，传云创湖之始，边塘屡崩，百姓以白马祭之，因以名水。

左　思

左思（约250—约305），字太冲，临淄（今山东淄博）人，西晋著名文学家。晋武帝时，因妹左棻被选入宫，举家迁居洛阳，任秘书郎。晋惠帝时，依附权贵贾谧，为文人集团"二十四友"的重要成员。永康元年（300），因贾谧被诛，遂退居宜春里，专心著述。后齐王司马囧召为记室督，不就。太安二年（303），因张方进攻洛阳而移居冀州，不久病逝。有《左太冲集》。《晋书》有传。选文参校李善注《昭明文选》卷四至卷六，上海古籍出版社1986年版。

三都赋

序①

盖诗有六义焉，其二曰赋。扬雄曰："诗人之赋丽以则。"班固曰："赋者，古诗之流也。"先王采焉，以观土风。见"绿竹猗猗"，则知卫地淇澳之产②；见"在其版屋"，则知秦野西戎之宅③；故能居然而辨八方。然相如赋《上林》而引"卢橘夏熟"，扬雄赋《甘泉》而陈"玉

---

① 《文选》李善注云：臧荣绪《晋书》曰：左思，字太冲，齐国人。少博览文史，欲作三都赋，乃诣著作郎张载，访岷、邛之事。遂构思十稔，门庭藩溷，皆著纸笔，遇得一句，即疏之。征为秘书。赋成，张华见而咨嗟，都邑豪贵，竞相传写。（三都者，刘备都成都，号蜀；孙权都建业，号吴；曹操都邺，号魏。思作赋时，吴、蜀已平，见前贤文之是非，故作斯赋以辨众惑。）

② 语见《诗经·卫风·淇奥》："瞻彼淇奥，绿竹猗猗。"

③ 语见《诗经·秦风·小戎》："在其版屋，乱我心曲。"毛苌注曰：西戎版屋也。

树青葱"，班固赋《西都》而叹以出比目，张衡赋《西京》而述以游海若①。假称珍怪，以为润色，若斯之类，匪啻于兹。考之果木，则生非其壤；校之神物，则出非其所。于辞则易为藻饰，于义则虚而无征。且夫玉卮无当②，虽宝非用；侈言无验，虽丽非经。而论者莫不诋讦其研精，作者大氐举为宪章。积习生常，有自来矣。

余既思摹《二京》③而赋《三都》，其山川城邑则稽之地图，其鸟兽草木则验之方志。风谣歌舞，各附其俗；魁梧④长者，莫非其旧。何则？发言为诗者，咏其所志也；升高能赋者，颂其所见也。美物者贵依其本，赞事者宜本其实。匪本匪实，览者奚信？且夫任土作贡⑤，《虞书》所著；辩物居方⑥，《周易》所慎。聊举其一隅，摄其体统，归诸诂训焉。

蜀都赋

有西蜀公子者，言於东吴王孙⑦曰：

盖闻天以日月为纲，地以四海为纪。九土星分，万国错跱⑧。崤函有帝皇之宅，河洛为王者之里。吾子岂亦曾闻蜀都之事欤？请为左右扬搉⑨而陈之。

夫蜀都者，盖兆基於上世，开国於中古。廓灵关以为门⑩，包

---

①　以上四赋都是描写长安的，而所提的四种事物都是长安所没有的，所以下面说"假称珍怪"。

②　卮：一名觯，酒器。当：底。

③　二京：指张衡《西京赋》《东京赋》。

④　魁梧：这里指高大的山丘。

⑤　任土作贡：根据土地肥沃程度确定赋税的多少，语见《尚书·禹贡》："禹别九州，随山浚川，任土作贡。"

⑥　语见《周易·未济》："君子以慎辩物居方。"

⑦　公子、王孙：称呼对方的敬辞。

⑧　九土：九州。跱：对峙。

⑨　扬搉：约略，举其大概。

⑩　廓灵关以为门：灵关，山名，在成都西南汉寿界，在前，故曰门。

玉垒而为宇[①]。带二江之双流[②]，抗[③]峨眉之重阻。水陆所凑，兼六合而交会焉；丰蔚所盛，茂八区而庵蔼焉[④]。

於前则跨躡犍牂，枕輢交趾[⑤]。经途所亘，五千余里。山阜相属，含溪怀谷。岗峦纠纷，触石吐云。郁葐蒀[⑥]以翠微，崛巍巍以峨峨。干青霄而秀出，舒丹气而为霞。龙池瀥瀑濆其限[⑦]，漏江伏流溃其阿。汨若汤谷之扬涛，沛若蒙汜之涌波。於是乎邛竹缘岭，菌桂临崖。旁挺龙目，侧生荔枝。布绿叶之萋萋，结朱实之离离。迎隆冬而不凋，常晔晔以猗猗。孔翠[⑧]群翔，犀象竞驰。白雉朝雊，猩猩夜啼。金马骋光而绝景，碧鸡倏忽而曜仪[⑨]。火井沈荧於幽泉，高爓飞煽於天垂[⑩]。其间则有虎珀丹青，江珠瑕英。金沙银砾，符采彪炳，晖丽灼烁[⑪]。

於后则却背华容，北指昆仑。缘以剑阁，阻以石门。流汉汤汤，惊浪雷奔。望之天回，即之云昏。水物殊品，鳞介异族。或藏蛟螭，或隐碧玉。嘉鱼出於丙穴[⑫]，良木攒於褒谷。其树则有木兰梫桂，

---

① 包玉垒而为宇：玉垒，山名，在成都西北岷山界，在后，故曰宇。

② 带二江之双流：江水出岷山，分为二江，经成都南，东流经之，故曰带。

③ 抗：面对。

④ 八区：八方。庵蔼：茂盛貌。

⑤ 犍牂：指犍为郡、牂牁郡，并属益州。輢：读 yǐ，本指古代车箱两旁人可以倚靠的木板，这里作动词，凭倚、靠近。交趾：交趾郡，属交州。

⑥ 葐蒀：读 pén yūn，亦作“芬蒀”“芬氲”，烟霭氤氲或香气郁盛。

⑦ 瀥瀑：水沸之声。濆：涌泉。

⑧ 孔翠：孔雀、翠鸟。

⑨ 金马、碧鸡：《汉书·郊祀志》：“或者益州有金马、碧鸡之神，可醮祭而致。”《水经注·淹水》：“县(今云南省大姚县)有禺同山，其山神有金马、碧鸡，光影倏忽，民多见之。”

⑩ 火井：盐井。爓：火焰。煽：炽。

⑪ 符采：玉之横文。灼烁：色彩鲜艳。

⑫ 丙穴：地名，在今湖北省仙桃市北。

杞櫹椅桐，棕枒楔枞①。梗柟②幽蔼於谷底，松柏蓊郁於山峰。擢③修干，竦长条。扇飞云，拂轻霄。羲和假道於峻歧，阳乌回翼乎高标。巢居栖翔，聿④兼邓林。穴宅奇兽，窠宿异禽。熊罴咆其阳，雕鹗鴥⑤其阴。猿狄腾希⑥而竞捷，虎豹长啸而永吟。

於东则左绵巴中，百濮⑦所充。外负铜梁於宕渠⑧，内函要害於膏腴。其中则有巴菽巴戟，灵寿桃枝⑨。樊以蒩圃⑩，滨以盐池。螫蜼⑪山栖，鼋龟水处。潜龙蟠於沮⑫泽，应鸣鼓而兴雨。丹沙赩炽出其阪，蜜房郁毓⑬被其阜。山图采而得道，赤斧服而不朽⑭。若乃刚悍生其方，风谣尚其武。奋之则賨⑮旅，玩之则渝舞。锐气剽於中叶，蹻⑯容世於乐府。

於西则右挟岷山，涌渎发川。陪以白狼，夷歌成章⑰。峒野草

---

① 杞、櫹、椅、桐、棕、枒、楔、枞：皆为树名。

② 梗柟：两种大树名。

③ 擢：挺拔。

④ 聿：读 yù，文言助词，无义。

⑤ 鴥：读 yù，（鸟）疾飞貌。

⑥ 腾希：腾跃于空中。

⑦ 濮：夷。

⑧ 铜梁：山名。宕渠：古县名称，西汉置，所辖大约为今四川省渠县。

⑨ 巴菽：巴豆。巴戟：巴戟天，一种中草药。灵寿：树名也，出涪陵县。桃枝：竹属也，出垫江县。

⑩ 樊：蕃，围绕。蒩：读 zū，截（jié）菜。

⑪ 螫蜼：鸟名，如今之所谓山鸡，其雄色斑，雌色黑，出巴东。

⑫ 沮：同"菹"。

⑬ 郁毓：盛多貌。

⑭ 山图：传说中的仙人，陇西人，随道士之名山采药，身轻不食，莫知所往。赤斧：传说中的仙人，巴人，能炼丹砂与消石，服之身体毛发尽赤。

⑮ 賨：读 cóng，賨人，历史上的少数民族，又称寅人、板楯蛮，是今土家族主源。

⑯ 蹻：读 jiǎo，壮健、勇武。

⑰ 白狼事：川西南少数民族白狼夷在汉明帝时，作诗三章以颂汉德，益州刺史朱辅驿传其诗奏之。

昧，林麓黝儵①。交让所植，蹲鸱所伏②。百药灌丛，寒卉冬馥。异类众伙，于何不育？其中则有青珠黄环，碧砮芒消③。或丰绿荑，或蕃丹椒。蘪芜布濩於中阿，风连莚蔓於兰皋④。红葩紫饰，柯叶渐苞。敷蕊葳蕤，落英飘飙。神农是尝，卢跗⑤是料。芳追气邪，味蠲疠痟⑥。

其封域之内，则有原隰坟衍，通望弥博。演以潜沫，浸以绵雒⑦。沟洫脉散，疆里绮错。黍稷油油，粳稻莫莫⑧。指渠口以为云门，洒滮池而为陆泽⑨。虽星毕之滂遝⑩，尚未齐其膏液。尔乃邑居隐赈⑪，夹江傍山。栋宇相望，桑梓接连。家有盐泉之井，户有橘柚之园。

其园则林檎枇杷，橙柿樗椁⑫。樋桃⑬函列，梅李罗生。百果甲宅，异色同荣。朱樱春熟，素柰夏成。若乃大火流，凉风厉。白露凝，微霜结。紫梨津润，樗栗罅发⑭。蒲陶乱溃，若榴竞裂。甘至

---

① 坰：读 jiǒng，荒野、远野，邑外谓之郊，郊外谓之牧，牧外谓之野，野外谓之林，林外谓之"坰"。黝儵：读 yǒu shū，茂盛貌。

② 交让：树名，两树对生，一树枯则一树生，如是岁更，终不俱生俱枯也，出岷山，在安都县。蹲鸱(chī)：状如蹲伏的鸱鸟的大芋，可充饥。

③ 砮：读 nǔ，石制的箭镞。芒消：芒硝，一种可医用的矿物质。

④ 绿荑、丹椒、蘪芜、风连：皆香草名。

⑤ 卢跗(fū)：春秋时良医卢人扁鹊和相传黄帝时良医俞跗的并称。

⑥ 蠲：读 juān，除去。痟：读 xiāo，头痛病。

⑦ 潜、沫、绵、雒(luò)：四水名。

⑧ 莫莫：茂盛貌。

⑨ 滮：读 biāo，流动貌。陆：凝雨。

⑩ 星毕之滂遝：《尚书·洪范》曰："星有好雨；月失道而入毕，则多雨。"滂遝(tà)：雨盛貌。

⑪ 隐：盛。赈：富。

⑫ 椁：山梨。

⑬ 樋桃：山桃。

⑭ 罅发：栗皮破罅而发。

自零，芬芬酷烈。

其园则有蒟蒻①茱萸，瓜畴芋区。甘蔗辛姜，阳蓲②阴敷。日往
菲薇，月来扶疏。任土所丽，众献而储。其沃瀛则有攒蒋丛蒲③，
绿菱红莲。杂以蕴藻，糅以苹蘩④。总茎柅柅，裛叶蓁蓁⑤。蕡实时
味，王公羞焉⑥。其中则有鸿俦鹄侣，䴄鹭鹤鹕⑦。晨凫旦至，候雁
衔芦。木落南翔，冰泮北徂⑧。云飞水宿，呼唳清渠。其深则有白
鼋命⑨鳖，玄獭上祭。鳣鲔鳟魴，鮞鳢鲨䱇。差鳞次色，锦质报章。
跃涛戏濑，中流相忘。

於是乎金城石郭，兼匝⑩中区。既丽且崇，实号成都。辟二九
之通门，画方轨之广涂。营新宫於爽垲⑪，拟承明而起庐。结阳城
之延阁，飞观榭乎云中。开高轩以临山，列绮窗而瞰江。内则议殿
爵堂，武义虎威⑫。宣化之闼，崇礼之闱。华阙双邈，重门洞开。
金铺交映，玉题相晖。外则轨躅八达，里闬对出⑬。比屋连甍，千
庑万室。亦有甲第，当衢向术⑭。坛宇显敞，高门纳驷。庭扣钟磬，

---

① 蒟：读jǔ，指"蒟酱"，又叫"蒌叶"，木质藤本，果实像桑葚，有辣味，可吃，可
制酱，藤叶可供药用。蒻：读ruò，指连茎入泥的白色部分。

② 蓲：读xū，温暖。

③ 瀛：指沼泽中间。蒋：菰。

④ 蕴、藻、苹、蘩：皆水草名。

⑤ 总：结。柅柅(nǐ)、蓁蓁(zhēn)：草木茂盛貌。裛：读yì，缠绕。

⑥ 蕡：读fén，(果实)多而大。羞：同"馐"。

⑦ 䴄鹭、鹤鹕：鸟名。

⑧ 木落：叶落。泮：读pàn，散、解。

⑨ 命：呼。

⑩ 匝：条状黄土山岗。

⑪ 爽垲(kǎi)：高爽干燥。

⑫ 武义、虎威：门名。

⑬ 轨躅(zhú)：车轮碾过之痕迹。闬：读hàn，里巷的门。

⑭ 术：道路。

堂抚琴瑟。匪葛匪姜，畴能是恤①。

亚以少城，接乎其西。市廛所会，万商之渊。列隧百重，罗肆巨千。赇货山积，纤丽星繁。都人士女，袨②服靓粧。贾贸墆③鬻，舛错纵横。异物崛诡，奇於八方。布有幢华，麪有桄榔④。邛杖传节於大夏之邑，蒟酱流味於番禺之乡。舆辇杂沓，冠带混并。累毂叠迹，叛衍⑤相倾。喧哗鼎沸，则哤⑥聒宇宙；嚣尘张天，则埃壒曜灵⑦。阛阓⑧之里，伎巧之家。百室离房，机杼相和。贝锦斐成，濯色江波。黄润比筒，籯金所过⑨。侈侈隆富，卓郑埒名⑩。公擅山川，货殖私庭。藏镪巨万，鈲揳兼呈⑪。亦以财雄，翕习边城。三蜀⑫之豪，时来时往。养交都邑，结俦附党。剧⑬谈戏论，扼腕抵掌。出则连骑，归从百两。

若其旧俗，终冬始春，吉日良辰，置酒高堂，以御嘉宾。金罍中坐，肴楠四陈。觞以清醥⑭，鲜以紫鳞。羽爵执竞，丝竹乃发。

---

① 葛：诸葛亮。姜：姜维。畴：谁。

② 袨：读 xuàn，华美的盛装。

③ 墆：读 zhì，贮积。

④ 幢华：幢树的花，可织布。麪：读 miàn，面粉。桄榔：树名，木中有屑如面粉，可食。

⑤ 叛衍：漫衍。叛，乱。

⑥ 哤：读 máng，语言杂乱。

⑦ 曜灵：白日。

⑧ 阛阓：读 huán huì，街市、街道。

⑨ 黄润：一种细布。比：列。籯金：一籯之金；籯：读 yíng，竹笼，古人常用以存放贵重金银财宝。

⑩ 卓郑：指蜀地巨富卓王孙、程郑。埒：读 liè，等同。

⑪ 镪：钱串，引申为成串的钱。鈲：裁木为器。揳：裂帛为衣。

⑫ 三蜀：汉高祖时分蜀郡，置广汉郡，汉武帝时又分置犍为郡，合称三蜀。

⑬ 剧：甚。

⑭ 醥：读 piǎo，清酒。

巴姬弹弦，汉女击节。起西音於促柱，歌江上之飉厉[①]。纡长袖而屡舞，翩跹跹以裔裔。合樽促席，引满相罚。乐饮今夕，一醉累月。若夫王孙之属，郤公之伦[②]。从禽于外，巷无居人。并乘骥子，俱服鱼文。玄黄异校，结驷缤纷。西逾金堤，东越玉津。朔别期晦，匪日匪旬……吹洞箫，发棹讴……酌清酤，割芳鲜。饮御酣，宾旅旋。车马雷骇，轰轰阗阗。若风流雨散，漫乎数百里间。斯盖宅土之所安乐，观听之所踊跃也。焉独三川，为世朝市？

若乃卓荦奇谲，倜傥罔已。一经神怪，一纬人理。远则岷山之精，上为井络。天帝运期而会昌，景福肸蚃而兴作。碧出苌弘之血，鸟生杜宇之魄。妄变化而非常，羌见伟于畴昔。近则江汉炳灵，世载其英。蔚若相如，皭若君平[③]。王褒韡晔而秀发，扬雄含章而挺生。幽思绚《道德》，摛藻掞[④]天庭。考四海而为俊，当中叶而擅名。是故游谈者以为誉，造作者以为程也。至乎临谷为塞，因山为障。峻岨塍埒长城，豁险吞若巨防。一人守隘，万夫莫向。公孙跃马而称帝，刘宗下辇而自王[⑤]。由此言之，天下孰尚？故虽兼诸夏之富有，犹未若兹都之无量也。

吴都[⑥]赋

东吴王孙冁然而咍[⑦]，曰：

夫上图景宿，辨於天文者也；下料[⑧]物土，析於地理者也。古

---

① 促柱：急弦，支弦的柱移近则弦紧，故称。飉(liáo)厉：形容声音清越、嘹亮。

② 王孙：指卓王孙。郤公：豪侠。

③ 君平：严遵。

④ 掞：读 yàn，光照。

⑤ 公孙：指公孙述，王莽时，自立为天子。刘宗：指刘备。

⑥ 吴都：今苏州。

⑦ 冁(zhěn)然：大笑貌。咍：读 hāi，笑。

⑧ 料：测度。

先帝代，曾览八纮①之洪绪，一六合而光宅，翔集遐宇，鸟策篆素，玉谍②石记，乌闻梁岷有陟方③之馆、行宫之基欤？而吾子言蜀都之富，禹同④之有。玮其区域，美其林薮。矜巴汉之阻，则以为袭险之右；徇蹲鸱之沃，则以为世济阳九。龌龊而算，固亦曲士之所叹也⑤；旁魄⑥而论，抑非大人之壮观也。何则？土壤不足以摄生⑦，山川不足以周卫。公孙国之而破，诸葛家之而灭。兹乃丧乱之丘墟，颠覆之轨辙。安可以丽王公而奢风烈⑧也？玩其碛砾而不窥玉渊者⑨，未知骊龙之所蟠也；习其弊邑而不睹上邦者，未知英雄之所躔⑩也。

子独未闻大吴之巨丽乎？且有吴之开国也，造自太伯，宣于延陵⑪。盖端委⑫之所彰，高节之所兴。建至德以创洪业，世无得而显称。由克让以立风俗，轻脱躧⑬于千乘。若率土而论都，则非列国之所觖望⑭也。故其经略，上当星纪⑮。拓土画疆，卓荦兼并。包括

---

① 八纮（hóng）：八方极远之地。
② 谍：同"牒"。
③ 陟（zhì）方：巡狩，天子外出巡视。
④ 禹同：山名。
⑤ 龌龊：格局狭小貌。曲：偏僻。
⑥ 旁魄：同"磅礴"。
⑦ 摄生：摄取生命所需养分。
⑧ 风烈：风尚。
⑨ 碛砾：浅水见沙石之貌。玉渊：水深之处，美玉所出也。
⑩ 躔：读 chán，践、践履。
⑪ 太伯指吴太伯，延陵指公子札，二人都有避位之举。
⑫ 端委：礼衣端正貌。
⑬ 躧：读 xǐ，鞋。
⑭ 觖（jué）望：因不满意而怨恨、有意见。
⑮ 星纪：吴地处北斗、牵牛星下，斗者，日月五星之所经始，故谓当星纪。

干①越，跨蹑蛮荆。婺女寄其曜，翼轸寓其精②。指衡岳以镇野，目龙川而带坰。

尔其山泽，则嵬嶷嶕屼，嵊冥郁峍③……百川派别，归海而会……瑰异之所丛育，鳞甲之所集往。於是乎长鲸吞航，修鲵④吐浪……鸟则鹍鸡鸀鳿⑤，鶟⑥鹔鹭鸿……岛屿绵邈，洲渚冯隆⑦。旷瞻迢递，迥眺冥蒙⑧。珍怪丽，奇隙充。径路绝，风云通。洪桃屈盘，丹桂灌丛。琼枝抗茎而敷蕊，珊瑚幽茂而玲珑。增冈重阻，列真之宇。玉堂对溜，石室相距。蔼蔼翠幄，袅袅素女。江斐於是往来，海童於是宴语。斯实神妙之响象，羌难得而觏缕⑨！

尔乃地势块圠，卉木㛃蔓⑩。遭数为圃，值林为苑。异葞蓝蒛，夏晔冬蒨⑪。方志所辨，中州所羡。草则藿蒳豆蔻，姜汇非一⑫。江蓠⑬之属，海苔之类。纶组紫绛，食葛香茅。石帆水松，东风扶留⑭。布濩⑮皋泽，蝉联陵丘……木则枫柙橡樟，栟榈枸桹⑯……宗

---

① 干：也指"越"。

② 婺(wù)女：星宿名，即女宿，又名须女、务女，越地是婺女之分野。翼、轸(zhěn)：星宿名，楚地是翼、轸之分野。

③ 嵬嶷：高大貌。嵊冥郁峍：山气暗昧之状。

④ 鲵：雌鲸。

⑤ 鸀鳿：读 zhú yù，山乌。

⑥ 鶟：鶟鹔(sù shuāng)，雁的一种，毛为绿色。

⑦ 冯隆：高貌。

⑧ 冥蒙：深奥貌。

⑨ 觏(luó)缕：详述。

⑩ 块圠：读 yǎng yà，地势高低不平貌。㛃蔓：读 ǎo màn，草木蔓衍繁盛貌。

⑪ 葞：读 fū，草木的花。蓝蒛：读 xū yú，花开茂盛貌。蒨：草木茂盛貌。

⑫ 蒳：读 nà，一种植物，叶如棕榈。汇：类。

⑬ 江蓠：一种香草。

⑭ 石帆、水松、东风、扶留：皆草名。

⑮ 布濩：遍满貌。

⑯ 栟榈：读 bīng lú，亦作"栟闾"，棕榈。枸桹(láng)：树名，其用类棕榈。

生高冈，族茂幽阜……鸣条律畅，飞音响亮。盖象琴筑并奏，笙竽俱唱。

其上则有猿父哀吟……其下则有枭羊麔①狼……名载於山经，形镂於夏鼎。其竹则篔筜林箊②……其果则丹橘余甘……鹧鸪南翥而中留，孔雀綷羽以翱翔。山鸡归飞而来栖，翡翠列巢以重行。其琛赂③则琨瑶之阜，铜锴之垠……其荒陬④谲诡，则有龙穴内蒸，云雨所储……其四野，则畛畷无数，膏腴兼倍……煮海为盐，采山铸钱。国税再熟之稻，乡贡八蚕之绵。

徒观其郊隧之内奥，都邑之纲纪，霸王之所根柢，开国之所基趾。郛郭周匝，重城结隅；通门二八⑤，水道陆衢；所以经始，用累千祀。宪紫宫以营室，廓广庭之漫漫；寒暑隔阂⑥於邃宇，虹霓回带於云馆；所以跨蹍焕炳万里也。造姑苏之高台，临四远而特建；带朝夕之浚池，佩长洲之茂苑。窥东山之府，则瑰宝溢目；觇⑦海陵之仓，则红粟流衍。起寝庙于武昌，作离宫于建业。阐⑧阖闾之所营，采夫差之遗法。抗神龙之华殿，施荣楯而捷猎⑨。崇临海之崔巍，饰赤乌之韢晔⑩。东西胶葛，南北峥嵘⑪。房栊对樘⑫，连阁

---

① 麔：读 qí，一种类似鹿的动物。

② 林箊(yū)：当作"箊箊"，竹名。

③ 琛：宝。赂：货。

④ 陬：读 zōu，隅、角落。

⑤ 通门二八：指水门、陆门各八。

⑥ 寒暑所阂：谓冬温夏凉。

⑦ 觇：读 shī，索视貌。

⑧ 阐：开辟。

⑨ 荣楯：华美的栏杆。捷猎：高显貌。

⑩ 临海、赤乌：临海为东吴太初宫殿名，赤乌为东吴昭明宫殿名。

⑪ 胶葛：长远貌。峥嵘：深邃貌。

⑫ 栊：读 lóng，窗棂木、窗。樘：读 huǎng，帷幔、屏风。

相经。阍闼①谲诡，异出奇名：左称弯崎，右号临硎。雕栾镂楶，青琐丹楹②。图以云气，画以仙灵。虽兹宅之夸丽，曾未足以少宁。思比屋于倾宫，毕结瑶而构琼。高闱有闶③，洞门方轨。朱阙双立，驰道如砥。树以青槐，亘以绿水。玄荫眈眈，清流亹亹④。列寺七里，侠栋阳路。屯营栉比，解⑤署棋布。横塘查下，邑屋隆夸⑥。长干⑦延属，飞甍舛互。

其居则高门鼎贵……其邻则有任侠之靡……水浮陆行，方舟结驷。唱棹转毂，昧旦⑧永日。开市朝而并纳，横阛阓而流溢。混品物而同廛，并都鄙而为一……富中之甿，货殖之选。乘时射利，财丰巨万。竞其区宇，则并疆兼巷；矜其宴居，则珠服玉馔。趫材⑨悍壮，此焉比庐。捷若庆忌，勇若专诸……

露往霜来，日月其除。草木节解，鸟兽腯肤。观鹰隼，诫征夫。坐组甲，建祀姑⑩。命官帅而拥铎，将校猎乎具区⑪……饮烽起，醮⑫鼓震。士遗倦，众怀欣。幸乎馆娃之宫，张女乐而娱群臣。罗金石与丝竹，若钧天之下陈。登东歌，操南音。胤《阳阿》，咏《靺》《任》⑬。荆艳楚舞，吴愉越吟⑭。翕习容裔，靡靡愔愔。若此者，与

---

① 阍闼：读 hūn tà，宫中小门。

② 栾：拱。楶：读 jié，斗拱。琐：窗户两边以青画为琐文。

③ 闱：宫室两侧小门。闶（kāng）；又称"闶阆（láng）"，建筑物中空旷的部分。

④ 眈眈：树荫重叠貌。亹亹：水流貌。

⑤ 解：同"廨"。

⑥ 查：指查浦古地名，在今南京清凉山南。隆夸：极度奢侈。

⑦ 长干：巷名，即长干里。

⑧ 昧旦：清晨。

⑨ 趫（qiáo）材：指矫健轻捷之士。

⑩ 祀姑：旗幡名。

⑪ 具区：泽名。

⑫ 醮：读 jiào，劝酒。

⑬ 胤：继。《阳阿》《靺（mèi）》《任》：乐名。

⑭ 艳：楚歌。愉：吴歌。

夫唱和之隆响，动钟鼓之铿耾。有殷坻颓於前，曲度难胜。皆与谣俗汁①协，律吕相应。其奏乐也，则木石润色；其吐哀也，则凄风暴兴……

昔者夏后氏朝群臣於兹土，而执玉帛者以万国。盖亦先王之所高会，而四方之所轨则……繇此而揆之，西蜀之於东吴，小大之相绝也……庸可共世而论巨细，同年而议丰确②乎？暨其幽遐独邃，寥廓闲奥。耳目之所不该，足趾之所不蹈。倜傥之极异，谲诡之殊事③，藏理於终古，而未窹於前觉也。若吾子之所传，孟浪之遗言，略举其梗概，而未得其要妙也。

魏都④赋

魏国先生有睟其容，乃盱衡而诰曰⑤：

异乎交益之士，盖音有楚夏者，土风之乖也；情有险易者，习俗之殊也。虽则生常，固非自得之谓也。昔市南宜僚弄丸，而两家之难解⑥。聊为吾子复玩德音，以释二客竞于辩囿者也。

夫泰极剖判，造化权舆⑦；体兼昼夜，理包清浊。流而为江海，结而为山岳。列宿分其野，荒裔带其隅。岩冈潭渊，限蛮隔夷，峻危之窍也；蛮陬夷落⑧，译道而通，鸟兽之氓也。正位居体者，以中夏为喉，不以边垂为襟也。长世字甿⑨者，以道德为藩，不以袭

---

① 汁：协。

② 确：薄。

③ 倜傥、谲诡：皆谓非常诡异之事。

④ 魏曹操都邺，相州是也。太冲赋三都，以吴、蜀递相顿折，以魏都依制度。

⑤ 睟：读 suì，外表或面色润泽貌。盱（xū）衡：举眉扬目；眉上曰"衡"；盱，举眉张目。

⑥ "宜僚"事：典出《庄子·徐无鬼》，说宜僚以弄丸铃的手技，令宋军忘记进攻，而楚军打了胜仗。

⑦ 权舆：始。

⑧ 陬、落：蛮夷之居处名。

⑨ 字甿：管理百姓。

险为屏也。而子大夫之贤者，尚弗曾庶翼等威，附丽皇极①，思禀正朔，乐率贡职②，而徒务於诡随匪人，宴安於绝域，荣其文身，骄其险棘。缪默语之常伦，牵胶言③而逾侈。饰华离④以矜然，假偏强而攘臂。非醇粹之方壮，谋踳駮⑤於王义。执愈寻靡萍於中逵⑥，造沐猴於棘刺。剑阁虽嶚⑦，凭之者蹶，非所以深根固蒂也。洞庭虽浚⑧，负之者北，非所以爱人治国也。彼桑榆之末光，逾长庚之初辉，况河冀之爽垲，与江介之湫湄⑨。故将语子以神州之略，赤县之幾，魏都之卓荦，六合之枢机。

于时运距阳九，汉网绝维⑩，奸回内赑，兵缠紫微⑪。翼翼京室，眈眈帝宇，巢焚原燎，变为煨烬，故荆棘旅庭也；殷殷寰内，绳绳⑫八区，锋镝纵横，化为战场，故麋鹿寓城也。伊洛榛旷，崤函荒芜。临葘牢落，鄢郢丘墟。而是有魏开国之日，缔构之初，万邑譬焉，亦独虳麇之与子都，培塿之与方壶也⑬。

----

① 庶翼：指众庶。皇极：指大中之道。

② 禀：受。正朔：正为一年之始，朔为月之始，古时改朝换代，新王朝常重定正朔。贡职：贡赋、贡品。

③ 胶言：诡辩之言。

④ 华离：地形不齐貌。

⑤ 踳駮：读 chuǎn bó，错乱、驳杂。

⑥ 靡萍（píng）：漂流的浮萍。中逵：大路。

⑦ 嶚：读 liáo，高峻。

⑧ 浚：深。

⑨ 爽垲（kǎi）：高爽干燥。介：边。湫（qiū）湄：小水。

⑩ 运距阳九：遭遇厄运；距，至。汉网绝维：喻汉室崩弛；维，绳线。

⑪ 奸回：奸恶邪僻。赑：读 bì，赑慝，大逆不道。紫微：一种以紫微星为诸星之首的星相术，这里借指命运。

⑫ 绳绳（mǐn）：连绵不绝貌。

⑬ 譬：同"僻"。虳（chōu）麇：古之丑人。子都：美男子。培塿：读 póu lǒu，小土丘。方壶：传说中的东海仙山。

且魏地者，毕昴①之所应，虞夏之余人。先王之桑梓，列圣之遗尘。考之四隈，则八埏②之中；测之寒暑，则霜露所均。卜偃前识而赏其隆，吴札听歌而美其风。虽则衰世，而盛德形於管弦；虽逾千祀，而怀旧蕴於遐年。尔其疆域，则旁极齐秦，结凑冀道。开胸殷卫，跨蹑燕赵。山林幽峡③，川泽回缭……修其郛郭，缮其城隍。经始之制，牢笼百王。画雍豫④之居，写八都之宇……兼圣哲之轨，并文质之状。商丰约而折中，准当年而为量……揆日晷，考星耀；建社稷，作清庙……造文昌之广殿，极栋宇之弘规……用觐群后，观享颐⑤宾。

左则中朝有赩⑥，听政作寝。匪朴匪斫，去泰去甚。木无雕镂，土无绨⑦锦。玄化所甄⑧，国风所禀。於前则宣明、显阳，顺德、崇礼⑨。重闱洞出⑩，锵锵济济⑪。珍树猗猗，奇卉蓁蓁。蕙风和薰，甘露如醴。禁台省中⑫，连闼对廊。直事所繇⑬，典刑所藏。蔼蔼列

<hr>

① 毕昴(mǎo)：毕星与昴星，魏地为毕昴之分野，二星至秋季时，晨见于东方，故常以表示天将黎明。

② 八埏：地之八际。

③ 峡：读yǎng，山脚。

④ 雍：西京。豫：东京。

⑤ 颐：享、宴请。

⑥ 中朝：内朝，汉代以大司马、侍中、散骑诸吏为中朝，丞相六百石以下为外朝，中朝设在文昌殿东有听政殿。赩：读xì，大红色。

⑦ 绨：读tí，一种粗厚光滑的丝织品。

⑧ 甄：制造(陶器)。

⑨ 宣明、显阳、顺德、崇礼：殿门名。

⑩ 闱：宫中之门。洞：达。宫中南北外内、东西左右掖门，皆洞达相通。

⑪ 锵锵济济：庄重、敬慎貌。

⑫ 禁台省中：汉制，王所居曰禁中，诸公所居曰省中。

⑬ 直事：值班。繇：同"由"。

侍，金蜩①齐光。诘朝陪幄②，纳言有章。亚以柱后③，执法内侍。符节谒者，典玺储吏。膳夫有官，药剂有司。肴醳顺时，腠理则治④。於后则椒鹤文石，永巷壶术；楸梓木兰，次舍甲乙⑤。西南其户，成之匪日。丹青焕炳，特有温室。仪形宇宙，历象贤圣。图以百瑞，綷以藻咏。芒芒终古，此焉则镜。有虞作绘，兹亦等竞。

　　右则疏圃曲池，下畹⑥高堂。兰渚莓莓，石濑汤汤……驰道周屈於果下，延阁胤⑦宇以经营。飞陛方辇⑧而径西，三台列峙以峥嵘。亢阳台於阴基，拟华山之削成。上累栋而重霤，下冰室而沍冥⑨。周轩中天，丹墀临猋⑩……八极可围於寸眸，万物可齐於一朝……凭太清以混成，越埃壒而资始……菀以玄武，陪以幽林。缭垣开囿，观宇相临。硕果灌丛，围木竦寻……家安其所，而服美自悦。邑屋相望，而隔逾奕世⑪。

　　内则街冲辐辏，朱阙结隅。石杠⑫飞梁，出控漳渠。疏通沟以

---

　　① 金蜩：大臣服饰。

　　② 诘朝：清晨。幄：王所居之帐。

　　③ 柱后：御史之冠。

　　④ 醳：读 yì，醇酒。腠理：肌脉。

　　⑤ "於后"四句：后宫通称"椒房"，听政殿后有鸣鹤堂、楸梓坊、木兰坊、文石室。壶：宫中巷。术：道。永巷：指掖庭，古代营建皇室宫城时，都以一条南北向的中心线为主，再向东西两侧去延伸其余宫区，同时在中央的子午线上，除建有君王上朝议政的朝堂，还有帝后的寝宫，而在帝后寝宫的东西两侧，所营建的宫区和帝后寝宫相辅相成，又像两腋般护卫着帝后的寝宫，因此这两片宫区被统称为掖庭，且通常作为嫔妃所居，或亦作关押女犯处。

　　⑥ 畹：泛指花圃或园地。

　　⑦ 胤：相继。

　　⑧ 飞陛：通向高处的阶道。方辇：广阔。

　　⑨ 霤：读 liù，屋檐滴水之处。沍(hù)冥：阴晦寒冷。

　　⑩ 丹墀(chí)：殿前石阶，以丹漆地，故称丹墀。猋：读 biāo，同"飚"。

　　⑪ 奕世：累世、代代。

　　⑫ 石杠：亦作"石矼"，石桥。

滨路，罗青槐以荫涂……设官分职，营处署居。夹之以府寺，班①
之以里闾。其府寺则位副三事，官逾六卿。奉常之号，大理之名。
厦屋一揆，华屏齐荣……其闾阎②则长寿、吉阳，永平、思忠。亦
有戚里，置宫之东。闬③出长者，巷苞诸公。都护之堂，殿居绮
窗……廓三市而开廛④，籍平逵而九达⑤。班列肆以兼罗，设阛阓⑥
以襟带。济有无之常偏⑦，距日中而毕会……

置酒文昌，高张宿设……延广乐，奏九成……金石丝竹之恒韵，
匏土革木之常调；干戚羽旄之饰好，清讴微吟之要妙；世业之所日
用，耳目之所闻觉；杂糅纷错，兼该泛博；鞮鞻所掌之音，靺眜任
禁之曲；以娱四夷之君，以睦八荒之俗。既苗既狩⑧，爰游爰
豫……显文武之壮观，迈梁驺⑨之所著……

盖比物以错辞，述清都之闲丽。虽选言以简章，徒九复而遗旨。
览大《易》与《春秋》，判殊隐而一致……

---

① 班：排列。

② 闾阎：里巷内外的门。

③ 闬：读 hàn，闾里的门。

④ 三市：指早市、午市、晚市。廛：读 chán，城市平民的房地。

⑤ 九达：四通八达。

⑥ 阛阓：读 huán huì，街市、街道。

⑦ 济有无之常偏：互通有无的意思。

⑧ 苗、狩：夏猎曰苗，冬猎曰狩。

⑨ 梁驺(zōu)：亦作"梁邹"，天子狩猎之地。

二、人物品藻—日常生活—工艺美学

刘　劭

刘劭，生于汉灵帝建宁年间（168—172），卒于魏齐王正始年间（240—249），字孔才，广平邯郸（今河北邯郸）人。汉献帝时入仕，初为广平吏，历官太子舍人、秘书郎等，魏朝之后，曾担任尚书郎、散骑侍郎、陈留太守等。后曾受爵关内侯，死后则追赠光禄勋。学问详博，通览群书，曾经执经讲学。编有类书《皇览》，参与制定《新律》。著有《赵都赋》《许都赋》《洛都赋》等，多已亡佚。所著《人物志》讨论人才选拔问题，以为从人之形质，可观察其才性，开魏晋人物品藻风气。他还用道家的无名解释儒家的中庸，表现出儒道合流的倾向，是汉学向魏晋玄学过渡的中间环节。选文参校梁满仓译注《人物志》，中华书局 2009 年版。

人物志

自 序

夫圣贤之所美，莫美乎聪明；聪明之所贵，莫贵乎知人。知人诚智，则众材得其序，而庶绩之业兴矣①。是以，圣人著爻象则立君子小人之辞，叙《诗》志则别风俗雅正之业，制《礼》《乐》则考六艺祇庸②之德，躬南面则援③俊逸辅相之材，皆所以达众善而成天功也。天功既成，则并受名誉。是以，尧以克明俊德④为称，舜以登庸二八⑤为功，汤以拔有莘之贤⑥为名，文王以举渭滨之叟为贵。由此论之，圣人兴德，孰不劳聪明于求人，获安逸于任使者哉！是故，仲尼不试无所援升，犹序门人以为四科，泛论众材以辨三等⑦。又叹中庸以殊圣人之德，尚德以劝庶几之论，训六蔽以戒偏材之失⑧，

---

① 诚：如果。庶：众多。绩：功绩。

② 祇：恭敬。庸：恒常。

③ 援：提拔。

④ 克：能够。明：认识、辨识。俊德：才能超卓、道德高尚的人。

⑤ 登庸：选拔任用。二八：指八恺、八元，舜选用的十六个德才兼备的人。

⑥ 有莘之贤：指伊尹，曾为有莘国奴隶，后被成汤发现重用。

⑦ 不试：不被任用。序门人以为四科：《论语·先进》："德行：颜渊、闵子骞、冉伯牛、仲弓；言语：宰我、子贡；政事：冉有、季路；文学：子游、子夏。"泛论众材以辨三等：《论语·季氏》："生而知之者上也；学而知之者次也；困而学之，又其次也；困而不学，民斯为下矣。"

⑧ 六蔽：《论语·阳货》："好仁不好学，其蔽也愚；好知不好学，其蔽也荡；好信不好学，其蔽也贼；好直不好学，其蔽也绞；好勇不好学，其蔽也乱；好刚不好学，其蔽也狂。"

思狂狷以通拘抗之材，疾悾悾而无信①，以明为②似之难保。又曰："察其所安，观其所由"③，以知居止之行。人物之察也，如此其详。是以敢依圣训，志序④人物，庶以补缀遗忘，惟博识君子裁览其义焉。

九　征⑤

盖人物之本，出乎情性；情性之理，甚微而玄，非圣人之察，其孰能究之哉？凡有血气者，莫不含元一以为质，禀阴阳以立性，体⑥五行而著形。苟有形质，犹可即而求之。

凡人之质量，中和最贵矣。中和之质，必平淡无味，故能调成五材，变化应节。是故，观人察质，必先察其平淡，而后求其聪明。聪明者，阴阳之精。阴阳清和，则中睿外明；圣人淳耀，能兼二美。知微知章⑦，自非圣人莫能两遂。故明白之士，达动之机而暗于玄机；玄虑之人，识静之原而困于速捷⑧；犹火日外照不能内见，金水内映不能外光——二者之义，盖阴阳之别也。若量其材质，稽诸五物⑨；五物之征，亦各著于厥体矣。

其在体也：木骨、金筋、火气、土肌、水血，五物之象也；五物之实，各有所济⑩，是故，骨植⑪而柔者，谓之弘毅，弘毅也者，

---

① 悾悾而无信：语出《论语·泰伯》，意为表面诚恳而无信用；悾悾，诚恳貌。
② 为：同"伪"。
③ 语出《论语·为政》。
④ 志序：记录、编排。
⑤ 征：外在表现。
⑥ 体：依据、效法。
⑦ 章：同"彰"，彰显。
⑧ 明白：机敏。玄虑：深思熟虑。
⑨ 稽：考察。五物：指五行。
⑩ 济：成就。
⑪ 植：直。

仁之质也；气清而朗者，谓之文理①，文理也者，礼之本也；体端而实者，谓之贞固，贞固也者，信之基也；筋劲而精者，谓之勇敢，勇敢也者，义之决也；色平而畅者，谓之通微，通微也者，智之原也。五质恒性，故谓之五常矣。五常之别，列为五德，是故：温直而扰毅，木之德也；刚塞而弘毅，金之德也；愿恭而理敬，水之德也；宽栗而柔立，土之德也；简畅而明砭，火之德也②。虽体变无穷，犹依乎五质，故其刚、柔、明、畅、贞固之征，著乎形容，见乎声色，发乎情味，各如其象。

故心质亮直，其仪劲固；心质休决，其仪进猛；心质平理，其仪安闲③。夫仪动成容，各有态度：直容之动，矫矫行行；休容之动，业业跄跄；德容之动，颙颙卬卬④。

夫容之动作⑤，发乎心气；心气之征，则声变是也。夫气合成声，声应律吕。有和平之声，有清畅之声，有回衍⑥之声。夫声畅于气则实存貌色，故诚仁必有温柔之色，诚勇必有矜奋之色，诚智必有明达之色。夫色见于貌所谓征神，征神见貌则情发于目。故仁目之精，悫然以端；勇胆之精，晔然以强⑦。然皆偏至之材，以胜

---

① 文理：礼仪。

② 扰：和顺。刚塞：刚健而笃实。理敬：有治理才能而又恭敬谨慎。宽栗：宽宏而又谨慎。柔立：温柔而又有办事能力。明砭：明事理而又善于劝谏。

③ 亮直：诚信而正直；亮：同"谅"，正直。休决：美好而刚毅。平理：平和而有条理。

④ 业业：危惧貌。跄跄：走路有节奏的样子。颙颙卬卬：读 yóng yóng áng áng，形容体貌庄重恭敬，气概轩昂。

⑤ 动作：动起来。

⑥ 回衍：回旋伸展。

⑦ 精：同"睛"。悫：读 què，诚实、谨慎。晔：读 yè，光明。

体为质者也，故胜质不精则其事不遂①。是故直而不柔则木，劲而不精则力，固而不端则愚，气而不清则越，畅而不平则荡。是故，中庸之质异于此类：五常既备，包以澹味；五质内充，五精外章，是以目彩五晖之光也。故曰：物生有形，形有神精；能知精神，则穷理尽性。

性之所尽，九质之征也，然则平陂②之质在于神，明暗之实在于精，勇怯之势在于筋，强弱之植③在于骨，躁静之决在于气，惨怿之情在于色，衰正之形在于仪，态度之动在于容，缓急之状在于言。其为人也，质素平澹，中睿外朗，筋劲植固，声清色怿，仪正容直，则九征皆至，则纯粹之德也。

九征有违，则偏杂之材也。三度不同，其德异称。故偏至之材，以材自名；兼材之人，以德为目；兼德之人，更为美号。是故，兼德而至，谓之中庸；中庸也者，圣人之目也。具体而微④，谓之德行；德行也者，大雅之称也。一至，谓之偏材，偏材，小雅之质⑤也。一征，谓之依似⑥，依似，乱德之类也。一至一违，谓之间杂，间杂，无恒之人也。无恒、依似，皆风人⑦末流。末流之质，不可胜论，是以略而不概也。

---

① 胜：同"称"，《国语·晋语四》："中不胜貌，耻也。"三国吴韦昭注云："'胜'当为'称'，中不称貌，情貌相违。"

② 陂：读 pō，不平。

③ 植：柱。

④ 具体而微：语出《孟子·公孙丑上》："子夏、子游、子张皆有圣人之一体；冉牛、闵子、颜渊，则具体而微。"赵岐注："体者，四肢股肱也……具体者，四肢皆具。微，小也。"朱熹集注："具体而微，谓有其全体，但未广大耳。"

⑤ 质：相当。

⑥ 依似：似是而非。

⑦ 风人：这里指俗人。

材　理

夫建事立义，莫不须理而定；及其论难，鲜能定之。夫何故哉？盖理多品而人才异也。夫理多品则难通，人材异则情诡；情诡难通，则理失而事违也。夫理有四部，明有四家，情有九偏，流有七似，说有三失，难有六构①，通有八能。

若夫天地气化，盈虚损益，道之理也；法制正事，事之理也；礼教宜适，义之理也；人情枢机，情之理也。四理不同，其于才也，须明而章，明待质而行。是故，质于理合，合而有明，明足见理，理足成家。是故，质性平淡，思心玄微，能通自然，道理之家也；质性警彻，权略机捷，能理烦速，事理之家也②；质性和平，能论礼教，辩其得失，义礼之家也；质性机解③，推情原意，能适其变，情理之家也。

四家之明既异，而有九偏之情；以性④犯明，各有得失：刚略⑤之人，不能理微，故其论大体则弘博而高远，历纤理则宕往而疏越；抗厉之人，不能回挠，论法直则括处而公正，说变通则否戾而不入⑥；坚劲之人，好攻其事实，指机理则颖灼而彻尽，涉大道则径露而单持⑦；辩给之人，辞烦而意锐，推人事则精识而穷理，即大义则恢愕而不周⑧；浮沉之人，不能沉思，序疏数则豁达而傲博，

---

① 明：外在表现。构：构成。
② 警彻：敏悟通达。权略：权谋、谋略。烦速：繁杂急迫的事务。
③ 机：迅疾。解：知晓。
④ 性：当作"情"。
⑤ 刚略：性格刚强而头脑简单。
⑥ 括处：意谓有根据。否戾：乖戾。
⑦ 颖灼：锋芒毕露。彻尽：通透无保留。单持：持论单薄。
⑧ 辩给：能言善辩，"给"读 jǐ。恢愕而不周：夸大惊人却不周全。

立事要则爁炎而不定①；浅解之人，不能深难，听辩说则拟锷而愉悦，审精理则掉转而无根②；宽恕之人，不能速捷，论仁义则弘详而长雅，趋时务则迟缓而不及；温柔之人，力不休彊，味道理则顺适而和畅，拟疑难则濡愞③而不尽；好奇之人，横逸而求异，造权谲则倜傥而瑰壮，案清道则诡常而恢迂④。此所谓性⑤有九偏，各从其心之所可以为理。

若乃性不精畅，则流有七似：有漫谈陈说，似若流行者；有理少多端，似若博意者；有回说合意，似若赞⑥解者；有处后持长，从众所安，似能听断者；有避难不应，似若有余，而实不知者；有慕通口解⑦，似悦而不怿者；有因胜情（错）失，穷而称妙，跌则掎蹠⑧，实求两解，似理不可屈者。凡此七似，众人之所惑也。

夫辩，有理胜，有辞胜。理胜者，正白黑以广论，释微妙而通之；辞胜者，破正理以求异，求异则正失矣。夫九偏之材，有同、有反、有杂。同则相解，反则相非，杂则相恢⑨。故善接论者，度所长而论之，历⑩之不动则不说也，傍无听达则不难也。不善接论者，说之以杂、反。说之以杂、反，则不入矣。善喻者，以一言明数事；不善喻者，百言不明一意；百言不明一意，则不听也。是说

---

① 浮沉：随波逐流。疏数：疏远与亲近。爁炎：火焰飘动貌，"爁"读 làn。

② 难：犹"说"。拟锷：揣度到边际而不加深入；锷，同"塄"，边际。掉转：正说反说而不定。

③ 濡愞：软弱，"愞"同"懦"。

④ 权谲：机巧诡诈。恢迂：夸诞不实。

⑤ 性：当作"情"。

⑥ 赞：解。

⑦ 慕通：模拟通晓(实则不通)。口解：随口解说。

⑧ 胜情：尽情。跌：理屈。掎蹠："蹠"当作"摭"，读 jǐ zhí，指摘。

⑨ 恢：恢诡怪诞。

⑩ 历：干扰。

之三失也。

善难者，务释事本；不善难者，舍本而理末。舍本而理末，则辞构①矣。善攻彊者，下其盛锐，扶其本指，以渐攻之；不善攻彊者，引其误辞，以挫其锐意；挫其锐意，则气构矣。善蹑②失者，指其所跌；不善蹑失者，因屈而抵其性；因屈而抵其性，则怨构矣。或常所思求，久乃得之，仓卒谕人，人不速知，则以为难谕，以为难谕，则忿构矣。夫盛难之时，其误难迫；故善难者，征之使还；不善难者，凌而激之，虽欲顾藉，其势无由；其势无由，则妄构矣。凡人心有所思，则耳且不能听，是故并思俱说，竞相制止，欲人之听己；人亦以其方思之故，不了己意，则以为不解；人情莫不讳不解，讳不解，则怒构矣。凡此六构，变之所由兴矣。

然虽有变构，犹有所得；若说而不难，各陈所见，则莫知所用矣。由此论之，谈而定理者，眇③矣。必也聪能听序，思能造端，明能见机，辞能辩意，捷能摄失，守能待攻，攻能夺守，夺能易予④——兼此八者，然后乃能通于天下之理，通于天下之理，则能通人矣。不能兼有八美，适有一能，则所达者偏，而所有异目矣。⑤

是故，聪能听序，谓之名物⑥之材；思能造端，谓之构架之材；明能见机，谓之达识之材；辞能辩意，谓之赡给之材；捷能摄失，谓之权捷之材；守能待攻，谓之持论之材；攻能夺守，谓之推彻之材；夺能易予，谓之贸说⑦之材。通材之人，既兼此八材，行之以

---

① 辞：辞繁杂。构：结成、形成，下同。
② 蹑：同"摄"，控制。
③ 眇：盲目。
④ 予：认可。
⑤ 适：同"啻"，仅仅。异目：各以偏才建立自己的名声。
⑥ 名物：辨明物理。
⑦ 贸说：擅长辞令。

道。与通人言，则同解而心喻；与众人之言，则察色而顺性。虽明包众理，不以尚①人；聪睿资给，不以先人。善言出己，理足则止；鄙误在人，过而不迫。写②人之所怀，扶人之所能。不以事类犯人之所姻③，不以言例及己之所长。说直说变，无所畏恶。采虫声之善音，赞愚人之偶得。夺与有宜，去就不留。方其盛气，折谢不吝；方其胜难，胜而不矜；心平志谕，无适无莫④，期于得道而已矣，是可与论经世而理物也。

八　观

八观者，一曰观其夺救以明间杂，二曰观其感变以审常度，三曰观其志质以知其名，四曰观其所由以辨依似，五曰观其爱敬以知通塞，六曰观其情机⑤以辨恕惑，七曰观其所短以知其长，八曰观其聪明以知所达。

何谓观其夺救以明间杂？夫质有至有违，若至胜违，则恶情夺正，若然而不然⑥。故仁出于慈，有慈而不仁者；仁必有恤，有仁而不恤者；厉必有刚，有厉而不刚者。若夫见可怜则流涕，将分与则吝啬，是慈而不仁者；睹危急则恻隐，将赴救则畏患，是仁而不恤者；处虚义则色厉，顾利欲则内荏，是厉而不刚者。然而慈而不仁者，则吝夺之也；仁而不恤者，则惧夺之也；厉而不刚者，则欲夺之也。故曰：慈不能胜吝，无必其能仁也；仁不能胜惧，无必其能恤也；厉不能胜欲，无必其能刚也。是故，不仁之质胜，则伎

---

① 尚：同“上”。

② 写：倾泻。

③ 姻：读 hù，爱恋不舍。

④ 无适无莫：无可无不可。

⑤ 情机：情感变化的缘起。

⑥ 至：这里指无欲。违：这里指有欲。若然而不然：似是而非。

力^①为害器；贪悖之性胜，则彊猛为祸梯。亦有善情救恶，不至为害，爱惠分笃^②，虽傲狎不离；助善著明，虽疾恶无害也；救济过厚，虽取人不贪也。是故，观其夺救，而明间杂之情可得知也。

何谓观其感变以审常度？夫人厚貌深情，将欲求之，必观其辞旨，察其应赞。夫观其辞旨，犹听音之善丑；察其应赞，犹视知之能否也。故观辞察应，足以互相别识。然则论显扬正，白也；不善言应，玄也；经纬玄白，通也；移易无正，杂也；先识未然，圣也；追思玄事，睿也；见事过人，明也；以明为晦，智也；微忽必识，妙也；美妙不昧，疏^③也；测之益深，实也；假合炫耀，虚也；自见其美，不足也；不伐^④其能，有余也。故曰凡事不度^⑤，必有其故，忧患之色乏而且荒^⑥，疾疢^⑦之色乱而垢杂。喜色愉然以怿，愠色厉然以扬，妒惑之色冒昧无常。及其动作，盖并言辞。是故其言甚怿而精色不从者，中有违也；其言有违而精色可信者，辞不敏也。言未发而怒色先见者，意愤溢也；言将发而怒气送之者，彊所不然也。凡此之类，征见于外，不可奄违，虽欲违之，精色不从，感愕以明，虽变可知^⑧。是故观其感变，而常度之情可知。

何谓观其至质以知其名？凡偏材之性，二至^⑨以上，则至质相发，而令名生矣。是故骨直气清，则休名生焉；气清力劲，则烈名

---

① 伎力：技艺和能力。

② 爱惠分笃：仁爱慈惠情分深厚。

③ 疏：疏朗。

④ 伐：夸耀。

⑤ 不度：不合常规。

⑥ 荒：同"慌"。

⑦ 疢：读 chèn，热病，亦泛指病。

⑧ 奄违：掩盖违背。感愕：感动惊愕。

⑨ 二至：指本质和气质。

生焉；劲智精理，则能名生焉；智直彊悫①，则任名生焉。集于端质，则令德济焉；加之学，则文理灼焉。是故观其所至之多少，而异名之所生可知也。

　　何谓观其所由以辨依似？夫纯讦性违，不能公正，依讦似直，以讦讦善②；纯宕③似流，不能通道，依宕似通，行傲过节。故曰：直者亦讦，讦者亦讦，其讦则同，其所以为讦则异；通者亦宕，宕者亦宕，其所以为宕则异。然则何以别之？直而能温者，德也；直而好讦者，偏也；讦而不直者，依也；道而能节者，通也；通而时过者，偏也；宕而不节者，依也；偏之与依，志同质违，所谓似是而非也。是故，轻诺似烈而寡信，多易似能而无效，进锐似精而去速，诃④者似察而事烦，讦施似惠而无成，面从似忠而退违，此似是而非者也。亦有似非而是者：大权似奸而有功，大智似愚而内明，博爱似虚而实厚，正言似讦而情忠。夫察似明非，御情之反，有似理讼，其实难别也。非天下之至精，其孰能得其实？故听言信貌，或失其真；诡情御反，或失其贤；贤否之察，实在所依。是故观其所依，而似类之质可知也。

　　何谓观其爱敬以知通塞？盖人道之极，莫过爱敬。是故《孝经》以爱为至德，以敬为要道；《易》以感为德，以谦为道；《老子》以无为德，以虚为道；《礼》以敬为本，《乐》以爱为主。然则人情之质，有爱敬之诚，则与道德同体，动获人心，而道无不通也。然爱不可少于敬，少于敬，则廉节者归之，而众人不与；爱多于敬，则虽廉节者不悦，而爱接者死之。何则？敬之为道也，严而相离，其势难

---

① 悫：读 què，诚实、谨慎。

② 讦：读 jié，攻讦，揭发别人的隐私或攻击别人的短处。

③ 宕：放荡、不受拘束；下同。

④ 诃：同"呵"，呵责、呵斥。

久；爱之为道也，情亲意厚，深而感物。是故观其爱敬之诚，而通塞之理，可得而知也。

何谓观其情机以辨恕惑？夫人之情有六机：杼①其所欲则喜，不杼其所欲则恶，以自伐历之则恶，以谦损下之则悦，犯其所乏则媚，以恶犯媚则妒，此人性之六机也。夫人情莫不欲遂其志，故烈士乐奋力之功，善士乐督政之训，能士乐治乱之事，术士乐计策之谋，辨士乐陵讯②之辞，贪者乐货财之积，幸者乐权势之尤。苟赞其志，则莫不欣然，是所谓杼其所欲则喜也。若不杼其所能，则不获其志，不获其志则戚。是故功力不建则烈士奋，德行不训③则正人哀，政乱不治则能者叹，敌未能弭则术人思，货财不积则贪者忧，权势不尤则幸者悲，是所谓不杼其能则怨也。人情莫不欲处前，故恶人之自伐，自伐，皆欲胜之类也，是故自伐其善则莫不恶也，是所谓自伐历之则恶也。人情皆欲求胜，故悦人之谦，谦所以下之，下有推与之意，是故人无贤愚，接之以谦，则无不色怿，是所谓以谦下之则悦也。人情皆欲掩其所短，见其所长，是故人駮④其所短，似若物冒之，是所谓駮其所伐则媚也。人情陵上者也，陵犯其所恶，虽见憎，未害也，若以长駮短，是所谓以恶犯媚，则妒恶生矣。凡此六机，其归皆欲处上，是以君子接物，犯而不校⑤，不校则无不敬下，所以避其害也。小人则不然，既不见机，而欲人之顺己，以佯爱敬为见异，以偶邀会为轻，苟犯其机，则深以为怨。是故，观其情机，而贤鄙之志可得而知也。

何谓观其所短，以知其长？夫偏材之人，皆有所短，故直之失

① 杼：同"抒"，舒展、满足；下同。
② 陵：同"凌"，侵犯。讯：同"迅"，迅捷。
③ 训：同"顺"，顺从、遵循。
④ 駮：同"驳"；下同。
⑤ 校：计较、考虑；下同。

也讦，刚之失也厉，和之失也懦，介①之失也拘。夫直者不讦无以成其直，既悦其直，不可非其讦，讦也者，直之征也。刚者不厉无以济其刚，既悦其刚，不可非其厉，厉也者，刚之征也。和者不懦无以保其和，既悦其和，不可非其懦，懦也者，和之征也。介者不拘无以守其介，既悦其介，不可非其拘，拘也者，介之征也。然有短者未必能长也，有长者必以短为征。是故，观其征之所短，而其材之所长可知也。

何谓观其聪明以知所达？夫仁者德之基也，义者德之节也，礼者德之文也，信者德之固也，智者德之帅也。夫智出于明，明之于人，犹昼之待白日，夜之待烛火；其明益盛者，所见及远，及远之明难。是故，守业勤学，未必及材；材艺精巧，未必及理；理义辩给，未必及智；智能经事，未必及道；道思玄远，然后乃周。是谓学不及材，材不及理，理不及智，智不及道，道也者，回复变通。是故，别而论之：各自独行，则仁为胜；合而俱用，则明为将。故以明将仁，则无不怀；以明将义，则无不胜；以明将理，则无不通。然则苟无聪明，无以能遂。故好声而实不克则恢②，好辩而理不至则烦，好法而思不深则刻，好术而计不足则伪。是故，钧③材而好学，明者为师；比力而争，智者为雄；等德而齐，达者称圣；圣之为称，明智之极名也。是以，观其聪明，而所达之材可知也。

七　缪

七缪，一曰察誉有偏颇之缪，二曰接物有爱恶之惑，三曰度心有大小之误，四曰品质有早晚之疑，五曰变类有同体之嫌，六曰论

---

① 介：耿介。

② 恢：浮夸。

③ 钧：同"均"，同等。

材有申压之诡，七曰观奇有二尤之失①。

夫采访之要，不在多少。然征质不明者，信耳而不敢信目。故人以为是，则心随而明之；人以为非，则意转而化之；虽无所嫌②，意若不疑。且人察物，亦自有误。爱憎兼之，其情万原；不畅其本，胡可必信？是故，知人者，以目正耳；不知人者，以耳败目。故州闾之士，皆誉皆毁，未可为正也；交游之人，誉不三周，未必信是也。夫实厚之士，交游之间，必每所在肩称③；上等援之，下等推之，苟不能周，必有咎毁。故偏上失下，则其终有毁；偏下失上，则其进不杰。故诚能三周，则为国所利，此正直之交也。故皆合而是，亦有违比④；皆合而非，或在其中。若有奇异之材，则非众所见。而耳所听采，以多为信。是缪于察誉者也。

夫爱善疾恶，人情所常；苟不明质，或疏善善非。何以论之？夫善非者，虽非犹有所是，以其所是，顺己所长，则不自觉情通意亲，忽忘其恶。善人虽善，犹有所乏，以其所乏，不明己长，以其所长，轻己所短，则不自知志乖气违，忽忘其善。是惑于爱恶者也。

夫精欲深微，质欲懿重，志欲弘大，心欲嗛⑤小。精微所以入神妙也，懿（当作"质"）重所以崇德宇也，志大所以戡⑥物任也，心小所以慎咎悔也。故《诗》咏文王："小心翼翼"⑦，"不大声以色"，小心也；"王赫斯怒"，"以对于天下"⑧，志大也。由此论之，心小

---

① 变：同"辨"。申压：伸展与压抑，申同"伸"。诡：不同。二尤：指尤妙、尤虚，后文有论。

② 嫌：疑。

③ 每：同"谋"，谋求。肩：这里是胜任的意思。称：声誉。

④ 违比：偏邪。

⑤ 嗛：同"谦"。

⑥ 戡：同"堪"。

⑦ 语出《诗经·大雅·大明》。

⑧ 语出《诗经·大雅·皇矣》。

志大者，圣贤之伦也；心大志大者，豪杰之隽也；心大志小者，傲荡之类也；心小志小者，拘懦之人也。众人之察，或陋其心小，或壮其志大。是误于小大者也。

夫人材不同，成有早晚：有早智速成者，有晚智而晚成者，有少无智而终无所成者，有少有令材遂为隽器者：四者之理，不可不察。夫幼智之人，材智精达，然其在童髦，皆有端绪。故文本辞繁，辩始给口①，仁出慈恤，施发过与，慎生畏惧，廉起不取。早智者浅惠而见速，晚成者奇识而舒迟，终暗者并困于不足，遂务者周达而有余。而众人之察，不虑其变。是疑于早晚者也。

夫人情莫不趣名利、避损害。名利之路，在于是得；损害之源，在于非失。故人无贤愚，皆欲使是得在己，能明己是，莫过同体。是以偏材之人，交游进趋之类，皆亲爱同体而誉之，憎恶对反而毁之，序异杂而不尚也。推而论之，无他故焉，夫誉同体、毁对反，所以证彼非而著己是也。至于异杂之人，于彼无益，于己无害，则序而不尚。是故，同体之人，常患于过誉，及其名敌，则勘能相下②。是故，直者性奋，好人行直于人，而不能受人之讦；尽者情露，好人行尽于人，而不能纳人之径；务名者乐人之进趋过人，而不能出陵己之后。是故，性同而材倾③，则相援而相赖也；性同而势均，则相竞而相害也；此又同体之变也。故或助直而毁直，或与明而毁明，而众人之察，不辨其律理，是嫌于体同也。

夫人所处异势，势有申压：富贵遂达，势之申也；贫贱穷匮，势之压也。上材之人，能行人所不能行，是故达有劳谦之称，穷有著名之节。中材之人，则随世损益，是故藉富贵则货财充于内，施

---

① 给口：口才好。

② 名敌：名望相当。勘：同"鲜"。

③ 倾：倾斜不平，这里有"不均"的意思。

惠周于外；见赡①者求可称而誉之，见援者阐小美而大之，虽无异材，犹行成而名立。处贫贱则欲施而无财，欲援而无势，亲戚不能恤，朋友不见济，分义不复立，恩爱浸以离②，怨望者并至，归非者日多；虽无罪由，犹无故而废也。故世有侈俭，名由进退：天下皆富，则清贫者虽苦，必无委顿之忧，且有辞施③之高，以获荣名之利；皆贫，则求假④无所告，而有穷乏之患，且生鄙吝之讼。是故，钧材而进有与之者，则体益而茂遂；私理卑抑有累之者，则微降而稍退。而众人之观，不理其本，各指其所在。是疑于申压者也。

夫清雅之美，著乎形质，察之寡失，失缪之由，恒在二尤。二尤之生，与物⑤异列。故尤妙之人，含精于内，外无饰姿；尤虚之人，硕言瑰姿，内实乖反。而人之求奇，不可以精微测其玄机，明其异希；或以貌少为不足，或以瑰姿为巨伟，或以直露为虚华，或以巧饰为真实。是以早拔多误，不如顺次；夫顺次，常度也。苟不察其实，亦焉往而不失？故遗贤而贤有济，则恨在不早拔，拔奇而奇有败，则患在不素别⑥；任意而独缪，则悔在不广问，广问而误己，则怨己不自信。是以骥子发足，众士乃寤⑦；韩信立功，淮阴乃震。夫岂恶奇而好疑哉？乃尤物不世见，而奇逸美异也。是以张良体弱而精强，为众智之隽也；荆叔⑧色平而神勇，为众勇之杰也。然则隽杰者，众人之尤也；圣人者，众尤之尤也。其尤弥出者，其

---

① 赡：周济、帮助。
② 分义：情分、情义。浸：渐渐。
③ 辞施：推辞给予。
④ 求假：请求借贷。
⑤ 物：这里指人。
⑥ 素别：预先识别。
⑦ 骥子：良马。寤：同"悟"。
⑧ 荆叔：指荆轲。

道弥远。故一国之隽，于州为辈，未得为第①也；一州之第，于天下为根②；天下之根，世有忧劣。是故，众人之所贵，各贵其出己之尤，而不贵尤之所尤。是故，众人之明，能知辈士之数，而不能知第目③之度；辈士之明，能知第目之度，不能识出尤之良也；出尤之人，能知圣人之教，不能究之入室之奥也。由是论之，人物之理妙，不可得而穷已。

效　难

盖知人之效有二难：有难知之难，有知之无由得效之难。

何谓难知之难？人物精微，能神而明，其道甚难，固难知之难也。是以众人之察，不能尽备，故各自立度，以相观采④：或相其形容，或候其动作，或揆其终始，或揆其儗象⑤，或推其细微，或恐（或当作"恕"）其过误，或循其所言，或稽其行事。八者游杂⑥，故其得者少，所失者多。是故必有草创信行之误，又有居止⑦变化之谬；故其接遇观人也，随行信名，失其中情。故浅美扬露，则以为有异；深明沉漠，则以为空虚；分别妙理，则以为离娄⑧；口传甲乙，则以为义理；好说是非，则以为臧否；讲目成名，则以为人物；平道政事，则以为国体⑨。犹听有声之类，名随其音，夫名非实，用之不效，故曰：名犹（当作"由"）口进，而实从事退。中情之人，名不副实，用之有效；故

---

① 第：等级。
② 椳：读 wēi，门枢、门臼，承托门转轴的臼状物，这里喻指关键人才。
③ 第目：品第。
④ 相：指导。观：观察。采：选择、择取。
⑤ 相：察看。候：观察、查验。揆：读 kuí，揣测。儗象：拟想得形象；儗，同"拟"。
⑥ 游杂：杂乱、不统一。
⑦ 居止：起居行动。
⑧ 离娄：传说中眼力极好之人。
⑨ 讲：评议。目：品评。平道：评议、评说。国体：国家典章制度。

名由众退，而实从事章①。此草创之常失也。故必待居止，然后识之。故居视其所安，达视其所举，富视其所与，穷视其所为，贫视其所取，然后乃能知贤否。此又已试，非始相也，所以知质未足以知其略②。且天下之人，不可得皆与游处，或志趣变易，随物而化；或未至而悬欲，或已至而易顾，或穷约而力行，或得志而从欲；此又居止之所失也。由是论之，能两得其要，是难知之难。

何谓无由得效之难？上材已莫知，或所识者在幼贱之中，未达而丧；或所识者，未拔而先没③；或曲高和寡，唱不见赞；或身卑力微，言不见亮④；或器非时好，不见信贵；或不在其位，无由得拔；或在其位，以有所屈迫。是以良材识真，万不一遇也；须识真在位，识（当作"诚"）百不一有也；以位势值⑤可荐致之宜，十不一合也。或明足识真，有所妨夺⑥，不欲贡荐；或好贡荐，而不能识真。是故，知与不知，相与纷乱于总猥⑦之中；实知者患于不得达效，不知者亦自以为未识，所谓无由得效之难也。故曰知人之效有二难。

刘义庆撰　刘孝标注

选文参校王根林等校点《汉魏六朝笔记小说大观》，上海古籍出版社 1999 年版。

---

① 中情之人：情智隐于内之人。章：同"彰"。
② 略：谋略、智慧。
③ 没：同"殁"。
④ 亮：同"谅"，信任。
⑤ 值：相当。
⑥ 妨：妨碍。夺：错乱、扰乱。
⑦ 总猥：聚合貌。

世说新语并注

德 行

陈仲举言为士则，行为世范，登车揽辔，有澄清天下之志。[《汝南先贤传》曰："陈蕃①字仲举，汝南平舆人。有室，荒芜不扫除，曰：'大丈夫当为国家扫天下。'值汉桓之末，阉竖用事，外戚豪横。及拜太傅，与大将军窦武谋诛宦官，反为所害。"]为豫章太守，至，便问徐孺子所在，欲先看之。[谢承《后汉书》曰："徐稚②字孺子，豫章南昌人。清妙高跱③，超世绝俗……"]

郭林宗至汝南造袁奉高④，[《续汉书》曰："郭泰⑤字林宗，太原介休人。泰少孤，年二十，行学至成皋屈伯彦精庐。乏食，衣不盖形，而处约味道，不改其乐……"]车不停轨，鸾不辍轭，诣黄叔度⑥，乃弥日信宿⑦。人问其故？林宗曰："叔度汪汪如万顷之陂⑧，澄之不清，扰之不浊，其器深广，难测量也。"[《泰别传》曰："薛恭祖问之，泰曰：'奉高之器，譬诸泛滥⑨，虽清易挹也。'"]

李元礼风格秀整，高自标持，欲以天下名教是非为己任。[薛莹《后汉书》曰："李膺⑩字元礼，颍川襄城人。抗志⑪清妙，有文武俊才。迁司隶

---

① 陈蕃(？—168)：东汉名臣。
② 徐稚(97—168)：东汉著名经学家。
③ 跱：读 zhì，耸立。
④ 奉高：袁阆字，东汉人。
⑤ 郭泰(128—169)：东汉名士。
⑥ 叔度：黄宪(75—122)字，号征君，东汉隐士。
⑦ 信宿：连宿两夜。
⑧ 陂：读 bēi，池塘。
⑨ 滥：当作"氿"，读 guǐ，从侧面流出的泉。
⑩ 李膺(110—168)：东汉名士。
⑪ 抗志：高尚其志。

校尉，为党事自杀。"〕······

李元礼尝叹荀淑、钟皓①〔《先贤行状》曰："荀淑，字季和，颍川颍阴人也。所拔韦褐刍牧之中，执案刀笔之吏，皆为英彦。举方正，补朗陵侯相，所在流化。钟皓字季明，颍川长社人。父、祖至德著名。皓高风承世，除林虑长，不之官。人位不足，天爵②有余。"〕曰："荀君清识难尚，钟君至德可师。"

客有问陈季方：〔《海内先贤传》曰："陈谌字季方，寔③少子也。才识博达，司空掾公车征，不就。"〕"足下家君太丘，有何功德，而荷天下重名？"季方曰："吾家君譬如桂树生泰山之阿，上有万仞之高，下有不测之深；上为甘露所沾，下为渊泉所润。当斯之时，桂树焉知泰山之高，渊泉之深，不知有功德与无也！"

晋文王称阮嗣宗至慎，每与之言，言皆玄远，未尝臧否人物。〔《魏书》曰："文王讳昭，字子上，宣帝第二子也。"《魏氏春秋》曰："阮籍字嗣宗，陈留尉氏人，阮瑀子也。宏达不羁，不拘礼俗。兖州刺史王昶请与相见，终日不得与言。昶愧叹之，自以不能测也。口不论事，自然高迈。"李康《家诫》曰："昔尝侍坐于先帝，时有三长史俱见，临辞出，上曰：'为官长当清、当慎、当勤，修此三者，何患不治乎？'并受诏。上顾谓吾等曰：'必不得已而去，于斯三者何先？'或对曰'清固为本'。复问吾，吾对曰：'清慎之道，相须而成，必不得已，慎乃为大。'上曰：'卿言得之矣，可举近世能慎者谁乎？'吾乃举故太尉荀景倩、尚书董仲达、仆射王公仲。上曰：'此诸人者，温恭朝夕，执事有恪，亦各其慎也。然天下之至慎者，其唯阮嗣宗乎！每与之言，言及玄远，而未尝评论时事，臧否人物，可谓至慎乎！'"〕

王戎云："与嵇康居二十年，未尝见其喜愠之色。"〔······《康别传》

———

① 荀淑(83—149)：东汉人。钟皓(87—155)：东汉人。

② 天爵：天然的爵位，指高尚的道德修养。

③ 陈寔(shí)(104—187)：字仲弓，东汉颍川许(今河南许昌附近)人，因曾任太丘县长，故又称"陈太丘"。

曰：“康性含垢藏瑕，爱恶不争于怀，喜怒不寄于颜。所知王濬冲在襄城，面数百，未尝见其疾声朱颜。此亦方中①之美范，人伦之胜业也。”……]

王戎、和峤②同时遭大丧，俱以孝称。王鸡骨支床，和哭泣备礼。[《晋诸公赞》曰：“戎字濬冲，琅琊人，太保祥宗族也。文皇帝辅政，钟会荐之曰：‘裴楷清通，王戎简要。’……]武帝谓刘仲雄曰：[王隐《晋书》曰：“刘毅③字仲雄，东莱掖人，汉城阳景王后也。亮直清方，见有不善，必评论之……”]“卿数省王、和不？闻和哀苦过礼，使人忧之。”仲雄曰：“和峤虽备礼，神气不损；王戎虽不备礼，而哀毁骨立。臣以和峤生孝，王戎死孝。陛下不应忧峤，而应忧戎。”

梁王、赵王，[朱凤《晋书》曰：“宣帝张夫人生梁孝王肜，字子徽，位至太宰。桓夫人生赵王伦，字子彝，位至相国。”]国之近属，贵重当时。裴令公[《晋诸公赞》曰：“裴楷④字叔则，河东闻喜人，司空秀之从弟也。父徽，冀州刺史，有俊识。楷特精易义。累迁河南尹、中书令，卒。”]岁请二国租钱数百万，以恤中表之贫者。或讥之曰：“何以乞物行惠？”裴曰：“损有余，补不足，天之道也。”[《名士传》曰：“楷行己取与，任心而动，毁誉虽至，处之晏然，皆此类。”]

王平子、胡毋彦国诸人，皆以任放为达，或有裸体者。[《晋诸公赞》曰：“王澄⑤，字平子，有达识，荆州刺史。”《永嘉流人名》曰：“胡毋辅之⑥字彦国，泰山奉高人，湘州刺史。”王隐《晋书》曰：“魏末阮籍，嗜酒荒放，露头散发，裸袒箕踞。其后贵游子弟阮瞻、王澄、谢鲲、胡毋辅之之徒，皆祖述于

---

①　方中：犹言世间，相对于“方外”而言。

②　王戎（234—305）：西晋名士。和峤（？—292）：字长舆，西晋汝南西平（今河南西平）人。

③　刘毅（216—285）：西晋大臣。

④　裴楷（237—291）：三国曹魏及西晋大臣、名士。

⑤　王澄（269—312）：东晋名士，太尉王衍之弟，司徒王戎堂弟，大将军王敦族弟，出身世族，有盛名，勇力过人，好清谈。

⑥　胡毋辅之：西晋名士。

籍，谓得大道之本。故去巾帻，脱衣服，露丑恶，同禽兽。甚者名之为通，次者名之为达也。"]乐广①笑曰："名教中自有乐地，何为乃尔也！"

顾荣②在洛阳，尝应人请，觉行炙人有欲炙之色，因辍己施焉。同坐嗤之。荣曰："岂有终日执之，而不知其味者乎？"后遭乱渡江，每经危急，常有一人左右己，问其所以，乃受炙人也。[《文士传》曰："荣字彦先，吴郡人。其先越王句践之支庶，封于顾邑，子孙遂氏焉，世为吴著姓。大父雍，吴丞相。父穆，宜都太守。荣少朗俊机警，风颖标彻，历廷尉正……"]

祖光禄少孤贫，性至孝，常自为母炊爨作食。[王隐《晋书》曰："祖纳③字士言，范阳道人，九世孝廉。纳诸母三兄，最治行操，能清言。历太子中庶子，廷尉卿。避地江南，温峤荐为光禄大夫。"]……

周镇罢临川郡还都，未及上住，泊青溪渚。[《永嘉流人名》曰："镇字康时，陈留尉氏人也。祖父和，故安令。父震，司空长史。"《中兴书》曰："镇清约寡欲，所在有异绩。"]王丞相往看之。[《丞相别传》曰："王导④字茂弘，琅邪人。祖览，以德行称。父裁，侍御史。导少知名，家世贫约，恬畅乐道，未尝以风尘经怀也。"]时夏月，暴雨卒至，舫至狭小，而又大漏，殆无复坐处。王曰："胡威之清，何以过此！"即启用为吴兴郡。[《晋阳秋》

---

① 乐广(?—304)：字彦辅，西晋南阳淯阳(今河南南阳)名士，因曾任尚书令，被后人称为"乐令"。出身寒门、父亲早逝，早年即有重名，受卫瓘、王戎、裴楷等人欣赏，因而得入仕途。历任元城令、中书侍郎、太子中庶子、侍中、河南尹等职。后任尚书左、右仆射，又代王戎为尚书令。

② 顾荣(?—312)：吴郡吴县(今江苏苏州)人。西晋末年拥护司马氏政权南渡的江南士族首脑。弱冠即仕于吴，吴亡，与陆机、陆云同入洛，号为三俊。拜郎中，转廷尉正，先后辟为王侯僚属。惠帝征为散骑常侍，后为晋元帝司马睿安东军司，加散骑常侍，凡所谋划，皆与荣议。

③ 祖纳：西晋大臣。

④ 王导(276—339)：小字阿龙，东晋时期著名政治家、书法家，历仕晋元帝、明帝和成帝三朝，是东晋政权的奠基人之一。

曰："胡威①字伯虎，淮南人。父质，以忠清显。质为荆州，威自京师往省之。及告归，质赐威绢一匹。威跪曰：'大人清高，于何得此？'质曰：'是吾奉禄之余，故以为汝粮耳。'威受而去。每至客舍，自放驴取樵爨炊。食毕，复随旅进道。质帐下都督阴齎粮要之②，因与为伴。每事相助经营之，又进少饭，威疑之，密诱问之，乃知都督也。谢而遣之。后以白质，质杖都督一百，除其吏名。父子清慎如此。及威为徐州，世祖赐见，与论边事及平生。帝叹其父清，因谓威曰：'卿清孰与父？'对曰：'臣清不如也。'帝曰：'何以为胜汝邪？'对曰：'臣父清畏人知，臣清畏人不知，是以不如远矣。'"]

邓攸③始避难，于道中弃己子，全弟子。[《晋阳秋》曰："攸字伯道，平阳襄陵人。七岁丧父母及祖父母，持重九年。性清慎平简。"……]……

桓常侍闻人道深公者，辄曰："此公既有宿名，加先达知称，又与先人至交，不宜说之。"[《桓彝④别传》曰："彝字茂伦，谯国龙亢人，汉五更桓荣十世孙也。父颍，有高名。彝少孤，识鉴明朗，避乱渡江，累迁散骑常侍。"][僧法深⑤，不知其俗姓，盖衣冠之胤⑥也。道徽高扇⑦，誉播山东，为中州刘公弟子。值永嘉乱，投迹杨土，居止京邑，内持法纲，外允具瞻⑧，弘道之法师也。以业⑨慈清净，而不耐风尘，考室剡县东二百里岇山中，同游十余人，高栖浩然。支道林宗其风范，与高丽道人书，称其德行。年七十有九，终于山中也。"]

谢太傅绝重褚公，常称："褚季野虽不言，而四时之气亦备。"

---

① 胡威(？—280)：一名貔，魏末西晋人。

② 齎：读jí，同"赍"，赠送。要：同"邀"。

③ 邓攸(？—326)：晋武帝时人，累官尚书左仆射，廉明奉公，有政绩。

④ 桓彝(276—328)：东晋人，出生世族家庭，以州主簿入仕，拜骑都尉，历中书郎、尚书吏部郎、散骑常侍，封万宁县男。

⑤ 法深：竺道潜字，晋代名僧，俗姓王，琅琊人。

⑥ 衣冠之胤：世族后代。

⑦ 道徽：道行的旗帜、榜样。扇：显扬、传播。

⑧ 具瞻：众人瞻望。

⑨ 业：佛学语，一切身口意所造作的有意念的活动统称为业。

[《文字志》曰："谢安①字安石，奕弟也。世有学行，安弘粹通远，温雅融畅。桓彝见其四岁时，称之曰：'此儿风神秀彻，当继踪王东海。'善行书。累迁太保、录尚书事。赠太傅。"《晋阳秋》曰："褚裒②字季野，河南阳翟人……裒少有简贵之风，冲默之称。累迁江、兖二州刺史。赠侍中、太傅。"]

言　语

边文礼见袁奉高，[闲也]失次序③。[《文士传》曰："边让④字文礼，陈留人。才俊辩逸，大将军何进闻其名，召署令史，以礼见之。让占对闲雅，声气如流，坐客皆慕之。让出就曹，时孔融、王朗等并前为掾，共书刺从让⑤，让平衡与交接。后为九江太守，为魏武帝所杀。"]奉高曰："昔尧聘许由，面无怍色，先生何为颠倒衣裳？"文礼答曰："明府初临，尧德未彰，是以贱民颠倒衣裳耳。"

何平叔[晏]云："服五石散，非唯治病，亦觉神明开朗。"[……秦丞相《寒食散论》曰："寒食散之方虽出汉代，而用之者寡，靡有传焉。魏尚书何晏首获神效，由是大行于世，服者相寻也。"]

嵇中散既被诛，向子期举郡计入洛，文王引进，问曰："闻君有箕山之志，何以在此？"对曰："巢、许，狷介之士，不足多慕。"王大咨嗟。[《向秀别传》曰："秀字子期，河内人。少为同郡山涛所知，又与谯国嵇康、东平吕安友善，并有拔俗之韵，其进止无不同，而造事营生业亦不异。常与嵇康偶锻于洛邑，与吕安灌园于山阳，不虑家之有无，外物不足怫其心。弱冠著《儒道论》，弃而不录，好事者或存之。或云是其族人所作，困于不行，乃告秀，欲假其名。秀笑曰：'可复尔耳。'后康被诛，秀遂失图。乃应岁举，到京

---

① 谢安(320—385)：东晋著名政治家。

② 褚裒(póu)(303—350)：东晋名士，外戚。

③ 失次序：举止失措。

④ 边让(？—193？)：东汉末年名士。

⑤ 掾：读 yuàn，原为佐助的意思，后为副官佐或官署属员的通称。书刺：《释名》曰："书姓字於奏上曰书刺。"

师，诣大将军司马文王，文王问曰：'闻君有箕山之志，何能自屈？'秀曰：'常谓彼人不达尧意，本非所慕也。'一坐皆说①，随次转至黄门侍郎、散骑常侍。"]

满奋畏风。在晋武帝坐，北窗作琉璃屏，实密似疏，奋有难色。帝笑之。[荀绰《冀州记》曰："奋字武秋，高平人，魏太尉宠之孙也。性清平有识，自吏部郎出为冀州刺史。"《晋诸公赞》曰："奋体量清雅，有曾祖宠之风，迁尚书令，为荀顗所害。"]奋答曰："臣犹吴牛，见月而喘。"[今之水牛，唯生江淮间，故谓之吴牛也。南土多暑，而此牛畏热，见月疑是日，所以见月则喘。]

诸名士共至洛水戏。还，乐令[广也]问王夷甫曰："今日戏乐乎？"[虞预《晋书》曰："王衍②字夷甫，琅邪临沂人，司徒戎从弟，父义，平北将军。夷甫蚤③知名，以清虚通理称，仕至太尉，为石勒所害。"]王曰："裴仆射善谈名理，混混有雅致；[《晋惠帝起居注》曰："裴颜字逸民，河东闻喜人，司空秀之少子也。"《冀州记》曰："颜弘济有清识，稽古善言名理。履行高整，自少知名。历侍中、尚书左仆射，为赵王伦所害。"]张茂先论史汉，靡靡可听；我与王安丰[戎也]说延陵、子房，亦超超玄著。"

王武子、[《晋诸公赞》曰："王济④字武子，太原晋阳人，司徒浑第二子也。有俊才，能清言。起家中书郎，终太仆。"]孙子荆、[《文士传》曰："孙楚⑤字子荆，太原中都人也。"《晋阳秋》曰："楚，骠骑将军资之孙，南阳太守弘之子。乡人王济，豪俊公子，为本州大中正，访问弘⑥为乡里品状，济曰：'此人非乡评所能名，吾自状之曰：天才英特，亮拔不群。'仕至冯翊太守。"]各言其土地人物之美。王云："其地坦而平，其水淡而清，其人廉且贞。"

---

① 说：同"悦"。

② 王衍（256—311）：西晋著名清谈家，西晋末年重臣。

③ 蚤：同"早"。

④ 王济（约246—291）：西晋大将军王浑的次子，爱好弓马，勇力超人，又善《易经》《老子》《庄子》等，文词俊茂，名于当世，与姐夫和峤及裴楷齐名。

⑤ 孙楚（221—294）：魏末晋人。

⑥ 弘：衍字，当删。

孙云："其山嶵巍以嵯峨，其水浃渫而扬波，其人磊呵而英多①。"

乐令女适②大将军成都王颖。[虞预《晋书》曰："乐广字彦辅，南阳人。清夷冲旷，加有理识。累迁侍中、河南尹。在朝廷用心虚淡，时人重其贞贵，代王戎为尚书令。"《八王故事》曰："司马颖字叔度，世祖第十九子③，封成都王、大将军。"]

庾公造周伯仁。[虞预《晋书》曰："周顗④字伯仁，汝南安城人，扬州刺史浚长子也。"……]伯仁曰："君何所欣说而忽肥?"庾曰："君复何所忧惨而忽瘦?"伯仁曰："吾无所忧，直是清虚日来，滓秽日去耳。"

卫洗马初欲渡江，形神惨悴，语左右云："见此芒芒，不觉百端交集。苟未免有情，亦复谁能遣此!"[《晋诸公赞》曰："卫玠⑤字叔宝，河东安邑人。祖父瓘，太尉。父恒，黄门侍郎。"《玠别传》曰："玠颖识通达，天韵标令，陈郡谢幼舆敬以亚父之礼……"]

会稽贺生，体识清远，言行以礼。[贺循]不徒东南之美，实为海内之秀。

刘琨虽隔阂寇戎，志存本朝，谓温峤曰："班彪识刘氏之复兴，马援知汉光之可辅。[《汉书·叙传》曰："彪字叔皮，扶风人，客于天水。陇西隗嚣有窥觎之志，彪作《王命论》以讽之。"《东观汉记》曰："马援字文渊，茂陵人。从公孙述、隗嚣游，后见光武曰：'天下反覆，盗名字者不可胜数，今见陛下寥廓大度，同符高祖，乃知帝王自有真也。'帝甚壮之。"]今晋阼虽衰，天

① 嶵：读zuì，山高貌。浃渫：读xiá dié，水涌流貌。磊呵："呵"同"砢"，亦作"礌砢"，众多委积貌。

② 适：女子出嫁。

③ 司马颖(279—306)：字当为"章度"，晋武帝司马炎第十六子，"八王之乱"中一王。

④ 周顗(yǐ)(269—322)：晋人，封成武侯，故又称"周侯"，曾任荆州刺史，官至尚书左仆射，敢进忠言而被朝廷重用，天性宽厚仁爱遂被敬重，后因生性癖异而被王敦所杀。

⑤ 卫玠(286—312)：晋人，是魏晋之际继何晏、王弼之后的著名清谈名士和玄学家，官至太子洗马。

命未改。吾欲立功于河北，使卿延誉①于江南。子其行乎？"温曰：
"峤虽不敏，才非昔人，明公以桓、文之姿，建匡立②之功，岂敢辞
命！"［虞预《晋书》曰："峤字太真，太原祁人。少标俊清彻，英颖显名，为司空
刘琨左司马……"］

高坐道人不作汉语，或问此意，简文曰："以简应对之烦。"［《高
坐别传》曰："和尚胡名尸黎密，西域人。传云国王子，以国让弟，遂为沙门。
永嘉中，始到此土，止于大市中。和尚天姿高朗，风韵道迈。丞相王公一见奇
之，以为吾之徒也。周仆射领选，抚其背而叹曰：'若选得此贤，令人无恨。'俄
而周侯遇害，和尚对其灵坐，作胡祝③数千言，音声高畅，既而挥涕收泪，其
哀乐废兴皆此类。性高简，不学晋语。诸公与之言，皆因传译。然神领意得，
顿在言前。"……］

周仆射雍容好仪形，诣王公，初下车，隐④数人，王公含笑看
之。既坐，傲然啸咏。王公曰："卿欲希嵇、阮邪？"答曰："何敢近
舍明公，远希嵇、阮！"［邓粲《晋纪》曰："伯仁仪容弘伟，善于俯仰应答，
精神足以荫映数人。深自持，能致人⑤，而未尝往焉。"］

庾⑥法畅造庾太尉，握麈尾⑦至佳，公曰："此至佳，那得在？"
法畅曰："廉者不求，贪者不与，故得在耳。"［法畅氏族所出未详。法畅
著《人物论》，自叙其美云："悟锐有神，才辞通辩。"］

谢太傅语王右军曰："中年伤于哀乐，与亲友别，辄作数日恶。"
王曰："年在桑榆，自然至此，正赖丝竹陶写。恒恐儿辈觉，损欣乐

---

①　延誉：播扬声誉，传扬好名声。

②　匡立：谓拯救国家，建立大业。

③　祝：祭神的祈祷词。

④　隐：凭依。

⑤　自持：自守、自制。致人：控制别人。

⑥　庾：当作"康"。

⑦　麈尾：拂尘；麈，读 zhǔ，一种鹿类动物，其尾可做拂尘。

之趣。"

支道林常养数匹马。或言道人畜马不韵，支曰："贫道重其神骏。"[《高逸沙门传》曰："支遁字道林，河内林虑人，或曰陈留人，本姓关氏。少而任心独往，风期高亮，家世奉法。尝于余杭山沈思道行，泠然独畅。年二十五始释形入道。年五十三终于洛阳。"]

王长史与刘真长别后相见，[《王长史别传》曰："濛①字仲祖，太原晋阳人。其先出自周室，经汉、魏，世为大族。祖父佐，北军中候。父讷，叶令。濛神气清韶，年十余岁，放迈不群。弱冠检尚，风流雅正，外绝荣竞，内寡私欲。辟司徒掾、中书郎，以后父赠光禄大夫。"]王谓刘曰："卿更长进。"答曰："此若天之自高耳。"

刘尹②云："人想王荆产佳，此想长松下当有清风耳。"[荆产，王微小字也。《王氏谱》曰："微字③幼仁，琅琊人。祖父义，平北将军。父澄，荆州刺史。微历尚书郎、右军司马。"]

刘尹云："清风朗月，辄思玄度。"[《晋中兴士人书》曰："许询④能清言，于时士人皆钦慕仰爱之。"]

方　正

后来年少，多有道深公者。深公谓曰："黄吻年少，勿为评论宿士。昔尝与元明二帝、王庾二公周旋。"[《高逸沙门传》曰：晋元、明二帝，游心玄虚，托情道味，以宾友礼待法师。王公、庾公倾心侧席，好同臭味也。]

---

①　王濛(309—347)：小字阿奴，东晋名士、外戚，深得辅政的会稽王司马昱倚重，官至司徒左长史。

②　刘尹：指刘惔(生卒年不详)，曾任侍中、丹阳尹等，故称"刘尹"，字真长，沛国相县(今安徽省宿州市东)人，刘耽之子，东晋著名清谈家，少时就为王导所赏识，时人比之为荀粲，《唐会要》尊其为魏晋八君子之一。

③　王微：当作"王徽"，晋人，生卒年未详。

④　许询：字玄度，晋人，生卒年未详。

孝武问王爽："卿何如卿兄?"王答曰："风流秀出,臣不如恭,忠孝亦何可以假人!"

雅　量

嵇中散临刑东市,神气不变。索琴弹之,奏《广陵散》。曲终曰:"袁孝尼①尝请学此散,吾靳固不与,《广陵散》于今绝矣!"太学生三千人上书,请以为师,不许。文王亦寻悔焉。

夏侯太初②尝倚柱作书。时大雨,霹雳破所倚柱,衣服焦然,神色无变,书亦如故。宾客左右,皆跌荡不得住。

裴叔则被收,神气无变,举止自若。求纸笔作书。书成,救者多,乃得免。后位仪同三司。

王夷甫与裴景声志好不同。景声恶欲取之,卒不能回。乃故诣王,肆言极骂,要王答己,欲以分谤。王不为动色,徐曰:"白眼儿遂作。"[《晋诸公赞》曰:邈③字景声,河东闻喜人。少有通才,从兄颜器赏之,每与清言,终日达曙。自谓理构多如,辄每谢之,然未能出也。历太傅从事中郎、左司马,监东海王军事。少为文士,而经事为将,虽非其才,而以军重称也。]

王夷甫长裴成公四岁,不与相知。时共集一处,皆当时名士,谓王曰:"裴令令望何足计!"王便卿裴④。裴曰:"自可全君雅志。"[裴颜]

---

①　孝尼:袁准(生卒年未详)字,陈郡扶乐人,魏国郎中令涣第四子,仕魏未详,入晋拜给事中。

②　太初:夏侯玄(209—254)字,一作"泰初",沛国谯(今安徽亳州)人,三国时期曹魏玄学家。

③　裴邈:西晋河东闻喜人,生卒年未详。

④　卿裴:意思是称裴为"卿",魏晋时,晚辈称呼长辈、位卑者称呼位尊者用"公",同辈之间或同等职位之间互称为"君",而比较熟悉或亲昵的朋友以及上级称呼下级则使用"卿"。

祖士少好财，阮遥集好屐，并恒自经营，同是一累，而未判其得失。[《祖约别传》曰："约①字士少，范阳遒人，累迁平西将军、豫州刺史……"《晋阳秋》曰："阮孚②字遥集，陈留人，咸第二子也。少有智调③，而无俊异。累迁侍中、吏部尚书、广州刺史……"]人有诣祖，见料视财物。客至，屏当④未尽，余两小簏⑤箸背后，倾身障之，意未能平。或有诣阮，见自吹火蜡屐，因叹曰："未知一生当箸几量屐？"神色闲畅。于是胜负始分。[《孚别传》曰：孚风韵疏诞，少有门风。]

庾太尉⑥风仪伟长，不轻举止，时人皆以为假。亮有大儿数岁，雅重之质，便自如此，人知是天性。温太真尝隐幔怛之，此儿神色恬然，乃徐跪曰："君侯何以为此？"论者谓不减亮……

顾和⑦始为杨州从事。月旦当朝，未入顷，停车州门外。周侯诣丞相，历和车边。和觅虱，夷然不动。周既过，反还，指顾心曰："此中何所有？"顾搏虱如故，徐应曰："此中最是难测地。"周侯既入，语丞相曰："卿州吏中有一令仆才。"(《中兴书》曰："和有操量，弱冠知名。"）

宣武[桓温]与简文、太宰[武陵王晞]共载，密令人在舆前后鸣鼓

---

① 祖约(? —330)：镇西将军、豫州刺史祖逖之弟，东晋将领、叛臣。

② 阮孚(约278—约326)：东晋大臣，历任显官，以继承父亲和叔祖的任性旷达见称，当时的人给予阮孚"诞伯"的称号，与阮放、郗鉴、胡毋辅之、卞壸、蔡谟、刘绥及羊曼合称"兖州八伯"。

③ 智调：智算、智数；调，读 diào。

④ 屏当：又作"并当"，收拾的意思。

⑤ 簏：读 lù，竹篾编的盛物器，形状不一。

⑥ 庾太尉：指庾亮(289—340)，字元规，颍川鄢陵(今河南鄢陵北)人，东晋时期外戚、名士。姿容俊美，善谈玄理，又遵守礼法，为人严肃庄重。历任多职，去世后追赠太尉，谥号文康。

⑦ 顾和(288—351)：字君孝，晋吴郡吴县(今江苏苏州)人，侍中顾众族子，历任多职，去世后追赠侍中、司空，谥号穆。

大叫。卤簿①中惊扰，太宰惶怖求下舆。顾看简文，穆然清恬。宣武语人曰："朝廷间故复有此贤。"

王劭、王荟共诣宣武，[劭、荟《别传》曰：劭字敬伦，丞相导第五子。清贵简素，研味玄赜。大司马桓温称为凤雏②。累迁尚书仆射、吴国内史。荟字敬文，丞相最小子。有清誉，夷泰无竞，仕至镇军将军。]正值收庾希家。[《中兴书》曰："希字始彦，司空冰长子。累迁徐、兖二州刺史……"]荟不自安，逡巡欲去；劭坚坐不动，待收信还，得不定③，乃出。论者以劭为优。

谢太傅盘桓东山时，与孙兴公诸人泛海戏。[《中兴书》曰：安先居会稽，与支道林、王羲之、许询共游处。出则渔弋山水，入则谈说属文，未尝有处世意也。]风起浪涌，孙、王诸人色并遽，便唱使还。太傅神情方王④，吟啸不言。舟人以公貌闲意说⑤，犹去不止。既风转急，浪猛，诸人皆喧动不坐。公徐云："如此，将无归！"众人即承响⑥而回。于是审其量，足以镇安朝野。

桓公伏甲设馔，广延朝士，因此欲诛谢安、王坦之⑦。王甚遽，问谢曰："当作何计？"谢神意不变，谓文度曰："晋阼存亡，在此一行。"相与俱前。王之恐状，转见于色；谢之宽容，愈表于貌。望阶趋席，方作洛生咏，讽"浩浩洪流"⑧。桓惮其旷远，乃趣⑨解兵。

---

① 卤簿：古代帝王驾出时扈从的仪仗队。

② 雏：同"雏"。

③ 收信：收押的使者。得不定：得与不得成为定局。

④ 王：同"旺"。

⑤ 说：同"悦"。

⑥ 承响：应声。

⑦ 王坦之（330—375）：字文度，太原晋阳（今山西太原）人，东晋名臣，尚书令王述之子，曾任大司马桓温的参军，袭父爵蓝田侯，后与谢安等人在朝中抗衡桓温。桓温死后与谢安一同辅政，累迁中书令、领北中郎将、徐、兖二州刺史。去世时年仅四十六岁，追赠安北将军，谥号为献。王坦之善书，《淳化阁帖》卷三有其行书四行，亦有文集传世。

⑧ "浩浩洪流"：嵇康《赠秀才入军》诗句。

⑨ 趣：同"促"，急促。

[按宋明帝《文章志》曰："安能作洛下书生咏，而少有鼻疾，语音浊。后名流多学其咏，弗能及，手掩鼻而吟焉。桓温止新亭，大陈兵卫，呼安及坦之，欲于坐害之。王入失措，倒执手版，汗流沾衣。安神姿举动，不异于常……。"]王、谢旧齐名，于此始判优劣。

戴公从东出，谢太傅往看之。谢本轻戴，见但与论琴书。戴既无吝色，而谈琴书愈妙。谢悠然知其量。[《晋安帝纪》曰："戴逵字安道，谯国人。少有清操，恬和通任，为刘真长所知。性甚快畅，泰于娱生。好鼓琴，善属文，尤乐游燕，多与高门风流者游，谈者许其通隐。屡辞征命，遂箸高尚之称。"]

谢公与人围棋，俄而谢玄淮上信至。看书竟，默然无言，徐向局。客问淮上利害？答曰："小儿辈大破贼。"意色举止，不异于常。

王子猷、子敬曾俱坐一室，上忽发火。子猷遽走避，不惶①取屐；[《晋百官名》曰："王徽之，字子猷。"《中兴书》曰："徽之，羲之第五子。卓荦不羁，欲为傲达，仕至黄门侍郎。"]子敬神色恬然，徐唤左右，扶凭而出，不异平常。[《续晋阳秋》曰：献之虽不修赏贯，而容止不妄。]世以此定二王神宇。

识　鉴

卫玠年五岁，神衿②可爱。祖太保曰："此儿有异，顾吾老，不见其大耳！"[《晋诸公赞》曰："瓘③字伯玉，河东安邑人。少以明识清允称。傅嘏极贵重之，谓之宁武子④。仕至太保，为楚王玮所害。"《玠别传》曰：

---

① 惶：同"遑"。

② 神衿：神情气度。

③ 卫瓘（220—291）：三国时期曹魏将领，西晋时重臣，历任两朝多职，书法家。

④ 宁武子：春秋时卫大夫宁俞，谥武子，《论语·公冶长》："子曰：宁武子，邦有道，则知；邦无道，则愚。"邢昺疏："若遇邦国有道，则显其知谋；若遇无道，则韬藏其知而佯愚。"

"玠①有虚令之秀，清胜之气，在群伍之中，有异人之望。祖太保见玠五岁曰：'此儿神爽聪令，与众大异，恐吾年老，不及见尔。'"]

张季鹰辟齐王东曹掾，在洛见秋风起，因思吴中菰菜羹、鲈鱼脍，曰："人生贵得适意尔，何能羁宦数千里以要名爵！"遂命驾便归。俄而齐王败，时人皆谓为见机。[《文士传》曰：张翰②字季鹰。父俨，吴大鸿胪。翰有清才美望，博学善属文，造次立成，辞义清新。大司马齐王冏辟为东曹掾。翰谓同郡顾荣曰："天下纷纷未已，夫有四海之名者，求退良难。吾本山林间人，无望于时久矣。子善以明防前，以智虑后。"荣捉其手，怆然曰："吾亦与子采南山蕨，饮三江水尔！"翰以疾归，府以辄去除吏名。性至孝，遭母艰，哀毁过礼。自以年宿，不营当世，以疾终于家。]

王大将军既亡，王应欲投世儒，世儒为江州……[《王彬别传》曰：彬③字世儒，琅邪人。祖览，父正，并有名德。彬爽气出侪类，有雅正之韵。与元帝姨兄弟，佐佑皇业，累迁侍中……]

武昌孟嘉作庾太尉从事，已知名……[《嘉别传》曰：嘉④字万年，江夏鄳人……温问："酒有何好？而卿嗜之。"嘉曰："明公未得酒中趣尔。"又问："听伎，丝不如竹，竹不如肉，何也？"答曰："渐近自然。"转从事中郎，迁长史。年五十三而卒。]

戴安道年十余岁，在瓦官寺画。王长史见之曰："此童非徒能画，[《续晋阳秋》曰：逵善图画，穷巧丹青也。]亦终当致名。恨吾老，不见其盛时耳！"

---

①　卫玠(286—312)：字叔宝，晋河东安邑(今山西夏县北)人，是魏晋之际继何晏、王弼之后的著名清谈名士和玄学家，官至太子洗马。

②　张翰：生卒年未详，西晋吴郡吴县(今江苏苏州)人。

③　王彬(278—336)：东晋大臣，东晋初年权臣王敦和王导的堂弟，荆州刺史王廙的弟弟。

④　孟嘉：生卒年未详，东晋名士，陶渊明外祖父，早年便名扬京师，后历任庐陵从事、江州别驾、征西参军等职。

赏　誉

世目李元礼：“谡谡如劲松下风。”①[《李氏家传》曰：膺②岳峙渊清，峻貌贵重。华夏称曰：“颍川李府君，颙颙如玉山。汝南陈仲举，轩轩若千里马。南阳朱公叔，飂飂如行松柏之下。”③]

公孙度目邴原：所谓云中白鹤，非燕雀之网所能罗也。[《魏书》曰：“度字叔济，襄平人。累迁冀州刺史、辽东太守。”《邴原别传》曰：“原字根矩，东管朱虚人……魏王辟祭酒，累迁五官中郎长史。”]

钟士季目王安丰：阿戎了了解人意。谓裴公之谈，经日不竭。[裴颜]吏部郎阙，文帝问其人于钟会④。会曰：“裴楷清通，王戎⑤简要，皆其选也。”于是用裴。

裴令公目夏侯太初：“肃肃如入廊庙中，不修敬而人自敬。”一曰：“如入宗庙，琅琅但见礼乐器。见钟士季，如观武库，但睹矛戟。见傅兰硕，江廧⑥靡所不有。见山巨源，如登山临下，幽然深远。”

王戎目山巨源：“如璞玉浑金，人皆钦其宝，莫知名其器。”[顾恺之《画赞》曰：涛无所标明，淳深渊默，人莫见其际，而其器亦入道。故见者莫能称谓，而服其伟量。]

山公举阮咸为吏部郎，目曰：“清真寡欲，万物不能移也。”

---

① 目：这是魏晋人物品藻常用语，往往兼有目察、题目、品目、条目等多义。谡谡：形容强劲风声。

② 李膺（110—169）：颍川郡襄城县（今属河南襄城县）人，东汉名士，历任多职。

③ 颙颙：读 yūn yūn，山高石巨貌。轩轩：摹状词，轩轩：飞舞貌。飂飂：读 liù liù，风声。

④ 钟会（225—264）：字士季，颍川长社（今河南长葛东）人，三国魏名将、书法家，太傅钟繇幼子。

⑤ 王戎（234—305）：字濬冲，琅琊临沂（今山东临沂）人，西晋名士、官员，惠帝朝司徒，历任多职，“竹林七贤”之一，长于清谈，以精辟的品评与识鉴而著称。

⑥ 江廧：“江”当作“汪”，“廧”同“翔”，“汪翔”即“汪洋”。

王戎目阮文业："清伦有鉴识，汉元以来，未有此人。"[杜笃《新书》曰：阮武字文业，陈留尉氏人。父谌，侍中。武阔达博通，渊雅之士……]

武元夏目裴、王曰："戎尚约，楷清通。"[虞预《晋书》曰：武陔字元夏，沛国竹邑人……]

庾子嵩①目和峤②："森森如千丈松，虽磊砢有节目，施之大厦，有栋梁之用。"

王戎云："太尉神姿高彻，如瑶林琼树，自然是风尘外物。"[《名士传》曰：夷甫天形奇特，明秀若神……]

有问秀才："吴旧姓何如？"答曰：吴府君圣王之老成，明时之俊乂③；朱永长理物之至德，清选之高望；严仲弼九皋之鸣鹤，空谷之白驹；顾彦先八音之琴瑟，五色之龙章；张威伯岁寒之茂松，幽夜之逸光；陆士衡、士龙鸿鹄之裴回④，悬鼓之待槌。[秀才，蔡洪⑤也。《集》载洪《与刺史周俊书》曰："一日侍坐，言及吴士，询于刍荛⑥，遂见下问。造次承颜，载辞不举，敕令条列名状，退辄思之。今称疏所知：吴展字士季，下邳人。忠足矫非，清足厉俗，信可结神，才堪干世。仕吴为广州刺史、吴郡太守。吴平，还下邳，闭门自守，不交宾客。诚圣王之老成，明时之俊乂也。朱诞字永长，吴郡人。体履清和，黄中通理。吴朝举贤良，累迁议郎，今归在家。诚理物之至德，清选之高望也。严隐字仲弼，吴郡人。禀气清纯，思度渊伟。吴朝举贤良，宛陵令。吴平，去职。九皋之鸣鹤，空谷之白驹也。张畅字

---

① 子嵩：庾敳(ái)(262—311)字，颍川鄢陵(今河南鄢陵北)人，西晋名士，出身于魏晋名门颍川庾氏，擅清谈，为王衍所推重。

② 和峤：当为温峤(288—329)，字泰真，一作太真，太原祁县(今山西祁县)人，东晋名将，博学能属文。历任多职，封始安郡公，死后赠侍中、大将军，谥号忠武。

③ 俊乂：才德出众的人；乂，读yì。

④ 裴回：同"徘徊"。

⑤ 蔡洪：生卒年未详，字叔开，西晋吴郡(今苏州)人，曾仕吴，入晋为州从事，太康中，举秀才，元康初，为松滋令。

⑥ 刍荛：割草打柴的人，认为自己的意见很浅陋的谦虚说法；荛，读ráo。

咸伯，吴郡人。禀性坚明，志行清朗，居磨涅之中，无淄磷之损①。岁寒之松柏，幽夜之逸光也。"《陆云别传》曰："云字士龙，吴大司马抗之第五子，机同母之弟也。儒雅有俊才，容貌瑰伟，口敏能谈，博闻强记。善著述，六岁便能赋诗，时人以为项托、扬乌之俦也。年十八，刺史周俊命为主簿。俊常叹曰：'陆士龙当今之颜渊也！'累迁太子舍人、清河内史。为成都王所害。"]凡此诸君，以洪笔为锄耒，以纸札为良田，以玄默为稼穑，以义理为丰年，以谈论为英华，以忠恕为珍宝，著文章为锦绣，蕴五经为缯帛，坐谦虚为席荐，张义让为帷幕，行仁义为室宇，修道德为广宅。

王太尉曰："见裴令公精明朗然，笼盖人上，非凡识也。若死而可作，当与之同归。"或云王戎语。

王夷甫自叹："我与乐令谈，未尝不觉我言为烦。"[《晋阳秋》曰：乐广善以约言厌人心，其所不知，默如也。太尉王夷甫、光禄大夫裴叔则能清言，常曰："与乐君言，觉其简至，吾等皆烦。"]

王平子目太尉："阿兄形似道，而神锋太俊。"太尉答曰："诚不如卿落落穆穆。"[王隐《晋书》曰：澄通朗好人伦，情无所系。]

太傅有三才：刘庆孙长才，潘阳仲大才，裴景声清才。[《八王故事》曰：刘舆才长综核，潘滔以博学为名，裴邈强力方正，皆为东海王所匿，俱显一府。故时人称曰：舆长才，滔大才，邈清才也。]

林下诸贤②，各有俊才子。籍子浑，器量弘旷。[《世语》曰："浑字长成，清虚寡欲，位至太子中庶子。"]康子绍，清远雅正。涛子简，疏通高素。[虞预《晋书》曰："简字季伦，平雅有父风。与嵇绍、刘漠等齐名。迁尚书，出为征南将军。"]咸子瞻，虚夷有远志。瞻弟孚，爽朗多所遗。[《名士传》曰："瞻字千里，夷任而少嗜欲，不修名行，自得于怀。读书不甚研

---

① 磨涅、淄磷："涅而不淄"与"磨而不磷"的分语，谓染而不黑，磨而不薄，喻操守坚贞。

② 林下诸贤：竹林七贤。

求，而识其要。仕至太子舍人。年三十卒。"《中兴书》曰："孚风韵缙诞，少有门风。初为安东参军，蓬发饮酒，不以王务婴心。"]秀子纯、悌，并令淑有清流。戎子万子，有大成之风，苗而不秀。[《晋诸公赞》曰："王绥字万子，辟太尉掾，不就。年十九卒。"《晋书》曰："戎子万，有美号而太肥，戎令食糠，而肥愈甚也。"]唯伶子无闻。凡此诸子，唯瞻为冠，绍、简亦见重当世。

王夷甫语乐令："名士无多人，故当容平子知。"[《王澄别传》曰：澄风韵迈达，志气不群。从兄戎、兄夷甫，名冠当年。四海人士，一为澄所题目，则二兄不复措意，云"已经平子"，其见重如此。是以名闻益盛，天下知与不知，莫不倾注。澄后事迹不逮，朝野失望。及旧游识见者，犹曰："当今名士也。"]

司马太傅府多名士，一时俊异。庾文康云："见子嵩在其中，常自神王。"

谢幼舆①曰："友人王眉子清通简畅，嵇延祖弘雅劭长，董仲道卓荦有致度。"

王公目太尉："岩岩清峙，壁立千仞。"[顾恺之《夷甫画赞》曰："夷甫天形瑰特，识者以为岩岩秀峙，壁立千仞。]

庾太尉在洛下，问讯中郎。[庾敳]中郎留之云："诸人当来。"寻温元甫[《晋诸公赞》曰：温几字元甫，太原人。才性清婉。历司徒右长史、湘州刺史，卒官。]、刘王乔[曹嘉之《晋纪》曰：刘畴字王乔，彭城人。父讷，司隶校尉。畴善谈名理。曾避乱坞壁，有胡数百欲害之。畴无惧色，援笳而吹之，为出塞入塞之声，以动其游客之思。于是群胡皆泣而去之。位至司徒左长史。]、裴叔则俱至，酬酢终日。庾公犹忆刘、裴之才俊，元甫之清中。[中，一作平。]

①　谢幼舆：谢鲲（281—323）字，陈郡阳夏（今河南太康）人，西晋名士，陈郡谢氏士族，谢家本为宿儒之家，谢鲲由儒入玄，追随元康名士，好《老子》《易经》，能歌，善鼓琴。官至豫章太守，故又称谢豫章。

蔡司徒①在洛，见陆机兄弟住参佐廨②中，三间瓦屋，士龙住东头，士衡住西头。士龙为人，文弱可爱。士衡长七尺余，声作钟声，言多慷慨。[《文士传》曰：云性弘静，怡怡然为士友所宗。机清厉有风格，为乡党所惮。]

王长史是庾子躬外孙，丞相目子躬云："入理泓然，我已上人。"[子躬，子嵩兄也。]

庾太尉目庾中郎："家从谈谈③之许。"[《名士传》曰："敳不为辨析之谈，而举其旨要。太尉王夷甫雅重之也。"一作'家从谈之祖。'从，一作诵。许，一作辞。]

庾公目中郎："神气融散，差如得上。"

时人目庾中郎："善于托大，长于自藏。"[《名士传》曰：敳虽居职任，未尝以事自婴，从容博畅，寄通而已。是时天下多故，机事屡起，有为者拔奇吐异，而祸福继之。敳常默然，故忧喜不至也。]

王大将军《与元皇表》云："舒风概简正，允作雅人，自多于邃。[王舒。《王邃别传》曰："邃字处重，琅邪人，舒弟也。意局刚清，以政事称。累迁中领军、尚书左仆射。"舒、邃并敦从弟。]……"

时人欲题目高坐而未能。桓廷尉以问周侯，周侯曰："可谓卓朗。"桓公曰："精神渊箸。"[《高坐传》曰：庾亮、周顗、桓彝一代名士，一见和尚，披衿致契。曾为和尚作目，久之未得。有云："尸利密④可称卓朗。"于是桓始咨嗟，以为标之极似。宣武尝云："少见和尚，称其精神渊箸，当年出伦。"其为名士所叹如此。]

王大将军称其儿云："其神候似欲可。"[王应也]

---

① 蔡司徒：指蔡谟(mó)(281—356)，曾任司徒左长史，故称，字道明，陈留考城(今河南民权县)人，东晋重臣。

② 廨：读 xiè，官吏办公处。

③ 庾太尉：指庾亮。庾中郎：指庾敳。家从：叔父。谈谈：言论深邃貌。

④ 尸利密：高坐和尚名。

卞令目叔向①："朗朗如百间屋。"

王敦为大将军，镇豫章。卫玠避乱，从洛投敦，相见欣然，谈话弥日。于时谢鲲为长史，敦谓鲲曰："不意永嘉之中，复闻正始之音。阿平②若在，当复绝倒。"

王平子与人书，称其儿："风气日上，足散人怀。"［《永嘉流人名》曰："澄第四子微（当作'徽'）。"《澄别传》曰："徽迈上有父风。"］

胡毋彦国吐佳言如屑，后进领袖。［言谈之流，靡靡如解木出屑也。］

世目周侯：嶷③如断山。

丞相治杨州廨舍……［《晋阳秋》曰：充，导妻姊之子，明穆皇后之妹夫也。思韵淹济，有文义才情，导深器之……］

世目杨朗："沈审经断。"

刘万安即道真从子。庾公［琮，字子躬。］所谓"灼然玉举。"又云："千人亦见，百人亦见。"［《刘氏谱》曰：绥字万安，高平人……］

桓茂伦云："褚季野皮里阳秋④。"谓其裁中也。［《晋阳秋》曰："裒⑤简穆有器识。"故为彝所目也。］

世目"杜弘治标鲜，季野穆少"。［《江左名士传》曰：乂⑥，清标令上也。］

有人目杜弘治："标鲜清令，盛德之风，可乐咏也。"［《语林》曰：有人目杜弘治，标鲜甚清令，初若熙怡，容无韵，盛德之风，可乐咏也。］

---

① 卞令：卞壸（kǔn）（281—328）的敬称，字望之，济阴冤句（今山东菏泽）人，东晋重臣，累事三朝，两度为尚书令，后追赠侍中、骠骑将军，开府仪同三司，谥曰"忠贞"。叔向：当指卞壸名字为"向"的叔父。

② 阿平：当指王澄（字平之）。

③ 嶷：读 nì，高耸貌。

④ 皮里阳秋：谓外无臧否而内有褒贬。

⑤ 褚裒（póu）（303—350）：字季野，河南阳翟（今河南禹县）人，东晋名士、外戚。

⑥ 杜乂：生卒年未详，京兆（今陕西西安）人，东晋名士、外戚，镇南将军杜预之孙，少有盛名于江左，辟公府掾，为丹阳丞，早卒。

谢公称蓝田："掇皮皆真。"[徐广《晋纪》曰："述①贞审，真意不显。"]

王右军道谢万石"在林泽中，为自遒上"。叹林公"器朗神俊"。[《支遁别传》曰："遁任心独往，风期高亮。"]道祖士少"风领毛骨，恐没世不复见如此人"。道刘真长"标云柯而不扶疏"。

简文目庾赤玉："省率治除。"谢仁祖云："庾赤玉胸中无宿物。"[赤玉，庾统小字。《中兴书》曰："统字长仁，颍川人，卫将军择子也。少有令名，仕至寻阳太守。"]

殷中军道韩太常曰："康伯少自标置，居然是出群器。及其发言遣辞，往往有情致。"[《续晋阳秋》曰："康伯清和有思理，幼为舅殷浩所称。"]

简文道王怀祖："才既不长，于荣利又不淡；直以真率少许，便足对人多多许。"[《晋阳秋》曰：（王）述少贫约，箪瓢陋巷，不求闻达，由是为有识所重。]

王长史云："江思悛思怀所通，不翅②儒域。"[徐广《晋纪》曰：江惇字思悛，陈留人，仆射彰弟也。性笃学，手不释书，博览坟典，儒道兼综。征聘无所就，年四十九而卒。]

谢公道豫章："若遇七贤，必自把臂入林。"[《江左名士传》曰：鲲通简有识，不修威仪。好迹逸而心整，形浊而言清。居身若秽，动不累高。邻家有女，尝往挑之。女方织，以梭投折其两齿。既归，傲然长啸曰："犹不废我啸歌"，其不事形骸如此。]

殷中军道右军："清鉴贵要。"[《晋安帝纪》曰：羲之风骨清举也。]

---

① 王述(303—368)：字怀祖，东晋太原晋阳(今山西太原市)人，东海太守王承之子，历任多职，死后追赠侍中、骠骑将军、开府，谥号为穆，又因避晋穆帝谥号，改谥为简。

② 翅：同"啻"。

桓宣武《表》云：“谢尚①神怀挺率，少致民誉。”

世目谢尚为令达，阮遥集云：“清畅似达。”或云：“尚自然令上。”[《晋阳秋》曰：“尚率易挺达，超悟令上也。”]

简文目敬豫为“朗豫”。[王恬。《文字志》曰：“恬识理明贵，为后进冠冕也。”]

王右军目陈玄伯：“垒块有正骨。”[陈泰]

王长史云：“刘尹知我，胜我自知。”[《濛别传》曰：濛与沛国刘惔齐名，时人以濛比袁曜卿，惔比荀奉倩，而共交友，甚相知赏也。]

许玄度言：《琴赋》所谓“非至精者，不能与之析理”，刘尹其人；“非渊静者，不能与之闲止”，简文其人。[稽叔夜《琴赋》也。刘惔真长，丹阳尹。]

初，法汰北来未知名，王领军供养之[《中兴书》曰：王洽字敬和，丞相导第三子……]，每与周旋，行来往名胜许，辄与俱。不得汰，便停车不行。因此名遂重。[《名德沙门题目》曰：“法汰高亮开达。”孙绰为《汰赞》曰：“凄风拂林，明泉映壑。爽爽法汰，校德无怍。事外潇洒，神内恢廓。实从前起，名随后跃。”]

王长史与大司马书，道渊源②“识致安处，足副时谈。”

谢公云：“刘尹语审细。”[孙绰为《惔诔叙》曰：神犹渊镜，言必珠玉。]

孙兴公、许玄度共在白楼亭[《会稽记》曰：亭在山阴，临流映壑也。]，共商略先往名达。林公既非所关，听讫云：“二贤故自有才情。”

王右军道东阳“我家阿林，章清太出”。[“林”应为“临”。《王氏谱》曰：临之字仲产，琅琊人，仆射彪之子。仕至东阳太守。]

---

①　谢尚(308—357)：字仁祖，陈郡阳夏(今河南太康)人，东晋名士、将领，谢鲲之子、谢安从兄，通音律，善舞蹈，工书法，擅清谈。历任多职，后进号镇西将军，都督豫、冀、幽、并州四州。去世后赠散骑常侍、卫将军、开府仪同三司，谥号简。

②　渊源：殷浩(303—356)字，陈郡长平(今河南西华)人，东晋时期大臣、将领，因会稽王司马昱提拔而一度与桓温于朝中抗衡，但后因北伐失败而被废为庶人。

刘尹先推谢镇西，谢后雅重刘曰："昔尝北面。"[按：谢尚年长于惔，神颖风彰，而曰北面于刘，非可信。]

谢太傅道安北："见之乃不使人厌，然出户去，不复使人思。"[安北，王坦之也。《续晋阳秋》曰："谢安初携幼释同好，养志海滨，襟情超畅，尤好声律。然抑之以礼，在哀能至，弟万之丧，不听丝竹者将十年。及辅政，而修室第园馆，丽车服，虽期功①之惨，不废妓乐。王坦之因苦谏焉。"按谢公盖以王坦之好直言，故不思尔。]

谢太傅语真长："阿龄于此事，故欲太厉。"[修龄，王胡之小字也。]刘曰："亦名士之高操者。"[《胡之别传》曰：胡之治身清约，以风操自居。]

王子猷说："世目士少为朗，我家②亦以为彻朗。"[《晋诸公赞》曰：祖约少有清称。]

谢公云："长史语甚不多，可谓有令音。"[《王濛别传》曰：濛性和畅，能清言，谈道贵理中简而有会。商略古贤，显默之际，辞旨劭令，往往有高致。]

谢镇西道敬仁："文学镞镞③，无能不新。"

世称："苟子秀出，阿兴清和。"[阿兴，王蕴小字。]

简文云："刘尹茗柯有实理④。"

吴四姓旧目云："张文、朱武、陆忠、顾厚。"[《吴录士林》曰：吴郡有顾、陆、朱、张，为四姓。三国之间，四姓盛焉。]

……世目袁（宏）为"开美"⑤……

王子敬语谢公："公故萧洒。"谢曰："身不萧洒。君道身最得，

---

① 期功：古代丧服的名称，期（jī），服丧一年，功，按关系亲疏分大功和小功，大功服丧九月，小功服丧五月。

② 我家：似指其父王羲之。

③ 镞镞：挺拔貌。

④ 茗柯有实理：言当其醉中亦无妄语；茗柯，当作"茗芋"，即酩酊。

⑤ 开美：气度豁达。

身正自调畅。"[《续晋阳秋》曰：安弘雅有气，风神调畅也。]

王恭始与王建武甚有情，后遇袁悦之间，遂致疑隙。然每至兴会，故有相思。时恭尝行散至京口谢堂，于时清露晨流，新桐初引，恭目之曰："王大故自濯濯①。"

司马太傅为二王目曰："孝伯亭亭直上，阿大罗罗清疏。"[恭，正亮沈烈；忱，通朗诞放。]

王恭有清辞简旨，能叙说，而读书少，颇有重出。[《中兴书》曰：恭虽才不多，而清辩过人。]有人道孝伯"常有新意，不觉为烦"。

品　藻

汝南陈仲举，颍川李元礼二人②，共论其功德，不能定先后。蔡伯喈[《续汉书》曰：蔡伯喈，陈留圉人。通达有俊才，博学善属文，伎艺术数，无不精综。仕至左中郎将，为王允所诛。]评之曰："陈仲举强于犯上，李元礼严于摄下。犯上难，摄下易。"仲举遂在三君之下，[谢沈《汉书》曰：三君者，一时之所贵也。窦武、刘淑、陈蕃，少有高操，海内尊而称之，故得因以为目。]元礼居八俊之上。[薛莹《汉书》曰：李膺、王畅、荀绲、朱寓、魏朗、刘佑、杜楷、赵典为八俊。]

庞士元至吴，吴人并友之。见陆绩、[《文士传》曰：绩字公纪，幼有俊朗才数，博学多通。庞士元年长于绩，共为交友。仕至郁林太守。自知亡日，年三十二而卒。]顾劭③、全琮[环济《吴纪》曰：琮字子黄，吴郡钱塘人。有德行义概，为大司马。]而为之目曰："陆子所谓驽马有逸足之用，顾子所谓驽牛可以负重致远。"或问："如所目，陆为胜邪？"曰："驽马虽精速，能致一人耳。驽牛一日行百里，所致岂一人哉？"吴人无

---

① 濯濯：明净、清朗貌。

② 仲举：陈蕃(？—168)字，东汉名臣。元礼：李膺(110—169)字，东汉名士。

③ 顾劭(178—217)：字孝则，三国时吴郡吴人，顾雍长子，少年时与舅父陆绩齐名，二十七岁的时候拜为豫章太守，孙权许以孙策之女。

以难。"全子好声名，似汝南樊子昭。"[蒋济《万机论》曰：许子将褒贬不平，以拔樊子昭而抑许文休。刘晔难曰："子昭拔自贾竖，年至七十，退能守静，进不苟竞。"济答曰："子昭诚自幼至长，容貌完洁。然观其插齿牙，树颊颏，吐唇吻，自非文休之敌。"]

顾劭尝与庞士元宿语，问曰："闻子名知人，吾与足下孰愈？"曰："陶冶世俗，与时浮沈，吾不如子；论王霸之余策，览倚仗之要害，吾似有一日之长。"劭亦安其言。

诸葛瑾、弟亮及从弟诞，并有盛名，各在一国。于时以为"蜀得其龙，吴得其虎，魏得其狗"。诞在魏与夏侯玄齐名；瑾在吴，吴朝服其弘量。

……（裴）颜性弘方，爱（杨）乔之有高韵……

刘令言始入洛，[《刘氏谱》曰：纳字令言，彭城丛亭人……]见诸名士而叹曰："王夷甫太解（当作"鲜"）明，乐彦辅我所敬，张茂先我所不解，周弘武巧于用短，[王隐《晋书》曰：周恢字弘武，汝南人……]杜方叔拙于用长。"[《晋诸公赞》曰：杜育字方叔，襄城邓陵人，杜袭孙也。育幼便岐嶷，号神童。及长，美风姿，有才藻，时人号曰"杜圣"。累迁国子祭酒。洛阳将没，为贼所杀。]

王夷甫云："闾丘冲，[荀绰《兖州记》曰：冲字宾卿，高平人，家世二千石。冲清平有鉴识，博学有文义。累迁太傅长史，虽不能立功盖世，然闻义不惑，当世荏事，务于平允，操持文案，必引经语，饰以文采，未尝有滞。性尤通达，不矜不假。好音乐，侍婢在侧，不释弦管。出入乘四望车，居之甚夷，不能亏损恭素之行，淡然肆其心志。论者不以为侈，不以为僭，至于白首，而清名令望，不渝于始。为光禄勋，京邑未溃，乘车出，为贼所害，时人皆痛惜之。]优于满奋、郝隆。[《晋诸公赞》曰：隆字弘始，高平人。为人通亮清识。为吏部郎、杨州刺史。齐王同起义，隆应檄稽留，为参军王逡所杀。]此三人并是高才，冲最先达。"[《兖州记》曰：于时高平人士偶盛，满奋、郝隆达在冲前，名位已显，而刘宝、王夷甫犹以冲之虚贵，足先二人。]

庾中郎与王平子雁行。[《晋阳秋》曰：初，王澄有通朗称，而轻薄无行。兄夷甫有盛名，时人许以人伦鉴识。常为天下士目曰："阿平第一，子嵩第二，处仲第三。"敦以澄、敦莫己若也。及澄丧，敦败，敦世誉如初。]

明帝问谢鲲："君自谓何如庾亮？"答曰："端委庙堂，使百僚准则，臣不如亮。一丘一壑，自谓过之。"[《晋阳秋》曰："鲲随王敦下，入朝，见太子于东宫，语及夕，太子从容问鲲曰：'论者以君方庾亮，自谓孰愈？'对曰：'宗庙之美，百官之富，臣不如亮。纵意丘壑，自谓过之。'"邓粲《晋纪》曰：鲲与王澄之徒，慕竹林诸人，散首披发，裸袒箕踞，谓之八达。故邻家之女，折其两齿。世为谣曰："任达不已，幼舆折齿。"鲲有胜情远概，为朝廷之望，故时以庾亮方焉。]

明帝问周伯仁："卿自谓何如庾元规？"对曰："萧条方外，亮不如臣；从容廊庙，臣不如亮。"[按：诸书皆以谢鲲比亮，不闻周顗。]

王丞相辟王蓝田为掾，庾公问丞相："蓝田何似？"王曰："真独简贵，不减父祖；然旷澹处，故当不如尔。"[王述狷隘故也。]

时人道阮思旷："骨气不及右军，简秀不如真长，韶润不如仲祖，思致不如渊源，而兼有诸人之美。"[《中兴书》曰：裕①以人不须广学，正应以礼让为先，故终日颓然，无所修综，而物自宗之。]

桓公少与殷侯②齐名，常有竞心。桓问殷："卿何如我？"殷云："我与我周旋久，宁作我。"

抚军问孙兴公③："刘真长何如？"曰："清蔚简令。""王仲祖何如？"曰："温润恬和。""桓温何如？"曰："高爽迈出。""谢仁祖何如？"曰："清易令达。""阮思旷何如？"曰："弘润通长。""袁羊④何如？"曰：

① 阮裕：生卒年不详，河南陈留（今开封市陈留镇）人，东晋人，阮籍族弟。
② 殷侯：指殷浩。
③ 孙兴公：孙绰。
④ 袁羊：袁乔（312—347）小字，字彦叔，曾从桓温平成汉，封湘西伯，死后追赠益州刺史，谥号简。

"洮洮^①清便。""殷洪远何如?"曰:"远有致思。""卿自谓何如?"曰:"下官才能所经,悉不如诸贤;至于斟酌时宜,笼罩当世,亦多所不及。然以不才,时复托怀玄胜,远咏老、庄,萧条高寄,不与时务经怀,自谓此心无所与让也。"

简文云:"谢安南清令不如其弟,[安南,谢奉^②也。《谢氏谱》曰:"奉弟聘,字弘远。历侍中、廷尉卿。"]学义不及孔岩,[《中兴书》曰:"岩字彭祖,会稽山阴人。父佥,黄门侍郎。岩有才学,历丹阳尹、尚书、西阳侯,在朝多所匡正。为吴兴太守,大得民和。后卒于家。"]居然自胜。"[言奉任天真也。]

刘丹阳、王长史在瓦官寺集,桓护军亦在坐,[桓伊]共商略西朝及江左人物。或问:"杜弘治何如卫虎?"桓答曰:"弘治肤清,卫虎奕奕神令。"王、刘善其言。[虎,卫玠小字。《玠别传》曰:"永和中,刘真长、谢仁祖共商略中朝人。或问:'杜弘治可方卫洗马不?'谢曰:'安得比!其闲可容数人。'"《江左名士传》曰:"刘真长曰:'吾请评之,弘治肤清,叔宝神清。'论者谓为知言。]

刘尹抚王长史背曰:"阿奴比丞相,但有都长。"[阿奴,蒙小字也。都,美也。《司马相如传》曰:"闲雅甚都。"《语林》曰:"刘真长与丞相不相得,每曰:'阿奴比丞相,条达清长。'"]

刘尹、王长史同坐,长史酒酣起舞。刘尹曰:"阿奴今日不复减向子期。"[类秀之任率也。]

世目殷中军:"思纬淹通,比羊叔子。"[羊祜德高一世,才经夷险。渊源蒸烛之曜,岂喻日月之明也。]

支道林问孙兴公:"君何如许掾?"孙曰:"高情远致,弟子蚤已

---

① 洮洮:人品高洁貌。

② 谢奉:生卒年未详,字弘道,历任晋安南将军、广州刺史、吴郡丹阳令、吏部尚书,后坐事免。

服膺；一吟一咏，许将北面。"

刘尹目庾中郎："虽言不惜惜似道，突兀差可以拟道。"[《名士传》曰："敳颓然渊放，莫有动其听者。"]

孙承公云："谢公清于无奕①，[《中兴书》曰：孙统字承公，太原人。善属文，时人谓其有祖楚风。]润于林道。"[《陈逵别传》曰：逵字林道，颍川许昌人。祖淮，太尉。父畛，光禄大夫。逵少有干，以清敏立名。]

孙兴公、许玄度皆一时名流。或重许高情，则鄙孙秽行；或爱孙才藻，而无取于许。[宋明帝《文章志》曰："绰博涉经史，长于属文，与许询俱与负俗之谈。询卒不降志，而绰婴纶世务焉。"《续晋阳秋》曰："绰虽有文才，而诞纵多秽行，时人鄙之。"]

庾道季云："思理伦和，吾愧康伯；志力强正，吾愧文度。自此以还，吾皆百之。"[庾和]

简文问孙兴公："袁羊何似？"答曰："不知者不负其才；知之者无取其体。"[言其有才而无德也。]

蔡叔子②云："韩康伯虽无骨干，然亦肤立。"

王孝伯问谢太傅："林公何如长史？"太傅曰："长史韶兴。"问："何如刘尹？"谢曰："噫！刘尹秀。"王曰："若如公言，并不如此二人邪？"谢云："身意正尔也。"

谢公语孝伯："君祖比刘尹，故为得逮。"孝伯云："刘尹非不能逮，直不逮。"[言蒙质，而慊文也。]

有人问袁侍中[《袁氏谱》曰：恪之字元祖，陈郡阳夏人……义熙初为侍中。]曰："殷仲堪何如韩康伯？"答曰："理义所得，优劣乃复未辨；然门庭萧寂，居然有名士风流，殷不及韩。"故殷作诔云："荆门昼

---

①　无奕：谢奕(301—358)字，陈郡阳夏(今河南太康)人，东晋大臣，太常卿谢裒之子、太傅谢安长兄、车骑将军谢玄之父。曾为桓温幕府司马，官至安西将军、豫州刺史。

②　叔子：当作"子叔"，蔡系字。

掩，闲庭晏然。"

王孝伯道谢公："浓至。"又曰："长史虚，刘尹秀，谢公融。"[谓条畅也。]

王孝伯问谢公："林公何如右军？"谢曰："右军胜林公，林公在司州前亦贵彻。"[不言若羲之，而言胜胡之。]

桓玄问刘太常曰："我何如谢太傅？"刘答曰："公高，太傅深。"又曰："何如贤舅子敬？"答曰："櫨、梨、橘、柚，各有其美。"[《庄子》曰：櫨、梨、橘、柚，其味相反，皆可于口也。]

豪　爽

王处仲世许高尚之目，尝荒恣于色，体为之敝。左右谏之，处仲曰："吾乃不觉尔。如此者，甚易耳！"乃开后阁①，驱诸婢妾数十人出路，任其所之，时人叹焉。[邓粲《晋纪》曰：敦性简脱，口不言财，其存尚如此。]

王大将军自目："高朗疎率，学通左氏。"[《晋阳秋》曰：敦少称高率通朗，有鉴裁。]

王处仲每酒后辄咏"老骥伏枥，志在千里。烈士暮年，壮心不已"。以如意打唾壶，壶口尽缺。

桓宣武平蜀，集参僚置酒于李势殿，巴、蜀缙绅，莫不来萃。桓既素有雄情爽气，加尔日音调英发，叙古今成败由人，存亡系才。其状磊落，一坐叹赏……

容　止

魏武将见匈奴使，自以形陋，不足雄远国，[《魏氏春秋》曰：武王姿貌短小，而神明英发。]使崔季圭代，帝自捉刀立床头。既毕，令间谍问曰："魏王何如？"匈奴使答曰："魏王雅望非常，[《魏志》曰：崔琰字

---

① 后阁：宫后便殿；阁，同"阁"。

季圭，清河东武城人。声姿高畅，眉目疏朗，须长四尺，甚有威重。]然床头捉刀人，此乃英雄也。"魏武闻之，追杀此使。

时人目"夏侯太初朗朗如日月之入怀，李安国颓唐如玉山之将崩"。[《魏略》曰："李丰字安国，卫尉李义子也……仕至中书令，为晋王所诛。"]

嵇康身长七尺八寸，风姿特秀①。[《康别传》曰：康长七尺八寸，伟容色，土木形骸②，不加饰厉，而龙章凤姿，天质自然。正尔在群形之中，便自知非常之器。]见者叹曰："萧萧肃肃，爽朗清举。"或云："肃肃如松下风，高而徐引。"山公曰："嵇叔夜之为人也，岩岩若孤松之独立；其醉也，傀俄若玉山之将崩。"

裴令公目："王安丰眼烂烂如岩下电。"[王戎形状短小，而目甚清照，视日不眩。]

潘岳妙有姿容，好神情。[《岳别传》曰：岳姿容甚美，风仪闲畅。]少时挟弹出洛阳道，妇人遇者，莫不连手共萦之。左太冲绝丑，亦复效岳游遨，于是群妪齐共乱唾之，委顿而返。

王夷甫容貌整丽，妙于谈玄，恒捉白玉柄麈尾，与手都无分别。

潘安仁、夏侯湛并有美容，喜同行，时人谓之"连璧"。

裴令公有俊容姿，一旦有疾至困，惠帝使王夷甫往看，裴方向壁卧，闻王使至，强回视之。王出语人曰："双目闪闪，若岩下电，精神挺动，体中故小恶。"[《名士传》曰：楷病困，诏遣黄门郎王夷甫省之，楷回眸属夷甫云："竟未相识。"夷甫还，亦叹其神俊。]

有人语王戎曰："嵇延祖卓卓如野鹤之在鸡群。"答曰："君未见其父耳！"

裴令公有俊容仪，脱冠冕，粗服乱头皆好。时人以为"玉人"。

---

① 《文选·五君咏》注引《嵇康别传》曰："康美音气，好容色。"

② 土木形骸：喻指人不加修饰的本来样貌。

见者曰："见裴叔则如玉山上行，光映照人。"

刘伶身长六尺，貌甚丑悴，而悠悠忽忽，土木形骸。[梁祚《魏国统》曰：刘伶，字伯伦，形貌丑陋，身长六尺；然肆意放荡，悠焉独畅。自得一时，常以宇宙为狭。]

骠骑王武子是卫玠之舅，俊爽有风姿，见玠辄叹曰："珠玉在侧，觉我形秽！"

有人诣王太尉，遇安丰、大将军、丞相在坐；往别屋见季胤、平子。还，语人曰："今日之行，触目见琳琅珠玉。"

王丞相见卫洗马曰："居然有羸形，虽复终日调畅，若不堪罗绮。"

王大将军称太尉："处众人中，似珠玉在瓦石间。"

庾子嵩长不满七尺，腰带十围，颓然自放。

卫玠从豫章至下都，人久闻其名，观者如堵墙。玠先有羸疾，体不堪劳，遂成病而死。时人谓"看杀卫玠"。

王敬豫①有美形，问讯王公。王公抚其肩曰："阿奴恨才不称！"又云："敬豫事事似王公。"[《语林》曰：谢公云："小时在殿廷会见丞相，便觉清风来拂人。"]

王右军见杜弘治，叹曰："面如凝脂，眼如点漆，此神仙中人。"时人有称王长史形者，蔡公曰："恨诸人不见杜弘治耳！"

林公道王长史："敛衿作一来，何其轩轩韶举！"[《语林》曰：王仲祖有好仪形，每览镜自照，曰："王文开那生如馨儿！"时人谓之达也。]

时人目王右军："飘如游云，矫若惊龙。"

有人叹王恭形茂者，云："濯濯如春月柳。"

伤　逝

王戎丧儿万子，山简往省之，王悲不自胜。简曰："孩抱中物，

---

① 王敬豫：王恬字。

何至于此?"王曰:"圣人忘情,最下不及情;情之所钟,正在我辈。"简服其言,更为之恸。[一说是王夷甫丧子,山简吊之。]

有人哭和长舆曰:"峨峨若千丈松崩。"

顾彦先平生好琴,及丧,家人常以琴置灵床上。张季鹰往哭之,不胜其恸,遂径上床,鼓琴,作数曲竟,抚琴曰:"顾彦先颇复赏此不?"因又大恸,遂不执孝子手而出。

庾文康亡,何扬州临葬云:"埋玉树箸土中,使人情何能已已!"

支道林丧法虔之后,精神霣①丧,风味转坠。[《支遁传》曰:"法虔,道林同学也。俊朗有理义,遁甚重之。"]常谓人曰:"昔匠石废斤于郢人,牙生辍弦于钟子,推己外求,良不虚也!冥契既逝,发言莫赏,中心蕴结,余其亡矣!"却后一年,支遂殒。

王子猷、子敬俱病笃,而子敬先亡。子猷问左右:"何以都不闻消息?此已丧矣!"语时了不悲。便索舆来奔丧,都不哭。子敬素好琴,便径入坐灵床上,取子敬琴弹,弦既不调,掷地云:"子敬!子敬!人琴俱亡。"因恸绝良久,月余亦卒。

栖　逸

稽康游于汲郡山中,遇道士孙登,遂与之游。康临去,登曰:"君才则高矣,保身之道不足。"[《康集序》曰:"孙登者,不知何许人。无家,于汲郡北山土窟住。夏则编草为裳,冬则被发自覆。好读《易》,鼓一弦琴,见者皆亲乐之。"《魏氏春秋》曰:"登性无喜怒,或没诸水,出而观之,登复大笑。时时出入人间,所经家设衣食者,一无所辞,去皆舍去。"《文士传》曰:"嘉平中,汲县民共入山中,见一人,所居悬岩百仞,丛林郁茂,而神明甚察。自云'孙姓,登名,字公和'。康闻,乃从游三年。问其所图,终不答。然神谋所存良妙,康每薾然叹息。将别,谓曰:'先生竟无言乎?'登乃曰:'子识火乎?生而有光,而不用其光,果然在于用光。人生有才,而不用其才,果然在于用

---

①　霣:同"陨"。

才。故用光在乎得薪，所以保其曜；用才在乎识物，所以全其年。今子才多识寡，难乎免于今之世矣！子无多求！'康不能用。及遭吕安事，在狱为诗自责云：'昔惭下惠，今愧孙登！'"王隐《晋书》曰："孙登即阮籍所见者也。嵇康执弟子礼而师焉。魏、晋去就，易生嫌疑，贵贱并没，故登或默也。"]

康僧渊在豫章，去郭数十里，立精舍。旁连岭，带长川，芳林列于轩庭，清流激于堂宇。乃闲居研讲，希心理味，庾公诸人多往看之。观其运用吐纳，风流转佳。加已处之怡然，亦有以自得，声名乃兴。后不堪，遂出。

贤 媛

王尚书惠尝看王右军夫人，问："眼耳未觉恶不？"答曰："发白齿落，属乎形骸；至于眼耳，关于神明，那可便与人隔？"

任 诞

陈留阮籍，谯国嵇康，河内山涛，三人年皆相比，康年少亚之。预此契者：沛国刘伶，陈留阮咸，河内向秀，琅琊王戎。七人常集于竹林之下，肆意酣畅，故世谓"竹林七贤。"[《晋阳秋》曰：于时风誉扇于海内，至于今咏之。]

刘伶恒纵酒放达，或脱衣裸形在屋中，人见讥之。伶曰："我以天地为栋宇，屋室为裈①衣，诸君何为入我裈中？"

阮籍嫂尝还家，籍见与别。或讥之。[《曲礼》："嫂叔不通问。"故讥之。]籍曰："礼岂为我辈设也？"

阮公邻家妇有美色，当垆酤②酒。阮与王安丰常从妇饮酒，阮醉，便眠其妇侧。夫始殊疑之，伺察，终无他意。[王隐《晋书》曰：籍邻家处子有才色，未嫁而卒。籍与无亲，生不相识，往哭，尽哀而去。其达而

---

① 裈：读 kūn，有裆的裤子，与无裆的"袴"不同。
② 垆：旧时酒店里安放酒瓮的土台子；酤：读 gū，卖酒。

无检，皆此类也。〕

阮籍当葬母，蒸一肥豚，饮酒二斗，然后临诀，直言"穷矣"！都得一号，因吐血，废顿良久①。

阮步兵〔籍也〕丧母，裴令公〔楷也〕往吊之。阮方醉，散发坐床，箕踞不哭。裴至，下席于地，哭吊唁②毕，便去。或问裴："凡吊，主人哭，客乃为礼。阮既不哭，君何为哭？"裴曰："阮方外之人，故不崇礼制；我辈俗中人，故以仪轨自居。"时人叹为两得其中。〔戴逵论之曰：若裴公之制吊，欲冥外以护内，有达意也，有弘防③也。〕

阮浑长成，风气韵度似父，亦欲作达。步兵曰："仲容④已预之，卿不得复尔。"〔《竹林七贤论》曰：籍之抑浑，盖以浑未识己之所以为达也。后咸兄子简，亦以旷达自居。父丧，行遇大雪，寒冻，遂诣浚仪令，令为它宾设黍臞，简食之，以致清议，废顿几三十年。是时竹林诸贤之风虽高，而礼教尚峻，迨元康中，遂至放荡越礼。乐广讥之曰："名教中自有乐地，何至于此？"乐令之言有旨哉！谓彼非玄心，徒利其纵恣而已。〕

刘道真少时，常渔草泽，善歌啸，闻者莫不留连。有一老妪，识其非常人，甚乐其歌啸，乃杀豚进之。道真食豚尽，了不谢。妪见不饱，又进一豚，食半余半，乃还之。后为吏部郎，妪儿为小令史，道真超用之。不知所由，问母；母告之。于是赍牛酒诣道真，道真曰："去！去！无可复用相报。"

张季鹰纵任不拘，时人号为江东步兵。或谓之曰："卿乃可纵适一时，独不为身后名邪？"答曰："使我有身后名，不如即时一杯酒！"〔《文士传》曰：翰任性自适，无求当世，时人贵其旷达。〕

---

① 都：总共。废顿：僵卧不起。

② 唁：同"唁"。

③ 弘防：弘扬礼教规范。

④ 仲容：阮籍之侄阮咸字。

毕茂世云："一手持蟹螯，一手持酒杯，拍浮酒池中，便足了一生。"[晋《中兴书》曰："毕卓字茂世，新蔡人。少傲达为胡毋辅之所知。太兴末，为吏部郎，尝饮酒废职……温峤素知爱卓，请为平南长史，卒。"]

有人讥周仆射："与亲友言戏，秽杂无检节。"周曰："吾若万里长江，何能不千里一曲。"

王光禄云："酒正使人人自远。"[光禄，王蕴也。]

襄阳罗友有大韵，少时多谓之痴……[《晋阳秋》曰："友字它仁，襄阳人。少好学，不持节检。性嗜酒，当其所遇，不择士庶……始仕荆州，后在温府。以家贫乞禄，温虽以才学遇之，而谓其诞肆，非治民才，许而不用……后以为襄阳太守，累迁广、益二州刺史……"]

桓子野每闻清歌，辄唤"奈何！"谢公闻之曰："子野可谓一往有深情。"

王子猷尝暂寄人空宅住，便令种竹。或问："暂住何烦尔？"王啸咏良久，直指竹曰："何可一日无此君？"[《中兴书》曰：徽之卓荦不羁，欲为傲达，放肆声色颇过度。时人钦其才，秽其行也。]

王子猷居山阴，夜大雪，眠觉，开室，命酌酒。四望皎然，因起仿偟，咏左思《招隐》诗。忽忆戴安道，时戴在剡，即便夜乘小船就之。经宿方至，造门不前而返。人问其故，王曰："吾本乘兴而行，兴尽而返，何必见戴？"

王卫军云："酒正自引人箸胜地。"[王荟]

王孝伯问王大："阮籍何如司马相如？"王大曰："阮籍胸中垒块，故须酒浇之。"[言阮皆同相如，而饮酒异耳。]

王佛大叹言："三日不饮酒，觉形神不复相亲。"[《晋安帝纪》曰："忱少慕达，好酒，在荆州转甚，一饮或至连日不醒，遂以此死。"宋明帝《文章志》曰："忱嗜酒，醉辄经日，自号上顿。世谓以大饮为'上顿'，起自忱也。"]

王孝伯言："名士不必须奇才。但使常得无事，痛饮酒，熟读离骚，便可称名士。"

简 傲

晋文王功德盛大，坐席严敬，拟于王者。唯阮籍在坐，箕踞啸歌，酣放自若。

钟士季精有才理，先不识嵇康。钟要于时贤俊之士，俱往寻康。康方大树下锻，向子期为佐鼓排。康扬槌不辍，傍若无人，移时不交一言。钟起去，康曰："何所闻而来？何所见而去？"钟曰："闻所闻而来，见所见而去。"[《文士传》曰："康性绝巧，能锻铁。家有盛柳树，乃激水以圜之，夏天甚清凉，恒居其下傲戏，乃身自锻。家虽贫，有人说锻者，康不受直。唯亲旧以鸡酒往，与共饮啖，清言而已。"《魏氏春秋》曰："钟会为大将军兄弟所昵，闻康名而造焉。会名公子，以才能贵幸，乘肥衣轻，宾从如云。康方箕踞而锻，会至不为之礼，会深衔①之。后因吕安事，而遂谮康焉。"]

谢万北征，常以啸咏自高，未尝抚慰众士……

排 调

嵇、阮、山、刘在竹林酣饮，王戎后往。步兵曰："俗物已复来败人意！"[《魏氏春秋》曰：时谓王戎未能超俗也。]王笑曰："卿辈意，亦复可败邪？"

支道林因人就深公买印山，深公答曰："未闻巢、由买山而隐。"

郝隆七月七日出日中仰卧。人问其故？答曰："我晒书。"

桓豹奴是王丹阳外生，[豹奴，桓嗣小字][《中兴书》曰："嗣字恭祖，车骑将军冲子也。少有清誉。仕至江州刺史。"《王氏谱》曰："混字奉正，中军将军恬子。仕至丹阳尹。"]形似其舅，桓甚讳之。宣武云："不恒相似，时似耳！恒似是形，时似是神。"桓逾不说。

顾长康啖甘蔗，先食尾。问所以，云："渐至佳境。"

---

① 衔：衔恨在心。

轻 诋

旧目韩康伯：将①肘无风骨。[《说林》曰：范启云："韩康伯似肉鸭。"]

忿 狷

王令诣谢公，值习凿齿②已在坐，当与并榻。王徙倚不坐，公引之与对榻。去后，语胡儿曰："子敬实自清立，但人为尔多矜咳③，殊足损其自然。"[刘谦之《晋纪》曰："王献之性甚整峻，不交非类。"]

谗 险

王平子形甚散朗，内实劲侠。

惑 溺

荀奉倩与妇至笃，冬月妇病热，乃出中庭自取冷，还以身熨之。妇亡，奉倩后少时亦卒。以是获讥于世。奉倩曰："妇人德不足称，当以色为主。"裴令闻之曰："此乃是兴到之事，非盛德言，冀后人未昧此语。"[何劭论粲曰：仲尼称"有德者有言"，而荀粲减于是，乃顾所言有余，而识不足。]

葛 洪

选文参校《中华道藏》第二十五册，华夏出版社 2014 年版。

---

① 将：大、壮。
② 习凿齿(317—383)：字彦威，襄阳(今湖北襄阳)人，东晋著名史学家、文学家。
③ 矜咳：傲慢、固执。

抱朴子

外篇·擢才

抱朴子曰：华章藻蔚，非矇瞍①所玩；英逸之才，非浅短所识。夫瞻视不能接物，则充龙与素褐同价矣；聪鉴不足相涉，则俊民与庸夫一概矣。眼不见，则美不入神焉；莫之与，则伤之者至焉。且夫爱憎好恶，古今不均，时移俗易，物同价异。譬之夏后之璜，囊直连城，鬻之於今，贱於铜铁。故昔以隐居求志为高士，今以山林之儒为不肖。故圣世之良干，乃暗俗②之罪人也；往者之介洁，乃末叶之羸劣也。

弘伟之士，履道之生，其崇信匪徒重仞之墙③，其渊泽不唯吕梁之深也，故短近不能赏，而浅促不能测焉。因以异乎己而薄之矣，以不求我而疾之矣，不贵不用，何足言乎？乃有播埃尘於白珪，生疮痏④於玉肌，讪疵雷同，攻伐独立，曾参蒙劫剽之垢⑤，巢许获穿窬之谤⑥。自匪明并悬象⑦、玄鉴表微者，焉能披泥抽沦玉，澄川掇

---

① 矇瞍：盲人。

② 暗俗：昏暗的时世。

③ 语本《论语·子张》："叔孙武叔语大夫于朝曰：'子贡贤于仲尼。'子服景伯以告子贡。子贡曰：'譬之宫墙，赐之墙也及肩，窥见室家之好。夫子之墙数仞，不得其门而入，不见宗庙之美，百官之富。得其门者或寡矣。夫子之云，不亦宜乎！'"

④ 痏：读 wěi，疮。

⑤ 典出《战国策·秦二》："昔者曾子处费，费人有与曾子同名族者，而杀人。人告曾子母曰：'曾参杀人！'曾子之母曰：'吾子不杀人。'织自若。有顷焉，人又曰：'曾参杀人。'其母尚织自若也。顷之，一人又告之曰：'曾参杀人。'其母惧，投杼逾墙而走。"

⑥ 巢许：巢父、许由。穿窬：盗窃；窬，同"逾"。

⑦ 悬象：指日月。

沈珠哉！夫珪璋居肆而不售，矧乃翳於樊璞①乎？奇士扣角而见遏②，况乃潜於罩③薮乎？……然耀灵光夜④之珍，不为莫求而亏其质，以苟且於贱贾；洪钟周鼎，不为委沦而轻其体，取见举於侏儒；峄阳云和，不为不御而息唱，以竞显於淫哇；冠群之德，不以沈抑而履径，而剸节⑤於流俗。是以和璧变为滞货，柔木⑥废於勿用；赤刀⑦之矿，不得经欧冶之炉；元凯之畴，终不值四门之辟也⑧。

外篇·行品

抱朴子曰：人技未易知，真伪或相似。

士有颜貌修丽，风表闲雅，望之溢目，接之适意，威仪如龙虎，盘旋成规矩。然心蔽神否，才无所堪，心中所有，尽附皮肤。口不能吐片奇，笔不能属半句；入不能宰民，出不能用兵；治事则事废，衔命则命辱。动静无宜，出处莫可。盖难分之一也。

士有貌望朴悴，容观矬陋，声气雌弱，进止质涩。然而含英怀宝，经明行高，干过元凯，文蔚春林。官则庶绩康用⑨，武则克全

---

① 樊璞：未雕琢的大块玉石。

② 典出《淮南子·道应训》："宁越欲干齐桓公，困穷无以自达，于是为商旅，将任车，以商于齐，暮宿于郭门之外。桓公郊迎客，夜开门，辟任车，爝火甚盛，从者甚众。宁越饭牛车下，望见桓公而悲，击牛角而疾商歌。桓公闻之，抚其仆之手曰：'异哉，歌者非常人也！'命后车载之。"

③ 罩：同"皋"。

④ 耀灵：指太阳。光夜："夜光"之倒称，指月亮。

⑤ 剸节：变节；剸，读 tuán，割断。

⑥ 柔木：良木。

⑦ 赤刀：一种宝刀。

⑧ 元凯：亦作"元恺"，"八元八凯"的省称，传说高辛氏有才子八人，称为"八元"，高阳氏有才子八人，称为"八恺"，后以"元凯"泛指贤臣、才士。畴：同"俦"，辈。四门之辟：意思是被君王开门纳用，《尚书·舜典》："月正元日，舜格于文祖，询于四岳，辟四门，明四目，达四聪。"四门：明堂四方之门。辟：开。

⑨ 庶绩：众多功绩。康用：当作"用康"，用，以；康，安。

独胜。盖难分之二也。

士有谋猷①渊邃，术略入神，智周成败，思洞幽玄，才兼能事，神器无宜；而口不传心，笔不尽意，造次之接，不异凡庸。盖难分之三也。

士有机变(当作"辩")清锐，巧言绮粲，擘②引譬喻，渊涌风厉；然而口之所谈，身不能行；长於识古，短於理今，为政政乱，牧民民怨。盖难分之四也。

士有外形足恭，容虔言恪，而神疏心慢，中怀散放，受任不忧，居局不治，盖难分之五也。

士有控弦命中，空拳入白，倒乘立骑，五兵毕习③；而体轻虑浅，手勤④心怯，虚试无对，而实用无验，望尘奔北，闻敌失魄。盖难分之六也。

士有梗概简缓，言希貌朴，细行阙漏，不为小勇，踢躇拘检，犯而不校，握爪垂翅，名为弱愿⑤；然而胆劲心方，不畏强御，义正所在，视死犹归，支解寸断，不易所守。盖难分之七也。

士有孝友温淑，恂恂平雅，履信思顺⑥，非礼不蹈，安困洁志，操清冰霜；而疏迟迂阔，不达事要，见机不作，所为无成，居己梁倡⑦，受任不举。盖难分之八也。

士有行己高简，风格峻峭，啸傲偃蹇，凌侪慢俗，不肃检括⑧，

---

① 猷：读 yóu，计谋。
② 擘：同"揽"。
③ 控弦：开弓。白：白刃。五兵：五种兵器，具体所指不一。
④ 勤：同"勦"，这里是便捷的意思。
⑤ 踢躇：读 jú jí，恐惧不安貌。校：计较、报复。弱愿：柔顺善良。
⑥ 恂恂：恭谨温顺貌。履信思顺：笃守信用，思念和顺。
⑦ 梁倡：亦作"梁昌"，形容处境狼狈，进退失据。
⑧ 行己：立身行事。偃蹇：骄横。检括：检点约束。

不护小失，适情率意，旁若无人，朋党排遣，谈者同败，士友不附，品藻所遗；而立朝正色，知无不为，忠於奉上，明以摄下。盖难分之九也。

士有含弘旷济①，虚己受物，藏疾匿瑕，温恭廉洁，劳谦冲退②，救危全信，寄命不疑，托孤可保；而纯良暗权③，仁而不断，善不能赏，恶不忍罚，忠贞有余，而干用不足，操柯④犹豫，废法效非，枉直混错，终於负败。盖难分之十也。

夫物有似而实非，若然而不然，料之无惑，望形得神，圣者其将病诸，况乎常人？故用才取士，推昵结友，不可以不精择，不可以不详试也。若乃性行之惑（当作"或"）变，始正而终邪，若王莽初则美於伊霍⑤，晚则剧於赵高，又非中才所能逆⑥尽也……夫惟大明，玄鉴幽微，灵铨⑦揣物，思灼沈昧，瞻山识璞，临川知珠。士於难分之中，而无取舍之恨者，使臧否区分，抑扬咸允……精微以求，存乎其人，固非毫翰之所备缕也。

刘　勰

选文参校范文澜撰《文心雕龙注》，人民文学出版社 1958 年版。

---

① 含弘：胸怀远大。旷济：谓使天下百姓受其益惠。

② 劳谦：勤劳而谦逊。冲退：谦让。

③ 暗权：不擅权衡。

④ 操柯：喻执法。

⑤ 伊霍：指商之伊尹和汉之霍光，伊尹放太甲于桐，霍光废昌邑王，立宣帝，后泛指能左右朝政的重臣。

⑥ 逆：预料。

⑦ 铨：鉴别。

文心雕龙

程　器

《周书》论士，方之"梓材"，盖贵器用而兼文采也。是以朴斫成而丹腹施①，垣墉立而雕杇附②。而近代词人，务华弃实。故魏文以为："古今文人之类不护细行。"③韦诞所评，又历诋群才④。后人雷同，混之一贯，吁可悲矣！……

盖人禀五材⑤，修短殊用，自非上哲，难以求备。然将相以位隆特达，文士以职卑多诮⑥：此江河所以腾涌，涓流所以寸折者也。名之抑扬，既其然矣；位之通塞，亦有以焉。盖士之登庸，以成务为用⑦。鲁之敬姜，妇人之聪明耳；然推其机综，以方治国⑧，安有丈夫学文，而不达於政事哉？彼扬、马⑨之徒，有文无质，所以终乎下位也。昔庾元规才华清英，勋庸有声，故文艺不称；若非台岳，

---

①　梓材：语出《尚书·周书·梓材》："若作梓材，既勤朴斫，惟其涂丹腹。"传曰："为政之术，如梓人治材为器，已劳力朴治斫削，惟其当涂以漆，丹以朱而后成，以言教化亦须礼义然后治。"方：比。梓材，木匠把木料做成器具；梓，木匠。朴：砍伐、雕刻（木材）。丹腹（huò）：红色涂漆。

②　垣：低墙。墉：高墙。杇：读 wū，涂抹。

③　语见魏文帝曹丕《与吴质书》："古今文人类不护细行，鲜能以名节自立。"类：大多。细行：小节。

④　《三国志·魏书·王卫二刘傅传》注引韦诞语云："仲宣伤于肥戆，休伯都无格检，元瑜病于体弱，孔璋实自粗疏，文蔚性颇忿骛。"

⑤　五材：指五行，《文心雕龙·原道》说人"为五行之秀"。

⑥　位隆：地位高，官位大。特达：超出常人之上。诮：读 qiào，责怪。

⑦　登庸：指选拔任用；庸，用。务：事。

⑧　敬姜：春秋时鲁相文伯的母亲。机：织布（丝）机。综：读 zèng，经线纬线相交织。事见《列女传·母仪》："文伯相鲁，敬姜谓之曰：'吾语汝，治国之要，尽在经矣。夫幅者所以正曲枉也，不可不强，故幅可以为将。画者所以均不均、服不服也，故画可以为正……推而往引而来者综也，综可以为关内之师。'"

⑨　扬：指扬雄。马：指司马相如。

则正以文才也①。文武之术，左右惟宜②，郤縠敦书，故举为元帅，岂以好文而不练武哉③？孙武《兵经》，辞如珠玉，岂以习武而不晓文也？

是以君子藏器，待时而动，发挥事业④；固宜蓄素以弸中，散采以彪外⑤，梗楠其质，豫章其干⑥。摛文必在纬军国，负重必在任栋梁；穷则独善以垂文，达则奉时以骋绩。若此文人，应"梓材"之士矣。

赞曰：瞻彼前修，有懿文德。声昭楚南，采动梁北。雕而不器，贞干谁则？岂无华身，亦有光国。

袁 宏

袁宏（约 328—376），字彦伯，小字虎，时称袁虎，陈郡阳夏（今河南太康）人，东晋文学家、史学家。曾任谢尚的参军，后任桓温的记室，并出任东阳太守。所撰《后汉纪》三十卷传世。选文参校清严可均校辑《全上古三代秦汉三国六朝文》第 2 册之《全晋文·卷五十

---

① 庾元规：指庾亮。勋庸：功勋。台岳：三公宰辅之位。《晋书·列传第四十三》载："亮美姿容，善谈论，性好《庄》《老》，风格峻整……元帝为镇东时，闻其名，辟西曹掾。及引见，风情都雅，过于所望，甚器重之"，"然其笔敷华藻，吻纵涛波，方驾搢绅，足为翘楚。而智小谋大，昧经邦之远图；才高识寡，阙安国之长算。"

② 左右惟宜：这里指文武兼备。

③ 郤縠（hú）：春秋时晋将。敦书：努力读书；敦，勉。事见《左传·僖公二十七年》："（晋）作三军，谋元帅。赵衰曰：'郤縠可。臣亟闻其言矣，说礼乐而敦《诗》《书》。'"

④ 语本《周易·系辞下》："君子藏器于身，待时而动，何不利之有？"

⑤ 素：本，指人的才德。弸：读 péng，满。语见《法言·君子》："或问：君子言则成文，动则成德，何以也？曰：以其弸中而彪外也。"

⑥ 梗：读 pián，黄梗木。楠：同"楠"。豫：枕树。章：樟树。

七》，中华书局 1958 年版。

三国名臣序赞

夫百姓不能自治，故立群以治之；明君不能独治，则为臣以佐之。然则三五迭隆，历代承基①，揖让之与干戈，文德之与武功，莫不宗匠陶钧而群才缉熙②，元首经略而股肱肆力③。遭离不同，迹有优劣。至于体分冥固，道契不坠④；风美所扇，训革千载，其揆一也⑤……夫时方颠沛，则显不如隐；万物思治，则默不如语。是以古之君子，不患弘道难、遭时难，遭时匪难，遇君难。故有道无时，孟子所以咨嗟；有时无君，贾生⑥所以垂泣。夫万岁一期，有生之通涂；千载一遇，贤智之嘉会。遇之不能无欣，丧之何能无慨？古人之言，信有情哉！余以暇日，常览《国志》⑦，考其君臣，比其行事，虽道谢先代，亦异世一时也。

文若怀独见之明，而有救世之心，论时则民方涂炭，计能则莫出魏武。故委面霸朝，豫议世事⑧。举才不以标鉴，故久之而后显；

---

①　三五：指三皇五帝。迭隆：轮流兴隆。承基：继承基业、继位。

②　宗匠陶钧：以大匠陶铸器具，比喻培育人才。缉熙：指积渐广大，"缉"读 qì，《诗经·周颂·昊天有成命》："于缉熙，单厥心"，《毛传》释云："缉：明；熙：广"。

③　元首：君主。经略：筹划、治理。股肱：大腿和胳膊，常比喻辅佐君主的重臣。

④　体：为君之体（得体）。分：为臣之分（本分）。冥固：牢固地暗相投合。道：指君臣之道。契：契合。不坠：不绝、不丧失。

⑤　风：流风，指君臣相合之礼。扇：传布。训革：训诫。揆：读 kuí，准则、道理。

⑥　贾生：指汉代贾谊。

⑦　《国志》：指陈寿所撰《三国志》。

⑧　委面：顺从。霸朝：霸者之朝堂，指曹操门下。豫：同"预"，参与。

筹画不以要功，故事至而后定。虽亡身明顺①，识亦高矣。

董卓之乱，神器迁逼②，公达慨然，志在致命③。由斯而谈，故以大存名节。至如身为汉隶而迹入魏幕，源流趣舍④，其亦文若之谓。所以存亡殊致，始终不同，将以文若既明，名教有寄乎？夫仁义不可不明，则时宗举其致⑤；生理不可不全，故达识摄其契⑥。相与弘道，岂不远⑦哉！

崔生高朗，折而不挠，所以策名魏武、执笏霸朝者⑧，盖以汉主当阳，魏后北面者哉⑨！若乃一旦进玺，君臣易位，则崔生所不与，魏氏所不容。夫江湖所以济舟，亦所以覆舟；仁义所以全身，亦所以亡身。然而先贤玉摧于前，来哲攘袂于后，岂非天怀发中，而名教束物者乎⑩！

孔明盘桓，俟时而动，遐想管、乐⑪，远明风流。治国以礼，人无怨声，刑罚不滥，没⑫有余泣，虽古之遗爱，何以加兹！及其

---

① 亡身：自杀身亡。明顺：表明顺从汉朝之心。

② 神器：本指代表国家政权的实物如玉玺、宝鼎之类，借指帝位、政权。迁逼：指董卓逼汉献帝迁都长安事。

③ 致命：指荀攸（公达）欲豁出性命刺杀董卓以匡复汉室事。

④ 趣舍：取舍、进退。

⑤ 时：时人。宗：尊崇。举：标举。致：理。

⑥ 生理：生生之理，指生命。摄：行。契：义事。

⑦ 远：深远。

⑧ 策名：指出仕而记入名册，《左传·僖公二十三年》："策名委质，贰乃辟也"，杜预注："名书于所臣之策"，孔颖达疏："古之仕者于所臣之人书己名于策，以明系属之也"。执笏：指称臣，"笏"读 hù，指古代大臣上朝拿着的手板，用玉、象牙或竹片制成，上面可以记事。

⑨ 当阳：南面。魏后：指曹操。北面：称臣。

⑩ 天：天性。束物：约束人。

⑪ 管、乐：指管仲、乐毅。

⑫ 没：殁殒，指诸葛亮去世。

临终顾托，受遗作相，刘后授之无疑心，武侯受之无惧色，继体①
纳之无贰情，百姓信之无异辞，君臣之际，良可咏矣！

公瑾卓尔，逸志不群。总角料主，则素契于伯符②；晚节曜奇，
则参分于赤壁③。惜其龄促，志未可量。

子布佐策，致延誉之美，辍哭止哀，有翼戴之功④，神情所涉，
岂徒謇谔而已哉⑤！然杜门不用，登坛受讥⑥，夫一人之身，所照⑦
未异，而用舍之间俄有不同，况沉迹⑧沟壑，遇与不遇者乎！

夫诗颂之作，有自来矣。或以吟咏情性，或以述德显功，虽大
指同归，所托或乖。若夫出处有道，名体不滞，风轨德音⑨，为世
作范，不可废也。故复撰序所怀⑩，以为之赞云。《魏志》九人，《蜀
志》四人，《吴志》七人。荀彧字文若，诸葛亮字孔明，周瑜字公瑾，
荀攸字公达，庞统字士元，张昭字子布，袁涣字曜卿，蒋琬字公琰，
鲁肃字子敬，崔琰字季珪，黄权字公衡，诸葛瑾字子瑜，徐邈字景
山，陆逊字伯言，陈群字长文，顾雍字元叹，夏侯玄字泰初，虞翻
字仲翔，王经字承宗，陈泰字玄伯。

---

①　继体：继位，这里指刘禅。

②　总角：古代未成年的人把头发扎成髻，头上有两个发型组成的角，借指童年。料
主：指周瑜从小就与吴主有交情。伯符：孙策字。

③　参分于赤壁：指因赤壁之战而天下三分。

④　延誉：播扬名誉。辍哭止哀：指孙策薨，张昭（子布）劝孙权为吴国安危而停止哀
悼事。翼戴：辅佐与拥戴。

⑤　神情：精神情感。謇谔：正直敢言，"謇"读 jiǎn。

⑥　杜门不用：指张昭闭门被封堵而不为孙权所用事。登坛受讥：指孙权登基讥讽张昭
事。

⑦　照：显示、表现。

⑧　沉迹：埋没。

⑨　出处："出"指出仕、做官，"处"指不做官而自处。名体：指君臣名位。滞：固执
不通。风轨：风范、法度。德音：善言。

⑩　撰序：依次撰述。所怀：所怀念、仰慕的人。

火德既微，运缠《大过》①。洪飚扇海，二溟扬波②。虬虎虽惊，风云未和③。潜鱼择渊，高鸟候柯。赫赫三雄，并加乾轴④。竞收杞梓，争采松竹。凤不及栖，龙不暇伏。谷无幽兰，岭无亭菊。⑤

英英文若，灵鉴洞照⑥。应变知微，探赜赏要⑦。日月在躬⑧，隐之弥曜。文明⑨映心，钻之愈妙。沧海横流，玉石同碎。达人兼善⑩，废己存爱。谋解时纷，功济宇内。始救生人⑪，终明风概。

公达潜朗，思同蓍蔡⑫。运用无方，动摄群会⑬。爰初发迹，遭此颠沛⑭。神情玄定，处之弥泰。惜惜幕里，算无不经⑮。亹亹通韵⑯，迹不暂停。虽怀尺璧，顾哂连城⑰。知能拯物，愚足全生。

---

① 火德：代指汉朝，古代方士以金、木、水、火、土"五德"描述王朝之命运，汉朝为火德。《大过》：《周易》卦名，含有因为大过失而导致国家将灭亡之意。

② 洪飚：狂风暴雨。二溟：指南海、北海。

③ 虬虎虽惊，风云未和：指君臣尚未风云际会，《周易·乾卦》："云从龙，风从虎，圣人作而万物睹"，"虬"指龙，喻指君王，"虎"喻指大臣。

④ 三雄：指曹操、孙权、刘备。乾轴：天轴、天下。

⑤ 杞梓、松竹、凤、龙、幽兰、亭菊：喻指能人贤士。

⑥ 灵鉴洞照：指有敏锐的鉴别、洞察能力。

⑦ 赏要：探察要旨。

⑧ 躬：自身。

⑨ 文明：文采光明。

⑩ 达人兼善：《孟子·尽心》："古人穷则独善其身，达则兼善天下。"

⑪ 生人：生民、百姓。

⑫ 潜朗：有大智慧。思同蓍蔡：思想如占卜般灵验，"蓍"指占卜用的蓍草，"蔡"指占卜用的大龟。

⑬ 动摄群会：统摄众事。

⑭ 爰：于。遭：遇。颠沛：这里指乱世。

⑮ 惜惜：安闲和悦貌。幕里：军中。算无不经：计谋无不经过他筹划。

⑯ 亹亹：同"娓娓"。通韵：吕向注云："言善谋所进，如音乐声韵通和"。

⑰ 尺璧、连城：指价值连城的和氏璧。

郎中^①温雅，器识纯素。贞而不谅，通而能固^②。恂恂德心，汪汪轨度^③。志成弱冠，道敷^④岁暮。仁者必勇，德亦有言。虽遇履虎^⑤，神气恬然。行不修饰，名迹无愆。操不激切，素风愈鲜。

邈哉崔生，体正心直。天骨疏朗，墙宇高巍^⑥。忠存轨迹，义形风色。思树芳兰，剪除荆棘^⑦。人恶其上，时不容哲^⑧。琅琅先生，雅杖^⑨名节。虽遇尘雾，犹振霜雪。运极道消，碎此明月。

景山恢诞，韵与道合^⑩。形器不存，方寸海纳^⑪。和而不同，通而不杂。遇醉忘辞，在醒贻答^⑫。

长文通雅，义格^⑬终始。思戴元首，拟伊同耻^⑭。民未知德，惧若在己。嘉谋肆庭，谠^⑮言盈耳。玉生虽丽，光不逾把。德积虽微，道映天下。

----

① 郎中：指袁涣，魏国初建时为郎中令。

② 贞而不谅：语出《论语·卫灵公》："子曰：君子贞而不谅"，钱穆《论语新解》释云："贞者，存己而不变。谅者，求信于人"，意思是说守大信于正道而不必求小信于别人。通而能固：通达事理而坚守正道。

③ 恂恂：恭顺貌。汪汪：宽宏貌。轨度：遵循法度。

④ 敷：施、布。

⑤ 履虎：践踏虎尾，喻指处于险境。

⑥ 墙宇：喻指风范、气度。巍：读 nǐ，高尚、杰出。

⑦ 芳兰：喻指君子。荆棘：喻指小人。

⑧ 哲：聪明智慧的人。

⑨ 雅：平素。杖：持守。

⑩ 恢诞：宽宏旷达。韵与道合：《文选》"六臣"注云："(徐邈)思如音韵和理，与道相合也。"

⑪ 形器：指万物。方寸：指心。

⑫ 事见《三国志·徐胡二王传》。

⑬ 格：至。

⑭ 戴：拥戴。元首：指魏文帝曹丕。拟：比拟。伊：指商汤名臣伊尹。同耻：魏文帝不如尧舜则以为耻。

⑮ 谠：读 dǎng，正直的（言论）。

渊哉泰初，宇量高雅。器范自然，标准无假①。全身由直，迹
洿②必伪。处死匪难，理存则易。万物波荡，孰任其累？六合徒广，
空身靡寄。

君亲自然，匪由名教。敬授③既同，情礼兼到。烈烈王生，知
死不挠。求仁不远，期在忠孝。

玄伯刚简，大存名体。志在高构，增堂及陛④。端委虎门⑤，正
言弥启。临危致命，尽其心礼。

堂堂孔明，基宇⑥宏邈。器⑦同生民，独禀先觉。标榜风流，远
明管、乐。初九龙盘⑧，雅志弥确。百六道丧⑨，干戈迭用。苟非命
世，孰扫雾雾⑩？宗子思宁，薄言解控⑪。释褐⑫中林，郁为明栋。

士元弘长，雅性内融⑬。崇善爱物，观始知终。丧乱备矣，胜
途未隆⑭。先生标之，振起清风。绸缪哲后，无妄惟时⑮。夙夜匪

---

① 标准：榜样、规范。假：假借、借助。

② 洿：同"污"。

③ 授：当作"爱"。

④ 志在高构，增堂及陛：吕延济注云："言其立志将欲大成帝功也。高，大；构，
成。"堂、陛：指朝堂。

⑤ 端委：指朝服。虎门：帝王正殿之门。

⑥ 基宇：器度。

⑦ 器：这里指外表。

⑧ 初九龙盘：语出《易·乾》初九"潜龙勿用"，这里指诸葛亮隐居之时。

⑨ 百六：厄运，吕延济注云："四千六百一十七岁为一元，一百六岁曰阳九之厄。
言汉道丧乱遭此厄"。

⑩ 命世：治世之才。雾：同"雾"。

⑪ 宗子：指汉室宗子刘备。薄言：语助词，无义。解控：解天下之急。

⑫ 褐：庶民之服。

⑬ 弘长：思虑弘远。融：明。

⑭ 备：多。胜途：指胜残去杀之道；隆，威。

⑮ 绸缪：情意殷勤。哲后：指刘备。无妄：指无妄之灾。

懈，义在缉熙①。三略既陈，霸业已基②。

公琰殖根，不忘中正。岂曰模拟？实在雅性③。亦既羁勒④，负荷时命。推贤恭己，久而可敬。

公衡仲达，秉心渊塞⑤。媚兹一人⑥，临难不惑。畴昔不造，假翮邻国⑦。进能徽音，退不失德⑧。六合纷纭，民心将变。鸟择高梧，臣须顾眄⑨。

公瑾英达，朗心独见。披草求君⑩，定交一面。桓桓⑪魏武，外托霸迹。志掩衡、霍，恃战忘敌⑫。卓卓若人，曜奇赤壁。三光参分，宇宙暂隔。

子布擅名，遭世方扰。抚翼桑梓，息肩江表⑬。王略威夷，吴魏同宝⑭。遂献宏谟⑮，匡此霸道。桓王⑯之薨，大业未纯。把臂托孤⑰，惟贤与亲。辍哭止哀，临难忘身。成此南面，实由老臣。

---

① 缉熙：（政治）光明、清明。
② 三略既陈，霸业已基：定益州，庞统进上中下三计，事见《三国志·蜀书·庞统法正传》。
③ 模拟：指模拟古人。雅性：天性自然。
④ 羁勒：马笼头，指受命于帝王。
⑤ 仲达：五臣本作"冲达"，谦虚通达。渊塞：深远而诚实。
⑥ 媚：爱。一人：指帝王。
⑦ 畴昔：昔日，"畴"为语助词。不造：处身失其所。假翮：借翼，此处指黄权降魏事。
⑧ 徽音：德音，指黄权曾劝谏刘备。退不失德：指黄权所谓身在曹营心在汉。
⑨ 臣须顾眄：贤臣需被明君重视、启用。
⑩ 披草求君：指出自草野而求明君。
⑪ 桓桓：威武貌。
⑫ 掩：尽取。衡、霍：吴国境内两山名，代指吴国。忘敌：犹言轻敌。
⑬ 抚翼：收拢翅膀。桑梓：故乡。息肩：栖身。江表：江东。
⑭ 王略：王道。威夷：险阻。宝：葆，保护。
⑮ 宏谟：宏谋。
⑯ 桓王：孙策死后，孙权追谥其为长沙桓王。
⑰ 孤：这里指孙权。

才为世出，世亦须才。得而能任，贵在无猜。昂昂子敬，拔迹草莱。荷檐吐奇，乃构云台①。

子瑜都长②，体性纯懿。谏而不犯，正而不毅③。将命公庭，退忘私位④。岂无鹡鸰，固慎名器⑤。

伯言謇謇⑥，以道佐世。出能勤功，入能献替⑦。谋宁社稷，解纷挫锐。正以招疑，忠而获戾。

元叹穆远，神和形检。如彼白圭，质无尘玷。立上⑧以恒，匡上以渐。清不增洁，浊不加染。

仲翔高亮，性不和物。好是不群，折而不屈。屡摧逆鳞⑨，直道受黜。叹过孙阳⑩，放同贾、屈。

诜诜⑪众贤，千载一遇。整辔高衢，骧⑫首天路。仰挹玄流，俯弘时务。名节殊涂，雅致同趣。日月丽天，瞻之不坠。仁义在躬，用之不匮。尚想重晖⑬，载挹载味。后生击节，懦夫增气。

---

① 荷檐：担负重任。吐奇：陈述奇策。云台：喻指帝业之高。

② 都长：貌美性善。

③ 正而不毅：正直而不刚强。

④ 退忘私位：《三国志·吴书·张顾诸葛步传》："建安二十年，权遣瑾使蜀通好刘备，与其弟亮俱公会相见，退无私面"。

⑤ 鹡鸰：鸟名，喻指兄弟。名器：象征等级秩序的称号、名器。

⑥ 謇謇：忠直、不阿顺。

⑦ 献替："献可替否"的省称，向帝王进献可行者，废去不可行者，泛指议论国事兴革。

⑧ 上：《晋书》作"心"，当从。

⑨ 屡摧逆鳞：多次触怒君主。

⑩ 孙阳：指伯乐。

⑪ 诜诜，读 shēn shēn，众多貌。

⑫ 骧：读 xiāng，头高昂。

⑬ 重晖：光辉、风采。

孙　绰

选文参校清严可均校辑《全上古三代秦汉三国六朝文》第 2 册之《全晋文》卷六十一至卷六十二，中华书局 1958 年版。

至人高士传赞

原　宪①

原宪玄默，冰清玉粹。志逸九霄，身安陋术。常景②古贤（下缺）。

列仙传赞

老　子

李老无为，而无不为。道一尧孔，迹又灵奇。塞关内境，冥神绝涯。永合元气，长契两仪。

商丘子③

商丘卓荦④，执策吹竽。渴饮寒泉，饥食昌蒲。所牧何物，殆非真猪。傥逢风云，为我龙摅⑤。

---

① 原宪：字子思，孔子弟子。

② 景：景仰。

③ 商丘子：西汉人，《世说新语·轻诋》注引《列仙传》："商丘子晋者，商邑人。好吹竽牧豕，年七十不娶妻而不老。问其须要，言'但食老术、昌蒲根、饮水，如此便不饥不老耳'。"

④ 卓荦：卓越、突出，"荦"读 luò。

⑤ 摅：读 shū，腾跃。

名德沙门赞

康僧会①

会公萧瑟，实惟令质。心无近累，情有余逸。厉此幽夜，振彼尤黜。超然远诣，卓矣高出。

支孝龙②

小方易拟，大器难像。盘桓孝龙，克迈高广③。物竞宗归，人思效仰。云泉弥漫，兰风肸响④。

康法朗⑤

人亦有言，瑜瑕弗藏。朗公囧囧⑥，能韬其光。敬终慎始，研核微章⑦。何以取证，冰坚履霜。

刘元真⑧

索索虚衿，翳翳闲冲⑨。谁其体之？在我刘公。谈能雕饰，照足开矇。怀抱之内，豁尔每融。

---

① 康僧会：三国时著名僧人，祖籍西域康居，世居天竺，随其父经商移居交趾。10余岁出家，译编有《小品般若》《六度集经》共二部 14 卷，又传泥洹呗声，注《安般守意》《法镜》《道树》三经。《高僧传》卷一有传。

② 支孝龙：魏晋著名僧人，淮阳（河南淮阳）人，生卒年不详，精研小品经，以为心要，与世名士陈留阮瞻、颍川庾觊等为友，世称八达。《高僧传》卷四有传。

③ 盘桓：广大貌。克迈高广：志向高远；克，能。

④ 肸响：常作"肸蚃"，声音散布、传播，"肸"读 xī。

⑤ 康法朗：晋代名僧，曾西行遍游诸国，复返中山开座传法，阐扬法相之学，门人数百。《高僧传》卷四有传。

⑥ 囧囧：光明貌。

⑦ 微章：事物显隐之道；微，微妙、隐蔽；章，同"彰"，彰显。

⑧ 刘元真：魏晋名僧，中州（今河南省内）人，竺法深之师。

⑨ 索索：空虚貌。衿：襟怀、胸怀。翳翳：晦暗不明貌。

于法威①

《易》曰"翰白"，《诗》美萍藻②。斑如在汤，芬若停潦③。于威明发，介然遐讨④。有洁其名，无愧怀抱。

释道安

物有广赡，人固多宰⑤。渊渊释安，专能兼倍。飞声汧陇⑥，驰名淮海。形虽革化，犹若常在。

竺法汰⑦

凄风拂林，鸣弦映壑。爽爽法汰，校德⑧无怍。事外萧洒，神内恢廓。实从前起，名随后跃。

竺道壹⑨

驰骋游说，言固不虚。唯兹壹公，绰然有余。譬若春圃，载芬载敷⑩。条柯猗蔚，枝干扶疏⑪。

---

① 于法威：晋时名僧，于法开弟子。

② 《易》曰"翰白"：《易·贲卦》："六四：贲如皤如，白马翰如。匪寇，婚媾。"《诗》美萍藻：见《诗经·召南·采萍》。

③ 停潦：积水，"潦"读 lǎo。

④ 介然：坚定貌。遐讨：远讨。

⑤ 宰：宰制、限制。

⑥ 汧陇：汧水、陇山，在今甘肃省，"汧"读 qiān。

⑦ 竺法汰：东晋名僧，东莞人，少与道安、竺法雅等师事佛图澄。佛图澄圆寂后，法汰以师礼事道安。《高僧传》卷五有传。

⑧ 校德：衡量德行。

⑨ 竺道壹：东晋名僧，吴人，师从竺法汰。

⑩ 敷：同"馥"。

⑪ 猗蔚：草木繁茂貌。扶疏：枝叶茂盛、高低疏密有致貌。

支愍度①

支度彬彬，好是拔新②。俱禀昭见，而能越人。世重秀异，咸竞尔珍。孤桐峄阳③，浮磬泗滨④。

漏刻⑤铭

二仪贞运⑥，圣鉴通玄。数以器征，理以象宣⑦。乃制妙漏，挈壶是铨⑧。近取诸物，远赞⑨自然。累筒三阶，积水成渊。器满则盈，乘虚赴下。灵虬吐注，阴虫承写⑩。昏明无隐其晷度，阴阳是效其屈伸⑪。不下堂而天地理得，设一器而万事同伦。

---

① 支愍度：晋时名僧，又作"支敏度"，为般若学派六家七宗之心无宗的创始者，曾与康僧渊、康法畅共游江南，著有《合首楞严经记》《合维摩诘经序》《经论都录》等。《高僧传》卷四有传。"愍"读 mǐn。

② 拔新：创立新意。

③ 语出《尚书·禹贡·徐州》："羽畎夏翟，峄阳孤桐"，孔颖达疏云："峄山之阳，特生桐，中琴瑟"。

④ 语出《尚书·禹贡·徐州》："海、岱、淮惟徐州……厥贡惟土五色……泗滨浮磬"，孔颖达疏云："泗滨，泗水之滨。石在水旁，水中见石，似石水上浮然。此石可以为磬，故谓之浮磬也。"

⑤ 漏刻：漏壶，古代利用滴水多寡来计量时间的一种仪器。

⑥ 贞运：按一定的规律运行。

⑦ 器：有形的具体事物，《周易·系辞上》："形而上者谓之道，形而下者谓之器。"象：形象，《老子·二十一章》："道之为物，惟恍惟惚。惚兮恍兮，其中有象；恍兮惚兮，其中有物。"征、宣：显现。

⑧ 挈壶：挈壶氏或挈壶正的略称，掌知漏刻。铨：衡量轻重的器具，即秤，这里指品鉴、衡量。

⑨ 赞：通晓。

⑩ 灵虬吐注：描写漏刻溢水时就像虬龙喷注的样子。阴虫承写：描写漏刻积水时就像蛤蟆吞流；"写"同"泻"。

⑪ 屈伸：此谓漏刻的浮箭上下沉浮。

樽　铭

大匠体物，妙思入神。仪彼灵禽，制器为人。虚以含有，文以饰身。湛此玄醴①，延我嘉宾。兴怀寄咏，聊以摽设②。详观兹器，妙巧奇绝；酌焉则注，受满则侧；吐写适会，未见其竭③。与之无若，施而有节；玄应忘知，功存不伐；王公拟之，德齐上哲④。

刘　昼

选文参校傅亚庶撰《刘子校释》，中华书局1998年版。

刘　子

知　人

龙之潜也，庆云未附，则与鱼鳖为邻。骥之伏也，孙阳未赏，必与驽骀同枥⑤；士之黩也，知己未顾，亦与庸流杂处。自非神机洞明，莫能分也。

故明哲之相士，听之於未闻，察之於未形，而监⑥其神智，识

---

①　玄醴：酒。

②　摽设：标置、品评。

③　"酌焉则注"等四句：语本《庄子·齐物论》："孰知不言之辩，不道之道？若有能知，此之谓天府：注焉而不满，酌焉而不竭，而不知其所由来。此之谓葆光。"写，同"泻"；适会，适当。

④　"与之无若"等六句：语本《老子·二十二章》："是以圣人抱一为天下式。不自见，故明；不自是，故彰；不自伐，故有功；不自矜，故长。"

⑤　骥：良马。驽骀：劣马。孙阳：伯乐，姓孙，名阳。枥：马槽。

⑥　监：同"鉴"。

其才能，可谓知人矣。若功成事遂，然后知之者，何异耳闻雷霆而称为聪，目见日月而谓之明乎？

故九方諲之相马也，虽未追风逐电，绝尘掣影，而迅足之势，固已见矣①。薛烛之赏剑，虽未陆斩玄犀，水截蛟龙，而锐刃之资，亦已露矣②。故范蠡吠於犬窦，文种闻而拜之③；鲍龙跪石而吟，仲尼为之下车；尧之知舜，不违桑阴；文王之知吕望，不以永日；眉睫之征接而形於色，音声之妙感而动於心，贤圣观察，不待成功而知之也④……若夫

---

①　事见《淮南子·道应训》："秦穆公谓伯乐曰：'子之年长矣，子姓有可使求马者乎？'对曰：'……臣有所与共儋纆采薪者九方堙（《列子·说符》'堙'作'皋'），此其于马，非臣之下也，请见之。'穆公见之，使之求马，……马至，而果千里之马。"又《文心雕龙·书记》："譬九方堙之识骏足，而不知毛色牝牡也。"九方諲：九方堙或九方皋。

②　事见《越绝书外传·纪宝剑》：昔者，越王句践有宝剑五，闻于天下。客有能相剑者，名薛烛。王召而问之，曰："吾有宝剑五，请以示之。"薛烛对曰："愚理不足以言，大王请，不得已。"乃召掌者，王使取毫曹。薛烛对曰："毫曹，非宝剑也。夫宝剑，五色并见，莫能相胜。毫曹已擅名矣，非宝剑也。"王曰："取巨阙。"薛烛曰："非宝剑也。宝剑者，金锡和铜而不离。今巨阙已离矣，非宝剑也。"……王取纯钧，薛烛闻之，忽如败。有顷，惧如悟。下阶而深惟，简衣而坐望之。手振拂扬，其华捽如芙蓉始出。观其钑，烂如列星之行；观其光，浑浑如水之溢於塘；观其断，岩岩如琐石；观其才，焕焕如冰释。"此所谓纯钧耶？"王曰："是也。"

③　事见《史记·越世家》，正义引《吴越春秋》："大夫种，姓文名种，字子禽。荆平王时为宛令，之三户之里，范蠡从犬窦蹲而吠之，从吏恐文种惭，令人引衣而障之。文种曰：'无障也，吾闻犬之所以吠者人，今吾到此，有圣人之气，行而求之，来至于此。且人身而犬吠者，谓我是人也。'乃下车拜，蠡不为礼。"

④　**鲍龙跪石**以下数句，大致掇采刘向《说苑·尊贤》："眉睫之征接而形于色；声音之风感而动乎心。宁戚击牛角而商歌，桓公闻而举之；鲍龙跪石而登嵘，孔子为之下车；尧、舜相见不违桑阴，文王举太公不以日久。故贤圣之接也，不待久而亲；能者之相见也，不待试而知矣。故士之接也，非必与之临财分货，乃知其廉；非必与之犯难涉危，乃知其勇也。举事决断，是以知其勇也；取与有让，是以知其廉也。"尧之知舜：事见《战国策·赵策四》："昔者尧见舜于草茅之中，席陇亩而荫庇桑，阴移而授天下传。"又见《淮南子·齐俗》："尧之举舜也，决之于目。"文王之知吕望：事见《六韬·文师》："文王将田，史编布卜曰：'田于渭阳，将大得焉，非龙非螭，非虎非罴，兆得公侯，天遗汝师，以之佐昌，施及三王。'文王曰：'兆致是乎？'史曰：'编之太祖史畴，为禹占得皋陶，兆比于此。'文王乃斋三日，乘田车，驾田马，田于渭阳，卒见太公，坐茅以渔，……乃载俱归，立为师。"吕望：姜子牙、姜太公，姜姓，吕氏，名尚，一名望，字子牙，或单呼牙，也称吕尚。征：表露出来的迹象。

临机能谋而知其智，犯难涉危乃见其勇，是凡夫之识，非明哲之鉴……故见其朴而知其巧者，是王尔之知公输也①；凤成而知其巧者，是众人之知公输也；未有功而知其贤者，是尧之知禹也；有功而知其贤者，是众人之知禹也。故知人之难，未易遇也。

殊　好

累榭洞房，珠帘玉扆②，人之所悦也，鸟入而忧；耸石巉岩，轮菌纠结，猨狖之所便也，人上而慄③；《五䪌》《六茎》，《咸池》《箫韶》，人之所乐也，兽闻而振④；悬瀨碧潭，澜波汹涌，鱼龙之所安也，人入而畏。飞鼯甘烟⑤，走貊美铁⑥，鸩日嗜蛇⑦，人好刍豢⑧。鸟兽与人受性既殊，形质亦异，所居隔绝，嗜好不同，未足怪也。

人之与人，共禀二仪⑨之气，俱抱五常之性，虽贤愚异情，善恶殊行，至于目见日月，耳闻雷霆，近火觉热，履冰知寒，此之粗识，未宜有殊也。声色芳味，各有正性，善恶之分，皎然自露，不可以皂为白、以羽为角、以苦为甘、以臭为香；然而嗜好有殊绝者，则偏其反矣，非可以类推，弗得以猜测，颠倒好丑，良可怪也。

---

① 王尔：古之巧匠。公输：鲁班。
② 扆：读 yǐ，古代门窗之间的屏风。
③ 轮菌：高大、盘曲的样子。猨狖：读 yuán yòu，泛指猿猴，"猨"同"猿"。
④ 《五䪌》：又作"五英"，帝喾乐。《六茎》：亦作"五茎"，颛顼乐。《咸池》：尧乐。《箫韶》：舜乐。振：当作"震"，惊恐。
⑤ 鼯：读 wú，鼠类，《尔雅·释鸟》："鼯鼠，夷由"，郭注："状如小狐，似蝙蝠……食火烟"。
⑥ 貊：读 mò，《后汉书·西南夷传》注引《南中八郡志》："貊，大如驴，状颇似熊，多力食铁。"
⑦ 鸩日：亦作晖日、云日、运日，即鸩，《山海经·中山经》郭璞注云："鸩，大如雕，紫绿色，长颈赤喙，食蝮蛇头，雄名运日，雌名阴谐也。"
⑧ 刍豢：读 chú huàn，指牛羊猪狗等牲畜，泛指肉类食品，《孟子·万章下》："故义理之悦我心，犹刍豢之悦我口"，朱熹注曰："草食曰刍，牛羊是也；谷食曰豢，犬豕是也。"
⑨ 二仪：指天地。

赪颜玉理①，盼视巧笑，众目之所悦也；轩皇爱嫫母之魁貌，不易落慕之丽容；陈侯悦敦洽之丑状，弗贸阳文之婉姿②。炮羔煎鸿，臛蠵臑熊，众口之所嗛也③；文王嗜菖蒲之菹，不易龙肝之味④。《阳春》《白雪》，《嗷楚》《采菱》⑤，众耳之所乐也；而汉顺帝听山乌之音，云胜丝竹之响⑥；魏文侯好槌凿之声，不贵金石之和。郁金玄憺，春兰秋蕙，众鼻之所芳也；海人悦至臭之夫，不爱芳馨之气⑦。若斯人者，皆性有所偏也，执其所好而与众相反，则倒白为黑，变苦成甘，移角成羽，佩莸当薰⑧，美丑无定形，爱憎无正分也。

正　赏

赏者，所以辨情也；评者，所以绳⑨理也。赏而不正，则情乱於实；评而不均，则理失其真。理之失也，由于贵古而贱今；情之乱也，在乎信耳而弃目。古今虽殊，其迹实同；耳目诚异，其识则齐。识齐而赏异，不可以称正；迹同而评殊，未得以言平。平正而

---

① 赪：读 chēng，红色。玉理：本指玉的纹理，比喻肌肤纹理温润密致。

② 语出《吕氏春秋·遇合》："若人之于色也，无不知说美者，而美者未必遇也。故嫫母执乎黄帝，黄帝曰：'厉女德而弗忘，与女正而弗贱，虽恶奚伤？'……陈有恶人焉，曰敦洽雠糜，雄颡广颜，色如浃赪，垂眼临鼻，长肘而盩。陈侯见而甚说之，外使治其国，内使制其身。"轩皇：黄帝姓轩辕氏。落慕、阳文：传说中的美女。

③ 炮：一种烹饪方法。臛：读 huò，做成肉羹的烹饪法。蠵：读 xī，一种海龟。臑：读 ér，同"胹"，煮、煮烂。嗛：读 qiè，满足、快意。

④ 语出《吕氏春秋·遇合》："若人之于滋味，无不说甘脆，而甘脆未必受也，文王嗜菖蒲菹。"菖蒲：一种天南星科科的水生草本植物，有香味；菹，读 zū，酸菜、腌菜。

⑤ 《嗷楚》：古曲名。《采菱》：古曲名，《淮南子·说山训》："欲美和者，必先始于阳阿、采菱。"高注："阳阿、采菱，乐曲之和声。"

⑥ 事见阮籍《乐论》。

⑦ 事见《吕氏春秋·遇合》："人有大臭者，其亲戚兄弟妻妾知识，无能与居者，自苦而居海上，海上有人悦其臭者，昼夜随之而弗能去。"

⑧ 莸：读 yóu，臭草。薰：香草。

⑨ 绳：衡量。

俱翻①，则情理并乱也。

由今人之画鬼魅者易为巧，摹犬马者难为工，何者？鬼魅质虚而犬马形露也②。质虚者可托怪以示奇，形露者不可诬罔以是非，难以其真而见妙也。托怪於无象，可假非而为是；取范於真形，则虽是而疑非……观俗之论，非苟欲以贵彼而贱此、饰名而挫实，由於美恶混糅、真伪难分，弃法以度物情，信心而定是非也。今以心察锱铢之重，则莫之能识，悬之权衡，则毫厘之重辨矣。是以圣人知是非难明，轻重难定，制为法则，揆③量物情。故权衡诚悬，不可欺以轻重；绳墨诚陈，不可诬以曲直；规矩诚设，不可罔以方圆。故摹法以测物，则真伪易辨矣；信心而度理，则是非难明矣。越人臛蛇以飨秦客，秦客甘之以为鲤也，既觉而知其是蛇，攫喉而呕之，此为未知味也。赵人有曲者，托以伯牙之声，世人竞习之，后闻其非，乃束指而罢，此为未知音也。宋人得燕石以为美玉，铜匣而藏之，后知是石，因捧匣而弃之，此为未识玉也。郢人为赋，托以灵均，举世而诵之，后知其非，皆缄口而捐之，此为未知文也。故以蛇为鲤者，唯易牙不失其味；以赵曲为雅声者，唯钟期不溷其音，以燕石为美玉者，唯猗顿不谬其真④，以郢赋为丽藻者，唯相如不滥其赏。

昔二人评玉，一人曰好，一人曰丑，久而不能辨，各曰："尔来入吾目中，则好丑分矣。"夫玉有定形而察之不同，非苟相反，瞳睛

---

① 翻：反转。

② 事见《韩非子·外储说左上》："客有为齐王画者，齐王问曰：'画孰最难者？'曰：'犬马最难。''孰易者？'曰：'鬼魅最易。'夫犬马人所知也，旦暮罄于前，不可类之，故难。鬼魅无形者，不罄于前，故易之也。"

③ 揆：读 kuí，揣度。

④ 事见《淮南子·泛论训》："玉工眩玉之似碧庐者，唯猗顿不失其情。"高注："猗顿是鲁之富人，情知玉理，不失其能也。"

殊也。堂列黼幌，缀以金魄①，碧流光霞，曜烂眩目，而醉者眸转，呼为焰火，非黼幌状移，目改变也。镜形如杯，以照西施，镜纵则面长，镜横则面广，非西施貌易，所照变也。海滨居者，望岛如舟，望舟如凫，而须舟者不造岛，射凫者不向舟，知是望远目乱而心惑也。山底行者，望岭树如簪，视岫虎如犬，而求簪者不上树，求犬者不往呼，知是望高目乱而心惑也。至於观人论文，则以大为小，以能为鄙，而不知其目乱心惑也，与望山海者，不亦反乎？

昔者仲尼先饭黍，侍者掩口笑②；子游裼裘而谯，曾参挥指而哂③。以圣贤之举措，非有谬也，而不免于嗤诮，奚况世人，未有名称，其容止之萃④，能免于嗤诮者，岂不难也？以此观之，则正可以为邪，美可以称恶，名实颠倒，可为叹息也。今述理者贻之知音，君子聪达亮於闻前，明鉴出於意表，不以名实眩惑，不为古今易情，采其制意之本，略其文外之华，不没纤芥之善，不掩萤烛之光，可谓千载一遇也。

言　苑

……事可以必⑤成，理可以情通。睇秋月明而知孀妇思，闻林风响而见舟人惊。阳气主生，物所乐也；阴气主杀，物所憾也。故

---

①　黼幌：有刺绣的帷幕。魄：同"箔"。

②　事见《韩非子·外储说左下》："孔子侍坐于鲁哀公，哀公赐吃桃与黍。哀公曰：'请用。'仲尼先饭黍，而后啖桃。左右皆掩口而笑。哀公曰：'黍者，非饭之也，以雪桃也。'仲尼对曰：'丘知之矣！夫黍者，五谷之长也，祭先王为上盛，果蓏有六，而桃为下，祭先王不得入庙。'"

③　事见《礼记·檀弓上》："曾子袭裘而吊，子游裼裘而吊，曾子指子游而示人曰：'夫夫也为习于礼者，如之何其裼裘而吊也？'主人既小敛，袒括发；子游趋而出，袭裘带绖而入。曾子曰：'我过矣！我过矣！夫夫是也。'"孔疏云："主人未变之前，吊者吉服而吊。吉服谓羔裘、玄冠、缁衣、素裳；又袒去上服，以露裼衣，则此'裼裘而吊'是也。"裼：读 xī，脱去上衣，露出身体的一部分。

④　容止：仪容举止。萃：同"悴"，忧。

⑤　必：必信之。

春葩含日似笑，秋叶泫露如泣。

夫善交者不以出入①易意，不以生死移情，在终如始，在始如终，犹日月也。故日之出入俱明，月之生死同形。天无情於生死，则不可以情而感怨。故暄然而春，荣华者不谢；凄然而秋，凋零者不憾。荣凋有命，困遇有期。故春蕊虽茂，假朝露而抽翠；秋叶诚危，因微风而飘零。万物居温则柔，入寒则刚。故春角②可卷，夏条可结，秋露可凝，冬冰可折。人皆爱少而恶老，重荣而轻悴。故簪珥③英华，而焚灰枯朽，莫识枯朽生於英华，英华归於枯朽。山抱玉则凿之，江怀珠则竭之，豹佩文则剥之，人含智则嫉之。智能知人不能自知，神能卫物不能自卫。故神龟以智见灼，灵蛇以神见曝。孰知不智为智，不神为神乎？

妙必假物，而物非生妙；巧必因器，而器非成巧。是以羿无弧矢，不能中微，其中微者，非弧矢也；倕无斧斤，不能善斫，其善斫者，非斧斤也④。画以摹形，故先质后文；言以写情，故先实后辩。无质而文，则画非形也；不实而辩，则言非情也。红黛饰容，欲以为艳，而动目者稀；挥弦繁弄，欲以为悲，而惊耳者寡；由於质不美、曲不和也。质不美者，虽崇饰而不华；曲不和者，虽响疾而不哀。理动於心而见於色，情发於中而形于声。故强欢者虽笑不乐，强哭者虽哀不悲。耳闻所恶，不若无闻；目见所恶，不如不见。故雷震必塞耳，掣电必掩目。为仁则不利，为利则不仁。故贩粟者欲岁之饥，卖药者欲人之疾。物各重其所主，而桀、纣之狗可以吠尧。故盗跖⑤之徒，贤於盗跖而鄙仲尼。

---

①　出入：出仕、入仕。
②　角：豆荚。
③　珥：插。
④　倕：读 chuí，相传为尧时巧匠，事见《庄子·达生》："工倕旋而盖规矩，指与物化，而不可以心稽。"
⑤　跖：同"跖"。

傅 玄

　　傅玄(217—278)，字休奕，北地郡泥阳县(今陕西铜川耀州区东南)人，西晋文学家、思想家。幼年随父逃难河南，专心诵学，举孝廉，太尉辟，都不至。州里举其为秀才，除任郎中。后参安东、卫将军军事，转温县令，再迁弘农太守，领典农校尉。五等制建立，封爵鹑觚男。司马炎为晋王，以傅玄为散骑常侍。西晋建立，晋爵鹑觚子，加驸马都尉，与散骑常侍皇甫陶共掌"谏职"，后拜侍中。又任御史中丞，后升任为太仆，转任司隶校尉。享年六十一岁，谥号刚。后追封清泉侯。选文参校清严可均校辑《全上古三代秦汉三国六朝文》第 2 册之《全晋文》卷四十七、卷四十九、卷五十，中华书局1958 年版。

傅子

校 工①

　　天下之害，莫甚于女饰。上之人不节其耳目之欲，殚生民之巧，以极天下之变。一首之饰，盈千金之价；婢妾之服，兼四海之珍。纵欲者无穷，用力者有尽。用有尽之力，逞②无穷之欲，此汉灵③之所以失其民也。上欲无节，众下肆情，淫奢并兴，而百姓受其殃毒

---

　　① 校：考核。工：精致、巧饰。
　　② 逞：满足。
　　③ 汉灵：指汉灵帝，其统治期间公开卖官，政治极端腐败，致使黄巾起义爆发。

矣。尝见汉末一笔之柙，雕以黄金，饰以和璧，缀以随珠①，文以翡翠。此笔非文犀之植，必象齿之管，丰狐之柱，秋兔之翰②。用之者必被③珠绣之衣，践雕玉之履。由是推之，其极靡不至矣。然公卿大夫，刻石为碑，镌石为虎，碑虎崇伪，陈于三衢，妨功丧德，异端并起，众邪之乱正若此，岂不哀哉！夫经国立功之道有二：一曰息欲，二曰明制。欲息制明，而天下定矣。

补　遗④

魏司空陈群始立九品之制⑤，郡置中正，评人才之高下，各为辈目；州置州都，而总其议。

凡品才有九，一曰德行，以立道本；二曰理才，以研事机；三曰政才，以经治体；四曰学才，以综典文；五曰武才，以御军旅；六曰农才，以教耕稼；七曰工才，以作器用；八曰商才，以兴国利；九曰辩才，以长讽议：此量才者也。

知人之难，莫难于别真伪。设所修出于为道者，则言自然而贵玄虚；所修出于为儒者，则言分制而贵公正；所修出于为纵横者，则言权宜而贵变常。九家殊务，各有其长，非所为难也。以默者观其行，以语者观其辞，以出者观其治，以处者观其学⑥：四德或异，所观者有微，又非所为难也。所为难者，典说诡合⑦，转应无穷：

---

① 柙：同"匣"。和璧：和氏璧，泛指罕见美玉。随珠：亦作"隋珠"，随侯之珠，传说中的宝珠。

② 文犀之植：有纹理的犀牛角作笔杆。象齿之管：用象牙作笔杆。丰狐之柱：大狐狸的尾毛作笔头的硬质毛笔。秋兔之翰：秋天的兔毛作笔头的软毛笔。

③ 被：同"披"。

④ 校：考核。工：精致、巧饰。

⑤ 陈群为三国时曹魏重臣，事见《三国志·魏书·桓二陈徐卫卢传》："制九品官人之法，群所建也。"

⑥ 出：出仕。处：未出仕。

⑦ 典：标准。诡：违反。

辱而言高，贪而言廉，贼而言仁，怯而言勇，诈而言信，淫而言贞，能设似而乱真，多端以疑暗，此凡人之所常惑，明主之所甚疾也。

夫文彩之在人，犹荣华之在草。

或问刘歆、刘向孰贤。傅子曰：向才学俗而志忠，歆才学通而行邪（此下疑有删节）。《诗》之《雅》《颂》，《书》之《典》《谟》，文质足以相副，玩之若近，寻之若远，陈之若肆，研之若隐，浩浩乎其文章之渊府也。

桓谭书烦而无要，辞杂而旨诡，吾不知博也。

律吕本于天地，岂关昆山之凤，雌雄声能定之哉？此好远之谈也！

魏晋之世，有孙氏善歌旧曲，宋识善击节唱和，陈左善清歌，列和善吹笛，郝索善弹筝，朱生善琵琶，虽伯牙之妙手，吴姬之奇声，何以加之！人若钦所闻而忽所见①，不亦惑乎？设此六人生于上世，越古今而无俪②，何但夔、牙同契哉！

心如管籥，须言而发。

马先生传

马先生钧，字德衡，天下之名巧也。少而游豫③，不自知其为巧也。当此之时，言不及巧，焉可以言知乎？为博士居贫，乃思绫机④之变，不言而世人知其巧矣。旧绫机五十综者五十蹑⑤，六十综者六十蹑，先生患其丧功费日，乃皆易以十二蹑。其奇文异变，因

---

① 钦：钦佩。忽：忽视。

② 俪：并列。

③ 游豫：游乐。

④ 绫机：丝织品的提花机，"绫"指一种薄丝。

⑤ 综：古代织布机上吊起经线的装置。蹑：织布机上用脚踩的踏板。

感而作者，犹自然之成形，阴阳之无穷，此轮扁之对，不可以言言者，又焉可以言校也。先生为给事中，与常侍高堂隆、骁骑将军秦朗①争论于朝，言及指南车，二子谓古无指南车，记言之虚也。先生曰："古有之，未之思耳，夫何远之有！"二子哂之曰："先生名钧，字德衡，钧者器之模②，而衡者所以定物之轻重，轻重无准，而莫不模哉！"先生曰："虚争空言，不如试之易效也。"于是二子遂以白明帝③，诏先生作之，而指南车成，此一异也，又不可以言者也，从是天下服其巧矣。

居京师，都城内有地可以为园，患无水以溉，先生乃作翻车，令童儿转之，而灌水自覆，更入更出，其功百倍于常，此二异也。

其后人有上百戏者，能设而不能动也④。帝以问先生："可动否？"对曰："可动。"帝曰："其巧可益否？"对曰："可益。"受诏作之。以大木雕构，使其形若轮，平地施之，潜以水发焉。设为女乐舞象，至令木人击鼓吹箫；作山岳，使木人跳丸踯剑，缘絙倒立⑤，出入自在；百官行署，舂磨斗鸡，变巧百端。此三异也。

先生见诸葛亮连弩⑥，曰："巧则巧矣，未尽善也。"言作之可令加五倍。又患发石车敌人之于楼边县湿牛皮，中之则堕，石不能连属而至。欲作一轮，县大石数十，以机鼓轮为常，则以断县石，飞

---

① 高堂隆：三国时魏官吏，字升平，泰山平阳（今山东新泰）人，善占天象，明帝即位，历任陈留太守、散骑常侍等职。秦朗：三国时期曹魏将领，字元明，新兴云中人。

② 钧者器之模："钧"为制造陶器的转轮，陶器在钧上成型。

③ 明帝：指魏明帝曹叡，字元仲。

④ 百戏：指杂技等民间表演艺术，这里指木偶。能设而不能动：意谓徒做摆设而不能活动。

⑤ 山岳：这里指杂技叠罗汉。跳丸踯剑：一种杂技，又称"跳丸剑"或"弄丸剑"，表演者用两手快速地连续向空中抛起若干弹丸或短剑，一手抛，另一手接，如此循环；踯，蹬踢。絙：读 gēng，同"縆"，粗绳子。

⑥ 连弩：能连续发射多支箭的弓箭发射器。

击敌城，使首尾电至。尝试以车轮，县瓴甓①数十，飞之数百步矣。

有裴子者，上国②之士也，精通见理，闻而哂之，乃难先生，先生口屈不能对。裴子自以为难，得其要，言之不已。傅子谓裴子曰："子所长者，言也，所短者，巧也。马氏所长者，巧也，所短者，言也。以子所长，击彼所短，则不得不屈；以子所短，难彼所长，则必有所不解者。夫巧者，天下之微事也。有所不解，而难之不已，其相击刺，必已远矣。心乖于内，口屈于外，此马氏所以不对也。"

傅子见安乡侯，言及裴子之论，安乡侯又与裴子同。傅子曰："圣人具体备物，取人不以一揆也③：有以神取之者，有以言取之者，有以事取之者。有以神取之者，不言而诚心先达，德行颜渊之伦是也；以言取之者，以变辩是非，言语宰我、子贡是也；以事取之者，若政事冉有、季路、文学子游、子夏④。虽圣人之明尽物，如有所用，必有所试，然则试冉有以政，试游、夏以学矣。游、夏犹然，况自此而降者乎！何者？县言⑤物理，不可以言尽也；施之于事，言之难尽，而试之易知也。今若马氏所欲作者，国之精器，军之要用也。费十寻⑥之木，劳二人之力，不经时而是非定。难试易验之事，而轻以言抑人异能，此犹以己智任天下之事，不易其道以御难尽之物，此所以多废也。马氏所作，因变而得，是则初所言者，不皆是矣。其不皆是，因不用之，是不世之巧无由出也。夫同情者相妒，同事者相害，中人所不能免也。故君子不以人害人，必以考

① 瓴甓：读 líng pì，砖块。

② 上国：国都之西，《左传·昭公十四年》："夏，楚子使然丹简上国之兵于宗丘"，杜预注云："上国，在国都之西。西方居上流，故谓之上国"。

③ 具体备物：对事物具体衡量、全面考察。揆：准则。

④ 以上数句语出《论语》：子曰："从我于陈蔡者，皆不及门也。德行：颜渊、闵子骞、冉伯牛、仲弓；言语：宰我、子贡；政事：冉有、季路；文学：子游、子夏。"

⑤ 县言：悬空之言，"县"同"悬"。

⑥ 寻：长度单位，八尺为一寻。

试为衡石①；废衡石而不用，此美玉所以见诬为石，荆和所以抱璞而哭之也。"于是安乡侯悟，遂言之武安侯；武安侯忽之，不果试也。

此既易试之事，又马氏巧名已定，犹忽而不察，况幽深之才无名之璞乎？后之君子其鉴之哉！马先生之巧，虽古公输般、墨翟、王尔、近汉世张平子，不能过也。公输般、墨翟皆见用于时，乃有益于世。平子虽为侍中，马先生虽给事省中，俱不典工官，巧无益于世。用人不当其才，闻贤不试以事，良可恨也。

裴子者，裴秀；安乡侯者，曹羲也。武安侯者，曹爽也。

颜之推

选文参校王利器撰《颜氏家训集解（增补本）》，中华书局 1993年版。

颜氏家训

杂　艺

真草书迹，微须留意。江南谚云："尺牍②书疏，千里面目也。"承晋、宋余俗，相与事之，故无顿狼狈者。吾幼承门业③，加性爱重，所见法书亦多，而玩习功夫颇至，遂不能佳者，良由无分④故也。然而此艺不须过精。夫巧者劳而智者忧，常为人所役使，更觉

---

① 衡石：标准，"衡"指秤杆，"石"指秤砣。
② 尺牍：《汉书·韩彭英卢吴传》："奉咫尺之书。"颜师古注云："八寸曰咫。咫尺者，言其简牍或长咫，或短尺，喻轻率也。今俗言尺书，或言尺牍，盖其遗语耳。"
③ 门业：家门素业。
④ 分：天分。

为累；韦仲将遗戒①，深有以也。

王逸少风流才士，萧散名人，举世惟知其书，翻以能自蔽也。萧子云每叹曰："吾著《齐书》，勒②成一典，文章弘义，自谓可观；唯以笔迹得名，亦异事也。"王褒地胄③清华，才学优敏，后虽入关，亦被礼遇。犹以书工，崎岖碑碣④之间，辛苦笔砚之役，尝悔恨曰："假使吾不知书，可不至今日邪？"以此观之，慎勿以书自命。虽然，厮猥⑤之人，以能书拔擢者多矣。故道不同不相为谋也。

梁氏秘阁散逸⑥以来，吾见二王真草多矣，家中尝得十卷；方知陶隐居、阮交州⑦、萧祭酒⑧诸书，莫不得羲之之体，故是书之渊源。萧晚节所变，乃右军年少时法也。

晋、宋以来，多能书者。故其时俗，递相染尚，所有部帙，楷正可观，不无俗字，非为大损。至梁天监之间，斯风未变；大同之末，讹替滋生。萧子云改易字体，邵陵王颇行伪字；朝野翕然，以为楷式，画虎不成，多所伤败。至为一字，唯见数点，或妄斟酌，逐便转移。尔后坟籍，略不可看。北朝丧乱之余，书迹鄙陋，加以专辄造字，猥拙甚于江南。乃以百念为忧，言反为变，不用为罢，追来为归，更生为苏，先人为老，如此非一，遍满经传。唯有姚元

---

① 仲将：韦诞字，事见《世说新语·巧艺》："韦仲将能书，魏明帝起殿，欲安榜，使仲将登梯题之。既下，头鬓皓然，因敕儿孙勿复学书。"

② 勒：刻字于石，此处是撰写的意思。

③ 地胄：南北朝时，称皇族帝室为天潢，世家豪门为地胄，后泛指门第；地，门第。

④ 碑碣：石碑，方者谓之碑、圆者谓之碣。

⑤ 厮猥：地位卑微。

⑥ 梁氏秘阁散逸：西魏大将于谨打败梁，元帝将降，焚烧武帝以来所聚书画、书籍等。秘阁：犹言"内府"。

⑦ 阮交州：指南朝梁阮研，字文几，陈留人，官至交州刺史，善书，其行草出于王羲之。

⑧ 萧祭酒：指萧子云，曾任国子祭酒。

标①工于楷隶，留心小学，后生师之者众。洎于齐末，秘书缮写，贤于往日多矣。

江南闾里间有《画书赋》，乃陶隐居弟子杜道士所为；其人未甚识字，轻为轨则，托名贵师，世俗传信，后生颇为所误也。

画绘之工，亦为妙矣；自古名士，多或能之。吾家尝有梁元帝手画蝉雀白团扇及马图，亦难及也。武烈太子偏能写真②，坐上宾客，随宜点染，即成数人，以问童孺，皆知姓名矣。萧贲③、刘孝先④、刘灵⑤，并文学已外，复佳此法。玩阅古今，特可宝爱。若官未通显，每被公私使令，亦为猥⑥役。吴县顾士端出身湘东王国侍郎，后为镇南府刑狱参军，有子曰庭，西朝⑦中书舍人，父子并有琴书之艺，尤妙丹青，常被元帝所使，每怀羞恨。彭城刘岳，橐之子也，仕为骠骑府管记、平氏县令，才学快士，而画绝伦。后随武陵王入蜀，下牢⑧之败，遂为陆护军画支江寺壁，与诸工巧杂处。向使三贤都不晓画，直运素业⑨，岂见此耻乎？

---

①　姚元标：《北史·列传第九》："左光禄大夫姚元标以工书知名于时。"

②　武烈太子：梁元帝长子方等，字实相，后因战殁，元帝即位，改谥武烈太子。写真：指传神肖像。

③　萧贲：《南史·列传第三十三》："子昭胄，昭胄子贲，字文奂，形不满六尺，神识耿介。幼好学，有文才，能书善画，于扇上图山水，咫尺之内，便觉万里为遥。矜慎不传，自娱而已。"

④　刘孝先：《梁书·列传第三十五》："第七弟孝先，武陵王法曹、主簿。王迁益州，随府转安西记室。承圣中，与兄孝胜俱随纪军出峡口，兵败，至江陵，世祖以为黄门侍郎，迁侍中。兄弟并善五言诗，见重于世，文集值乱，今不具存。"

⑤　刘灵：南朝梁武帝时人，工书画。《宝刻丛编》载大同十年重立羊祜碑时，碑文由他正书丹刻于碑阴。

⑥　猥：杂。

⑦　西朝：指江陵，梁元帝建都于此。

⑧　下牢：地名，南朝梁宜州旧治，在今湖北宜昌市西北。

⑨　素业：谓儒学。

弧矢之利，以威天下，先王所以观德择贤，亦济身之急务也。江南谓世之常射，以为"兵射"，冠冕儒生，多不习此；别有"博射"，弱弓长箭，施于准的，揖让升降，以行礼焉，防御寇难，了无所益。乱离之后，此术遂亡。河北文士，率晓兵射，非直葛洪，一箭已解追兵①。三九燕集，常縻荣赐。虽然要②轻禽，截狡兽，不愿汝辈为之。

卜筮者，圣人之业也；但近世无复佳师，多不能中。古者卜以决疑，今人生疑于卜；何者守道信谋？欲行一事，卜得恶卦，反令怏怏，此之谓乎！且十中六七，以为上手，粗知大意，又不委曲。凡射奇偶，自然半收，何足赖也。世传云："解阴阳者，为鬼所嫉，坎壈贫穷，多不称泰。"吾观近古以来，尤精妙者，唯京房③、管辂④、郭璞耳，皆无官位，多或罹灾，此言令人益信。傥值世网严密，强负此名，便有诖误，亦祸源也⑤。及星文风气，率不劳为之。吾尝学六壬式，亦值世闲好匠，聚得《龙首》《金匮》《玉軨变》《玉历》十许种书，讨求无验，寻亦悔罢。凡阴阳之术，与天地俱生，亦吉

① 《抱朴子·自叙》："曾手射追骑，应弦而倒，杀二贼一马，遂得免死。"
② 要：同"邀"。
③ 京房：《汉书·眭两夏侯京翼李》："房字君明，东郡顿丘人。治《易》，事梁人焦延寿。……常曰：'得我道以亡身者，必京生也。'其说长于灾变，分六十卦，更值日用事，以风雨寒温为候，各有占验。房用之尤精。……房、博皆弃市，弘坐免为庶人。房本姓李，推律自定为京氏，死时年四十一。"
④ 管辂：《三国志·魏书·方技传》："辂雅性宽大，与世无忌，仰观天文，则妙同甘、石，俯览周易，则思齐季主。……正元二年，弟辰谓辂曰：'大将军待君厚，冀当富贵乎？'辂叹曰：'……天与我才明，不与我年寿，恐四十七八间，不见女嫁儿娶妇也。'……卒年四十八。"
⑤ 傥：倘若。值：遇到。世网：喻指礼法的束缚。诖误：贻误、连累；诖，读guà。

凶德刑①，不可不信；但去圣既远，世传术书，皆出流俗，言辞鄙浅，验少妄多。至如反支不行，竟以遇害②；归忌寄宿，不免凶终③。拘而多忌，亦无益也。

算术亦是六艺要事；自古儒士论天道，定律历者，皆学通之。然可以兼明，不可以专业。江南此学殊少，唯范阳祖晅④精之，位至南康太守。河北多晓此术。

医方之事，取妙极难，不劝汝曹以自命也。微解药性，小小和合，居家得以救急，亦为胜事，皇甫谧、殷仲堪则其人也。

《礼》曰："君子无故不彻琴瑟。"⑤古来名士，多所爱好。洎于梁初，衣冠子孙，不知琴者，号有所阙；大同以末，斯风顿尽。然而此乐愔愔⑥雅致，有深味哉！今世曲解⑦，虽变于古，犹足以畅神情⑧也。唯不可令有称誉，见役勋贵，处之下坐，以取残杯冷炙之辱。戴安道犹遭之⑨，况尔曹乎！

---

① 德刑：亦阴阳五行生克之说，《淮南子·天文训》："日为德，月为刑。月归而万物死，日至而万物生。"

② 反支：《后汉书·王充王符仲长统列传》："明帝时，公车以反支日不受章奏。"章怀注："凡反支日，用月朔为正：戌亥朔，一日反支；申酉朔，二日反支；午未朔，三日反支；辰巳朔，四日反支；寅卯朔，五日反支；子丑朔，六日反支。见阴阳书。"

③ 归忌：《后汉书·郭陈列传》："桓帝时，汝南有陈伯敬者，行必矩步，坐必端膝……行路闻凶，便解驾留止，还触归忌，则寄宿乡亭。年老寝滞，不过举孝廉。后坐女婿亡吏，太守邵夔怒而杀之。"章怀注："阴阳书历法曰：归忌日，四孟在丑，四仲在寅，四季在子，其日不可远行、归家及徙也。"

④ 祖晅：南朝梁人，祖冲之之子，擅数学、天文。

⑤ 语出《礼记·曲礼》："大夫无故不彻县，士无故不彻琴瑟。"

⑥ 愔愔：和悦貌。愔：读 yīn。

⑦ 曲：琴曲歌辞。解：歌辞段数。琴一曲曰曲，一段曰解。

⑧ 畅神情：《风俗通义·声音》："琴，其道行和乐而作者，命其曲曰畅。畅者，言其道之美畅，犹不敢自安，不骄不溢，好礼不以畅其意也。"

⑨ 事见《晋书·列传第六十四》："戴逵，字安道，谯国人。少博学，善属文，能鼓琴……武陵王晞闻其善鼓琴，使人召之，逵对使者破琴，曰：'戴安道不为王门伶人。'"

《家语》曰："君子不博，为其兼行恶道故也。"①《论语》云："不有博弈者乎？为之，犹贤乎已。"②然则圣人不用博弈为教，但以学者不可常精，有时疲倦，则傥为之，犹胜饱食昏睡，兀然端坐耳。至如吴太子以为无益，命韦昭论之③；王肃、葛洪、陶侃之徒，不许目观手执，此并勤笃之志也。能尔为佳。古为大博则六箸，小博则二茕④，今无晓者。比世所行，一茕十二棋，数术浅短，不足可玩。围棋有"手谈""坐隐"之目，颇为雅戏；但令人耽愦，废丧实多，不可常也。

投壶之礼，近世愈精。古者，实以小豆，为其矢之跃也⑤。今则唯欲其骁，益多益喜，乃有"倚竿""带剑""狼壶""豹尾""龙首"之名。其尤妙者，有"莲花骁"。汝南周璝，弘正之子；会稽贺徽，贺革之子，并能一箭四十余骁。贺又尝为小障，置壶其外，隔障投之，无所失也。至邺以来，亦见广宁、兰陵诸王，有此校具，举国遂无投得一骁者。弹棋亦近世雅戏，消愁释愦，时可为之。

---

① 语见《孔子家语·五仪解》："哀公问于孔子曰：'吾闻君子不博，有之乎？'孔子曰：'有之。'公曰：'何为？'对曰：'为其有二乘。'公曰：'有二乘则何为不博？'子曰：'为其兼行恶道也。'"

② 语出《论语·阳货》。

③ 《三国志·吴书·王楼贺韦华传》："曜字弘嗣，吴郡云阳人……迁太子中庶子。时蔡颖亦在东宫，性好博弈；太子和以为无益，命曜论之。"曜本名"昭"，史为晋讳改之。

④ 箸：竹签。茕：又作"琼"，骰子。

⑤ 《礼记·投壶》："壶颈修七寸，腹修五寸，口径二寸半，容斗五升。壶中实小豆焉，为其矢之跃而出也。壶去席二矢半。矢以柘若棘，毋去其皮。"

后　记

也不知这是我出版的第几本书了，前面出的书还从未写过"后记"，不写，实为藏拙，不知怎么写。在故纸堆里也浸淫了不少年了，但尚未做到沉潜、优游。读了不少古人的"前言（序）""后记（跋）"，或机趣灵动，或性情飘逸，折服之余，就更不敢下笔写"后记"之类了。或因不善交流，我这人极缺乏礼仪感，对许多先生心存谢意，但却很少表达，就借此机会表达一下早该表达的谢意吧。首先要感谢张法先生让我加入《中国美学经典》撰写团队，其间将拙著《声情说：诗学思想之中国表述》呈送叶朗先生，感谢先生的认可。我曾师从孙映逵先生研修唐诗，先生对我颇有期待，而我心猿意马，未能继续修炼下去。后随王先霈先生做文论研究，颇想做西学，先生慧眼慧识，"逼"我做古代文论；后经杜书瀛、党圣元先生举荐，又从钱中文先生继续研究，于是才有还算拿得出手的《声情说》一书。后留文学所工作，钱竞、高建平诸先生和刘跃进等领导颇多奖掖。在此一并叩谢。当然，还要感谢一直支持我研究的我的夫人朱作梅女士。怕写"后记"的又一原因，是难免漏列要感谢的很多人，还请栽培、帮助过我的其他先生多海涵。忽然之间，已到知天命之年，但天命安在哉？可谓"至"而不"知"也。是为记。

图书在版编目(CIP)数据

中国美学经典. 魏晋南北朝卷 / 张法丛书主编；刘方喜本卷
主编. —北京：北京师范大学出版社，2017.8
　ISBN 978-7-303-21149-4

　Ⅰ. ①中… Ⅱ. ①刘… Ⅲ. ①美学史－中国－魏晋南北朝
时代 Ⅳ. ①B83-092

中国版本图书馆 CIP 数据核字(2016)第 178933 号

营 销 中 心 电 话　010-58805072　58807651
北师大出版社高等教育与学术著作分社　http://xueda.bnup.com

ZHONGGUO MEIXUE JINGDIAN WEIJIN NANBEICHAO JUAN
出版发行：北京师范大学出版社　www.bnup.com
　　　　　北京市海淀区新街口外大街 19 号
　　　　　邮政编码：100875
印　　刷：鸿博昊天科技有限公司
经　　销：全国新华书店
开　　本：787 mm×1092 mm　1/16
印　　张：57
字　　数：730 千字
版　　次：2017 年 8 月第 1 版
印　　次：2017 年 8 月第 1 次印刷
定　　价：290.00 元(全两册)

策划编辑：周　粟　贾　静　　责任编辑：齐　琳　甄英军
美术编辑：王齐云　　　　　　装帧设计：王齐云
责任校对：陈　民　　　　　　责任印制：马　洁